“汉水文化”省级重点学科资助出版图书　　三国历史文化研究系列丛书

中国武侯墓祠匾联集注 上

郭清华　侯素柏◎编著

图书在版编目（CIP）数据

中国武侯墓祠匾联集注 / 郭清华，侯素柏编著 . -- 北京：中国文史出版社，2022.9

ISBN 978-7-5205-3821-3

Ⅰ . ①中… Ⅱ . ①郭… ②侯… Ⅲ . ①武侯祠 – 牌匾 – 介绍②武侯祠 – 对联 – 介绍 Ⅳ . ① K875.4 ② I207.6

中国版本图书馆 CIP 数据核字（2022）第 186054 号

责任编辑： 戴小璇

出版发行： 中国文史出版社
社　　址： 北京市海淀区西八里庄路 69 号　**邮编：** 100142
电　　话： 010–81136606　81136602　81136603（发行部）
传　　真： 010–81136655
印　　装： 廊坊市海涛印刷有限公司
经　　销： 全国新华书店
开　　本： 1/16
印　　数： 3300
印　　张： 79.75
字　　数： 1517 千字
版　　次： 2025 年 3 月北京第 1 版
印　　次： 2025 年 3 月第 1 次印刷
定　　价： 218.00 元（全二册）

诸葛亮为蜀汉丞相期间（221—234）立式肖像形象画像

2016年，中央电视台《汉中栈道》摄制组三次来到勉县，特邀郭清华就诸葛亮肖像形象等若干问题进行了专题采访。笔者依据史载文献对诸葛亮形象的记述，以及多年来考察研究诸葛亮文化的认识体会，介绍了自己的观点，引起中央电视台重视，为此，央视特请北京著名画家画此立式图像。同年9月，在浙江省兰溪市诸葛八卦村召开的全国第二十三届诸葛亮研讨会上，得到诸葛亮后裔认可。2018年7月在央视《汉中栈道》专题片第四集中，首次进行报道。本书第二十八章《浅谈诸葛亮的肖像形象》中，有系统介绍。

汉中勉县定军山下武侯墓外山门

武侯墓的内山门

武侯墓正殿中的明代塑像

武侯墓前坟亭内景

武侯之墓

武侯墓前的汉代护墓双汉桂

汉中勉县天下第一武侯祠山门

天下第一武侯祠牌楼

天下第一武侯祠戟门

天下第一武侯祠献殿的部分匾联

天下第一武侯祠正殿匾额与塑像

武侯祠镇馆之宝唐碑

岐山县五丈原诸葛亮庙山门外景

五丈原诸葛亮庙献殿

五丈原诸葛亮庙的陨星石亭

五丈原诸葛亮庙的诸葛亮衣冠冢

远眺甘肃省礼县祁山堡武侯祠

祁山堡武侯祠正殿门口匾联

甘肃省兰州市五泉山武侯祠山门

五泉山武侯祠正殿的诸葛亮塑像

成都武侯祠山门——汉昭烈庙

成都武侯祠诸葛亮殿前过厅

先主刘备陵寝前的神道

成都武侯祠的诸葛亮正殿

四川省绵竹县诸葛双忠祠山门

绵竹县诸葛双忠祠的正殿

四川省德阳市龙凤祠山门

龙凤祠中诸葛亮与庞统塑像

四川省宜宾市武侯祠山门外景

宜宾市武侯祠正殿之中厅

云南省保山市武侯祠山门

保山市武侯祠正殿外景

保山市武侯祠正殿诸葛亮等塑像

保山市武侯祠的碑林

云南省姚安县武侯祠山门牌楼

姚安县武侯祠正殿诸葛亮塑像

重庆市奉节县白帝城武侯祠山门

奉节县白帝城托孤寄命大型塑像

河南省南阳卧龙岗武侯祠山门

南阳武侯祠诸葛草庐

南阳武侯祠献殿的匾额与楹联

南阳武侯祠正殿中的诸葛亮塑像

湖北省襄阳隆中武侯祠石牌坊

隆中武侯祠山门

隆中武侯祠的三顾堂外景

隆中武侯祠的诸葛亮“抱膝处”

湖北省仙桃市武侯祠

仙桃市武侯祠诸葛亮塑像

湖北省赤壁市的赤壁遗址

赤壁市武侯宫拜风台纪念馆

湖北省宜昌市黄陵庙山门外景

黄陵庙武侯祠中的诸葛亮塑像

湖南省衡阳市石鼓山书院

石鼓山书院中的武侯祠以及塑像

山东省沂南县阳都故里诸葛亮纪念馆

阳都纪念馆正殿中诸葛亮塑像

沂南县城西卧龙山修建的诸葛宗祠

诸葛宗祠广场的诸葛亮大型雕像

山东省临沂市的五贤祠

临沂市五贤祠的乾隆御碑亭

俯视浙江省兰溪市诸葛八卦村

诸葛八卦村中的阴阳太极图——钟池

诸葛八卦村的大公堂山门

诸葛八卦村举行隆重祭祀大典活动

广西壮族自治区阳朔县诸葛武侯祠

阳朔县诸葛后裔的祭祖仪式

广东省中山市濠头二村汉忠武侯庙

广东省中山市白庙村武侯祠

广东省中山市涌口村武侯庙

广东省中山市东垭村武侯祠

广东省中山市赤坎村武侯庙

广东省中山市田边村武侯庙

广东省中山市崖口村武侯祠

广东省中山市北台村武侯祠

广东省中山市马溪村武侯祖庙

广东省中山市沾涌村武侯祖庙

广东省中山市雍陌村南阳祖庙

中国台湾地区南投县武侯祠外观

前　言

众所周知，在中华民族历史文化长河中，独有三国历史文化的传播影响力最大，而三国历史文化中的诸葛亮，又是我们民族几千年来最具影响力的代表性人物。他的忠君爱国、勤政为民、廉洁奉公、聪明才智集中汇聚了中华民族所有传统美德，形成了诸葛亮文化核心体系，不但朴实无华很接地气，而且非常实用，直接影响了古往今来社会各阶层，成为中华民族思想道德文化的形象大师。正因为如此，他的思想品德、人格魅力、功德业绩被历朝历代官方与民间普遍接受效法，代代传播，经久不衰，有口皆碑，纪念的祠庙遍布中华大地诸多地方，历经多次维修重建，成为各界人士供奉拜祭诸葛亮而寄托哀思的场所。

据不完全统计，自陈寿《三国志》以来，记载诸葛亮的工具书与专题研究诸葛亮的专著有数百部；历朝历代为诸葛亮追封加爵共计 12 次；帝王将相、达官显贵、文人学士为诸葛亮撰写《诏策》与《祭文》隆重祭祀有 26 篇；自古至今高度评价诸葛亮的有口皆碑；效法诸葛亮忠君爱国、勤政为民、廉洁自律的历代官员不胜枚举；古今专家学者研究诸葛亮的文章数不胜数；颂扬诸葛亮的诗歌有几千首；各地武侯祠庙保存至今的维修、重建和歌颂诸葛亮功德业绩的碑、碣近千通、方；全国各地现存诸葛亮有关的历史遗址、遗迹有几百个；与诸葛亮有关的各种出土及馆藏文物数万件；与诸葛亮相关的成语典故有 92 个；与诸葛亮有关的谜语、歇后语信口拈来；与诸葛亮有关的地名、门店名称随处可见；与诸葛亮有关的艺术作品与邮品比比皆是；新闻媒体宣传介绍与诸葛亮有关的专题片与影视作品层出不穷；诸葛亮嫡传后裔在全国各地有四万多人；颇具影响力的全国诸葛亮研究联会四十年来已经在全国各地举办专题研讨会 25 届，会后编辑出版发行《论文集》，在国内外学术界产生了深远影响，培养造就了一大批三国历史文化研究的专家学者，堪称人才济济，硕果累累。特别是，怀古钦英纪念先贤是中华民族的传统美德，所以，各级文物保护单位的武侯祠庙得到了政府的有效保护管理与发展建设，民间各界人士对诸葛亮的道德品质与人格魅力更是尊崇敬仰而顶礼膜拜，在中华大地上形成了具有特色影响力的诸葛亮文化崇拜群体。综上所述，诸葛亮早已经进入了千家万户，成为家喻户晓、妇孺皆知的人物，他永远活在全国各族人民的心中，诸葛亮的思想文化直接影响了中华民族的各个时代。时至今日，仍然是口口相传深入人心。

1771 年，全世界迄今最权威的大型工具书《大英百科全书》，将诸葛亮收录为世界名人。据四川人民出版社 2000 年出版发行沈伯俊《漫话三国》介绍说，自明代《三国演义》问世以来，就被欧美与东南亚各国广泛收藏研究，对我国的三国历史文化十分爱好。受其影响，他们多次翻译传播，尤其对诸葛亮尊崇敬仰，成立相应研究组织举办研究活动，著书立说，多次与中国进行学术交流。他们认为，诸葛亮的忠君爱国、勤政廉洁与聪明才智对各行各业都十分实用，值得效法学习，因此不但深入研究借鉴，而且还编入中学教材。日本立间祥介教授翻译了中国的《三国志演义》日文版，到 1988 年已经印刷 16 次，发行量达几百万套。横山光辉教授改编的《漫话三国志》印刷超过 3000 万套，几乎使日本国每个家庭都有一套。这足以说明，通过《三国演义》在国外的传播，诸葛亮作为中华民族思想文化的形象大师，早已经走出了国门被普遍认知而尊崇敬仰，这是我们的自豪与骄傲。

清朝以前，全国各地就有武侯祠庙数百座，民国以来，由于社会动乱与极左思潮等因素，各种各样纪念祠庙被破坏拆除所剩无几，而纪念诸葛亮的祠庙在中华大地至今还有 60 余座，绝大多数为各级人民政府的重点文物保护单位，香火旺盛，满足人民群众祭祀拜谒怀古钦英，纪念先贤，成了国内外游客游览观光考察的著名古迹名胜，堪称独具特色，很有影响力。

1950 年 4 月，毛泽东主席曾对董其武将军说："共产党就是以诸葛孔明的办法办事，那就是言忠信，行笃敬，开诚心，布公道，集众思，广众益。"

毛泽东主席还说："运筹帷幄，决胜千里，汉朝的张良和三国的诸葛亮都比较出色。"（《人民政协报》2010 年 11 月 4 日第 7 版《毛泽东从"三国演义"中读出了什么》）

2013 年 3 月 1 日，习近平总书记在中央党校建校 80 周年庆祝大会暨 2013 年春季班开学典礼上讲话说："诸葛亮鞠躬尽瘁死而后已的献身精神，体现了中华民族的传统优秀文化和民族精神，我们都应该继承和发扬。"

笔者从事文博考古与三国历史文化研究几十年，对诸葛亮文化及其后裔的研究情有独钟。曾多次实地考察了诸葛亮五次北伐路线与全国绝大多数武侯祠庙和遗址、遗迹，掌握了大量珍贵资料，编著出版发行了《诸葛亮与中国武侯祠》《诸葛亮名言集解》《诸葛亮后裔》《三国成语典故》《定军山下论三国》《三国风云定军山》等专著十余本，发表研究文章近千篇。特别是，1982 年联络发起的“川、陕、鄂诸葛亮研究联会”，滚动发展形成了“全国诸葛亮研究联会”，40 年来，在各地举办研讨会 25 届，成为全国影响力较大的学术团体；1992 年，笔者调研撰写的《诸葛亮后裔今何在》文章，通过新华社刊发被国内外百余家新闻媒体连续转载，产生轰动效应，使浙江兰溪诸葛八卦村一夜间成为国内外知名旅游胜地；随后又被特聘为“中央电视台顾问与访谈专家”，应邀接受采访先后拍摄专题片 30 多部，在社会上有一定影响。在后来数十年的实地考察与资料积累中，又陆续发现一批武侯祠庙，堪称鲜为人知。

更重要的是，自蜀汉灭亡后，诸葛亮唯一孙子诸葛京携家眷于“咸熙元年内移河东”后，具体在哪里安家落户不得而知，只知道被晋武帝司马炎“随才署吏”做了“郿令”，又因功升为“广州刺史”，后再没有史料记载而被史学界淡忘。山西运城市临猗县“诸葛亮研究会”与笔者联系，说该县天兴村历史上就有武侯墓、武侯祠和诸葛祖墓，地方史志资料都有详细记载，毁于新中国成立初期，准备恢复修建，特邀笔者研究论证实地考察，进行规划设计以便恢复。为此，本书第二十三章《关于山西临猗县武侯墓祠与诸葛京“内移河东”研究》中，详细介绍了诸葛京为诸葛后裔嫡传始祖，而山西省临猗县天兴村就是后来所有诸葛亮后裔的发祥地，至今在浙江省兰溪市、温州市、瑞安市、建德市、龙游县、广西壮族自治区桂林市阳朔县、江西省上饶市、江苏省常州市等地有四万多人，这一定位性考察论证已经得到全国诸葛亮研究联会主要成员单位与诸葛后裔负责人的认可，这些资料首次公布，将填补诸葛京“内移河东”后的历史空白。

匾额与楹联，是古建筑重要组成部分，悬挂于殿堂作为装饰，既彰显拜谒祭奠之人文化品位和精神寄托，也起到了画龙点睛的作用，更表达了人们对先贤的深厚情感思想义理。如此看来，武侯祠庙的匾额与楹联具有深层次文化内涵，属于灵魂与核心，能够启智育人，让读者深入了解诸葛亮的思想文化与人格魅力，启发引导和规范人们的思想与行为，有助于促进社会风化。

多年来，大家熟悉的武侯祠庙一般都是自我宣传，缺乏全面介绍全国武侯祠庙的图书资料，其中绝大多数武侯祠庙还鲜为人知，使读者很难全面了解情况。如果能够在全面介绍全国各地武侯祠庙的基础上，集中详细集注这些祠庙的匾额与楹联，同时，再将历史上相关帝王对诸葛亮的追封加爵与所有《祭文》、自古至今对诸葛亮的评价及现存各地的与诸葛亮相关的遗址遗迹与文物一并介绍，特别是，将诸葛亮思想文化的内涵与形成基因，诸葛亮的肖像形象一并研究介绍，会很有价值和意义，这就是编著本专著的初衷。

纵观中华民族五千年文明史，英雄俊杰层出不穷，历史文化博大精深，在“修身、齐家、治国、平天下”方面，形成了独有的思想文化与道德理念，被代代传播，这是我们自立于世界民族之林的根本。然而，在诸多民族精英中，能够完整体现中华民族思想道德文化，自古至今被国内外广泛传播学习效法的，影响力最大的，只有诸葛亮一个人，这是不争的事实。

20世纪“文化大革命”极“左”思潮与改革开放以来，彻底颠覆了中华民族优秀的传统文化与道德观念，致使不少人丧失了忠孝礼仪廉耻，没有了正确的三观底线，在金钱至上前提下，不择手段追求功名利禄，贪污腐败，违法乱纪，甚至数典忘祖，卖国求荣，严重影响了国家发展与民族形象。

榜样的力量是无穷的，为了国家繁荣昌盛，凝聚国人爱国情怀，需要树立诸葛亮这样的民族典范，用他的“鞠躬尽瘁，死而后已”献身精神与忠诚、勤政、廉洁、睿智思想文化启智育人，循序渐进规范人们的思想与行为，促使国民众志成城，砥砺前行，克难奋进很有必要。只有这样，中华民族才能勠力同心，大展雄风，始终立于不败之地。在这种思想理念支持下，笔者坚持专业研究诸葛亮文化几十年，宣传介绍诸葛亮的功德业绩、高尚品质与人格魅力，力求为弘扬中华民族的优秀历史文化尽一份绵薄之力。

1987年，笔者编著的《武侯墓与武侯祠》与《武侯墓祠匾联集注》图书，由陕西人民美术出版社出版发行，介绍的都是勉县武侯墓祠，显得十分单调。1993年，陕西旅游出版社出版发行了笔者《诸葛亮与中国武侯祠》图书，集中介绍了全国8个省11个武侯墓祠，被新闻出版署评为优秀图书，深受读者喜爱，为此，1999年，进行了修订再版。同时修订再版的《武侯墓祠匾联集注》图书，虽仅有汉中勉县武侯墓祠的匾联，也多次再版。

为了系统介绍全国所有武侯祠庙历史沿革、遗存文物实况，特别是能够集中注释全国的所有武侯祠庙匾额与楹联，让读者一目了然，加深对诸葛亮文化内涵的深层次感悟与理解，通过多年实地考察座谈，收集了全国各地武侯祠庙相关资料，依据史志资料研究论证，开始编著《中国武侯墓祠匾联集注》图书，以满足读者需要。全书为三十章，另有两篇附文，共计百万余字，基本内容为如下五大部分：

一、从第一章《中国独有的武侯墓》到第二十二章《中国台湾南投县孔明庙》，逐一介绍了中国内地与台湾地区62个武侯墓、祠、庙历史沿革与古迹文物遗存概况，首次将广东省境内24个武侯祠庙收录；首次介绍了广西壮族自治区阳朔县、江西省上饶市、江苏省金坛市儒林镇、浙江省温州瑞安市诸葛后裔的来龙去脉与武侯祠庙，尽管不少武侯祠庙规模不大，但个个存在，成为当地人民群众怀念拜谒祭祀诸葛亮的场所与有影响的古迹名胜。

为使读者能系统了解这些武侯墓祠庙历史沿革与古迹文物遗存情况，除文字介绍外，根据实际需要，随文附有图版300余幅，力求图文并茂向读者进行展示。同时，还在专著的前面集中选择展示了78幅全国各地武侯墓祠的代表性彩色图版，以形成有力的佐证。特别是，通过笔者研究论证，经过央视采访介绍并且得到兰溪诸葛八卦村诸葛后裔的认可，由国家著名画家画了诸葛亮221—234年为蜀汉丞相时期的画像，首次在书中展示亮相。

二、在这些武侯墓祠庙中，匾额楹联的文化内涵十分丰富，底蕴相当深厚，意义非凡。因此，本书对这些墓、祠、庙已知悬挂的、馆藏的、地方资料记载的，以及现代题书的450方匾额与738副楹联逐一进行注释，并且用通俗语言解释具体内容，使读者一目了然。对匾额楹联中出现的近千位题书者或补书者，逐一进行生平简介。匾额楹联之中出现的地名、山、水、成语典故、历史事件、冷僻词、字与人物，引经据典进行注释，用白话文解释，让读者都能看懂理解，明白其中的文化内涵，深入了解诸葛亮功德业绩与崇高思想道德文化，同时也见证了诸葛亮在中华民族的地位与影响力。这样一来，可以使读者对这些古迹文物历史文化学习传承，亦有助于武侯祠庙的讲解员向游客进行准确解说。

三、本书还首次收录了历朝历代帝王将相、达官显贵和文人学士为诸葛亮题写的相关《祭文》26篇，进行了逐句解释，均随文附在应该存在的墓、祠之中，使其内容更加完善。

四、除了介绍武侯墓、祠、庙之外，第二十四章《与诸葛亮有关的遗址、遗迹、文物》首次就现存全国各地的武侯遗址遗迹与相关文物135处，逐一进行介绍，有的还附了照片。

五、为了使读者能系统了解诸葛亮功德业绩与深远影响，第一章《中国独有的武侯墓》第四节介绍了《历朝历代对诸葛亮的追封加爵》；第二十六章详细介绍了《诸葛亮忠君爱国勤政廉洁思想对当朝与后世的影响》；第二十七章集中介绍了《历朝历代对诸葛亮的评价》；第二十八章《浅谈诸葛亮的肖像形象》为的是让读者了解各个时期诸葛亮真实形象；第二十九章《论诸葛亮思想文化的内涵》，以及第三十章《论诸葛亮思想文化的形成基因》，集中论证阐述了诸葛亮思想文化的深层内涵以及形成的因果关系。

本书根据笔者多年文博考古工作与三国历史文化研究的知识积累，就出现的相关问题，都提出了自己的观点与见解。例如：第二十一章《广东一带多有武侯祠庙的原因是什么》，对于匾文、联文中明显有与历史资料不符的地方、讲解员对匾额、楹联读音有误或理解明显有偏颇的地方、古迹文物中纪年明显有问题的地方等,始终遵照以历史资料为依据辨伪存真,用文物考古思维看问题，在这些地方都有特殊的说明与阐述，并且逐一进行了纠错或者补遗。

本书附文中还图文并茂地详细介绍了《全国诸葛亮研究联会的形成与历届活动概况》，目的是让世人全面了解“全国诸葛亮研究联会”的形成与四十年来的活动情况及社会影响力。与此同时，还简介了笔者利用中央电视台等新闻媒体宣传介绍三国历史文化的概况。

需要说明的是，由于笔者常年生活工作在勉县定军山下，对这里的武侯墓、武侯祠了如指掌，有机会对墓、祠的匾额与楹联逐一拍摄，然后通过电脑进行处理，保留了原书体的黑白效果，为爱好书法的读者提供临摹参考。其他地方武侯祠庙的匾额与楹联，只能录原文，请见谅。

这部《中国武侯墓祠匾联集注》专著，虽然能够系统展现全国各地现存武侯墓祠的历史渊源、遗存文物与现状，解读诸葛亮文化的内涵，汇聚诸葛亮后裔群体风采，为各界人士研究了解诸葛亮文化、匾额楹联文化与诸葛后裔家族文化提供了重要图书资料依据，可是，难免出现错讹与失误，希望相关文博单位与广大读者提出宝贵意见与建议，使其完善，为修订再版打下基础。

作者　郭清华　侯素柏
2022 年 2 月 26 日于定军山下

序

张大可[①]

陕西著名文博考古学者郭清华先生专业从事文博考古四十余年，对三国文化执着探索，尤其对诸葛亮文化及其后裔研究情有独钟，几十年实地考察走遍全国相关地方，积累了大量第一手资料，先后发表相关研究文章近千篇；以“三国历史文化研究系列丛书”编著出版了《武侯墓与武侯祠》《武侯墓祠匾联集注》《诸葛亮与中国武侯祠》《诸葛亮后裔之谜》《诸葛亮后裔》《诸葛亮名言录》《诸葛亮名言集解》《定军山下论三国》《三国风云定军山》《三国成语典故》等专著十余部；1982年，联络发起成立了“川陕鄂诸葛亮研究联会”，经过滚动发展形成了具有一定规模与影响力的“全国诸葛亮研究联会”，四十年来先后在各地举办研究活动25届；1992年11月，一篇《诸葛亮后裔今何在》的调研文章，通过与新华社合作，连续两次报道，一夜之间就把浙江省兰溪市诸葛八卦村推向了国内外，成为世人关注向往的旅游胜地。

郭清华先生，1950年出生于陕西汉中勉县的定军山下，在著名的武侯墓与武侯祠畔成长，耳濡目染，立志要把诸葛亮一生忠君爱国业绩和“鞠躬尽瘁，死而后已”献身精神深入研究，发扬光大。因此，20世纪70年代初就读中科院考古专业后就回到故里，用所学的专业知识开创了家乡文博考古与旅游事业。从无到有，为勉县发掘出土、征集收购各类文物3000余件，在专业杂志发表文物考古研究文章数十篇而引起国内外关注、数十件珍贵文物先

① 张大可，1940年12月7日出生于重庆市长寿区，1966年毕业于北京大学中文系古典文献专业。曾任兰州大学历史系教授，北京外国语大学中文系教授，中央社会主义学院教授，现任中国《史记》研究会会长。主要论著有《三国史研究》《三国史》《史记研究》《中国文献学》《史记全本新注》《史记文献研究》《史记精言妙语》《史记论赞辑释》《司马迁评传》《张良萧何韩信评传》，2013年商务印书馆出版《张大可文集》10卷。

后赴九个国家巡展，为国争光创汇。曾任勉县文物管理所所长、武侯墓文管所所长、博物馆馆长，历任陕西省三国文化研究中心主任。数十年来在文物考古、三国文化研究、文物古迹保护管理与旅游事业发展方面做出了显著贡献，因此，1987 年 10 月，应邀在全国文物工作会议上介绍经验并被推广；1988 年，被中国考古学会、中国博物馆协会同时接纳为会员；2005 年，被中央电视台特聘为“访谈专家与顾问”，采访拍摄了三十多集专题片；2010 年，被汉中市委宣传部誉为“文物保护第一人、三国文化研究第一人、旅游事业发展第一人”，接受采访拍摄了《情系定军山》《武侯守墓人》两集专题片，进行宣传。

郭清华先生不满足已有的成绩，退休后更加勤奋，默默无闻地埋头追踪研究诸葛亮文化以及诸葛后裔，先后出版了《三国风云定军山》和修订版的《三国成语典故》专著，又将推出《中国武侯墓祠匾联集注》专著，全书百万余字，共三十章，图文并茂，已经列入中国文史出版社出版计划。

笔者有幸成为第一个读者，从即将出版的图书目录、前言与部分清样文稿中知道了该书基本概况，体会到郭先生为弘扬传播诸葛亮文化，用以展示中华民族优秀历史文化与民族精神而孜孜不倦历尽艰辛地著书立说，实属不易，很有意义。其敬业精神值得我们学习，故为其作序。

《中国武侯墓祠匾联集注》有三个关键短语，是作者对传统文化的创新运用，独具匠心。

第一个短语“中国武侯”特指诸葛亮，是表达仰慕之心的敬称，诸葛亮生前封“武乡侯”，死后被追封为“忠武侯”。可历代以“武侯”追封帝王与名臣将相的就有数十人，诸葛亮是唯一被历朝历代歌功颂德而尊崇敬仰的人物，所以配得上“中国武侯”这个称谓。

第二个短语“墓祠匾联”，是由武侯墓、武侯祠、匾额、楹联四个名词浓缩而成，属于该书的标题核心。

第三个短语“集注”，是借用了传统典籍“注疏”名词，用为武侯墓祠匾额、楹联作注释而赋予了新意。

该书内容厚重，层次清晰，在创作特点上有三个亮点，闪烁着作者的创新思想光亮。

首先，《中国武侯墓祠匾联集注》首次汇集全国各地包括台湾地区在内的现存62座武侯墓祠庙，还图文并茂逐一介绍它们的历史沿革、文物古迹遗存与现状，为这些墓祠出现的匾额、楹联引经据典详细注释；还介绍了全国各地与诸葛亮相关的遗址、遗迹200多处；首次介绍了历史上12个帝王为诸葛亮的追封加爵；首次将历史上帝王将相、达官显贵、文人学士祭奠诸葛亮撰写的《祭文》26篇汇集注释；首次集中将自古至今对诸葛亮评价逐一介绍；首次将浙江、广西、江西、江苏现有四万多诸葛亮后裔的来龙去脉与现状分别介绍。特别是，作者首次对诸葛亮唯一孙子诸葛京在蜀汉灭亡后，被魏国强制性“内移河东”（在今山西省运城市临猗县）的实地考察研究介绍，填补了诸葛亮及其家族文化的研究空白，堪称耳目一新。

除此之外，作者还集中对诸葛亮思想文化的内涵与形成、对当朝与后世的影响，以及诸葛亮肖像形象的研究等汇聚在一书之中，意义非凡。该书的推出，可称集高雅与通俗于一体，填补了中国传统文化一项学术空白。

其次，中国古代早就兴起了对帝王名臣死后概括定论的一字褒贬文学，称为谥号，有丰富内涵。匾额文学是谥号文学的外延和发展，四字为题，高悬于殿堂，是对先贤或殿堂主人的文化品位、人格魅力的定位评价，表达了无限敬仰与赞颂，称之为金字招牌。楹联也是赞颂文字范畴，是《诗经》《楚辞》以及汉赋四六对句的发展，句子成双，平仄对仗，诵读有韵味。

匾额与楹联有悠久历史，在中国的文物古迹、楼堂馆所、庆典活动以及百姓居室与红白喜事随处可见，集中体现人们纪念先贤、怀古钦英、树德立行、追求美好生活的理念与愿望。可是，无论匾额还是楹联，文字内涵极为丰富，涉及历史知识十分广泛，如果没有深厚文化底蕴是题书不了的，同样也就解释不了。

郭清华先生依靠自己深厚的历史与文学功底，数十年不畏艰辛，收集全国武侯祠庙现存的匾额450方，楹联738副，这是该书的核心内容，占全书的百分之七十，按照地域分布顺序，从第二章《武侯墓匾联集注》，到第二十二章《中国台湾南投县孔明庙》进行介绍，说明先有墓，然后才有祠庙，是很得体的，如古代的《诗经·国风》也是按地域分篇的。如此则体现了作者立足当地，一生追寻诸葛亮足迹由西向东面向全国进行实地考察，广泛收集资料研究的经历与思路。在没有任何参照的情况下，作者摸索创造，依次介绍各地武侯祠庙匾额和楹联以及题书者生平简介与背景，用《注》逐一引经据典解读原文的出处与内涵，表达评说意境。该书引用史志资料广博，语言简明扼要，读后沁人心脾。最后是作者对匾额楹联原文内涵的白话解读《释》，文字精练准确，一目了然。尤其是，作者解读上下楹联的字数与标点符号还做到了均等对齐，实属不易，这种方法成功地创造了匾联文学注释的规范模式，成为一大亮点。

《中国武侯墓祠匾联集注》汇集了清代以来三百多年我国所有武侯墓祠庙约 1200 副匾额与楹联，成为典籍载体出版发行，不但满足了人们对精神食粮的需求，还广泛进行传播，首开了匾额楹联文学成典籍之先河，创造了匾额与楹联文字注释的规范模式。所以，无论怎样评价都不过分。

第三个亮点是，诸葛亮出生于山东省沂南县，活动于湖北、湖南、四川、重庆、贵州、云南、陕西、甘肃，由东向西建功立业，归葬在汉中定军山下。《中国武侯墓祠匾联集注》用九章集中对诸葛亮思想文化内涵与形成基因、传播影响、古今评价，以及东南沿海为什么多有武侯祠庙进行深入研究介绍，有理有据，这些内容占全书百分之三十，显得主次分明。

最后，还要提到一个不该忘记的名字，就是与郭清华先生一起署名的侯素柏女士，她是郭清华先生的夫人，毕业于西北大学，相伴郭先生四十余年，生活上是贤内助，事业上是好助手，几十年随郭先生实地考察全国各地诸葛亮古迹文物不离左右，联合编著出版了专著多部，默默无闻地奉献了一生，值得点赞。

特为序。

2023 年 3 月 18 日于北京

目　录

第二章　武侯墓匾联集注

第三章　天下第一武侯祠

第四章　诸葛亮病故纪念地——陕西省岐山县五丈原诸葛庙

第五章　诸葛亮北伐曹魏纪念地武侯祠

第六章 蜀都胜迹成都武侯祠

第七章 四川省境内的其他武侯祠

第八章 诸葛亮南征平叛纪念地武侯祠

第九章　诸葛亮受命托孤遗址——重庆市奉节县白帝城武侯祠

第十章　卧龙纪念地——河南南阳卧龙岗武侯祠

第十一章　诸葛亮隐居躬耕地故址——隆中武侯祠

第十二章　湖北省境内其他武侯祠庙

第十三章 湖南省衡阳市石鼓山书院与武侯祠

第十四章 江苏省南京市清凉山武侯祠

第十五章 山东省境内的武侯祠

第十六章 浙江省兰溪市诸葛八卦村大公堂与丞相祠堂

第十七章　江西省上饶市诸葛亮后裔与武侯祠

第十八章　广西壮族自治区桂林市阳朔县诸葛亮后裔与武侯祠

第十九章　江苏常州金坛区儒林镇诸葛后裔与“八阵图村”

第二十章　广东省境内的武侯祠庙

第二十一章 广东一带多有武侯祠庙的原因是什么

第二十二章　中国台湾南投县孔明庙

第二十三章　关于山西临猗县武侯墓祠与诸葛京“内移河东”研究

第二十四章　与诸葛亮有关的遗址、遗迹、文物

第二十五章　浙江省瑞安市诸葛亮后裔与宗祠

第二十六章　诸葛亮忠君爱国勤政廉洁思想对当朝与后世的影响

第二十七章 历朝历代对诸葛亮的评价

第二十八章 浅谈诸葛亮的肖像形象

第二十九章 论诸葛亮思想文化的内涵

第三十章　论诸葛亮思想文化的形成基因

附文

第一章 中国独有的武侯墓

在陕西省汉中市勉县城西两公里的古金牛道（108国道）南侧继光村七组郑宝军家门口东侧，立有一通“大明万历十九年（1591）孟冬月，汉羌兵备太原万自约题书”，由“汉中知府郭显忠”等刻立的“汉丞相诸葛武侯墓”指路碑，亦称“望碑”。碑高3米，宽118厘米，厚32厘米。碑座长120厘米，宽90厘米，高24厘米，保存完好。在历史上，这里是通往定军山下武侯墓的必由之路，此碑告知往来秦、蜀间的行人，由此向南，便是汉丞相诸葛武侯之墓了，正因为如此，历史上一直称之为“指路碑”。

武侯墓位于勉县城南5公里的古战场定军山下二里西北角，距县城4公里。这里山环水抱，乔木参天，郁郁葱葱，绿海碧波，浓荫蔽日，一片林海，其中埋葬着三国蜀汉丞相诸葛亮遗体，属于中国独有，历史典籍都有记载，没有任何争议。

由于诸葛亮生前被封为“武乡侯”，死后被追谥为“忠武侯”，故世代尊称其葬地为“武侯墓”。

蜀汉建兴十二年（234）秋天的八月二十八日，诸葛亮为辅佐蜀汉帝业“兴复汉室”而病逝在第五次北伐曹魏的五丈原军中，时年54岁。临终前，曾遗命说：“死后葬汉中定军山，因山为坟，冢足容棺，殓以时服，不须器物。”根据他的遗命安排，后主刘禅在同年底，将其安葬在定军山下（见《三国志·蜀书·诸葛亮传》）。

诸葛亮遗命的这段话意思是：我死后要埋葬在汉中定军山下，傍山造坟就可以了，坟的大小以能放进一口棺材为准，入棺时不需要给我穿新衣服，就穿平时所穿衣服就行了，坟墓内不要埋葬任何陪葬品。

从诸葛亮生前在定军山下屯军八年的前后五次北伐曹魏，到死后遗命归葬在定军山下，为这里留下了丰富而著名的古迹文物。为此，笔者根据上述特点，曾经在武侯墓题写楹联：

诸葛屯兵斯地，自古沔阳多名胜；武侯归葬其间，至今定军是佳城。

诸葛亮一生，辅佐先主刘备与后主刘禅，“官至蜀汉丞相、封武乡侯、领益州牧”，堪称“摄一国之政事，行邦域之大权”，位极人臣，权重威高。可是，他死后却要遗命薄葬，一切从简，这与他生前的地位身份和当时的厚葬遗风形成了鲜明的对比。

据《水经注·渭水》记载：“秦名天子冢曰山，汉曰陵，官吏称墓，百姓为坟。”这就是说，秦朝天子墓叫“山”，如秦始皇墓叫“骊山”。汉代帝王墓葬叫“陵”，如长陵、安陵、杨陵、茂陵等。王侯将相和官吏的墓葬都称为“墓”，唯独老百姓的墓葬叫“坟”，在当时，这是不可改变的定制。可是，诸葛亮遗命将自己墓地称为“坟”，是要求他死后把自己按照老百姓的墓葬规格来对待，一切从简，越随便、越小越好，目的是不张扬、不侈化，以保持他一生名节，其廉洁之风，惊天地，泣鬼神，感人寰，让后世人莫不感叹。

又据《后汉书·王符传》记载说，汉代的厚葬之风盛行。当时，“京师贵戚，郡县豪家，生不极养，死乃崇丧，或至金缕玉匣，檽（nòu）梓楩（piàn）楠（用江南的梓、樟、楠等珍贵木材做棺椁），多埋珠宝，偶人车马（为死人用金银珠宝以及陶土、木、铜、铁等制成的人形与车马进行陪葬），造起大冢，广种松柏，庐舍祠堂，务崇华侈”。

这段话的意思是说，当时，京师和郡县有钱人家，在老人们还健在的时候，不去很好供养和孝敬爱戴，死后才去隆重办丧事，不惜花巨资，造大墓，植松柏，修祠堂，讲排场，进行攀比，把孝道完全体现在办丧事上。

从多年来全国各地考古资料来看，也证明了汉代王侯将相墓葬的奢华程度屡见不鲜。例如：河北省满城中山靖王刘胜墓、咸阳杨家湾汉墓、长沙马王堆汉墓、徐州狮子山汉墓、临沂画像石汉墓、甘肃省武威雷台汉墓等等。

已知被发掘的汉代王侯将相墓葬，绝大多数是在即位后就开始造墓，一造就是几年甚至几十年，所以，墓葬不但规模大，品位高，埋葬的物品极为丰富，而且还有大量珍贵的金银珠宝、生活器皿，以及车马等随葬品。更重要的是，不少王侯将相还是多层丝绸或者金缕玉衣裹身，用珍稀的楠木、香樟木做多层彩绘棺椁，同时，还采取了种种防腐措施，以求尸体不腐烂，其耗资之巨大，真是难以估算，在当时，这种奢华的厚葬之风盛行。

1. 诸葛亮遗命薄葬的思想内涵

诸葛亮遗命前两句，“死后葬汉中定军山，因山为坟”，是指“凭借”定军山为坟地，因为这里不但是蜀汉的北大门和军事要隘，而且是当年老将军黄忠大战定军山袭杀夏侯渊的古战场，亦是先主刘备设坛称“汉中王”，为后来建立蜀汉政权而最终促成三国鼎立的根据地，更是诸葛亮屯兵八年，进行五次北伐曹魏的军事大本营。他曾在定军山下“教兵演武，推演八阵图，造木牛流马”，进行一系列军事活动，还“休士劝农”，因地制宜兴修水利，发展农业生产，解决军需供给，为当地老百姓造福，他一生中最辉煌的业绩和希望都在汉中定军山下。所以，定军山既是蜀汉基业的成功象征，也是他实现“北定中原，兴复汉室”的希望。可是，他没能实现自己的意愿，因此遗命要“死后葬汉中定军山”，是想证明他人虽已死去，可他要利用自己死虎的余威，来激励蜀汉的将士，始终以汉中定军山为根据地，继续北伐曹魏，捍卫蜀汉江山。

至于“因山为坟”，并不是要求在定军山打洞作穴入葬山中，而是确立安葬的具体方位，属于广义词，武侯墓在定军山下西南角二里就是如此。

据北魏地理学家郦道元（？—527）编著的《水经注·沔水》第27卷记载说：“诸葛亮之死也，遗命葬其山，因即地势，不起坟垄。”

这说明，距诸葛亮死后200多年的武侯墓，当时是有坟而看不见较大坟冢。所以，当初的墓形和大小，我们已经不得而知。

今天武侯墓的汉代“覆斗式”墓形，则是1979年笔者在主持武侯墓近百年来大维修时，为保护武侯之墓而按照汉代王侯将相墓葬风格，加土200多立方所形成的，当时，还在墓周用青砖砌有八卦形护栏，属于现代保护文物古迹措施的产物，1996年才改为石雕护栏。

遗命后二句即“冢足容棺，殓以时服，不须器物”，简短三句话十二个字，才是诸葛亮廉洁自律、高风亮节的具体体现，堪称至真至诚，惊世骇俗，成为千古廉洁薄葬之典范。

正因为如此，蜀汉炎兴元年（263）秋天，魏国镇西将军钟会伐蜀取汉中来到武侯墓时，面对诸葛亮的薄葬孤坟感慨万千，肃然起敬，他不但用三牲大礼亲自祭祀了诸葛亮墓，同时，“令军士不得于亮墓所在刍、牧、樵、采”（见《三国志·蜀书·诸葛亮传》）。从此以后，这种保护制度一直延续了一千七百多年，才有了后来的“十里定军草木香”之盛誉。

就诸葛亮遗命薄葬而言，历代有不少文人学士赋诗歌咏。例如：

明代诗人吴天府《诸葛武侯》诗云："郦山穿穴亿万费，七十二冢滋疑忌。何如此冢卧空山，万岁千秋人洒泪"；明代诗人刁翼的《望定军山诸葛公墓》诗云："冢上一抔存汉季，松杉林立护祠楹"；清代乾隆年间汉中知府余翔汉的《诸葛公墓》诗云："今古荒坟半草莱，插旗山下墓巍哉。庙祠炳焕人千载，碑碣流传土一堆"；嘉庆年间略阳知县周书《谒武侯墓》诗云："孤忠双表在，遗憾一抔存"；清代文学家吴隆瑞《武侯墓》诗歌亦有"阿瞒疑冢今何在？不及先生土一垒"等（见清李复心《忠武侯祠墓志》）。

此情此景，真可谓"高风亮节足千古，心碑历历祠墓前"。

在武侯墓的楹联中，对诸葛亮遗命薄葬也不乏感叹赞誉。例如：

"一抔犹是汉家土，七尺争瞻丞相坟"（清嘉庆汉中知府祝曾题书）；

"前书案，后笔峰，看几亩青畴，数千载隆中宛在；襟军山，带沔水，留一抔黄土，四百年汉祚犹新"（清嘉庆武侯墓祠主持道人李复心题书）；

"我居白河水东，与南阳原系比邻，知当日避难躬耕，人号卧龙，自况管乐，未出茅庐即名士；公葬定军山下，为汉中留此胜迹，寿终时对众遗命，地卜嘶马，墓勿丘垄，能禁樵牧是佳城"（民国十五年宛城唐河县生员王恒鉴题书）；

"生为兴刘尊汉室，死犹护蜀葬军山"（光绪庚辰冬，蜀州李士瑛题书）；

"沔土一抔存帝业，汉江千里照臣心"（清乾隆沔县知县董书题书）等等。

总之，武侯墓的碑碣、匾联和历代诗歌，莫不对诸葛亮勤政廉洁和功德业绩品评赞誉。

时至今日，武侯墓为全国第四批重点文物保护单位，国家 AAAA 级旅游区，先后被汉中市和陕西省公布为"爱国主义教育基地"和"诸葛亮廉政思想教育基地"，用诸葛亮勤政廉洁思想世世代代教育世人特别是青少年，具有深远意义，凡游人来此观瞻，皆肃然起敬。

由于历代皆知诸葛亮死后是从简安葬，没有珠宝器物，加之世人对诸葛亮的尊崇敬仰，所以，他的墓从没有被盗记录和相关传说，这也是千百年来王侯将相墓葬没有被盗的范例。

2. 诸葛亮为何要遗命葬汉中定军山

自从诸葛亮葬在定军山下后，千百年来，不少文人学士、达官显贵或有志之士，以及庶民百姓，都来武侯墓凭吊，怀古钦英，纪念先贤，发思古之幽情，叹天下之兴亡。他们对诸葛亮的聪睿才智、丰功伟绩、勤政廉洁和忠君爱国思想尊崇敬仰，顶礼膜拜；对他辅佐蜀汉帝业，进行南征北伐，风餐露宿二十七年，最后病死在军中而发感叹。仰慕之中，很多人对他为什么不还葬山东故乡或者是厚葬于成都，而是遗命十分俭朴地归葬定军山下有些不解，因此，时而有人发问：诸葛亮为何不“树高千尺，落叶归根”，埋葬在家乡阳都？诸葛亮对辅佐蜀汉功劳最大，为什么不把他安葬在成都？定军山下墓葬是真的吗？

针对上述问题，笔者认为，综合考证史志资料，研究三国时政，再深入洞察武侯遗志，就对诸葛亮遗命葬汉中定军山的用意不难感悟领略，理由如下：

（1）还葬山东阳都故乡根本没有可能

诸葛亮出生于东汉灵帝光和四年（181）农历四月十四日，出生地为徐州琅琊郡阳都县的阳都城故里（今山东省沂南县砖埠镇黄疃村一带）。光和六年（183），诸葛亮3岁时生母病故，中平四年（187）7岁时，父亲诸葛珪去世，其兄诸葛瑾、其弟诸葛均和两个姐姐等五人皆由叔父诸葛玄照料抚养。

兴平元年（194），比诸葛亮大8岁的哥哥诸葛瑾（174—241）携家眷去了江东为东吴孙权效力。就在此时，扬州牧袁术任命好友诸葛玄为豫章郡（今江西省南昌市）太守，诸葛亮姐弟等随叔父赴豫章上任，离开了阳都县。没想到，东汉朝廷已经派朱浩往豫章任太守，朱浩先到，诸葛玄被拒之城外，根本无法到任。不得已，诸葛玄带诸葛亮姐弟投奔荆州牧（辖郡国7，县117，治所在今湖北省襄阳市）好友刘表，将诸葛亮姐弟托付给刘表，只身又去了豫章。诸葛亮就开始在荆州牧刘表开办的“学业堂”学习，一学就是三年。

建安二年（197），诸葛玄去世，这时候，诸葛亮两个姐姐也先后嫁给了荆州著名大户蒯越的儿子蒯祺和庞德公的儿子庞山民。17岁的诸葛亮便与弟弟诸葛均在当时南阳郡的襄阳隆中山自搭茅屋，开始了隐居躬耕自食其力的独立生活，从这时起，诸葛亮除在家耕读之外，开始拜师访友，议论时政，广交襄阳名人学士，积累了丰富知识，静观天下时局的变化。

建安十二年（207）冬天，汉室后裔刘备为了匡扶汉室，与“挟天子以令诸侯”的曹操争夺天下而东征西讨，由于势单力薄处处被动挨打，急需要贤良辅佐。在颍川名士徐庶、司马徽的举荐下，刘备三顾诸葛亮于隆中，恳请为之指点迷津。诸葛亮十分感激刘备屈尊“三顾茅庐”之恩，与刘备畅谈了自己对天下时局的看法，以及刘备应该怎样才能够兴复汉室一统江山，这就是著名的《隆中对策》。刘备如梦初醒，茅塞顿开，恳请诸葛亮出山辅佐，诸葛亮遂毅然决然出山，从此后跟随刘备忠心耿耿地出谋划策，使刘备由弱到强一步步发展壮大，最终建立了蜀汉政权。

白帝城托孤之后，诸葛亮受命全权辅佐后主刘禅治理国家，亲自率军进行南征平叛，五次北伐曹魏。自出山以来戎马生涯二十七年，勤勤恳恳，不辞劳苦，鞠躬尽瘁，死而后已，直到病故于五丈原军中，最后遗命归葬定军山下。

诸葛亮自兴平元年（194）随叔父诸葛玄离开出生地阳都后，再也没有回过阳都故里，其家乡早已没有了直系亲人。更主要的是，琅琊郡阳都县，三国时期自始至终为曹魏辖地。正因为如此，当年诸葛亮的“武乡侯”，也只能是借汉中之地封侯（在今汉中市汉台区武乡镇）。作为蜀汉丞相，诸葛亮怎能在死后还葬于无亲无故的魏国辖地阳都呢？因此，还葬故乡的说法根本不可能。

（2）还葬成都有威逼刘备陵寝、宗庙之嫌

不少人提出，为什么不把诸葛亮安葬在成都而要葬在汉中呢？这个问题，看起来说的似乎有道理，但从中国的传统伦理道德观念来看，就行不通了。

成都，是蜀汉国都，也是先主刘备葬地和宗庙所在地。诸葛亮生前辅佐先主“功盖三分、誉冠朝野”。白帝城托孤后，他又以“相父”之尊辅佐后主刘禅，巩固蜀汉基业，位极人臣。在这种情况下，诸葛亮如果还葬成都，必然会因“功高盖主”“誉高盖主”而威逼先主刘备之陵寝、宗庙，也会影响到后主刘禅的皇威和蜀汉政权的延续。

在“誉高盖主”方面，诸葛瞻就是一个例子。诸葛亮死后，儿子诸葛瞻（227—263）继任了武乡侯，先后出任骑都尉、羽林中郎将、射声校尉、侍中、尚书仆射、军师将军、行都护、卫将军。由于蜀汉人士都怀念诸葛亮，所以，大家都很喜欢诸葛瞻。正因为这样，每当朝廷颁布一项好的政令，尽管不是诸葛瞻建议倡导，百姓们都会互相转告说：这是“葛侯所为也”，诸葛瞻的美名在当时名过其实（见《三国志・蜀书・诸葛亮》）。

除此之外，成都武侯祠的称谓又是一个典型的例子。

章武三年（223）四月，刘备病逝于白帝城（重庆市奉节县）后还葬在成都，称“惠陵”，陵前为刘备修宗庙称“汉昭烈庙”，规模宏大，历经修葺，千秋供奉纪念先主刘备。但是，到了明朝初年，蜀王朱椿（朱元璋第十一子）在重建武侯祠时，在刘备殿后增补了“诸葛亮殿”，将诸葛亮并入了“汉昭烈庙”，形成了“君臣一体，魂魄相依”的格局，现存主体建筑是清康熙十一年（1672）重建刘备宗庙“汉昭烈庙”时的风格。这样一来，由于诸葛亮的声誉远远盖过了刘备，供奉纪念诸葛亮的人不但超过了刘备，而且百姓还将“惠陵”和“汉昭烈庙”的正确称号以“成都武侯祠”之名取而代之，臣之名盖过了君，人们只知道诸葛亮而忘却了刘备。因此，民国年间就有人题诗云：“门额大书昭烈庙，世人都道武侯祠；由来名位输勋烈，丞相功高百代思。”这个活生生的例子，就足以说明问题。

作为足智多谋，一生谨慎的诸葛亮，深知自己在蜀汉的威信与影响，他若葬在成都，不但不合礼制，而且在传统观念与社会影响力方面，无形中就会有

逼君、欺君之嫌，他的形象和威信肯定会在当代和后世大打折扣。正因为如此，诸葛亮害怕死后有人将他葬在成都，所以才遗命“死后葬汉中定军山”，生前安排好，以免节外生枝，发生不必要的误会与麻烦，这是完全正确的。

从传统的伦理道德观念考虑，后主刘禅也不可能允许将诸葛亮葬于成都的。比如说，诸葛亮死后 29 年之间，就有不少人提出要给诸葛亮在成都修建纪念祠庙，后主刘禅一直以“不合礼秩”为由而不允许。直到景耀六年（263）春天，后主刘禅才根据步兵校尉习隆、中书郎向充的联名上奏，在汉中沔阳的定军山下“近墓立庙”，修建了天下第一武侯祠。

至于诸葛亮为何要遗命葬汉中定军山，从当时历史背景和实际情况来看，他必须把自己葬在定军山下，只有这样，才有其深远的政治和军事意义。

（3）“死后葬汉中定军山”是最恰当的选择

汉中，是蜀汉国北大门，益州北部屏障，秦蜀之间行旅通商要津和兵家必争的军事重镇，“若无汉中，则无蜀矣”（见《三国志·蜀书·杨洪传》）。建安二十四年（219）秋，刘备夺取汉中以后，就在这里设坛称“汉中王”，为建立蜀汉政权奠定了坚实的基础。因此，汉中不但是益州的安全屏障，更是蜀汉政权的发祥地，固守汉中，就是保护蜀汉疆域和政权。

当初，诸葛亮在《隆中对》中就给刘备制定了占荆州、取益州、夺取汉中的战略决策。建安二十四年（219）关羽失荆州后，汉中的地理位置更加显得重要，它关系着蜀汉的存亡，因此，刘备与曹操为了争夺汉中，发生了“定军山之战”以后，刘备就牢牢控制着汉中，把汉中作为益州战略要地设险固守。

建兴五至十二年（227—234），诸葛亮北伐曹魏以来，始终以汉中为军事基地大本营，在定军山下屯兵八年，五次北伐的出军、退兵皆以此为基，同时，还在定军山下“教兵演武，推演八阵图”，又在此“休士劝农”，发展生产，“改革连弩，造木牛流马”，在定军山下建立了一系列丰功伟绩。毫不夸张地说，诸葛亮在汉中八年，是他一生中政治、军事、经济、科技、文化等方面业绩贡献的集中体现，更是他一生最辉煌的时期。

但是，诸葛亮八年中的五次北伐，未能实现“北定中原，兴复汉室”，让后主刘禅“还于旧都”在长安称帝的意愿，结果病死于第五次北伐曹魏的五丈原军中，落了个“出师未捷身先死，长使英雄泪满襟”（见杜甫《蜀相》诗文）的结果而留下了千古遗恨，成了后世评说的话题。

正因为如此，诸葛亮“死后葬汉中定军山”是对先主刘备的怀念，是忠君爱国思想的体现，亦是他对“鞠躬尽瘁，死而后已”辅佐蜀汉基业、北伐曹魏的眷恋。更重要的是，他要以自己的“死虎余威”震慑活着的蜀汉将士，希望他们牢牢地扼守汉中，护卫蜀汉帝业。教育和鼓励蜀汉将士，要求他们继续以定军山为基，北伐曹魏，去完成和实现自己的遗愿。根据当时的实际情况，诸葛亮只能选择葬在汉中定军山，这是他最明智也是最恰当的选择。

由此而论，“未定中原，此魄何甘归故土；永怀西蜀，饮恨遗命葬军山”和“生为兴刘尊汉室；死犹护蜀葬军山”，这才是诸葛亮归葬定军山的真正原因，汉中定军山是诸葛亮一生功绩和不朽精神的聚焦地，启迪后世学习和传承。

诸葛亮一生，为辅佐蜀汉帝业忠诚敬业，呕心沥血，勤政廉洁，光彩照人，他的功德业绩与聪明才智被历代歌颂，他的道德思想与人格魅力被世人尊崇。特别是，他生能舍己，死不还家的忠君爱国敬业献身精神为后世所敬仰和感叹，在武侯墓祠中，至今还保留着这方面的楹联，如：“故国不归，山河未遂中原志；忠魂犹存，道路争瞻汉相坟”等，准确地道出了诸葛亮遗命葬汉中定军山的缘由，更是对诸葛亮高风亮节的唱咏。

3. 蜀汉后主刘禅在安葬诸葛亮时御书的《诏策》祭奠文

建兴十二年（234）秋八月二十八日，诸葛亮病死在五丈原后，长使杨仪接替了兵权，护军姜维断后，护送诸葛亮灵柩从褒斜道退军回汉中，首先遇到了曹魏大都督司马懿的率军追杀。紧接着，又因为征西大将军魏延历来与杨仪不合，不服杨仪接替兵权，所以抢先沿途烧绝褒斜栈道，堵截杨仪退军汉中，护送诸葛亮灵柩的蜀汉大军遇到了麻烦。

正常情况下，五百里褒斜道地处深山峡谷，道路崎岖艰险，大军携带辎重行走也需要 20 多天，杨仪护送诸葛亮灵柩退军属于负重而行，进山以后大军沿途哭声动天，十分悲痛，行走速度缓慢。魏延又烧毁栈道进行截击，迫使大军走走停停，不得不逢山开路，遇水架桥，与魏延交战。如此算来，将诸葛亮的灵柩送到定军山下，需要两个月左右。

当杨仪把诸葛亮灵柩送到定军山下中军大营暂时安放后，就急速回成都向后主复命汇报，由后主安排诸葛亮的安葬事宜。

据《三国志 · 蜀书 · 诸葛亮传》记载说，同年底，后主刘禅御书《诏策》，也就是祭奠文的《诏书》，在定军山下正式安葬诸葛亮，同时派遣中郎将杜琼（？—250）持节进行宣读，对诸葛亮一生的功德业绩进行了高度评价，对诸葛亮的逝世表示深切的哀悼。全文如下：

惟君体资文武，明睿笃诚。受遗托孤，匡扶朕躬，继绝兴微，志存靖乱，爰整六师，无岁不征，神武赫然，威震八荒，将建殊功于季汉，参伊、周之巨勋，如何不吊（悼念祭奠的意思）？事临垂克，遘（gòu，生病）疾陨丧，朕用伤悼，肝心若裂。夫崇德序功，纪行命谥，所以光照将来，刊载不朽。今使使持节左右中郎将杜瓊，赠君丞相武乡侯印绶，谥君为忠武侯。魂而有灵，嘉兹宠荣。呜呼，哀哉！呜呼，哀哉！

《诏策》祭奠文的意思是：唯有诸葛君你文武全才，相当聪明睿智又勤政忠诚。自从白帝城托孤受命以来，你一直匡正扶持我这个皇帝，把中断的延续下去，衰落了的振兴起来，你的志向是保护国家安定而随时平息祸乱，于是你整顿全部的军队，没有哪一年不进行战争讨伐的，你的精神与英武风范是十分突出显赫的，其威力与声势震动了四面八方，你给蜀汉国家建立了特殊的功勋，你的功劳可以与商朝初年贤相伊尹、西周初年辅佐贤相周公相媲美，我为什么不来悼念祭奠呢？到了祭奠的时候我不得不垂泪而克制情绪，你生病而死亡，皇帝我用伤感的心情来悼念你，心、肝都快要撕裂了。我崇尚你的功德业绩为你记功，根据记录你的业绩进行追谥，目的是以你的光辉业绩来启迪后世，名垂青史。我今天特遣中郎将杜瓊代表我，赠给你丞相武乡侯印绶，追谥你为忠武侯。如果你的英灵有灵验，就会体会到我对你嘉奖与宠爱的荣誉。呜呼，哀哉！呜呼，哀哉！

从以上后主刘禅的《诏策》祭奠文中的"如何不吊？事临垂克，遘疾陨丧，朕用伤悼，肝心若裂"来看，当时在定军山下安葬诸葛亮时，刘禅亲自参加了安葬仪式，只不过特遣中郎将杜瓊持节宣读了《诏策》进行祭奠而已。这是诸葛亮死后最早由皇帝御书《诏策》祭奠文并且亲自参加的唯一祭奠仪式。从此以后，历朝历代帝王将相、达官显贵为诸葛亮进行祭奠的事例层出不穷，前后有 26 起，这在中华民族的历史长河中，对个人尊崇敬仰、顶礼膜拜的，也只有诸葛亮一个人，不能不说，真是个奇迹。

据《三国志·蜀书·谯周传》记载说："建兴中，丞相亮领益州牧，命周为劝学从事。亮卒于敌庭，周在家闻问，即便奔赴，寻有诏书禁断，唯周以速行得达。"

这段话是说：建兴年间，丞相诸葛亮兼任益州牧时，任命谯周为劝学从事。诸葛亮病死在曹魏管辖的五丈原前线，谯周在家中知道这个消息后，就立即奔赴诸葛亮逝世的地方。遂后朝廷就下诏禁止官员奔赴诸葛亮的丧地，只有谯周行动得早，得以到达。

可是，有人对这段话曲解为诸葛亮死后，后主刘禅就下诏禁止祭奠诸葛亮，唯有谯周对诸葛亮感情深厚，他不仅失声大哭，还不顾一切翻成都城墙前去汉中定军山下祭奠诸葛亮。这种认知对诸葛亮的忠君爱国和与刘禅的关系大相径庭，有必要纠正。

就《三国志》所有记载而言，根本没有后主下诏禁止祭奠诸葛亮之说，更没有谯周为之大哭而翻成都城墙去汉中定军山下祭奠诸葛亮，去的应该是诸葛亮逝世地五丈原军中。当时，朝廷官员知道诸葛亮病死在五丈原军中后，都想去看望，可五丈原属于曹魏管辖的前线阵地，路途遥远，交通不便，再加之征西大将军魏延与长使杨仪历来水火不容，诸葛亮临终前让杨仪代理兵权领军退回汉中，魏延不服，遂领军先行，沿途烧毁褒斜栈道，阻截杨仪退军，两人还纷纷向朝廷禀报，说对方谋反。在这种情况下，后主下诏禁止朝廷官员去五丈原丧地看望诸葛亮是正确的，而这时候谯周已经去了。正因为如此，这个诏书与禁止祭奠诸葛亮没有任何关系。

4. 历朝历代对诸葛亮的追封加爵

诸葛亮一生为了辅佐蜀汉帝业而“鞠躬尽瘁，死而后已”，他的忠君爱国、勤政为民、廉洁奉公思想以及聪睿才智，汇集了中华民族所有传统美德，堪称家喻户晓，妇孺皆知，有口皆碑，获得了华夏民族世世代代的普遍爱戴和尊崇敬仰。自后主刘禅建兴十二年（234）底在定军山下安葬诸葛亮时御书了《诏策》祭奠文后，历朝历代的帝王为了维护政权统治，大都把诸葛亮作为典范与楷模，极力效法推崇，纷纷为他追封加爵。

据李复心《忠武侯祠墓志》中的《忠武侯爵谥暨历代追封考》和南宋祝穆编撰的《方舆胜览》、南宋王象之编撰的《舆地碑目》等史料记载而知，诸葛亮死后，曾经先后被历朝历代追封加爵进行祭祀。比如：

据南宋史学家祝穆（？—1255）编著的《方舆胜览》卷五十一《成都府路》记载说：东晋穆帝司马聃永和三年（347），荆州都督“桓温平蜀，夷少城，犹存孔明庙，后封武兴王，至今祠祀不绝”。

唐玄宗时期，认为诸葛亮属于历史上典型的贤相，所以，下诏“置祠宇祭”（见宋元时期学者马端临编著的《文献通考》卷十三《宗庙》）。

唐肃宗李亨上元元年（760）闰四月十九日，下诏说：“太公望可追封为武成王”，于是设“武庙”，追封姜子牙为“武成王”主祭祀。同时祭祀的还有西汉开国功臣张良、春秋时期齐国大司马田穰苴、春秋时期齐国军事家孙武、战国时期燕国上将军乐毅、战国时期秦国名将白起、西汉三杰之一的淮阴侯韩信、三国蜀汉丞相诸葛亮、唐朝卫国公李靖、唐朝英国公李勣。在这十个人中，诸葛亮为“十哲”之一。

唐昭宗李晔光化三年（900），下诏封诸葛亮为“武灵王”，同时在襄阳隆中还立有《改封诸葛亮为武灵王记》碑刻（见《襄阳金石略》《隆中志》）。

五代时期，前蜀的王建永平二年（912），封诸葛亮为“安国王”。

北宋太祖赵匡胤建隆三年（962），封诸葛亮为“忠惠仁济显应王”。

北宋徽宗赵佶政和二年（1112）下诏，定位将历史上文治武功的典型人物孙武、管仲、乐毅、诸葛亮、范蠡、田穰苴、韩信、李靖、郭子仪、李勣十位著名人物进行祭祀，诸葛亮仍然是“十哲”之一。

宣和五年（1123），徽宗赵佶又封诸葛亮为“顺兴侯”。

南宋乾道四年（1168），诸葛亮被封为“威烈武灵仁济王”（见《宋史·礼》105卷）。

元代英宗至治元年（1321），皇帝硕德八剌下诏，封诸葛亮为“威烈忠武显灵仁济王”（见《元史·英宗》卷28）。

明洪武二十一年（1388），太祖朱元璋“定帝王庙，崇祀名臣风后三十七人，忠武武乡侯之位在其内”（见《明史·太祖本纪》）。

嘉靖年间，仿照唐代制度，“立武成王庙，诸葛亮乃入祀”（见2014年《成都大学学报》第二期刊载刘森垚（yáo）的《论历代的诸葛亮祭祀——以官方祭祀为中心》文章）。

到了清世宗雍正二年（1724），皇帝胤禛“特旨以（武）侯从祀孔庙，诚旷典也”（见《清史稿·世宗本纪》）。也就是从这时候起，开始把诸葛亮与文化圣人孔子一起进行祭祀了，从此以后，诸葛亮就被视为历史上的圣人、神人供奉。

正因为上述原因，在今天勉县的武侯墓、祠内，都有“崇圣祠”配享建筑，里边有历代给诸葛亮追封加爵的牌位，这在全国各地其他武侯祠庙中，是独树一帜、绝无仅有的。

5. 武侯墓的历史沿革及珍贵文物

武侯墓古迹区占地面积究竟是多少？从无史志资料与碑文记载。据笔者1978年实地测量而知，武侯墓古迹区占地面积364亩，中轴线为北偏东75度，现有外山门、读书亭、乐楼、青龙桥、内山门、东西厢房、献殿、正殿、前坟亭、寝宫、后坟亭、东西道院、思古亭、卧龙亭、万古云霄亭等清代仿古建筑50余间。

武侯墓四面环山，东有书案梁，北有土地梁，西有笔峰山，南有武山岗，中间平坦宽阔而隐蔽，定军山还香沟的溪流从武侯墓门前由南向北注入沔水，堪称山环水抱、藏龙卧虎的风水宝地，在汉柏参天郁郁葱葱的内院正中，埋葬着诸葛亮的遗体。

据道光年间的《忠武侯祠墓志》记载：“堪舆学”（用周易占卜看风水）

称武侯墓是“九龙捧寿”之佳地。如果你站在高处看武侯墓，一周的土山环绕，似九条龙盘绕，中间平坦，武侯之墓在中间，围绕墓葬的则是众多的千年汉柏，堪称古树参天，浓阴蔽日，显得十分宁静肃穆。近前观瞻，你会看到在苍翠欲滴的树木掩映下，画栋雕梁的重重殿宇，错落有致，曲径通幽，给人一种古朴、庄重的神秘感。

武侯墓有内外两道墙垣护围，形成了内外两道山门。其中，外山门与外围墙，是1982年县政府正式划界后，1984年开始规划设计，属于重点保护区域。由于工程范围较大，涉及周边的土地、拆迁、搬迁诸多问题，需要循序渐进逐年进行施工，直到1994年清明节后才正式完善竣工，主要是为了保护武侯墓古迹区山林以及相关的古迹文物。

内山门以内，是历史遗留下来并经过多次维修的古建筑群体，保留至今的22株汉柏与两株“护墓双汉桂”以及诸葛亮墓葬，都是蜀汉时期货真价实的国宝级珍贵文物，典籍均有记载，因此，内山门以内是绝对的核心保护区域。

笔者从武侯墓最后一个道人——勉县新铺人蔚礼德（1971年去世）口中得知，新中国成立以前，武侯墓一直由主持道人组织管理，每年清明期间都有隆重的庙会，声势浩大，这种庙会自后主刘禅下诏在这里修建了天下第一武侯祠以来，已经延续了1700多年。

抗战时期，武侯墓是西北农学院创设之地。解放战争时期，这里是国民党第83伤残医院所在地，蒋经国、于右任都曾来过，属于军事管制地域。

当时，西北农学院和83伤残医院出于建校和安葬病死的伤员需要，疯狂砍伐武侯墓汉柏等古树名木，严重破坏了文物古迹和森林植被，54株珍贵汉柏，现在仅存22株。

新中国成立后，武侯墓古迹被当地人民公社、小学校、信用社、兽医站、农械厂五个单位分割占用。当时，武侯墓的道人除留下朱道（1953 年去世）和蔚道二人管理庙产之外，其余道人被遣散还俗，古迹区土地划归给当地生产队所有，厢房、献殿、正殿、坟亭等房屋一律被改作教室或者办公用房，正殿的诸葛亮神龛也成了学生宿舍。虽然武侯墓 1956 年被陕西省人民政府公布为重点文物保护单位，但是这里早已被各单位占用，造成了园中杂草丛生一片狼藉，很难有效进行保护。“文化大革命”期间，由于当地群众对诸葛亮尊崇敬仰，所以自发地保护武侯墓古迹，因而没有遭到大的破坏。

1972 年初，笔者以县文化馆文物干部身份，向武侯墓人民公社借用了厢房半间作为临时文物库房，存放从“农业学大寨”抬田造地中征集来的数千件文物。1978 年，开始雇佣业余文物保护员打扫环境卫生，看护库藏文物与古迹山林。同时，根据从中科院考古专业所学知识，对文保人员进行培训，开始给馆藏文物与武侯墓古迹资产登记造册。与此同时，每年利用清明庙会都因地制宜举办文物陈列和相关展览，接待当地老百姓自发祭祀诸葛亮，参观陈列展览，这样一来逐步恢复了中断多年的武侯墓历史性清明庙会。

在当时极左思潮的大环境下，县革命委员会视武侯墓为“四旧”，属于查禁对象，所以，经常进行干预。

为了自力更生解决 8 名雇佣人员生活和古迹保护费用需要，笔者从 1977 年开始蜡版刻印自制门票，从二分、三分、五分、七分到一角，开创了武侯墓售票参观管理先河，引起社会的不同议论，最终得到了上级和社会的认可，陕西省文化厅领导也先后前来视察，为此，《汉中日报》和《陕西日报》曾经报道了笔者保护武侯墓的做法是正确的。

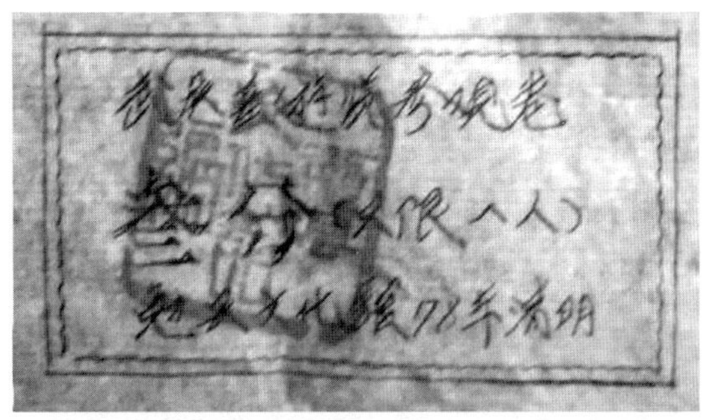

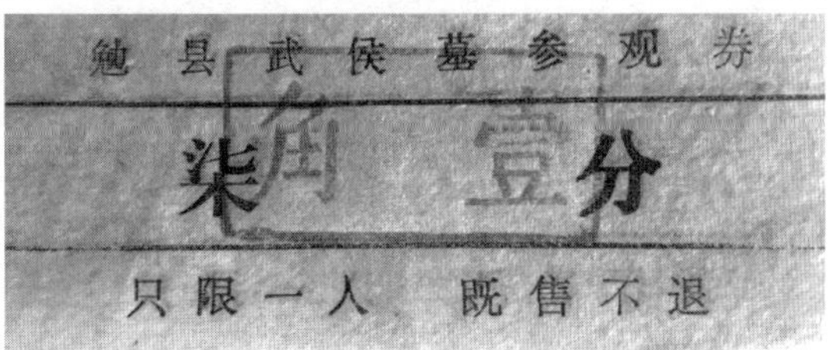

1978 年，在接待兰州军区政委萧华和陕西省委书记李瑞山来武侯墓参观时，笔者亲自导游讲解，受到了一致好评，借此机会，向首长争取到陕西省政府 10 万元维修专款，县上让笔者主持了解放后武侯墓第一次大维修，借助维修工程，部分占用单位不得不逐步搬迁，历时两年使武侯墓古迹焕然一新，奠定了勉县文博旅游事业发展基础。为此，笔者给县政府写申请报告，建议正式成立勉县

文物管理单位。1980年7月，县政府在武侯墓正式成立了“勉县文物管理所”，负责管理全县地上地下古迹文物，这是新中国成立以来勉县首次设立的文物管理机构，笔者为负责人。

从1977年起，汉江钢铁厂和阳安铁路都把定军山白云石作为必备材料大量开采，还铺设了三公里的专线铁路，不少单位与企业也借机在定军山开山采石作建筑材料，如此一来，定军山整天炮声隆隆，刚维修的武侯墓古建筑被震动得严重受损。笔者多次口头与书面向县政府汇报，希望得到解决，没想到却遭到批评指责，理由是：汉江钢铁厂属冶金部，阳安铁路属铁道部，都是国务院管理单位，地方政府管不了。再则说，靠山吃山，靠水吃水，定军山资源能为今天的经济建设服务，就是“古为今用”，合情合理。无奈之下，笔者只好以“勉县文物管理所”名义撰写了《定军山炮声隆隆，武侯墓危在旦夕》文章，向汉中地区、陕西省政府、人民日报、国家文物局、中共中央、国务院反映情况。《人民日报》1980年10月25日一版刊发，中央办公厅与国务院办公厅也同时批复，责令陕西省政府迅速调查处理，最终将定军山48家大小开山采石单位全部清除，恢复定军山原貌，确保了定军山与武侯墓的古迹文物安全。

1983年6月，根据文物保护和旅游事业发展需要，以及武侯墓、武侯祠、博物馆各具特色的现状，笔者建议县上撤销“勉县文物管理所”，分别成立了“武侯墓文物管理所”、“武侯祠文物管理所”和“勉县博物馆”。“武侯墓文物管理所”负责武侯墓的保护管理和旅游开发，“勉县博物馆”仍然在武侯墓内院办公，兼县文管会职责，负责全县地上地下古迹文物和藏品文物保护管理与研究，设计举办陈列展览，对外进行学术交流。

20世纪70年代以来，笔者先后在本县清理发掘古墓葬40余座，为勉县从无到有出土与征集收纳各类文物3600余件，存放在武侯墓保管，利用每年的清明节举办陈列展览，增加参观看点，武侯墓成了勉县博物馆的创始基地。

通过对这些文物的整理建档与修复研究，发现有数十件属国家孤品文物，填补了空白。笔者在《考古》《文物》《文物天地》《考古与文物》《文博》《农业考古》《四川文物》《成都大学学报》先后发表了数十篇研究文章，新华社等新闻媒体也多次报道，在国内外产生了一定的影响，因此，数十件珍贵文物被国家文物局与陕西历史博物馆组织赴日本、美国、英国、法国、德国、韩国、比利时、西班牙、意大利九个国家巡展，为国争光创汇。几十件文物被国家历史博物馆、中国军事博物馆、陕西历史博物馆征调收藏。直到1995年，根据国家文物局要求，勉县的馆藏文物才从武侯墓全部寄存在国家航天档案馆。

1982年3月，笔者联络成都武侯祠与襄樊隆中管理处，联合成立了

“川、陕、鄂诸葛亮研究会”，后来形成了全国性的“诸葛亮研究会”。

1987 年 10 月，文化部、公安部、国家文物局、国家安全局联合在成都召开的“全国文物安全保护工作会”上，特邀笔者在大会介绍经验，会后，文化部的《文物工作》、国家文物局的《中国博物馆通讯》刊载了笔者发言稿，《中国文化报》《中国文物报》也进行了报道。1988 年，被中国考古学会、中国博物馆协会同时接纳为会员。

1993 年，笔者在县政府安排下，编写了《武侯墓申报全国重点文物保护单位》资料，并陪同副县长、文化局长等人去省文物局和国家文物局，为武侯墓升级国保单位而忙碌。

1994 年清明节，笔者以武侯墓文管所所长和勉县博物馆馆长身份，举办了有史以来最大规模的清明文化庙会。由于笔者 1992 年 11 月通过新华社两次发表《诸葛亮后裔今何在》文章，被国内外数百家新闻媒体转载，产生了轰动效应，浙江省兰溪市诸葛八卦村诸葛亮后裔一夜之间就成为世人关注的焦点，因此，他们首次应邀组团十人前来武侯墓祭祖。与此同时，还邀请国家邮政总公司在武侯墓举办了《全国集邮联展》，发行了定军山、武侯墓、武侯祠为主题的 22 种三国邮票、邮品，请全国著名三国邮票设计大师邵柏林、陈全胜来武侯墓现场与诸葛亮后裔一起签名发售，成为这次庙会最有影响力的文化活动。因此，新华社、人民日报、中央人民广播电台、新民晚报、南方周末、陕西日报等 36 家新闻媒体现场报道了这次庙会概况，使全国各地数十万游人纷至沓来，云集武侯墓，争睹诸葛后裔祭祖风采，请他们签名留念，想从诸葛亮后裔身上寻找诸葛亮的影子。还有不少人排长队抢购邵柏林、陈全胜和诸葛后裔签名邮品。如此一来，武侯墓人山人海，摩肩接踵，热闹非凡。这次庙会的盛况，堪称前无古人，后无来者，至今人们记忆犹新。

1996 年，武侯墓被正式公布为全国第四批重点文物保护单位，又被国家旅游局批准公布为 AAAA 级旅游单位。在国家不断拨款整修前提下，武侯墓古迹景区逐步完备，知名度越来越高，吸引着国内外游人前来观瞻。

进入前山门，首先映入眼帘的是黄土岗上书案梁，据说诸葛亮当年曾在此读书故名。山梁虽然不高，却横亘于前、后山门之间，乔木参天，郁郁葱葱，是武侯墓内山门一道天然屏障，给人以曲径通幽的感觉。

书案梁上有“武侯读书亭”，这是后世人在

此修建的六角形攒尖式仿古建筑，以示纪念。亭子正中有“读书亭”匾额，题书者不详。

亭柱上有楹联一副，内容是：“案前晓色开，勤研万卷增明智；身后留余香，亘历千秋助美谈。”落款是：“江苏常州严金海（青海省海北藏族自治州州委书记）补书。”

书案梁山岗下有一座“乐楼”，俗称戏楼，为一年一度清明庙会期间祭祀诸葛亮时唱戏之用。每年此时，都会在这里通宵达旦唱 3—5 天的三国戏。

乐楼正中，有“与民同乐”匾额，左、右马门有“出将”“入相”匾额。

舞台中堂有楹联一副，内容是：“忠奸贤愚，聊假今形传古教；治乱安危，为助风化扮粉墨。”这些匾额与楹联，堪称画龙点睛，恰到好处，寓意深刻，全部是 1980 年 2 月武侯墓维修结束后，特邀陕西省文史馆馆员、汉中市著名书法家白日煦老先生题书的。

转过乐楼前绿草坪，是一座仿古单拱桥，称“青龙桥”，桥下小溪环绕墓区一周后蜿蜒而去汇入沔水，雄浑而古朴的石桥，衬托着武侯墓庄重的内山门。

过了拱形桥，会一眼看见内山门，两侧高大的汉柏郁郁葱葱，浓荫蔽日。这是景耀六年（263）春天，后主刘禅下诏在此为诸葛亮修建天下第一武侯祠时，栽植了 54 株汉柏，象征诸葛亮在生之年，属于货真价实的汉代文物。

内山门为硬山式，面阔三间，网格式斗拱。正面门楣上方，高悬光绪初年当地贡生戎良翰所题书的“武侯墓”金字匾额。

山门两侧是嘉庆七年（1802）汉中知府赵洵所题的楹联，内容是：“水咽波声，一江天汉英雄泪；山无樵采，十里定军草木香。”

这副楹联马上把你带入主题，让你进入肃然起敬的观瞻状态。

跨入山门，院内浓荫如盖，一股清幽、寂静的气息向你迎面扑来。特别是，两侧厢房的古建檐下、廊柱上匾联层层，内容与书体各异，或颂武侯高风亮节，或赞孔明聪睿才智；墙上壁画，寓意深刻，绘诸葛生平事迹及三国人物故事；院内碑碣林立，载武侯丰功伟绩，记历次修葺实况。此时，会令你不由自主地仰贤钦英，逐景览胜而发思古幽情。厚重的历史文化令人陶醉，品味其中，思绪万千，会使你赏心悦目，流连忘返。

举目正视，便是卷棚式“拜殿”，又名献殿，明三暗五，雄伟宽敞，是历代专门祭祀诸葛亮的场所。献殿内外上下，悬挂着层层匾额和楹联，高度颂扬诸葛亮的功德业绩。例如“将相师表”“功盖三分”“汉代元勋”“功崇亘古”“三代遗才”“两朝开济”“经济如生”“异域蒙恩”等。

楹联中，嘉庆年间沔县知县马允刚题书的“数亩疏筠，山光犹疑南阳卧；几林翠柏，鹃血常啼蜀道难”，以及武侯墓祠主持道人李复心题书的“前书案，后笔峰，看几亩青畴，数千载隆中宛在；襟军山，带沔水，留一抔黄土，四百年汉祚犹新”，把诸葛亮在此安葬比喻为“南阳卧龙”，堪称别具一格，寓意深刻，形容诸葛亮没有死，在这里继续隐居“卧龙”，永远活在人们心中。

左右东西厢房室内，是诸葛亮生平事迹及蜀汉在汉中重大活动泥塑展览。

在献殿前右侧一株千年汉柏上，盘绕着一棵寄生木本藤科花木，俗称“爬柏凌霄花”，以其攀爬古柏高出树梢而得名，每年夏至凌霄花开，满树红英，甚为壮观，具有“夏至藤花染绿树，七月古柏戴红冠”之感，因此古人曾以“千年古柏开红花”称颂。

据《忠武侯祠墓志》记载：“此花高雅、纯净、顶风、傲雪、入圣脱俗”，植于武侯墓象征诸葛亮为蜀汉帝业“鞠躬尽瘁，死而后已”的献身精神与高风亮节。

大殿紧连拜殿，正中神龛上供奉着诸葛亮高大塑像，右手抚膝，左手握卷，身披鹤氅，端庄持重，形象丰满，凝目沉思，神采奕奕，似运筹于帷幄之中。两书童侍立左右，一持剑、一捧印。神龛之上，有嘉庆二十年（1825）十一月，侍郎、督学使者韩鼎晋题书的“万古云霄”匾额。

殿内的柱子上，有楹联两副，内容是：“大业定三分，伊吕询堪称伯仲；奇才真十倍，萧曹未许比经纶。”落款是：“光绪戊寅（1878）仲冬（十二月），长安信士潘矩墉题书。”

另一副楹联内容是：“古石幽香名士骨；苍松翠柏老臣心。”落款是：“光绪戊子（1888）仲冬（十二月），豫章（今江西省南昌市）萧执中题书。”

龛下，左有关羽之子龙骧将军关兴（汉代和三国无此将军名称，为《三国演义》称谓，关兴实为侍中和中监军），右有张飞之子虎贲将军张苞（汉代和三国无此将军名称，张苞早年就死去，未曾有许多业绩，《三国演义》虚构了业绩和官名）的大型立式造像，英俊威武，栩栩如生。

据《忠武侯祠墓志》记载，这批造像系明代万历年间（1573—1620）的遗物，是全国现存武侯祠庙古迹造像中历史最悠久、造型工艺最精湛的珍贵文物。

大殿两侧墙壁上，悬挂着岳飞手书前、后《出师表》木刻吊牌，内容精辟，书法遒劲，游人至此瞻像读表，莫不浮想联翩，感慨万分，肃然起敬。

尽管这组造像工艺精湛，美不胜收，有悠久的历史艺术价值，在全国武侯祠庙造像中是最早而比较美观具有代表性，可不难看出，这明显是按明代舞台艺术形象而设计雕塑的，就诸葛亮的丰满造型与服饰装束及两个书童的出现，肯定与历史本来面目有不小的差距。因为，做丞相后的诸葛亮操劳过度不可能丰满肥胖，服饰也应该是丞相装束而不可能身披鹤氅，更不可能有书童伴随左右，这明显是受舞台艺术与道家风范的影响。

需要说明的是，由于正殿新中国成立后一直是当地小学校教室，神龛上也是留校学生宿舍，因此诸葛亮的胡须被孩子们拔掉而光秃秃的。神龛下的关兴、张苞两尊大型塑像也因为影响孩子们读书视线而被推倒靠在神龛边沿，张苞的左臂膀与关兴的右臂膀都被严重损坏。1979 年，笔者负责武侯墓维修施工期间，利用在中科院考古专业所学修复技术，在找不到马尾毛的情况下，只好用少女头发亲自为诸葛亮安装了胡须；同时，扶正修复了关兴、张苞两尊塑像。为使其牢固，还策划指导工人师傅对关兴、张苞两尊塑像采用了特殊方法进行加固，表面处理进行彩绘后，根本看不出来任何痕迹。经历了 2008 年 5 月 12 日四川汶川 8 级大地震，两尊修复塑像没有出现任何异样，至今安然无恙。

出大殿后门，有一攒尖式四边形坟亭，亭内正中，高悬一幅光绪二十七年

（1901）八月，沔县知县徐兆兰题书的“双桂流芬”匾额，这是对应武侯墓前两株护墓汉桂所题的。

前坟亭内墙壁上，彩绘有“黄承彦踏雪寻梅”壁画，两侧有已故著名书法家张文德1984年补书的清代嘉庆七年（1802）夏钦命陕西提刑按察使司文濡（rú）所题书的楹联一副，内容是：“故国不归，山河未遂中原志；忠魂犹在，道路争瞻汉相坟。”这副楹联，把诸葛亮为什么葬汉中定军山的目的，以及后世人为什么来武侯墓争相拜谒祭奠诸葛亮的意义，说得清清楚楚，明明白白。

坟亭前面正中，有明万历甲午年（1594），陕西按察使赵健所立“汉丞相诸葛忠武侯之墓”墓碑，旁边有清雍正十三年（1735），果亲王（康熙皇帝的第17子爱新觉罗·允礼）所题刻立的“汉诸葛武侯之墓”墓碑各一通，游人至此，莫不肃穆静默，虔诚祈祷进行祭拜。

诸葛亮的墓冢在坟亭前的陵园之中，头西脚东，取“永怀西蜀”之意。

据北魏郦道元《水经注·沔水》卷二十七记载说：“诸葛亮之死也，遗命葬其山，因即地势不起坟垄。惟深松茂柏，攒蔚川阜，莫知墓茔所在。山东名高平（此指定军山下武侯坪），是亮宿营处，有亮庙。”

这段话的意思是，诸葛亮死后，遗命葬在定军山下，因其地理环境，就简单地安葬而有坟没有坟冢，唯一能够看到的是高大茂密的松柏，草木繁盛的山冈，不知道诸葛亮坟墓在哪里。定军山东面的武侯坪，就是诸葛亮当年做中军帐的宿营地，这里有诸葛亮的祠庙。

由此看来，诸葛亮当年安葬的确做到了不奢华不张扬一切从简，与当时普遍追求奢华葬俗的风气形成了鲜明对比，充分体现了他忠君爱国、勤政廉洁的高风亮节，不愧为后世人尊崇敬仰、顶礼膜拜的典范与楷模。

现在的武侯墓呈汉制“覆斗式”，高4米，直径21米，周长64米。这是笔者1979年为有效保护该墓葬，在主持武侯墓维修施工时，给墓冢按汉制“覆斗式”而加土200多立方的结果。同时，还在墓周砌以八卦形青砖护栏，表示诸葛亮生前在定军山下推演的“六十四阵八阵图”，1996年后才改成了大理石望柱和雕刻精美的护围裙板。

武侯墓陵园内外古树参天，浓荫蔽日，奇花异木遍布其间，尤以古柏为著。这是蜀汉景耀六年（263）春天，后主刘禅为诸葛亮“因近其墓，立庙于沔阳”，在武侯墓前修建天下第一座武侯祠时，栽植了54株汉柏，象征诸葛亮生年54岁。所以，李复心《忠武侯祠墓志》记载说：武侯墓有“蜀汉所植汉柏五十四株，象征武侯在生之年”。由于代远年湮，沧桑多变，现仅存22株，株株挺拔苍翠，高达30余米，冠幅18—20米，直径都在1米以上。

据笔者1978年实测武侯墓占地面积与平面布局发现，这些汉柏都以不规则形布局，环围武侯墓冢栽植，似八卦太极图，而墓冢正好是太极图心，所以这些汉柏的株距和行距都没有规律，原来它们是按照八卦的爻线长短规律来布局的，由于大部分汉柏已经不在了，因此一般人很难看清楚栽植规律。

在武侯墓头有两株“护墓双汉桂”，高19米，冠幅25米，胸围约3米，年年开花，香飘四野，始终护卫在武侯墓前，是武侯墓古迹的一个重要标识。

据《忠武侯祠墓志》记载：这两株丹桂栽植

于蜀汉景耀六年（263）春，后主刘禅为诸葛亮修祠之时，与这里汉柏同龄，是货真价实的汉代文物，在全国武侯祠庙中独有，被汉中市定为“市树”。

为了确定这些汉柏、汉桂是不是蜀汉时期的真正文物，1979 年 9 月中旬，笔者通过在北京的老师王振铎、罗哲文等，特邀北京林学院著名专家陈俊宇、张天霖、杨乃琴等 5 人专程来勉县，对武侯墓、武侯祠所有古树名木进行科学技术鉴定，确认这批汉柏、汉桂属于 1700 年以前所栽植，是汉代文物，这与《忠武侯祠墓志》的记载相吻合，堪称不可多得的国宝。

据北京林学院专家说，凡是汉桂者，必有五瓣以上花瓣，否则就不是汉桂。

有趣的是，《忠武侯祠墓志》记载说：“墓后桂树数围，独结子，为蜀汉不径见者”，但是，据笔者多年观察，每年八月桂树开花，有 5—8 瓣，花色金黄，香飘四野，沁人心脾，故有“十里定军草木香”之誉。更为奇特的是，同月之中，桂花有连开三四次的情况，然而，从来没有看见有桂籽。

在墓后有一座硬山式“崇圣祠”仿古建筑，面阔三间，进深一间，是崇尚圣人诸葛亮的祠堂，里面供奉有历朝历代对诸葛亮进行追封的牌位，老百姓称为“寝宫”，认为这是诸葛亮灵魂休息的地方。

寝宫门口上方，有一方光绪二十年（1894）仲春（三月）沔邑庠生张廷贤题书的“先生之风”匾额。柱子上悬挂光绪庚辰（1880）冬天，蜀州（今四川省崇州市）李士瑛题书的楹联一副：“生为兴刘尊汉室；死犹护蜀葬军山。”该楹联一语道破了诸葛亮一生为了兴复汉室忠心耿耿辅佐蜀汉帝业死后为保护蜀汉基业而遗命要归葬汉中定军山的真正原因。

需要说明的是，此楹联的上联木质严重腐朽、下部缺一字，1979 年复制时，笔者根据楹联内容，为其补书了缺失的“室”字，才使其内容完整。

在“崇圣祠”右侧檐下，有一株 400 年之久的紫薇树，属落叶亚乔木，开紫红色小花，花期约百日，故又名“百日红”。用手轻轻搔摸树干而枝叶就会微微晃动，故俗称“痒痒树”，游人至此争相摸树搔痒，年复一年，竟将树干摸出一个十厘米大的洞。不过它的后代已经成活，伴随着死去的老树茁壮成长。

院里院外，还有四五百年树龄而不长刺的“古皂荚树”，亦有果汁香甜的“黄果朴”树，每到果实成熟时期，鸟类争相栖息觅食果汁，使古迹中百鸟齐鸣。

除此之外，有枯而不腐的古黄连树以及夜合欢、栎树等，把武侯墓陵园装点得神奇而清幽，难怪有游人参观后感叹地说：“诸葛亮人奇事奇，高深莫测，流芳千古，连其墓地的花草树木也奇异而珍稀。”

6. 武侯之墓无异说

多少年来，游人最关切的是诸葛亮是不是真的埋葬在这里，不少人还询问：诸葛亮真的就埋在这吗？听说他有七十二个假墓是真的吗？我们的回答历来是肯定的，诸葛亮真的就安葬在这里，是没有任何疑义的，他根本就没有什么假墓，更没有七十二个假墓。具体说来，可靠的证据有以下几点：

其一，关于诸葛亮安葬在定军山下的说法，《三国志・蜀书・诸葛亮传》记载是最早的，也是唯一的，就其安葬说得清清楚楚，明明白白，后来所有史料都是根据《三国志》而转录记载的，根本没有其他异说，因此，不存在其他地方还有诸葛亮墓葬的说法。

其二，当年安葬诸葛亮时蜀汉后主刘禅与文武官员大都亲临现场，29 年后刘禅在武侯墓前修建天下第一武侯祠时，大部分官员都还健在并且参与了这次活动，他们还在墓周栽植了 54 株“汉柏”，又在墓前栽了两株“护墓双汉桂”，这些“汉柏”特别是“护墓双汉桂”就是最好的见证，当时人最清楚诸葛亮就葬在这里，毋庸置疑，我们后代人根本没必要胡乱猜疑。

其三，墓葬在整个建筑中轴线上，建筑配系合理，符合中国古代达官显贵墓葬安置的意识形态。

其四，70 年代，汉江钢铁厂和阳安铁路修建中，测绘单位都住在武侯墓区，由于对武侯墓的真伪十分感兴趣，他们都不约而同私下对武侯之墓进行过物理手段的科学探测，结果，确认是货真价实的汉墓。

特别是，1978 年笔者对武侯墓占地面积和平面布局进行测量制图时发现，所栽植汉柏是围绕武侯墓一周，形似八卦太极图，而武侯之墓正好在“太极图”图心，难怪现存的 22 株汉柏株距、行距都不成规律，原来它们是八卦太极图长短爻线的体现。墓葬是太极图心，四周的汉柏体现爻线，是当年蜀汉官员所栽植，这都是铁的见证。除此之外，当年笔者在没有对武侯墓加土之前，使用考古钻探工具“洛阳铲”对武侯墓进行过钻探，确认是汉墓，为此，我们才给院中这座墓葬按照汉代风格“覆斗式”加了 200 多立方土，栽了兰草，又砌了八卦形护栏，进行保护，成为今天形制。

笔者认为，武侯墓园中的汉柏、汉桂是证明诸葛亮墓葬所在位置的铁证，是根本无法复制的。如果有人想伪造，不管伪造者再有钱或者再有权，可再造墓葬，也可再修建更加辉煌的建筑群，但是，唯独没有能力把当年栽植在墓前的“汉柏”，特别是“护墓双汉桂”这些铁证进行移植。因此，武侯墓园中的武侯墓葬，没必要怀疑其真实性，更没必要臆断、瞎猜，胡说八道，混淆是非。

武侯之墓在陵园中轴线上，无可非议，但是，在寝宫西南围墙边土岗上，还有一座“真墓”，墓前建有歇山式“后坟亭”三间。正中门楣之上，悬挂有同治六年（1867），沔县右营都司（地方带兵武官）向懿题书的匾额“君子人也”。两侧门柱上，有 1984 年汉中著名书法家张敏之补书嘉庆七年（1802）夏，钦命提督甘肃全省军门杨遇春题的楹联，内容是：“二表竭臣忠，鞠躬尽瘁不负南阳三顾；一心扶汉祚，拓土开疆卒书正统两朝。”

亭子之内，立有一通中华民国五年（1916）仲冬月（农历十一月），沔县警佐安徽桐城人倪益三与沔县第二科主任安徽怀宁县人王杰三共同刻立的碑刻“汉丞相诸葛忠武侯之真墓”。碑高 148、宽 75、厚 16 厘米，保存完好。

碑刻的左侧，还有“前署沔县知事皖太湖余经权”撰写跋语，内容是：“余从戎幕，驻防沔阳，阅忠武侯祠墓，即知墓有二冢，一真一赝。及登山瞻拜，观墓旁屹立两碑信而有时。同乡王君锌青，倪君几襄，捐资鸠工，环绕垣墙，并伐石立碑，嘱余述其颠末。”

后坟亭的出现与“真墓”碑刻的存在，就给不少游客造成错觉，误认为园中墓葬是诸葛亮的“衣冠冢”，而围墙边土岗上的“真墓”才是诸葛亮真墓。甚至还有人按照民间传说，认为是诸葛亮当年修建了好多假墓，等等。这座所谓的“真墓”究竟是怎么来的呢？说起来，还有一段离奇而寓意深刻的历史故事。

7. 武侯之“真墓”的由来

据《汉中府志》《沔县新志》《忠武侯祠墓志》等方志和《王军门碑记》记载说：清嘉庆初年（1796—1797），川、楚“白莲教”起义军将领高俊德、马怀礼、高三、马武率部攻打汉中各县，势如破竹，声势浩大，一夜之间，诸多县城皆被攻占，地方官府根本无法抵抗。汉中知府赵洵急速向陕西巡抚松筠（1752—1835）报告，请求派军队前往汉中“剿灭教匪”。松筠闻讯后，立即派身边最能打仗的将军西安布政使毛振寿率军来汉中与白莲教作战，不料，毛振寿一接战，就被马武所杀，清军溃败不敢再战。松筠无奈，只好向嘉庆皇帝告急，请求朝廷支援。嘉庆皇帝立即“从京城派镇协王韩嘉业、军门王文雄和鲍贵”三人率部赴陕西由松筠指挥协同作战，消灭白莲教。为了协调作战的便利，嘉庆皇帝给松筠加官“陕甘总督”（西北地区军政最高官员），让其统领西北地区军政官员，亲率大军，全力剿灭汉中“白莲教匪徒”。

嘉庆四年（1799）十二月，松筠亲率大军浩浩荡荡地来到了汉中，在敌强我弱的情况下，白莲教起义军为了避其锋锐，就分散活动，不与清军正面交锋，开始与清军打游击，松筠只好就地驻扎，与白莲教军周旋。

松筠是“八旗子弟”，正蓝旗人，精明能干，48 岁就任了“陕甘总督”，堪称是八面威风。可是，他从来没到过汉中，这次有时间游览当地名胜古迹，忙里偷闲，凭吊诸葛武侯，甚是欣慰。当时，松筠想凭借武侯墓也给自己青史留名，所以他在武侯墓前突发奇想地说：“诸葛武侯遗命说因山为坟，此坟冢却不在山上，违背了丞相意愿，可能是假的。”此言一出，陪同的文官武将都十分惊愕，无言以对，唯有随行幕僚风水先生谭南宫“精于堪舆之学”，所以，他心领神会地在陵园西南角装腔作势转了一圈，突然大喝一声：“大人言之有理，真坟果然在此。”松筠问谭南宫：“先生之说何以为据？”

谭南宫回答说：“我以风水而定，武侯之真墓就在这里。”

堪舆学，就是用周易八卦预测定夺去向、方位，决定某件事能干或不能干。几千年以来，由于科学技术不发达，人们认识社会事物的意识形态有一定的局限性，因此，堪舆学不但涉及中华民族衣食住行的方方面面，而且还十分兴盛有地位。正因为如此，在封建社会有些军队中，也曾设置风水先生，关键时候用看风水来参谋定夺是否可以出兵打仗与安营扎寨相关事宜，堪称一人之下万人之上，无人敢反对。

松筠当时一听十分高兴，他要的就是这样的结果，遂命沔县知县马允刚说：“限期一月竣工，在此垒土加坟，以实其说。”同时，还让兰州太守龚景翰，写一篇文章记载此事，以求传承而青史留名。

马允刚，直隶开州（今重庆市开州区）人，举人出身，嘉庆初年白莲教起义军攻打沔县时，当时的知县由于惧怕白莲教军，连夜带领家眷弃城逃跑，因此沔县知县空额，松筠到汉中来时，就带来了马允刚补缺。但是，马允刚还没有来得及到县衙报到，就接受了松筠"限期一月竣工，在此垒土加坟，以实其说"的任务而不敢怠慢，"新官上任三把火"的第一把火，就在 1799 年 12 月，亲自监造了所谓"真墓"。自此以后，武侯墓就出现了真、假墓之说，不了解真相的人都认为园中墓葬是"衣冠冢"，后边山坡才是诸葛亮的"真墓"，这种说法延续了 170 多年，直到 1978 年才开始逐渐被笔者以历史事实纠正过来。

当初，接待陪同松筠参观武侯墓的还有一个关键人物，他就是武侯墓祠主持道人李复心。

李复心（1763—1822），道号虚白，四川成都人，自幼出家，嘉庆至道光年间（1796—1850），他就在武侯墓、祠修道管理三十年，学问高深，很有造诣。所以，他对松筠造所谓"真坟"的所作所为十分反感，但当时他敢怒而不敢言，否则就会引来杀身之祸。事后，他根据自己掌握和搜集的所有资料，开始编写《忠武侯祠墓志》专著，道光三年（1823），完成了该专著的四部七卷文字和图版的雕刻与装订，成为我们后来研究了解定军山和武侯墓、武侯祠等三国史迹文物的可靠资料。《忠武侯祠墓志》详细记载了定军山、武侯墓、祠的历史沿革、四至边界、遗存文物、珍贵树木、诗词歌赋、八阵图与武侯之墓、武侯祠当时的现存状况，还刻绘了图版 41 幅。但是，他除了把松筠来此造所谓"真坟"的全过程记录下来外，并不承认所谓"真坟"，还提出了针锋相对的反驳。例如，他在《忠武侯祠墓志》里特别强调说："正殿之后大冢岿然，自汉至明一千三百余年曾无异说"，这就说明，在这以前，根本就没有什么真、假墓之说。

自古至今，武侯祠庙遗迹遍布全国数十个省近百处，堪称比比皆是。然而，定军山下的武侯之墓，是中国唯一的、独有的，是没有任何争议的。

需要说明的是，20 世纪 80 年代以来，笔者曾多次被岐山县邀请，为五丈原诸葛庙的规划建设发展旅游业而出谋划策。90 年代初期，笔者曾给五丈原诸葛庙文管所所长梁祚祯建议说，建兴十二年（234）秋天，诸葛亮病死在第五次北伐曹魏的五丈原军中，曾停尸多日于此，虽根据其遗命归葬在定军山下，可是，为了发展旅游业，提高吸引力，增加看点，完全可以在五丈原修建一个诸葛亮"衣冠冢"以示纪念，将很有意义。这个建议，被梁祚祯所长采纳并很快付诸实施，正因为如此，五丈原就有了诸葛亮"衣冠冢"纪念景点。除此之外，全国各地根本就没有任何形式的诸葛亮墓葬，这是肯定的。

8. 民间传说曹操和诸葛亮都有七十二疑冢又是怎么回事

在国内民间，由于受《三国演义》的影响，一直流传着曹操和诸葛亮都有七十二疑冢之说，这些说法从何而来？究竟是怎么回事呢？

据南宋吉水（今江西省吉水县）人罗大经（1196—1252）所著《鹤林玉露》卷三记载说："漳河上有七十二冢，相传云曹操疑冢也。"

他还说，当代官至参知政事的诗人俞应符（？—1222）有诗题曰：

生前欺天绝汉统，死后欺人设疑冢。人生用智死即休，何有余机到丘垄。人言疑冢我不疑，我有一法君未知。直须尽发疑冢七十二，必有一冢藏君尸。

这首诗的意思是说，曹操生前"挟天子以令诸侯"欺负了汉献帝，他儿子曹丕又篡夺了汉家江山，建立了魏国，绝了汉统，他死后又设了七十二座假坟蒙骗人，从生到死绞尽脑汁地欺骗人，甚至把骗人都用到坟墓上了。俞应符说，他人说曹操有七十二个假坟墓我并不怀疑。还说有一种办法大家不知道，如果一座一座地接着发掘七十二个疑冢，必定有一个坟埋藏曹操的尸体。

笔者认为，这本来是诗人的文学夸张和对曹操的诅咒，根本不可信。

据《三国志·魏书·武帝操》记载：曹操生于汉桓帝刘志永寿元年（155），死于建安二十五年（220）3月15日，享年66岁，谥号"武王"，葬于高陵（墓在今河南安阳市安阳县安丰乡西高穴村）。同年10月，曹丕威逼胁迫汉献帝禅让退位而称帝，国号"魏"，改元"黄初"，追谥曹操为"武皇帝"，庙号"太祖"，史称"魏武帝"。正因为如此，陈寿著《三国志》时，就以"武帝操"为开篇章。

当时，曹操遗命安排后事说：自己死后要"敛以时服，无藏金玉珍宝"。同时还要求"分香卖履"，把所藏的香分给妻妾家人，叫家人学会编织鞋子卖了生活。如此看来，曹操是主张简朴的。这说明，曹操是要求薄葬的，根本没有七十二座墓葬之说。那么，后世人为什么要说曹操有七十二座墓葬呢？

从历史的正统观念看，这主要是对曹操的贬低，是受《三国演义》的影响而认为曹操是一个典型的阴险诡诈的枭雄，特别是，他"挟天子以令诸侯"和他儿子曹丕代汉称帝这两点，在历史上永远是抹不掉的污点，因此，在其死后流传七十二座墓葬之说，实际是为了表明其阴险与诡诈，这种说法，是对曹操的贬低和鞭挞，并不是真正的历史事实。

可是，在社会上，特别是在汉中定军山一带，普遍有另外一种民间传说，说诸葛亮当年遗命安葬在定军山时，便秘密地让人给他在定军山下造了七十二座假墓，加上真墓共计七十三座。为什么会这样呢？原来诸葛亮一生谨慎，足智多谋，又熟读兵书，智慧超群，简直令他的死对头司马懿（179—251）佩服得五体投地，顶礼膜拜，所以，司马懿很想学到诸葛亮的智谋，可是没有机会。在这种情况下，诸葛亮在临死前就算定，司马懿肯定会来盗他的墓查抄他的兵书，就让人在假墓棺材内都装上用毒药煮过的所谓兵书，等司马懿来盗墓。

后来，司马懿果然来盗诸葛亮的墓，他挖一个墓，打开棺材一看全是兵书，再挖一个又是兵书，司马懿喜不自胜，拿起兵书认真阅读，而这些兵书内容写的都是“活治司马懿，死治司马懿”之类的话语，根本没有实际内容。诸葛亮知道司马懿度量大，肯定不怕骂，于是，便令人在书的纸张上都涂抹了毒药。但是，司马懿根本没想到，当时的兵书纸张很薄，必须要在自己的舌头上舔口水翻书，如此一来，不一会儿就把司马懿给毒死了。老百姓普遍认为，诸葛亮生前没有治死司马懿，死后也要治死司马懿，这是民间对诸葛亮智慧的褒扬，也是对诸葛亮“出师未捷身先死，长使英雄泪满襟”结局的不满足，民间借这种美好而又寓意深刻的传说故事来弥补心灵缺憾，属于一种精神寄托。但是，我们肯定地说，司马懿活了 73 岁，是有病而死的，并不是毒死的。

建安二十年（215），37 岁的司马懿，是曹操的丞相主簿，随曹操征张鲁来过汉中一次之外，就再也没有到过汉中。由此可知，诸葛亮根本没有自己安排造过假墓，司马懿更没有来定军山下挖过诸葛亮的墓葬而被毒死。

除此以外，近年来还有一种臆断的离奇传说，故事的梗概是这样的：

当年，诸葛亮在五丈原临终前遗命时曾经说：“人总归要死，这没有什么，你们将我的棺材走褒斜道往汉中定军山下抬，走到哪里绳子断了，说明这就是我的归宿，你们就把我埋在那里。”根据如此的遗命安排，五百里褒斜栈道险峻难走，沿途爬山下沟磕磕碰碰，蜀军将士根本没有将诸葛亮的棺材抬出栈道绳子就断了，因此，他们就地把诸葛亮埋在褒斜栈道里了，具体在哪一段什么位置谁也说不清。这种传说纯属无稽之谈，胡说八道，不可信。

9. 诸葛亮显圣定军山是怎么回事

根据相关史志资料记载，诸葛亮埋葬在定军山下后，历史上先后出现过两次武侯显圣的故事。真可谓“孔明业绩永存；武侯灵爽常在”。

第一次，是蜀汉炎兴元年（263）秋天，魏国派遣征西将军邓艾走阴平道过江油入成都伐蜀，镇西将军钟会率领数万大军，直接攻取益州北大门军事重镇汉中，来势凶猛。魏国大兵压境，势不可挡。蜀汉的阳平关守将蒋舒和汉城护军蒋斌（蒋琬的儿子）各自有守军五千人，根本寡不敌众，加之后主刘禅下诏不让抵抗，因此纷纷开城降魏。

恰在这时，定军山一带烟云密布，雾锁山头，忽然间，狂风大作，飞沙走石，喊杀声四起，如神兵天降。钟会忽然觉得背后数千骑突出，随风向他杀来，锐不可当，钟会率军慌不择路地落荒而逃，坠马者不计其数。当他们慌慌张张地逃到了阳平关前，钟会才勒马问身边人："我的头还在吗？"将士们纷纷哈哈大笑。钟会回头一看，只见风平浪静，又不曾伤了一兵一卒，顿时惊奇不已，便问蒋舒等蜀汉降将说："定军山有神庙乎？"

蒋舒等回答说："并无神庙，唯汉丞相诸葛武侯墓在焉。"

钟会听后大惊，他想，诸葛武侯一生为了蜀汉帝业"鞠躬尽瘁，死而后已"，曾在汉中定军山下屯军八年，进行过五次北伐曹魏，最后病死在五丈原军中，又遗命葬在定军山下，他用自己赤胆忠心的灵魂一直守护着蜀汉北大门汉中，我们今天前来取汉中要灭他的国家，他能够答应吗？肯定不会！所以，一定是他在找我们的麻烦。他遂对身边将士说："此必武侯显圣也，吾当亲往祭之。"

次日，钟会备了三牲大礼（猪、牛、羊），带领文武官员到定军山下武侯墓拜祭，向诸葛亮祷告说：我来取汉中是国家行为，并非个人行为，还请诸葛丞相理解见谅，不要和我们过不去。同时下令三军"不得于亮墓所左右刍、牧、樵、采"（见《三国志·蜀书·诸葛亮传》）。

《三国演义》第一百十六回"钟会分兵汉中道，武侯显圣定军山"，描写的就是钟会取汉中而出现了诸葛亮显圣的故事。武侯墓内山门口清嘉庆年间汉中知府赵洵所题楹联："山无樵采，十里定军草木香"，说的就是这件事。

第二次显圣是清嘉庆五年（1800），在此之前的嘉庆初年，川、楚白莲教农民起义军高俊德、马怀礼、高三、马武率部来汉中一带，攻城池，打寨堡，杀富豪，济贫穷，势如破竹，声势浩大，清政府屡派官兵清剿而均遭失败。为此，嘉庆皇帝从京城派镇协王韩嘉业、军门王文雄和鲍贵三人率部赴陕西支援剿匪。给陕西巡抚松筠加官"陕甘总督"，统西北地区军政全力剿灭汉中的白莲教。

嘉庆四年（1799）十二月，松筠率各路大军浩浩荡荡来汉中勉县开始剿匪。在敌强我弱的情况下，白莲教起义军主动退进了南山，不和清军正面交锋。松筠借机来武侯墓拜谒诸葛亮，并且在此造了所谓的"真墓"。

嘉庆五年（1800），白莲教军采取了步步为营诱敌深入策略，清军数万官兵被一步步引诱到今天汉中西乡县梭罗关一带进行包抄，结果全军覆没，就地埋葬，此地从此叫"官兵坟"至今。然而，松筠当时只派遣镇协王韩嘉业、军门王文雄和鲍贵三人率部追赶，自己没有去，清军全军覆没后，他很害怕无法向朝廷交代。无可奈何之下，松筠把责任全部推给三位死去的将军，说他们擅自率军追赶，误入圈套导致全军覆没。死无对证，嘉庆皇帝也只好听之任之。

另一方面，松筠还得让嘉庆皇帝高兴，不再追究责任，遂下令在今西乡县"官兵坟"刻立《王军门碑记》以示哀思（此碑刻 1971 年被陕西省碑林博物馆收藏），同时让沔县知县马允刚在今勉县马超祠东边修建“三公祠”，也刻有《王军门碑》纪念，1974年10月，笔者在马公祠小学发现了残损的《王军门碑》，遂运去武侯祠，现存“墨林宛”碑林中。

当时，松筠还让地方官吏和军兵四处宣传说：“每当月明，忽见定军山头旌旗闪烁，帐房参差，及早遍访实无兵至，而教匪信已报退。”他把白莲教军得胜进军到四川说成是“武侯之灵昭昭（显圣）”，神兵天降，帮助官兵杀退了“教匪”。松筠将这一虚构故事申报朝廷后，嘉庆皇帝龙颜大悦，认为诸葛亮这样的神人都在帮助大清，真是可喜可贺，遂下诏：从国库“敕发币金九百两”，各地官吏也纷纷捐助，“共捐一千余两”，于嘉庆七年（1802）整修了武侯墓与武侯祠古建，使其焕然一新。

嘉庆八年（1803）八月十六日，嘉庆皇帝又在京城御书“忠贯云霄”金匾，“由各驿站奉旨发往沔县武侯祠，九月悬挂”，以褒奖诸葛亮忠君的“神明之显佑”。从此以后，“忠贯云霄”金匾就一直悬挂在勉县武侯祠的大殿上方，仍然是原物，成为不可多得的镇馆之宝。在此同时，嘉庆皇帝还御书《祭文》，派遣工部右侍郎彭龄亲自到武侯墓祭祀诸葛亮。诸葛亮显圣的故事，也因此被世世代代传播（见李复心编著的《忠武侯祠墓志》）。

为了纪念诸葛亮在定军山的两次显圣，2007年，由笔者策划，县委县政府主导，特请西安环艺雕塑院设计制作，在定军山西山门石山子背面山坡下道路旁安装了锻铜大型雕塑——神兵天降，形成了定军山一个标志性旅游景点，供人们观瞻，受到了各界的好评。

这组雕塑长 16 米，座高 2 米，由八匹战马和八位在汉中活动而功劳卓著的蜀汉将军组成，塑像高 5 米，宽 2.4 米。整体雕塑造型由八位将军持刀枪骑战马奔驰组成，形似飞龙虎虎生风，形态各异，造型生动，再现当年蜀汉军雄风，这八位将军依次是赵云、黄忠、魏延、马超、马岱、王平、蒋琬、姜维。

10. 武侯墓清明文化庙会的历史沿革

诸葛亮作为中华民族忠君爱国的典范、勤政为民的榜样、廉洁自律的楷模、聪明智慧的化身，1700 多年来深受各界尊崇敬仰，达到了家喻户晓，妇孺皆知，有口皆碑的地步。特别是，他“鞠躬尽瘁，死而后已”的献身精神一直被后世学习效法，其崇高的道德品质与影响力，在中华五千年文明史上是绝无仅有的。

诸葛亮死后，除被蜀汉后主刘禅追谥为“忠武侯”外，西晋以来，历代帝王还从维护政权统治需要出发，把他作为“尊王贱霸”“匡扶社稷”的楷模与典范推崇，不断给他追官加爵，被视为圣人、神人崇祭祀典。所以，在汉中勉县武侯墓祠内，都修有崇祀诸葛亮的“崇圣祠”配享建筑，里边供有历代给诸葛亮追封加爵的牌位，这在全国武侯祠庙中是绝无仅有的。特别是，武侯墓一年一度的清明庙会历史悠久，历来都十分隆重而富有诗情画意。这是因为，中国独有的武侯墓在历史上是最早祭祀诸葛亮的唯一场所，约定俗成，延续至今。

据《三国志·蜀书·诸葛亮传》裴松之注引《襄阳记》记载说：“景耀六年春，诏为亮立庙于沔阳。”当时是“因近其墓”而建在武侯墓的。同年秋天，魏国遣征西将军邓艾、镇西将军钟会率大军伐蜀，蜀汉国家很快就灭亡了。据此分析，当时修建的武侯祠很可能规模不大而且十分简陋，尽管如此，它却是唯一由皇帝下诏修建的“天下第一武侯祠”，其意义非凡，也知名古今。

刘禅在下诏修建武侯祠的同时还规定：立庙之日起“凡亲属、臣吏、百姓赐祭诸葛亮者，皆限至庙，断其私祭，以崇正礼”。从此以后，“扫墓、祭庙、吊武侯的祀典庙会始从之”（见李复心编著的《忠武侯祠墓志》）。

由于当时天下第一座武侯祠就建在武侯墓，使武侯墓成了祭祀诸葛亮的唯一场所，所以，被代代传承延续至今，形成了千年庙会而经久不衰。

据笔者亲身经历，在 20 世纪 70 年代极左思潮登峰造极的年代里，限制老百姓赶武侯墓清明庙会。但是，根本限制不了群众自发前往武侯墓祭拜诸葛亮，越限制人越多，谁也阻挡不了，四方老百姓都会不约而同呼朋唤友、扶老携幼来到武侯墓祭拜诸葛亮，也进行农副产品交易，已经是历史性习惯，年年如此。这足以说明，武侯墓清明庙会不但具有悠久的历史源流，而且在民间有着深远影响和不可抗拒的强大吸引力，诸葛亮永远是广大人民群众尊奉信仰的偶像。

武侯墓清明庙会一般为五天，清明节为正会。每到会期，四面八方民众纷纷云集武侯墓，或踏青扫墓，逐景览胜，赏心悦目；或怀古钦英，拜谒先贤，寄托哀思，发思古之幽情，谈天下之兴亡；善男信女纷纷许愿还愿，祭奠祷告，香蜡纸表争相焚烧，期盼诸葛亮圣灵护佑，保护全家平安康泰。

庙会间，各种经营摊点、日用百货、风味小吃、农副产品、娱乐杂耍等鳞次栉比，应有尽有，戏班通宵达旦演出三国剧目连续三天四夜，整个武侯墓古迹区内，男女老少潮涌进出，比肩接踵人头攒动，呼朋唤友人声喧嚣。献殿与正殿之内，善男信女随喜功德，击磬焚香跪拜磕头，虔诚地许愿还愿，香蜡纸表烟尘缭绕，显得十分肃穆庄重而神圣。

正会之日，可达数万人之众，使武侯墓古迹区内人山人海，热闹非凡，给赶会的人们留下了深刻的印象，老百姓祭祀诸葛亮像过春节一样，年年都去。

据《忠武侯祠墓志》记载说："武侯墓祭期，每年清明节前后，演剧三四日，亦里中社会也。是日，百货俱集，南郑、城固、褒城之人赛神者甚众。"这说明，武侯墓清明庙会，不仅是沔县的老百姓参与，连周边的汉中、南郑、褒城等县各界人士都会自觉自愿前来赶会，这已经成了习惯，可见其影响力之大。

又据明万历年间沁州州判申祥的《定军山诸葛墓辩》记载说：每年武侯墓庙会，"亲人、居民担负贸易者，或前或后，如赶集，然讯之为清明会，岁岁乡民拜扫武侯墓"。正因为如此，武侯墓清明庙会堪称家喻户晓，妇孺皆知，闻名遐迩，成为一年一度的历史盛会而受到民间广泛的关注和向往。

每年清明期间，当地人都会互相招呼说："走，赶会去！"或者说："赶会没有？"这种习俗一直延续到现在。

民国初年以前，武侯墓清明庙会由武侯墓主持道人组织管理庙会活动，地方官员和地方老百姓分别参与拜祭。

抗战至解放战争时期，由于武侯墓先后是西北农学院创设之地和国民党第83伤残医院所在地，属于禁区，闲杂人员不得进出，所以，特殊时期武侯墓不可能举办庙会。

新中国成立后，武侯墓古迹被当地的人民公社、小学、信用社、兽医站、农械厂分别占用，道人被遣散还俗，土地划归给当地生产大队，厢房、献殿、正殿、坟亭一律被改作教室或学生宿舍，古迹文物一片狼藉，所以，悠久的历史庙会再度被迫中止数十年。

1977年起，笔者开始在武侯墓雇佣8名业余文保人员，克服种种阻力和困难保护古迹文物、看护山林树木国有资产、打扫清洁卫生，为参观游客讲解。每年清明期间就利用武侯墓厢房檐下举办临时的陈列展览，参观群众络绎不绝，逐步拉开和恢复了武侯墓清明庙会的序幕。但是，由于武侯墓古迹区在温泉区公所管辖内，大部分土地又属于当地生产大队，加之办庙会有收取税费的利益驱动，因此，这时期的庙会举办由当地工商所和温泉区公所主办。

1980 年，笔者在主持首次全面整修武侯墓古迹区之后，给县上写申请报告，在武侯墓成立了"勉县文物管理所"文博机构。武侯墓成为全县文博事业管理核心，扩编进人，正式售票开放接待游客，门票也从最早的 2 分、3 分、5 分、7 分、1 角、2 角、5 角，逐步升为 1 元、2 元、5 元、10 元。

1982 年 9 月，县政府在武侯墓召开了相关部门主要负责人参加的专题会议，现场解决定军山和武侯墓保护管理中出现的有关问题，会后发了正式文件。县上将武侯墓古迹区占用单位分别迁了出去，笔者将武侯墓清明庙会主办权再次争取了回来，从此以后，武侯墓清明庙会一直由武侯墓自己主办。

1994 年，笔者以"武侯墓文管所所长"和"勉县博物馆馆长"身份，首次特邀浙江兰溪市诸葛八卦村诸葛亮嫡传后裔十人组团参加武侯墓举办的"清明文化庙会"活动，进行祭祖仪式表演，以此"隆重纪念诸葛亮逝世 1760 周年"。

当时，我们又和邮政部门联合，首次在武侯墓举办了"全国集邮联展"等八个陈列展览；设计印制了汉中定军山等三国邮票、邮品 22 种，还特邀全国著名的三国邮票设计大师邵柏林（1930—2023）、陈全胜来武侯墓现场签名发售。人们成群结队踊跃购买邮票、邮品，让诸葛后裔和邵柏林、陈全胜签名留念，使此次庙会盛况空前绝后，仅正会的 4 月 5 日一天就达 10 余万人之多，各项收入创历史最高，给人们留下了不可忘怀的印象，武侯墓的知名度也越来越大。

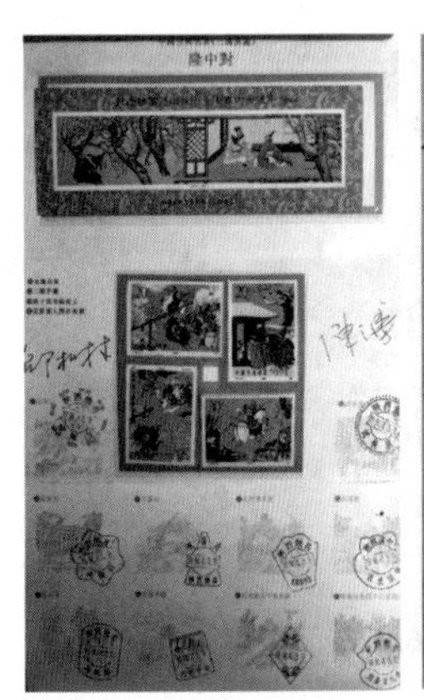

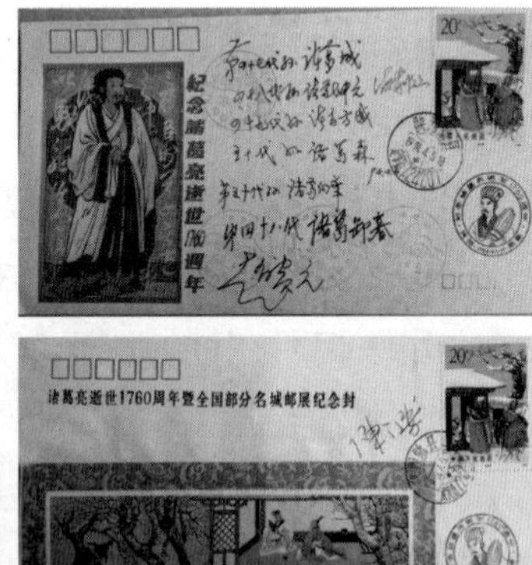

当时，就可喜的庙会盛况，笔者有感而在武侯墓题写楹联：

烟霞锁高冢，一抔黄土存武侯精气灵爽；

翠柏蔽神庥，数通碑碣表诸葛丰功伟绩。

又题写了：

清明祭武侯，千年庙会千年盛；寒食祷智星，十里定军十里悲。

1996 年，武侯墓升级为“全国重点文物保护单位”，多次拨款维修美化环境。2000 年，武侯墓又被国家旅游局批为陕南唯一的 AAAA 级旅游单位。

随着旅游业的发展，各地都把当地著名古迹文物和节庆活动作为推动地方文化经济发展的切入点，举办相关的纪念活动。因此，勉县人民政府从 2004 年起，把 1994 年起年年举办的“武侯墓清明文化庙会”升格为由汉中市人民政府、汉中市文化文物局、汉中市旅游局和勉县人民政府联合举办的“汉中诸葛亮文化旅游节”的节庆活动，借以打造三国文化旅游品牌，扩大涉外知名度。是时，整个庙会活动由县政府策划，旅游局具体组织安排活动，市、县相关领导到会讲话、致辞，举行开幕式，其他经营摊点和大会的广告宣传等一律实行商业性招租承包，进行商业化运作。

2007 年清明节，汉中市旅游局和勉县人民政府联合举办了“汉中诸葛亮文化旅游节”活动。恰在此时，笔者编写的《定军山》四集专题片由中央电视台“百科探秘”栏目正式来勉县开机拍摄。为此，笔者特邀浙江兰溪诸葛八卦村管委会主任、诸葛亮第四十八代孙诸葛坤亨组团，带领诸葛后裔再次来武侯墓举行祭祖活动，借以大张旗鼓地传播诸葛亮文化，展示诸葛亮后裔的风采。前来观看的游客与当地各界人士人山人海，不少新闻媒体现场进行采访报道。特别是，中国台湾的台北电视台，也派遣双胞胎姊妹花前来武侯墓采访拍摄实况，还与笔者合影留念，收到了很好的社会效益。

2009 年，武侯墓清明庙会再次升格由陕西省旅游局与汉中市人民政府主办，勉县人民政府承办，名称为“中国・汉中・诸葛亮文化旅游节”，省委、省政府、省人大、省政协、省旅游局以及市、县的相关领导到会讲话祝贺。

从 2008 年起，武侯墓的清明庙会开幕式由勉县人民政府县长在诸葛亮墓前宣读《祭文》，全体肃立静默，表示哀悼。

《祭文》由笔者所撰，全文如下：

诸葛武侯，蜀汉丞相，丰功伟绩，世所敬仰。今书祭文，以表其彰，君若有灵，享我烝尝。

思君当年，高卧南阳，躬耕陇亩，励志向上。皇叔求贤，力扶汉邦。联吴抗曹，游说东江。智激周瑜，吟赋柴桑。草船借箭，大雾垂江。赤壁火攻，以弱胜强。巧取荆州，坐镇一方。力夺西蜀，取代刘璋。夷陵之战，元气大伤。白帝托孤，泣染襟裳。力辅后主，整治朝纲。匡扶汉室，发奋图强，平南兴师，七擒蛮王。上表北伐，驻军沔阳。五丈秋风，国损栋梁。举国皆悲，三军共怆。天地恸泣，日月无光。武侯才德，天人共仰。

古之汉中，秦蜀屏障。古道纵横，行旅通商。关隘重锁，固土安邦。张鲁雄据，米教封疆。曹操袭取，重兵驻防。刘备攻占，设坛称王。马超病故，就地安葬。

武侯北伐，屯军汉上。休士劝农，兴业拓荒。推演八阵，鏖战沙场。避害趋利，治理汉江。木牛流马，运粮前方。五伐曹魏，谱写华章。病故前线，遗命安葬。魂归定军，廉洁薄葬。后主下诏，立庙沔阳。千秋供奉，世代瞻仰。先生之风，大器无方。先生英灵，威震八荒。名垂宇宙，万古流芳。

岁岁寒食，悼念焚香。怀古钦英，祭奠灵爽。千年遗风，代代崇尚。学习先生，治国安邦。鞠躬尽瘁，富我家乡。忠勤敬业，齐奔小康。构建和谐，再创辉煌。先生护佑，重现灵光，助我万民，共建天堂。呜呼！大地苍苍，浩海茫茫，以文祭君，酹酒一觞，呜呼哀哉，伏惟尚飨。

今天，每年的清明庙会更是盛况空前：商贾货摊齐聚，香客游人云集，风味小吃汇聚，农副特产齐备，戏剧、电影、艺技、杂耍纷纷助兴，灯火通明，热闹非凡，各界人士欢聚一堂，既是祭祀、拜谒诸葛亮的盛大庙会，也是隆重的物资交流大会，赶会的人流从县城到武侯墓的大道上摩肩擦耳，接踵沓至。所以，诗人刁永泉触景生情写武侯墓清明庙会的诗歌中说："沔阳春深墓草青，香客仕女祭清明。满园风情人济济，十里大道车辚辚。"这正是今天武侯墓清明庙会的真实写照。

11. 武侯墓的历代《祭文》

武侯墓自建兴十二年（234）底，后主刘禅在定军山下安葬诸葛亮时御书了《诏策》祭奠文后，就开了历史上帝王将相、达官显贵、文人学士在武侯墓以及全国各地武侯祠庙撰写宣读《祭文》隆重祭祀诸葛亮的先河。

据不完全统计，已知历朝历代为诸葛亮书写的《祭文》有 26 封，有的被载入相关史志资料中，有的在相关武侯祠庙刻立碑石，以垂久远，至今依然存在。

至于近现代全国各地祭祀诸葛亮时所写的《祭文》，那就太多了。

武侯之墓全国独有，所以《祭文》较多，有的在当时就刻立碑石，以垂久远，至今仍在。但是，更多的被李复心收录在《忠武侯祠墓志·祭文》之中，例如：

（1）明万历二十七年、二十九年李化龙两次致祭《汉诸葛武侯墓》祭文

在武侯墓内山门院内左侧，有一通明万历二十七年（1599）五月，兵部右侍郎兼都察院右佥（qiān，全部的意思）都御史李化龙奉命入蜀平叛途经武侯墓时祭祀诸葛亮，二十九年得胜回来再次祭祀而刻碑以示纪念的《汉诸葛武侯墓碑记》碑石。此碑高 203 厘米，宽 97 厘米，满行 35 字，共 19 行。署沔县事汉中府同知张光宇、沔县主簿张九贡、典史周禧共同立石，全文如下：

惟万历二十七年岁次己亥，五月戊申朔，越二十五日壬申，钦差总督川、湖、贵州军务兼理粮饷、抚四川等处兵部右侍郎兼都察院右佥都御史李化龙奉命入蜀，道经故汉丞相大将军诸葛公墓下乃陈牲击鼓，为文以祭，其词曰：

呜呼！唯公受性忠良，赋才殊绝，功盖三分，名流万劫（此四句是说，唯有诸葛亮所受的教育与性格属于忠诚贤良之辈，他具有特殊的才能，促成了天下三分，使他名垂千古万年）。昔汉室中衰，炎精雾塞（汉代被称为炎汉，帝王亦称火帝。此指汉朝的王室中途衰败，精气灵爽被雾霾所堵塞），九域横分（指华夏九州被诸侯瓜分），三纲湮灭（此指君臣父子的尊卑关系被破坏）。公于其间，裂眦怒发（此指诸葛亮对这种情况，张目而怒发冲冠），辅汉兴刘，尽忠竭节（为了复兴汉家江山，竭尽了忠心进行辅佐）。北挞操魖（yù，害人的动物。此指诸葛亮北伐曹魏），东杖权贼（东面对付东吴孙权）。身柱乾坤，手扶日月（顶天立地于天地之间，双手操持着国家大事）。太华千寻（此指华山极高），黄河百折（黄河百折奔流）。大义精忠，於今为烈（此指诸葛亮的忠君爱国精神，至今还很有影响）。化龙晚代末学（李化龙自称是晚辈无学识之人），无能为役（没有能力干好公务），报疴（kē，此指准备抱病回归故乡）归田，甘老岩穴（心甘情愿老死在岩洞）。偶值多艰（此指万历年间四川播州宣抚使杨应龙叛乱，恣行烧杀，形势很艰难），承乏授钺（此指在国家危难时期，承蒙朝廷授权领兵带军），誓销氛祲（jìn，不祥之气），以奠疆域（指李化龙誓死平定叛乱，以保护国家的疆域）。泸水巴山，皆公旧国（这些地方都是诸葛亮当年曾经南征平叛的地方）。愿垂阴佑，永绥苍赤（此二句是说，希望诸葛亮灵爽永远安抚、保佑这些地方民众与老百姓）。

从以上祭文内容来看，李化龙是在万历二十七年（1599）五月二十五日去平定播州宣抚使杨应龙的叛乱，路过今天汉中勉县武侯墓时，亲自在墓前祭祀诸葛亮，虔诚拜祭，言明他的实际情况，希望诸葛亮进行护佑。播州，就是今天的贵州省遵义市。

两年之后，李化龙平叛凯旋，他认为这是诸葛亮护佑的结果，所以回来后再次来到武侯墓，在墓前举行祭奠，祭文曰：

惟万历二十九年（1601）辛丑五月壬寅日，李化龙复致祭于汉丞相忠武侯诸葛之灵，曰：往岁化龙奉命入蜀，道经我公墓下，曾酾（shī）酒陈牲，为文以祭之（此四句是指，李化龙万历二十七年（1599）五月奉命去四川平定叛乱时，曾经路过沔县定军山下武侯墓，斟酒并且献猪、牛、羊三牲大礼，写祭文祭祀了诸葛亮）。祈灵於公，冀得靖寇攘夷，奠安西南半壁之天下也，今幸而竣事矣（此四句是说，当时祈求诸葛亮的护佑，才使得能够顺利地平叛，确保了西南的半壁江山平安无事，今天有幸大功告成而凯旋）。

以龙之恇怯无谋（李化龙自谦懦弱、胆怯、无能），蜀之颓弛无备（此指杨应龙的叛军没有任何准备），而贼以八百年之盘踞，数万人之武勇，十旬而举之（西南贼寇有八百年的盘踞历史，数万人能够英勇作战，可是，还是一百天就平定了叛乱）。拉朽摧枯，不劳余力，人力岂止於此？实公之阴佑其间，而况我不逮者，彰明较著（平叛之势摧枯拉朽，士兵不遗余力，这不是人力所能够达到的，实在是诸葛亮你的英灵护佑所致。况且我的能力比不上你的英灵护佑，这是很明显的）。龙今以家难归，再经沔上，幸拜公祠，以达神庥（指李化龙虽然平叛结束了，没有及时回家，再次经过沔县，拜谒武侯祠，以报达神灵护佑）。今而后尚冀公庇佑三藩（从今以后还希望诸葛亮护佑四川、贵州、云南三个西南地区），令夜郎（古国名，汉代西南地区最大的夷族部族，在今贵州西部桐梓县东二十里地区）千里永底大宁，长无反侧，则是公终有造於西南，而廓清还定之功，与天地极也（此指希望诸葛亮保佑西南永远安宁，长期没有反复叛乱，则是诸葛亮赐福于西南，而疆土安定的功劳，与天地所齐）。尚飨（希望死者来享用祭品）。

从以上两次祭文内容来看，李化龙先是在万历二十七年（1599）五月去平定播州宣抚使杨应龙的叛乱路过武侯墓时，亲自在墓前祭祀诸葛亮。二十九年（1601）平叛结束凯旋时，五月又路过沔县，在武侯墓再次祭祀了诸葛亮。

清嘉庆至道光武侯墓祠主持道人李复心《忠武侯祠墓志》卷五有此祭文。

李化龙（1554—1624），字于田，今河南省新郑市长垣县老李庄人，万历二年（1574）进士，历任嵩县（今河南省洛阳市嵩县）知县、河南按察司提学佥事、河南布政司左参议、辽东巡抚（辖境相当于今辽宁省大部分和吉林省一部分）、右佥都御史、兵部右侍郎、工部右侍郎、兵部尚书，加少保。万历二十七年（1599）征讨播州杨应龙叛乱，历时一百十四天就彻底平乱。总理河道时，他开通淤河二百六十里，天启四年（1624）死于任上，谥号“襄毅”，赠“少师”，加赠“太师”。

（2）清顺治年间郑如侨在武侯墓的《祭诸葛忠武侯文》

在李复心所著《忠武侯祠墓志》卷五《祭文》中，有清朝顺治年间郑如侨的《祭诸葛忠武侯文》，全文如下：

惟公挺生汉末（挺生，语出《后汉书·西域传论》："灵圣之所降集，贤懿之所挺生。"挺拔生长，杰出的意思。此指唯有诸葛亮这个杰出人才生长在东汉末年），尚志隆中，忠肝义胆，妙算神功，拥膝长吟，不求闻达（上述五句是说，诸葛亮在隆中隐居时期就具有高远的志向，他忠肝义胆，计谋超群，抱膝长啸梁甫吟，不求闻达于诸侯）。三顾一起，捐身灭贼，两朝开济，三分定倾（此四句是说，自从刘备三顾茅庐请诸葛亮出山辅佐以来，诸葛亮就抱定了誓死剿灭汉贼曹魏而把自己的生死置之度外，全力以赴辅佐了刘备、刘禅两朝帝业，形成了三国鼎立的局面），伯仲伊吕，讵管乐伦（诸葛亮的才能与商朝初年贤相伊尹以及西周初年的辅佐贤相吕望可以比肩，春秋时期齐国贤相管仲以及战国时期燕国上将军乐毅怎能够与诸葛亮相比。讵：jù，岂、怎么能够的意思）？天心去汉，渭滨星陨（上天不护佑汉家江山，诸葛亮才死在渭水之滨的五丈原军中）。天下奇才（曹魏大都督司马懿评价诸葛亮说："此乃天下奇才，吾不如也"），谁燃火井（诸葛亮曾经点燃四川临邛的火井煮盐）？栖神沔堧（ruán，水边等处空地或田地。指诸葛亮遗命安葬在汉中定军山下沔水岸边），巍巍定军，忠魂英气，昭映古今（巍巍挺拔的定军山，有诸葛亮的忠魂英气，始终昭彰显应于古今）。吁嗟乎（xū jīe hū，长吁短叹，表示惊疑）！惟公所罹（lí，遭受困难或者不幸，此指病死），目击神伤（看见诸葛亮的墓葬以后很伤心）。当何翼佑，用奏清宁（如何保护地方呢？只有用祭祀来奏请诸葛亮给予地方清宁平安）。侨也观风（此指作者郑如侨观察当地的风俗习惯），汉上莫遏（发现这里不限制祭祀时间），虔诚沥酒陈词（所以虔诚地摆酒致祭），冀鉴冀歆（xīn，恭敬地希望诸葛亮鉴察我的一片心思）。

从祭文的内容来看，这是郑如侨在顺治年间（1644—1661）来武侯墓祭祀诸葛亮所写的。

郑如侨：据清朝闽浙总督郝玉麟（？—1745）主持监修的《福建通志·乡贤名士》第八部分记载而知，郑如侨是漳州府宁洋县（今福建省永安市）人，为顺治年间（1644—1661）的贡生（明、清时期的科举时代，挑选府、州、县秀才中成绩或者是资格优异者，升入京师国子监读书称为贡生，意谓把地方人才贡献给了皇帝），其余不详。

（3）清康熙四十九年鄂海的《武侯墓祭文》

在武侯墓内山门外照壁南侧，有康熙四十九年（1710）五月，都察院右副

都御史、陕西巡抚鄂海来汉中沔县武侯墓，以三牲大礼（猪、牛、羊）祭祀诸葛亮时刻立的《武侯墓祭文》碑石以记其事。碑高 214、宽 100 厘米，楷书 28 行，有碑座，保存比较完好。在武侯墓祠主持道人李复心编著的《忠武侯祠墓志》也有记载。全文如下：

惟大清康熙四十九年岁次庚寅五月壬午，越乙丑刊十有一日己亥，巡抚陕西等处地方赞理军务都察院右副都御史加九级纪录十五次鄂，谨以三牲大礼之仪，致祭于汉丞相诸葛忠武侯之墓曰：

呜呼！夫古来建功立名之人（自古以来凡是建功立业之人），勋猷必然（特殊谋划是必然的），声施炳蔚（名声流传而华美），千百世下（千百年以来），犹今人过其丘陇（好比今天的人凡是经过武侯之墓），凭吊流连而不能去（都会凭吊祭祀而流连忘返），夫岂偶然哉（我也并不是偶然的行为）。然犹是功名并立之时（然而凡是建立功名的时候），有其才必尽其心（有其才能必然要尽心尽力），□□□□□，有其才未尽其心（□□□□□虽有才能但是没有尽心竭力），只与未尽者（只与那些没有尽心尽力的人），才与心俱尽则无憾矣（才能与心力都尽到了才会死而无憾）。才与心未尽（才能与心力都没有尽到），此尤特於怀古者为之阐幽索隐（这就好比特别关注于怀念古代的人和事而将其幽深的奥秘显露出来），慷慨激昂（情绪激昂充满正气）。庶几未尽之才无着未尽之心（差不多有才能没地方施展尽忠心而无着落），无不如诸葛忠武侯是已（是没有如诸葛亮这样的人了）。

侯以王佐才躬耕南阳（诸葛武侯以辅佐帝王之才隐居躬耕在南阳郡），先主起之（是先主刘备三顾茅庐后邀请诸葛亮出山辅佐的），草庐中三分，酬三顾之恩（在草庐之中，诸葛亮的《隆中对策》已经预见了天下将要三分鼎足，是对刘备三顾之恩的回报），神谋制吴魏之强（此指《隆中对策》中诸葛亮为刘备制定了孙刘联盟共同抗曹的克敌制胜决策），立基西蜀（夺取益州为发展基地），卒成正统（遂促成建立了蜀汉政权），侯之力矣（这都是诸葛亮出谋划策的功劳啊）。世以伊吕管乐拟之（后世人都以商代贤相伊尹、西周初年辅佐贤臣吕望、春秋时期齐国政治家管仲、战国时期燕国的上将军乐毅与诸葛亮相比较），侯之才、侯之心，庶其无不尽矣乎（诸葛亮的才能，诸葛亮的忠诚之心，在诸多方面无不尽心尽力），不知此特人所共见者耳（不知道这是不是杰出的人所共同看见的事情啊），其不及见者，可胜道哉（其他还没有看见这些事情的人，怎么可能超越这些道理呢？）？

论者谓侯六出之举（议论者认为诸葛亮六出祁山北伐曹魏之举动），扼於典午（控制住了司马懿。典午：司马，此指司马懿），遂至屯田渭滨（诸葛亮第五次北伐曹魏屯驻在渭水之滨的五丈原，为作长久之计，让军队在渭滨屯田），况时持久，迄无成绩（诸葛亮与司马懿对峙百余日，坚不出战，没有战绩）。嗟乎（感叹词唉的意思）！典午其何能扼侯哉（司马懿有何能耐控制诸葛亮）？迨后按视营垒，尚有天下奇才之叹，此生仲达所以走也（事后蜀汉军队按照诸葛亮遗命安排撤军回汉中，司马懿来到蜀军驻地观察营垒，惊叹地称赞诸葛亮是“天下奇才”。老百姓还嘲笑司马懿说：“死诸葛吓走活仲达。”司马懿回答说：“我能够料生，不能够料死。”）。然则，侯之才与心不得尽者，天也，非人也（然而，诸葛亮的才能与心境没有达到自己的意愿，这是天意，并非人为造成的）。天下英才之兴，未有无羽翼而成功名者，侯之始翊先主也（天下英雄才俊要想成就一番事业，没有技能、本领和他人的辅助是不可能成功的，诸葛亮开始完全是先主刘备给了他活动平台）。

关、张皆万人敌也（关羽、张飞都是万人敌的猛将），有如身之使臂（这就好比身体的力量发挥于臂膀），臂之使指（臂膀的力量发挥于手指），施转从心（施展的力量都来自心境），战胜攻克（取胜克敌），侯之机宜（都是诸葛亮的谋略），得以寄托（得到了精神寄托）。

惜乎！天不祚汉（可惜啊，老天不愿延长汉家江山），老成宿将相继沦殁（蜀汉的功臣名将相继死去）。蒋琬、费祎之流，仅堪寄以簿书，苟延旦夕（蒋琬、费祎这些人，只能够依照相关的章程而循规蹈矩，使蜀汉政权苟延在旦夕祸福之间）。侯有并吞吴魏之略，其谁与宣力疆埸而奏奇勋者，关、张命欲何如（诸葛亮有吞并吴魏的志向与谋略，有谁能够像他一样扬武宣威于疆埸而建立奇功，即便是关羽、张飞在世又能如何）？天实为之（老天爷要这样为之），谓之何哉（议论评说又有什么用呢）？

至於先主永安之际（至于先主刘备在白帝城永安宫临终托孤之时），盖明知嗣主不克负荷矣（明知道自己的儿子刘禅年幼不能够担负国家重任），君自求之（所以刘备才对诸葛亮说：“君才十倍曹丕，必能安国，终定大事。若嗣子可辅，辅之；如其不才，君可自取。”），此先主之机权（这就是先主刘备权宜之计），所以固鱼水始终之义（所以始终巩固了诸葛亮与刘备父子的鱼水之情）。侯承命悚惶，益以谨慎，所图者大业也，所辅者暗弱也（诸葛亮自白帝城托孤受命以来诚惶诚恐，生怕有负重托，因此他更加谨慎小心，所图的是蜀汉大业，所辅佐的是暗弱的后主刘禅）。中智以下非启沃（语出《尚书·说命上》：“启乃心，沃朕心。”比喻竭诚开导辅佐君王），所能裨益（使后主刘禅能够受益），责无可诿（诸葛亮认为自己辅助后主刘禅责无旁贷不可推诿），势不可为（可是收复中原兴复汉室已大势已去无能为力了）。

迄今读前后二表（至今读诸葛亮的前后《出师表》），鞠躬尽瘁一语侯之为尽之才节於焉见矣，侯之未尽之心只於焉见矣（鞠躬尽瘁死而后已这句话体现诸葛亮为了蜀汉帝业而尽忠尽节的思想品质，北伐曹魏的未尽之心也于此看见了），不然，木牛流马，神功天巧（如其不然，诸葛亮北伐曹魏期间，曾经在定军山下黄沙设计制作了木牛流马运输工具,还改革制作了十矢俱发的连弩，堪称巧夺天工），褒斜、五丈遗迹犹存（褒斜道和五丈原的诸葛庙等古迹文物至今依然存在）。

鱼鸟有简书之畏，风云作储胥之护（此二句语出唐代诗人李商隐的七律诗歌《筹笔驿》："猿鸟犹疑畏简书，风云常为护储胥。徒令上将挥神笔，终见降王走传车。管乐有才原不忝，关张无命欲何如？他年锦里经祠庙，梁父吟成恨有余。"意思是说，鱼儿与猿鸟都敬畏丞相诸葛亮的严明军令，大自然的风云也常常护着他军垒的藩篱栏栅），纶巾羽扇於以辅君而成王业也（羽扇纶巾是南北朝时期文人学士的普遍风范，因此，后世也以此代表诸葛亮。意思是说，羽扇纶巾成就了诸葛亮辅佐帝王的功业），何有哉（历史上还有谁吗）？

□□□□□□□持旗钺于后（□□□□□□□旗，旌旗。钺，斧钺，此指鄂海一行拿着天子所授予将帅象征身份的兵器），兴元至沔县（唐代兴元元年（784），改梁州置兴元府，即今陕西省汉中市。沔县，即今天汉中市勉县。此指鄂海一行从汉中来到了沔县），赴侯之墓（来到了武侯墓），窃於侯未尽之才、未尽之心，深有概焉（了解到诸葛亮的未尽之才和未尽之心，深有感慨）。摅词沥酒（措辞写祭文，洒酒于地表示祭奠），聊以表扬万一（聊表赞扬诸葛武侯功德业绩于万一），灵若有知（假如诸葛武侯的神灵有知），其以予为知言否耶（他是否预先能知道我的这些语言心声呢）？尚飨（希望来享用祭品）！白山（吉林省长白山）鄂海撰并书。

鄂海（？—1725），温都氏，满洲镶白旗，今吉林省长白山市人，康熙年间历任内阁中书、宗人府郎中兼佐领、都察院右副都御史、陕西按察使、布政使、陕西巡抚、湖广总督、四川巡抚。康熙三十二年（1693），曾经参加了征讨噶尔丹。五十七年（1718），曾经调拨库帑四十万，并拨平凉、巩昌、宁夏仓谷十万解决陕西葭州（治所在今陕西省佳县，辖境相当今陕西省佳县、神木、吴堡等县地）、甘肃宁夏等 28 处的灾荒。

（4）清嘉庆八年钦差大臣彭龄奉命来武侯墓致祭的《祭文》

自从嘉庆皇帝认为是诸葛亮在定军山显圣，帮助朝廷赶走白莲教起义军后，

嘉庆八年（1803）七月十六日“亲洒宸翰”，为今天的汉中勉县武侯祠御书了匾额“忠贯云霄”，并且“由各驿站奉旨发往沔县武侯祠，九月悬挂”，至今完好无损。与此同时，嘉庆皇帝还下诏拨款维修了武侯墓与武侯祠，武侯墓与祠更加身价百倍。

七月二十一日，嘉庆皇帝敕令礼部，为祭祀诸葛亮御赐“颁发大藏香一炷，小藏香二炷”，特遣钦差大臣工部右侍郎管理钱粮与法堂事务彭龄赴定军山下武侯墓，以“太牢”（猪、牛、羊三牲大礼）祭祀诸葛亮，同时刻立碑石于武侯墓内山门外照壁前，以垂久远。

碑为长方形剁角形，高128、宽63.5、厚15.5厘米。座长103、高60、厚28厘米。碑文满行33字，共计6行198字，保存完好。全文如下：

嘉庆八年（1803）九月癸巳朔（初一），越祭日辛亥（超过了每年祭祀诸葛亮逝世禁忌日八月二十八日），钦差工部右侍郎管理钱粮、法堂事务彭龄奉命致祭於汉丞相武乡忠武侯诸葛公之神位曰：

维神效忠（唯有诸葛亮显圣定军山而效忠朝廷），季汉（西汉、东汉、蜀汉按照古代孟、仲、季的顺序称谓，蜀汉为季汉）助顺（帮助大清朝顺利平定白莲教叛乱）。熙朝拟王佐於伊、周（兴盛的朝代都需要有辅佐帝王成功的如商代贤相伊尹和周代辅政大臣周公这样的人物），风徽未渺（诸葛亮的风范品德不渺小），比霸功於管乐（诸葛亮曾经自比春秋战国时期辅佐贤相管仲和名将乐毅），遗迹斯存（武侯墓祠遗迹仍然存在），过陇亩以生哀洁（经过武侯墓地顿时产生了纯洁的哀思），豆笾以将敬（以陶、瓷祭器将祭品敬献）。

地中鼓角如闻（松筠报告嘉庆皇帝时说诸葛亮显圣定军山时，忽闻定军山一带金鼓齐鸣，喊杀声震天），丞相天威，云外锦旗俨作（松筠报告说，诸葛丞相天威所致，每当月明忽见定军山头旌旗闪烁帐房参差，这是武侯显圣帮助官兵杀退了教匪），严疆保障共仰（诸葛亮显圣保佑了大清江山是有目共睹的），神明之显佑载瞻（诸葛亮显圣的功德业绩将载入史册被世世代代瞻仰）。遗像之清高（武侯墓正殿诸葛亮塑像肃穆清高），敬爇（ruò。点燃了肃然起敬的皇帝所赐大小藏香）御香，恭承祀事，维希灵爽（恭敬地祭祀，唯希望诸葛亮精气灵爽显现），歌此苾芬（歌颂这些御赐的馨香祭品），尚飨（享用祭品）。

彭龄，本名初彭龄（1749—1825），字绍祖，号颐园，莱阳（山东省青岛市即墨区）人，乾隆四十五年（1780）进士。历任编修、御史、云南巡抚、刑部侍郎、内阁学士、钦差大臣、工部右侍郎管理钱粮、法堂事务。道光年间升任兵部尚书，是清代中叶闻名遐迩的朝廷大员。

（5）清同治四年沔县知县莫增奎的《祭武侯文》

据武侯墓祠主持道人李复心所著《忠武侯祠墓志》卷五记载，同治四年（1865）十月三日，沔县知县莫增奎曾经在武侯墓祭祀诸葛亮，全文如下：

惟大清同治四年岁次乙丑，十月丙戌朔越十有三日戊戌，署沔县知县莫增奎，谨致祭于汉丞相诸葛忠武武乡侯之神曰：

惟侯学宗孔孟（唯有武乡侯诸葛亮所学和尊奉的是孔孟之道），业媲伊周（他的功德业绩可与商朝初年贤相伊尹以及西周时期辅佐功臣周公相媲美），萧韩非匹（西汉初年的丞相萧何与大将韩信不能够相匹配），管乐非俦（春秋时期齐国贤相管仲和战国时期燕国上将军乐毅也不能够与诸葛亮相提并论）。

隆中高卧，闻达不求。草庐三顾，匡佐炎刘（诸葛亮隐居躬耕在襄阳隆中，不求闻达于诸侯。是汉室后裔刘备屈尊三顾茅庐，恳请诸葛亮出山辅佐才开始匡扶汉家帝业的）。制权拒操，决策运筹（诸葛亮制衡孙权抵御曹魏，一直在出谋划策运筹帷幄）。

三分鼎足，梁益金瓯（梁：指《晋书·地理志》在西晋泰始三年立梁州于汉中郡。益：此指益州。金瓯：此指国土完整坚固。此二句是说，三足鼎立后，汉中和益州国土完整坚固）。永安之际（在白帝城永安宫的时候），昭烈弥留，托孤受命，大遗艰投（先主刘备在临终前，对诸葛亮进行托孤受命，让他辅佐后主的遗命十分艰难）。启沃内笃（诸葛亮竭诚启发开导后主刘禅，内心十分忠诚），捍御外修（捍卫国土抵御外侵，修好国家政理），七擒制胜（诸葛亮南征平叛时曾七擒孟获），六出宜猷（诸葛亮六出祁山北伐曹魏时有合适的计谋）。忠诚义烈，炳耀千秋（诸葛亮的忠义节烈，千秋万年都显示光芒）。

增奎忝任兹土，陨越是忧（莫增奎出任沔县知县后，时刻担心自己失职）。民生凋敝，绥安祈侯（老百姓的生活衰败，希望解除当地的困乏而安定还需要祈求诸葛亮）。逆氛逼处，捍卫祈侯（遇到了难处，祈请诸葛亮护佑）。

军山峨峨，沔水悠悠，侯之功德，高深与侔（定军山巍峨，沔水流长遥远，诸葛亮功德业绩深远影响与之相等）。敬伸悃悃（kǔn，诚心的意思。十分尊敬诚心），仰祷神庥（xiū，神龛，仰慕祈祷神灵），来歆来格（希望诸葛亮前来接受祭祀），降福沔州（南宋在今略阳县置沔州，元代至元二十年（1283）将沔州迁移到了沔县，这里就称沔州），尚飨（请诸葛亮来享用祭品）！

莫增奎，生卒年不详，字星五，浙江山阴（今绍兴市）人，举人出身，曾经在家乡施教20余年。同治四年至六年（1865—1867）出任沔县知县，在此期间，他因地制宜在县治——今勉县武侯镇阳平关修建了沔县书院，延师开课，亲自阅卷进行评改，对诸葛亮还十分尊崇敬仰。同治五年（1866）四月十日，他还为“诸葛亮制木牛流马处”立碑以示纪念，口碑很好。

碑高116、宽67、厚22厘米，至今仍在县城东二十里黄沙镇木牛流马亭之中竖立，保存完好。2000年，被陕西省人民政府公布为重点文物保护单位，吸引了不少游客与学术研究者前往观瞻考察。

（6）清光绪十三年外交大臣黎庶昌的《武侯墓致祭文》

在勉县武侯祠正殿背面墙壁上镶嵌有一方长方形汉白玉石碣，长82、高45厘米，这是光绪十三年（1887）五月二日，著名外交大臣黎庶昌来武侯墓祭奠诸葛亮刻立的《武侯墓致祭文》，行楷书体，27行，保存完好。全文如下：

维光绪十三年五月二日，前出使大臣黎庶昌道出沔阳，谨以只鸡、斗酒（斗酒只鸡，此指很简单）、黍饭（黍米煮成的饭）、豚羹（小猪做的汤粥类食物），展谒蜀汉丞相诸葛公忠武侯之墓而为文以吊曰：

呜呼！天人之际（语出司马迁《报任少卿书》：“亦欲以究天人之际，通古今之变，成一家之言。”意思是，天地之间的事情），盖难明矣（很难明白）。以公之纯忠大节，而志事弗克底于成（以诸葛亮纯粹忠贞辅佐蜀汉帝业的远大

維光緒十三年五月二日前出使大臣黎庶
昌道出沔陽謹以隻雞斗酒黍飯豚羹展謁
蜀漢丞相諸葛公忠武侯之墓而為文以弔曰
嗚呼天人之際蓋難明矣以公之純忠大節而
志事弗克底於成以公之遠略雄圖而漢祚
終於不競

志向，最终没有达到意愿）。以公之远略雄图，而汉祚终於不竞，岂非千载难平之故，望古者所为遗憾而沾襟，神龙潜渊而久閟（以上五句是说，以诸葛亮深谋远虑与宏图大业志向，兴复汉室的目的竟然不能够成功，这也是千百年来后世人心里难平的缘故，望古兴叹留下“出师未捷身先死，长使英雄泪满襟”的遗憾，诸葛亮像神龙一样久远地埋藏在人们的心中。閟：bì，掩蔽藏匿之意）。读公之言教书疏与陈寿氏所志，犹能仿像其生平（读诸葛亮言传身教的书籍文章和陈寿的《三国志》，好像又看到了诸葛亮的音容笑貌与平生业绩）。

余尝论公之北伐（黎庶昌经常谈论诸葛亮北伐曹魏），其智则高祖定秦之智（诸葛亮的智谋就是高祖刘邦当年初定三秦的智谋），其心则汤武放弒之心（语出《史记·苏秦列传》：“封侯贵戚，汤武之所以放弒而争也。”汤武放弒：此指商汤放逐夏桀，周武王诛杀商纣。此句是说，诸葛亮兴复汉室诛灭曹魏的思想就像商汤放逐夏桀，周武王诛杀商纣王一样），亘古今而间只（自古至今而有之），实圣哲之豪英（实在是圣贤与先哲的英雄豪气）。既今遵於蜀道（至今沿着蜀道），越剑门（越过剑门关），登陇首（登上了甘肃陇山之巅），又翔度乎筹笔之经营（此指筹笔驿遗址，在今四川省广元市北，诸葛武侯出师，尝驻军筹划于此故名。唐代李商隐、罗隐、薛能都有《筹笔驿》诗歌），盖深知益险难恃（深知益州虽地险而难以倚仗），而乃身抗大敌（而诸葛亮亲身对抗曹魏大敌），诒君父以安荣（目的是给予后主刘禅这个君王以安全与荣耀）。世徒羡出师之名美（后世都仰慕诸葛亮出师北伐曹魏的美名），孰追溯夫虑患之艰贞（谁会追忆诸葛亮当年所经历的艰难曲折和忠贞志节），如公之仁为己任（以诸葛亮的仁义之心为己任），死而后已（死了以后才罢手），匪惟百世所心敬，鬼神亦且以震惊（不仅是百世以来人们对诸葛亮诚心敬意，连鬼神都会为此感到震惊）。

蓄私愿于卅载（黎庶昌说他想祭祀诸葛亮这种私愿已积蓄了三十年），今始得展乎坟茔（今天才得如愿目睹了武侯坟墓），虽鸡黍之薄奠（虽然祭品很微薄），类苹藻之洁精（祭祀用的水草纯洁而精华），侯灵昭哉不昧（如果诸葛亮灵魂昭显而不湮灭），冀仿佛而来临（希望诸葛亮显圣而灵魂到来）。

该《武侯墓致祭文》，是黎庶昌光绪十年从日本返国丁忧（为父母奔丧、守孝），十三年（1887）服期满复职使日时，前往蜀道游历，五月二日来沔县武侯墓祭祀诸葛亮，触景生情写下的，了却了自己 30 年的心愿。

黎庶昌（1837—1896），字莼斋，自署黔男子，贵州省遵义县东乡禹门人。同治元年（1862），以廪贡生得授知县，入曾国藩幕，深得信任，名列“曾门四弟子”，曾经出任吴江、青浦等县知县。光绪二年（1876），随郭嵩焘出使欧洲，任驻英、法、德、西班牙四国参赞，写成《西洋杂志》一书，晋升为道员。

光绪七年，任出使日本大臣，十年，丁忧返国，十三年服阕，复职使日。十六年，任满归国后，曾任川东兵备道等职。代表作品有《西洋杂志》《古逸丛书》等。

12. 武侯墓的祭奠礼仪

据清嘉庆至道光年间（1796—1850）武侯墓祠主持道人李复心的《忠武侯祠墓志・祀典》记载：武侯墓祀典礼仪“宋元以前无考，前明蓝公璋于正德九年疏于朝，请举行祀礼于春秋”。

这就是说，武侯墓祀典礼仪由于代远年湮而在宋元以前已经无法考证了，明正德九年（1514），陕西巡抚蓝璋给皇帝写了奏章，请求把每年祭祀诸葛亮的时间放在春、秋两季，即农历四月十四诞生日和八月二十八日逝世日。

雍正二年（1724），皇帝又“特旨以武侯从祀孔庙”，把祭祀诸葛亮和祭祀文化圣人孔子的礼仪规格并列，从此后，官方就开始规范祭祀诸葛亮，武侯墓就有了官方祭祀和民间祭祀两种祀典形式，这种礼仪一直延续到清代末年。

（1）官方祭典礼仪

据《忠武侯祠墓志・祭品》记载说：每年清明期间，当时的祀典仅限于官方，在武侯墓献殿和大殿举行，“祭品用牛一、羊一、豕一之仪”，即是“三牲大礼祭祀”。在正殿内诸葛亮神龛之下，十分规范有序地陈设着所有的祭器与祭品，品种内容有：灯十盏为第一排（树形铜质，一柱五层十灯，每层二灯，虎爪式四足，圆形木座，座高三尺，饰丹红）；酒爵三个为第二排（铜质，仿商周式爵，盛酒）；登一（高14寸，铜器或瓷器祭器），后排居中，盛太羹（不和五味的肉汁，称太羹）、铏（xíng，青铜器或漆器祭器，三足两耳，覆盖）二个，分别盛五味和羹汤汁，置登左右各一为第三排；簠（fǔ，高7、深2、阔8寸，青铜器祭器），分别盛黍（黄米）稷（稷米），为第四排；簋（gǔi，青铜器祭器），分别盛稻、粱，左右各一为第五排；笾（biān，陶瓷器祭器）十个，分别盛盐鱼、枣、栗、榛、菱、茭（jiāo，食用茭白菜）、芡（qiàn，水生草本植物果实，称“芡实”或“鸡头米”，供食用和酿酒）、鹿脯（鹿肉干）、白饼（白面饼）、黑饼（黑面饼），在簋左边，前排四个，后两排各三个；豆十个（陶瓷祭器），在簋右边，分别盛韭菹（zū，此指切碎的韭菜末）、醯（xì，醋）、醢（hǎi，肉酱）、芹菹（芹菜末）、兔（兔肉）、菹（此指酸菜）、鱼、醯脾析（用醋腌制的猪脾条）、笋菹（笋末）、豚胉（tún bó，小猪的两肋），前排四个，后两排各三个；簋后边是供案，上面供猪、牛、羊，为第六排；供案后的左侧是方桌，上置祝版——祭文。右侧方桌，置酒尊（罇），为第七排；

最后一排的正中是香案，上置两耳四足香炉和三足双层蜡烛台。香案的左侧是盛东西的竹器——篚（fěi，竹编祭器），上置玉料质的犀牛尊，右侧是盥洗用的盆和架子，专供祭祀人在祭礼中净手用。

算起来，上述这些祭器大小共计40件，有铜器、陶瓷器、玉料器、竹木漆器，这算是朝廷遣官致祭的大礼祭器与祭品。

祭祀的头一天，官方令“庙祝”（庙中管香火道人）先打扫内外殿宇特别是祭祀“礼房”，并清洗祭具，先于诸葛“神位前行陈设礼”，将所有的祭器按照规范的顺序陈设就位。

次日正式祭祀前，朝廷所遣“承祭官”要亲自“监杀所祭牲畜”，穿朝服进庙，在礼乐声中向庙内“封帛”（进献丝绸绢帛）作进见礼。然后，由“礼生”（主管礼仪先生）和宰杀祭祀牲畜的“省牲礼生”（审查宰杀牲畜先生）去接宰杀祭祀牲畜的“毛血”，并设置供奉于香案，令宰杀祭牲的“省牲官”在礼乐声中“行一跪三叩首礼”。

祭典的时候，各有关“官吏皆穿朝服设坐官厅”（庙内接待官员场所），由“承祭官签（署）祝文”（颂祭文），再由官吏中的“赞引官”（赞礼引导官员）做向导，在礼乐声中“引承祭官就位”，赞引官即引承祭官到专设的香案前（拜殿）恭立，此时的“司香官捧香盒跪香案左”，当宣布“上香”时，礼乐止。“承祭官上藏香（御赐香），又上三瓣香”。

祭典的顺序一般是：“先祭汉丞相诸葛武乡侯三代之神”，再祭诸葛亮。礼毕后，赞引官和承祭官退后复位。礼乐又起，宣布“行跪拜叩首礼”，承祭官与赞引、典仪、司香等“诸陪祭官员皆行三跪九叩礼”，礼毕乐止。

接着，典仪官又宣布“献帛，捧帛官即跪献”，礼乐又起，三叩首退位。执爵官又献爵（祭器）于案，献毕，退。读祝官又至案前，一跪三首，捧《祝文》立于案侧。这时，典仪官宣布：“赞读祝文”，礼乐止，承祭官、陪祭官和读祝官等俱跪。读祝官跪读祝文毕，“捧祝文置案上帛匣内”。音乐又起，读祝官“三叩首，退”，赞引官、承祭官及诸陪祭官皆行三叩首礼，礼毕乐止。这时，典仪官宣布“献礼”，礼乐又起。献礼“先献于案左，后献于案右”，献礼毕，乐止。典仪又宣布“撤馔送神”，音乐又起，诸官皆“行三跪九叩首礼”，礼毕乐止。典仪接着宣布：“捧帛祝恭诣燎所。”（所说的燎所，当是指尊重文化焚烧文字纸张的场所，如武侯墓门口的化字炉——字库或献殿前香炉）“捧帛官至供案前，跪捧帛送至燎所，承祭官等转立两旁，待捧帛官捧帛过去后才能复位，诸官皆面向燎所”，唯有“承祭官随捧帛后到燎所，立于侧”，亲自看着“将祭献的帛在燎所烧掉一半，余半留庙内”。至此，全部祀典结束，各自退位。

需要说明的是，除“承祭官属于地方正职官员”之外，其他典仪、赞引、读祝、执爵、捧帛等陪祭诸官，都是地方“州县佐官充之”（副职以下官吏来实施）。

从上述官方祭祀礼仪来看，虽然场面肃穆庄重，程序严格，但是没有更多的群众参与，实际则显得十分萧条而烦琐乏味。这种空洞的祀典礼仪看起来十分规范，但是它限制着人的思想和行为，很难抒发个人真实的祭祀感情。

据清光绪三年（1877）镌刻的《重修忠武侯墓记》碑文记载：每年清明庙会，“凡绅士及读书之人，均要衣冠整齐，早临拈香，即日饮福，违者有罚”。

这段话的意思是说，官方要求凡是各级官员绅士和读书人，祭祀时必须衣冠齐整，及早地到武侯墓沐浴拈香，即日便可受福，违者要受罚。这足以说明，当时官方对武侯墓的祀典，重视且有规定要求，带有一定的强迫性。只限于官员绅士及读书人参加，所以，这种祀典活动没有广泛而深远的意义。

（2）民间祭祀礼仪

武侯墓民间祭祀活动已经有一千多年历史，完全是老百姓自发行为，他们对诸葛亮尊崇敬仰、顶礼膜拜的精神寄托，充分体现在虔诚的祭拜活动中。

据清嘉庆七年（1802）夏，沔县知县马允刚镌立的《重修诸葛武侯墓记》碑文记载说：“沔民之于武侯也，饮食必祭，水旱灾异必祷，坟曰爷坟，庙曰爷庙，其相传而致，其祭扫者非一代也。”

这说明，当地民间老百姓，除了清明庙会祭祀祷告之外，他们随时因灾害、病疫等都在武侯墓祭祀诸葛亮，祈祷护佑。

每年清明庙会祭期，乡民们“有献全猪者，有献三牲者，又有献灯油与白盘（馒头）者”。其香烛、黄表、花炮、冥钱极其丰厚，其形式也灵活多样，他们都是在官方祭祀结束后才能自由地祭祀诸葛亮。

“祭毕，则化冥钱焚帛（所许的绸缎布料或袍服），围墓而坐，以享胙”（分享供祭所余的熟食品），显得十分自由和松散，无拘无束。

值得说明的是，乡民们为表示对诸葛亮的虔诚，他们在做白盘（馒头）时，首先要“洗净碾磨，以人代推，取上面为之”（上等的面粉），才算得上恭敬。每十个馒头“用麦一斗”，称之为“一副白盘”。祭毕以后，留一半供奉诸葛亮，“余则分而享之”，大家把它都吃了。

接着，男女开始虔诚地“拜扫先人之墓”——武侯墓。夜间，善男信女们各自因地制宜地跪坐在诸葛亮像前两侧和墓周，彻夜不眠，名曰“陪祭”。

民间祀典供奉武侯墓时，多采用集资的方法，公平合理，以示共同参与，这样显得隆重有意义，而且更有利于年年集会进行祀典。那么，这种自愿集资祭祀到底是多少呢?

据《忠武侯祠墓志·邑人祭》记载说：乡民“集会之法以十人为一会，每人捐钱一百文，买一小猪，至次年清明节，约七八十斤。又每人凑麦一升以造白盘，再捐钱一百左右不等，以备香烛冥钱、花炮、黄表、酒浆、小菜之费。祭祀之日，舁（jǔ。此指用两手用力抓起供祭的猪）猪于前，鼓乐随后”。拜扫坟墓并且在祀典礼仪结束后，将猪的一半折价处理，交下届清明庙会筹备之人以作再买小猪之费，如此，“周而复始”。

《忠武侯祠墓志·邑人祭》还说，民间除灾异、水旱及清明庙会必祷祭武侯之墓外，“妯娌口角、夫妇不睦，以至鸡鸭琐事，亦哭诉于武侯之位前”。并念念有词道：“武侯爷爷在上，弟子在下，你老人家前知五百年，后知五百年，中知五百年，是如今活神。弟子某人、某氏为某事……黑处投明……如蒙感应，宝烛长钱送上殿来”云云。

若是许大愿，“则许花戏（在武侯墓乐楼唱有关诸葛亮的大戏）一台，供猪一口”。如许小愿，则许“白盘一副，灯油几斤”。

除此之外，民间还时常自愿向武侯墓捐赠田地、粮食、银钱、物资等，以表对诸葛亮尊崇敬仰和供奉祀典。从武侯墓、祠的碑文记载可知，清光绪以前，捐赠给武侯墓与武侯祠的土地就有上千亩，资产相当丰富。所以，武侯墓、祠的主持道人不光管理今勉县的武侯墓、武侯祠与马超墓祠，而且还兼职管理今留坝县的张良庙。

笔者多年生活工作在武侯墓，耳闻目睹，因家庭琐事、男女婚嫁、考学升学、乔迁搬家、官员升迁、生意发财和健康祛病来许愿还愿抽签算卦的人不计其数，认为诸葛亮是至高无上的神，无所不通无所不能，能够呵护万物，有求必应，十分灵验。因此，只要虔诚许愿还愿就能够护佑消灾赐福事事平安，这才把精神寄托和诸葛亮联系在一起，尊称为“爷”，显得十分亲切而真诚。正因为如此，除清明庙会之外，每到农历初一、十五和逢年过节都会三五成群来武侯墓祭拜诸葛亮，这种自愿而真诚的祀典，才具有意义和影响。

中华民族历史悠久，文化内涵非常丰富，自古以来，人们在追求安居乐业美好生活前提下，意识形态中早已经形成了固定的道德标准与行为准则，因此在华夏大地上产生了不少的祠庙，以此祭祀先贤、英烈，寄托哀思，表示尊崇敬仰，期盼神灵四时护佑。在诸多人物祠庙中，唯独诸葛亮纪念祠庙影响力最普遍广泛，而且最深入人心。这是因为，诸葛亮思想体系包括了儒家道德观念和修身、齐家、治国、平天下的思想境界，集中汇聚了中华民族各个时期文化流派最优秀思想的广博文化知识，因地制宜应用得恰到好处，这才被古往今来社会各阶层广泛接受效法而尊崇敬仰、顶礼膜拜，特别在民间家喻户晓、妇孺皆知而有口皆碑实属少见，堪称中华民族名副其实的优秀人物。

诸葛亮之所以成为历史上少见的优秀人物，除了他博学多才的知识修养、人格魅力以及功德业绩与历朝历代对他的传播影响外，很大程度上要感谢陈寿《三国志》与裴松之注引的史料记述，展示了诸葛亮真实的本来面目，特别是，通过罗贯中《三国演义》文学艺术加工，使其形象更加完美无缺而深入人心，成为历朝历代尊崇敬仰而效法的典范与楷模。除此之外，全国各地至今还有几万诸葛后裔，他们始终遵循祖训族规，采取各种形式的活动纪念先祖，继承诸葛家族优良传统产生了深远影响，这也是其他历史人物无法比拟的。

中华民族是一个具有悠久历史文化的泱泱大国，要自立于世界民族之林，就必须有自己的道德规范标准和优秀代表人物，而诸葛亮是当之无愧的，这是我们的自豪和骄傲，我们应当尊重和维护这个民族形象，并且世世代代传承下去。认真想想，如果中华民族没有了可以效法学习的先贤、楷模，没有了启智育人规范思想行为的传统道德观念标准，不但难以教育影响下一代，而且也会被其他国家和人民所歧视，那才是最可悲的。所以，没必要按世俗观念看待历史，非要给历史人物找出一些问题，如果不这样，似乎就不符合“世无完人”规律。

现在，武侯墓清明庙会已经被批准确立为“陕西省非物质文化遗产”加以保护，正在申报“全国非物质文化遗产”，不久的将来还将申报“世界非物质文化遗产”保护名录，让武侯墓清明文化庙会随着诸葛亮的影响而走向世界。

第二章
武侯墓匾联集注

由于诸葛亮在中华民族历史长河中有深远影响，加之武侯墓属于中国独有，所以，自古至今前来祭祀拜谒、许愿还愿及参观考察、游览观光的各界人士络绎不绝，触景生情题书匾额与楹联的不乏其人。这些匾额与楹联，大多数是古代所题书而至今还在悬挂的，亦有馆藏的，还有不少今人所题的，给武侯墓留下了各有特色又丰富多彩的古迹文物和精神文化财富。

特别是，至今悬挂的匾额与楹联皆为古今达官显贵、文化名人与书法家所题书或者是补书，文化内涵深邃，书法艺术精湛。

为了使爱好书法艺术的读者模仿学习，我们利用在这里工作多年的便利条件，将这些悬挂的匾额与楹联逐一拍摄，然后进行处理，黑白分明地保留了原书体，供书法爱好者参考学习。

1. 悬挂的匾额 45 方

（外山门）

甲申年（2004）正秋（八月），长安茹桂题书。

茹桂，陕西长安人，1936 年生。先后就读于西安美术学院和陕西师大中文系，为西安美术学院教授、硕士生导师、陕西省书法协会副主席、中国书协学术委员、陕西省政协委员，享受国务院有突出贡献专家特殊津贴。

【注】诸葛亮生前被封为“武乡侯”，死后又被追谥为“忠武侯”，因此，历代尊其墓为武侯墓。

【释】三国蜀汉丞相诸葛亮的墓葬所在地。

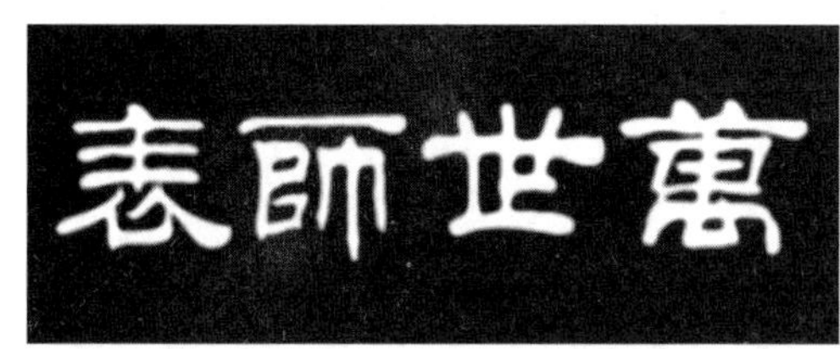

（外山门内）

刘炳森书。

刘炳森（1937—2005），字树庵，号海村，1962年毕业于北京艺术学院美术系中国画山水科本科，同年秋至北京故宫博物院从事古代书法绘画的临摹复制和研究工作，研究员。曾任中国书法家协会副主席、中国文联副主席、中国佛教协会副会长、全国政协常务委员、中国书画函授大学特聘教授、中日友好二十一世纪委员会委员等。

【注】万世师表：语出《论语·颜渊》：“克己复礼，万世师表。”

《三国志·魏书·文帝纪》记载说：“昔仲尼大圣之才，怀帝王之器，可谓命世之大圣，亿载之师表者也”，称赞孔子是千秋万代人们的表率。所以，清代康熙皇帝御书了楷书匾额“万世师表”，下诏挂在孔庙大成殿梁上，从此以后，人们便称颂孔子是“万世师表”。

万世：很多世代，非常久远。

师表：表率，值得后世人永远学习的榜样。此处歌颂诸葛亮是时代久远的表率。

【释】诸葛亮是千秋万代人们称赞和学习的表率。

（书案梁）

壬辰年（2012）补书。作者不详。

【注】据传说，建兴六年（228）春天，诸葛亮第一次北伐曹魏，马谡失街亭退兵汉中后，诸葛亮就将行辕相府从今天的武侯祠迁移到定军山下武侯坪，闲暇时，曾多次在武侯墓此山梁上读书。后人为了纪念诸葛亮，怀念先贤，称此山梁为书案梁，并且在此修建了“读书亭”。

【释】诸葛亮读书的亭子。

（乐楼）

同治七年（1868）重修乐楼后，沔邑（今勉县）己酉（1849）拔贡（科举制度中由地方贡入国子监的生员之一种，州、县学各一名，由各省学政从生员中考选，保送入京，作为拔贡，经过朝考合格，可以充任京官、知县或教职）金泉（今勉县金泉镇）侯文茂补书。

【注】永：同咏，指颂扬、歌唱。《尚书·舜典》：“诗言志，歌永言。”

依：依照。

终古：语出《楚辞·九歌·礼魂》：“春兰兮秋菊，长无绝兮终古。”久远、永远的意思。

景耀六年（263）春天，后主刘禅“诏为亮立庙沔阳”，在武侯墓为诸葛亮修建了天下第一武侯祠。诏书规定：“自立庙之日起，凡官吏、百姓、亲属拜祭武侯者，皆限之於庙，断其私祭，以崇正礼。”（见《三国志·蜀书·诸葛亮传》裴松之注《襄阳记》）从此以后，“扫墓、祭庙、拜武侯的清明庙会始从之”，世代延续经久不衰（见李复心《忠武侯祠墓志》）。

每年清明庙会期间，四面八方的老百姓呼朋唤友潮涌武侯墓，人头攒动摩肩接踵，各种小吃、杂耍和活动云集，乐楼就有戏班演唱颂扬诸葛亮的戏曲，通宵达旦，热闹非凡。

【释】把歌颂和纪念诸葛亮的这种历史盛会依照传统规矩永远传承下去。

（乐楼东马门）

1980年2月，汉中白日煦题书。

白日煦（？—1992），字耀初，汉中市南郑县人，生前就职于汉中地区文管会，陕西省文史馆馆员，知名书法家，与汉中地区书法家陈竹朋、张文德、徐毓泉齐名。

【注】与民同乐：语出《孟子·梁惠王下·庄暴见孟子》：“今王四猎於此，百姓闻王车马之音，见羽旄之美，举欣欣然有喜色而相告曰：吾王庶几无疾病与，何以能田猎也？此无他，与民同乐也。”

原指君王施行仁政，与百姓休戚与共，同享欢乐。后泛指领导与群众一起游乐，共享幸福。此处指与各界人民共同欢乐。

【释】与各界人民共同欢乐。

（乐楼西马门）

1980年2月，汉中白日煦题书。

白日煦：生平事迹见前。

【注】幻景：语出唐代著名诗人王维（701—759）的《为兵部祭库部王郎中文》：“深悟幻境，独与道游。”虚幻的景象，幻想中的景物。此处指舞台艺术中虚幻的人物和故事景物。

如真：好像是真的一样。

【释】舞台艺术中虚幻的人物和故事景物好像是真的一样。

（东道院门匾）

1980 年 2 月，汉中陈竹朋题书。

陈竹朋（1919—2015），陕西省城固县人。生前就职于汉中市群众艺术馆，副研究馆员，为中国书法家协会会员、陕西书法家协会理事、汉中市书法家协会副主席。长期潜研书法艺术，重视传统功力，擅长楷、行、篆、隶、草书体，亦精通篆刻。70 年代以来，多次参加全国以及省、市书法展览，并获得大奖，其书法字帖多次在全国新华书店出版发行，作为书法爱好者的临摹范本。

【注】千秋：语出汉李陵《与苏武》诗："嘉会难再遇，三载为千秋。"此指千秋万代。

流芳：语出元代戏剧作家纪君祥编写的《赵氏孤儿》第二折："老宰辅，你若存得赵氏孤儿，当名垂青史，千古流芳。"此指诸葛亮的好名声永远流传。

【释】诸葛亮的好名声千秋万代永远流传。

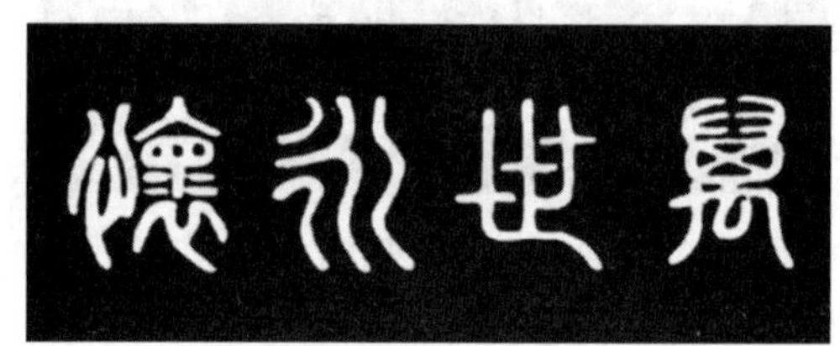

（西道院门匾）

1980 年 2 月，汉中陈竹朋题书。生平事迹见前。

【注】万世：语出《论语·颜渊》："克己复礼，万世师表。"指很多世代，非常久远。例如：《尚书·太甲中》有"惟朕以怿，万世有辞"之句。再如：北宋文学家苏轼的《司马温公神道碑》亦有"劝帝不受尊号，遂为万世法"之说。

永怀：语出《诗经·周南·卷耳》："我姑酌彼金罍，维以不永怀。"此指永远怀念的意思。

【释】世世代代都会永远怀念诸葛亮。

（内山门）

沔邑贡生戎良翰补书。

戎良翰，清朝光绪年间沔县定军山下左所村人，贡生（科举时代，挑选府、州、县秀才中成绩或资格优异者升入京师国子监读书的生员，称为贡生），民国四年（1915），曾经出任山西省山阴县知县，其余不详。

【注】最早的匾额已经无从查考，此为光绪初年戎良翰补书。

诸葛亮生前被封为“武乡侯”，死后又被追谥为“忠武侯”，因此，历代尊其墓为武侯墓。

【释】三国蜀汉丞相诸葛亮的墓葬所在地。

醇儒望重

清嘉庆年间，沔县候补知县汪锡华题书。1984 年 7 月，汉中白日煦补书。

汪锡华，山西大同人，贡生，其余不详。

白日煦，生平事迹见前。

【注】醇儒：亦称纯儒。语出《后汉书·郑玄传》：“玄质於辞训，通人颇讥其繁。至於经传洽熟，称为纯儒，齐鲁间宗之。”醇：纯粹而不染的意思。儒：以孔子、孟子为思想体系的儒家文人学者。例如：杜甫的《赠特进汝阳王》诗歌有“学业醇儒富，辞华哲匠能”之句。

望重：语出《晋书·简文三子传》：“元显因讽礼官下仪，称已德隆望重，既录百揆，内外群僚皆应尽敬。”此指品德高尚，声望很高，人人所尊崇敬仰。

【释】诸葛亮被学识精粹而渊博的文人学者所共同尊崇敬仰。

光绪八年（1882）仲春（二月），沔邑陈是、郭陈、陈锡敬献。

【注】沔邑：此指今天的汉中市勉县，明朝洪武四年（1371）改为沔县，1964年9月10日国务院才改名勉县。邑：旧指县。如邑人、邑庠生、邑宰。

出将入相：语出《旧唐书·李德裕传》："出将入相，三十年不复重游。"将：将军、将领、将帅。相：丞相、宰相、相国。此指才兼文武的人。

【释】诸葛亮才兼文武，出则为将帅能领兵打仗，入则是丞相能总理朝政辅国安邦。

雍正十三年（1735），果亲王题。

同治戊辰年（1868），沔邑己酉拔贡金泉侯文茂补书。生平事迹见前。

果亲王，本名爱新觉罗·允礼（1697—1738），清康熙帝的第17子，正红旗人。雍正元年（1723）被封为果郡王，雍正六年（1728）进亲王，封号"果"，亦称"和硕果亲王"，共传了八代十位。

【注】雍正十二年（1734）秋天，果亲王奉朝廷之命，护送入京朝觐的六世达赖喇嘛返回西藏，路过汉中沔县时，见武侯墓、祠破烂不堪，于是就带头捐款，同时责令地方官员拨付银两，限期整修。竣工后，果亲王在武侯墓题书"名垂宇宙"，在武侯祠题书"醇儒气象"匾额，并且还赋诗、立碑，至今仍存，完整无损。

名垂宇宙：语出唐代诗人杜甫《咏怀古迹五首》诗句："诸葛大名垂宇宙，宗臣遗像肃清高。"名垂：大名流传下去，《荀子·王霸》有"名垂于后世"之句。宇宙：天地万物总称，泛指天地之间。《淮南子·齐俗训》："往古来今谓之宙，四方上下谓之宇。"

【释】诸葛亮的大名流传于天地之间。

光绪甲午（1894），沔邑（今汉中勉县）庠生员（县学学生）杨春芳献。

【注】躬：自身，亲自；诸葛亮《出师表》有“臣本布衣，躬耕于南阳”之句。沐：此指蒙受恩泽的意思。圣：指道德智能极高的人，仅次于神，称圣人。例如：《孟子·尽心下》有“大而化之谓圣，圣而不可知之之谓神”。此比喻诸葛亮为圣人。

眷：关心、关怀、眷顾的意思。

此匾文反映出作者希望亲自得到诸葛亮这个圣人的护佑。

【释】亲自蒙受着圣人诸葛亮的恩泽和关怀。

清光绪三年（1877）仲春（二月），三牌士庶贺桂芳题。

【注】三牌：亦称“挂三牌”，是中国传统戏剧中角色的排位名称，头牌是老生，旦角挂二牌，武生挂三牌。

士庶：语出《管子·大匡》：“君有过，大夫不谏，士庶人有善而大夫不进，可罚也。”士人和老百姓，泛指人民群众。贺桂芳，生平事迹不详。

三代遗才：语出南宋进士、剑南东川节度推官刘光祖（1142—1222）的《万里桥记》：“诸葛公，三代遗才也。用法而人不怨，任政而主不疑，非天下之至公，其孰能与於此？”（见明代嘉靖进士、四川按察使周复浚《全蜀艺文志》卷三十三）明成化工部尚书李充嗣（1465—1528）的《谒诸葛武侯祠》诗有：“一行上表千载涕，三代遗才异代逢。”

南阳卧龙岗武侯祠有清康熙癸卯年（1663）知府王维新修建的“三代遗才”石牌坊，至今巍然屹立。嘉庆八年（1803）九月刻立的《武侯墓碑铭》中也有“先儒为三代遗才”之说。这是因为，夏商周三代已有伊尹、吕望名垂青史辅佐贤相，夏商周三代后才出现了诸葛亮这样的旷世奇才。

三代：语出《论语·卫灵公》：“斯民也，三代之所以直道而行也。”北宋国子博士邢昺（932—1010）注疏曰：“三代，夏、殷、周也。”例如：唐代著名文学家韩愈（768—824）的《丰陵行》有：“臣闻神道尚清净，三代旧制存诸书。”嘉庆年间（1796—1820）沔县知县马允刚《谒武侯墓》诗亦有“两朝忠义成家学，三代君臣仰后贤”。

遗才：遗留下来的旷世奇才。

【释】诸葛亮属于夏商周三代之后遗留下来的旷世奇才。

【特别说明】在武侯墓，个别讲解员对“三代遗才”匾额经常会别出心裁地以“威才”进行误导解说，为此，不少同行与游客中有识之士，都多次向笔者提示，希望进行纠正。

1．“遗才”的“遗”字是双音双解字，如果读成 wèi（威）字就使“遗才”变成了“威才”，会形成两个不同含义的词性，而“威才”在“三代遗才”匾文中就根本讲不通。这是因为，读 wèi cái（威才）的只有以下四个定义解释：

一是指科举遗漏人才和被埋没的人才。例如，曹植《七启》就有：“举不遗才，进各异方”；唐代诗人贾岛《送沈秀才下第东归》诗歌有：“下第子不耻，遗才人耻之”；再如：南宋进士罗大经（1196—1252）编著的《鹤林玉露》卷五有：“谁遣文章太惊俗，何缘场屋不遗才。”

二是指未被发现或未受重视的人才。例如，《晋书·忠义传》：“可使天下无复遗才矣。”

三是有才华而考试落第的人。例如，《宋史·卷一五五·选举志一》有“是年及端拱初，礼部试已，帝虑有遗才，取不中格者再试之，於是由再试得官者数百人”之说。

四是指古代秀才参加乡试考举人时，临时核准参加考试的人。例如，《警世通言·卷二六·唐解元出奇玩世》有“直至临场，曹公再三苦求，附一名于遗才之末，是科遂中了解元”之说。

根据上述含义解释，如果按照 wèi cái（威才）之说讲解，一定会贻笑大方，显得别出心裁而没文化，更重要的是对诸葛亮的形象贬低而大不敬。

首先，中国古代科举制度起源于隋炀帝大业三年（607），代替了魏文帝曹丕黄初元年（220）开始实行的“九品中正制”（把各级官员分为九等九品），把选拔官吏权力收归中央，用考试的办法来选取进士。由此而论，诸葛亮怎么会是夏商周三代科举遗漏人才和被埋没的人才呢？

其次，诸葛亮不可能是夏商周三代没有被发现或者是未受重视的人才，他们又怎么会知道数百年以后的诸葛亮是一个未被发现和未受重视的人才呢？

再则，诸葛亮怎么会是夏商周三代有才华而考试落第的人呢？

最后，诸葛亮怎么会是夏商周三代参加乡试考举人的秀才呢？

要清楚，“三代遗才”这个赞誉诸葛亮的名词在历史上使用得很多，不但在文章、诗歌与碑文中有，而且在其他武侯祠古迹中也有此匾文，历来公认的解释是：诸葛亮属于夏商周三代之后遗留下来的旷世奇才，互联网早就有这个组词，没有其他的解释。

2.“才”字一撇成为一右拉，这并不奇怪。中国字在书法艺术上，根据需要而上下搬家、左右搬家、内外搬家的自古以来就多得是，如：秋天的秋字，完全可以写成为“烁”，同音同义，没有其他意思，所以，讲解员没必要大惊小怪地以此考问游客哗众取宠进行解释。

题书者不详。

【注】经济：语出《晋书·殷浩传》：“足下沉识淹长，思综通练起而明之，足以经济。”寓意经世济民、经国济民。此指治理国家的意思。例如：唐代诗人杜甫的《上水遗怀》诗歌有“古来经济才，何事独罕有”？《宋史·王安石传论》也有“尤以道德经济为己任”。

如生：好像生前一样。

【释】诸葛亮好像生前一样在经世济民。

道光九年（1829），陕甘总督杨遇春题。1984 年 7 月，陈竹朋补书。

杨遇春（1776—1837），字时斋，崇庆州（今四川省崇庆县）人，乾隆四十四年（1779）武举人，次年拣选入伍。历乾隆、嘉庆、道光三朝，道光五年（1825），出任陕甘总督。

陈竹朋，生平事迹见前。

【注】季汉：语出《三国志·蜀书·诸葛亮传》后主《诏策》曰：“将

建殊功于季汉。”孟、仲、季，是古代兄弟或者时间的排行次序，如老大、老二、老三，以及孟夏、仲秋、季冬等。西汉、东汉以后，蜀汉就称为季汉。

伊：指商朝初期的辅佐贤相伊尹。伊为姓，尹是官名，故史称伊尹，曾经隐居莘野（今江苏省盐城市盐都区楼王镇莘野村），帮助商汤灭夏，商汤死后又辅佐太甲。

姜：指周朝开国功臣姜尚，亦称姜子牙、吕望，曾经隐居渭滨（今宝鸡市陈仓区天王镇境内，南依秦岭，北望渭水），后来辅佐周武王灭掉商朝。

伊尹、姜子牙和诸葛亮，都是历史上著名的辅佐贤相，故多相提并论。

明代诗人余钟的《孔明》诗歌有“并驱伊吕见英贤，割据山河也是权”之句。

【释】诸葛亮是蜀汉时期的伊尹和姜子牙。

嘉庆己卯（1819），沔县教谕，蒲城县原锡泽题。1984 年 7 月，陈竹朋补书。

原锡泽：陕西蒲城县举人，嘉庆年间出任沔县掌管教育和文庙祭祀的教谕。

陈竹朋：生平事迹见前。

【注】儒行：语出《礼记·儒行》：鲁哀公对孔子曰：“敢问儒行。”儒：博学多才的知名学者。行：行为。此指儒家的道德规范与行为准则。

将略：语出《三国志·蜀书·诸葛亮传》陈寿评价诸葛亮说：“应变将略。”此指用兵的谋略。例如：北宋王安石的《赠尚书工部侍郎郑公挽辞》有“南去伏波推将略，北来光禄擅诗名”之句。

【释】诸葛亮不但具有儒家道德规范行为准则还可运筹帷幄制定用兵方略。

嘉庆七年（1802），钦命兵部尚书，四川总督勒保题。1984 年 7 月，汉中张文德补书。

勒保（1739—1819），费莫氏，字宜轩，满洲镶红旗人，威勒伯。历任兵部主事、兵部侍郎、山西巡抚、陕甘总督、四川总督、经略大臣、太子太保、武英殿大学士。

张文德（1911—2000），曾用名张仁山，陕西省汉中市人。生前为中国国民党党员、汉中黄埔军校同学会会长、汉中市政协委员、陕西省书法家协会会员、陕西于右任书法学会名誉理事、汉中石门研究会顾问，是汉中地区知名书法家和书法教育家。

【注】大名永垂：语出唐代诗人杜甫《蜀相》诗歌："诸葛大名垂宇宙，宗臣遗像肃清高。"大名：语出战国时期齐国人谷梁赤的《谷梁传·襄公十九年》："君不尸小事，臣不专大名，善则称君，过则称己，则民作让矣。"此指显赫的名气。永垂：语出《魏书·高祖纪下》："虽不足纲范万度，永垂不朽，且可释滞目前，厘整时务。"此指永远流传后世。

【释】诸葛亮显赫的名气永远流传后世。

光绪十五年（1889）三月初五，诰受朝议大夫白文炳题书。

白文炳，祖籍是西南地区白族人，出生于阳曲（今山西省阳曲县），曾经出任四川普安营游击。光绪年间，为诰受朝议大夫（从四品，皇帝诏命可以参与朝廷议事的官员）。

【注】诸葛亮早年在《隆中对》中就指出，要刘备"西和诸戎，南抚夷越"，团结少数民族。特别是，建兴三年（225）五月，诸葛亮亲自带兵南征西南地区的少数民族叛军时，采取了"攻心为上，攻城为下，心战为上，兵战为下"的怀柔策略，恩威并施，"七擒七纵"叛军之中威信较高的首领孟获，最终使其心悦诚服，顺利地平定了西南叛乱。与此同时，诸葛亮还给西南少数民族传授了汉族先进的生产和生活技术，有效地改善了当地老百姓的生活，促进了他们的经济发展。为此，西南少数民族认为，他们虽然身处异地，但是他们世世代代蒙受着诸葛亮的恩泽。异域：异地，异居。蒙恩：蒙受恩泽，享受恩惠。

【释】西南少数民族在异地都能够蒙受诸葛亮的恩泽。

内敬外直

道光年间，甘肃藩司何铣题。1984 年 7 月，张敏之补书。

何铣，字元庵，贵州省修文县人，道光年间（1821—1850），出任甘肃藩司（明清时期布政使的别称，主管一省民政与财务的官员），其余不详。

张敏之（1919—2013），陕西宝鸡市人，高级工艺美术师。曾出任汉中书法家协会副主席、陕西省政协联谊会会员、中国老年书画研究会创作研究员、宝鸡《西北晨报》主编，汉中市书法家协会首创人之一，还担任汉中老年大学的书画教学。

【注】内敬：内心谨慎、严肃而不怠慢。《诗经 · 周颂 · 闵予小子》："夙夜敬之。"郑玄注："敬，慎也。"《荀子 · 强国》："故王者敬日，霸者敬时。"杨倞注："敬，谓不怠慢也。"

外直：指外表正直，理直气壮。

此匾文歌颂诸葛亮处事内心谨慎而外表正直。

【释】诸葛亮处事内心谨慎而外表正直。

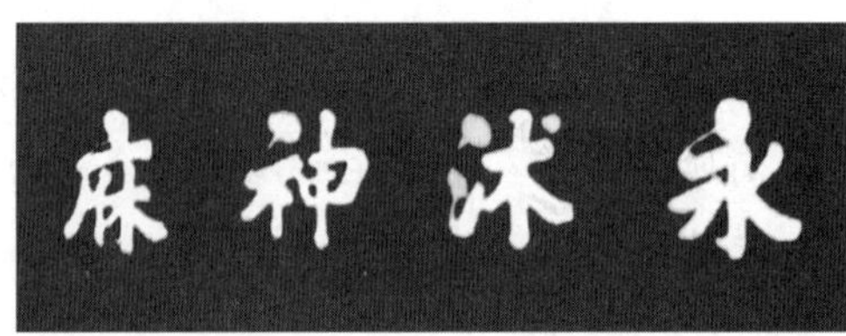

光绪辛巳（1881）仲冬（十一月），沔邑己酉（1849）拔贡，金泉侯文茂题书。

侯文茂：生平事迹见前。

【注】永沐：永远蒙受恩泽的意思。神：神灵。庥：荫庇、庇护、保佑。

神庥：语出前蜀户部侍郎杜光庭（850—933）的《王虔常侍北斗醮词》："答往愿于当年，期降恩于此日，永当修奉，以荷神庥。"此指神灵护佑的意思。

【释】永远蒙受诸葛亮神灵恩泽的荫庇护佑。

道光元年（1821），王鼎丰题。1984 年 7 月，汉中陈竹朋补书。

王鼎丰，道光元年至五年（1821—1825），曾经出任沔县知县，其余不详。

陈竹朋，生平事迹见前。

【注】坐言起行：语出战国时期赵国思想家荀况（公元前 313—公元前 238）编著的《荀子·性恶篇》：“故坐而言之，起而可设，张而可施行。”此指言行一致，坐下说的话，站起来就行动，说了就干。

【释】诸葛亮历来言行一致，雷厉风行，坐着说了话站起来就办。

清嘉庆丁卯（1807），沔县知县范抡策题。1984 年 7 月，张文德补书。

范抡策，山东泰安人，拔贡，嘉庆十二年（1807）曾经出任沔县知县，修建了沔县书院，规模宏大，其余不详。

张文德，生平事迹见前。

【注】伊：指商朝初期的辅佐贤相伊尹。

吕：指周朝初期辅佐贤相吕望（亦称吕尚、姜子牙、姜太公）。

匹：匹配、媲美的意思。

休：美善的意思。例如：《诗经·商颂·长发》：“何天之休。”郑玄注曰：“休，美也。”

此匾文赞颂诸葛亮的才能之高，可与商朝初期辅佐贤相伊尹和周朝初期辅佐贤相姜子牙相匹配。明末清初文学家唐孙华（1634—1723）的《诸葛武侯祠》诗歌有“管萧才岂配，伊吕望亦同”之句。

【释】诸葛亮的才能可以和商朝辅佐贤相伊尹与周朝辅佐贤相吕尚相媲美。

嘉庆七年（1802），吏部尚书德楞泰题。1984 年 7 月，汉中陈竹朋补书。

德楞泰（1749—1809），字淳堂，伍弥特氏，蒙古正黄旗人，乾隆、嘉庆朝悍将。历任副都统、黑龙江将军、袭一等侯、杭州将军、吉林将军、吏部尚书。

嘉庆年间曾经来汉中平剿“白莲教”农民起义军，拜谒武侯墓时题书此匾额。

陈竹朋，生平事迹见前。

【注】醇：通“纯”，纯正而不杂。

臣：君主时代官吏的统称。《孟子·万章下》有“在国曰市井之臣，在野曰草莽之臣，皆为庶人”之说。

楷模：语出《后汉书·卢植传》：“故北中郎将卢植名著海内，学为儒宗，士之楷模，国之桢干。”模范，典范的意思。南宋文学家叶适（1150—1223）的《谢宰执登科》有“固无以动世俗之耳目，斯可以为治道之楷模”之说。

【释】诸葛亮是历代纯正官吏的典范。

清代作者不详。1984 年 7 月，汉中张文德补书。生平事迹见前。

【注】法：法律、法规、法令。不：不允许，不可以，不能够。

恕己：语出《楚辞·离骚》：“羌内恕己以量人兮，各兴心而嫉妒。”此指宽宥原谅自己。

诸葛亮第一次北伐曹魏时，因马谡失街亭造成蜀汉军全线撤退而功亏一篑。事后，诸葛亮不但挥泪斩了违背军令而弃军逃跑的爱将马谡，还上表后主自贬三级，追究自己的识人和用人过错，以示自我惩罚。由此看来，诸葛亮不但执法如山，而且还严于律己。

【释】诸葛亮在法律和法令面前从来不允许宽宥自己。

原作者不详。1984 年 7 月，汤葆存补书。

汤葆存（1932—2019），勉县人，原勉县文化馆副馆长，擅长书法。

【注】匾文语出《三国志·蜀书·诸葛亮传》裴松之注引《蜀记》中东晋人李兴的《诸葛亮故宅碣表文》：“惟子之勋，移风来世。”

移风：改变、转化风气。《礼记·乐记》有“移风易俗，天下皆宁”之说。

来世：后世，后代。《尚书·商书·仲虺之诰》有“予恐来世以台为口实”。

【释】诸葛亮的高尚思想品德转化改变了后世的不良风气。

道光年间（1821—1850），郭守伦题。1984年7月，汉中张文德补书。

郭守伦，山西省太谷县人，道光六年出任华州（今陕西省渭南市华州区）知州。张文德，生平事迹见前。

【注】将：将领。《吕氏春秋·执一》：“军必有将。”相：丞相，宰相。

将相：语出《史记·陈涉世家》：“王侯将相，宁有种乎？”泛指文武官吏。

清代果亲王的《谒武侯祠》诗有“遭逢鱼水自南阳，将相才兼管乐长”之句。

师表：语出《史记·太史公自序》：“国有贤相良将，民之师表也。”此指为人之师的表率，学习的榜样。

【释】诸葛亮是历代文武官吏的表率和学习的榜样。

原作者不详。1984年7月，汉中徐毓泉补书。

徐毓泉（1926—2005），汉中市西乡县人，毕业于西乡师范学校，后取得陕西师大函授汉语言文学本科文凭。退休前，先后在汉中中学担任教导主任等职，曾荣获陕西省政府颁发的先进教育工作者称号。多次代表汉中书法界与日本书法代表团进行交流，其书作和榜书匾联，被省内外广泛收藏或刻石，并流传日本、美国、加拿大、中国台湾等地，是汉中市著名书法家，出版有《王世镗先生翰墨》《徐毓泉书法集》。

【注】神仙：语出《天隐子·神解》：“在人曰人仙，在天曰天仙，在地曰地仙，在水曰水仙，能够通便曰神仙。”道教对得道后能够超脱生死，并且变幻莫测的人称为神仙。

洞府：道教有三十六宫七十二洞天，称神仙居住的地方为洞府。诸葛亮崇信道教，博学多闻，智术非凡，在民间被视为神仙。此比喻武侯墓为神仙住的地方。北宋苏轼的《武侯庙记》云：“人也，神也，仙也！吾不知之，真卧龙也。”南宋陆游《谒诸葛丞相庙》诗歌有：“公虽已没有神灵，犹假贼手诛钟邓（此指魏将钟会、邓艾）。”

【释】武侯墓是诸葛亮这个神仙居住的地方。

原作者未详。1984 年 7 月，汉中徐毓泉补书。生平事迹见前。

【注】独含天灵：语出《三国志·蜀书·诸葛亮传》裴松之注《蜀记》中引东晋人李兴的《诸葛亮故宅碣表文》：“英哉，吾子独含天灵。”独：独自，独有。含：包含，含有。例如：《易经·坤》有“含万物而化光”之说。天灵：天资灵感聪明的意思。

《三国志·蜀书·诸葛亮传》记载说：“亮性长于巧思，损益连弩，木牛流马皆出其意。推演兵法，作八阵图，咸得其要。”正因为如此，后世一致认为诸葛亮具有神谋奇才，是一个天资聪明的人。

【释】诸葛亮是一个独具天资灵感聪明的人。

嘉庆甲子（1804）夏，朱闲圣题。1984 年 7 月，汉中张敏之补书。

朱闲圣，浙江山阴（今浙江省绍兴市）人，雍正初年，曾经出任陕西蒲城县知县，雍正十二年至十六年（1734—1738）任汉中知府，之后，又出任同州（今陕西省渭南市大荔县）知州，其余不详。

张敏之，生平事迹见前。

【注】两朝开济：语出唐代诗人杜甫的《蜀相》诗歌：“三顾频烦天下计，两朝开济老臣心。”两朝：指蜀汉先主刘备和其子后主刘禅两代帝业。开济：

开创并匡济。此指开创基业，辅佐帝王济世治国。例如：《三国志·魏书·徐邈传》中评价说：“王旭开济识度，王基学行坚白，皆掌统方任，垂称著绩。”唐代诗人杜甫《蜀相》诗歌有：“三顾频烦天下计，两朝开济老臣心。”唐代文学家罗隐的《上鄂州韦尚书》诗歌亦有：“都缘未负江山兴，开济生灵校一秋。”

【释】诸葛亮为先主刘备与后主刘禅父子两代开创匡济了蜀汉帝业。

光绪四年（1878）秋八月，花翎参将李其俊敬献。生平事迹不详。

【注】花翎：清朝皇帝特赐给有功之臣插在官帽上的装饰品，称为“顶戴、花翎”。按照清朝的礼仪，花翎又分一眼、二眼、三眼，三眼最尊贵。所谓“眼”指的是孔雀翎上眼状的圆，一个圆圈就算作一眼。蓝翎是与花翎性质相同的一种冠饰，又称为“染蓝翎”，以染成蓝色的鸟羽毛所做，无眼，赐予六品以下低级军官或者在皇宫和王府当差的侍卫官员。

参将：明、清漕运官设置参将，协同督催粮运。清代河道官的江南河标、河营都设置有参将，掌管调遣河工、守汛防险等事务。

功盖三分：语出唐代诗人杜甫《八阵图》诗歌：“功盖三分国，名成八阵图。江流石不转，遗恨失吞吴。”功：功劳，功德业绩。盖：胜过或者超过。三分：指曹魏、蜀汉、孙吴三国鼎立之势。唐武宗会昌元年（841）进士薛逢《题筹笔驿》诗歌有“三分天下魏蜀吴，武侯崛起赞讦谟。身依豪杰倾心术，目对云山演阵图。”

【释】诸葛亮辅佐蜀汉帝业促成了三国鼎立局面，建立了盖世功名。

丙申年（道光十六年，1836）孟春月（正月），褒邑（原褒城县，1958年被撤并，县城即今勉县褒城镇）生员（县学学生）曹燮堃、董沐敬献。

【注】功崇：语出《尚书·周书》：“功崇惟志，业广惟勤。”意思是，

取得崇高的功业。功：功劳，功业，功勋。崇：崇高。

亘古：语出南朝宋文学家鲍照（414—466）的《清河颂》："亘古通今，明鲜晦多。"明代文学家方孝孺（1357—1402）的《郑府君哀辞》有"德可感人兮，亘古如斯"之说。万历年间进士谢肇淛（1567—1624）的《五杂俎·人部一》也有："王氏以妇人能之，尤亘古所无也。"此指自古至今的意思。

【释】诸葛亮崇高的功德业绩自古至今都在传播。

光绪二十年（1894）三月，南邑太白岭（今陕西省太白县）张顺清敬献。

张顺清，清朝晚期陕西太白县人，其余不详。

【注】汉代：从公元前206年汉高祖刘邦建立西汉政权开始，到公元220年东汉献帝刘协止，共有26个皇帝，历时410年。其中，西汉共13帝，立国214年，东汉共13帝，立国196年。之后，又有先主刘备与后主刘禅的蜀汉政权，前后在位43年。因此，史学界把刘邦在长安建都称为西汉，把刘秀在洛阳建都称为东汉，把刘备、刘禅在成都建都的蜀汉称为季汉。由于他们都是一脉相承的刘姓天下，所以历史上统称他们为汉代。

元勋：语出《三国志·魏书·高柔传》："逮之汉初，萧曹（萧何、曹参）之俦，并以元勋代作心膂。"此指立有首功、大功之人。例如：《旧唐书·郭子仪传》有"帝以子仪、光弼俱是元勋"之说。

【释】诸葛亮是汉代以来功劳最大的人。

嘉庆二十年（1825），孟冬（十月），侍郎（皇帝身边近臣）、督学使者（亦名提督学政，是朝廷派往各省按期主考童生和生员的官员），长寿韩鼎晋题。

韩鼎晋（1767—1826），字树屏，长寿县（今重庆市长寿区）人，乾隆六十年（1795）进士，历任工部给事中、光禄寺少卿、陕甘学正、鸿胪寺卿、通政司副使、太常寺卿、左副都御史、仓场侍郎、工部侍郎，以上书进谏著称。

【注】万古云霄：语出唐代诗人杜甫的《咏怀古迹五首》诗歌：“诸葛大名垂宇宙，宗臣遗像肃清高。三分割据纡筹策，万古云霄一羽毛。”

万古：语出《北齐书·文宣帝纪》：“朕以虚寡嗣弘王业，思所以赞扬盛绩播之万古。”指久远的时代。如唐代杜甫《戏为六绝句》之二：“尔曹身与名俱灭，不废江河万古流。”

云霄：语出《西京杂记》卷一：“齐首高唱，声彻云霄。”此指云天之上的意思，寓意高而显达的地位。

【释】诸葛亮在久远的时代里始终处于高而显达的地位。

光绪二十七年（1901）八月，知沔县事徐兆兰敬立。

徐兆兰，光绪二十七年（1901），曾经出任沔县知县，利用军费主持整修了沔县书院。

【注】双桂：据武侯墓祠主持道人李复心《忠武侯祠墓志》记载说：蜀汉景耀六年（263）春天，后主刘禅在武侯墓为诸葛亮“近墓立庙”时，在墓后栽下两株桂树，称为“护墓双汉桂”。现在，两株千年汉桂仍然翠绿茂盛，高 19 米，胸围 3 米以上，冠幅 25 米，像两把撑开的大伞，互相对接，浓荫蔽日，风雨护墓。每年八月桂花盛开时，古迹内外清香四溢，沁人心脾，故有“十里定军草木香”的赞语。

流芬：飘散着芬芳的香气。

抗战时期，国民党行政院院长于右任来武侯墓视察第 83 伤兵医院时，触景生情题书的《谒武侯墓》诗歌有“老桂军山伴武乡，千年坟土亦生香”句。

【释】武侯墓坟头的两棵汉桂飘散着芬芳的香气。

光绪二十年（1894）仲春（二月），沔邑（今勉县）庠生（古代学校称庠，

学生称庠生，明清科举制度中，庠生是学生别称）张廷贤书。生平事迹不详。

【注】先生之风：语出宋代范仲淹《桐庐郡严先生祠堂记》："云山苍苍，江水泱泱，先生之风，山高水长。"先生：此指年长而有学问的老师。例如：《孟子·告子下》："先生将何之？"注曰："学士年长者，故谓之先生。"清乾隆年间（1736—1795）进士、陕西韩城县令吕兆鬣（liè，颈部长毛的意思）在《诸葛忠武侯赞》中说："天欲延汉而生先生，天欲亡汉而没先生。"此处指诸葛亮。风：高雅的风度，高尚的风范。比喻人的言谈举止高雅不俗。

【释】诸葛亮具有渊博学识和高雅的风范。

同治六年（1867），署沔右营都司（地方带兵武官）向懿题。

向懿，生平事迹不详。

【注】君子人也：语出《论语·泰伯》："临大节而不可夺也，君子人欤，君子人也。"君子：泛指有知识有道德的人。例如：《礼记·曲礼上》有"博闻强识而让，敦善行而不怠，谓之君子"之说。也：肯定语气词。

【释】诸葛亮是有知识有道德的人。

清代的作者不详。

【注】武侯墓建筑群构成了三院并联，基本方位是坐西向东。经实地测量，古迹区中轴线是北偏东 75 度，因此，两侧院子属于南北向，历史上就称为南、北道院，历来是道人们居住、生活和接待客人的地方。

据武侯墓祠主持道人李复心编的《忠武侯祠墓志》记载说："左（南院）为斋室，右（北院）为道院。"明清时期，地方官员清明节都要来武侯墓举行大典，隆重祭祀诸葛亮，北院就成了接待达官显贵进行祭祀时聚集休息的地方，闲人一律免进，因此就有了此匾文。

【释】北道院是接待前来武侯墓拜谒诸葛亮的达官显贵客厅。

清道光十一年（1832）孟秋（七月），邑后学任伯仁题书于南阳卧龙岗武侯祠。

2002 年武侯墓仿制，补书者不详。

任伯仁，南阳郡南阳县人，其余不详。

【注】此匾文原作在南阳卧龙岗武侯祠，这里的匾额为仿制品。

真神人：语出《三国演义》第四十六回：“用奇谋孔明借箭，献密计黄盖受刑”中，鲁肃称赞诸葛亮说：“先生真神人也。”

鲁肃认为，诸葛亮是一个真正的神仙一般的人物。

北宋文学家苏轼（1037—1101）的《武侯庙记》评价诸葛亮也说：“人也！神也！仙也！吾不知之，真卧龙也。”

【释】诸葛亮是一个真正的神仙一般的人物。

戊午年（2002），汉中陈竹朋题书。生平事迹见前。

【注】根据 1984 年著名古建筑设计专家张锦秋的规划，“万古云霄堂”建在武侯墓的笔峰山上，属于纪念性建筑物。

万古云霄：语出唐代诗人杜甫的《咏怀古迹五首》诗歌：“诸葛大名垂宇宙，宗臣遗像肃清高。三分割据纡筹策，万古云霄一羽毛。”万古：久远的时代。云霄：云天之上，指高而显达的地位。堂：纪念堂。

【释】诸葛亮在久远的时代里始终处于高而显达地位的纪念堂。

（思蜀亭）

道光十二年（1832）南阳典史王清亮题书南阳武侯祠。壬辰年（2012）在武侯墓复制。

王清亮，华亭（今天上海市松江县）人，道光十一年（1831），出任南阳县典史。

【注】此匾文原作在南阳卧龙岗武侯祠，2012年武侯墓仿制，书者不详。

千古：语出北魏郦道元《水经注·睢水四》：“追芳昔娱，神游千古，故亦一时之盛事。”此指久远的年代。例如：朱德总司令《悼左权同志》诗有“太行浩气传千古，留得清漳吐血花”之句。

人龙：语出唐代国子监博士黄滔（840—911）的《南海韦尚书启》：“自从见作人龙，翔为鸟凤，腾辉瑞谍，流庆皇家。”比喻人中俊杰、人中之龙，泛指十分优秀杰出的人才。

【释】诸葛亮是千百年来十分优秀杰出的人才。

（原养身堂外门）

1984年3月，张锦秋题。壬辰年（2012）补书，作者不详。

张锦秋，女，汉族，1936年生于四川成都，1954—1960年在清华大学建筑系学习，1961—1966年在清华大学攻读古建园林研究生。1966年至今在西北设计研究院从事建筑设计工作，1987年任该院总建筑师，1991年获得首批中国工程建设设计大师称号，1994年当选中国工程院首批院士，1997年荣获国家特批一级建筑师，2005年当选亚太经合组织（APEC）建筑师；2000年荣获梁思成建筑奖，同年又荣获陕西省劳动模范称号。第八届、第九届全国政协委员，党的十六大代表，第十一届全国人大代表。

【注】溢：水满而外流的状况。《广雅》：“过满为溢。”

清：清澈、清静。

轩：有窗的长廊或小屋。

【释】流淌着清静的小屋。

（原养身堂内院）

作者不详。壬辰年（2012）补书。

【注】怀仁慕德：是一个成语，意思是缅怀仁义之风，仰慕有德之士，鼓励人们要“见贤思齐焉，见不贤而内自省也”（见《论语·里仁》）。怀：想念、怀念、缅怀。仁：仁义之心、仁义之风。慕：追慕的意思。德：高尚的品德。

【释】缅怀诸葛亮仁义之风追慕其高尚的思想品德。

（思蜀亭）

道光十二年（1832）季春（三月），后学任守泰督工，邑后学任伯仁题书于南阳卧龙岗武侯祠。壬辰年（2012），武侯墓进行仿制，书者不详。

【注】忠：忠诚、忠心。

延：延续。

汉鼎：汉代的鼎，国之重器，寓意汉朝的皇家社稷帝位。此指诸葛亮忠君爱国辅佐先主刘备建立了蜀汉政权，延续了汉王朝江山社稷。

唐代诗人司空图（837—908）的《杂题》诗之一有“若使只凭三杰力，犹应汉鼎一毫轻”之句。

【释】诸葛亮忠君爱国延续了汉家王朝江山社稷。

壬辰年（2012），题书者不详。

【注】卧龙：语出《三国志·蜀书·诸葛亮传》：“诸葛孔明者，卧龙也。”从此以后，人称诸葛亮为“卧龙先生”，比喻潜藏修行的龙，不飞则已，一飞冲天。正因为如此，南阳有卧龙岗武侯祠，与诸葛亮相关的遗址有卧龙岗地名，还有不少因卧龙命名的旅游开发区。

除此外，《晋书·嵇康传》亦有“嵇康，卧龙也，不可起，公无忧天下，顾以嵇康为虑耳”之说。

亭：有顶无墙四面通透的建筑，如四角亭、六角亭、八角亭等。顶子有盝顶式、攒尖式等，是供休息和观赏的古建筑物，多在古迹园林之中。此为纪念诸葛亮的古建筑。

【释】纪念诸葛亮的亭子。

2. 悬挂的楹联 30 副

东联孙吴，北拒曹魏，举世三分鼎；
内绝余帛，外无赢财，凌霄一羽毛。

（外山门）

丙子（1996 年）三月，马萧萧题书。

马萧萧，军旅诗人，水墨画家，周易学者。湖南省隆回县人，1970 年 6 月出生。1989 年 3 月特招入伍至大西北，历任炮兵、排长、干事、编辑、创作员、《西北军事文学》主编，中国作家协会会员。

【注】东联孙吴：此指诸葛亮在《隆中对》中为刘备制定匡扶汉室一统天下的决策时提出“东连吴会”和“外结好孙权”的既定方针。

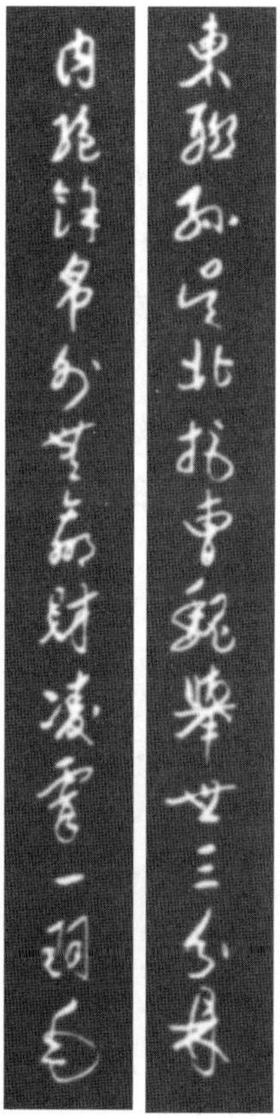

北拒曹魏：是指诸葛亮在前《出师表》之中提到的“今南方已定，兵甲已足，当奖率三军，北定中原，庶竭驽钝，攘除奸凶，兴复汉室，还于旧都”。此后，诸葛亮亲率大军来到汉中沔阳定军山下，作为军事基地，先后五次北伐曹魏，《三国演义》称为“六出祁山”。

举世：语出《庄子·逍遥游》：“举世誉之而不加劝，举世非之而不加沮。”此指整个国家。

三分鼎：指曹魏、蜀汉、孙吴三个国家的鼎足势力。

内绝余帛，外无赢财：语出诸葛亮的《自表皇帝》书：“若臣死之日，不使内有余帛，外有赢财，以负陛下。”

这段话是说，诸葛亮临终前上表说，他死后对内没有剩余的衣物，对外也没有任何多余的财物，以此证明一生清廉。

凌霄：指志向高远。

一羽毛：语出杜甫《咏怀古迹》诗：“诸葛大名垂宇宙，宗臣遗像肃清高。三分割据纡筹策，万古云霄一羽毛。”此指手挥羽毛扇的诸葛亮。

万古云霄一羽毛：比喻诸葛亮是站在众人之上的一个伟大人物。

【释】东边联合东吴孙权，北面抗击曹操，使整个国家形成了三足鼎立的局面；

对内没有剩余衣物，对外没有多余财物，诸葛亮是众人之上的伟大人物。

赤胆忠心，使天下名臣千秋魄动；
军山沔水，招人间雅士万古神驰。

（外山门内）

壬辰年（2012），刘保和题书。

刘保和，河南省任丘市人，河南省教育学院教授，中华诗词学会会员，河南省老年诗词协会副会长，其余不详。

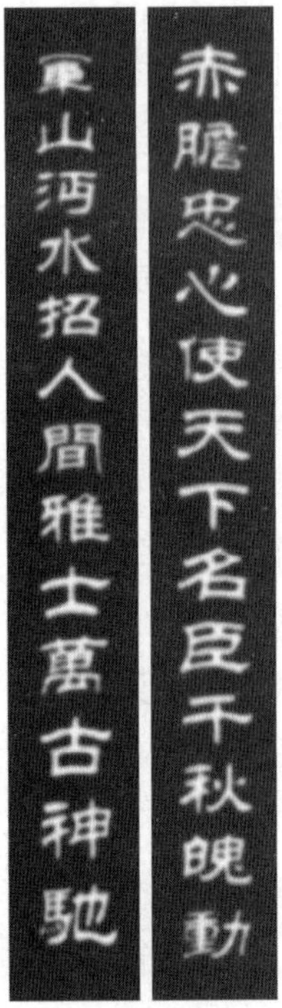

【注】赤胆忠心：语出明代文学家汤显祖（1550—1616）的《还魂记·淮警》诗："贼子豪雄是李全，忠心赤胆向胡天；靴尖踢倒长天堑，却笑江南土不坚。"比喻忠诚有胆识的人。例如：《说岳全传》第三十回有"赤胆忠心扶社稷"之说。

千秋：语出西汉飞将军李广长孙、骑都尉李陵（公元前134—公元前74）的《与苏武》诗歌："嘉会难再遇，三载为千秋。"千百万年的意思，形容时间很长。例如：北宋文学家王安石的《望夫石》诗歌亦有"还似九嶷山上女，千秋长望舜裳衣"之句。

名臣：语出《史记·张释之冯唐列传》："张廷尉方今天下名臣。"唐代著名史学家吕延济题注曰："名臣，谓有贤才，立功业，垂名於后代者也。"

此指具有文治武功的有名贤臣。

魄动：语出南朝梁文学评论家钟嵘（468—518）所著的《诗品》上卷："文温以丽，意悲而远，惊心动魄，可谓几乎一字千金。"此指惊心动魄的意思。

军山沔水：此指汉中勉县定军山下沔水之滨的武侯墓。

招：让或者使的意思。

人间：民间老百姓。

雅士：高雅的有志之士。

万古：世世代代。

神驰：追慕向往。

【释】诸葛亮的赤胆忠心，使天下知名官吏千百万年来莫不惊心动魄；定军山沔水旁的武侯墓，让民间百姓和高雅之士世代追慕向往。

案前晓色开，勤研万卷增明智；
身后余香在，亘历千秋助美谈。

（读书亭）

江苏常州严金海题书。

严金海（？—2018），江苏常州市人，毕业于扬州商校，生前就职常州市灯芯绒厂工会，酷爱楹联与书法绘画艺术，是中国楹联学会会员、江苏省书法家协会会员、楹联学会会员，其余不详。

【注】楹联最早是严金海题书于湖北鄂州市的孙登（209—241，是三国时期吴国大帝孙权的长子）读书台，此处属于仿制品，书者不详。

案前：此指武侯墓书案梁前。

晓色开：天刚拂晓的时候。

勤研万卷：此指诸葛亮勤奋地阅读万卷书。

增明智：增加了聪明才智。

身后余香在：此指诸葛亮虽然死了，但他的流芳美名依然还在。

亘历千秋助美谈：经历了千秋万代还给后人留下了不朽的美谈。

【释】书案梁天刚拂晓的时候，就在这里勤奋阅读万卷书增加了聪明才智；诸葛亮死后他的美名依然还在，千秋万代给后人留下了不朽的美谈。

忠奸贤愚，聊假今形传古教；
治乱安危，为助风化扮粉墨。

（乐楼）

1980年2月，汉中白日煦题书。生平事迹见前。

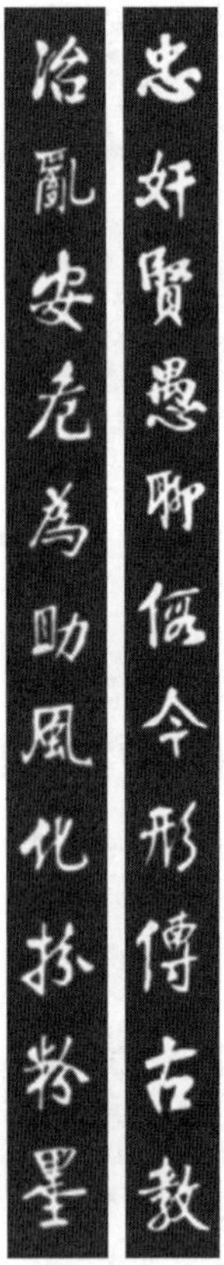

【注】乐楼，俗称戏楼。据清代嘉庆至道光年间（1796—1850）武侯墓祠主持道人李复心所著的《忠武侯祠墓志》记载说：明清以来，每年清明时期是武侯墓一年一度的盛大庙会，会期3—5天，四面八方老百姓纷纷云集武侯墓，许愿还愿，祭祀拜谒诸葛亮。是时，乐楼就会通宵达旦地唱三国戏，代代延续经久不衰。

1979年，乐楼重新大修竣工，1980年2月，笔者特邀请汉中著名史学家、书法家白日煦等老先生为乐楼中堂题书此楹联。

忠奸贤愚：指历史上出现的忠臣、奸臣、智慧贤良和愚昧无知之人。

聊：权且、姑且的意思。

假：借、凭借的意思。

今形：今天的活动形式。

传：宣传、传播。

古教：古代、古典的思想道德教化。

治乱安危：语出《吕氏春秋·不苟论》：“所归善，虽恶之，赏；所归不善，虽爱之，罚；此先王之所以治乱安危也。”此指使纷乱的社会得到整治，危急的局势得以安定。例如：北宋文学家苏轼《东坡集·司马温公行状》有：“其余非天下所以治乱安危者，皆不载。”

风化：语出《诗经·豳风·七月序》：“周公遭变，故陈后稷先公风化之所由。”此指社会公德的风情、风气。

扮粉墨：此指化妆演戏，扮演各种角色。

【释】不管是忠臣奸臣智慧贤良或者是愚昧无知，我们权且凭借今天的活动形式来传播古代的思想教化；

为了安邦定国治理天下我们进行化妆演戏，目的是教育老百姓有助于社会风化而扮演着各种角色。

山水有灵亦警知己；
性情所得未能妄言。

（献殿）

1980 年 4 月，汉中白日煦题书。2009 年，长安茹桂补书。

白日煦，生平事迹见前。

茹桂，1936 年生于陕西省长安县，先后就读于西安美术学院和陕西师大中文系，历任西安美术学院教授、硕士生导师、中国书法家协会委员、陕西省书法家协会副主席、陕西省政协委员，享受国务院特殊贡献津贴专家。

【注】山水：此指祖国大好河山。

有灵：有灵动之感。

亦：同样、也可以。

警：吃惊、惊奇。

知己：语出《史记·刺客列传》：“士为知己者死，女为悦己者容。”此指互相理解，互相认同，互相支持，矢志不移的终身好友。

性情：语出《易经·乾》：“利贞者，性情也。”孔颖达注疏曰：“性者，天生之质，正而不邪。情者，性之欲也。”此指人的禀性与气质、习性与情感。

所得：此指人的思想情感有所不同而有差异。

未能：不能够，不敢。

妄言：胡说，乱说，妄加评论。

【释】大好河山有灵动之感同样令好友吃惊；

人的习性各有所不同不能够妄加评论。

耕而食，织而衣，闲读春秋三五篇；
起思安，居思危，总为当时亿万民。

（献殿）

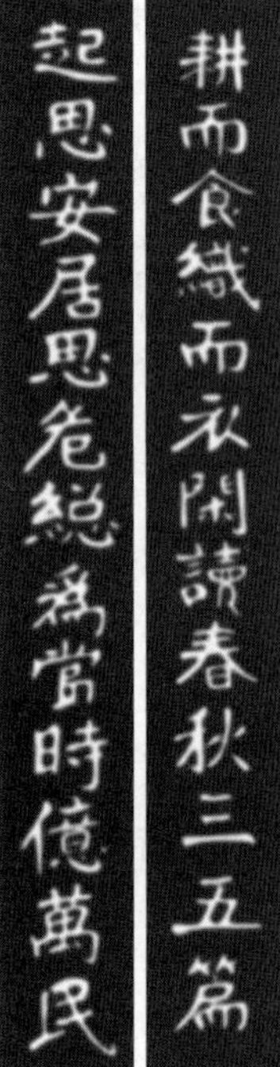

1980 年 4 月，汉中白日煦题书。生平事迹见前。

【注】耕而食，织而衣：语出明朝冯梦龙《醒世恒言》第三十九卷："又想起做和尚的不耕而食，不织而衣，住下高堂清舍，烧香吃茶。"此指靠耕种而吃饭，靠织布而穿衣，一切都是自力更生，自食其力。

闲读：空闲的时候要读书。

春秋：编年体史书名，相传是孔子据鲁史修订而成。该书所记起于鲁隐公元年，止于鲁哀公十四年，凡二百四十二年。这里指有用的图书。

三五篇：形容词，几篇的意思。

起思安，居思危：动则要考虑安全，安乐环境中必须要想到可能出现的危险。例如：春秋时期的《左传·襄公十一年》有"居安思危，思则有备，有备无患，敢以此规"之说。起：起步行动的意思。

总为当时亿万民：总是为了当时的亿万老百姓着想。

【释】靠耕种而吃饭，靠织布而穿衣，空闲时要读几篇有用的图书；行动要考虑安全，安居要想到危险，都是为亿万老百姓着想。

功同天地，传道智慧千秋颂；誉满乾坤，留得声名万古香。

（北道院）

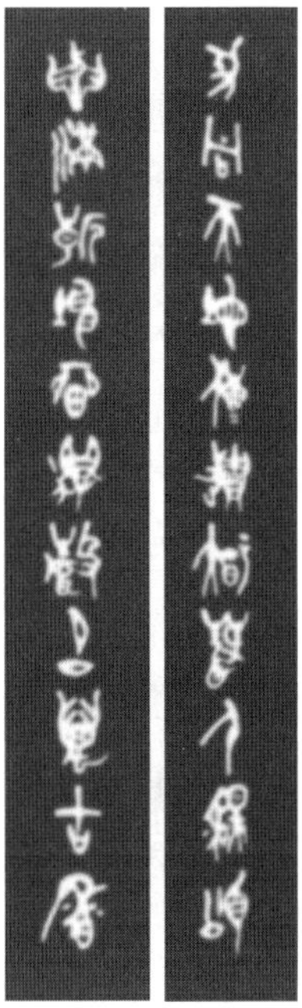

壬午（2002）清明，关中路毓贤题书。

路毓贤，1951年生于陕西省周至县，为中央文史研究馆书画院研究员、陕西省文史研究馆馆员、太华诗社副社长、陕西省书法家协会副主席、国际书法家协会理事、陕西省诗词学会常务理事、中国书法家协会会员、陕西师范大学美术学院兼职教授。

【注】功同天地，传道智慧千秋颂：是说诸葛亮辅佐蜀汉帝业的功德业绩如同天高地厚般的伟大。他的高尚道德与聪明才智被千秋万代歌颂。

誉满乾坤，留得声名万古香：诸葛亮的美名被天下人有口皆碑地传播，世世代代都留有余香。

【释】诸葛亮功德业绩如同天高地厚般伟大，高尚道德与聪明才智被千秋万年歌颂；

诸葛亮盛誉被天下人有口皆碑传播，留下来的美好名声世世代代都还有余香。

水咽波声，一江天汉英雄泪；山无樵採，十里定军草木香。

（山门）

嘉庆七年（1802），汉中知府赵洵题。

赵洵，汉军正蓝旗人，举人。嘉庆二至七年（1797—1801），曾经出任汉中知府。

【注】水：此指沔水，亦称汉水、汉江，发源于宁强县嶓冢山玉带河，流经陕西南部、湖北西部和中部，在武汉市汇入长江，总流程1532公里，流域面积17.4万平方公里，沿途有179条河流汇入，在汉中盆地流经七县区333公里，在勉县流经79公里，是中国的“江、河、淮、汉”四大河流之一，称为母亲河。北魏时期，地理学家郦道元《水经注》第二十七至二十九卷“沔水”有详细记载。

咽：呜咽哭泣。

水咽波聲一江天漢英雄淚
山無樵採十里定軍草木香

波声：沔水波涛声。

一江：此指流经定军山下的汉江，也就是沔水。

天汉：语出《诗经·小雅·大东》："维天有汉，监亦有光。"毛传注："汉，天河也。"即银河。例如：三国魏文帝曹丕（187—226）的《杂体诗》有"天汉回西流，三五正纵横"之句。

英雄泪：指有志之士怀念诸葛亮而流的泪。唐代诗人杜甫《蜀相》诗有"出师未捷身先死，长使英雄泪满襟。"清代文学家陆文杰《武侯祠怀古》诗歌也有"陨星洒净英雄泪，汉祚存亡系一身"之句。

山无樵採：语出《三国志·蜀书·诸葛亮传》：景耀六年（263）秋，"魏镇西将军钟会征蜀至汉川（今汉中）祭亮之庙，令军士不得于亮墓所左右刍牧樵採"。刍：割草。牧：放牧。樵：打柴。採：同采，摘取花果。从此以后，武侯墓周围的树木便得到严格护理，不遭践踏毁坏，十里之内都能够闻到草木的香味。清嘉庆年间（1796—1820），沔县知县马允刚的《谒武侯墓》诗歌有"十里定军松柏路，几人挥泪听杜鹃"之句。

定军：指定军山，武侯墓就在定军山下。

【释】汉水波涛声如呜咽哭泣，一江银河满是天下有志之士怀念诸葛亮的泪水；

武侯墓古迹树木不遭到践踏毁坏，十里定军山内尽见草木茂盛花果清香。

陨将星於五丈原头，司马尚警余烈；
扶汉祚於三分天下，卧龙不愧宗臣。

（山门内）

嘉庆丁卯年（1807），知沔县事范抡策题。1983 年，利州侯正荣补书。

范抡策，山东省泰安市人，拔贡出身，嘉庆十二年（1807）出任沔县知县，曾修建了"卧龙岗书院"，规模宏大，其余不详。

侯正荣（1932—2004），壮族，四川省广元市人，生前就职于广元市皇泽寺文物管理所，为中国书法家协会会员、四川省文史研究馆馆员、中国工艺美术学会会员、四川省政协委员、广元市政协副主席，是海内外著名的书法家。

隕將星於五丈原顧司馬尚驚余烈

扶漢祚於三分天下卧龍不愧宗臣

【**注**】陨：坠落，消亡，死亡。

将星：此指诸葛亮。据《三国志·诸葛亮传》裴松之注引《晋阳秋》记载说，“有星赤而芒角，自东北西南流，投入亮营，三投再还，往大还小，俄而亮卒”。

五丈原：在陕西省岐山县高店镇南。建兴十二年（234）秋天，诸葛亮第五次北伐曹魏屯军五丈原，与司马懿隔渭水对垒相拒百余日，最终因积劳成疾而病死在五丈原军中，终年五十四岁。

司马：即司马懿。

尚警余烈：余留的惊恐状还存在。《三国演义》第一百零四回“陨大星汉丞相归天，见木像魏都督丧胆”中说：诸葛亮死后，蜀军全线撤军时，司马懿遣军追击。没想到，诸葛亮早已经预料司马懿会追击蜀军，因此一切布置安排停当。蜀军撤退时司马懿果然率军追击，蜀军遂反旗鸣鼓，阻截魏军，并且以木雕的诸葛亮像蒙骗司马懿。司马懿以为诸葛亮没有死，这是蜀军诱敌深入之计，司马懿惊慌失措，大败而逃，蜀军安然撤退。事后，老百姓嘲笑司马懿说：“死诸葛吓走活仲达（司马懿字仲达）。”司马懿说：“我能料生，不能料死。”

汉祚：语出班固（32—92）的《东都赋》：“往者王莽作逆，汉祚中缺。”西汉末年，外戚王莽篡汉自立，使得汉朝皇位与国统缺失。此指诸葛亮辅佐的蜀汉帝业十分艰难。例如：明代诗人樊继祖（1481—1558）的《谒诸葛草庐》诗歌有：“将星一陨汉祚去，休把兴亡论亮心。”

三分天下：指魏国、蜀汉、东吴三个国家对峙鼎立。

卧龙：语出《三国志·蜀书·诸葛亮传》：“诸葛孔明者，卧龙也。”

宗臣：语出《三国志·蜀书·诸葛亮传》陈寿评价诸葛亮语：“一国之宗臣，霸王之贤佐也。”此指世世代代敬仰的名臣。例如：明代诗人付振商《谒武侯墓》诗有“宗臣遗像古，仰止思悠悠”之句。

【**释**】诸葛亮病死在五丈原军中，曾使司马懿追兵受到惊吓留下的惶恐不安还在；

匡扶蜀汉帝业于三国鼎立之中，诸葛亮不愧是世世代代所尊崇敬仰的名臣。

铜雀臺荒，七十二疑冢安在；
定军山古，百千载血祀常新。

（山门内）

嘉庆七年（1802），泾阳知县马学赐题。

马学赐，字葵园，号德人，河北省迁安县人，乾隆五十七年（1792）进士，历任蓝田县令、泾阳知县、渭南知县、商州知州。每到一任积极兴办教育，发展农业生产，勤政廉洁，为民办事，被群众称为“马青天”。曾经编修了《蓝田县志》，著有《玉照轩诗文集》。

【注】铜雀臺：据《三国志·魏书·武帝操》记载：建安十五年（210）冬，曹操在今河北省临漳县西南汉邺城故址上造铜雀台，前为金凤台，中为铜雀台，后为冰井台，有殿宇 100 多间。铜雀台高 10 丈，台上又建五层楼，离地共高 27 丈。按古今度量衡换算，当时的铜雀台总高 62.37 米。与此同时，在铜雀台楼顶置铜雀高一丈五，舒翼若飞，神态逼真。在台下，引漳河水穿铜雀台流入玄武池，用以操练水军。遗憾的是，铜雀台早已经荒废。正因为如此，清代诗人陆世象《谒武侯祠》诗有“我来曾过漳河畔，铜雀台荒片瓦无”。臺：既台。

七十二疑冢：语出元末文学家陶宗仪（1329—1412）的《辍耕录·疑冢》：“曹操疑冢七十二在漳河上。宋俞应符有诗题之曰：生前欺天绝汉统，死后欺人设疑冢。人生用智死即休，何有余机到丘垄。人言疑冢我不疑，我有一法君未知。直须尽发疑冢七十二，必有一冢藏君尸。”

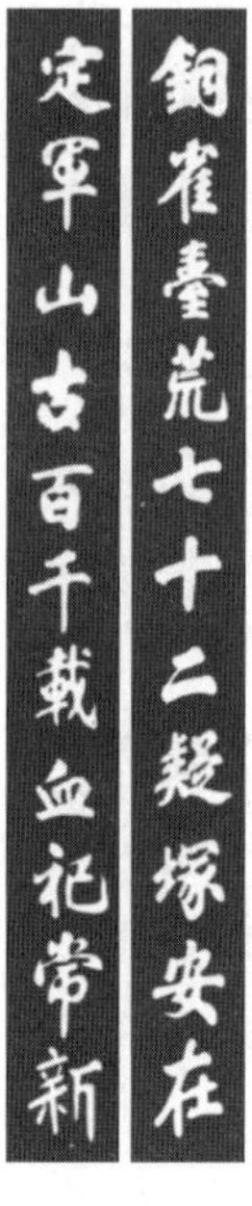

宋代以来，为了诋毁曹操奸诈和“挟天子以令诸侯”与其长子魏文帝曹丕的代汉立魏，民间就开始传说曹操死后，在漳河边造了七十二冢，以保真冢永存。

但是，《三国志·魏书·武帝操》记载曹操临终遗诏说：“天下尚未安定，未得尊古也，葬毕皆除服……敛以时服，无藏金玉珍宝，遂葬于邺城。”

安在：疑问句，在哪里的意思。例如：《汉书·高帝纪》有“沛公安在”之说。

定军山：在汉中勉县城南十里，属巴山系，自西向东十二个山头绵亘十里，主峰高883米，山下有武侯墓。建安二十四年(219)，刘备与曹操为争夺汉中，在定军山曾发生大战，老黄忠刀劈夏侯渊于定军山，刘备遂在定军山下设坛“称汉中王”，奠定了建立蜀汉政权基础，确立了三国鼎立。后来，诸葛亮在此屯军八年北伐曹魏，死后遗命葬此山下，定军山因此名垂青史誉冠古今。

古：十分古老的意思。

百千载：千百年以来。

血祀：意指血祭，杀牲祭神的一种大礼。《周礼·春官·大宗伯》：“以血祭祀社稷。”

常新：经常是新鲜的。

【释】漳河边上的铜雀台早已经荒废，传说中的曹操七十二座假墓在哪里；定军山虽然十分古老，千百年来到山下血祭武侯墓总觉得非常新鲜。

王业不偏安，两表於今悬日月；
臣言当尽瘁，六军长此驻风云。

（献殿）

民国二十一年（1932）二月，汉中绥靖司令赵寿山题书。

赵寿山（1894—1965），原名赵生龄，陕西户县人，1930年任汉中绥靖司令。民国二十一年（1932）二月，赵寿山出巡经过武侯墓，拜谒诸葛亮时题书。中华人民共和国成立后，赵寿山先后担任过青海省主席和陕西省省长。

【注】王业不偏安：语出诸葛亮后《出师表》：“先帝虑汉贼不两立，王业不偏安，故托臣以讨贼也。”

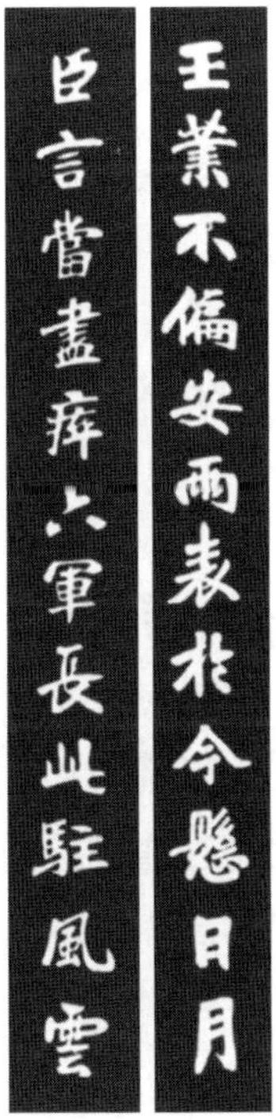

王业：泛指帝王事业，此指蜀汉帝业。

不偏安：指不能一统全国而偏居于一方自安。

两表：此指诸葛亮为北伐曹魏先后上的前、后《出师表》。

於今悬日月：至今像日月一样高悬同辉。於：于。

清代诗人行仁《武侯祠》诗歌有：“两表忠诚悬日月，三分事业付沧桑。”

臣言当尽瘁：语出诸葛亮后《出师表》：“臣鞠躬尽力，死而后已”，后来引申为成语“鞠躬尽瘁，死而后已”。意思是恭敬谨慎，竭尽全力，到死为止。

六军：语出《周礼·夏官·序官》：“凡制军，万有二千五百人为军。王六军，大国三军，次国二军，小国一军。”古代泛称朝廷的军队为六军。例如：唐代诗人白居易《长恨歌》有：“六军不发无奈何，宛转蛾眉马前死。”

此指诸葛亮北伐时期，所率领的朝廷大军。

长此：长久在此。此，指汉中定军山下。

驻：屯驻、驻防，指军队在此驻扎。

风云：当时天下变化的局势。例如：清代初年，著名文学家唐孙华（1634—1723）的《诸葛武侯祠》诗歌中有“风云开绝业，日月照孤忠”之句。

【释】为了蜀汉帝业不偏居一方自安，诸葛亮前后《出师表》至今与日月同辉；

诸葛亮说要竭尽全力，亲率北伐军常驻汉中定军山下应付天下变幻局势。

前书案，后笔峰，看几亩青畴，数千载隆中宛在；
襟军山，带沔水，留一抔黄土，四百年汉祚犹新。

（献殿）

嘉庆年间，虚白道人李复心题书。

李复心（1763—1822），四川成都人，幼习儒业，中年托迹羽流，道号虚白，先为韩城大象山高真观观主，清嘉庆至道光年间（1796—1850），为今天勉县武侯墓、祠主持道人，著有《忠武侯祠墓志》专著，为后来了解和研究武侯墓、祠古迹文物，提供了不可多得的资料。

【注】前书案，后笔峰：武侯墓四面环山，岗峦环抱。正面名书案梁，后面称笔峰山，北面为土地梁，南面是武山岗。

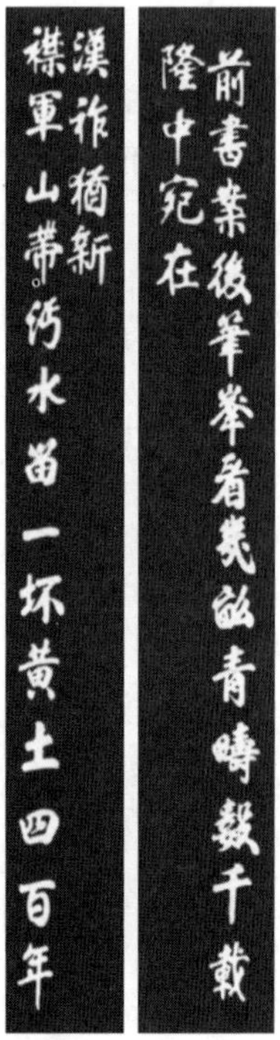

几亩：几块。

青畴：绿色葱郁的土地。

隆中：此指湖北省襄阳市隆中山，诸葛亮曾经在襄阳隆中隐居躬耕十年。

宛在：仿佛在，好像在。

此联文形象化地进行比喻，仿佛诸葛亮又在定军山下卧龙隐居。

襟军山：武侯墓襟连定军山脉。

带沔水：武侯墓在定军山下沔水之南，故称带沔水。沔水，泛称汉水、汉江，发源于汉中宁强县汉王嶓冢山玉带河，在武汉汇入长江，全长 1532 公里，有 179 条河流汇入，是中国四大河流之一，称为母亲河。北魏时期地理学家郦道元《水经注》第二十七至二十九卷“沔水”有详细记载。其中，在汉中流经宁强、勉县、汉台、南郑、城固、洋县、西乡七个县区，流长 333 公里，在勉县流长 79 公里。

一抔：一捧的意思，古代多称坟墓为一抔土。例如：唐代著名诗人骆宾王（627—684）的《代李敬业讨武曌檄》有“一抔之土为乾，六尺之孤安在”。此处比喻诸葛亮的“冢足容棺”而墓小。

四百年：从公元前 206 年高祖刘邦建立西汉政权，到东汉献帝刘协的建安二十五年（220）被曹丕建立魏国取代，共历 26 个皇帝 410 年，史称四百年。

汉祚：指汉朝的皇位与国统。

犹新：好像很新鲜。

【释】从前面书案梁，到后面笔峰山，看起来武侯墓只有几块葱郁土地，数千年使人觉得好像诸葛亮又在这里隐居；

武侯墓襟连定军山，旁带沔水，留下诸葛亮坟墓一抔黄土，在四百年汉代国统制度中都好像十分新鲜的事情。

数亩疏筠，山光犹拟南阳卧；
几林翠柏，鹃血常啼蜀道难。

（大殿门）

嘉庆七年（1802），沔县知县开州马允刚题。

马允刚，直隶开州（今重庆市开州区）人，举人出身，嘉庆四至八年（1799—1802），曾出任沔县知县，受陕西巡抚松筠指令，在武侯墓修建了所谓的武侯“真墓”，又破坏了马超祠东面古建筑，修建了纪念清朝将领军门王文雄、镇协王韩嘉业与鲍贵的“三公祠”。

【注】数亩：指武侯墓古迹的占地面积。据笔者 1978 年实地测量而知，武侯墓古迹区面积实有 364 亩。

疏筠：极少而稀疏的青皮竹林。

山光：此指山林之风光优美。

犹拟南阳卧：此指人们寄托的 种哀思，认为诸葛亮没有死，他埋葬在这里，好像当年在南阳郡的襄阳古隆中卧龙隐居一样。

据《三国志·蜀书·诸葛亮传》裴松之注引《汉晋春秋》说：“亮家于南阳之邓县，在襄阳城西二十里，号曰隆中。”犹拟：好像的意思。拟：拟。

几林翠柏：指武侯墓院内、院外苍翠青绿的参天汉柏与乔木。

鹃血常啼：鹃，杜鹃鸟。据《华阳国志·蜀志》记载：“碧出苌弘之血，鸟生杜宇之魂。”周朝末年，杜宇在蜀国称望帝，后来他自以为德薄而让位于其相开明，自己出走归隐，其魂化为鹃鸟。据说，每逢暮春此鸟啼叫不休，“鸣声凄厉，以至口中流血，能动游客归思之情”。为此，蜀国人怀思其归，称此鸟为杜鹃鸟、杜宇鸟或者思归鸟。例如：唐代诗人白居易的《长庆集·琵琶引》之中有“其间旦暮闻何物，杜鹃啼血猿哀鸣”之句。清初康熙年间魏际瑞（1620—1677）在《诸葛公墓》诗中也有“千载伤心唯杜宇，年年啼血树头红”之句。

蜀道难：泛指古代关中平原通过秦岭到益州行旅通商的古道路。例如：褒斜道、陈仓道、傥骆道、子午道、金牛道、嘉陵古道等。唐代诗人李白《蜀道难》有“蜀道难，难于上青天”之句。此比喻诸葛亮辅佐蜀汉帝业十分的艰难。

【释】武侯墓数亩古迹中青竹稀少，山林风光优美好像是诸葛亮还在这里卧龙隐居；

武侯墓几林翠柏里杜鹃鸟常啼，嘴中虽然流血但是仍在叫蜀汉事业十分艰难。

我居白河水东，与南阳原系比邻，知当日避难躬耕，人号卧龙，自况管乐，未出茅庐即名士；

公葬定军山下，为汉中留此胜迹，寿终时对众遗命，地卜嘶马，墓勿丘垄，能禁樵牧是佳城。

（大殿门）

民国十五年（1926）中秋（八月），宛东唐河县清优附生王恒鉴题。

王恒鉴，宛东（今河南省南阳市唐河县）人，清末优附生（古代初考入府、州、县学，而无廪膳可领的生员，称为附生，比较优秀的称优附生），其余不详。

【注】白河：源出河南嵩县南卧牛山，为汉江支流，流经南阳盆地入湖北与唐河汇合后称为唐白河，在襄阳入汉江。顺治河南参政杜漺（1622—1685）的《武侯祠后诸葛书院》诗歌有“南阳山下白水清，卧龙昔日曾躬耕”之句。

比邻：语出《汉书·孙宝传》：“后署宝主簿，宝徙入舍，祭灶请比邻。”比喻街坊近邻。例如：唐代诗人王勃（650—676）的《杜少府之任蜀州》诗歌有“海内存知己，天涯若比邻”之句。

避难躬耕：诸葛亮青年时期为避战争灾难在南阳郡的襄阳隆中隐居躬耕，因此，他曾在前《出师表》中说：“臣本布衣，躬耕于南阳，苟全性命于乱世，不求闻达于诸侯。”

人号卧龙：据《三国志·蜀书·诸葛亮传》记载：“诸葛孔明者，卧龙也。”正因为如此，当时人号称诸葛亮为卧龙先生。

自况：自比。

我居白河水東与南陽原系比鄰知當日避難躬耕人号卧龍自況管樂未出茅廬即名士

公塟定軍山下為漢中留此勝跡壽終時對衆遺命地卜嘶馬墓勿丘壠能禁樵牧是佳城

管：指春秋时期齐国辅佐贤相管仲，曾经辅佐齐桓公成为五霸之首而称霸天下。

乐：此指战国时期燕国上将军乐毅，曾经率领赵、楚、韩、魏、燕五国之兵攻打齐国，大破之，取七十余城。

《三国志 · 蜀书 · 诸葛亮传》记载：“亮每比于管仲、乐毅，时人莫之许也。惟博陵崔州平、颍川徐庶元直与亮友善，谓为信然。”

茅庐：语出诸葛亮前《出师表》：“先帝不以臣卑鄙，猥自枉屈，三顾臣于草庐之中。”此指诸葛亮隐居躬耕时居住的草庐。

名士：语出《史记 · 张耳陈余列传》：“已闻此二人，魏之名士也。”指有名望的人士。

公：指诸葛亮。

寿终：指临死时。

遗命：临死时的遗言。据《三国志·蜀书·诸葛亮传》记载，建兴十二年秋，诸葛亮病死前遗命说：“死后葬汉中定军山，因山为坟，冢足容棺，殓以时服，不须器物。”

地卜：指坟地以占卜来选择。

嘶马：马的鸣叫声，此指喧嚷声。

墓勿丘垅：指武侯墓不起坟垄。据《水经注》第二十七卷“沔水”记载说：“诸葛亮之死也，遗命葬其山，因即地势，不起坟垄。”

能禁樵牧：此指蜀汉炎兴元年（263）秋天，魏镇西将军钟会灭蜀取汉中来到定军山时，曾经“祭亮之庙，令军士不得於亮墓所左右刍牧樵采”。

佳城：语出汉代刘歆《西京杂记》卷四：“滕公驾至东都门，马鸣，跼不肯前，以足跑地久之。滕公使士卒掘马所跑地，入三尺所得石椁。滕公以烛照之，有铭曰：佳城郁郁，三千年见白日，吁嗟滕公居此室。滕公曰：嗟乎天也，吾死其即安此乎？死遂葬焉。”泛指墓地。此处指武侯墓地。例如：清代诗人赵敦棣《忠武侯墓》诗歌有“将士承遗命，佳城卜定军”之句。

【释】我住在白河水东边，与南阳原来是邻居，知道当年诸葛亮为了避战争灾难而在这里隐居躬耕，人称卧龙先生，他自比管仲和乐毅，还没出草庐就已经是很知名人士；

诸葛亮还葬在定军山下，为汉中留下了名胜古迹，他临死时曾经遗命说坟地要占卜选择不得喧嚷，墓葬不垒坟冢，并且能够禁止砍柴放牧和樵采，才算是理想的墓地。

【特别说明】诸葛亮遗命中没有“地卜嘶马，墓勿丘垄”之说，属作者附会，不可信。

古石幽香名士骨；
苍松翠柏老臣心。

光绪戊子（1888）仲冬（十一月），豫章萧执中题书。

萧执中，豫章（今江西省南昌市）人，其余不详。

古石幽香名士骨
苍松翠柏老臣心

【注】古石：指武侯墓古代遗留的石刻碑、碣。

幽香：清新而芬芳的香气。唐代诗僧齐己（864—937）的《白莲集·早梅》诗有：“风递幽香去，禽窥素艳来。”

名士骨：名人雅士的气骨、气质、品格。例如：唐代诗人杜甫《草堂诗笺》有“自是君身有仙骨，世人那得知其故”之句。

苍松翠柏老臣心：苍翠青绿的松柏树，象征诸葛亮忠于蜀汉帝业的高洁心灵。据武侯墓祠主持道人李复心《忠武侯祠墓志》记载：“松柏有心，它木不以有心。称而有心独归于松柏，以凌霜傲雪之姿，为忠魂英武之用。武侯有心于汉，乃使后世之有心者观古柏参天，乔松之嘉荫而咏。”

清乾隆年间礼部尚书任兰枝（1677—1746）的《武侯祠》诗歌有“丞相祠堂沔阳浒，松柏森森铁杆古”之句。

【释】武侯墓古老的碑碣石刻散发出诸葛亮名人雅士品质的清香；
苍翠青绿的松柏树象征着诸葛亮忠于蜀汉帝业的高洁心灵。

大业定三分，伊吕洵堪称伯仲；
奇才真十倍，萧曹未许比经纶。

光绪戊寅（1878）仲冬（十一月），长安信士潘矩墉题。

潘矩墉，今西安市长安县人，道家信徒。光绪八年（1882），曾经在褒斜道石门刻立了《石门游记》碑刻，成为后世人研究褒斜道石门摩崖题刻的重要参考资料，其余不详。

【注】大业：语出《易经·系辞上》：“盛德大业，至矣哉。”此指宏大的功德业绩。

定三分：此指诸葛亮全力辅佐蜀汉帝业，最终促成了三国鼎立的局面。例如：清代文学家王一奎《诸葛武侯墓》诗歌有“三分天下悬图画，分裂疆域魏与吴”之句。

伊：指商朝初期著名贤相伊尹。伊尹当了商朝几个国王的相，为商王朝延

大業定三分伊呂洵堪稱伯仲

奇才真十倍蕭曹未許比經綸

续600多年奠定了坚实的政治基础，成为中国历史上第一个有名的贤相。

吕：吕氏后裔，名望，人称吕尚、吕望，本名姜尚，字子牙，周朝初期贤相。西周初年，姜子牙全力辅佐周文王成就王业，被封为“太师”，尊为“师尚父”，成为中国历史上最享盛名的政治家、军事家和谋略家。

洵堪：意即实在可以。

伯仲：兄弟，比肩而论，此指不相上下。例如：梁武帝萧衍长子萧统在《文选·魏文帝》中说：“付毅之与班固，伯仲之间耳。”

奇才：语出《三国志·蜀书·诸葛亮传》：“宣王（司马懿）案行其营垒处曰：天下奇才也。”此指具有特殊才能的人。

真十倍：语出刘备托孤时嘱诸葛亮语：“君才十倍于丕，必能安邦定国，终定大事。”比喻诸葛亮是德才兼备而真正少有的人才。北宋诗人宋祁（998—1061）的《孔明书台》诗歌有“十倍奇才安用书，此台昔日知有无”之句。

萧曹：此指西汉初年辅佐刘邦建立帝业的开国功臣萧何、曹参二人。萧何为宰相，封酂侯。曹参为平阳侯，萧何死后接任宰相。

未许比：不可能相比。

经纶：语出《易经·屯》：“君子以经纶。”此指处理国家大事的经国济民才能。例如：南朝宋文帝时期的诗人张演《武侯墓》诗有“勋业伊周亚，经纶楚汉前”之句。

【释】诸葛亮全力辅佐蜀汉使之与曹魏和东吴形成三分天下，巨大业绩与功名实在可与伊尹和吕望比肩而论；

诸葛亮是真正完美少有的特殊人才，西汉时期的萧何与曹参二人也不可能比得上他经国济民政治才能。

汉祚难延，忠魂痛裂三分鼎；
军山在望，高冢灵通八阵图。

光绪癸未（1883）仲冬（十一月），署沔县典史街泉冯锡龄敬题。

冯锡龄，字梦九，号莲溪，街泉（西汉县名，属天水郡所辖，因街中有一眼泉水而得名，东汉降县为亭，称之为街亭。建兴六年（228）春，诸葛亮第一次出祁山北伐曹魏时马谡失街亭即此，故址在甘肃省天水市秦安县陇城镇与张家川回族自治县龙泉镇之间）人，光绪年间，曾先后出任沔县和西乡县典史（主

漢祚難延忠魂痛裂三分鼎

軍山在望高塚靈通八陣圖

管县狱和处理被盗的官员）。

【注】汉祚：语出东汉史学家班固（32—92）的《东都赋》："往者王莽作逆，汉祚中缺。"指汉朝的皇位和国统。此指蜀汉帝业的国统相当艰难。例如：明万历年间（1573—1620），岐山县知县于邦栋的《五丈原怀古》诗歌有"彼苍无意兴汉祚，忍教营中报陨星"之句。

难延：难以延续。

忠魂：指诸葛亮忠君爱国的灵魂。

痛裂：指痛心分裂。

三分鼎：此指曹魏、蜀汉、孙吴三个国家的鼎足而立。

军山：此指汉中勉县的定军山，诸葛亮墓在定军山下。

高冢：指高高隆起的坟墓。《周礼·春官·序官》："冢人。"郑玄注曰："封土为丘垄，象冢而为之。"此指武侯墓。

灵通：灵应贯通的意思。

八阵图：语出《三国志·蜀书·诸葛亮传》："推演兵法，作八阵图。"据清代李复心《忠武侯祠墓志》记载，建兴五年（227）诸葛亮率数万大军屯驻汉中沔阳准备北伐曹魏时，曾在定军山下"积石为垒"推演六十四阵八阵图来训练军队，以达到"行则为阵，止则为营"。

除此之外，在重庆市奉节县白帝城山下长江边有诸葛亮"水八阵图"遗址。《晋书·桓温传》记载："初，诸葛亮造八阵图于鱼腹平沙之下，垒石为八行，行相去二丈。温见之，谓此常山蛇势也，文武皆莫能识之。"所以，唐代诗人杜甫《八阵图》诗歌有"功盖三分国，名成八阵图。江流石不转，遗恨失吞吴"之说。

据《太平寰宇记》《明一统志》记载，在今天成都新都区弥牟镇也有二十四阵八阵图。

【释】蜀汉帝业相当艰难延续，使诸葛亮忠君爱国的灵魂痛心将天下分裂为三足鼎立；

定军山举目在望，高高的武侯坟墓似乎灵应贯通诸葛亮当年推演的八阵图兵法。

汉柏陵前，定军山下，听千载悠悠江声不绝出师表；
清明祭后，寒食路头，望双坟垒垒古调失传梁甫吟。

（正殿南侧门）

丁丑年（1997）清明，刁永泉撰书。

漢柏陵前定軍山下聽千載悠悠江聲不絕出師表

清明祭後寒食路頭望雙墳壘壘古調失傳梁甫吟

刁永泉，1945年出生于陕西洋县，国家一级作家，中国作家协会会员，陕西作家协会理事。先后任勉县中小学教师、文化馆文学组长、汉中市文艺创作研究室研究员、汉中市文联副主席、陕西省作家协会第四届理事、中国现代格律诗学会理事、陕西省诗词学会理事、汉中诗词学会常务副会长。

【注】汉柏陵前：景耀六年（263）春天，后主刘禅为诸葛亮修建天下第一武侯祠时，在诸葛亮墓周围栽植54株汉柏象征武侯在生之年，现在只有22株。

定军山下：根据诸葛亮遗命安排，其墓就在定军山下二里西北角。

千载悠悠江声，不绝出师表：千百年来汉江流淌的波涛声，没有停留地吟诵着诸葛亮《出师表》。

清明祭后：每年的清明节祭祀以后。

寒食：清明节前一天。春秋时期，晋国人介子推曾经“割股奉君”，救过落难公子重耳，重耳为晋文公后，介子推“隐居不言禄”抱木焚死，晋文公就定是日为禁火寒食节，以祭祀介子推。

路头：道路的意思。

望双坟垒垒：在武侯墓内院西南角山坡，还有一座武侯之“真墓”，这是嘉庆四年（1799）十二月，陕西巡抚松筠以堪舆学（风水）而臆断修建的，与院中固有的武侯之墓形成了双坟。垒垒：重复地堆积。

古调：古代的乐调。例如：唐代诗人刘长卿的《听弹琴》诗歌有“古调虽自爱，今人多不弹”之句。

失传：遗失而没有被传承，得不到延续。

梁甫吟：亦称梁父吟，是古代齐鲁一带的民间丧葬歌，属汉代乐府曲调，写的是春秋时期齐相国晏子为了国家安危而巧妙地用计谋采取“二桃杀三士”的故事，其音调悲切凄苦，今已不传。

据《三国志·蜀书·诸葛亮传》记载，“玄卒，亮躬耕陇亩，好为《梁父吟》”。

【释】在武侯墓前，定军山下，似乎听见千年汉江波涛声在不停地朗诵着诸葛亮当年的《出师表》；

清明祭祀后，武侯墓道路上，眼看着院内重复堆积的双坟早已经没有古调乐府的《梁甫吟》。

遗言葬蜀土前沿，重集萑师长拒敌；
立志复中原祖业，未酬夙愿永含悲。

1998 年孟夏（四月），吴丈蜀题书。

吴丈蜀（1919—2006），四川省泸州市人。生前曾任湖北省社会科学院研究员，湖北省文史研究馆馆长，中华诗词学会副会长，湖北省诗词学会会长，书法报社社长，中国作家协会会员，中国书法家协会第一、二届理事，湖北省书法家协会副主席。

【注】遗言葬蜀土前沿：据《三国志·蜀书·诸葛亮传》记载：建兴十二年秋八月二十八日，诸葛亮病逝在第五次北伐曹魏的五丈原军中，病逝前曾经遗命说："死后葬汉中定军山，因山为坟，冢足容棺，殓以时服，不须器物。"

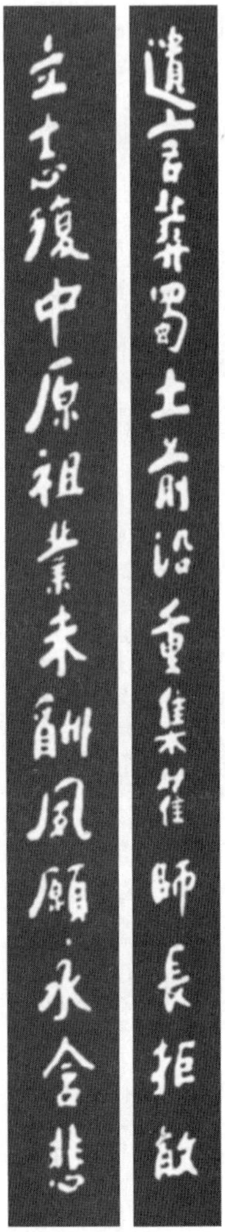

这段话的意思是：我死后要埋葬在汉中定军山下，傍山造坟就可以了，坟的大小以能放进一口棺材为准，入棺时不要穿新的衣服，就穿平时所穿，坟墓内不要埋葬任何东西。根据他的遗命，当年底，后主刘禅将他安葬在定军山下。

蜀土前沿：汉中历来是蜀汉的北大门，秦蜀间行旅通商的要津与兵家必争之地，更是诸葛亮五次北伐的军事基地。

重集：重新整顿集合队伍。

萑师：应该是繁体字舊（旧）师，此指过去的军队。

长拒敌：经常北伐曹魏。

立志复中原祖业，未酬夙愿永含悲：从公元前 206 年汉高祖刘邦开始，到公元 220 年东汉献帝刘协为止，刘姓汉朝江山先后在长安和洛阳称帝，前后 411 年。可是 220 年 10 月，汉家江山被曹操长子曹丕的魏国取代。刘备是西汉中山靖王刘胜后裔，汉室苗裔，立志要恢复汉家刘姓江山。正因为如此，诸葛亮全力辅佐先主刘备和后主刘禅，"鞠躬尽瘁，死而后已"，目的就是要"北定中原，兴复汉室"，让刘禅"还于旧都"，在长安称帝。但是，经过五次北伐曹魏仍然没有达到目的，自己却病死在第五次北伐的五丈原军中，落了个"出师未捷身先死，长使英雄泪满襟"（见杜甫《蜀相》诗）的结果，给后世人留下了可悲、可叹的千古遗恨。

【释】诸葛亮遗命葬在蜀土前沿汉中定军山下，是为了重新整顿集合过去的军队经常北伐曹魏；

　　立志要北定中原兴复汉室恢复刘姓江山，经过五次北伐没有达到意愿留下千古可悲遗恨。

故国不归，山河未遂中原志；
忠魂犹在，道路争瞻汉相坟。

嘉庆七年（1802）夏，钦命陕西提刑按察使司文濡题。

甲子年（1984）秋月（八月），张文德补书，生平事迹见前。

文濡（rú），嘉庆年间，曾经奉皇帝之命出任陕西提刑按察使司（主管陕西全省司法的最高官员），其余不详。

【注】故国：指本国，亦指故乡、家乡。例如：南朝梁文学家丘迟（464—508）的《与陈伯之书》有“见故国之旗鼓，感平生于畴昔”。再如：唐晚期诗人曹松（828—903）的《送郑谷归宜春》诗亦有“无成归故国，上马亦高歌”之说。南宋文学家叶适（1150—1223）的《故知枢密院事施公墓志铭》也有“祈归故国，草木华润；世韪其退，有考其进”之说。

故国不归：诸葛亮死后没有归葬于蜀汉国都成都或者他的琅琊阳都故乡。

山河：语出《史记·孙子吴起列传》：“美哉乎山河之固，此魏国之宝也。”泛指大山大河、江山国土。例如：南朝宋文学家刘义庆（403—444）的《世说新语·言语》记载说：“过江诸人每至美日，辄相邀新亭藉卉饮宴。周侯中坐而叹曰：风景不殊，正自有山河之异。”再如：唐代翰林学士钱起（722—780）的《送王使君赴太原行营》诗歌中亦有“诸侯持节钺，千里控山河”之句。

未遂：没有成功而达到目的的意思。

中原志：诸葛亮前《出师表》中有“北定中原，兴复汉室”之句，表明他决心要北伐曹魏匡扶汉室而一统汉家江山的远大志向。

忠魂犹在：此指诸葛亮忠于蜀汉帝业的灵魂依然还在。

道路：此指过往行人。

争瞻：争相瞻仰、拜谒的意思。

汉相：据《三国志·蜀书·诸葛亮传》记载说：章武元年（221），先主刘备“即帝位，策亮为丞相。……章武三年春，先主于永安病笃”，后主刘禅继帝位，改元建兴，“封亮武乡侯，开府治事”。

坟：东汉文学家许慎（58—147）的《说文解字》解释说：“坟，墓也。”又据北魏地理学家郦道元（？—527）的《水经注·渭水》记载说：“秦名天子冢曰山，汉曰陵，官吏称墓，百姓为坟。”

诸葛亮生前被封为蜀汉丞相、武乡侯，死后被追谥忠武侯，可是，他的墓葬却如老百姓的墓葬一样太小而简陋，被后世人称为汉相坟或者是武侯墓。

【释】诸葛亮死后不归葬故国家乡，是因为生前没有完成一统江山的志愿；

诸葛亮忠于蜀汉帝业的灵魂还在，过往行人都争相瞻仰拜谒武侯墓。

生为兴刘尊汉室；
死犹护蜀葬军山。

（崇圣祠）

光绪庚辰（1880）冬，蜀州李士瑛敬题。

李士瑛，蜀州（今四川省成都市崇州市）人，其余不详。

【注】兴刘：兴复刘姓汉家帝业。从公元前206年汉高祖刘邦建立西汉王朝开始，到公元220年曹丕废东汉最后一个皇帝刘协而立魏国，再就是先主刘备221年创立蜀汉国家，到263年秋天蜀汉国家灭亡，在这前后共计454年之间，都属于刘姓天下的汉家帝业。

据《三国志·蜀书·先主传》记载：“先主姓刘，讳备，字玄德，涿郡涿县人，汉景帝子中山靖王胜之后也。胜子贞，元狩六年封涿县陆城亭侯，坐酎金失侯因家焉。先主祖雄，父弘，世仕州郡。雄举孝廉，官至东郡范令。”

由此而知，刘备是西汉景帝刘启儿子中山靖王刘胜的子孙，属刘姓汉家帝业的皇室后裔，称为“汉室之胄”，所以，按照汉室皇家《族谱》推算，刘备是汉献帝刘协的“皇叔”。

此指诸葛亮生前全力辅佐蜀汉先主刘备和后主刘禅，意欲兴复刘氏汉家帝业。

尊汉室：此指诸葛亮生前忠心不二地尊崇敬仰和侍奉蜀汉王室。

上联末尾的“室”字，为笔者1979年复制此楹联时补书。

犹：仍然的意思。例如《荀子·荣辱》：“是故三代虽亡，治法犹存。”

护蜀葬军山：此指诸葛亮为保护蜀汉帝业和国土而遗命葬汉中定军山。例如：清代诗人尹光恬《武侯墓》诗歌有“留葬军山知有意，汉中原是汉王都”之句。

【释】诸葛亮生前一切都是为了兴复刘氏帝业而尊崇敬仰蜀汉王室；
诸葛亮死后仍然为了保护蜀汉国土而遗命葬在了汉中定军山。

二表竭臣忠，鞠躬尽瘁不负南阳三顾；一心扶汉祚，拓土开疆卒书正统两朝。

（后坟亭）

嘉庆七年（1802）夏，钦命提督甘肃全省军门杨遇春题。

1984年，汉中张敏之补书。

杨遇春（1760—1837），字时斋，四川崇州（今成都崇州市）人，乾隆四十四年（1779）中武举人。历任云骑尉、骑都尉、陕甘总督、甘肃全省军门（一省最高军事武官，亦称总督）、乾清门侍卫、参赞大臣、兵部尚书。追赠太子太傅，谥号“忠武”，后世称其为“杨忠武侯”。

张敏之：生平事迹见前。

【注】二表：此指诸葛亮为了北伐曹魏向后主刘禅上书的前、后《出师表》。

竭臣忠：此指诸葛亮竭尽全力为蜀汉帝业尽忠心。

鞠躬尽瘁：语出诸葛亮后《出师表》：“臣鞠躬尽力，死而后已”，后来引申为“鞠躬尽瘁，死而后已”成语典故。此指勤勤恳恳、竭尽心力到死为止的奋斗终身。

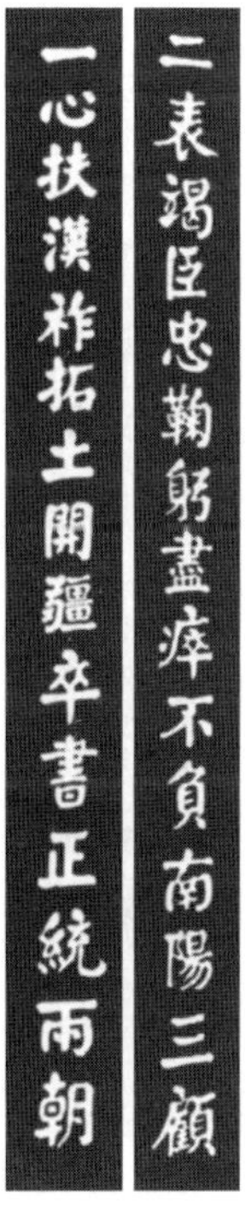

不负：指不辜负。

南阳三顾：建安十二年（207）冬天，47岁的汉室后裔刘备为了匡扶汉室急需要著名贤士指点迷津，在颍川名士徐庶、司马徽举荐下，三次到南阳郡的襄阳隆中去拜访年仅27岁的诸葛亮，请求出谋划策，指点迷津。诸葛亮十分感激刘备屈尊三顾茅庐，为其制定了兴复汉室一统江山的《隆中对策》，使刘备茅塞顿开，信心十足，遂恳请诸葛亮出山辅佐一步步实现这一宏伟蓝图，史称“三顾茅庐”。

正因为如此，诸葛亮在《出师表》中说：“臣本布衣，躬耕于南阳，苟全性命于乱世，不求闻达于诸侯。先帝不以臣卑鄙，猥自枉屈，三顾臣于草庐之中，咨臣以当世之事，由是感激，遂许先帝以驱驰。后值倾覆，受任于败军之际，奉命于危难之间，尔来二十有一年矣。”

一心扶汉祚：此指诸葛亮忠心耿耿一心一意辅佐蜀汉帝业。

拓土开疆：语出西晋文学家陆机（261—303）的《汉高祖功

臣颂》：“王信韩孽，拓土开疆。我图尔才，越迁晋阳。”开拓领土与疆界。

此指诸葛亮建兴三年（225）进行南征平叛，五至十二年（227—234）又先后进行五次北伐曹魏，开拓了蜀汉国家疆域和领土。

卒：终于的意思。《史记·周本纪》：“管仲卒受下卿之礼而还。”

书：书写，此指史书记载。

正统两朝：此指刘氏后裔的蜀汉先主刘备和后主刘禅两代。

【释】前后《出师表》集中体现了诸葛亮忠君爱国思想，他竭尽全力不辞劳苦为的是不辜负刘备三顾茅庐之恩；

诸葛亮一心一意扶持蜀汉帝业，开辟疆域领土终于使史书记载了刘氏正统先主刘备与后主刘禅两个朝代。

虽知天定三分鼎；
犹竭人谋六出师。

清乾隆五十九年（1794），陕西宁陕厅同知麦凤岐题。1984 年 7 月，汉中陈竹朋补书。

麦凤岐，今广东省佛山市高明区人，贡生，乾隆末年，曾经出任陕西宁陕厅（宁陕县）同知（明清时期知府的副职，正五品，衔署称厅）。

陈竹朋，生平事迹见前。

【注】虽知天定：虽然知道天意所定，比喻不可抗拒的客观现实。

三分鼎：此指曹魏、蜀汉、孙吴三国的鼎立对峙。

犹竭：还要竭尽全力的意思。

人谋：人的谋略。

六出师：此指诸葛亮曾经五次北伐曹魏，《三国演义》称为“六出祁山”。例如：明代诗人王一奎《谒武侯祠》诗歌有“六出祁山志不磨，五丈秋风奈若何”之句。

六出祁山：语出《三国演义》第一百二十回末尾的叙事诗：“孔明六出祁山前，愿以只手将天补。何期历数到此终，长星半夜落山坞。”《三国演义》从第九十五回“马谡拒谏失街亭”到一百四回“陨大星汉丞相归”把诸葛亮的五次北伐曹魏说成是“六出祁山”。其实，诸葛亮只有第一次（228）和第四次（231）两次到过祁山。

【释】虽然知道魏蜀吴三国鼎立是不可抗拒的客观现实；

还要竭尽全力地进行六出祁山北伐曹魏力求统一。

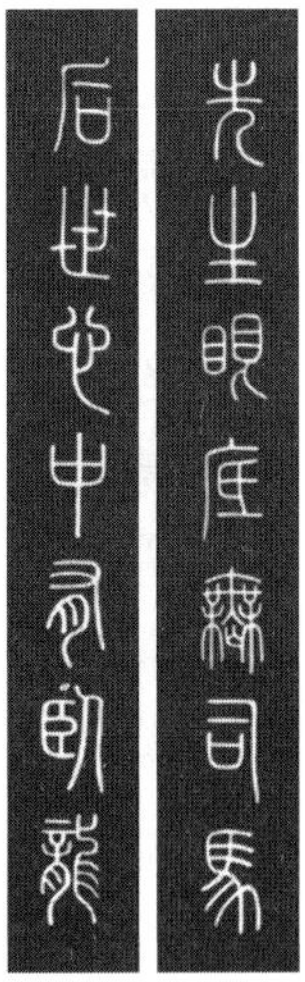

先生眼底无司马；
后世心中有卧龙。

壬辰年（2012）补书。书者不详。

【注】此楹联最早题书于五丈原诸葛庙。所以，此处属仿制品。

先生：此指诸葛亮。

眼底：眼睛里。

无：没有，此指根本就瞧不起。

司马：指魏国司马懿。

后世：后世人。

心中：心目中。

卧龙：指诸葛亮。《三国志·蜀书·诸葛亮传》记载说：“诸葛孔明者，卧龙也。”

【释】诸葛亮的眼睛里根本就瞧不起司马懿；
在后世人心目中始终有诸葛亮这个人。

隐居求其志，行义达其道，王业偏安，炎汉恨三分鼎足。
扶六尺之孤，寄百里之命，鞠躬尽瘁，大星落五丈原头。

（南道院）

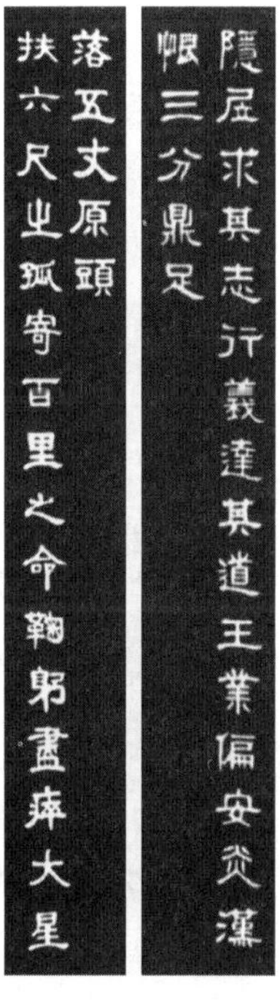

同治五年（1866），知沔县事浙江莫增奎题。

1984年7月，汉中白日煦补书。

莫增奎，字星五，浙江省人，拔贡，同治初年，曾经出任沔县知县，口碑很好。

白日煦，生平事迹见前。

【注】隐居求其志，行义达其道：语出《论语·季氏》：“隐居以求其志，行义以达其道。”是说深居不仕的人是为追求自己的志向，行使仁义的人是为了达到自己的道德品质。

王业偏安：语出诸葛亮后《出师表》：“先帝深虑汉、贼不两立，王业不偏安，故托臣以讨贼也。”

此指蜀汉帝业不能够一统天下而偏居在益州一隅。

炎汉：古代用金、木、水、火、土五行相互生克来解释历代王朝的交替，故有“五德”之说。自西汉高祖刘邦称帝开始，汉代的皇帝一脉相承为刘姓，他们自称因“火德”而兴起，故后世常以“炎刘”“炎汉”作为汉朝的代称。例如：《三国志·魏书·陈思王传》：“吾皇受禅炎汉，临君万邦。”再如：明代诗人桓斋的《游卧龙岗》诗歌有“鼎成炎汉三分国，力挽残阳四十秋”之句。

扶六尺之孤，寄百里之命：语出《论语·泰伯》：“可以托六尺之孤，可以寄百里之命。”是说受托而扶持的幼小君主，用君王之命而抚国佐政。

此指诸葛亮因为白帝城托孤受命而扶持后主刘禅，全力辅佐蜀汉帝业。

据《三国志·蜀书·诸葛亮传》裴松之注引《袁子》记载说：“诸葛亮因以为佐相而群臣悦服，刘备足信亮足重故也，及其受六尺之孤，摄一国之政事。”

鞠躬尽瘁：恭谨谨慎，不辞劳苦。

大星落五丈原头：天上大陨石掉在五丈原。

《三国志·蜀书·诸葛亮传》裴松之注引《晋阳秋》记载说：“有星赤而芒角，自东北西南流投入亮营，三投再还，往大还小，俄而亮卒。”此指建兴十二年（234）秋八月二十八日，诸葛亮病死在第五次北伐曹魏的五丈原军中。

【释】深居不仕为的是追求自己的志向，多行仁义之事是为达到道德标准，蜀汉帝业偏居在益州一隅，大汉江山可恨的是三国鼎立不能统一；

诸葛亮受白帝城托孤全力辅佐后主刘禅，摄一国之政事行使君王之命抚国佐政，他恭谨谨慎不辞劳苦，最后病死在了五丈原的北伐军中。

器学潜藏，抱膝长吟田父乐；
经纶躍展，鞠躬尽瘁老臣心。

民国四年（1915），南阳镇守使吴庆桐题于南阳武侯祠。

壬辰年（2012）仿制，书者不详。

吴庆桐（1872—1921），字子琴，河南商丘人，曾任直隶总督府巡捕、奉天边防左路帮统及辽西镇总兵、奉天巡防先锋队统领、奉天第二混成旅旅长。1914—1920年，出任南阳镇守使，1921年在天津遇刺身亡。

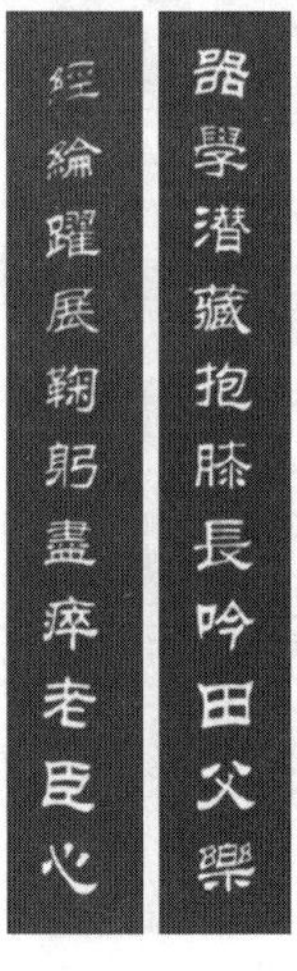

【注】器学：才气与学识的意思。

潜藏：隐藏而不显露。

抱膝长吟：语出《三国志·蜀书·诸葛亮传》：“亮躬耕陇亩。好为梁父吟。”裴松之注引《魏略》曰：“诸葛亮每昼夜从容，常抱膝长啸。”此指从容闲雅。

田父：语出战国时期齐国著名哲学家尹文（公元前360—公元前280）的《尹文子·大道上》：“魏田父有耕于野者，得宝玉径尺，弗知其玉也，以告邻人。”此指在田间干活的农夫。

乐：快乐、愉悦的意思。

经纶躍展：此指展示雄才大略的才能。

鞠躬尽瘁：竭尽全力，不辞劳苦。躍：既跃。

老臣心：此指诸葛亮这个辅佐刘备、刘禅两朝老臣的忠心。

【释】隐藏起才气与学识，从容闲雅过着农夫那样安乐的生活；
展示雄才大略，不辞劳苦表明了诸葛亮辅佐蜀汉的忠心。

品茗溢香远；
闻道清芬长。

壬辰年（2012）题书，作者不详。

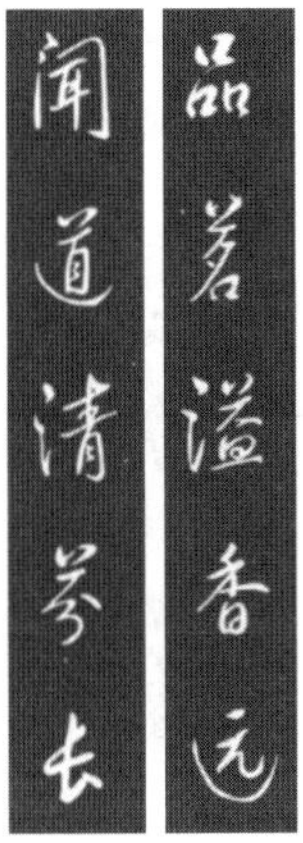

【注】品茗：语出明代文学家谢肇淛的《西吴枝乘》：“余尝品茗，以武夷、虎丘第一，淡而远也。”品茶、喝茶。例如：清小说家吴趼人（1866—1910）的《二十年目睹之怪现状》第五十回有：“我们围炉品茗，消此长夜。”

溢香远：散发的香气扩散很远。

闻道：语出《论语·里仁》：“朝闻道，夕死可矣。”此指领会其中道理。例如：唐代诗人韩愈《师说》有：“闻道有先后，术业有专攻。”此处指领会了品茶的道理。

清芬：此指茶的清香。北宋政治家韩琦（1008—1075）的《夜合诗》有“所爱夜合者，清芬逾众芳”之句。

长：悠长的意思。

【释】来这里品茶的时候觉得散发的香气飘得很远；
领会了品茶的道理更觉得茶味清香而且悠长。

垂柳扶风催客梦；
流溪醉雨望龙眠。

（卧龙亭）

壬辰年（2012）补书。作者不详。

【注】垂柳扶风：倒垂的杨柳伴随着微风轻抚。

催客梦：催促游客浮想联翩进入了梦乡。

流溪：潺潺的流溪。

醉雨：使人沉醉的雨水。

望：看着。

龙眠：此指诸葛亮这个“卧龙”在此长眠。

【释】倒垂的杨柳伴随微风催促着游客浮想联翩进入梦乡；

潺潺的流溪和着雨水看着诸葛亮这个卧龙在此长眠。

纵论三分天下，审势通策佐先主；
长怀一统江山，辅国连治启后人。

此联为胡汝萍 1979 年给南阳武侯祠所题写。壬辰年（2012），武侯墓仿制，书者生平不详。

胡汝萍（1933—1980），南阳市人，生前就职于南阳市文化馆。

【注】纵论：纵横议论、评论。

三分天下：指曹操、孙吴、刘备三足鼎立。

审势通策：此指诸葛亮在《隆中对》中综合分析天下形势，为刘备制定了安邦定国的《隆中对》策略。

佐先主：指诸葛亮毅然决然下山辅佐刘备。

长怀一统江山：此指诸葛亮经常怀着一统汉家江山的决心。

辅国连治：此指诸葛亮辅佐先主刘备之后，又接连辅佐后主刘禅治理蜀汉国家。

启后人：此指忠君爱国的精神启迪了后人。

【释】诸葛亮在《隆中对》中综合分析天下将会出现三足鼎立，为刘备制定了安邦定国的策略并毅然决然下山辅佐刘备；

诸葛亮经常怀着一统汉家江山决心，辅佐先主刘备后接连辅佐后主刘禅治理蜀汉国家其忠君爱国精神启迪了后人。

长邀明月煮三国；
愿共清风醉一堂。

（原养身堂）

壬辰年（2012）题书，作者不详。

【注】此楹联原作在湖北省鄂州市江滩三国旅游景区的聚贤堂，题书者不详，内容是："品四座香茶，长邀明月煮三国；听几弦绍乐，愿共清风醉一堂。"因此，这里属于断章取义的仿制品。

长：经常的意思。

邀明月：语出唐朝著名诗人李白的《月下独酌》诗歌："举杯邀明月，对影成三人。"此指邀请亲朋好友。

煮：比喻文化人一起闲谈、闲聊。

三国：此指魏国、蜀汉、吴国三个国家。

愿共：但愿共同。

清风：清凉的风。

醉一堂：醉在一起。

【释】经常邀请亲朋好友闲聊三国故事；
但愿共同在清凉的风中醉在一起。

3. 馆藏古人匾额 6 方

名将名相

嘉庆年间（1796—1802），副都统兼护军统领额勒登保题。

额勒登保（1746—1805），字珠轩，瓜尔佳氏，满洲正黄旗人，乾隆与嘉庆年间重臣名将。嘉庆元年（1796），参与镇压湘黔苗民起义，围剿川楚教乱。五年（1800），亲赴陕西追剿流匪。七年（1802），镇压了川楚教乱势力，十年（1805）回京，总理行营，充当方略馆总裁。同年八月，嘉庆帝特诏加恩晋升为三等公爵，是月逝世，追谥为“忠毅公”。

【注】名将：语出《史记·白起王翦列传》：“王离，秦之名将也。”王离是秦朝名将王翦之孙、王贲之子，秦朝后期著名将领。此指知名的将军、将领。

名相：语出《汉书·张苍传赞》：“张苍文学律历，为汉名相。”此指著名的丞相、宰相。

【释】诸葛亮是著名的将领和丞相。

醇儒大业

大清乾隆（1736—1795），姚令仪题。

姚令仪（1751—1809），字心禧，号一如，江苏娄县（今上海市松江区）人。乾隆四十二年（1777）为贡生，次年朝考第一等，以知县用。历任云南禄丰、四川犍为、仁寿知县，四川石砫同知，雅州、成都知府，四川按察使、布政使。

【注】醇儒：语出《汉书·贾山传》：“所言涉猎书记，不能为醇儒。”此指学识精粹纯正且立场坚定的儒者。例如：唐代诗人杜甫的《赠特进汝阳王二十二韵》诗歌有“学业醇儒富，辞华哲匠能”之句。

大业：语出《易经·系辞上》：“盛德大业，至矣哉！富有之谓大业，日新之谓盛德。”此指伟大、宏大、巨大的功德业绩。

【释】诸葛亮建立了具有纯粹儒家思想的功德业绩。

醇儒大业

嘉庆年间（1796—1820），陕甘总督长龄题。

长龄（1758—1838），字懋亭，姓萨尔图克，蒙古正白旗人。历任文华殿大学士、管理藩院事、军机大臣、御前大臣、领侍卫内大臣，先后从征甘肃、台湾、廓尔喀。嘉庆初年曾经充领队大臣，赴湖北镇压川陕楚白莲教起义。嘉庆、道光两次出任陕甘总督，谥文襄。

【注】醇儒：语出《汉书·贾山传》："所言涉猎书记，不能为醇儒。"此指学识精粹纯正且立场坚定的儒者。例如：唐代诗人杜甫的《赠特进汝阳王二十二韵》诗歌有"学业醇儒富，辞华哲匠能"之句。

大业：语出《易经·系辞上》："盛德大业，子矣哉！富有之谓大业，日新之谓盛德。"此指伟大的功德业绩。

【释】诸葛亮建立了具有纯粹儒家思想的功德业绩。

醇儒醇臣

嘉庆七年（1802），汉中知府赵洵题。生平事迹见前。

【注】醇儒：语出《汉书·贾山传》："所言涉猎书记，不能为醇儒。"此指学识精粹纯正且立场坚定的儒者。例如：唐代诗人杜甫的《赠特进汝阳王二十二韵》诗歌有"学业醇儒富，辞华哲匠能。"

醇：纯粹、淳朴的意思。

臣：东汉文学家许慎的《说文解字》曰："臣，事君者也，象屈服之形。"泛指古代君主制时的官吏。

【释】诸葛亮是具有纯粹儒家思想而淳朴的臣子。

懦夫将厉

作者未详。

【注】懦夫将厉：语出《三国志·蜀书·诸葛亮传》裴松之注《蜀记》引东晋人李兴《诸葛亮故宅碣表文》："歌咏余典，懦夫将厉。"此指胆怯而软弱无能的人将受到鼓舞和激励。

懦夫：语出《孟子·万章下》："故闻伯夷之风者，顽夫廉，懦夫有立志。"此指软弱无能的人。例如：《左传·僖公二年》："懦而不能强谏。"

将厉：此指怯弱之人将受到激励、勉励、鼓励。厉，同"励"。

【释】诸葛亮的思想和精神将使胆怯而懦弱的人受到鼓舞和激励。

不虚顾问

清代任文溥题。生平事迹不详。

【注】不虚：此指不虚此行。语出近代著名小说家吴趼人（1866—1910）编著的《二十年目睹之怪现状》第四十回："原来你这回到上海来干了这么一回事，也不虚此行。"

顾问：语出《史记·张耳陈余传》："然张耳、陈余始居约时，相然信以死，岂顾问哉？"光顾询问的意思。

当年，皇室后裔刘备曾屈尊三顾茅庐，向诸葛亮请教咨询匡扶汉室之事。诸葛亮在《隆中对策》中向刘备全面分析了时局现状，为刘备制定了兴复汉室一统江山的宏伟大计。刘备如梦初醒，欣喜若狂，认为不虚此行，遂诚心恳请诸葛亮出山辅佐，以便实现《隆中对策》远大计划。诸葛亮十分感激刘备屈尊三顾茅庐，遂毅然决然下山，全心全意为刘备出谋划策，循序渐进走出困境发展壮大，最终在益州成都建立了蜀汉帝业。

【释】刘备不虚此行三顾茅庐向诸葛亮询问匡扶汉室的远大谋略。

4. 馆藏古人楹联 18 副

沔土一抔存帝业；
汉江千里照臣心。

乾隆年间（1736—1795）沔县知县福建董书题。

董书，福建省建宁县人，举人，乾隆二十五年至三十年（1760—1765），出任沔县知县。

【注】沔土：沔水之滨的土地，此指汉中勉县定军山下之地。

一抔：语出《史记·张释之列传》："假令愚民取长陵一抔土，陛下何以加其法乎？"一捧的意思。此形容定军山下的诸葛亮坟墓很小。

存帝业：指武侯墓关联着蜀汉帝业。

汉江千里：指定军山下的汉水，亦称沔水。此水发源于宁强县汉王嶓冢山玉带河，在武汉市汇入长江，全长 1532 公里，沿途两岸有 179 条大小河流汇入，是中国江、河、淮、汉四大河流之一。北魏时期著名地理学家郦道元的《水经注》第二十七至二十九卷"沔水"有详细的记载。沔水在汉中盆地流经七个县、区，流长 333 公里，在勉县流长 79 公里。

照臣心：是说汉江的河水都映照出诸葛亮对蜀汉帝业的赤胆忠心。

【释】诸葛亮的坟墓虽然很小但它关联着蜀汉帝业；

千里汉江水都映照出诸葛亮对蜀汉赤胆忠心。

一抔犹是汉家土；
七尺争瞻丞相坟。

清嘉庆年间（1796—1820），祝曾题。

祝曾，字绍宗，河南固始县人，庚戌年（1790）进士。乾隆六十年（1795）以编修出任顺天府（今北京市）乡试考官。嘉庆初年任中允（六品，掌皇后、太子之事），三年（1798）任山西省乡试考官。

【注】一抔：语出《史记・张释之列传》：“假令愚民取长陵一抔土，陛下何以加其法乎？”此指一捧的意思，犹言诸葛亮的坟墓小。

犹是：语出南宋诗人陆游《老学庵笔记》卷五：“蜀食井盐，如仙井大宁，犹是大穴。”还是的意思。例如：明代诗人胡应麟《诗薮・近体下》有“初唐绝句精巧，犹是六朝余习”之句。

汉家土：此指蜀汉国家的国土。

七尺：语出《周礼・地官・乡大夫》：“国中自七尺以及六十，野自六尺以及六十有五，皆征之。”贾公彦注疏曰：“七尺谓年二十知者。”

在古代，人体身长七尺，相当于一般人的高度，因此，这里指人的身躯，是人身的代称。例如：南朝梁史学家沈约（441—513）的《齐太尉王俭碑铭》有“倾方寸以奉国，忘七尺以事君”之句。

争瞻：争相拜谒、观瞻。

丞相坟：指蜀汉丞相诸葛亮的武侯墓。

【释】诸葛亮坟墓虽然很小但它还是蜀汉朝廷的国土；

人们都争相拜谒观瞻蜀汉丞相诸葛亮的武侯墓。

神应诚精，谦比管乐；
托孤寄命，德亚伊周。

清乾隆二十六年（1761），董书题。生平事迹见前。

【注】神应：语出《淮南子・原道训》：“物至而神应，知之动也。”神灵感应的意思。

诚精：此指诸葛亮忠君爱国的赤诚精神。

谦比：自谦的比喻。

管：春秋时期齐国著名辅佐贤相管仲（公元前723—公元前645），姬姓，管氏，名夷吾，字仲，颍上（今安徽省颍上县）人，鲍叔牙推荐担任国相，辅佐齐桓公成为春秋五霸之首，对内改革富国强兵，对外尊王攘夷，九合诸侯一匡天下，被尊称为“仲父”，死后被追谥“敬”。

乐：战国时期燕国上将军乐毅，生卒年不详，子姓，乐氏，名毅，字永霸。中山国灵寿县（今河北省石家庄市灵寿县）人。曾统率燕国等五国联军攻打齐国，连下70余城，创造了中国古代战争史上以弱胜强的著名战例，报了强齐伐燕之仇。

托孤寄命：语出北宋文学家罗大经的《鹤林玉露补遗》卷七：“故逆知其可以托孤寄命，韩魏公之凝立，亦此类也。”此指临终前将孤儿相托。

章武三年（223）四月，刘备在白帝城病故，临终前对诸葛亮托孤寄命，让其全权辅佐后主刘禅。

德：德操。

亚：仅次于。

伊：商代初期辅佐贤相伊尹（公元前1649—公元前1550），姒姓，伊氏，名挚，有莘国（今江苏省盐城市盐都区楼王镇莘野村）人。经成汤三聘之后担任右相，辅佐商汤打败夏桀，建立商朝后担任尹（丞相），整顿吏治，洞察民心国情，推动经济繁荣、政治清明。历事成汤、外丙、仲壬、太甲、沃丁五代君主辅政五十余年，为商朝兴盛富强立下汗马功劳，名垂青史。

周：西周初年辅佐贤相周公，姬姓，名旦，是周文王姬昌第四子，周武王姬发弟弟，两次辅佐周武王东伐纣王。因其采邑在周，爵为上公，故称周公。

【释】诸葛亮有神灵感应和忠君爱国赤诚精神，自谦比喻春秋时期齐国辅佐贤相管仲与战国时期燕国上将军乐毅；

刘备在白帝城临终前对诸葛亮进行托孤寄命，其德操仅次于商代辅佐贤相伊尹和西周初年辅佐贤相周公旦。

默佑生灵急救救；
阴扶川陕速安安。

清嘉庆七年（1802），陕甘总督松筠题。生平事迹见前。

【注】默佑：默默地保佑。

生灵：即老百姓。

急救救：得到了急速的救援。

据李复心《忠武侯祠墓志》记载，嘉庆四年（1799），白莲教起义军攻打汉中各县，陕西巡抚松筠和嘉庆皇帝不得不速派军队救援，结果还是损兵折将惨遭失败。无可奈何之中，松筠编造谎言上报朝廷，说诸葛亮神灵在定军山显现，千军万马赶走了教匪，保护了老百姓。

阴扶：暗中保护。

川陕：四川与陕西。

速安安：此指陕西巡抚松筠编造诸葛亮在定军山显圣的故事，吓走了白莲教起义军，使得一方迅速平安。

上、下联语涉及的历史背景详细故事，见本专著第一章《中国独有的武侯墓》第九节的《诸葛亮显圣定军山是怎么回事》及第三章《天下第一武侯祠》第五节（5）《嘉庆皇帝御书“忠贯云霄”金匾的故事》。

【释】诸葛亮默默地护佑老百姓得到了急速的救援；

诸葛亮暗中保护四川与陕西使一方迅速平安。

道协行藏，孔颜以来真名士；

才优寄托，伊吕而后一相臣。

明代萧大宾题。

萧大宾，初姓陈，字敬夫，湖广江陵（湖北荆州市）人，嘉靖二十三年（1544）进士，授上虞知县，以治绩升南京监察御史、工部右侍郎，其余不详。

【注】道协行藏：道，此指思想道德。协，平衡合洽、协调。行，出仕。藏：此指处士的隐居，隐退。行藏：语出《论语·述而》：“用之则行，舍之则藏。”意为被任用就出仕，不被任用就退隐。后用“行藏”指行迹、出处。例如：北宋文学家苏轼《捕蝗》诗之二有“杀马毁车从此逝，子来何处问行藏”之句。

孔颜：指儒家思想创始人孔子（公元前551—公元前479）和孔子七十二弟子之一的颜回（公元前521—公元前481）。

真名士：真正的名人雅士。

才优：诸葛亮的道德品质与才能十分优秀。

寄托：指刘备在白帝城对诸葛亮的托孤寄命。

伊吕而后：此指商代辅佐贤相伊尹和西周初年的辅佐贤相姜子牙之后。

一相臣：诸葛亮是蜀汉国家一个有名的贤相和辅佐大臣。

【释】诸葛亮思想道德平衡合洽被任用就出仕不被任用就退隐，孔子和颜回以来算得上是一个真正的名人雅士；

诸葛亮才能优秀刘备才在白帝城托孤寄命，商代的伊尹和西周的姜子牙之后不愧是一代贤相和辅佐大臣。

东鲁大名垂，继圣学於出师之表；

南阳高躅在，迪前光於辟谷之俦。

沔县知县王鼎丰题。

王鼎丰，道光元年至五年（1821—1825），出任汭县知县，其余不详。

【注】东鲁：语出《文选·孔稚珪》：“世有周子，隽俗之士，既文且博，亦玄亦史。然而学遁东鲁，习隐南郭。”原指春秋鲁国，后来泛指齐鲁大地——今天的山东省。

大名垂：名垂青史的意思。意思是说，东部的齐鲁大地名人荟萃早已经名垂青史了。

继圣学於出师之表：此指继承孔子儒家学说在于诸葛亮的《出师表》。圣学：一般指圣人治学之法、修学之道、成学之径、饱学之意。后世称孔子为中华民族文化圣人，所以，儒家学说被称为“圣学”。例如：明朝文学家王守仁（1472—1529）的《传习录》卷上有“后儒不明圣学，不知就自己心地良知良能上体认扩充”之说。

南阳：郡名，秦昭王三十五年（公元前272）夺楚国之地而设，属荆州所辖，两汉因之，领县37，郡治设宛县，即今河南南阳市。例如：诸葛亮前《出师表》有“臣本布衣，躬耕于南阳”之说，因此，后世人多以南阳代称诸葛亮。

高躅：语出《晋书·隐逸传赞》：“确乎群士超然绝俗，养粹岩阿，销声林曲，激贪止竞，永垂高躅。”此指有崇高品行的人。例如：北宋诗人苏舜钦（1008—1048）的《送安素处士高文悦》诗歌有“近臣上荐书，天子渴高躅”之句。此处指诸葛亮。躅：足迹，引申为品行事迹。

迪：遵循并发扬光大。

前光：语出西晋文学家陆机（261—303）的《述先赋》：“应远期于已旷，昭前光于未戢。”此指祖先的功德。

辟谷：古代一种养生方法。例如：《史记·留侯世家》说，张良“乃学辟谷之法，道引轻身”。此代指诸葛亮隐居。

俦（chóu）：同辈、同类。

【释】东部齐鲁大地名人荟萃早已名垂青史，继承儒家学说在于诸葛亮的《出师表》；

诸葛亮崇高品行还在，就应该遵循祖先业绩并发扬光大像张良一样在这里隐居。

伊吕伯仲间，岂惟管乐自期，徒夸玉垒经纶远；
申商名法后，尽遗老韩同传，别觉夤宫俎豆长。

1915年1月，冯玉祥凭吊武侯题联。

冯玉祥（1882—1948），字焕章，原籍安徽省巢县（今安徽省巢湖市），生于青县（今河北省沧州市），中国国民革命军陆军一级上将，西北军阀。为爱国将领和民主人士，有“基督将军”“倒戈将军”“布衣将军”之称，是蒋介石的结拜兄弟。

【注】伊吕：指商代辅佐贤相伊尹和西周初年辅佐贤相吕尚（亦称吕望、姜子牙）。

伯仲间：形容人才相当，不相上下。

岂惟：难道只是，何止。

管：春秋时期齐国著名辅佐贤相管仲。

乐：战国时期燕国的上将军乐毅。

自期：自己期望、自许的意思。例如：唐朝诗人韩愈（768—824）的《南山有高树行赠李宗闵》诗歌有“上承凤皇恩，自期永不衰”之句。

徒夸：仅仅夸耀的意思。

玉垒经纶远：语出唐朝诗人李商隐（813—858）的《武侯庙古柏》诗歌：“玉垒经纶远，金刀历数终。谁将出师表，一为问昭融。”玉垒，语出西晋文学家左思（250—305）的《蜀都赋》：“廓灵关以为门，包玉垒而为宇。”此指四川省都江堰市岷江江岸边的玉垒山。例如：《三国志·蜀书·诸葛亮传》记载说，诸葛亮治蜀期间，以都江堰为农本，专置“堰官”，派遣数千名将士管理和整修都江堰，以确保成都平原人民群众的生产与生活用水。经纶远：此指诸葛亮在都江堰治水是很有远见的。

申商名法：是指战国时期申不害（公元前 385—公元前 337）与商鞅（公元前 395—公元前 338）的并称，两人均为法家重要人物。申不害在韩国为相九年，实行变法改革，名垂青史。商鞅在秦国实行变法改革，惨遭杀害，也青史留名。

老韩：指老子和韩非子。老子，又称老聃，原名李耳，字伯阳，楚国苦县（今河南省鹿邑县）人，生活于公元前 571 年至公元前 471 年之间，是我国古代伟大的哲学家和思想家、道家思想创始人，被唐朝帝王追认为李姓始祖。韩非子，又名韩非，战国晚期韩国（今河南新郑市）人，韩王室诸公子之一，战国法家思想的集大成者。老子与韩非子二人主张用法治代替礼治，反对贵族特权。

同传：《史记》中老子和韩非在同一传。例如：宋代王应麟《困学纪闻》之中评价蔡邕语说：“其颂胡广黄琼，几於老韩同传。”这里指老子和韩非子的思想一同写进史书，让后世怀念。

别觉：别觉得。

夤宫：敬畏的殿宇。夤，敬畏的意思。宫，祠庙殿宇。

俎豆长：祭祀和宴客用的器具摆了很长。

【释】诸葛亮的功德与商代辅佐贤相伊尹和西周辅佐贤相姜子牙不相上下，难道只是与齐国辅佐贤相管仲和燕国上将军乐毅自比，仅仅夸耀在都江堰治水是有远见的；

战国时期申不害与商鞅实行变法改革以后，尽管遗留了老子和韩非子的思想被一同写进了史书让后世怀念，别觉得祭祀诸葛亮的敬畏殿宇用的器具摆了很长。

高卧南阳，抱梁父孤吟，审势度身，不减耕莘钓渭；
行筹西蜀，读出师两表，尊王贱霸，岂徒践魏吞吴。

康熙初年，李埙题。

李埙（？—1675），字士调，号君山。顺治十八年（1661）进士，授尤溪县（今福建省三明市尤溪县）知县，康熙十四年（1675）六月，耿精忠叛军首领符天培带五千人马攻城，李埙孤城无援恐城破伤害百姓便挺身就擒，旋被杀害。后不久耿藩被削平，朝廷追赠福建按察司佥事。

【注】高卧：语出南朝宋刘义庆（403—444）的《世说新语·排调》：“卿（谢安）屡违朝旨，高卧东山，诸人每相与言，安石不肯出，将如苍生何？”泛指隐居不仕。例如：唐大和年间（827—835）进士赵璘的《因话录·商下》有：“次子察，进士及第，累佐使府，后高卧庐山。”再如：小说家许地山（1894—1941）的《狐仙》亦有“早知道茅庐高卧，省多少六出祁山”之说。

南阳：郡名，属荆州辖37县，治所在今河南省南阳市。例如：《三国志·蜀书·诸葛亮传》记载说：“臣本布衣，躬耕于南阳。”此指诸葛亮当年在南阳郡襄阳隆中隐居躬耕。

抱梁父孤吟：据《三国志·蜀书·诸葛亮传》记载，诸葛亮在隆中“每自比管仲、乐毅，好为《梁父吟》”。梁父吟：是当时齐鲁一带普遍流行的汉乐府“二桃杀三士”丧葬之歌。

审势：语出北宋文学家苏洵（1009—1066）的《几策·审势》：“势有强弱，圣人审其势，而应之以权。”此指观察分析时势，估计情况变化。例如：明代文学家沈德符（1578—1642）的《万历野获编·乡试遇水火灾》有“刘欲毕试以完大典，俱审时度势，切中事理”之说。

度身：语出北魏时期地理学家郦道元（？—527）的《水经注·洛水》：“卢氏山宜五谷，可避水灾，亦通谓之石城山，其内陵阜原隰，易以度身者也。”此指衡量自己。

不减：不少于。

耕莘：相传商朝初期贤相伊尹在未遇到成汤时便耕于莘野（今江苏省盐城

市盐都区楼王镇莘野村）而隐居乐道，经成汤三聘之后担任右相，辅佐商汤打败了夏桀，建立商朝后担任尹（丞相），历事成汤、外丙、仲壬、太甲、沃丁五代君主，辅政五十余年，为商朝兴盛富强立下汗马功劳。

钓渭：相传西周初年贤相姜子牙曾经在渭滨（今宝鸡市渭水边）垂钓，被周文王虔诚邀请，辅佐周武王灭了商纣王，建立了西周王朝，被尊称为“师尚父”。

行筹：以自己一生的行为做筹码。

西蜀：指西南地区的蜀汉国家。

读出师两表：解读诸葛亮的前、后《出师表》。

尊王贱霸：语出孔子《春秋》：“尊王贱霸，尊周攘夷。”意思是，崇尚王道，贱视霸道。此指诸葛亮出师北伐曹魏为的就是尊崇蜀汉王室而贱视曹魏的霸道。

岂徒践魏吞吴：难道只是为了灭掉魏国吞并吴国。岂徒：难道只是。践同“剪”，灭掉。

【释】孔明隐居不士南阳，抱膝吟诵齐鲁丧葬歌《梁甫吟》，观察形势衡量自己，不次于商朝贤相伊尹和西周贤相姜子牙；

诸葛亮一生行筹于蜀汉国家，解读前后《出师表》，尊崇汉室王道而贱视霸道，难道只是为了灭掉魏国和吞并吴国。

隐见同莘野，读复政一篇出师两表，辅嗣君孰难孰易；
勋名配子房，看全身辟谷尽瘁陨星，为壮士何去何从。

雍正初年，沔阳县令臧应桐题。

臧应桐，字望青，汉军正黄旗人。乾隆初年，曾经出任城固县知县、沔县知县。乾隆十一年（1747）出任咸阳知县七年，十六年（1752），重修了《咸阳县志》。

【注】隐见同莘野：诸葛亮的隐居如同显现了商朝贤相伊尹当年在莘野隐居躬耕一样。见（xiàn），通“现”，显现的意思。

莘野：语出《孟子·万章上》：“伊尹耕于有莘之野。”东汉史学家赵岐（108—201）注曰：“有莘，国名。伊尹初隐之时，耕于有莘之国。”从此以后，“莘野”泛指隐居之所。

复政：语出《尚书·咸有一德》：“伊尹既复政厥辟，将告归，乃陈戒于德。”孔子第四十六代孙南宋文学家孔传（1065—1139）注曰：“还政太甲。”

商汤王之子太甲继位以后，暴虐乱德，不遵汤法，伊尹把他流放于商汤的葬地桐宫，让其面祖思过。后太甲悔过，伊尹将其请回，把政权归还给他，并做《复政篇》文章以教导太甲。

出师两表：指诸葛亮的前、后《出师表》。

辅嗣君孰难孰易：诸葛亮与伊尹都曾经辅佐继位之君，二人相比谁难谁易？

勋名：语出《后汉书·张奂传》："及为将帅，果有勋名。"功名的意思。

子房：西汉初年汉高祖刘邦辅佐名臣张良，字子房，与萧何、韩信同为"汉初三杰"。据《汉书·高祖本纪》记载：刘邦在一次群臣酒宴上说："夫运筹策帷帐之中，决胜于千里之外，吾不如子房；镇国家，抚百姓，给馈饷，不绝粮道，吾不如萧何；连百万之军战必胜，攻必取，吾不如韩信。此三者，皆人杰也，吾能用之，此吾所以取天下也。"

辟谷：亦称"断谷"，语出《史记·留侯世家》："乃学辟谷，道引轻身。"这是道教一种修炼养生方法，辟谷不吃五谷粮食，仍食药物。例如：《南史·隐逸传下·陶弘景》记载说："弘景善辟谷导引之法，自隐处四十许年，年逾八十而有壮容。"

全身辟谷：高祖刘邦的谋士张良功成名就后急流勇退，就在今天汉中市留坝县紫柏山隐居辟谷修道养身，使这里的张良庙成了全国重点文物保护单位，AAAA 级旅游单位。

尽瘁陨星：指诸葛亮为了蜀汉江山而"鞠躬尽瘁"竭尽全力，直到病死在第五次北伐曹魏的五丈原军中。

陨星：语出《左传·隐公十六年》："十六年春，陨石於宋五，陨星也。"天上流星经过地球大气层时，没有完全烧毁而掉在地面上的叫作陨星。

古代星相家认为，下界之人与天上星宿相应，人死则星陨落。正因为如此，《三国志·蜀书·诸葛亮传》裴松之注引《晋阳秋》记载说："有星赤而芒角，自东北西南流，投于亮营，三投再还，往大还小，俄而亮卒。"例如：近代诗人柳亚子（1887—1958）的《二十世纪大舞台发刊词》有"秋风五丈，悲蜀相之陨星"之说。

为壮士何去何从：作为有志之士应该如何选择？

【释】诸葛亮隐居如同显现商朝伊尹在莘野隐居躬耕一样，阅读《复政篇》和诸葛亮前后《出师表》，在辅佐继位君王上看谁难谁易？

诸葛亮功名可与西汉名臣张良匹配，看张良急流勇退隐居辟谷和诸葛亮鞠躬尽瘁病死在军中，作为有志之士应该如何去选择？

名士经纶，一德直侔伊吕；
大儒气象，二表不愧训谟。

乾隆年间（1736—1795），葛德新题。

葛德新，浮山（今山西省浮山县）人。历任陕西大荔典史，三水（今陕西省旬邑县）知县。乾隆五十年（1785）主持编修了《三水县志》。后来，擢升直隶沧州知州。

【注】名士：语出先秦《吕氏春秋·尊师》："由此为天下名士显人，以终其寿。"泛指有名之士。例如：《后汉书·方术传论》有："汉世之所谓名士者，其风流可知矣。"

经纶：语出《易经·屯》："云雷屯，君子以经纶。"唐朝史学家孔颖达（574—648）注疏："经谓经纬，纶谓纲纶，言君子法此屯象有为之时，以经纶天下，约束于物。"泛指治理国家。例如：唐史学家刘知几（661—721）的《史通·暗惑》有"魏武经纶霸业，南面受朝。"再如：北宋文学家秦观的《滕达道挽词》亦有"经纶未了埋黄土，精爽还应属斗牛"之句。

一德：语出《易经·系辞下》："恒以一德。"唐朝史学家孔颖达（574—648）注疏曰："恒能始终不移，是纯一其德也。"此指始终如一的道德观念。

直侔伊吕：直接与商朝贤相伊尹和西周贤相吕尚相等同。侔：等同、相等。

大儒：也叫鸿儒，语出《荀子·儒效》："志安公，行安修，知通统类，如是则，可谓大儒矣。大儒者，天子三公也。"多指学问高深、品德高尚的知识分子。

气象：景象。

二表：指诸葛亮的前、后《出师表》。

不愧：不愧为，不逊色。

训谟：此指伊尹为商王太甲所作的《伊训》，以及皋陶与夏禹在虞舜前论述施政之计的《皋陶谟》，简称为"训谟"。

【释】诸葛亮这个有名之士治理国家，始终如一的道德观念直接与商朝初期伊尹和西周初期吕尚相同；

学问高深有品德高尚景象，诸葛亮前后《出师表》与伊尹的《伊训》及夏禹的《皋陶谟》不逊色。

运帷幄之筹谋，小心谨慎；
本圣贤之学问，一德始终。

清代人题书者和时间不详。

【注】运帷幄之筹谋：此指在军队的帐幕中进行运筹和谋划。帷幄，古时军队里使用的帐幕。此指出谋划策，运筹帷幄。例如：《史记·高祖本纪》：刘邦对将士说："运筹帷幄之中，决胜千里之外，吾不如子房。"

小心谨慎：言行慎重，不疏忽。

本圣贤之学问：诸葛亮本来就有圣人和贤良之辈的修养学问。

一德始终：指一心一德，始终如一，永恒其德。例如：《易经·系辞下》

有“恒以一德”之说。

【释】诸葛亮在军队的营帐内进行军事运筹和谋划，小心谨慎从来不敢疏忽；

诸葛亮本来就有圣人和贤良之辈的修养学问，辅佐蜀汉帝业始终如一。

天所废谁能兴，追念龙骧虎视未了臣心，凭吊哪禁碑下泪；
神之来不可度，闻道风马云旗犹寒敌胆，英灵常护沔阳人。

光绪年间，杨稣甫题。

杨稣甫，本名杨调元（1855—1911），字稣甫，贵州贵筑县人。光绪二年（1876）进士，授户部主事，丁父忧归，服除，以母老不赴官。终母丧，乃入都，出任陕西紫阳知县。

【注】天所废谁能兴：意思是说，老天要让你废弃灭亡谁能够让你兴旺。

追念：追思怀念。

龙骧虎视：语出东汉晚期右丞相潘勖（？—215）的《册魏公九锡文》：“君龙骧虎视，旁眺八维，掩讨逆节，折冲四海。”意思是，像龙马高昂着头，像老虎注视着猎物。形容人气概威武，比喻雄才大略，志气高远，顾盼自雄。例如：《三国志·蜀书·诸葛亮传》中陈寿评价诸葛亮说：“亮之素志，进欲龙骧虎视，苞括四海。退欲跨陵边疆，震荡宇内。”

未了臣心：是说诸葛亮虽然五次北伐曹魏，但最终没有达到他提出的“北定中原、兴复汉室”之心愿，留下了千古遗憾。

凭吊哪禁碑下泪：在武侯墓前凭吊诸葛亮时，禁不住在墓碑前伤感流泪。

神之来不可度：此指诸葛亮显圣是不可揣度的。

闻道风马云旗犹寒敌胆：据《三国演义》第一百一十六回“钟会分兵汉中道，武侯显圣定军山”记载说：景耀六年（263）秋天，魏国镇西将军钟会灭蜀汉而率领大军取汉中时，定军山前突然狂风大作，飞沙走石，旌旗飘扬，喊杀声震天，钟会的魏军怀疑是诸葛亮显圣，才使蜀军从天而降，于是便纷纷落荒而逃。

英灵常护沔阳人：诸葛亮的精气灵爽经常保护定军山下沔阳人。沔阳：汉县名，1964 年 9 月 10 日，才改为今名勉县。

【释】老天要让你废弃灭亡谁能够让你兴旺？追思怀念诸葛亮的威武气概雄才大略他虽然五次北伐曹魏却最终没有达到心愿留下了千载遗憾，后世人在武侯墓前凭吊诸葛亮都禁不住在墓碑前伤感流泪；

诸葛亮显圣不可揣度，当年魏国镇西将军钟会灭蜀取汉中时定军山前突然狂风大作飞沙走石喊杀声震天魏军怀疑是诸葛亮显圣便纷纷落荒而逃，诸葛亮精气灵爽经常在保护定军山下的沔阳县人。

三足鼎安在哉，我来寻丞相遗迹，剩沔水汤汤流千古恨；
五大洲多事矣，谁能挽先生复起，奋天威赫赫攻百蛮心。

光绪年间，杨龢甫题。生平事迹见前。

【注】三足鼎：此指曹魏、蜀汉、孙吴三个国家的鼎立对峙局面。

安在：语出《史记·项羽本纪》："沛公安在？"何在、哪里还在的意思。

我来寻丞相遗迹：我来寻找蜀汉丞相诸葛亮的遗迹文物。

剩沔水汤汤流千古恨：只剩下沔水湍急的流淌，留下了千古遗恨。汤汤（shāng shāng）：语出《尚书·尧典》："汤汤洪水方割，荡荡怀山襄陵，浩浩滔天。"形容水势浩大、水流很急。例如：《后汉书·班彪传》有："迺流辟雍，辟雍汤汤。"再如：明初文学家陶宗仪（1329—1412）的《辍耕录·叙画》亦有"画水汤汤若动，使观者有浩然之气"。

五大洲：此指亚洲、欧洲、大洋洲、非洲、美洲。例如：《明史·外国传七·意大里亚》有："万历时，其国人利玛窦至京师为《万国全图》，言天下有五大洲"之说。再如：毛泽东主席《满江红·和郭沫若同志》词亦有"四海翻腾云水怒，五洲震荡风雷激"之句。

多事矣：不安定而发生很多事端。清朝晚期，外国列强借着满清政府的腐败无能而纷纷向中华民族伸手掠夺。

谁能挽先生复起：谁能够再让诸葛亮复活？

奋天威：奋发起上天的威严，上天的威怒。

赫赫：显赫强大的意思。

攻百蛮心：攻打外国入侵者安抚国民的人心。百蛮：此指光绪二十六年（1900）5月28日，当时的爱尔兰王国、美利坚合众国、法兰西共和国、德意志帝国、俄罗斯帝国、日本帝国、奥匈帝国、意大利王国八个主要国家组成的八国联军对中国的武装侵略战争。

【释】三国鼎立局面哪里还在呢？我来寻找蜀汉丞相诸葛亮遗迹遗物，只剩沔水湍急流淌留下千古的遗恨；

八国联军掠夺中华，谁能再让诸葛亮复活？奋发起上天威严显赫强大国威攻打外国列强而安抚民心。

抱王佐经纶何难一统，但谋事在人，成事在天，莫谓汉室既兴，偏安蜀地；
具醇儒气象已定三分，惟上不负君，下不负学，更得黉宫永载，从祀尼山。

清嘉庆陈肇鳌题。

陈肇鳌，山西洪洞县人，贡生，嘉庆七年（1802）任略阳县知县，其余不详。

【注】抱王佐经纶何难一统：抱定辅佐帝王经国济民才能就不难统一天下。

谋事在人，成事在天：语出《三国演义》第一百三回的“上方谷司马受困，五丈原诸葛禳星”：孔明叹曰：“谋事在人，成事在天，不可强也。”是说一切谋划虽然在于人的安排，但是成就事情却要在于天意。

莫谓汉室既兴：不要说汉室帝业就要兴旺。

偏安蜀地：此指蜀汉政权偏居安邦于西蜀益州一地。

具醇儒气象已定三分：诸葛亮具有纯粹的儒家思想，他在《隆中对策》中已经预计到了将来的天下会形成三足鼎立的局面。

惟上不负君：唯一重要的是上不辜负君王。

下不负学：下不辜负自己的所学知识。

黉（hóng）宫：古时称学校为黉宫。例如：元代教育学家洪希文（1282—1366）的《踏莎行·示观堂》词有“郡国兴贤，黉宫课试，书生事业从今始”之说。除此之外，广西壮族自治区来宾市武宣县纪念孔子先贤的祠庙是全国最早兴学立教之地，也是现存规模最大的孔庙，始建于明宣德六年（1431），称之为“黉宫”，亦称“学宫”。

从祀尼山：尼山原名尼丘山，据《史记》记载：孔子父母“祷於尼丘而得孔子”，所以，孔子名丘，字仲尼，后人为了避孔子讳称为尼山，一代圣人孔子诞生在这里。尼山位于今山东省曲阜市城东南30公里，这里有孔子庙和尼山书院等“尼山八景”建筑物。据《大清会典》记载：“先儒诸葛子名亮，字孔明，汉琅琊阳都人，国朝雍正二年进从祀。”意思是说，诸葛亮作为儒家思想文化典型人物，清雍正二年（1724）起，被陪祭在尼山的孔子庙里。

【释】抱定以辅佐帝王的经国济民才能就不难统一天下，但一切谋划虽在于人的安排，成就事情却在于天意，不要说汉室帝业就要兴旺，或者说蜀汉偏居安邦于西蜀一地；

诸葛亮具有纯粹的儒家思想他早已经预计到将来的天下会形成三足鼎立的局面，唯有上不辜负君王，下不辜负所学知识，更得到学宫永载历史，被陪祭在孔子庙中。

遭汉室多难，四百年鼎祚将倾，读紫阳之书法，尊王贱霸，正朔尤未改也，而寄命托孤，讨贼出师，功盖三分超管乐；

去圣世虽遥，十六字心传尚在，观青崖之注笺，张微阐幽，理学其肇基乎，而修身养德，淡泊宁静，源流亿代启程朱。

甲申岁（1884），虚白道人李复心题。生平事迹见前。

【注】遭汉室多难：是说刘姓帝王的汉家江山遭遇到了多灾多难。

四百年鼎祚将倾：此指从高祖刘邦公元前 206 年创立西汉王朝，到光武帝刘秀所建立的东汉王朝，前后四百多年的汉代江山社稷将要倾覆灭亡了。鼎祚：语出《晋书·汝南王亮等传序》："光武雄略纬天，慷慨下国……休祉盛於两京，鼎祚隆於四百。"此指国运。将倾：此指将要倒闭灭亡。

读紫阳之书法：南宋理学家朱熹（1130—1200），晚年称为"紫阳先生"。朱熹的著述颇丰，特别是编著了《通鉴纲目》一书，意在用《春秋》笔法来"辨名分，正纲常"，影响十分深远。北宋时期史学家司马光编著的《资治通鉴》对三国史事依据的是曹魏纪年，而朱熹编著的《通鉴纲目》则是依据蜀汉纪年。由于朱熹别名"紫阳"，故称其著作笔法为"紫阳书法"。书法：代指史笔，此指阅读了南宋朱熹以蜀汉为正统而纪年的《通鉴纲目》一书。

尊王贱霸：语出《孟子·富国》："尊王贱霸，民贵君轻。"意思是说，要尊重王室王道，鄙贱地看待霸道，老百姓为重，君王为轻。

正朔：正即正月，为一年的第一月，朔即初一，为一月的第一天，综合起来即为一年的第一天，也就是春节。此指改朝换代。例如：《史记·历书》记载说："王者易姓受命，必慎始初，改正朔，易服色，推本天元，顺承厥意。"

尤未改也：此指蜀汉的帝王江山没有改变。

寄命托孤：此指章武三年（223）刘备在白帝城临终前对诸葛亮托孤寄命。

讨贼出师：此指诸葛亮的五次北伐曹魏，《三国演义》称之为"六出祁山"。

功盖：功劳盖世的意思。

三分：指曹魏、蜀汉、孙吴三国鼎立。

超管乐：超过了春秋时期齐国辅佐贤相管仲和战国时期燕国上将军乐毅。

去圣世虽遥：我们距离圣人的时代虽然很遥远。圣世：语出东汉思想家王充（27—97）的《论衡·须颂》："涉圣世不知圣主，是则盲者不能别青黄也。"此指圣人的时代。

十六字心传：语出《尚书·大禹谟》："人心惟危，道心惟微；惟精惟一，允执厥中。"当尧把帝位传给舜、舜把帝位传给禹的时候，所托付的是天下与百姓的重任，而谆谆嘱咐代代相传的就是这十六个字。后来禹又传给汤，汤传给文、武、周公，文、武、周公又传给孔子，孔子传给孟轲。这个传承过程是以心印心，以心传心，因此称为"十六字心传"。孔门儒学主张根据这十六个字去治理国家、教化人民。

尚在：依然存在。

观：观看的意思。

青崖：清代史学家朱璘，字青崖，康熙二十九年（1690），出任南阳郡太守，他曾编著了《诸葛武侯集》二十卷。

注笺：给古书做的注解、注释。

张微阐幽：是“显微阐幽”成语。语出《易经·系辞下》：“夫《易》彰往而察来，而微显阐幽。”孔颖达注曰：“而微显阐幽者，阐，明也。谓微而之显，幽而阐也。”意思是说，显示细微之事，说明隐幽之理，把别人未能够看出来的隐暗细微的道理发扬阐明出来。

理学：又称道学。北宋嘉祐、治平年间（1056—1067），形成了以王安石（荆公）新学、司马光（温公）朔学、苏轼的蜀学、二程（程颢、程颐）兄弟的洛学（含张载的关学）为代表的理学四大派。理学以伦理道德为核心，系统了孔孟之道，吸收了佛、道思想。

其肇基乎：他们开始建立基础了吗？其：他们。肇基：开始建立基础的意思。

修身养德：语出诸葛亮《诫子书》：“静以修身，俭以养德。”

淡泊宁静：语出诸葛亮《诫子书》：“非淡泊无以明志，非宁静无以致远。”

源流亿代：源远流长于千百万年。

启：启发、启迪。

程朱：指宋代理学代表程颢、程颐二兄弟和朱熹。

【释】汉家江山遭遇到多灾多难，从西汉高祖刘邦到东汉献帝刘协四百多年汉代江山将要倾覆灭亡，阅读了南宋朱熹以蜀汉为正统而纪年的《通鉴纲目》，知道了要尊重王道鄙贱地看待霸道老百姓为重君王为轻的道理，蜀汉江山没有改变，而刘备对诸葛亮进行了托孤寄命，诸葛亮五次北伐曹魏，确立三国鼎立功劳盖世超过春秋时期齐国辅佐贤相管仲和战国时期燕国的上将军乐毅；

距离圣人时代很遥远了，但古人留下的“人心惟危道心惟微惟精惟一允执厥中”这十六字心传还在，观看史学家朱璘编著的《诸葛武侯集》，能够把别人未能看出来的隐暗细微道理发扬阐明出来，系统孔孟之道的理学建立基础了吗？而诸葛亮静以修身俭以养德，用淡泊名利思想和平静心态去看待事物，源远流长于千百万年启发了宋代理学代表的程颢程颐二兄弟和朱熹。

高台当日读何书，前有皋谟伊训，后有七月东山，三略六韬乃其余事；

遗庙千秋终不改，入则周公召公，出则方叔召虎，管仲乐毅何足比肩。

清代嘉庆年间，章廷枫题。

章廷枫，浙江会稽（今绍兴市）人，乾隆四十九年（1784）进士，嘉庆二年任海门（今江苏省海门市）知县，曾经编修《海门厅志》。后来，官至颍州府（今安徽省阜阳市）知府。

【注】高台当日读何书：语出南宋陆游乾道八年（1172）来到汉中，登此台怀古写下的七言诗歌《游诸葛武侯读书台》："沔阳道中草离离，卧龙往矣空遗祠。当时典午称滑贼，气丧不敢当王师。定军山前寒食路，至今人祀丞相墓。松风想象梁甫吟，尚忆幡然答三顾。出师一表千载无，远比管乐盖有余。世上俗儒宁辩此，高台当日读何书？"

诸葛武侯读书台在汉中勉县武侯祠西北1000米的卧龙岗，台高6米多，周长约30米，北面有一个池塘，即莲花池，过去池里开满莲花，传为诸葛亮亲手所种。据说，当年诸葛亮北伐曹魏在此驻军，常登此台读书，运筹帷幄。后人为纪念诸葛亮，在此修亭以示纪念，属于过去沔县的"书台晚翠"八景之一。

现在的读书台仅存石碑两通，民国年间石碑正中刻"汉诸葛武侯读书台"，右上方题："武侯读书，曾于斯台。代远年湮，遗址草莱。发扬光大，生面独开。刊石道畔，表彰侯才。"另外，还有1984年复制的南宋陆游《游诸葛武侯读书台》题诗碑一通，为汉中著名书法家陈竹朋书写。

读书台与阳平关、武侯祠、马超墓祠连片，形成汉中西部的重要三国古迹，供游人观瞻。1983年，读书台被勉县人民政府公布为重点文物保护单位。

前有皋谟伊训：在这之前已经有了皋陶与夏禹在虞舜前论述施政之计的《皋陶谟》以及商朝贤相伊尹为商王太甲所作的《伊训》。

后有：后面还有。

七月：为《诗经·国风·豳（bīn）风》篇名中的一首，全诗八章八十八句，为《国风》中第一长篇。写西周时期农夫们一年间每月从事农业劳动和生活情况。南齐文学家王融（466—493）的《永明十一年策秀才文》有"无衣无褐，必盈《七月》之叹"之说。

东山：为《诗经·国风·豳风》中一首，写周公东征归途中战士思念家乡和胜利返回的喜悦心情。后来，多以"东山"代指远征或远行之地。

三略：古代兵书《黄石公三略》，秦汉时期，道家的代表人物之一黄石公（？—公元前195）所作，分上略、中略、下略，在中国古代军事思想之中有一定的影响。

六韬：又称《太公六韬》《太公兵法》，为西周初期吕尚（公元前1156—公元前1117，亦称吕望、姜尚、姜子牙）所作。全书以太公与文王、武王对话的方式编成，分文韬、武韬、龙韬、虎韬、豹韬、犬韬，共计六卷六十篇，内容博大精深，思想精邃富赡，逻辑缜密严谨，是古代汉族军事思想精华的集中体现。

乃其余事：此指诸葛亮学习名相良将的道德品质为主而学习韬略其次。

遗庙千秋终不改：诸葛亮祠庙千百年来终究不会改变。

周公：姬姓，名旦，周文王姬昌第四子，周武王姬发弟弟，曾两次辅佐周武王东伐纣王，因其采邑在周，爵为上公，故称周公。曾助武王灭商，武王死后，成王年幼，由他摄政。

召公：文王庶子，名奭（shì），因采邑在召称“召公”或“召伯”，曾佐武王灭商，被封于燕。

方叔：《诗经·小雅》记载：周宣王的大臣方叔，曾率兵车三千乘进攻楚国，大获全胜。

召虎：即召伯虎，召穆公后代。《诗经·大雅·江汉》记载：周厉王暴虐，国人攻王宫，他把太子靖藏匿在家，以其子替死。厉王死后，拥立太子继位，即周宣王，曾率兵战胜淮夷。

入则周公召公，出则方叔召虎：形容诸葛亮入则为辅佐贤相能经国济民，出则为将能治国安邦，是能文能武的全才。

管仲：春秋时期齐国著名辅佐贤相管仲。

乐毅：战国时期燕国的上将军。

何足：不足以的意思。

比肩：并列同等地位的意思。

【**释**】诸葛亮当年在读书台上究竟读的是什么书？在这之前已有了皋陶与夏禹在虞舜前论述施政之计的《皋陶谟》和商朝贤相伊尹为商王太甲作的《伊训》，还有《诗经·国风》的“七月”和“东山”名著，诸葛亮读书以学习名相良将的品德为主而韬略其次；

诸葛亮的祠庙千百年来终究不会改变，论能力诸葛亮入则像西周的周公和召公一样为辅佐贤相，出则好像周宣王大臣方叔和召穆公的后代召伯虎一样为将能文能武，春秋时期齐国的辅佐贤相管仲和战国时期燕国的上将军乐毅不足以并列同等地位。

竹风蕉语闻天籁；
鱼跃鸢飞见道机。

清嘉庆周赓题。

周赓，河南商城县人，廪生（明清时期科举制度中生员之一，府、州、县学生员官府每月都给廪膳补助生活，亦称廪膳生员），嘉庆十至十五年（1801—1805），任沔县知县。

【**注**】竹风蕉语：竹林的风声和雨打芭蕉的声音。

天籁（lài）：语出《庄子·齐物论》：“得自然之趣者亦称为天籁。”此指自然界的风声、水声、鸟声等音响，“天籁”是音乐的最高境界。

鱼跃鸢飞：语出《诗经·大雅·旱麓》：“鸢飞戾天，鱼跃於渊。”此指万物各得其所。例如：明代进士李东阳（1447—1556）的《题画》诗之二有：“世间飞走各有性，诗人自古歌鱼鸢。”鸢（yuān）：老鹰。

道机：观察事物内在的变化规律。例如：乾隆皇帝题文安左家庄行宫联有“波含素影澄心镜，鱼跃清渊识道机”。

【释】竹林风声和雨打芭蕉声音使我们听到了自然界的音响；
鱼儿跳跃和老鹰高飞都需要观察事物内在的变化规律。

有月郎登台，无论春夏秋冬；
是花皆布景，更宜松竹兰梅。

作者和时间不详。

【注】有月郎登台，无论春夏秋冬：有月光的夜晚男子都可登读书台赏景观光，哪里还管春夏秋冬。郎：泛指男子。

是花皆布景：是花都可以布置成为最美好的景色。

松竹兰梅：松，象征常青不老；竹，象征君子之道；兰，象征清新脱俗；梅，象征冰清玉洁。由于松竹兰梅有如此清雅淡泊的品质，所以，历来被文人墨客、隐逸君子赏识推崇，在绘画、书法与诗歌、小说等文学作品之中用来标榜君子清高品德。

【释】有月光男子都可登读书台赏景观光，哪里还管春夏秋冬；
是花都可以布置成为最美好的景色，更适宜于松竹兰梅。

5. 今人为武侯墓祠撰匾额 17 方

观今鉴古

甲子年（1984）秋月，雅州陆开华题。

陆开华（1930—2020），四川雅安市人，曾在共青团甘肃省委、甘肃农民报、甘肃青年报社工作。历任陇南地方志办公室主任、陇南文联主席、中华诗词学会会员、甘肃省书法家协会会员、陇南书画院名誉院长，在陇南各地留下了近万幅墨迹，荣获陇南市委市政府授予的“陇南文化艺术成就终身奖”和“德艺双馨艺术家”称号。2019 年 9 月，荣获中共中央、国务院、中央军委颁发的“庆祝中华人民共和国成立 70 周年纪念章”。

【注】观今鉴古：语出明代万历年间（1573—1620）道家编著儿童启蒙书《增广贤文》：“观今宜鉴古，无古不成今。”是说观察当今的社会，应以

古代为镜子加以借鉴。

【释】观察当今的社会应以古代为镜子加以借鉴。

正气长存

乙丑年（1985）夏，峨眉（四川省峨眉山市）车嘉题。

生平事迹不详。

【注】正气：语出春秋战国思想家《文子·符言》："君子行正气，小人行邪气。"此指具有光明正大刚正气节的浩然正气。例如：南宋文学家文天祥（1236—1283）的《正气歌》有"天地有正气，杂然赋流形"之说。再如：毛泽东主席的《关于正确处理人民内部矛盾的问题》也有"总结经验，发扬正气，打击歪风"之说。

长存：永远的留存。

【释】诸葛亮的光明正大浩然正气永远留存。

风高仰永

1984 年 2 月 17 日，李庆伟题。

李庆伟（1920—1994），河北省邢台市人，历任邢台县长、市长，河南省许昌地委书记、河南省副省长、省委书记，陕西省委副书记、省长、省委书记，国务院经济技术与社会发展研究中心副总干事，国务院发展研究中心副主任，中共十二大代表，第六届全国人大代表。

【注】风高：语出《魏书·高允传》："荣曜当时，风高千载。"是指一个人具有高尚的品德风范。

仰永：永远让人们尊崇敬仰。

【释】诸葛亮的高尚品德风范永远让人们尊崇敬仰。

山紫水明

1985 年，日本国学院大学文学部教授中岛址治题。

【注】山紫水明：这是日本人用来作为山色秀丽的赞美词，形容山水景色绝佳，风光旖旎，即中国人常说的"山清水秀"或"青山绿水"。此指武侯墓山水景色绝佳风光秀丽。

【释】武侯墓山水景色绝佳风光秀丽。

光辉武将

1985 年，日本友好书道教育协会理事长钟谷扇舟久太郎来武侯墓时题书。

【注】光辉：语出《后汉书·班彪传》：“盖清庙之光晖，当世之俊彦也。”此指光辉荣耀。

武将：作战的指挥官、将领。此指诸葛亮。

【释】诸葛亮是光辉荣耀的作战指挥官。

文武国雄

乙丑年（1985），陕西省副省长魏明忠在武侯墓参观考察时题书。

魏明忠，历任陕西省副省长、省政协副主席、陕西省华夏文化促进会会长。

【注】文武：语出《诗经·小雅·六月》：“文武吉甫，万邦为宪。”此指文才和武略。例如：南宋理学家朱熹集传曰：“非文无以附众，非武无以威敌，能文能武，则万邦以之为法矣。”

国雄：国家的英雄才俊。此指诸葛亮。

【释】诸葛亮在文才和武略方面都是蜀汉国家的英雄才俊。

千古名相

1985 年 11 月，林业部副部长董志勇来武侯墓参观考察时题书。

【注】千古：千百万年的意思。

名相：语出《汉书·张苍传赞》：“张苍文学律历，为汉名相。”此指著名的宰相、丞相。

【释】诸葛亮是千百万年来的著名辅佐贤相。

志在一统

甲子年（1984）秋月，雅州陆开华题书。生平简介见前。

【注】志在一统：诸葛亮立志北伐曹魏是为了实现汉室江山的一统。

【释】诸葛亮立志北伐曹魏是为了实现汉家江山的一统。

诗和气润

1985 年 8 月 12 日，日本中国古代石刻文字研究访中团团长牛丸好一题书。

【注】1985 年 8 月 12 日，日本“中国古代石刻文字研究访中团”团长牛丸好一等人来到了武侯墓参观考察，笔者陪同导游进行交流。牛丸好一认真听了对大殿两侧悬挂的古人评价歌颂诸葛亮诗歌介绍，再认真地看了大殿正中肃穆庄重的明代诸葛亮塑像，感触很深地说：“诸葛孔明名垂青史，大殿中这些诗歌评价他、歌颂他十分和谐，有滋润之气氛，相得益彰，很好，很好。”

【释】古人评价歌颂诸葛亮的诗歌有和谐滋润气氛。

胸怀日月

甲子年（1984）冬月，乔明甫题。

乔明甫（1912—1999），山西省夏县人，历任湖北省委组织部副部长、省人事厅厅长、中央组织部副部长、河南省委书记、轻工业部副部长，是第六届、第七届全国政协常务委员。

【注】胸怀日月：亦称日月之入怀。语出《三国志·吴书·孙破虏吴夫人传》裴松之注引《搜神记》：“初，夫人孕而梦月入其怀，既而生策。及权在孕，又梦日入其怀。以告坚曰：昔妊策，梦月入我怀，今又梦日入我怀，何也？坚曰：日月者阴阳之精，极贵之象，吾子孙其兴乎。”此指生贵子吉兆，亦形容心胸开阔。如：南朝宋刘义庆《世说新语·容止》有“时人目夏侯太初朗朗，如日月之入怀”之说。此指诸葛亮心中有辅国安邦的大事。

【释】诸葛亮心中装有辅国安邦的天下大事。

风流千古

乙丑年（1985），刘宣题于武侯祠。

刘宣，亦称刘富一，1963年出生于山西，毕业于鲁迅美术学院油画系，任教于学院视觉传达设计系，从事创作、教学工作，教授，作品颇丰。

【注】风流千古：语出南宋文学家李流谦（1123—1176）的《青玉案》词：“风流千古，一时人物，好记尊前语。”形容风雅之事久远流传。风流：才华与业绩流传后世。千古：久远的年代。

【释】诸葛亮的才华与业绩遗风传承久远的年代。

千古酬功第一祠

1985年6月7日游勉县武侯祠，不胜高山仰止之思，江苏省江宁县魏之祖题。生平事迹不详。

【注】千古：千百年来。

酬功：语出唐代诗人韩愈（768—824）的《元和圣德诗》：“经战伐地，宽免租赋。施令酬功，急疾如火。”奖赏有功劳的人。

第一祠：此指后主刘禅在景耀六年（263）春，根据步兵校尉习隆、中书郎向充联名文武百官上书，不得不下诏在定军山下武侯墓为诸葛亮修建了天下第一座武侯祠（见《三国志·蜀书·诸葛亮传》裴松之注引《襄阳记》）。

【释】千百年来奖赏有功者应该是为诸葛亮修建了天下第一座武侯祠。

万人师表

1986 年 5 月 6 日，力民题于汉中勉县武侯墓。

力民，本名李力民，号笠翁、一尘，1973 年出生于山东乐陵市，受家风熏陶喜爱书法，师从启功、刘自椟，诸体兼擅尤精篆隶。现为中国书法家协会会员、中国艺术家协会会员、中国国学研究会会员、乐陵书画院院长、东方美术研究所研究员、齐鲁书画研究院研究员。

【注】万人：众多的人。

师表：语出《史记·太史公自序》："国有贤相良将，民之师表也。"此指值得人们学习的表率。例如：《三国志·魏书·文帝纪》有："昔仲尼大圣之才，怀帝王之器，可谓命世之大圣，亿载之师表者也。"再如：《北齐书·王昕传》亦有"杨愔重其德业，以为人之师表"。

此处指诸葛亮。

【释】诸葛亮是众多人值得学习的表率。

天地人龙

1984 年秋天，勉县博物馆馆长郭清华题。

【注】天地人龙：天地之间的人中俊杰。人龙：《三国志·蜀书·诸葛亮传》记载说："诸葛孔明者，卧龙也。"形容诸葛亮好比尚未腾飞的人中蛟龙，堪称人中俊杰。例如：唐代文学家黄滔（840—911）的《南海韦尚书启》有"自从见作人龙，翔为鸟凤，腾辉瑞谍，流庆皇家"之说。

【释】诸葛亮是天地之间的人中俊杰。

英名千古

甲子年（1984），长安茹桂题书。

茹桂，1936 年出生于陕西省长安县，先后就读于西安美术学院和陕西师大中文系，历任西安美术学院教授、硕士生导师、陕西省书法家协会副主席、中国书协学术委员、陕西省政协委员，享受国务院有突出贡献专家特殊津贴。

【注】英名：语出《墨子·非攻中》："昔者晋有六将军，而智伯莫为强焉，计其土地之博，人徒之众，欲以抗诸侯，以为英名攻战之速。"此指杰出人物的名字或名声。例如，《三国志·魏书·程昱传》有"刘备有英名，关羽、张飞皆万人之敌也，权必资之以御我"之说。此指诸葛亮。

千古：千百万年，久远的年代。

【释】诸葛亮的名字与名声流传千百万年。

汉魂

甲子年（1984），长安李成海题书。

李成海，1945年出生于陕西省长安县，陕西省书法家协会副主席、陕西省文史研究馆馆员、陕西省望贤书法家学会会长、陕西省书画研究院名誉院长、西安财经学院名誉教授、西安市书法家协会顾问、终南印社副社长、西安汉唐书画学会名誉主席。

【注】汉：从公元前206年汉高祖刘邦建立西汉王朝开始，到公元220年曹丕废东汉最后一个皇帝刘协而立魏国，此期间的四百多年里，都属于刘姓的汉家帝业、汉家江山，简称汉。此指诸葛亮辅佐先主刘备与后主刘禅，是蜀汉帝业的灵魂。

魂：此指人的精神，灵魂，思想境界。

【释】诸葛亮的精神思想是蜀汉帝业的灵魂。

武侯忠魂

丙寅年（1986）仲春（二月），令狐彪题书。

令狐彪（1942—1989），别名令狐克让，山西省临猗县人，中央美术学院美术史论研究生毕业。历任中学美术教师、人民美术出版社编辑、陕西人民美术出版社副社长、副总编。著有《宋代画院研究》《中国古代山水画百图》《现代国画家百人传》等。

【注】武侯：诸葛亮生前被后主刘禅封为“武乡侯”，开府治事。死后，又被后主追封为“忠武侯”，从此以后，武侯、武乡侯就是诸葛亮的代名词。

忠魂：忠勇志士的英魂。例如：唐代著名田园诗人许浑（791—858）的《题卫将军庙》诗有“欲奠忠魂何处问，苇花枫叶雨霏霏”之句。

此指诸葛亮忠君爱国的思想灵魂。

【释】诸葛亮有忠君爱国的思想灵魂。

6. 今人为武侯墓祠撰楹联24副

亘古无双
云泉胜景

辛酉年（1981）二月，汉中白日煦题书。生平简介见前。

【注】亘古：语出南朝宋文学家鲍照（414—466）的《清河颂》：“亘古通今，明鲜晦多无双。”自古至今的意思。例如：明代文学家方孝孺（1357—1402）的《郑府君哀辞》有“德可感人兮，亘古如斯”之句。

无双：没有第二个。

云泉胜景：语出唐代翰林学士康骈（？—886）的《剧谈录·白傅乘舟》："白尚书为少傅，分务洛师，每有云泉胜景，靡不追游。"云泉：泛指瀑布、山泉、溪流。胜景：此指武侯墓山环水抱苍松翠柏楼台亭阁环境十分清雅。

【释】诸葛亮德高望重誉冠古今自古以来没有第二个人；
武侯墓山环水抱苍松翠柏楼台亭阁景色十分优雅。

英雄不了心中事；
浩气犹生墓上云。

1985 年 4 月，雅州（四川省雅安市）陆开华题。生平事迹见前。

【注】英雄不了心中事：此指诸葛亮这个历史英雄人物生前没有完成他"北定中原，兴复汉室"的意愿。

浩气犹生墓上云：诸葛亮的浩然正气好像烟云一样在武侯墓上空始终飘浮。

【释】诸葛亮这个英雄人物生前没有实现他兴复汉室的意愿；
诸葛亮的浩然正气像烟云一样在武侯墓上空始终飘浮。

斩马谡，是非盖棺今未定；
忌魏延，功过留待后人评。

癸亥年（1983）春天，利州侯正荣题书。生平事迹见前。

【注】斩马谡，是非盖棺今未定：此指建兴六年（228）春，诸葛亮首次北伐曹魏，参军马谡立"军令状"执意要率军去守街亭要隘，结果他不听王平等将领劝阻而"违亮节度，舍水上山"，被魏军围困溃不成军，遂后因畏惧魏军又"弃军逃跑"，导致北伐失利。事后，诸葛亮查明事实便以军令斩了马谡。为此，后来的史学界就有人认为，"诸葛亮挥泪斩马谡"之事谁是谁非历来说法不一而有不同看法，不能算盖棺定论。

忌魏延，功过留待后人评：据《三国志·蜀书·诸葛亮传》和《三国志·蜀书·魏延传》记载，建兴六年（228）春天，诸葛亮首次北伐曹魏时，前将军魏延曾向诸葛亮建议由自己率领五千兵走子午谷（今汉中西乡县通关中长安县的子午道），让诸葛亮率大军走褒斜道（汉中通宝鸡市眉县的栈道），两路大军偷袭长安，不出十日关中可定，汉室可兴。

诸葛亮认真分析了当时敌我双方的各方面情况后，认为魏延建议是不切合实际的冒险行为，很有可能腹背受敌导致全军覆没，因此，没有采纳魏延建议，而是让赵云、邓芝据褒斜道北口的箕谷为疑军，以吸引大都督曹真主力，他自己却率主力军兵出祁山取陇右。为此，魏延一直对诸葛亮耿耿于怀。

正因为上述原因，后来的史学界少数人认为，这是因为诸葛亮太谨慎胆小而错失北伐良机。还有个别人认为魏延是一个有胆有识会打仗的将才，诸葛亮只会高谈阔论不会打仗，他是嫉贤妒能因此不采纳魏延的妙计，如果诸葛亮采纳了魏延的计策，很有可能一举定乾坤，就不用辛苦北伐曹魏，汉室就可兴了。所以，这些功过是非，还须留待后人评说。

【释】在诸葛亮挥泪斩马谡事情上，谁是谁非一直有争论而没有盖棺定论；
诸葛亮没有采纳兵出子午谷是嫉妒魏延才能，功过是非让后人评说。

隆中对，三分天下成鼎局；
出师表，一统汉室志未酬。

癸亥年（1983）春天，利州侯正荣题书。生平事迹见前。

【注】隆中对，三分天下成鼎局：建安十二年（207）冬天，47 岁的汉室后裔刘备为了“匡扶汉室”，曾经屈尊三顾茅庐，请求诸葛亮指点迷津，出山辅佐。27 岁的诸葛亮十分感激刘备的屈尊三顾茅庐，为其制定了“兴复汉室”一统江山的《隆中对策》，并且毅然决然出山，为刘备出谋划策，一步步实现远大理想。三分天下成鼎局，在《隆中对》中，诸葛亮早已经预测到了将来的天下一定会形成三足鼎立局面。次年（208），曹操挥师南下，意欲先消灭了刘备，再攻取江东，形势十分严峻。诸葛亮主动请缨出使江东，促成了孙刘联军共同抗曹局面，赤壁之战曹军大败后，果然出现了曹操、刘备、孙权三足鼎立的局面。

出师表，一统汉室志未酬：诸葛亮为北伐曹魏，先后向后主刘禅所上的前、后《出师表》中始终贯穿着他要“北定中原，兴复汉室”一统江山的决心。遗憾的是，直到他病死时都没有实现意愿。

【释】诸葛亮的《隆中对》，早已经预测到将来的天下会形成三足鼎立局面；
诸葛亮《出师表》中，始终贯穿一统汉室江山可到死都没有实现意愿。

丹心存两表；
正气满千秋。

辛酉年（1981）秋天，汉中张文德题书。生平事迹见前。

【注】丹心：语出三国时期阮籍（210—263）的《咏怀》诗之五：“丹心失恩泽，重德丧所宜。”此指赤诚的心。例如：北宋文学家文天祥（1236—1283）的《过零丁洋》诗有“人生自古谁无死，留取丹心照汗青”之句。

存：存在的意思。

两表：此指诸葛亮的前、后《出师表》。

正气满千秋：此指诸葛亮忠君爱国、勤政廉洁的浩然正气彪炳千秋。

【释】诸葛亮的赤胆忠心存在于他的前后《出师表》；

诸葛亮忠君爱国勤政廉洁的浩然正气彪炳千秋。

功垂青史；
光照人间。

石中玉题书。

石中玉，又名石永兵，满族人，1978 年生于河北省永清县，号学海，字墨之，斋号布衣草堂。1999 年毕业于山西晋中师专，一直从事书法教育和研究。

【注】功垂青史：诸葛亮的功德业绩名垂青史。

光照人间：比喻诸葛亮的影响力始终在人间。

【释】诸葛亮的功德业绩名垂青史；

诸葛亮的影响力始终在人间。

英才盖世；
智留千年。

曹海水题书。

曹海水，山西省新绛县人，1931 年出生于甘肃省兰州市，1953 年毕业于兰州西北师范大学美术系。历任陕西省群众艺术馆民间美术辅导员、美术组组长、民间美术陈列馆主任。

【注】英才盖世：语出《三国志·蜀书·诸葛亮传》："况刘豫州王室之胄，英才盖世，众士仰慕，若水之归海，若事之不济，此乃天也，安能复为之下乎。"《三国演义》第四十三回"诸葛亮舌战群儒"也有此说。形容英雄气概与才能超出世上所有的人，是无与伦比的。

智留千年：此指诸葛亮的聪睿才智在历史上留存了数千年。

【释】诸葛亮的英雄气概与才能超出世上所有人；

诸葛亮的聪睿才智在历史上留存了数千年。

掌上千秋史；
胸中百万兵。

甲子年（1984）冬月，乔明甫题。生平事迹见前。

【注】掌上千秋史，胸中百万兵：语出山东大学教授、清华国学院首届研究生高亨（1900—1986）在 1963 年 12 月所作的《水调歌头·读毛主席诗词》："掌上千秋史，胸中百万兵。眼底六洲风雨，笔下有雷声。"形容毛泽东主席

有深厚广博的历史战争知识，胸怀奇谋良策，深谙用兵之道。此处指诸葛亮。

【释】诸葛亮有深厚广博历史战争史知识；

诸葛亮胸怀奇谋良策深谙用兵之道。

千古师表；
后代楷模。

1986 年 3 月，杜润生题书。

杜润生（1913—2015），山西太谷县人。历任中央农村工作部秘书长、中国科学院秘书长、国家农业委员会副主任、中央农村政策研究室主任、国务院农村发展问题研究中心主任。

【注】千古：千秋万年的意思。

师表：此指诸葛亮的前、后《出师表》。

楷模：语出《后汉书·卢植传》："故北中郎将卢植名著海内，学为儒宗，士之楷模，国之桢干也。"此指学习的榜样、典范。

【释】诸葛亮的前后《出师表》将会流传千秋万年；

诸葛亮功德业绩是后世人学习的榜样和典范。

巍巍秦山断泾渭，黄土垄中长遗恨；
滔滔汉水连吴楚，青林泉下重修盟。

癸亥（1983）秋日刘开荣题书于诸葛亮墓前。

刘开荣，汉中市西乡县人，勉县二中已故教师，书法家，其余不详。

【注】巍巍：语出《论语·泰伯》："巍巍乎！舜禹之有天下也而不与焉。"何晏集解曰："巍巍，高大之称。"巍峨高大的意思。

秦山：此指秦岭山脉。

断：隔断的意思。

泾渭：语出《诗经·邶风·谷风》："泾以渭浊，湜湜其沚。"毛传注曰："泾渭相入而清浊异。"此指关中平原的泾河与渭河，"清浊异"，就是"泾渭分明"，而"湜湜其沚"，就是清澈见底。

黄土垄中：此指定军山下武侯墓。

长遗恨：诸葛亮生前没有实现《出师表》中提出的"北定中原，兴复汉室"意愿，留下了长期的遗恨。

汉水：本名沔水，亦称汉水、汉江，发源于汉中市宁强县嶓冢山的玉带河，在武汉市汇入长江，全长 1532 公里，为中国四大河流（长江、黄河、淮河、汉江）之一。北魏地理学家郦道元在《水经注》的二十七至二十九卷以"沔水"

的发源、沿途流经以及相关的人文历史、古迹文物详细进行了介绍。沔县即因沔水而得名，1964 年 9 月 10 日，才改为今天的勉县。

吴楚：语出三国时期曹冏（207—264）的《六代论》：“吴楚凭江，负固方城。”泛指春秋时期吴国与楚国故地。例如，南朝宋文学家刘义庆（403—444）的《世说新语·言语》有“君吴楚之士，亡国之余，有何异才，而应斯举”之说。

青林：语出南朝梁医药学家陶弘景（456—536）的《答谢中书书》：“青林翠竹，四时俱备。”泛指苍翠茂密的树林、竹林。此指武侯墓的苍翠树木。

泉下：语出《周书·晋荡公护传》：“死若有知，冀奉见於泉下尔。”泛称九泉之下。例如：唐元和年间（806—820）进士熊孺登《寒食野望》诗歌有“冢头莫种有花树，春色不关泉下人”之句。

重修盟：希望诸葛亮再次与东吴孙权结盟，形成孙、刘联盟共同抗曹局面。

【释】巍峨高大的秦岭山脉隔断了关中平原的泾河与渭河，武侯墓埋葬着诸葛亮长久遗留下了没有实现“北定中原兴复汉室”的遗恨；

定军山下滔滔东流的汉江水连接着吴国楚国之地，希望诸葛亮在苍翠树木九泉之下能再次与东吴结盟形成共同抗击曹操的局面。

半生心血酬知己；
十年勋劳图强敌。

1985 年春天，刘开荣题书。生平事迹见前。

【注】半生心血：此指诸葛亮为蜀汉帝业南征北伐辛苦劳作 27 年，直到 54 岁病死。

酬知己：语出《三国演义》第五十回“诸葛亮智算华容，关云长义释曹操”评价关羽说：“拼将一死酬知己，正令千秋仰义名。”为了报答曹操的知遇之恩，关羽不怕冒违反军令在华容道上放走曹操。知己：语出《战国策·楚策四》：“彼见伯乐之知己也。”赏识自己的人。

十年勋劳图强敌：诸葛亮在治理蜀汉国家和八年北伐曹魏期间，鞠躬尽瘁，死而后已，不辞劳苦是为了富国强兵、克敌制胜，最终实现他“北定中原，兴复汉室”而一统江山的目的。

【释】诸葛亮为蜀汉帝业辛苦劳作半生心血为的是酬谢三顾之恩和尽托孤之忠责任；

诸葛亮南征北伐数十年不辞劳苦图的是富国强兵实现兴复汉室一统江山意愿。

诸葛大名传宇宙；
公瑾量小殒柴桑。

乙丑年（1985）春天，汉中市西乡县郝崇武题于武侯墓。生平事迹不详。

【注】诸葛大名传宇宙：语出唐代诗人杜甫《咏怀古迹五首》诗歌：“诸葛大名垂宇宙，宗臣遗像肃清高。三分割据纡筹策，万古云霄一羽毛。”此指诸葛亮的大名传播于天下。

公瑾量小殒柴桑：据《三国演义》第五十一、五十五、五十六回介绍说，东吴大都督周瑜因为气量狭小嫉贤妒能而被诸葛亮三次气死在柴桑(西汉县名，治所今江西省九江市西南）。

可是，据《三国志・吴书・周瑜传》记载说：周瑜（175—210），字公瑾，建安十五年（210）病逝于巴丘（汉县名，属于扬州豫章郡所辖，治所在今江西吉安市峡江县），时年36岁。由此看来，周瑜属于病死的，并不是被诸葛亮气死的，地址在今江西省吉安市峡江县，而不是在今江西省九江市西南柴桑区。《三国演义》中的“三气周瑜”故事，完全是根据小说以刘备为正统的政治立场与艺术加工需要而虚构。殒：殒没、殒逝、殒谢，逝世、死亡的意思。

柴桑：县名，汉高祖刘邦六年（公元前201）始置，治所在今天的江西省九江市柴桑区。

【释】诸葛亮的大名传播于天下；
周瑜量小而被气死在柴桑。

出茅庐出师未捷；
辅汉基辅匡尽终。

乙丑年（1985），陕南靖学题。

靖学，1947年出生于汉中市沔县，擅长诗词楹联，真、草、隶、篆书体娴熟。就职于勉县文化馆，从事书法创作和辅导，馆员。1988年出版发行了《靖学书印》，引起书画艺术界关注，应邀在中国美术馆举办“靖学书法展览”，中国书法家协会主席沈鹏、副主席王学仲、书画大师石鲁和文化部长高占祥举行专题座谈会并题书赠言，给予很高评价，被接纳为中国书法家学会会员、沈鹏的弟子，中央电视台“新闻综合频道”进行了实况报道。出版发行专著有《靖学书印》《靖学书联》《靖学诗词拾遗》《靖学书法》。

【注】出茅庐：此指建安十二年（207）冬天，汉室后裔刘备为了匡扶汉室而思贤若渴，在颍川人司马徽与徐庶举荐下，屈尊三顾茅庐恳请诸葛亮指点迷津。诸葛亮感激刘备的屈尊三顾，为其制定了兴复汉室一统江山的《隆中对策》。在刘备恳请下，诸葛亮毅然决然出山辅佐，忠心不贰地为刘备效力，

最终建立了蜀汉国家，促成了三国鼎立。

出师未捷：语出唐代诗人杜甫的诗歌《蜀相》：“出师未捷身先死，长使英雄泪满襟。”诸葛亮五次北伐曹魏（《三国演义》说的“六出祁山”）都没有实现“北定中原，兴复汉室”的意愿，留下了千古遗恨，使英雄们垂泪惋惜。

辅汉基：此指诸葛亮竭尽全力辅佐蜀汉基业。

辅匡：语出《后汉书·顺帝纪》：“群公卿士将何以匡辅不逮，奉答戒异。”辅助匡正的意思。例如：唐代诗人白居易（772—846）的《为人上宰相书》有“如此，则相公得不匡辅其政，缉熙其令，宣和其风乎”之说？

尽终：此指尽职尽责，善始善终的意思。

【释】诸葛亮出山辅佐刘备以来始终都没有实现北定中原兴复汉室的意愿；
诸葛亮全力辅佐蜀汉基业在辅助匡正方面能做到尽职尽责善始善终。

诸葛一生唯谨慎；吕端大事不糊涂。

乙丑年（1985），蔡亚安题。

蔡亚安（1914—1993），字雅庵，汉中勉县人。历任陕西省书法家协会会员、汉中书法家协会理事、勉县政协委员。书宗石门，擅长隶书、行书，作品曾经参加全国以及省市展览并且多次获奖，被多家单位与个人收藏，在陕南各地享有盛誉，《陕西日报》做过专题报道。

【注】诸葛一生唯谨慎，吕端大事不糊涂：这是明代文学家李贽（1527—1602）题书的一副自勉楹联，赞扬诸葛亮一生处事都唯有谨慎小心，可在大是大非面前像北宋初期宰相吕端一样从来都不糊涂。台湾辅仁大学著名教授南怀瑾（1918—2012）的《论语别裁》亦有：“诸葛一生唯谨慎，吕端大事不糊涂。”

20世纪70年代末期，毛泽东主席在病榻上召见元帅叶剑英时口述了一句诗相赠，其中就有“诸葛一生唯谨慎，吕端大事不糊涂”之句，以此评价叶剑英在大是大非面前头脑始终清醒，处事果断，从来就不糊涂。

吕端大事不糊涂：语出《宋史·吕端传》：“太宗欲相端，或曰：端为人糊涂。太宗曰：端小事糊涂，大事不糊涂，决意相之。”

吕端（935—1000），字易直，幽州安次（今北京西）人，历任成都知府、谏议大夫、宰相、兵部尚书。为官持重，识大体，所以，北宋太宗赵光义评价他说：“端小事糊涂，大事不糊涂。”

【释】诸葛亮的一生做事情都唯有谨慎小心从不盲目；
诸葛亮在大是大非面前像吕端一样从来不糊涂。

排阵图，练甲兵，造铜弩铁蒺，志复中原酬三顾；
出秦陇，伐曹魏，制木牛流马，力佐汉室上二表。

辛酉年（1981）仲春（二月），郭清华题与武侯墓。

【注】排阵图，练甲兵：此指诸葛亮曾经在定军山下推演八阵图，教兵演武，训练军队。据《三国志·蜀书·诸葛亮传》记载：建兴五年（227）七月率军北伐曹魏驻军汉中沔阳，就曾经在定军山下“推演兵法，作八阵图，咸得其要”。又据清嘉庆至道光武侯墓祠主持道人李复心的《忠武侯祠墓志·八阵图》记载说：诸葛亮在定军山下以《周易》八卦的金、木、水、火、土五行与十二生肖为基础，“积石为垒，摆六十四阵八阵图，教兵演武，使其军队行则为阵，止则为营”，始终立于不败之地。甲兵：穿铠甲的将士。

造铜弩：此指诸葛亮在定军山下改革制作了十矢俱发的连弩。据《三国志·蜀书·诸葛亮传》记载说，诸葛亮“性长于巧思，损益连弩”。裴松之注引晋孙盛的《魏氏春秋》也说：诸葛亮“损益连弩，谓之元戎。以铁为矢，矢长八寸，一弩十矢俱发”。损益，就是根据实际需要而增加或者减少改进。谓之：叫作、称为。元戎：古代指大的兵车、大军、军器、弓弩。此指弓弩。以铁为矢：用铁铸造箭矢。矢，箭杆和箭镞的统称，此指箭杆和箭镞都应该是铁做的。这就是说，诸葛亮是在前辈弩机的基础上，改进设计制造了一种十矢俱发的连弩，叫“元戎”。根据换算，铁质矢长度是今天的18.4厘米，携带方便，可以以一当十，具有一定的杀伤力。

铁蒺：此指铜、铁蒺藜（扎马钉）。据李复心《忠武侯祠墓志》记载说：当年，诸葛亮在定军山下还设计制造了铜、铁蒺藜，俗称扎马钉，属于军事暗器。“扎马钉”，状若荆棘刺，学名“蒺藜”，是古代军事战争中的一种暗器，有铜、铁两种，它有四个锋锐尖爪，随手抛掷，三尖撑地，一尖直立向上，推倒立尖，下尖又起，始终如此，使接触它的人不能避其锋锐而被刺伤。特别是，这种暗器多在战地、险境刺伤敌方的马匹和士卒而俗称“扎马钉”。在定军山、天荡山以及汉江一带经常出土“扎马钉”，当地人多藏之。据悉，在近代战争中，“扎马钉”多用来对付敌人的汽车轮子。

据笔者多年观察，定军山下出土的“扎马钉”大都是铜质三角锥形，尖爪间每个夹角130度，大的重约15克，尖长2.7厘米；小的重约8克，尖长1.5厘米，巧妙地应用了力学和数学原理，属定军山下出土有关诸葛亮文化独具代表性文物。因此，国家历史博物馆、中国军事博物馆、陕西历史博物馆和全国各地武侯祠所陈列展出的三国时期铜质“扎马钉”，都来自勉县博物馆提供（见郭清华《扎马钉》，《文博》1986年第2期）。

志复中原酬三顾：此指诸葛亮五次北伐曹魏，目的是立志要“北定中原，兴复汉室”，让后主刘禅“还於旧都”长安称帝，以完成一统汉室江山的意愿，以此来报答当年先主刘备屈尊三顾茅庐的恩情。

出秦陇，伐曹魏：此指诸葛亮曾经亲自率军先后出陇右祁山与秦岭进行了五次北伐曹魏。据《三国志·蜀书·诸葛亮传》与《三国志·蜀书·后主传》记载，建兴六年（228）春天第一次和建兴九年（231）春天第四次是出陇右祁山（今甘肃省礼县祁山堡一带）；第二次是建兴六年（228）十二月出大散关的陈仓道，攻打宝鸡市东十里陈仓区的陈仓城；第三次是建兴七年（229）春天，诸葛亮派遣陈式攻打夺取曹魏武都、阴平二郡；第五次是建兴十二年（234）二月，诸葛亮亲自率领大军走褒斜道过秦岭斜峪关驻军武功县五丈原，与司马懿以渭水对峙，秋天八月二十八日病死在五丈原军中。

制木牛流马：此指诸葛亮在北伐曹魏期间，为解决往北伐前线运输粮草，根据实际需要，在今天汉中勉县的黄沙镇设计制作了木牛与流马。

据《三国志·蜀书·诸葛亮传》记载，诸葛亮首次使用“木牛”是建兴九年（231）春第四次北伐曹魏出军“围祁山”时“复出祁山，以木牛运”。次年便“休士劝农於黄沙”并“作流马木牛”。建兴十二年（234）春天，第五次北伐“驻五丈原”时，“始以流马运粮草”。

正因为如此，《三国志》作者陈寿评价诸葛亮说：“亮性长于巧思，损益连弩，木牛流马，皆出其意。”

从这些记载来看，先有木牛，后有流马，最后只见流马而没了木牛。据此分析，“木牛”当创制于建兴五至八年（227—230）之间，“流马”创制于建兴十至十一年（232—233）。

力佐汉室上二表：此指诸葛亮为了“北定中原，兴复汉室”全力辅佐蜀汉帝业，向后主刘禅上了前、后《出师表》，以表明自己的忠君爱国的决心与北伐曹魏的信心。

【释】诸葛亮在定军山下推演八阵图，教兵演武训练军队，改革制作了十矢俱发连弩与蒺藜暗器，为的是北定中原一统汉室江山以此来酬谢当年先主刘备屈尊三顾茅庐的恩情；

诸葛亮曾率军过秦岭出陇右祁山，五次北伐曹魏，在勉县黄沙研究制作运送粮草的木牛流马，全力辅佐蜀汉帝业上前后《出师表》表明自己忠君爱国的决心与北伐信心。

夺汉川，定军山下流铁马；
伐中原，黄沙镇上走木牛。

庚寅年（1983）孟夏（四月），郭清华题于武侯墓。

【注】夺汉川，定军山下流铁马：此指建安二十四年（219），刘备与曹操为了争夺汉中郡发生了定军山大战，老将军黄忠杀了曹操征西将军夏侯渊，两军的金戈铁马在定军山一带交替运动，人喊马嘶川流不息。汉川：语出《三国志·魏书·张鲁传》：“群下欲尊鲁为汉宁王，鲁功曹巴西闫圃谏鲁曰：汉川之民户出十万，财富土沃，四面险固。今承制，署置劳，足斩断不烦于王，愿且不称，勿为祸先，鲁从之。”此指汉中地区。

据《三国志·蜀书·刘焉传》《三国志·魏书·张鲁传》《三国志·魏书·武帝操》记载，汉献帝初平二年（191），益州牧刘焉为了割据称王，派五斗米教第三代传人张鲁为“督义司马”，前往汉中协助“别部司马”张修（？—200），去除掉与自己离心离德的汉中郡太守苏固以便占据汉中。随后，张鲁又杀了张修，依据汉中山环水抱、关隘重锁、人口众多、物产丰富的特有环境条件割据而独立。当时，有人建议张鲁在汉中割据称王，功曹闫圃却陈说利害，不希望称王，张鲁采纳了这个建议，遂改汉中郡为“汉宁郡”，自立为太守，采取“政教合一”方法以“五斗米教”教化百姓，在此雄踞二十余年。

何为五斗米教？即在管辖区内，每个人必须缴纳五斗米（合今 20 斤大米）为入教费用，教徒称“鬼卒”，首领分别称为“祭酒”“大祭酒”“治头大祭酒”。自 141 年张道陵创立“五斗米教”以来，自称为“天师”，设二十四治，信徒遍及益州各地。156 年，第二代传承人张恒为“嗣师”。179 年，第三代传承人张鲁为“师君”。张恒、张鲁父子遂将“浕口治”改称为“阳平治”（今勉县阳平关）作为“中央教区”60 年。五斗米教，是中国道教的鼻祖（见郭清华编著的《三国风云定军山》，中国文史出版社 2013 年 7 月第 1 版）。

建安二十年（215）三月，曹操亲自率领大军征讨张鲁，平定汉宁郡并且收降了张鲁。当时，曹操考虑到汉中郡所辖地域太大，加之这里山环水抱、气候温和、物产丰富、人口众多、古道纵横、关隘重锁的特定环境，不易于朝廷管理，遂恢复了“汉中郡”名，同时将汉中郡东面的北巫、安乐、武陵、安富、微阳五县设立了“上庸郡”，治所在今湖北省竹山县西南渚水北岸；又在今安康市汉滨区设立了“西城郡”，辖安阳、锡县、西城，以上两个郡皆划归荆州所辖，不再属益州所辖。如此一来，从根本上削弱了汉中郡的实力。

伐中原，黄沙镇上走木牛：诸葛亮为了解决往前线运送粮草的实际困难，于建兴十至十一年（232—233），在黄沙“休士劝农”，发展农业生产，又在这里研究制作了木牛流马。因此，北魏时期地理学家郦道元的《水经注·沔水》二十七卷记载说：“黄沙屯，诸葛亮所开也。”时至今日，黄沙的“诸葛亮制木牛流马处”古迹依然存在，属于陕西省重点文物保护单位。

【释】刘备与曹操为了争夺汉中郡发生了定军山大战，两军的金戈铁马在定军山一带交替运动人喊马嘶川流不息；

为了北定中原兴复汉室诸葛亮在汉中屯军八年北伐曹魏，在黄沙镇研究制作了往前线运送粮草的木牛流马。

墓垒军山下，遗命建兴怀忠武；
祠立沔阳浒，典垂景耀祀汉相。

乙丑年（1985）春天，郭清华题于武侯墓。

【注】墓垒军山下，遗命建兴怀忠武：据《三国志·蜀书·诸葛亮传》记载说：建兴十二年秋，诸葛亮病死在第五次北伐曹魏的五丈原军中，临终前遗命说："死后葬汉中定军山，因山为坟，冢足容棺，殓以时服，不须器物。"根据遗命安排，同年十二月，后主刘禅将他安葬在今汉中勉县定军山下。怀忠武：怀念忠武侯诸葛亮。据《三国志·蜀书·诸葛亮传》记载，诸葛亮死后，后主"赠君丞相武乡侯印绶，谥君为忠武侯"。

祠立沔阳浒，典垂景耀祀汉相：据《三国志·蜀书·诸葛亮传》裴松之注引《襄阳记》记载：景耀六年（263）春，根据步兵校尉习隆、中书郎向充等文武官员联名上书，后主刘禅下诏为诸葛亮"因近其墓"修建了天下第一武侯祠。如此一来，武侯墓与武侯祠都在古沔阳县的沔水旁边。沔阳：是今勉县最早的名称，因在沔水之北而名，始于秦惠文王十三年（公元前312）。北朝称嶓冢，隋唐称西县，宋称沔州，元代为铎水，明代为沔县。1964年9月10日，改称今勉县至今。浒：离水稍远的岸上平地。典：典章、典制、法则的意思。垂：垂范的意思。

【释】武侯之墓在汉中勉县定军山下，这是根据诸葛亮建兴十二年秋天临终前遗命而安葬在这里后世人始终怀念忠武侯；

武侯祠在勉县的沔水旁边，典制垂范于蜀汉景耀六年春天后主刘禅下诏所修建目的是规范祭祀蜀汉丞相相关礼制。

武侯灵爽常在；
孔明业绩永垂。

丙寅年（1986）季秋（九月），郭清华题于武侯墓。

【注】灵爽：语出东晋文学家袁宏（328—376）的《后汉纪·献帝纪三》："朕遭艰难，越在西都，感惟宗庙灵爽，何日不叹。"此指神灵、英灵。

常在：经常存在。

孔明业绩永垂：诸葛亮的功德业绩永远名垂青史。

【释】诸葛亮护佑万民的英灵是经常存在的；

诸葛亮的功德业绩将会永远名垂青史。

出将入相，一生忠贞扶汉祚；
决谋献智，万世敬仰垂宇宙。

乙丑年（1985）清明节，庄允恭题。

庄允恭，勉县人，1987年5月—1990年5月，曾经出任勉县政协主席。

【注】出将入相：语出唐代史学家吴兢（670—749）的《贞观政要·任贤》：“才兼文武，出将入相，臣不如李靖。”此指出征可为将帅，入朝可为宰相，能文能武。

一生忠贞：诸葛亮一生都对蜀汉帝业忠贞不贰。

扶：辅佐扶持。

汉祚：语出东汉史学家班固（32—92）的《东都赋》：“往者王莽作逆，汉祚中缺。”此指汉室江山的皇位和国统。

决谋献智，万世敬仰垂宇宙：诸葛亮为了兴复汉室一统江山，先后给先主刘备、后主刘禅出谋划策，他的功德业绩被千秋万代尊崇敬仰而誉冠古今。

【释】出征可为将帅入朝可为丞相，诸葛亮一生都对蜀汉帝业忠贞不贰竭尽全力辅佐汉室国统；

诸葛亮先后给先主刘备与后主刘禅出谋划策，其功德业绩被千秋万代尊崇敬仰誉满天下。

文章西汉两司马；
经济南阳一卧龙。

1999年5月10日，董实丰书。

董实丰（1916—2013），西安市临潼区人，历任陕西省工业厅副厅长、农业机械局局长、经济委员会常务副主任、西安公路学院党委书记。

【注】上、下联文语出清晚期名臣左宗棠《题卧龙岗诸葛草庐》诗：“文章西汉两司马，经济南阳一卧龙。心同佛定香烟直，目极天高海月深。出处动关天下计，草庐我也过来人。”

文章西汉两司马：在写文章方面，西汉时期文学家司马相如以及史学家司马迁都十分著名。

司马相如（公元前179—公元前118），字长卿，蜀郡成都人，西汉辞赋家，中国文学史上杰出文学家。代表作品为《子虚赋》，后世称之为“赋圣”和“辞宗”。

司马迁（公元前 145—公元前 90），字子长，夏阳（今陕西省韩城市）人，西汉史学家、文学家，曾经出任太史令、中书令。编著了《史记》，全书共 130 篇，52 万余言，开创了纪传体史书的先河，成为中国二十五史之首，被后世尊称为史迁、太史公、历史之父。

鲁迅在《汉文学史纲要》中评价说：“武帝时文人，赋莫若司马相如，文莫若司马迁。”

经济：此指安邦定国、经国济民治理国家。

南阳一卧龙：诸葛亮《出师表》说：“臣本布衣，躬耕于南阳。”隐居躬耕期间，人称诸葛亮为“卧龙”，故有“南阳卧龙”之说。

【释】在写文章方面西汉时期文学家司马相如与史学家司马迁十分著名；蜀汉在安邦定国经国济民治理国家方面全靠诸葛亮这个卧龙先生。

诸葛屯兵斯地，自古沔阳多名胜；
武侯归葬其间，至今定军是佳城。

1994 年清明节，郭清华题于武侯墓文化庙会。

【注】诸葛屯兵斯地，自古沔阳多名胜：是说诸葛亮为了“北定中原、兴复汉室”而北伐曹魏，于建兴五至十二年（227—234）率大军在汉中勉县定军山下屯军八年，为当地留下了诸多的名胜古迹。斯地：这里、这个地方。

沔阳：勉县在古代称为沔阳，因县城在沔水以北而得名，有两千多年的历史了。据《史记·秦本纪》、《水经注·沔水》、《汉中府志》、康熙年间的《沔县志》等诸多史志资料记载而知：秦惠文王十三年（公元前 312），天下首次设立三十六郡时，汉中郡乃其中之一，沔阳县为汉中郡所辖，秦汉南北朝时期因之，隋朝以后，先后取名为嶓冢、西县、沔州、铎水。明朝洪武四年（1371），正式称之为沔县，1964 年 9 月 10 日，改为今天的称谓勉县。

武侯归葬其间，至今定军是佳城：是说建兴十二年（234）秋天八月二十八日，诸葛亮病死在第五次北伐曹魏的五丈原军中，临终遗命“死后葬汉中定军山，因山为坟，冢足容棺，殓以时服，不须器物”，而将其安葬在定军山下的，所以，定军山下至今是他的墓地。佳城：语出东晋葛洪辑抄西汉太中大夫刘歆（公元前 50—23）编著的《西京杂记》卷四：“佳城郁郁，三千年见白日。吁嗟滕公居此室。滕公曰：嗟乎天地，吾死其即安此乎？死遂葬焉。”此指墓地。

【释】诸葛亮为了兴复汉室北伐曹魏在汉中勉县这个地方屯军八年，为当地留下了诸多名胜古迹；

诸葛亮病死五丈原军中根据他的遗命将其安葬在汉中定军山，至今定军山下就是他的墓地。

烟霞锁高冢，一抔黄土存武侯精气灵爽；
翠柏蔽神庥，数通碑碣表诸葛丰功伟绩。

1994年清明节，郭清华题于武侯墓文化庙会。

【注】烟霞锁高冢：武侯墓四面环山，中间低洼，苍松翠柏茂密空气潮湿，一年四季多是雾气蒙蒙，加之拜祭诸葛亮的人焚香烧纸烟雾缭绕，高高的武侯墓冢经常被烟雾笼罩。

一抔黄土：语出《史记·张释之冯唐列传》："假令愚民取长陵一抔土，陛下何以加其法乎。"此指一捧黄土的坟墓，比喻坟墓很小。

灵爽：语出东晋史学家袁宏（328—376）编的《后汉纪·献帝纪三》："朕遭艰难，越在西都，感惟宗庙灵爽，何日不叹。"此指神灵的精气神明，后来泛指死人的灵魂。

翠柏蔽神庥：据清李复心《忠武侯墓志》记载说，景耀六年（263）春，后主刘禅下诏为诸葛亮"因近其墓"在武侯墓修建了天下第一武侯祠，在墓周围栽植了54株汉柏，象征诸葛亮的在生之年54岁。现存22株，苍翠挺拔，浓荫蔽日。神庥（xiū）：语出前蜀杜光庭（850—933）的《王虔常侍北斗醮词》："答往愿于当年，期降恩于此日，永当修奉，以荷神庥。"此指神灵护佑的意思。

数通碑碣表诸葛丰功伟绩：武侯墓现存的几十通碑石都记载着诸葛亮辅佐蜀汉帝业的丰功伟绩。

【释】武侯墓雾气蒙蒙笼罩着高高的墓冢，一捧黄土中存在着诸葛亮的精气神明；

苍松翠柏隐藏着武侯之墓与神灵护佑，数通碑石都显示诸葛亮的丰功伟绩。

清明祭武侯，千年庙会千年盛；
寒食祷智星，十里定军十里悲。

1994年清明节，郭清华题于武侯墓文化庙会。

【注】清明祭武侯，千年庙会千年盛：据《三国志·蜀书·诸葛亮传》注引的《襄阳记》记载说：景耀六年（263）春天，后主刘禅下诏书"因近其墓"

在武侯墓修建天下第一武侯祠时规定："使所亲属以时赐祭，凡其臣故吏欲奉祠者，皆限至庙，断其私祀，以崇正礼。"从此以后，武侯墓就成为当时官吏、百姓"扫墓、祭庙、吊武侯"的唯一场所，千百年来被代代传承延续至今，形成了经久不衰的武侯墓清明文化庙会，现在是陕西省2009年批准的"非物质文化遗产保护项目"。

寒食：此指寒食节，亦称"禁烟节""冷节"，起源于纪念春秋时期晋国的介子推（今山西省介休市人），当时介子推与晋文公重耳流亡列国，割股（大腿）肉供文公充饥。晋文公复国后，介子推不求利禄，与母亲归隐绵山。晋文公焚山而求之，他坚决不出山，和母亲一起抱树被大火烧死。晋文公葬其尸于绵山（今山西省介休市绵山风景名胜区），在此修祠立庙以示纪念，并下令在介子推焚死之日严禁动烟火，只吃冷食，以寄哀思，后世相沿成俗而称为"寒食节"，已经有两千余年的历史。后来，人们把寒食和清明合在一起只过清明节，所以寒食节就是清明节，是中华民族纪念先贤的第一大祭日。

祷智星：隆重祈祷祭祀中华民族顶礼膜拜的智慧之星诸葛亮。

十里定军十里悲：定军山属于巴山系，有十二个山头，自西至东绵亘数十里，从勉县县城到武侯墓也是十里。每年的清明节期间，从四面八方前往武侯墓祭祀诸葛亮的人们都十分悲痛。

【释】清明节祭祀诸葛亮的活动，已经有数千年的历史了年年庙会都相当隆重而盛大；

寒食节悼念智慧之星诸葛亮，从定军山四面八方到武侯墓祭祀的人都十分悲痛。

人乎？神乎？仙乎？集中华睿智，千载顶礼祀孔明；
儒也，道也，法也，萃诸家经纶，万民钦英仰圣贤。

1995年初春，郭清华为武侯墓题。

【注】人乎？神乎？仙乎：语出北宋著名文学家苏轼（1037—1101）的《武侯庙记》中赞美诸葛亮说："人也？神也？仙也？吾不知之，真卧龙也。"乎：文言助词，吗的意思。意思是说，是人吗？是神吗？是仙吗？我不知道，可诸葛亮是真的卧龙。

集中华睿智，千载顶礼祀孔明：诸葛亮的一生，汇集了中华民族所有的优秀思想文化与聪明才智等传统美德，千百年来一直受到人们顶礼膜拜而纷纷怀念祭祀。集：集中、汇集的意思。顶礼：语出北魏医僧昙鸾（476—542）的《赞阿弥陀佛偈》："法身光轮遍法界，照世盲冥故顶礼。"这是佛教拜佛时最敬之礼，双膝下跪，两手伏地，头顶尊者之足而虔诚膜拜。唐代法师慧宣的《秋日游东山寺寻殊昙二法师》诗有："心欢即顶礼，道存仍目击。"祀孔明：祭祀诸葛亮。

儒也，道也，法也，萃诸家经纶，万民钦英仰圣贤：是说诸葛亮荟萃了儒家、道家、法家思想文化精髓，才使得他学识渊博，聪明睿智，在佐先主、辅后主兴复汉室方面立下了名垂青史的功勋，正因为如此，后世万民才尊崇敬仰他这个圣贤人物。也：肯定语，相当于啊。萃：语出《孟子·公孙丑上》："出於其类，拔乎其萃。"汇聚、荟萃，出类拔萃的意思。钦：语出《尔雅》："钦，敬也。"崇敬、钦佩，可敬可佩的意思。英：语出《荀子·正论》："尧、舜者，天下之英也。"《淮南子·泰族训》说："智过万人者谓之英。"《礼记·辨名记》也说："德过千人曰英。"明崇祯国子监生张自烈（1597—1673）的《正字通》解释说："才能过人曰英。"泛指杰出的人。仰：敬仰。圣贤：语出《易经·鼎》："圣人亨以享上帝，而大亨以养圣贤。"圣人和贤人的合称。比喻道德与才智杰出者。此指诸葛亮。

【释】是人吗？是神吗？是仙吗？诸葛亮一生集中了中华民族所有的聪明才智才使千百年来人们对他虔诚膜拜而怀念祭祀；

儒家啊，道家啊，法家啊，诸葛亮荟萃诸子百家经典文化思想精髓后世万民才会尊崇敬仰他这个道德与才智杰出者。

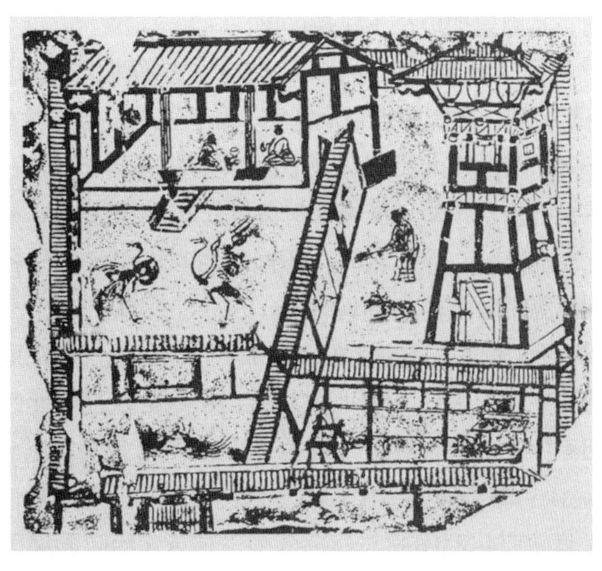

第三章
天下第一武侯祠

天下第一武侯祠，在汉中勉县城西四公里武侯镇继光村的 108 国道旁，是后主刘禅诏令敕建纪念诸葛亮的祭祀祠庙，又称为勉县武侯祠。该祠坐南朝北，背濒沔水，面对古金牛道（即今 108 国道），取意不忘诸葛亮生前“北定中原，收复汉室”意愿。因此，明代诗人牛霆在《过沔谒诸葛武侯祠》诗中有“千载祠林具北向，分明遗恨荡中原”之句，说的就是这个意思。

天下第一武侯祠称谓，是笔者 1993 年编著出版的《诸葛亮与中国武侯祠》专著中首次论证提出的，后又在多次著书立说中定名宣传，才被国内外学术界广泛认可称谓的，其历史地位是不可撼动的。

武侯祠南北长约 350 米，东西宽约 160 米，总面积约 84 亩。祠内现有七进院落，都为三院并连，共计有近百间殿宇，雕梁画栋，层层叠叠，错落有致，各有特色。1956 年，陕西省人民政府公布其为重点文物保护单位。2013 年 3 月，武侯祠被国务院批准为全国重点文物保护单位，2014 年 9 月，被国家旅游局命名为 AAAA 级旅游景区。除此之外，还被陕西省人民政府命名为“爱国主义教育基地”“诸葛亮勤政廉洁教育基地”。

2015 年，陕西省旅游投资集团投资 3.5 亿元，在武侯祠东面和背面河滩地设计建造了“诸葛古镇”景区，占地 300 余亩，南依汉江、北邻武侯祠、东连马超墓、西接阳平关，形成了旅游大格局。2016 年 3 月开放以来，吸引了不少的国内外游客。2017 年，为了协调解决“诸葛古镇”凸显商业性而缺乏文化内涵的实际需要，县政府将武侯祠与马超墓祠正式承包给陕旅集团进行整体对外开放至今，车水马龙地接待着国内外游人。

1. 后主刘禅敕建天下第一武侯祠

据《三国志·蜀书·诸葛亮传》裴松之注引《襄阳记》记载说：

亮初亡，所在各求为立庙，朝廷以礼秩不听，百姓遂因时节私祭之于道陌上，言事者或以为可以立庙于成都者，后主不从。步兵校尉习隆、中书郎向充等共同上表曰：臣闻周人怀召伯之德，甘棠为之不伐；越王思范蠡之功，铸金以存其像。自汉兴以来，小善小德而图形立庙者多矣，况亮德范遐迩，勋盖季世，兴王室之不坏实斯人，是赖而烝尝止於私门，庙像阙而莫立，使百姓巷祭，戎夷野祀，非所以存德念功述追在昔者也。今若尽顺民心，则渎而无典，建之京师，又逼宗庙，此圣怀所以惟疑也。臣愚以为，因近其墓，立庙於沔阳，使其亲属赐祭，凡其臣故吏欲奉祠者皆限至庙，断其私祭，以崇正礼。於是，始从之。

从上述记载不难看出，诸葛亮死后29年只有墓葬，没有祠庙祭祀，老百姓因怀念追思诸葛亮功德业绩，希望在成都修建祠庙，以便四时祭祀，后主却认为"建之京师又逼宗庙"，与礼秩不合，"所以惟疑"而不许。在这种情况下，老百姓就"遂因时节私祭之于道陌上"，就出现了"百姓巷祭，戎夷野祀"局面。也就是说，当时汉族老百姓在巷道中祭祀诸葛亮，而西南地区少数民族老百姓则在野地里随意祭祀诸葛亮，这样一来，到处可闻香火之味。后来，是步兵校尉习隆、中书郎向充等蜀汉文武大臣联名上表强烈要求后主刘禅为诸葛亮正式立庙修祠进行祭祀。为回避在成都立祠而威逼先主刘备宗庙与陵墓之嫌，习隆、向充等百官建议，在汉中定军山下武侯墓"因近其墓，立庙於沔阳"，目的是解决"烝尝止于私门，庙像阙而莫立"的问题。

由于当时的蜀汉政权已经是摇摇欲坠，加之社会和朝廷官员对诸葛亮崇敬怀念的压力，刘禅迫于无奈，"於是，始从之"，不得不答应百官的联名要求，才"因近其墓，立庙於沔阳"，在定军山下武侯墓为诸葛亮修建了天下第一座武侯祠，成为全国唯一由皇帝下诏而官方修建的最早武侯祠。

由于当时修建武侯祠的时间是景耀六年（263）上半年，同年秋天，蜀汉国家就灭亡了，因此，时间紧迫，条件有限，根本不可能大兴土木，一切从简，只能仓促急就而成，更没有时间给诸葛亮正式塑像，只好采取"图形立庙"，这应该是中国历史上第一幅诸葛亮画像。尽管我们不知道当时的诸葛亮画像是什么样，但是，它拉开了诸葛亮画像的序幕，从此以后，历史上的诸葛亮画像就层出不穷，特别是唐、宋、明、清以来，更是比比皆是，屡见不鲜。

诸葛亮安葬29年中，为什么没有给他修祠立庙，而仅仅只有一座极其简单的孤坟，如果不是习隆等联名上书，恐怕就没有武侯祠之说了，这就给后世人留下了不可思议的疑虑。

笔者认为，后主刘禅当时没有给诸葛亮修祠立庙除了上述原因外，可能还有以下几点：

一是当时安葬诸葛亮的时间十分仓促，加之魏延与杨仪纷争事端对朝廷时局影响很大，后主刘禅对是否给诸葛亮在什么地方修祠立庙进行纪念，还没有想到或者是没有顾上。

二是刘禅自从 17 岁继位蜀汉后主，还是个未成年的孩子，根据先主遗命安排，把诸葛亮以“相父”对待，一切国家大事都由诸葛亮“摄一国之政事”做主，他这个皇帝实际上只是个发号施令的传声筒，重大决策自己做不了主，所有事情只能顺其自然，落了个“扶不起的阿斗”雅号。诸葛亮一生忠君爱国、勤政廉洁，因此诸葛亮死后，刘禅根据其遗命安排，仅仅是把他仓促安葬在定军山下，有可能根本就没有考虑到修不修纪念祠庙的事情。

三是刘禅当皇帝以后感觉完全不一样了，在无人制约左右的情况下，国家大事他毫无顾忌说了算，这时候才体会到皇帝是如此威风，心态也就发生根本变化，久而久之，自然而然对“相父”诸葛亮不但没有了敬畏和依赖的感觉，而且淡忘了“鞠躬尽力，死而后已”辅佐蜀汉两代江山社稷的丰功伟绩，还有可能产生“功高震主”和“权重欺主”的想法。

如果刘禅对于诸葛亮还有感恩之情与敬畏之心，他为什么就想不到或者是顺水推舟在定军山下为诸葛亮立庙修祠进行祭祀，而是坚持“不合礼秩”不允许呢？非要等步兵校尉习隆、中书郎向充等联名上奏，强烈要求在定军山下武侯墓“因近其墓立庙於沔阳”，这才不得不“於是，始从之”？这与他当初写《诏策》祭奠文，又痛哭伤感地把“相父”诸葛亮安葬在定军山下，形成了鲜明对比。如此看来，步兵校尉习隆、中书郎向充等文臣武将联名上奏，引经据典陈说利害，强烈要求朝廷为诸葛亮修庙，迫使刘禅不得不下诏，为诸葛亮修了天下第一武侯祠，总算是干了一件名垂青史的好事。

说起武侯祠，人们就会马上想到成都武侯祠，认为真正的武侯祠就是成都武侯祠。但是，成都武侯祠比勉县的武侯祠在修建历史上整整晚了 42 年。

据南宋史学家祝穆（？—1255）所著《方舆胜览》记载，当时成都武侯祠在“成都西南二里，今为乘烟观，李雄称王，始为庙”。

据《华阳国志》记载说：“永兴元年冬十月，杨褒、杨珪共劝李雄称王，雄遂称成都王。”由此而知，成都武侯祠是西晋惠帝司马衷永兴元年（304），今四川渠县人李雄割据四川在成都称王建立“成国”后（在位 31 年），首创修建武侯祠于少城（今杜甫草堂）的。

代远年湮，沧桑多变，后来的武侯祠又迁移到了锦官城，这是因为，蜀汉时曾经在成都设立锦官以保护蜀锦生产，从此以后，锦官城、锦城、锦里就成了成都的代名词，才有了唐代诗人杜甫《蜀相》的“丞相祠堂何处寻，锦官城外柏森森”之说。除此之外，还有岑参的《先主武侯庙》、李商隐的《武侯庙古柏》、杜甫的《古柏行》等诗歌为证。

明朝初年，朱元璋第十一子朱椿（1371—1423）封为蜀王，来成都后到武侯祠参观，他看见老百姓纷至沓来祭祀诸葛亮，香火十分旺盛，而刘备庙却门庭冷落，心中不是滋味。于是，他以武侯祠逼近刘备庙而不合礼秩，应该“君臣宜一体”，遂下令废除原来的武侯祠，将武侯祠并入“汉昭烈庙”，在刘备殿后增补“诸葛亮殿”，形成“君臣一体，魂魄相依”的格局。同时，还增加了关羽、张飞于西庑，又附加了北地王刘谌、诸葛亮之子诸葛瞻以及关口守将傅佥。落成之后，派遣官员祭祀，称“新规模於今日，聚精神於一堂”。

现存的成都武侯祠主体建筑，是清康熙十一年（1672），在重建刘备宗庙“汉昭烈庙”时保留到现在的格局。

笔者与侯素柏曾经先后实地考察了全国各地主要武侯祠庙，根据所收集的第一手资料，合作编著了《诸葛亮与中国武侯祠》专著，1993 年由陕西旅游出版社正式出版，全国发行，被评选为“优秀图书”，流传甚广。该书详细介绍了现存全国 8 省的 11 处武侯祠庙的历史沿革和现存状况、遗存文物与价值。就武侯祠的修建历史而言，勉县武侯祠堪称“天下第一武侯祠”，其他的武侯祠庙都在之后，这一说法被学术界普遍认可。

需要说明的是，勉县武侯祠是唯一由皇帝下诏修建的，其他武侯祠，则是地方官员或者民间给修建的，性质是有区别的，意义是不同的。

据北魏时期地理学家郦道元编著的《水经注·沔水》二十七卷记载：当时的沔阳武侯祠虽然“遗迹略在，但已崩褫难识”。所以，唐贞元十一年（795），山南节度使、刑部员外郎、侍御史沈迴又重修了新庙，还刻立了《蜀丞相诸葛武侯新庙碑铭记并序》碑刻记载此事，至今仍存，是国务院明令保护的国宝，更是勉县武侯祠的镇馆之宝之一。明清以来，武侯祠维修次数更加频繁。

既然勉县武侯祠是景耀六年（263）春后主刘禅“因近其墓”在武侯墓修建，后来武侯墓和武侯祠又隔沔水南北分立各成体系，这又是怎么回事呢？

2. 武侯祠迁祠的历史缘由

根据勉县武侯祠现存明正德年间总制四川、湖广、陕西等处军务的左都御史、兵部尚书彭泽刻立的《大明敕修汉丞相诸葛武乡忠武侯祠墓碑铭》《诸葛武侯祠上梁文》祭文，以及嘉庆二十二年（1817）刻立的《重修忠武侯祠碑铭》和嘉庆至道光年间武侯墓祠主持道人李复心编著的《忠武侯祠墓志》等史料记载而知：

明朝“正德八年（1513），陕西巡抚、都御史蓝璋上奏朝廷要求将武侯祠庙”从定军山下武侯墓“迁修到今址”。正德九年（1514）九月竣工，才正式在今址落成了武侯祠。当时，蓝璋要求迁祠的缘由有三：

其一，据《忠武侯祠墓志》记载：“武侯经理中原凡八载，多住于此，或云祠堂为当年之筹笔驿”，或云为“武侯驻军之行营，相府亦在斯地”。

这就是说，建兴五年（227）五月，诸葛亮上《出师表》后，率军北伐曹魏来到定军山下屯军就在今武侯祠所在地设了“行辕相府”。次年春天，首次北伐时，马谡失街亭诸葛亮被迫退军汉中后，才将“行辕相府”迁到“南山下原上”，即定军山下武侯坪，所以今天的武侯祠曾是诸葛亮的“行辕相府”故地，也称“筹笔驿”，将武侯祠迁修于这里“有一定纪念意义”。

其二，当时的沔县城在沔水北边阳平关（今县城西 5 公里武侯镇），而武侯墓和祠庙都在定军山下，每逢祭祀时，都要涉沔水而行十余里路，多有不便。新祠毗邻当时的县城阳平关，又在“古金牛道”旁，交通便利，凡是出秦入蜀途经此道的人“便於官祭和民祀”，如此则可“文官下轿，武官下马”，前往拜祭诸葛亮，“进祠观瞻，凭吊祭祀，十分便利”。

其三，坟墓是安葬遗体之所，属于逝者灵魂休息的地方，庄重肃穆。而祠庙是祭祀祖宗先贤的场所，从意识形态而言，“各有定义功用”，故而分设。

正德皇帝朱厚照将此事进行了廷议，最后批准了蓝璋的请求，于是，蓝璋在次年（1514）四月施工，九月竣工，正式将武侯祠迁移到了今址。之后进行了多次大修建和扩充。清嘉庆七至八年（1802—1803），朝廷拨款和集资进行了大修，形成今天武侯祠的规模和格局。

尽管武侯祠系明朝正德九年从武侯墓迁修于今址的，但就其创建史而言，它是由皇帝下诏修建最早的武侯祠，在全国现存武侯祠庙中堪称“天下第一武侯祠”，有悠久历史。为此，笔者曾经在武侯墓题写楹联：

墓垒军山下，遗命建兴怀忠武；祠立沔阳浒，典垂景耀祀汉相。

3. 明正德九年彭泽的《诸葛武侯祠上梁文》

上梁文，是中国古代建屋上梁时，用以表示颂祝的一种讲究对仗工整和声律铿锵的骈文。例如：东魏散骑常侍、中军大将军、著名文学家温子昇（495—547）著有《阊阖门上梁祝文》；南宋著名教育家王应麟（1223—1296）著有《困学纪闻 · 杂识》，这些堪称上梁文之始。正因为如此，明嘉靖三十二年（1553），进士徐师曾（1517—1580）在《文体明辨》中记载说：

按上梁文者，工师上梁之致语也。世俗营宫室，必择吉上梁，亲宾裹面，杂他物称庆，而因以犒匠人。於是匠人之长，以面抛梁而诵此文以祝之。其文首尾皆用俪语，而中陈六诗，诗各三句，以按四方上下，盖俗礼也。

据武侯墓祠主持道人李复心《忠武侯祠墓志》卷五记载，正德九年（1514），陕西巡抚、都察院右副都御史蓝璋在主持迁建武侯祠时，委任按察司分巡副使边亿负责施工。当时总制四川、湖广、陕西等处军务的左都御史、兵部尚书彭泽也参与了此事，所以，他亲自撰写了《诸葛武侯祠上梁文》，全文如下：

伏以兴王良佐，自古为难（辅佐帝王的贤良忠臣，自古就很艰难），崇德懿章，於今再见（崇高道德品质与美好的文章，于今可以再见到）。天王神圣，藩翰建明（此指正德皇帝很神圣英明，蓝璋正德八年上书提出建议将武侯祠与墓分立，就得到了皇帝明确答复）。鼎新庙貌之宏规，顿觉山川之改焕；唤醒万人尘梦，真成千载奇逢（修建了壮观的武侯祠，顿时觉得山川地理都有所改变，因此唤醒了千万人的尘梦希望，实现了千年来的奇事逢缘）。

慨自汉德再微，建安失御，天子播迁而苦赘，诸侯竞起以分疆（自东汉晚期桓帝灵帝懦弱无能使朝政衰败，导致建安时期曹操挟天子以令诸侯，迫使天子多次迁移受苦，诸侯乘机纷纷割据）。青青千里草，虐烟翻空；赫赫两神京，榛荒满眼（此四句是指，董卓乱政，诸侯纷争，赫赫有名的长安、洛阳两都城，都成了荒草丛生之地）。

高帝云仍之亿（云仍，后代子孙。亿，安宁），咸雌伏（语出《东观汉记·赵温传》："大丈夫当雄飞，安能雌伏。"此指屈居）而豕奔（此指汉高祖刘邦的子孙们不得安宁，都屈居人下而像猪一样奔波）。老瞒之奸悖无双（老贼阿瞒曹操奸诈是举世无双的），方欺孤而弱寡（曹操倚仗权势欺负汉献帝与年轻的皇后）。孰谓中山一脉（那个自称是西汉中山靖王刘胜之后的刘备属于皇室血脉），遂令炎烬再嘘（让快要覆灭的炎汉帝业再延续）。瞻仙掌而含悲，忍死於间关之道路（此二句是说，彭泽看见汉宫中手擎承露盘的雕塑仙人都似乎满含悲伤，他强忍伤感而没有死在旅途艰辛崎岖的道路上）。摩铜狄而掩泣（铜狄，指铜像，汉代宫廷有十二个大铜像，此指彭泽抚摸铜像而忍住哭泣），腐心於奔怆之丘墟（此指彭泽痛心地行走在荒野之中。腐心：比喻痛心。奔怆：悲伤地奔走。丘墟：荒野之中）。

惜时於拊髀之余（此指刘备当年在荆州牧刘表处，有一次他上厕所手摸大腿，发现自己"髀肉复生"而事业未成伤感），失箸於对食之倾（建安三年（198）10月，刘备在吕布的攻击下迫不得已归附了曹操。次年，曹操"煮酒论英雄"时向刘备说："当今英雄唯使君与操耳。"刘备当时吓得把筷子都掉地下了），结英俊以图恢复，誓死共生；启大义而得名贤，欢如鱼水（此四句说，刘备结识关羽、张飞、赵云这些英雄豪杰，与他们情同手足生死与共。他礼贤下士屈尊三顾茅庐，又请诸葛亮出山辅佐，自称是“犹鱼之有水”）。续渭滨之故事，动莘野之幡然（刘备效法周文王在渭滨请姜子牙出山辅佐成就了王业，商汤在莘野聘请伊尹出山灭了夏桀建立商朝而迅速改变了命运）。得相南阳，遂帝西蜀（在南阳郡得到诸葛亮为丞相辅佐之后，遂在益州建国称帝）。缅惟汉丞相诸葛忠武侯之神（缅怀诸葛亮这个蜀汉丞相神位），三代遗才（深深地感觉到诸葛亮是夏商周三代之后遗留下来的旷世人才），两汉间气（据清代乔松年的《春秋演孔图》说：“正气为帝，间气为臣。”此指诸葛亮自西汉、东汉以来，是一个具有王佐之才气质的人），异禀夙成於童冠（此指大于诸葛亮20岁的刘备具有非凡天资，由于得到了诸葛亮的出山辅佐而十分高兴，一夜间就变成了青少年），英姿卓迈於时流（刘备当时的英雄风姿卓然豪迈于时代潮流）。

读书务识其大者，非数墨以寻行（此二句是说，诸葛亮读书历来是“观其大略”，从不墨守成规寻章摘句）。为学必本于静焉，必广才而明志（诸葛亮《诫子书》说：“夫君子之行，静以修身，俭以养德，非淡泊无以明志，非宁静无以致远。夫学须静也，才须学也，非学无以广才，非志无以成学”）。知周今古（要知道周朝以来的古今历史），学贯天人（学问贯穿于天人之间的各类知识，此指学识渊博），一德真是无暇（同心同德做事就没有空余时间），多能乃其余事（多才多能才能够干更多的事情）。洵超狗虎，独擅卧龙（狗虎：代指司马懿，司马懿有“冢虎”之号，意思是盘伏在石冢中的猛虎，与诸葛亮、庞统、姜维合称“卧龙、凤雏、幼麒、冢虎”。此二句是说，超过了司马懿之辈的，唯独只有诸葛亮一个人）。

择主於《梁父》之吟，躬耕於隆中之野（诸葛亮择主刘备之前，经常抱膝长啸《梁甫吟》，隐居躬耕于隆中山野之中）。茕茕（qióng，形容孤独无依）徐元直，藻鉴无伦（当年，刘备在孤独无依靠之时，是徐庶给刘备举荐了诸葛亮，认为诸葛亮的品德和才能无与伦比）。

桓桓左将军（桓桓：威武的。左将军：建安三年（198），刘备协助曹操灭了吕布后，被上表封为左将军、豫州牧），英雄盖世，浑忘世爵之兼贵，旁求草野之孱儒（刘备英雄盖世，却质朴纯真地忘记了自己是皇室后裔的尊贵身份，搜求民间文弱儒生）。三顾频烦，片言契合（刘备三顾茅庐于隆中时，与诸葛亮三言两语就情投意合）。结江东而败奸操（刘备采纳了诸葛亮孙刘联盟共同抗曹的决策，在赤壁之战中大败曹操），取全蜀而瞰中原（诸葛亮协助刘备夺取益州建立了蜀汉政权，继而为北定中原讨伐曹魏）。

当盛暑祀役疠而定滇南（此指诸葛亮南征平叛时在泸水瘟疫之地祭祀鬼神，从而平定了西南地区），驱羸卒屯渭滨而走仲达（此指诸葛亮第五次北伐曹魏进军五丈原，与司马懿以渭滨对垒，诸葛亮病死在军中退军时吓走了司马懿）。天威神算（诸葛亮在临终前安排好了后事），殪（yì 杀死）兕虎（sì 猛兽）而戮鲸鲵（比喻杀死凶恶的敌人。语出《全唐文》之李严《笏记》：“殪兕虎而戮鲸鲵，芟林莽而决除虎兕。”此指诸葛亮用计谋除掉了乘机作乱的魏延和野心勃勃的杨仪）。大节孤忠，动乾坤而昭日月（诸葛亮的孤胆忠诚，感动了天下而光照日月）。顾命三言，至死不从“君自取”（此指刘备在白帝城托孤时曾经对诸葛亮说：“君才十倍曹丕，必能安国，终定大事。若嗣子可辅，辅之；如其不才，君可自取。”诸葛亮涕泣回答说：“臣敢竭股肱之力，效忠贞之节，继之以死。”而至死不从）。《出师》二表，涕泣不知所云（诸葛亮在给后主上的《出师表》最后说：“今当远离，临表涕零，不知所言”）。礼莫始於谨夫（礼貌之中首要的是夫妇之间的谨敬和睦），妇貌虽陋而配何妨（此指诸葛亮选择黄承彦之女黄月英为妻的时候，虽然是黄头发黑皮肤，可“才堪匹配”，又有何妨呢）？忠莫先於忘身（诸葛亮“鞠躬尽瘁死而后已”，忠君爱国而忘却了自己），家产无余而言可践（诸葛亮《自表后主》说：“成都有桑八百株，薄田十五顷，子弟衣食自有余饶。至于臣在外任，无别调度，随身衣食，悉仰于官，不别治生，以长尺寸。若臣死之日，不使内有余帛，外有赢财，以负陛下。”及卒，如其所言。做到了言行一致）。

刑罚公而用舍当，劳不怨而废感恩（此指陈寿在《三国志》中评价诸葛亮说：“行法严而国人悦服，用民尽其力而下不怨”。李严、廖立二人自恃才高，狂妄自大，曾经被诸葛亮贬官为民，诸葛亮死后，二人都认为诸葛亮死后再无人重用，郁郁而终）。国祚短而家教成（蜀汉政权虽然短暂，但诸葛亮的《诫子书》《诫外甥书》家庭教育成为后世经典），君虽庸而臣守节（后主刘禅虽然昏庸无能，可诸葛亮、诸葛瞻等忠臣始终舍生取义为国守节）。礼乐可兴，仰河汾之妙识（隋代大儒王通曾经教授于黄河与汾河之间，唐代初年诸多名臣皆出自其门下，后来以河汾指王通。妙识，指王通曾经说：“诸葛亮无死，礼乐其有兴乎。”）。

两朝开济（诸葛亮先后辅佐先主刘备与后主刘禅两朝，开创了蜀汉帝业），感子美之孤忠（感谢诗人杜甫的《蜀相》有“三顾频烦天下计，两朝开济老臣心。出师未捷身先死，长使英雄泪满襟”之句，体现了诸葛亮对蜀汉国家的忠贞自持。子美：杜甫字子美）。

奈何岁月之屡迁（奈何岁月沧桑多变），爰致冢祠之倾落（导致武侯墓、祠倾废破落）。旁风上雨，仪容虽在境荒凉（武侯墓、祠在风雨侵蚀下，破旧容貌虽然存在，显得十分荒凉）。牧子樵童（放牛娃与砍柴人），瞻礼周知无禁限（看到这里的周边才知道没有任何管辖禁止）。追兵戈之扰攘（追忆历史上武侯墓、祠多有路过的军队驻扎骚扰甚至破坏），益俎豆之未遑（huáng，没时间、来不及的意思。此指连增加祭祀食物祭器进行祭祀都顾不上）。神靡依归（诸葛亮的英灵需要回归），人兴概况（人们祭奠诸葛亮的兴盛场面大致像过去一样）。

乃者东莱（古代郡名，治所在今天山东省龙口市）耆俊（年老而才能优异者。此指东莱人陕西巡抚蓝璋），驻节钺於关南（蓝璋持皇帝的符节和斧钺到大散关以南驻军）。瀛海世臣（瀛海：浩瀚大海，此指宦海。世臣：历代有功勋的旧臣，此指任丘人按察司分巡副使边亿，他与蓝璋正德年间共同修建了武侯祠），分宪条於汉沔（陕西巡抚蓝璋将武侯墓祠分别设立在沔县的沔水之滨，将有利春秋祭祀的事情上报朝廷）。佥（qiān）谋盛举（这是众人筹划的盛大事情），剡达宸聪（通过上书得到了皇帝的恩准心思）。涣号大颁（皇帝颁发了号令），工师毕集（工匠师傅立即聚集）。梗楠杞梓（用挺直的楠、杞、梓木等建筑好材料），忽山拥而云滃（忽然间看见山上的好木材像云气四起一样而盛多）。黝垩丹青（此指黑色、白色以及丹砂和青雘等矿物彩绘颜料），渐翚（huī）飞而霞烂（新修的武侯祠彩绘以后像五彩缤纷的飞鸟而光辉灿烂）。前堂后殿，不日而成（前面是祠堂后面是正殿，没多久就完工了）。左岗（指沔水以北的卧龙岗，祠在卧龙岗下）右陵（指右边定军山下的武侯墓），於斯为盛（在这里出现了武侯墓与武侯祠鼎盛的局面）。劝忠有典（此指蓝璋建议墓祠分立上奏的忠言《奏章》），圣明御极（皇帝特别圣明批准了蓝璋建议《奏折》）。正当天助顺无私（恰好天随人愿，一切顺利而无私情），神爽不已犹配帝（诸葛亮英灵也好像不由得在配合皇帝迁祠意图）。俨九章之焕日（新修武侯祠的多种彩绘图案俨然焕发出耀眼光泽），钻仰益虔（深入研求以后，对诸葛亮更加虔诚）。陈六伟以相公（这次修建武侯祠从四月至九月历时六个月的伟大工程，以此相敬蜀汉丞相诸葛亮），照临如在（诸葛亮的英灵光照依然存在）。

梁之东（新建武侯祠的东面），汉川一碧绕幽宫（汉川：语出《三国志·魏书·张鲁传》，汉中又一个名词，幽宫：语出唐代诗人王维的《过秦皇墓》诗："古墓成苍岭，幽宫象紫台。"此指坟墓。是说定军山下武侯墓一周青绿草木环绕）。定军山下行人过（定军山下过往行人），再拜祠前仰下风（会再次拜谒武侯祠前仰慕诸葛亮的高风亮节）。

梁之西，中梁山色映榱题（中梁山：在今天汉中市南郑区梁山镇，距汉中市 15 公里。榱题：屋椽的端头。通常伸出屋檐，因通称出檐）。重来此地谁知己，工部诗成杜宇啼（此指杜甫的《子规》诗："峡里云安县，江楼翼瓦齐。两边山木合，终日子规啼。"杜宇：古蜀王望帝，据说他自以德薄不如鳖灵，乃委国授之而化作杜鹃鸟，常年鸣叫"蜀道难"）。

梁之南，弥牟夔峡接风岚（此指成都市青白江区弥牟镇，诸葛亮曾经在这里摆二十四阵八阵图，奉节县白帝城下夔门飘浮着雾气，这里有诸葛亮当年摆的水八阵图）。一从星向营中陨（此指诸葛亮病死五丈原军中），千载英雄痛不堪（千百年来人们一直是痛心不堪）。

梁之北，汉室山河谁破裂？鲁阳无力挽斜晖，高视乾坤泪沾臆（此三句是说，汉室江山被谁分裂了？即便是公孙宽也没有能力再挽回这样的局面，只好仰望着天空而泪流满面地异想天开。鲁阳：春秋末期楚国之县公，本名公孙宽，字文子，楚平王之孙，战国初楚国封君。楚惠王十年，即公元前 479 年，其父死于公胜之乱，次年，他继为司马。惠王十三年，即公元前 476 年春天，越国军队入侵楚国，公孙宽与公子庆追击越军远至冥地即（今安徽省与浙江省一带）。由于有功，惠王欲封公孙宽于梁（即今河南省开封市），当时，梁为楚国北部边邑，公孙宽深恐子孙割地自大，故向惠王请求易地。因此，惠王乃将其封地改在鲁阳（即今河南省平顶山市鲁山县，因号鲁阳文君）。

梁之上，仰之丹青恒陟降（仰看大梁上下彩绘的色彩永久不会变色）。贞元嘉会际隆时，好为吾君昭景贶（景贶 kuàng：赐予、赠送的意思。唐德宗李适建中三年，即 782 年，由于革除藩镇父子相传的规矩，引起了卢龙（即今河北省秦皇岛市卢龙县）节度使朱滔自称冀王、成德（今河北省石家庄市正定县）王武俊称赵王、淄青（今山东省青州市）李纳称齐王、魏博（今河北省邯郸市大名县）田悦称魏王联合对抗朝廷的局面。淮西节度使李希烈也自称天下都元帅、太尉、建兴王，不久又称楚帝，与四镇勾结反叛。战火从河北蔓延到河南，东都告急。建中四年（783）十月，德宗准备调往前线平叛的泾原兵马途经长安时，因为没有得到赏赐，士兵发生了哗变，这就是历史上著名的“泾师之变”。德宗仓皇出逃到奉天（今陕西省乾县），成为唐朝继玄宗、代宗以后又一位出京避乱的皇帝。兴元元年（784）正月，德宗痛下“罪己诏”，公开承担了导致天下大乱的责任，表示这都是自己“失其道”引起的，特赦了藩镇叛乱。王武俊、李纳、田悦见到大赦令，就自行取消了王号，上表谢罪。二月，朔方节度使李怀光联络朱泚反叛，德宗又不得不再次逃往山南西道梁州（今陕西汉中）避乱，一直到七月，才结束了颠沛流亡生活。唐德宗由于经历了“四王二帝”事件与“泾师之变”之后，贞元年间（785—805），他对藩镇由强硬的武力转为姑息，与藩镇盟好，从这时起，他不仅开始喜欢钱财，而且还主动要求各地向他进贡，在此同时，还常派官员直接向各衙门以及地方公开索取，称为“宣索”（也就是赠送）。

梁之下，魄在九原应未化（九原：语出《国语·晋语八》：“赵文子与叔向游于九京。”郑玄注曰：“晋卿大夫之墓地在九原。京盖字之误。”后来称九京，泛指墓地，此指灵魂没有消散）。下为河岳上日星，默相天机奠华夏（地上的山川河流与天上的日月星辰，都默默无闻地祭奠中华大地的英灵）。

伏愿上梁之后，神灵安妥，风雨顺时。山增高而水增深，境尤佳丽；天与长而地与久，民用乐康。瞻拜门墙，荻（dí，草本植物）师资於异代；骏奔堂戺（shì，台阶旁边所砌的斜石），享报祀於遗民。丕显神庥（诸葛亮英灵显现护佑），永裨福祚（永远增添福运）。

据《明史》记载：彭泽（1459—1530），名墉，改名泽，字济物，号敬修子、幸庵，兰州西园（今甘肃省兰州市）人。成化十九年（1483）中举，次年入国子监，曾在兰州、北京开馆授徒。弘治三年（1490）中进士，授工部都水清吏司主事、刑部广东司主事、贵州司员外郎。弘治十年（1497），升本司署郎中。十三年（1500），出任徽州（今安徽省黄山市）知府。正德元年（1506）任真定（今河北省正定县）知府，当时，太监仗权势而扰乱政令，于是，他就在大堂上置一口棺材，以死捍卫政令，使朝廷权贵和宦官不得不有所收敛。遂后，历任右副都御史，军务大臣，太子少保，右都御史，总制四川、湖广、陕西等处军务，左都御史，兵部尚书，奉诏为九边（明朝九个军事重镇）守将。次年，退休归里，寄情山水，写诗作文，两年后抑郁而死，葬于西川圃子湾（今兰州市上西园）。穆宗隆庆初年（1567），谥号“襄毅”。

彭泽历仕弘治、正德、嘉靖三朝达35年，著有《读易纷纷稿》《幸庵文稿》《读史目录》《八行图说》《重修兰州志》《段可久年谱》等300余卷。

从以上祭文内容和彭泽的生平事迹来看，这篇《诸葛武侯祠上梁文》应该是正德九年四至九月之间所写，理由是：据彭泽正德九年九月十五日撰书刻立的《大明敕修汉丞相诸葛武乡忠武侯祠墓碑铭》记载说：“正德八年癸酉五月，巡抚陕西都察院右副都御史东莱蓝公章具奏清上曰：诸葛丞相墓虽载史典，祠宇颓坏已甚。夫以圣贤藏身之所，顾狐兔出没，樵牧凌践，似无以称圣朝褒崇之典，乞举行祀礼于春秋，更为治其祠墓。事下礼部议，谓当如所请。顾蜀寇未平，恐兴作劳民，两请于上。制曰：准建祠致祭。蓝公奉行惟谨，檄所司肇工于四月，毕工于九月。汉丞相诸葛忠武侯祠墓，则专委之按察司分巡副使任丘边公亿，工告成，谓泽董师讨蜀寇，与闻颠末，当铭诸丽牲之碑。”

从上述碑文而知，正德八年（1513）五月，陕西巡抚蓝璋正式上书正德皇帝，鉴于武侯墓的庙宇破败不堪，希望朝廷批准，重新整修武侯墓祠，举行春秋祭祀。此事交给礼部讨论以后，皇帝批准了这个请求。没想到，当时四川的廖麻子农民起义进兵江津，欲先取重庆，再夺成都，声势浩大，局势不稳，彭泽作为总制四川、湖广、陕西等处军务的左都御史不得不亲自率军前去平叛。因此，朝廷认为，这时候施工恐劳民伤财，就暂时放下了。

后来，蓝璋又奏请了一次，正德皇帝批准建祠致祭，于是蓝璋谨遵圣命，专门委任按察司分巡副使任丘（今河北省沧州市所辖任丘市）人边亿于九年（1514）四月开工，九月竣工。此时，彭泽平叛早已经结束，也参与了此事，所以先撰写了《诸葛武侯祠上梁文》，紧接着又撰写了《大明敕修汉丞相诸葛武乡忠武侯祠墓碑铭》，刻立于武侯祠，至今仍存。

此碑石现在武侯祠献殿外西侧，高 237、宽 117、厚 25 厘米。碑座为赑屃，高 38、宽 119、长 138 厘米，完整无损。

从该碑的落款而知，当时，陕西分守关南道苏干，汉中知府杨一钧、贾铨，同知何子奇，通判周盛都参与了同建，督工是汉中府的推官刘乡。

值得说明的是，碑文没有记载说明当时修建武侯墓祠具体投资多少、项目与工程量的大小如何，祭文中也只有“前堂后殿，不日而成，左岗右陵，於斯为盛”。由此看来，当时在仅仅六个月时间里，很有可能在祠墓两个地方同时施工，由于时间短暂，工程量也只有“前堂后殿”，所以，才会“不日而成”。但是，“左岗右陵，於斯为盛”，从此将墓、祠分立重修，将是历史事实。

4. 武侯祠的历史沿革

武侯祠自正德九年（1514）九月正式新修迁建到今址以后，后来的嘉靖、隆庆和万历都曾经维修扩建完善，其中万历年间（1573—1620）修补建筑较多。

清康熙、乾隆年间，先后都对武侯祠进行过修缮。特别是，嘉庆年间（1796—1820），由于清军在汉中平剿白莲教农民起义军屡屡惨败，朝廷派来的三员大将和数万名将士在汉中西乡县被白莲教全军覆没，陕西巡抚松筠只好编造谎言，说诸葛亮在定军山显圣，帮助朝廷赶走了教匪，嘉庆皇帝十分高兴，诏令朝廷拨款和各级地方官员集资，全面整修了武侯墓与武侯祠，在这次大修下，形成了后来的格局。至今在武侯祠大殿四周的墙壁上，每块砖都有“嘉庆壬申年造”的纪年砖，砖的下部，清楚地标有“安梁”落款。砖长 32、宽 16、厚 6.5 厘米，全部为黄泥制作，规格统一，制作与烧造工艺精致。

根据汉中盆地多河道雨水而泥土含沙较多的情况分析，这些专用的砖很可能来自关中黄土地。至于“嘉庆壬申年”，属于嘉庆十七年，也就是 1812 年，而“安梁”落款，有可能是当时官方造砖作坊名称，也有可能是著名工匠的纪念标识。在此以后的同治、咸丰、光绪年间，又有几次局部整修。

笔者在 20 世纪 70 年代多次拜访武侯祠最后一个 80 岁道人——新铺人张道，听他讲在这里所经历的事情和武侯祠相关演变历史故事。

清代以前，武侯祠属于道教管理比较规范，循序发展秩序井然。民国年间时局动乱，武侯祠屡遭袭扰破坏，地方杂牌军队和国民党军队凡路过这里，都要在武侯祠驻军，他们为了自己的一时需要，将匾额、楹联作铺板，甚至焚烧图书资料与匾额、楹联，并且将清道光年间主持道人李复心编写刻录的《忠武侯祠墓志》刻板用来煮饭和烤火，还将大殿塑像推倒破坏。抗战和解放战争时期，武侯祠驻扎过伤兵部队，他们砍伐古柏做棺材，道人阻挡就往死里打。

解放初期，沔县武侯中学在武侯祠开办，从此后属于学校管理。当时，武侯祠有十余个道人，年轻和有地方去的分别被政府安置还俗，考虑到文物庙产管理和年龄因素，留下了张道和朱道，朱道 1953 年去世，张道 1976 年也去世，武侯祠古迹在学校全面占领和使用下，先后发生学生损坏晋代“诸葛石琴”和诸葛亮木像、到处乱刻乱画，无法追查处理。

1978 年，武侯墓争取到解放以来第一次 10 万元大维修工程，希望武侯祠也齐头并进发展。因此，笔者向文化馆和县委县政府建议，希望给武侯祠正式安排管理人员，得到县上重视，先后将退休教师方济宽（陕西省美术家协会主席、著名画家方济众哥哥）和原褒城县文化馆馆长范吉升聘请派驻武侯祠管理。

1980 年，县上正式成立了“勉县文物管理所”，负责管理全县文物，同时给武侯祠派去了余洪寿为负责人，开始着手规划武侯祠的保护管理与发展建设。在此基础上，县上协调解决让一中学校逐步从武侯祠迁移，还武侯祠本来面目。在省、地、县各级政府和文物管理部门关心支持下，不但给武侯祠增加了工作人员，还先后拨款维修了一些古建筑，如：翻修了大殿，1982 年又重新恢复雕塑了诸葛亮等大型塑像，整修了一些园林，改善了一些基础设施，使武侯祠初具接待规模。

1983 年 7 月 1 日，县政府根据保护文物和发展旅游业的需要，单独成立了“勉县武侯祠文物管理所”，使武侯祠管理更加规范完备。后来的武侯祠负责人更是尽职尽责，积极上下活动，争取资金，在前任的基础上做了大量工作。例如：制定了武侯祠的规划方案，争取各方资金不断整修古迹，完备旅游服务设施，恢复修建了山门、仿草庐、六有山房、碑廊，整修了牌楼、乐楼、东西辕门、东西厢房、戟门、拜殿、崇圣祠、观江楼、上表亭等古建筑，增加了一大批展览和大型塑像，复制了大量的匾额和楹联，完善了一系列安防设备，还新修了武侯宾馆和停车场以及办公大楼。最主要的是，在各级的重视支持下，完成了学校的全部迁出，使武侯祠完全恢复原貌而独立，为文物保护和发展旅游业奠定了坚实的基础。

2015 年，陕西省旅游投资集团与勉县人民政府合作，投资 3.5 亿资金联合在武侯祠东面和背面河滩地设计建造“诸葛古镇”景区，占地面积 300 余亩，南依汉江、北邻武侯祠、东连马超墓、西接阳平关，形成了三国旅游大格局。

当时，陕旅集团在市县相关领导推荐下，多次邀请笔者实地考察“诸葛古镇”景区，希望成为特聘历史顾问，承诺提供办公场所，将“陕西省三国文化研究中心”迁移在景区内服务，被笔者婉言谢绝，原因是：“诸葛古镇”名字不科学，诸葛属复姓，不完全就代表诸葛亮，新建古镇怎么也“古”不起来。尤其是，“诸葛古镇”就在陕西省 31 个历史文化名镇之一的“武侯镇”之内，陕西省人民政府连续七年每年都拨款 500 万元对武侯镇进行改造建设，已经初具规模，在“武侯镇”内再建一个“诸葛古镇”称谓雷同，没有范例，解释不通，

会贻笑大方。特别是，“诸葛古镇”除照搬浙江兰溪诸葛八卦村大公堂山门、襄阳隆中三顾石牌坊、南阳武侯祠拜月台以及西南少数民族吊脚楼标识建筑外，设计理念主要是以商业为基础的仿古建筑一条街，缺乏文化内涵。景区还将贵州、云南两省全境的南中地区改名为“南中郡”街名，将春秋战国时期巴国与蜀国合并改为“巴蜀郡”街名。甚至连《三国演义》中的草船借箭曹军与东吴的南北方向都搞反了。可是，设计建设木已成舟，诸多问题无法更改。

2016 年 3 月，“诸葛古镇”对外开放，吸引不少国内外游客前往参观游览，大多数游客一致认为景区东拼西凑，突出商业化经营而缺少文化内涵，所以大失所望，很快就不景气了。为挽救这一被动局面，2016 年 9 月，陕旅集团邀请央视《百家讲坛》知名讲师蒙曼、梅铮铮以及旅游专家刘思敏、北京交通大学旅游管理系教授王衍用和陕西理工大学旅游学院院长梁中效等知名专家进行高端论坛点评，想以此提高知名度，吸引游客观瞻，可是，没起到什么作用。

为解决“诸葛古镇”景区文化不足，勉县人民政府自 2017 年 10 月起，将国家级文物保护单位武侯祠和省级文物保护单位马超墓祠承包给陕旅集团连片经营至今，以弥补“诸葛古镇”景区历史文化缺陷。

5. 武侯祠的古建筑与珍贵文物

武侯祠的古建筑布局层层叠叠，高低错落，别具风格，齐整规范，遗存的文物也十分丰富，在全国的武侯祠庙中独具特色。

（1）古建筑概况

武侯祠山门，重建于 1986 年，歇山式重檐二滴水，八卦悬顶，重檐飞角，琉璃盖顶，高大雄伟。“全国重点文物保护单位”标志牌，就竖立在山门外面的右侧。

山门口就是出秦入蜀的川陕公路，今天的 108 国道，凡是过往行人或者是车辆，大都会驻足前往武侯祠参观游览，许愿还愿，拜谒诸葛武侯。

武侯祠东面与背面，是陕旅集团新建“诸葛

古镇”入口处与仿古建筑街区，西面是勉县第一中学初中部的致远中学，对面是新建的第一中学高中部校园。

山门外，悬挂有已故著名书法家吴丈蜀题书的“武侯祠”匾额，柱子上有吴丈蜀题书的楹联，内容是：

伊姜堪将不为奢，叹当年禹域三分，致累操劳半世；

吴魏未平何用恨，庆今日神州一统，自当称慰千秋。

山门内，有著名书法家刘自椟题书的“武侯祠”匾额。

山门内柱子上悬挂着诗人、书法家刁永泉题书的楹联，内容是：

北魏遮秦山，蜀风高奏出师表；南阳阻襄水，汉柏长嘘梁父吟。

进入山门就是前院，东西两侧为出入口与服务区房舍。

进入第二院，便见苍松翠柏掩映下的乐楼，为清嘉庆十四年（1809）重修的重檐二滴水歇山式仿古建筑，是古代专为祭祀诸葛亮时演戏而建，坐北朝南，与武侯祠主体建筑方向相反，称为“戏楼”。戏楼台口的檐柱上部，各有“叉柱斜撑”，上有彩绘生动的戏剧人物镂空浮雕，从服饰和造型来看，是典型的羌民族文化风格，想必当年的乐楼是由羌人施工修建，所以体现了羌文化特征，它的存在为研究汉水流域羌民族文化提供了实物例证。

戏楼前广场上，有一对明代“石旗杆”高耸，每根旗杆中央上部各安装有两个“月斗”相衔接，雕刻工艺精湛，蔚为壮观，使广场又多了几分威严。

“石旗杆”的柱子上，刻有清代武侯墓祠主持道人李复心撰联，1997 年，陕西省人大常委会副主任白云腾书写的楹联一副，内容是：

至大至刚，有严有翼，将相经纶名世业；

其难其慎，乃武乃文，圣贤学问大儒心。

牌楼前东、西两侧，有建于明万历年间的歇山式东、西辕门，面阔各三间，琉璃瓦盖顶。

东辕门，有乾隆二十七年（1762）五月，沔县知县贾直心撰联、今人万顺补书的楹联一副，内容是：

三分相业追伊吕；二表臣心接孔颜。

西辕门，有已故陕西人民美术出版社副社长令狐彪 1986 年 3 月题书楹联一副，内容是：

出师中原志未竟；功过留待后人评。

武侯祠牌楼前是著名的“古金牛道”，亦称蜀道，自古以来是出秦入蜀必经之路，这是公元前 312 年秦惠文王为了夺取巴蜀而开通。

自从武侯祠迁移修建在这里以后，行人经过这里必须是“文官下轿，武官下马”，以示对诸葛亮的崇拜和敬仰。

位于东、西辕门间中轴线上有一座高大的“牌楼”，亦称“牌坊”，建于明万历十九年（1591），总高 10 米，面阔三间 12 米，中间跨度 6 米，两侧各宽 3 米。高大雄伟气势非凡，在全国武侯祠中独有，属勉县武侯祠标志性建筑。

牌楼为重檐二滴水，屋面八角起翘，灰色筒瓦，网眼斗拱，层叠递减，错落有致。中间四柱落地，每一根立柱各有两斜撑柱，显得十分坚固。

牌楼正中嵌有一匾，双行隶书金字：“汉丞相诸葛武乡忠武侯祠”，这是同治六年（1867）沔县生员胡炳煊题书，保留至今，游人至此，莫不肃然起敬。

牌楼历经清雍正十三年（1735）果亲王重修，同治六年（1867）沔县知县莫增奎重修，1961 年沔县一中再次维修，形成了今天的格局。

牌楼背面，有楷书“天下第一流”匾额，气势磅礴，十分醒目，游人多在此合影留念。据《忠武侯祠墓志》记载说，此匾文为清代乾隆三十四年（1769）陕西按察使宋丰绥（？—1778）所题。1961 年，沔县一中再次维修时，由于原来的匾文残损严重无法复原，只能按照《忠武侯祠墓志》中的匾文内容记载，请笔者父亲——当时该校教导处主任郭振基（1918—1998）的左手书法补书，至今完好无损，成了武侯祠古迹涉外的又一个标志。

牌楼之后的琴楼正面东侧，有一尊浅灰色石质圆雕盘角绵羊，头与身子分离组合而成，匍匐侧卧，头颈侧扭，眼睛右视，盘角卷毛，体形健壮，臀部肥大，尾巴短翘，双眼有神。身子通长 125 厘米、宽 50 厘米、组合后高 70 厘米。工艺虽然粗犷，却栩栩如生，有灵动之感，属汉代典型的圆雕石刻文物。

这尊石羊，是笔者 1974 年 10 月，在继光村进行文物普查时在马超墓祠东面约 200 米处川陕公路北边老百姓家门口菜地发现的，属于不可多得的汉代圆雕文物，遂运到武侯祠进行组合安放，保护至今。

据调查而知，这尊石羊祖祖辈辈都在这里，谁也不清楚它的来历。据说这里曾经有石羊寺，何时、何人修建、毁于何时不得而知，地方史志资料也没有记载。可是，当地老百姓世代相传，说这尊石羊曾经偷吃庄稼祸害老百姓，被张天师把羊头给砍了下来。从石羊造型与传说来看，与东汉末年“五斗米教”在这里活动有直接关系。

勉县武侯祠同其他武侯祠在建筑组合上有一个不同地方，就是在山门和大殿之间中轴线上建有一座诸葛亮的抚琴城楼，属于甬洞式仿古建筑，四周为双层青砖镂空花格护栏，中间有对穿弧形顶甬洞。甬洞正面上方镶嵌一长方形石刻横匾，阴刻有“汉丞相诸葛武乡侯祠”，落款是“嘉庆七年（1802）五月，邑令马允刚重修”。

城楼之上，有歇山式城楼三间，琴楼檐下悬匾额“高山流水”。

由此看来，这座城楼，无疑是“嘉庆七年（1802）五月，邑令马允刚重修”这座琴楼时，根据《三国演义》描写诸葛亮设“空城计”吓退司马懿十万大军的故事所建。

笔者认为，虽然“空城计”是《三国演义》文学艺术的加工虚构，根本没有此事，但是，这个故事妙笔生花，结构严谨，代代传播，家喻户晓，在讴歌诸葛亮睿智方面，是个典型的故事。所以，诸葛亮的“空城计”在中华民族文化历史上代代传播，影响深远，武侯祠内也就出现了相应古迹建筑。

琴楼门口，悬挂有李复心所题的楹联一副，内容是：

石琴雅韵追梁甫；翠柏寒涛起卧龙。

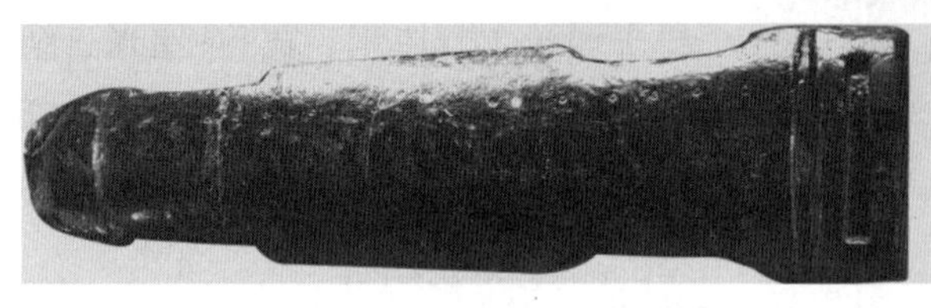

琴楼内，有石榻一张，上置石琴台，长2、宽1、厚0.5米，台边浮雕双龙纹饰。台上置有石琴一张，长106、宽21、厚11厘米，正面刻有“章武元年”。

据武侯墓祠主持道人李复心《忠武侯祠墓志·石琴》记载说：“石琴古榻，晋代物也。晋文水胡韬颖作石琴并榻，缀以诗赋。”

如此看来，这个石琴与石榻属于晋朝的文物，历史悠久。石琴上虽无琴弦，但用手指轻轻敲打，也能发出清脆的不同声音。遗憾的是，“文革”期间石琴被一中学生人为断损，虽经笔者1979年用环氧树脂粘接修复，恢复了完整性，可再也敲不出悦耳的声音了。

纵观整个建筑，雄伟奇特，庄重典雅，观景思情，使你浮想联翩，你似乎看到了诸葛亮还在城楼上镇定自若、悠闲自得地弹琴，退却司马懿大军。

可是，“章武元年”（221）属刘备称帝的年号，当时丞相诸葛亮在成都不在汉中，所以，这个年号是错误的。建兴五至十二年（227—234），诸葛亮为了北伐曹魏，才率军在汉中驻军八年，因此，如果说这个石琴与诸葛亮有关，也应该是“建兴五年”，只有这样才符合情理。

琴楼室内南墙上，至今还保留有明末清初著名文学家张岱的《石琴记略》木刻文章，就诸葛亮的功德业绩与这个石琴的价值和意义，作了深刻论述。

张岱（1597—1679），字宗子，号陶庵、六休居士，山阴（今浙江绍兴市）人。一生不事科举，不求仕进，著述终老，是明代成就最高的文学家之一。代表作有《陶庵梦忆》《西湖梦寻》《夜航船》《琅嬛文集》《快园道古》《石匮书》等。

琴楼两侧，东为鼓楼，西为钟楼，均为六角攒尖重檐二滴水的高台建筑。各高 7 米，直径 2.4 米，绿色琉璃瓦盖顶。

钟楼正面楼门上方，镶嵌有石刻匾额一方，为“宏中肆外”。

鼓楼正面楼门上方，镶嵌有石刻匾额一方，为“警愚醒顽”。

按常规，祠庙多坐北朝南，钟楼一般在东面，鼓楼在西面，以体现古代“晨钟暮鼓，击磬焚香，跪拜叩头，虔诚朝圣”的礼制和气氛。可是，勉县武侯祠是后主刘禅下诏修建的天下第一座武侯祠，故而坐南朝北形成反向，钟楼与鼓楼也反向，这与其他同类祠庙有根本区别。为此，明代诗人牛霆《谒武侯祠》诗句“千载祠林具北向，分明遗恨荡中原”道出了它的含义。

据李复心的《忠武侯祠墓志》记载：“钟楼上悬洪钟一口，系明万历年间（1573—1620）所铸，击之洞然，余音断续，可闻数十里。鼓楼原有铜鼓一面，已佚。”作为代替品，现在是复制的木质羊皮鼓。

琴楼后南面便是戟门，悬山式古建筑三间，双龙屋脊，灰色筒瓦，仙人走兽排列有序，门前有石狮子一对。中间为洞穿过道，两侧为栅栏隔离，这里是陈列古代的兵器之所。古代交战，短兵相接，常用的冷兵器有十八种，故称十八般武艺。它们是刀、枪、剑、戟、棍、棒、槊、镋、斧、钺、铲、钯、鞭、锏、锤、叉、戈、矛。尽管这些冷兵器属于历史上各个朝代的兵器精华荟萃，但在武侯祠内陈设这些兵器，是为了突出体现“威严与尊贵”。

戟，是古代最具有代表性的一种冷兵器。戟门：此指立戟为门。据《周礼·天官·掌舍》记载说：“以戟为门。”古代帝王外出，在驻跸处插戟为门，每道门设一名武士执戟守卫，称为戟门，其用意是“扬武宣威，显贵尊贵”。

《资治通鉴·唐僖宗光启三年》也说，当时“一品之门十六，二品及京兆、河南、太原尹、大都督、大都护之门十四；三品及上都督、中都督、上都护、上州之门十二；下都督、下都护、中州、下州之门各十。设戟于门，故谓之戟门”。这样做的目的，显示这里是“显赫官署”。在全国武侯祠庙中，唯独勉县的武侯祠有戟门，说明天下第一武侯祠的地位最高。

在戟门内外，悬挂有清代达官显贵与文人学士题书的诸多匾额，例如：醇

儒气象、大气无方、名世挺生、精忠粹德、德泽天下、季汉伊姜等。

戟门正面墙柱上，雕刻有乾隆五十二年进士马履泰（1746—1829）题书的楹联，内容是：

日月高悬出师表；风云常护定军山。

还有一副，是清乾隆十五年（1750）江苏宝应人乔崇修撰联，1984年8月，陕西国画院院长方济众（1923—1987）补书的楹联，内容是：

孤忠遗恨千秋在；大林悲风日夜鸣。

戟门正面两侧墙柱上，有嘉庆七年（1802），沔县知县马允刚题书的楹联，内容是：

两汉以来无双士；三代而后第一人。

戟门背面两侧墙柱，有光绪二十四年（1898），状元骆成骧题书楹联，内容是：

此地始终关大汉；何年将相似先生。

戟门内正面为“拜殿”，又名“献殿”，为历代供奉祭品拜谒和祭祀诸葛亮的神圣殿堂。因此，在拜殿两侧的墙壁上、檐口台阶上，整齐地镶嵌或者是竖立着明清以来达官显贵与文人学士祭祀、捐款、题诗、维修、记事碑石数十通，比较有名的例如果亲王、李鸿章、何绍基、左宗棠、曾国藩、于右任、冯玉祥等刻立的碑石。

“献殿”内外，匾额与楹联层层叠叠，或赞武侯丰功伟绩，或颂诸葛聪睿才智，书体各具特色，遒劲精美，内涵丰富而寓意深远，堪称气势磅礴，赏心悦目，令人深思。例如：典垂景耀、大汉一人、代仰清高、其犹龙乎、天下奇才、莫大乎天、理意纯诚、山高水长、伯仲伊吕、王佐奇才、南阳卧龙等匾额数十方。

楹联有：“成大事以小心一生谨慎；仰流风于遗迹万古清高。”“大名垂宇宙；遗像肃清高。”“未定中原，此魄何甘归故土；永怀西蜀，饮恨遗命葬军山。”“日月光华，万古高悬出师表；风雨清润，四季常护定军山。”等等。

戟门与献殿中轴道正中，有明朝隆庆年间（1567—1572）所铸高大铁香炉，重千余斤。

献殿两侧是东、西厢房，均为悬山式带回廊，琉璃瓦盖顶，面阔各五间。

1982年以来，先后在东西厢房彩塑有当年随诸葛亮多年南征北伐，并一起来汉中参战议政的文臣武将二十尊，这些塑像造型各异，形态逼真，工艺精湛，活灵活现，使游客至此会触景生情，浮想联翩。其中：东厢房雕塑的是刘巴、法正、蒋琬、赵云、黄忠、马忠、董允、费祎、杨仪、许靖。西厢房雕塑的是马岱、马超、吕仪、邓芝、魏延、李恢、姜维、张嶷、李福、王平。

这些文臣武将，都是蜀汉国家精英，各有千秋，曾经都为蜀汉帝业立下了汗马功劳，堪称功臣。

“大殿”，也称“正殿”，是武侯祠主体建筑，为歇山式五间宫殿式建筑，飞檐翘角，雕梁画栋，斗拱层叠，灰色筒瓦盖顶，高大宽宏，气势雄伟。在门楣上方，高悬“山高水长”“醇臣楷模”“高风亮节”匾额。

大殿正门柱子上，悬挂有嘉庆二十五年（1820）岐山县知县徐通久题书的楹联，内容是：

扶汉心坚，惟谨慎乃能担当事业；

伏龙誉早，必深潜而后腾踔云霄。

殿内正中神龛上，有诸葛亮大型彩塑坐像，羽扇纶巾，神态自若，龛下关兴、张苞巍然屹立，威武端庄，这是1982年武侯祠进行大整修时，在原来基础上重新雕塑的。

两侧的柱子上，悬挂有楹联一副，内容是：

羽扇纶巾天下士；文经武纬后人师。

神龛上原有一尊清代檀香木雕刻的诸葛亮木像，和真人一般高大，工艺十分精湛，诸葛亮四肢关节和头颅还可以活动，极为罕见。遗憾的是，“文化大革命”期间已经被彻底地破坏了。

大殿门内上方，有乾隆五十九年（1794），御前侍卫、工部尚书松筠题书的“知性知天”匾额。特别是，嘉庆皇帝为感谢诸葛亮显圣，帮助朝廷赶走“白莲教”匪，于嘉庆八年（1803）七月十六日御赐“忠贯云霄”金匾，由沿途驿站奉旨发送到沔县武侯祠安装在神龛上方，至今完好无损，属于镇馆之宝之一。

大殿两侧有东西配殿各五间，东为东道院，西为西道院。两个院子都有金桂、银桂的桂花树，因此，亦称东桂院、西桂院。历史上，两个道院属于道人生活居住的地方。后来，东道院举办了陈列展览，西道院成为祭祀文昌帝君以及吕祖的地方。东西道院的两侧出处，东为“路转琴台”，可达“武侯琴台”景区。西为“径通草庐”，可达“仿草庐”景区。

大殿之后有“崇圣祠”，亦称“寝宫”，歇山式古建筑，明三暗五，雍正十三年重修后的格局。这里是供奉历代为诸葛亮追封爵位和诸葛亮先祖慈孙世系牌位的地方，这在全国的武侯祠庙之中，又是一个显著的特点。

“崇圣祠”正面檐下，悬挂有匾额三方，内容是：“两朝开济”“所存者神”“大名永垂”。

正面柱子上，有李复心所题楹联一副，内容是：

萃灵爽于一堂，国之忠臣，家之孝子；享明禋于亿代，前有烈祖，后有慈孙。

还有道光年间沔县知县王鼎丰撰联，1984年，汉中已故著名书法家陈竹朋补书的楹联一副，内容是：

兵在攻心，三分聊竭解悬力；鱼如得水，六出诚为尽瘁衷。

亦有根据果亲王爱新觉罗·允礼在雍正十三年（1735）为沔县武侯祠题写的《武侯祠》诗歌诗句，由汉中著名书法家徐毓泉题书的楹联一副，内容是：

丹心一片安炎鼎；浩气千秋壮蜀疆。

武侯祠最南边汉江边上，有一座高大雄伟的歇山式重檐二滴水两层仿古建筑“观江楼”，高10米，占地面积150平方米，一周用石栏杆护围，青石铺地，

典雅美观。楼内有可供上下的楼梯，站在这里可以北面远眺雷公山和天荡山，西面远眺阳平关，南面远眺定军山，还可俯视沔水两岸，使人心旷神怡。

“观江楼”正面与背面，分别有国家一级美术师扬州人王安成以及国家文物局古建筑专家组组长罗哲文（1924—2012）题书的“观江楼”匾额。

除此之外，还有楹联一副，内容是：

有月郎登台，无论春夏秋冬；

是花皆布景，更宜松竹兰梅。

“观江楼”的东侧，有武侯读书台，台高3、长8、宽6米，台上有六角攒尖式的仿古建筑“武侯琴亭”。

据说，建兴五年（227）七月至次年（228）春天，诸葛亮首次北伐曹魏期间曾经在这里设“中军帐”，闲暇之时在此弹琴，因此，主持道人李复心在此修建了读书台，以示纪念。

特别是，在武侯琴亭旁边，有一个“张天师符碑”小庙，很有神秘意味。不大的碑亭内，刻立有一通十分难认的鬼符碑，碑高114、宽56厘米，正中是上下两个较大而神秘莫测的鬼神符号，中间上部分别盖有一小一大两方“阳平治都功印”的九叠篆书印，两边各有一方会意图章象征“大禹治水”和“汉江”，左上有“天师”二字，因此，民间一直称为“张天师镇水碑”。至于它是何年、何人因何事而刻立已经很难考究。据当地代代传说，由于有了张天师符碑，历史上汉江河多次发大水都没有对武侯祠产生过任何威胁，所以，“张天师符碑”在这里对于保护武侯祠安全，具有不可替代的作用。

除了上述的古建筑景点之外，还有“六有山房”“静观精舍”“仿草庐”“雅香阁”“文昌殿”“吕祖殿”等配套的附属仿古建筑。

据李复心的《忠武侯祠墓志》记载说：“六

有山房，旧有卷棚式照厅三间，主房六间，东西游廊十六间，嵌砌古今碑碣数十方。照厅主房前后俱带回廊，修竹千竿，与苍松翠柏相映，真幽境也。”

李复心还说：“西院由戟门内入主房四间，名静观精舍也。”是为了告诉人们，要牢记诸葛亮“学须静也，才须学也”的教诲，在学业上要有长进，事业上有所作为。

在东桂院，还新建了石牌坊大门的“墨林”苑，占地面积1000平方米，四面回廊连接，廊内墙壁上镶嵌有明清以来各个时代的碑、碣20余通、方。院内还修建了两座碑墙，碑墙两面都竖立碑刻数十通，有较高的历史研究与书法艺术价值。

除此之外，“墨林”苑内四面墙壁上，还镶嵌有《大汉一人诸葛亮》的石刻故事114方，图文并茂介绍诸葛亮一生的经历。回廊内还安装有23尊大型唐三彩著名三国历史人物，工艺精湛，造型逼真，威风凛凛，很受游客关注。

（2）全国各地武侯祠庙中最早的唐碑

武侯祠的《蜀汉丞相诸葛武侯新庙碑铭并序》唐碑，无论是刻立的年代，还是所记载的各时代内容之多，都为全国武侯祠庙同类碑刻中之最。

该碑为圆首六蟠螭雕刻，赑屃座。碑首高67、宽122、厚33厘米；碑身高167、宽104、厚29厘米；碑座长190、宽117、高43厘米，保存完好。

碑刻正文记载了唐贞元十一年（795）维修武侯祠一事，由“山南西道（唐代至北宋初一级行政区，治所设今陕西汉中，管辖汉中、四川东部、重庆西部等地区）节度（调度指挥）、行军司马（掌军事实权的参谋长）沈迥撰文，节度推官（唐朝始置，节度使、观察使、团练使、防御使、采访处置使下设一名官员，位次于判官、掌书记，主管狱讼公案之事）元锡（字君贶，河南人）书丹”。

碑首正面有“元至元六年（1276），利州路（宋元时代行政区划名称，北宋咸平四年（1001）设置，治所兴元府（今汉中市）。所辖相当今之四川绵阳市梓潼县、平武县，巴中市、广元市和陕西汉中市等区域）副元帅韩□至”。由于唐碑在宋末元初年间被大风吹倒，因此在重立唐碑时，题刻记载此事。

碑的右侧，有“明嘉靖十一年（1532）五月七日，松山张锟过谒”武侯祠时题记一行。

碑阴的左侧，还刻有四川富顺人甘为霖（明嘉靖二年（1523）二甲第三十八名进士、工部尚书）“戊戌（嘉靖十七年〈1538〉）清明”，在武侯祠祈雨时，题写了五言律诗一首：

沔汉悭（qiān，吝啬的意思）春雨，焚香在在求。三农惟有泣，二麦似无收。龙蛰已为异，鸠呼更可羞。至心更感格，三日倒河流。

碑阴（背面）右侧刻有“南宋绍兴七年”（1137），当地大旱，老百姓生计受到严重威胁，为此，知县台宗孟率县府官员来武侯祠祈雨记载了此事。

此碑集唐、宋、元、明四朝记事题刻为一石，是全国各地武侯祠墓现存相关碑石中历史资格最老、艺术价值最高的一通唐碑，它比成都武侯祠之中的唐元和四年（809）所刻立的“三绝碑”（诸葛亮的业绩、唐代著名政治家裴度文章、唐代著名书法家柳公权哥哥柳公绰的书法）还早14年。

正因为如此，1977年至1978年笔者在为武侯墓祠开始建档的基础上逐级上报，引起了陕西省文化厅与国家文物局的重视，1979年9月14日，该碑被国务院公布为全国第一批书法艺术名碑加以保护，属于勉县武侯祠货真价实的又一个镇馆之宝。

（3）诸葛亮“琴吟自叙”石碣

在武侯祠诸多的碑石中，大殿后墙上刻有一方诸葛亮“琴吟自叙”文章的石碣，落款为“大汉建安五年（200）丞相诸葛亮著”。碣长62、高49厘米。全文如下：

炎汉肇兴兮高皇崛起，新莽中篡兮世祖复纪。逮及灵献兮刑余作傀，黄巾肆乱兮奸雄蜂蚁。先皇奋出兮大统有委，顾我草庐兮殷勤鱼水。首定西蜀兮图王建址，南人不反兮顾我边鄙。但恨三分兮吴魏鼎掎，王业偏安兮余心式耻。幸逢多士兮谋勇跻美，足恃削平兮所向披靡。志歼叛贼兮出师难止，祁山不远兮神京伊迩。报我先王兮大定宁敉。鸣呼，鞠躬尽瘁兮，死而后已。大汉建安五年，丞相诸葛孔明著。

据李复心所著的《忠武侯祠墓志》记载说：“琴吟自叙石刻一片，乾隆五十九年（1794），先师路全九道人补修寝殿掘土得之，时邑侯张公泰享建琴

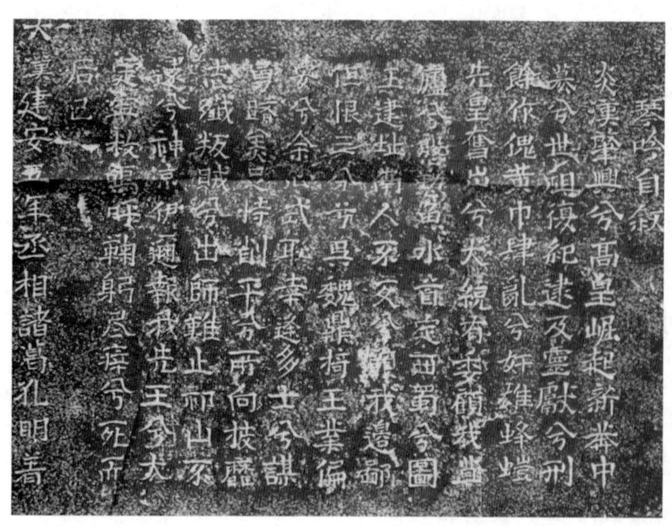

亭于大殿之西北隅，置斯石于上。嘉庆十一年（1806），亭渐倾欹，重修于六有山房之右，至二十三年（1818），周公赓又命修于观江楼之左，以后琴与读书台配题曰雅音阁，其琴吟自叙石刻仍嵌于阁中，以志不忘。”

大约在清末民初年间，雅音阁不复存在了，才将其调整镶嵌在大殿的后墙上至今。正因为如此，不少游人每看到此物，都认为是诸葛亮所作的《琴吟自叙》诗歌，属于不可多得的汉代珍贵文物。

从李复心《忠武侯祠墓志》记载来看，《琴吟自叙》诗歌内容环环相扣，有板有眼，十分感人，似乎无懈可击。但是，从年代来看，显然是有问题的。因为，诸葛亮出生于汉灵帝刘宏光和四年（181），汉献帝刘协建安五年（200），诸葛亮才 19 岁，还在隆中隐居躬耕，并没有出山辅佐刘备，根本就不可能以丞相自称，所以，“建安五年”的时间肯定有问题。

如果属于当时书者笔误或者是刻碑者的失误，则应为“建兴五年”（227），因为这时候诸葛亮北伐曹魏带兵进驻汉中，早就是蜀汉丞相，武侯祠就是诸葛亮屯军的“相府行营”，这时候是有可能的。

（4）汉柏

武侯祠除了古建筑与碑碣石刻等文物之外，还有古树名木和奇异花卉数十种遍布各处。其中，汉柏属于蜀汉时期货真价实的珍贵文物。

据李复心的《忠武侯祠墓志》记载说：景耀六年（263）春天，后主刘禅下诏为诸葛亮修建祠庙时，给武侯“墓栽植 54 株汉柏，象征诸葛亮在生之年”。同时，还在武侯墓前栽植了两株汉桂，称为“护墓双汉桂”。现在，汉柏还有 22 株，高约 30 米，冠幅约 15 米，直径都在 1 米以上，株株都苍翠挺拔，为武侯墓增添了诱人的景观。

由于武侯祠是诸葛亮建兴五年七月至建兴六年春天第一次北伐曹魏期间的“行辕相府”中军帐所在地，所以，景耀六年（263）春，也在这里栽植了 64 株汉柏，“象征诸葛亮生前在定军山下所摆六十四阵八卦阵”。由于代远年湮，沧桑多变，武侯祠古柏仅存 18 株，树高、冠幅和直径，都与武侯墓汉柏相同，这在全国武侯祠庙之中都是独有的。

为了确认武侯墓与武侯祠这些汉柏、汉桂是不是货真价实的汉代文物，1979 年 9 月，笔者特邀北京林学院陈俊宇、张天霖、杨乃琴等著名教授专程来勉县现场进行科学鉴定，确认汉柏与汉桂属货真价实的蜀汉文物，堪称不可多得的国宝。正因为如此，国家文物局与陕西省文物局先后拨款，采取一系列措施对武侯墓与武侯祠的汉柏进行科学技术保护，成为这里的镇馆之宝。

（5）嘉庆皇帝御书“忠贯云霄”金匾的故事

在武侯祠大殿上方，悬挂着一方嘉庆皇帝御书的“忠贯云霄”金匾，是武侯祠不可多得的镇馆之宝。

嘉庆皇帝为什么要给武侯祠御赐匾额呢？这还有一段寓意深刻的历史故事。

据《忠武侯祠墓志》记载说：嘉庆元年（1796），川楚白莲教农民起义军多路进军汉中诸县，攻城略地，声势浩大，地方官多次派官兵清剿而惨遭失败，对起义军根本无可奈何。嘉庆皇帝不得不从京城派遣军门王文雄等三员大将率部增援，为了有利于陕西巡抚松筠调集西北各地官兵来汉中共同参与剿匪，给其加官“陕甘总督”。结果，王文雄等官兵数万人还是被白莲教起义军引诱到西乡县梭罗关（今名官兵坟），全部消灭，无一生还。

为了给朝廷有所交代，松筠一方面给嘉庆皇帝谎报说：“圣上从京师所派军门王文雄和镇邪王韩嘉业、鲍贵三位将军来汉中根本不听号令，兵法云归兵勿追，他们偏要追赶，才导致全军覆没。”松筠把一切责任都推给了死人，死无对证，嘉庆皇帝也无法追究责任，只好听之任之。

另一方面，松筠令地方官吏和军兵到处散布说，“每当月明，忽见定军山头旌旗闪烁，帐房参差……及早，遍访实无兵至，而南路贼信已报退”，于是，便说成是“武侯之灵昭昭”，神人感应，神兵天降，是诸葛亮显圣帮助官军才“杀退教匪”，遂申报朝廷。

嘉庆皇帝闻言大喜，认为诸葛亮神灵也忠于朝廷，帮助朝廷剿匪，遂下诏令：“即敕发币金九百两”，各地官吏又共“捐银一千余两”，大规模整修了武侯墓与武侯祠，使其“数倍于前”。

嘉庆八年（1803）七月十六日，“皇上亲洒宸翰颁赐匾额‘忠贯云霄’”，由沿途各驿站“奉旨发往”沔县，将匾额悬挂于武侯祠正殿，以此褒奖歌颂诸葛亮忠君的“神明之显佑”，至今还是毫发无损，成为武侯祠的镇馆之宝。

有关嘉庆皇帝御书赠送这方匾额的故事，已在本书第一章《中国独有的武侯墓》第九节《诸葛亮显圣定军山是怎么回事》之中作了详细介绍，不再赘述。

（6）光绪状元骆成骧来武侯祠拜谒题楹联的故事

值得介绍的是，在武侯祠戟门内的两侧墙柱上，有一副光绪状元西蜀骆成骧题书于光绪二十四年（1898）并且阴刻的楹联，内容是：“此地始终关大汉；何年将相似先生。”意思是说：汉中这个地方始终关系着蜀汉帝业的荣辱兴衰；什么时候文武官吏才能够类似诸葛孔明先生。这副楹联不但很有气势和内涵，而且还有一段寓意深刻的故事。

骆成骧（1865—1926），字公骕，四川省资中市人，自幼聪慧好学，立志有朝一日能够功成名就，为此，他给自己定的座右铭是：“至穷无非讨口，不死总得出头。”光绪二十一年（1895），朝廷进行殿试科考，30 岁的骆成骧兴致勃勃赴京赶考时，路过今天的汉中勉县，特意留住在当时的县城（阳平关）客栈。原因是，他在广泛阅读相关资料时知道诸葛亮是中华民族智慧和知识的典范，当年又曾两次显圣定军山，名垂典籍，世代传播。因此，他认为诸葛亮是一个了不起的神人，一定要前往拜祭进行许愿，借诸葛亮神灵来保佑金榜题名光宗耀祖，以便为国效力。于是，他备了大礼来到武侯祠，虔诚地向诸葛亮祷告许愿，希望能够保佑他功成名就。

由于他平时就博览群书刻苦钻研，加之在诸葛亮神灵护佑下，赴京赶考果然出手不凡一举夺魁，考中了一甲一名进士，成为金榜题名的“当朝头名状元”。光绪皇帝龙颜大悦，当时就授他“翰林院修撰（皇帝现场授翰林院修撰，属于掌修国史的官员），任京师大学堂（后来的北京大学）提调”（管理和调度的负责人），并且派遣他马上赴日本研习法政专业。

从日本学习回国后，朝廷又让他“主持林林法政学堂”（后来北洋法政学堂，位于现在天津市志成道 33 号，是中国最早的政法学校）。后来，又先后出任“山西提学使（省级教育行政长官，正三品）、四川临时省议会议长”（相当今天的省人大常委会主任），最终实现了他光宗耀祖为国效力的理想。

骆成骧梦想成真后，特别感恩诸葛亮对他的护佑。光绪二十四年（1898），他从日本法政毕业回家省亲途中，特意再次来到武侯祠，虔诚地用三牲大礼拜谒祭祀了诸葛亮进行还愿，触景生情地题书了这副楹联：“此地始终关大汉；何年将相似先生。”

“大汉”，指蜀汉帝业，同时也比喻诸葛亮是顶天立地的英雄好汉，形象无比的高大。这副楹联气势磅礴，内涵丰富，意境深远，令人深思。骆成骧以此联激励自己向诸葛亮学习，勤政廉洁，报效国家。同时也以此楹联教育世人，要像诸葛亮一样博学多才，聪明睿智。

从此以后，不乏有人在升学、高考或者经商、兴办企业以及婚姻嫁娶等诸多方面，前往武侯祠虔诚地拜祭，希望得到诸葛亮的护佑。

（7）世界稀有珍贵花木——旱莲及其相关故事

在武侯祠所有花木中，尤其珍贵的是一棵世界稀有的花木——旱莲，它属木兰科木兰属植物，树高约 14 米，冠幅约 15 米，树干直径约 60 厘米。每年仲春时期，旱莲花盛开时先花后叶，花期半月，满树莲花红白相间，花呈蝶状，花蕊略呈粉红色，酷似莲花，叶同莲叶，形色似藕，娇艳多姿，临风摇曳，别有一番景致。由于开的花和水中莲花一样，只是生长在旱地树上，所以叫“旱莲”。

旱莲每年五月开始长花蕾，经过夏、秋、冬三个季节，十个月孕育，第二年三月才开花，所以，有人又称此树为“十月怀胎”树。

1979 年，笔者特邀北京林学院著名教授陈俊宇、张天霖、杨乃琴等专家组到武侯墓与武侯祠鉴定名贵花木时，认定“旱莲是玉兰的一个变种，但并非玉兰花”。

陈俊宇教授当时说，他也没有见过这种花木树，因此专家组一致认定：“武侯祠旱莲这种花木树，国内外资料还没有见过，也没听说过，可能是迄今全世界唯一的一株奇花异木，树龄已经有 400 年之久。”

既然“是世界唯一”，那么，“旱莲”是何人发现？名字又是何人所定？它又经历了怎样的故事？这些来龙去脉，很多人并不知晓。原来，它与勉县一中已故老校长苏念慈有千丝万缕的关系。如果没有他多年的关注、保护、研究、培育、改名以及文字记录，很可能就没有世界稀有花木——旱莲这一说。

苏念慈（1926—1966），汉中市人，毕业于陕南工学院，1951 年参加工作，先后任褒城县一中教师、西乡县师范学校副教导主任、沔县一中教导主任、副校长、校长。由于武侯祠解放以后整体都被县政府划归一中学校使用，因此，所有古迹、园林都在学校的管辖范围之内，古建筑群体全部是学校的学生宿舍、教师办公和生活区域。

苏念慈这位看起来文质彬彬、满腹经纶的校长平时少言寡语，但是他待人十分谦恭，狠抓学校的教育质量和校园管理，使该校一直是汉中地区的先进，在当时学校师生和社会上评价很好，威信很高。

在学校园林管理和建设期间，苏念慈首先发现了生长在武侯祠东院这棵当时还不知名的稀有花木，它的花瓣大而颜色鲜艳，酷似莲花开在树上，开花时间恰好在初春，先花后叶十分奇特，他就给这棵花树取名“旱莲”，取意旱地上开莲花，旱莲之名由此而来。当时，也有个别老师将其称为“迎春树”。

据苏念慈分析，这棵“旱莲”树应该属于自然界的柳生，不可能是有人故意栽植。因为，该树每年都有花籽掉落，却不见一棵幼苗出现，别的地方没遇见过，也从来没听说过。那么，它究竟是怎样来的？又是怎样生成的？简直就是一个谜。正因为如此，这棵奇异花木也就开始在苏念慈和一中学校部分人之中引起了关注，但是对外界来说并没有任何影响。

苏念慈是一个喜欢认真探索钻研的人，发现问题就要探索个究竟，因此，业余时间，他就开始认真观察这棵奇异花木树，收集旱莲花瓣、树叶和花籽标本。一方面查阅相关资料探索究竟，另一方面，他开始采取很多方法进行多次人工培植，可是都遭到了失败。

为了摸清“旱莲”的特性，在化学实验室里，他通过对花瓣、花籽的化学检测发现它油脂性特厚，于是将花籽用草木灰浸泡除去油脂，在不同温度下年年下种培育，可就是不见结果。后来，他发现花籽的壳十分坚硬，就人为轻轻帮助花籽破壳，再用草木灰播种，这样反复实验，最后在不经意中发现，两颗花籽竟然在三年后才破土出苗，旱莲的幼苗终于培植成功了。苏念慈欣喜若狂，他将这两棵幼苗栽植在一中学校的前院花园里，在当时师生们的精心护理下生长很快，60 年代末期，树苗已经高约 4 米，树干直径约有 10 厘米，已经开花了。遗憾的是，旱莲在“文化大革命”中被毁。

后来听说，苏念慈在反复实验栽培旱莲时，曾经记有详细的日记，他的日记传了下来，为后来旱莲培植提供了可靠的依据。这些事情，一中“老三届学生”和当时在校的其他领导、教师都是见证者。

1978 年，县文教局在一中给苏念慈召开了隆重的平反昭雪大会，在追忆他的功德业绩时，还提到了他执着追求，苦苦研究培植旱莲的事情。

我的父亲郭振基自 1958 年就调到一中任教，后来当教导处主任，笔者经常去一中看看，60 年代又在一中上学，耳闻目睹也见证上述事情记忆犹新。因此，每当说起武侯祠旱莲时，就会不由自主地介绍苏念慈的功绩。

1979 年，北京林学院陈俊宇教授专家组到武侯祠对名贵花木鉴定时，笔者向他们详细介绍了苏念慈老校长当年发现和研究培植旱莲的全过程，陈俊宇教授等十分感慨，一起前来的新闻媒体随后向国内外报道了《勉县武侯祠发现世界稀有花木旱莲》消息，很快引起了世人关注，不少单位纷纷对其研究培育，政府也将其籽以礼品赠贵宾纪念。

1983 年，日本官方客人来武侯祠参观时，县政府赠送五颗旱莲花籽，他们带回去培植成功后，日本《朝日新闻》立即向全球报道，“感谢中国政府赠送旱莲花籽，旱莲树是中日友谊象征”，中央人民广播电台也向国内外作了报道。随后，园林科研单位也将旱莲培植成功，在国内相关古迹名胜景点、机关单位、城市和园林部门，都培植和移栽了“旱莲”花树。

旱莲这一稀有花木虽然被世人公认而得到普及，但母本“旱莲”树却一直在武侯祠内青春永驻，年年开花，闻名于世，而倍受关注。

1999 年，旱莲花被确定为汉中市“市花”。每年三八妇女节旱莲盛开时候，汉中市政府和县政府都要在武侯祠举办“中国汉中旱莲文化节”，各地游人纷至沓来，观花览胜，合影留念，采集花瓣标本，欣喜之余，流连忘返。

武侯祠除了汉柏、旱莲之外，还有银杏、蜡梅、凌霄等不少珍贵花木，在园林相连曲径通幽的层层古建中，这些争芳吐艳和苍翠欲滴的奇花异木，把古迹装点得十分清幽雅致。

6. 天下第一武侯祠的匾额与楹联

在武侯祠古建筑的内外檐下，以及古建筑的木柱上、两侧山墙砖柱上，层层叠叠的匾额、盈联实在壮观，其中匾额有 37 方，楹联有 30 副，集中在戟门内外、拜殿内外，以及正殿、崇圣祠等古建筑之中。

这些歌颂、评价诸葛亮功德业绩和高风亮节的匾额与楹联，基本上都是清

代以来文人学士与达官显贵来武侯祠拜祭诸葛亮时所题书，也有部分今人题书或者是补书的，它们书体各异，内涵丰富，寓意深刻，有着深邃的文化氛围，系统展示了诸葛亮高尚的道德品质与人格魅力，给天下第一武侯祠增添了浓厚的历史文化内涵。细细品味这些气势磅礴的匾额与楹联，就会启迪智慧令人深思，值得我们世世代代尊崇敬仰效法学习。所以，每当游客至此，都会在赏心悦目之中注目深思，论古说今，莫不对诸葛亮肃然起敬，流连忘返。

（1）悬挂匾额 37 方

（山门外）

1998 年，吴丈蜀题。生平事迹见前。

【注】诸葛亮生前被后主刘禅封为“蜀汉丞相、武乡侯、益州牧”，死后又被追谥为“忠武侯”，因此，纪念他的祠堂就叫作“武侯祠”。

祠：封建社会祭祀祖宗、先贤、英烈、名人、鬼神的祠堂。

【释】纪念诸葛亮的祠堂。

（山门内）

壬申（1992）夏月（五月），长安刘自椟书。

刘自椟（1914—2001），刘仲书，字自椟，陕西省三原县人，西安工业学院教授，陕西省书协主席、文史馆馆员。著有《刘自楝书法选》《刘自椟书法艺术撷英》。

【注】诸葛亮生前被后主刘禅封为“蜀汉丞相、武乡侯、益州牧”，死后又被追谥为“忠武侯”，因此，纪念他的祠堂就叫作“武侯祠”。

祠：封建社会祭祀祖宗、先贤、英烈、鬼神的祠堂。

【释】纪念诸葛亮的祠堂。

漢丞相諸葛武鄉忠武侯祠

（牌楼正面）

同治六年（1867），知沔县事浙江莫增奎重修敬题，沔邑贡生胡炳煊书。

莫增奎，字星五，浙江人，举人，同治初年出任沔县知县，曾整修卧龙书院，延师开课，并且在黄沙刻立了《汉诸葛武侯制木牛流马处》碑。

胡炳煊，字子发，号定峰，沔县人，道光二十九年（1849）拔贡，其余不详。

【注】汉丞相：此指蜀汉丞相诸葛亮。《三国志·蜀书·诸葛亮传》记载：章武元年（221），刘备在成都即帝位，国号“汉”，改元“章武”，封百官，“策亮为丞相”。丞相：是秦汉以来朝廷管理全国政务的最高官员。

武乡：地名，在今汉中市东北三十里武乡镇“武乡谷”，是诸葛亮当年被借地封侯地方。例如：北宋太平兴国元年（976）编著的《太平寰宇记》记载说：“武乡谷，即诸葛孔明受封之地。”又据《后汉书·地理志》记载，诸葛亮的家乡琅琊郡也有“武乡，为侯国”。《三国志集解》说：“三国时封爵之制度，皆以本郡邑为封土。”因此，建兴元年（223），后主刘禅即位，封诸葛亮为武乡侯。但是，诸葛亮家乡的琅琊郡属于曹魏管辖，不能进行实封，所以，刘禅只好在汉中借地封侯。

忠武侯：建兴十二年（234）8月28日诸葛亮死后，刘禅又追谥诸葛亮为“忠武侯”。

【释】蜀汉丞相诸葛亮、武乡侯、忠武侯的祠庙。

（牌楼背面）

乾隆四十五年（1780）陕甘兵备道宋丰绥题。1961年，沔县一中教导处主任郭振基补书。

宋丰绥，乾隆三十二年（1767），出任福建汀州（今福建省福州市）知府，之后，又出任陕甘兵备道，其余不详。

郭振基（1921—1998），勉县定军山镇沈宅村人，毕业于陕西省立师范学校，就职于沔县苏彭小学，任教师、教导处主任、校长。1958年调沔县一中任教导处主任，兢兢业业从事教育事业终身，以左手书法而著名，为笔者的父亲。

【注】第一流：语出南朝宋史学家刘义庆的《世说新语·品藻》："桓大司马下都，问真长曰：闻会稽王语奇进，尔邪？刘曰：极进，然故是第二流中人耳。桓曰：第一流复是谁？刘曰：正是我辈耳。"此指第一等。

这里比喻诸葛亮是天下第一流的人物。例如：清初著名诗人王又旦（1636—1687）的《五丈原二首》诗："三代后人物，唯君第一流。"除此之外，勉县武侯祠是蜀汉后主刘禅在景耀六年（263）春天下诏修建的天下第一武侯祠，其始建历史和遗存文物在全国同类祠庙中堪称第一流。

【释】诸葛亮是天下第一流人物，这里是后主刘禅下诏修建的天下第一武侯祠。

（琴楼）

题书者和时间不详。

【注】高山流水：语出《列子·汤问》："伯牙善鼓琴，志在高山。钟子期曰：善哉，峨峨兮若泰山，志在流水。钟子期曰：洋洋兮若江河。"

春秋时期晋国琴师伯牙善于鼓琴，而琴师钟子期善于听琴，二人遂结为知音。钟子期死后，伯牙认为世上再无知音，遂破琴绝弦，终身不复鼓琴。从此以后，多用“高山流水”比喻知音难遇或者琴曲高雅。

琴楼，“嘉庆七年（1802）五月，邑令马允刚重修”这座琴楼时，是按照《三国演义》第九十五回“马谡拒谏失街亭，武侯弹琴退仲达”的“空城计”故事所设计建造的。因此，不但有琴楼、琴室、琴台、石琴，琴楼室内的木板墙面上，还存有明末清初著名文学家张岱的《石琴记略》木刻文章。游客至此，一眼看见这方匾文，就会触景生情，浮想联翩，好像又看见了诸葛亮还在城楼悠闲地弹琴，司马懿在城楼下倾听。

需要说明的是，琴楼内有石榻一张，上置石琴台，浮雕双龙纹饰，台上置石琴一张，上刻“章武元年”（221），石琴上虽无琴弦，可用手指轻轻敲打，就能发出清脆的声音。遗憾的是，“文化大革命”时期，石琴被人为地断损为两截，1979 年，虽经笔者粘接修复，但从此以后再也敲击无音了。

“章武”为刘备 221 年称帝的年号，当时诸葛亮并不在汉中，因此不可能是当时的文物。

【释】诸葛亮当年弹琴退仲达如同春秋时期的伯牙一样高雅。

（戟门）

民国六年（1917）六月，汉中道委沔县禁烟委员会周之钧、吴栖凤献。

周之钧、吴栖凤：生平事迹不详。

【注】大器无方：语出《三国志·诸葛亮传》裴松之注引李兴的《诸葛丞相故宅碣表》文：“神物应机，大器无方，通人靡滞，大德不常。”形容诸葛亮的才能是广大而没有极限的。大器：语出《管子·小匡》：“施伯谓鲁侯曰：管仲者，天下之贤人也，大器也。”比喻有很高才能可以干大事业的人。例如：唐敬宗御史中丞李渤（772—831）的《喜弟淑再至为长歌》诗有：“却愁清逸不干时，高踪大器无人知”之句。无方：语出《庄子·天运》：“动手无方，居于窈冥。”指广大而没有极限。

【释】诸葛亮的才能是广大而没有极限的。

（戟门）

雍正乙卯（1735）三月，果亲王题书。生平事迹见前。

【注】雍正十三年（1735）三月，果亲王奉旨护送达赖喇嘛进京朝觐回西藏路过汉中沔县时，见这里的武侯墓、武侯祠破旧，曾经带头捐款，并且责令地方官员也捐款进行维修，竣工后他在武侯墓、武侯祠分别题写了相关的匾文，与此同时，还题书了歌颂诸葛亮的诗歌，刻石立碑，至今完好无损。

醇儒气象：语出宋代理学家朱熹（1130—1200）的《通鉴纲目》，该书中赞誉诸葛亮有“儒者气象，为儒中之醇儒”。醇儒：纯粹而不杂的儒家思想人物。气象：指气质与情态。

【释】诸葛亮是具有纯粹而不杂儒家思想气质与情态的人物。

（戟门）

光绪二年（1876）五月，金陵王嘉桂题。

王嘉桂：金陵（今江苏省南京市）人，其余不详。

【注】名世：语出《孟子·公孙丑》：“五百年必有王者兴，期间必有名世者。”此指“名高于世”的意思。例如：南宋诗人陆游《书愤》诗有“出师一表真名世，千载谁堪伯仲间”之句。

挺生：语出《三国志·蜀书·吕凯传》：“今诸葛丞相英才挺出。”形容特别突出的意思。

【释】诸葛亮的名望高于一世特别突出。

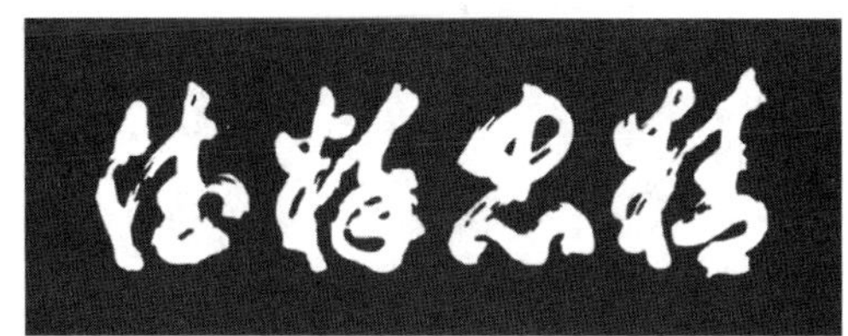

（戟门）

嘉庆丁丑（1817），进士邵堂题。甲子年（1984），程永丰补书。

邵堂，字无斁（yì），号子山，青浦（今上海市青浦区）人，嘉庆丁丑年（1877）进士，曾经出任山东省泗水县知县，著有《大小雅堂集》，其余不详。

程永丰，1933年生于安徽省铜陵市，历任中国书法家协会会员、西安市书法家协会第三届副主席、西安市职工书法协会副会长、西安碑林书会会长、西安市书法家协会名誉主席。

【注】精忠：语出东晋葛洪《抱朴子・博喻》：“是以比干（商纣王的叔父）匪躬而剖心于精忠。”此指赤诚的忠心。例如：《宋史・岳飞传》记载说：绍兴三年（1133），宋高宗赵构亲书“精忠岳飞”四字，并且“制旗以赐之”，给岳飞以资勉励。

粹德：语出《宋史・司马光传》：元祐元年（1086）九月，司马光因病逝世，“获赠太师、温国公，谥号文正，哲宗赐碑名为忠清粹德”。

比喻纯粹而高尚的道德。

【释】诸葛亮具有赤诚的忠心和纯粹而高尚的道德品质。

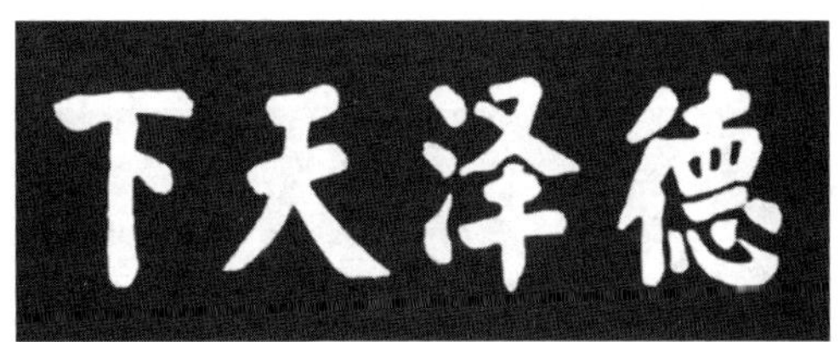

（戟门）

甲申年（2004）孟春（正月），中央电视台《武侯春秋》摄制组题书。

【注】德：语出《周礼・地官》：“德行，内外之称，在心为德，施之为行。”此指高尚的思想道德品质。

泽：语出《庄子・大宗师》：“泽及万世而不为仁。”恩泽、恩惠的意思。

天下：普天之下的意思。

【释】诸葛亮高尚的思想道德品质恩泽普天之下。

陕甘总督，四川崇庆杨遇春题。1984 年，陈竹朋补书。

杨遇春（1760—1837），字时斋，四川崇庆（今成都市崇州市）人，乾隆四十四年（1779）考中武举，历任青云把总、千总、四川城守右营守备、广东罗定营副将、陕甘总督，赏戴花翎，并赐号“劲勇巴图鲁”（蒙古语封号，巴特尔英雄、勇士），追赠太子太傅、兵部尚书。

陈竹朋，汉中城固县人，已故著名书法家，生平简介见前。

【注】季汉：古代以孟、仲、季作为兄弟老大、老二、老三或者是时间先后的顺序，西汉、东汉之后，就是蜀汉，因此，蜀汉亦称为季汉。例如：《三国志·蜀书·诸葛亮传》陈寿评价诸葛亮就有“爰整六师，无岁不征，神武赫然，威镇八荒，将建殊功于季汉，参伊周之巨勋”之说。

伊：此指商朝初期辅佐贤相伊尹，为商王朝延续 600 多年奠定了坚实的政治基础，成为中国历史上第一个有名的贤相。

姜：本名姜尚，字子牙，人称吕尚、吕望，是西周初年的辅佐贤相，被周文王封为“太师”，尊为“师尚父”，全力辅佐文王，成为中国历史上著名的政治家、军事家和谋略家。

【释】诸葛亮是蜀汉时期的伊尹和姜子牙。

日本友人题书，作者不详。

【注】能无规廓：语出西晋李兴《祭诸葛丞相文》：“昔尔之隐，卜惟此宅，仁智所处，能无规廓。”称赞诸葛亮在隆中隐居的故宅，怎会没有规划格局。能：才能、怎能、怎会。无：没有。规：规划、规则、规范、局限性。廓：广阔、广大。

这里的匾文称赞诸葛亮的才能是没有局限性的广阔。

【释】诸葛亮的才能是没有局限性的广阔。

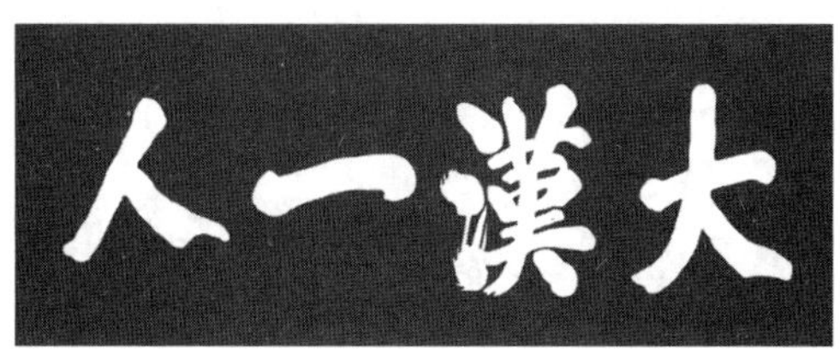

同治癸酉（1873）闰六月，古滇孙尔炽题书。

孙尔炽（1848—1922），字周孙，晚年自号周慎，祖籍古滇国（今云南省昆明市），生于江苏省盱眙县。道光二十八年，以父官议叙主事，终身不仕。

【注】大汉：语出西汉文学家司马相如（公元前 178—公元前 118）所著的《封禅文》：“大汉之德，逢涌原泉。”此指对汉高祖刘邦建立的西汉王朝、以及东汉光武帝刘秀建立的东汉王朝这前后四百余年刘姓汉室江山的尊称。例如：东汉史学家班固的《封燕然山铭》有“下以安固后嗣，恢拓境宇，振大汉之天声”之说。除此之外，大汉亦指顶天立地的男子汉。

一人：第一人，喻指威名超群。

【释】诸葛亮是汉朝以来顶天立地的男子汉第一人。

（献殿）

光绪十七年（1891），沔县知县侯鸣珂题书。

侯鸣珂（1834—1898），字韵轩，沣州永定（今湖南省张家界市永定区）人，进士。历任陕西柞水县、韩城县、沔县、兴平县、凤翔县、志丹县、渭南、咸阳、平利、白河县知县、同知。为官 30 年，十分体恤百姓，经常解囊相助，颇有廉声，自己却负债万贯，卸职后不得不变卖庄园、家产偿还。

【注】代仰：世世代代地景仰、仰慕、缅怀的意思。

清高：语出《楚辞》：“凡百君子，莫不慕其清高，嘉其文采。”此指道德高尚、情操纯正。例如：唐代诗人杜甫《蜀相》诗有“诸葛大名垂宇宙，宗臣遗像肃清高”之句。

【释】世世代代都仰慕缅怀诸葛亮纯正高尚的道德情操。

（献殿）

雍正七年（1729）二月，山南巡查使者张瑞卿题。

张瑞卿，生平事迹不详。

【注】山南：唐贞观元年（627），太宗李世民依山川分天下为“大唐十道”，山南道即为其中之一，治所在襄州（今湖北省襄阳市），管辖地东接荆楚，西抵陇蜀，南控大江，北距商华之山。范围相当于今天的河南省、陕西省南部、四川省北部、湖北省西部和重庆市。开元二十一年（733），唐玄宗李隆基又分天下为“开元十五道”，将山南道分为山南东道和山南西道，山南东道治所仍在今天湖北省襄阳市，山南西道治所在今天汉中勉县的旧州铺。

典：典章制度。

垂：流传。

景耀：后主刘禅的年号，共六年（258—263）。

《三国志·蜀书·诸葛亮传》记载说：“景耀六年春，诏为亮立庙沔阳。”刘禅下诏在武侯墓为诸葛亮修建了天下第一武侯祠，这个典章制度流传于蜀汉后主的景耀年间。

【释】为诸葛亮修建武侯祠的典章制度流传于蜀汉后主景耀年间。

（献殿）

光绪六年（1880）七月，署陕西分巡、陕安兵备道劳文宾题书，生平事迹不详。

【注】其犹龙乎：语出《史记·老子伯夷传》，孔子问礼于老子，归来后

三日不谈，弟子问之，孔子曰：“游者可为网，飞者可为矰。至于龙也，吾不知其乘风云上升。今日见老子，其犹龙乎。”其：代词，指人或者事情。犹龙：道教祖师老子的代词。诸葛亮号“卧龙”，此指诸葛亮。例如：明代诗人王世贞（1526—1590）的《送王太史胤昌册封关道省寿夫人》诗歌有“犹龙紫气将西度，如带黄河自北来”之句。乎：感叹语气，相当于“啊”或者“呀”。

【释】诸葛亮是老子一样的有道之士啊。

（献殿）

光绪十二年（1886）春，钦命陕西陕安兵备道唐树楠献。

唐树楠，湖南省长沙市人，曾国藩之子曾纪鸿的亲家，光绪十二年曾任陕西陕安兵备道，十五年（1889），出任陕西按察使，之后又出任湖南按察使。

【注】天下奇才：语出《三国志·蜀书·诸葛亮传》：“及军退，宣王案行其营垒处所曰：此人乃天下奇才也。”称赞诸葛亮是天底下奇特少有的人才。例如：乾隆四十四年举人、河南安阳县知县赵希璜的《谒武侯祠四首》诗歌有“隆中雅契昭鱼水，天下奇才出草庐”之句。

宣王：此指曹魏大都督司马懿，是辅佐魏国三代托孤辅政重臣。谥号“舞阳宣文侯”，次子司马昭追封其父为“宣王”。

天下：天底下的意思。

奇才：语出《史记·商君列传》：“公孙鞅，年虽少，有奇才。”此指奇特少有的人才。

【释】诸葛亮是天底下奇特少有的人才。

（献殿）

道光十四年（1834）孟夏（四月）谷旦（吉祥的日子），乾清门侍卫、提督、陕西劲勇巴图鲁、世袭骑都尉胡超叩立。

胡超（1776—1849），字卓峰，长寿县（今重庆市长寿区）人，历任振威将军、乾清门侍卫、古北口提督、陕西固原提督、陕西汉中镇总兵、骑都尉、陕甘提督。

【注】乾清门侍卫：清朝负责皇宫宫城内廷的警卫，主要任务是稽查出入，随侍扈从。

巴图鲁：满语英雄、勇士“巴特尔”一词的汉语音译，最早是明末女真人使用的称号，后成为清朝赏赐有战功之人的封号，也用于汉族武官，冠以汉文英勇、刚勇者谓汉字勇号。例如：清同治十年（1871）进士陈康祺（1840—1890）的《郎潜纪闻》卷五记载说：“巴图鲁，译言好汉，与《元史》称拔都、拔突、霸都鲁等类字异义同。”

劲勇巴图鲁：是清代皇室赐给作战勇敢而有功官员的称号。

莫大乎天：语出《易经·系辞上》：“法象莫大乎天地，变通莫大乎四时。”莫大：无更大于此者，指最大。乎：介词，相当“于”的意思。天：指天下。

【释】诸葛亮的功德业绩和名望大于天下。

乾隆壬午（1762）榴月（五月），邑令贾直心题书。

贾直心，山西省阳曲县人，进士，乾隆二十三年（1758），出任沔县知县。

【注】南阳：郡名，秦昭襄王三十五年（公元前272）始设，治所在宛（今河南省南阳市），两汉时期南阳郡下辖37县，归荆州所辖。诸葛亮《出师表》有“臣本布衣，躬耕于南阳”之说，因此，后世人多以南阳代称诸葛亮。

卧龙：语出《三国志·蜀书·诸葛亮传》：“诸葛孔明者，卧龙也。”诸葛亮自号“卧龙”，人称“卧龙先生”。此指诸葛亮在南阳郡襄阳隆中隐居躬耕十年，是一个未崭露头角的杰出人才。

【释】诸葛亮是隐居在南阳郡襄阳隆中的杰出人才。

（献殿）

嘉庆丙子（1816）春，平陵（汉代县名，属扶风郡所辖，治所在今咸阳市西北）王沅题。

王沅：咸阳西北人，嘉庆至道光年间著名书画家，其余不详。

【注】理意：语出南宋文学家罗大经（1196—1252）的《鹤林玉露》卷六：“汉高祖谓项羽曰：‘吾翁即若翁。’此语理意甚长。”此指理论见解。理：道理、法则、理论、义理。例如：《周易·系辞》：“易简而天下之理得矣。”再如：西汉戴圣所编的《礼记·仲尼燕居》：“礼也者，理也。”注曰：“言礼者，使万物合于道理也。”意：指意志、见解。

纯诚：语出东汉哲学家王充（27—97）的《论衡·对作》：“实虚之分定，而华伪之文灭。华伪之文灭，则肫诚之化日以孳矣。”

肫：同纯。指纯朴、真诚的意思。

【释】诸葛亮治理蜀汉的法则和礼仪始终是纯朴而真诚的。

（献殿）

民国元年（1912）三月，秦军汉中行营司令官马炳郁书。

马炳郁，又名马文伯，沔县人，辛亥革命后，从西安回县，在其岳父——地方豪强沈定章的庇护下，在定军山组建红帮（原系天地会对内名称，取自明太祖朱元璋洪武年号之洪字，以示反清复明之意），分内外八堂，组织结构严密，成员多达四万多人，自封“定军山主”，势力扩散到了周边各县，曾出任秦军汉中行营司令官。

【注】匾文语出杜甫《咏怀古迹》诗歌：“伯仲之间见伊吕，指挥若定失萧曹。”伯仲：一家有兄弟数人，在给他们起名字的时候用上“伯、仲、叔、

季”等字，以示长幼有序。“伯仲”两字连用，表示相差不多，难分高下。

伊吕：此指商代初期辅佐贤相伊尹和西周初年的辅佐贤相吕望（姜子牙）。《汉书·董仲舒传》说：“刘向称董仲舒有王佐之才，虽伊吕无以加。”

【释】诸葛亮的才能和商代辅佐贤相伊尹以及西周辅佐贤相吕望不相上下。

光绪壬寅（1902）季春（三月），陕西候补知府姚旭明题书。

姚旭明，据《陕西之光绪三十一年大事记》记载：姚旭明在光绪二十四年（1898）出任宁羌州（今陕西宁强县）知州，业绩显著，后升任陕西候补知府。

【注】王左奇才：语出《三国志·魏书·荀彧传》：“彧年少时，南阳何颙异之，曰：王佐之才也。”左：通“佐”，辅佐的意思。王左：辅佐帝王的意思。例如：北洋政府国务院代总理江朝宗（1861—1943）的《谒武侯祠》诗歌有“儒者气象王佐才，三代以下罕比拟”之句。奇才：语出《史记·商君列传》：“公孙鞅，年虽少，有奇才。”此指独特少有的人才。

【释】诸葛亮是辅佐帝王的独特少有人才。

1998年春天，李讷参观武侯祠所题书。

李讷（nè）：1940年生于延安，1966年北京大学历史系毕业，以“肖力”为姓名在《解放军报》当编辑，退休前在北京市委工作，其余不详。

【注】高风亮节：语出南宋文学家胡仔（1110—1170）的诗话集《苕溪渔隐丛话后集》卷一：“余谓渊明高风峻节，固已无愧于四皓，然犹仰慕之，尤见其好贤尚友之情也。”高风：高尚的品格风范。亮节：坚贞的节操。

高风亮节形容思想道德和行为准则都很高尚，并且具有坚贞的节操。此指诸葛亮。

【释】诸葛亮具有高尚的思想道德品格和坚贞的节操。

瘁盡躬鞠

嘉庆七年（1802），沔县教谕（教育局长）蒲城原锡泽题。

1984年，白日煦补书。生平事迹见前。

原锡泽，陕西省蒲城县人，举人，教士（教师），嘉庆七年出任沔县教谕。

【注】鞠躬尽瘁：语出诸葛亮后《出师表》：“臣鞠躬尽力，死而后已。”后引申为“鞠躬尽瘁”成语。鞠躬：低头，弯腰表示尊敬，小心而恭敬谨慎的意思。例如：《论语·乡党》：“入公门，鞠躬如也。”尽瘁：竭尽全力，竭尽劳苦。例如：《诗经·小雅·北山》有“或尽瘁国事”之说。再如：清雍正初年文渊阁大学士兼礼部尚书高其位（1647—1727）在《过南阳谒武侯祠》诗中亦有“鞠躬尽瘁原公志，五丈原头遗恨深”之句。

【释】诸葛亮辅佐蜀汉帝业恭敬谨慎竭尽了全部力量。

嘉庆七年（1802），吏部尚书德楞泰题。甲申年（2004）正秋（八月），长安茹桂补书。

德楞泰（1749—1809），字淳堂，伍弥特氏，蒙古正黄旗人，乾隆、嘉庆朝因战功累迁参领、盛京副都统、黑龙江将军，袭一等侯，赐号“继勇巴图鲁”。

茹桂，生平事迹见前。

【注】醇：通“纯”，纯正而不杂。

臣：君主时代官吏的统称。例如：《孟子·万章下》有：“在国曰市井之臣，在野曰草莽之臣，皆为庶人。”

楷模：模范，典范。例如：《后汉书·卢植传》有“故北中郎将卢植名著海内，学为儒宗，士之楷模，国之桢干”之说。

【释】诸葛亮是历代纯正官吏的典范。

民国十八年（1929）春，中州（河南省古代称为中州）赵凤林题。

赵凤林，河南省人，民国年间曾经出任宋哲元将军十三军十七师师长。

【注】匾文语出北宋范仲淹（989—1052）的《范文公正集·桐庐郡严先生祠堂记》："云山苍苍，江水泱泱；先生之风，山高水长。"

山高水长：比喻人品高洁，如山之崇高，水之流长，影响深远。

【释】诸葛亮的人品如山之崇高水之流长影响深远。

乾隆五十九年（1794），御前侍卫工部尚书松筠题书。

松筠（1752—1835），玛拉特氏，字湘圃，蒙古正蓝旗人。历任御前侍卫、工部尚书、陕西巡抚、陕甘总督、武英殿大学士、军机大臣，兵部、礼部尚书。

【注】知性知天：语出《孟子·尽心上》："尽其心者，知其性也。知其性，则知天矣。"知：知道，了解。例如：《论语·为政》："知之为知之，不知为不知，是知也。"性：指事物的本质与特点。天：指大自然的客观规律。例如：《论衡·自然》："谓天自然无为者何？气也。恬淡无欲，无为无事者也。"

【释】诸葛亮知道事物的本质与特点又了解自然界的客观规律。

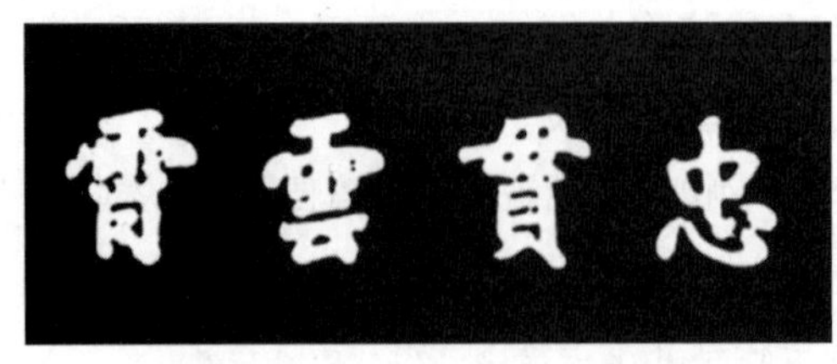

嘉庆八年（1803）七月十六日，清仁宗皇帝爱新觉罗·颙琰御赐题书。

清嘉庆皇帝颙琰（1760—1820），乾隆皇帝第十五子，在位25年，年号“嘉庆”，庙号“仁宗”，葬于清西陵之昌陵。

【注】忠：忠诚，忠心。例如：《论语·学而》有“为人谋而不忠乎”之说。

贯：贯穿、贯通，比喻穿透。

云霄：语出《晋书·陶侃传》：“志凌云霄，神机独断。”指天际、天空。

据武侯墓祠主持道人李复心《忠武侯祠墓志》以及《王军门碑》记载说，嘉庆元年（1796），白莲教农民起义军攻打汉中各县，声势浩大，清军惨败，陕西巡抚松筠遂上报朝廷，嘉庆皇帝即从京城派遣军门王文雄等三员大将率部增援，同时给松筠加官“陕甘总督”，令其统领西北地区各路大军平剿白莲教。最终，朝廷所派清军在今汉中市西乡县索罗关被白莲教全军覆没。

为了给朝廷有所交代，嘉庆四年（1799）秋冬之际，松筠让地方官吏和军兵广泛在民间散布说：“每当月明，忽见定军山头旌旗闪烁，帐房参差，惊疑以为官兵突至。及次早遍访实无兵至，而南路贼信已报退矣。”于是，便说成是“武侯之灵昭昭（显圣），神人显灵，帮助官方杀退了教匪”，遂逐级上报朝廷。嘉庆皇帝闻讯后龙颜大悦，“即敕发币金九百两”，各地官吏又捐一千余两，敕令重新整修了武侯墓与武侯祠，使其“规模之宏，数倍於前”。

除此之外，嘉庆皇帝又于嘉庆八年（1803），“七月十六日亲洒宸翰，御书忠贯云霄匾文”，在京城御制，由沿途驿站“奉旨”发往沔县的武侯祠悬挂至今。与此同时，又亲自御书《祭文》，派遣钦命工部侍郎彭龄前来武侯墓，以三牲大礼祭拜了诸葛亮。

【释】诸葛亮的忠心贯通着天际。

（大殿）

丙子（1996）冬月，启功题书。

启功（1912—2005），字元白，北京市人，满族，爱新觉罗氏，是清世宗雍正的第五子和亲王弘昼的第八代孙。中国当代著名书画家、文物鉴定家、诗人，国学大师。

【注】联文语出诸葛亮的《诫子书》："非淡泊无以明志，非宁静无以致远。"意思是说，不清心寡欲就不能使自己的志向明确坚定，不安定清静就不能实现远大理想。

诸葛亮的《诫子书》《又诫子书》和《诫外甥书》三书的警示名言，充分体现了诸葛亮崇高的思想品德与人格魅力，是千百年来启迪后世人智慧、激励奋发向上的座右铭。

【释】清心寡欲才能够明确志向，安定清静才会实现远大理想。

清代题书者不详。

【注】据《清会典事例·礼部·中祀》记载：崇圣祠是祭祀圣人孔子的祠堂，始于春秋时期鲁哀公十七年（公元前478），最早叫孔祠、孔庙、启圣祠、文庙。雍正元年（1723），改封孔子祖先五代为王爵，改启圣祠为"崇圣祠"。

武侯祠的崇圣祠是供奉历朝历代给诸葛亮追封加爵的牌位，老百姓称为寝殿、寝宫，认为是诸葛亮灵魂休息的地方。

寝殿：语出《后汉书·祭祀志下》："秦始出寝，起于墓侧，汉因而弗改，故陵上称寝殿，起居衣服象生人之具，古寝之意也。"寝殿是汉代帝王陵墓中必设的祭祀正殿，是放置死者生前衣物或仿制品的地方。

除此之外，寝殿还代表帝王的寝宫或者是卧室。例如，唐代史学家颜师古（581—645）的《隋遗录》卷下记载说："帝披单衣亟行擒之，乃宫婢雅娘也，回入寝殿，萧妃诮笑不知止。"

诸葛亮生前并非帝王，为何有此寝殿呢？这是因为，诸葛亮在历史上曾先后被12个帝王追封加爵为王、侯。雍正二年（1724），皇帝又"特旨以武侯从祀孔庙"。所以，诸葛亮不但具有王侯名分，而且还名正言顺地与文化圣人孔子一起祭祀，所以就有了崇圣祠。

【释】崇拜祭奠圣人诸葛亮的祠堂。

（崇圣祠）

光绪十六年（1890）榴月（五月），榆林镇标（镇守边区的统兵官员）左营游击常兴敬献。

常兴：陕西省榆林市人，光绪年间，曾经出任榆林镇标左营游击，其余不详。

【注】匾文语出《孟子·尽心上》“君子所过者化，所存者神”。意思是说，君子所经过的地方人们就受到了教化，其精神永远存在。

所：处所的意思，此指“崇圣祠”。

存：存在。

者：指人、事、物，此指诸葛亮。

神：神灵，人死后的灵魂。例如：《楚辞·九歌·国殇》有“身既死兮神以灵”之说。再如：北宋著名文学家苏轼的《武侯庙》文曰：“人也，神也，仙也，吾不知之，真卧龙也。”

【释】崇圣祠里存在着诸葛亮的神灵。

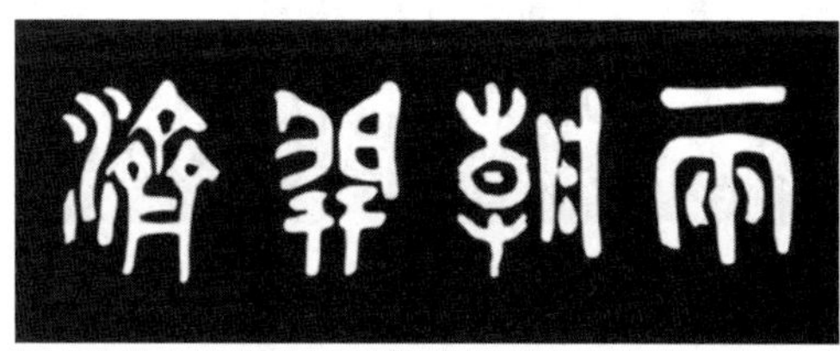

（崇圣祠）

雍正十二年（1734）夏，朱闲圣题。

朱闲圣，浙江山阴（浙江绍兴市）人，雍正十二年（1734）任汉中知府。

【注】匾文语出唐代杜甫《蜀相》诗：“三顾频烦天下计，两朝开济老臣心。”两朝：此指蜀汉先主刘备和其子后主刘禅两代帝业。开济：语出《三国志·魏书·徐邈传》：“王旭开济识度，王基学行坚白，皆掌统方任，垂称著绩。”此指开创基业，济世治国。

【释】诸葛亮为刘备刘禅父子两代开创匡济了蜀汉帝业。

（崇圣祠）

嘉庆七年（1802），钦命兵部尚书，四川总督勒保题。1984年，白日煦补书。

勒保（1739—1819），费莫氏，字宜轩，满洲镶红旗人。历任武英殿大学士、兵部侍郎、山西巡抚、陕甘总督、云贵总督、四川总督、经略大臣、太子太保、威勒伯。

白日煦，生平事迹见前。

【注】匾文语出唐代诗人杜甫《蜀相》诗歌：“诸葛大名垂宇宙，宗臣遗像肃清高。”

大名：语出《史记·陈涉世家》：“且壮士不死则已，死即举大名耳，王侯将相宁有种乎。”此指显赫的名气。

永垂：永远流传后世。

【释】诸葛亮显赫的名气永远流传后世。

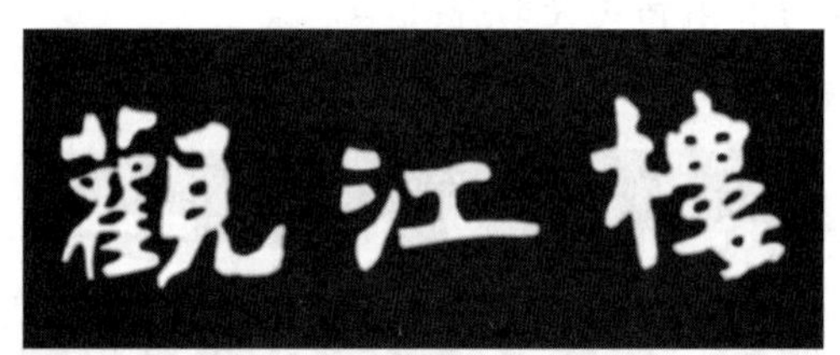

（正面）

甲申年（2004）孟夏（四月），王安成题书。

王安成，扬州人，著名国画家、书法家王板哉（1906—1994）先生之子。中国美术家协会会员、中国书法家协会会员，国家一级画师。

【注】武侯祠中轴线南端的沔水北岸，自古就有观江楼，歇山顶重檐二滴水仿古建筑，内楼梯。站在此处，可以饱览汉江之水流经祠下，远眺定军山古战场和阳平关，使你心旷神怡。近年来，此楼重新恢复，供观瞻。

【释】观看汉江风光的楼阁。

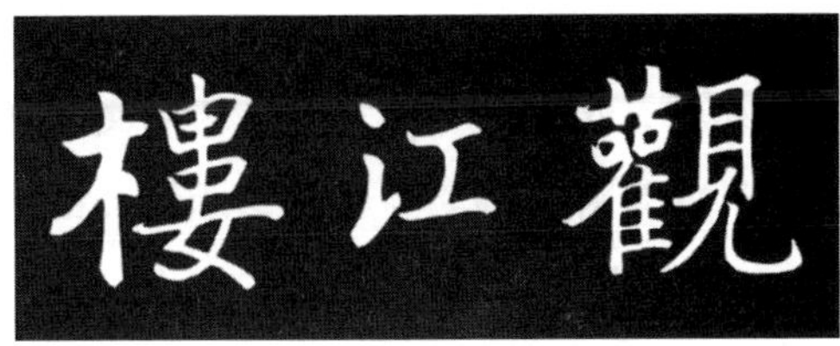

（背面）

罗哲文题书。

罗哲文（1924—2012），四川宜宾市人，原国家文物局古建筑专家组组长，中国文物研究所所长，中国人民政治协商会议第六、七、八届全国委员会委员。

【注】武侯祠自古就有观江楼，站在此处，可以饱览汉江之水流经祠下，远眺定军山古战场和阳平关，使你心旷神怡。近年来，此楼重新恢复，供观瞻。

【释】观看汉江风光的楼阁。

（上表亭）

戊子年（2008）阳春（三月），西安雷珍民书。

雷珍民，号雷工、雷公，1946年生于陕西合阳世代书香之家。现任陕西省人大代表，中国书法家协会理事，陕西省文联副主席，陕西省书法家协会主席，陕西省国画院副院长，陕西秦岭书画院院长，古翠书画院名誉院长。

【注】勤勉：语出《荀子·富国》：“奸邪不作，盗贼不起，化善者勤勉矣。”意思是，勤劳自勉，好学不止。

慧智：智慧的意思。

【释】诸葛亮勤劳自勉好学不止因此才有了很大的智慧。

（东桂院）

2010年春天，萧云儒题书。

萧云儒，祖籍四川，生于江西，生活在西安市。1961 年毕业于中国人民大学新闻系。历任《陕西日报》社文艺部记者、陕西省文联党组成员、副主席、研究员、中国文联委员、陕西省政协委员、评论家协会主席，被人事部评为国家级有突出贡献的专家，享受国务院特殊津贴。

【注】重根：重视根本。勉县的武侯祠是后主刘禅在景耀六年（263）春天下诏修建的天下第一武侯祠，这是全国最早的武侯祠庙，应该重视这个根本。

返朴：语出明代文学家王守仁（1472—1529）的《传习录》卷上："先生曰：子以明道者，使其反朴还淳，而见诸行事之实乎，抑将美其言辞，而徒以谤谤于世也。"此指返朴归真

【释】返朴归真应该重视勉县武侯祠这个根本。

（2）悬挂楹联 30 副

伊姜堪将不为奢，叹当年禹域三分，致累操劳半世；
吴魏未平何用恨，庆今日神州一统，自当称慰千秋。

（山门外）

1998 年孟夏，吴丈蜀撰并书。生平简介见前。

【注】伊姜：此指商朝初期辅佐贤相伊尹与周朝初期辅佐贤相姜子牙。

堪将：可以。

不为奢：不过分，不夸张。

叹当年：感叹当年。

禹域：传说大禹平水土划分九州，指定名山大川为各州疆界，后世因称华夏大地为禹域。例如：陈毅（1901—1972）的《送董老出席旧金山会议即日出洋》诗歌有"百年家国恨，禹域日倾颓"之句。

三分：此指曹魏、蜀汉、孙吴的三国鼎立对峙。

致累操劳半世：诸葛亮鞠躬尽瘁，死而后已，为蜀汉帝业苦心操劳了半生。

吴魏未平何用恨：诸葛亮决心联吴伐魏，想"北定中原，兴复汉室"，结果没有实现愿望，可是没必要悔恨。

庆今日神州一统：庆幸今天华夏江山一统。

自当称慰千秋：自然应当称心如意地安慰子孙后代了。

【释】与商朝辅佐贤相伊尹和周朝辅佐贤相姜子牙可相比不为夸张，感叹当年华夏大地三国鼎立，使诸葛亮为蜀汉帝业苦心操劳了半生；

诸葛亮决心联吴伐魏想兴复汉室结果没有实现愿望可是没必要悔恨，庆幸今天华夏江山一统，自然应当称心如意地安慰子孙后代了。

北魏遮秦山，蜀风高奏出师表；
南阳阻襄水，汉柏长嘘梁父吟。

公元两千年春禧日晴朝，刁永泉撰联并书。

刁永泉，生平事迹见前。

【注】北魏：此指北面的曹魏政权。

遮：遮蔽、遮盖。此指取代的意思。220 年 12 月，魏文帝曹丕在洛阳代汉称帝，国号“魏”。

秦山：此指秦岭山脉。

北魏遮秦山：北面的曹魏政权被秦岭山脉所阻挡。

蜀风：蜀汉国民长期形成的习俗和风气。

高奏：高声吟唱和歌颂。

出师表：诸葛亮先后于建兴六年（228）春天和秋天两次给后主所上的前、后《出师表》。

南阳阻襄水：诸葛亮《出师表》有“臣本布衣，躬耕于南阳”之说，可是南阳郡治所在河南省南阳市，与诸葛亮当年隐居躬耕地湖北省襄阳隆中还有襄水阻隔。

汉柏：蜀汉景耀六年（263）春天，后主刘禅在武侯墓给诸葛亮修建天下第一个武侯祠时，在武侯墓一周栽植汉柏 54 株，象征诸葛亮在生之年，又在今天武侯祠栽植汉柏 64 株，象征诸葛亮在定军山下摆的六十四阵八阵图。

长嘘：风吹汉柏而发出的呼啸声。

梁父吟：是古代齐鲁地区的汉乐府民间丧葬歌曲，写的是春秋时期齐相国晏子“二桃杀三士”的故事。

据《三国志·蜀书·诸葛亮传》记载，诸葛亮“每自比管仲、乐毅，好为《梁父吟》”。因此，诸葛亮当年在隆中隐居时，经常抱膝长吟《梁父吟》。

【释】北面的曹魏政权被秦岭山脉所阻挡，蜀汉国民高声吟颂诸葛亮的《出师表》始终不忘北伐曹魏；

南阳郡与襄阳隆中有襄水阻隔，风吹武侯墓祠的汉柏而发出的呼啸声好像在吟唱《梁父吟》。

出师中原志未竟；
功过留待后人评。

（西辕门）

丙寅（1986）仲春（二月），令狐彪题书。

令狐彪（1942—1989），别名令狐克让，山西省临猗县人，中央美术学院美术史论研究生毕业。历任中学美术教师、人民美术出版社编辑、陕西人民美术出版社副社长、副总编辑。

【注】出师中原志未竟：诸葛亮五次北伐曹魏，始终没能实现他在《出师表》中说的要“收复中原，兴复汉室”志愿。

功过留待后人评：诸葛亮北伐曹魏的功劳和过失，自古至今评价各有千秋，绝大多数人认为是正确的、功不可没的，无可厚非的。这是因为，诸葛亮为了“报三顾之恩，尽托孤之忠”而竭尽全力匡扶蜀汉帝业所必须的行为。蜀汉国家偏安益州一隅之地，强大的魏国一直对蜀、吴虎视眈眈。在当时敌强我弱情况下，曹魏灭掉蜀汉是迟早的事，所以诸葛亮十分清楚，“与其坐而待毙，孰于伐之”，是绝对不能够等死的。

但是，也有人说诸葛亮北伐曹魏是在国小、财弱、民贫的情况下，是一种固执而自不量力的穷兵黩武、劳民伤财行为，明知道事不可为而为之，所以把自己累死在了五丈原军中。还有人愚昧地认为，如果诸葛亮不去主动北伐曹魏，蜀汉国家说不定还会延续下去。

【释】诸葛亮北伐曹魏没有实现收复中原的目的；

诸葛亮的功劳或者是过失留给后人去评说。

三分相业追伊吕；
二表臣心接孔颜。

（东辕门）

乾隆壬午（1762）榴月（五月），邑令贾直心题。今人万顺补书。

贾直心：作者生平事迹见前。万顺：生平不详。

【注】三分：指魏、蜀汉、吴三国三分天下，鼎足而立。

相业：此指丞相诸葛亮辅佐蜀汉帝业。

追：追慕，追随。

伊吕：此指商朝初期辅佐贤相伊尹和周朝初期辅佐贤相姜子牙，此二人是中国历史上早期的辅佐贤相。

二表：诸葛亮的前、后《出师表》。

臣心：此指诸葛亮做臣子的忠君爱国之心。

接：接替。

孔颜：孔子与其弟子颜渊（公元前521—公元前481）的并称。

例如：《魏书·肃宗纪》：“来岁仲阳，节和气润，释奠孔颜，乃其时也。”

【释】三国鼎立后诸葛丞相追慕的是商朝初期辅佐贤相伊尹和周朝初期辅佐贤相姜子牙；

诸葛亮前后《出师表》体现了忠君爱国之心他接替的是孔子与其弟子颜渊的思想。

至大至刚，有严有翼，将相经纶名世业；
其难其慎，乃武乃文，圣贤学问大儒心。

（牌楼前石旗杆联）

清道光年间，武侯墓祠主持道人李复心题。今人方楠，书于丁丑（1997）四月。

李复心，生平事迹见前。

方楠：本名白云腾，字方楠，1943年出生于陕西省米脂县，陕西师范大学中文系毕业，历任延安地委、行署秘书长、汉中地委副书记、行署专员、汉中市市长、市委书记、陕西省委常委秘书长、陕西省人大常委会副主任、陕西省书法家协会名誉主席、陕西书画院名誉院长。

【注】至大至刚：语出《孟子·公孙丑上》：“敢问何谓浩然之气？曰：难言也。其为气也，至大至刚，以直养而无害，则塞于天地之间。”此指极其正大光明而十分刚强。

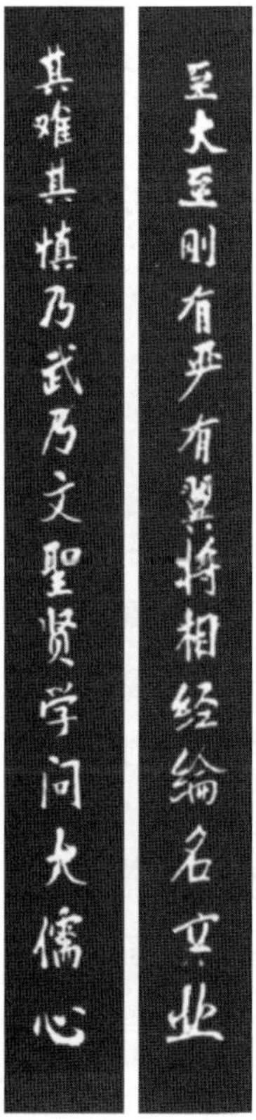

有严有翼：语出《诗经·小雅·六月》：“有严有翼，共武之服。共武之服，以定王国。”严：指严肃、严格、严谨。翼：指谨慎，小心翼翼。

将相经纶名世业：此指文武官吏有才能才会有功名和传世业绩。

其难其慎：语出《尚书·咸有一德》：“臣为上为德，为下为民，其难其慎，惟和惟　。”此指臣子为上负责这是高尚的道德品质，为下负责这是为民。做事情越是艰难越要慎重，唯有同心协力才有所成就。

乃武乃文：语出《尚书·大禹谟》：“帝德广运，乃圣乃神，乃武乃文。”此指文经天地，武定祸乱。后多指既有武功又有文德，故称“乃武乃文”。

圣贤：圣人与贤人的合称。亦指品德高尚，有超凡才智的人。例如：《易经·鼎》：“彖曰：圣人亨以享上帝，而大亨以养圣贤。”

学问：泛指知识学问渊博，很有学问的人。

大儒心：有很大儒家学问思想的人。

【释】极其正大光明和刚强，既要严肃严格也要小心谨慎，文武官吏有才能才会有功名和传世业绩；

诸葛亮辅佐蜀汉帝业既艰难又谨慎，文经天地武定祸乱，既有圣人与贤人学问也有大儒思想。

石琴雅韵追梁甫；
翠柏静涛起卧龙。

道光年间，虚白道人李复心题书于雅音阁。今人补书，书者不详。

【注】石琴：武侯祠琴楼上有一个琴榻，上置一石琴，刻有“章武元年”落款。琴楼室内南墙上，保留有明末清初文学家张岱的《石琴记略》木刻文章，对诸葛亮功德业绩与这个石琴价值和意义，作了深刻的论述。

据武侯墓祠主持道人李复心《忠武侯祠墓志·石琴》记载：“沔县武侯祠有武侯琴室，石琴古榻，晋代物也。晋文水胡韬颖作石琴并榻，缀以诗赋。”

这个石琴落款很可能是后世人所为，因为，章武元年（221）属于先主刘备刚刚称帝时年号，这时候诸葛亮在成都，根本不可能来汉中。所以，落款很可能是后人所为。

如果落款是“建兴五年”（227）倒是有可能，因为，这期间诸葛亮率领大军北伐曹魏就驻军在定军山下。

追：向往、追随。

梁父：指古代齐鲁地区汉乐府民间丧葬歌曲《梁父吟》，写的是春秋时期齐国国相晏子设计用“二桃杀三士”的办法，诛杀了齐国三个功高盖主而直接威胁齐国安危的勇士田开疆、古冶子和公孙接的故事。诸葛亮好《梁父吟》的目的是向晏子学习替主解忧的高超智慧，也有思念故土家乡的情怀。据《三国志·蜀书·诸葛亮传》记载，诸葛亮“每自比管仲、乐毅，好为《梁父吟》”。因此，诸葛亮当年在隆中隐居时，经常抱膝长吟《梁父吟》。

翠柏：据李复心《忠武侯祠墓志》记载说，后主刘禅在景耀六年（263）春天“诏为亮于沔阳近墓立庙，千秋供奉”时，在武侯墓周栽植“五十四株汉柏，象征武侯在生之年”，在武侯祠栽植了“六十四株汉柏，象征诸葛亮在定军山下推演六十四阵八阵图”，现存的汉柏株株挺拔苍翠，浓荫蔽日。

寒涛：秋、冬时期，寒风吹在参天汉柏上如汹涌的波涛之声。

起卧龙：诸葛亮号“卧龙”。以此形容诸葛亮这个卧龙好像在松柏寒涛声中腾飞升起。

【特别说明】据李复心的《忠武侯祠墓志》记载，下联原文是“翠柏寒涛起卧龙”。可是，今人在补书时笔误写成了“翠柏静涛起卧龙”，平静不可能有涛声，一字之差，明显是错误的，特此更正。

【释】武侯祠石琴的高雅韵律似乎在追随梁父吟；

武侯墓松柏寒涛声中好像是卧龙腾飞升起。

日月高悬出师表；
风云长护定军山。

乾隆进士马履泰题书。

马履泰（1746—1829），字叔安，号菽庵，仁和（今浙江省杭州市）人，清乾隆五十二年（1787）进士，官太常寺卿，任陕西学使。

【注】日月高悬出师表：诸葛亮前、后《出师表》如日月一样高悬天空，永远放射着光芒。

风云长护：大自然的风和云长久地保护着。

定军山：在陕西勉县城南十里，属于巴山系，由十二个山体组成，东西向绵亘十里，由西向东第三个山头便是定军山主峰，海拔883米。

建安二十四年（219），刘备和曹操争夺汉中在此发生了“定军山大战”，老将黄忠在定军山杀了曹操征西将军夏侯渊，刘备遂在这里“设坛称汉中王”，为后来建立蜀汉政权奠定了坚实基础，同时也促成了三国鼎立。

建兴五至十二年（227—234），诸葛亮在定军山下屯军八年，先后进行了五次北伐曹魏。他在这里教兵演武、推演八阵图、改革连弩、制木牛流马，又休士劝农，发展农业生产，解决军需供给。他临终前遗命“死后葬汉中定军山，因山为坟，冢足容棺，殓以时服，不须器物”。后主刘禅根据诸葛亮遗命，在定军山下西北角二里处将其安葬。景耀六年（263）春，后主刘禅下诏“因近其墓，立庙沔阳”，在定军山下武侯墓为诸葛亮修建了“天下第一武侯祠”（见《三国志·蜀书·诸葛亮传》）。正因为如此，定军山名垂青史，誉贯古今。例如：清代诗人吴隆瑞《武侯墓》诗有：“忠魂时借风云护，墓道年来祭祀粗。”

【释】诸葛亮的《出师表》像太阳和月亮一样永远放射着光芒；
大自然的风和云长期保护着定军山下的武侯墓与武侯祠。

两汉以来无双士；
三代而后第一人。

嘉庆七年（1802），沔县知县马允刚题书。

马允刚，生平事迹见前。

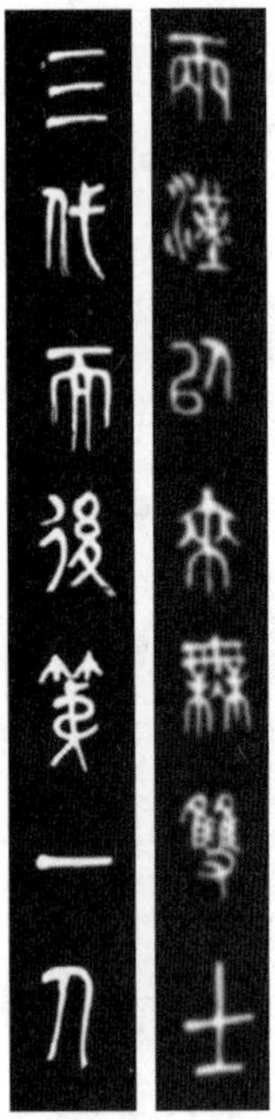

【注】两汉：此指高祖刘邦公元前 206 年在长安建立的西汉王朝（前后共有 13 帝，经历了 214 年）和光武帝刘秀公元 25 年在洛阳建立的东汉（前后共 13 帝，经历了 196 年）两个王朝时代，他们都是刘姓天下，历史上称之为“两汉”。

无双士：语出《史记·淮阴侯传》：“至如信者，国士无双。”形容个人能力与影响力没有匹敌者。

三代：此指夏、商、周三代。例如：《论语·卫灵公》有：“斯民也，三代之所以直道而行也。”北宋文学家邢昺（932—1011）疏曰：“三代，夏、殷、周也。”

第一人：语出《梁书·刘孝绰传》：“刘孝绰出为上虞令，还除秘书丞，高祖谓舍人周舍曰：第一官当用第一人。故以孝绰居此职。”此指才能、德行、评价等方面最好的人。比喻是第一等杰出人才。例如：诗人杜甫《哀江头》诗歌有“昭阳殿里第一人，同辇随君侍君侧”之句。再如：咸丰十一年，沔县教谕韩文煜《读忠武侯传》亦有：“再拜仰先生，一人三代后。”

【释】诸葛亮自西汉和东汉以来没有匹敌者；
夏商周以后诸葛亮是第一个杰出人才。

孤忠遗恨千秋在；
大林悲风日夜鸣。

清代乔崇修题。1984 年 8 月，方济众题书。

乔崇修，字介夫，号念堂，江苏省宝应县人，康熙年间在世，贡生。

方济众（1923—1987），汉中勉县方家坝人，长安画派代表之一。曾任中国美术家协会常务理事、中国书法家协会理事、陕西省美协副主席和省国画院院长、陕西省文联副主席、第六届全国人大代表、第五届陕西省政协常委。

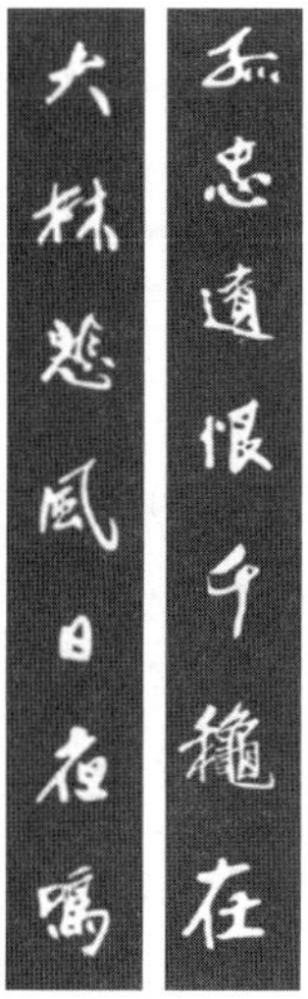

【注】孤忠：语出北宋史学家曾巩（1019—1083）的《韩魏公挽歌词》：“覆冒荒遐知大度，委蛇艰急见孤忠。”此指忠贞不贰，不求体察的节操。

遗恨：此指诸葛亮没有完成兴复汉室的大业而遗留的仇恨。

千秋在：千百年都在。

大林悲风日夜鸣：是说武侯墓祠的参天古柏在风中发出的声音，好像在为诸葛亮日夜悲鸣哭泣。

【释】诸葛亮对蜀汉帝业忠贞不贰他未完成兴复汉室大业遗恨千百年；

武侯墓祠参天古柏风中发出的声音好像日夜为诸葛亮悲鸣哭泣。

此地始终关大汉；
何年将相似先生。

（戟门内砖柱）

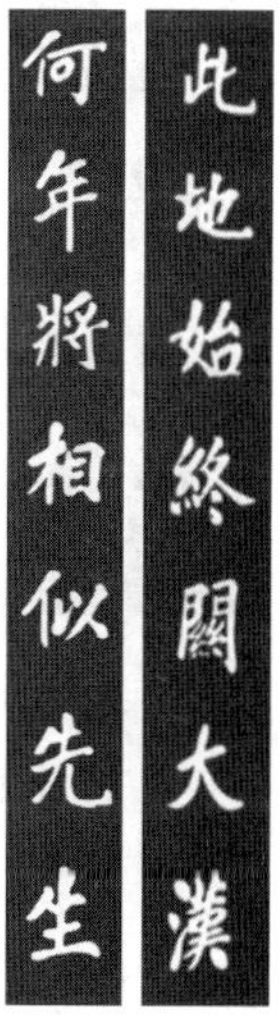

光绪戊戌年（1898），西蜀骆成骧题。生平事迹见前。

【注】此地：泛指汉中这个地方。

关大汉：关系着汉朝基业和前程。大汉：此指公元前 206 年高祖刘邦在长安建立的西汉王朝以及公元 25 年光武帝刘秀在洛阳建立的东汉王朝，前后共计四百余年，统称为大汉。

建安二十四年（219），皇室后裔刘备为了匡扶汉室在汉中设坛称“汉中王”，随后在成都建立了蜀汉政权。诸葛亮为“北定中原，兴复汉室”，建兴五至十二年（227—234）在定军山下屯军八年先后进行了五次北伐曹魏，死后又遗命安葬在定军山下。因此，汉中这个地方始终关系着大汉帝业荣辱兴衰。

大汉同时也比喻诸葛亮是顶天立地的英雄好汉，形象无比高大。

何年：哪一年？什么时候？

将相：指封建社会的文武官吏。

似：好像，类似，如同。

先生：此指诸葛亮。

【释】汉中这个地方始终关系着大汉帝业的荣辱兴衰；

什么时候的文武官吏才能够类似诸葛孔明先生。

两汉之间见儒者气象；
三代而下有王佐经纶。

乾隆乙卯科进士、工部侍郎、四川长寿韩鼎晋题。

甲子年（1984）七月上浣（上旬），兰川王典章补书。

韩鼎晋（1767—1826），字树屏，四川省长寿县人，乾隆六十年（1795）进士。嘉庆年间（1796—1820），历任大学士、步兵统领、工科给事中、光禄寺少卿、督陕甘学政等职务。

王典章，1924年出生于陕西省兰田县，1953年毕业于西北艺术学院美术系。是陕西省书法家协会会员，老年大学、西安老战士大学书法教授，西安市书协第一届理事。

【注】两汉：指高祖刘邦建立的西汉和光武帝刘秀建立的东汉两个时代。

儒者：语出《墨子·非儒下》：“儒者曰，亲亲有术，尊贤有等。”尊崇儒学、通习儒家经书的人，泛指知识渊博的学者、读书人。例如：《史记·淮阴侯列传》有：“成安君，儒者也，常称义兵不用诈谋奇计。”再如：明代文学家叶盛（1420—1474）的《水东日记·沈孟端》亦有：“沈孟端先生方学，本世医，而通知古今，有儒者风。”

气象：风姿，情态。

三代：指夏、商、周三代。

王佐：辅佐帝王的人才。

经纶：语出《易经·屯》：“君子以经纶。”指处理国家大事的经国济民才能。例如：南朝宋文帝时期张演的《武侯墓》诗歌有“勋业伊周亚，经纶楚汉前”之句。

【释】西汉和东汉之间可以见到知识渊博的学者风姿与情态；
夏商周三代而后有诸葛亮这样辅佐帝王事业才能的人。

壮怀楚水吴山外；
誉得蜀地秦沾风。

丁丑年（1997），长安杨成题书。

杨成，本名杨新民，笔名杨成，1935年出生于临潼县（今西安市临潼区），故号骊东山人。是中国书法家协会会员、陕西省秦岭书画院常务副院长、中国文化艺术中心特邀顾问。

【注】壮怀：语出唐朝著名文学家、诗人韩愈《送石处士赴河阳幕》

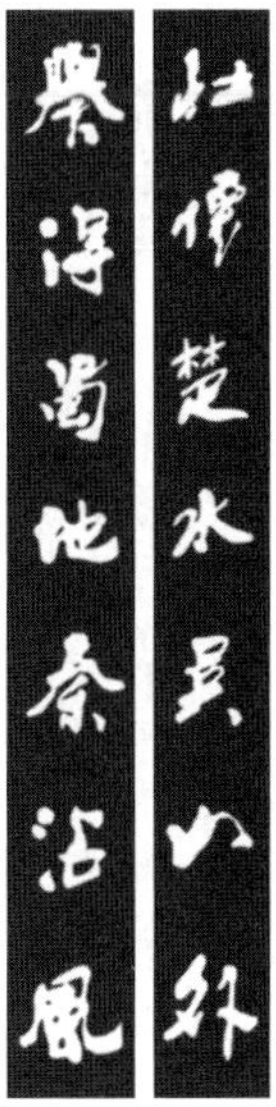

诗歌：“风云入壮怀，泉石别幽耳。”此指豪壮的胸怀。

楚水吴山：语出唐代著名诗人白居易的《江南送北客因凭寄徐州兄牙书》：“故园望断欲何如，楚水吴山万里余。”楚地的水，吴地的山。古时吴、楚两国所属地域，用以指长江中下游一带。此指孙权管辖的东吴疆域。

誉得蜀地秦沾风：是说刘备很荣幸地得到了益州之地以后，就有了诸葛亮的不断北伐曹魏，使得秦地的曹魏就接连沾染战争的风云。

【释】诸葛亮的豪壮胸怀在东吴孙权管辖的吴国楚地疆域之外；

刘备荣幸得到益州以后秦地曹魏就接连沾染战争的风云。

非学无以广才；
非静无以成学。

壬申（1992），作者不详。

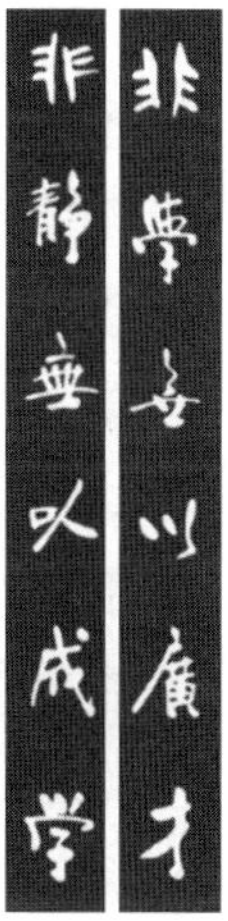

【注】上、下联文语出诸葛亮的《诫子书》：“夫君子之行，静以修身，俭以养德。非淡泊无以明志，非宁静无以致远。夫学须静也，才须学也。非学无以广才，非志无以成学。淫漫则不能励精，险躁则不能治性。年与时驰，意与日去，遂成枯落，多不接世，悲守穷庐，将复何及。”

意思是说，如果不努力学习，就不能够增长广博学识和聪睿才智。如果不安静地专心学习，就不可能获得显著的成就。

【释】不努力学习就不能增长广博学识和聪睿才智；

不安静地专心学习就不能够获得显著的成就。

风流儒雅称高士；
满世经纶真奇才。

汉中，徐毓泉题书。生平事迹见前。

【注】风流儒雅：语出初唐四杰之一卢照邻（636—680）的《五悲·悲才难》：“杲之为人也，风流儒雅，为一代之和到此为止。昂之为人也，文章卓荦，为四海之随珠。”

风流：语出《晋书·刘毅传》：“六国多雄士，正始出风流。”此指风姿

潇洒而超凡脱俗的人物。

儒雅：《尚书·序》：“汉室龙兴，开设学校，旁求儒雅，以阐大猷。”此指博学的儒士或文人雅士。

高士：语出《战国策·赵策三》：“吾闻鲁连先生，齐国之高士也。”比喻道德品质与人格魅力都十分高尚的人。

满世经纶：满腹经纶。经纶：语出《易经·屯》：“云雷屯，君子以经纶。”形容人极有才干和智谋。

真奇才：称赞诸葛亮是真正奇特少有的旷世奇才。

【释】诸葛亮风姿潇洒超凡脱俗可称人间高士；

诸葛亮满腹经纶是真正的天下旷世奇才。

日月光华，万古同悬出师表；
风雨清润，四季常护定军山。

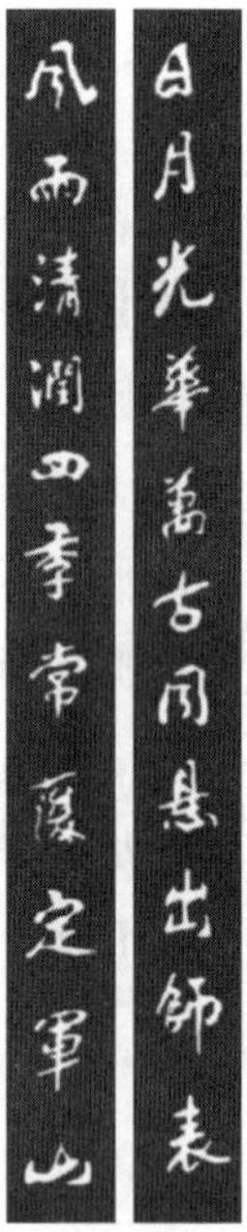

甲申（2004）孟夏（四月），长安王定成书。

王定成，1949 年生于陕西平利县，中国书法家协会会员、陕西省国际友好联络会常务理事、西安书法函授学院副院长、西北书画研究中心研究员。

【注】日月光华：语出《尚书大传·虞夏传》：“日月光华，旦复旦兮。”本形容自强不息，自主办学。此指太阳和月亮的光辉。

万古同悬出师表：千百万年都同样悬挂着诸葛亮的《出师表》。

风雨清润：在风和雨水滋润中。

四季常护定军山：一年四季保护定军山。

【释】太阳与月亮的光辉，千百万年都同样悬挂着诸葛亮《出师表》；

在风和雨水的滋润中，一年四季都经常保护汉中勉县的定军山。

品隆三顾，业盖三分，其自任以天下之重如斯；
策定两朝，心存两表，知其不可为而为之者與。

清乾隆戴树屏题。戊寅年（1938），长安土风左梦补书。

戴树屏，江南人，乾隆三十七年（1782）进士，曾经出任汉中知府。

左梦，长安人，书法家，其余不详。

【注】品隆三顾，业盖三分：诸葛亮品格高尚，人才出众，皇室后裔刘备

才隆重地屈尊三顾茅庐问计于诸葛亮，恳请其出山辅佐，帮助兴复汉室，最终建立了蜀汉政权，促成了魏蜀吴三国鼎立的局面。其：此指诸葛亮。

自任以天下之重：语出《孟子·万章下》：“其自任以天下之重如此。”此为孟子赞扬商朝辅佐贤相伊尹自觉地承担起重任。

如斯：如此。

策定两朝心存两表：诸葛亮奇策妙计稳定了蜀汉先主刘备与后主刘禅两朝局势，他忠君爱国之心体现在前、后《出师表》中。

知其不可为而为之者與：语出《论语·宪问第十四》：“是知其不可而为之者與？”后世儒家以此语褒崇孔子锲而不舍的进取精神。此是称赞诸葛亮虽然知道在《出师表》中提出“北定中原，兴复汉室，还于旧都”的计划难以实现，却还是锲而不舍地去努力争取。與：是与的繁体字，同音同义。

【释】 诸葛亮品格高尚人才出众刘备才屈尊隆重地三顾茅庐问计于他请其出山辅佐，最终促成了魏蜀吴三国鼎立局面，他主动承担了经国济民的天下大事也是如此；

诸葛亮奇策妙计稳定了蜀汉先主与后主两朝局势，他忠君爱国之心体现在前后《出师表》中，明知北定中原兴复汉室计划难以实现还是锲而不舍去努力争取。

未定中原，此魄何甘归故土；
永怀西蜀，饮恨遗命葬军山。

甲子（1924）夏月，广林题书。

广林，本名闫广林，浙江人，作家，其余不详。

【注】 未定中原，此魄何甘归故土：诸葛亮在《出师表》中提出要“北定中原，兴复汉室”，让后主刘禅“还于旧都”在长安称帝。但是，虽然经过五次北伐，最终没有能够实现这个愿望，因此，他的灵魂怎么能够安心归葬于家乡故土。

永怀西蜀，饮恨遗命葬军山：为了永远怀念益州的蜀汉帝业，诸葛亮只好含恨遗命，把自己安葬在汉中的定军山下。西蜀：此指益州。

【释】没有实现北定中原兴复汉室这个愿望，诸葛亮的灵魂怎能够安心归葬于家乡故土；

为了永远怀念益州的蜀汉帝业，诸葛亮只好含恨遗命把自己安葬在汉中定军山下。

成大事以小心，一生谨慎；
仰流风於遗迹，万古清高。

中华民国十七年（1928）十二月，冯玉祥题于南京行营。

冯玉祥（1882—1948），字焕章，原名基善，原籍安徽省巢县（今安徽省巢湖市），出生于直隶青县（今河北省沧州市），中华民国国民革命军陆军一级上将，曾任国民政府军事委员会副委员长、行政院副院长兼军政部长。

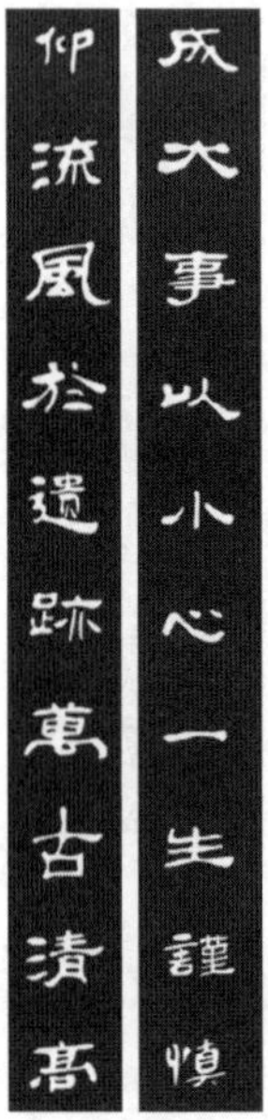

【注】成大事以小心，一生谨慎：是说诸葛亮为了成就蜀汉帝业的大事，一生中都是谨慎小心的。谨慎：语出战国经学家谷梁赤所撰《谷梁传·桓公三年》：“父戒之曰：谨慎从尔舅之言。母戒之曰：谨慎从尔姑之言。”此指考虑问题，处理事情周密严谨、不盲从。例如：诸葛亮《出师表》有：“先帝知臣谨慎，故临崩寄臣以大事也。”

仰：瞻仰、敬仰、仰慕。

流风：语出《孟子·公孙丑上》：“流风善政，犹有存者。”此指前代流传下来的风气，名人遗留的风范。例如：南宋文学家叶适（1150—1223）的《祭石似之文》有：“初美俗之愿成，扶众俊以济艰；及流风之欲泯，忌独洁之胜顽”之说。

遗迹：遗存的文化古迹。此指武侯祠。

万古清高：此指诸葛亮永远都是纯洁而高尚的典范。

【释】为了成就蜀汉帝业大事，诸葛亮一生中都谨慎小心；

仰慕先贤风范的武侯祠，孔明永远都是纯洁高尚的。

大名垂宇宙；
遗像肃清高。

（大殿）

民国三十年（1941）仲秋（八月），于右任题书。

于右任（1879—1964），陕西三原县人，字右任，晚年自号太平老人，系同盟会成员，是中国近现代政治家、教育家、书法家。长年在国民政府任中央执行委员，政府审计院长，监察院长，复旦大学、上海大学、国立西北农林专科学校创办校董，民国四大书法家之一。著有《右任诗存》《右任文存》《右任墨存》等，誉为当代草圣、近代书圣。

【注】联文语出唐代著名诗人杜甫的《咏怀古迹五首》诗歌："诸葛大名垂宇宙，宗臣遗像肃清高。"

大名：很大的名气。

垂宇宙：传遍天下。

遗像：是指诸葛亮的塑像。

肃清高：指肃穆而清高。

【释】诸葛亮的大名传遍天下；

诸葛亮塑像肃穆而清高。

扶汉心坚，惟谨慎乃能担当事业；
伏龙誉早，必深潜而后腾踔云霄。

嘉庆二十五年（1820），岐山县知县，天津徐通久题书。

徐通久，天津市人，嘉庆二十五年（1820），曾经出任岐山县知县。

【注】扶汉心坚：此指诸葛亮扶持蜀汉帝业的决心很坚定。

惟：唯有的意思。

谨慎：语出战国时期谷梁赤的《谷梁传·桓公三年》："父戒之曰：谨慎从尔舅之言。母戒之曰：谨慎从尔姑之言。"此指考虑问题、处理事情周密严谨不盲从。例如：诸葛亮《出师表》亦有"先帝知臣谨慎，故临崩寄臣以大事也"之句。

乃能：才能够。

担当事业：承担起事业的重担。

伏龙：语出《三国志·蜀书·诸葛亮传》裴松之注引《襄阳记》记载："刘备访世事于司马德操。德操曰：儒生俗士岂识时务？识时务者在乎俊杰。此间自有伏龙、凤雏。备问为谁，曰：诸葛孔明、庞士元也。"比喻诸葛亮这个隐居待时的贤者，好比潜藏还没有腾飞的龙。例如：南宋文学家朱熹的《斋居感兴》诗之六有："伏龙一奋跃，凤雏亦飞翔。"

誉早：亦称早誉。语出《南齐书·王延之传》："延之与金紫光禄大夫阮韬俱宋领军将军，刘湛外甥，并有早誉。"比喻早就有声誉了。

必深潜：必须深深地隐藏起来。

腾踔：语出唐代梅花道人张固的《幽闲鼓吹》："宾客刘公之为屯田员外郎时，事势稍异，旦夕有腾踔之势。"比喻上升，飞跃。

云霄：九天之外。

腾踔云霄：展示志向和才能。

【释】诸葛亮扶持蜀汉的决心很坚定，唯有谨慎才能够承担起事业的重担；诸葛亮很早就有了美好声誉，必须深深地隐藏才能够展示志向与才能。

谨慎精诚，智高一代；鞠躬尽瘁，德重千秋。

丙子（1996）春，马萧萧题书。

马萧萧，军旅诗人，水墨画家，1970年出生于湖南省隆回县，1989年3月特招入伍，是《西北军事文学》主编，中国作家协会会员。

【注】谨慎：谨慎小心的意思。

精诚：语出《庄子·渔父》："真者，精诚之至也，不精不诚，不能动人。"此指真心诚意，别无二心。例如：《后汉书·广陵思王荆传》有："精诚所加，金石为开。"

智高一代：是说诸葛亮的智谋高出了当代。

鞠躬尽瘁：语出诸葛亮后《出师表》："鞠躬尽力，死而后已。"后来引申为"鞠躬尽瘁"成语。此指竭尽全力地办事。

德重千秋：是指诸葛亮的高尚品德重于千秋万年。

【释】谨慎小心真心诚意，诸葛亮智谋高出了当代；竭尽全力办事，诸葛亮的品德重于千秋万年。

羽扇纶巾天下士；文经武纬后人师。

道光五年（1825），陕西总督太子太傅、兵部尚书四川崇庆杨遇春题。

甲子年（1984）夏，黎牧樵补书。

杨遇春（1761—1837），字时斋，四川崇州（成都市所辖崇州市）人，乾隆四十四年（1779）武举，一生数百次交战皆冲锋陷阵战果颇丰，有"福将"之称。任陕甘总督十年，晋封一等昭勇侯、兵部尚书，谥号"忠武"，故又称"杨忠武侯"。

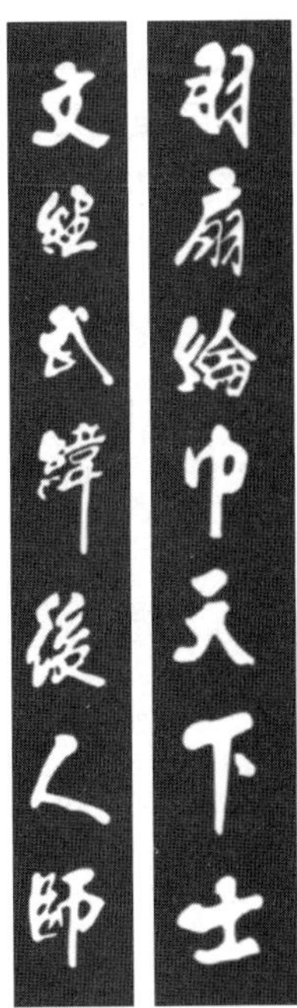

黎牧樵，原名黎明，1931年出生于甘肃省灵台县，陕西著名书画家，陕西老年书画学会理事长，老科协书画研究院院长。

【注】羽扇纶巾：语出北宋著名文学家苏轼（1037—1101）的《念奴娇·赤壁怀古》："羽扇纶巾谈笑间，强虏灰飞烟灭。"手拿羽毛扇，头戴青丝巾，形容儒雅从容，举止潇洒。

北宋太平兴国年间的《太平御览·语林》也记载"诸葛武侯与宣王在渭水将战，武侯乘素舆，葛巾，白羽扇，指挥三军。"纶巾：用丝带制作的头巾，亦名诸葛巾。

明朝万历年间王圻（1530—1615）及其儿子王思义编著的《三才图会·衣服一》记载说："诸葛巾，一名纶巾。诸葛武侯常服纶巾，执羽扇，指挥军事。"

比喻诸葛亮的装束和举止十分潇洒。例如：明代诗人刁翼《望定军山诸葛公墓》诗歌有"羽扇纶巾将相荣，定军山下久屯营"之句。

天下士：天下的名士。

文经武纬：语出唐代宗时期吏部尚书颜真卿（709—784）的《颜鲁公文集·郭公庙碑记》："文经武纬，训徒陟空。"经、纬：编织物的纵线与横线。

形容从文武两方面治理国家。此指诸葛亮具有文武才能。

后人师：语出《战国策·赵属策一》："前事之不忘，后事之师。"比喻人们应当牢记以前的经验教训，作为今后行事的借鉴。

此指诸葛亮是后世人的师表、典范。

【释】诸葛亮手持羽扇头戴纶巾潇洒从容指挥军事不愧是天下名士；
在治理国家文武才干方面诸葛亮堪称是后世人的师表与典范。

三分天下，谋出南阳一布衣；
八年勋劳，曾得汉川万民心。

甲戌年（1994），张保庆题书。

张保庆，1944年6月出生于陕西省城固县，历任汉中地区经委主任、西乡县委书记、汉中行署副专员、专员、地委书记、汉中市委书记、陕西省委宣传部长、陕西省政协副主席。

【注】三分天下：此指曹魏、蜀汉、孙吴三国鼎立对峙。

谋出：出谋划策。

南阳：郡名，两汉时隶属荆州，辖三十七县，治所在今河南省南阳市。

三分天下谋出南陽一布衣

八年劬劳曾得漢川萬民心

一布衣：一个平民老百姓。例如：诸葛亮前《出师表》有“臣本布衣，躬耕于南阳”之说。因此，南阳代指诸葛亮。

八年勋劳：此指诸葛亮在汉中屯军八年，进行了五次北伐曹魏而确立的功劳。

曾得：曾经得到。

汉川万民心：得到了汉中地区数万老百姓诚心好评和拥戴。汉川：语出《三国志·魏书·张鲁传》：“群下欲尊鲁为汉宁王，鲁功曹巴西阎圃谏鲁曰：汉川之民户出十万，财富土沃，四面险固。今承制署置劳，足斩断不烦于王，愿且不称，勿为祸先，鲁从之。”

由此而知，汉川在东汉末年属于汉中郡的又一个名称。

【释】曹魏蜀汉东吴三分天下的计谋出自于躬耕南阳的诸葛亮；

八年北伐曹魏的功劳曾经得到了汉中数万老百姓的人心。

志节推两表；
功盖论三分。

三原县，刘自椟书于长安。生平事迹见前。

【注】志节：语出《汉书·叙传上》：“家本北边，志节忼慨，数求使匈奴。”此指志气和节操。

推：推举、推荐。

两表：此指诸葛亮的前、后《出师表》。

此句是说，诸葛亮的志气和节操首先推举他的前、后《出师表》。

功盖：此指盖世功劳。

论：议论、论述、论说。

三分：指曹魏、蜀汉、孙吴三个国家鼎立对峙。

此句是说，诸葛亮的盖世功劳应该是他论说的三足鼎立。

【释】诸葛亮志气和节操首推他的前后《出师表》；

诸葛亮的盖世功劳应该是他论说的三足鼎立。

兵在攻心，三分聊竭解悬力；
鱼如得水，六出诚为尽瘁衷。

道光年间（1821—1850），沔县知县王鼎丰题。1984 年，汉中陈竹朋补书。

王鼎丰，道光年间（1821—1850），曾经出任沔县知县，其余不详。

陈竹朋，已故汉中著名书法家，简介见前。

兵在攻心三分聊竭解懸力

魚如得水六出誠爲盡瘁哀

【注】兵在攻心：语出《三国志·蜀书·马良传》附马谡传注引《襄阳记》记载：建兴三年（225）五月，诸葛亮率军南征西南地区少数民族叛乱时，参军马谡曾经进谏说：“夫用兵之道，攻心为上，攻城为下，心战为上，兵战为下，愿公服其心而已。亮纳其策，赦孟获，以服南方。”

诸葛亮采纳了建议，对于叛乱的首恶分子则坚决镇压，对于威信较高的少数民族首领孟获则采取怀柔政策，进行“七擒七纵”，使其心悦诚服。正因为如此，诸葛亮在西南少数民族地区始终被尊崇敬仰。

此指带兵打仗，要以攻心战术为上策，不要穷兵黩武。

三分：指魏国、蜀汉、吴国三分天下对峙鼎立。

聊：聊赖，依靠，依赖的意思。《后汉书·董祀妻传》有“为复强视息，虽生何聊赖”之句。

竭：竭尽全力的意思。

解悬力：瓦解敌我双方悬殊的军事力量。诸葛亮南中平叛“七纵七擒孟获”使其心悦诚服地说“丞相天威，南人不复反矣”，从此解除了南中地区威胁。

如鱼得水：语出《三国志·蜀书·诸葛亮传》。刘备三顾茅庐请诸葛亮出山辅佐以后，君臣关系十分融洽，引起了关羽和张飞的不满，为此，刘备对关羽和张飞说：“孤之有孔明，犹鱼之有水也。”比喻刘备得到诸葛亮后情投意合。例如：嘉庆初年西乡县考官祝曾《谒武乡侯四首》诗歌有“逐鹿因人臣力尽，如鱼得水主恩深”之句。

六出：《三国演义》第九十五至第一百四回把诸葛亮八年之中对曹魏先后发动的五次北伐称为“六出祁山”。这期间，诸葛亮真正出祁山北伐的只有228年春天第一次和231年二月第四次，前后两次，其他三次都与祁山无关。

诚为：诚心作为。

尽瘁：指竭尽全力，尽职尽责。

衷：衷肠、衷心希望。

此句意思是说，诸葛亮为了北伐曹魏而尽职尽责，体现了他的一片衷肠。

【特别说明】根据李复心的《忠武侯祠墓志》记载，下联的最后一个字是“衷”，而不是“哀”，属于书写时的笔误，特进行纠正。

【释】领兵打仗要以攻心为上策，三国鼎立中诸葛亮依赖此战术瓦解了敌方悬殊的军事力量；

刘备得到诸葛亮后情投意合有所依靠，六出祁山竭尽全力北伐曹魏体现了他一片衷肠。

萃灵爽於一堂，国之忠臣，家之孝子；
享明禋於亿代，前有烈祖，后有慈孙。

虚白道人李复心题书。生平简介见前。

【注】萃：聚集，荟萃的意思。

灵爽：语出东晋文学家袁宏（328—376）的《后汉纪·献帝纪三》："朕遭艰难，越在西都，感惟宗庙灵爽，何日不叹。"此指神灵、神明、鬼神的精气和灵魂。

一堂：此指武侯祠的崇圣祠内同祀有诸葛亮儿子诸葛瞻和孙子诸葛尚。

炎兴元年（263）秋天，魏国三路大军齐头并进欲灭蜀汉，兵临城下形势危急，为此，37岁的诸葛瞻与19岁的儿子诸葛尚同魏国征西将军邓艾战于绵竹至死不降，双双阵亡于疆场。所以，后世凡给诸葛亮修庙时，大多把诸葛瞻与诸葛尚同塑在庙内，以配享香火。例如：清道光二十四年（1844），巴州州官缪庭桂的《谒汉丞相诸葛武乡侯祠》诗歌有"此间英爽守忠魂，瞻尚犹能继一门"之句。

国之忠臣，家之孝子：诸葛亮祖孙三代都是蜀汉国家忠臣，也是诸葛家族的孝子。正因为如此，《三国志·蜀书·诸葛亮传》附诸葛瞻传中裴松之注《干宝》记载说："瞻虽智不足以扶危，勇不足以拒敌，而能外不负国，内不改父之志，忠孝存焉。"

清嘉庆年间礼部尚书任兰枝（1677—1746）的《武侯祠》诗歌有"绵竹战余瞻尚死，一门忠烈壮千秋"之句。

享明禋：指享受供奉神明的祭祀烟火。

亿代：世世代代的意思。

烈祖：语出《尚书·伊训》："伊尹乃明言烈祖之成德，以训於王。"孔传曰："汤，有功烈之祖，故称焉。"功名显赫的祖先，此指诸葛亮。

慈孙：语出《孟子·离娄上》："暴其民甚，则身弑国亡，不甚，则身危国削，名之曰幽、厉，虽孝子慈孙，百世不能改也。"泛指孝顺的后代子孙。此指诸葛瞻、诸葛尚父子。

【释】武侯祠内聚集了诸葛亮与诸葛瞻父子的灵魂及精英之气，他们堪称是蜀汉国家之忠臣，诸葛家族的孝子；

供奉祭献神明的烟火世代相传，前面有诸葛亮这样功名显赫的祖先，后面有诸葛瞻诸葛尚这样的后代子孙。

丹心一片安炎鼎；
豪气千秋壮蜀疆。

雍正年间，果亲王为武侯祠捐款维修时题。1984年春天，徐毓泉补书。

果亲王，生平事迹见前。

徐毓泉，生平事迹见前。

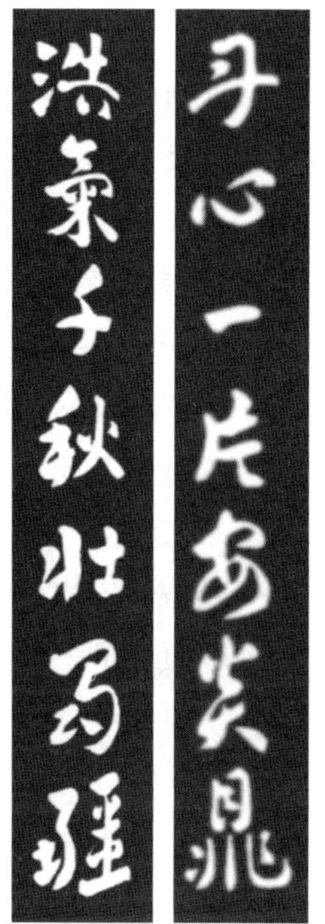

【注】上、下联语出自爱新觉罗·允礼七律诗《沔县诸葛武侯祠》："遭逢鱼水自南阳，将相才兼管乐长，羽扇风流看节制，草庐云卧裕筹量。丹心一片安炎鼎，浩气千秋壮蜀疆。庙貌嵯峨沔水侧，入门瞻拜肃冠裳。"

此题诗碑刻至今仍存勉县的武侯祠，完整无损。

丹心一片：亦称一片丹心。语出北宋文学家苏轼《过岭寄子由》诗歌："一片丹心天日下，数行清泪岭云南。"一片赤诚忠心的意思。

安：安定、安抚的意思。

炎：历史上以五行中的火来附会王朝历运的都称为火德。例如，《史记·秦始皇本纪》记载说："始皇推终始五德之传，以为周得火德，秦代周德，从所不胜。"

正因为如此，从西汉高祖刘邦开始，汉代所有的皇帝都称自己是火德弟子，所以，刘姓天下的西汉与东汉王朝皆称为"炎汉"。例如：据《文选·袁宏"三国名臣序赞"》记载："火德既微，运缠大过。"李善注曰："火德，谓汉也。班固《汉书·高纪赞》曰：旗帜尚赤，协于火德。"再如：三国时期曹操儿子曹植（192—232）的《徙封雍邱王朝京师上疏》有"笃生我皇，奕世载聪，受禅炎汉，临君万邦"之说。

鼎：鼎立、鼎足。

豪气：语出唐代诗人李白的《答王十二寒夜独酌有怀》诗："君不见李北海，英风豪气今何在。"此指浩然正气。

千秋：千百万年来。

壮蜀疆：强壮了蜀汉的国土。

【释】诸葛亮一片忠心安抚了蜀汉帝业形成了三足鼎立；

诸葛亮的浩然正气千百万年来强壮了蜀汉的国土。

立相臣之楷模，治世以大德不以小惠；标儒者之宗旨，为学须宁静尤须广才。

（上表亭）

嘉庆年间（1796—1820），虚白道人李复心题。丁丑年（1997），韩耀武补书。

李复心，生平事迹见前。

韩耀武（1938—2012），陕西省西安市临潼区人，历任宝鸡市副市长、汉中地区行署副专员、汉中市委常务副市长，市委副书记、市长、市委书记、陕西省政协常委等。

【注】立相臣之楷模：树立了蜀汉丞相诸葛亮作为文武官员的楷模。楷模：语出《后汉书·卢植传》："故北中郎将卢植，名著海内，学为儒宗，士之楷模，国之桢干也。"值得学习的典范、榜样。例如：南宋文学家叶适（1150—1223）的《谢宰执登科》有"固无以动世俗之耳目，斯可以为治道之楷模"之句。

立相臣之楷模治世以大德不以小惠

标儒者之宗旨为学须宁静尤须广才

治世以大德不以小惠：语出《诸葛亮集·答惜赦》："治世以大德，不以小惠。"意思是说，治理国家要以大的道德观念来说服教育人，不要以小恩小惠来拉拢人。

标：宣扬标榜。

儒者：语出《墨子·非儒下》："儒者曰：亲亲有术，尊贤有等。"《史记·淮阴侯列传》有"成安君，儒者也，常称义兵不用诈谋奇计"之说。此指尊崇儒学、通习儒家经书的人。

宗旨：语出《北齐书·儒林传·孙灵晖》："灵晖年七岁便好学，日诵数千言，唯寻讨惠蔚手录章疏，不求师友，《三礼》及三《传》，皆通宗旨。"此指主要思想意图。例如：唐代史学家刘知几（661—721）的《史通·序例》有"峤言辞简质，叙致温雅，味其宗旨，亦孟坚之亚欤"之句。再如：明末清初史学家黄宗羲（1615—1690）的《与顾梁汾书》亦有"台兄与会老札，有所下问，弟老而失学，岂能知先儒之宗旨"之说。

为学须宁静尤须广才：语出诸葛亮的《诫子书》："夫学须静也，才须学也。非学无以广才。"意思是说，学习需要安静，才能需要学习，不学习就不可能积累广博的知识。

【释】树立丞相诸葛亮作为文武官员的楷模，治理国家要以道德观念说服教育人不要以小恩小惠拉拢人；

要宣扬标榜孔孟之道的根本思想要领，学习不但要安宁清静而且还需要通过阅读积累广博的知识。

政坛勤谨典范；
中华智慧化身。

（上表亭）

戊子年（2008）春分（三月二十日），西安雷珍民题书。

雷珍民，号雷工、雷公，1946 年出生于陕西省合阳县书香之家。历任陕西省人大代表、中国书法家协会理事、陕西省文联副主席、陕西省书法家协会主席、陕西省国画院副院长、陕西秦岭书画院院长、古翠书画院名誉院长。

【注】政坛勤谨典范：诸葛亮是政治舞台上既勤奋又谨慎的榜样与典范。

中华智慧：中华民族的聪明才智。

化身：是佛教用语，称佛或菩萨暂时出现在人间的形体。例如：东晋佛学大师慧远（334—416）的《大乘义章》卷十九记载说："佛随众生现种种形，或人或天或龙或鬼，如是一切，同世色像，不为佛形，名为化身。"

这里比喻诸葛亮是中华民族聪明才智的化身。

【释】诸葛亮是政治舞台勤奋谨慎的榜样；

诸葛亮是中华民族聪明才智的化身。

分也功德，合也功德，皆因志虑忠纯；
成亦英雄，败亦英雄，全在庶竭驽钝。

（墨林苑大门）

甲戌（1994）秋，白云腾撰并书。

白云腾，字方楠，1943 年出生于陕西省米脂县，毕业于陕西师范大学中文系，曾出任汉中地委副书记、陕西省委常委秘书长、陕西省人大常委会副主任、陕西工艺美术协会名誉会长、陕西书画研究院名誉院长、陕西省慈善书画研究会名誉副会长。

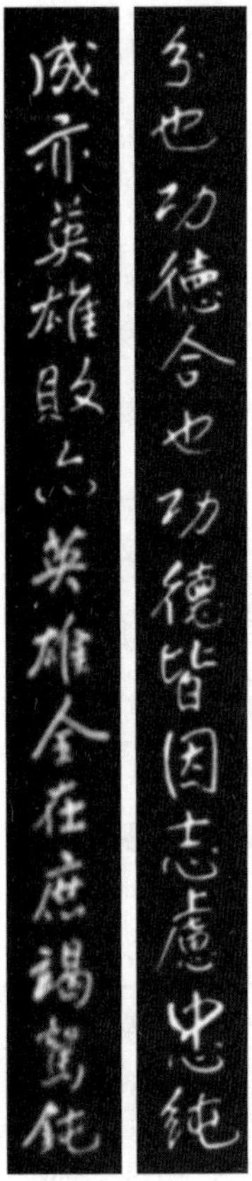

【注】功德，语出《礼记·王制》：“有功德於民者，加地进律。”此指功业与德行。例如：元代诗人张宪的《咸淳师相》诗歌：“谀言佞语颂功德，边事军声听寂寥。”再如：中国佛教协会会长赵朴初（1907—2000）的《金缕曲·周总理逝世周年感赋》有“雪侮霜欺香益烈，功德长留天地，却身与云飞无际”之说。

分也功德，合也功德：意思是，不管是当年曹操、刘备与孙权三足鼎立或者是孙刘联盟抗击曹操，诸葛亮都是有功劳有道德的人。

皆因：完全是因为。

志虑忠纯：语出诸葛亮《出师表》：“侍中、侍郎郭攸之、费祎、董允等，此皆良实，志虑忠纯，是以先帝简拔以遗陛下。”此指志向和心思都十分忠诚纯洁。形容人忠心耿耿，坚贞不贰。例如：《宋史·许景衡传》也记载说：“景衡得程颐之学，志虑忠纯，议论不与时俯仰。”

英雄：语出《汉书·刑法志》：高祖刘邦“总擥英雄，以诛秦项”。泛指才能以及勇武过人的人。例如：《三国志·蜀志·先主传》记载：“是时，曹公从容谓先主曰：今天下英雄，唯使君与操耳。本初之徒，不足数也。”再如：唐代诗人杜甫的《蜀相》诗有“出师未捷身先死，长使英雄泪满襟”之句。

成亦英雄，败亦英雄：意思是，诸葛亮不管是成功或者是失败，永远都是世人心目中真正的英雄。

全在：完全在于，完全因为。

庶竭驽钝：语出诸葛亮前《出师表》：“今南方已定，兵甲已足，当奖率三军，北定中原，庶竭驽钝，攘除奸凶，兴复汉室，还于旧都。”此指诸葛亮自谦地说，为了北伐曹魏，兴复汉室希望竭尽自己的平庸之才。庶：希望。竭：竭尽全力。驽钝：比喻自己的才能低劣。驽：走不快的劣马，形容才能低劣。钝：刀刃不锋利。比喻头脑不灵活，做事迟钝。

【释】不管是天下三分或者是当年孙刘联盟抗击曹操，诸葛亮都是有功劳有道德的人，这完全是因为他志向和心思十分忠诚纯洁；

不管是成功还是失败，诸葛亮永远都是世人心目中真正的英雄，这完全是在于他为了辅佐蜀汉帝业竭尽了自己的一生才干。

第四章
诸葛亮病故纪念地——陕西省岐山县五丈原诸葛庙

1. 诸葛亮第五次北伐曹魏屯军五丈原

建兴十二年（234）二月，诸葛亮率领十万大军，用“流马”运粮，走褒斜道从斜谷口杀出，开始了第五次北伐曹魏。四月，浩浩荡荡的北伐大军便屯于渭河南岸的五丈原。

为了有效地配合诸葛亮的西线北伐，吴国也开始在东线攻魏，以牵制魏军，减轻西线对蜀汉的压力。当时，孙权令镇北将军孙韶（188—241）向广陵郡（今江苏省江都市）和淮阴（今江苏省淮阴市）进攻；令荆州牧陆逊（183—245）与大将军诸葛瑾（174—241）各率军万人向襄阳郡（今襄阳市）进攻；孙权自己率军十万向合肥（今安徽省合肥市）出击，吴国三路大军形成了前后夹击态势，使曹魏首尾难顾，目的是全力配合诸葛亮这次北伐活动。

为了对付东吴和蜀汉两方面的大举进攻，魏明帝曹叡采取了东攻西守的战略方针，即东面全面进攻吴国，让西线固守待援，不要和诸葛亮的蜀军正面接触。

同年六月，曹叡（204—239）亲率大军赴合肥对付东吴主力，同时派遣骁骑将军秦朗率步骑两万增援西线司马懿，并且命令司马懿坚守不战，以防不测。

孙权根本没有料到曹叡会亲自督师出战东吴，怕军事不利，三路军马便先后撤军，曹军也返回许昌。只有西线司马懿在渭水以北和驻军五丈原的诸葛亮以渭水为界，相持对垒。

（1）五丈原基本情况

五丈原，位于今宝鸡市东面岐山县以南五丈原镇，东距西安 130 公里，西距宝鸡市 56 公里，北距蔡家坡镇 5 公里。原高 20 余米，南北长约 3500 米，东西宽约 1000 米，面积约 12 平方公里，由于原头仅五丈宽而得名。

五丈原背靠秦岭，南依棋盘山，北临渭河，东西两面为河流冲刷的深沟，因此这里三面凌空，一面环水，居高临下，视野辽阔，地势高阜而险要。

据南宋绍兴年间兵部尚书吕祉（？—1137）编著的《地理通鉴释》记载说：“五丈原历来有高、平、广、远之势，利于驻军，是行军者必争之地。”

五丈原东面不到 20 公里，便是眉县，眉县之南 15 公里就是褒斜道北面的出口斜谷，亦称斜峪关，距离汉中最近。第一次北伐曹魏时，诸葛亮就派遣赵云、邓芝在斜谷口作为疑军，吸引曹魏主力。这次出军北伐曹魏，诸葛亮又在斜谷口内大量囤积军需物资，有备无患。正因为如此，便捷的道路，进战退守自如的地理环境，就成了诸葛亮这次进军关中北伐曹魏的首选路线，五丈原也就必然成了诸葛亮第五次北伐曹魏的一个理想军事据点。

两汉三国时期，五丈原归属于扶风郡武功县，郡治在长安（今西安市西北），武功县治在渭河以南，即今天的周至、眉县之间。当时的武功县管辖今天眉县和岐山南部、太白县东部及周至县一带。所以，《三国志·蜀书·诸葛亮传》记载说：“十二年春，亮悉大众由斜谷出，以流马运，据武功五丈原，与司马宣王对于渭南。”

（2）诸葛亮的亲笔书法《远涉帖》

诸葛亮这次北伐曹魏，走的是五百里褒斜栈道，道路十分艰险，所以大军将近两个月才来到了五丈原。驻军后，诸葛亮就立即亲笔写了情况报告，派人回成都向朝廷汇报。这份书面报告被称为《远涉帖》，全文共 26 个字，最早见于北宋的《太平御览》，后来诸多史料都有记载，然而全是转录。幸运的是，珍藏在上海博物馆的北宋时期（1119—1125）《宣和书谱》中，就有诸葛亮行书《远涉帖》，而且在文章最后还有“亮顿首”三个字。全文如下：

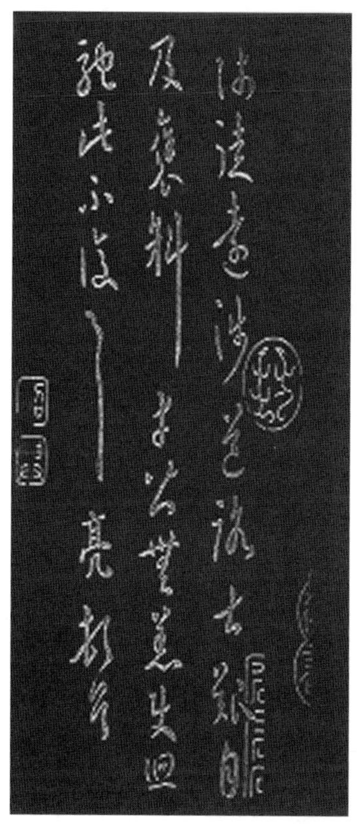

师徒远涉，道路甚艰，自及褒斜，幸皆无恙。使廻，驰此，不复云。亮顿首。

这段话意思是说：大军远道跋涉，道路非常艰险，自从进入褒斜道后，幸好一切都平安无虞。现在派使者返回，报告这里的具体情况，我就不再详细陈述了。诸葛亮再拜顿首。

据上海市博物馆碑帖研究专家陶喻之先生考证研究，认为《远涉帖》属于东晋大书法家王羲之（303—361）当年临仿诸葛亮书法原作本，说明王羲之见过诸葛亮亲笔的《远涉帖》，尽管看到的是王羲之临摹本，但仍然十分珍贵。

除此之外，上海市博物馆历史碑帖中还珍藏有诸葛亮《玄莫帖》和《亮白帖》。

《玄莫帖》为汉隶书体，全文是：“玄莫大寂，混合阴阳，先生天地柔刚。”

《亮白帖》是汉隶书体，全文为：“亮白孟起（马超）兼资文武，熊烈过人，一世之黥彭之徒（此指西楚霸王项羽的猛将黥布与彭越二人），当於翼德（张飞）并驱争先，犹未及髯公（关羽）之绝伦逸群也。”

据陶喻之先生考证研究，认为《玄莫帖》与《亮白帖》，都属于诸葛亮的亲笔书法作品（见《诸葛故里论诸葛》，山东地图出版社 2007 年 10 月版）。

《三国志·蜀书·诸葛亮传》记载说，诸葛亮一生中有《诸葛亮集》大小文章二百余篇流传后世，“凡十万四千一百一十二字”，被陈寿整理归纳为 24 篇文章，编著了《诸葛亮集》流传后世，堪称经典之作，受益于后来人学习效法。但我们从来没有听说过或见过他的亲笔书法作品，上海市博物馆碑帖中发现的上述三个诸葛亮亲笔书法作品，通过陶喻之先生考证研究，使我们耳目一新，这无疑为诸葛亮文化增光添彩，丰富了诸葛亮文化的内涵，显得弥足珍贵。如果能够在相关的文物旅游景点临摹复制而成为看点，做成旅游纪念品向国内外游人展示或者销售，将有利于诸葛亮文化传播继承。

（3）以渭水为界两军对垒

司马懿知道诸葛亮屯军渭水之南五丈原后，就对身边人说：“百姓积聚皆在渭南，此必争之地也。”

意思是说，渭水以南是老百姓聚居的地方，诸葛亮就一定要争夺。

在这之前，司马懿分析当时的形势曾对诸将说："亮若勇者，当出武功，依山而东，若西上五丈原，则诸军无事矣。"（见《晋书·宣帝纪》）

司马懿认为，诸葛亮如果驻军在今天的周至、眉县之间渭河以南，并且依山在东面扎营可能会对魏军造成一定的威胁，如果在西部屯军五丈原，就对魏军一时还没办法，相对是安全的。

魏国诸将听了司马懿分析以后皆喜，唯独雍州刺史郭淮（？—255）深以为忧。他对司马懿说："亮必争北原，宜先据之。"但是，诸将多不以为然。

为此，郭淮又提示诸将说："若亮跨渭登原，连兵北山，隔绝陇道，摇荡民夷，此非国之利也。"（见《三国志·魏书·郭淮传》）

郭淮认为，如果诸葛亮蜀军渡过渭水上了北原，隔绝了通往陇右的道路，再煽动联合意志不坚定的汉民与少数民族，那可就对魏国相当不利了。

司马懿这才意识到北原的重要性，立即命郭淮等率部移屯渭水北原。但是，魏军防御工事还未建成，诸葛亮果然已经驻军在渭水南岸的五丈原，两军遂成对峙状态。

由于魏军防御严谨，东进道路受阻，从渭水北进又有郭淮阻挡，诸葛亮只好首先攻取渭水以南的大散关，扫平左翼之敌，为正面北伐曹魏解除后顾之忧。

大散关，位于宝鸡市南郊秦岭北麓19.5公里处的清姜河岸，因置关于大散岭而得名。

自古以来，大散关就是控制关中地区的四关之一（东为潼关、西为大散关、南为武关、北为萧关），更是秦蜀间行旅通商的必经之路与历代兵家必争的重要军事战略关隘。

公元前206年，韩信"明修栈道，暗度陈仓"，由大散关而"出定三秦"，为高祖刘邦夺取关中建立西汉王朝奠定了坚实基础；东汉建武二年（26），王莽旧部延岑（？—36）引兵入散关出陈仓占据关中三辅割据自立，自称"武安王"，被光武帝刘秀大将冯异所击败；建安二十年（215）三月，曹操率大军过大散关征讨汉中的"五斗米教"第三代传人张鲁时，写下了《晨上大散关》诗歌。

建兴六年（228），诸葛亮第二次北伐曹魏也是“出散关，围陈仓”。所以，诸葛亮十分清楚，占领大散关后就没有了后顾之忧，可以全力以赴对付渭水以北的司马懿魏军。

（4）司马懿为什么“甘辱巾帼”而不出战

由于诸葛亮几次北伐都是长途跋涉，后勤保障有问题，最终因为“军粮不济”而被迫退军，所以，这次北伐，诸葛亮急于作战，想速战速决，然后胜利班师。

司马懿见诸葛亮的蜀汉军来势凶猛，斗志旺盛，便以渭水为界南北对垒拒守，避其锋锐而坚决不出战，想以此拖垮蜀汉军，等到时机成熟了再决一死战，把握会更大。

八月，司马懿遵照明帝曹叡“坚壁拒守，以逸待劳”旨意与诸葛亮相持百余日而不动声色。诸葛亮曾数次下战书挑战，司马懿就是死守不出，等待蜀汉军粮尽再相机反攻。无可奈何，诸葛亮便派人给司马懿送去“巾帼妇人之饰”，想以此羞辱司马懿像妇人一样胆小如鼠，激将司马懿出战（见《晋书·宣帝纪》）。没想到，司马懿竟然豁达大度地接受了妇人衣饰，还是按兵不动。对此，魏军将士忍无可忍，个个愤怒，大呼小叫请求出战。

为了平息部属不满情绪，司马懿故意装怒，假意上表请战。魏明帝不但不许出战，还派大将军军师辛毗来做监军，以节制司马懿的行动，从而稳定军心。这样一来诸葛亮又来挑战，司马懿就假意积极带兵出击迎战，“辛毗杖节立于军门”，所有魏军便不敢轻举妄动了。

姜维见此情况后就对诸葛亮说：“辛毗杖节而至，贼不复出矣。”

诸葛亮回答说：“彼本无战情，所以固请战者，以示武于其众耳。将在军，君命有所不受，苟能制吾，岂千里而请战邪。”（见《三国志·蜀书·诸葛亮传》裴松之注《汉晋春秋》）

诸葛亮认为，司马懿他们本来就没有和我们打仗的意思，所以才用请战的办法来显示军威，以安定军心，做做样子给大家看。按照常理来说，将军在外面作战，应该根据战场瞬息万变的实际情况而采取灵活机动的应变措施，不应该拘泥一成不变的将令而贻误战机，造成更大损失。所以说，将军在外面作战时，君王的命令是完全可以不接受的。如果魏军能够征服我们，司马懿还用得着去千里之外请战吗？姜维等蜀汉将领，这才明白了其中原委。

（5）诸葛亮病故五丈原军中

在两军对峙中，诸葛亮最担心的仍然是军粮问题，于是，他让军队轮流在当地屯田耕种，让将士们分批杂处在渭滨居民之间，一起干活而不扰民。为此，

《三国志·蜀书·诸葛亮传》记载说："亮每患粮不继，使己志不申，是以分兵屯田，为久驻之基。耕者杂于渭滨居民之间，而百姓安堵军无私焉。"

现在，五丈原东、西、北三面的原下田地，都是当年蜀汉军和当地老百姓合耕的田地，所以，至今老百姓仍然叫"诸葛田"。

两军对峙了百余日，诸葛亮曾多次派人去下战书，但司马懿根本就不关心作战之事，只打探诸葛亮的近况如何。

据《三国志·蜀书·诸葛亮传》裴松之注引《魏氏春秋》记载说：

亮使至，问其寝食及其事之烦简不问戎事。使对曰：诸葛公夙兴夜寐，罚二十以上皆亲览焉，所啖食不至数升。宣王曰：亮将死也。

这段话意思是说，当时，蜀汉军前来下战书的军士到来时，司马懿向使者问及诸葛亮的饮食和睡眠情况如何，根本就不问军事情况。

蜀军使者回答说，诸葛丞相昼夜不能好好休息，将士凡是被罚二十军棍的都要亲自过问缘由决定该不该处罚。饮食情况也极为不好，昼夜操劳。司马懿听后说："亮将死也。"

在关于凡是将士被罚二十军棍诸葛亮都要亲自过问的问题上，成了后世部分人盲目断章取义评价诸葛亮"事必躬亲，不相信人，以至于累死在五丈原军中"的依据。这些看法欠妥，一定要搞清楚当时蜀汉军构成的历史背景，才能够明白诸葛亮为什么会这样做？

首先，诸葛亮当年率领的北伐大军组成是比较复杂的，其中：有跟随刘备一起从涿州出来打拼的家乡人士；亦有不少跟随刘备、诸葛亮来到益州的荆州襄阳人士；更有益州投降的刘璋旧部；还有大量西南和西北地区少数民族归降人物，军队结构复杂，人员性格迥异。所以，诸葛亮这样处理是正确的。

值得一提的是，据《华阳国志·南中志》与《太平御览》记载说：诸葛亮北伐大军之中的"青羌五部"，也就是《出师表》中提到的"賨叟青羌"，属于诸葛亮南征平叛时期归降的西南少数民族军队，他们个个刚毅而善于斗狠，非常勇猛，号为"飞军"，真名叫"白毦"，是以牦牛毛制的披衣为特征而名，诸葛亮安排统率这支少数民族军队的是汉人陈到，他们是北伐曹魏的生力军。可是，应该清楚，这些少数民族将士各自有不同的民族信仰和语言障碍及生活习惯差异，不能完全与汉族等同看待。尽管蜀汉军有严格的律条规定，但是，也要因地制宜灵活处理，不能一概而论一刀切，否则就会因小失大，或适得其反产生内乱，造成得不偿失的巨大损失。南征平叛时，诸葛亮"七擒七纵孟获"，采取怀柔政策，使其"心悦诚服"，才使西南地区长治久安。假如不分青红皂白按照汉民族习俗或者是法令、军规来一概而论处理问题，就会激起更多的民反或者是兵变。诸葛亮一生谨慎行事，十分爱护将士，加之蜀汉资源匮乏，兵源奇缺，应该十分珍惜，这就是诸葛亮为什么凡是将士被罚二十军棍的，都要亲自过问的真实用意，并不是事必躬亲不相信人。就是今天，国家也还十分重视民族政策贯彻落实，认为民族事务无小事，要求具体事务具体对待，不能按照常规原则一概而论，否则就会引起民族争端或者内乱，诸葛亮的治军更需要这样。我们应根据当时历史背景研究分析，正确看待，不可望文取义而偏颇谬论。

当时，司马懿的弟弟司马孚来信问前线军情，司马懿回信说：

亮志大而不见机，多谋而少决，好兵而无权，虽提卒十万，已堕吾画中，破之必矣。（见《晋书·宣帝纪》）

司马懿这些话虽然言过其实，但是他已经预言这次北伐，蜀汉军必败无疑。

诸葛亮欲战不能，欲罢不可，心力憔悴，终因“食少事烦，积劳成疾”开始呕血。由此可见，诸葛亮此时的身体相当差，这是日久天长日夜操劳累出来许多病。

自从先主刘备章武元年（223）死后，诸葛亮就受命全权辅佐后主刘禅，以“相父”身份“摄一国之政事”管理蜀汉朝政，发展经济富国强民，南征平叛安定后方。紧接着就是亲自率军进行五次大规模北伐曹魏，除了第三次取武都、阴平二郡还算成功外，其他四次全都是因为各种客观原因而事与愿违，这不能不给诸葛亮在精神上造成严重打击。

在当时“军粮不济”，物资匮乏的情况下，首先是吃不好，在前线事多、事烦的情况下，根本休息不好。再加上蜀汉军将士大多数来自西南和西北少数民族，他们是北伐的骨干主力，但又有各自民族的习惯和信仰，有时候可能触犯军规，需要认真区别对待，不能随意处罚。加之司马懿固守不战，致使此次北伐进退两难。如此操劳费心，吃不饱、睡不好，寝食难安，身心疲惫，导致“积劳成疾”。最终病死在五丈原军中。

据《三国志·蜀书·诸葛亮传》裴松之注引《魏书》记载说：“亮粮尽，劳穷，忧恚（huì，忧愁愤恨的意思），呕血一夕，烧营遁走，入谷道发病卒。”

裴松之虽作了注引，可他说：“亮在渭滨，魏人蹑迹胜负之形未可测量，而云呕血，盖因亮自亡，而自夸大也。夫以孔明之略，岂为仲达呕血乎？云亮军败呕血，此则引虚记以为言也。云入谷而卒，缘蜀人入谷发丧故也。”

从以上记载来看，当年裴松之为《三国志·蜀书·诸葛亮传》注引时引用了魏国曹髦时期尚书、豫州刺史、镇南将军王沈（？—266）的四十八卷《魏书》相关资料，说诸葛亮在渭滨五丈原屯军北伐时粮食殆尽，整天劳累身心疲惫达到了极致，使诸葛亮十分忧郁愤怒，吐血一个晚上，次日遂烧了军营而逃走，进入褒斜道的谷道以后，诸葛亮就发病死了。

裴松之对王沈的说法有不同看法，他认为，诸葛亮在渭滨时期，曹魏的人对于两家胜负还不可预测，怎能轻易说诸葛亮是忧愤呕血而亡呢？这是因为，诸葛亮是属于自然死亡，而魏国人夸大其词而已。所以，裴松之说诸葛亮是深谋远虑之人，岂能因司马懿坚守不战而气得呕血，说诸葛亮因为兵败而吐血，完全是虚言也。至于说进入谷道之后诸葛亮才死，那是因为蜀汉军进入褒斜道的斜谷道以后，才给诸葛亮正式发丧的缘故。

王沈是魏国人，正元年间（254—256）他和当时著名文学家荀顗、阮籍共同编著了四十八卷《魏书》，记录了当时耳濡目染的相关历史资料而流传后世，王沈的死年距诸葛亮病死的时间只有 32 年，资料来源有它的可靠性。比如说，诸葛亮在渭滨五丈原屯军北伐时粮食殆尽，整天劳累达到了极致，再加上司马懿坚守不战，使诸葛亮十分忧郁，应该是真实的。可是，蜀汉与曹魏是敌对国，因此，王沈说法难免有偏颇之处。比如由于司马懿坚守不战而使诸葛亮愤怒呕血一晚上，次日烧了军营而逃走，这应该是夸大其词的说法。至于说进入谷道后诸葛亮才死，那是因为蜀军进入了褒斜道斜谷以后才给诸葛亮正式发丧的缘故，可是，当时的王沈并不知道真实情况而已。

裴松之（372—451）为《三国志》注释时间距诸葛亮病死有两百年左右，所以，他对三国历史文化的了解，只能够依据陈寿《三国志》为依据，再参考当时已知的诸多历史资料，对《三国志》注引堪称旁征博引有理有据。特别是，他对于诸葛亮十分尊崇敬仰，所以，他对王沈的说法进行公正评价是准确的。

就当时诸葛亮现状和病情而言，按今天医学说法，诸葛亮可能患有胃病、神经衰弱症、心脏病、肺病和支气管扩张病等，堪称病魔缠身，开始呕血也是正常的。加之司马懿“甘辱巾帼”而不战，此次北伐进无所据，退不甘心，心里极度不平衡和忧愤，所以他“食少事烦，积劳成疾”而卧床不起，如此相持了百余日，当年八月二十八日病逝于五丈原军中，享年 54 岁。应该肯定地说，诸葛亮属于操劳过度而病死的，并不是被司马懿气死的。

司马懿闻知诸葛亮病死蜀军撤退后，亲自查看五丈原蜀军营地，发现遗留不少军事物资、书信和粮草。当时，辛毗认为诸葛亮是否死了尚不可知。司马懿却说：“军家所重，军书密计，兵马粮谷，今皆弃之，岂有人捐其五藏而可以生乎？宜急追之。”（见《晋书·宣帝纪》）

司马懿认为，军事物资与书信、粮草都是军事家最重视的命脉，哪有人没有五脏六腑还能够活的？于是便率军急速追击。

没想到，诸葛亮临死前，也预料到司马懿会追击，就特意进行了周密安排，以防魏军追击。

魏军没有追击多远，突然间，只见蜀汉军又打着诸葛亮的帅旗，金鼓齐鸣，喊杀声震天进行反击。司马懿这时候认为诸葛亮并没有死，而是在用计诱敌，于是便惊慌失措逃跑。事后才知道，诸葛亮真的死了，他十分懊悔。当时的百姓嘲笑司马懿说："死诸葛吓走活仲达。"司马懿苦笑着说："吾能料生，不能料死。"他对诸葛亮肃然起敬，称赞其为"天下奇才"（见《三国志·蜀书·诸葛亮传》裴松之注引《汉晋春秋》）。

2. 五丈原诸葛庙的历史沿革与古迹文物

由于诸葛亮建兴十二年（234）第五次北伐曹魏时曾在五丈原屯军，结果病死在军中，后世人为了纪念诸葛亮，五丈原诸葛庙就产生了。那么，五丈原诸葛庙始建于何时？它经历了哪些历史沿革？遗留了哪些文物古迹呢？

（1）历史沿革

据光绪年间岐山县知县寇遐所编的《岐山县志》记载说：诸葛亮庙"始建於元代至元年间"（1271—1294），在五丈原诸葛庙相关维修碑刻中，也是这样说的，这显然是错误的，不可信的。理由是：

1984 年 3 月，为了迎接"第二届川、陕、鄂诸葛亮学术研讨会"10 月在勉县隆重召开，笔者建议，希望亲自带队实地考察诸葛亮北伐曹魏路线，首次举办《诸葛亮北伐史迹展览》为这次大会献礼，得到了陕西省文物局和汉中地区以及勉县人民政府大力支持。在此情况下，笔者组织四人，根据相关历史资料记载，结合诸葛亮五次北伐曹魏的实际情况，用半年时间就徒步行走了陕西、甘肃、四川 3 省 7 个地市 34 个市县。每到一地，就现场拍摄照片，查阅当地史志资料，参观了解馆藏文物，与地方专家交流座谈，掌握了大量第一手资料。

在岐山县考察时，笔者系统浏览过《岐山县志》，发现主修县志的人是光绪晚期岐山县知县寇遐，在县志记载中，不少古迹文物和城池、小桥都说是元代至元年间（1271—1294）始建，当时就给笔者留下一个深刻印象，似乎岐山县在元代以前就是个没有开发的化外之地，是在元代至元年间才被开化建设的。据此分析，怀疑寇遐可能是个蒙古人，他在借修地方志书之便，故意宣扬其祖先的功德业绩，因此，这个县志肯定有难以置信的偏颇之处。

可是，《岐山县志·艺文》卷八却记载说："五丈原之有诸葛庙也，遥遥千年载，历代兴废难以尽稽考之。"这与本志前面所说"始建於元代至元年间"前后矛盾，有些茫然。笔者曾多次应邀到五丈原诸葛庙进行过实地考察，应邀多次参与为他们规划建设而出谋划策。就掌握的相关资料而言，如果说五丈原诸葛庙是元代至元年间始建，显然是有问题而不可信的。例如：

晚唐著名诗人温庭筠（812—882）的《过五丈原》诗中就有“象牙宝座无言语，从此谯周是老臣”诗句。一般理解“象牙宝座无言语”是指诸葛亮庙中的武侯“神像”高坐在神龛之上，神态威严。这说明，唐代以前，五丈原上就已经有了纪念诸葛亮的祠庙建筑。

金哀宗正大（1224—1232）年间，曾任凤翔治中、南山安抚使的郝居中曾经游览五丈原诸葛庙，写下了《五丈原怀古》诗歌，诗中有“坏壁丹青仍白羽，断碑文字只苍苔”诗句，说明五丈原诸葛庙不但存在，而且年久失修，变成了“坏壁丹青”和“断碑文字”的凄凉景象。

元代员外郎朱铎的《五丈原怀古》诗亦有：“遗庙经千古，愁云日往还。”

明正德十六年（1521）的《凤翔府志》中，有元代初期廉访司副使郭思恭的《汉丞相诸葛武侯公五丈原庙记》记载说：该“庙自汉至今，千有余年”。

以上这些资料说明五丈原诸葛庙不但历史悠久，而且是一直存在的。

五丈原在蜀汉灭亡之前，属雍州扶风郡武功县，这里一直是魏国的辖地，虽然诸葛亮病逝在这里人们都怀念他，可是，在曹魏政权彻底灭亡的 265 年之前，是绝不可能会允许任何人在管辖区内为诸葛亮修庙纪念的。因为，曹魏与蜀汉是敌对国，这是不可逾越的政治分界线。

西晋泰始元年（265），魏国灭亡后情况就发生了根本变化。当时的著作郎陈寿（233—297）将诸葛亮所有文章汇编成《诸葛氏集》呈给晋武帝司马炎，司马炎看后下诏说：“诸葛亮在蜀尽心尽力，其子诸葛瞻危难之时能守节而死义，这都是天下优秀品质。”

据《三国志·蜀书·诸葛亮传》附“诸葛瞻传”记载说：

诸葛瞻，字思远，年十七，尚公主，拜骑都尉。其明年为羽林中郎将，屡迁射声校尉、侍中、尚书仆射，加军师将军。景耀四年，行都护卫将军，与辅国大将军南乡侯董厥并平尚书事。……六年冬，魏征西将军邓艾伐蜀，瞻督诸军至涪停住，前锋破，退还住绵竹。艾遣书诱瞻曰：若降者，必表为琅琊王。瞻怒，斩艾使遂战，大败，临阵死，时年三十七。众皆离散，艾长驱至成都，瞻长子尚，与瞻俱没。次子京及攀子显等，咸熙元年内移河东。

上述记载说明，诸葛亮儿子诸葛瞻在蜀汉延熙六年（243）17 岁时就娶了后主刘禅的女儿刘氏公主为妻，封为骑都尉，第二年被升为羽林中郎将，后来又升为射声校尉、侍中、尚书仆射、军师将军。景耀六年（263）冬天，魏国征西将军邓艾率大军灭蜀汉时，诸葛瞻与长子诸葛尚全力抵抗拒不投降，双双战死在绵竹而就地安葬，后世人为了纪念诸葛瞻父子，在今德阳市绵竹县葬地修建了“双忠祠”千秋拜祭，现在是国务院重点文物保护单位。

蜀汉灭亡后，诸葛瞻唯一的儿子诸葛京，就成了诸葛氏家族在世生息繁衍的独有后裔。

历史资料中诸葛京的生卒年虽然不详，可他的哥哥诸葛尚出生于蜀汉延熙七年（244）二月，死于炎兴元年（263）十一月，时年19岁，起码比诸葛京大两岁，因此，诸葛京有可能出生于延熙九年或延熙十年（246—247），属于未成年人，所以没有参加保卫国家的战争而生存下来。咸熙元年（264），18岁的诸葛京根据魏国官方安排，带着母亲刘氏公主以及诸葛乔的儿子诸葛攀之子诸葛显等“内移河东”，来到了今山西省运城市临猗县天兴村安家落户，成了居住于河东郡的诸葛亮后裔始祖，这里也将成为诸葛亮后裔发祥地。

据《三国志·蜀书·霍弋传》注引《汉晋春秋》记载说：“泰始四年三月从帝宴于华林园，诏闻蜀大臣子弟，问先辈宜时叙用者。罗宪荐蜀郡常忌、杜轸、寿良、巴西陈寿、南郡高轨、高阳吕雅、许国、江夏费恭、琅琊诸葛京、汝南陈欲，即皆叙用，显现于世。”

当时，济阴郡（属兖州，治所在今山东菏泽市定陶区）太守文立（？—279）也向司马炎进言说：“故蜀之名臣子孙流徙中国者，宜量才叙用，以慰巴蜀之心，以倾吴人之望。”

司马炎认为很有道理，遂下诏书曰：“诸葛亮在蜀尽其心力，其子瞻临难而死义，其孙京宜随才署吏。”（见《资治通鉴》之“武帝泰始五年268—269”）

上述记载说，泰始四年（268）三月，巴东郡太守罗宪向西晋武帝司马炎举荐诸葛京，得到了司马炎认同并下诏书，诸葛京22岁左右就开始“随才署吏”，在河东郡的当地官府做事。署：应该是当地的河东郡猗氏县衙，即今天的运城市临猗县。吏：是古代为官府做事人员的称谓，类似今天的国家公务员。他在地方官府具体做什么事，干了多久不得而知。

据《三国志·蜀书·诸葛亮传》注引《诸葛氏谱》记载说：

《泰始起居注》载诏曰：诸葛亮在蜀，尽其心力，其子瞻临难而死义，天下之善一也。其孙京随才署吏，后为郿令。尚书仆射山涛启事曰：郿令诸葛京祖父亮遇汉乱分离，父子在蜀，虽不达天命要为尽心所事，京治郿自复有称，臣以为亦以补东宫舍人，以明事人之理，副梁益之论。京位至广州刺史。

上述记载说明，诸葛京“随才署吏”，在当地官府做事情后，才做了“郿令”。所以，乾隆四十三年（1778）重新编撰的《郿县志》也有同样的记载。

由于诸葛京出任“郿令”期间政绩显著有目共睹，“竹林七贤”之一的尚书仆射山涛（205—283）才报奏晋武帝司马炎，希望为其加官晋爵封为“东宫舍人”（亦称中庶子，是太子的侍从官，俸禄六百石），以安众心。

诸葛京是否当过“东宫舍人”，史料看不出结论，只有“京位至广州刺史”记载。假如是真实的，“随才署吏，后为郿令”任职时间有 12 年左右，即 269—280 年；任职“东宫舍人”可能是 10 年左右，即 280—290 年之间，因为乾隆年间编著的《广州府志》与《广州通志》明确记载诸葛京出任“广州刺史”的时间是永熙元年（290），元康九年（299）由王毅接任，诸葛京任职 10 年是有据可查毋庸置疑的。如此看来，诸葛京一生中为官共计 32 年，堪称功德圆满。

有关诸葛京“内移河东”因果关系等相关问题，笔者已经进行了有关研究考证，请参阅本书第二十三章《关于山西临猗县武侯墓祠与诸葛京“内移河东”研究》，此处不再赘述。

笔者认为，眉县在今陕西省宝鸡市东南，与岐山县接壤，眉县县治西又与五丈原诸葛庙仅有 20 里，今天的五丈原在当时属于眉县管辖区，诸葛京在任“郿令”期间，为了怀念祖父诸葛亮而为其修庙千秋祭祀，是情理之中的事。正因为如此，五丈原诸葛庙，可能是西晋惠帝司马衷永熙元年（290）诸葛京出任“广州刺史”之前当“郿令”期间所始建。上述诸多历史信息，都证明了五丈原诸葛庙历史十分悠久，并非元代才有。

（2）古迹文物

五丈原诸葛庙坐南朝北，占地面积约 30 亩，是历史上经过多次维修而保留至今的古迹，其中，元代至元年间维修规模较大，明清以来又进行了数次维修，最后一次是光绪年间，形成了后来的古迹格局。

20 世纪 80 年代至 90 年代之间，岐山县文化局、博物馆以及与五丈原诸葛亮庙文管所，为了有效地保护古迹文物，发展地方旅游事业而积极筹资，多次邀请笔者到现场出谋划策进行指导。正因为如此，这里的诸葛亮衣冠冢、碑廊、八卦阵和月英殿等景观以及相关保护措施都出自笔者的建议，同时，还建议岐山县文化局将原来的五丈原文管所改名为博物馆至今。这些事情，在诸葛庙现存的相关碑刻中有所记载。

在各级政府重视逐年拨款以及历任所长、馆长尽职尽责的前提下，根据总体规划，先后多次大规模整修了五丈原诸葛庙古迹文物，成为陕西关中西部著名的旅游胜地，年接待中外游客 20 万人次左右。

时至今日，五丈原诸葛庙是陕西省人民政府 1991 年公布的风景名胜区，1992 年公布的重点文物保护单位，陕西省旅游局公布的 AA 级旅游单位。

从原下古道十三盘的“盘盘道”拾阶而上原上，便见古柏苍翠挺拔，在郁

郁葱葱之中，面阔三间的歇山顶高大山门跃入眼帘，山门正中，便是高悬竖式的“五丈原诸葛亮庙”匾额。

山门口柱子上的楹联是：“一诗二表三分鼎；万古千秋五丈原。”这是民国初年，著名书法家孙墨佛（1884—1987）所题书。

正门里边檐下，悬挂有“忠贯云霄”匾额。里边柱子上有楹联一副，内容是：“伐曹魏名留汉简；出祁山气吞中原。”题书者不详。

进入院内，东西两侧分别是钟、鼓楼，均为四角攒尖顶重檐二滴水，建于道光年间。钟楼内悬挂一口大铁钟，属于明代嘉靖十三年（1534）所铸造，门额题书“空谷传声”。鼓楼内置牛皮大鼓一面，门额题书“声闻于天”。

进入金碧辉煌的山门，便是祭拜诸葛亮的献殿，属于硬山式建筑，面阔五间，进深三间，献殿内一根五丈的脊檩横穿五间房，号曰“五丈通檩”，是这所古建筑的一个独有的特点，实为少见。

献殿左右两边墙上，镶嵌着40块两尺见方的岳飞书写诸葛亮的前、后《出师表》全文碑刻，明朝开国皇帝朱元璋（1328—1398）为前《出师表》引首题词是：“纯正不屈，书如其人。”

据岐山县已故著名史学家庞怀靖（1919—2006）先生在1984年第1期《中原文物》发表的《漫谈岳飞书诸葛亮出师表石刻》一文介绍说：根据他查阅大量史志资料引经据典考证，南宋著名将领岳飞绍兴八年（1138）在南阳武侯祠所书写的诸葛亮前、后《出师表》原书法，经过历史的多次沧桑多变几经周折，最后被清光绪初年岐山县知县胡升猷花重金将其收藏，原书法共四大张，还有左宗棠的题跋。由于胡升猷十分尊崇敬仰诸葛亮，所以，光绪四年（1888）在重修五丈原献殿时，胡升猷让陕西富平县著名石雕工匠樊登云将岳飞手书诸葛亮《出师表》刻在若干块青石之上，镶嵌在五丈原诸葛庙献殿。其刀工形同真迹，随笔走刃，入石三分，可谓一绝，这是全国各地现存《出师表》最早的原始母本书体雕刻，保存至今，十分珍贵，成为诸葛庙不可多得的镇馆之宝。

献殿后八卦亭，为八角攒尖式仿古建筑，飞檐藻井，古朴典雅，斗拱奇特，在全国同类建筑之中独具风格。八卦亭是按照八卦方位而修建的。

亭柱有楹联一副，内容是："亭号八卦，震宫龙，巽宫鸡，雕刻成象；原名五丈，山在后，水在前，包围若屏。"题书者不详。

八卦亭后为面阔三间的上殿，称为"三帅殿"，正中供奉着光绪年间维修时才雕塑的诸葛亮塑像，两边分别侍立王平、关兴、张苞、廖化四位蜀汉将军。像龛上方悬挂有"将相师表""出将入相"和"北定中原"，歌颂诸葛亮的匾额。两侧的楹联是："短兵五丈原；长眠一卧龙。"

"三帅殿"两侧，分别祭祀杨仪和姜维，因为当年他们都曾统兵随诸葛亮屯驻在五丈原。

"三帅殿"两侧的东西厢房，重塑有跟随诸葛亮来五丈原北伐的文臣武将塑像 20 余尊。

由正殿之后的东西两个月门可进入后院，院内有"诸葛亮衣冠冢"，在台高一米多的平台上，台周围饰以石栏杆，砌有用 27 根立柱围抱的石墙，隐含诸葛亮自刘备"三顾茅庐"出隆中，直至在"五丈原"与世长辞，辅佐先主刘备及后主刘禅共 27 年。台中封土垒起，正面墓头立有石碑，文曰"诸葛亮衣冠冢"，这是 1995 年诸葛庙馆长梁祚祯根据笔者建议所建。理由是，当年诸葛亮病死在这里，尽管遗命安葬在汉中勉县的定军山下，可这里是他最后一次北伐曹魏屯军之地，又是死后临时停尸之所，所以这里修建一个衣冠冢，使人们记忆犹新，很有历史纪念意义。

后院有六角形攒尖式仿古建筑落星亭，亭内刻立有“落星石”碑刻，背面还镶嵌有一块巨大的落星石。这是根据《三国志·蜀书·诸葛亮传》注引《晋阳秋》说：“有星赤而芒角，自东北西南流，投于亮营，三投再还，往大还小，俄而亮卒”的记载所建，预示诸葛亮这个伟大人物临死前是有预兆的。

根据这一说法，五丈原诸葛庙历来就有陨星石一块，并且修建了陨星石亭以示纪念，至今仍存。

这块陨石历史上究竟从何而来？已经无从考究了，但是它对应了上述记载，以此来证明诸葛亮是天上的一颗星，坠落而死的说法似乎是有根据的。

落星亭之后的院子两边，分别修建有碑廊，里面镶嵌或竖立有明清以来的碑刻、碑碣50余通、方。有记载历次维修情况的、有诗词歌赋的、有相关管理制度的，碑碣大小不等，错落有致，内容丰富，书体各异。这些碑刻、碑碣对诸葛亮功德业绩、人格魅力都给予了高度评价，令人浮想联翩，流连忘返。

在诸葛庙东西两边，还有两个院子，西院为办公场所，东院有月英殿和八卦迷宫阵景观，这是笔者20世纪90年代应邀为这里出谋划策，在馆长梁祚祯手中修建起来的，其中，黄月英殿在全国武侯祠庙中属于独有。

黄月英殿分为上、下两部

分，下部分为八角塔体形，上部分为四角攒尖顶。

殿内正中有黄月英大型彩色塑像，其子诸葛瞻与养子诸葛乔侍立两旁。

在黄月英殿的门口，有著名书法家启功（1912—2005）题书的楹联一副，内容是："月影扶摇，灵心一点通羽扇；英才绽放，智慧万端射牛斗。"

五丈原诸葛庙的整体古建筑排列在南北向的中轴线上，亭、阁、殿宇等古建筑高大雄伟，错落有致，碑刻、幅匾以及塑像等文物鳞次栉比，内涵十分丰富。是宝鸡市的重要文物古迹之一，自 1983 年正式售票对外开放以来，参观者络绎不绝。

据《岐山县志》记载：明嘉靖三十九年（1560），岐山县知县韩廷芳根据当地农事节令的忙闲规律向朝廷申请，将"祭祀诸葛亮的庙会设为春秋两季，即农历二月二十和七月二十"，这种庙会制度一直延续至今。

每年庙会期间，成千上万岐山县以及周边各界人士，都会争先恐后潮涌五丈原诸葛庙，自发地参与这里举行的拜谒祭祀诸葛亮纪念活动，适时各种地方小吃、摊点服务，娱乐活动也纷纷助兴，热闹非凡，影响深远。既有效地传播弘扬了诸葛亮文化，同时也丰富了老百姓文化生活。

笔者认为，农历"七月二十"庙会，应该改为农历"八月二十八"，因为诸葛亮就是这一天病死在五丈原的，这一天为主祭日，在五丈原诸葛庙将会更有历史性的纪念意义而无可替代。

诸葛庙外的原头南端，地势开阔平坦，这里就是当年诸葛亮驻军的中军帐遗址"豁落城"遗址，现在是一片庄稼地。

据笔者 1984 年来这里进行实地考察而知，这里原来有土筑城墙，残存夯土城墙有半米高，南北长约 250 米、东西宽近 100 米，夯土层厚 15—20 厘米，其中夹杂有汉代的绳纹板瓦以及灰陶器物残片。由此看来，这是一个汉代遗址无疑。由于残存的城墙到处是豁口，因此当地老百姓才一直叫它“豁落城”。

在“豁落城”以南山上，有相传诸葛亮在这里下棋的“棋盘山”，山上石棋盘至今犹存。

五丈原北原下，历史上原来一直有上、下“诸葛泉”，上泉是诸葛亮蜀军当年食用泉水，下泉是当年蜀军饮马的泉水，它们历来为当地老百姓生活提供

了方便。遗憾的是，近年来，在对五丈原的开发建设改造之中，为了重新改造修建五丈原登山道路不得不将上、下“诸葛泉”彻底毁坏不存在了，幸亏笔者还有 1984 年实地考察时拍摄照片，才能展示这个失去的古迹，让后世人知晓。

据《三国志·蜀书·诸葛亮传》记载：“十二年春，亮悉大众由斜谷出，以流马运，据武功五丈原，与司马宣王对于渭南。亮每患粮不继，使己志不申，是以分兵屯田，为久驻之基。耕者杂于渭滨居民之间，而百姓安堵军无私焉。”

正因为如此，五丈原的东、西、北三面大片土地，都是当年诸葛亮曾经分兵屯田的田地，至今当地老百姓依然叫它“诸葛田”。

五丈原下，有魏延当年驻军的“魏延城”，原称高店镇，现改名五丈原镇，这里是岐山县人口密集，商贸繁荣的主要集镇之一。

解放前，这里还立有清光绪年间岐山县知县胡升猷题写刻立的石碑，明确说明“高店镇为魏延旧城”，解放后石碑被破坏，但是，人们至今还习惯地称之为“魏延城”，魏延在这里至今还是家喻户晓妇孺皆知的著名人物。

在五丈原东边约 15 里处，有相传诸葛亮当年火烧司马懿父子的“葫芦峪”遗址。这里西距眉县县城约 10 里左右，现在是眉县葫芦峪村。该村东西长约 3 公里，南北宽约 2 公里，眉县通五丈原大道从村中通过，而葫芦峪就在村子

北边。从当地地貌来看，村子北边就是渭水河堤，河堤之上是一马平川的村子，河水与河堤的高度落差约 20 米，村子道路北边形成了一条宽 80 米斜坡道一直通往渭水河滩，这就是“葫芦峪遗址”。

据笔者 1984 年实地考察而知，这里的谷口属于河漫滩淤积，而葫芦峪谷是在河滩上之第四纪更新世产生的堆积平原中被斜水支流冲积而成的，从断层看，有厚达 1 米左右的砾石与砂层。奇怪的是，断层的石子与砂层大多数是被火烧而发黑，里面还夹杂木炭，说明这里在地貌形成以前就发生过较大火灾。

除此之外，在葫芦峪行走时，脚底下会发出空响的回震声，而且声音很大，当地老百姓解释说，这是当年诸葛亮在葫芦峪火烧司马懿魏军后，就地将尸首掩埋，尸体烂了地下就空了，所以走路就响，直到今天，这里一直叫“响荡坡”。

罗贯中《三国演义》一百〇三回“上方谷司马受困”中，说当年诸葛亮在这里放火把司马懿父子烧得狼狈不堪，突然间又大雨倾盆浇灭了大火，使得司马懿父子死里逃生故事写得惟妙惟肖，十分生动。但是，故事本身全部属虚构，根本没有这回事。

《三国演义》称这里叫“葫芦谷”，后来的戏剧才有“火烧葫芦峪”之说。这里为什么叫“上方谷”？又为什么称为“葫芦峪”？不得而知。但有一点是肯定的，那就是，这里的自然现状说明，远古时期曾经发生了森林大火，才留下了厚厚的火烧遗迹，后来的地层发生沉降变化，才出现了“响荡坡”奇观。

奇怪的是，《三国演义》为什么这么巧合以此地而编造出如此动人故事？能够与这里的地理环境现象巧妙相结合，似乎当年确有诸葛亮火烧司马懿父子之事，而且还被世代传播，影响深远，这里的地名可能就是“火烧葫芦峪”这个戏剧故事的传播和影响而来。

在葫芦峪遗址，曾经出土有三国时期的铜箭镞、铜镜以及蜀汉货币等文物。

特别是，实地调查中，根据眉县文化馆文物保管员刘怀君提供的线索而知，1964 年在眉县葫芦峪附近的梁村建子河岸，还出土有一个工艺十分精致的汉代大铜釜，当地世世代代都说那是个“诸葛军锅”，早年就上缴陕西省博物馆收藏了。

为了证实这一情况，笔者在陕西省博物馆库房里看见了这件器物，它造型美观，工艺十分精湛，是一个典型的汉代直口环底大铜釜。铜釜高 36.5、口径 37、底径 13.5 厘米。肩部上有光绪四至十年（1878—1884）岐山县知县胡升猷补刻上的“诸葛军锅，岐山县知县胡升猷敬献五丈原武侯祠”铭文，这说明，这件不可多得的汉代文物在光绪十年（1884）以前就已经在岐山县出土了，被当时的知县胡升猷发现而特意敬献给五丈原武侯祠收藏以示重视。但是，不知后来何时何原因又被埋在眉县葫芦峪附近梁村建子河岸，直到 1964 年才又被出土发现，上缴给陕西省博物馆收藏。

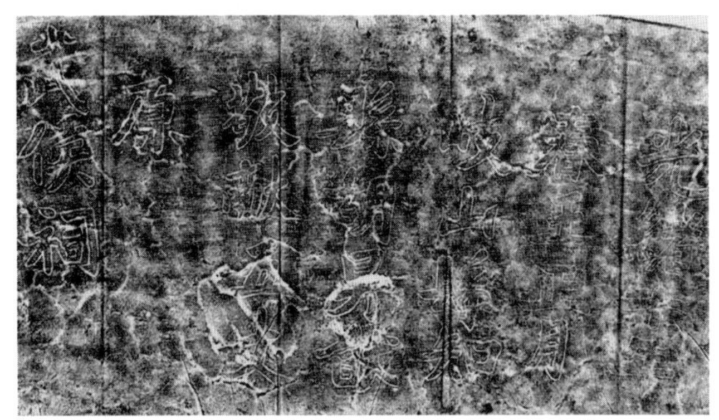

从眉县斜峪关到五丈原的沿途，还有五个大型土包，相距都不远，当地人历来称它们是“冢疙瘩”，或者是“诸葛面谷堆”和“亮粮冢”。这些古迹遗址，至今犹存。

说起“诸葛面谷堆”与“亮粮冢”，在当地还有一段寓意深刻的传说故事：当年诸葛亮北伐曹魏来到五丈原后，发现这里沿途有很多个高大的土堆，当地人称“冢疙瘩”。诸葛亮灵机一动，就让军士在这些高大土堆上撒石灰，有的还在上面覆盖麦草伪装为粮食垛子，以此向魏军展示蜀军粮食充足，不怕相持对垒，与此同时，也有效地稳定了蜀军军心。

经过笔者当年实地考察，发现这些“冢疙瘩”全是汉墓大冢，已经残破不全，但还可以看出汉墓“覆斗式”的形制与高大。1983 年 3 月，眉县陈家庄三队群众修房挖地基时挖掉一个，发现大土包下面全是汉砖修建的东汉晚期汉墓，早期被盗，出土有陶罐和车马器等文物，藏于眉县文化馆。

上述说明，诸葛亮当年巧妙利用这些汉代古墓葬进行伪装，成为粮食垛子来证明蜀军粮草丰足，既稳定军心，又能够欺骗魏军，一举两得，足见诸葛亮足智多谋。这些“冢疙瘩”至今存在，成为人们评说和怀念诸葛亮的亮点。

笔者认为，由于诸葛亮北伐期间多遇到“军粮不济”的困扰，所以，他利用这种办法来稳定军心、蒙骗敌人，已经是第三次了。第一次北伐出祁山时，就在祁山堡东侧北原上利用汉代古墓葬搞起了“九谷堆”，现仍存两个；第二次是令马谡守街亭时，在今秦安县陇城镇西南蔡和乡清水河南岸利用汉代古墓葬搞了若干个“诸葛面谷堆”，现还有 6 个；在五丈原算是第三次了。

至于“冢疙瘩”之说，那是当地老百姓对于大型古墓葬土堆的俗称。

实际证明，诸葛亮第五次北伐曹魏时亲率大军从汉中褒斜道进军，从眉县的斜峪关出来，往五丈原进发途经此地，发现这些大型汉墓可以为自己利用，就令将士们在上面撒石灰或者是堆放麦草、稻草成为“诸葛面谷堆”“亮粮冢”来迷惑曹魏，证明自己粮草充足，也稳定军心，因此当地老百姓才世代流传。

在渭河北岸的山刀岭上，有司马懿当年驻军的“司马台”，这些古迹遗址，至今犹存。

3. 五丈原诸葛亮庙匾额与楹联

（1）匾额 30 方

五丈原诸葛亮庙

舒同题书。

舒同（1905—1998），字文藻，东乡（今江西省抚州市东乡区）人。历任中共山东省委第一书记、陕西省委书记、军事科学院副院长、中央顾问委员会委员，是当代自成一体书法大师、中国书法家协会创始人和第一届主席，毛泽东主席赞扬他是“红军书法家、党内一枝笔”。

【注】五丈原诸葛亮庙：位于陕西省宝鸡市岐山县城南约 20 公里的五丈原镇，南靠秦岭，北临渭水，东西皆深沟。原高 20 余米，面积约 12 平方公里，形势险要。

据《三国志 · 蜀书 · 诸葛亮传》记载，蜀汉建兴十二年（234）春，诸葛亮率军第五次北伐曹魏由汉中出发，经褒斜道穿越秦岭，进驻五丈原，与魏军大都督司马懿对峙百余天，司马懿见蜀军来势凶猛而“甘辱巾帼”坚不出战，诸葛亮病逝于五丈原军中，享年54岁，遗命葬汉中定军山下，五丈原从此名垂青史，后世人在五丈原修建有诸葛亮庙以示纪念。

【释】五丈原纪念诸葛亮的庙宇。

忠贯云霄

李子青补书。

李子青（1909—1991），原名李万选，河南省荥阳县人。历任中国书法家协会会员、中国书法协会陕西省分会副主席、宝鸡市书法家协会主席、市政协委员、于右任书法研究会顾问、民盟宝鸡市委委员等多种职务。

【注】忠贯云霄：据清道光年间武侯墓祠主持道人李复心《忠武侯祠墓志》记载：此匾额是嘉庆八年（1803）七月十六日，嘉庆皇帝在京城所题书，沿途驿站快马送往今汉中勉县武侯祠悬挂，目的是褒奖诸葛亮在定军山显圣帮助朝廷赶走了“白莲教”起义军，维护了地方治安。同时，嘉庆皇帝还撰写《祭文》，派遣工部侍郎彭龄来武侯墓以“三牲大礼”拜祭诸葛亮。此匾额至今仍在武侯祠正殿悬挂，完好无损。所以，五丈原这方匾额，属于仿制品。

忠：忠诚、忠心。

贯：贯通、贯穿。

云霄：此指天际、天空。

【释】诸葛亮的忠心贯通着天际。

汉室孤忠

光绪七年（1881），岐山县令胡升猷题书。

胡升猷（1844—1911），四川省灌县（今四川省都江堰市）人、光绪年间曾经出任陕西岐山知县，光绪四年（1878）在五丈原武侯祠重新镌刻了岳飞书诸葛亮的《出师表》；征集了在眉县出土的诸葛亮当年铜军锅，刻了题跋，现在收藏在陕西省博物馆；光绪十年（1884），编撰了《岐山县志》八卷。

【注】汉室：语出诸葛亮《隆中对策》：“诚如是，则霸业可成，汉室可兴矣。”泛指高祖刘邦创立的西汉王朝和光武帝刘秀的东汉王朝，前后经历了26个皇帝410年都是刘姓王室天下。由于蜀汉先主刘备属于皇室后裔，为了匡扶汉室延续汉室血统，曾三顾茅庐恳请诸葛亮指点迷津并且出山辅佐，竭尽全力帮助刘备兴复汉室建立了蜀汉国家，此指蜀汉朝廷。例如：诸葛亮前《出师表》有“北定中原，兴复汉室，还于旧都”之说。

孤忠：语出北宋文学家曾巩（1019—1083）的《韩魏公挽歌词》：“覆冒荒遐知大度，委蛇（yí）艰急见孤忠。”此指忠贞自持不求体察的人。例如：明代王世贞的《鸣凤记·忠良会边》有“只恐孤忠有功难建，须期个地转天旋”。

【释】诸葛亮是蜀汉朝廷忠诚自持而不求体察的人。

五丈秋风

乙丑年（1985），王力题书。

王力，岐山县人，省书法家协会会员，宝鸡市书法家协会常务副主席。

【注】五丈秋风：语出元代文学家张养浩（1270—1329）的《折桂令·诸葛武侯》诗词：“五丈秋风，落日茫茫。”元末明初文学家王祎（1321—1372）的五绝诗歌《五丈秋风》也有“一片西原土，空埋尽瘁身。凄凄烟树冷，似泣汉家春”之说。秋风落叶的意思，此比喻诸葛亮病死在五丈原军中。秋风：秋天的风，汉武帝刘彻的《秋风辞》诗歌有“秋风起兮白云飞”。

【释】诸葛亮在五丈原病逝。

恭行天伐

乙丑年（1985），徐永锡题书。

徐永锡（1936—2006），陕西勉县人，退休前为《汉中日报》编辑，擅长各类文学创作，书法长于行、草、隶、篆，在国内外专业报刊发表大量书作和书论文章。生前为陕西汉中市汉台区书协副主席、市青年书协、石门书画院顾问、市老年书画家协会主席。

【注】恭行天伐：语出《三国志·蜀书·后主传》裴松之注引《诸葛亮集》记载说，建兴五年（227）三月，诸葛亮上了前《出师表》，请求亲自率军北伐曹魏，刘禅当即下诏说：“诸葛丞相弘毅忠壮，忘身忧国，先帝托以天下，以勖朕躬。今授之以旄钺之重，付之于专命之权，统领步骑二十万众，董督元戎，龚行天伐，除患宁乱，克复旧都，在此行也。”

同年五月，诸葛亮就率数十万大军浩浩荡荡来到了今天汉中勉县定军山下，“营沔北、阳平、石马”，以此为军事基地，开始进行北伐曹魏。

恭：恭恭敬敬的意思，“龚”与“恭”同音同义。

行：执行、奉行的意思。

天：此指蜀汉天子刘禅。

伐：讨伐，此指北伐曹魏。

【释】诸葛亮恭恭敬敬地奉行蜀汉天子刘禅之命北伐汉贼曹魏。

蜀汉柱石

1986 年 5 月，白纪年题书。

白纪年（1926—2015），陕西绥德县人，历任陕西省农业局局长、党组书记、农村工作部部长、副省长、西北农学院党委书记、省委书记，第十二届中央委员，全国政协第三届、四届、五届委员，全国政协第七、八届常务委员。

【注】蜀汉：此指蜀汉国家。

柱石：语出《汉书·师丹传》：“关内侯师丹端诚於国，不顾患难，确然有柱石之固。”《汉书·霍光传》亦有“将军为国柱石”之说。比喻担当国家重任的人。

【释】诸葛亮是蜀汉国家担当重任的人。

英明千古

茹桂题书。

茹桂，1936 年出生于陕西省长安县，历任西安美术学院教授、硕士生导师、陕西省书法协会副主席、中国书协学术委员、陕西省政协委员、享受国务院有突出贡献专家特殊津贴。代表作品有《书法十讲》《艺术美学纲要》《茹桂书法教学手记》《美术辞林·书法卷》等。

【注】英明：语出东晋医学家葛洪（284—364）编著的《抱朴子·嘉遯》：“若令各守洗耳之高，人执耦耕之分，则稽古之化不建，英明之盛不彰。”此指卓越而明智的意思。

千古：语出北魏地理学家郦道元（466—527）编著的《水经注·睢水四》：“追芳昔娱，神游千古，故亦一时之盛事。”此指久远的年代。

【释】诸葛亮卓越而明智的道德品质将会流传久远的年代。

南阳纯儒

至元初年，郭思恭题，1982 年，杨隆山补书。

郭思恭，平阳府临汾（山西省临汾市）人，元代至元年间（1271—1294）为伴读生、国子助教、国子博士、廉访司副使。曾在岐山县编写刻立《汉丞相诸葛武侯公五丈原庙记》碑文，记述了当时修建庙宇的情形。

杨隆山（1914—1998），陕西省周至县人，名国栋，字隆山，笔名溪村，晚号终南山人。中国书法家学会会员，有陕西第一行书之称。作品有《杨隆山书法选》《杨隆山书法集》。

【注】南阳：两汉时期郡名，属荆州，辖 37 县，治所在今河南省南阳市。

诸葛亮《出师表》有“臣本布衣，躬耕于南阳”之说，是说诸葛亮当年曾隐居躬耕在南阳郡所辖的襄阳隆中，因此，后世人多以南阳代称诸葛亮。

纯儒：语出《汉书·叙传下》：“说言访对，为世纯儒。”此指具有纯粹孔孟之道的儒学者。例如：《后汉书·郑玄传》有“至于经传洽孰，称为纯儒，齐鲁间宗之”。此比喻诸葛亮是纯粹孔孟之道的儒学者。

【释】诸葛亮是纯粹孔孟之道的儒学者。

出将入相

1985 年，程彝孙书。

程彝孙，本名程克刚，字彝孙，1916 年出生于陕西省西安市，国民党党员，是中国书法家学会会员、陕西书法家协会理事、西安市书法家协会顾问、陕西文史馆馆员，其余不详。

【注】此匾额是光绪八年（1882）仲春（三月），沔邑（今汉中市勉县）人陈是、郭陈、陈锡题书于武侯墓的匾文，至今仍存。因此，这里属于仿制品。

出将入相：语出唐玄宗谏议大夫吴兢（670—749）的《贞观政要·任贤》：“才兼文武，出将入相，臣不如李靖。”此指出征可为将帅领军作战，入朝可为丞相治理国家。例如：明代开国皇帝朱元璋（1328—1398）曾经评价徐达说：“破虏平蛮，功贯古今人第一；出将入相，才兼文武世无双。”

【释】诸葛亮才兼文武出征可为将帅领军作战入朝可为丞相治理国家。

将相师表

1986 年，李庆伟书。

李庆伟，河北邢台市人，历任许昌地委书记、河南省供销社主任、省政府秘书长、副省长、省委书记、陕西省委书记、副书记、陕西省省长、国务院经济技术社会发展研究中心副总干事、国务院发展研究中心副主任、中共十二大代表、第六届全国人大代表。

【注】此匾额是道光六年（1826），山西省太谷县人——华州知州郭守伦题书于武侯墓的匾文。因此，这里的匾文属于仿制品。

将相：语出《史记·高祖本纪》：“诸侯及将相相与共，请尊汉王为皇帝。”此指将帅与丞相，泛指文武官员。

师表：语出《史记·太史公自序》：“国有贤相良将，民之师表也。”比喻值得永远学习的表率。

【释】诸葛亮是历朝历代文武官吏永远学习的表率。

北定中原

陈竹朋书。生平事迹见前。

【注】北定中原：语出诸葛亮前《出师表》：“今南方已定，兵甲已足，当奖率三军，北定中原，庶竭驽钝，攘除奸凶，兴复汉室，还于旧都。”此指诸葛亮要北伐曹魏收复中原。

【释】诸葛亮要北伐曹魏收复中原。

天下奇才

洪学智书。

洪学智（1913—2006），安徽省金寨县人。历任全国政协第七、八届委员会副主席、中央军委副秘书长、中央军事委员会委员、解放军总后勤部部长兼政治委员。1955 年和 1988 年，两次授予上将军衔，被称为“六星上将”。

【注】此匾文原为光绪十二年（1886），钦命陕甘兵备道唐树楠题书于今汉中勉县武侯祠献殿，至今仍然完好无损。因此，这里的匾文属于仿制品。

天下奇才：语出《三国志·蜀书·诸葛亮传》：“及军退，宣王（司马懿）案行其营垒处所，曰：此人乃天下奇才也。”此指天下奇特少有的人才。

【释】诸葛亮是天下奇特少有的人才。

西蜀贤相

1982 年，杨隆山补书。生平事迹见前。

【注】此匾文原是清人所题，作者不详。

西蜀：泛指今四川省，古为蜀地，因在西方，故称“西蜀”。此指三国时期的蜀汉朝廷。例如：唐代诗人杜甫《诸将》诗之五有“西蜀地形天下险，安危须仗出群材”之句。

贤相：语出《荀子·富国》：“使百姓无冻馁之患，则是圣君贤相之事也。”此指贤能的丞相。

【释】诸葛亮是蜀汉国家贤能的丞相。

鞠躬尽瘁

1991 年 10 月，王忍之书。

王忍之，1933 年出生于江苏省无锡市，历任国家计委政策研究室主任、研究员，《红旗》杂志社副总编，国务院经济研究中心常务干事，中央宣传部部长，中国社会科学院党委书记、副院长，中国地方志学会会长，中共第十二、十三届中央委员，第九届全国政协常委。

【注】鞠躬尽瘁：语出诸葛亮的后《出师表》：“臣鞠躬尽力，死而后已。”鞠躬：弯着身子躬身亲历。尽瘁：竭尽心力。此指小心谨慎，贡献出全部精力。后引申为“鞠躬尽瘁”。

【释】诸葛亮躬身亲历竭尽全力小心谨慎地为蜀汉帝业贡献出了全部精力。

功媲伊吕

民国元年（1912）三月，马炳郁题书。

马炳郁：汉中沔县人，民国初年，曾经出任汉中行营司令。

【注】功：功劳。

媲：媲美的意思。

伊吕：此指商朝初期辅佐贤相伊尹和西周初期辅佐贤相吕望（姜子牙）。

【释】诸葛亮辅佐蜀汉的功劳可与商朝贤相伊尹和西周贤相吕望相媲美。

五丈尘柱

韩廷芳题书。

韩廷芳，山西省洪洞县人，明嘉靖三十八年（1559）起出任岐山县知县，编修了《岐山县志》。三十九年（1560），上书申请每年春、秋两季致祭五丈原诸葛庙，流传演变为至今的盛会。

【注】五丈尘柱：五丈原之名的由来其说法有三：一说此原前阔后狭，最狭处仅五丈；二是民间传说，此原原名陂陀坡，秦二世西巡至此时，原头曾刮起“五丈尘柱”大风，随即挥毫写下了“五丈秋风原”；三说原高五十余丈，原称五十丈原，口口相传，简称为五丈原。

【释】五丈原曾经刮起五丈高的尘柱大风。

遗像肃清高

1941年中秋，于右任书。生平事迹见前。

【注】遗像肃清高：语出唐代诗人杜甫的《咏怀古迹》诗歌之五：“诸葛大名垂宇宙，宗臣遗像肃清高。三分割据纡筹策，万古云霄一羽毛。”意思是说，诸葛亮的塑像肃穆清高。

【释】诸葛亮的塑像肃穆清高。

空谷传音

题书者不详。

【注】此为五丈原钟楼门匾，钟楼有明代嘉靖十三年（1534）铸造铜钟一口，高6尺，口阔6尺，重4000斤。晨钟暮鼓，击磬焚香，跪拜叩头，虔诚朝圣，这是古代庙宇祭祀拜谒的基本规则。

清早寺庙要定时敲钟，傍晚要定时击鼓，寓意报时。拜谒祭祀先贤或者是神灵时，需要击磬焚香，进行祷告，才显得虔诚朝圣。例如：唐懿宗时期的诗人李咸用《山中》诗有“晨钟暮鼓不到耳，明月孤云长挂情”之句。此指晨钟的声音在空旷的山谷中回荡。

【释】晨钟的声音在空旷的山谷中回荡。

声闻于天

题书者不详。

【注】此为鼓楼门匾，有鼓一面，直径1.7米，高1.5米。

声闻于天：语出《诗经·小雅·鹤鸣》：“鹤鸣九皋，声闻于天。”

此指鼓声响彻天地之间。亦寓意诸葛亮的名声传播于天地之间。

【释】诸葛亮的名声传播于天地之间。

智高天下

1981（辛丑）年，孙程毅题书。

孙程毅，本名程毅，字彝孙，号克刚，1916年出生于西安市，中国国民党党员。曾为中国书法家协会会员、陕西省书法家协会理事、西安市书法家协会顾问、陕西省文史馆馆员。

【注】智高：智谋高超的意思。

天下：普天之下的意思。

【释】诸葛亮的智谋在普天之下都是高超的。

名垂宇宙

果亲王题书。生平事迹见前。

【注】名垂宇宙：是雍正十二年（1734）秋天，果亲王奉命护送入京朝觐的六世达赖喇嘛返回西藏，路过汉中沔县时，见武侯墓、祠破败不堪，于是就带头捐款，同时责令地方官员拨付银两限期整修。竣工后，果亲王在武侯墓题书匾额“名垂宇宙”，在武侯祠题书匾额“醇儒气象”，并且还赋诗、立碑，至今仍存，完整无损。所以，此处属于仿制品。

名垂宇宙语出唐代诗人杜甫的《咏怀古迹五首》诗句：“诸葛大名垂宇宙，宗臣遗像肃清高。”名垂：语出《荀子·王霸》：“名垂于后世。”大名流传下去。宇宙：语出《淮南子·齐俗训》："往古来今谓之宙，四方上下谓之宇。"此指天地之间。

【释】诸葛亮的大名流传于天地之间。

淡泊明志

范曾题书。

范曾，1938 年 7 月出生于江苏省南通市，先后毕业于南开大学历史系，中央美术学院美术史系、中国画系。历任中央工艺美术学院博士生导师、北京唐风美术馆特约画家，获聘联合国教科文组织"多元文化特别顾问"，成为中国第一位获此荣誉的人。著有《范曾书画集》《范曾画集》《范曾吟草》《范曾怀抱》《范曾自述》等。

【注】淡泊明志：语出诸葛亮《诫子书》："非淡泊无以明志，非宁静无以致远。"意思是说，只有恬淡的生活，不追求奢华与名利，才能够明确自己的远大志向。

【释】只有恬淡生活不追求奢华与名利才能够明确远大志向。

宁静致远

乾隆十三年，乾隆皇帝御书。

乾隆皇帝，本名爱新觉罗·弘历（1711—1799），清朝第六位皇帝，入关之后第四位皇帝，即清高宗，年号"乾隆"，寓意"天道昌隆"。25 岁登基，在位六十年，禅位后又任三年零四个月太上皇，实际行使国家最高权力长达六十三年零四个月，是中国历史上实际执掌国家最高权力时间最长的皇帝，也是中国历史上最长寿的皇帝。

【注】宁静致远：语出诸葛亮《诫子书》："非淡泊无以明志，非宁静无以致远。"意思是说，只有在安静的环境下认真读书学习，积累知识，才能够树立远大的目标。

【释】只有在安静的环境下认真读书学习积累知识才能够树立远大的目标。

两朝开济

1995 年，石宪章题书。

石宪章（1930—2004），历任中国书法家协会会员、陕西文史研究馆馆员、书画研究会副会长、陕西书画艺术研究院名誉院长、书画艺术家协会副主席、政协西安市委常委、西安市书法家协会艺术顾问、西安市文联荣誉委员，两次赴中央电视台现场书法表演。

【注】此匾文为雍正十二年（1734）夏，汉中知府朱闲圣题书于沔县武侯祠的崇圣祠之中，至今仍存。因此，此处属于仿制品。

两朝开济：语出唐代诗人杜甫的《蜀相》诗歌："三顾频烦天下计，两朝开济老臣心。"此指开创基业，济世治国。两朝：此指蜀汉先主刘备和其子后主刘禅两代帝业。开济：语出《三国志·魏书·徐邈传》："王旭开济识度，王基学行坚白，皆掌统方任，垂称著绩。"开创并匡济的意思。例如：唐代诗人罗隐（833—901）的《上鄂州韦尚书》诗歌有"都缘未负江山兴，开济生灵校一秋"之句。

【释】诸葛亮为刘备刘禅父子两代开创匡济了蜀汉帝业。

日华

题书者不详。

【注】中院东门匾文。

日华：语出南朝齐诗人谢朓（464—499）的《和徐都曹》诗歌："日华川上动，风光草际浮。"此指太阳的光华。

【释】太阳的光华。

月波

题书者不详。

【注】中院西门匾文。

月波：语出《汉书·礼乐志》："月穆穆以金波。"

形容月光似水的意思。

【释】月光似水。

铮铮

题书者不详。

【注】将星圆月门匾文。

铮铮：语出南朝宋宗室文学家刘义庆（403—444）的《世说新语·赏誉》："洛中铮铮冯惠卿，名荪，是播子。"比喻名声显赫，才华出众。例如：元代文学家辛文房编著的《唐才子传·李端》有"诗更高雅，于才子中名响铮铮"之说。

【释】诸葛亮的名声显赫才华出众。

萧萧

题书者不详。

【注】将星圆西月门匾文。

萧萧：语出东晋文学家陶潜（352—427）的《咏荆轲》诗："萧萧哀风逝，淡淡寒波生。"形容马嘶鸣声。此指诸葛亮在此屯军北伐曹魏。

【释】诸葛亮在此屯军北伐曹魏。

虎踞

题书者不详。

【注】西厢房月门匾文。

虎踞：语出西汉中山靖王刘胜（公元前165—公元前113）的《文本赋》："条枝摧折，既剥且刊，见其文章，或如龙盘虎踞，复似鸾集凤翔。"形容地势雄伟险要。

【释】五丈原这个地方地势雄伟险要。

龙蟠

题书者不详。

【注】东厢房月门匾文。

龙蟠：语出晋朝文学家吴勃的《吴录》：建安十三年（208）赤壁之战前夕，诸葛亮为了促成孙刘联军共同抗击曹操而出使东吴，来到今天南京后对孙权说："钟阜龙蟠，石头虎踞，此帝王之宅。"形容地势雄伟险要。

龙蟠：像龙盘着。此指诸葛亮北伐曹魏时期像龙一样盘在五丈原这个地方。

【释】诸葛亮当年北伐曹魏时期像龙一样盘在五丈原这个地方。

（2）楹联 19 副

一对二表三分鼎；
万古秋风五丈原。

孙墨佛撰联，乙卯年（1985）初秋，长安茹桂书。

孙墨佛（1884—1987），山东烟台市所辖莱阳市人。原名孙鹏南，字云斋，曾名孙巍，字尧天，号眉园，别号天舌山人、剑门老人。生前是民革中央团结委员会委员、中央文史研究员、中国书法家协会名誉理事，著名书法家。

茹桂生平简介见前。

【注】一对：此指《隆中对》。

二表：此指诸葛亮的前、后《出师表》。

三分鼎：此指曹魏、蜀汉、孙吴三个国家鼎立对峙。

万古：语出《北齐书·文宣帝纪》："朕以虚寡嗣弘王业，思所以赞扬盛绩，播之万古。"形容经历的年代久远，万代，万世，千古万年的意思。

秋风五丈原：此指建兴十二年（234）秋天八月二十八日，诸葛亮病死在五丈原军中。

【**释**】诸葛亮的《隆中对》与前后《出师表》体现了魏蜀吴三国鼎立；
千古万年的秋天八月份都要永远纪念诸葛亮病死在五丈原军中。

伐曹魏名留汉简；
出祁山气吞中原。

刘少敏撰联，冯秉祥书。

刘少敏，字汉青，1934年出生于陕西省岐山县，1963年毕业于陕西师范大学历史系，先后就职于岐山县委党校理论教员、县委宣传部长、县革委会副主任、县博物馆业务部主任、研究员、岐山县委巡视员。著有《岐山青铜器瑰宝》《汉青诗文选》等，其余不详。

冯秉祥（1941—2011），字慕石，长期担任蔡家坡文化馆馆长，在周秦文化考古、篆刻、对联、诗词和碑文等方面多有研究。曾担任中国书画函授大学教授、宝鸡书法家协会副主席、岐阳印社顾问。沈鹏、欧阳中石、薛养贤等书法家曾评价他是一位很有影响的书法家。

【**注**】伐曹魏：此指诸葛亮前后五次北伐曹魏的军事活动。

名留汉简：此指名留青史。汉简：西汉与东汉时期遗留下来的书写工具——简牍，当时的文字多写在竹、木片上。写在竹片上的称简，写在木片上的称牍或者是札，统称为汉简。早在北周时期就有人在居延地区发现过汉简，北宋人也曾在今甘肃等地获得过东汉简。

20世纪以来，先后在我国的甘肃省敦煌、居延、罗布泊楼兰遗址、武威市、湖南省长沙马王堆、山东省临沂市银雀山汉墓、河北省西汉中山靖王墓、湖北省江陵县凤凰山西汉墓、安徽省阜阳双古堆汉墓、青海省大通县上孙家寨汉墓、江苏省仪征县胥浦汉墓等，都出土了诸多汉简，具有很高的研究价值。汉简长度，诏书律令长三尺，经书二尺四寸，书信长一尺。

出祁山：建兴六年（228）春天，诸葛亮第一次和建兴九年（231）春天第四次北伐曹魏曾兵出今甘肃省礼县祁山堡一带，《三国演义》从第九十五回"马谡拒谏失街亭"到第一百四回"陨大星汉丞相归天"称之为"六出祁山"。

气吞中原：此指诸葛亮决心要"北定中原，兴复汉室"的气势压倒一切。

【释】诸葛亮前后五次北伐曹魏军事活动名垂青史；
诸葛亮兵出祁山决心北定中原气势压倒一切。

隆中对策论天下大势，深谋远虑定天下；
蜀都上表为汉室江山，呕心沥血佐汉室。

乙丑年（1985）秋月，王力题书。生平简介见前。

【注】隆中对策论天下大势，深谋远虑定天下：此指建安十二年（207）冬天，汉室后裔刘备为了匡扶汉室，曾经三次到襄阳隆中，恳请诸葛亮指点迷津出谋划策，诸葛亮十分感激刘备屈尊三顾茅庐，为其认真分析了当时的天下形势，深谋远虑地为刘备制定了兴复汉室的《隆中对策》，使刘备茅塞顿开，再三恳请诸葛亮出山辅佐。帮助刘备最终建立了蜀汉政权，促成三国鼎立。

蜀都上表为汉室江山，呕心沥血佐汉室：建兴五年（227）三月，诸葛亮在蜀汉都城给后主刘禅上《出师表》，请求率军北伐曹魏，为的是“北定中原，兴复汉室”，达到一统江山让后主刘禅在长安称帝，刘禅批准了诸葛亮的请求。诸葛亮遂屯军汉中定军山下，八年之间，他竭尽全力先后进行了五次北伐曹魏的军事活动，最终病死在第五次北伐曹魏的五丈原军中，这都是为了呕心沥血地辅佐蜀汉王室帝业。

【释】诸葛亮在襄阳隆中为汉室后裔刘备制定了匡扶汉室一统江山的《隆中对策》，深谋远虑地为刘备最终建立蜀汉政权促成三国鼎立奠定了基础；
诸葛亮在成都给后主刘禅上《出师表》请求率军北定中原兴复汉室，竭尽全力北伐曹魏病死在五丈原军中为的是呕心沥血辅佐蜀汉王室。

妙景发天趣；
长潭起卧龙。

壬戌年（1982）冬日，杨隆山游五丈原诸葛庙题书。生平事迹见前。

【注】妙景发天趣：语出元代诗人萨都剌（1272—1355）的《寄朱舜咨王伯循了即休》诗歌：“雨过江色净，妙景发天趣。历历江南山，一一青可数。”意思是，奇妙的景色引发了对大自然的情趣。

长潭起卧龙：语出元代诗人萨都剌的《宿龙潭寺》诗歌：“倦游借禅榻，客意稍从容。落日江船鼓，孤灯野寺钟。竹鸡啼雨过，山臼带云舂。半夜波涛作，长潭起卧龙。”

龙潭寺：在成都市成华区东北角。相传，三国时期某年的六月，太子刘禅路过此地时，因为天气炎热而在此水潭进行了沐浴，后来刘禅继位称帝，这个水潭便称为龙潭，后世人在其右侧修建有一座纪念祠庙，称为“龙潭寺”。

五丈原下有上泉和下泉，泉深如潭，涌流不息，据说是诸葛亮当年在五丈原屯军北伐时所开，一个供蜀军将士与当地老百姓吃水，一个供马匹饮用，水流清澈旺盛，常年不枯竭，造福后人，被称为“龙潭、龙泉”。所以，此处的“龙潭”指的是五丈原的上泉与下泉。

【释】五丈原奇妙的景色引发了对大自然的情趣；
　　五丈原下的上泉和下泉龙潭起始于诸葛亮。

潭水寒生月；
松风夜带秋。

壬戌年（1982）冬日，杨隆山游五丈原诸葛庙书。生平事迹见前。

【注】潭水寒生月，松风夜带秋：语出南宋民族英雄岳飞绍兴元年（1131）屯兵洪州时写的《题鄱阳龙居寺》诗歌：“巍石山前寺，林泉胜复幽。紫金诸佛相，白雪老僧头。潭水寒生月，松风夜带秋。我来嘱龙语，为雨济民忧。”

龙居寺：北宋太祖赵匡胤建隆年间（960—963）创建，在鄱阳县和北乡巍石山前。鄱阳，古代州县名，治所在今江西省波阳县。

此处的“潭水”指的是五丈原下的上泉与下泉。

松风夜带秋：夜里松林中的凉风吹来几分秋意。

【释】月光下幽深的潭水闪耀着清冷波光；
　　夜里松林中的凉风吹来了几分秋意。

楼台四望云烟合；
草木一溪文字香。

1982 年，梁伯载书。

梁伯载（1914—1986），陕西省凤翔县人。从小读书习字，60 多年不辍，临帖 200 多种，书体潇洒自如。行书被收入全国《优秀书法一百幅》和《中国现代书法选》。

【注】楼台四望云烟合：语出北宋诗人秦观（1049—1100）的《西城宴集二首》诗歌：“春溜泱泱初满地，晨光欲转万年枝。楼台四望云烟合，帘幕千家锦绣垂。”意思是说，站在楼台上四面张望，看见了云烟缭绕聚合。

草木一溪文字香：语出南宋诗人林景熙（1242—1310）的《次曹近山见寄》诗歌：“扣角歌残夜正长，懒将龟夹卜行藏。风烟万里别离梦，草木一溪文字香。”意思是，茂盛的草木长满了溪流一周，使笔下的文章也芳香美好。

【释】站在楼台上四面张望看见了云烟缭绕聚合；
　　草木长满溪流一周笔下的文章也芳香美好。

流水崇山怀作者；
春兰幽竹契风人。

梁伯载书。生平事迹见前。

【注】此联文为江苏丹徒人乾隆年间探花郎、翰林院编修、云南临安知府王文治（1730—1802）所撰，表明他将来要像诸葛武侯那样报效国家，拯救人民，建功立业。

流水崇山：流动的河水与崇山峻岭。

怀：怀念的意思。

作者：做事情的人，此指诸葛亮。

春兰：春天的兰花。

幽竹：幽谷生长的竹子。

契：契合的意思。

风人：语出《文选·曹植·求通亲亲表》："是以雍雍穆穆，风人咏之。"此指诗人。

【释】流动的河水与崇山峻岭都怀念诸葛亮；
春天的兰花幽谷生长的竹子契合诗人。

三顾许驰驱，三分天下隆中对；
六军彰讨伐，六出祁山纲目疎。

甲子年（1987）冬，任子匡补书。

任子匡，1932 年出生，中国书法家协会会员、西安文宝斋书法研究室主任、陕西国画院高级美术师、长安书画研究会副会长、陕西省书法家协会、美术家协会会员，其余不详。

【注】原联文作于清代，作者不详。

三顾许驰驱：语出诸葛亮前《出师表》："先帝不以臣卑鄙，猥自枉屈，三顾臣于草庐之中，咨臣以当世之事。由是感激，遂许先帝以驱驰，后值倾覆，受任于败军之际，奉命于危难之间，尔来二十有一年矣。"

驰驱：语出《孟子·滕文公下》："吾为之范我驰驱，终日不获一，为之诡遇，一朝而获十。"此指策马疾驰，奔走效力的意思。

三分天下隆中对：此指诸葛亮在《隆中对策》中就已经预计到了将来天下会形成曹操、刘备、孙权三足鼎立的局面。

六军：语出《周礼·夏官·序官》："凡制军，万有二千五百人为军。王六军，大国三军，次国二军，小国一军。"此指天子统领的军队，后来泛指作战军队。

彰：彰显的意思。

讨伐：语出《史记·十二诸侯年表》："然挟王室之义，以讨伐为会盟主。"此指出兵攻打，讨伐贼寇。

六出祁山：语出《三国演义》第一百二十回"降孙皓三分归一统"末尾的叙事诗："孔明六出祁山前，愿以只手将天补。何期历数到此终，长星半夜落山坞。"此指诸葛亮的五次北伐曹魏，《三国演义》从第九十五回"马谡拒谏失街亭"，到第一百四回"陨大星汉丞相归天"，把诸葛亮的五次北伐曹魏说成为"六出祁山"。其实，诸葛亮只有第一次（228）和第四次（231）去过祁山，其他几次北伐，都与祁山无关。

纲目：此指南宋理学家朱熹（1130—1200）的《资治通鉴纲目》，该著作宗旨是明天道、定人道，宣扬儒家正统思想，主张"尊王贱霸"。

疎：与"疏"同音同义，疏通开导的意思。

【释】诸葛亮在刘备三顾茅庐恳请出山辅佐后就为其奔走效力，形成三足鼎立的局面是《隆中对策》中早已经预料到的事情；

　　　诸葛亮率领蜀汉军队彰显攻打曹魏，六出祁山进行北伐始终按照儒家正统思想和尊王贱霸的准则来疏通开导蜀汉将士。

智谋隆中对，三分天下；
壮烈出师表，一片丹心。

徐永锡书。生平事迹见前。

【注】此匾文为1982年4月10日，全国政协副主席陆定一视察古隆中时所题楹联，至今仍存。因此，这里属于仿制品。

智谋隆中对，三分天下：是说诸葛亮的智谋体现在他的《隆中对策》之中，当时他已经预测到了将来天下会形成三国鼎立的局面。

壮烈出师表，一片丹心：是说诸葛亮为了全力辅佐蜀汉帝业而上了前、后《出师表》，轰轰烈烈北伐曹魏的壮举体现了他的忠君爱国一片丹心。

【释】诸葛亮智谋在《隆中对策》之中，当时已经预测到了将来天下会形成三国鼎立；

　　　诸葛亮上了前后《出师表》，五次北伐曹魏的壮举体现了他忠君爱国一片丹心。

成大事以小心，一生谨慎；
仰流风於遗迹，万古清高。

乙丑年（1985）桂月（八月），王心白书。

王心白，1908 年出生于西安市，民国年间大儒，曾经是国民党西北军司令杨虎城秘书，近现代的著名书画家，陕西省文史馆馆员，传世作品极少，很有收藏价值，其余不详。

【注】此匾文是中华民国十七年（1928）十二月，国民革命军陆军一级上将行政院副院长兼军政部长冯玉祥（1882—1948）为今汉中勉县武侯祠而题于南京行营，刻立碑石在献殿，至今完好无损。因此，这里属于仿制品。

成大事以小心，一生谨慎：是说诸葛亮为了成就蜀汉帝业的大事，一生中都是谨慎小心的。

仰：仰慕。

流风：语出《孟子·公孙丑上》："流风善政，犹有存者。"风范的意思。

遗迹：武侯祠遗存的文化古迹。

万古清高：此指诸葛亮永远都是纯洁高尚的典范。

【释】为了成就蜀汉帝业大事，诸葛亮一生都是谨慎小心的；
仰慕先贤的武侯祠，诸葛亮永远都是纯洁高尚的典范。

短兵五丈原；
长眠一卧龙。

1986 年，吴三大题书。

吴三大，1933 年出生于西安，原名吴培基，号长安憨人，国家一级美术师，中国书法家协会理事、陕西省书协副主席、陕西书画艺术研究院名誉院长、陕西省文史馆馆员、陕西省政协委员，被国务院授予"国家级有突出贡献的专家、国家高级美术老师"称号。

【注】短兵：语出战国·楚国诗人屈原（公元前 340—公元前 278）的《九歌·国殇》："车错毂兮短兵接。"短兵相接的意思。

此指诸葛亮建兴十二年（234）春天至秋天第五次北伐曹魏时，与曹魏大都督司马懿在五丈原以渭水短兵相接，对垒相持。

长眠：挽联辞，形容人去世。

一卧龙：诸葛亮"号卧龙"，此指诸葛亮当年病死在五丈原军中。

【释】诸葛亮在五丈原与司马懿短兵相接对垒；
诸葛亮这个卧龙当年病死在五丈原军中。

亭号八卦，震宫龙巽宫鸡雕刻成象；
原名五丈，山在后水在前包围若屏。

甲子年（1984）隆冬，王志达补书。

王志达，1933 年出生于广东省东莞市，就职医师近四十年，工作之暇墨趣尤兴日不辍笔，多次参加全国书画大展，获金奖 16 次，银奖 4 次，优秀奖 3 次，并荣获“国际名人艺术家”“中华墨龙杯百强艺术家”“德艺双馨艺术家”。

【注】此匾文为清代咸丰年间所题，作者不详，此为补书。

亭号八卦：五丈原武侯祠大殿与献殿之间，清代修建一个八卦亭，雕刻有十二生肖图案，称为八卦亭，是五丈原古迹的一景。

震宫：语出《易经·说卦》：“万物出乎震，震，东方也。”还说：“乾为马，坤为牛，震为龙，巽为鸡，坎为豕，离为雉，艮为狗，兑为羊。”

由此而知，震宫龙巽宫鸡都是八卦之中的方位。其中，震为东方，代表的是龙的方位，巽是东南方，代表的是属鸡的方位。

雕刻成象：此指八卦亭上将十二生肖雕刻构成了八卦形象。

原名五丈：是说这个原的名称叫五丈原。

山在后水在前包围若屏：此指五丈原的后面有棋盘山，前面有渭水，将五丈原像屏障一样进行包围。

【释】诸葛庙有八卦亭，东方的龙东南方的鸡这些十二生肖图案雕刻成了八卦形象；

原名称叫五丈原，后面有棋盘山前面有渭水将五丈原进行包围的像屏障一样。

家声克振勤王室；
明德之后有达人。

乙丑年（1985）夏，中州李子青补书。生平事迹见前。

【注】家声：语出《史记·李将军列传》：“单于既得陵，素闻其家声。”此指家庭的名声。例如：《新唐书·狄兼谟传》亦有“卿，梁公后，当嗣家声，不可不慎”之说。

克振：克，能够。振，振兴的意思。此指诸葛亮的家庭名声能够得到振兴。

勤王室：语出《宋史·文天祥传》：“德祐初，江上报急，诏天下勤王室。”带兵保卫京师王都的意思。此指诸葛亮忠君爱国、勤政廉洁，竭尽全力地辅佐蜀汉帝业。

明德：语出《史记·五帝本纪》：“天下明德皆自虞帝始。”此指正大光明的美好道德。例如：北宋史学家曾巩《谢雨文》：“吏无明德，但知告其困急于神。神既赐之，其尚终惠。”

达人：语出《论语·雍也》：“己欲立而立人，己欲达而达人。”此指通达事理的人。

【释】诸葛亮家庭名声能够振兴他勤政廉洁全力地辅佐蜀汉帝业；
诸葛亮正大光明的美好道德传承后自然会有通达事理的人。

六经之下二表；
三代而后一人。

程彝孙补书。生平事迹见前。

【注】原来的楹联最早题书于成都武侯祠，已经遗失，作者与年代不详。丙寅年（1986）七月十一日，蓬溪吕光光为成都武侯祠补书，原文是："六经而外二表；三代以下一人。"楹联仍存。此处略作文字修改，属于仿制品。

六经：此指儒家思想创始人孔子整理编著的《诗经》《尚书》《礼记》《周易》《乐经》《春秋》六部儒家经典著作的合称，始见《庄子·天运篇》。其中，《乐经》已经失传，实际上只有五经。

之下：此指六部经典著作之外。

二表：此指诸葛亮的前、后《出师表》。

三代：此指夏、商、周三代。

而后：此指厦、商、周三代以后。

一人：一个名垂青史的人物。此指诸葛亮。

【释】儒家六部经典著作之外还有诸葛亮前后《出师表》；
夏商周三代以后只出现了诸葛亮一个名垂青史人物。

诸葛一生唯谨慎；
吕端大事不糊涂。

书者不详。

【注】此楹联出自明代文学家李贽（1527—1620）编著的《藏书》之中，为自勉题联。1962年9月24日，毛泽东主席在中共八届十中全会上讲话时说："叶剑英同志搞了一篇文章，很尖锐，大关节是不糊涂的。我送你两句话：诸葛一生唯谨慎，吕端大事不糊涂。"

吕端大事不糊涂：吕端（935—1000）：字易直，幽州安次（今河北省廊坊市廊坊区）人。北宋太宗赵光义时期，历任右谏议大夫参知政事、拜宰相、户部侍郎、同平章事、门下侍郎、兵部尚书。他为政识大体，清简为务，口碑很好。所以太宗称赞其"小事糊涂，大事不糊涂"。

【释】蜀汉丞相诸葛亮一生唯有谨慎小心做事；
北宋宰相吕端在大事情上从来就不糊涂。

全才岂限三分国；
大势难支五丈原。

题书者不详。

【注】全才：语出唐宪宗时期宰相权德舆（759—818）的《奉和鄜州刘大夫麦秋出师遮虞有怀中朝亲政》诗歌："天子爱全才，故人雄外台。"文武全才的意思。例如：北宋文学家苏轼的《伊尹论》也有"以其全才而制天下，是故临大事而不乱"之说。此指诸葛亮文武全才。

岂限：怎能受到限制。

三分国：曹魏、蜀汉、孙吴三个国家分庭抗礼。

大势：此指曹魏十分强大而蜀汉国家十分弱小的局面。

难支：难以支撑。

五丈原：在岐山县南五丈原镇，建兴十二年，诸葛亮第五次北伐曹魏屯军和病死之地。

【释】诸葛亮文武全才岂能够限制于魏蜀吴三个国家；
曹魏强大而蜀汉弱小诸葛亮在五丈原难以支撑。

先生眼底无司马；
后世心中有卧龙。

题书者不详。

【注】先生：此指诸葛亮。

眼底：眼睛里面。

无：没有、瞧不起、没有当回事的意思。

司马：姓氏当中的复姓，此指曹魏大都督司马懿。

上联的意思是说，诸葛亮的眼中从来就没有把司马懿当回事。

后世：后世人的意思。

心中：心里面。

卧龙：诸葛亮号卧龙。

下联的意思是说，后世人心中历来都有诸葛亮这个卧龙。

【释】诸葛亮眼中从来就没把司马懿当回事；
后世人心中历来都有诸葛亮这个卧龙。

五丈原高，恨当年空陈二表；
三分鼎峙，载先生名著千秋。

题书者不详。

【注】五丈原高：五丈原原高 20 余米，面积约 12 平方公里，三面环山，一面临水，地势险要。诸葛亮第五次北伐曹魏时在此驻军，病死在这里。此指五丈原的知名度很高。

恨当年空陈二表：痛恨的是当年诸葛亮为了兴复汉室北伐曹魏向后主刘禅上了前、后《出师表》而没有达到目的。恨：痛恨的意思。

三分鼎峙：此指曹魏、蜀汉、孙吴三个国家鼎立对峙。

载：记载的意思。

先生：此指诸葛亮。

名著千秋：美好的名声传播千秋万代。

【释】五丈原知名度很高，痛恨的是诸葛亮当年为北伐曹魏上了前后《出师表》没有达到目的；

曹魏蜀汉东吴三国的鼎立对峙，在史志资料中记载诸葛亮的美好名声将会传播千秋万代。

月影扶摇，灵心一点通羽扇；
英才绽放，智慧万端射牛斗。

（月英殿楹联）

启功题书，作者生平事迹见前。

【注】月影：泛指月亮的光影。月影，谐音是月英，喻指诸葛亮夫人黄月英。

封建社会时期，男子多比喻为太阳和山，属于阳刚。女子多以月亮和水比喻，属于阴柔。因此，女子的阴柔必须要依附于男子的阳刚，才能够阴阳平衡，和睦和谐。

扶摇：语出《淮南子·览冥训》：“阴阳交争，降扶风，杂冻雨，扶摇而登之，威动天地，声震海内。”东汉建安时期的司空掾高诱注释曰：“扶摇，发动也。”比喻鸟儿盘旋而上腾飞。亦形容仕途得意，步步高升。例如：南宋文学家范成大（1126—1193）的《次韵赵正之客中》就有“君自扶摇有霄汉，从渠蜩鷃舞蒿莱”之句。

灵心：语出南朝梁简文帝萧纲（503—551）的《大同哀辞》：“灵心擢于毫末，慧识挫于跬步。”此指聪慧的心灵。一点通：一点拨就通。

灵心一点通：语出宋代画家杨无咎（1097—1171）的《卜算子》词：“谁

识灵心一点通，手捻空无语。”形容十分聪慧，一点拨就通。

除此之外，古代有一种犀牛角名“通天犀”，有白色如线贯通首尾，被看作为灵异之物，所以称为“灵犀一点通”。后来比喻人与人之间心灵相通。例如：唐朝诗人李商隐《无题》诗歌就有“昨夜星辰昨夜风，画楼西畔桂堂东。身无彩凤双飞翼，心有灵犀一点通”之句。

羽扇：此指“羽扇纶巾”装束的诸葛亮。

英才：语出东汉著名文学家孔融的《荐祢衡疏》：“淑质贞亮，英才卓砾。”此指杰出的才智。例如：唐代诗人李白的《赠何判官昌浩》诗就有“夫子今管乐，英才冠三军”之句。

绽放：形容花开时展开的样子，喻指才能得到了施展。

智慧：语出《墨子·尚贤中》：“若此之使治国家，则此使不智慧者治国家也，国家之乱，既可得而知已。”此指聪明才智。亦作“智惠”。例如：魏晋时期“竹林七贤”之一著名文学家嵇康（224—263）的《大师箴》有“下逮德衰，大道沉沦，智惠日用，渐私其亲”句。再如：北宋皇祐三年（1051）赐进士、太常博士梅尧臣（1002—1060）的《桃花源》诗亦有“英雄灭尽有石阙，智惠屏去无年华”之句。此指黄月英的聪明才智。

据《三国志·蜀书·诸葛亮传》裴松之注引《襄阳记》记载：“黄承彦者，高爽开列，为沔南名士，谓诸葛孔明曰：闻君择妇，身有丑女，黄头黑色，而才堪相配。孔明许，即载送之。时人以为笑乐，乡里为之谚曰：莫作孔明择妇，正得阿承丑女。”

中华书局1960年8月出版发行《诸葛亮集·制作篇》卷四注引范成大《桂海虞衡志》记载说：“沔南人相传，诸葛公居隆中时，有客至，属妻黄氏具面，顷之面具。侯怪其速，后潜窥之，见数木人斫麦，运磨如飞，遂拜其妻，祈传其术，后变其为木牛流马。”

这段话是说，据沔水之南的人相传，诸葛亮还在隆中隐居躬耕时，有一天有客人来访，诸葛孔明就吩咐妻子黄月英赶快去磨面做饭招待客人。没想到，黄月英很快就把饭做好了，诸葛亮感到奇怪，就悄悄地去看，只见有很多木头人在磨面，速度如飞，就拜其妻子黄月英，请求传授其技术，后来就演变成了运输粮草的木牛流马。

万端：语出《史记·魏公子列传》：“公子患之，数请魏王及宾客辩士说王万端。”明著名地理学家徐弘祖（1587—1641）的《徐霞客游记·粤西游日记二》亦有“日影下堕，风烟萦漾，闪映万端”之句。形容方法、头绪、形态等极多而纷繁。

射牛斗：语出《晋书·张华传》：“吴之未灭也，斗牛之间常有紫气。及吴平之后，紫气愈明。华闻豫章人雷焕妙达伟象，乃要焕宿，因登楼仰观。华曰：是何祥也？焕曰：宝剑之精，上彻于大耳。华曰：在何郡？焕曰：在豫章丰城。华即补焕为丰城令。焕到县掘狱屋基得一石函，中有双剑，并刻题，一曰龙泉，一曰太阿。焕遣使送一剑与华，留一自佩。”牛斗：指天上的牛宿和斗宿二星。

这段话是说，西晋年间，牛、斗二星之间常有紫气照射，上射于天。当时，奉命伐吴的太常博士张华（223—300）听通晓异象的豫章郡人雷焕说，这是宝剑的精气所致，就命其为丰城县令去寻找，雷焕果然在今江西省丰城县牢狱的地下掘出龙泉、太阿二剑，他送给张华一把，自己留下了一把。自从宝剑出土后，牛、斗二星之间常有的紫气就没有了。

正因为上述记载的原因，北周文学家庾信（513—581）的《思旧铭》就有“剑没丰城，气存牛斗”之说。从此以后，“射斗牛”与“牛斗”在相关史料作品中层出不穷。例如：唐代著名文学家王勃（650—676）在《滕王阁序》中有：“物华天宝，龙光射牛斗之墟；人杰地灵，徐孺下陈蕃之榻。”再如：唐代诗人杜甫的《所思》诗歌之中亦有：“徒劳望牛斗，无计劚龙泉。”

北宋曾巩的《移守江西先寄潘延之节推》诗有：“幸逢怀绂入斗牛，喜得披山收宝玉。”元代侍御史萨都剌（1272—1355）的《过延平津》诗也有：“神光射霄汉，牛斗为不明。”《明史·舆服志三》亦有“寻赐群臣大红纻丝罗纱各一。其服色，一品斗牛，二品飞鱼”之说。近代诗人何其芳（1912—1977）的《忆昔》诗歌有“光芒万丈射牛斗，要把人间重铸成”之句。

此处的射斗牛，喻指黄月英的才干以及流传后世的名声影响深远。

【释】月亮的光影盘旋而上，黄月英与诸葛亮之间心灵相通；

黄月英杰出才能得到了施展，她多方面智慧影响深远。

第五章

诸葛亮北伐曹魏纪念地武侯祠

1. 甘肃省礼县祁山堡武侯祠

祁山，是山系名称，横卧在甘肃省陇南市礼县西汉水北侧河谷盆地之中，东起盐官镇，西至大堡子山，绵延约 50 公里。就地理位置而言，这里牢牢控制着陇蜀南北往来的交通要冲，东北可以进取盐官镇与天水郡；西可以绕道陇右逐鹿中原；南可退守西和县回军汉中郡。正因为如此，这里是十分险要的军事重镇，三国时期，就成了曹魏与蜀汉争夺陇右的古战场。

祁山堡，位于礼县城东 25 公里的祁山镇西汉水北侧，天水市通往礼县、西和县的公路旁，北距天水市约 70 公里，是一座宽阔平川上突起的孤立城堡，

坐落在西汉水北岸，高数十丈，四面如削，悬崖绝壁，峭峙孤险，唯有堡的北面有盘旋进出上下道路，通过盘折小径才可以迂回曲转上至山巅。

山上平地约 3000 平方米，视野开阔，堡的南端下便是湍急东流的西汉水。祁山堡可控陇右，扼陇蜀之咽喉要津，历来是兵家必争的军事要隘。

西汉水：发源于甘肃省天水市秦州区南部西秦岭之嶓冢山，流经天水秦州区、礼县、西和县、康县、成县，在陕西略阳县注入嘉陵江，全长 212 公里，是长江支流嘉陵江的一级支流，为漾水之源。

《水经注》卷第二十“漾水”记载说：“漾水出陇氐道县嶓冢山，东至武都沮县为汉水。”还说：“祁山在嶓冢之西七十里，山上有城，极为严固。昔诸葛亮攻祁山，即斯城也。汉水迳其南，城南三里有亮故垒。”

祁山堡一带自古以来物产富庶，十分有利于就地驻军养兵，更是进战退守自如的军事要塞。建兴六年（228）春，诸葛亮第一次北伐和建兴九年（231）春第四次北伐曹魏时都兵出陇右，在祁山堡上扎营作中军帐，与曹魏纷争角逐，《三国演义》第九十五至第一百四回称之为“六出祁山”。

由于诸葛亮两次出祁山北伐曹魏在此驻军征战，祁山堡也因此名垂青史。为了纪念诸葛亮北伐曹魏的功德业绩，后世人在祁山堡修建了武侯祠，供参观考察和凭吊祭祀。

（1）历史沿革、古迹与文物

据民国二十二年（1933）的《礼县县志》和康熙二十六年（1687）秦州知州赵世德（今辽宁省辽阳市人）编撰的《秦州志》记载说：祁山堡属西汉时期人工修建的军事设施，何人何年因何事而建，已经无从查考。

祁山堡形似龟又似舰，“高数十丈，周围里许，四面如刀削，高峻奇拔”，形成了平地突兀一峰，显得十分高大雄伟。站在堡上极目远眺，可环视祁山川道及南北山岭的一切，是古代理想的军事据点。

建兴六年（228）春和建兴九年（231）春，诸葛亮第一次和第四次北伐曹魏两次出祁山时，都在祁山堡上扎营作中军帐，为这里留下了丰富的古迹文物与传说故事，正因为如此，历史典籍多有记载。南北朝时期，当地人就在祁山堡峰顶修建了武侯祠，经过历代修葺，形成了今天的格局。

特别是，罗贯中《三国演义》问世以后，“诸葛亮六出祁山”之说堪称家喻户晓妇孺皆知，祁山堡更是誉贯古今中外，吸引了不少文人学士、达官显贵以及有志之士前来考察，寻踪觅迹，怀古钦英，赋诗立碑，纪念先贤。例如：明万历年间（1573—1620），浙江道监察御史郑国士游览了祁山堡武侯祠后，触景生情题写了《题祁山堡武侯祠》诗歌，其中有“斜日沉沉古庙幽，武侯烟

祀几千秋”之句，说明这里的武侯祠历史悠久。

祁山堡山下大门外，有照壁和戏台。北面有按原貌新修的砖城门，高大坚固，一条盘旋蜿蜒而上的大道两旁，松柏郁郁葱葱，显得曲径通幽，神秘莫测。登上堡顶，进入院内，可见武侯祠内乔木森森，浓荫遮空，朱甍画栋，幽静肃穆，景色怡人，吸引着不少游人前往凭吊观瞻。

《礼县县志》中记载的“祁山暮雨”美称，说的就是这里。

“文化大革命”期间，由于武侯祠被县政府作为备战备荒的粮食仓库使用，粮食储藏较多，安排了专职人员进行管理，因此，诸葛亮像等古迹文物才没有遭到破坏。

1980 年，祁山堡武侯祠被礼县人民政府列为县级文物保护单位。1988 年，礼县政府对祁山堡武侯祠进行了大规模整修，正式对外开放，接待国内外游客观瞻。近年来，县政府又进行了全面整修，使其更加完善。

现在的武侯祠，有清代重建殿宇三殿三院 30 余间。还有清以来名人题书匾额 9 方，楹联 7 副，题诗记事碑刻 20 余通，精练的文字、寓意深刻的内容，赞美诸葛亮鞠躬尽瘁流芳百世的一生，也记述了历代修葺的历史。

拾阶而上来到堡顶，首先，映入眼帘的是前院三间卷棚式献殿，雕梁画栋。献殿之后，就是歇山式的正殿。正殿门额上方，有光绪年间（1875—1908）阶州（今陇南市）知州谢威凤所书的“伯仲伊吕”匾额，书法遒劲，结构敦厚。正殿内，有道光年间（1821—1850）雕塑的诸葛亮彩色坐像，头戴丞相冠，手执羽毛扇，端坐正视，双目炯炯有神，恰似当年在这里运筹帷幄指挥千军万马进行北伐。

正殿之后是中殿，殿内中间是关羽塑像，两侧是周仓和关平塑像，尽管造像生动栩栩如生，但是，给人一种感觉，关羽死于219年的荆州，一生中就没有到过祁山，没有参与北伐，在诸葛亮的武侯祠内供奉关羽，实在是个意外。

成都武侯祠内虽然有诸葛亮、关羽、张飞等塑像，这是因为刘备是皇帝，这些人都是刘备打江山、坐江山时的效命之臣，成都武侯祠本名“汉昭烈庙”，是刘备的宗庙，在这里出现这些人的塑像，是为了体现“君臣合一”的理念，除此之外，在全国武侯祠庙中也没有这种现象。

那么，关羽为什么会在祁山堡武侯祠出现呢？笔者认为，很可能是在明清时期整修武侯祠时，当事人根据当时崇尚“关圣人”并且大肆为关羽修庙塑像的社会风气，才把关羽请进了具有深远意义的武侯祠供奉。

中殿之后便是后院，院中有殿名“祈佛殿”，想必早年这里就供奉有佛像，人们祈佛保佑而习以为常。现在虽然已成为文物陈列室，展出诸葛亮出祁山北伐曹魏的相关文物。

站在堡顶的瞭望台，可以四面观望，有关诸葛亮当年两次北伐曹魏时期在此遗留的遗址、遗迹尽收眼底。例如：堡南下面就是一条秘密通道——汲水洞，直通西汉水河畔，是当年诸葛亮为解决军事用水的取水洞，它还是一条军事秘密通道，诸葛亮巡营时也从此洞出入；堡南还有当时蜀军驯养西凉战马的“圈马沟”，据说，

当年诸葛亮将所有战马圈养于此处；西汉水南岸就是诸葛亮首到祁山的驻军地——观阵堡遗址，观阵堡下柏林中，有三棵枝繁叶茂的古柏，传说是诸葛亮亲手栽种，所以把这片柏树林称为“孔明柏”；在祁山大桥以西河堤北岸有一块巨石，为诸葛亮试马的“上马石”，相传当年诸葛亮曾踏此石上马训练西凉战马，无论河水多大，这块石头都不被洪水所淹没。

祁山堡以北坡上，有“点将台”，据说，诸葛亮两次出祁山，曾经在这里筑台调兵遣将，指挥北伐曹魏，所以，此台历来被称为“诸葛点将台”。

据笔者 1984 年现场勘查而知，点将台高 3 米，边长 15 米，台址平坦，居高临下，视野开阔，祁山堡周围一览无余，属祁山堡景区的主要景点之一。

值得一提的是，在祁山堡北山麓还有诸葛大军驻军的“九寨故垒”。相传诸葛亮第一次出祁山时就在那里扎下九个营寨，“宛如一字长蛇阵”。

由于当年北伐曹魏“患粮不济”，诸葛亮将此九个土垒伪装成为九个粮仓，以示粮草丰足，既欺骗了魏军，又安定了蜀军军心，所以又称为“九谷堆”，现在还可看到仅存的两个土堆。

据笔者 1984 年实地考察而知，这些高大土垒，全是人工堆砌，还有明显的夯层，从这些夯土层夹杂的陶片看来，属于汉代文化遗存，所以推断这些高大土垒很可能是汉墓，也有可能是诸葛亮北伐时期人工修筑的军事设施。

祁山堡东北 9 公里处就是盐官镇，总面积 116.12 平方千米，2018 年户籍 52764 人。盐官镇自古就盛产水盐，地下有高浓度卤水不断涌出，两千多年前，这里就因盐兴而称为“卤城”。西汉末年，官方在此设置盐官专职管理盐业，盐官镇因此得名。

据《唐书·食货志》记载说：“唐有盐井六百四十，成州、巂州井各一。”成州（治所在今甘肃省成县，辖西和、礼县、长道县、徽县、两当、康县）就管辖礼县。巂（xī）州：即四川省西昌，唐朝州名，治所在邛都（今邛崃市）。

唐元和八年（813），宰相李吉甫的《元和郡县图志》记载说：“盐井在成州长道县东三十里，水与岸齐，盐极甘美，食之破气。盐官故城，在县东三十里，在冢西四十里，相承营煮，味与海盐同。”长道县即今礼县的长道镇。

当年，唐朝诗人杜甫沿陇蜀古道入川时，途经盐官镇触景生情写下了《盐井》诗歌，其中有“卤中草木白，青者官盐烟。官作既有程，煮盐烟在川”之说。

盐官镇地势开阔，东距天水市秦城区天水关 10 公里，西汉水穿境而过，是屯兵作战好地方。

这里至今还有一口天然“盐井”，据说是诸葛亮当年出祁山在此屯军时，曾经在此井取水制盐，供将士食用。

2016 年 11 月，笔者再次来到盐官镇考察，发现这口“盐井”不但完好无损，当地政府还对盐官镇进行了全面整修，成了仿古一条街，“盐井”自然而然得到有效地保护，成为一个著名的参观点。

在盐官镇盐神庙里，笔者听一位看护盐井老人介绍说，至今保留下来的这一眼古盐井，深达 15 米，盐井下有两个水眼，一眼甜水，一眼咸水，在当地老百姓心中，盐井有重要位置。因为，建兴九年（231），诸葛亮第四次北伐时，为就地补充军需物资，不但在这里的盐井取水煮盐，而且还抢收这里的小麦。因此，当地老百姓至今还津津乐道诸葛亮当年在“卤城”取水制盐与割麦的故事。

据《三国志・蜀书・诸葛亮传》裴松之注引《汉晋春秋》记载：“亮分兵留攻，自逆宣王于上邽，郭淮、费耀等征亮，亮破之。因大芟刈其麦，与宣王遇于上邽之东，敛兵以险，军不得交，引兵而还，宣王寻亮至于卤城。”

《晋书・宣帝纪》也记载说：“亮闻大军且至，乃自帅众将芟上邽之麦。诸将皆惧。帝曰：亮虑多决少，必安营自固，然后芟麦，吾得二日兼行足矣。于是，卷甲晨夜赴之。”

近年来，礼县人民政府为了有效保护古迹文物，根据当地的资源优势，投资 3000 万元，因地制宜发展旅游产业，在盐官镇滨河路北侧修建了以盐井博物馆为主题的盐井文化公园，占地面积 40 亩，建筑面积 8121.4 平方米，

主要有迎宾广场、入口公园、盐井文化公园、盐井博物馆、盐井祠、盐池、盐疗中心等项目对外开放，接待四方宾客。

过卤城向南，就是当年诸葛亮第四次北伐曹魏射杀魏将张郃的木门道。

据《三国志·蜀书·诸葛亮传》记载说："建兴九年（231），亮复出祁山，以木牛运，粮尽退军，与魏将张郃交战，射杀郃。"

《三国志·魏书·张郃传》也说："诸葛亮复出祁山，诏郃督诸将西至略阳，亮还保祁山，郃追至木门，与亮交战，飞矢中郃右膝，谥曰壮侯。"

清《西和县志·关隘》卷二记载："木门关，在县东北一百一十里之木门里，上有丰林，下有海子，今名窄峡子。汉诸葛出祁山伐魏，以粮尽退军，司马懿遣张郃追之木门，与亮战，汉军乘高发伏弩，郃中飞矢死。今关内左右两弯名藏兵弯，关外数里有张郃墓。"

如此说来，木门道就是当年诸葛亮用计设伏射杀魏国名将张郃的地方。

据笔者 1984 年 6 月和 2016 年 11 月实地考察而知，天水市秦州区牡丹镇木门村南端便是木门道，这是街亭、上邽通向祁山主要通道之一，称峡门。

据《后汉书·段颎传》记载：东汉桓帝刘志永康元年（167），破羌将军段颎（？—179）西击羌氐少数民族，为了防止进犯，他曾经"遣千人於西县结木为栅，广二十步，长四十里遮之"。

由此而知，当年，破羌将军段颎在西县用木头修筑了一条"宽二十步，长四十里"的木栅栏，以此封闭管理通道，当时的西县管辖此地，而此地盛产木材，人们伐木以及行旅通商必须要从这个木栅栏封闭的通道出入，久而久之，"木门道"之名流传使用至今。

木门道两边全是土石山脉，高低起伏南北走向，两面的山对峙成为夹道，壁立千仞空谷一线，状若天然门户。东面的山叫"张郃坪山"，高约 100 米，西面叫"西南山"，高约 150 米，南北道长约 1000 米，中间有一条约 50 米长的峡谷，"稠泥河"水穿过木门道南流汇入西汉水，峡谷窄处仅有一小道可通，大有　将当关，万夫莫开的气概。

木门道峡谷东侧的张家坪，原名"张郃坪"，为诸葛亮与魏将张郃作战时伏兵处，峡谷西侧为十悄地梁，其下有诸葛亮拴马之处的拴马湾。峪谷中横卧一块高 8 米，顶平面 2.7 平方米的鼓形小石墩，人们称之为"石鼓"，相传是当年诸葛亮在山顶擂鼓指挥作战的擂鼓台。石鼓不远处有一土堆小丘，形如巨钟，故称土钟。

木门道从牡丹镇木门村到华岐镇的罗堡村全程 10 里，但是，这里是天水与祁山进出的必由之路，诸葛亮当年就是在这里设伏射杀张郃的。这条道路北口最狭窄的地方，北口宽约 100 米，南口最宽处约 80 米。在这狭长的两边土石山下到处都有大小不等的土山洞，称为“藏兵洞”。据当地老百姓代代说，这就是当年诸葛亮射杀张郃时蜀汉军队的“藏兵湾”和“藏兵洞”。在这里，至今还有不少关于诸葛亮当年出祁山北伐曹魏和设计射杀张郃的故事。

时至今日，木门峡谷中存有张郃坪、张郃墓，坪下有蜀兵布伏的伏兵湾。据说，前些年木门村、张郃坪村等村民在平田整地中，还发掘出了三国时代的铜兵器镞、矛、刀等。

1996 年，村民为纪念诸葛亮的功德业绩，在这里新建了武侯祠，还刻立了一通由天水市著名史学家、书法家、陕西师范大学教授霍松林（1921—2017）题书的“木门道”碑石，以示永久纪念。同时，在祠内植树育林，恢复了土钟，与石鼓遥相对应，供人们凭吊缅怀。

在礼县文化馆，藏有三个直径在 70 厘米左右的大铁军锅，覆盆式，底部有三个乳丁足，腰部有玄纹。除此之外，1982 年，在礼县祁山堡的燕河乡一带，还出土有一个敛口、弧腹、小平底的铁军锅，口径 40 厘米，肩部有一圈宽 3 厘米的平沿，据说此铁军锅上原来有锅盖，已经腐朽损坏，同时还出土有铜、铁箭镞若干。

在西和县文化馆，也藏有几个大铁军锅，直径 40 厘米，敛口、弧腹、小平底，肩部有一圈宽 5 厘米的平沿，1982 年出土于罗峪乡罗峪村，这些大铁军锅原来都有盖子，但出土时均已经损坏了。

这些铁锅和箭镞，其铸造形制全是汉风，老百姓把这些大铁军锅叫“诸葛军锅”，如此看来，这些文物应是诸葛亮当年北伐遗留的实物。

在天水县文化馆，藏有一枚铸造有“章武元年”年号的铜镜，解放前出土，直径17.4厘米，厚0.3厘米，重450克。镜背面铸造一圈文字曰：“德扬宇宙，威震八荒，除凶避兵，昭民万方。章武元年二月作竟。”

“章武”是蜀汉先主刘备称帝后的年号，时间为公元221年，说明这枚铜镜是先主刘备称帝后所造。

1979年，史学家刘大有先生在《文物》杂志上曾经发表过研究文章。

据甘肃人民出版社2000年12月出版的张津梁主编的“天水历史文化丛书”《魏蜀兵戈》介绍说：“建兴九年，诸葛亮复出祁山北上伐魏，大军直逼天水。魏兵屯渭水南岸，欲阻击蜀军于渭水一线，防止其渡过渭水东进关中。当时，司马懿、郭淮重兵合围卤城，被诸葛亮杀得落花流水，不得不狼狈地逃到上邽以东扼守。诸葛亮挥师直抵上邽驻扎，于是，两军就形成了拉锯式的争夺战。为了稳扎稳打，诸葛亮在这里修筑了许多防御工事——军垒，有十二连环堡城之称。魏军为了抵御蜀军，也据险筑垒，相持对抗，故有两军对垒之说。”

据唐代史学家李吉甫（758—814）的《元和郡县图志·上邽》记载说：“诸葛军垒，俗名下募城，在县东二里。”

清光绪十五年《秦州直隶州新志·山川》也说：“诸葛垒，东二里路南，俗谓下募城。其旁有司马懿垒，俗谓上募城。上邽县北八里，有姜维垒。”

但是，当地还有一种说法：相传三国时蜀相诸葛亮领军北伐时，恐蜀军至陇右不服水土，命军士各带一个“乡土袋”装蜀土一包备用。大军至天水，发现秦地水土与川蜀水土无异，没有一个士兵不服水土的。遂令士兵将所带之土堆积于天水城东教场南，就形成了一个丈八高的大土墩。诸葛亮正好利用了这个高高的土墩，经常在上面指挥训练军队，整顿军纪，布兵点将。后来，这里成了凭吊诸葛亮的胜地，称为“诸葛军垒”。

该遗址位于原来天水市的秦城区城

东岷山路南，原为底大顶平圆锥形土墩，高丈余，墩前有碑亭，碑若房门，广植苍松翠柏，郁郁葱葱，肃穆幽雅。每当正午艳阳高照，“诸葛军垒”上没有投影，因此，当地又称为“无影墩”。

根据上述两种说法，笔者认为，诸葛军垒作为军事设施产物，是正确的。

岁月流逝，沧桑多变，历史上的诸葛军垒在以前就荒废了，仅存残土一堆荒凉不堪，四周杂草丛生，成了鼠兔出没的地方。但是，诸葛亮当年领军北伐来此的相关故事，却在当地传播，经久不衰，影响深远。

（2）匾额9方、楹联7副

武侯祠

顾子惠题书。

顾子惠（1904—2005），江苏省太仓市人，中国书法家学会会员，被誉为“陇上书坛泰斗”，曾经编著出版了《顾子惠书法集》。他与北京的孙墨佛（103岁）、上海的苏局仙（110岁）、东北的游寿（101岁），是全国书法界屈指可数的百岁老寿星。

【注】武侯：诸葛亮生前被封为“武乡侯”，死后被追谥为“忠武侯”，所以，武侯是诸葛亮的代称。

祠：纪念祖宗、先贤、英烈、名人、神仙的祠堂。

【释】纪念诸葛亮的祠堂。

万古清高

壬午年（2002）三月，邑人杨树藩书。

杨树藩，1924年出生于甘肃省礼县，曾经出任礼县政协委员、老年书法家协会理事，潜心研习颜、柳、赵各家书体，自成一派，以楷书见长，其余不详。

【注】万古清高：语出民国十七年（1928）十二月，国民党军政部部长、一级上将冯玉祥为今天汉中勉县武侯祠所题楹联：“成大事以小心一生谨慎，仰流风于遗迹万古清高。”万古：千古万年，永远的意思。清高：语出王充《论衡·定贤》：“鸿卓之义，发于颠沛之朝，清高之行，显于衰乱之世。”此指品德纯洁高尚。例如：东晋医药学家葛洪（284—364）的《抱朴子·逸民》有“若夫孝友仁义，操业清高，可谓立德矣”之说。再如：唐代诗人杜甫的《咏怀古迹》诗歌之五有“诸葛大名垂宇宙，宗臣遗像肃清高”之句。此指诸葛亮是道德纯洁高尚的典范。

【释】诸葛亮永远都是道德纯洁高尚的典范。

名垂宇宙

赵应周书。

赵应周，1947 年出生于甘肃省天水市，曾任天水市劳务办主任、甘肃东部人才市场管理委员会综合部主任。业余时间从事书画创作，是天水市硬笔书法家协会副主席。

【注】名垂宇宙：语出唐代诗人杜甫《咏怀古迹五首》诗歌：“诸葛大名垂宇宙，宗臣遗像肃清高。”名：大名。垂：流传。宇宙：天地之间。

【释】诸葛亮的大名永远流传在天地之间。

全蜀安汉

己巳年（1989）之秋，苏州费之雄题书。

费之雄，1934 年生于笔乡湖州，长住水城苏州市，为左笔书画大家费新我三子，故又名“左传三郎”，斋名“左庐”。曾从事中学语文教学、书法教学、美术设计等工作。工余临习法帖、名碑。代表作品有《书法基础》《雄虎》等。

【注】全：保全。蜀：蜀汉国家。安：安定。汉：汉室江山。

意思是，保全蜀汉国家，安定汉家江山。

【释】诸葛亮保全了蜀汉国家安定了汉室江山。

伯仲伊吕

光绪年间，谢威凤题书。1983 年农历六月初一，邑人独耀玉重建。

谢威凤，名葆灵，号沩山，湖南省宁乡县人，为陕甘总督左宗棠（1812—1885）幕僚，后因军功而先后出任阶州（今甘肃省陇南市）知州、宁夏府（宁夏回族自治区银川市兴庆区）知府，常居秦州（今甘肃省天水市），其余不详。

独耀玉，甘肃省礼县人，其余不详。

【注】伯仲伊吕：语出唐代诗人杜甫《咏怀古迹》诗歌：“伯仲之间见伊吕，指挥若定失萧曹。”伯仲：是古代兄弟排行次序称谓，长为伯，次为仲，又次为叔，最幼为季。若兄弟三人，则称孟、仲、季。此指兄弟之间的老大和老二，比喻不相上下。伊吕：此指商朝初期的辅佐贤相伊尹和西周初期的辅佐贤相吕望（亦称姜子牙、吕尚）。

【释】诸葛亮与商朝辅佐贤相伊尹和西周辅佐贤相吕望不相上下。

九州奇峻

丙子年（1996）夏，介满盈题书。

介满盈，1944年出生于山西省运城市永济市，曾任甘肃天水市人大常委会副主任，是甘肃省著名书法家。代表作品有《楷书习字帖》《行书习字帖》《介满盈新编治家格言》。

【注】九州：《尚书·禹贡》中记载古代的九州为冀、豫、雍、扬、兖、徐、梁、青、荆九州，后来泛指华夏大地。例如：《楚辞·离骚》有“思九州之博大兮，岂惟是其有女”之说。再如：南宋诗人陆游的《示儿》诗歌有“死去元知万事空，但悲不见九州同”。

奇峻：语出北魏著名地理学家郦道元《水经注·漾水》：“汉阳西南有祁山，蹊径逶迤，山高岩险，九州之名阻，天下之奇峻。”指奇特峻峭之山。

【释】祁山是华夏大地奇特峻峭之山。

兴邦无私

赵建翎题书。

赵建翎，礼县人，甘肃省书法家协会会员，其余不详。

【注】兴邦：语出《论语·子路》：“一言而可以兴邦，有诸？”孔子对曰：“为君难，为臣不易。如知为君之难也，不几乎一言而兴邦乎？”此指使国家兴盛起来。例如：唐代诗人刘禹锡在《唐故相国李公集纪》之中说：“古所谓一言兴邦者，信哉。”再如：《北齐书·文宣帝纪》有“图谍潜蕴，千祀彰明，嘉祯幽秘，一朝纷委，以表代德之期，用启兴邦之迹”之说。

无私：没有私心的意思。

【释】诸葛亮为使蜀汉国家兴旺起来而始终没有私心。

仁德可风

丙寅年（2015）初冬，高海云题书。

高海云，礼县人，民盟盟员，甘肃省书法家协会会员，民盟甘肃省委艺术家工作委员会委员，礼县第六、七、八届政协委员，八届政协常委，其余不详。

【注】仁德：语出先秦典籍《逸周书·大聚》：“生无乏用，死无传尸，此谓仁德。”此指待人宽厚而好施恩德。例如：《后汉书·鲁恭传》有“进柔良，退贪残，奉时令。所以助仁德，顺昊天，致和气，利黎民者也”。

可风：可以为风范的意思。例如：晚清文学家吴趼人（1866—1910）的《二十年目睹之怪现状》第四回之中有“这不是古谊可风的么”？

【释】诸葛亮待人宽厚而好施恩德的思想可以成为后世人的风范。

义盖云天

赵建翎题书。生平事迹见前。

【注】义盖云天：亦称义薄云天。语出南朝梁沈约（441—513）的《宋书·谢灵运传》："屈平、宋玉，导清源于前，贾谊、相如，振芳尘于后，英辞润金石，高义薄云天。"义：正义、情义。盖：盖世无双的意思。云天：指高空。形容为正义而斗争的精神极其崇高。

【释】诸葛亮对于蜀汉朝廷的忠诚情义盖世无双极其崇高。

三顾运筹天下计；
六出报效老臣心。

甲戌年（1993）四月初二日，宁文举题书。

宁文举，甘肃省西和县长道镇宁家庄人，一生以教立身，因书达名。是陇南地区已故著名书法艺术家，代表作品有《宁文举书法选》，其余不详。

【注】三顾运筹天下计：当年，汉室后裔刘备为了匡扶汉室屈尊三顾茅庐恳请诸葛亮指点迷津时，诸葛亮为其制定了《隆中对策》，确立了兴复汉室的天下大计。

六出：此指《三国演义》第九十五至第一百四回所说的诸葛亮"六出祁山"。六出祁山：语出《三国演义》第一百二十回末尾的叙事诗："孔明六出祁山前，愿以只手将天补。何期历数到此终，长星半夜落山坞。"

实际上，诸葛亮前后只有建兴六年（228）春天和九年（231）春天两次出祁山北伐曹魏，其他几次都与祁山无关。

报效老臣心：诸葛亮北伐曹魏报效蜀汉朝廷，为的是体现他忠君爱国的一片赤诚忠心。

【释】刘备三顾茅庐时诸葛亮为其制定了《隆中对策》确立了兴复汉室的天下大计；

诸葛亮六出祁山北伐曹魏报效蜀汉朝廷为的是体现他忠君爱国一片赤诚忠心。

祁山诸葛列地营，六出三分鼎；
铁笼姜维开天阵，一筹千古雄。

癸巳年（2013）之中秋，王鹏撰书。

王鹏，字敬之，号兰斋居士、醉墨轩主、静悟轩主、一壶先生，毕业于兰州大学，研修于清华大学美术学院书画高研班。为中国艺术家协会理事、中国书法家学会会员、中国美术家协会会员、中国书画文化研究院院士，其余不详。

【注】祁山诸葛列地营：祁山是诸葛亮北伐曹魏安营扎寨列阵御敌的地方。

六出：《三国演义》称诸葛亮北伐曹魏为“六出祁山”，实际上只有第一和第四次两次到过祁山。

三分鼎：此指曹魏、蜀汉、孙吴三个国家鼎立对峙。

铁笼：此指礼县城南 15 公里处古战场铁笼山。从石草公路南行，远望一山崛起，绝壁峭峙，孤险云高，垂若悬壶，西汉水绕其南，急流翻滚，谷转雷鸣，山状若鸟笼，故称铁笼山，当年，蜀汉大将军姜维曾经大战司马昭于此处。

除此之外，还有一个铁笼山，在天水市武山县西南 70 里处的高楼乡境内。

据《中华人民共和国地名大词典 · 甘肃省》分册记载说：“在武山县西部，三国魏甘露元年（256），邓艾拒姜维于武城山，围困如铁笼，故名。”

姜维开天阵，一筹千古雄：据《三国演义》第一百九回“困司马汉将奇谋”介绍说：蜀汉延熙十六年（253）秋天，大将军姜维起兵五万，从汉中沔阳阳平关出兵陇右枹（fú）罕（属陇西郡狄道县，今甘肃省临夏县东北）伐魏。魏国大将军司马师（208—255）立即令其弟司马昭（211—265）为大都督，领兵前往陇西御敌。曹魏大军来到了石营（今礼县城南），司马昭派先锋徐质率兵五千前来偷袭姜维的蜀军，准备断其粮道，使其不战自乱。姜维灵机一动计上心来，他令蜀兵乘机弃粮而逃，造成溃败而逃的假象。徐质果然率兵追赶，被蜀兵重重包围而杀下马来。与此同时，姜维又令蜀兵换上魏军装备，赚开魏军营门突袭攻打，魏军惨败慌不择路，被逼上了铁笼山。山上只有一眼泉水只够百人饮用，可是魏军有六千余人被困在山上，人马因为缺水而死者不计其数。为此，司马昭仰天长叹：“吾死于此也。”这时，行军主簿王韬向司马昭献计说：“昔日耿恭受困，拜井而得甘泉，将军何不效之？”这段话是说，东汉明帝刘庄时期建威大将军耿恭在永平十八年（75）八月抗击匈奴时，被困于疏勒城（今新疆喀什），由于城中无水数千人马被困挣扎在死亡线上，耿恭急中生智，令挖土掘井十五丈而取水，泉水涌出人马得救。匈奴人认为是天神在帮助汉军，遂引军退去，解了耿恭大军的被困之围。

司马昭无可奈何，只好上山虔诚拜泉，口中念念有词，泉水果然涌出，取之不竭，救了魏军性命。在魏军突围中，姜维射死雍州刺史郭淮，大败魏军。

天阵：亦称天陈，语出《六韬 · 三陈》：“武王问太公曰：凡用兵为天陈、地陈、人陈奈何？太公曰：日月星辰斗杓，一左一右，一向一背，此谓天陈。”陈：陈兵列阵的阵法。一筹：一个计谋。千古：千秋万年。雄：雄才大略。

【释】祁山是诸葛亮安营列阵的地方，他曾经六出祁山北伐曹魏实现了三国鼎立；

姜维在铁笼山设计了军事阵法，一个计谋堪称是千秋万年称赞的雄才大略。

隆中一对，鼎足三分，天下事了如指掌；前后二表，祁山六出，老臣心惊泣鬼神。

壬申年（1992）秋月吉日，何欲题书。

何欲，字聚川，1921年出生于甘肃省临洮县，曾任兰州医学院教授，甘肃省政协六届委员，甘肃诗词学会理事，甘肃省老年大学书法教授，兰州市老年大学书法系系主任，中国书法家协会第一、二届理事，甘肃省书法家协会名誉主席，甘肃省美术家协会理事。

【注】隆中一对：建安十二年（207）冬天，汉室后裔刘备为了匡扶汉室曾三次屈尊前往襄阳隆中请求诸葛亮指点迷津出谋划策。诸葛亮认真分析了天下形势，为刘备制定了兴复汉室的《隆中对策》。

鼎足三分：诸葛亮在《隆中对策》中预料将来天下会形成三足鼎立的局面。

天下事了如指掌：语出《论语·八佾》："於天下之事，如指示掌中之物，言其易了。"形容对情况非常熟悉清楚，像指着自己的手掌给别人看一样。

前后二表：此指诸葛亮的前、后《出师表》。

祁山：在甘肃省礼县东的西汉水北侧。建兴六年（228）春天和建兴九年（231）春天，诸葛亮北伐曹魏曾经两次来到了这里。

六出：诸葛亮先后进行了五次北伐曹魏，《三国演义》称"六出祁山"。

老臣心：此指诸葛亮这个老臣为了实现《出师表》中提出的要"北定中原，兴复汉室，还于旧都"而北伐曹魏的赤胆忠心。

惊：惊天动地。

泣鬼神：语出唐代诗人杜甫的《寄李十二白二十韵》诗歌："昔年有狂客，号尔谪仙人。笔落惊风雨，诗成泣鬼神。"形容鬼神都为之感动而哭泣。

【释】诸葛亮为刘备指点迷津制定了《隆中对策》，他预料将来天下会形成三足鼎立局面，对当时情况非常熟悉像指着自己的手掌给别人看一样；

诸葛亮先后向后主刘禅上了前后《出师表》，曾六出祁山北伐曹魏，这个老臣北定中原兴复汉室的赤胆忠心惊天动地使鬼神都为之感动而哭泣。

功盖三分国；
人当万里城。

题书者不详。

【注】功盖三分国：语出唐代诗人杜甫《八阵图》诗歌："功盖三分国，名成八阵图。江流石不转，遗恨失吞吴。"此指诸葛亮的功德业绩冠盖着曹魏、蜀汉、东吴三个鼎足分立的国家。

人当万里城：语出唐开元年间名相张九龄（678—740）的《奉和圣制送尚书燕国公赴朔方》诗歌："宗臣事有征，庙算在休兵。天与三台座，人当万里城。"人：此指诸葛亮。当：抵当、担当，抵得上的意思。万里城：此指春秋战国时期就开始修建的防御外敌入侵的军事工程，秦始皇统一六国以后，将原来各国的长城整修连接，形成了统一体系，因长达几万里，故称作"万里长城"，其历史长达 2000 多年。

根据国家文物局 2012 年宣布万里长城相关数据而知，中国历代修建的长城总长度为 21196.18 千米，分布于北京、天津、河北、山西、内蒙古、辽宁、吉林、黑龙江、山东、河南、陕西、甘肃、青海等 15 个省区，包括长城墙体、壕堑、单体建筑、关堡和相关设施等，长城遗产共计 43721 处。

今天所指的"万里长城"多指明代修建的长城，它东起鸭绿江，西至内陆地区甘肃省的嘉峪关。2008 年 8 月 15 日，"万里长城"被正式公布为"世界文化遗产"加以保护。

【释】诸葛亮的功德业绩冠盖着曹魏蜀汉东吴三个鼎足而分立的国家；
诸葛亮这个人在维护蜀汉国家方面能够抵得上著名的万里长城。

蜀汉出师，两表具儒者气象；
祁山坐镇，千秋仰丞相祠堂。

罗运甓题书。

罗运甓（pì），江苏人，光绪二十七年（1901）曾经出任礼县知县，其余不详。

【注】蜀汉出师：此指蜀汉丞相诸葛亮亲自率军进行北伐曹魏的军事活动。

两表具儒者气象：诸葛亮前后《出师表》都具有儒家的气质形象。儒者：语出《墨子·非儒下》："儒者曰：亲亲有术，尊贤有等。"此指尊崇儒学通习儒家经书的人，汉代以后，泛指读书人。例如：《史记·淮阴侯列传》有"成安君，儒者也，常称义兵不用诈谋奇计"之说。气象：此指气质与形象。

祁山坐镇：此指诸葛亮建兴六年（228）春天第一次北伐曹魏和建兴九年（231）春天第四次北伐曹魏兵出祁山期间坐镇指挥。祁山：在甘肃省礼县东，绵延约50华里。地扼蜀陇咽喉，势控攻守要冲，是三国时期曹魏与蜀汉必争之地。

千秋仰丞相祠堂：千万年以来都会虔诚缅怀瞻仰纪念诸葛亮的祠堂。

【释】蜀汉丞相诸葛亮率军北伐曹魏，前后《出师表》具有儒家的气质形象；
诸葛亮兵出祁山在这里坐镇指挥，千秋万年人们都缅怀瞻仰武侯祠。

托孤苦老臣，尽瘁鞠躬师六出；识时真俊杰，和吴敌魏鼎三分。

谢威凤题。1990年8月上浣，宁文举补书。生平事迹见前。

楹联题跋说："祁山武侯祠谢威凤先生所书匾联毁于'文革'，己巳年（1989）秋天，西和县书协及仇池诗社邀约苏州市费之雄来访，游览祁山并题全蜀安汉篆额。庚午（1990）春，书协诗社捐资刻制费额，并重新书刻谢撰原联，终使谢联费额合成完璧，以为古迹增色。1990年8月上浣，宁世惠题跋，宁文举敬书。"

【注】托孤苦老臣：此指蜀汉章武三年（223）春天，先主刘备在白帝城病故，临终前向丞相诸葛亮托孤交代后事说："君才十倍曹丕，必能安国，终定大事。若嗣子可辅，辅之；如其不才，君可自取。"诸葛亮立即叩头涕泣说："臣敢竭股肱之力，效忠贞之节，继之以死。"刘备感动得老泪纵横。同年四月，17岁的太子刘禅继位后，改元"建兴"，诸葛亮竭尽全力辅佐年幼的后主刘禅。

可是，当时的蜀汉因刘备给关羽报仇讨伐东吴惨败，国力空虚，恰在此时，西南地区少数民族纷纷乘机反叛蜀汉朝廷，东吴孙权与曹魏虎视眈眈，蜀国不但危机四伏，而且贫困交加，堪称内忧外患。因此，诸葛亮这个老臣辅佐后主刘禅真可谓责任重大，历尽了千辛万苦。

尽瘁鞠躬：语出诸葛亮的后《出师表》："臣当鞠躬尽瘁，死而后已。"意思是，恭敬谨慎竭尽全力。

师：此指军队出师作战。

六出：此指诸葛亮的北伐曹魏，《三国演义》称之为"六出祁山"。

识时真俊杰：语出《三国志·蜀书·诸葛亮传》裴松之注引《襄阳记》："识时务者在乎俊杰，此间自有伏龙、凤雏。"此指了解和认识当时时局与事物发展规律的英雄豪杰。

和吴敌魏：诸葛亮在《隆中对策》时就给刘备谋划建议，要想匡扶汉室，就必须要以兴复汉室为政治纲领，团结各地少数民族，特别是要联合东吴孙权，两家联手共同对付曹操，才有可能成就大业而一统江山。

鼎三分：建安十三年（208）赤壁之战之前，诸葛亮主动请缨出使东吴促成了孙刘联军共同抗曹，在赤壁之战中大败曹军，形成了三足鼎立局面。

【释】托孤受命让诸葛亮这个老臣全权辅佐后主刘禅历尽千辛万苦，为了兴复汉室曾经恭敬谨慎竭尽全力六出祁山北伐曹魏；

诸葛亮是了解认识时局发展规律的真正英雄豪杰，他出使东吴促成孙刘联军共同抗曹而大败曹军形成了三足鼎立局面。

庙貌壮祁山，缅军威西蜀河山撑一柱；
神清丽汉水，忆鼎足南阳俎豆并千秋。

雷文渊题书。

雷文渊（1823—1897），四川省绵竹县人，字仙洲，举人。同治十一年（1871）任甘肃华亭县知县，光绪十年至二十一年（1884—1895）出任礼县知县。为官清廉崇尚俭朴，体贴民生疾苦，修桥筑路屡办实事，深受百姓爱戴。

【注】庙貌壮祁山：此指祁山堡武侯祠庙给这里增添了壮丽的风采。

缅军威：缅怀当年诸葛亮北伐曹魏时期的军威。

西蜀河山撑一柱：蜀汉政权虽然偏安益州一隅，可是诸葛亮堪称蜀汉国家的擎天之柱。

神清：语出《淮南子·齐俗训》：“是故凡将举事，必先平意清神，神清意平，物乃可正。”意思是心神清朗。

丽：美丽、秀丽、风和日丽的意思。

汉水：此指西汉水，是嘉陵江的一个支流，发源于甘肃天水市秦州区南部齐寿山（古名嶓冢山），自天水市秦州区流经礼县、西和县、康县、成县，在陕西省略阳县注入嘉陵江，全长212公里，流域面积10107平方公里。

忆鼎足：回忆三国时期的鼎立对峙。

南阳：郡名，辖37县，属荆州，治所在今河南省南阳市，诸葛亮《出师表》有“臣本布衣，躬耕于南阳”之说，所以，南阳代指诸葛亮。

俎豆：俎，祭祀时盛牛羊肉祭品的礼器。豆，古代盛食物的器皿。后来泛指各种祭祀的礼器。例如：《后汉书·祭遵传》有“虽在军旅，不忘俎豆”之说。

并：一并、一起的意思。

千秋：千万年的意思。

【释】祁山堡武侯祠给这里增添了壮丽风采，缅怀北伐曹魏时期的诸葛亮军威堪称是蜀汉国家擎天之柱；

心神清朗的情态加之秀丽的西汉水，回忆三国鼎立对峙诸葛亮应该与历史先贤一并享受千秋祭祀。

2. 陕西省汉中市城固县的武侯祠匾额 1 方

城固县武侯祠，在陕西省汉中市城固县西城巷中段，历来鲜为人知。

据东方网实习编辑靳慧在互联网报道，在陕西省汉中市城固县西城巷中段的小西街发现一处规模宏大、古朴壮观的古建筑院落，门楼上匾额的“武侯祠”三个行楷大字清晰可见。

为了证实这一消息的真实性，笔者分别邀请城固县人、原汉中市地方志办公室主任郭鹏以及城固县“汉文化匾额博物馆”馆长付昭瑞先生抽空去实地看看，将具体情况告知。

据郭鹏与付昭瑞先生分别两次实地调查而知，这处武侯祠古建筑在城固县西城巷 24 号民居大院内，保留的部分屋脊与筒瓦浮雕相当精美。大门楼保存更为完整，木构斗拱，青砖浮雕，工艺精湛。走进院落，门内右侧墙壁上镶有光绪年间石碑一通，残损严重，字迹不清。

院子里有一通同治十二年（1873）刻立的《重建武侯祠劝募捐资碑》，碑高 110、宽 58、厚 13 厘米，保存完整。碑文全文如下：

忠昭二表，蘋蘩永荐，其千秋义著，三分俎豆，常绵于百世，浸谓神灵赫濯，毋庸庙貌巍峨。五铺有武侯祠，创自前朝，曾焕翚飞之壮丽，忽遭兵燹，已坏粉垩之光华。自人视之，无不目击心惨。况我同人，共作瑶台胜事。然修造宏模，非系一椽一木，而欲成巨度，必须佥力佥谋。虽连年积储，仅存贰百有余之资，其各用浩繁，仍乏万千不足之数。愿我同人，倾囊乐助，施布黄金，庶募匠经营，工成告竣，将见栋宇维新，图与祥云并艳，楹栏如故，欲如彩电齐辉。谨祈通行，共襄盛举，随当勒石，永载芳名。因书端幅，以劝素封夫，是为序。王象森敬撰；王永礼谨书；石工田兆丰镌刻。同治十二年秋七月吉日立。

其他捐资人、经办人姓名一概省略。

从以上的碑文而知，这个地方在同治年间称为“五铺”，这里的武侯祠“创自前朝”，非常的“壮丽”，可是“忽遭兵燹，已坏粉垩之光华。自人视之，无不目击心惨”。在这种情况下，当地人“虽连年积储，仅存贰百有余之资，其各用浩繁，仍乏万千不足之数”。于是，有人“倾囊乐助，施布黄金”，又“募匠经营，工成告竣”，在“共襄盛举”的前提下，这才在同治十二年（1873）七月“随当勒石，永载芳名”，以垂久远。

武侯祠门内右侧墙壁上镶嵌的光绪年间石碑，虽然石质低劣，导致字迹模糊不可辨识，但是它可以告诉我们，光绪年间曾对武侯祠进行了维修，说明在民国年间以前已然存在。

据郭鹏与付昭瑞先生的实地调查而知，新中国成立初期，这里的武侯祠

规模都很大，几乎和大西门连在一起。除现存的武侯祠古建筑外，还建有三圣祠供奉刘备、关羽、张飞，以及戏楼等其他建筑。20 世纪 50 年代后期，三圣祠、戏楼及其他建筑先后被地方的某厂占用拆除。特别是“文化大革命”时期，这里剩余的所有建筑被严重毁坏，已经是面目全非了。

正因为上述原因，武侯祠现存大殿和东西厢房三大院 30 余间清代古建筑内，至今还居住着当地居民，成了民居大杂院。现存的“武侯祠”三字，每个字的直径约有 1 米，字迹清晰可辨认。可惜的是，题书时间与书者不详。

笔者认为，诸葛亮是中华民族历史长河中唯一一个思想道德文化的形象大师，他忠君爱国、勤政为民、廉洁奉公与聪睿才智为我们民族留下了丰富的精神文化财富，受到了古今中外尊崇敬仰，成了家喻户晓、妇孺皆知的名人而无可替代。所以，全国各地包括台湾南投县在内，现在还保留下来武侯祠庙有 60 余座，仅仅广东省境内就有 24 座武侯祠庙。

建兴五年至十二年（227—234），诸葛亮在汉中屯军八年北伐曹魏，先后在这里教兵演武、推演八阵图、改革连弩、造木牛流马。又休士劝农，因地制宜兴修水利开拓农田，发展生产，进行了一系列活动，在汉中一带留下了丰富的古迹文物。他死后还遗命归葬汉中定军山下，后主刘禅又下诏书“因近其墓”修建了天下第一武侯祠，汉中人民对诸葛亮有深厚的感情。正因为如此，民国以前汉中许多县都建有武侯祠或诸葛庙，以怀念祭祀诸葛亮，遗憾的是，近百年来沧桑多变，除了勉县武侯祠外，其他武侯祠都不存在了。

城固县武侯祠，究竟始建于何时？是何人所建？当初规模有多大？经历了多少次维修，已经很难搞清楚了。

笔者认为，它一定与建兴八年（230）魏国三路大军准备攻取汉中有关。

建兴七年（229）六月，孙权在东吴正式称帝，国号“吴”，改元“黄龙”，正式建立了“吴国”。为了祝贺孙权登基称帝，诸葛亮派遣“卫尉”（京城护卫官，九卿之一，掌管宫门警卫）陈震（？—235）代表蜀汉国前往东吴朝贺。

孙权此时春风得意，情绪高涨，扩展帝业的雄心也很大，所以，他在接待陈震的宴席中，觥筹交错，喜不自胜。趁着酒劲，孙权与陈震共同商量定下协约，决定在与蜀汉共同结盟的基础上，两家继续携手共同对付曹魏，最终将魏国消灭，事后两家共同平分天下。

据《三国志·吴书·孙权传》记载说：孙权与陈震的协约是：等灭了魏

国以后，魏国的“豫、青、徐、幽属于吴；兖、冀、并、凉属蜀，其司州之土以函谷关为界”，即以函谷关为界，东边归吴国，西部归蜀汉。

《三国志·蜀书·陈震传》也记载说：“震到武昌，孙权与震升坛盟誓交分天下，以徐、豫、幽、青属吴；并、凉、冀、兖属蜀。其司州之土，以函谷关为界。震还，封城阳亭侯。”

消息不胫而走，这一盟约的签订对魏国上下震动和刺激很大，也因此彻底激怒了魏国。形势所迫，魏国不得不迅速商议，立即作出反应，决定先发制人，主动出击，立即进攻蜀汉和东吴，争取形势上主动，以确保魏国长治久安。经过认真分析合计以后，魏国决定首先把进攻的目标选定攻打弱小的蜀汉国，然后再集中精力去灭掉东吴，最终达到统一天下的目的。

如果先攻打蜀汉国，就必须要先取汉中，打开益州北大门，以汉中为战略基地才能够进军益州，最后灭掉蜀汉国。建兴八年（230）七月，大司马曹真向魏明帝曹叡递交了攻打汉中郡的具体方案，决定从斜谷道、傥骆道、子午道三路发兵进军汉中，使诸葛亮防不胜防。

据《三国志·魏书·曹真传》记载说：“真以为蜀连年侵边，宜遂伐之，数道并入可大克也，帝从其计。真当发西讨，帝亲临送真。以八月发长安，从子午道南入，司马宣王泝汉水当会南郑，诸军或从斜谷道，或从武威入。”

如此一来，魏军三路大军水陆并进，浩浩荡荡，分头出发，直指汉中。

魏国三路大军兵临城下，形势十分紧急。诸葛亮立即调兵遣将，加强汉中防务，应对魏国多路大军进犯。一切安排妥当后，诸葛亮率部在今汉中城固县小河口“乐城”与今洋县东二十里龙亭镇的“赤阪”要隘设险固守，进行防御。

《三国演义》第九十九回“诸葛亮大破魏兵，司马懿入寇西蜀”，把这一次魏国三路大军准备攻打汉中，诸葛亮在汉中设防，也说成是诸葛亮出祁山，因此就有了“六出祁山”之说。实际上，这次应该属于在家门口的防御战。

由于秦蜀间古道路要翻越秦岭，山高坡陡怪石林立，河流湍急十分艰险，加之当时汉中盆地又连续下了数天大雨，山洪暴涨，栈道断绝，行走的人、畜多有伤亡，因此，曹真用了一个月才走了一半路程。根本不可能按原先计划行进。在这种情况下，魏明帝曹叡不得不下诏撤军。同年九月，曹真等三路魏军只好奉命全部撤退。正因为如此，《三国志·魏书·明帝叡》记载说：“大司马曹真、大将军司马宣王伐蜀。九月，大雨伊洛河，汉水溢，诏真等班师。”

《三国志·魏书·曹真传》也记载说：“会大霖雨三十余日，或栈道断绝，诏真还军。”

《三国志·蜀书·后主传·建兴七至八年》也记载说：“是岁，孙权称帝，与蜀盟约共分天下。八年秋，魏使司马懿由西城、张郃由子午、曹真由斜谷欲攻汉中，丞相亮待之于城固赤阪。大雨绝道，真等皆还。”汉中解危。

当时，诸葛亮亲自率部在今天城固县小河口的“乐城”以及洋县的“赤阪”要隘设险固守进行防御，加之当时阴雨连绵迫使魏军退兵，确保了汉中的安宁。所以，当地人为纪念诸葛亮的功德业绩修建武侯祠进行祭祀，其意义重大。

遗憾的是，这座纪念诸葛亮在汉中活动的武侯祠古建筑，在新中国成立后却遭到了严重破坏使其面目全非，至今还是民居大杂院。希望能够引起社会各界关注，更希望地方政府在依法保护古迹文物的基础上引起高度重视，将居民迁出，重新整修武侯祠古迹，恢复其本来面目，让人们为尊崇敬仰诸葛亮这个先贤而提供固定的旅游观瞻环境。

武侯祠

题书者不详。

【注】武侯：诸葛亮生前被封为“武乡侯”，死后被追谥为“忠武侯”，所以，武侯是诸葛亮的代称。

祠：纪念祖宗、先贤、英烈、名人、神仙的祠堂。

【释】纪念诸葛亮的祠堂。

3. 甘肃省兰州市五泉山武侯祠

在甘肃省兰州市皋兰山北麓有五泉山，因为这里有“甘露、掬月、摸子、惠、蒙”五泉而得名。特别是，这里有明清以来的武侯祠、崇庆寺、千佛阁、嘛呢寺、地藏寺、三教寺、半月亭、剑桥、中山堂等 10 余处古建筑共 1000 多间，占地 267000 平方米，建筑面积 1 万多平方米，规模宏大。

1955 年，五泉山被市政府辟为公园，成为兰州人休闲娱乐首选之处，也是外地人来兰州旅游观光值得一游的理想地。每年农历四月初八日，五泉山公园就会举办庙会，除浴佛和法事活动外，还有花卉展览与各种民俗文化活动。

五泉山一带在历史上盛产水烟，代代传承，经久不衰，而做水烟的叶子叫薤（xiè）叶芸香草，据说是诸葛亮南征平叛时，由于南方天气炎热，人马饮泉水中毒者众多，诸葛亮便询问当地的土人，求得一种名叫“芸香草”的植物后，分授士卒口含一片，自此不再染上瘴疠之气。

由于薤叶芸香草能够避瘴气，确保健康，所以，诸葛亮就从西南带了回来，在建兴六年和九年（228、231）两次出祁山北伐曹魏时，又将薤叶芸香草随大军传入了甘肃一带。正因为如此，兰州人特别是兰州的水烟经营人，一直把诸葛亮看作是水烟种植发展的鼻祖。

兰州的气候与土壤很适合种植水烟，所以，水烟在当地得到了普遍种植与发展。据统计，解放前兰州市就有 130 多家烟坊，他们家家都供奉有诸葛亮像，悬挂着“芸香事业”匾额，贴格调一致的楹联，内容是：佳种传南方，可解山岚瘴气；奇货产西北，原出薤叶芸香。

兰州烟草产量与质量历来居甘肃省第一，特别以种植于五泉山下、红泥沟口一带的烟草品质为最优良，以“红泥沟”为兰州水烟的特色商标，其原因是，五泉山与红泥沟烟草始终以矿泉水灌溉，品质最优，影响很大。“红泥沟”水烟丝的传统加工，要经过五道工序而成：

一是整理烟叶：烟叶进水烟坊后，由女工抽尽烟筋，按质分级，在砖房顶上翻抖晾干，堆码备用，俗称撕溜。

二是配料：将若干烟叶喷开水焖潮，再照标准配方，把胡麻油、绿沫子（将白石粉、槐子、紫花、冰碱、白矾等用开水烫制而成）、盐碱、香料（由香草、薄荷等十来种中药配成）配好，搕拌均匀，称为焖烟。

三是压捆：将焖烟后的烟叶，分层踏入箱内，挂石压榨成捆坯，切为三块，再挂石压成坚实烟捆，切成方形，用烟轴、麻绳扎好，俗称杆榨压捆。

四是推烟：由两个工人一个掌握推刨，一个拉推刨，一推一拉，将烟捆推为烟丝，将烟丝装入烟匣用绳扎紧，压成小方块，两边削齐，取出放在烟盘中。

五是出风装箱：检验合格的产品是潮湿的，要摆垒在烟架上，经风吹晾干装箱进入市场。

20 世纪前期，兰州水烟就畅销于四川、陕西、上海、辽宁一带，有一定规模与影响力，所以，兰州的水烟制作技术已经被列入甘肃省“非物质文化遗产”保护名录。正因为上述原因，诸葛亮就自然而然成为兰州烟民世世代代尊崇敬仰的水烟产业鼻祖，他们为诸葛亮修了武侯祠，并且四时祭拜。与此同时，家家还供奉诸葛亮这个水烟鼻祖，为的是在诸葛亮神灵护佑下，能够把水烟产业代代传承，兴旺发达。

（1）历史沿革与古迹文物

五泉山武侯祠，在五泉山公园古建筑群中轴线半山腰的西侧，始建于明惠帝朱允炆建文元年（1399），清代乾隆与同治年间，曾经两次被焚毁，光绪初年又进行重建。

民国八至十三年（1919—1924），清末翰林院庶吉士的兰州人刘尔炘集资白银 4.8 万两整修五泉山景区时，对武侯祠进行了重修，共计有大小悬山式仿古建筑五座，建筑面积 429 平方米，主体建筑面积 121 平方米，附属建筑面积 308 平方米。由于民国时期时局动乱，五泉山古迹景区疏于管理而长期关闭，久

而久之，破败不堪，人们无法正常参观游览。

2007 年，地方集资再次整修了五泉山武侯祠，形成了今天的格局，而武侯祠的牌匾、碑刻，也多为烟坊的烟民所敬献。

2015 年秋天，五泉山公园又一次修葺了武侯祠并且正式开放，在祠堂正殿的北面，有三间“兰州水烟展览室”，系统介绍了薤叶芸香草水烟是由诸葛亮从南征平叛时期的西南地区带回，出祁山北伐曹魏时随大军传入了甘肃兰州一带的历史缘由，通过不同的大型雕塑组图，展示了兰州人民世世代代种植加工水烟的过程与销售概况，多年闭门谢客的武侯祠重新融入当地人的视野之中，再现了诸葛亮与兰州人的特殊渊源关系。

院子东南为歇山式重檐二滴水武侯祠正殿，四柱十檩，面阔三间 9.8 米、进深二间 8 米，前檐有回廊。正殿当中神龛上，有 3 米多高的诸葛亮立式彩色塑像，头戴丞相冠，左手捋胡须，右手拿羽扇，神采奕奕，庄重而威严，双目炯炯有神，英气逼人，莫不令人肃然起敬。两侧柱子上，有翰林院庶吉士刘尔炘（1865—1931）所题书的蓝底金字楹联十分醒目，内容是：

在三国中，论时会，论遭逢，壮志未酬，天运早归司马晋；

从两汉后，数经纶，数学识，真才难得，人间只有卧龙岗。

诸葛亮像左侧是威武而年轻的西凉名将马超塑像，右侧是蜀汉后期西凉名将姜维塑像。祠堂南墙有巨幅壁画，体现的是卧龙岗风景，烘托诸葛亮当年出山的历史背景。

东、西两山墙上，各有 6 幅壁画，分别是三顾茅庐、舌战群儒、草船借箭、联吴伐魏、赤壁大战、上表出师、六出祁山、空城计、教兵演武、木牛流马、五丈秋风、归葬定军山。壁画生动细腻，集中再现了诸葛亮一生的活动。

在西院酒仙殿东院，供奉有刘备、关羽、张飞。酒仙殿西院供奉有吕洞宾、刘伶。

（2）匾额 1 方、楹联 7 副

武侯祠

丙戌年（2006）冬，题书者不详。

【注】武侯：诸葛亮生前被后主刘禅封为“武乡侯”，死后又被追谥为“忠武侯”，因此，武侯就是诸葛亮的代名词。

祠：纪念先贤、先祖、英烈、名人、神仙修建的纪念祠堂。例如：《汉书·循吏传》记载说：“文翁终於蜀，吏民为立祠堂，及时（诞辰和忌日）祭礼不绝。”这是中国历史上为个人立祠祭祀的先例。

【释】纪念诸葛亮的祠堂。

天与三台座；
名成八阵图。

五泉山人题书。

五泉山人，本名刘尔炘（1865—1931），甘肃省兰州市人，字又宽，号果斋、五泉山人。光绪己丑科（1889）进士，授翰林院庶吉士、编修，应聘为五泉书院讲席，倾注了大半生心血。晚年集中精力，主持修葺扩建五泉山武侯祠等庙宇殿堂十余处，潜心撰写学术专著。主要有《果斋一隙记》《劝学迹言》《尚书授经日记》《周易授经日记》《诗经授经日记》《春秋授经日记》《果斋日记》《果斋前集》《果斋续集》《果斋别集》《辛壬赈灾记》《兰州五泉山修建记》《拙修子太平书》及《陇右铁余集》等。他死后兰州人民在五泉山为他立纪念铜像，改五泉山层碧山庄为“果斋祠”，以示怀念。

【注】天与三台座：语出唐代开元年间著名诗人张九龄（678—740）的《奉和圣制送尚书燕国公赴朔方》诗歌：“宗臣事有征，庙算在休兵。天与三台座，人当万里城。”三台：语出《后汉书·袁绍传》：“坐召三台，专制朝政。”李贤注曰：“汉官，尚书为中台，御史为宪台，谒者为外台，是谓三台。”座：此指执掌权力的职位。

天与三台座是说诸葛亮生前为蜀汉丞相、领益州牧，开府执事，天生就具备了职权于一身。

名成八阵图：语出唐代著名诗人杜甫的《八阵图》诗歌：“功盖三分国，名成八阵图。江流石不转，遗恨失吞吴。”八阵图：语出《三国志·蜀书·诸葛亮传》：“亮性长于巧思，损益连弩，木牛流马，皆出其意。推演兵法，作八陈图，咸得其要云。”

据清代武侯墓祠主持道人李复心《忠武侯祠墓志》记载说，建兴五年

（227）五月，诸葛亮为了兴复汉室北伐曹魏而屯军汉中定军山下，把这里作为军事基地。为了提高军队的战斗力，他在定军山上“筑督军坛”，又在山下“积石为垒，摆下六十四聚八阵图，教兵演武”，以此训练蜀军将士，以达到“行则为阵，止则为营”而立于不败之地。这些阵法有“当头阵法、下营法、方阵法、骑兵滚阵法、骑兵归营法”等。

除此之外，在成都市新都区，还有诸葛亮当年布下的二十四阵八阵图遗址。

在重庆市奉节县夔门长江边上，也有诸葛亮当年布下的“水八阵”。为此，唐代诗人杜甫写了《八阵图》诗歌：“功盖三分国，名成八阵图。江流石不转，遗恨失吞吴。”说的就是这里。

【释】诸葛亮生前天生就具备了职权于一身；
诸葛亮成名在于他设计布防的八阵图。

在三国中，论时会，论遭逢，壮志未酬，天运早归司马晋；
从两汉后，数经纶，数学识，真才难得，人间只有卧龙岗。

刘尔炘题书，生平事迹见前。

【注】在三国中，论时会，论遭逢，壮志未酬，天运早归司马晋：意思是说，在三国的历史长河中，谈论当时机遇，谈论遭遇历程，诸葛亮没有实现自己的志向与愿望，自然规律的演变发展天下早已经成了司马氏的晋朝。

时会：语出《周礼·秋官·大行人》：“时会以发四方之禁，殷同以施天下之政。”此指当时的机遇和特殊情况。例如：东汉儒学家班彪（3—54）的《北征赋》亦有“故时会之变化兮，非天命之靡常”之说。

遭逢：语出《晋书·外戚传论》：“羊琇托肺腑之亲，处多闻之益，遭逢潜跃之际，预参经始之谋，故得缱绻恩私，便蕃任遇。”泛指人生的遭遇历程。例如：清雍正三年果亲王的《谒武侯祠》诗歌有“遭逢鱼水自南阳，将相才兼管乐长”之句。

壮志未酬：语出唐代诗人李频（818—876）的《春日思归》诗歌：“壮志未酬三尺剑，故乡空隔万重山。”此指没有实现自己的志向或者是愿望。

天运：庄子所著《天运》书名，其内容跟庄子编著的《天地》《天道》差不多，主要讨论无为而治，解释各种自然现象按规律自动运行发展。

司马晋：此指司马氏的晋朝。泰始元年（265），司马炎灭魏国建立了西晋，建都洛阳。太康元年（280）又灭了吴国，三国归晋朝统一了全国。建武元年（317）元帝司马睿在江东建邺（今南京市）称帝，史称东晋。

西晋共有 4 个皇帝，52 年，东晋共有 11 个皇帝，104 年。由于两晋的皇帝都属于司马家族，因此，后世人统称他们是司马晋。

从两汉后，数经纶，数学识，真才难得，人间只有卧龙岗：自西汉、东汉以后，数说抱负与才干，数说学问知识，诸葛亮的真才实学实在难得，人世间只留下了南阳卧龙岗纪念地。

两汉：此指高祖刘邦公元前 206 年建立的西汉王朝与光武帝刘秀公元 25 年建立的东汉两个时期王朝之统称。

经纶：语出《易经·屯》：“云雷屯，君子以经纶。”此指经国济民的抱负与才干。例如：北宋文学家秦观（1049—1100）的《滕达道挽词》有“经纶未了埋黄土，精爽还应属斗牛”之说。

学识：语出《梁书·韦睿传》：“汝文章或小减，学识当过之。”此指学问与知识。

真才：语出北宋秦观的《王朴论》：“适用而不穷者，天下之真材也。”此指真才实学。才、材，同音同义。

卧龙岗：在河南省南阳市城西，武侯祠在卧龙岗。

《三国志·蜀书·诸葛亮传》记载：“诸葛孔明者，卧龙也。”诸葛亮前《出师表》中有“臣本布衣，躬耕于南阳”之说，由于诸葛亮号“卧龙”，曾在南阳郡的襄阳隆中隐居躬耕，所以历史上就有了卧龙岗地名。

【释】在三国历史中，谈论当时机遇，谈论遭遇历程，诸葛亮没有实现志向愿望，自然规律发展天下早已经成了司马氏的晋朝；

从刘邦建立西汉与刘秀建立东汉后，数说抱负才干，数说学问知识，诸葛亮真才实学十分难得，留在人间的只有卧龙岗。

景先贤谨慎一生，名垂不朽；
愧小子狂愚半世，寡过未能。

逸盦氏题书。

逸盦（ān），本名何骏（1925—1999），字逸盦，上海人，先后毕业于上海光华大学、中国人民大学，就职于国家兵器工业部及中央部委。自幼喜爱书法，20 岁就成名于上海书画界，是首届中国书法家协会会员。

【注】景先贤谨慎一生，名垂不朽：意思是说，景仰诸葛亮这位先贤一生谨慎，名声流传久远而不衰。

景：景仰的意思。

先贤：语出《礼记·祭义》：“祀先贤于西学，所以教诸侯之德也。”此指先世的贤人。例如：南宋陆游《过广安吊张才叔谏议》诗有“春风匹马过孤城，欲吊先贤涕已倾”之句。

名垂不朽：名声流传久远而不衰。

不朽：不衰败。

愧：惭愧。

小子：作者自称。

狂愚：语出东汉哲学家王充（27—97）的《论衡·率性》：“尧舜为政，民无狂愚。”狂妄愚昧的意思。

半世：半生的意思。

寡过未能：语出《论语》：“欲寡过而未能也。”意思是，想要少犯错误，但是没有做到。

【释】景仰诸葛亮这位先贤他一生谨慎，名声流传久远而不衰；

惭愧的是我狂妄愚昧半生，想要少犯错误可是没有做到。

慷慨誓出师，论古今文当推两表；
忠诚期报国，事先后主原是一心。

慕寿祺题书。

慕寿祺（1874—1948），字少棠，镇原县平泉镇古城山人，光绪二十九年（1903）举人。历任甘肃省参政院参政、宁夏护军参谋、川军参谋长、西北军司令部高等顾问、甘肃督军署秘书长、民政署秘书长、甘肃省政府顾问、甘肃学院文史系教授。有《重修镇原县志》《甘宁青史略》《周易简义》《春秋解》《小说考证》《十三经要略》等流行甚广。

【注】慷慨：语出《文选·司马相如·长门赋》：“贯历览其中操兮，意慷慨而自昂。”形容充满正气情绪激昂。

誓：立誓、誓师的意思。

出师：此指诸葛亮建兴五年至十二年（227—234）亲自率军出师五次北伐曹魏。

论古今文当推两表：要论古代与今天的优秀文章应该推举诸葛亮的前、后《出师表》。

忠诚期报国，事先后主原是一心：诸葛亮忠诚的目的是报效蜀汉国家，他佐先主扶后主原本都是一心一意的。

【释】诸葛亮充满正气立誓率大军北伐曹魏，论古今优秀文章应该推举前后《出师表》；

诸葛亮忠君爱国的目的是报效蜀汉国家，他佐先主扶后主原本都是一心一意的。

宫府一身廉，倘将星不落军前，江山未必归司马；
乾坤群盗满，叹临境几无净土，雷雨何曾起卧龙。

慕寿祺题书。生平事迹见前。

【注】宫府：语出《后汉书·光武帝纪上》："更始将北都洛阳，以光武行司隶校尉，使前整修宫府。"宫廷与官府。例如：《南齐书·刘绘传》有"时豫章王嶷与文惠太子以年秩不同，物论谓宫府有疑，绘苦求外出，为南康相"之说。再如：《三国演义》第六回"焚金阙董卓行凶"有"卓临行教诸门放火，焚烧居民房屋，并放火烧宗庙宫府"之说。此指蜀汉的宫廷与诸葛亮的丞相府。

一身廉：此指诸葛亮一生都廉洁奉公。

倘：假使、假如的意思。

将星不落军前：据《三国志·蜀书·诸葛亮传》注引《晋阳秋》记载说："有星赤而芒角，自东北西南流，投于亮营。三投再还，往大还小，俄而亮卒。"

此指建兴十二年（234）秋八月二十八日，诸葛亮病死在第五次北伐曹魏的五丈原军中。

江山：语出《三国志·吴书·贺劭传》："割据江山，拓土万里。"此指江河和山岭，多用来指国家的政权，比喻国家的疆土与政权。

未必：不一定的意思。

归：归附的意思。

司马：复姓，此指晋朝统治者司马氏。

乾坤：语出《易经·说卦》："乾为天，坤为地。"此指天地之间。例如：东汉著名史学家班固（32—92）的《典引》有"经纬乾坤，出入三光"之说。

群盗满：语出南宋文学家汪藻（1079—1154）的《己酉乱后寄常州使君侄》诗歌："将相争阴拱，苍生忍倒悬。乾坤满群盗，何日是归年。"此指群雄割据盗贼遍地。

叹：哀叹、悲叹的意思。

临境几无净土：此指相邻的地界就没有几块清净安宁的地方。

雷雨：又称雷阵雨，是夏季常常出现的伴有雷电的降雨现象，此喻指政治风云变化。

何曾：语出《孟子·公孙丑上》："尔何曾比於管仲？"何时、何故的意思。

起：腾飞的意思。

卧龙：语出《三国志·蜀书·诸葛亮传》："诸葛孔明者，卧龙也，将军岂愿见之乎？"此指诸葛亮。

【释】诸葛亮在蜀汉宫廷与丞相府中都廉洁奉公，假使不病死五丈原军中，蜀汉国家疆土政权就不一定归附属于司马氏；

天地间群雄割据盗贼遍地，悲叹相邻地界就没有几块清净安宁地方，风云变化多端何时再腾飞诸葛亮这个卧龙。

万壑风回，问何时唤醒潜龙，恐偷珠去；
一亭云静，好趁此招回野鹤，还有诗来。

赵希潜题书。

赵希潜，兰州市人，文学家、书法家，其余不详。

【注】万壑风回：比喻众多峰峦山谷中山风阵阵。例如：南宋末至元代初著名书法家赵孟頫（1254—1322）题书杭州西湖灵隐寺的楹联句有“龙涧风回，万壑松涛连海气；鹫峰云敛，千年桂月印湖光”之句。

问何时：请问什么时候的意思。

唤醒：叫醒的意思。

潜龙：语出《后汉书·马融传》：“聘畎亩之群雅，宗重渊之潜龙。”李贤注“潜龙，喻贤人隐也”。比喻隐而未显的贤达之人。例如：《旧唐书·文苑传上·谢偃》有“勿忘潜龙之初，当怀布衣之始”之说。此指诸葛亮这个卧龙。

恐：恐怕的意思。

偷珠去：语出《庄子·列御寇》：“河上有贫恃纬萧而食者，其子没于渊，得千金之珠。其父谓其子曰：取石来锻之，夫千金之珠，必在九重之渊而骊龙颔下。子能得珠者，必遭其睡也，使骊龙而寝，之尚奚微之有哉。”后来以此来比喻冒险取利的行为。例如：唐代诗人元稹（779—831）的《出门行》诗歌才有“弟沉沧海底，偷珠待龙睡”之句。此指诸葛亮再次冒险去北伐曹魏。

一亭：秦朝的距离单位，一亭相当于今天的5000米。亭，又是秦朝的一个最基层行政单位，即十里一亭，十亭一乡。汉高祖刘邦就曾经为“泗水亭长”。此指一方之地的意思。

云静：风轻云净的意思。

好趁此招回野鹤：意思是说，正好乘此机会招引回来一些隐居的贤士。

野鹤：野生的仙鹤，常比喻隐居或闲散的贤士。例如：唐代诗人韦应物的《赠王侍御》诗歌有“心同野鹤与尘远，诗似冰壶见底清”之句。

还有诗来：还会有很多的诗情画意而来的意思。

【释】众多峰峦谷中山风阵阵，请问啥时候能叫醒诸葛亮这个卧龙，恐怕他还会冒险前去北伐曹魏；

一方之地一旦风轻云净，正好乘此机会招引回来一些隐居贤士，还会有很多的诗情画意而来。

凭栏纵眼观，叹东方大陆，风起云涌，欲请卧龙作霖雨；
寻壑恣幽赏，值西域胡氛，烟消火灭，且容立马看河山。

谭继洵题书于武侯殿。

谭继洵（1823—1901），字子实，号敬甫，又号剑芙，湖南浏阳县（今湖南省浏阳市）人，道光二十九年（1849）举人，咸丰十年（1860）进士。历任户部员外郎、户部郎中、光禄大夫、甘肃按察使、布政使、湖北巡抚、湖广总督。因其子谭嗣同参与戊戌变法受株连被罢官，勒令返还原籍，忧惧而卒于浏阳。代表作品有《谭继洵集》，传于后世。

【注】凭栏纵眼观，叹东方大陆，风起云涌，欲请卧龙作霖雨：意思是说，倚靠在武侯祠古迹栏杆放眼观看，可叹的是中华大地时局不稳动乱频繁，想请诸葛亮这个卧龙作法降连绵大雨来扑灭战乱之火。

凭：倚靠。

栏：栏杆。

纵眼观：放眼观看。

叹：可叹、哀叹。

东方大陆：中华大地。

风起云涌：语出北宋文学家苏轼（1037—1101）的《后赤壁赋》：“划然长啸，草木震动，山鸣谷应，风起水涌。”形容大风刮起乌云涌现。此指时局不稳，动乱频繁。

欲请：想请的意思。

卧龙：诸葛亮称为卧龙。

作霖雨：作法降连绵大雨。

寻壑：语出东晋陶渊明（365—427）的《归去来兮辞》：“既窈窕以寻壑，亦崎岖而经丘。”意思是，沿着蜿蜒溪水进山谷。寻：沿着，顺着。壑：深谷，深沟。

恣幽赏：尽情放纵无拘束地幽闲欣赏美景。恣：放纵无拘束的意思。幽：幽闲的意思。赏：欣赏美景。

值：碰上了的意思。

西域：据《汉书·西域传序》记载说：“西域以孝武时始通，本三十六国，其后稍分至五十余，皆在匈奴之西，乌孙之南。南北有大山，中央有河，东西六千余里，南北千余里。东则接汉，厄以玉门、阳关，西则限以葱岭。”

汉代以来，对玉门关、阳关以西地区总称西域。例如：南朝宋谢惠连（406—433）的《雪赋》有“臣闻雪宫建于东国，雪山峙於西域”之说。

胡氛：语出太平天国东王杨秀清（1823—1856）的《奉天讨胡檄》：“予兴义兵，上为上帝报瞒天之雠，下为天国解下首之苦，务肃清胡氛，同享太平之乐。”此指清朝统治者的凶焰。

据《清史稿》记载说：同治元年至十二年（1862—1873），甘肃、陕西发生了回民与捻军联手对汉人进行仇杀，持续了十多年，波及了宁夏、青海和新疆地区，双方死伤数百万人。同治五年（1866）末，陕甘总督左宗棠以钦差大臣身份开始率清军对回民进行报复性大屠杀，同治十二年（1873），最终彻底消灭了捻军与回民军势力，当时，左宗棠就驻军在兰州。

烟消火灭：此指战乱平息了。

且容立马看河山：暂且允许我骑在马上观看这大好河山。

【释】倚靠在武侯祠古迹栏杆放眼观看，可叹中华大地上，时局不稳动乱频繁，想请诸葛亮这个卧龙作法降连绵大雨来扑灭战乱之火；

沿着蜿蜒溪水进山谷无拘束幽闲欣赏美景，碰上西域异族统治者战争凶焰连绵，战乱平息后，暂且允许我骑马观看这大好河山。

第六章

蜀都胜迹成都武侯祠

在四川省成都市南郊，有一处红墙碧瓦雕梁画栋的古建筑群，庙门正中上方的匾额大书“汉昭烈庙”，这里就是蜀汉先主刘备的安葬处“惠陵”与宗祠“昭烈庙”所在地，更是诸葛亮纪念地——驰名中外的蜀都旅游胜地成都武侯祠。

建安十九年（214），刘备夺取益州后，就在成都自领益州牧。章武元年（221），刘备又在此建立了蜀汉国家。章武三年（223）四月，刘备在白帝城永安宫驾崩，17 岁的太子刘禅继位，称为后主，诸葛亮受命全权辅佐。

炎兴元年（263）秋天，蜀汉被魏国灭亡，经历了先主刘备与后主刘禅两代皇帝 43 年的国家从此退出了历史舞台。

从刘备夺取益州在成都自领益州牧，到炎兴元年（263）蜀汉被魏国灭亡的五十年之间，先主刘备在成都九年，丞相诸葛亮在成都二十一年，后主刘禅在成都五十年。正因为如此，成都不但是蜀汉国家政权的政治核心、先主刘备生前活动与死后安葬以及宗祠所在地、后主刘禅称帝的都城，也是丞相诸葛亮辅佐蜀汉政权建功立业的根据地，还是见证蜀汉兴旺发达以及走向灭亡的地方，亦是后世人为诸葛亮在此修建武侯祠祭祀的场所。因此，成都始终与蜀汉先主刘备和后主刘禅密不可分，更与诸葛亮一生功德业绩息息相关，正因为有这些因果关系，成都武侯祠历来是古今中外关注向往的旅游胜地。

1. 历史沿革与古迹文物

据 1988 年 4 月四川人民出版社出版发行成都武侯祠编著的《武侯祠大观》一书介绍：章武三年（223）四月，刘备病死于白帝城永安宫；五月，诸葛亮就护送灵柩回成都；八月，安葬在惠陵（今武侯祠所在地）。按照汉代的陵寝制度，帝王有陵就必须有庙，所以，因陵而建庙称为宗庙。当初的刘备庙，规模狭小，仅供祭祀，谓之“先帝庙”，又称“惠陵祠”。

据《三国志·蜀书·先主传》记载：“章武三年四月，先主殂于永安宫；五月，梓宫自永安还成都，谥曰昭烈皇帝；八月，葬惠陵。”

《三国志·蜀书·二主妃子传》记载说：“先主甘皇后，沛人也。先主临豫州，住小沛，纳以为妾。先主数丧嫡室，常摄内事，随先主于荆州，产后主。值曹公军至，追及先主于当阳长坂，于时困逼，弃后及后主，赖赵云保护，得免于难。后卒，葬于南郡，章武二年追谥皇思夫人，迁葬于蜀，未至而先主殂。”

上述记载说明，甘夫人原先是刘备的小妾，一直跟随刘备东奔西走，帮助刘备处理相关事务，在荆州生有后主刘禅，经历了长坂坡遇险，刘备被迫“弃后及后主，赖赵云保护，得免于难”。甘夫人死后，临时安葬在荆州首府南郡。刘备在成都称帝以后，章武二年（222），甘夫人被追谥“皇思夫人”，准备将其“迁葬于蜀”，可是，还没有将灵柩运回，先主刘备也驾崩了。

在这种情况下，诸葛亮上表说：“皇思夫人履行修仁，淑慎其身。大行皇帝昔在上将，嫔妃作合，载育圣躬，大命不融。大行皇帝存时，笃义垂恩，念皇思夫人神柩在远飘飘，特遣使者奉迎。会大行皇帝崩，今皇思夫人神柩已到，又梓宫在道，园陵将成安厝有朝。……故昭烈皇后宜与大行皇帝合葬，臣请太尉告宗庙，布露天下，具礼仪别奏。”

《三国志·蜀书·二主妃子传》还记载说：“先主穆皇后，陈留人也，兄吴壹，少孤，壹父素与刘焉有旧，是以举家随焉入蜀。……先主既定益州，而孙夫人还吴，群下劝先主聘后，於是纳后为夫人。建安二十四年，立为汉中王后。……建兴元年五月，后主即位，尊后为皇太后，称长乐宫。壹官至车骑将军，封县侯。延熙八年，后薨惠陵。”

由此而知，刘备死后二十三年的延熙八年（245），穆皇后也安葬在惠陵。

南朝时期，齐高帝萧道成（427—482）梦见益州有天子仪仗，乃“诏益州刺史傅覃修之”，傅覃便在原来基础上加以扩建，正式成宗庙，称为“昭烈祠”。

唐代时期，刘备庙已经成了文人墨客凭吊游览的胜地，著名诗人杜甫的《绝句三首》中就有“移船先主庙，洗药浣花溪”之句。

如此看来，今成都武侯祠，历史上本是蜀汉先主——昭烈皇帝刘备与甘夫人以及穆皇后的夫妻三人合葬墓，陵寝建筑由照壁、山门、神道、寝殿、陵墓等组成。陵墓为圆形，封土高 12 米，周长 180 米，墓冢四周有围墙环绕，现存砖墙为清道光五年（1825）所修，上有“汉昭烈皇帝之陵”七个大字。

墓前的古建筑群，历史上称“昭烈祠”或“先主庙”，属先主刘备的宗祠。

至今成都武侯祠山门上还是“汉昭烈庙”门额，看起来与诸葛亮根本就没有任何关系。那么，成都武侯祠与昭烈祠的称谓变化是怎么来的呢?

成都武侯祠最早建于公元 4 世纪初期，当时，李雄割据四川在成都称王，始建武侯祠于少城。成都历来有太城、少城之分。少城遗址在今西城区通惠门至红光东路一带。

据南朝梁文学家殷云《小说》记载说：东晋穆帝司马聃永和三年（347），

征西大将军“桓温征蜀，犹见武侯时小吏，年百岁余。温问曰：诸葛丞相今谁与比？答曰：诸葛在时，亦不觉异，自公没后，不见其比”。桓温遂“夷少城，犹存孔明庙”，以示对诸葛亮的尊崇敬仰。从此，少城内的武侯祠相关记载在南北朝以后就鲜见于史料，其遗址与规模也无从稽考。

又据南宋史学家祝穆（？—1255）所著《方舆胜览》记载，当时的成都武侯祠在“成都西南二里，今为乘烟观，李雄称王，始为庙”。

东晋史学家常璩（291—361）的《华阳国志》也记载说：“永兴元年（304）冬十月，杨褒、杨珪共劝李雄称王，雄遂称成都王。”

由此而知，成都武侯祠是西晋惠帝司马衷永兴元年（304），今四川渠县人李雄割据四川在成都称王建立“成国”后（在位 31 年），于公元 305 年首创修建武侯祠于少城（今杜甫草堂一带）的。

代远年湮，沧桑多变，后来的武侯祠又迁移到了锦官城，才有了唐代诗人杜甫《蜀相》的“丞相祠堂何处寻，锦官城外柏森森”之说。除此之外，还有岑参的《先主武侯庙》、李商隐的《武侯庙古柏》、杜甫的《古柏行》诗歌为证。

唐宪宗元和四年（809），剑南四川节度使武元衡一行到武侯祠祭祀时，其幕府裴度（765—839）写下了盛赞诸葛亮的《蜀丞相诸葛武侯祠堂碑》精妙碑文，由书法家柳公绰（763—832，大书法家柳公权哥哥）书写，鲁建镌刻，遂成闻名遐迩的“三绝碑”（诸葛亮功德业绩，裴度文章，柳公绰书法，合称“三绝”），至今在武侯祠中，成了镇馆之宝，供人们观赏。

穆宗时期，剑南四川节度使段文昌（773—835）又撰写了《武侯祠古柏铭》刻碑于祠内，文章说：“武侯祠前，柏寿千龄，盘根拥门，势如龙形，会碧太空，散雾虚庭。”

南朝时期，梁国益州别驾李膺在所著《益州记》中说：“锦城在益州南笞桥西，流江南岸，昔蜀时故锦官也，其处号锦里，城墉犹在。”

唐代时期，成都芙蓉繁花似锦，

因此也称作“锦城”。例如：杜甫的《春夜喜雨》诗歌就有“晓看红湿处，花重锦官城”之句。

宋、元时期，武侯祠变化不大，其间经过多次整修，以绍兴三十年（1160）的规模较大，为此，当时的文学家任渊（1090—1164）在《重修先主庙记》的碑文中详述了其事。

明洪武十一年（1378），开国皇帝朱元璋第十一子朱椿（1371—1423）受封为蜀王。洪武二十三年（1390）就藩成都以后，来到武侯祠参观拜谒，见老百姓纷至沓来，祭祀诸葛亮香火旺盛，而刘备庙却门庭冷落，心中不是滋味。于是，他以武侯祠逼近刘备的宗庙不合礼秩，应该“君臣宜一体”，便下令废除原来的武侯祠，将武侯祠并入“汉昭烈庙”，在刘备殿后增补了“诸葛亮殿”，形成了“君臣一体，魂魄相依”的格局。与此同时，还增加了关羽、张飞于西庑，又附加了北地王刘谌、诸葛亮之子诸葛瞻以及关口守将傅佥。落成之后，派遣官员祭祀，称“新规模于今日，聚精神于一堂”。

据现存成都武侯祠博物馆的明代兵部尚书张时彻（1500—1577）刻立的《诸葛武侯祠堂碑记》记载：“武侯祠在先主庙西，宋时屡加修葺而元因之。皇朝洪武初，以昭烈庙实为陵寝所在，令有司春秋祭祀。蜀献王之国首谒是庙，谓君臣宜一体，乃位武侯于东，关张于西，自为之祭文，至是武侯祠废，而乃以其碑庙中，观者不察，遂以武侯庙庙先主耳。”

尽管朱椿做了如此的安排，但是老百姓却不管君尊臣卑这一套，反而把改建后的刘备“汉昭烈庙”称为“武侯祠”至今，实在是事与愿违，适得其反。

基于上述情况，嘉靖二十一年（1542），四川巡抚王蘖（niè）谷上书蜀王说：“侯之功德大矣，不专何崇，不崇何称。”恳请为诸葛亮修建专祠。于是，在浣花溪的梵安寺（今草堂寺）旁又修建了一座武侯祠。正因为如此，明代万历年间（1573—1620）出任夔州别驾的何宇度在《益部谈资》中说：“武侯祠在城西浣花溪上，与子美草堂相接，庙貌虽未颓坏，森森之柏不复存。”

除此之外，万历二十三年（1595）进士曹学佺（1574—1646）在《蜀中名胜记》中也说：“今武侯祠在百花潭，与草堂并列者，不知何代所增？”

清康熙十一年（1672），在顺治年间进士、四川布政使宋可发等人的主持下，重建刘备宗庙“汉昭烈庙”时，改建君臣合庙，即一庙两个殿，刘备的昭烈殿在前，诸葛亮殿在后，形成了今日所见的成都武侯祠大致规模。

当时，出任四川按察使的宋可发（1610—？）等人在重修汉昭烈庙宇时，以诸葛亮为主称为武侯祠，宋可发还撰文刻立了《重建诸葛忠武侯祠碑记》，不再恢复浣花溪旁的武侯祠。

不久，有人提出要求希望恢复汉昭烈庙称谓。为此，乾隆二十一年（1756）

四川布政使周琬对于刘备庙与武侯祠的兴废与合作，作了详细的考证，他认为："以今地为武侯祠故祠而昭烈移入者，与旧志不合"，于是加以更正，祠庙又改称"汉昭烈庙"，诸葛亮殿称为"武侯祠"。但是，"蜀人之口习武侯，而不复别以昭烈"，时至今日，人们仍然以武侯祠相称。

这是什么原因呢？后人有诗说出实情："门额大书昭烈庙，世人都道武侯祠；由来名位输勋烈，丞相功高百代思。"这说明，诸葛亮的功德业绩与人格魅力，深深打动和影响了后世的人们，不可忘怀，因此，他们只记得诸葛亮而忘却了刘备，认为刘备虽然是帝王，但与诸葛亮相比，不可以同日而语，相提并论。由此不难看出，诸葛亮的思想文化、影响力深入人心，他永远活在人们心中。

现在的武侯祠古迹区占地面积 3.7 公顷（56 亩），主体建筑有五重，由大门、二门、刘备殿、过厅、诸葛亮殿等组成，布局在南北向的中轴线上。主体建筑西侧的 30 米处就是刘备墓——惠陵，这是刘备与甘夫人、穆皇后合葬的墓葬。

刘备殿面阔七间，为悬山式屋顶，宽 36 米，进深 15 米。殿前有进深 10 米、高 1.4 米的月台，台高与殿基相等，四周加石栏杆围护。门口上方高悬"业绍高光"匾额。殿的两侧，隔出东、西两个偏殿，并附有耳室，室内置有钟、鼓等文物。

在刘备殿中，有大约 3 米高的刘备贴金泥塑坐像，左角是其孙刘谌塑像。

刘谌（chén，？—263），后主刘禅的第五子，景耀二年（259）封为北地王。

据《三国志·蜀书·后主传》记载：景耀六年（263）夏，魏国征西将军邓艾、镇西将军钟会、雍州刺史诸葛续分别率大军要灭掉蜀汉，后主"於是遣左右车骑将军张翼、廖化、辅国大将军董厥等拒之，大赦，改元为炎兴"。冬天，诸葛瞻与诸葛尚父子双双战死，邓艾大军破绵竹，兵临成都城下，文武官员个个惊慌失措，刘禅接受了光禄大夫谯周等大臣建议，决定向邓艾投降。"北地王谌伤国之亡，先杀妻子，次以自杀”。裴松之注引《汉晋春秋》也记载说：“后主将从谯周之策，北地王谌怒曰：若理穷力屈祸败必及，便当父子君臣背城一战同死社稷，以见先帝可也。后主不纳，遂送玺绶。是日，谌哭于昭烈之庙，先杀妻子，而后自杀，左右无不为涕泣者。”

《三国演义》第一百一十八回“入西川二士争功”中评价刘谌说：“君臣甘屈膝，一子独悲伤。去矣西川事，雄哉北地王。捐身酬烈祖，搔首泣穹苍。凛凛人如在，谁云汉已亡。”

清初理学家孙奇逢评价说：“考蜀之亡也，关氏后彝一门歼于庞贼之手，外更得八人焉：北地王谌、武侯子瞻孙尚、张飞孙遵、赵云子广、傅彤子佥、李恢侄球，皆所谓不愧其先者也。”

对罗贯中《三国演义》曾作删改的文学家毛宗岗（1632—1709）评价说：“独至后汉之亡，而刘禅虽懦，幸有北地王之能死，为汉朝生色。”

刘谌宁可全家杀身赴死也不投降卖国的思想行为与其父刘禅屈膝投降形成了鲜明对比，体现了中华民族刚强不屈的爱国情怀，博得了后世人诸多好评，故有此塑像与刘备同享祭祀。

东偏殿有关羽、关兴、关平塑像；西偏殿有张飞、张苞、张遵祖孙三代塑像。

刘备殿东、西两侧廊房，分别塑有蜀汉文臣武将 14 人，个个器宇轩昂，栩栩如生。

刘备殿后就是过厅，上方有中国科学院院长郭沫若 1961 年来武侯祠考察时所题金字匾额“武侯祠”。过厅前面，就是诸葛亮殿，又名“静远堂”，歇山式屋顶，面阔五间宽 30 米，进深两间 11 米，基高 1.9 米。

殿内供奉着诸葛亮、诸葛瞻、诸葛尚祖孙三代贴金泥塑坐像，像高均两米多，诸葛亮居中，头戴丞相冠，手持羽扇，金色鹤氅，神态自若，似运筹帷幄之中，有两个书童侍立在诸葛亮两侧，一个捧兵书，一个捧宝剑。

诸葛亮塑像左侧有诸葛瞻塑像，右侧有诸葛尚塑像。

除了中轴线上的五重古建筑之外，又以两个大殿为主体，横向轴线布置有两庑与两厢，形成了两个庭院，还有桂荷楼、琴亭、观星楼、香叶轩、爱树山房以及听鹂宛、芝圃、花径等纪念建筑与园林。所有建筑对称均衡，布局严谨，错落有致，使得武侯祠显得庄重肃穆。

成都武侯祠 1953 年被四川省人民委员会公布为重点文物保护单位，遂成立了文管所，正式管理古迹文物，接待游客参观游览。

1961 年，被国务院公布为全国重点文物保护单位。

“文化大革命”期间，周恩来总理为了有效保护这里的文物古迹，曾下过死命令说：“谁破坏成都武侯祠，就杀谁的头。”正因为如此，成都武侯祠得到了有效的保护。

20 世纪 90 年代成立了博物馆，从此以后，多次维修，接待国内外游客。

自古至今，不少文人学士、达官显贵来这里观瞻、释谒，并且赋诗、题词、赠书匾联，为成都武侯祠留下了丰富而珍贵的文化资源。

近年来，成都市政府依托成都武侯祠的知名度发展文化旅游产业，又将武侯祠后部庞大的南郊公园划归武侯祠统一规划使用，武侯祠旅游区规模扩大了好几倍。在统一规划基础上，先后修建了配套的古建筑群体以及相关旅游设施，增加了不少陈列展览、参观景点、游乐场所和园林，观瞻内容更加丰富。

特别是，在武侯祠的大门右侧，设计建设了庞大的“锦里”旅游文化一条街，与武侯祠古迹整体配套，形成了一体化。锦里鳞次栉比、错落有致的仿古建筑、品种齐全的四川风味小吃、丰富多彩的各种摊位、花色齐全的旅游纪

念品，吸引着国内外游人，同时也是成都人休闲娱乐向往的好去处。如此一来，成都武侯祠全面落实了旅游业吃、住、行、游、购、娱措施。所以，人们争先恐后纷至沓来，参观祠庙的古迹文物，纪念先贤，怀古钦英；品味锦里的地方风情与各种小吃，赏心悦目，休闲娱乐，相得益彰，游客流连忘返，使得这里十分热闹。

正因为如此，成都武侯祠与“锦里”的名气更大，成为国内外知名度很高的三国旅游文化核心。

在武侯祠主体建筑中，遍布碑、碣与匾、联，藏有大量文物与图书资料。据 1998 年 5 月四川人民出版社出版杨代欣编著的《武侯祠碑刻与匾联》图书介绍说：成都武侯祠博物馆“内存历史上的碑刻 50 通，其中唐碑 1 通，明碑 3 通，清碑 36 通，民国碑 3 通，其余为现代所刻。还有 28 通立在每一位历史人物塑像前面，目的是让游客真实地了解这些历史人物。”

碑刻中，尤以唐代元和四年（809）裴度所撰写的《蜀丞相诸葛武侯祠堂碑》碑文、著名书法家柳公权的哥哥柳公绰书写、镌刻家鲁建镌刻的“三绝碑”最为著名，属于镇馆之宝。

楹联中，尤以光绪二十八年（1902）十一月，四川盐茶道赵藩所题书的“能攻心则反侧自消，从古知兵非好战；不审势即宽严皆误，后来治蜀要深思”楹联最为著名，一直引起后世诸多伟人、名人、达官显贵、文人学士的关注与好评。直到现在，它仍然是成都武侯祠最具影响力的镇馆之宝之一。

2. 成都武侯祠的历代《祭文》

成都，是中国西南部大省四川省的省会城市，地域开阔，人口众多，历史悠久，是古代巴蜀文化的发祥地，更是东汉末年蜀汉国家在此立国 43 年的国都，先主刘备与后主刘禅都在此活动，诸葛亮忠君爱国“鞠躬尽瘁，死而后已”辅佐了两代帝王，建立了不朽的功勋，他的高尚品德与人格魅力名垂青史，誉贯古今中外，被世世代代传播歌颂，而成都武侯祠则是最具影响力的古迹名胜。正因为如此，历史上不少帝王将相、达官显贵、文人学士与民间的各界人士，都纷纷前往武侯祠拜谒祭祀，题诗刻碑、撰书匾联，留下了丰富的古迹文物。在这其中，历代《祭文》就是不可多得的文化遗产。例如：

（1）南宋李石的《祭诸葛武侯庙祝文》

在《四库全书》第一百五十九卷·集部十二，收录有南宋乾道年间成都路转运判官李石编著的《方舟集》五十卷，其中就有他撰写的《祭诸葛武侯庙祝文》，全文如下：

呜呼！定中原之鹿（此指诸葛亮北伐曹魏要“北定中原”争夺天下）、斩海上之鲸（沧海之中斩鲸鱼），可与共天下大事者（可以共同谋划天下大事者），古今一人（古今只有诸葛亮一人）。

天灰赤帝之火（灰：灰飞烟灭，灭掉。赤帝：自高祖刘邦西汉王朝起，汉朝帝王都自称是火德赤帝子。此指老天爷欲灭掉汉家基业），夜陨辕门之星（此指诸葛亮病死在第五次北伐曹魏的五丈原军中），马未饮河洛（语出李隆基《行次成皋》：“饮马河洛竭，作气嵩华惊。克敌睿图就，擒俘帝道亨。”此指具有一统江山的意愿），牛绝于褒斜（此指诸葛亮第五次北伐曹魏时从褒斜道出，以木牛流马运粮草），天不憖遗（憖，yìn，哀悼老臣之辞），而使己不伸（此指诸葛亮没有完成“北定中原，兴复汉室”的夙愿），古今孺子幸而集事，也叨日月之末光（古今一些文人学士有幸经常聚在一起，谈论江山社稷的荣辱兴衰），辱旗常之后尘（后世有些王侯将相向诸葛亮学习而步其后尘），伊侯之志，莫与拟伦（诸葛亮的远大志向，其他人是无与伦比的）。

彼其据形势之上游（诸葛亮随时掌握当时局势发展的要领），操德泽之权舆（用高尚的品德与恩泽行使权力），故能功满天下而惠遍於生民（因此能够誉满天下而又惠及民生）。

侯乃起僻左（人用右手为常，用左手为僻，故称诸葛亮在偏僻之地益州做事情为僻左），辅汉于衰绪（此指诸葛亮出山匡扶汉室于衰败之际），间关百战，未能九州一鼎而吴魏为宾（诸葛亮经历了南征北伐多次战争，未能一统江山而吴国、魏国依然存在）。忍使八阵芜没，翠柏黯惨，悲风泣雨，空遗恨于蜀江之滨（忍痛使得八阵图荒废，武侯祠的翠柏暗淡，悲凉的风与哭泣的雨水，空遗恨于锦江之滨）。故不生于垂衣之世（此指三代之时的“垂拱而治”。语出《尚书·武成》：“惇信明义，崇德报功，垂拱而天下治。”称颂帝王无为而治），值舞羽（古代一种乐舞。手执翟雉的尾羽而舞蹈）之代，赓歌（语出李白的《明堂赋》：“千里鼓舞，百寮赓歌。”作歌合唱的意思）都俞（此指君臣相处的和洽欢快），与舜为邻（此指诸葛亮与贤明的君主刘备接近），股肱耳目（是刘备的辅佐耳目），使侯作臣，盖志尝感激乎知己而心期乎致身（诸葛亮给刘备称臣，经常抱有感激刘备知遇之恩，把自己当作知己，因此全心全意为其献身）。尔能折节北面（古代君主面朝南坐，臣子朝见君主则面朝北。此指刘备能够屈尊礼贤），听言不闻（刘备就是听到有关对诸葛亮有不同意见也不闻不问），岂关张只见蓄而鱼水之情亲（哪里是关羽、张飞所能理解？只知道心中对诸葛亮有怨气而不了解刘备与诸葛亮的鱼水亲情）！诚九死之不恤（诸葛亮诚心诚意辅佐蜀汉帝业，哪怕是九死一生也毫不顾惜），恐高卧之未仁（诸葛亮担心自己悠闲地躺着，辜负了刘备的仁义之心）。

蜀西南陬（zōu，蜀汉在西南的一个角落），既弱且贫（这个地方不但弱小而且十分贫穷），侯能使之有劳无怨（诸葛亮能够使得这里的人民辛勤劳作而没有怨言），千载之下，犹思咏於《甘棠》之春（《甘棠》，是先秦时期民间追思西周时期燕召公的诗歌。此指千百年来，人们都在歌颂诸葛亮）。

我生何艰（李石说他自己这一生是何等的艰难），逢天不辰（命运不好），恨不得亲拜隆中而周旋谈笑，迩公威德（恨不能亲自在襄阳隆中拜谒诸葛亮周旋于谈笑之间，仰慕崇拜他的威德），直所望不能（直到自己的愿望无所不能）。郡守、刺史，何足辱侯之友而攀龙之鳞（此指当时的郡守、刺史为了讨好圣上而对李石崇尚诸葛亮的行为有所诋毁）。

悯禾黍之萧条（语出《诗经・王风・黍离序》，此指悲悯故国破败或胜地废圮之典），悼江汉之沦湮（此指汉家江山沦没湮灭），既无英雄可以闻倜傥之论（英雄豪杰没有听到洒脱而不拘束的言论），樵夫、渔夫、渔父（泛指老百姓），酒卮（zhī，盛酒器皿）、豚蹄（tún，猪蹄），争求媚于明神（老百姓都争先恐后地敬献给武侯神明）。

骑箕尾于光芒（语出《庄子集释》卷三上《内篇・大宗师》，指国家重臣之死亡。此指诸葛亮死后，他的思想文化依然光照人间），弄阳律之浩荡（做阳气在民间旷远传播），虽犹显异路，而忠魂烈魄（虽然好像我们是阴阳两界显得不同路，而诸葛亮有忠君爱国的魂魄）。不违寤寐（wù mèi，不违背日夜思念的心情），如影响之相亲（好比影响了自己的亲人）。傥斯言之可复（倘若这些话能够实现），特一酹而问津（特来把酒洒在地上祭祀）。

李石（1108—1181），字知己，号方舟，今四川省资阳市人。绍兴二十一年（1151）进士，二十九年（1159）经过绍兴状元赵逵（1117—1158）推荐，任太学博士、成都学官、黎州（今四川省雅安市汉源县）知州。乾道年间，先后为都官郎中、眉州（今四川省眉山市）知州、成都路转运判官，蜀人称为“方舟先生”。著有《续博物志》以及诗词数十首传世，其门人编著有《方舟集》

七十卷。明代三才子（杨慎、解缙、徐渭）之首的翰林院修撰杨慎，在他的《词品》卷四中称李石“文章盛传，词亦风致”。

（2）明洪武二十四年蜀王朱椿的《祭昭烈忠武君臣文》

据清嘉庆至道光年间武侯墓祠主持道人李复心编著的《忠武侯祠墓志》卷五《祭文》记载，洪武二十四年（1391）十二月二十八日，蜀王朱椿曾经撰写《祭昭烈忠武君臣文》，亲自在成都武侯祠祭祀诸葛亮。全文如下：

惟洪武二十四年岁次辛未十二月二十八日，敢昭告于汉昭烈皇帝、汉丞相诸葛忠武侯曰：

龙兴云从（语出《周易·乾》：“云从龙，风从虎，圣人作而万物睹。”比喻同类相互感应。“云从”，指诸葛亮跟随刘备这个“龙”），君明臣良（比喻主贤臣忠），况千载而一遇，何会合之不常（况且是千载难逢的际遇，刘备与诸葛亮会合在一起共事是不常有的事情）。曰若稽古（如果说借古说事），实为成汤（即商汤，是商朝的建立者），三聘莘野（成汤曾经三次聘请伊尹辅佐，灭了夏桀，建立了商朝），承筐是将（语出《诗经·小雅·鹿鸣》：“吹笙鼓簧，承筐是将。”意思是，吹吹打打，将满筐币帛赠送给博学而善良的客人）。咸有一德，革夏为商（他们都有共同的道德情操，灭了夏桀而建立了商朝）。

历嬴秦而两汉（经历了秦始皇和西汉、东汉两朝），孰能袭其遗芳（谁能够沿袭成汤三聘伊尹辅佐灭夏立商的芳泽）？伟中山之帝胄（刘备是西汉中山靖王刘胜的后裔），当群雄之扰攘（在群雄割据天下大乱之时），嘘炎烟於寒灰（指刘备欲兴炎汉于灭亡之时），时三顾于南阳（当时刘备三顾茅庐请诸葛亮于南阳郡的襄阳隆中，恳请为匡扶汉室指点迷津而出山辅佐）。情交欢於鱼水，言靡间于关张（刘备自诸葛亮出山辅佐以后两人关系甚密，关羽和张飞极为不满，刘备曾对关羽和张飞说：“孤之有孔明，犹鱼之有水也。愿诸君勿复言。”关羽、张飞这才罢休）。保岷峨（岷山和峨眉山的并称，此指诸葛亮确保了益州的安全），控荆湘（湖北省称荆，湖南省称湘，此泛指荆州。是说诸葛亮促成了孙刘联盟共同抗曹以来控制了荆州），三分天下，开拓封疆（此指曹操、刘备、孙权形成了三足鼎立对峙之势，各自开拓固守疆土）。信同心而协力，视当代而有光（诸葛亮与刘备同心协力，看待当时局势很有眼光）。予丕仰于休风，幸开国于是邦（刘备知道曹丕废弃了汉献帝刘协而建立了魏国称帝以后，自己也在成都称帝建立了蜀汉政权）。

睹阙宫之颓废（蜀王朱椿目睹了刘备宗庙已经破败），叹古柏之荒凉。命我将士，缭以垣墙（可叹的是武侯祠古柏十分荒凉，蜀王朱椿命令将士，缭绕祭祀于武侯祠的围墙一周）。屹栋宇之崔嵬（重新修建了高大的殿宇），焕丹青之焜煌（彩绘殿宇使之明亮、辉煌）。新规模于今日，聚精神于一堂（新建祠庙于今日落成，将刘备、诸葛亮聚于一堂体现了“君臣合一”，使其规模相当宏大。同时也说明，修建工程聚集了朱椿所有的精力）。告厥成功，我心孔臧（工程结束以后，我的心情很好），遣官致祭，洒酒刲（kuī）羊（朱椿曾经派遣官员置酒杀羊进行祭祀）。惟帝与侯（此指刘备与诸葛亮），神气洋洋（神灵之气广远无涯），佑我蜀民，降福穰穰（庇佑我西蜀人民，降福众多）。

朱椿（1371—1452），明太祖朱元璋十一子，洪武十一年（1378）受封为“蜀王”，二十三年（1390）正式就藩成都，修建了规模宏大的蜀王府，并且沿锦江修建了筹边楼、望江楼、散花楼等建筑，这就是后来成都人经常提起的“古皇城”。其人孝友慈祥，博览群书，所以，朱元璋称赞他为“蜀秀才”。入蜀后，聘大儒方孝孺（1357—1402）担任世子傅，表其居为“正学”，对蜀地学风带动有很大的功绩。当时，他知道知藩（明朝初期，在封地任职的地方长官称为知藩事，简称知藩）内学子贫困，便将自己的食禄每月拨出一石救济。后来番人入寇火烧黑崖关，朱椿向朝廷求救，朱元璋派遣都指挥瞿能（？—1400）跟凉国公蓝玉（？—1393）出大渡河将番人击破。两川祸乱后，朱椿大减赋税，制定集市规范，终使蜀地大治。此外，他对蜀地佛教也相当关心，时常上峨眉山参拜，峨眉山上所建的“清音阁”就是为了迎接朱椿而设。

成祖朱棣（1360—1424）即位，朱椿上朝参见时所获得的赏赐倍于诸藩。后来同母弟谷王朱橞（1379—1428）意图谋反，朱椿率先举报，明成祖称赞说：“王此举，周王室之心也。”于是，再度入朝，获赠金银彩缎数万。永乐二十一年（1423）朱椿去世，年五十二岁，谥号“蜀献王”。

从以上祭文内容与其简历而知，朱椿是在洪武二十三年（1390）正式就藩成都后就去昭烈庙拜祭过刘备。当时，发现刘备庙“阙宫之颓废，古柏之荒凉”，很是伤感，于是就“命我将士，缭以垣墙”而祭祀。在这种情况下，立即进行整修，经历了一年多使得新庙“屹栋宇之崔嵬，焕丹青之焜煌。新规模于今日，聚精神于一堂”。新建的祠庙，将刘备与诸葛亮聚于一堂，体现了“君臣合一”，使其规模相当宏大，形成了后来的成都武侯祠格局。同时也说明，此次修建工程聚集了朱椿所有的精力。工程结束以后，朱椿的心情很好，于是他在洪武二十四年十二月二十八日，派遣官员置酒杀羊进行祭祀，自己还亲自写下了上述《祭文》，希望得到刘备、诸葛亮的神灵显现，“佑我蜀民，降福穰穰”。

（3）清代成都武侯祠祭祀诸葛亮的《祝文》

祝文，是古代拜祭神灵或祖先的文辞，最早出现在南朝梁文学家刘勰（465—521）的《文心雕龙·祝盟》：“昔伊耆始蜡，以祭八神，其辞云：土反其宅，水归其壑，昆虫毋作，草木归其泽。则上皇祝文，爰在兹矣。”

由此看来，祝文也属于“祭文”性质。

1997 年 9 月，齐鲁书社出版王瑞功主编的《诸葛亮研究集成》第 1749 页“遗事遗迹卷·祀典”引《昭烈忠武陵庙志》卷一“祀典”中，有历史上成都人祭祀诸葛亮专用“祝文”，只是不知是何年、何人祭祀使用。全文如下：

惟神仁复全川，名垂八阵（唯有诸葛亮这个神人的仁义覆盖着全四川，他的知名流传后世就是“八阵图”）。定三分於三顾，赤伏重兴（刘备屈尊三顾茅庐时，诸葛亮为其指点迷津制定的《隆中对》就已经预计将来会出现三分天下，汉代的王业就会重新兴旺）。协一德於一心，白帝受托（诸葛亮与刘备君臣一心一德，刘备临死前在白帝城向诸葛亮进行托孤）。星陨五丈，天不祚刘（诸葛亮病死在五丈原军中，是上天不帮助刘家帝业）。庙祀千秋，福还庇蜀（武侯祠庙的祭祀已经历了千百年，诸葛亮的英灵福润还在庇佑着西蜀人民）。人民钦仰，巴僰瞻依（益州人民十分敬仰诸葛亮，连西南少数民族都归附蜀汉朝廷。巴僰：西南少数民族）。用肃寅恭（对祭祀十分严肃恭敬），爰诹吉旦（于是在一起商量吉祥的日子）。自此庆云瑞露，恐盛世之金瓯（从此以后喜庆吉祥的祥瑞之气开始显露，巩固盛世的疆土之完固。金瓯：此指国家疆土）。时和年丰，佑苍生於玉垒（当时，和平年丰，诸葛亮整修了都江堰水利工程，给成都平原人民造福。玉垒：都江堰玉垒山一带水利工程）。仰邀灵贶（kuàng，此指诸葛亮的神灵赐福），上格重霄（诸葛亮的高尚风格直达九霄）。

惟神学备醇儒，才高王佐（只有诸葛亮所学的是儒家纯正思想，才能很高，能够辅佐帝王）。竭股肱之力，业定三分（竭尽全力，促成了三足鼎立）。欲社稷之安，文垂二表（为了蜀汉帝业的长治久安，诸葛亮曾上了前、后《出师表》，请求北伐曹魏）。西南半壁，资保障以常安（诸葛亮通过南征平叛，才确保了益州半壁江山长治久安）。邛僰（汉代临邛、僰道的并称）诸蛮（泛指西南少数民族），服恩威而永靖（诸葛亮南征平叛时，曾经七纵七擒孟获，使其心悦诚服地说：“丞相天威，南人不复反也。”从此以后，西南边陲得到了安宁）。功既宜乎配享，礼更崇以专祠（诸葛亮功德业绩适合于配享祠庙，以礼更加崇拜于专祠）。谨筮（shì）良辰（占卦祭祀的良辰吉日），虔申洁饎（xī，虔诚准备祭祀的熟食）。仰天星熠熠，同依临照之辉（仰观天空星光明亮，同时也依临着诸葛亮英灵光辉）；瞻古柏森森，常肃蒸尝之典（看见武侯祠森森古柏，我们会经常肃穆地进行祭祀）。尚飨（请诸葛亮来享用祭品）！

《诸葛亮研究集成》卷一“祀典”中还说：“康熙十一年，成都府属绅耆（有声望的绅士）请复武侯祠祀典，经抚臣（成都知府）具题，奉旨：著照该府所奏行，钦此。”

如此看来，康熙十一年（1672），成都地方绅士与有名望之人向成都知府申请，希望恢复武侯祠祀典活动，经过知府向朝廷请示，得到了康熙皇帝的批准，让按照知府所奏执行。这说明，在此以前成都武侯祠祭祀活动曾经中断，什么原因、什么时间中断，我们不得而知。

除此之外，据《四川通志》记载："嘉庆二十年，成华绅士申请於城南武侯祠春秋致祭，经督臣具题，奉旨：依议，钦此。"

这段记载是说，嘉庆二十年（1815），成都府华阳县绅士曾经集体申请，希望恢复城南武侯祠的春秋致祭，经过督抚向朝廷报奏，得到了皇帝的恩准，依照所报奏的意见进行祭祀。

这又说明，嘉庆二十年之前，成都武侯祠不知为什么中断了对诸葛亮的祭祀，什么原因、什么时间中断还是不得而知。由此不难看出，成都武侯祠的祭祀在清代历史上是断断续续的。

3. 匾额与楹联

（1）悬挂匾额 25 方

武侯祠

1958 年，李先念来武侯祠时题写。

李先念（1909—1992），湖北红安县人，历任工农红军第四方面军三十三团政委、第十一师政委、红三十军政委、河南军事部部长、新四军豫鄂挺进纵队司令员、第五师师长兼政委、豫鄂边区委员会书记、中原局副书记、中原军区司令员等。新中国成立后，历任湖北省委书记，湖北省军区司令员兼政治委员，武汉市委书记、市长，中南军政委员会副主席，中央书记处书记、国务院副总理，政治局常委，中华人民共和国副主席、主席，第七届全国政协主席。

【注】武侯：诸葛亮生前被封为"武乡侯"，死后被追谥为"忠武侯"，所以，武侯是诸葛亮的代称。

祠：纪念祖宗、先贤、英烈、名人、神仙的祠堂。

【释】纪念诸葛亮的祠堂。

先主武侯同閟宫

同治戊辰（1868）仲春（二月），完颜崇实题书。

完颜崇实（1820—1876），满洲镶黄旗人，完颜氏，字子华，号适斋，道光三十年（1850）进士，历任左赞善、侍讲学士、成都将军、刑部尚书、盛京将军。

【注】先主武侯同閟宫：语出唐代诗人杜甫《古柏行》七言诗歌："忆昨路绕锦亭东，先主武侯同閟宫。"

先主：此指蜀汉国家刘备。

武侯：此指诸葛亮。

閟（bì）宫：语出《诗经·鲁颂·閟宫》："閟宫，颂僖公能复周公之宇也。"此指神庙。

【释】蜀汉先主刘备的墓庙与诸葛亮的武侯祠同在一个神庙里面。

万古云霄一羽毛

徐悲鸿书，时间不详。

徐悲鸿（1895—1953），原名徐寿康，江苏省宜兴县屺亭镇人。先后任教于国立中央大学艺术系、北平大学艺术学院、北平艺专。新中国成立后，是中央美术学院院长，中国著名画家。擅长人物、走兽、花鸟，与张红旗、柳子谷三人被称为画坛的"金陵三杰"。

【注】万古云霄一羽毛：语出唐代诗人杜甫的《咏怀古迹五首》诗句："三分割据纡筹策，万古云霄一羽毛。"

万古：千秋万代，经历的年代久远。

云霄：天际、高空。此形容诸葛亮始终站在众人之上。

羽毛：南北朝以来多以"羽扇纶巾"来称谓文人学士装束，所以，后世人皆以此来形容诸葛亮的高雅风度。羽毛，喻指诸葛亮。

【释】千秋万代站在众人之上的只有一个诸葛亮。

伯仲伊吕

尹宣桓撰，颜俊书。生平与时间均不详。

【注】伯仲：语出《左传·昭公二十六年》："亦唯伯仲叔季图之。"此指兄弟排行次序，伯是老大，仲是第二，叔是第三，季是最小的。亦比喻不相上下。例如：东晋书法家王羲之《与谢安书》有："蜀中山水，如峨眉山，夏含霜雹，碑板之所闻，崑崙之伯仲也。"

伊吕：此指商朝初期辅佐贤相伊尹和西周初期辅佐贤相吕望（姜子牙）。

【释】诸葛亮与商朝初期辅佐贤相伊尹和西周初期辅佐贤相吕望不相上下。

名垂宇宙

雍正甲寅（1735）三月，果亲王题。生平事迹见前。

【注】名垂宇宙：是雍正十二年（1734）秋天，果亲王奉命护送入京朝觐的六世达赖喇嘛返回西藏，路过汉中沔县时，见武侯墓、祠破烂不堪，于是就带头捐款，责令地方官员限期整修。竣工后，果亲王在武侯墓题书了“名垂宇宙”，在武侯祠题书了“醇儒气象”匾额，并且还赋诗、立碑，至今仍存，完整无损。所以，此处属于仿制品。

名垂宇宙：语出唐代诗人杜甫的《咏怀古迹五首》诗句：“诸葛大名垂宇宙，宗臣遗像肃清高。”

名垂：大名流传下去。例如：《荀子·王霸》：“名垂于后世。”

宇宙：泛指天地之间。《淮南子·齐俗训》有“往古来今谓之宙，四方上下谓之宇”之说。

【释】诸葛亮的大名流传于天地之间。

勋高管乐

岁在丁卯（1927）春正月谷旦，华阳信士李鉴敬立。

李鉴，生平事迹不详。

【注】谷旦：美好的日子，吉日的代称。华阳：今成都市双流区华阳镇。

勋高：功勋、功劳高于他人。

管，此指春秋时期齐国辅佐贤相管仲，他曾辅佐齐桓公称霸天下。

乐（yuè），指战国时期燕国上将军乐毅，他曾率领赵、楚、韩、魏、燕五国之兵攻打齐国，大破之，立下了不朽的功勋。

《三国志·蜀书·诸葛亮传》记载说：“亮每比于管仲、乐毅，时人莫之许也。”由此可见，诸葛亮对管仲、乐毅十分尊崇，立志向他们学习。

【释】诸葛亮功劳高于春秋时期齐国贤相管仲与战国时期燕国上将军乐毅。

河岳英灵

同治戊辰（1868）四月之吉，完颜华毓敬书。

完颜华毓，满洲镶黄旗人，为河道总督完颜麟庆之孙，道光三十年（1850）进士、刑部尚书完颜崇实之子、清代大鉴藏家完颜景贤之父，其家世为贵勋。

【注】河岳：亦称“河嶽”，河专指黄河，岳是五岳的并称。《诗经·周颂·时迈》有“怀柔百神，及河乔岳”，后来泛指山川大地。例如：南宋文学家文天祥（1236—1283）的《正气歌》有“天地有正气，杂然赋流形。下则为河岳，上则为日星”之说。

英灵：语出南朝齐文学家谢朓（464—499）的《酬德赋》：“赖先德之龙兴，奉英灵之电举。”此指杰出的人才。例如：唐朝诗人王维的《送綦毋潜落第还乡》

诗歌有“圣代无隐者，英灵尽来归”之句。

【释】诸葛亮是山川大地产生的杰出人才。

匪皋则伊

严树森题书。

严树森（？—1876），字渭春，四川新繁县人，道光二十年（1840）举人。历任内阁中书、湖北东湖同知、武昌知府、河南巡抚、湖北巡抚、广西按察使、贵州布政使。

【注】匪：同非，不、不是的意思。

皋：禹舜时期司法官皋陶，亦称皋繇，是中国上古时期伟大的政治家、思想家、教育家。他制定刑法，推行了“五刑”“五教”，坚持公正，刑教兼施，要求父义、母慈、兄友、弟恭、子孝，使社会和谐，天下大治。被后世史学界和司法界公认为中国司法鼻祖，与尧、舜、大禹齐名的“上古四圣”之一。

伊：商朝初期的辅佐贤相伊尹。

【释】诸葛亮如果不是上古禹舜时期司法官皋陶就是商汤时期贤相伊尹。

伊周经济

冯崑题书。

冯崑，字春膏，号玉冈，今陕西省咸阳市人，道光二十四年（1844）举人。历任湖南省慈利知县、道州（今湖南省道县）知州、衡永郴桂道道员、四川建昌道道员、按察使。

【注】伊周：此指商朝初期辅佐贤相伊尹与西周初期周文王姬昌第四子、周武王姬发的弟弟姬旦，亦称周公旦。

伊尹（公元前1649—公元前1550）：辅佐商汤灭夏建立商朝，经历了成汤、外丙、仲壬、太甲、沃丁五代君主，辅政50余年，为商朝立下汗马功劳。

周公旦：两次辅佐周武王讨伐商纣王，并制作礼乐，是西周初期杰出的政治家、军事家、思想家、教育家，被尊为“元圣”和儒学先驱、奠基人。

经济：指经世济民，治理国家。杜甫《上水遣怀》诗云：“古来经济才，何事独罕有？”《宋史·王安石传论》也说：“尤以道德经济为己任。”

【释】诸葛亮治理蜀汉的才能好比商汤贤相伊尹和西周辅佐功臣周公。

静远堂

但懋辛题书。

但懋辛（1886—1965），字怒刚，民国陆军上将。历任蜀军政府参谋长、成都府知事兼四川团务督办、四川靖国军第一军军长、代省长、川军第一军军长。新中国成立后，历任西南军政委员会委员、西南行政委员会委员兼司法部部长。

【注】静远：语出老子《文子·上仁》："非淡漠无以明德，非宁静无以致远，非宽大无以兼覆，非平正无以制断。"诸葛亮《诫子书》也说："非淡泊无以明志，非宁静无以致远。"静远，意喻要做到清静寡欲，才能够高瞻远瞩。

堂：高大的房子，如殿堂、厅堂、大堂、中堂、客堂等。

【释】纪念诸葛亮宁静致远的殿堂。

即景遐思

卓秉恬题。1980 年 9 月，商承祚补书。

卓秉恬（1782—1855），字静远，四川省华阳（今成都市双流区华阳镇）人，嘉庆七年（1802）进士。历任兵部尚书、户部尚书、吏部尚书、协办大学士、文渊阁大学士、武英殿大学士，赠太子太保，谥"文端"。

商承祚（1902—1991），字锡永，号驽刚，广东省番禺市人，书香仕宦之家，从罗振宇选研甲骨文字，曾任中山大学教授，是著名的古文字学家、考古学家、金石篆刻家、书法家。著有《殷虚文字类编》《商承祚篆隶册》传世。

【注】即景：语出唐代诗人钱起（722—780）的《初黄绶赴蓝田县作》诗歌："居人散山水，即景真桃源。"此指眼前的景物。

遐思：语出唐代文学家韩偓的《香奁集序》："遐思宫体未降，称庾信攻文，却诮玉台，何必倩徐陵作序。"此指悠远的思索与遐想。

【释】拜谒武侯祠时眼前的景物令人悠远地思索与遐想。

养心若鱼

卓秉恬题，1980 年 9 月商承祚补书。题书者生平简介见前。

【注】养心：语出《孟子·尽心下》："养心莫善于寡欲，其为人也寡欲，虽有不存焉者，寡矣。其为人也多欲，虽有存焉者，寡矣。"此指修养心神。

若鱼：若，例如、好比、好像。鱼，鱼儿。此指修养心神就好像养鱼一样。

【释】修养心神就好像养鱼一样。

琴亭

题书者与时间不详。

【注】据说诸葛亮年轻的时候擅长音律，喜欢弹琴，故而在《三国演义》第九十五回中就有"武侯弹琴退仲达"的"空城计"之说。此故事家喻户晓，

妇孺皆知，因此，后世人就在今汉中勉县武侯祠内建造有琴楼，并在其上置石琴，还有《琴音自序》碑刻。如此一来，其他地方的武侯祠之中也建造琴台或琴亭，以示纪念诸葛亮。

【释】纪念诸葛亮弹琴的地方。

中有汉家云

丁丑年（1937），刘咸荣题书。

刘咸荣，生卒年不详，四川省双流县人，诗、书、画、论无不精通。民国十年（1921），曾经与刘佶编著了《双流县志》，其余不详。

【注】中：其中、这里，此指成都武侯祠。

汉家：刘姓帝业汉室江山，此指蜀汉帝业。

云：语出《周易·乾》："云从龙，风从虎，圣人作而万物睹。"

汉家云：代指成都武侯祠有蜀汉先主刘备的宗庙、陵墓和诸葛亮的祠堂。

【释】成都武侯祠有蜀汉先主刘备的宗庙陵墓和诸葛亮的祠堂。

广益堂

癸酉（1933）夏日。题书者不详。

【注】广益：语出诸葛亮前《出师表》："愚以为宫中之事，事无大小，悉以咨之，然后施行，必能裨补阙漏，有所广益。"在诸葛亮的《与群下教》中亦有"夫参署者，集众思，广忠益也"。此指处理政事要集众人智慧，广泛采纳有益的意见。

堂：纪念先贤的厅堂。

【释】这里是集思广益的厅堂。

兼齐管晏

爱新觉罗·溥杰题书。

爱新觉罗·溥杰（1907—1994），字俊之，号秉藩，满族，清朝末代皇帝爱新觉罗·溥仪的同母弟，第二代醇亲王爱新觉罗·载沣之子。毕业于日本陆军士官学校，生前为中国书法家协会名誉理事、全国人大民族委员会副主任委员、北京市政协委员、全国政协文史专员。

【注】兼齐：此指同时具备。

管：指春秋时期齐国政治家管仲，曾经辅佐齐桓公称霸天下。

晏：春秋时齐国贤相晏婴，管仲之后曾经辅助齐灵公、庄公、景公三世，为齐国昌盛立下了汗马功劳。

【释】诸葛亮同时具备有春秋时期管仲与晏婴的辅佐功业。

神以知来

嘉庆丙寅（1806）仲春（三月），吴郡王少位题书。

王少位：嘉庆年间吴郡（今苏州市）人，生平事迹不详。

【注】神以知来：语出《周易·系辞上》："神以知来，知以藏往，其孰能与于此哉。"

神：清静无为的精神思想。此指神通广大的诸葛亮。

以：用这种方法。

知来：认识世间的来龙去脉。这是古人总结圣贤之人的一种认识方法，那就是通过静心隐退，以达到无为的境界，再去认识了解世间的来龙去脉。

【释】神通广大的诸葛亮认识了世间的来龙去脉。

表垂万古

嘉庆丁卯（1807），成都知府刘佳琦题书。生平事迹不详。

【注】表：此指诸葛亮忠君爱国的表率风范。同时，也指诸葛亮的前、后《出师表》。

垂：传下去，留传后世。

万古：千秋万代。

【释】诸葛亮忠君爱国的表率风范和他的前后《出师表》留传千秋万代。

为王者师

嘉庆己巳（1809）七月，四川布政使云间（今上海松江区）姚令仪题书。

姚令仪（1754—1809），字心禧，号一如，江苏省娄县（今上海市松江区）人，贡生，乾隆四十三年（1778）朝考第一等。历任云南禄丰县知县、四川犍为县（今乐山市犍为县）知县、四川仁寿县知县、雅州（今甘肃省陇南市）知府、成都知府，四川按察使、布政使。

【注】王者：帝王，此指蜀汉先主刘备、后主刘禅。

师：老师、导师、师傅、良师益友。这里说的是蜀汉丞相诸葛亮。

【释】诸葛亮是蜀汉先主刘备后主刘禅的良师益友。

开济老臣

嘉庆壬申（1812）孟秋（八月），四川省仪陇县知县朱怀班题书。

朱怀班，嘉庆十三年（1808）出任仪陇县知县，于金城山南重建县署。

【注】开济：语出《三国志·魏书·和洽传》："和逌才爽开济，官至廷尉、吏部尚书。"此指开创并且辅佐帝王的基业。例如：唐朝诗人杜甫《蜀相》诗有"三顾频烦天下计，两朝开济老臣心"之句。

老臣：此指蜀汉丞相诸葛亮是元老功臣。

【释】诸葛亮是辅佐先主刘备开创了蜀汉帝业的元老功臣。

神化西南

嘉庆庚辰（1820）仲春（二月），四川总督襄平蒋攸銛（xiān）题书。

蒋攸銛（1766—1830），字颖芳，号砺堂，辽东襄平（今辽宁省辽阳市）人，直隶汉军镶红旗，乾隆四十九年（1784）进士。历任翰林院编修、御史、四川总督、太子太保、刑部尚书、直隶总督、两江总督、文渊阁大学士、太子太傅，谥号"文勤"。

【注】神化：语出《易经·系辞下》："神而化之，使民宜之。"此指神妙地潜移默化。

西南：此指西南地区，包括四川省、贵州省、云南省、西藏自治区、重庆直辖市等五个省（区、市）。

神化西南：是指诸葛亮当年南征平叛时期，曾经采取了攻心为上的怀柔策略，"七纵七擒孟获"，潜移默化地感化教育了西南地区的少数民族人民。

【释】诸葛亮当年南征平叛曾潜移默化地感化教育了西南地区少数民族人民。

志壹神通

道光乙酉（1825）孟春（正月），四川顺庆知府王登墀（chí）题书。

王登墀，枫泾镇（今上海市金山区）人，历任江西南康府（治所在今江西省九江市星子县）知府、顺庆（今四川省南充市顺庆区）知府、眉州（今四川省眉山市）知州。

【注】志壹：语出《孟子·公孙丑上》："志壹则动气，气壹则动志。"此指志向专一。

神通：语出东晋史学家干宝（280—336）的《搜神记》卷一："左慈，字元放，庐江人也，少有神通。"形容神奇的本领。例如：南宋文学家朱敦儒（1081—1159）的《减字木兰花》词有"超凡入妙，游戏神通随意到"之句。

志壹神通：是说诸葛亮辅佐蜀汉帝业不但志向专一，而且还有神奇的本领。

【释】诸葛亮辅佐蜀汉帝业不但志向专一而且还有神奇本领。

忠存二表

道光乙酉（1825）孟冬（十月），四川渠县知县黄之澜题书。

黄之澜，湖北江夏（今武汉市江夏区）人，居于湖南宁乡（今湖南省长沙市宁乡县），编著有《江夏黄氏宗谱》。道光年间，在四川渠县出任知县时，十分重视教育事业，曾经撰书刻立了渠县的《重修学宫碑记》。

【注】忠：此指诸葛亮对蜀汉帝业的赤胆忠心。

存：存在、遗存、遗留下来。

二表：此指诸葛亮给后主刘禅上的前、后《出师表》。

【释】诸葛亮对蜀汉帝业赤胆忠心体现在他遗留下来的前后《出师表》。

圣贤功业

道光丙戌（1826）小阳月（农历十月），四川督标中军副将安宁张琴题书。

张琴（1786—1835），字奏南，号韵斋，云南安宁州（今云南省安宁市）人。历任左营马粮、大荆营千总、四川越营参将、督标中军副将。道光十年（1830）授云南临元镇总兵，续任台湾镇总兵，卒于任。

【注】圣贤：语出《易经·鼎》："圣人亨以享上帝，而大亨以养圣贤。"在儒学的王道信仰中，生命的境界被分为圣人、贤人、君子、士人、庸人。圣贤，即圣人与贤人合称。此指诸葛亮品德高尚，是有超凡才智的人。

功业：语出《易经·系辞下》："爻象动乎内，吉凶见乎外，功业见乎变，圣人之情见乎辞。"指功勋与事业，工作成绩、成果。例如：《史记·殷本纪》有："功业著于百姓，百姓以平。"此指诸葛亮辅佐蜀汉帝业立下了丰功伟绩。

【释】诸葛亮具有圣人与贤人的超凡才智，他辅佐蜀汉帝业立下了丰功伟绩。

星临古益

乾隆年间，四川总督开泰题书。

开泰，满洲正黄旗人，乌雅氏，雍正二年（1724）进士。乾隆年间历任江苏学政、内阁学士、兵部侍郎，湖北、湖南、贵州等省巡抚，湖广、四川等地总督。后来，因为处理诸土司事不当被夺官，以头等侍卫赴伊犁办事，寻卒。

【注】星：日月星辰、具有代表性的明星、将星等。此指诸葛亮这个有超凡智慧的将星。

临：光临、来到。

古益：古代益州，汉武帝刘彻元封二年（公元前109）设立了十三刺史部，益州是其中之一，管辖14郡，下辖146县，属于蜀地，治所在雒县（今四川省广汉市以北）。管辖范围包括今四川、重庆、云南、贵州，以及陕西省汉中地区和湖北、河南小部分。三国时期，益州辖 14 个郡，148 个县，人口 94.3 万，治所在成都，是当时较大的三个州之一。

【释】诸葛亮这个有超凡智慧的将星来到了古代的益州。

（2）悬挂楹联 21 副

唯德与贤，可以服人，三顾频烦天下计；
如鱼得水，昭兹来许，一体君臣祭祀同。

嘉庆二十二年（1817），四川总督襄平蒋攸銛题。生平事迹见前。1982 年，魏传统补书。

魏传统（1908—1996），四川省达州市通川区人，1933 年参加中国工农红军，1955 年被授予少将军衔，是第五届全国政协委员、第六届全国政协常委。有诗选《追思集》《江淮敌后烽火》《魏传统书法作品选集》等传世。

【注】唯：只有。

德：品德、道德，此指仁政。例如：《易经・乾卦》曰：“君子进德修业。”再如：《论语・为政》说：“为政以德，譬如北辰，居其所而众星共之。”

贤：此指有才德的人才。例如：《三国志・蜀书・诸葛亮传》中的《隆中对策》有“思贤如渴”之说。

三顾频烦天下计：语出杜甫《蜀相》诗歌：“三顾频烦天下计，一番晤对古今情。”此指建安十二年（207）冬，皇室后裔刘备思贤若渴，曾三次屈尊前往隆中恳请诸葛亮指点迷津，诸葛亮与刘备的一番坦诚交流对话，就形成了兴复汉室、一统江山的《隆中对策》大计，两人的深情厚谊被古今传颂。

如鱼得水：语出《三国志・蜀书・诸葛亮传》：刘备曾经对关羽、张飞说，“孤之有孔明，犹鱼之有水也。”是说刘备自从请诸葛亮出山辅佐以后，君臣之间情投意合，好比鱼儿有了水一样。

昭兹来许：语出《诗经・大雅・下武》：“昭兹来许，绳其祖武。於万斯年，受天之祜。”昭：昭示、昭著、彰显。兹：同“哉”。例如：嘉庆乙丑（1745）进士马瑞辰（1777—1853）的《毛诗传笺通释》释曰：“兹、哉古同声通用，来许，后进、后辈。”意思是说，昭示彰显了正气优势对后辈有很大的激励。

一体：语出春秋时期管仲的《管子・七法》：“有一体之治，故能出号令，明宪法矣，关系密切。”春秋时期《仪礼・丧服》亦有：“父子，一体也；夫妇，一体也；昆弟，一体也”之说。此指协调一致，犹如一个整体。比喻关系密切。

君臣：君主与臣下。

祭祀同：此指蜀汉先主刘备与丞相诸葛亮同在成都武侯祠一个祠庙祭祀。

【释】只有有道德才能的人，才能令人佩服，刘备屈尊三顾茅庐请诸葛亮指点迷津的《隆中对》为刘备制定了兴复汉室大计；

诸葛亮辅佐刘备君臣间好比鱼儿和水一样，昭示彰显了正气优势对后辈有很大激励，刘备与诸葛亮同在一个祠庙祭祀。

时艰每念出师表；
日暮如闻梁甫吟。

光绪壬寅（1902）三月，昆凌（即昆仑山）瞿朝宗题。1984年甲子春首，舒同补书。

瞿朝宗，字印山，江苏常州人，光绪二十四年（1898）进士，曾出任四川綦江县知县，因为在职期间贪污赃款较多，被革职查办，其余不详。

舒同，生平事迹见前。

【注】时艰：时局艰难困苦。

每念：每次都思念。

出师表：诸葛亮的前、后《出师表》。

日暮如闻梁甫吟：语出杜甫的《登楼》诗句："可怜后主还寺庙，日暮聊为梁甫吟。"意思是，日暮黄昏，我们似乎又听到了诸葛亮还在吟诵《梁父吟》。

【释】时局艰难困苦的时候每次都思念诸葛亮的前后《出师表》；

日暮黄昏的时候似乎又听到了诸葛亮还在吟诵《梁父吟》。

伯仲之间见伊吕；
指挥若定失萧曹。

八三老人（83岁的老人）平原灌父书。

灌父（1884—1969），本名冯灌父，名骧，别号平园，祖籍四川广汉，出生于山东省德州市平原县。著名国画家、书法家，曾为人民大会堂作画《天彭丹景图》。此外，成都武侯祠、杜甫草堂、江油李白纪念馆、眉山三苏祠均有他的墨迹。张大千曾说："自愧不如灌父。"

【注】上、下联句，皆出自杜甫《咏怀古迹》其五："诸葛大名垂宇宙，宗臣遗像肃清高。三分割据纡筹策，万古云霄一羽毛。伯仲之间见伊吕，指挥若定失萧曹。运移汉祚终难复，志决身歼军务劳。"

伯仲之间见伊吕：诸葛亮辅佐蜀汉帝业的功德业绩与商朝初期贤相伊尹和西周初期辅佐贤相吕望不相上下。

指挥若定失萧曹：是说诸葛亮运筹帷幄的才能使得西汉初期高祖刘邦手下

辅佐大臣萧何、曹参都黯然失色。

【释】诸葛亮的功德业绩与商朝贤相伊尹和西周的辅佐贤相吕望不相上下；
诸葛亮运筹帷幄的才能使西汉高祖刘邦手下的萧何曹参都黯然失色。

两表酬三顾；
一对足千秋。

永川（重庆市永川区）于明、游俊题书。

于明、游俊，生平事迹不详。

【注】两表：此指诸葛亮的前、后《出师表》。

酬：酬谢、报答。

三顾：此指刘备曾经屈尊前往隆中“三顾茅庐”，请求诸葛亮指点迷津。

一对：此指诸葛亮的《隆中对策》。

足：足以、满足。

千秋：千秋万代。

【释】诸葛亮前后《出师表》报答了刘备三顾茅庐；
诸葛亮的《隆中对策》足可以流传千秋万代。

亲贤臣国乃兴，当年三顾频烦，始延得汉家正统；
济大事人为本，今日四方靡骋，愿佑兹蜀部遗黎。

光绪甲辰（1904）十二月，金坛冯煦题，阿迷马维骐书。1980年春节，郝谦补书。

冯煦（1842—1927），原名冯熙，字梦华，号蒿庵，江苏省常州市金坛区人，光绪八年（1882）举人，十二年（1886）进士，授翰林院编修。历任安徽凤阳府知府、四川按察使、安徽巡抚。参与纂修《江南通志》，著有《蒿庵类稿》等。

马维骐（1846—1910），字介堂，回族，云南临安府阿迷州（今云南省红河州开远市）人。历任广东陆路提督、四川提督、四川全军巡防翼长等，谥号“果肃”。

郝谦（1902—1997），原名霍绍文，笔名湘园，重庆市綦江区人，历任巴中县宣传部部长、西南图书馆副馆长、四川省地方志编委会办公室副主任、省志编委会副主任、四川省社会科学院顾问、中国书法家协会会员，四川省书法家协会副主席。

【注】亲贤臣：语出诸葛亮《出师表》：“亲贤臣，远小人，此先汉所以兴隆也；亲小人，远贤臣，此后汉所以倾颓也。”

亲贤臣国乃兴：要亲近贤明的臣子，国家才能够兴旺发达。

当年三顾频烦：当年皇室后裔刘备屈尊三顾茅庐请求诸葛亮指点迷津，确立了匡扶汉室、一统江山的《隆中对策》大计。

始延得汉家正统：才开始延续了蜀汉的正统江山。

济大事人以本：成就大事必须要以人为根本。以人为本：语出《管子·霸言》："夫霸王之所始也，以人为本。本理则国固，本乱则国危。"《三国志·蜀书·先主传》亦有"夫济大事必以人为本，今人归吾，吾何忍弃去"之说。

今日四方靡骋：今天四面八方都不安宁，有志之士不能施展抱负。

愿佑：但愿护佑。

兹：这个。

蜀部：蜀汉地域。

遗黎：此指遗存的黎民百姓。

【释】亲近贤明的臣子国家才能够兴旺发达，当年刘备三顾茅庐请诸葛亮出谋划策确立了匡扶汉室大计，才开始延续了蜀汉正统江山；

成就大事就必须要以人为根本，今天四面八方都不安宁有志之士不能施展抱负，但愿诸葛亮英灵护佑蜀汉地域遗存的黎民百姓。

诸葛大名垂宇宙；
宗臣遗像肃清高。

1964 年，沈尹默书。

沈尹默（1883—1971），浙江省湖州市人，出生于今陕西省安康市汉阴县，早年留学日本，后任北京大学教授和校长、辅仁大学教授。新中国成立后，历任中央文史馆副馆长、上海市人民委员会委员、第三届全国人大代表，是著名的书法家，书坛有"南沈北于"（于右任）之称。专著有《二王法书管窥》《历代名家学书经验谈辑要释义》。

【注】上、下联文，皆出自杜甫《咏怀古迹》诗歌："诸葛大名垂宇宙，宗臣遗像肃清高。三分割据纡筹策，万古云霄一羽毛。"

诸葛大名垂宇宙：是说诸葛亮的英名千古流芳，永远留在天地之间。

宗臣遗像肃清高：是说他的遗像肃穆清高，人们对他无限的尊崇敬仰。宗臣：名臣。

【释】诸葛亮的英名千古流芳永远留在天地之间；

名臣的遗像肃穆清高人们无限的尊崇敬仰。

能攻心则反侧自消，从古知兵非好战；
不审势即宽严皆误，后来治蜀要深思。

光绪二十八年（1902）冬十一月上旬之吉，权四川盐茶使者剑川赵藩题书。

赵藩（1851—1927），字樾村，号蝯仙、石禅老人，云南省剑川县人，白族，光绪乙亥年（1875）举人。历任四川臬台、川南道按察使、酉阳知州、盐茶道、永宁道按察使、南方军政府交通部长、云南省图书馆馆长。蔡锷、李根源等国民党元老皆其门生，是朱德恩师。成都武侯祠的“攻心联”、昆明大观楼的“天下第一长联”均为其手书，总纂了《云南丛书》。

【注】攻心：是从精神上和思想上突破对方心理防线，达到瓦解敌人不战而胜的目的。例如：《三国志·蜀书·马谡传》注引《襄阳记》说：“夫用兵之道，攻心为上，攻城为下。心战为上，兵战为下。”

蜀汉建兴三年（225），诸葛亮南征平叛时采纳了马谡的“攻心为上”建议，曾恩威并施，“七纵七擒孟获”，成功解除了西南叛乱，稳定了蜀汉大后方。

反侧自消：是说不安分、不顺从的敌人在“攻心为上”怀柔措施下，就会不再谋反叛乱。

从古知兵非好战：自古以来凡是通晓军事的指挥员都不会穷兵黩武而好战。

不审势即宽严皆误：是说如果不通过调查研究审查形势就采取宽大或是严厉的措施手段那就一定会有失误的。

后来治蜀要深思：后来凡是治理益州这个地方的官员都需要向诸葛亮学习而深思熟虑。

【释】能够从精神和思想上突破对方心理防线以达到瓦解敌人不战而屈人之兵，自古以来凡通晓军事的指挥员都不会穷兵黩武而好战；

不调查研究审查形势就采取宽大或者严厉措施手段就一定会有失误，后来治理益州这个地方的官员都需要向诸葛亮学习深思熟虑。

【特别说明】这是一副著名的楹联，它概括了诸葛亮的文韬武略，对后人有很大的启示，赵藩当时题书这副楹联的历史背景与用意是这样的：

光绪二十八年（1902），广西西林县人岑春煊（1861—1933）新任四川总督，在缺乏调查研究的情况下，就决定以武力镇压在四川活动的农民起义军红灯教（白莲教异名支派，亦称灯花教、燃灯教）。当时，任川南道按察使的赵藩陪同总督岑春煊到成都武侯祠拜谒诸葛亮时撰写此楹联，以“讽谏”方式暗示岑春煊，希望他向诸葛亮学习，用“攻心”怀柔策略来解决问题。可是，岑春煊没有理会，还是采用了武力镇压，结果屡遭挫败，迫于无奈不得不采纳了赵藩"攻心"怀柔策略建议。事后，岑春煊却认为赵藩这副楹联使他很没面子，心中不快，遂将赵藩贬官使用，调任酉阳（今重庆市酉阳县）知州、盐茶道、永宁道（四川泸州）按察使等。

勤王室大好儿孙，三世忠贞，史笔犹褒陈庶子；出师表惊人文字，千秋涕泪，墨痕同溅岳将军。

武乡侯临表涕泣，岳鄂王书武侯出师表自跋泪下如雨，先后精神至今如见，诸葛大名与日月争光也。双江刘咸荣敬题并书。

岳鄂王：南宋抗金名将岳飞（1103—1142），字鹏举，汤阴县（今河南省安阳市汤阴县）人。在宋金议和中，遭受奸臣秦桧、张俊等诬陷被捕入狱，以莫须有"谋反"罪名与长子岳云和部将张宪同被杀害。孝宗赵瑗为其平反，被追谥"武穆"，后又追谥"忠武"，追封为"鄂王"。

刘咸荣，成都市双流县人，生平事迹见前。

【注】勤王室：古代帝王遇到危难时，诸侯应诏进京护卫救驾，称为"勤王室"。此指诸葛亮勤政廉洁、忠诚敬业、竭尽全力地为蜀汉王室服务。

大好儿孙：其优秀的后代子孙。

三世：语出《礼记·曲礼下》："去国三世。"郑玄注："三世，自祖至孙。"此指祖孙三代。

忠贞：语出《尚书·君牙》："惟乃祖乃父，世笃忠贞。"此指忠诚而坚定不移的人。

三世忠贞：此指诸葛亮及其儿子诸葛瞻、孙子诸葛尚三代坚定不移地忠诚于蜀汉帝业。《三国志·蜀书·诸葛亮传》记载说，景耀六年（263）秋天，曹魏征西将军邓艾、镇西将军钟会、雍州刺史诸葛绪三路大军意欲灭蜀，诸葛亮唯一的儿子诸葛瞻与孙子诸葛尚率部顽强抵御邓艾大军誓死不降而英勇死战，最终因寡不敌众，诸葛瞻父子双双战死于绵竹。

史笔：语出三国时期曹植（192—232）的《求自试表》："使名挂史笔，事列朝荣。"历史记载的代称，此指《三国志》。

犹褒：还在赞扬。

陈庶子：此指《三国志》作者陈寿（233—297），字承祚，巴西安汉（今四川省南充市）人，在蜀汉时曾任卫将军主簿、东观秘书郎、观阁令史、散骑黄门侍郎等职。入晋后历任著作郎、长平太守、治书侍御史等职。庶子：两晋南北朝，称卿大夫之属官为中庶子，或者是庶子。

出师表惊人文字，千秋涕泪：是说《出师表》文章精练，体现了诸葛亮忠肝义胆、情真意切，堪称惊世骇俗，感人肺腑，千百年来让人感动垂泪。

墨痕同溅岳将军：南宋绍兴八年（1138）八月十五前一天，岳飞领兵路过今河南南阳，到卧龙岗武侯祠拜谒了诸葛亮，适逢天阴下雨，就在祠内住下来。入夜之后，秉烛殿内，观看前代贤士留在壁间赞颂诸葛亮的诗词文章，以及前后出师二表，看着看着，情不自禁泪如雨下，当天晚上，他思绪万千，竟无法入睡，坐着等待天亮。第二天早晨，祠内道士给他倒茶请安，然后摆出文房四宝请题词留念。岳飞就飞笔走纸，一气呵成把诸葛亮前、后《出师表》写了出来。在写的过程中，他联想到诸葛亮“鞠躬尽瘁，死而后已”，自己也是为国家忠肝义胆，可是奸臣当道把持朝政，使自己报国无门，所以他思绪万千，异常激动，涕泪四流，写完搁笔，才觉得胸中郁闷之气稍稍得到舒展。

【**释**】勤政敬业地为蜀汉帝业服务才是优秀子孙，诸葛亮及其儿子诸葛瞻孙子诸葛尚三代忠诚，陈寿《三国志》对他们都在赞扬；

《出师表》文字精练忠肝义胆惊世骇俗，千百年来让人感动垂泪，南宋著名将领岳飞书写《出师表》的时候也边写边流泪。

文章与伊训说命相表里；
经济自清心寡欲中得来。

集苏文公语，贵阳陈矩集句，剑川赵藩书。生平简介见前。

苏文公：北宋著名文学家苏洵的谥号。苏洵（1009—1066），字明允，号老泉，眉州眉山（今四川省眉山市）人，与其子苏轼、苏澈以文学著称于世，世称“三苏”，被列入“唐宋八大家”，谥号“文公”。著有《嘉祐集》《谥法》，均与《宋史本传》并传于世。

陈矩：字衡山，贵筑县（今贵州省贵阳市）人，光绪十四年（1888）考取实录馆誊录，以军功入仕，为黎庶昌随员出使日本。十七年（1891）回国后，历任四川台州、石泉、三合县知县、成都知府、国学讲习所长、贵州图书馆长、贵州通志局编纂等。著有《石鼓文全笺》《商周鼎钟两种》《孟子弟子考补正》《孔孟弟子辑录》《贵州通志·金石志稿》等。

【**注**】文章：此指诸葛亮治理蜀国所写的文章作品。据《三国志·蜀书·诸葛亮传》记载说：诸葛亮一生中共有大小文章数百篇，“凡十万四千一百一十二字”。

伊训说命：《伊训》《说命》是《尚书》收录《商书》中的文章，是贤相伊尹写给太甲帝王的教导与告诫。

相表里：此指内外相互配合，表里一致，共为一体。例如：《汉书·晁错传》：“两军相为表里，各用其长技，衡加之以众，此万全之术也。”

经济自清心寡欲中得来：此指辅佐帝王经国济民治理国家的治世才能，只有从内心清净而深思熟虑和没有贪念欲望中才能够修炼得来。

【释】诸葛亮治理蜀国所写的文章与伊尹写给太甲帝王的《伊训》《说命》是表里一致共为一体的；

辅佐帝王经国济民治理国家治世才能只有从内心深思熟虑没有贪念欲望中才能够修炼得来。

公本识字耕田人，为感殊遇驱驰，以三分始，以六出终，统一古今难，效死不渝，遗恨功名存两表；

世又陈强古冶子，应笑同根煎急，谁开诚心，谁广忠益，安危天下系，先生以往，缅怀风义拂残碑。

跋语：武侯治蜀，千古一人，于君臣僚友外内之间，风义尤著。《礼记》称人存政举，非号言法治者所能易也。民国以来，蜀中多故，抚影沧桑，恻怆今昔。乙丑战后，因川省会来成都，瞻拜先祠，执鞭忻慕。诗曰：虽无老成人，尚有典型令。今乃茫然四顾，有天地寂寥之感，所谓不到才智俱穷，不足以见道之变也。仅识数语，永矢生平。

中华民国十有四年（1925）冬十一月，王天培题书。

王天培（1888—1927），字植之，号东侠，侗族，贵州省天柱县人，国民革命军著名将领，北伐名将。曾参加武昌起义，接受过孙中山接见。1926 年受共产党的影响投入了国民革命军，先后出任营长、团长、旅长、师长、军长、前敌总指挥，由于不服从蒋介石指挥，1927 年被南京军事委员会以“送王将军去西湖疗养”为名，秘密杀害在杭州西湖。

【注】公：指诸葛亮。

为感：为了感谢的意思。

殊遇：特殊的知遇，多指帝王的恩宠、信任。此指刘备屈尊礼贤的“三顾茅庐”。

驱驰：语出诸葛亮前《出师表》：“先帝不以臣卑鄙，猥自枉屈，三顾臣于草庐之中，咨臣以当世之事，由是感激，遂许先帝以驱驰，后值倾覆，受任于败军之际，奉命于危难之间，尔来二十有一年矣。”此指诸葛亮为感谢刘备知遇之恩而舍死为蜀汉帝业效忠、奔走效力。

以三分始：建安十三年（208）的赤壁之战中，在诸葛亮的运筹帷幄下，促成了刘备与孙权两家联手共同抗击曹操而大败曹军以后，曹操、孙权、刘备三方势力鼎足对峙从此开始了。正因为如此，诸葛亮《出师表》有“今天下三分，益州疲惫”之句。

以六出终：语出《三国演义》第一百二十回末尾的叙事诗：“孔明六出

祁山前，愿以只手将天补。何期历数到此终，长星半夜落山坞。”此指以诸葛亮五次北伐曹魏而终。实际上，诸葛亮北伐只有第一次（228）和第四次（231）到过祁山，其他三次都与祁山没有关系。可是，《三国演义》从第九十五回“马谡拒谏失街亭”到第一百四回“陨大星汉丞相归天”，把诸葛亮的五次北伐曹魏说成为“六出祁山”。

统一古今难：要想统一全国，古今都很难实现。

效死不渝，遗恨功名存两表：此指诸葛亮为了全力辅佐蜀汉帝业，实现他在《出师表》中提出“北定中原，庶竭驽钝，攘除奸凶，兴复汉室，还于旧都”的意愿，至死不渝，亲力而为，最后病死在北伐军中，始终没有遂愿，留下了千古遗恨。可是，他的功德业绩却永远都留存在了前、后《出师表》中。

世又：如今世上又出现了。

陈强、古冶子：为春秋时期齐国的武士。当时，公孙接、田开疆（即陈强）、古冶子三人都是齐景公著名有功之臣，所以，他们个个居功自傲，目空一切，危及了齐国安危。贤相晏婴多次建议齐景公除掉三人，齐景公却不忍心下手。于是，晏婴设计了“二桃杀三士”计策，让三人为争食有功之桃而互不相让，最终纷纷自杀，除去了齐国后患（见《晏子春秋》）。

应笑：应该讥笑他们。

同根煎急：语出南朝宋文学家刘义庆《世说新语·文学》：“煮豆燃豆萁，豆在釜中泣。本是同根生，相煎何太急。”

建安二十五年（220）正月，曹操死后，长子魏文帝曹丕篡汉称帝建立魏国后，老是妒忌自己亲弟弟东阿王曹植的才能，担心他会被曹植取而代之，所以，千方百计想除掉曹植，可又不能够露骨地行事。有一天，曹丕当众令曹植在七步之内即兴作一首诗，否则就要以欺君之罪“行大法”而杀掉他。曹植不慌不忙，七步之内即兴赋诗，暗示曹丕说我们本来都是同根生的亲兄弟，你为什么又要苦苦地相逼杀害我呢？曹丕十分惭愧。

谁开诚心，谁广忠益，安危天下系：意思是说，有谁能够像诸葛亮那样在治理蜀汉国家的时候开诚布公，集思广益，始终把天下安危系于一身。

章武元年（221），诸葛亮在《与群下教》中说：“夫参署者，集众思，广忠益也。若远小嫌，难相违覆，旷阙损矣。违覆而得中，犹弃敝蹻而获珠玉”（《三国志·蜀书·董和传》）。这段话是说：参与政府军政事务的官员，都要广泛听取各种意见与建议才能够集思广益。如果怕得罪人而远避个人嫌怨，就难以违背上司意见而纠正之，这样一来事业就会受到损失。如果能提出不同意见进行商讨纠正，才能够得到正确结论与办法，这就好像丢弃了破旧的草鞋却获得了珍贵的美玉一样。敝蹻：破旧的草鞋。

先生以往，缅怀风义拂残碑：此二句是说，诸葛亮去世以后，在拜祭他的时候，缅怀他的高风亮节与德操品行，抚摸着残碑浮想联翩油然起敬。

【释】诸葛亮本来就是一个读书耕田之人，为感激先主屈尊“三顾茅庐”知遇之恩而奔走效力，从天下三分开始，到六出祁山北伐曹魏而终，自古以来要想统一天下十分艰难，诸葛亮却到死都忠贞不渝，未能实现兴复汉室意愿留下了千古遗恨其功德业绩存在《出师表》中；

如今世上又出现了陈强古冶子式的人物，应该讥笑他们本是同根生却又要苦苦相逼自相残害，谁能够像诸葛亮那样开诚心布公道，集思广益，始终把天下安危系于一身，诸葛亮虽然已经去世了，后世人在拜祭时仰慕他的高风亮节与德操品行抚摸残碑浮想联翩油然起敬。

异代相知习凿齿；千秋同祀武乡侯。

丁亥（1887）元旦，鹃城（今成都市郫都区，原来的郫县）钟瀚题书。

钟瀚（1884—1956），原名开瀚，字子沧，号蒲叟，四川郫县人，终身从事教育事业，有“安平任劳的教育家”美名。

【注】异代：后代、后世。

相知：互相十分了解。

习凿齿（328—412）：字彦威，襄阳人，东汉时期襄阳侯习郁后裔，世代为荆楚豪族。历任从事、西曹主簿、户曹参军、荥阳太守、荆州刺史别驾，是东晋著名史学家、文学家。主要著作有《汉晋春秋》《襄阳耆旧记》《逸人高士传》《习凿齿集》。特别是，《汉晋春秋》《襄阳耆旧记》以蜀汉为正统，论赞诸葛亮，史家引用最多，是影响深远的史学名著。因此，晋明帝驸马桓温（312—373）曾评价习凿齿说：“徒三十年看儒书，不如一诣习主簿。”

千秋同祀武乡侯：千百年来大家都共同祭祀诸葛亮。

【释】后世十分了解诸葛亮的是习凿齿；

千百年来大家都共同祭祀诸葛亮。

三分割据纡筹策；万古云霄一羽毛。

沙孟海年八十二（1980）书。

沙孟海（1900—1992），原名文若，字孟海，号石荒，出生于今浙江省宁波市鄞州区，毕业于浙东第四师范学校。先后就职于商务印书馆、浙江省文物管理委员会、浙江省博物馆。历任中国书法家协会副主席，浙江省书法家协会主席，西泠印社社长，西泠书画院院长。

【注】联句皆出自唐代诗人杜甫的《咏怀古迹五首》诗歌：“诸葛大名垂宇宙，宗臣遗像肃清高。三分割据纡筹策，万古云霄一羽毛。”

三分割据：此指魏国、蜀汉、吴国的三国鼎立。

纡：语出《文选·张衡·东京赋》：“水澹澹而盘纡兮，洪波淫淫之溶旒。”萦绕回旋的意思。

筹策：语出《史记·孙子吴起列传论》：“孙子筹策庞涓明矣，然不能蚤救患于被刑。”

纡筹策：形容萦绕回旋地筹划谋略。

万古：千秋万代。

云霄：天际之间。

一羽毛：形容高高飞翔，独步青云。比喻诸葛亮的功德业绩被代代敬仰。

【释】在曹魏蜀汉孙吴三国鼎立之中诸葛亮萦绕回旋地筹划谋略；

诸葛亮的功德业绩千秋万代在天际之间被后世人尊崇敬仰。

只手挽残局，常归谈笑；
鞠躬悲尽瘁，剩有讴歌。

道光六年（1826），古渝陈廷楷撰书。辛酉（1981）四月，岭南关山月补书。

陈廷楷，今重庆市人，其余不详。

关山月（1912—2000），原名关泽霈，出生于广东省阳江市。历任广州市艺专教授、广州美术学院院长、广东艺术学校校长、广东画院院长、广东文联副主席、美术家协会副主席、中国美术家协会副主席。著有《西南西北记游画集》《南洋记游画集》《关山月画选》《关山月论画》等。

【注】只手挽残局，常归谈笑：是说诸葛亮在艰难环境中一个人全力以赴支撑着蜀汉帝业江山，他镇定自若，经常在谈笑中运筹帷幄。

鞠躬悲尽瘁，剩有讴歌：诸葛亮虽然“鞠躬尽瘁，死而后已”，却没有达到“北定中原，兴复汉室”的意愿，只留下了后世人对他的歌功颂德。

鞠躬尽瘁：语出诸葛亮后《出师表》：“臣鞠躬尽瘁，死而后已。”

此指毕恭毕敬、竭尽全力，到死为止。

【释】诸葛亮在艰难环境中一个人全力以赴支撑蜀汉帝业江山，镇定自若经常在谈笑中运筹帷幄；

诸葛亮竭尽全力北伐曹魏没有实现北定中原兴复汉室的意愿，只留下后世对他的歌功颂德。

六经而外二表；
三代以下一人。

丙寅年（1986）七月十一日蓬溪吕光光补书。

吕光光，四川省蓬溪县人，中国民主同盟盟员。中华人民共和国成立初期，是全国政协副主席张澜的秘书，后来出任全国政协文史委员会专员，其余不详。

【注】原来的楹联已经遗失，作者与年代不详。

六经：此指六部儒家经典著作的合称，即《诗经》《尚书》《仪礼》《乐经》《周易》《春秋》，始见于《庄子·天运篇》。

而外：除此之外。

二表：此指诸葛亮的前、后《出师表》。

三代：语出《论语·卫灵公》：“斯民也，三代之所以直道而行也。”邢昺疏：“三代，夏、殷、周也。”此指夏、商、周三代。例如：唐代诗人韩愈的《丰陵行》有“臣闻神道尚清净，三代旧制存诸书”之句。

以下：以后的意思。

一人：此指诸葛亮这个名垂青史的贤相。

【释】儒家六部经典著作之外还有诸葛亮的前后《出师表》；
夏商周三代以后只出现了诸葛亮一个名垂青史的贤相。

志见出师表；
好为梁甫吟。

郭沫若题书。

郭沫若（1892—1978），字鼎堂，号尚武，四川乐山市人。历任中央研究院院士，中国科学技术大学校长，政务院副总理兼文化教育委员会主任，中国科学院院长，全国人大常委会副委员长，中国共产党第九、十、十一届中央委员。著有《中国古代史研究》《甲骨文字研究》《中国史稿》《甲骨文合集》，全部编成《郭沫若全集》。

【注】此联是1964年岁首郭沫若为襄阳古隆中题书，此处属于仿制品。

志见出师表：诸葛亮的理想与志向可以从他的前、后《出师表》中看到。

好为梁甫吟：诸葛亮在隆中隐居躬耕时期就十分喜欢家乡的民间乐府歌谣《梁甫吟》。《三国志·蜀书·诸葛亮传》记载：“亮躬耕陇亩，好为梁甫吟。”梁甫吟：为汉乐府古辞，流传于山东泰山一带。歌词内容如下：

步出齐城门（淄博市城北八里），遥望荡阴里（临淄城南）。里中有三坟，累累正相似。问是谁家墓，田疆古冶子（春秋时期齐景公三个功臣著名武士田开疆、公孙接、古冶子）。力能排南山，文能绝地纪。一朝被谗言，二桃杀三士。谁能为此谋，国相齐晏子（晏子，即晏婴，齐景公时期名相）。

这首歌谣说的是晏子“二桃杀三士”故事。最早见于晏婴（公元前 578—公元前 500）的《晏子春秋·谏下二十四》。诸葛亮喜欢它的原因，一是寄托思乡之情，二是可以史为鉴，从故事中能够悟出很多道理，以此学习晏子忠君爱国的聪明才智。

【释】诸葛亮的理想与志向可以从他的前后《出师表》中看到；
诸葛亮在隆中隐居就十分喜欢家乡民间歌谣《梁甫吟》。

三顾频烦天下计；
一番晤对古今情。

1965 年 1 月，红安董必武题书。

董必武（1886—1975），字洁畲，号壁伍，湖北省黄安（今红安县）人，历任中央财经委员会主任，政务院副总理，政法委主任，最高人民法院院长，全国政协副主席，中央监察委员会书记，中华人民共和国副主席、代主席，第四届全国人大常委会副委员长，六届中央委员，七、八、九届中央政治局委员，十届中央政治局常委。

【注】三顾频烦天下计：语出杜甫的《蜀相》诗歌：“三顾频烦天下计，两朝开济老臣心。”

东汉末年，朝政腐败，外戚、宦官专权，导致诸侯割据纷争，天下大乱，民不聊生，曹操又“挟天子以令诸侯”把持朝政。汉室后裔刘备立志要匡扶汉室，可是却被曹操追赶得东奔西逃疲于奔命，始终没有立足之地，因此急需要得力名士指点迷津，才能够一展雄才大略。在颍川名士徐庶、司马徽举荐之下，建安十二年（207）冬天，47 岁的刘备屈尊三顾茅庐于隆中，请求在此隐居躬耕的 27 岁“卧龙”诸葛亮为自己出谋划策。诸葛亮十分感激皇室后裔刘备屈尊三顾茅庐，为其制定了兴复汉室、一统江山的《隆中对策》大计。

一番晤对古今情：诸葛亮和汉室宗亲刘备在隆中开诚布公地进行了交流，认真分析了当时天下形势，为刘备制定了联合东吴孙权共同对付曹操，再“西和诸戎，南抚夷越”团结少数民族，创造条件占领荆州、益州和汉中的战略要地，等待天下形势发生了变化，可两路钳击中原，如此则汉室可兴的战略策略。这一番对话，使刘备如梦初醒，茅塞顿开，恳请诸葛亮出山辅佐，以便一步步实现此计划。诸葛亮毅然决然出山，竭尽全力辅佐刘备。为此，刘备曾经自豪地对关羽、张飞说：“孤之有孔明，犹鱼之有水也。”从此后，刘备与诸葛亮君臣关系十分亲密，成为千古佳话。

晤对：语出北宋王谠的《唐语林·豪爽》："辛氏郎君，来谒丞相，於晤对之间，未甚周至。"此指会面交谈。

【释】汉室后裔刘备曾经屈尊三顾茅庐请诸葛亮为他制定一统江山大计；
诸葛亮与刘备一番对话从此俩人关系如同鱼水一般成为千古佳话。

成大事以小心一生谨慎；
仰流风于遗迹万古清高。

中华民国十七年（1928）十二月，冯玉祥题于南京行营。生平事迹见前。

【注】原题联是冯玉祥于民国十七年十二月为今汉中勉县武侯祠所题，并且刻立了碑石在武侯祠拜殿前檐左侧，至今完好无损。这副楹联属于复制品。

成大事以小心一生谨慎：诸葛亮为了成就辅佐帝业大事，一生中都是谨慎小心的。

仰：瞻仰、敬仰、仰慕。

流风：遗留的风范。例如：《孟子·公孙丑上》："流风善政，犹有存者。"

遗迹：此指武侯祠。

万古清高：此指诸葛亮永远都是清廉高洁的楷模。

【释】为了成就辅佐帝业大事诸葛亮一生中都是谨慎小心的；
仰慕先贤风范的武侯祠孔明永远都是清廉高洁的楷模。

沥胆披肝，六经以来二表；
托孤寄命，三代而下一人。

钟瀚题书。生平事迹见前。

【注】沥胆披肝：语出唐代乾宁二年（895）进士黄滔（840—911）的《启裴侍郎》："沾巾堕睫，沥胆披肝，不在他门，誓于死节。"形容诚信待人，真心相见，亦称披肝沥胆。

六经：此指《庄子·天运篇》中的《诗经》《尚书》《仪礼》《乐经》《周易》《春秋》六部儒家经典著作。

二表：此指诸葛亮的前、后《出师表》。

托孤寄命：蜀汉章武三年（223）三月，先主刘备在白帝城病危，临终前将自己的儿子和蜀汉江山社稷托付给诸葛亮。当时，刘备对诸葛亮说："君才十倍曹丕，必能安国，终定大事。若嗣子可辅，辅之，如其不才，君可自取。"

刘备这番话的意思是说，你的才能超过了魏文帝曹丕十倍，一定能够安定蜀汉国家，成就大事。如果我的儿子有能耐可以辅佐，你就辅佐，如果他没有才能，你就可以自己做皇帝。

诸葛亮哭泣着回答说：“臣敢竭股肱之力，效忠贞之节，继之以死。”

刘备感动得老泪纵横，遂下诏给刘禅说：“汝与丞相从事，事之如父。”

三代而下一人：夏、商、周三代之后，忠君爱国的辅佐贤相只有诸葛亮一个人。在古隆中的名牌坊上，就有“三代下一人”的题刻。

【释】诚信待人真心相见的事儿，六部儒家经典著作以来就是诸葛亮的前后《出师表》；

白帝城托孤的故事说明，夏商周三代之后忠君爱国的辅佐贤相只有诸葛亮一人。

淡泊明志；
宁静致远。

民国十一年（1922），华阳徐炯题书。

徐炯（1862—1936），字子休，号蜕翁，华阳县（今成都市华阳区）人，光绪十九年（1893）举人，无意仕途，以授徒为事于江南会馆设私塾，名为“泽木精舍”，创办四川通省师范学堂，任学堂监督兼四川高等学校教席。辛亥革命后在成都创办华阳县中国学会、大成会、大成学校等。民国建立，任四川教育会会长。

【注】淡泊明志，宁静致远：语出诸葛亮《诫子书》：“夫君子之行，静以修身，俭以养德。非澹泊无以明志，非宁静无以致远。”

意思是说，如果不能把名利看得轻淡就不会有明确志向，不能静心地学习和思考问题就不能实现远大的目标。

【释】如果不能把名利看得轻淡就不会有明确的志向；

不能静心地学习和思考就不能实现远大的目标。

鞠躬尽瘁兮，诸葛武侯诚哉武；
公忠体国兮，出师两表留楷模。

联文来自1961年9月14日郭沫若乘江轮出三峡时，在舟中所作草书六米长的《蜀道奇》，作品原由四川省图书馆保存，后转交四川省羲墨书法院收藏。

《蜀道奇》用唐代诗人李白的《蜀道难》之韵而反其意，全文借古喻今，歌颂劳动人民，歌颂祖国的大好河山。

【注】鞠躬尽瘁：小心谨慎，不辞劳苦，竭尽全力。

兮：相当“啊”或“呀”。

诚：实在、的确。哉：文言语气助词，表示感叹。武：勇猛、威烈。

诸葛武侯诚哉武：此指诸葛亮以武力进行南征平叛与五次北伐曹魏。

《逸周书·谥法解》说："危身奉上曰忠，险不辞难，克定祸乱曰武。以兵征，故能定，刑民克服曰武。法以正民，能使服，夸志多穷曰武。"

这是对"忠武"二字最高评价和荣誉。诸葛亮的确合乎武的标准。

公：此指诸葛亮。

忠：忠君爱国、忠于职守。

体国：治理国家、体念国家，为国家分忧。

出师两表留楷模：诸葛亮的前、后《出师表》留下了千古的典范。

【释】小心谨慎不辞劳苦竭尽全力啊，诸葛亮以武力南征平叛与五次北伐曹魏的确合乎"忠武"标准；

诸葛亮忠君爱国忠于职守啊，治理蜀汉国家为国分忧的业绩在前后《出师表》中留下千古典范。

自任以天下之重如此；
是知其不可而为之欤。

蜀都洪志存题书。

洪志存（1917—2001），四川省成都市人，6岁学书，60余年从未间断，常与于右任等书法家交往。历任四川省文史研究馆馆员、巴蜀诗书研究会常务理事、中国老年书画研究会会员、益州书画院院长，部分作品已列为国家文物。

【注】自任以天下之重如此：语出《孟子·万章上》："其自任以天下之重如此，故就汤而说之以伐夏救民。"

这段话是说，商朝初期贤相伊尹很自信地把统一天下作为自己的责任，他劝说开国国君成汤讨伐残暴昏庸的夏桀而救民于水火之中，建立了商朝。

此指诸葛亮把辅佐蜀汉帝业兴复汉室，一统汉家江山作为自己毕生的责任。

是知其不可而为之欤：语出《论语·问宪》："子路宿于石门，晨门曰：奚自？子路曰：自孔氏。曰：是知其不可而为之欤？"

这段话是说："子路夜里住在石门，看门人问，你从哪里来？子路说，从孔子那里来。看门人说，是那个明知做不到却还要去做的人吗？"

欤：文言助词，表示疑问、感叹、反诘。

此指诸葛亮虽然深知兴复汉室，一统汉家江山难于实现，却仍然坚持不懈，勉为其难。

【释】诸葛亮把辅佐蜀汉帝业兴复汉室作为自己毕生的责任；

诸葛亮深知一统江山难于实现却仍坚持不懈勉为其难。

（3）馆藏楹联 32 副

行空望天马；
同气感云龙。

周善培题书。

周善培（1875—1958），号孝怀，祖籍浙江诸暨，随父宦游四川后定居。历任四川劝业道、提法司，建造了成都第一个新式商场——劝业场，连续 6 年在青羊宫举办博览会，被时人称作“川中第一道景观”。民国年间定居上海，对国民政府极为不满。解放后，曾出任民生公司董事长、华东军政委员会委员。此楹联有可能题书于清朝末年在四川成都任职期间。

【注】行空：奔腾于太空，亦形容超凡行事。例如：明代湖广布政司左参议刘子钟的《萨天锡诗集·序》有“其所以神化而超出于众表者，殆犹天马行空而步骤不凡”之句。

天马：骏马名。语出《史记·大宛列传》：汉武帝“得乌孙马好，名曰天马。及得大宛汗血马，益壮，更名乌孙马曰西极，名大宛马曰天马”。此指超凡行事的贤臣良将。例如：三国魏文学家阮籍《咏怀》之五有“天马出西北，由来从东道”之说。

行空望天马：此指辅佐蜀汉帝业还指望诸葛亮这样超凡行事的贤臣良将。

同气：意气相投，志同道合。感：令人感动。云龙：语出《周易·乾》：“同声相应，同气相投。水流湿，火就燥，云从龙，风从虎，圣人作而万物睹。”比喻明君遇贤臣，或贤臣遇明君。

同气感云龙：此指先主刘备与诸葛亮情投意合，令人感动的是明君遇贤臣。

【释】辅佐蜀汉帝业还指望诸葛亮这样超凡行事的贤臣良将；
刘备与诸葛亮情投意合令人感动的是明君遇到了贤臣。

将相本无种；
帝王自有真。

题书者不详。

【注】将相：语出《史记·高祖本纪》：“诸侯及将相相与，共请尊汉王为皇帝。”意思是说，将帅和丞相等文武大臣，共同请汉王刘邦称帝。

将相本无种：语出北宋“神童”汪洙的《神童诗》：“将相本无种，男儿当自强。”意思是说，王侯将相本来就不是天生的富贵种，贫穷人家的孩子如果发愤努力，也可以成为栋梁之材。

汪洙，生卒年不详，字德温，今宁波市鄞州区人，元符三年（1100）进士，官至观文殿大学士。幼年就聪颖，九岁能赋诗，号称“汪神童”。家喻户晓的“万般皆下品，唯有读书高”，以及“久旱逢甘雨，他乡遇知音。洞房花烛夜，金榜题名时”等佳句妙语皆出自神童汪洙。

此指诸葛亮本不是一个天生富贵人物，后来却成了名垂青史的贤臣良将。

帝王自有真：语出《后汉书·马援传》：“今见陛下，恢廓大度，同符高祖，乃知帝王自有真也。”此指先主刘备虽然是汉室后裔，但却处处受挫，后来成为蜀汉的皇帝自然是真的。

【释】诸葛亮本不是一个天生富贵人物后来却成了名垂青史的贤臣良将；
先主刘备虽是汉室后裔却处处受挫后来成为蜀汉皇帝自然是真的。

兴亡天定三分局；
今古人思五丈原。

赵藩题书。生平事迹见前。

【注】兴亡天定三分局：三国时期魏、蜀、吴三个国家的兴衰灭亡是天意决定的格局。

今古人思五丈原：古代与今天的人都怀念诸葛亮而想到五丈原这个地方。

五丈原：在陕西省宝鸡市岐山县南蔡家坡的五丈原镇。建兴十二年（234），诸葛亮第五次北伐曹魏时以此为基，中军帐就设在五丈原上。曹魏大都督司马懿见蜀汉大军来势凶猛便坚守不出，诸葛亮进退艰难，食少事烦，积劳成疾，病死于五丈原军中，时年54岁。诸葛亮“鞠躬尽瘁，死而后已”，竭尽全力辅佐蜀汉帝业，五次北伐都未能实现“收复中原，兴复汉室”的目的，落了个“出师未捷身先死，长使英雄泪满襟”结果，留下千古遗恨。所以，古今人们在怀念诸葛亮的时候，就一定会想到五丈原这个地方。

【释】三国时期魏蜀吴三个国家的兴衰灭亡是天意决定的格局；
古代与今天的人都会怀念诸葛亮而想到五丈原这个地方。

自有桑田遗子弟；
偶有鱼水忆君臣。

道光乙酉（1825）孟秋（七月），华阳紫垣潘时彤题书。

潘时彤，生卒年不详，字紫垣，华阳（今成都市双流区）人，嘉庆九年（1804）举人，以教私塾为业，常游成都武侯祠，熟悉这里的古迹文物，因而成功地编纂了《昭烈忠武陵庙志》，成为成都武侯祠历史上唯一的一部志书。除此之外，还编著了《华阳县志》。

【注】自有桑田遗子弟：语出《三国志·蜀书·诸葛亮传》：“成都有桑

八百株，薄田十五顷，子弟衣食，自有余饶。”

这是诸葛亮临终前《自表后主》遗言，意思是：我在成都还有八百株桑树、薄田十五顷，解决家属子弟生存没有问题，不给国家添麻烦。

偶有：偶然得到。

鱼水：语出《三国志·蜀书·诸葛亮传》：刘备对关羽、张飞说，“孤之有孔明，犹鱼之有水也”。刘备请诸葛亮出山辅佐后，情投意合，得心应手，君臣之间就好比鱼儿有了水一样。

忆君臣：此指回忆刘备与诸葛亮的君臣关系。

【释】诸葛亮临终前说我在成都还有八百株桑树薄田十五顷遗留给了我的家属子弟；

偶然有鱼水一样情投意合配合默契的事例就要回忆刘备与诸葛亮的君臣关系。

隆中一日风云会；
剑外千秋草木香。

清人撰联。高文补书。

高文，1931年出生于山西省临汾市，原名蒋吉庆，字敬文，号平阳，中国书法家协会会员，四川省书法家协会名誉理事，四川省诗词学会理事。

【注】隆中一日风云会：建安十二年（207）冬，47岁的汉室后裔刘备求贤若渴，曾屈尊三顾茅庐于隆中，恳请在这里隐居躬耕的27岁诸葛孔明，就如何匡扶汉室、一统汉家江山而指点迷津。诸葛亮十分感激刘备屈尊三顾茅庐，为其分析了当时天下形势，制定了《隆中对策》，希望刘备联合东吴孙权共同对付曹操，循序渐进夺荆州、取益州、占汉中，团结少数民族，搞好内部管理，等到时机成熟时，从荆州和益州两路钳击中原，如此才可以兴复汉室。刘备如梦初醒，茅塞顿开，恳请诸葛亮出山辅佐，以便逐步实现这个计划。

风云会：语出唐代僖宗时期进士、诗人秦韬玉的《仙掌》诗歌：“为余势负天工背，索取风云际会身。”此指难得的机会适时地遇合，比喻有才华、有作为的人在难得的好时机聚合。

剑外：此指四川省广元市所辖的剑阁县以北剑门关一带。剑门关，是益州的北部门户，出秦入蜀的必由之路，也是先秦古蜀道——金牛道的核心地段，已有3000余年的历史。可是，这里有大小剑山山峰七十二，高耸入云，挺拔险峻，绵延数十里。三国时期，诸葛亮在大剑山中段依崖砌石为门，修建了“一夫当关，万夫莫开”的剑门关，并在大小剑山之间架筑飞梁阁道，这条古道也被称为剑门蜀道。

千秋草木香：是说千百年来这里的草木都十分芳香。

【释】汉室后裔刘备求贤若渴屈尊三顾茅庐于隆中与诸葛亮君臣遇合；
诸葛亮修建了出秦入蜀的剑门关千百年来这里草木都十分芳香。

诸葛大名垂宇宙；
小队元戎出郊垧。

苏廷玉题书。

苏廷玉（1783—1852），字韫山，号鳌石，泉州同安县马巷厅翔风里澳头村（今厦门市翔安区新店镇澳头村）人。嘉庆十九年（1814）进士，历任刑部主事、刑部员外郎，刑部郎中，松江、江宁、苏州等知府，陕西延榆绥道道员、江苏督粮道道员、山东按察使、四川按察使、四川布政使、四川总督、刑部尚书、兵部侍郎、大理寺少卿等。

【注】诸葛大名垂宇宙：语出杜甫《咏怀古迹五首》诗歌："诸葛大名垂宇宙，宗臣遗像肃清高。三分割据纡筹策，万古云霄一羽毛。"诸葛亮的大名永远流传于天地之间。

小队：人数少的出征队伍。

元戎：语出《三国志·蜀书·许靖传》："知足下忠义奋发，整饬元戎，西迎大驾，巡省中岳。"此指队伍、军队。

郊垧（jiōng）：此指城市郊野。例如：东晋道教理论家葛洪（283—363）的《抱朴子·崇教》有"或建翠翳之青葱，或射勇禽於郊垧"之说。

【释】诸葛亮的大名永远流传于天地之间；
人数少的队伍已经出发到城市郊野。

两千尺柏此间庙；
八百株桑何处家。

华阳曾华臣题书。

曾华臣，四川华阳（今成都市双流区）人，清末地方文化名人，擅长诗歌、楹联，著作有《橘园诗抄》《橘园联偶》，其余不详。

【注】两千尺柏此间庙：成都武侯祠高大的柏树下有诸葛亮的武侯祠。两千尺柏：形容古柏高大。例如：唐代诗人杜甫《古柏行》诗歌有"孔明庙前有老柏，柯如青铜根如石。霜皮溜雨四十围，黛色参天二千尺"之说。再如：杜甫的《蜀相》诗歌还有"丞相祠堂何处寻，锦官城外柏森森"之句。

八百株桑：语出《三国志·蜀书·诸葛亮传》：“成都有桑八百株，薄田十五顷，子弟衣食自有余饶。”

何处家：是说成都八百株桑树之间哪里是诸葛亮居住的家。

【释】成都武侯祠高大柏树下有诸葛亮的祠庙；

成都八百株桑树间哪里是诸葛亮的居家。

三分天下四川地；
六出祁山五丈原。

题书者不详。

【注】三分天下：此指曹魏、蜀汉、孙吴三国鼎立。

四川地：是古代益州的核心地区，三国时期蜀汉的立国之地。

四川这个名称，始见于宋真宗咸平四年（1001）设立的益、梓、利、夔四州路，治所分别在今四川省成都市、绵阳市三台县、陕西省汉中市和重庆市奉节县，一般称为川峡四路，简称为“四川”。在宋徽宗大观三年（1109）诏书中，正式使用了“四川”一词，这是“四川”作为行政区划名称的开始。

元朝至元年间（1271—1294），全国共设十个行省，即岭北行省、辽阳行省、河南江北行省、陕西行省、四川行省、甘肃行省、云南行省、江浙行省、江西行省、湖广行省。而山东、山西、河北和内蒙古等地则称为“腹里”，由中书省直辖。

“四川行省”，由宋代的益、梓、利、夔四州路合并而设。明朝置四川省，后改称四川布政使司，清朝正式称为四川省，这就是“四川省”名称的由来。

六出祁山：语出《三国演义》第一百二十回末尾的叙事诗：“孔明六出祁山前，愿以只手将天补。何期历数到此终，长星半夜落山坞。”

此指诸葛亮五次北伐曹魏活动，实际上，诸葛亮建兴六年（228）春天第一次北伐曹魏出祁山，马谡失街亭而被迫退回汉中；建兴九年（231）第四次北伐曹魏出祁山，李严假传圣旨让诸葛亮退军汉中，前后只有两次出祁山。可是，《三国演义》从第九十五回“马谡拒谏失街亭”到第一百四回“陨大星汉丞相归天”，把诸葛亮五次北伐曹魏说成是“六出祁山”。

五丈原：在今陕西省宝鸡市岐山县南蔡家坡五丈原镇，建兴十二年（234），诸葛亮第五次北伐曹魏在此驻军，与司马懿以渭水对垒，积劳成疾，秋八月病死于五丈原军中。

【释】三国鼎立时期四川是蜀汉国家立国的核心地区；

诸葛亮六出祁山北伐曹魏留下五丈原古迹文物。

管乐自居，竟成伊吕；
关张同志，已慑曹魏。

道光四年（1824）十月，四川峨边同知南丰谭光祜题书。

谭光祜（1772—1813），字子受，号栎山，江西省南丰县人，曾任夔州通判、四川峨边（乐山市峨边彝族自治县）同知、四川潼川（治所在今四川省绵阳市三台县）署知府。

【注】管乐自居：语出《三国志·蜀书·诸葛亮传》：“亮躬耕陇亩，好为《梁父吟》。身高八尺，每自比于管仲、乐毅，时人莫之许也。”

诸葛亮在隆中隐居躬耕时，经常以春秋时期齐国贤相管仲和战国时期燕国的上将军乐毅自居，认为将来自己为国家效力的能力比他们强，当时的人并不了解他的志向。

竟成伊吕：意思是说，诸葛亮后来竟然成了与商朝初期伊尹和西周初期吕望一样的辅佐贤相了。

关张同志：此指蜀汉前期的大将关羽和张飞。《三国志·蜀书·先主传》记载说：刘备与关羽、张飞“情同兄弟，抵足而眠”。由于他们之间称兄道弟，志同道合，因此称为同志。

已慑曹魏：《三国演义》描写关羽曾温酒斩华雄、过五关斩六将、水淹七军、擒于禁、斩庞德，威震华夏，让曹魏丧胆。关羽还曾向曹操说，“我的三弟张飞有万夫不当之勇，在万军中取上将首级如探囊取物一样”。

与此同时，张飞曾经单骑拒敌，阻挡曹操大军追赶刘备，喝断了当阳桥，令曹军胆战心惊。正因为如此，关羽与张飞的威名震慑了曹军。

【释】诸葛亮在隆中隐居时经常以管仲和乐毅自居，后来竟然成了与伊尹和吕望一样的辅佐贤相了；

关羽与张飞两兄弟志同道合，他们骁勇善战威名早已经震慑了曹魏令敌人胆战心惊闻风丧胆。

隐居以求，行义已达；
临事而惧，好谋而成。

题书者不详。

【注】隐居以求，行义已达：语出《论语·季氏篇》：“隐居以求其志，行义以达其道。”意思是，以隐居避世的态度来保全自己的志向，依照正确的思想来循序渐进实现自己的主张。

临事而惧，好谋而成：语出《论语·述而》：“必也临事而惧，好谋而成者也。”意思是说，遇到了事情必然会有恐惧心理，因此需要事事谨慎小心，谋划得十分充分才能够取得一定的成功。

【释】以隐居避世的态度来保全自己志向，用正确思想循序渐进实现自己的主张；

遇事情必然会有恐惧心理，需要事事谨慎小心谋划才能够取得一定的成功。

淡泊以明志，宁静以致远；
汉贼不两立，王业不偏安。

题书者不详。

【注】淡泊以明志，宁静以致远：语出诸葛亮《诫子书》：“非澹泊无以明志，非宁静无以致远。”这段话是说，只有从清心寡欲中才能够明确自己的志向，从安静的学习中不断地提高自身的素质修养才能够达到远大目标。

汉贼不两立，王业不偏安：语出《三国志·蜀书·诸葛亮传》中建兴六年（228）给后主上的后《出师表》：“先帝深虑汉、贼不两立，王业不偏安，故托臣以讨贼也。”意思是说，蜀汉与篡夺汉家江山的曹魏不能够并存。王业：帝王的功业，此指蜀汉政权。偏安：指不能统治全国而苟安于一方的政权。

这段话是说：蜀汉与曹魏政权不能够并存，蜀汉帝业更不能够苟安于益州一方，正因为如此，才必须要继续北伐曹魏。

【释】只有清心寡欲才能够明确志向，从安静的学习中提高自身修养才能达到远大目标；

蜀汉与篡夺汉家江山的曹魏政权不能够并存，蜀汉帝业更不能够苟安于益州一方。

三顾望隆，勋业於今光史册；
两朝开济，名声从古壮云霄。

题书者不详。

【注】三顾望隆：是说刘备屈尊三顾茅庐请求诸葛亮就兴复汉室、一统江山出谋划策指点迷津，诸葛亮为刘备制定了匡扶汉室的《隆中对策》，刘备茅塞顿开，恳请诸葛亮出山辅佐，竭尽全力建功立业，名望更加隆盛。

勋业於今光史册：诸葛亮辅佐蜀汉帝业的功勋业绩自古至今光照史册。

两朝开济：语出唐代杜甫的《蜀相》诗歌：“三顾频烦天下计，两朝开济老臣心。”是说诸葛亮先后辅佐先主刘备和后主刘禅两个朝代，开辟了蜀汉经国济民的丰功伟绩。

名声从古壮云霄：是说诸葛亮很大的名声从古就流传在天地之间，有极高的影响。壮：很大、有力。云霄：天地之间，形容极高。

【释】刘备三顾茅庐请诸葛亮指点迷津制定了匡扶汉室的《隆中对》名望隆盛，功勋业绩至今光照史册；

诸葛亮辅佐先主刘备后主刘禅两代帝王开辟了蜀汉经国济民丰功伟绩，名声自古传播在天地之间。

玉轴传神，无限凄凉临帝墓；
竹篱染翠，自然优雅仿草庐。

题书者不详。

【注】玉轴：语出北周时期文学家庾信（513—581）的《哀江南赋》："乃使玉轴扬灰，龙文折柱。"卷轴的美称，借指珍美的字画。例如：唐代诗人李商隐《骄儿》诗歌有"古锦请裁衣，玉轴亦欲乞"之句。此指诸葛亮的画像。

传神：指生动逼真地刻画出人或物的神情。例如：北宋太常博士张师正《括异志・许偏头》有"成都府画师许偏头者，忘其名，善传神，开画肆于观街。一日，有贫人，敝衣憔悴，约四十许，负布囊，诣许求传神"之说。

无限凄凉临帝墓：是指诸葛亮纪念祠堂凄凉地邻近先主刘备的陵墓。无限：无边无际的意思。

竹篱染翠：成都武侯祠园林中的竹篱笆为景区增添了翠绿色的景观。

自然优雅仿草庐：成都武侯祠自然环境优雅的"听鹂苑"修建了"仿草庐"纪念建筑。

【释】诸葛亮的珍贵画像神情逼真，纪念祠堂凄凉地邻近先主刘备的陵墓；

武侯祠竹篱笆为景区增添翠绿色景观，在自然优雅环境中有仿草庐。

仰古柏之森森，典刑非远；
溯大儒之蔼蔼，笑貌依然。

题书者不详。

【注】仰古柏之森森：抬起头来观看武侯祠高耸密布而繁盛的古柏。仰：抬起头来观看。森森：语出唐代诗人杜甫《蜀相》诗："丞相祠堂何处寻，锦官城外柏森森。"

典刑非远：意思是说，想起了诸葛亮当年为了蜀汉国家所制定的相关法律条款，至今还历历在目并不遥远。

溯：追溯、追忆。

大儒：指学识渊博的著名学者。

蔼蔼：形容温和谦恭。

笑貌依然：此指诸葛亮的塑像依然是笑容可掬，令人敬仰。

【释】抬头观看武侯祠高耸密布的繁盛古柏，想起诸葛亮当年为蜀汉国家所制定的相关法律条款还历历在目并不遥远；

追忆诸葛亮这个学识渊博的著名学者始终是待人温和谦恭，再看看武侯祠中他的塑像依然是笑容可掬令人敬仰。

古柏常青，庙貌肃穆怀相业；
精忠可白，诚灵昭格戴侯功。

道光乙酉（1825）孟秋月（七月），四川顺庆知府王登墀（chí）题书。

王登墀，上海市金山区枫泾镇人，嘉庆至道光年间，历任江西南康府（今江西省星子县）知府、顺庆（今南充市顺庆区）知府、崇化屯（今四川省金川县）候补州同（清代知州佐官，相当于同知），其余不详。

【注】古柏常青，庙貌肃穆怀相业：成都武侯祠古柏常年青翠挺拔，祠庙庄重肃穆，莫不使人怀念诸葛丞相的丰功伟绩。

精忠：语出《宋史·岳飞传》：“帝手书精忠岳飞字，制旗以赐之。”此指对国家与民族无比的忠诚。

可白：可以明明白白地展示、告白于天下。

诚灵：真诚的灵魂。

昭格：语出战国末年鲁国毛亨《毛诗古训传》卷十八：“天鉴有周，昭格于下。”此指让圣洁的神灵彰显传承进行祭祀。

戴侯功：爱戴诸葛武侯的功德。

【释】武侯祠古柏常年青翠挺拔，祠庙庄重肃穆莫不使人怀念诸葛丞相的丰功伟绩；

诸葛亮无比忠诚可以告白于天下，真诚的灵魂彰显传承后世人爱戴他的功德。

庐隐南阳，抱膝长吟留正统；
祠光西蜀，鞠躬尽瘁仰纯臣。

嘉庆庚辰（1820）菊月（九月），岳阳方显题书。

方显（1676—1741），字周谟，号敬斋，岳阳（今湖南省岳阳市岳阳县）人，自岁贡生授湘乡教谕后历任广西恭城知县、镇远知府、思州府事、贵州道尹、贵州按察使、四川布政使、四川巡抚、广西巡抚。著作有《平苗纪略》《秋崖先生小稿诗集》《文集》等。

【注】庐隐南阳：是说诸葛亮隐居躬耕在南阳郡的襄阳隆中草庐之中。南阳：郡名，两汉三国时期属荆州，辖37县，治所在今河南省南阳市。诸葛亮《出师表》有“臣本布衣，躬耕于南阳”之说，所以，南阳、襄阳都有诸葛亮的武侯祠与诸葛草庐，后世人亦多以南阳代指诸葛亮。

抱膝长吟：语出《三国志·蜀书·诸葛亮传》注引《魏略》：诸葛亮“每晨夜从容，常抱膝长吟”。吟：就是吟诵，古人常用吟诵诗歌来表达自己的情怀。正因为如此，在隆中三顾堂前百米处，有诸葛亮当年时常抱膝长吟之“抱膝石”。康熙五十八年（1719），襄阳观察使赵洪恩在此处修了“抱膝亭”。

留正统：是说诸葛亮辅佐汉家皇室后裔刘备建立了蜀汉帝业，为汉家江山留下了一脉相承的刘姓基业。正统：语出《汉书·郊祀志下》：“宣帝即位，由武帝正统兴。”此指封建社会一脉相承统一全国的王朝。

祠光西蜀：纪念诸葛亮的成都武侯祠光耀着益州大地。

鞠躬尽瘁仰纯臣：诸葛亮“鞠躬尽瘁，死而后已”的忠君爱国思想，始终使后世人尊崇敬仰他这个忠纯笃实之臣。

【释】诸葛亮隐居躬耕在南阳郡襄阳隆中，时常抱膝吟诵《梁甫吟》诗歌来表达情怀辅佐蜀汉为汉家江山留下了一脉相承的刘姓正统基业；

纪念诸葛亮的成都武侯祠光耀着益州大地，他生前“鞠躬尽瘁死而后已”忠君爱国思想始终使后世人尊崇敬仰他这个忠纯笃实之臣。

宿凤枝高，三代下见儒者气象；
卧龙云香，两汉后留王佐规模。

题书者不详。

【注】宿凤枝高：是指凤凰栖息在高枝上。此比喻诸葛亮的形象高雅。

三代下：此指夏、商、周三代以来。见：看见了，出现了。儒者：语出《墨子·非儒下》：“儒者曰：亲亲有术，尊贤有等。”此指尊崇孔孟儒学，通习儒家经书的人。例如：《史记·淮阴侯列传》：“成安君，儒者也，常称义兵不用诈谋奇计。”气象：气概、气派、气度。例如：《三国演义》第八十二回有“权曰：此计最善。但卿此去，休失了东吴气象”之说。

三代下见儒者气象：此指夏商周三代之后才出现了诸葛亮这样具有儒家高雅风范的人。例如：清代史学家张鹏翮（1649—1725）的《诸葛忠武志》卷八记载说：“予以为孔孟之学发明之者，宋先儒也，身体而力行之者，诸葛武侯也。”

卧龙：语出《三国志·蜀书·诸葛亮传》：“诸葛孔明者，卧龙也。”

由于诸葛亮隐居躬耕所居之地有一岗，名卧龙岗，因此人称“卧龙先生”。

比喻隐居还未崭露头角就已经是杰出的人才了。

云香：传说留香百世。

王佐：辅佐帝王霸业的人才。

规模：语出唐宪宗李纯元和年间（806—820）江都主簿刘肃编著的《大唐新语·极谏》："今天下新定，开太平之运，起义功臣，行赏未遍，高才硕学，犹滞草莱，而先令舞胡致位五品，鸣玉曳组，趋驰廊庙，固非创业规模贻厥子孙之道。"此指典范、楷模、榜样。例如：元代开国辅弼耶律楚材（1190—1244）的《赠蒲察元帅》诗歌有"元老规模妙天下，锦城风景压河中"之句。

两汉后留王佐规模：此指西汉、东汉以后留下了辅佐帝王霸业的榜样。

【释】诸葛亮形象高雅，夏商周三代后才出现了具有儒家高雅风范的人物；隐居期间诸葛亮就已留香百世，西汉东汉后留下了辅佐帝王的楷模。

望重南阳，想当年羽扇纶巾，忠贞扶季汉；泽周西蜀，爱此地万花濯锦，香火拥灵祠。

道光十一年（1831），四川总督鄂山题书。

鄂山，字润泉，满族博尔济吉特氏，曾出任成都将军、四川总督、刑部尚书。

【注】望重：语出《晋书·司马元显传》："元显因讽礼官下仪，称己德隆望重，既录百揆，内外群僚皆应尽敬。"此指名望很大。例如：唐代诗人周贺的《赠姚合郎中》诗歌有"望重来为守土臣，清高还似武功贫"之句。

南阳：郡名，属荆州，辖37县，治所在今河南省南阳市。所以，诸葛亮《出师表》说："臣本布衣，躬耕于南阳。"从此后，南阳就是诸葛亮的代名词。

羽扇纶巾：语出北宋文学家苏轼《念奴娇·赤壁怀古》："遥想公瑾当年，小乔初嫁了，雄姿英发。羽扇纶巾，谈笑间，樯橹灰飞烟灭。"羽扇：用鹅毛、鹰毛、鸭毛、鸡毛、孔雀毛等禽羽制成的扇子。纶巾：是古人用丝带做的扎头巾，一般为青色，常用于装饰。例如：《晋书·谢万传》："万著白纶巾，鹤氅裘，履版而前"。

羽扇纶巾是三国两晋南北朝时期文人学士的一种时尚象征，并非特指诸葛亮。例如：北宋文学家苏轼《念奴娇·赤壁怀古》有"遥想公瑾当年，小乔出嫁了，雄恣英发，羽扇纶巾谈笑间，樯橹灰飞烟灭"之说。南宋进士赵以夫《汉宫春》亦有"应自笑，周郎少日，风流羽扇纶巾"。《太平御览》卷七〇二引晋、裴启《语林》也说："诸葛武侯与宣王将战，武侯乘素舆葛巾，自羽扇，指挥三年"。从此后，"羽扇绝巾"就成了诸葛亮的装束。

忠贞：忠诚坚贞。

季汉：此指蜀汉。古代以孟、仲、季来排列先后秩序，西汉、东汉之后的蜀汉称为季汉。

泽周西蜀：此指诸葛亮恩泽普遍覆盖着益州。泽：恩泽。周：普遍、全面。西蜀：益州。

万花：此指成都市西郊的浣花溪，一名濯锦江，又名百花潭，为锦江支流，溪旁有唐代诗人杜甫的故居——浣花草堂。

濯锦：即濯锦江，成都市内锦江，岷江流经成都附近的一段。例如：唐代诗人刘禹锡的《杂曲歌辞·浪淘沙》诗歌有“濯锦江边两岸花，春风吹浪正淘沙。女郎剪下鸳鸯锦，将向中流匹晚霞”之说。

香火拥灵祠：成都武侯祠旺盛的香火拥蔽护佑着神灵的祠庙。

【释】名望很大的诸葛亮，想当年羽扇纶巾儒雅风流，忠诚坚贞地辅佐蜀汉帝业；

诸葛亮恩泽普遍覆盖益州，爱这里有浣花溪锦江，香火拥蔽神灵的武侯祠。

自三代以衡才，出处之正无惭伊吕；
综两汉而定品，学术之端深契孔颜。

四川盐大使三韩保庆题书。题书者生平不详。

【注】自三代以衡才：自夏、商、周三代以来衡量一个人的才德。语出东汉蔡邕（133—192）的《荐皇甫规表》：“修身力行，忠亮阐著，出处抱义，皦然不污。”此指出仕及退隐。例如：唐代著名文学家韩愈（768—824）的《与崔群书》有“无入而不自得，乐天知命者，固前修之所以御外物者也。况足下度越此等百千辈，岂以出处近远累其灵台邪”之说。

无惭：语出南朝梁文学家刘勰（465—521）的《文心雕龙·祝盟》：“神之来格，所贵无惭。”无所惭愧，无愧于的意思。

伊吕：商朝初年著名辅佐贤相伊尹和西周初期辅佐贤相吕望（姜子牙）。

综两汉而定品：综合西汉、东汉来看杰出人才的高尚品质。

学术：语出《史记·张仪列传》：“尝与苏秦俱事鬼谷先生，学术，苏秦自以不及张仪。”指系统专门的学问。

端：端正不歪。

深契：深深地吻合。

孔颜：春秋末期儒学大师孔子与其弟子颜渊的并称。

【释】自夏商周三代以来衡量一个人的才德，诸葛亮隐居及出仕正好无愧于商朝初年辅佐贤相伊尹和西周初期辅佐贤相吕望；

综合西汉东汉以来评价杰出人才的高尚品质，诸葛亮的学识渊博端正深深地吻合春秋末期儒学大师孔子与其弟子颜渊。

运筹帷幄，决胜千里，兴汉建国第一功；鞠躬尽瘁，死而后已，开创新业有几人？

阳翰笙题书。

阳翰笙（1902—1993），宜宾市高县人，字继修，笔名华汉。历任全国学联常务理事、上海闸北区委书记、上海局文委书记，创作文学作品多部。新中国成立后，先后担任中华全国影协主席，国务院文化工作委员会党组书记，中国文联党组书记、副主席，全国政协常委。

【注】运筹帷幄，决胜千里：语出《汉书·高帝纪下》：“夫运筹帷幄之中，决胜千里之外，吾不如子房。”高祖刘邦说，在军帐内对军事战略做全面计划，能够在千里之外取得战争胜利，我不如谋士张良。张良（公元前250—公元前186），字子房，高祖刘邦的谋士。

兴汉建国第一功：是说诸葛亮为兴复汉室建立蜀汉帝业立下了第一功。

鞠躬尽瘁，死而后已：语出诸葛亮后《出师表》：“臣鞠躬尽力，死而后已。”意思是，恭敬谨慎勤勤恳恳竭尽全力，到死为止。

开创新业有几人：自古以来像诸葛亮这样开创基业的能够有几个人？

【释】在军帐内对军事战略做出全面计划，能够在千里之外取得战争胜利，诸葛亮为兴复汉室建立蜀汉帝业立下第一功；

恭敬谨慎勤勤恳恳竭尽全力为蜀汉贡献出全部精神力量，到死为止，自古以来像诸葛亮这样开创基业的有几个人？

伊吕允堪俦，若定指挥，岂尽三分兴霸业；吴魏偏并峙，永怀匡复，犹余两表见臣心。

康熙九年（1670），四川布政使宋可发题书。

宋可发（1610—1676），字蕴生，号艾石，山东省胶州市人，顺治六年（1649）进士，历任福建省将乐县知县、彰德府知府、福建巡海道、湖广驿传道、山西按察使。康熙八至十年（1669—1671），出任四川按察使期间，曾经重修武侯祠，并撰有《重修忠武侯祠碑记》。

【注】伊吕：此指商朝初期辅佐贤相伊尹和西周初期辅佐贤相吕望。

允：相信认可。

堪：能够、可以。

俦：可与相比。

若定指挥：亦称指挥若定，运筹帷幄考虑周全。例如：杜甫《咏怀古迹》诗有“伯仲之间见伊吕，指挥若定失萧曹”。

岂：怎么会。

尽：竭尽全力。

三分：此指曹魏、蜀汉、孙吴三国鼎立。

兴霸业：此指兴复汉室，一统天下的汉家霸业。

吴魏偏并峙：是说吴国、魏国偏偏与蜀汉国家并立而对峙。

永怀匡复：此指诸葛亮始终心怀竭尽全力辅佐蜀汉帝业的宏图大志。

犹：仍然。

余：还有。

两表：此指诸葛亮的前、后《出师表》。

见臣心：看见了诸葛亮这个忠君爱国老臣的心思。

【释】商朝辅佐贤相伊尹和西周辅佐贤相吕望都相信认可诸葛亮能与其相比，如果不是运筹帷幄得当，怎么会竭尽全力促成三国鼎立局面去实现兴复汉室一统天下霸业；

吴国魏国偏偏与蜀汉并立对峙，诸葛亮始终心怀辅佐蜀汉帝业大志，虽未完成北伐曹魏兴复汉室意愿仍然可从前后《出师表》中看到他忠君爱国老臣的心思。

三顾感殊知，西取东和，远谟早定三分鼎；两川臻大治，南征北伐，遗表长留两出师。

长宁梁伯言题书。

梁伯言（1899—1991），别名永文，四川省长宁县人，毕业于四川法政学校，民革成员，曾任川军二十一军秘书、川陕鄂绥靖公署秘书、川湘鄂绥靖公署少将处长，1949年起义投诚。新中国成立后，任四川省文史研究馆馆员、四川省人民政府参事。

【注】三顾感殊知：皇室后裔刘备为了匡扶汉室，曾经于建安十二年（207）冬天屈尊三顾茅庐，请求诸葛亮指点迷津出谋划策，并恳请出山辅佐。诸葛亮十分感激刘备的屈尊三顾而毅然决然出山，辅佐刘备一步步走出困境，不断发展壮大。殊知：殊遇而相知。

西取东和：在《隆中对》中，诸葛亮为刘备制定了西面要夺取益州与汉中，东面联合孙权共同抗击曹操占据荆州，团结少数民族，等待时机成熟两路钳击中原，则汉室可兴的远大策略。

远谟：语出《后汉书·黄琼传》："愿先生弘此远谟，令众人叹服。"此指深远的谋略。例如：明代文学家冯梦龙（1574—1646）的《万事足·筵中治妒》有"你妇人家见疏，没些儿远谟"之说。

早定三分鼎：《隆中对策》中，诸葛亮早已经预测到了将来天下会出现三足鼎立的局面。

两川：东川与西川的合称。唐肃宗至德二年（757），将剑南道分置为东川、西川，设两节度使，因有两川之称。

臻：达到了。

大治：语出《礼记·礼器》："是故圣人南面而立，而天下大治。"此指政治修明，局势安定。

南征北伐：此指诸葛亮建兴三年（225）的南征平叛和建兴五至十二年（227—234）的五次北伐曹魏。

遗表长留两出师：建兴十二年（234）秋天，诸葛亮病死在第五次北伐曹魏的五丈原军中，由于没有实现他生前提出的"北定中原，兴复汉室"意愿而留下了遗憾，可是，他的前、后《出师表》却长期留在了后世。

【释】汉室后裔刘备三顾茅庐使诸葛亮感知到殊遇相知之恩，特为其制定了西面夺取益州东面联合孙权共同抗曹的战略决策，深谋远虑早已预测到将来会出现三足鼎立局面；

益州东川和西川政治修明局势安定，诸葛亮南征平叛五次北伐曹魏，虽然未能实现北定中原兴复汉室的意愿留下了千古遗憾可他的前后《出师表》却长期留在了后世。

古来得君为难，托孤为难，尽瘁贯初衷，非大雅谁能了此；
斯时躬耕不易，高卧不易，长吟徒抱膝，问先生何以教之。

题书者不详。

【注】古来得君为难：自古以来就有"贤臣择主而事，良鸟择木而栖"和"主贤臣忠"之说。因此，一个贤臣要想遇到一个以天下为己任而忧国忧民的开明君主是很困难的。

托孤为难，尽瘁贯初衷：据《三国志·蜀书·诸葛亮传》记载说：刘备病死前在白帝城向诸葛亮托孤授命交代后事时说："君才十倍曹丕，必能安国，终定大事。若嗣子可辅，辅之，如其不才，君可自取。"诸葛亮听说之后，立即叩头涕泣回答说："臣安敢不竭股肱之力，尽忠贞之节，继之以死乎？臣虽肝脑涂地，安能报知遇之恩也！"刘备感动得老泪纵横，遗诏让他的三个儿子今后要“父事丞相”，把诸葛亮当作父亲看待。尽瘁贯初衷：诸葛亮竭尽全力辅佐后主刘禅贯穿始终实现了诺言。

大雅：语出南朝文学家萧统（501—531）的《昭明文选·班固·西都赋》：“大雅宏达，于兹为群。”唐代史学家李善（630—689）注曰：“大雅，谓有大雅之才者。”此指德才兼备的人。

斯时躬耕不易，高卧不易：此指诸葛亮所处的那个动乱时代躬耕劳作不容易，隐居不仕也不容易。

长吟徒抱膝：诸葛亮曾在隆中抱膝长声吟诵家乡的汉乐府诗歌《梁甫吟》。例如：《三国志·蜀书·诸葛亮传》记载说：“亮躬耕陇亩，好为梁甫吟。”裴松之注引《魏略》也说：诸葛亮在隆中隐居期间“每晨夜从容，常抱膝长吟”，以表达自己的思想情怀。

问先生何以教之：请问孔明先生如何教我做到这些。

【释】自古以来贤臣想遇到开明君主十分困难，白帝城托孤责任重大艰难，诸葛亮竭尽全力辅佐后主贯穿始终实现诺言，不是德才兼备的人哪个能担当如此重大责任；

诸葛亮所处的那个动乱时代躬耕劳作不容易，隐居不仕也不容易，他曾抱膝吟诵家乡诗歌《梁甫吟》以表达自己的思想情怀，请问孔明先生如何教我做到这些。

心悬八阵图，初对策，再出师，共仰神明传将略；
目击三分鼎，东联吴，北拒魏，常怀谨慎励臣耕。

题书者不详。

【注】心悬八阵图：诸葛亮心里惦记着他根据《易经》原理演化而“积石为垒”发明创造训练军队的“八阵图”。

《三国志·蜀书·诸葛亮传》记载：“亮性长于巧思，损益连弩，木牛流马，皆出其意；推演兵法，作八陈图，咸得其要云。”

据李复心《忠武侯祠墓志·八阵图》记载说，诸葛亮曾在定军山下“积石为垒，推演八阵图”，摆下了“六十四阵八阵图，教兵演武，训练军队”，以提高军队战斗力，达到“行则为阵，止则为营”的目的，至今遗址犹存。

除此之外，在成都市的新都区有二十四阵八阵图；在重庆市奉节县的夔门长江边上，也有诸葛亮“水八阵”遗迹。

初对策，再出师：当初刘备屈尊三顾茅庐时，诸葛亮为其制定了匡扶汉室一统江山的《隆中对策》，后来在辅佐蜀汉帝业的时候，亲自率军南征平叛，又进行了五次北伐曹魏。

共仰神明传将略：令后世人共同仰慕诸葛亮神灵而传承下来的用兵谋略。

目击三分鼎：是说诸葛亮亲自看到了曹魏、蜀汉、孙吴三个国家的分庭抗礼鼎立对峙。东联吴，北拒魏：此指诸葛亮出使东吴，促成了孙刘联盟统一战线，东面联合东吴孙权，北面抵抗曹魏。

常怀谨慎：经常保持谨慎态度。

励臣耕：此指诸葛亮鼓励臣下因地制宜进行农耕，自力更生解决军需供给，减轻老百姓的负担。例如：建兴五年（227），诸葛亮屯军汉中以后，就命吕乂为汉中太守“兼领督农，供给军食”。又令杨仪在汉中“规划分布，筹度粮谷”。建兴六年（228）春天，第一次北伐曹魏让赵云、邓芝为疑军出斜谷时，首先“令赵云、邓芝在赤崖屯田”，以补充军需供给。

根据几次北伐曹魏都因为“军粮不济”而不得不退军的实际情况，诸葛亮于建兴十年至十一年（232—233）在汉中“休士劝农于黄沙”，让军队和当地老百姓一起兴修水利，开拓农田，发展农业生产，多渠道扩展种植与养殖业，力求达到丰衣足食，自给自足。所以，北魏地理学家郦道元《水经注·沔水》第二十七卷记载说：“黄沙屯，诸葛亮所开也。”

建兴十二年（234），诸葛亮第五次北伐曹魏屯军五丈原的百余日与司马懿对于渭南期间，他也“每患粮不继，使己志不申，是以分兵屯田，为久驻之基。耕者杂于渭滨居民之间，而百姓安堵，军无私焉”。

【释】诸葛亮惦记着他发明训练军队的八阵图，当初为刘备制定《隆中对策》，又亲自率军南征平叛进行五次北伐曹魏，令后人共同仰慕他神灵传承下来的用兵谋略；

诸葛亮看到了三足鼎立局面，他出使东吴实现东面联合孙权，北面抵抗曹魏，经常保持谨慎态度鼓励臣下因地制宜进行农耕生产解决军需减轻了老百姓负担。

地有千秋，南来寻丞相祠堂，一样大名垂宇宙；
桥通万里，东去问襄阳耆旧，几人相忆在江楼。

福建侯官沈葆桢题书。

沈葆桢（1820—1879），原名沈振宗，字幼丹、翰宇，福建侯官（今福建省福州市）人，道光二十七年（1847）进士，庶吉士，授翰林院编修。历任江南道监察御史、贵州道监察御史、江西九江知府、江西广信（今江西省上饶市）知府、赣南道道台、江西巡抚、福建船政大臣、钦差大臣、两江总督兼南洋通商大臣。主要业绩是创办南洋海军，建设了台湾。

【注】地有千秋：此指成都这个地方已经有数千年的历史了。

南来寻丞相祠堂：此指作者从南面来寻找武侯祠凭吊诸葛武侯。

一样大名垂宇宙：诸葛亮的功德业绩与影响同历史上英烈先贤一样誉满千秋，名扬天下。

桥通万里：此指成都市南门大桥——万里桥。此桥既是古代成都水陆交通重要起点站，又是一大名胜古迹，历史记载颇多，文人吟唱也不绝于书。

建兴三年（225），诸葛亮为恢复被刘备讨伐东吴而破坏了的孙刘联盟，派遣费祎为昭信校尉出使东吴以再次通好，在此桥设宴送费祎。当时费祎感叹地说："万里之行，始于此桥。""万里桥"由此而得名。

东去问襄阳耆旧：到东面去询问襄阳年高望重的老人。耆旧：语出《汉书·萧育传》："上以育耆旧名臣，乃以三公使车，载育入殿中受策。"此指德高望重的老人。例如：杜甫《忆昔》诗有"伤心不忍问耆旧，复恐初从乱离说"之句。

几人相忆在江楼：语出唐代罗邺的《雁二首》诗歌："暮天新雁起汀洲，红蓼花开水国愁。想得故园今夜月，几人相忆在江楼。"

意思是，还能有几个德高望重的老人能一起追忆当年在这里发生的事情。

【释】成都这个地方已有数千年历史了，我从南面来寻找凭吊诸葛丞相祠堂，他的功德业绩与影响同历史上的先贤一样誉满天下；

成都万里桥通向万里之外的东吴，去东面襄阳询问那些德高望重的老人，还有几个人能够追忆当年在这里发生的事情。

曰宫、曰殿、曰幸且曰崩，诗史留题，千古犹存正统；
书吴、书魏、书汉不书蜀，纯儒特笔，三分岂是偏安。

嘉庆庚辰（1820）仲春（二月），四川总督襄平蒋攸銛题书。

蒋攸銛（xiān），字砺堂，襄平（今辽宁省沈阳市）人，嘉庆二十年（1817）出任四川总督，道光二年（1822）出任刑部尚书，其余不详。

【注】曰宫、曰殿、曰幸且曰崩，诗史留题，千古犹存正统：是指唐代著名诗人杜甫《咏怀古迹》之四诗句："蜀主窥吴幸三峡，崩年亦在永安宫。翠华想像空山里，玉殿虚无野寺中。古庙杉松巢水鹤，岁时伏腊走村翁。武侯祠堂常邻近，一体君臣祭祀同。"

这首诗歌其中的"宫""殿""幸""崩"都是对帝王的专用词语，杜甫诗句提示表明了对刘备这个帝王的认可与尊重，千百年来都将蜀汉视为正统。

书吴、书魏、书汉不书蜀，纯儒特笔，三分岂是偏安：是说《三国志》之中分别将魏、蜀、吴三国列为《吴书》《魏书》《蜀书》，刘备建国为"汉"，所以书中的文字称"汉"而不是称"蜀"。这种纯粹儒者的特殊文笔表述，说明三国鼎立之后并不是“蜀汉”的汉家江山偏安益州一隅。

【释】唐代诗人杜甫《咏怀古迹》之四诗句中宫殿幸崩都是对帝王的专用词语，诗句提示表明了对刘备的认可尊重，千百年来都将蜀汉视为正统；

陈寿《三国志》将魏蜀吴三国列为吴书魏书刘备建国为汉书中称汉而不是蜀，这种特殊文笔的表述说明三国鼎立并不是蜀汉偏安益州一隅。

出师表、诫子书已承孔孟渊源，迥异儒生空讲学；
梁甫吟、隆中对诚抱伊姜道德，宁同逸士仅鸣高。

冯煦题书。

冯煦（1842—1927），原名冯熙，字梦华，号蒿庵、蒿叟、蒿隐，今江苏省金坛市人。光绪十二年（1886）进士，授翰林院编修，历任安徽凤阳知府、四川按察使、安徽巡抚。辛亥革命后寓居上海，创立义赈协会，承办江淮赈务，参与纂修《江南通志》，著有《蒿庵类稿》《续稿》《随笔》《奏议》《杂俎》《宋六十一家词选》《从稿》《蒙香室词集》等。

【注】出师表、诫子书已承孔孟渊源，迥异儒生空讲学：此指诸葛亮前后《出师表》与《诫子书》早已继承了孔子、孟子儒家学说的思想源流，与其相差很远的儒家学说都属于空谈。迥异：相差很远。儒生：儒家学说的读书人。

梁甫吟、隆中对诚抱伊姜道德，宁同逸士仅鸣高：诸葛亮吟诵的《梁甫吟》和为刘备三顾茅庐出谋划策的《隆中对》包含商朝辅佐贤相伊尹和西周的辅佐贤相姜尚的道德关念，若是遇不到明主宁愿自鸣清高隐居山林做隐士。鸣高：自鸣清高。

【释】《出师表》与《诫子书》早已继承了孔子与孟子儒家学说的思想源流，与其相差很远的儒家学说都属于空谈；

《梁甫吟》和《隆中对》包含商朝贤相伊尹和西周贤相姜尚的道德关念，遇不到明主宁愿自鸣清高做隐士。

此老不攻画，不善书，不经杂詩，压倒蜀吴魏中几多伪士；
其人可托孤，可寄命，可临大节，说来夏商周后一个纯臣。

冯煦题书。生平事迹见前。

【注】此老不攻画，不善书，不经杂詩，压倒蜀吴魏中几多伪士：诸葛亮从来不学习绘画，不善练习书法，不杂乱地赋诗，专心隐居躬耕，博览群书，广交名人志士，满腹经纶，有王佐之才，未出茅庐已成远近驰名人物，压倒了魏蜀吴三国之中诸多号称学识渊博的人士。

其人可托孤，可寄命，可临大节，说来夏商周后一个纯臣：诸葛亮这个人是可托孤受命，可委以重任，可在面临艰难困苦时敢于担当的人物，说起来自夏、商、周三代后，只出现了诸葛亮一个具有聪明才智、忠君爱国、勤政廉洁而又能"鞠躬尽瘁，死而后已"的忠纯笃实之臣。大节：语出《论语·泰伯》："临大节而不可夺也。"三国时期魏明帝曹叡吏部尚书何晏（？—249）集解曰："大节，安国家，定社稷。"此指关系存亡安危的大事。

【释】诸葛亮从不学习绘画，不善习书法，不杂乱赋诗，他博览群书满腹经纶还未出茅庐就已远近驰名压倒了三国之中诸多号称学识渊博的人士；

诸葛亮这人可托孤受命，可委以重任，是能够在存亡安危之时敢于担当的人物，说起来自夏商周三代后还只出现了这样一个忠纯笃实之臣。

誓欲龙骧虎视，以扫荡中原，惊风雨，泣鬼神，前出师表，后出师表；

当时天崩地裂，求缵承正统，失萧曹，见伊吕，西汉功臣，东汉功臣。

陈桐阶题书。

陈桐阶，本名陈逢元，字桐阶，湖南大庸县（今湖南省张家界）人，清末出任四川道员（亦称道台，总督的属官），诸多名胜古迹多有他题书的楹联，尤以土地庙最多，其余不详。

【注】誓欲龙骧虎视，以扫荡中原，惊风雨，泣鬼神，前出师表，后出师表：意思是，为了"北定中原，庶竭驽钝，攘除奸凶，兴复汉室，还于旧都"，诸葛亮要求亲自率领大军气概威武地誓死北伐曹魏，其忠君爱国情怀惊天地、泣鬼神，为此，他上了前、后《出师表》。龙骧虎视：语出东汉献帝右丞相潘勖（？—215）的《册魏公九锡文》："君龙骧虎视，折冲四海。"像龙马高昂着头，像老虎注视着猎物。形容人的气概威武，也比喻雄才大略。例如：《三国志·蜀书·诸葛亮传》注引陈寿《进诸葛亮集表》也说："当此之时，亮之素志，进欲龙骧虎视，苞括四海。"此指诸葛亮北伐曹魏气概威武。

当时天崩地裂，求缵承正统：诸葛亮辅佐刘备、刘禅父子往往是在发生惊天动地紧要关头挺身而出建功立业的，目的是求得继承汉家江山的正统。例如：建安十三年（218），荆州牧刘表病死，14岁幼子刘琮继位后就举荆州投降曹操，曹操遂率几十万大军开赴荆州，欲先灭掉势力单薄而依附刘表的刘备，然后再攻取东吴孙权。所以，刘备被曹操追赶得弃襄阳、奔樊城、败当阳、走夏口。在此关键时刻，诸葛亮主动请缨出使东吴说服孙权与刘备联手，形成孙刘联军共同抗曹局面，在赤壁之战中大败曹操，不但使刘备转危为安，而且还占领了荆州四郡，有了立足之地与发展空间。正因为如此，诸葛亮在《出师表》中说："受任于败军之际，奉命于危难之间，尔来二十有一年矣。"

再例如：建安十八年（213），刘备取益州攻打成都屡屡受挫的情况下，是诸葛亮从荆州率军支援而成功；建安二十四年（219），刘备与曹操争夺汉中，是诸葛亮为其运筹帷幄，同时派遣军队支援才一举成功，刘备因此在汉中"设坛称汉中王"，为建立蜀汉政权奠定了坚实基础。

失萧曹，见伊吕，西汉功臣，东汉功臣：章武三年（223），刘备在白帝城病死，临终前向诸葛亮托孤受命，全权辅佐17岁的后主刘禅继承蜀汉帝业。可是，孙刘联盟共同抗曹的统一战线被刘备讨伐东吴为关羽报仇而彻底破坏，西南地区少数民族又接二连三叛乱，蜀汉国力十分薄弱，加之内忧外患，堪称天崩地裂。这时候，诸葛亮为维护蜀汉国家的正统地位，一方面内修政理保境安民，同时还迅速与孙权恢复结盟，另一方面亲自率大军南征平叛安定后方，紧接着又五次北伐曹魏不遗余力，最后病死在五丈原军中。正因为如此，诸葛亮的功德业绩可使西汉时期辅佐功臣萧何、曹参黯然失色，在诸葛亮身上体现出商朝辅佐贤相伊尹与西周辅佐贤相吕望的才能，所以说诸葛亮堪称西汉功臣，也是东汉功臣，使汉家正统江山在十分艰难困苦的情况下又得到了延续。天崩地裂：语出《战国策·赵策三》："天崩地坼，天子下席。"形容天塌地陷般的重大事件。求：追求、求的是、为了。缵（zuǎn）：继承的意思。承正统：继承正统的意思。

【释】诸葛亮誓死要北定中原兴复汉室气概威武，率领大军北伐曹魏，其忠君爱国情怀惊天地，泣鬼神，体现在前《出师表》后《出师表》之中；

当时蜀汉在发生重大事件前提下，诸葛亮为继承汉家正统挺身而出，他的功德使萧何曹参失色，可比伊尹吕望才能，堪称西汉功臣，东汉功臣。

一生唯谨慎，七擒南渡，六出北征，何期五丈崩摧，九代志能遵教受；

十倍荷褒荣，八阵名成，两川福被，所合四方精锐，三分功定属元勋。

题书者不详。

【注】一生唯谨慎：此指诸葛亮一生做事情唯有谨慎小心。

七擒南渡：此指诸葛亮建兴三年（225）五月，亲率大军南渡泸水进行南征平叛，采取了"攻心为上，攻城为下；心战为上，兵战为下"的怀柔策略而"七纵七擒孟获"，使得西南地区安宁。

六出北征：此指诸葛亮为了"北定中原，兴复汉室"而先后进行五次北伐曹魏军事战争活动，《三国演义》称为"六出祁山"。

何期五丈崩摧：没有想到诸葛亮病死在第五次北伐曹魏的五丈原军中。何期：没有想到。崩摧：此指诸葛亮病死。

九代志能遵教受：很多代以后诸葛亮的思想品德与志向都能够受到后世人的尊崇敬仰。九代：语出南朝宋颜延之（384—456）的《请立浑天仪表》："七晷运变，无匪康时；九代贞观，不绝司历。"很多代以后的意思。志：思想与志向。遵教受：此指尊崇敬仰受教育。

十倍荷褒荣：指刘备在白帝城托孤时对诸葛亮说"君才十倍曹丕，必能安国，终定大事"。这种说法，是承蒙恩惠的褒奖荣称。荷：语出东汉史学家张衡（78—139）编著的《东京赋》："荷天下之重任。"承蒙的意思。

八阵名成：是说诸葛亮根据《易经》推演训练军队的"八阵图"已经成名。

两川福被：诸葛亮在治理蜀汉国家期间，曾治水兴农发展生产，勤政为民，使得西川、东川老百姓都感受到了恩惠。

所合四方精锐：集中四面八方的精锐力量。

三分功定属元勋：三国鼎立功劳属于诸葛亮。元勋：语出《三国志·魏书·高柔传》："逮至汉初，萧曹之俦并以元勋代作心膂。"此指有极大功绩的人。

【释】诸葛亮一生做事唯有谨慎小心，他曾南征平叛七擒孟获南渡泸水，为北定中原兴复汉室五次北伐曹魏，没想到病死五丈原军中，很多代后他的思想品德与志向受到后世人尊崇敬仰；

刘备托孤时说君才十倍曹丕必能安国这是承蒙恩惠的褒奖荣称，推演"八阵图"已成名，治水兴农发展生产使西川东川百姓受到恩惠，集四面八方力量，促成三国鼎立功劳属于诸葛亮。

三国志犹存，文同谟诰，功比伊周，龙骧虎步，跆藉中原。如此奇才，从异代表扬，订坠拾遗，知心幸有陈承祚；

千秋人几个，布衣躬耕，时艰手定，鹗顾鹰瞵，不可一世。何物老子，溯我朝勋旧，搜仇索耦，众口争传左季高。

万慎子题书。

万慎子（1856—1923），原名万人敌，字斐成，号慎子，四川省泸州市人，道光壬午（1822）举人。清末历任翰林院孔目、咨政院议员、安岳凤山书院山长、泸州中学堂堂长。民国年间，任铜梁县知事、四川咨政院议员、泸州修志局总纂。曾参加了朱德组织的"振华诗社"。著有《南昌旅次怀人诗》《山憨山房文集》《叙永永宁厅县合志》，收藏于美国哈佛大学图书馆。

【注】三国志犹存：陈寿所著的《三国志》依然存在。

文同谟诰：是说《三国志》的文章体例与《尚书》相同。谟诰：语出《旧唐书·文苑传中·齐澣》："论驳书诏，润色王言，皆以古义谟诰为准的。侍中宋璟，中书侍郎苏颋并重之。"谟与诰，是《尚书》的文体名。其中，《谟》是计划、谋略。《诰》是古代帝王对臣子的命令。

功比伊周：诸葛亮功德业绩可与商朝贤相伊尹和西周辅佐贤臣吕望相媲美。

龙骧虎步：语出东汉献帝右丞相潘勖（？—215）的《册魏公九锡文》："君龙骧虎视，折冲四海。"像龙马那样高昂着头，像老虎那样注视着猎物。形容人的气概威武，也比喻雄才大略。例如：《三国志·魏书·陈琳传》亦有"今将军总皇威，握兵要，龙骧虎步，高下在心以此行事，无异于鼓洪炉以燎毛发"之说。再如：《三国志·蜀书·诸葛亮传》注引陈寿《进诸葛亮集表》也说："当此之时，亮之素志，进欲龙骧虎视，苞括四海。"此指诸葛亮率军北伐曹魏气概威武。

跆藉：语出《汉书·天文志》："因以张楚并兴，兵相跆藉，秦遂以亡。"践踏的意思。例如：南宋文学家洪迈（1123—1202）的《容斋续笔·诗文当句对》亦有"貔兕作威，风云动色，乘其跆藉，取彼鲸鲵，自卯及酉，来拒复攻"之说。

跆藉中原：此指诸葛亮北伐曹魏攻打关中地区。

如此奇才，从异代表扬：像诸葛亮这样的"天下奇才"被历朝历代进行褒扬。

订坠拾遗：此指对事迹、遗文进行考证补遗。

知心幸有陈承祚：意思是，我们知道《三国志》作者陈寿是心甘情愿有目的地将诸葛亮的功德业绩呈现给后世人。承祚：陈寿字承祚。

千秋人几个：像诸葛亮这样的人几千年来有几个。

布衣躬耕：语出诸葛亮前《出师表》："臣本布衣，躬耕于南阳。"布衣：此指平民百姓。

时艰手定：此指诸葛亮在当时军阀割据纷争天下大乱的艰难情况下，能够挺身而出亲自为先主刘备与后主刘禅运筹帷幄排忧解难，稳定蜀汉政权。

鹗顾鹰瞵：亦称鹰瞵鹗视。语出西晋文学家左思（250—305）的《吴都赋》："狂趭犷猤，鹰瞵鹗视。"鹰、鹗：是两种猛禽。瞵：眼光。形容睁大眼睛四面环顾，用凶狠的目光盯视着。

不可一世：语出北宋文学家罗大经（1196—1252）的《鹤林玉露·荆公见濂溪》卷一五："荆公少年，不可一世士，独怀刺侯，濂溪三及门而三辞焉。"形容人自命不凡，目中无人。此指诸葛亮在当时还没有一个人能比得上。

何物老子：什么样的人才是老子那样具有声誉极高的人。何物：什么东西、什么人。老子：春秋时期的思想家，姓李，名耳，字伯阳，著有《道德经》一书，是后来道家学派的经典著作，被视为宗师，有极高的名望。唐朝被追认为李姓始祖，后来被列为世界文化名人。

溯我朝勋旧：此指追溯我清朝有功勋的元老旧臣。

搜仇索耦：搜索一下可以和诸葛亮相匹配的偶像。仇（qióu）：匹配的意思。耦：同偶，偶像，相比较。

众口争传左季高：大家异口同声地争相宣传左宗棠。

左宗棠（1812—1885），字季高，号湘上农人，湖南省湘阴县人。清朝晚期著名军事家、政治家，湘军将领，洋务派首领，官至东阁大学士、军机大臣，封二等恪靖侯。左宗棠一生中尊崇敬仰诸葛亮，处处向诸葛亮学习，因此，他自称是“老亮”，真正做到了“心忧天下”，以至“事功盖世”。所以，梁启超曾经评价他是“五百年以来的第一伟人”。

【释】《三国志》依然存在，文章体例与《尚书》相同，诸葛亮功德业绩可与商朝贤相伊尹和西周辅佐贤臣吕望相媲美，他威武雄壮，北伐曹魏践踏关中，像诸葛亮这样的天下奇才，被历朝历代进行褒扬，对他的事迹遗文进行考证补遗，知道是陈寿心甘情愿有目的将诸葛亮功德业绩呈现给后世人；

诸葛亮这样的人几千年有几个？他隐居躬耕，在军阀纷争天下大乱情况下能够为刘备刘禅排忧解难，像猛禽鹗鹰一样睁大眼睛四面环顾分析形势，没有一个人能比得上，什么样的人才会像老子那样声誉极高？追溯清朝有功旧臣，搜索和诸葛亮相匹配的偶像，大家异口同声地争相宣传左宗棠。

闲时抱膝，梁甫成吟，吴宫魏阙半消磨，眷念真王，九州牵有先皇帝；

尽瘁鞠躬，佳儿足继，裴注陈书多刺谬，凭谁假托，两表常疑后出师。

万慎子题书，生平事迹见前。

【注】闲时抱膝，梁甫成吟：诸葛亮在隆中隐居躬耕期间，有空闲的时候就经常抱膝长吟家乡的汉乐府《梁甫吟》，以寄托情怀。

据《三国志·蜀书·诸葛亮传》记载说：“亮躬耕陇亩，好为梁甫吟。”

裴松之注引《魏略》也记载说：“亮每晨夜从容，常抱膝长吟。”

梁甫吟：亦作“梁父吟”，汉乐府曲名。梁甫，即梁父山名，在泰山下。《梁甫吟》讲述的是春秋时期齐国名相晏婴“二桃杀三士”的故事，言人死葬此山的概况，为当地的丧葬歌。

诸葛亮喜欢《梁甫吟》的原因，主要是对家乡怀念，亦是对齐国名相晏婴为国家安危而运筹帷幄高超计谋的赞许。所以，诸葛亮经常抱膝吟诵《梁甫吟》，借以寄托情怀。正因为如此，在襄阳古隆中有“梁父岩”，在三顾堂前面100米处，历史上还修建有“抱膝亭”以示纪念，至今仍存，是隆中的旅游景点之一。

吴宫魏阙半消磨：意思是说，诸葛亮当初在到底是出山辅佐东吴孙权还是曹操的问题上还是费了一番心思琢磨的。

眷念：语出西晋文学家束皙（264—303）的《补亡诗·南陔》：“眷恋庭闱，心不遑安。”此指眷恋、想念、思念、盼望的意思。

真王：真正的贤明君王。

眷念真王：此指诸葛亮盼望自己能够辅佐真正的贤明君王。

九州：《尚书·禹贡》分中华大地为冀、兖、豫、荆、扬、徐、青、梁、雍九个州行政区划，后来泛指天下、全中国。例如：《楚辞·离骚》有：“思九州之博大兮，岂惟是其有女”之说。

九州牵有先皇帝：华夏人都牵挂还有刘备这样一个蜀汉先主皇帝。

尽瘁鞠躬：此指诸葛亮在《出师表》中说到的“鞠躬尽瘁，死而后已”。

佳儿足继：是说诸葛亮的儿子诸葛瞻、孙子诸葛尚为了国家而双双战死在绵竹，其壮烈之举足以继承诸葛亮“鞠躬尽瘁，死而后已”的遗志。

裴注陈书多刺谬：意思是说，南朝宋著名史学家裴松之为《三国志》作注时，对陈寿在《三国志》中的谬误进行了纠错与评价。

刺谬：语出西汉史学家司马迁（公元前145—公元前90）的《报任安书》：“今少卿乃教以推贤进士，无乃与仆私心刺谬乎。”违背的意思。例如：明代文学家谢肇淛的《五杂俎·天部一》有“议论纷拏，各有刺谬”之说。

凭谁假托，两表常疑后出师：此二句是说，任凭是谁冒名顶替出现的诸葛亮后《出师表》，在前、后两个《出师表》中，后世经常有人怀疑后《出师表》的真实性。

【释】诸葛亮在隐居躬耕期间有空闲就经常抱膝，长吟家乡汉乐府《梁甫吟》以寄托情怀，在到底是出山辅佐东吴孙权还是曹操的问题上费了一番心思琢磨，盼望自己能辅佐贤明君主，华夏人都牵挂还有刘备这样一个蜀汉先主皇帝；

诸葛亮《出师表》说要鞠躬尽瘁死而后已，儿子诸葛瞻孙子诸葛尚战死绵竹其壮烈之举足以继承遗志，裴松之为陈寿《三国志》作注时对多处谬误进行纠错评价，任凭谁冒名顶替，两个《出师表》中后《出师表》是被怀疑的。

第七章
四川省境内的其他武侯祠

诸葛亮自建安十八年（213）从荆州率军协助刘备夺取成都后，就“以亮为军师将军，署左将军府事。先主外出，亮常镇守成都，足食足兵”。从此后，诸葛亮基本上就在益州活动。

建安二十四年（219），诸葛亮为刘备出谋划策，派遣黄忠、赵云、法正等将士协助刘备与曹操争夺益州北大门汉中，最终大败曹军，促使刘备在定军山下设坛“称汉中王”，为后来在成都建立蜀汉国家奠定了坚实基础。

章武元年（221），刘备称帝后诸葛亮为“丞相尚书事，假节。张飞卒后，领司隶校尉”。章武三年（223），刘备在白帝城托孤授命后，诸葛亮就开始以“相父”身份而“摄一国政事”，全权辅佐后主刘禅。“建兴元年，封亮武乡侯，开府治事。顷之，又领益州牧，政事无巨细，咸决于亮”。直到建兴五年（227），诸葛亮为了兴复汉室而北伐曹魏，才离开成都，在汉中定军山下屯军八年，建兴十二年（234）八月病死在第五次北伐曹魏的五丈原军中，临终前还遗命归葬于汉中的定军山下。算起来诸葛亮在益州境内活动了22年，在此期间，他一直在为先主刘备与后主刘禅鞍前马后地效力，安邦济民、建章立制、兴修水利、发展生产、训练士卒、整军备战、南征平叛、北伐曹魏。

诸葛亮上述一系列活动，造福益州人民，在老百姓心目中世世代代留下深刻印象，所以，他们尊崇敬仰诸葛亮，堪称顶礼膜拜。除成都武侯祠外，在四川省境内，后世人在他活动过的地方修建纪念祠庙，千秋供奉。特别是，在纪念其他蜀汉英雄人物祠庙中，也为诸葛亮塑像立牌位以示纪念。例如：

1. 绵竹市诸葛双忠祠匾额 6 方、楹联 8 副

诸葛双忠祠，在四川省德阳市所辖绵竹市西门，三国蜀汉景耀六年（263）秋天，魏国三路大军灭蜀汉时，诸葛亮唯一的儿子诸葛瞻与孙子诸葛尚不愿接受曹魏征西将军邓艾诱降而斩杀曹魏使者，父子为国家双双战死捐躯，这里有诸葛瞻父子墓葬与纪念祠，门额高悬“诸葛双忠祠”匾额，山门两侧分别有“忠”“孝”两个大字，彰显诸葛瞻父子的英魂。

绵竹县，西汉高祖六年（公元前 201）设置，属广汉郡，历代因之。1996 年，国务院批准设立绵竹市，由德阳市管辖，面积 1245.3 平方公里，辖 20 镇 1 乡，人口 50.5 万。

据《三国志 · 蜀书 · 诸葛亮传》附诸葛瞻传记载说：“瞻字思远。建兴十二年，亮出武功，与瑾书曰：瞻今已八岁，聪慧可爱，嫌其早成，恐不为重器耳。年十七尚公主，拜骑都尉。其明年为羽林中郎将，屡迁射声校尉、侍中、尚书仆射，加军师将军。瞻工书画，强识念，蜀人追思亮，咸爱其才敏。每朝廷有一善政佳事，虽非瞻所建倡，百姓皆传相告曰：葛侯之所为也，是以美声溢誉，有过其实。景耀四年，为行都护卫将军，与辅国大将军南乡侯董厥并平尚书事。六年冬，魏征西将军邓艾伐蜀，自阴平由景谷道旁入。瞻督诸军至涪停住，前锋破，退还住绵竹。艾遣书诱瞻曰：若降者，必表为琅琊王。瞻怒斩艾使，遂战，大败临阵死，时年三十七，众皆离散，艾长驱至成都。瞻长子尚，与瞻俱没。次子京及攀子显等，咸熙元年内移河东。”

诸葛瞻是诸葛亮唯一的儿子，出生于建兴五年（227）七月，在此以前，诸葛亮没有儿子，只好求哥哥诸葛瑾将次子诸葛乔收为义子，视为己出，“拜

为驸马都尉，年二十五随亮至汉中”。建兴六年（228）春，第一次北伐曹魏时，诸葛亮令诸葛乔率六百子弟兵给斜谷为疑军的赵云、邓芝运输粮草时，死在了褒斜道之中，诸葛亮十分悲痛。

诸葛亮37岁的儿子诸葛瞻，也在景耀六年（263）冬与他年仅19岁的儿子诸葛尚双双战死在绵竹，堪称一门三世忠烈，留下千古美名，让后世人哀叹而尊崇敬仰。

《三国演义》第一百十七回“邓士载偷渡阴平，诸葛瞻战死绵竹”中，对诸葛瞻父子的忠君爱国视死如归而英勇不屈双双战死的事迹有详细的描述。

正因为如此，为了纪念诸葛瞻与诸葛尚父子忠烈报国的英雄事迹，后世人在他们的墓前修建了“双忠祠”以示永久怀念。

据《绵竹县志》记载，清乾隆三年（1738），知县安洪德在诸葛瞻父子墓前修建了双忠祠，有忠孝门、拜殿、过厅、正殿、启圣殿、西庑、东厢、官舍、客堂等。从此以后，在清代数百年里，历代县令到绵竹上任都要凭吊诸葛双忠祠，对该祠呵护有加。由于历来是官府拨款、县民捐钱，不断进行修缮，才使“双忠祠”成为当地著名古迹名胜而影响深远。例如：乾隆年间的翰林院编修李调元（1734—1803）诗歌有“十日绵竹县，九日诸葛祠”的赞叹之句，说明“双忠祠”在当地人们心中寓意深远，世世代代不可忘怀。所以，绵竹历来就有“忠诚孝子纲常地”美誉，“双忠祠”也成为四川省重要的三国蜀汉历史文化遗迹之一。

道光七年（1827），“双忠祠”又修建了拜殿，高二丈四尺，广二丈六尺，歇山式屋顶。保留下来的还有乾隆初年知县安洪德所撰写的《新建诸葛都护父子墓祠记》木刻屏一面，以及厢房墙壁上镶嵌的名人题诗碑刻六通。

咸丰二年（1852），又增建了武侯殿。同治八年（1869），重修了正殿及两廊。光绪七年（1881），重刻了墓碑。光绪三十三年（1907），又再次重修了山门，扩建了祠宇。从此后，“双忠祠”几乎每隔二十多年就要维修或者是扩建一次，形成了现在的格局。

1985年，绵竹诸葛双忠祠被德阳市人民政府公布为“重点文物保护单位”。1995年，绵竹县被命名为“四川省历史文化名城”。2012年8月，又被公布为四川省重点文物保护单位。

2008年5·12汶川大地震中，双忠祠遭到巨大损坏，负责对口援建的江苏省江阴市斥资1200万元，按照原地保护、原貌恢复、坚持真实性的原则，对双忠祠进行了重建。

现存的诸葛双忠祠，占地面积14520平方米。临街建有乐楼、山门、牌坊，门额上方有“诸葛双忠祠”，院内有对称的钟楼和鼓楼，建筑规模可观，碑刻、匾联比比皆是。

山门两侧的楹联是“春秋祭祀秾双漠；父子忠魂归一抔”，题书者不详。

山门进去是正殿，门口有清代末年戊戌六君子之一杨锐兄长杨聪所题书的楹联，内容是：“想当年，国事垂危，臣主战，君主降，止争得尽瘁成仁，碧血尚留刘氏土；信名士，忠风无忝，父死忠，子死孝，问同是捐躯赴难，青磷谁识邓家坟。”

殿前的“汉室忠烈”匾额，是张爱萍将军所题书。

其后的“魂壮绵竹关”匾额，是我国著名戏剧作家曹禺所题书。

殿内楹联是：“三代持良，仁人志士勇将；一家殉难，忠臣孝子贤孙。”

“诸葛一门惟忠孝；蜀汉五将共烝尝。”

“三国君臣独成正统；一门父子共箸精忠。”

“父子共捐躯，时见啼鹃悲壮志；洛绵遗古冢，每闻谒客吊忠魂。”

以上题书者皆不详。

正殿后面，有歇山式五开间启圣殿，始建于乾隆三年（1738），檐下匾额三方，分别是“松柏气节”“启圣殿”“崇贤敬德”，题书者不详。

门柱上有楹联两副，内容分别是：“一门三世英风挺；万古双忠大节标。”

“满门忠烈酬三顾；百载功勋对两朝。”题书者皆不详。

殿中彩塑有诸葛亮与黄月英夫妇的坐式塑像，坐像上方悬挂有“气肃千秋”匾额，题书者不详。

除此以外，还有西庑、东西厢房、

客堂、宿舍。

殿后面诸葛瞻父子墓巍然耸峙，绿树掩映，芳草萋萋，巨型石碑立于墓前，高 4.6 米，宽 0.77 米。墓前的墓碑为康熙六十一年（1722）所刻立，上书“后汉行都护卫将军平尚书事诸葛瞻子尚之墓”。游人至此，莫不怀古钦英，思念先贤而肃然起敬。

墓周长 30 米，封土高 3 米，周嵌石栏，琴剑博古图案，雕刻精巧。墓旁两侧各有一株已逾百年的铁甲古松，鳞甲斑驳，夭矫如龙，叶片似剑，宛如两个披甲执剑武士护卫着忠魂。

在成都武侯祠殿壁，有清代安岳令洪成鼎所题《乾隆壬辰秋月过绵竹吊诸葛都尉父子双忠祠》诗碑记载说：“国破难将一战收，致使疆场壮千秋。相门父子全忠孝，不愧先贤忠武侯。”

绵竹双忠祠的前人题咏诗碑也很多，这些题咏都将诸葛亮子孙联系一起，歌颂他们的“三世忠贞”，始终是中华民族世世代代学习效法的榜样。

诸葛双忠祠

题书者不详。

【注】诸葛双忠：诸葛瞻与儿子诸葛尚在景耀六年秋，为了抵抗魏国前来灭蜀的大军而双双战死不降，体现了忠君爱国的精神，被后世誉为父子双忠。

祠：纪念祖宗、先贤、英烈、名士、神仙的祠堂。

【释】纪念诸葛瞻与诸葛尚父子双忠的祠堂。

汉室忠烈

张爱萍题书。

张爱萍（1910—2003），四川省达州市人，曾是中共第八届中央候补委员，第十一、十二届中央委员，中共中央顾问委员会常务委员，第五届全国人民代表大会常务委员会委员，第一、二、三届国防委员会委员。1955 年被授予中国人民解放军上将军衔，曾获一级八一勋章、一级独立自由勋章、一级解放勋章、一级红星功勋荣誉章。

【注】汉室：语出西汉武帝谏大夫孔安国（公元前 156—公元前 74）的《尚

书序》："汉室龙兴，开设学校，旁求儒雅。"此指西汉王朝与东汉王朝以及蜀汉国家的刘姓江山帝业。例如：诸葛亮前《出师表》有"汉室之隆，可计日而待也"之说。此指蜀汉帝业。

忠烈：语出《晋书·忠义传·曲允》："允发愤自杀，聪嘉其忠烈，赠车骑将军，谥节愍侯。"忠义壮烈，指为国家或人民无限忠诚而牺牲生命。例如：《隋书·诚节传·张季珣》有"季珣家素忠烈，兄弟俱死国难，论者贤之"之说。

此指诸葛亮与儿子诸葛瞻（227—263）、孙子诸葛尚（244—263），为蜀汉帝业忠义壮烈。

蜀汉景耀六年（263）十一月，魏国征西将军邓艾偷渡阴平进入益州，欲灭蜀汉，受到诸葛瞻与儿子诸葛尚等在绵竹县的顽强抵抗，邓艾派遣使者诱降诸葛瞻父子，被诸葛瞻果断斩杀决然与魏军交战，由于寡不敌众，父子双双战死，诸葛瞻死年 37 岁，诸葛尚死年 19 岁。绵竹是诸葛瞻父子为国捐躯的地方，后人修建"双忠祠"以示纪念，有诸葛亮、诸葛瞻、诸葛尚三代人的塑像。

【释】诸葛亮与儿子诸葛瞻孙子诸葛尚为蜀汉王室献身忠义壮烈。

魂壮绵竹关

曹禺题书。

曹禺（1910—1996），祖籍湖北潜江县，出生于天津市，原名万家宝，字小石，1933 年毕业于清华大学外文系，就职清华研究院专业从事戏剧研究，是中国现代杰出的戏剧家，著有《雷雨》《日出》《原野》《北京人》等著名作品传世。

【注】魂：语出《左传·昭公七年》："人生始化为魄，既生魄，阳曰魂。"灵魂的意思。此指诸葛瞻、诸葛尚战死在绵竹关的英魂。

壮：壮烈的意思。

绵竹关：语出《三国演义》第一百十七回"邓士载偷渡阴平，诸葛瞻战死绵竹"，是当时的名关之一，地址在绵竹县鹿头山，即今德阳市旌阳区黄许镇。绵竹关控扼川陕古道，地势雄峻易守难攻。景耀六年（263）秋，诸葛瞻父子在此抵御曹魏的灭蜀大军而双双战死。

【释】诸葛瞻与诸葛尚父子双双战死在绵竹关的壮烈英魂永远存在。

松柏气节

题书者不详。

【注】松柏气节：语出《论语·子罕》："岁寒，然后知松柏之后凋也。经过严寒，方知松柏长青。"比喻人的高风亮节。

此指诸葛亮与儿子诸葛瞻、孙子诸葛尚的忠君爱国高风亮节。

【释】诸葛亮与儿子诸葛瞻孙子诸葛尚具有忠君爱国的高风亮节。

启圣殿

题书者不详。

【注】启圣：语出西晋文学家刘琨（271—318）的《劝进表》："或多难以固邦国，或殷忧以启圣明殿。"意思是，启发圣人智慧。

殿：殿宇。

在山东省曲阜市的孔庙以及山东省邹城市孟子庙宇之中，都有启发感应圣人智慧的"启圣殿"。

【释】启发感应圣人智慧的殿宇。

崇贤敬德

题书者不详。

【注】崇贤敬德：意思是，要尊崇敬仰贤能人士的高尚道德品质。所以，文化圣人孔子在《论语·里仁》中说："见贤思齐焉，见不贤而内自省也。"

【释】要尊崇敬仰贤能人士的高尚道德品质。

一门三世英风挺；
万古双忠大节标。

题书者不详。

【注】一门三世：此指诸葛亮与儿子诸葛瞻、孙子诸葛尚一家三代人。

英风：语出三国曹魏步兵校尉、竹林七贤之一阮籍（210—263）的《咏怀》诗歌之四七："英风截云霓，超世发奇声。"此指高尚的风格和气节。

挺：突出的意思。

万古：千秋万年的意思。

双忠：此指诸葛瞻父子双双战死的忠君爱国思想。

大节：语出《后汉书·卢植传》："性刚毅有大节，常怀济世志。"此指临难不苟的节操。

标：语出《晋书·王彪之传》："为政之道，以得贤为急，非谓雍容廊庙，标的而已。"此指学习的标志、准则、楷模。

【释】诸葛亮与儿子诸葛瞻孙子诸葛尚三代人的高尚风格和气节十分突出；
千秋万年诸葛瞻父子双双战死的忠君爱国与临难不苟节操都是楷模。

满门忠烈酬三顾；
百载功勋对两朝。

题书者不详。

【注】满门忠烈酬三顾：此指诸葛亮为了竭尽全力辅佐蜀汉先主刘备与后主刘禅而亲自率军南征平叛，又五次北伐曹魏，鞠躬尽力死而后已，最后病死在五丈原军中；诸葛亮儿子诸葛瞻、孙子诸葛尚为了誓死保卫蜀汉国家，拼死抵抗曹魏灭蜀大军，双双战死在绵竹，一家三代人堪称满门忠烈，为的是酬谢当年先主刘备的屈尊三顾茅庐之恩。

百载功勋对两朝：诸葛亮与儿子诸葛瞻、孙子诸葛尚的不世功勋面对的是蜀汉先主刘备和后主刘禅两代君王。

【释】诸葛亮与儿子诸葛瞻孙子诸葛尚满门忠烈为的是酬谢当年先主刘备的屈尊三顾茅庐之恩；

诸葛亮与儿子诸葛瞻孙子诸葛尚的不世功勋面对的是蜀汉先主刘备和后主刘禅两代君王。

三代持良，仁人志士勇将；
一家殉汉，忠诚孝子贤孙。

题书者不详。

【注】三代：此指诸葛亮和他的儿子诸葛瞻、孙子诸葛尚三代。

持良：保持良好风范。

仁人志士：语出孔子的《论语·卫灵公》：“志士仁人，无求生以害仁，有杀身以成仁。”西汉文帝博士韩婴（公元前200—公元前130）的《韩诗外传》第三卷亦有“育群物而不倦，有似仁人志士，是仁者之所以乐山也”之说。此指仁爱而有节操，能为正义牺牲生命的人。

勇将：《三国演义》第二十五回“屯土山关公约三事，救白马曹操解重围”：曹操大惊曰：“真勇将也。”此指战斗力很强的勇猛战将。

一家殉汉：此指诸葛亮与儿子诸葛瞻、孙子诸葛尚一家人都为了蜀汉国家而赴死。

忠诚：忠诚老实，尽心竭力的意思。

孝子贤孙：语出《孟子·离娄上》：“虽孝子慈孙，百世不能改也。”此指孝敬父母有德行的子孙。例如：元代文人刘唐卿（？—1279）的《降桑椹》亦有“圣人喜的是义夫节妇，爱的是孝子贤孙”之句。

【释】诸葛亮和儿子诸葛瞻孙子诸葛尚三代都具有优良风范，是仁爱有节操能为正义牺牲的勇将；

诸葛亮一家都为蜀汉国家赴死，只有忠君爱国孝敬父母的家庭才会培养忠孝贤良的儿孙。

诸葛一门惟忠孝；
蜀汉五将共烝尝。

题书者不详。

【注】诸葛一门惟忠孝：诸葛亮的一家人对于蜀汉国家唯独只有忠君爱国和孝道思想。一门：语出《韩非子·八经》："下不一门，大臣不拥。"此指一族、一家人。例如：《汉书·李寻传》亦有"将军一门九侯，二十朱轮"。惟：唯独、唯一的意思。忠孝：语出《孝经·开宗明义》郑玄注："忠孝道著，乃能扬名荣亲，故曰终于立身也。"东汉史学家班固（32—92）的《东观汉记·北海敬王刘睦传》亦有"大王忠孝慈仁，敬贤乐士"之说。此指忠君爱国，孝敬父母。

蜀汉五将：此指诸葛瞻、诸葛尚父子与张飞之孙张遵、黄权之子黄崇、李严之子李球。蜀汉炎兴元年（263）十一月，在绵竹关抗击曹魏征西将军邓艾之时，此五人纷纷为国捐躯。

共烝尝：共同享受祭祀。烝尝：语出孔子《诗经·小雅·楚茨》："絜尔牛羊，以往烝尝。"后亦泛称祭祀。

【释】诸葛亮一家人对于蜀汉国家唯独只有忠君爱国和孝道思想；

蜀汉诸葛瞻诸葛尚张遵黄崇李球五位将领都应该共同祭祀。

春秋祭祀秾双墓；
父子忠魂归一抔。

题书者不详。

【注】春秋祭祀：语出孔子及弟子编著的《孝经·丧亲章第十八》："春秋祭祀，以时思之。"意思是说，春天与秋天两个时期祭祀先贤英烈，依照时节思念他们。

秾（nóng）：花木繁盛的意思。

双墓：此指诸葛瞻与其子诸葛尚的墓葬。

父子忠魂归一抔：此指诸葛瞻与诸葛尚父子的遗体埋葬在一起，而且墓葬规模很小。一抔：语出《史记·张释之冯唐传》："假令愚民取长陵一抔土，陛下何以加其法乎。"此指一捧土，很少的意思。长陵：汉高祖刘邦与吕后的墓葬，在陕西省咸阳市东 20 公里的窑店镇三义村北。

【释】春天与秋天祭祀花木繁盛的诸葛瞻与诸葛尚父子墓葬；

诸葛瞻与诸葛尚父子的遗体埋葬在一起墓葬规模很小。

三国君臣独成正统；
一门父子共箸精忠。

题书者不详。

【注】三国君臣独成正统：蜀汉先主刘备、后主刘禅与诸葛亮君臣一心维护汉室江山成为一脉相承的国爱。正统：语出东汉史学家班固（32—92）的《典引》："膺当天之正统，受克让之归运。"旧指一脉相承而统一全国的封建王朝。例如：唐僖宗年间，成都节度副使裴铏的《传奇·陶尹二君》有"秦於今世，继正统者九代，千余年兴亡之事，不可历数。"再如：北宋文学家欧阳修（1007—1072）的《正统论下》亦有"夫居天下之正，合天下於一，斯正统矣"之说。

一门父子共箸精忠：意思是，诸葛亮与其子诸葛瞻、孙子诸葛尚一门父子对蜀汉朝廷共同显现了精忠报国思想。箸：与"著"同义，显著、显现的意思。

【释】蜀汉先主刘备后主刘禅与丞相诸葛亮君臣一心维护汉室江山成为一脉相承的国家。

诸葛亮与儿子诸葛瞻孙子诸葛尚一门父子对蜀汉朝廷共同显现了精忠报国的思想。

父子共捐躯，时见啼鹃悲壮志；
洛绵遗古冢，每闻谒客吊忠魂。

题书者不详。

【注】父子共捐躯：诸葛瞻与其子诸葛尚于景耀六年（263）十一月在绵竹关抵抗曹魏征西将军邓艾而双双战死。

时见：时常听见的意思。

啼鹃悲壮志：杜鹃鸟悲切的啼叫声似乎在歌颂诸葛瞻父子的凌云壮志。啼鹃：相传战国时期蜀王杜宇称帝，号"望帝"，为蜀治水有功，后禅位臣子而退隐西山，死后化为杜鹃鸟，啼声凄切。从此以后，常指悲哀凄惨的啼哭（见东晋史学家常璩的《华阳国志·蜀志》）。

洛绵遗古冢：古洛水旁绵竹县遗留的有诸葛瞻父子古墓冢。古洛水：亦称石亭江，发源于四川省什邡市红白镇，灌溉着什邡、绵竹十多万亩粮田。石亭江在什邡市境内有 87 公里，高景关以上称洛水，以下称石亭江，长 29.5 公里。河的源头为九顶山东侧二道金河（洛水）和头道金河（章水），江水流至金堂赵镇入沱江，再由泸州汇入长江，是长江的支流之一。

每闻谒客吊忠魂：每当闻讯前来拜谒的客人都十分虔诚地凭吊诸葛瞻父子的忠魂。

【释】诸葛瞻父子为捍卫蜀汉国家而双双战死，杜鹃鸟悲切啼叫声似乎在歌颂诸葛瞻父子的凌云壮志；

古洛水旁绵竹县遗留有诸葛瞻父子古墓冢，每当闻讯拜谒的客人都虔诚地凭吊诸葛瞻父子忠魂。

想当年，国事垂危，臣主战，君主降，止争得尽瘁成仁，碧血尚膏刘氏土；

信名世，忠风无忝，父死忠，子死孝，问同是捐躯赴难，青磷谁识邓家坟。

绵竹紫岩书院山长杨聪题书。

杨聪，绵竹县人，戊戌变法（1898）六君子之一杨锐（1857—1898）的兄长，道光年间（1821—1850）曾经在紫岩书院做山长勉励学子，总督张之洞（1837—1909）评价杨锐与其兄杨聪为蜀中当代的苏轼和苏辙。光绪八年（1882），与知县庄裕筠增修了紫岩书院。

【注】紫岩书院：位于今绵竹市区城东，始建于元代延祐三年（1316），其规模之宏大，为蜀川前所未有。这所书院的前身是南宋“中兴贤相”抗金名将张浚（1097—1164）的读书地，也是张浚儿子南宋著名理学家张栻（1133—1180）的故居。张浚死后，为追念这位勤政爱民的丞相，光禄大夫赵世延（1260—1336）捐资在这里修建了书院，由于张浚自号“紫岩先生”，竣工后，朝廷就下诏赐名“紫岩书院”。绵竹人引以为骄傲的戊戌变法六君子之一杨锐（1857—1898）和其兄杨聪都曾在这里读书执教。光绪三十年（1904），改为高等小学堂，三十三年（1907），改成县立中学堂。

山长：是历代对书院讲学者的称谓。五代蒋维东隐居衡山讲学时，受业者称之为山长。宋代将始建于南唐升元年间（937—943）的庐山白鹿洞之“白鹿国学”改成“白鹿洞书院”，作为藏书讲学之所。元代于各路、州、府都设书院，设山长。明清沿袭元制，乾隆时曾一度改称“院长”，清末仍叫“山长”。1906 年废除科举制度后，书院改称学校，山长的称呼废止。

想当年，国事垂危：此指蜀汉炎兴元年（263）秋，魏国征西将军邓艾率领大军偷渡阴平道（今甘肃省文县），出今四川省江油市伐蜀；镇西将军钟会率领大军攻取益州北大门汉中伐蜀，前后夹击，志在必得要灭掉蜀汉国家。兵临城下，蜀汉举国震惊惶恐，危在旦夕。

臣主战，君主降，止争得尽瘁成仁，碧血尚膏刘氏土：危难之时，蜀汉的文臣武将众志成城，力主全民皆兵进行抵抗与魏军决一死战。可是，后主刘禅在宦官黄浩和光禄大夫谯周左右下，力主投降魏国以保平安。在这种情况下，刘禅第五子北地王刘谌十分绝望，他来到昭烈庙中失声痛哭，祭祀先祖刘备后先杀妻，后杀子，然后自杀，尽瘁成仁。诸葛亮的儿子诸葛瞻与其子诸葛尚在绵竹关奋力抵抗魏军，与邓艾军拼死决战，最终因寡不敌众而双双战死，为国尽忠，烈士的鲜血至今尚留在汉室江山肥沃的土地上。碧血：语出《庄子·外物》："苌弘死于蜀，藏其血，三年而化为碧。"此指为正义而死难所流的烈士鲜血。膏：语出《史记·齐太公世家》："肥沃膏壤二千里。"此指肥沃的土地。刘氏土：汉室江山刘姓家族的土地。

信名世，忠风无忝，父死忠，子死孝：相信诸葛瞻与诸葛尚的英名会永远地流传后世，他们的忠贞风范不辱没于蜀汉朝廷，父亲诸葛瞻死于忠诚，儿子诸葛尚死于孝道。无忝（tiǎn）：语出《尚书·君牙》："今命尔予翼，作股肱心膂，缵乃旧服，无忝祖考。"此指不辱没、不玷辱、不羞愧的意思。例如：《汉书·韦玄成传》有"於戏后人，惟肃惟栗。无忝显祖，以蕃汉室"之说。

问同是捐躯赴难，青磷谁识邓家坟：诸葛瞻父子与曹魏征西将军邓艾同样是为国捐躯而死，在幽灵的磷火中有谁能够知道邓艾的坟茔在哪里？青磷：人和动物尸体腐烂后会分解出磷化氢，常在夜间田野中自燃，发生青绿色的光焰，古称"青磷"，俗称鬼火。例如：明末诗人夏完淳（1631—1647）的《哭吴都督》诗歌之五就有"白草荒春月，青磷大泽烟"之句。邓家坟：此指邓艾的坟地。据《三国志·魏书·邓艾传》记载：邓艾（197—264），字士载，义阳棘阳（今河南省新野县）人，为征西将军。曹魏景元四年（263），同镇西将军钟会分军伐蜀，邓艾军先至成都灭蜀汉，后主刘禅出城投降，立了首功，钟会因此上书晋公司马昭，诬陷邓艾准备拥兵自立蜀王，司马昭耳闻谗言，目睹奏章，暴跳如雷，立即令监军卫瓘（220—291）押邓艾赴京师，槛车行至绵竹城西时，卫瓘遵照司马昭的旨意，派护军田续追上去，遂将邓艾父子杀死。

正因为如此，在今四川省剑阁县孤玉山南麓有邓艾墓，墓右侧约50米处还有邓艾庙。据文史研究者认为，这里才是邓艾的真墓，但是，历来都不被当地人祭祀，因此十分凄凉。

【释】想象景耀六年，魏国两路大军伐蜀兵临城下，蜀汉文臣武将力主与魏军决一死战，后主却力主投降，刘禅儿子刘谌去祖庙痛哭随后将妻子杀死而自杀尽瘁成仁，诸葛瞻与其子诸葛尚奋力抵抗魏军战死尽忠烈士鲜血至今尚留在汉室江山肥沃的土地上；

相信诸葛瞻与诸葛尚的英名将会永远流传后世，他们的忠贞风范无辱于蜀汉朝廷，父亲诸葛瞻死于忠诚，儿子诸葛尚死于孝道，请问诸葛瞻父子与曹魏征西将军邓艾同样为国捐躯而死于国难，可是在幽灵的磷火之中有谁能够认识邓艾的坟茔在哪里？

2. 德阳市庞统与诸葛亮“龙凤祠”匾额 8 方、楹联 15 副

在四川省德阳市罗江县白马关镇有庞统祠墓，亦名“龙凤祠”“靖侯祠”“落凤坡”，在当地又叫“白马寺”，所在地白马关镇的称谓也因此寺而名。

据《三国志·蜀书·诸葛亮传》与裴松之注引《襄阳记》记载：汉室后裔刘备自涿郡起兵以来，东奔西走始终不得志，没有立足之地。当时，他依附于荆州牧刘表驻扎在新野县，为了匡扶汉室，急需要聘请名士出谋划策指点迷津。建安十二年（207），遇见了颍川人徐庶与司马德操（司马徽），徐庶向刘备介绍说：“诸葛孔明者卧龙也，将军岂愿见乎？”

司马徽也介绍说：“此间自有伏龙、凤雏。”

刘备问：“是谁？”

司马徽回答说：“诸葛孔明，庞士元也。”庞士元，就是庞统。

刘备说：“君与俱来。”

徐庶回答说：“此人可就见，不可屈致也，将军亦枉驾顾之！”由是先主遂诣亮，凡三往乃见。

同年冬天，刘备屈尊“三顾茅庐”，恳请诸葛亮出山辅佐以后，庞统也同时被刘备恳请辅佐，二人皆效力于刘备而名垂青史。

据《三国志·蜀书·庞统传》记载：庞统年少时纯朴好学，司马徽称赞他是“南州冠冕”，是南方人才之中的佼佼者，“于是渐显”，越来越有名了。

裴松之注引《襄阳记》也说：“诸葛孔明为卧龙，庞士元为凤雏，司马德操为水镜，皆庞德公语也。”由此看来，庞统在少年时期就已经很有名气了。

庞统（179—214），字士元，号凤雏，荆州襄阳人，刘备帐下的重要谋士，先后出任耒阳（今湖南省衡阳市耒阳县）县令、郡功曹（考察记录业绩官员）、治中从事（相当于今天的秘书长）、南郡（荆州首府所在地，治所在今湖北省荆州市江陵县）太守。诸葛亮曾经向刘备举荐庞统是“非百里之才”，因此，

刘备同时把庞统与诸葛亮“拜为军师中郎将”。后来，随刘备一同入川。

在刘备与益州牧刘璋决裂之际，庞统献了上、中、下三条计策，劝刘备乘机夺取益州，以实现《隆中对策》中提出的兴复汉室宏图大计，刘备采用了中计。在进围雒县（今德阳市罗江县白马关镇）时，庞统率众攻城，不幸中流矢而亡，年仅 36 岁，刘备十分伤感，一说到庞统就流泪。为表彰庞统的功勋，刘备任命其父为议郎，后升任谏议大夫，追赐庞统为“关内侯”，追谥“靖侯”，所葬处名为“落凤坡”，据说是刘备为其亲选的墓地。

庞统曾经自我评价说：“论王霸之余策，览倚仗之要害，吾似有一日之长。”

颍川名士司马徽评价庞统说：“识时务者在乎俊杰。此间自有伏龙、凤雏。”

《三国志》作者陈寿评价庞统说：“庞统雅好人流，经学思谋，於时荆、楚谓之高俊。”

诸葛亮评价说：“庞统、廖立，楚之良才，当赞兴世业者也。”

东吴大都督鲁肃评价庞统说：“庞士元非百里才也。”

明代文学家方孝孺评价庞统说：“然徽以孔明、庞统并称，吾窃有疑焉。论者惜统早死，故功业不及孔明。余谓使统不死，终非孔明比也。孔明之学，庶乎王道，而统之言，皆矫诈功利之习。”

从《三国志·蜀书·庞统传》记载与上述评价资料来看，庞统的确是一个了不起的人物。

庞统祠墓，位于德阳市罗江县鹿头山白马关，东距县城 5 公里，是全国唯一一处专门祭祀三国时期政治家、军事家庞统的祠堂和墓园。

建安十九年（214），刘备采纳庞统计策夺取益州时，庞统不幸在落凤坡中流矢死亡，刘备为此痛心疾首，亲自为其修建墓祠以示纪念。

庞统墓祠自始建以来，曾经多次兴废修建。

康熙十二年（1673）十一月，镇守云南的平西王吴三桂（1612—1678）反清而在昆明自称周王、天下都招讨兵马大元帅，奉天人王屏藩（？—1680）被封为将军。康熙二十一年（1682），吴三桂派遣王屏藩率众攻取四川后，庞统墓祠遭到了彻底毁坏。

康熙四十六年（1707），四川巡抚能泰在原祠墓基础上进行了重建，两年后竣工，庞统墓祠一前一后，紧紧相连，形成了三进四合布局，依次排列有山门、龙凤二师殿、栖凤殿、庞统陵墓，全部是石木结构，显得严谨而肃穆庄重。祠内天井有古柏两株，相传是张飞所栽。

正殿背后的石壁上，刻有晋代陈寿撰的《庞靖侯传》。

二马亭分建于两侧，一曰白马亭，一曰胭脂亭，二亭象征刘备、庞统的换马之事。

庞统墓为盝顶式，墓高约2米，直径约5米，四周用石砖砌成，墓顶上有小亭塔一座。墓前有“康熙四十八年乙丑九月十九日，四川巡抚能泰敬立”的“汉靖侯庞士元之墓”墓碑。

墓由三部分组成，上部分形似佛教宝塔，中间微微翘起八角形凤尾，象征道教八卦，下部分圆体象征儒家思想的中庸圆和。所以，在庞统墓集中展示了明清以来儒、释、道三教合一的思想。

由于庞统与诸葛亮齐名，诸葛亮称“卧龙”，庞统称“凤雏”，二人当时皆效力于刘备，都是刘备的军师将军，所以，祠庙内有庞统与诸葛亮的彩色塑像，称为“二师殿”，两人神态自若地坐卧交谈，可亲可敬，似乎密不可分，亦称为“龙凤祠”，有不少历代名人题书的诗歌、匾额、楹联、碑刻、字画等大量珍贵文物史料歌颂他们两人。

南宋诗人陆游到这里触景生情写下了《鹿头山过庞士元墓》诗歌：“士元死千载，凄恻过遗祠。海内常难合，天心岂易知。英雄千古恨，父老岁时思。苍藓无情极，秋来满断碑。”

1951年，罗江县人民政府维修了庞统祠墓，一直视为文物古迹加以保护，1979年正式公布为县级文物保护单位。1980年，被四川省人民政府公布为省级重点文物保护单位。

1992年，罗江县人民政府再次对庞统祠进行了修建，石砌外围墙，兴建了“凤雏碑廊”，增建了南大门等，同时将此列为从广元至成都三国遗踪旅游线上的重要一站。

2006年5月25日，庞统祠墓被国务院列为全国第六批重点文物保护单位，对外开放，迎接国内外游客。现在的庞统墓周围有松柏千株，挺拔苍翠，郁郁葱葱，风景如画。

山门的正中上方，有“汉靖侯庞统祠”匾额，两侧分别是“双忠并列”“高风亮节”匾额，题书者不详。

大门正门楹联是：“千秋功业留三国；一代忠贞属二师。”落款是：“李德翰题。”

大门侧门另一副楹联是：“功盖三分，管乐当年诚小许；才非百里，云霄终古并高名。”落款是：“伊尔鲁图题。”

二师殿的楹联是：“两人有一安天下；千古成又伴夕阳。”落款是：“杨周冕题。”

二师殿的另一副楹联是：“三计策蜀，二表出师，共扶两朝正统；白马关前，定军山上，并留千载余恩。”落款是：“李桂林题。”

整个祠墓内松柏参天，奇石沟壑，溶洞山泉，景色怡人，是有名的蜀汉遗迹。祠墓旁有车辙深邃、长满苔藓的古驿道，还有诸葛亮长子诸葛瞻与魏军邓艾浴血奋战尽忠的将台。

汉靖侯庞统祠

何国辉题书。生平事迹不详。

【注】汉：泛指高祖刘邦公元前 206 年在长安建立的西汉王朝和光武帝刘秀公元 25 年在洛阳建立的东汉王朝，以及章武元年（221）先主刘备在成都称帝，国号“汉”，改元“章武”，后主刘禅在位的“建兴”，这期间皆称“汉”。此指蜀汉帝业。

靖侯：建安十九年（214），庞统在落凤坡死后，刘备追赐庞统为“关内侯”，谥“靖侯”。

庞统祠：在今四川省德阳市罗江县白马关镇。

祠：纪念先贤、名人、英烈、祖宗、神仙的祠堂。

【释】纪念蜀汉靖侯庞统的祠庙。

双忠并烈

丙寅年（1926）仲冬月，题书者不详。

【注】双忠并烈：此指蜀汉丞相诸葛亮与关内侯庞统双双忠诚节烈，共同具有显赫的名声。并：共同。烈：显赫的意思。例如：春秋史学家左丘明（公元前502—公元前402）编著的《国语》有“君有烈名”之说。

【释】诸葛亮与庞统双双忠诚节烈共同具有显赫的名声。

高风亮节

题书者不详。

【注】高风亮节：语出南宋著名文学家胡仔（1110—1170）的《苕溪渔隐丛话后集》卷一：“余谓渊明高风峻节，固已无愧于四皓，然犹仰慕之，尤见其好贤尚友之情也。”高风：高尚的品格。亮节：坚贞的节操。形容道德和行为都很高尚。

【释】诸葛亮与庞统都具有高尚的品德和情操。

羽仪天壤

题书者不详。

【注】羽仪：语出《易经·渐》：“鸿渐于陆，其羽可用为仪。”孔颖达注疏曰：“处高而能不以位自累，则其羽可用为物之仪表，可贵可法也。”

《汉书·叙传上》亦有“皇十纪而鸿渐兮，有羽仪于上京”之说。

后以“羽仪”比喻居高位而有才德，被人尊重或堪为楷模。

天壤：语出《晋书·张华传》：“普天壤而遐观，吾又安知大小之所如。”此指天地之间。

【释】诸葛亮与庞统居高位而有才德是天地之间被人尊重的楷模。

龙凤名高

题书者不详。

【注】龙凤：语出《三国志·蜀书·诸葛亮传》裴松之注引《襄阳记》：“此间自有伏龙、凤雏。备问为谁，曰：诸葛孔明、庞士元也。”特指才能超群的诸葛亮和庞统。例如：明初著名文学家高启（1336—1374）的《咏隐逸庞公》诗歌有“南阳有龙凤，乘时各飞翻”之说。

名高：语出《韩非子·说难》：“所说出于为名高者也。”此指有很高的名声，声誉显著。

【释】诸葛亮和庞统都有很高的名声。

龙飞凤翔

题书者不详。

【注】龙飞凤翔：语出三国时期魏国文学家吴质（177—230）的《答文帝笺》："曹烈、曹丹，加以公室支庶，骨肉旧恩，其龙飞凤翔，实其分也。"

比喻仕途得意，飞黄腾达。此指诸葛亮与庞统。

【释】诸葛亮与庞统仕途得意飞黄腾达。

千秋遗烈

题书者不详。

【注】千秋：千秋万年的意思。

遗烈：语出北宋文学家苏洵《族谱后录》下篇："祖母严毅，居家肃然，多才略，犹有窦太后、柴氏主之遗烈。"前人遗留下来的节烈与情操。

【释】千秋万年遗留下来的节烈与情操。

忠魂千秋

1954 年，朱德总司令路过庞统祠题书。

朱德（1886—1976），字玉阶，曾用名朱建德，是中国共产党、中国人民解放军、中华人民共和国主要缔造者领导人之一，解放军总司令，十大元帅之首，1955 年被授予元帅军衔。

【注】忠魂：语出唐代诗人许浑（795—858）的《题卫将军庙》诗歌："欲奠忠魂何处问，苇花枫叶雨霏霏。"此指忠烈者的英魂。例如：明嘉靖兵部员外郎杨继盛（1516—1555）的《临刑》诗有"生平未报国，留作忠魂补"之句。此指庞统忠诚的灵魂。

千秋：千秋万年的意思。

【释】庞统忠诚的灵魂千秋万年永存。

史传龙凤今何在；
长使英雄泪满襟。

题书者不详。

【注】史传龙凤今何在：历史上所说的伏龙和凤雏这两个人今天在哪里？

据《三国志·蜀书·诸葛亮传》裴松之注引《襄阳记》记载，建安十二年（207），汉室后裔"刘备访世事于司马德操。德操曰：儒生俗士，岂识时务？识时务者在乎俊杰。此间自有伏龙、凤雏。备问为谁，曰：诸葛孔明、庞士元也”。德操：本名司马徽，东汉末年颍川名士，字德操，自号“水镜先生”。伏龙，就是诸葛亮。凤雏，就是庞统，字士元。

今何在：今天在哪里？

长使英雄泪满襟：语出唐代诗人杜甫的《蜀相》诗歌：“三顾频烦天下计，两朝开济老臣心。出师未捷身先死，长使英雄泪满襟。”

这首诗的意思是说，诸葛亮自从刘备屈尊三顾茅庐为其制定了匡扶汉室一统江山的大计而出山以来，全力以赴地辅佐先主刘备、后主刘禅两朝，体现了他这个老臣的忠君爱国之心。为了“北定中原，兴复汉室”，五次北伐曹魏（《三国演义》称之为“六出祁山”），最终病死在五丈原军中，未能实现愿望，留下了千古遗恨，长久以来，英雄豪杰莫不为之伤感垂泪。

【释】历史上所说的伏龙凤雏这两个人今天在哪里？

长久以来的英雄豪杰莫不为诸葛亮伤感垂泪。

千秋功业留三国；
一代忠贞属二师。

李德翰题书。

李德翰，山西人，岁贡生（明清时期，每年或二三年从各府、州、县学中选送优秀的生员升入朝廷国子监就读，称为岁贡生）出身，乾隆元年至三年（1736—1738）出任罗江县知县，曾经写下了《落凤坡论》，评价庞统“一生系天下之安危，一事关国运之否泰”，其余不详。

【注】千秋功业留三国：意思是说，诸葛亮与庞统的功德业绩千秋万年都留在了三国鼎立那个时期。

一代忠贞属二师：蜀汉一代的忠贞贤良美名应属于诸葛亮和庞统这两位军师。二师：此指诸葛亮与庞统二人都曾经被刘备封为军师中郎将。

【释】诸葛亮与庞统的功德业绩千秋万年都留在三国鼎立那个时期；

蜀汉一代的忠贞贤良美名应该属于诸葛亮和庞统这两位军师。

功盖三分，管乐当年诚小许；
才非百里，云霄终古并高名。

伊尔鲁图题书。

伊尔鲁图，姓满族八大姓之一的伊尔根觉罗氏，名鲁图，曾经是雍正年间（1723—1735）乾清门侍卫，世袭三等子爵，其余不详。

【注】功盖三分：诸葛亮的功德业绩冠盖了曹魏、蜀汉、孙吴三个国家鼎足对峙。

管乐：此指春秋时期齐国的贤相管仲和战国时期燕国的上将军乐毅。

《三国志·蜀书·诸葛亮传》记载说：“亮躬耕陇亩，好为《梁父吟》，身高八尺，每自比于管仲、乐毅，时人莫之许也。惟博陵崔州平、颍川徐庶元直与亮友善，谓为信然。”

小许：语出《晋书·天文志上》：“今视诸星出于东者，初但去地小许耳。”此指一点点。

管乐当年诚小许：当年诸葛亮自比管仲乐毅诚然是一点点谦虚说法。

才非百里：语出《三国志·蜀书·庞统传》：“统以从事守耒阳令，在县不治免官。吴将鲁肃遣先主书曰：庞士元非百里之才也，使处治中、别驾之任，始当展其骥足耳。诸葛亮亦言之于先主，先主见与善谭，大器之，以为治中从事。”此比喻庞统并非只是治理百里之地的人才，屈才的意思。

《三国演义》第五十七回“耒阳县凤雏理事”中诸葛亮对刘备说：“庞士元非百里之才，胸中之学，胜亮十倍。”除此之外，《三国志·蜀书·蒋琬传》也有“蒋琬，社稷之器，非百里之才也”之说。

云霄终古并高名：天地之间久远并存着很高的名声。云霄：天际、高空的意思，此指天地之间。终古：语出《楚辞·离骚》：“怀朕情而不发兮，余焉能忍而与此终古。”久远的意思。

并：并存的意思。

高名：语出《韩非子·十过》：“过而不听於忠臣，而独行其意，则灭高名，为人笑之始也。”此指盛名、很高的名声。例如：清代早期隐士沈士尊的《过李白墓》诗有“千古高名在，青山片碣留”之句。

【释】诸葛亮功德冠盖了魏蜀吴三国，当年他自比管仲乐毅诚然是少许谦虚的说法；

　　　庞统并非是一个治理百里之地的人才，天地之间久远地留存着他很高的名声。

两人有一安天下；
千古成又伴夕阳。

杨周冕题书。

杨周冕（1700—1785），字冠山，号古华、铁崖、铁壁翁，云南赵州点苍（今云南省大理市弥渡县）人。乾隆元年（1736）中举，历任四川华阳、资阳知县。乾隆三十年（1765），65岁时出任罗江知县，修建“双江书院”和罗江县城墙。卸任后，任教繁江书院（成都市新都区新繁镇），善书法，蜀中多有其墨迹。

【注】两人有一安天下：语出《三国演义》第三十六回“元直走马荐诸

葛"："玄德曰，昔水镜先生曾为备言：伏龙、凤雏，两人得一，可安天下，今所言莫非伏龙、凤雏乎？"徐庶曰："凤雏乃襄阳庞统也，伏龙正是诸葛孔明。"天下：此指帝王的江山大业。

千古成又伴夕阳：他们成了千年古人而又伴随着年年月月的夕阳西下。夕阳：语出《释名·释山》："山东曰朝阳，山西曰夕阳，随日所照而名之也。"泛指夕阳西下。例如：东晋文学家庾阐的《狭室赋》亦有"南羲炽暑，夕阳傍照"之说。

【释】诸葛亮与庞统有一人就能够安定帝王的江山大业；
他们成了千年古人而又伴随着年年月月夕阳西下。

三计策蜀，二表出师，共扶两朝正统；
白马关前，定军山上，并留千载余恩。

李桂林题书。

李桂林，字道琼，号丹岩，福建福州府闽县（今福州市闽侯县）人，嘉庆戊辰年（1808）进士，授翰林院庶吉士。嘉庆十四年至二十年（1809—1815）出任罗江县知县，在任期间，他察书院，捐俸禄置校产，奖励学子，重视文化教育事业。嘉庆二十年（1815），主持编著了三十六卷《罗江县志》，成为后来罗江县研究历史文化的重要参考资料。

【注】三计策蜀：此指庞统为刘备夺取益州谋划的上、中、下三条计策。

据《三国志·蜀书·庞统传》记载：建安十六年（211），益州牧刘璋邀请汉室亲族刘备从荆州带兵来益州去对付日益强大的汉中"五斗米教"第三代传人张鲁，刘备遂率军入川。这时，军师中郎将庞统建议刘备说："阴选精兵，昼夜兼道，径袭成都。璋既不武，又素无预备，大军卒至，一举便定，此上计也；杨怀、高沛璋之名将，各仗强兵，据守关头，闻数有笺谏璋，使发遣将军还荆州。将军未至，遣与相闻，说荆州有急欲还救之，并使装束，外作归形，此二子既服将军英名，又喜将军之去，计必乘轻骑来见，将军因此执之进取其兵，乃向成都，此中计也；退还白帝，连引荆州，徐还图之，此下计也。若沉吟不去，将致大困，不可久矣。先主然其中计，即斩怀、沛，还向成都，所过辄克。"

刘备听了庞统三计之后，果断采取了中计，经过三年努力拼搏，彻底征服刘璋夺取了益州，为后来占领汉中称"汉中王"，最终在益州建立蜀汉政权奠定了坚实基础。庞统虽在"落凤坡"中箭身亡，可是他的三条计策堪称功不可没。

二表出师：诸葛亮为报先主刘备的屈尊三顾之恩、尽托孤之忠，竭尽全力辅助后主刘禅，决心要"收复中原，兴复汉室"，让后主刘禅"还于旧都"在长安称帝，因此，先后两次上《出师表》，恳请率军北伐曹魏，（《三国演义》

称之为“六出祁山”），最后病死在五丈原军中。

共扶两朝正统：诸葛亮与庞统共同辅佐扶持了先主刘备与后主刘禅两朝的汉家正统帝业。

白马关前：庞统墓祠就在今四川省德阳市罗江县白马关镇的“落凤坡”。

定军山上：此指今汉中勉县城南十里定军山，东西连绵十二个山头，西边第三个为主峰，高 883 米，山下有武侯墓，占地面积 364 亩，为国务院 1996 年公布的全国重点文物保护单位。

据《三国志·蜀书·诸葛亮传》记载，诸葛亮遗命：“死后葬汉中定军山，因山为坟，冢足容棺，殓以时服，不须器物。”建兴十二年（234）十二月，后主刘禅将其葬在定军山下。

并留千载余恩：千秋万年共同留下了令后世人思念的恩德。

【释】庞统为刘备取益州献三条计策，诸葛亮为北伐曹魏两次上《出师表》率军亲征，两人共同辅佐蜀汉两朝正统帝业江山；

在四川德阳市罗江县白马关镇“落凤坡”前，陕西汉中勉县定军山上，千秋万年来庞统与诸葛亮都给后世人留下了恩德。

凤落龙飞，森森古柏山光旧；
车尘马迹，荡荡征途庙貌新。

李德翰题书，生平事迹见前。

【注】凤落龙飞：庞统这个凤雏已在落凤坡捐躯而诸葛亮这个卧龙依然在为蜀汉帝业奔波腾飞。森森古柏山光旧：庞统墓祠数百株古柏郁郁葱葱使这里的山水风光依旧美好秀丽。

车尘马迹：语出北宋文学家欧阳修（1007—1072）的《相州昼锦堂记》：“奔走骇汗，羞愧俯伏，以自悔罪于车尘马足之间。”此指车马行过的痕迹。例如：南宋理学家朱熹（1130—1200）的《卧龙庵记》有：“余既惜其出于荒堙废壤之余，而又幸其深阻夐绝，非车尘马迹之所能到”之句。

荡荡：语出西汉经学家韩婴（公元前 200—公元前 130）的《韩诗外传》卷二：“盪盪乎其义不可失也，磏乎其廉而不刿也。”比喻浩大而空旷貌。例如：《汉书·郊祀志下》：“荡荡如系风捕景，终不可得。”颜师古注曰：“荡荡，空旷之貌也。”

征途：语出北魏地理学家郦道元（？—527）的《水经注·谷水》：“缘生从戍行旅，征途讯访，既非旧土，故无所究。”泛指行军路上和出征路途，此指古战场。

庙貌新：此指后世人修建的庞统纪念祠庙焕然一新。

【释】庞统这个凤雏在落凤坡捐躯而诸葛亮这个卧龙依然在为蜀汉帝业腾飞，今天的古柏郁郁葱葱使这里的山水风光依旧美好秀丽；

当年军师将军庞统在这里率军作战的车辙与战马足迹依然存在，后世人在浩大空旷的古战场上修建的庞统纪念祠庙焕然一新。

天不祚炎刘，故召先生还上界；
鼎已分吴魏，谁襄丞相复中原。

题书者不详。

【注】天不祚炎刘：老天爷不赐福给刘姓的汉家帝业。天：此指老天爷。祚：语出《国语》：“皇天嘉之，祚以天下。”赐福的意思。炎刘：语出东汉晚期经学家赵岐（？—201）的《孟子题辞》：“遭苍姬之讫录，值炎刘之未奋。”此指以火德称王的刘姓汉朝帝业，古代称之为“炎刘”。

故：缘故、因此、所以。

召：召唤。

先生：此指庞统。

还：还归的意思。

上界：语出唐代诗人张九龄（678—740）的《祠紫盖山经玉泉山寺》诗：“上界投佛影，中天扬梵音。”此指天上神仙居住的地方。例如：北宋进士张君房天圣三年至七年（1025—1029）编的《云笈七签》卷十三有：“上界宫馆，生于窈冥，皆有五色之气而结成。”再如：《西游记》第五十一回亦有：“又不知是那里降下来魔头，且须上界去查勘查勘。”

鼎已分吴魏：三国鼎立之中已经有吴国和魏国与蜀汉鼎足峙立。

谁襄丞相复中原：意思是说，有谁能够帮助诸葛丞相来收复中原。

襄：帮助、赞助、协助的意思。丞相：此指诸葛亮。

复中原：语出诸葛亮《出师表》：“今南方已定，甲兵已足，当奖率三军，北定中原，庶竭驽钝，攘除奸凶，兴复汉室，还于旧都。”此指北定中原，兴复汉室的意思。

【释】老天不赐福刘姓江山，上天才召唤庞统去了神仙居住的地方；

吴国魏国与蜀汉鼎足峙立，有谁能够帮助诸葛亮来收复中原。

一家永埋千古恨；
双颜犹解万人颐。

题书者不详。

【注】一家：此指庞统墓。

永埋千古恨：永远埋葬着千年的遗恨。

双颜：此指龙凤祠之中诸葛亮与庞统两人的塑像。

犹解：语出《孟子·公孙丑上》："当今之时，万乘之国行仁政，民之悦之，犹解倒悬也。"比喻把人从危难中解救出来。此处的犹解是如同解开了的意思。

颐：面颊，面部表情的意思。

万人：千万人。

【释】德阳市罗江县庞统墓中永远埋葬着千古万年的遗恨；

诸葛亮与庞统塑像如同解开千万人尊崇敬仰的表情。

鼎三分三争开先师，要算龙凤少；
人一卧一落分古地，每传岗坡高。

清代旌阳周益寿题书。

周益寿，旌阳（今德阳市旌阳区）人，生平事迹不详。

【注】鼎三分三争开先师，要算龙凤少：诸葛亮为刘备制定《隆中对》时预测将来的天下会出现三足鼎立局面，与庞统为刘备和益州牧刘璋争夺益州的上中下三条计策开启了前辈老师的先河，算起来像卧龙凤雏这样的人在中国历史上极为少见。先师：语出《礼记·文王世子》："凡学，春官释奠于其先师，秋冬亦如之。"郑玄注："《周礼》曰：凡有道者、有德者使教焉，死则以为乐祖，祭于瞽宗，此之谓先师之类也。"泛指学识渊博而道德高尚的前辈老师。例如：《孟子·离娄上》有："是犹弟子而耻受命于先师也。"再如：唐代史学家吴兢（670—749）的《贞观政要·论崇儒学》亦有"以仲尼为先圣，以颜子为先师"之说。

龙凤：语出《三国志·蜀书·诸葛亮传》裴松之注引《襄阳记》："诸葛孔明为卧龙，庞士元为凤雏，司马德操为水镜，皆庞德公语也。"

此指诸葛亮与庞统。

人一卧一落分古地：诸葛亮与庞统一个长卧在汉中定军山下武侯墓，一个长眠在德阳市罗江县落凤坡，分别是古老而高雅的地方。

每传岗坡高：每当传说定军山岗与落凤坡的时候都觉得很高雅。

【释】为刘备制定《隆中对》时诸葛亮就预测天下会三足鼎立这与庞统为争夺益州的三条计开启了前辈老师先河，要算像卧龙凤雏这样的人极为少见。

诸葛亮与庞统一个长卧汉中勉县定军山下武侯墓一个长眠德阳罗江县落凤坡十分古老的地方，每当传说定军山与落凤坡的时候都觉得很高雅。

明知落凤存先帝；
甘让卧龙做老臣。

题书者不详。

【注】明知落凤存先帝：明知道落凤坡是庞统遇难的地方，这里存在先主刘备对庞统的深厚感情与眷念。

据《三国志·蜀书·庞统传》记载说：建安十九年（214），刘备领军“进围雒县，统率众攻战，为流矢所中，卒，时年三十六。先主痛惜，言则流涕。拜统父为议郎，迁谏议大夫，诸葛亮亲为之拜。追赐统爵关内侯，谥曰靖侯”。由此可见，刘备对于庞统具有深厚的感情。

甘让卧龙做老臣：庞统死后诸葛亮辅佐刘备建立了蜀汉国家立下了功勋，心甘情愿做了忠贞不贰的老臣。正因为如此，在龙凤祠中也有诸葛亮这个老臣的塑像。

【释】明知道落凤坡是庞统遇难的地方这里存在着先主刘备对庞统的深厚感情与眷念；

庞统死后诸葛亮辅佐刘备建立了蜀汉国家立下功勋心甘情愿做忠贞不贰的老臣。

天意定三分，故教国士身先死；
将星沉七夕，长使英雄泪满襟。

题书者不详。

【注】天意定三分：是老天爷决定要让天下成为曹魏、蜀汉、孙吴三足鼎立对峙。

故教：所以才让的意思。

国士：此指刘备心腹爱将——军事将军庞统。

身先死：此指建安十九年（214），庞统在落凤坡中箭而亡，死年才36岁，属于英年早逝。

将星沉七夕：寓意著名人物临死时出现的一种征兆。将星：语出《隋书·天文志》：“大将星摇，兵起，大将出。”古代象征大将的星宿。沉：此指落下。例如：据《三国志·蜀书·诸葛亮传》裴松之注引《晋阳秋》记载说：“有星赤而芒角，自东北西南流，投于亮营，三投而返，往大还小。俄而亮卒。”

正因为如此，《三国演义》第一百三回“五丈原诸葛禳星”中，司马懿对部下说：“吾见将星失位，孔明必然有病，不久便死”。

长使英雄泪满襟：语出唐代诗人杜甫的《蜀相》诗歌：“三顾频烦天下计，

两朝开济老臣心。出师未捷身先死，长使英雄泪满襟。”

意思是说，诸葛亮被刘备屈尊三顾茅庐出山后，曾经辅佐了先主刘备与后主刘禅两代帝王，足可以体现他忠君爱国的心思。为了兴复汉室，他五次北伐曹魏都没有实现愿望而死去，所以，经常使英雄豪杰们感慨而流泪。

【释】是老天爷决定要让天下成为三足鼎立，所以才让蜀汉军事将军庞统英年早逝；

诸葛亮病死在第五次北伐曹魏的五丈原军中，经常使英雄豪杰们感慨而流泪。

造物忌多才，龙凤岂容归一主；
先生若不死，江山未必竟三分。

顾复初题书。

顾复初（1800—1893），字幼耕，号道穆、听雷居士、罗曼山人，长洲（今苏州市）人，学士顾元熙之子，拔贡生（明、清时期国家科举制度每三年各省择优保送中央参加朝政特考合格的称为拔贡生），以州判入蜀，就职完颜崇实幕府。咸丰末年，何绍基督蜀学邀襄校试卷。同治年间改官光禄寺署正，历为吴棠、丁宝桢、刘秉璋幕僚。代表作品《罗曼山人诗文集》。

【注】造物：创造万物的意思，古人多以老天与神灵为造物主。

忌多才：妒忌、嫉恨多才多能的人。

龙凤：此指卧龙诸葛亮与凤雏庞统。

岂容：语出南宋理宗年间进士岳珂（1183—1243）的《程史·徐铉入聘》：“卧榻之侧，岂容他人安睡耶？”怎能容忍的意思。

归一主：此指诸葛亮与庞统都归属于刘备一个主子。

先生若不死，江山未必竟三分：意思是说，庞统如果不死的话，汉室江山未必就会形成曹魏、蜀汉与孙吴三国鼎立。

【释】造物主妒忌多才多能的人，卧龙与凤雏怎能容忍归属刘备一个主子；

庞统如果不死的话，汉室江山未必就会形成曹魏蜀汉孙吴三国鼎立。

真儒者不徒文章名世；
大丈夫当以马革裹身。

题书者不详。

【注】儒者：语出《墨子·非儒下》：“儒者曰：亲亲有术，尊贤有等。”《史记·淮阴侯列传》也说：“成安君，儒者也，常称义兵不用诈谋奇计。”此指尊崇儒学、通习儒家经书的人。汉以后泛指一般读书人。

不徒：不图的意思。

文章名世：利用文章取功名。

大丈夫：语出《孟子·滕文公下》：“富贵不能淫，贫贱不能移，威武不能屈，此之谓大丈夫。”此指有志气、有节操、有作为的男子。例如：《史记·高祖本纪》有：高祖“观秦皇帝，喟然太息曰：嗟乎，大丈夫当如此也”之说。

当以：应当以。

马革裹身：语出《后汉书·马援传》：“男儿要当死于边野，以马革裹尸还葬耳。”意思是，好男儿应当为国家而战死沙场，用战马的皮包裹着自己的尸体回来安葬啊！后来，多以此形容男子汉要为国家英勇作战，献身疆场。

【释】真正尊崇儒学通习儒家经书的人不利用文章取功名；

有志气有作为的男子汉要为国家英勇作战献身疆场。

尽瘁两朝堪报主；
未成三计竟与尸。

乾隆三年（1738），果亲王题书。生平事迹见前。

【注】尽瘁：语出诸葛亮《出师表》：“臣当鞠躬尽瘁，死而后已。”竭尽心力，不辞劳苦的意思。

两朝：此指蜀汉先主刘备与后主刘禅两代王朝。

堪报主：可以报答君主的意思。

未成三计竟与尸：意思是说，庞统曾经为刘备夺取益州出谋划策制定上中下三计还没有成功庞统竟然就变成了尸体。

【释】竭尽心力不辞劳苦诸葛亮辅佐先主刘备与后主刘禅两代王朝可以报答君主了；

庞统为刘备取益州出谋划策制定的上中下三计还没有成功竟然就变成了尸体。

落凤坡下，唤落凤复起；
白马关前，催白马腾飞。

1994年，贺敬之题书。

贺敬之，1924年出生于山东省峄县（今山东省枣庄市），早年在德阳二中和罗江县中学学习，毕业于延安鲁艺文学系。历任鲁艺文工团创作组成员、华北联大文学院教师、中央戏剧学院创作室主任、《人民日报》文艺部副主任、文化部副部长、文学艺术研究院院长、中宣部副部长、文化部代部长、中国文联第四届委员、中国作家协会理事第三届副主席、书记处书记，中国戏剧家协会常务理事，第十二、十三届中央委员，全国第七届人大常委。著有《放歌集》《贺敬之诗选》《回延安》《贺敬之文艺论集》《放声歌唱》《雷锋之歌》《中国的十月》，参加执笔的歌剧《白毛女》剧本获 1951 年斯大林文学奖金。1994 年去成都开会，顺路回罗江县参观龙凤祠题书此联。

【注】落凤坡下，唤落凤复起：意思是，站在落凤坡下面，唤醒庞统这个凤雏起身复活。

白马关前，催白马腾飞：来到白马关前，催促庞统驾驭的白马腾飞起来。

【释】站在落凤坡下面，唤醒庞统这个凤雏起身复活；

来到白马关前，催促庞统驾驭的白马腾飞起来。

3. 宜宾市武侯祠匾额 7 方、楹联 6 副

宜宾武侯祠，位于四川省宜宾市岷江东路 4 号的流杯池公园内，公园面积 238.18 亩，是四川省著名的名胜古迹公园。

北宋时期，人们为了纪念诸葛亮南征平叛途经戎州（今宜宾市），曾经在这里修建了武侯祠。同时，为了纪念著名文学家、诗人、书法家黄庭坚（1045—1105），也在这里修建了祭祀黄庭坚的祠堂，称为“山谷祠”，因为黄庭坚字鲁直，号“山谷道人”。

明正德年间（1506—1521），知府胡沣培整修该祠时，将诸葛亮与黄庭坚同祠合祀，成了少见的文武同祠堂现象，但是人们都习惯地称之为“武侯祠”。

清咸丰元年（1851），武侯祠毁于兵乱，为此，咸丰六年（1856）又重建了武侯祠。

武侯祠坐东朝西，建筑面积 1400 平方米，按“回”字形布局，由门厅、中厅、庑廊、钟鼓楼和享堂等 52 间房屋组成。

在大门牌坊上，有“丞相祠”“名垂宇宙”“功高管乐”三方匾额。牌坊两侧柱子上有楹联，内容是：“明知炎德已衰，感三顾君恩，出扶危局；毕竟大名不朽，怀两川相泽，来拜荒祠。”题书者不详。

武侯祠中厅是丞相祠堂，正中上下

匾额为“天下奇才”与“淡泊明志”。

门口楹联是：“大名垂宇宙；遗像肃清高”；

“成大事以小心一生谨慎；仰流风于遗迹万古清高”。

祠堂内有诸葛亮彩塑坐像，两侧有诸葛亮儿子诸葛瞻与孙子诸葛尚的彩塑立像，两侧回廊墙壁上分别彩绘与诸葛亮有关的故事。

丞相祠堂内有楹联，内容是：“收二川，排八阵，六出七擒，五丈原前点四十九盏明灯，一心只为酬三顾；取西蜀，定南蛮，东和西拒，中军帐里变金木土爻神卦，水面偏能用火攻。”

中厅回廊内，彩塑有吕布等大型三国人物立式像，工艺精湛，栩栩如生，供人们观瞻。

后殿堂有关帝庙，殿内彩塑有关羽与儿子关平和部将周仓像。殿外有石塔炉、古石鼓、石狮、石华表傲立。

祠堂内收集有宋徽宗赵佶，明神宗朱翊钧，清康熙、乾隆、咸丰、同治等皇帝的匾额、楹联10余副。另外，公园内还有涪翁亭、吊黄楼、点将台、观音阁、荔红亭、景园等古迹和景点，是宜宾市人民政府公布的重点文物保护单位。

丞相祠堂

光绪辛丑（1901）十月，叙州（今四川省宜宾市翠屏区）知府文焕题书。

文焕，生平事迹不详。

【注】丞相：封建社会为帝王管理国家行政事务的最高官员。此指诸葛亮。章武元年（221），先主刘备在成都称帝，封诸葛亮为丞相。

祠堂：语出《汉书·循吏传·文翁》：“文翁终于蜀，吏民为立祠堂，岁时祭祀不绝。”文翁（公元前187—公元前110），庐江郡舒县（今安徽省合肥市庐江县）人，西汉景帝时蜀郡（治所在今四川省成都市所辖邛崃市）太守。他一生中兴教育、举贤能、修水利，心系民众，政绩卓著，所以，当时的庐江郡舒县家乡就为他修建了“乡贤祠”以示纪念，这是中国历史上为个人建祠庙纪念的最早记载。

祠堂亦称宗庙、祖祠，是祭祀祖先或先贤的场所，也是族人存放家族亡故先辈牌位、举行家族内各种仪式或处理家族事务的地方。

据《礼记·王制》记载说：“天子建七庙，诸侯五庙，大夫三庙，士一庙。”

诸葛亮第一个武侯祠是景耀六年（263）春，后主刘禅下诏在今汉中勉县定军山下武侯墓修建的，从此以后，全国各地的武侯祠庙比比皆是，至今保留的还有60余座。例如：唐代诗人杜甫《蜀相》诗歌就有“丞相祠堂何处寻，锦官城外柏森森”之句。说的就是成都武侯祠。

【释】纪念蜀汉丞相诸葛亮的祠堂。

名垂宇宙

书者不详。

【注】雍正十三年（1735）秋，康熙皇帝第十七个儿子和硕果亲王爱新觉罗·允礼，奉旨护送入京朝觐的六世达赖喇嘛返回西藏途经今汉中勉县武侯墓祠时，发现这里武侯墓祠多年失修，已经破败不堪，于是，责令地方官府拨款限期维修武侯墓祠。竣工以后，他在武侯墓题书“名垂宇宙”匾文，在武侯祠题书了“醇儒气象”匾文，还题写了七律诗歌一首，至今完整无损。因此，此处属于仿制品。

名垂宇宙：语出唐代诗人杜甫的《咏怀古迹五首》诗歌之五：“诸葛大名垂宇宙，宗臣遗像肃清高。三分割据纡筹策，万古云霄一羽毛。”

名垂：语出《荀子·王霸》：“名垂于后世。”大名流传下去的意思。例如：《三国演义》第六十回“庞士元议取西蜀”就有“明公先取西川为基，然后北图汉中，收取中原，匡正天朝，名垂青史，功莫大焉”之说。

宇宙：语出《淮南子·齐俗训》：“往古来今谓之宙，四方上下谓之宇。”天地万物的总称，泛指天地之间。

【释】诸葛亮的大名流传于天地之间。

功高管乐

题书者不详。

【注】功高管乐：诸葛亮的功德业绩高于春秋时期齐国的辅佐贤相管仲和战国时期燕国的上将军乐毅。

管仲（公元前723—公元前645）：曾经辅佐齐桓公成为“春秋五霸”之首，被誉为“圣人之师”“华夏第一相”。

乐毅：曾拜为燕国的上将军，受封“昌国君”，辅佐燕昭王振兴了燕国。公元前284年，他统率赵、楚、韩、魏、燕五国联军攻打齐国，接连攻下70余城，创造了中国古代战争史上以弱胜强的著名战例，报了强齐伐燕之仇。

【释】诸葛亮功德业绩高于齐国辅佐贤相管仲和战国时期燕国上将军乐毅。

天下奇才

书者不详。

【注】此匾文原为光绪十二年（1886），钦命陕甘兵备道唐树楠题书于今汉中勉县武侯祠献殿，至今仍然完好无损。因此，这里的匾文属于仿制品。

天下奇才：语出《三国志·蜀书·诸葛亮传》：“及军退，宣王（司马懿）案行其营垒处所，曰：此人乃天下奇才也。”天下：普天之下的意思。奇才：语出《史记·商君列传》：“公孙鞅，年虽少，有奇才。”此指奇特少有人才。

【释】诸葛亮是普天之下奇特少有的人才。

淡泊明志

题书者不详。

【注】淡泊明志：语出诸葛亮《诫子书》：“非淡泊无以明志，非宁静无以致远。”意思是说，只有恬淡的生活，不追求奢华与名利，才能够明确自己的远大志向。

【释】只有恬淡生活不追求奢华与名利才能够明确远大志向。

大汉一人

书者不详。

【注】此匾额是同治癸酉（1873）闰六月，古滇（今云南省昆明市）孙尔炽题书于今汉中勉县武侯祠献殿，至今仍存，完好无损，所以，这里属于仿制品。

大汉：语出西汉文学家司马相如（公元前178—公元前118）的《封禅文》：“大汉之德，逢涌原泉。”古代对刘姓西汉、东汉帝王朝廷的尊称。例如：《后汉书·窦融传》有“安固后嗣，恢拓境宇，振大汉天声”之说。

除此之外，大汉亦指顶天立地的男子汉。例如：南宋文学家岳珂（1183—1243）的《桯史·苏衢人妖》：“时姑苏有民家姓唐，一兄一妹，其长皆丈有二尺，里人谓之唐大汉。”再如：《三国演义》第一回“宴桃园豪杰三结义”亦有“正饮间，见一大汉，推着一辆车子，到店首歇了”之说。

一人：第一人，喻指威名超群。

【释】诸葛亮是汉朝以来顶天立地的男子汉第一人。

大名永垂

书者不详。

【注】此匾额是嘉庆七年（1802），钦命兵部尚书、四川总督勒保题书于

今汉中勉县武侯祠的崇圣祠。1984 年，汉中书法家白日煦补书，至今仍存。所以，此处属于仿制品。

匾文语出唐代诗人杜甫的《蜀相》诗歌："诸葛大名垂宇宙，宗臣遗像肃清高。"

大名：语出《史记·陈涉世家》："且壮士不死则已，死即举大名耳，王侯将相宁有种乎。"此指显赫的名声。

永垂：永远流传后世。

【释】诸葛亮显赫的名声永远流传后世。

明知炎德已衰，感三顾君恩，出扶危局；
毕竟大名不朽，怀两川相泽，来拜荒祠。

题书者不详。

【注】明知炎德已衰，感三顾君恩，出扶危局：意思是说，诸葛亮明明知道鼎盛的汉室江山已经衰败了，但他十分感激汉室后裔刘备屈尊三顾茅庐之恩，毅然决然出山辅佐扶持刘备于当时危难的时局。

炎德：语出《楚辞·远游》："嘉南州之炎德兮，丽桂树之冬荣。"史学家姜亮夫（1902—1995）校注曰："阴阳家旧说，南于五行属火，故曰炎德也。"

高祖刘邦创建了西汉王朝，光武帝刘秀创建了东汉王朝，两汉时期共经历了 26 个皇帝 410 年，他们都自称是"以火德为帝王"，后世称为"炎汉""炎德""炎刘"。后来的蜀汉政权也因为刘备属于汉室后裔，亦称之为"炎汉"。例如：曹操第三子陈思王曹植（192—232）的《徙封雍邱王朝京师上疏》就有"笃生我皇，奕世载聪……受禅炎汉，临君万邦"之说。再如：南朝梁文学家萧统（501—531）的《文选序》亦有"自炎汉中叶，厥涂渐异"。

三顾：语出诸葛亮《出师表》："先帝不以臣卑鄙，猥自枉屈三顾臣于草庐之中，咨臣以当世之事，由是感激，遂许先帝以驱驰，后值倾覆，受任于败军之际，奉命于危难之间，尔来二十有一年矣。"

建安十二年（207）冬，皇室后裔刘备为了匡扶汉室思贤若渴，急需有人指点迷津，在颍川名士徐庶与司马徽举荐下，刘备屈尊三顾茅庐，恳请诸葛亮出谋划策，并且出山辅佐。

出扶危局：诸葛亮是在刘备最危急的情况下出山辅佐扶持才成就大业的。

毕竟大名不朽，怀两川相泽，来拜荒祠：诸葛亮的大名毕竟是永垂不朽，东川与西川人民心怀对诸葛丞相的感激之情，前来拜祭这里荒凉的武侯祠。两川：唐肃宗李亨至德二年（757），将剑南道分置东川、西川两节度使，剑南以东的汉中郡简称"东川"，剑南以西成都平原简称"西川"。

【释】诸葛亮明知道鼎盛的汉室已经衰败，但他感激刘备屈尊三顾茅庐的君主恩德，毅然出山辅佐刘备危难时局；

诸葛亮大名毕竟永垂不朽，东川与西川人民心怀对诸葛丞相恩德的感激之情，前来拜祭这里荒凉的武侯祠。

收二川，排八阵，六出七擒，五丈原前点四十九盏明灯，一心只为酬三顾；

定西蜀，平南蛮，东和北拒，中军帐里变金木土爻神卦，水面偏能用火攻。

书者不详。

【注】此联文出自南宋嘉定三年（1210）贵州安抚经略使宋永高的《题七星关孔明碑》文中，详见本书第二十四章第6节《其他地方的遗址遗迹21处之（3）》七星关遗址摩崖题刻。

收二川：此指诸葛亮收复了成都平原与汉中郡的东、西二川。

唐肃宗李亨至德二年（757），将原剑南节度使分为剑南东川节度使和剑南西川节度使，剑南以东汉中郡称“东川”，以西的成都平原称“西川”。

排八阵：此指诸葛亮建兴五年（227）北伐曹魏屯军汉中期间，在定军山下“教兵演武”推演排兵布阵的六十四阵“八阵图”。

《三国志·蜀书·诸葛亮传》记载：“亮性长于巧思，损益连弩，木牛流马，皆出其意；推演兵法，作八陈图，咸得其要云。”

据清代武侯墓祠主持道人李复心《忠武侯祠墓志·八阵图》记载：建兴五年（227）七月，诸葛亮率军来到汉中定军山下后，就在定军山筑“督军坛”，根据周易八卦原理，采取“积石为垒”方法，在定军山下摆了“六十四阵八阵图”，进行“教兵演武”，训练军队，以达到“进则为阵，止则为营”，为的是提高军队素质，立于不败之地。

六出：语出《三国演义》第一百二十回末尾的叙事诗：“孔明六出祁山前，愿以只手将天补；何期历数到此终，长星半夜落山坞。”此指诸葛亮的五次北伐曹魏，《三国演义》从第九十五回的“马谡拒谏失街亭”到第一百四回的“陨大星汉丞相归天”，把诸葛亮五次北伐曹魏称为“六出祁山”。

七擒：此指诸葛亮南征平叛的“七纵七擒孟获”。

据《三国志·蜀书·诸葛亮传》裴松之注引《汉晋春秋》记载，建兴三年“亮至南中，所在战捷。闻孟获者为夷汉并所服，募生致之。既得，使观于营陈之间，问曰：此军何如？获对曰：向者不知虚实，故败。今蒙赐观看营陈，若只如此定易胜耳。亮笑，纵使更战，七纵七擒，而亮犹遣获。获止不去，曰：

公天威也，南人不复反矣。遂至滇池，南中平，皆即其渠率而用之。”

五丈原前点四十九盏明灯：此故事出自《三国演义》第一百三回“五丈原诸葛禳星”。是说诸葛亮在五丈原第五次北伐期间，由于曹魏大都督司马懿见诸葛亮大军来势凶猛而坚守不战，诸葛亮食少事烦而积劳成疾，不得已在军中帐内摆四十九盏神灯，派人守护，自己在中军帐里仗剑作法，若七日内灯不灭，则可延续生命一纪（12 年），以便继续北伐曹魏。没想到，已经过去了六天六夜，魏军突然来袭，前将军魏延急忙进帐禀报，不小心将灯扑灭，诸葛亮哀叹地说：“死生有命，不可得而禳也。”随后，诸葛亮就病死在五丈原军中。

一心只为酬三顾：诸葛亮一心一意辅佐蜀汉帝业，为的是酬谢报答先主刘备屈尊三顾茅庐。

定西蜀：建安十九年（214），诸葛亮协助刘备平定了益州。

平南蛮：建兴三年（225）五至十二月，诸葛亮亲自率军南征平定了西南少数民族的叛乱。南蛮：此指西南地区的少数民族。

东和北拒：此指诸葛亮出使东吴促成了孙刘联盟统一战线，在东面与东吴孙权联合，在西面又亲自率军北伐曹魏。

中军帐里变金木土爻神卦：此指诸葛亮在中军帐内用周易的金、木、水、火、土五行爻卦来排兵布阵。

水面偏能用火攻：此指诸葛亮在南征平叛时曾经在泸水“火烧藤甲军”。

据《三国演义》第九十回“烧藤甲七擒孟获”记载，孟获第六次被诸葛亮释放后，又请乌戈国引三万藤甲军与诸葛亮在泸江桃花渡口交战。这些人个个身着藤甲，“而藤甲生长在山洞之中，盘于石壁之上，国人采取，浸入油中，半年方取出晒干，复浸油，凡几十遍，造成铠甲，穿在身上，渡江不沉，经水不湿，刀剑皆不能入，因号藤甲军”。正因为如此，蜀军几番交战奈何不得。在此情况下，诸葛亮不得不采取火攻办法将其消灭，最终将孟获第七次擒获，他心悦诚服地说：“丞相天威，南人不复反也。”

此楹联不仅概述了诸葛亮的丰功伟绩，而且用上了“一二三四五六七八九十”各个数字和“东南西北中金木水火土”10 个字，意义深远，结构奇巧，是一副绝佳的数字典故联，也是历史上最早用楹联形式歌颂诸葛亮的佳作。

【释】收复成都与汉中郡，排八阵图教兵演武训练军队，六出祁山北伐曹魏南征平叛七擒孟获，五丈原前点四十九盏神灯祈祷上苍延寿，诸葛亮一心辅佐蜀汉帝业只为酬谢先主屈尊三顾茅庐之恩；

协助刘备夺取益州，又平定西南地区少数民族，诸葛亮促成孙刘联盟统一战线东面联合孙权北面抗拒曹操，中军帐内用周易五行爻卦排兵布阵，在泸江水面使用火攻方法消灭了蛮夷藤甲军。

大名垂宇宙；
遗像肃清高。

书者不详。

【注】上、下联句皆出自杜甫《咏怀古迹》："诸葛大名垂宇宙，宗臣遗像肃清高；三分割据纡筹策，万古云霄一羽毛。"

大名垂宇宙：是说诸葛亮的英名千古流芳，永远留在天地之间。

遗像肃清高：是说他的遗像肃穆清高，人们对他无限的尊崇敬仰。

【释】诸葛亮的英名千古流芳永远留在天地之间；
诸葛亮遗像肃穆清高人们无限的尊崇敬仰。

成大事以小心一生谨慎；
仰流风于遗迹万古清高。

书者不详。

【注】此联是国民党上将冯玉祥于民国十七年（1928）十二月为今汉中勉县武侯祠所题并刻立了碑石，在拜殿前檐左侧。所以，这副楹联属复制品。

成大事以小心一生谨慎：是说诸葛亮为了成就蜀汉帝业的大事，一生中都是谨慎小心的。

仰：瞻仰、敬仰、仰慕。

流风：语出《孟子·公孙丑上》："流风善政，犹有存者。"此指遗留的风范。

遗迹：遗存的文化古迹，此指武侯祠。

万古清高：此指诸葛亮永远都是清廉而高尚的典范。

【释】为了成就蜀汉帝业大事诸葛亮一生中都是谨慎小心的；
仰慕先贤风范的武侯祠孔明永远都是清廉高尚的典范。

志见出师表；
好为梁甫吟。

书者不详。

【注】此联是1964年岁首郭沫若为襄阳古隆中题书，此处属于仿制品。

志见出师表：诸葛亮的理想与志向可以从他的前、后《出师表》中看到。

好为梁甫吟：诸葛亮隐居躬耕时期十分喜欢家乡民间乐府歌谣《梁甫吟》。据《三国志·蜀书·诸葛亮传》记载："亮躬耕陇亩，好为梁甫吟。"

梁甫吟：为乐府古辞，流传在山东省泰山一带。内容如下："步出齐城门（今山东淄博市临淄城北八里），遥望荡阴里（今临淄城南）。里中有三坟，累累正相似。问是谁家墓，田疆古冶子（春秋时期齐景公三个功臣，著名武士田开疆、公孙接、古冶子）。力能排南山，文能绝地纪。一朝被谗言，二桃杀三士。谁能为此谋，国相齐晏子。”（晏婴，齐景公名相）

这首歌谣说的是“二桃杀三士”的故事。诸葛亮喜欢它的原因，一是历史传承的故乡歌谣，具有思乡情怀。二是从这个故事中能够悟出很多道理，可以史为鉴，学习晏子忠君爱国。

【释】诸葛亮的理想与志向可以从他的前后《出师表》之中看到；
诸葛亮在隆中隐居时就十分喜欢家乡民间歌谣《梁甫吟》。

伯仲之间见伊吕；
指挥若定失萧曹。

原题书者不详。

八三老人（83 岁的老人）平原灌父书，生平事迹见前。

【注】此楹联是平原灌父 1964 年书于成都武侯祠，所以，此处属于仿制品。

上下联句皆出杜甫《咏怀古迹》：“诸葛大名垂宇宙，宗臣遗像肃清高。三分割据纡筹策，万古云霄一羽毛。伯仲之间见伊吕，指挥若定失萧曹。运移汉祚终难复，志决身歼军务劳。”

伯仲之间见伊吕：是说诸葛亮辅佐蜀汉帝业的功德业绩与商朝初期贤相伊尹和西周初期的辅佐大臣吕望不相上下。

指挥若定失萧曹：是说诸葛亮运筹帷幄的才能使得西汉初期高祖刘邦手下辅佐大臣萧何与曹参都黯然失色。

【释】诸葛亮功德业绩与商朝辅佐贤相伊尹和西周辅佐大臣吕望不相上下；
诸葛亮运筹帷幄才能使西汉高祖刘邦辅佐大臣萧何曹参都黯然失色。

4. 宜宾市江安县武侯祠匾额 1 方

江安县，隶属于四川省宜宾市，位于四川南缘，长江宜宾之东，宜宾、泸州、自贡三市的交汇处，辖 16 镇 3 乡，面积 912 平方千米，总人口 56.22 余万人，县人民政府驻江安镇竹都大道，是四川省历史文化名城、四川省文化先进县、省级竹类资源开发县。

在江安县井口镇武侯村黄泥塝组有一座诸葛亮的武侯祠，始建于清代，距长江北岸 60 米，坐东向西，祠堂山门两侧为八字形，顶部单墙体重檐式。

据当地人说，道人金义洲到井口武侯祠出家，因他的面貌长得天圆地方，

形态像菩萨，世人称金大菩萨。他见该祠年久失修，破旧不堪，遂于1946年主持重新修建，总建筑面积262平方米，形成了今天的格局。1994年，江安县人民政府将其公布为文物保护单位。

武侯祠的山门上方，有“武侯祠”竖匾，黑底金字，题书者不详。

山门两侧，有一副楹联，也是黑底金字，遗憾的是，字迹已经模糊不清，无法辨认。

武侯祠主体建筑为正殿，左右配有厢房，素面台基，明间左右各设12级踏道双向而上，前带廊，青砖为柱。

正殿面阔三间17.2米，进深三间15.2米，通高15米，系抬梁式砖木结构，三架梁，单檐歇山顶，施小青瓦，正脊塑吉祥图案，中间置如意宝顶。

殿内神龛上，有诸葛亮彩塑神像，羽扇纶巾，神态祥和，似运筹帷幄之中。

左右厢房与正殿纵向排列，穿斗式砖木结构，硬山顶建筑小青瓦，面阔三间14.9米，进深两间7米。

武侯祠

题书者不详。

【注】武侯：诸葛亮生前被封为“武乡侯”，死后被追谥为“忠武侯”，所以，武侯是诸葛亮的代称。

祠：纪念祖宗、先贤、英烈、名人、神仙的祠堂。

【释】纪念诸葛亮的祠堂。

5. 泸州市忠山武侯祠北宋唐庚的《祭孔明文》以及匾额1方、楹联8副

在四川省泸州市西郊有一座不高的山，古称堡子山、宝山，历史上曾修建了武侯祠，纪念诸葛亮当年南征平叛时在这里驻军。

据说，当地人十分感念诸葛亮一家三代人对蜀汉国家的忠贞至死不渝，所以，武侯祠中不但祭祀诸葛亮与其儿子诸葛瞻、孙子诸葛尚，而且在明崇祯

年间（1628—1644），还把原来的宝山改名为“忠山”，以示永久纪念。

据民国二十七年（1938）编著的《泸县志》记载：“武侯祠在城西宝山（忠山）之峰，即三忠祠，初祀诸葛武侯及其子瞻、孙尚。宋庆元间（1195—1200），泸州帅陈损之始建。”由于该祠纪念的是诸葛亮、诸葛瞻、诸葛尚祖孙三代人，因此又叫“三忠祠”“武侯英烈祠”。当时，每年举行庙会的时候，“届时乡人贡马相率，拜于庙前”。

正因为如此，南宋绍兴年间，剑南东川节度推官刘光祖（1142—1222）有诗说：“蜀人所至祠遗像，蛮儌犹知问旧碑。”

在乾隆年间《四库全书》辑录的《眉山集》卷一〇《杂文》之中，有北宋徽宗大观年间（1107—1110）宗子博士唐庚当年在泸州武侯祠祭祀诸葛亮的《祭孔明文》，全文如下：

天降丧乱，汉祚将倾（此指东汉末期桓帝、灵帝懦弱无能，导致朝政腐败，军阀割据，天下大乱，汉家江山行将倾覆）。公抱器业，南阳躬耕。隐而未见，行而未成（诸葛亮怀抱远大志向，在南阳郡隐居躬耕，不求闻达，等待时机而不轻举妄动）。呜呼清哉！万乘知己，三顾茅庐（清明啊，皇室后裔刘备，屈尊三顾茅庐于隆中向诸葛亮寻求兴复汉室大计）。计安天下（诸葛亮为刘备制定的《隆中对策》可以匡扶汉室，安定天下），周爰谘诹（语出《诗经·小雅·皇皇者华》：“载驰载驱，周爰谘诹。”意思是，刘备跑遍全国寻访治国大道）。协力合谋，克赞霸图（诸葛亮与刘备同心合力，克服困难赞襄帮助刘备扩大势力建立了蜀汉王朝霸业）。呜呼智哉！帝念公心，战战兢兢（智慧啊，先主刘备感念诸葛亮忠诚之心，诸葛亮更加小心谨慎）。举国托孤，知公之能（刘备临终前托孤受命将蜀汉国家的命脉交给了诸葛亮，知道诸葛亮德才兼备必能安邦定国）。公受顾命，拳拳服膺（诸葛亮托孤受命后，全力辅佐后主刘禅）。呜呼忠哉！建国之初，国如缀旒（liú，忠诚啊，蜀汉建国之初幼子新立，国力空虚，西南少数民族叛乱，魏国、吴国又虎视眈眈，内忧外患国势垂危），负扆（yǐ，户牖之间的屏风。天子见诸侯时，背扆而坐）莅政，为伊、为周（蜀汉政权不稳人心混乱，诸葛亮像伊尹、周公一样全力辅佐后主）。燕盖不乱，民言不流（蜀汉国家安乐不乱，老百姓没有流言蜚语）。呜呼难哉！步卒数万，哆然北出。河洛骚动，雍梁震栗。曹氏君臣，为之仄席（艰难啊，诸葛亮亲自率数万大军北伐曹魏，魏国的都城洛阳慌乱，曹魏君臣举国震惊，坐立不安）。呜呼壮哉！天未厌乱，短公之命（悲壮啊，诸葛亮北伐曹魏没有达到预期目的而病死在五丈原军中）。礼乐不兴，斯民不幸（诸葛亮死后，以礼乐仁义为核心，尊卑有序远近和合之儒学文化系统衰败了，这是万民的不幸）。曹氏君臣，酌酒相庆（曹魏君臣得知诸葛亮死后，把酒相庆）。

呜呼痛哉！昔我先子，旅病泸川。乃祷公祠，冀得生还（痛心啊，当初唐玄宗李隆基在安史之乱时，曾经避难逃到了四川，在泸州生病，前去武侯祠祷告祭祀诸葛亮，病就好了，最后又回到了长安）。神鉴孔昭，生还故山（唐庚当时有病，他希望诸葛亮护佑他能够生还故乡）。呜呼灵哉！西蜀遗民，荷公之恩，登公之祠，拜公之神，祭公之馔，吊公以文。呜呼歆哉（诸葛亮的英灵十分灵验啊，益州的老百姓，都蒙受着诸葛亮的恩德，纷纷到武侯祠，拜祭诸葛亮的神灵，给诸葛亮敬献祭品，以祭文进行祷告，都喜爱诸葛亮）！

唐庚（1070—1120），字子西，人称鲁国先生，今四川眉山市丹棱县唐河镇人，北宋哲宗绍圣元年（1094）进士，徽宗大观年间（1107—1110）为宗子博士，经宰相张商英推荐授提举京畿常平。张商英罢相后，唐庚亦被贬，谪居惠州（今广东省惠州市），后遇赦北归，复官承议郎，提举上清太平宫（今宝鸡市凤翔县）。后于返蜀道中病逝，时年51岁。

唐庚与苏轼是同乡，贬所又同为惠州，兼之文采风流，当时有“小东坡”之称。曾经作《名治》《察言》《闵俗》《存旧》《内前行》诸篇，有《唐先生文集》20卷传世，被时人称赞。其子唐文若，自有传（以上见《宋史》卷四百四十三·列传第二百二·文苑五·唐庚传）。

笔者认为，从以上唐庚的《祭孔明文》内容与他的简历来看，唐朝时期，泸州的武侯祠不但已经存在，而且“西蜀遗民，荷公之恩。登公之祠，拜公之神”，足见当时这里武侯祠香火十分兴旺。唐玄宗李隆基在“安史之乱”时，曾避难逃到了四川，在泸州生病，前去武侯祠祷告祭祀诸葛亮后，病就好了，最后又回到了长安。北宋时期，唐庚是在遇赦北归返蜀道中路过了泸州，当时也生病了，也虔诚地到泸州武侯祠去拜谒诸葛亮，写下这个祭文，时间应该在宣和初年（即1119—1120）。希望诸葛亮的神灵保佑他早日康复，“神鉴孔昭，生还故山”。没想到，他还是病死在路途中，未能够回到家中。

由此看来，泸州武侯祠应该始建于唐朝以前，民国二十七年（1938）《泸县志》记载武侯祠为“宋庆元间，泸州帅陈损之始建”有误，很可能是属于年久失修以后的再次重修。

万历二十三年（1595），北京监察御史、泸州人王藩臣对武侯祠进行了维修。崇祯六年（1633），再次维修。所以，这里曾经有明嘉靖十七年（1538）泸州兵备佥事薛甲（1498—1572）刻立的《武侯祠碑记》、崇祯六年（1633）户部主事韩位甫刻立的《重修武侯祠碑记》。

明代末年，武侯祠毁于兵火。清康熙七年（1668）再次重建，为此，康熙十年（1671），四川总督、湖广总督加兵部尚书蔡毓荣（1633—1699）还在这里刻立了《重修武侯祠碑记》。

据 1993 年 12 月四川科学技术出版社出版发行、泸县县志办公室编纂的《泸县志》记载说，民国年间，这里的武侯祠与相邻的吕祖庙已经被国民党驻军全部拆毁，荡然无存了。有幸的是，在地方志中，仍然保留下来部分与武侯祠有关楹联。

1982 年 10 月，地处忠山的泸州医学院附属医院在基建施工时，发掘出武侯祠遗址及残存的文臣武将石雕像 120 余尊，每尊高约 1.5 米，现存当地的博物馆。20 世纪 70 年代末期，在忠山顶上修建了一个六角的武侯琴亭，作为武侯祠纪念地，亭子上有“武侯琴亭”匾额与楹联。

现在的忠山已被辟为公园，占地面积 0.5 平方公里，四周一片葱茏。山上有石牌坊、琴亭、奎星阁、江山平远堂等，山麓有烈士陵园等。

武侯琴亭

题书者不详。

【注】武侯：诸葛亮生前被后主刘禅封为“武乡侯”，死后被追谥为“忠武侯”，因此，武侯就代表诸葛亮，历史上全国各地的武侯祠就这样应运而生。

琴亭：纪念诸葛亮弹琴的亭子。这是根据《三国演义》第九十五回“武侯弹琴退仲达”故事而产生的，正因为如此，不少武侯祠都有琴亭。

【释】纪念诸葛亮弹琴的亭子。

臣本布衣，一生谨慎；
君真名士，万古云霄。

丙戌岁（1978）中秋（八月十五），丹波题书。

丹波，本名许文榜，号丹波，1934 年出生于四川古蔺（今四川省泸州市古蔺县），中华诗词学会会员，四川省书协会员，泸州市诗词学会理事，市书协三、四届副主席，古蔺县诗书画院副院长，古蔺县书协主席，著有《鉴山楼诗稿》。

【注】臣本布衣：语出诸葛亮前《出师表》：“臣本布衣，躬耕于南阳，苟全性命于乱世，不求闻达于诸侯。”臣：诸葛亮自称。本：本来就是的意思。布衣：语出《荀子・大略》：“古之贤人，贱为布衣，贫为匹夫。”此指平民百姓。

一生谨慎：此指诸葛亮在辅佐蜀汉帝业的一生中都是谨慎小心的。

君：此指诸葛亮。

真名士：真正的知名人士。

万古云霄：语出唐代诗人杜甫《咏怀古迹》诗歌：“诸葛大名垂宇宙，宗臣遗像肃清高。三分割据纡筹策，万古云霄一羽毛。”万古：千百万年的意思。

云霄：此指天际、高空、天地之间。

【释】诸葛亮自称是平民百姓，所以他一生做事情都谨慎小心；

诸葛亮是真正的知名人士，千百万年还传播在天地之间。

卧龙祠宇同遗像；
骑鹤仙人在上头。

题书者不详。

【注】卧龙祠宇同遗像：此指所有纪念诸葛亮的祠庙里面，都有他的塑像或者画像。

骑鹤仙人：是中国古代建筑中琉璃瓦的四大件中第二类，用来修饰屋顶的一类装饰名称，考古学称之为“仙人走兽”或者是“脊饰”，位置在房屋屋角处。

明清时期规定，“仙人走兽”最多是九个，依次为龙（象征权势尊荣）、凤（象征圣德）、狮子（象征勇猛威严）、天马（追风逐日）、海马（逢凶化吉）、狻猊（suān ní，与狮子同类的猛兽）、狎（xiá）鱼（象征灭火防灾的神）、獬豸（xiè zhì，象征勇猛公正）、斗牛（象征除祸灭灾）。总的意识形态是，象征权势尊荣、威严勇敢、逢凶化吉、消灾避难。

“九”是中国古代最大的阳数，属于最高级别建筑使用。最少的古建筑上“仙人走兽”是三个，这是封建社会根据身份来决定房屋等级而安装的，不能够随意使用，否则，就会越轨犯戒而受到相应的处罚。可是，故宫的太和殿，后来又增加了一个叫“行什”，是神话传说中雷公或雷震子，放在屋顶是为了防雷。如此一来，“仙人走兽”就成为 10 个，表示规格极高，这是唯一特例。

在上头：此指“仙人走兽”在古建筑的房盖上面。

【释】诸葛亮祠庙里面都有他的塑像；

古建筑的仙人走兽在房盖上面。

南阳诸葛真名士；
天下英雄惟使君。

题书者不详。

【注】南阳：郡名，两汉三国时期属于荆州，辖 37 县，治所在今河南省南阳市。诸葛亮《出师表》中有“臣本布衣，躬耕于南阳”之说，因此，后来多以南阳指诸葛亮。

名士：语出《礼记·月令》：“季春之月勉诸侯，聘名士，礼贤者。”郑玄注曰：“名士，不仕者。”孔颖达疏：“名士者，谓其德行贞绝，道术通明，王者不得臣而隐居不在位者也。”泛指名望高而不仕的知名人士。

此指诸葛亮在南阳郡隐居躬耕，未出茅庐就已经是著名人士。

天下英雄惟使君：语出《三国志·蜀书·先主传》：建安三年（198），刘备不得不屈就在曹操麾下，曹操为试探刘备有没有政治野心，故意对刘备说：“今天下英雄，惟操与使君耳。”《三国演义》第二十一回“曹操煮酒论英雄”将这个故事描写得出神入化。天下英雄：天底下的英雄豪杰。惟：唯有、唯独的意思。使君：汉代对州牧、刺史的尊称。如《三国志·蜀书·刘璋传》：“刘豫州，使君之肺腑，可与交通。”建安三年，曹操因为刘备协助他灭吕布有功，所以就表奏汉献帝刘协封刘备为豫州牧、左将军，因此，刘备从此就有了“刘使君”和“刘豫州”的称谓。

【释】在南阳隐居的诸葛亮是真正的知名人士；

天底下的英雄豪杰唯独有汉室后裔刘备。

闲抚孤松叩仙骨；
且寻诸葛爱兵书。

刘裴邨（cūn）敬题。

刘裴邨，本名刘光第（1859—1898），字裴邨，今四川省自贡市富顺县人，维新变法六君子之一，光绪九年（1883）进士，授刑部候补主事。代表作品有《衷圣斋文集》《衷圣斋诗集》。

【注】闲抚孤松叩仙骨：闲暇时抚摸着孤傲挺拔的青松叩拜它们的仙风傲骨。闲：闲暇的意思。孤松：语出东晋著名史学家陶渊明（352—427）的《归去来兮辞》：“景翳翳以将入，抚孤松而盘桓。”此指单独生长的松树。例如：唐代宰相张说（667—730）的《遥同蔡起居偃松篇》诗歌有“清都众木总荣芬，传道孤松最出群”之句。叩：叩拜的意思。仙骨：语出唐代诗人杜甫的《送孔巢父谢病归游江东兼呈李白》诗歌：“自是君身有仙骨，世人那得知其故。”比喻超尘拔俗的风骨。

且寻诸葛爱兵书：且去寻找诸葛亮相关图书因为喜爱他的军事著作。且：暂且的意思。寻：寻觅、寻找的意思。爱兵书：喜爱军事著作。

【释】闲暇时候抚摸着单独生长的青松叩拜超尘拔俗的风骨；

暂且去寻找诸葛亮的相关图书因为喜爱他的军事著作。

一梦酣然，不信枕头先我醒；
三分如昨，须知鼎足要人扶。

施剑潭敬题，生平事迹不详。

【注】一梦酣然，不信枕头先我醒：《三国演义》第三十八回“定三分隆中决策”中，刘备第三次拜见诸葛孔明的时候，诸葛亮正好午睡刚醒，随口吟诗曰：“大梦谁先觉，平生我自知。草堂春睡足，窗外日迟迟。”诸葛亮尽管在隆中隐居躬耕却对当时的时局了如指掌，即便是进入了梦乡，头脑始终是清楚的。一梦酣然：很舒服地进入了梦乡。

三分如昨，须知鼎足要人扶：魏蜀吴三国鼎立如同是昨天的事情，要知道弱小的蜀汉与吴魏鼎足是需要有人来辅佐扶持的。三分：此指曹魏、蜀汉、东吴三分天下鼎足对峙。要人扶：此指蜀汉帝业与曹魏、东吴相互对峙是需要诸葛亮这样的人物进行辅佐扶持的。

【释】即便是很舒服地进入了梦乡，诸葛亮对当时的时局了如指掌头脑始终是清楚的；

三分天下如同是昨天的事情，要知道蜀汉与曹魏东吴鼎足是需要人辅佐扶持的。

琼楼背廓开，看泸水萦绕，恰好比邻亲汉相；
高阁临江起，问岳阳缥缈，更从何处觅飞仙。

题书者不详。

【注】琼楼背廓开：此指纪念唐代道教全真派祖师吕洞宾的吕祖祠庙背对着外城开门。琼楼：形容华美的建筑物。廓：外城的意思。

看泸水萦绕，恰好比邻亲汉相：我看见泸水萦回环绕，恰好与纪念诸葛亮的武侯祠比邻。汉相：此指纪念诸葛亮的武侯祠。

高阁临江起，问岳阳缥缈，更从何处觅飞仙：高大的吕祖祠邻近泸江而修建，请问岳阳楼远视，应该从哪里寻找飞仙吕洞宾？岳阳：此指湖南省岳阳市的岳阳楼，与湖北武汉的黄鹤楼、江西南昌的滕王阁并称为江南三大名楼，是全国重点文物保护单位。缥缈：语出《文选·木华·海赋》：“群仙缥眇，餐玉清涯。”李善注：“缥眇，远视之貌。”飞仙：此指吕洞宾修炼成仙，驾鹤而去。

【释】吕祖祠背对外城而开门，我看见泸水萦回环绕，恰好与诸葛亮的武侯祠相比邻；

高大的吕祖祠邻近泸江而修建，请问岳阳楼远视，应该从哪里寻找飞仙吕洞宾？

樽酒话沧桑，考三泸迁徙无常，如此铁城，百感苍茫讯遗老；
史家志人物，问千古名流有几，摩挲铜鼓，一心崇拜只先生。

题书者不详。

【注】樽酒话沧桑：意思是说，一杯酒说历史变化。樽酒：语出《易经·坎》："樽酒簋贰，用缶。"一杯酒的意思。例如：唐代诗人杜甫的《客至》诗有"盘飧市远无兼味，樽酒家贫只旧醅"之句。沧桑：沧海桑田的缩语，此比喻历史变迁。

考：考证、考察的意思。

三泸：由于长江、沱江的分割，泸州自古形成了江城、小市三片隔河相望的区域，所以称为"三泸"。

迁徙无常：迁移变化无常。

如此铁城：像这样钢铁一般坚固的城市。

百感：百感交集、种种感慨的意思。

苍茫：模糊不清的意思。例如：南朝梁文学家沈约（441—513）的《夕行闻夜鹤》诗歌："海上多云雾，苍茫失洲屿。"

讯遗老：去问询那些年纪大的老人。

史家志人物：此指历史学家编写志书的传记人物。

问千古名流有几：敢问千百年来名垂青史的有几个人？

摩挲：语出《释名·释姿容》："摩娑，犹末杀也，手上下之言也。"用手抚摸把玩的意思。例如：《后汉书·蓟子训传》有"与一老公共摩挲铜人"之说。

铜鼓：中国古代西南少数民族的一种乐器，筒状，底中空，鼓面光体有角，有的鼓面上铸出日光、青蛙、牛、马等形象，鼓身全部饰有几何形和人与动物的写生图像。至今为壮族、布依族、傣族、侗族、水族、苗族、瑶族等民间广泛珍藏，是节日和宗教活动中的重要乐器。例如：《后汉书·马援传》记载说："援好骑，善别名马，於交趾得骆越铜鼓，乃铸为马式。"

据当地传说，诸葛亮南征平叛时期，曾经将铜鼓在军中白天做饭，夜晚以此报警，因此，俗称"诸葛鼓"，至今在相关的文物保护单位都有收藏。例如：清咸丰八年秀才薛福成（1838—1894）的《振百工说》："诸葛亮在伊尹伯仲之间，所制有木牛流马，有诸葛灯，有诸葛铜鼓，无不精巧绝伦。"

一心崇拜只先生：一心一意崇拜的只有诸葛亮。先生：此指诸葛亮。

【释】一杯酒说历史变化，考证泸州迁移变化无常，像这样钢铁一般坚固城市，百感交集模糊不清的去问询那些年纪大的老人；

历史学家编写志书传记人物，敢问千百年来名垂青史有几个人？用手抚摸着铜鼓，西南地区一心一意崇拜的只有诸葛亮。

振衣千仞岗，看大江东去，拾秋色西来，无端风景正愁人，茫茫河山，故国何为，新亭莫泣；

凭栏一杯酒，问黄鹤何之，呼卧龙不起，自古英雄造时势，悠悠天地，匹夫有责，健者是谁？

苏俊敬题。

苏俊，字仲荣，清代末年著名诗人，系“泸州三苏”之大苏。辛亥革命后，曾经出任四川省议会议员、泸县修志局局长。当时，朱德驻军泸州，尊为师友，经常在一起饮酒吟诗、畅谈国事、忧国忧民，与朱德有患难之交，对朱德后来投身革命起到了重要作用。代表作品有《澹远斋诗存》《苏山诗草》留世。

【注】振衣千仞岗：语出西晋文学家左思（250—305）的《咏史》：“振衣千仞岗，濯足万里流。”意思是，在极高的千仞高冈上把衣服抖一抖，在万里清河里把脚洗得干干净净。振衣：语出《史记·屈原贾生列传·屈原》：“新沐者必弹冠，新浴者必振衣。”王逸注：“去尘秽也。”后来遂以“振衣”指抖衣去尘、整衣。千仞岗：古代计量单位 1 仞为七尺，千仞即七千尺，形容很高。岗：即山岗。

看大江东去：语出北宋文学家苏轼《念奴娇·赤壁怀古》：“大江东去，浪淘尽，千古风流人物。”意思是，从前的好景已逝去，现在境况不如前了。

拾秋色西来：语出唐代著名文学家岑参（715—770）的《与高适薛据同登慈恩寺浮图》诗歌：“秋色从西来，苍然满关中。”意思是，俯拾皆是的秋天景色从西面而来。

无端风景正愁人：作者看到了没有尽头的景色正在发愁。

茫茫河山：辽阔旷远的山河。

故国可为：具有悠久历史的祖国很有作为。

新亭莫泣：语出南朝宋史学家刘义庆（403—444）的《世说新语·言语》：“过江诸人，每至美日辄相邀新亭，藉卉饮宴。周侯中坐而叹曰：风景不殊，正自有山河之异！皆相视流泪。”

公元 316 年，大司马刘曜率军灭了西晋，司马睿（276—323）在王导拥护下在建康（今南京市）建立了东晋王朝，一些贵族及大臣，每当天气晴朗时到建康城外的新亭饮酒。有一天，武城侯周凯发感慨说，这里的风景跟往昔一样，可惜的是江山却换了主人，引发大家互相对视哭了起来，表示痛心国难而无可奈何的心情。此指对故国的思念。

新亭：在今南京市西南，风景秀丽。

凭栏一杯酒：身倚栏杆而饮一杯酒。

问黄鹤何之：问黄鹤飞往何处去？例如：毛泽东主席的《菩萨蛮·黄鹤楼》有“黄鹤知何去？剩有游人处。把酒酹滔滔，心潮逐浪高”诗句。

呼卧龙不起：呼唤诸葛亮卧龙而不能起来。

自古英雄造时势：自古以来都是英雄创造时势。

悠悠天地：形容天地宽广、历史悠久。

匹夫有责：语出清初史学家顾炎武（1613—1682）的《日知录·正始》：“保天下者，匹夫之贱，与有责焉耳矣。”后引申为“国家兴亡，匹夫有责”。

健者是谁：强有力的人是哪一个？

【释】在千仞高冈上抖去衣服尘埃拜谒先贤，从前好景早已逝去了，俯拾皆是秋天景色从西面而来，看到这里景色我正在发愁，辽阔旷远的山河，悠久历史的故国很有作为，千万别再出现新亭悲泣流泪情景；

倚栏饮一杯酒，问黄鹤飞往何处？想呼唤诸葛亮卧龙再为民造福可惜不能再出现了，自古以来都是英雄创造时势，中华民族天地宽广历史悠久，国家兴亡匹夫有责，敢于担当最强有力的人还有哪一个？

6. 西昌市宁远丞相祠楹联 1 副

在今四川省西昌市，原来的四川宁远府城内，历史上曾有一座丞相祠堂，专祀诸葛亮，修建年代与规模不详，现已不复存在。

当时，在地方史志资料中，保留下来有清代乾隆年间宁远知府戴三锡曾经为丞相祠题书楹联 1 副，内容是：

筹笔在攻心，当年华洽賨羌，冠带百蛮归典属；
安边曾叱驭，此日风清鸥脱，云霄万古仰宗臣。

戴三锡题书。

戴三锡（1758—1830），字晋藩，号美门，顺天大兴（今北京市大兴区）人，乾隆五十八年（1793）进士，授山西临县知县，连丁父母忧。嘉庆六年（1801）服阕，发四川，历任马边、峨边两厅通判，资州、眉州、邛州同知，宁远知府、建昌道、四川按察使，并有政声，升为茂州直隶州知州、工部侍郎。

【注】筹笔：语出唐代诗人唐彦谦（？—893）的《兴元沈氏庄》诗歌：“江

遶武侯筹笔地，雨昏张载勒铭山。”此指筹笔驿，在四川省广元市城北45公里朝天镇军师村一组，前临嘉陵江水，背靠汉王寨山，由东向西的梅家河水绕驿北汇入嘉陵江。建兴五至十二年（227—234），诸葛亮屯军汉中北伐曹魏期间，多次经过这里在此驻军，筹划军事而得名。

据乾隆二十二年（1757）的《广元县志·山川》记载：“筹笔驿在县北九十里，诸葛武侯出师常驻军筹划于此。杜牧诗：永安宫受诏，筹笔驿沉思。画地乾坤在，濡毫胜负知。李商隐诗：猿鸟犹疑畏简书，风云常为护储胥。”

除上述记载外，历史上不少文人学士都曾经路过此地而写诗歌咏。例如：唐代文学家南阳太守罗隐（833—910）曾路过此地写下了《筹笔驿》诗歌。

晚唐诗人薛能（817—880）亦有《筹笔驿》诗歌。

宋代诗人范晞文《又筹笔驿》有：“管乐有才真不忝，关张无命欲何如。”

清代文学家赵翼《铁壁关》诗亦有：“料敌好增筹笔驿，出关先当望乡台。”

汉中勉县的武侯祠，历史上也称为“筹笔驿”。据清代武侯墓祠主持道人李复心《忠武侯祠墓志》记载：“武侯经理中原凡八载，多住于此，或云祠堂为当年之筹笔驿。或云：武侯驻军之行营，相府亦在斯地。”

当年华洽賨羌，冠带百蛮归典属：此指诸葛亮建兴三年（225）南征平叛时，根据西南地区少数民族众多而语言、生活习俗、信仰、居住环境各异的实际情况，因地制宜地采取了“攻心为上，攻城为下”怀柔策略，对叛乱首恶分子雍闿、高定、朱褒坚决镇压，对西南少数民族地区威信较高的首领孟获却进行了“七纵七擒”使其心悦诚服，连带西南少数民族都归附了蜀汉朝廷，彻底平定了西南地区的叛乱，解除了后顾之忧，留下了千古美谈。华洽：此指汉族华人与西南少数民族和谐相处。賨羌：亦称青羌，西南地区羌族的一支，服饰尚青色故称。据诸葛亮后《出师表》记载：“突将、无前、賨叟、青羌、散骑、武骑一千余人，此皆数十年之内所纠合四方之精锐。”冠带：语出《韩非子·有度》：“兵四布于天下，威行于冠带之国。”此指教化的意思。例如：南宋翰林院学士洪迈（1123—1202）的《容斋四笔·饶州风俗》有“宋受天命，然后七闽二浙与江之西东，冠带诗书，翕然大肆”之说。百蛮：语出《诗经·大雅·韩奕》：“以先祖受命，因时百蛮。”毛传曰：“因时百蛮，长是蛮服之百国也。”此指诸多的少数民族。例如：《汉书·外戚传下·孝成许皇后》有“方外内乡，百蛮宾服，殊俗慕义，八州怀德”之说。归：归附于。典属：亦称典属国，古代管理少数民族归属于朝廷的官员。例如：《汉书·百官公卿表第七上》有：“典属国，秦官，掌蛮夷降者”之说。再如：西汉飞将军李广之孙李陵（公元前134—公元前74）的《答苏武书》亦有“闻子（苏武）之归，赐不过二百万，位不过典属国”之说。这里的典属，是指诸葛亮教化西南诸多少数民族都心悦诚服归附于蜀汉国家。

安边曾叱驭：此指诸葛亮五次北伐曹魏期间曾叱咤风云驰骋疆场。

风清：语出《魏书·邢峦传》：“淮外谧以风清，荆沔于焉肃晏。”比喻风轻柔而凉爽。

鸥脱：海鸥轻慢地飞翔。

云霄万古仰宗臣：意思是说，在天地之间，千百万年都会尊崇敬仰诸葛亮这个世所景仰的名臣。

【释】运筹帷幄在于攻心为上怀柔策略，诸葛亮南征平叛时能使中华民族和谐相处，教化西南诸多少数民族都心悦诚服归附于蜀汉国家；

诸葛亮北伐曹魏期间曾叱咤风云驰骋疆场，这时候社会清平海鸥都轻慢飞翔，在天地之间千百万年都会尊崇敬仰世所景仰的名臣。

第八章
诸葛亮南征平叛纪念地武侯祠

建兴元年（223）六月，益州郡（辖县17，治所在今昆明市晋宁县东）的汉族豪强雍闿趁蜀汉在夷陵新败，刘备病逝而国内时局混乱时机，策动牂柯郡（辖县16，治所在今贵州省黄平县西北）太守朱褒、越嶲郡（辖县14，治所在今四川省西昌市）叟王高定，以及西南地区少数民族头领孟获等一起，趁机反叛蜀汉国家而四处作乱，西南地区烽烟四起，雍闿杀了益州太守王昂，还把接任的太守张裔（165—230）抓起来送往东吴（见《三国志·蜀书·诸葛亮传》）。

当时，先主刘备刚刚去世，17岁太子刘禅继位，诸葛亮虽然全权受命辅佐刘禅，可是，孙刘联盟共同抗曹的统一战线被刘备讨伐东吴为关羽报仇而彻底破坏，两家遂反目为仇，孙权被迫向曹魏称臣，被封为"吴王"，在此情况下，孙权与曹魏两家联手，对蜀汉国家虎视眈眈，加之西南少数民族的乘机叛乱，当时的蜀汉国家堪称内忧外患。但是，诸葛亮没有立即采取平叛的军事行动，而是采取了先礼后兵步步为营的策略。

首先，诸葛亮让尚书令李严前后给雍闿写了六封书信陈说利害，进行招抚，劝说雍闿要识大体顾大局，不要一错再错。但是雍闿不但不领情，反而在回信中十分傲慢狂妄。在这种情况下，诸葛亮仍坚持"北抗曹魏、东和孙权"战略决策不动摇，不急于南征平叛（见《三国志·蜀书·李严传》）。

其次，为了重新与东吴和好，恢复孙刘联盟统一战线，一致对付曹魏，从根本上解除蜀汉国家外围的后顾之忧。建兴元年（223）十月，诸葛亮派能言善辩的广汉太守邓芝（178—251）到东吴与孙权会晤，举一反三向孙权陈说利害，再次与东吴修好，取得了外交成功，为南征平叛做好了政治与军事上的充分准备（见《三国志·蜀书·邓芝传》）。

建兴二年（224），诸葛亮开始进行整军备战，做好南征平叛兵力和物资准备工作，一切就绪后，就给后主刘禅上了《南征表》，请求率军南征平叛。在安排好朝廷内外大事前提下，诸葛亮遂亲率大军，进行南征平叛。

建兴三年（225）三月，诸葛亮率领浩浩荡荡的三路大军，“五月渡泸”，开始了南征平叛。根据西南地区少数民族众多，民族语言、信仰、风俗各异，以及所处地理环境条件的不同，诸葛亮因地制宜分别对待。

首先，对西南少数民族中威信较高的首领孟获采取了“攻心为上”的“七纵七擒”怀柔策略，使其心悦诚服地对诸葛亮说：“丞相天威，南人不复反矣。”

其次，运筹帷幄，分化瓦解，先后诛杀了叛乱首恶分子雍闿、朱褒和高定。前后十个月左右时间，南中叛乱就彻底结束，十二月班师回朝。

据《三国志·蜀书·诸葛亮传》记载，平定南中后有人曾劝谏诸葛亮留兵镇守，可是，诸葛亮认为：“若留外人，则当留兵，兵留则无所食，一不易也；加夷新伤破，父兄死丧，留外人而无兵者，必成祸患，二不易也；又夷累有废杀之罪，自嫌衅重，若留外人终不相信，三不易也。”

最后，诸葛亮根据实际情况，采取“不留兵，不运粮”的政策，让当地人来管理南中地区。于是，他任李恢（？—231）为建宁太守、吕凯（？—225）为云南太守，又收降拥有大批部曲的云南曲靖世代豪强爨习官至领军，孟获为御史中丞，孟获族人孟琰官拜辅汉将军，后担任蜀汉虎步监，与孟获一起投降的官员都授予了蜀汉官职，以此笼络南中人，后来，这些人参与了诸葛亮多次北伐，曾经在五丈原和司马懿部队激战。

据《三国志·蜀书·马忠传》记载，在留守南中的官员中，只有马忠（？—249）是外来的汉人，他被任为牂柯太守。由于他忠诚敬业，恪尽职守，十分注重处理好夷、汉关系，所以，自始至终都受夷人所敬重。至今，在保山市的武侯祠中还有马忠的塑像，供人们拜祭。

诸葛亮南征平叛虽然只有几个月时间，但收获颇丰，具体来说有以下几点：

一是根据实际需要，改益州郡为建宁郡，分建宁、越巂郡置云南郡。又分建宁、牂柯郡置兴古郡。这样一来，南中就形成牂柯、越巂、朱提、建宁、永昌、云南、兴古七郡，有效控制了南中地方郡县管理，扩大了益州行政区域。

东汉时期，益州只有 12 个郡，118 个县，南中原来只有 5 个郡。南征平叛重新划分管辖后，益州变成了 14 个郡，148 个县，南中地区相当于蜀汉国家的二分之一地盘，其行政管辖区域相当今天的贵州和云南两个省的地域。

二是迫使孙权放弃了准备依靠蜀汉内乱而吞并益州的打算。例如，孙权曾委任益州叛将雍闿为永昌太守，又派遣原益州牧刘璋的儿子刘阐到交州边境，准备接管益州郡。

据《三国志·蜀书·刘璋传》记载：“璋卒，南中豪率雍闿据益州郡反，附于吴，权以璋子阐为益州刺史，处交、益界首。丞相诸葛亮平南土，阐还吴，为御史中丞。”南征平叛后，孙权不得不心悦诚服地恢复了孙刘联盟，真正取得了外交上的成功。

三是在夷陵之战惨败之后，蜀汉军队普遍无斗志，国民人心涣散，南征平叛正好锻炼了蜀汉将士的勇气，普遍提高了国人的自信心和斗志。

四是选拔南中数万青羌劲卒到蜀地，分成为五部，称“青羌五部”，从此建立起了夷、汉并列的军队部曲，扩充了蜀汉军队实力。诸葛亮后《出师表》中提到的“賨叟青羌”即指此，这支少数民族军队十分刚毅而善于斗狠，非常勇猛，号“飞军”，在后来北伐曹魏征战中起到了一定作用。但是，他们的真实名称叫“白旄”，是以牦牛毛制的披衣为特征而名，诸葛亮安排汉人永安都督征西将军陈到（？—247）统率这支特殊的少数民族军队（见《华阳国志·南中志》《太平御览》）。

五是南中各郡开始给蜀汉朝廷上金、银、珠宝、丹漆、耕牛、战马、食盐、丝绸、锦绢、粮食等贡品，使蜀汉军费物资有所保障，国家开始富裕，同时也为诸葛亮后来北伐曹魏军事活动提供了物资储备。

正因为如此，《三国志·蜀书·诸葛亮传》记载：“三年春，亮率众南征，其秋悉平。军资所出，国以富饶，乃治戎讲武，以俟大举。”

六是诸葛亮南征时把汉民族先进的生产、生活技术传授给西南少数民族，让他们世世代代受用。所以，西南少数民族至今还在怀念诸葛亮，说诸葛亮当年教他们盖房子、种粮食、煮井盐，甚至说他们的帽子也是诸葛亮教他们所做。所以，西南少数民族十分感念诸葛亮，纷纷修建武侯祠庙四时祭祀，自古至今都在纪念。据清代张樹《诸葛武侯集·遗迹》介绍，清代以前西南各地武侯祠就有数百个。这足以说明，诸葛亮当年南征平叛后对西南少数民族留下了深刻的影响，诸葛亮永远活在人们的心里。

诸葛亮南征平叛期间，在西南地区留下了不少感人故事，代代传播，经久不衰。例如：火烧藤甲军、七擒孟获、蛮头祭泸江等。其中，诸葛亮七擒孟获的故事更是家喻户晓，妇孺皆知。

关于诸葛亮七擒孟获的故事，《三国志·蜀书·诸葛亮传》注引《汉晋春秋》记载说：“亮在南中所在战捷，闻孟获者为夷汉并所服，募生致之，既得使观于营阵之间。问曰：此军何如？孟获对曰：向者不知虚实，故败。今蒙赐观看营阵，若只如此既定易胜耳。亮笑，纵使更战，七纵七擒而亮犹遣获。获止不去，曰：丞相天威，南人不复反矣。遂至滇池。”

《三国演义》从第八十七回“征南寇丞相大兴师，抗天兵蛮王初受执”到第九十回“驱巨兽六破蛮兵，烧藤甲七擒孟获”，连续介绍了当年诸葛亮南征时七纵七擒孟获的全过程，故事写得惟妙惟肖，跌宕起伏，生动细腻，耐人寻味，过目不忘，因此被代代传播。但是，这个故事除了《三国志·蜀书·诸葛亮传》裴松之注引《汉晋春秋》有“七纵七擒”的说法外，其他正史根本没有这样的记载。

笔者认为，诸葛亮南征平叛期间，先后用计谋斩杀了首恶分子雍闿、高定和朱褒，由于听说孟获是西南少数民族地区威信较高而“夷汉并所服”的人物，属于可以争取的对象，因此，根据南征出发前马谡给诸葛亮建议“攻心为上，攻城为下，心战为上，兵战为下，愿公服其心而已”的用兵策略，再结合当时南中地区少数民族的特殊情况，诸葛亮对孟获产生了招募收降之心，所以才让孟获观看了蜀军的阵营，问孟获“此军何如”？孟获回答说：前者我们“不知虚实，故败。今蒙赐观看营阵，若只如此既定易胜耳”。

诸葛亮听后笑着说，“纵使更战，七纵七擒，而亮犹遣获”。这段话是说，即便是你和我再战，我放你七次还会捉你七次，最终我还会放你回去的。所以，放孟获回去准备再战，孟获听后却站着不走，心悦诚服地对诸葛亮说：“丞相天威，南人不复反矣。”遂带领部下，跟随诸葛亮来到了昆明天池。

由此看来，“七纵七擒”这个故事只是诸葛亮的形象比喻而已，并不一定是真实的故事。《三国演义》妙笔生花将这个故事描写得活灵活现而代代传播，其素材就来自《汉晋春秋》中诸葛亮所说“纵使更战，七纵七擒而亮犹遣获”，这完全是文学作品为引人入胜而将故事情节进行加工的需要，更是对诸葛亮军事才能与智慧的赞扬，所以，后世之人深信“七擒七纵孟获”之说，而南中人因此纪念诸葛亮也是情理之中的事情。

据嘉庆四年（1799）进士、翰林院庶吉士武威县（今武威市）人张澍（1776—1847）编著的《诸葛忠武侯文集》和民国三十二年（1943）云南省主席龙云修的《新撰云南通志》记载：清朝时期，贵州省境内有武侯祠 18 座，分布在 16 个县、市；云南省有武侯祠 34 座，遍及 31 个县、市。

根据近年来成都武侯祠博物馆先后四次对诸葛亮当年南征平叛路线进行实地考察而知，相关诸葛亮南征遗留下来的诸葛城、诸葛寨、诸葛垒、诸葛井、诸葛池、诸葛堰、诸葛塔、孔明塘、诸葛洞、武侯碑等遗址，在四川省、贵州省、云南省比比皆是，似乎诸葛亮当年都到过这些地方，足见诸葛亮在西南地区的影响有多么的深远。

遗憾的是，代远年湮，沧桑多变，历史上西南地区大多数有关诸葛亮南征平叛的纪念祠庙都已经不复存在了，现存的也仅有以保山市武侯祠为代表性的 4 处，它们是：

1. 云南省保山市武侯祠

在云南省保山市太保山顶上，有雕梁画栋的古建筑群游览区，这就是环境清幽而吸引市民和外来游客休闲娱乐观光旅游的太保山公园。

在公园门口，有保山武侯祠，这便是当地少数民族为了纪念诸葛亮南征平叛而修建的纪念祠庙。

当年，诸葛亮南征平叛时，根据实际情况需要，对叛乱首恶分子雍闿、朱褒、高定进行了坚决镇压，而对在南蛮之中有很高威信的首领孟获，却采取了“攻心为上，攻城为下，心战为上，兵战为下”的怀柔策略，不以武力取胜，曾“七纵七擒”，使其心悦诚服，这在西南少数民族地区人们心中永远留下了深刻的影响。

特别是，诸葛亮让南征大军直接或者是间接地为当地少数民族传播了博大精深的汉文化知识，教他们务农殖谷，发展生产，提高了当地的生产和生活水平，改善了人们生活质量，使汉族与西南地区少数民族文化得到了融合发展，在当地留下了深深的印记。例如：傣族的“泼水节”、彝族的“火把节”就是诸葛亮当年教他们用水冲去疾病，用火驱逐害虫而传下来的习俗，成为这些民族世世代代传承的纪念节日；人们常吃的馒头，也是诸葛亮南征时为了祭江而发明的，彻底改变了当地在历史上一直杀活人用“蛮人之头”祭江的传统习惯；在丽江的纳西族地区，有一种学名叫“元根”的菜，据说是诸葛亮从四川带来的种子教他们种的菜，所以至今称之为“诸葛菜”。

除此之外，诸葛亮还教他们做衣服、帽子，盖房子，种植茶树成为“茶祖、茶神”等等。总之，诸葛亮成了西南少数民族的圣人、神人，被代代传播。

就史志资料与后来成都武侯祠博物馆多次实地考察研究而言，尽管诸葛亮当年南征只到了云南昆明滇池，并没有去过保山地区，但是诸葛亮的“天威”与“恩泽”传遍了整个西南地区少数民族，所以，他们不但纷纷修建祠庙纪念诸葛亮，尊崇敬仰，顶礼膜拜，而且还附会出了许多寓意深刻的有关诸葛亮南征传说故事，保山武侯祠就是一个典型例子。

据笔者 2018 年 10 月前往云南省昆明市、丽江市、大理市与保山市进行实地考察诸葛亮南征平叛的纪念祠庙而知，保山市（古称不韦县），是蜀汉永昌郡郡治所在地，这里是古“哀牢国”，多为白族人。

据清乾隆年间《永昌府志》记载说：此地“肇自汉武，发蒙于武侯”。所以，历史上保山曾经修建了三座武侯祠：一在“蜀身毒道”，即当地南方丝绸之路的霁虹桥旁，始建于唐代；一在市南十里，传说诸葛亮当年屯兵之所的“诸葛营”。上述两座武侯祠都毁于清末，仅存旧址，而市西太保山上的武侯祠经过历代修葺，完整无损，保留到了今天。

（1）历史沿革与文物古迹

保山武侯祠修建于明嘉靖十四年（1535），由进士永昌郡兵备副使任惟贤主持修建，“春秋上丁，后四日祭”。当时的工程规模，不可而知。

清康熙二十六年（1687），云南总兵李偏图（？—1716）主持了重修，当时，满洲正黄旗人大学士阿贵（1717—1797）还为武侯祠题书了匾额“人臣师表”。

咸丰十一年（1861），武侯祠遭到了兵燹。光绪五年（1879），知县刘云章重建正殿三间。

新中国成立后，当地政府对武侯祠进行了有效地保护，进行了多次整修。1982 年，太保山公园扩建为园林式建筑，外加南北花园，形成了今天武侯祠的整体格局。

1988 年 8 月和 2001 年 6 月，保山市人民政府曾经两次公布武侯祠为重点文物保护单位，并且立有保护标志，正式对外开放。

保山武侯祠坐西向东，布局在一条中轴线上，由前殿、中殿、正殿组成三进两院，东西长 74 米，南北宽 63.5 米，占地面积 4700 平方米（约合 7 亩），主体建筑两侧是盆景花园。

前殿，又叫门厅，面阔三间 13.5 米，进深一间 10.4 米，前后有回廊，七级踏步，门口檐下有石狮子一对，为抬梁式单檐歇山顶建筑，在正面檐下上方高悬“武侯祠”匾额，告诉人们，已经来到武侯祠古迹。

中殿又称过厅，距门厅约 50 米，面阔三间 12 米，进深 10 米，同样为抬梁式单檐歇山顶建筑。在宽阔的道路两边，是盆景式四季花园。

武侯祠正殿，是该祠主体，本地人称为诸葛亮殿，距离中殿约 50 米，面阔三间 12 米，进深 10 米，也是抬梁式单檐歇山顶建筑。

正殿基础为束腰式须弥座，高 1.05 米，长 14.5 米，宽 13.5 米。回廊一周砌汉白玉石栏杆与裙板，望柱雕刻有栩栩如生的动物。

正殿明间七级踏步之前正中的神道上端，有一个大型三足深腹直耳的石雕香炉。

大殿四周，被百年树龄大树所包围，郁郁葱葱，景色宜人，是一个十分安静的地方。

走进大殿，只见正中间端坐着诸葛亮大型彩色塑像，头戴丞相冠，右手持羽扇，左手扶膝盖，仪态端庄，气定神闲，两目炯炯有神，仿佛在运筹帷幄。诸葛亮塑像前方还站立着两个书童，一个掌剑，一个抱琴，侍立左右，神态可爱。

在正殿诸葛亮塑像两侧，左边还塑有蜀汉永昌郡太守王伉的塑像，金甲裹身，抬头挺胸，一副威武英俊气概。右边是当地

人永昌郡五官掾功曹吕凯（？—225）塑像，他手持《永昌郡域图》，正襟危坐，器宇轩昂，一派儒雅饱学风度。

蜀汉时期，保山属于永昌郡，诸葛亮南征没有到过此地。可是，当时的永昌郡府丞王伉、五官掾功曹吕凯坚决守卫城池，抵御雍闿的叛乱，使得永昌郡免受战争灾难立了大功，所以，诸葛亮平叛以后，上表封王伉为永昌太守，亭侯，封吕凯为云南郡太守，迁阳亭侯，还未上任，就被叛兵杀害。正因为如此，当地人将王伉、吕凯在诸葛亮殿内塑像，以示纪念。

殿内南北墙壁上，嵌有木刻的诸葛亮前、后《出师表》。

值得说明的是，保山武侯祠是诸葛亮南征最具有代表性的纪念建筑，整个建筑，都是琉璃瓦盖顶，显得金碧辉煌，具有汉民族古建筑风格。但是，没有斗拱、雀替、昂等构造，彩绘、壁画多有当地少数民族文化特点，这应该是汉民族与少数民族文化交融的反映。

1984年，太保山公园创建了武侯祠碑林，占地面积300平方米，保存有明清以来各类碑刻16通。在这其中，《重建太保山石坊南庑碑记》《重建永昌府敕谕碑》以及《金齿军民指挥使司庙学记》碑等具有较高的历史与艺术研究价值。

据清代《重建太保山石坊南庑碑记》记载："太保山顶平敞，祠祀武侯，报征南武功也。"这是纪念诸葛亮南征平叛之功而修建武侯祠的最好见证。

在当地政府的重视下，太保山以武侯祠为核心，被辟为公园，供人们参观游览，休闲娱乐，陶冶情操，赏心悦目。

时至今日，这里的亭台楼阁古建筑雕梁画栋，错落有致，花草树木争奇斗艳，琳琅满目，使得太保山成了西南地区一个美丽幽静而又具有历史意义的游览区，每当人们登上太保山观景览胜，或者踏青散步之时，都会步入武侯祠拜谒诸葛亮，钦英怀古，缅怀先贤，追忆诸葛亮南征的丰功伟绩，所以，诸葛亮永远活在各族人民的心中。

除此之外，在保山市金鸡乡政府西北1公里处，有一高出10余米的土台

名为“点将台”，传为吕凯所筑，用于操练军队、点将使用。

光绪《永昌府志》记载说：“将台，在金鸡村北，世传为吕凯所筑。凯即本村人，台高丈余，广培之，今废。”后来，当地人多方进行筹资，在台上修建了一座“将台寺”，正中为大雄宝殿，左右两边有厢房。

东边厢房中，彩塑有诸葛亮大型坐像，两边分别彩塑永昌太守王伉与云南郡太守吕凯。

保山市隆阳区汉营村还有“诸葛营”，亦称“汉营”，据说诸葛亮曾在此扎营驻军，南征平叛大军回成都后，留下的汉人继续在这里聚居，因此得名。该村庄非常古朴，有趣的是，村中白墙上都彩绘有诸葛亮相关故事，栩栩如生。由此不难看出，当地人是非常尊崇敬仰诸葛亮的。

据明万历年间《云南通志·卷二》记载说：“相传诸葛孔明南征屯兵之所。孔明既凯旋，汉人有遗于此者，聚庐世居，至今犹称为旧汉人。”

诸葛营呈四方形，东西长 370 米、南北宽 315 米。20 世纪 50 年代末，当地村民在诸葛营挖出大量的人类骸骨；70 年代，又在西城墙内侧发现了多处房屋台基和石子路面，出土有大量汉晋时期的几何纹砖、布纹瓦、卷云纹瓦当与铜钱等文物；90 年代，在城门附近发现了有西晋惠帝司马衷“元康四年”（291—299）纪年的城墙砖。就以上情况分析，这里的诸葛营属于汉代修建的军营遗址，一直使用到了西晋时期。1987 年 12 月，云南省人民政府公布为重点文物保护单位，划有保护范围。

（2）匾额 3 方、楹联 10 副

武侯祠

题书者不详。

【注】武侯：诸葛亮生前被封为“武乡侯”，死后被追谥为“忠武侯”，因此，武侯就是诸葛亮的代称。

祠：历史上纪念祖宗、先贤、英烈、名人、神仙的祠堂。

【释】纪念诸葛亮的祠堂。

人臣师表

乾隆二十六年（1761），大学士阿贵题书。

阿贵（1717—1797），满洲章佳氏，字广廷，号云崖，满洲（泛指今辽宁、吉林和黑龙江三省全境，加上内蒙古东北部全部范围及外兴安岭以南，从17世纪开始就是满洲民族住地，成了满洲民族的称谓）正蓝旗人，乾隆三年（1738）举人，历任内大臣、汉军镶蓝旗都统、军机大臣、镶红旗蒙古副都统、满洲正红旗都统、伊犁将军、四川总督等，以战功入正白旗。

【注】人臣：语出《左传·僖公十五年》："陷君于败，败而不死，又使失刑，非人臣也。"旧指君主的臣子，泛指所有官员和属下。例如：诸葛亮《答李严书》有"吾本东方下士，误用于先帝，位极人臣，禄赐百亿"之句。

师表：语出《史记·太史公自序》："国有贤相良将，民之师表也。"

此指学习的榜样、表率。

【释】诸葛亮是所有官员学习的榜样和表率。

名垂宇宙

书者不详。

【注】雍正十三年（1735）秋，和硕果亲王、康熙皇帝第十七子爱新觉罗·允礼（1697—1738），在奉旨护送入京朝觐的六世达赖喇嘛返回西藏途经今汉中勉县武侯墓祠时，见其破败不堪，遂亲自捐款，并责令地方官府拨款限期维修武侯墓祠。竣工后，他在武侯墓题书了"名垂宇宙"匾文，在武侯祠题书了"醇儒气象"匾文，除此之外，还题写了七律诗歌一首，至今仍存。因此，此处属于仿制品。

名垂宇宙：语出唐代诗人杜甫《咏怀古迹五首》诗歌："诸葛大名垂宇宙，宗臣遗像肃清高。三分割据纡筹策，万古云霄一羽毛。"

名垂：语出《荀子·王霸》："名垂於后世。"大名流传下去的意思。

宇宙：天地万物的总称，泛指天地之间。例如：《淮南子·齐俗训》说："往古来今谓之宙，四方上下谓之宇。"

【释】诸葛亮的大名流传于天地之间。

千秋出师表；
五月渡泸人。

韦履洁题书。

韦履洁，字廉浦，云南省保山人，光绪十六年（1890）进士，曾出任云南大理西云书院山长，其余不详。

【注】千秋：此指千秋万年。

出师表：此指诸葛亮的前、后《出师表》。

五月渡泸人：此指诸葛亮在建兴三年（225）亲自率领大军渡过泸水进行南征平叛。因此，诸葛亮《出师表》说："故五月渡泸，深入不毛。"

《三国志·蜀书·诸葛亮传》说："三年春，亮率众南征，其秋悉平。"

【释】千秋万年以来流传的是诸葛亮的前后《出师表》；

诸葛亮是建兴三年五月率大军渡泸水南征平叛人。

丞相天威，南人不复反矣；
英姿有灵，礼乐其可兴乎。

阮元题书。

阮元（1764—1849），字伯元，号芸台、雷塘庵主，江苏仪征（今江苏省仪征市）人，乾隆五十四年（1789）进士，历乾隆、嘉庆、道光三朝，先后出任礼部、兵部、户部、工部侍郎，山东、浙江学政，浙江、江西、河南巡抚以及漕运总督、湖广总督、两广总督、云贵总督、体仁阁大学士、太傅，被尊为三朝阁老九省疆臣，一代文宗。

【注】丞相天威，南人不复反矣：语出《三国志·蜀书·诸葛亮传》裴松之注引《汉晋春秋》：建兴三年（225），诸葛亮亲率大军进行南征平叛，他对西南地区带头叛乱的首恶分子雍闿、高定、朱褒分别诛杀，对在西南地区威信较高的夷族首领孟获采取了"攻心为上"的怀柔策略，曾经"七纵七擒"，使其心悦诚服，对诸葛亮说"丞相天威，南人不复反矣"。矣：了的意思。

英姿：语出东汉史学家班固（32—92）的《为第五伦荐谢夷吾疏》："窃见巨鹿太守会稽谢夷吾英姿挺特，奇伟秀出。"此指英武风姿。例如：北宋文学家王安石（1021—1086）的《韩忠献挽辞》之二有"英姿爽气归图画，茂德元勋在鼎彝"之句。

有灵：有灵验。

礼乐其可兴乎：语出《陈书·列传》：南朝陈国光禄大夫王通（503—574）评价诸葛亮说："若诸葛亮不死，则礼乐大兴。"

礼乐：语出《礼记·乐记》："礼乐顺天地之诚，达神明之德，隆兴上下之神。"此指古代各种礼节规范，乐则包括音乐和舞蹈。

乎：文言助词，表示疑问，相当于"吗"。

【释】丞相诸葛亮具有上天神威，我们西南人从此再也不敢造反了；

假如诸葛亮英武风姿有灵验的话，礼节规范还能兴旺发达吗？

北征为兴复，耿耿忠心昭日月；
南渡求固安，恢恢懿德耀山河。

四川资阳张有政撰联，丁卯（1987）夏至（二十四节气之一）燕下（燕下都古城是战国时期燕国都城之一，位于保定市易县城东南，康雍祖籍河北省乐亭县，属燕下都所辖）康雍书。

张有政，生平事迹不详。

康雍（1931—2003），祖籍河北省乐亭县，出生于辽宁省义县书画世家，人称二康。长兄康殷号“大康”；四弟康宁号“四康”；六弟康庄号“六康”；儿子康默如号“少康”，通称为“五康书画”。康氏一门五人的书法、篆刻和绘画技艺超凡，形成独特的书法风格，被誉为“康氏书风”。著有《唐欧阳询九成宫临本》《康雍楷书唐诗》《康雍楷书唐人绝句》《康雍隶书千字文》《康雍楷书百家姓》《康雍隶书洛神赋》《康雍楷书桃花源记》等传世。

【注】北征为兴复：诸葛亮五次北伐曹魏完全是为了兴复汉室。他在《出师表》中说：“北定中原，庶竭驽钝，攘除奸凶，兴复汉室，还于旧都。”

耿耿忠心：语出清嘉庆年间小说家李汝珍（1763—1830）的《镜花缘》第五十七回：“当日令尊伯伯为国捐躯，虽大事未成，然忠心耿耿，自能名垂不朽。”此指非常忠诚。

昭日月：感昭日月的意思。

南渡求固安：此指诸葛亮建兴三年（225），亲率大军进行南征平叛，求的是西南少数民族地区稳固安宁。所以，他在《出师表》中说：“故五月渡泸，深入不毛，今南方已定。”

恢恢：语出《荀子·非十二子》：“恢恢然，广广然，昭昭然，荡荡然，是父兄之容也。”形容宽宏大度。例如：西汉高祖刘邦太中大夫陆贾（公元前240—公元前170）的《新语·辅政》亦有“察察者有所不见，恢恢者何所不容”之说。

懿德：语出《后汉书·钟浩传》：“林虑懿德，非礼不处。”美德的意思。

耀山河：照耀着祖国的山河。

【释】诸葛亮五次北伐曹魏是为了兴复汉室，他的忠君爱国之心感昭日月；
南征平叛求的是西南稳固安宁，诸葛亮宽宏大度美德照耀祖国山河。

茅庐伏卧龙，江山添异彩；
武侯现彗星，宇宙含灵气。

题书者不详。

【注】茅庐伏卧龙，江山添异彩：诸葛亮在襄阳隆中隐居时期如龙潜藏，他

为辅佐蜀汉帝业建功立业，在中华民族历史上增添了无比的灿烂光辉。江山：泛指中华民族的大好河山，此指蜀汉江山。添：增添、增加的意思。异彩：无比的灿烂光辉。

武侯现彗星：此指诸葛亮临终前所出现的彗星三投之说。

据《三国志·蜀书·诸葛亮传》裴松之注引《晋阳秋》记载说："有星赤而芒角，自东北西南流，投于亮营，三投再还，往大还小，俄而亮卒。"

宇宙：此指神州大地。

含灵气：饱含着仙灵之气。

【释】诸葛亮隐居如龙潜藏，辅佐蜀汉建功立业在历史上增添了灿烂光辉；诸葛亮临终前所出现的彗星三投之说后，神州大地饱含着仙灵之气。

江山照须眉，公独有大儒气象；
山光明几席，我还瞻名士风流。

孙见龙题楹联，书者不详。

孙见龙（1622—1780），字叶飞，号潜村，晚号慎斋，乌程（今浙江省湖州市）人，康熙五十二年（1713）进士，授庶吉士，出任山西洪洞知县，后长期主持云南五华书院，晚年充咸安宫［在故宫西华门内，雍正七年（1729）设立，是宫内为三旗子弟及景山官学中之优秀者而开设的官学，称为咸宁宫官学］教习。据《四库全书》介绍说，他活了158岁。代表作品有《五华纂定》《四书大全》《潜村诗稿》。

【注】江山：语出《三国志·吴书·贺劭传》："割据江山，拓土万里。"此指国家的疆土、政权。

照：照料的意思。

须眉：语出《荀子·非相》："傅说之状，身如植鳍；伊尹之状，面无须麋。"杨倞注："麋，与眉同。"此指男子汉的胡子和眉毛。例如：《汉书·张良传》有"四人者从太子，年皆八十有余，须眉皓白，衣冠甚伟。"再如：《红楼梦》第一回亦有"我堂堂须眉（泛指男子汉），诚不若彼裙钗（泛指女性）"之句。

公：此指诸葛亮。

独有：只有、特有、独自具有的意思。

大儒：语出《后汉书·逸民传·法真》："好学而无常家，博通内外图典，为关西大儒。"亦称鸿儒，泛指学识渊博而有高尚道德品质的知识分子。

气象：景象的意思。

山光：语出南朝梁文学家沈约（441—513）的《泛永康江》诗歌："山光浮水至，春色犯寒来。"此指山水景色秀丽。

明：懂得、明白、了解的意思。

几席：语出《史记·礼书》："疏房床笫几席，所以养体也。"几：宋代以前，古人以低矮的几案为桌子，以席子为坐垫席地而坐，这是古人待客、就餐、学习、办公、坐卧的器具。例如：北宋文学家欧阳修的《和徐生假山》诗歌有"岂如几席间，百态生浓纤。暮云点新翠，孤烟起朝岚"之说。

我还瞻：我还能够瞻仰。

名士风流：语出南朝宋史学家范晔（398—455）的《后汉书·方术传论》："汉世之所谓名士者，其风流可知矣。"此指著名人物的雅士风度。

【释】国家疆土靠男子汉照料，诸葛亮唯独是学识渊博而具有高尚道德知识分子景象；

秀丽山水懂得古人几案和席地而坐之遗风，我还能够瞻仰著名人物的雅士风度。

配先帝以烝尝，家国范怀绵竹战；
垂大名於宇宙，江山遗庙浣花祠。

光绪九年（1883），保山知府王坤题书。

王坤，字厚山，号小铁，浙江省钱塘江人，道光二十四年（1845）举人，曾出任云南澄江知府（今云南省玉溪市澄江县）、保山知府。工书画，作品有《自怡轩诗存》。

【注】配先帝以烝尝：此指诸葛亮与刘备在今成都武侯祠一同配享祭祀。

据 1988 年 4 月四川人民出版社出版成都武侯祠所编著的《武侯祠大观》一书介绍说：章武三年（223）四月，刘备病死白帝城永安宫后，五月，诸葛亮护送灵柩回成都，八月，安葬在惠陵（今武侯祠所在地）。按照汉代陵寝制度，帝王有陵就必须有庙，所以，因陵而建庙称为宗庙。当初的刘备庙谓之"先帝庙"，又称"惠陵祠"，亦称"昭烈祠"。

到了明朝初年，蜀王朱椿（朱元璋第 11 子）到成都以后，看见老百姓纷至沓来祭祀诸葛亮，香火旺盛，刘备庙却门庭冷落，心中很不是滋味。于是，他以武侯祠逼近刘备庙而不合礼秩，应该"君臣宜一体"为由，就下令废除了原来的武侯祠，将武侯祠并入"汉昭烈庙"，在刘备殿后增补了"诸葛亮殿"，形成了"君臣一体，魂魄相依"格局。从此以后，诸葛亮的武侯祠开始与刘备的宗庙"汉昭烈庙"在一起配享祭祀。

烝尝：语出《诗经·小雅·楚茨》："絜尔牛羊，以往烝尝。"郑玄笺注："冬祭曰烝，秋祭曰尝。"此指秋冬二祭，后来泛称祭祀。例如：东汉文学家蔡邕（133—192）的《文范先生陈仲弓铭》有："立庙旧邑，四时烝尝，欢哀承祀，其如祖祢”之说。

家国：语出《逸周书·皇门》：“是人斯乃谗贼媢嫉，以不利于厥家国。”家庭与国家，此指国家。例如：明万历年间内阁首辅大臣张居正（1525—1582）的《答上师相徐存斋书》有“老师以家国之事托之于不肖也，天下亦莫不闻”之说。

范：典范、模范、榜样的意思。

绵竹战：此指蜀汉景耀六年（263）秋天，魏国三路大军齐头并进准备灭掉蜀汉国家，征西将军邓艾偷渡阴平来到绵竹（今四川省德阳市绵竹县黄许镇），诸葛亮儿子诸葛瞻（227—263）与其长子诸葛尚（244—263）在这里拼死拒敌而不投降，英勇不屈，双双殉国，就地安葬，后世人称诸葛瞻父子为双忠，在此修建“双忠祠”以示纪念。

垂大名於宇宙：语出杜甫的《咏怀古迹》诗歌：“诸葛大名垂宇宙，宗臣遗像肃清高。三分割据纡筹策，万古云霄一羽毛。”此指诸葛亮的功德业绩与美好名声垂范于天下。

江山遗庙涴花祠：成都杜甫草堂南大门红墙夹道的花径徐行数十米处有“冀国夫人祠”，纪念的是唐代西川节度使崔宁（亦称崔旴）所纳之妾任氏。

据《新唐书》《旧唐书》记载说，大历三年（768），西川节度使崔宁（723—783）奉召入朝，留下他的弟弟崔宽守城，泸州刺史杨子琳乘机发动叛乱，率精兵数千攻入成都占据了城池，崔宽力战不敌，杨子琳一时气焰嚣张。在这种情况下，西川节度使崔宁所纳之妾任氏毅然披挂上阵，“手自麾兵”，进攻杨子琳，使其大败而退走。由于任氏保卫成都，维护统一有功受到了朝廷嘉奖，被封为“冀国夫人”，为此，后人在此立祠庙纪念，称为“涴花祠”。

可是，据史料记载，最早的成都武侯祠是西晋惠帝司马衷永兴元年（304）四川渠县人李雄割据四川在成都称王建立“成国”后（在位31年），于公元305年修建武侯祠于少城，即今杜甫草堂旁边，也就是今天的涴花祠一带。

代远年湮，沧桑多变，后来的武侯祠又迁移到了锦官城，才有了唐代诗人杜甫《蜀相》的“丞相祠堂何处寻，锦官城外柏森森”之说。

除此之外，还有唐代岑参的《先主武侯庙》、李商隐的《武侯庙古柏》、杜甫的《古柏行》等诗歌为证。由此看来，“江山遗庙涴花祠”应该是说，国家江山中最早的成都武侯祠遗址就在今天的涴花祠。

【**释**】诸葛亮与先主刘备在成都武侯祠一起祭祀，蜀汉国家以典范怀念绵竹战死的诸葛瞻与诸葛尚父子；

诸葛亮的功德业绩与美好名声垂范于天下，国家江山中最早的成都武侯祠遗址就在今天的涴花祠。

非神非仙，隆中高略，出自审时度势；
是聪是慧，卧龙远谋，在於安民归心。

1986 年，马卧云题。2007 年春，马骕重书。

马卧云，云南省弥勒市人，其余不详。

马骕，1946 年出生于云南省保山市，中国书法家协会会员、云南省书协理事、保山市书法家协会主席、保山市美协主席、市文联常委、市政协副主席、高黎贡山书画院副院长。

【注】非神非仙：不是神人也不是仙人。

隆中高略，出自审时度势：意思是，诸葛亮在隆中给刘备出谋划策的高瞻远瞩谋略，这是出自他观察分析时势估计情况变化的结果。高略：语出《三国志·魏书·崔琰传》：“慎以行正，思经国之高略。”此指重大的谋略。审时度势：语出明代文学家沈德符（1578—1642）的《万历野获编·乡试遇水火灾》：“刘欲毕试以完大典，俱审时度势，切中事理。”审：观察分析。时：社会时局。度：估计预测。势：发展趋势。此指观察分析时局，估计预测事物的发展趋势。

卧龙远谋，在于安民归心：诸葛亮重大的谋略，完全是为了安邦定国归附民心。远谋：语出《左传·庄公十年》：“肉食者鄙，未能远谋。”此指深远的谋略与计划。安民：语出诸葛亮《又称蒋琬》：“为政以安民为本，不以修饰为先。”归心：语出《论语·尧曰》：“兴灭国继绝世，举逸民，天下之民归心焉。”此指心悦诚服归顺。

【释】诸葛亮不是神人也不是仙人，他在隆中给刘备策划的重大谋略，出自观察分析时势预测事物发展趋势的结果；

诸葛亮是聪明也是智慧，他深远谋略与计划，取决于安邦定国抚慰民心让益州人民心悦诚服地归顺蜀汉朝廷。

见知於昭烈则易，受托於后主则难，独能沥血披肝，忠心不忘尽瘁，读二表之恳恳勤勤，忠臣何尝择主；

效命於吴氏者偏，输诚於魏氏者贼，孰若明目张胆，一心认定汉家，观六出之堂堂正正，圣人不仅称才。

保山知县张福昶题书。

张福昶，山东省荣成市人，康熙四十四年（1705）举人，雍正十二年（1734）前后出任保山县知县，在任期间带头捐款修建了“永保书院”。作品有《历代循吏传》《古文雅正》，被收录在乾隆年间编修的《四库全书》，其余不详。

【注】见知於昭烈则易：诸葛亮遇见和知道先主刘备就比较容易。昭烈：三国蜀汉先主刘备，谥号为“昭烈皇帝”。《三国志·蜀书·先主传》记载：章武三年“五月，梓宫自永安还成都，谥曰昭烈皇帝。秋八月，葬惠陵”。则：就的意思。

受托於后主则难：章武三年（223）春，刘备在白帝城病危，向诸葛亮托孤受命交代后事，让全权辅佐年幼的后主刘禅就比较艰难。

独能：唯独能够的意思。

沥血披肝：语出唐代文学家柳宗元（773—819）的《为南承嗣请从军状》：“披肝沥血，昧死上陈。”形容竭尽忠诚。

忠心不忘尽瘁：诸葛亮始终不忘忠君爱国对蜀汉国家竭尽全力。尽瘁：语出《诗经·小雅·北山》：“或燕燕居息，或尽瘁事国。”指竭尽全力，不辞劳苦。诸葛亮后《出师表》中也说：“臣鞠躬尽力，死而后已。”

《三国演义》第一百二回“司马懿占北原渭桥，诸葛亮造木牛流马”之中，诸葛亮准备再次北伐曹魏，前往祭拜昭烈庙时说：“今臣复统全师，再出祁山，誓竭力尽心，剿灭汉贼，恢复中原，鞠躬尽瘁，死而后已。”

读二表之恳恳勤勤：读了诸葛亮前、后《出师表》知道了他为辅佐蜀汉帝业而勤勤恳恳。

忠臣何尝择主：是忠君爱国的贤臣哪里还需要去选择君主呢？择主：语出《三国演义》第十四回：“良禽择木而栖，贤臣择主而事。”意思是，贤能的臣子需要选择君主才能够发挥自己的才能。

效命於吴氏者偏：此指诸葛亮哥哥大将军诸葛瑾（174—241）为东吴孙权效力是偏安一隅。

输诚於魏氏者贼：此指诸葛亮的族弟征东大将军诸葛诞（？—258）献纳诚心给曹魏政权则是篡汉夺位的贼人。输诚：语出《三国志·蜀书·先主传》：“尽力输诚，奖厉六师，率齐群义，应天顺时，扑讨凶逆，以宁社稷，以报万分。”献纳的意思。

孰若：语出《后汉书·逸民传·庞公》：“夫保全一身，孰若保全天下乎。”怎么比得上。

明目张胆：语出《晋书·王敦传》：“今日之事，明目张胆为六军之首，宁忠臣而死，不无赖，而生矣。”比喻无所畏忌。现多用来形容公开而毫无顾忌地干坏事。

一心认定汉家：诸葛亮一心一意认定了蜀汉帝业。

观六出之堂堂正正：观看诸葛亮光明正大地六出祁山北伐曹魏。六出：语出《三国演义》第一百二十回末尾的叙事诗：“孔明六出祁山前，愿以只手将天补；何期历数到此终，长星半夜落山坞。”《三国演义》从第九十五回“马谡拒谏失街亭”到第一百四回“陨大星汉丞相归天”，把《三国志》记载的诸葛亮五次北代曹魏说成是“六出祁山”。堂堂正正：语出《孙子·军争》：“无要正正之旗，勿击堂堂之陈，此治变者也。”光明正大的意思。

圣人：语出《易经·乾》：“圣人作而万物睹。”此指品德最高尚、智慧最高超的人。例如：《孟子·滕文公下》有“尧舜既没，圣人之道衰”。

不仅：不止的意思。

称才：语出《后汉书·陈蕃传》：“夫狱以禁止奸违，官以称才理物。若法亏於平，官失其人，则王道有缺。”称之为贤能人才的意思。

【释】诸葛亮遇见了先主刘备就比较容易，在白帝城托孤受命而全权辅佐年幼后主刘禅就比较艰难，他唯独能够不忘竭尽忠诚，为了蜀汉国家不辞劳苦，读了前后《出师表》才知道他辅佐蜀汉帝业勤勤恳恳，是忠诚贤能之臣哪里还需要去选择君主；

诸葛瑾为东吴孙权效力终究是偏安一隅，诸葛诞献纳诚心给曹魏政权属篡汉夺位贼人，怎么比得上诸葛亮无所畏惧地为蜀汉效力，一心一意认定辅佐两朝汉业，看他光明正大地六出祁山北伐曹魏，品德高尚智慧高超的人不止称他贤能人才。

青山妖娆，翠袖舞流霞；
紫燕呢喃，花魂弄新妆。

马卧云题于龙年（1988），卞铮书于同年冬天。

马卧云，生平事迹见前。

卞铮，生平事迹不详。

【注】青山妖娆：此指青山绿水娇艳美好，泛指美好的山河。

翠袖：语出杜甫《佳人》诗歌：“天寒翠袖薄，日暮倚修竹。”泛指女子青绿色衣袖。

流霞：亦称“流瑕”。语出《文选·扬雄》：“吸清清云之流瑕兮，饮若木之露英。”此指浮动的彩云。

紫燕：燕名，也称越燕、汉燕，分布于江南。例如：杜甫《柳边》诗歌有：“只道梅花发，那知柳亦新。枝枝总到地，叶叶自开春。紫燕时翻翼，黄鹂不露身。汉南应老尽，霸上远愁人。”

呢喃：语出南朝梁大同九年（543）黄门侍郎兼太学博士顾野王（519—581）编著的《玉篇·口部》：“呢喃，小声多言也。”形容燕子的叫声轻声细语。

花魂：指花的韵致。例如：元代诗人郑元佑（1292—1364）的《花蝶谣题舜举画》诗歌有“花魂迷春招不归，梦随蝴蝶江南飞”之句。

弄：戏弄、把弄、摆弄的意思。

新妆：语出南朝梁太子舍人秘书丞、侍中王训（511—536）的《应令咏舞》诗歌：“新妆本绝世，妙舞亦如仙。”此指女子新颖别致的打扮修饰。

【释】美好的山河好比女子挥舞青绿色衣袖形成的浮动彩云；
燕子的叫声轻声细语摆弄着女子新颖别致的打扮修饰。

如闻隆中对；
似见顾庐人。

1986 年秋，弥勒马卧云题，北京游客常恭立，永昌八乡李清水书。

常恭，北京人，其余不详。

李清水，保山市人，书法家，其余不详。

【注】弥勒：此指云南省红河哈尼族彝族自治州下辖的县级市弥勒市，位于云南省东南部、红河州北部。

永昌：郡名，今保山市，东汉永平年间（58—75）设立，属于哀牢国，辖 8 县，属益州管辖，是东汉、蜀汉、晋、宋、齐、梁等王朝的一级行政区，范围涵盖云南省西部、缅甸克钦邦东部、掸邦东部的土地。

如闻隆中对：如同听到了诸葛亮为刘备指点迷津出谋划策的《隆中对策》。

似见顾庐人：好像见到了刘备屈尊三顾茅庐请诸葛亮出山辅佐那些人。

【释】如同听到了诸葛亮为刘备指点迷津出谋划策的《隆中对策》；
好像又见到了刘备屈尊三顾茅庐请诸葛亮出山辅佐的那些人。

2. 云南省嵩明县武侯祠

在云南省嵩明县的嵩阳镇，有一座用青砖砌成的土筑高台，台上松青柏翠，庙宇古朴，气氛肃穆，这就是历史上见证诸葛亮当年南征平叛时期曾经与孟获盟誓之地——古盟台，台下围有砖墙，台上建有武侯祠。

嵩明县，位于云南省中部，在昆明东北部 43 公里，为昆明市所辖近郊县。东邻宜良，南靠昆明官渡，西南与富民相邻，西北及北面与寻甸接壤，东北与马龙相连，总面积 1357.29 平方公里，总人口 33.97 万，政府驻地嵩阳镇。

西汉武帝刘彻元封二年（公元前 109），在这里设置牧靡县，管辖今天的嵩明、寻甸两地，隶属益州郡，两汉因之。

蜀汉建兴三年（225），诸葛亮南征平叛时，曾经“七纵七擒”南中少数民族中威信较高的首领孟获，使其心悦诚服，在这里与孟获等当地少数民族部落首领于秀嵩山麓筑台结盟，所以，这里亦称“嵩盟”，历史上，留有“古盟台”。

据《元史·地理志》记载：“嵩明，治沙扎卧城，乌蛮东氏所筑。白蛮强盛，汉人徙云，盟誓于此，因号嵩盟。今州南有土台，盟会处也。”

元至正年间（1341—1368）改“嵩盟”为“嵩明”。

明洪武十五年（1382）设嵩盟州，1914年始称嵩明县至今。

1983年10月，嵩明县划归昆明市管辖至今。

改革开放以来，这里素有“花灯之乡”“龙狮之乡”的美誉。

（1）历史沿革与文物古迹

武侯祠始建于明嘉靖元年（1522），当时，由知州瞿唐在城南所建。

嘉靖四十三年（1554），州同知舒希旦进行了重修。

万历四十年（1612），嵩明知州唐阶倡导捐资于古盟台旧址上重新修建了武侯祠。清康熙元年（1662），祠庙再次重修。

现存的建筑为清光绪五年（1879）重修，建筑坐北向南，有歇山式仿古建筑的正殿三开间9.5米，进深6.8米，殿内正中神龛上有诸葛亮的彩色塑像。正殿两侧分别有左、右配殿，配殿均面阔两间，通宽6米，进深4米。

历史上，这里的武侯祠前后进行了六次新修与维修。

正殿左右有两廊，祠庙一周有围墙，奠定了武侯祠后来的基本规模。所以，至今武侯祠内还保留有万历四十年（1612）的《新建诸葛亮武侯祠碑记》以及清康熙元年（1662）镌刻的《重修诸葛武侯祠碑记》，都完好无损。遗憾的是，原门楼已不复存在，现有砖木结构的正殿，左、右厢房以及前楼，四面围成一座约60平方米的小型四合院。

武侯祠旁的古盟台，为一个圆形平台，占地面积约150平方米，台高2.5米，以石砌而成。台上原有明代万历三十九年（1611）刻立的一通高1.49米的《古盟台碑》石碑，正中阴

刻“古盟台”三个隶书大字，右刻“诸葛武侯擒孟获与诸蛮盟于此”。遗憾的是，该碑散佚下落不明。

1979 年，嵩明县农机局为保护历史文物，将原祠的土木结构改建为砖木结构，保持原貌不变。同时，重新刻立了高 1.49 米青石碑刻，正中镌刻隶书“古盟台”三个大字，右侧刻有“诸葛武侯七纵孟获与诸蛮会盟于此”15 个小字。碑额雕刻双凤朝阳，碑的两侧各有一个石柱，柱旁各有石狮。整个碑刻造型别致，书法遒劲，雕工精湛。

1985 年 8 月 20 日，武侯祠与古盟台，都被嵩明县人民政府列为县级重点文物保护单位。

2015 年至 2016 年，嵩明县人民政府采取筹资捐款办法，投资 167.12 万元整修了武侯祠。此次修缮，主要对东厢房、西厢房、正殿、前殿进行整修，都是面阔三间的仿古建筑，构成了一个 60 平方米的四合院。

与此同时，对武侯祠的周边环境也进行了整治，使其焕然一新，接待参观游览。2016 年 3 月 30 日，嵩明县人民政府又重新公布古盟台以及武侯祠为县级重点文物保护单位，树立了保护标志。

（2）楹联 1 副

关子索侯显圣摆旌旗，七十二峰现在；
岭自汉相惠明休干戈，三十六鼓犹存。

钱南园题书。

钱南园（1740—1795），本名钱沣，号南园，字东注，云南昆明人，乾隆三十六年（1771）进士，历任湖南学政、督察院湖广道监察御史。为官清正廉明，口碑很好，其书画也在我国的书法史上占据重要一席。代表作有《九歌长卷》《枯树赋》《施芳谷寿序》等。

【注】关子索侯：此指传说中关羽的第三个儿子关索。

据《三国志·蜀书·关羽传》记载，关羽只有关平和关兴两个儿子，并没有关索这个儿子。

关索的出现，见于明代成化十四年（1478）江夏（今武汉市江夏区）人汤斌尹校勘的《全像通俗三国志传》，其中提及关索为关羽因杀人而逃难在外时出生，刘备占据荆州后，关索前来荆州投奔父亲关羽，此后刘备攻下了益州，关索就带兵镇守云南一带。

《三国演义》第八十七回“征南寇丞相大兴师，抗天兵蛮王初受执”中，描写诸葛亮南征平叛时，以关索为先锋，冲锋陷阵，屡立战功，五处都提到了关索。除此之外，在《三国演义》第八十八回中提到了三处，第八十九回有一处也提到了关索，其后再也见不到关索之名。

明代成化年间（1465—1487），还有人编著了《花关索传》专著，说关索娶了巴东郡（今重庆市奉节县）城后山鲍家庄鲍员外小女儿鲍三娘为妻，夫妻恩爱，关羽亲自传授鲍三娘武艺，使之成了文武双全的女将军。建安二十四年（219）年底，关羽被杀荆州失守后，鲍三娘就跟随关索一同投奔蜀汉。建兴三年（225），关索与鲍三娘夫妻随诸葛亮南征平叛。平定了南蛮之后，夫妻二人就一直替诸葛亮镇守着南中，留下了许多脍炙人口行侠仗义的故事在民间广为流传。正因为如此，后世人在此修建了关索祠以示纪念。

据明嘉靖二十九年（1550）寻甸知府王尚用撰修的《嘉靖寻甸府志》记载："关索庙，去府六十里。"

由于关索与鲍三娘在云贵地区有一定的影响，所以，至今贵州、云南一带一直流传着以关索与鲍三娘为主的"关索戏"与相关传说故事和遗址古迹。

蜀汉炎兴元年（263）秋，曹魏镇西将军钟会率十五万大军攻蜀时，蜀军五万将士在今昭化古城东门外的桔柏渡西岸进行阻击，关索被魏将庞会（庞德之子）打落江中淹死，鲍三娘则在今广元市昭化古城以北土基坝一带与魏军交手，结果也战死了，遗体被运到土基坝对岸的曲回坝安葬。墓南北长 21 米，东西长 19 米，冢顶高 4 米，是四川省重点文物保护单位。

显圣摆旌旗，七十二峰现在：此指贵州省安顺市关岭布依族苗族自治县辖区内著名风景名胜区关索岭，该景区在城东 22 公里，与该县"鸡公背"相对峙。站在关索岭向东眺望时，一座座连绵不断的山峰像一面面迎风招展的旌旗排列在一起，似关索显圣摆阵。在"旌旗"与关岭之间一片开阔地上隆起几十个小山丘，像战鼓错落有致地摆放着，因此，当地文人墨客把这种旌旗飘飘、战鼓雷鸣的壮丽景观称为"七十二面吊吊旗""三十六筒花边鼓"。

岭自汉相惠明休干戈：此指蜀汉建兴三年（225），诸葛亮南征平叛时，根据西南地区的实际情况，曾经采取了"攻心为上，攻城为下。心战为上，兵战为下"的怀柔策略，先后杀掉了高定、朱褒、雍闿叛乱首恶分子，对南中少数民族中威信较高的首领孟获却进行了"七纵七擒"使其心悦诚服，所以，诸葛亮曾经在这里与孟获等少数民族部落筑台结盟，化干戈为玉帛，建立了友好关系，还将汉民族先进生产技术传播当地，惠及民众。休：罢、停止。干戈：语出《史记·儒林列传序》："然尚有干戈，平定四海，亦未暇遑庠序之事也。"干和戈都是古代常用兵器，也比喻战争或动武。此指诸葛亮化干戈为玉帛。

据 2005 年 7 月，上海辞书出版社出版发行戴均良等编著的《中国古今地名大词典》第 159 页记载说："武侯平蛮，会盟于此，史称亮盟南人于木密，上有武侯祠及关索祠。”

三十六鼓犹存：此指关索岭世世代代传说的“三十六筒花边鼓”景观仍然保留。犹存：仍然保留的意思。

【释】贵州省安顺市关岭布依族苗族自治县辖区内的著名风景名胜区关索岭好像关索显圣在这里摆阵插旗，七十二个小山峰至今还在；

关索岭自从蜀汉丞相诸葛亮南征平叛时对孟获“七纵七擒”并且筑台盟誓化干戈为玉帛惠及民众后，三十六筒花边鼓仍然保留。

3. 云南省姚安县武侯祠匾额 3 方

姚安县，是云南省楚雄彝族自治州下辖县之一，属于古滇国之地。

汉武帝刘彻元封二年（公元前 109），始置弄栋［也写作梇（lòng）栋］县，属益州郡，两汉因之。蜀汉时期，属云南郡。唐武德四年（621）以其地民众多姓姚，因置姚州都督府。元代取“乱极思治、长治久安”之意，置姚安路。明洪武七年（1374），设姚安府。清乾隆年间，罢府为州。1913 年，改名姚安县至今。

姚安县位于楚雄自治州西北部，东邻牟定县，南枕南华县，北接大姚县，西与大理州祥云县隔洵江相望，县城距昆明 230 公里，距楚雄市 75 公里。面积 1803 平方千米，人口 19.77 万，辖 6 镇 3 乡，县政府驻栋川镇。

建兴三年（225）五月，诸葛亮率领大军南征平叛时候，曾经在这里驻军，“一擒一纵”孟获的故事就发生在这里。与此同时，诸葛亮还在这里帮助少数民族人民进行文化交融，革新农业发展生产，传播汉民族先进生产技术，稳定了民族团结，呈现一派繁荣景象。所以，诸葛亮就成了当地人们心目中忠诚和智慧的化身，更是他们思念的恩人。

唐开元十三年（725），姚州刺史张虔陀在这里修建了姚安县城，当地人称为唐古城。筑城后，张虔陀意犹未尽，又正式在今姚安县栋川镇清河村所辖黄连箐修建了武侯祠纪念诸葛亮，形成了当地有较大影响力的历史遗迹。

明嘉靖三十六年（1557），对武侯祠进行重修，因此，姚安知府吴嘉祥在《武侯祠记》一文中说：“姚之人，老老幼幼，指其山曰诸葛山也。入其寺与祠曰诸葛祠寺也。扬扬称羡，标为胜地，而骄之邻封。”

明朝举人杨一麒在《武侯祠义田记》中说：“诸葛山，峙郡之东，有峰，右旋北折而南，盖姚之胜境也。”

明、清以来，就有诗云：“当年诸葛公，平南兵此宿。山限祠像存，春秋祀典肃。”这类诗歌在地方史志中有二三十首，是当时地方官员与文人学士参观武侯祠时，因怀念诸葛亮南征时期功德业绩，抒发真实思想感情的写照。

民国年间《姚安县志》记载说："在城东十五里，上有诸葛遗垒，张虔陀古城及唐建护国慈应寺遗址。后人建有武侯祠，向来士大夫登临望古，多发讴吟。山势丰隆，烟树微茫，凭栏远眺，空翠欲滴。"

据当地世世代代传说，蜀汉建兴三年（225）五月，诸葛亮率大军南征平叛时，西路军从苴却（今楚雄市永仁县）渡过金沙江，跟踪追击反叛的夷帅孟获。到姚安后，屯兵坝子东部的烟萝山麓，与据守坝子中部龙岗卫的孟获寨遥相对峙，共同演绎了一出刀光剑影又不乏斗智斗勇的"一擒一纵"故事，成为诸葛亮"七擒七纵孟获"故事。因此，早在唐朝时期，就曾修有武侯祠以示纪念，并且历代维修，明清时期尤为兴盛。

民国以来，时局混乱，战争频繁，历史上的武侯祠由于沧桑多变年久失修，至新中国成立已经倒塌倾废，不复存在了。

近年来，姚安县把诸葛武侯祠作为文化旅游项目进行重点打造，通过积极争取，多方筹资 2600 万元，2010 年开始重新修建诸葛武侯祠，占地面积 70 亩，建筑面积达 3850 平方米，坐东南朝西北。有大殿及四个厢房组成的仿古建筑群，形成武侯祠景区，庄严古朴，气势磅礴。2016 年 7 月 23 日，正式对外开放，接待各地游客参观游览。

景区山门为重檐二滴水三开间高大石牌坊，工艺精湛，雄伟庄重。牌坊正中匾额题书"武侯祠"，两侧匾额分别引用了古人佳句，称赞诸葛亮是"大汉一人"与"天下奇才"，堪称画龙点睛，游客至此，莫不肃然起敬。

进入石牌坊，便是宽大的广场，一应服务设施齐全，可供休闲娱乐。

大殿建在其后的高台之上，沿宽大的阶梯漫步而上，四周有石栏杆裙板，古朴典雅，相得益彰，显得武侯祠大殿高大而雄伟。

大殿为五开间，进深两间，建筑形式是庑殿式重檐二滴水，仿清代建筑风格，一周有回廊，飞檐翘角雕梁画栋，显得十分雄伟。成了姚安县人民群众拜谒祭祀先贤诸葛亮以及休闲娱乐的理想场所，更是各地游客观景览胜、旅游观光的好地方。

大殿内的神龛上，有一尊青铜浇铸的诸葛亮坐像，高 3.6 米，手拿羽毛扇，身着长袍，头戴丞相冠，慈眉慧眼，双目炯炯有神，两侧是两个铜铸的立式书童。

大殿四周彩绘有诸葛亮南征相关故事浮雕图案。与此同时，还有一些历史资料、农耕文明的相关实物展厅和部分名人书画展览。

除此之外，景区还提升改造了四级公路 4.9 公里，铺筑石板路 500 米，重建了观景台、仿古石垒等，从总体上来看，这是姚安县为推动文化旅游产业而打造的一个重点项目，成为涉外的一张亮丽名片。与此同时，也丰富了当地老百姓的精神文化生活。

武侯祠

题书者不详。

【注】武侯：诸葛亮生前被封为“武乡侯”，死后被追谥为“忠武侯”，因此，武侯就是诸葛亮的代称。

祠：历史上纪念祖宗、先贤、英烈、名人、神仙的祠堂。

【释】纪念诸葛亮的祠堂。

大汉一人

书者不详。

【注】此匾文为同治癸酉（1873）闰六月，古滇孙尔炽题书于今汉中勉县武侯祠献殿，至今仍存，完好无损。所以，这里属于仿制品。

大汉：语出西汉文学家司马相如（公元前178—公元前118）的《封禅文》：“大汉之德，逢涌原泉。”这是历史上对高祖刘邦公元前206年创建的西汉王朝与光武帝刘秀公元25年建立的东汉王朝尊称。例如：《后汉书·窦融传》有“安固后嗣，恢拓境宇，振大汉之声”之说。

除此之外，大汉亦指顶天立地的男子汉。例如：南宋文学家岳珂（1183—1243）的《桯史·苏衢人妖》：“时姑苏有民家姓唐，一兄一妹，其长皆丈有二尺，里人谓之唐大汉。”再如：《三国演义》第一回“宴桃园豪杰三结义”中有：“正饮间，见一大汉，推着一辆车子，到店首歇了”之说。

一人：第一人，喻指威名超群。

【释】诸葛亮是汉朝以来顶天立地的男子汉第一人。

天下奇才

题书者不详。

【注】此匾文为光绪十二年（1886）春，钦命陕西陕安兵备道唐树楠题书于今汉中勉县武侯祠献殿，至今仍存，完好无损。所以，这里属于仿制品。

天下奇才：语出《三国志·蜀书·诸葛亮传》：“及军退，宣王案行其营垒处所曰：此人乃天下奇才也。”宣王：此指曹魏大都督司马懿，是魏国三代托孤辅政重臣。三国归晋以后，谥号“舞阳宣文侯”，被追封为“宣王”。天下：天底下。奇才：语出《史记·商君列传》：“公孙鞅，年虽少，有奇才。”

此指奇特少有的人才。例如：乾隆四十四年（1779）举人、河南安阳县知县赵希璜的《谒武侯祠四首》诗有“隆中雅契昭鱼水，天下奇才出草庐”之句。

【释】诸葛亮是天底下奇特少有的人才。

4. 贵州省施秉县诸葛洞与武侯祠楹联 2 副

施秉县，位于贵州省中东部，系黔东南苗族侗族自治州、铜仁、遵义三州、市结合部。东邻镇远县，北壤铜仁石阡县，南连台江县可达广西，东南与剑河县相邻，西面与遵义地区余庆县交界。距离湖南怀化市 220 公里，距离贵阳市 230 公里，距离州府凯里市 49 公里。县域面积 1543.8 平方千米，南北长 62 公里，东西宽 60 公里，辖 4 镇 4 乡，县境内居民有苗、侗、布依、汉等 13 个民族，总人口 15.6 万。

诸葛洞，古名“瓮蓬洞”，在施秉县城东 6 公里的望城坡下舞阳风景区入口处，诸葛洞水电站大坝附近。诸葛洞远看如洞穴，近看则是一段峡谷，俗称“舞阳三峡第一峡——诸葛峡”。

峡谷两岸悬崖峭壁乱石嵯峨，舞阳河滩急、湾多，水流湍急，浪声如雷，自古以来很难通航，为此前人还修建了纤道。

相传诸葛亮南征平叛时率领大军来到此处，曾经开凿通航而被当地人更名“诸葛洞”。

据《弘治贵州图经新志》记载：“瓮蓬洞，在偏桥司东十五里，江水经此洞而出，洞为扼五处。相传汉诸葛经营南方时，欲漕长沙以西粟，凿此竟以扼塞而上。”

乾隆时期《镇远府志》也记载说：“诸葛洞，古名瓮蓬洞，两岸悬崖绝壁，高阔数百丈，其中有滩三层。”

正因为如此，至今，峡谷两岸还保留有古代的纤道。

据当地世代说，当年，诸葛亮南征平叛率领大军沿沅江而上，进入舞水到了夜郎国偏桥一带的瓮蓬洞，他见这里悬崖绝壁，惊涛骇浪，十分凶险，船行其间如入瓮中，故名“瓮蓬洞”。特别是，因江中有一块巨石，舟船过不去，只得弃舟登岸。所以，诸葛亮不得不传令三军就地安营扎寨，想方设法要打通瓮蓬洞航道，以便实现他“西和诸戎，南抚夷越”的平叛战略目标。

当时，牂牁郡（辖 16 县，治所在今贵州省黄平县）太守朱褒知道诸葛亮亲率大军南征平叛来到了这里，深恐诸葛亮打通瓮蓬洞后就失去这里的天险而难以固守，便经常派出小股郡兵前去骚扰，阻碍施工。诸葛亮灵机一动，叫人拿来几面铜鼓，置于洞中不断滴下的泉水之下，泉水居高临下，不断地滴打在铜鼓之上，发出了震耳欲聋的金鼓声，鼓鸣山应，空谷传声，成了疑兵阵。

第二天，朱褒率军前来瓮蓬洞阻止诸葛亮军队施工，没想到，水滴铜鼓，恰似金鼓齐鸣，吓得朱褒兵丁掉头便跑，一直后退了一百二十里。三天之后，朱褒才知原来是水滴铜鼓响，他中了诸葛亮的滴水退兵之计。紧接着，诸葛亮打通了瓮蓬洞航道，朱褒也被杀。正因为如此，当地“土人”非常佩服诸葛亮，于是把瓮蓬洞改名“诸葛洞”，又在当年诸葛武侯“将房”处修了一座武侯祠，画上纶巾羽扇的武侯像，四时祭祀。

武侯祠在诸葛洞右上方，据乾隆年间的《镇远府志》记载说：“武侯祠，在城东北十里诸葛洞岸上，土夫所建，名公诗赞林立，今船往来，必杀牲奠酒，诣祠祭之，其香火之盛，甲于他祠”。这里的“土夫”，指的就是当地苗民。

武侯祠是苗民为纪念诸葛孔明而立，充分证明诸葛亮在苗民心中有崇高地位。

清光绪十年（1884），当地有志之士自愿募捐，在原址又重修了武侯祠。祠庙占地一亩，修建正殿三间，有诸葛亮塑像进行纪念，还把滴水击鼓地方取名“铜鼓湾”，一直沿用至今。1982 年，武侯祠公布为贵州省文物保护单位。

万里江天通一线；
两宫庙祠感千秋。

题书者不详。

【注】万里江天通一线：诸葛亮开通了瓮蓬洞后这里就成了一线天的江山通途。

两宫庙祠：武侯祠原来有前后殿，称为两宫。

感千秋：千秋万年都感念诸葛亮。

【释】诸葛亮开通瓮蓬洞以后使这里形成了一线天的江山通途；

当地老百姓修建了武侯祠为的是千秋万年都感念诸葛亮。

兵消而水亦消，电扫飙驰，万里江天通一线；
民悦则神必悦，蛮歌仡舞，两宫庙祠感千秋。

题书者不详。

【注】兵消而水亦消：贵州省施秉县有个"瓮蓬洞"河道，从上到下长二百余丈，分为三层，故名"三洞"。每天的子、午、卯、酉四个时辰都有水突涌下泻，故名"四潮洞"。据传说，建兴三年（225）五月，诸葛亮南征平叛时期，沿沅江而上，进入舞水到了夜郎国偏桥一带的瓮蓬洞，江中有一块巨石，舟船过不去，只得弃舟登岸。诸葛亮传令，三军就地"将房"，修马厩，安营扎寨，决心打通瓮蓬洞航道以通航运。诸葛亮在凿"瓮蓬洞"时，命人将铜鼓放置于瀑布之下，水击铜鼓时，空谷传声，恰似金鼓齐鸣，造成疑军布阵之势。牂牁郡太守朱褒的叛军不敢近前，所以，诸葛亮赢得了凿通"瓮蓬洞"的时间。后来，诸葛亮用反间计杀了朱褒，平定了这里的叛乱，继续南下平叛。当地人为了纪念诸葛亮，在此修建了武侯祠，形成了前后殿，画上纶巾羽扇的武侯像，四时祭祀，还把原来诸葛亮用计滴水击鼓的地方取名"铜鼓湾"，一直沿用至今。时至今日，当地还有"若令三洞开，除非诸葛来"的民谣。遗憾的是，当年的"瓮蓬洞"中四时都有水突涌下泻的景观也消失了。

电扫：语出唐代诗人元稹的《苦雨》诗歌："阴沴皆电扫，幽妖亦雷驱。"比喻像闪电划过的迅速。例如：北宋著名女词人李清照（1084—1155）的《浯溪中兴颂诗和张文潜二首》有"五十年功如电扫，华清宫柳咸阳草"之句。

飙驰：语出西晋文学家潘尼（250—311）的《钓赋》："云往飚驰，光飞电入。"形容狂风疾吹。飚：即"飙"字。

万里江天通一线：诸葛亮开通了瓮蓬洞后使这里形成了一线天的江山通途。

民悦则神必悦：此指老百姓高兴连神仙也喜悦。

蛮歌：语出唐杜甫的《夜》诗歌之一："蛮歌犯星起，重觉在天边。"

仡（gē）舞：西南地区仡佬族的舞蹈。

蛮歌仡舞：此指西南少数民族载歌载舞，庆祝瓮蓬洞通航。

两宫庙祠：此指诸葛亮的武侯祠原来有前后殿，称为两宫。

感千秋：当地老百姓千秋万年都感谢诸葛亮。

【释】诸葛亮南征平叛开通了瓮蓬洞平叛退兵后四时都有水突涌下泻的景观消失了，这里像闪电划过狂风疾吹一样，形成了一线天通途；

南征平叛后老百姓高兴连神仙也喜悦，西南地区各族人民载歌载舞庆祝瓮蓬洞通航，在武侯祠里纪念先贤千秋万年都感谢诸葛亮。

第九章

诸葛亮受命托孤遗址
——重庆市奉节县白帝城武侯祠

重庆市，别称巴渝、山城、渝都、桥都、雾都。两汉三国时期，称为巴郡、江州，李严曾经出任江州都督，修建了江州大城。隋文帝开皇元年（581），以渝水（嘉陵江）绕城改为渝州。北宋崇宁元年（1102），改为恭州。南宋孝宗赵昚（shèn）淳熙十六年（1189），光宗赵惇先封为恭王，而后即帝位，自诩“双重喜庆”，遂升恭州为“重庆府”，重庆由此而得名。

南宋时期，设重庆府。元代至元十六年（1279），为重庆路总管府，隶属于四川行省。明清时期，为重庆府。1929 年，重庆正式建市。1937 年 11 月，中华民国政府定重庆为战时首都，1945 年 8 月 15 日抗日战争结束，国民政府还都南京，以法律形式规定重庆为永久陪都。1949 年 11 月 30 日，中华人民共和国正式解放重庆市，隶属于四川省所辖。1997 年 3 月 14 日，第八届五次全国人大会议一致通过将重庆市设立为直辖市至今。

重庆市面积 82402.95 平方公里，辖 23 个市区、11 个县、4 个自治县，2991.4 万人，是中华人民共和国直辖市、国家的中心城市、超大城市、世界温泉之都，亦是长江上游经济、政治、文化、科技、教育、艺术中心，国务院定位的国际大都市。

奉节县位于长江上游，是重庆东北部门户，长江三峡库区的腹心，历来是军事要隘。两汉以前，奉节县称为“鱼腹县”，春秋战国时期属巴国所辖，东汉晚期到唐代属于益州巴东郡的郡治所在地。

蜀汉章武二年（222），刘备改鱼腹县为“永安县”，寓意永保蜀汉帝业安宁。西晋太康元年（280），恢复了“鱼腹县”名，西魏废帝三年（554），改鱼腹县为“人复县”。唐贞观二十三年（649），为了纪念诸葛亮在这里尊奉刘备“托孤寄命，临大节而不可夺”的高尚品质，改人复县为“奉节县”至今。

如此看来，奉节县自古至今一直隶属于今重庆市管辖。

现在的奉节县总面积为4087平方公里，辖30个乡镇，人口107.27万。其中，有土家族、回族、藏族、苗族、满族、水族、布依族、仡佬族等23个少数民族，少数民族人口为15000余人。

说起奉节县白帝城历史缘由，不但与西汉晚期公孙述有关，而且还与蜀汉先主刘备及丞相诸葛亮有密切的关系。

据史志资料记载与世代传说，西汉末年，外戚王莽（公元前45—公元23）篡权自立新帝，改元“始建国”，公元8—23年在位。时任蜀郡太守的公孙述（？—36）遂乘乱自称辅汉将军兼领益州牧，占据了蜀地，在奉节县筑城设险据守。由于公孙述字为子阳，城就称为“子阳城”。当时，城内有一口水井，常有白色烟雾升腾，如白龙飞升，公孙述认为这是“白龙献瑞”，所以，光武帝刘秀（公元前6—公元57）建武元年（25）四月，他就自称“白帝”，改元“龙兴”，国号“成家”，改此山为“白帝山”，城曰“白帝城”。

据《后汉书·公孙述传》记载：当时，“有龙出其府殿中，夜有光耀，述以为符瑞，因刻其掌纹曰：公孙帝。建武元年四月，述自立为天子，号成家，色尚白，建元曰龙兴元年。以李熊为大司徒，以其弟光为大司马、恢为大司空，改益州为司隶校尉，蜀郡为成都尹。”

建武十一年（35），光武帝刘秀派大司马吴汉（？—44）灭了称帝十一年的公孙述后，有人在山上修建了“白帝庙”，供奉公孙述。

北魏地理学家郦道元（470—527）的《水经注·江水》第三十三卷记载：

江水又东径赤岬城西，是公孙述所造，因山据势，周迴七里一百四十步，东高二百丈，西北高一千丈，南连基白帝山，甚高大，不生树木，其土悉赤，土人云；如人袒岬，故谓之赤岬山。《淮南子》曰：彷徨于山岬之旁。注曰：岬，山胁也。郭仲产曰：斯石将因此而兴矣。

又说：

江水又东径鱼腹县故城南，故鱼国也。《春秋左传》文公十六年，庸与群蛮叛，楚庄王伐之，七遇皆北，唯裨儵鱼人逐之是也。《地理志》江关都尉治，公孙述名之为白帝，取其王巴蜀。章武二年，刘备为吴所破，改白帝为永安，巴东郡治也。白帝山城周迴二百八十步，北缘马岭接赤岬山，其间平处南北相去八十五丈，东西十七丈。

还说：

江水又东径南乡峡，东径永安宫南，刘备终于此，诸葛亮受遗处也。

其间平地，可二十许里，江山迴阔，入峡所无。城周十余里，背山面江，颓墉四毁，荆棘成林，左右民多垦其中。

从上述记载而知，白帝城是公孙述所筑，名称也是公孙述而定。

据《三国志·蜀书·先主传》记载说：建安十八年（213），“诸葛亮、张飞、赵云等将兵溯流定白帝、江州、江阳，惟关羽留镇荆州”。

当时的诸葛亮大军，就曾经在白帝城驻军。

建安二十四年（219），刘备留守荆州的爱将关羽攻打曹操占据的襄阳、樊城，水淹七军，擒于禁、斩庞德，威震华夏。形势所迫，曹操不得不与孙权联手，两家共同攻伐关羽，并且答应孙权，到时候将荆州全部给东吴，这样一来，就使得关羽腹背受敌，又没有救兵，被迫败走麦城，被东吴大将吕蒙所擒而杀害，荆州丢失。当时，刘备正在与曹操争夺汉中，曹操兵败退还关中。同年九月，刘备在汉中沔阳设坛称“汉中王”，力不从心，只好放下此事。

建安二十五年（220）三月十五日，曹操在洛阳病死。同年十二月，曹操长子曹丕废汉献帝刘协为山阳公而自己在洛阳称帝，改元“黄初”，建立了“魏国”，分封文武百官，汉室江山从此改朝换代，天下为之震动，汉室后裔刘备闻讯以后义愤填膺。

为了延续汉室帝业，次年（221）三月，刘备就在成都称帝，国号“汉”，改元“章武”，也分封文武百官，刘禅为太子，诸葛亮为丞相。刘备称帝后的第一件大事，就是急于讨伐东吴夺回荆州给关羽报仇。紧锣密鼓地准备之后，七月，刘备不顾国家刚立形势不稳、国力不足的实际情况，也不顾因此破坏了孙、刘联盟的严重后果，一意孤行要东征孙权。当时，尽管诸葛亮、赵云等文臣武将向刘备苦苦进行劝谏，陈述利害关系，也无济于事。在这种情况下，刘备亲自带领蜀汉数十万大军水陆并进浩浩荡荡讨伐东吴，不达目的决不收兵。没想到，在准备东征期间，爱将张飞又被部下将领范强、张达所杀，将首级送给东吴，这更使刘备怒不可遏，讨伐东吴的意志更为坚定。

孙权见刘备大军来势凶猛志在必得，便多次派使者和解，愿交还杀害关羽与张飞的凶手，再送还孙夫人，并且交还荆州割地称臣。可是，刘备却利令智昏，报仇心切，就是坚决不答应。

据《三国志·蜀书·先主传》记载说：“先主忿孙权之袭关羽，将东征，秋七月，遂帅诸军伐吴。孙权遣书请和，先主盛怒不许。”

无奈之中，孙权不得不立即上书魏文帝曹丕称臣，寻求保护。曹丕求之不得，顺水推舟立即封孙权为“吴王”，改元“黄武”。于是，孙权就安排青年将领陆逊（183—245）为大都督，统率三军迎战刘备。

陆逊见刘备大军急于求战，便将计就计与刘备周旋，与之对峙，处处示弱，寻找战机。时至盛夏，刘备大军在夷陵（今湖北省宜昌市宜都县）一带的树林里扎营几十座避暑。结果，被陆逊一把火烧得惨败，几乎全军覆没。

据《三国志·吴书·陆逊传》记载说："黄武元年，刘备率大众来向西界，权命逊为大都督，督朱然、潘璋等五万人拒之。备从巫峡、建平连围至夷陵界，立数十屯，以金锦爵赏诱动诸夷，使将军冯习为大督，张南为前部，辅匡、赵融等各为别督，先遣吴班将数千人于平地立营，欲以挑战。……逊曰：吾已晓破之之术。乃敕各持一把茅，以火攻拔之。一尔势成，通率诸军同时俱攻，斩张南、冯习等首，破其四十余营。"

这段话是说，黄武元年，刘备率大军前来攻打东吴西部边界，孙权任命陆逊为大都督，率朱然、潘璋等五万人抗击刘备。刘备从巫峡、建平连接营盘到夷陵界，建立了几十个军屯，用金银锦缎爵位奖赏引诱鼓动各夷人部落，派将军冯习为大都督，张南做前锋，辅匡、赵融等人各任分部将领，先派吴班带领几千人在平地设立营寨，想要挑战。陆逊说："我已经知道攻破他们的办法了。"于是就命令士兵各拿一把茅草，用火攻破他。顷刻之间火势形成，陆逊率领各路军队同时进攻，杀死了张南、冯习等将领，破了蜀军 40 多个营寨。

陆逊令将士从四面同时放火以后，刘备军营一片火海，死伤惨重，几乎全军覆没，不得不带领部分残兵败将气急败坏地逃往白帝城，这就是"火烧连营七百里"的历史故事。

夷陵之战惨败后，刘备虽然逃回白帝城，可由于怒气攻心一蹶不振而卧床不起，不久便病死在白帝城永安宫。临终前，他急招诸葛亮与李严到白帝城托孤交代后事。

据《三国志·蜀书·先主传》记载："章武三年（223）二月，丞相亮自成都到永安，……先主病笃，托孤于此，指亮尚书令，李严为副。"

当时，刘备对诸葛亮说："君才十倍曹丕，必能安国，终成大事。若嗣子可辅，辅之，如其不才，君可自取。"诸葛亮一听立即跪拜涕泣说："臣敢竭股肱之力，效忠贞之节，继之以死。"刘备十分感动，老泪纵横地对两个小儿鲁王刘永和梁王刘理说：今后"与丞相从事，要事之如父"。还给在成都的太子刘禅遗诏说："勿以恶小而为之，勿以善小而不为。"要他多读书，广纳谏，力求"益人意智"。这就是"白帝城托孤"的故事（见《三国志·蜀书·先主传》裴松之注引《诸葛亮集》与《三国志·蜀书·诸葛亮传》）。

在《三国演义》第八十四回"陆逊营烧七百里"和第八十五回"刘先主遗诏托孤儿"之中，将上述故事描写得惟妙惟肖。

如此看来，永安宫这个名称，是因为先主刘备章武二年把"鱼腹县"改名"永安县"，寓意永保蜀汉帝业安宁。由于刘备章武元年（221）七月，亲率大军讨伐东吴路过此地曾驻跸，次年夏天夷陵之战惨败后，于“秋八月收兵还巫”，又来到白帝城驻跸，其驻跸的行宫就称为“永安宫”。

在奉节县白帝城下的长江夔门岸边有水八阵图遗址，据说是诸葛亮所为。所以，唐朝诗人杜甫为此写下了《八阵图》诗歌：“功盖三分国，名成八阵图。江流石不转，遗恨失吞吴。”吸引了不少当代和后世文人墨客到此，留下许多诗词、楹联和文赋。

在《三国演义》第八十四回“陆逊营烧七百里，孔明巧布八阵图”之中，还讲述了陆逊当年追击刘备军时，曾经误入了这里的八阵图，险些全军覆没，是诸葛亮的岳父黄承彦带领陆逊走出了八阵图。

由于《三国演义》的故事堪称家喻户晓，妇孺皆知，所以，这个故事也因此流传千古，使白帝城下水八阵图古今知名，成为人人皆知的神奇故事。

有关“水八阵图”，已知有如下的相关资料记载：

据《晋书·桓温传》记载说：“初，诸葛亮造八阵图于鱼腹平沙之下，垒石为八行，行相去二丈。温见之，谓：此常山蛇势也。文武皆莫能识之。”

北魏地理学家郦道元（470—527）的《水经注》第三十三卷“江水”记载说：“江水又东径诸葛亮图垒南，石碛平旷，望间川陆，有亮所造八阵图，东跨故垒，皆累细石为之。自垒西去，聚石八行，行间相去二丈，因曰：八阵即成，自今行师，庶不复败，皆图兵势行藏之权，自后深识者，所不能了。今夏水漂荡，岁月消损，高处可二三尺，下处磨灭殆尽。”

南北朝时期《荆州图副》记载：“永安宫南一里，渚下平碛上，周回四百十八丈，中有诸葛武侯八阵图，聚细石为之，各高五尺，广十围，历然棋布，纵横相当，中间相去九尺，正中南北巷悉广五尺，凡六十四聚，或为人所散乱，及为夏水所没，冬时水退，复依然如故。”

南朝宋史学家盛弘之《荆州记》记载：“垒西聚石为八行，行八聚，聚间相去二丈许，谓之八阵图。有此记载，后世皆称之为武侯八阵图。”

北宋文学家苏轼（1037—1101）的《八阵碛》诗歌说：“平沙何茫茫，仿佛见石蕝。纵横满江上，岁岁沙水啮。孔明死已久，谁复辨行列。神兵非学到，自古不留诀”。

苏轼的弟弟苏辙（1039—1112）也曾写过《八阵碛》诗歌：“涨江吹八阵，江落阵如故。我来苦寒后，平沙如匹素。乘高望遗迹，磊磊六十四。遥指如布棋，就视不知处。世称诸葛公，用众有法度。区区落褒斜，军旅无阔步。中原竟不到，置阵狭无所。茫茫平沙中，积石排队伍。独使后世人，知我非莽卤。”

明代文学家杨升庵（1488—1559）的《太史升庵全集》记载：“诸葛武侯八阵图，在蜀者二：一在夔州之永安宫，一在新都之弥牟镇。在夔州者为侯从先主伐吴防守江路，行营布伍之遗制；新都为成都近郊，则其恒所讲武之所也。”

明正德年间（1506—1521）的《夔州府志》记载：“诸葛亮在此垒石为阵，纵横皆八，八八六十四垒。外有游兵二十四垒，垒高五尺，相去九尺，广五尺，这个碛即是传说中诸葛亮布阵的地方，当地人称八阵碛。”

除此之外，意大利旅行家马可·波罗（1254—1324）的《寰宇记》、清代乾隆十年（1745）的《奉节县志》也有上述内容的相关记载。

可是，也有人认为“水八阵”是“妄传”而不可靠。

笔者认为，自《晋书·桓温传》与《水经注》以来，诸多史志都对这里的“水八阵图”有所记载，文人学士也有不少诗词歌赋，其真实性不应该怀疑。

就时间分析，建安十八年（213）六月，诸葛亮率领张飞、赵云等大军逆长江而上，急急忙忙去帮助刘备取成都，曾路过白帝城在此驻军，从当时急于行军赶赴成都的形势需要分析，根本不可能在此停留摆什么八阵图。

章武三年（223）二月，刘备临终前在白帝城给诸葛亮、李严托孤受命，这期间诸葛亮到过白帝城。从当时实际情况推理分析，作为“摄一国之政事”的诸葛亮肩负蜀汉国家安危，从军事防御角度考虑，孙刘联盟共同抗曹关系已彻底破裂，成为水火不容的敌对方，因此，诸葛亮有可能在此摆八阵图防御，属于必要的战略措施，因为这里是东吴入侵蜀汉必经要津关隘，防范东吴是情理之中的事情。所以，《晋书·桓温传》与《水经注》都记载了这里的“水八阵图”，而且还比较详细，后来的文人学士也题诗歌咏，说明奉节县白帝城山下“水八阵图”的确是存在的，绝对不是《三国演义》的虚构。

可是，我们又必须了解，八阵图本身是“积石为垒”构成的军事操练和防御的设施，靠将士在里面不断运动变化来御敌，并不是完全靠石墙阻挡敌人。再则，长江水边用石头布八阵图，涨潮、退潮很可能毁于一旦，根本靠不住。还有，陆逊根本没有到过这里，假如东吴军队一旦逆江而上来到这里，水八阵图的石头阵也挡不住吴军。所以，我们应该明白，历史记载应该是真实的，而传说故事则属于文学艺术加工，没有真实性可言。

1. 历史沿革与古迹文物

白帝城武侯祠，在今奉节县城东 4 公里长江瞿塘峡口夔门北岸的白帝山上，这里东依地势险峻的夔门，西傍长江滩边的水八阵图遗址，三面环水，雄踞水陆要津，高出波涛汹涌而湍急东流的长江水面约数十丈，历来是古代“西控巴蜀，东连吴楚”的天然门户。

在孤山独高的山顶上，有百亩平坦之地，武侯祠就在其上。自从刘备在“白帝城托孤”后，白帝城这个称谓就名垂青史，誉冠古今。

诸葛亮死后，有人在白帝山上修建了“先主庙”和“武侯祠”，以示对刘备、诸葛亮的敬仰与缅怀。唐、宋时期，祠庙历经多次维修，保存完好。所以，唐代诗人杜甫、李白、白居易、刘禹锡；宋代的苏轼、黄庭坚、范成大、陆游、王十朋等文人学士都曾瞻仰武侯祠作诗，成为千古绝唱。

唐代杜甫在此居住两年，就写了诗歌400余篇，为白帝城留下了丰富的文化遗产。因此，白帝城自古就有“诗城”之盛誉。

元代以及明代初年，白帝城的先主庙与武侯祠不见了记载，仅有“白帝庙”。

明正德七年（1512），四川巡抚林俊（1452—1527）认为公孙述根本不配立庙祭祀，遂毁掉公孙述像，改祀汉代名将马援（公元前14—公元49）以及蜀汉先主刘备与丞相诸葛亮三位功臣，改称“三功祠”。

嘉靖十二年（1533），四川巡抚朱廷立（1492—1566）和按察司副使张俭，根据刘备在此托孤故事流传甚广、影响较大的实际情况，又将“三功祠”改名为“义正祠”，专门祭祀刘备、诸葛亮。嘉靖三十六年（1557），在庙中增塑关羽、张飞像，同时，将“义正祠”改名为“明良殿”，取意于“君明臣良，千古垂范”之意。从此以后，奠定了白帝城庙后来的格局。

20世纪“文化大革命”极左思潮期间，刘备、关羽、张飞、诸葛亮四人塑像均被破坏，将他们的头砍掉，四个小太监却保存完好，认为小太监也是被剥削阶层。正因为如此，“文化大革命”之后明良殿重修时，人们发现，除了四个小太监有脖子外，刘备、关羽、张飞、诸葛亮四人均没有脖子。

武侯祠院中，有一个六角十二柱重檐二滴水的“观星亭”巍峨壮观。据传说，这是诸葛亮当年曾经在此夜观天星，后世人在此修建亭子以示纪念而得名。

武侯祠左右两侧是碑林，里面镶嵌、竖立有隋代至清朝的真、草、隶、篆各种书体大小碑刻70余通，基本汇集了从隋朝以来各个时代的相关记事文章、咏赞诗歌、书法艺术的精粹。其中，隋文帝仁寿二年（602）刻立的《金龙寺舍利塔碑记》为最早的碑刻，其后如《加号大成碑》《康熙御书六言诗碑》《夔门铭碑》《竹叶诗碑》《刘贞安书法碑》《登白帝城诗碑》《甘为霖登白帝城诗碑》《白帝城怀古诗碑》《游白帝城集韵碑》等。它们都是历代达官显贵、文人学士的杰作，题诗碑刻最多，充分体现了白帝城这个“诗城”具有悠久的历史渊源与丰厚的文化积淀，所以它们都具有较高历史与书法价值，堪称珍品。

白帝城武侯祠前殿为悬山式五开间的仿古建筑，称为“托孤堂”，堂内有1984年著名雕塑家赵树桐（1935—2018）设计制作彩塑了21尊大型人物造像

“白帝城托孤”。其中，刘备半卧在龙榻两眼微睁，手指着诸葛亮，好像奄奄一息地交代后事。榻前跪着刘备幼子刘永、刘理；诸葛亮躬腰低头，毕恭毕敬站在榻前，似乎全神贯注倾听先主嘱托，李严、赵云、马谡等文臣武将分列两旁。塑像组合严谨，造型生动，气氛肃穆，再现了当年“白帝城托孤”场面。

“托孤堂”之后有“明良殿”，正中专门祭祀刘备，东侧祭祀关羽、张飞。西侧供奉诸葛亮与其子诸葛瞻、孙子诸葛尚的塑像。

白帝城庙内还有文物陈列室、诗史堂，陈列着新石器时代以来出土文物和古今名家的书画、诗歌作品。这些古建筑和文物，为白帝城武侯祠增色不少。

由于唐代以来不少诗人在白帝城赋诗歌咏，特别是，李白的《早发白帝城》“朝辞白帝彩云间，千里江陵一日还。两岸猿声啼不住，轻舟已过万重山”早已成为千古绝唱，著名古今中外，进入千家万户。所以，白帝城历来因为刘备的“白帝城托孤”和“诗城”之誉而吸引着国内外游客。2006 年 5 月 25 日，白帝城武侯祠被国务院批准列入第六批全国文物保护单位。

2. 南宋王十朋在白帝城武侯祠的《谒武侯庙文》

据《四库全书》辑录王十朋所著《梅溪后集》卷二八中，有王十朋当年在白帝城拜谒祭祀诸葛亮的《谒武侯庙文》，全文如下：

丞相忠武，蜀之伊吕（丞相忠武侯诸葛亮，是蜀汉国家的伊尹和吕望）。

高卧南阳，悲吟《梁父》（在南阳郡隆中隐居躬耕时期，曾抱膝悲吟家乡《梁甫吟》，以寄托思乡之情）。草庐之中，三顾先主（在草庐中，先主刘备曾“三顾茅庐”请诸葛亮指点迷津出山辅佐）。将汉是兴，非刘曷（hé）与（刘备想匡扶汉室，咨询诸葛亮何时可以兴复汉室。曷：何时）？君臣鱼水，蛟龙云雨（刘备恳请诸葛亮出山辅佐后君臣关系如鱼得水，如蛟龙得到了云雨）。才十曹丕，志小环宇（刘备临终前托孤时对诸葛亮说：“君才十倍曹丕，必能安国，终定大事。若嗣子可辅，辅之，如其不才，君可自取。”诸葛亮涕泣曰：“臣敢竭股肱之力，效忠贞之节，继之以死。”先主十分感动，诏敕后主曰：“汝与丞相从事，事之如父。”这种宽大的胸怀，显得天地间都有些小了）。假令无死，师一再举。吴魏可吞，礼乐可许（假如诸葛亮不死，将会继续率军北伐，可灭掉曹魏吞并东吴，礼乐可兴）。宁使英雄，坠泪古今（没想到诸葛亮病死在五丈原军中，使后世人为之感慨而垂泪至今）。“将略非长”，庸史之语（此指《三国志》作者陈寿在评价诸葛亮说：“然亮才於治戎为长，奇谋为短，理民之干，优於将略。”这个评价属于平庸之语）。某受命天子，来帅兹土（王十朋说他受皇帝之命，来夔州出任知府）。梦观八阵，果至夔府（王十朋说他梦中观看水八阵图，果然在夔州府的长江边上）。庙貌仅存，风波可睹（武侯祠依然存在，风貌可观）。旁有关张，一龙二虎（武侯祠内塑像既有诸葛亮，还有关羽、张飞，堪称是一龙二虎），安得此人，以消外侮（因为有了诸葛亮这个人物，才能够抵御外来的侵略）。

据《宋史·王十朋传》介绍：王十朋（1112—1171），字龟龄，号梅溪，今浙江省温州市所辖乐清市虹桥镇梅溪村人，南宋著名政治家、文学家、诗人。绍兴二十七年（1157），被宋高宗亲自选拔为状元，从此进入仕途。先后出任员外郎、国子司业、起居舍人、侍御史、秘书省校书郎、集英殿修撰。隆兴二年（1164），任饶州（今江西省上饶市）知州。乾道元年（1165）七月，任夔州（今重庆市奉节县）知州。乾道四年（1168）为泉州（今福建省泉州市）知州。乾道七年（1171），为太子詹士，旋即以龙图阁学士致仕。七月初三（8月6日），在乐清县家中逝世，享年60岁。光宗赵惇（1147—1200）绍熙三年（1192），追谥为“忠文”。留有《王十朋全集》《梅溪后集》等传世。

由于王十朋一生勤政爱民，救灾除弊，两袖清风，造福八方，很有政绩，因此，宋孝宗赵瑗（1127—1194）褒扬他为“南宋无双士，东都第一臣”。

泉州士民闻王十朋死后，集会在开元寺沉痛悼念，又在东街建了“王忠文祠”，绘像而祭奠，又名“梅溪祠”以为纪念。

从《谒武侯庙文》和王十朋简历，参考王十朋的《夔州新迁诸葛武侯祠记》以及《夔州新修诸葛武侯祠堂记》而知，王十朋在乾道元年（1165）七月任夔州知州后，目睹了原来的武侯祠在“夔州之南门，延城西三十六步，无断碑以考其岁月之始”，由于“宫阙废而地犹存”，于是，“因其址筑而高之，用其材斫而新之”，重新修建了武侯祠，当时的武侯祠“堂五楹，庑万椽，南门於台，又门于西，通往来之道”。又因为诸葛亮的“像乃其旧”，只是重新彩绘“厥了丹青，冕服用侯。又塑关、张像，翼于左右”。这个工程是在“乾道三年四月壬午告成”的。由此看来，这篇祭文是王十朋在白帝城武侯祠重新修建完工之后，举行落成典礼时有感而发所写的，因为他是夔州知州。

3. 匾额 4 方、楹联 17 副

白帝城

题书者不详。

【注】白帝城：西汉末年，辅汉将军兼领益州牧公孙述占踞蜀地称帝后在此筑城设险据守，见城内有一口水井常有白色烟雾升腾，如白龙飞升，公孙述认为这是“白龙献瑞”，所以，自称“白帝”，改元“龙兴”，国号“成家”，改此山为“白帝山”，城曰“白帝城”。

【释】西汉末年公孙述因白龙献瑞之说而自称白帝并改子阳城为白帝城。

明良殿

题书者不详。

【注】明良殿：明嘉靖三十六年（1557），将原“义正祠”改为“明良殿”，殿内塑有刘备、诸葛亮、关羽、张飞塑像，取意“主贤臣忠，君明臣良”。乾隆皇帝《清高宗序》有“夫三代以上，君明臣良，天下雍熙，世登上理”之说。

【释】君明臣良的纪念殿宇。

汉代明良

题书者不详。

【注】汉代：西汉、东汉、蜀汉的泛称。其中西汉 13 帝 214 年；东汉 13 帝 196 年；蜀汉 2 帝 43 年，他们都是一脉相承的刘姓帝王，故统称为汉代。

明良：语出《尚书·益稷》：“元首明哉，股肱良哉，庶事康哉。”称赞贤明的君主和忠良的臣子。例如：诸葛亮《便宜十六策·考黜》有：“进用贤良，退去贪懦，明良上下，企及国理。”

此指刘备是汉代以来的贤明之君，诸葛亮是汉代以来的忠臣良将。

【释】刘备与诸葛亮是汉代以来的贤明之君与忠臣良将。

伯仲伊吕

题书者不详。

【注】伯仲伊吕：语出杜甫《咏怀古迹》诗歌："伯仲之间见伊吕，指挥若定失萧曹。"

伯仲：语出《诗经·小雅·何人斯》："伯氏吹壎，仲氏吹篪。"东汉儒学家郑玄（127—200）注曰："伯仲，喻兄弟也。"

古代一家有兄弟数人，分别排序为伯、仲、叔、季，以次区别长幼。例如：南宋文学家尤袤（1127—1194）的《全唐诗话·卢渥》有"轩冕之盛，近代无比，伯仲四人，咸居显列"之说。

"伯仲"两字联用，亦比喻相差不大，不分高下。例如：东晋文学家王羲之（303—361）的《与谢安书》："蜀中山水，如峨眉山，夏含霜雹，碑板之所闻，昆嵛之伯仲也。"再如：北宋文学家秦观《代贺王左丞启》诗有"学穷游夏之渊源，文列班杨之伯仲"之句。

伊吕：此指商朝初期辅佐贤相伊尹与西周初期辅佐贤相吕望（姜子牙）。

【释】诸葛亮的才能和商朝辅佐贤相伊尹与西周辅佐贤相吕望不相上下。

书以明理；
德能立名。

丙子（1936）春，毛书贤集秦碑题书。

毛书贤（1881—1962），奉节县人，清末举人，曾任四川省文史馆馆员、四川省通志局文献委员、中学教师，其余不详。

【注】集秦碑：此指作者集秦始皇所刻立的石碑书法而题书楹联。

据《史记·秦始皇本纪》卷六记载："三十有七年，亲巡天下，周览远方，遂登会稽，宣省习俗，黔首斋庄，群臣诵功，本原事迹，追首高明……请刻此石，光垂休铭。"

秦始皇三十七年（公元前210）十月，曾南下登今浙江省绍兴市北6公里的会稽山祭祀大禹，左丞相李斯等官员随从。十一月，他遥望南海感慨万千，遂在那里刻石立碑，以此颂扬秦朝的功德。正因为如此，唐开元年间（713—741）史学家张守节的《史记正义》记载说："其碑见在会稽山上，其文及书皆李斯，其字四寸，画如小指，圆镌。今文字整顿，是小篆字。"

书以明理：是说诸葛亮《诫子书》让后世人明白了很多做人的道理。

德能立名：只有树立了崇高的道德品质才能够受到尊崇敬仰而扬名立万。

【释】诸葛亮《诫子书》让后世人明白了很多做人的道理；

只有树立崇高道德品质才能够受到尊敬而扬名立万。

鼎足三分，未免吞吴遗恨；
祁山六出，莫偿灭魏孤忠。

题书者不详。

【注】鼎足三分：此指曹魏、蜀汉、孙吴三国鼎立。

未免吞吴遗恨：是说先主刘备章武元年（221）刚刚建立了蜀汉帝业就不听劝阻，急于率领倾国倾城大军讨伐东吴给关羽报仇，结果惨遭失败，病死在白帝城，彻底破坏了诸葛亮苦心经营的“孙刘联盟共同抗曹”统一战线，没有免除灭吴而给蜀汉国家造成的不可弥补之损失，留下了千古遗恨。

祁山：在甘肃省陇南市礼县东的西汉水北侧。建兴六年（228）春与九年（231）春，诸葛亮曾经两次出祁山北伐曹魏，为这里留下了丰富的古迹文物，后世人在此修建了武侯祠。

祁山六出：语出《三国演义》第一百二十回末尾的叙事诗：“孔明六出祁山前，愿以只手将天补；何期历数到此终，长星半夜落山坞。”

泛指诸葛亮前后五次北伐曹魏与汉中防御战，例如：《三国演义》从第九十五回“马谡拒谏失街亭”，到第一百四回“陨大星汉丞相归天”，把诸葛亮五次北伐曹魏和 230 年在汉中的防御战说成为“六出祁山”。

莫偿灭魏孤忠：是说诸葛亮北伐曹魏虽然没有如愿以偿，实现他“北定中原，兴复汉室”而一统汉家江山心愿，却留下他忠君爱国，全力辅佐蜀汉帝业的孤胆忠心彪炳青史流传后世。莫偿：没有如愿以偿的意思。

【释】魏蜀吴三国虽然已经鼎立，可刘备大军未能讨伐吞并东吴给蜀汉国家造成不可弥补损失留下了千古遗恨；

诸葛亮北伐曹魏，没有如愿以偿实现一统汉家江山心愿却留下了全力辅佐蜀汉帝业的孤胆忠心彪炳青史。

孤忠尽赖老臣，未死终能存社稷；
拜表每称先帝，此心常得护堂皇。

题书者不详。

【注】孤忠尽赖老臣，未死终能存社稷：对蜀汉国家的孤胆忠心全靠诸葛亮一个老臣，如果他不死就一定能够实现“北定中原，兴复汉室”而一统汉家江山社稷。社稷：语出《韩非子・难一》：“晋阳之事，寡人危，社稷殆矣。”古代社为土神，稷为谷神，是中华民族最重要的原始崇拜物，后来为国家的

象征。例如：《孟子·尽心下》："民为贵，社稷次之，君为轻。"再如：《汉书·高帝纪下》有"又加惠于诸王有功者，使得立社稷"之说。

《三国演义》第二回"何国舅谋诛宦竖"亦有"陛下今不自省，社稷立见崩摧矣"之句。

拜表每称先帝，此心常得护堂皇：诸葛亮前、后《出师表》中共有 19 次提到了先主刘备。其中，前《出师表》有 13 次，后《出师表》有 6 次。每次都不忘称赞先主刘备，这就是诸葛亮忠君爱国之心经常爱护蜀汉国家君王的表现。

此心：语出明末清初史学家黄宗羲（1610—1695）的《感旧》诗歌："寒江才把一书开，耿耿此心不易灰。"耿耿此心，其心可鉴的意思，形容内心十分忠诚而放不下。

堂皇：语出《汉书·胡建传》："当选士马日，监御史与护军诸校列坐堂皇上。"颜师古注曰："室无四壁曰皇。"此指官吏治事的厅堂。

护堂皇：此指保护蜀汉朝廷。

【释】对蜀汉国家孤胆忠心全靠诸葛亮一个老臣，如果他不死就一定能实现北定中原兴复汉室而一统汉家江山社稷；

诸葛亮前后《出师表》中每次都不忘称赞先主刘备，这是他的耿耿忠心始终放不下保护蜀汉朝廷的具体表现。

万国衣冠拜冕旒，僭号称尊，岂容公孙跃马；
三分鼎足纡筹策，托孤寄命，赖有诸葛卧龙。

民国十五年（1926）三月，眉山黄元藻撰并书。

黄元藻，四川省眉山县人，其余不详。

【注】万国衣冠拜冕旒：语出唐代诗人王维（701—761）的《和贾舍人早朝大明宫》诗歌："九天阊阖开宫殿，万国衣冠拜冕旒。"

是说九重的皇宫打开了金红宫门，少数民族的万国使臣都躬身来朝拜身着龙袍、头戴冕旒皇冠的汉民族皇帝。

冕旒：语出《周礼·夏官·弁师》："顶有延，前有旒，故曰'冕旒'。天子之冕十二旒，诸侯九，上大夫七，下大夫五。"

此指古代帝王礼冠前后的玉串，起于黄帝，至周代始完备。例如：唐代文学家韩愈的《江陵途中寄三学士》诗歌有"昨者京师至，嗣皇传冕旒"之句。

"旒"就是用五彩的缫（丝绳）12 根，每旒贯穿有 12 块五彩玉，按朱、白、苍、黄、玄的顺次排列，每块玉相间距离各 1 寸，每旒长 12 寸。

汉代冕服的垂旒却不限于五色。根据《后汉书·舆服制》的记载，十二旒为白玉串珠。

僭号称尊：冒用帝王的称号而称帝，此指建安二十五年（220）曹丕篡汉而立国称魏文帝。

僭号：语出《汉书·扬雄传下》：“诸儒或讥以为雄非圣人而作经，犹春秋吴楚之君僭号称王，盖诛绝之罪也。”此指冒用帝王的称号。

称尊：语出刘道一（1884—1906）的《驱满酋必先杀汉奸论》：“有王济高诩之谋画，于是慕容鲜卑也，乃起昌黎而南面称尊矣。”犹言称帝。例如：近代思想家鲁迅先生（1881—1936）的《南腔北调集·沙》就有：“他们都是自私自利的沙，可以肥己时就肥己，而且每一粒都是皇帝，可以称尊处就称尊。”

岂容公孙跃马：岂能够容忍公孙述策马驰骋腾跃。公孙述（？—36），字子阳，扶风茂陵（今陕西省兴平市）人，王莽篡汉，受任为蜀郡太守，当时天下群雄竞起，公孙述自称辅汉将军领益州牧。建武元年（25），称帝于蜀，国号“成家”，年号“龙兴”，割据益州称帝共12年。建武十一年（35），东汉朝廷派兵征讨被拒；次年，朝廷复命大司马吴汉举兵讨伐，攻破成都，纵兵大掠，尽诛公孙氏，至此公孙述政权灭亡。

三分鼎足纡筹策：语出杜甫《咏怀古迹》诗歌：“三分割据纡筹策，万古云霄一羽毛。”曹魏、蜀汉、孙吴三国鼎立归结于诸葛亮的运筹帷幄策划谋略。

托孤寄命：章武三年（223），刘备临终前向诸葛亮进行托孤，交代后事。

赖有诸葛卧龙：是说辅佐蜀汉帝业全靠诸葛亮这个卧龙。赖：依赖、依靠、全靠的意思。

【释】少数民族万国使臣都躬身朝拜正统的汉家皇帝，魏文帝曹丕却篡汉而立国称帝，人们怎么能再容忍像公孙述那样策马驰骋腾跃；

曹魏蜀汉孙吴三个国家鼎立对峙的运筹策划，刘备临终前在白帝城的托孤受命全权辅佐蜀汉帝业，这都全靠有诸葛亮这个卧龙。

巫山峡锁全川水；
白帝城排八阵图。

清光绪十年（1884）冬，春霆鲍超题书。

鲍超（1828—1886），初字春亭，后改春霆，夔州安坪藕塘（今重庆市奉节县）人，清代晚期湘军将领。历任湖南绥靖镇总兵、浙江提督、湖南提督，英勇善战，功劳卓著，先后赐号“壮勇巴图鲁”“博通额巴图鲁”。为此，曾国藩曾经评价说：“汝真善战者。”

【注】巫山峡锁全川水：巫山，在重庆市巫山县，是长江的小三峡，重庆市的东大门，游长江三峡必经之地，也是长江三峡库区重镇，拥有巫峡全部和

瞿塘峡大部，“巫山十二峰”列坐大江南北，尤以神女峰最秀丽。白帝城就在巫山峡岸边，这里有瞿塘峡夔门，历来就是古代“西控巴蜀，东连吴楚”的天然门户，控制着全川的长江流水。

白帝城：在奉节县东长江北岸白帝山上，有白帝城古建筑群。

西汉末年公孙述据蜀，在山上筑城，因城中一井常冒白气宛如白龙，他便借此自号白帝，并名此城为“白帝城”。公孙述死后，当地人在山上建庙立公孙述像，称“白帝庙”。明正德七年（1512），四川巡抚毁公孙述像，祀江神、土神和马援像，改称“三功祠”。

嘉靖二十年（1541），又改祀刘备、诸葛亮，改名“正义祠”，后又添供关羽、张飞像，长祀蜀汉人物，形成今天的格局，称为“白帝城武侯祠”。

排八阵图：诸葛亮曾经在白帝城山下的长江北岸摆了八阵图以拒东吴。

唐朝诗人杜甫有“功盖三分国，名成八阵图。江流石不转，遗恨失吞吴”著名诗篇，不少文人墨客到此，留下许多赞美八阵图的诗、词、楹联和文赋。

《三国演义》第八十四回“陆逊营烧七百里，孔明巧布八阵图”，讲述了陆逊当年追击刘备军时，误入了这里的八阵图，险些全军覆没，是诸葛亮岳父黄承彦带领陆逊走出了八阵图。这个故事流传千古，使白帝城下的“水八阵图”古今知名，成为家喻户晓、人人皆知的神奇故事。

【释】巫山峡是长江必经之地历来控制着全川的长江流水；

白帝城长江北岸有诸葛亮当年摆的八阵图以拒东吴。

三顾频烦天下计；
一番晤对古今情。

董必武题，书者不详。

董必武，生平事迹见前。

【注】此联文是1965年1月国家副主席董必武为成都武侯祠题书，所以，这里属仿制品。

三顾频烦天下计：语出杜甫《蜀相》诗歌：“三顾频烦天下计，两朝开济老臣心。”东汉末年，汉室后裔宗亲刘备立志匡扶汉室，可是在诸侯割据纷争的年代里，曹操“挟天子以令诸侯”把持朝政号令天下臣民，刘备势力单薄被追赶得东奔西逃疲于奔命，始终没有立足之地，因此急需得力名士指点迷津，意欲大展宏图一统江山。在徐庶、司马徽的推荐之下，建安十二年（207）冬，他曾屈尊三顾茅庐于隆中，请求在此隐居躬耕的“卧龙”诸葛亮为自己出谋划策，诸葛亮为其制定了兴复汉室的《隆中对策》大计。

一番晤对古今情：是说47岁的刘备与27岁的诸葛孔明在隆中开诚布公地

进行交流，诸葛亮十分感激刘备的屈尊三顾茅庐，为刘备认真分析了当时天下形势，提出了联合东吴孙权共同对付曹操，再“西和诸戎，南抚夷越”团结少数民族，占领荆州、益州与汉中战略要地，等待天下形势发生变化，就可以两路钳击中原，如此一来，则霸业可成，汉室可兴。这一番对话使刘备茅塞顿开，恳请诸葛亮出山辅佐，一步步实现此计划，因此，刘备自豪地说：“孤之有孔明，犹鱼之有水也。”从此后，俩人的关系十分亲密，成为千古佳话。

【释】汉室后裔刘备曾屈尊三顾茅庐请求诸葛亮为匡扶汉室指点迷津出谋划策诸葛亮为其制定了一统天下的大计；

诸葛亮与刘备的一番交流对话使刘备茅塞顿开恳请其出山辅佐从此俩人的关系如同鱼水一般成为千古佳话。

好为梁甫吟；
志见出师表。

郭沫若题书，生平事迹见前。

【注】此匾文为郭沫若 1964 年为古隆中题书，因此，此处属于仿制品。

好为梁甫吟：是说诸葛亮在隆中隐居躬耕时期就十分喜欢家乡的民间乐府歌谣《梁甫吟》。

据《三国志・蜀书・诸葛亮传》记载说：“亮躬耕陇亩，好为梁甫吟。”

梁甫吟：乐府古辞，流传在山东泰山一带，歌词内容如下：“步出齐城门，遥望荡阴里。里中有三坟，累累正相似。问是谁家墓，田疆古冶子。力能排南山，文能绝地纪。一朝被谗言，二桃杀三士。谁能为此谋，国相齐晏子。”

这首歌谣，说的是春秋时期齐景公名相晏婴（公元前 578—公元前 500）通过“二桃杀三士”计谋，成功除掉了齐景公身边居功自傲、目中无人的三个功臣武士，即田开疆、公孙接、古冶子，有效地确保了国家安全（见《晏子春秋・内篇・谏下第二》）。

诸葛亮喜欢它的原因，一是借此寄托思念家乡之情怀，二是从这个故事中能够悟出很多道理，可以史为鉴，学习晏婴忠君爱国的赤胆忠心与高超的计谋。

志见出师表：诸葛亮的理想与志向可以从他的前、后《出师表》中看到。

【释】诸葛亮隐居时就十分喜欢家乡的民间歌谣《梁甫吟》；

诸葛亮理想志向可以从他的前后《出师表》中看到。

诸葛大名垂宇宙；
宗臣遗像肃清高。

书者不详。

【注】此楹联是 1964 年沈尹默为成都武侯祠所题书，至今仍存。

上、下联句，皆出自杜甫《咏怀古迹五首》诗歌："诸葛大名垂宇宙，宗臣遗像肃清高。三分割据纡筹策，万古云霄一羽毛。"

诸葛大名垂宇宙：是说诸葛亮的英名千古流芳，永远留在天地之间。

宗臣遗像肃清高：是说他的遗像肃穆清高，人们对他无限的尊崇敬仰。宗臣：语出《汉书・萧何曹参传赞》："淮阴、黥布等已灭，唯何参擅功名，位冠群臣，声施后世，为一世之宗臣。"颜师古注曰："言为后世之敬仰，故曰宗臣也。"此指世所敬仰的名臣。

【释】诸葛亮的英名千古流芳永远留在天地之间；

名臣的遗像肃穆清高人们无限的尊崇敬仰。

其自任以天下之重如此；是知其不可而为之者欤。

书者不详。

【注】此楹联是蜀都洪志存为成都武侯祠题书，至今仍存。

其自任以天下之重如此：语出《孟子・万章上》："其自任以天下之重如此，故就汤而说之以伐夏救民。"意思是说，商朝初期的贤相伊尹很自信地把统一天下作为自己的责任，所以他劝说商汤（成汤，商朝开国国君）讨伐残暴昏庸的夏桀而救民于水火之中，建立了商朝。

此指诸葛亮把辅佐蜀汉兴复汉室，统一汉家江山作为自己毕生的责任。

是知其不可而为之者欤：语出《论语・问宪》："子路宿于石门，晨门曰：奚自？子路曰：自孔氏。曰：是知其不可而为之欤。"

这段话是说，孔子的学生子路夜里住在石门，看门的人问，你从哪里来？子路说，从孔子那里来。看门人说，是那个明知做不到却还要去做的人吗？

此指诸葛亮深知兴复汉室，统一江山难于实现，却仍然坚持不懈，勉为其难。

【释】诸葛亮把辅佐蜀汉帝业兴复汉室作为自己毕生的责任；

诸葛亮深知兴复汉室难于实现却仍坚持不懈勉为其难。

筹策在攻心，当年化洽賨羌，冠带百蛮归典属；安边曾叱驭，此日风清瓯脱，云霄万古仰宗臣。

书者不详。

【注】此楹联原为清乾隆年间戴三锡为四川宁远府丞相祠所题书。

筹笔：语出唐代诗人唐彦谦（？—893）的《兴元沈氏庄》诗歌："江遶武侯筹笔地，雨昏张载勒铭山。"此指四川省广元市城北 45 公里朝天镇军师村一组的筹笔驿，前临嘉陵江水，背靠汉王寨山，由东向西的梅家河水绕驿北汇入嘉陵江。建兴五至十二年（227—234），诸葛亮屯军汉中北伐曹魏期间，多次经过这里在此驻军，筹划军事而得名。

据清乾隆二十二年（1757）编的《广元县志·山川》记载："筹笔驿在县北九十里，诸葛武侯出师常驻军筹划于此。杜牧诗：永安宫受诏，筹笔驿沉思，画地乾坤在，濡毫胜负知。李商隐诗：猿鸟犹疑畏简书，风云常为护储胥。"

除此之外，唐代诗人薛能（817—880）与罗隐（833—910）亦有《筹笔驿》七律诗歌。由此可见，筹笔驿在历史文化中有一定的影响力。

除上述之外，汉中勉县的武侯祠，历史上也称为"筹笔驿"。

据清武侯墓祠主持道人李复心所著《忠武侯祠墓志》记载："武侯经理中原凡八载，多驻于此，或云祠堂为当年之筹笔驿。或云：武侯驻军之行营，相府亦在斯地。"

当年华洽賨羌，冠带百蛮归典属：诸葛亮建兴三年（225）南征平叛时，根据西南地区少数民族众多而语言、生活习俗、信仰、居住环境各异的实际情况，因地制宜地采取了"攻心为上，攻城为下"怀柔策略，对叛乱首恶分子雍闿、高定、朱褒坚决镇压，对于在西南少数民族地区威信较高的首领孟获却进行了"七纵七擒"使其心悦诚服，连带西南少数民族都归附了蜀汉朝廷，彻底平定了西南地区的叛乱，解除了后顾之忧，留下了千古美谈。

华洽：此指汉族华人与西南少数民族和谐相处。

賨羌：亦称青羌，西南地区羌族的一支，服饰尚青色故称。例如：诸葛亮后《出师表》记载："突将、无前、賨叟、青羌、散骑、武骑一千余人，此皆数十年之内所纠合四方之精锐。"

冠带：语出《韩非子·有度》："兵四布于天下，威行于冠带之国。"此指教化的意思。例如：南宋翰林院学士洪迈（1123—1202）的《容斋四笔·饶州风俗》有"宋受天命，然后七闽二浙与江之西东，冠带诗书，翕然大肆"之说。

百蛮：语出《诗经·大雅·韩奕》："以先祖受命，因时百蛮。"毛传曰："因时百蛮，长是蛮服之百国也。"《汉书·外戚传下·孝成许皇后》有"方外内乡，百蛮宾服，殊俗慕义，八州怀德"之说。此指诸多的少数民族。

典属：此指典属国，古代管理少数民族归属朝廷的官员。例如：《汉书·百官公卿表第七上》："典属国，秦官，掌蛮夷降者。武帝元狩三年昆邪王降复增属国，置都尉、丞、侯、千人。属官，九译令，成帝河平元年省并大鸿胪。"再如：西汉飞将军李广之孙李陵（公元前134—公元前74）的《答苏武书》亦有"闻子之归，赐不过二百万，位不过典属国"之说。

这里的典属，是指诸葛亮教化西南地区诸多少数民族都心悦诚服地归附于蜀汉国家。

安边曾叱驭：此指诸葛亮五次北伐曹魏期间曾经叱咤风云驰骋疆场。

风清：语出《魏书·邢峦传》："淮外谧以风清，荆沔于焉肃晏。"比喻风轻柔而凉爽。

鸥脱：海鸥轻慢地飞翔。

云霄万古仰宗臣：意思是说，在天地之间，千百万年都会尊崇敬仰诸葛亮这个世所景仰的名臣。

【释】运筹帷幄在于攻心为上怀柔策略，诸葛亮南征平叛时能够使中华民族和谐相处，教化西南地区诸多少数民族都心悦诚服归附蜀汉国家；

诸葛亮北伐曹魏期间曾叱咤风云驰骋疆场，这时候社会清平海鸥都会轻慢飞翔，在天地之间千百万年都会尊崇敬仰这个世所景仰的名臣。

兴刘义烈著千秋，到底祚延两汉；
建业雄心归一统，休提数定三分。

题书者不详。

【注】兴刘义烈著千秋：意思是说，为了兴复刘家帝业汉室，诸葛亮忠义节烈，他的功德业绩青史留名传播千秋万代。

到底祚延两汉：意思是说，诸葛亮辅佐先主、后主"鞠躬尽瘁，死而后已"到底还是将汉家帝业在西汉、东汉之后得到了延续。

建业雄心归一统：是说诸葛亮为了蜀汉帝业建功立业而雄心勃勃，目的是能够使汉家江山归一统。

休提数定三分：不要再提曹魏、蜀汉、孙吴的三国鼎立成为天下三分是不可改变的定数。

【释】兴复刘家帝业诸葛亮忠义节烈功德业绩传播万代，竭尽全力辅佐蜀汉到底还是将汉家江山在两汉之后得到了延续；

诸葛亮为了蜀汉帝业建功立业雄心勃勃为的是汉家江山归一统，不要再提魏蜀吴三分天下就成为不可改变的定数。

振衣千仞冈，看大江东去，拾秋色西来。无端风景正愁人，茫茫河山，故国可为，新亭莫泣；
凭栏一杯酒，问黄鹤何之，呼卧龙不起。自古英雄造时势，悠悠天地，匹夫有责，健者是谁？

苏俊题书，生平事迹见前。

【注】此楹联原为泸州忠山武侯祠所题书。这里属仿制品。

振衣千仞冈：语出西晋著名文学家左思（250—305）的《咏史》："振衣千仞冈，濯足万里流。"是说在极高的千仞高冈上，把衣服抖一抖，在万里清河里，把脚洗得干干净净。

振衣：语出《史记·屈原贾生列传·屈原》："新沐者必弹冠，新浴者必振衣。"王逸注："去尘秽也。"西晋陆机的《招隐诗》有"明发心不夷，振衣聊踯躅"。唐代诗人白居易的《偶作》诗之二亦有"日出起盥栉，振衣入道场"之句。意思是抖衣去尘，整理衣冠。

看大江东去：语出北宋苏轼的《念奴娇·赤壁怀古》："大江东去，浪淘尽，千古风流人物。"意思是从前的好景已逝去，现在境况不如前了。

拾秋色西来：语出唐代著名诗人岑参（715—770）的《与高适薛据同登慈恩寺浮图》："秋色从西来，苍然满关中。"意思是俯拾皆是的秋天景色从西面而来。

无端风景正愁人：作者看到了没有尽头的景色正在发愁。

茫茫河山：辽阔旷远的山河。

故国可为：具有悠久历史的古国很有作为。

新亭莫泣：语出南朝宋文学家刘义庆（403—444）的《世说新语·言语》："过江诸人，每至美日辄相邀新亭，藉卉饮宴，周侯中坐而叹曰：风景不殊，正自有山河之异，皆相视流泪。"

这段话的意思是，愍帝司马邺（300—318）建兴四年（316），前赵昭文帝刘曜（？—329）灭了西晋，东晋开国皇帝司马睿（276—323）在好友王导（276—329）拥护下，在建康（今南京市）建立了东晋王朝，一些贵族及大臣每当天气晴朗时到建康城外的新亭饮酒。有一天，武城侯周凯在这里发感慨说，这里的风景跟往昔一样，可惜江山却换了主人。引发大家都互相对视哭了起来，表示痛心国难而无可奈何的心情。此指对故国的思念。

新亭：在今南京市西南，风景秀丽。

凭栏一杯酒：身倚栏杆而饮一杯酒。

问黄鹤何之：问黄鹤飞往何处去？例如：毛泽东主席《菩萨蛮·黄鹤楼》有"黄鹤知何去？剩有游人处。把酒酹滔滔，心潮逐浪高"诗句。

呼卧龙不起：呼唤诸葛亮这个卧龙而不能起来。

自古英雄造时势：自古以来都是英雄创造时势。

悠悠天地：形容天地宽广、历史悠久。

匹夫有责：语出明末清初杰出思想家顾炎武（1613—1682）的《日知录·正始》："保天下者，匹夫之贱，与有责焉耳矣。"后来引申为"国家兴亡，匹夫有责"。

健者是谁：强有力的人是哪一个？

【释】在千仞高冈上抖去衣服尘埃拜谒先贤，从前好景早已逝去了，俯拾皆是的秋天景色从西面而来，看到这景色我正在发愁，辽阔旷远的山河很有作为，痛心蜀汉当年国难而无可奈何，千万别再出现新亭悲泣流泪情景；

倚栏饮了一杯酒，问黄鹤飞往何处去？想呼唤诸葛亮这个卧龙再为民造福可惜不能再出现了，自古都是英雄创造时势，中华民族天地宽广历史悠久，国家兴亡匹夫有责，为国为民敢于担当最强有力的人还有哪一个？

正统千秋，当有紫阳纲目；
托孤数语，常留白帝城头。

何绍基题书。

何绍基（1799—1873），字子贞，号东洲，别号东洲居士，道州（今湖南省道县）人，道光十六年（1836）进士。历任翰林院编修、国史馆总纂、广东乡试考官、山东泺源书院主讲、长沙城南书院教授。作品有《惜道味斋经说》《东洲草堂诗·文钞》《说文段注驳正》等。

【注】正统：语出东汉史学家班固（32—92）的《典引》：“膺当天之正统，受克让之归运。”泛指一脉相承统一全国的封建王朝。例如：唐僖宗乾符年间成都节度副使裴铏的《传奇·陶尹二君》有“秦于今世，继正统者九代，千余年兴亡之事，不可历数”之说。近代学者吕志伊（1881—1940）的《读史感赋》亦有“休争正统与偏安，国贼曹操论不刊”之句。此指蜀汉帝业属于汉家一脉相承。

千秋：数千年。

当有：应当还有。

紫阳纲目：此指南宋著名理学家朱熹（1130—1200），字元晦，号晦庵，别称紫阳先生。所著的《通鉴纲目》是根据孔子弟子曾参所作《大学》而成，其中有儒家明德、亲民、止于至善的“三纲”和格物、致知、诚意、正心、修身、齐家、治国、平天下的“八目”说法。纲目：概要或细则。纲，概要总则。目，细则。

托孤数语，常留白帝城头：是说章武三年（225），刘备在白帝城驾崩之前，向诸葛亮托孤交代后事时说：“君才十倍曹丕，必能安国，终定大事。若嗣子可辅，辅之。如其不才，君可自取。”

诸葛亮立即叩头痛哭流涕回答说：“臣敢竭股肱之力，效忠贞之节，继之以死。”刘备感动得老泪纵横，下诏书对后主刘禅说：“汝与丞相从事，事之如父。”这些话语，经常还遗留在白帝城的城头上。

【释】一脉相承的王朝帝业传承了数千年，应当还有朱熹儒家思想概要细则的专著；

刘备病死前向诸葛亮托孤交代后事说那些寥寥数语，经常还遗留在白帝城头。

日月高悬出师表；
风云长护定军山。

书者不详。

【注】此联为清代乾隆进士、太常寺卿马履泰（1753—1829）为今汉中勉县武侯祠所题书的楹联，至今仍存。所以，此为仿制品。

日月高悬出师表：比喻诸葛亮的《出师表》如日月一样永放光芒。

风云：语出《史记·老子韩非列传》：“至于龙，吾不能知其乘风云而上天。”此指大自然的风和云。例如：唐代著名文学家王勃《上巳浮江宴序》有“林壑清其顾盼，风云荡其怀抱”之句。

长护：长久保护的意思。

定军山：在陕西省汉中市勉县城南5公里，属于巴山系，自西向东由十二个山头组成，称为定军山脉，第三个山头为定军山主峰，海拔883米。

建安二十年（215），曹操率军征讨“五斗米教”第三代传人张鲁而占据汉中，令征西将军夏侯渊驻守定军山，徐晃与张郃驻守阳平关，夏侯尚与夏侯德驻守天荡山。建安二十四年（219），刘备与曹操争夺汉中郡，老黄忠袭杀夏侯渊于定军山，赵云与黄忠又火烧天荡山曹军粮草，迫使曹操退军北还。同年九月，刘备在定军山下“设坛称汉中王”，为后来建立蜀汉政权奠定了坚实基础，也促成了三国鼎立。

建兴五至十二年（227—234），诸葛亮在定军山下屯军八年，以此为军事基地，在定军山筑督军坛，“教兵演武，推演八阵图”训练军队，还“休士劝农”兴修水利，发展生产，解决军需供给，又“损益连弩，制木牛流马”，先后进行五次北伐曹魏，最终病死在五丈原军中，遗命“死后葬定军山，因山为坟”。后主刘禅在定军山下为诸葛亮敕建了天下第一武侯祠。正因为如此，大自然的风和云都会长久保护着定军山下的武侯墓与武侯祠。例如：清代诗人吴隆瑞《武侯墓》诗有“忠魂时借风云护，墓道年来祭祀粗”之句。

【释】诸葛亮的《出师表》像太阳和月亮一样永远放射着光芒；

大自然的风和云长久保护着定军山下的武侯墓与武侯祠。

半壁江山留纪念；
一楼风月助幽情。

李魁元题书。

李魁元（1931—2013），本名李庆禄，字魁元，河南省沁阳市人，毕业于中国摄影函授学院，就职于汉中市博物馆，国家一级摄影师。历任民主建国会陕西省委员、汉中市政协、市科协委员、中国书画艺术促进会理事、陕西老年影协理事，魁元照相馆、艺华摄影图片社经理、石门书画院顾问。出版有《华夏古塔集锦》《汉中流韵》等个人摄影作品集。

【注】半壁江山留纪念：是说蜀汉半壁江山留下了白帝城这个有意义的纪念建筑物。

一楼风月助幽情：白帝城古迹文物为奉节县优雅的风土人情增添了情趣。

【释】蜀汉半壁江山留下了白帝城这个有意义的纪念建筑物；
白帝城古迹文物为奉节县优雅的风土人情增添了情趣。

白帝高为三峡镇；
瞿塘险过百牢关。

题书者不详。

【注】白帝高为三峡镇，瞿塘险过百牢关：语出唐代诗人杜甫的《夔州歌十绝句》诗歌："中巴之东巴东山，江水开辟流其间。白帝高为三峡镇，夔州险过百牢关。白帝夔州各异城，蜀江楚峡混殊名。英雄割据非天意，霸主并吞在物情。群雄竞起问前朝，王者无外见今朝。比讶渔阳结怨恨，元听舜日旧箫韶。"

白帝高为三峡镇：此指白帝城地势很高，为长江三峡的重要军事重镇。

瞿塘峡：西起奉节县白帝山，东迄巫山县大溪镇，长八公里，高数百丈，宽不及百米，最窄处不足五十米，形同门户，左边为赤甲山，右边为白盐山，两岸悬崖峭壁如同刀削斧砍，长江浩荡东泻，波涛奔腾呼啸，令人惊心动魄，毛骨悚然。瞿塘峡虽短，却能"镇全川之水，扼巴鄂咽喉"，古人形容瞿塘峡是"案与天关接，舟从地窟行"，素有"夔门天下雄"之称。

百牢关：古关隘，隋朝设置，原名白马关，后改百牢关，地址在今陕西省勉县西南的新铺镇土关铺村。例如：清光绪《沔县新志・关隘》记载说："土关铺即古百牢关。《寰宇记》：百牢关在汉中西县西南，隋开皇中置，以入蜀路险号曰百牢。《元和郡县图志》：百牢关为入川之隘口。"再如：清代初期地理学家顾祖禹（1631—1692）的《读史方舆纪要・陕西五・汉中府》记载说：

“百牢关在州西南，隋开皇中置，以蜀路险，号曰百牢也。或曰：其地有百牢谷因名。”唐代诗人李商隐（813—858）的《饯席重送从叔余之梓州》诗歌有“武关犹怅望，何况百牢关”之句。唐代诗人郑余庆（746—820）的《和黄门相公诏还题石门洞》诗歌亦有“地分三蜀限，关志百牢名”之句。

【释】白帝城地势很高为长江三峡的重要军事重镇；

奉节县长江瞿塘峡险要超过了汉中的百牢关。

溯水入夔门，有千层浪过，繁星闪烁萧森地；
乘霞辞白帝，欣万壑风随，海日流辉壮阔天。

甲子（1984）仲夏（五月），抱冲斋主范曾撰并书，生平事迹见前。

【注】溯水：此指逆水上行。

入夔门：进入了奉节县白帝山下瞿塘峡的夔门。

有千层浪过：夔门的峡谷陡峭狭窄，长江水卷起了湍急的千层浪急速流过。

繁星闪烁萧森地：此指浪花飞溅如天上的繁星汇聚在草木茂密之地。萧森：语出北魏抚军府司马杨炫之的《洛阳伽蓝记·平等寺》：“堂宇宏美，林木萧森。”草木茂密的意思。例如：北宋史学家司马光（1019—1086）的《又和董氏东园桧屏石床》诗歌有“密叶萧森翠幕纡，暂来犹恨不长居”之句。

明代文学家何景明（1483—1521）的《怀化驿芭蕉》诗歌亦有“孟夏日初赫，萧森蔽炎光”之句。

乘霞辞白帝：乘着早晨的朝霞离开了白帝城。例如：唐代诗人李白曾经写下了《早发白帝城》：“朝辞白帝彩云间，千里江陵一日还。两岸猿声啼不住，轻舟已过万重山。”

欣万壑风随：此指欣然随着长江三峡千山万壑的风而顺江直下。

海日流辉壮阔天：海上的日头流光溢彩壮美了祖国辽阔的天空。

【释】逆长江上行进入了奉节县白帝山下瞿塘峡夔门，这里有湍急的千层浪急速流过，浪花飞溅如天上繁星汇聚在草木茂密之地；

乘着早晨的朝霞离开了白帝城，欣然随着长江三峡千山万壑的风而顺江直下，海上的日头流光溢彩壮美了祖国辽阔的天空。

第十章
卧龙纪念地——河南南阳卧龙岗武侯祠

南阳武侯祠，又名诸葛庵、诸葛庐，在河南省南阳市西郊卧龙岗上，占地约250亩，有亭、台、楼、阁、殿宇260余间。建筑群体古朴典雅，错落有致，是纪念诸葛亮"南阳卧龙"的著名旅游胜地。1963年，武侯祠被河南省人民政府列为首批重点文物保护单位。1996年11月20日，国务院正式公布为全国重点文物保护单位。2007年，荣获国家AAAA级旅游景区。

南阳，秦、汉时期的郡名，因地处伏牛山以南、汉水以北而名。

秦惠文王十三年（公元前312），设天下为三十六郡就有南阳郡（见《史记·秦本纪》），郡治就在今天的南阳市。西汉、东汉因之，属于荆州管辖。

汉代南阳郡辖37县，是荆州七个郡中最大的一个郡，其中有宛县，治所也在南阳，因此，历史上亦称南阳为"宛"或者是"宛城"。

据《三国志·蜀书·诸葛亮传》记载说："臣本布衣，躬耕于南阳。"

还记载说"诸葛孔明者，卧龙也"。从此以后，就有了"南阳卧龙"之说。

可是，《三国志·蜀书·诸葛亮传》裴松之注引《汉晋春秋》记载却说："亮家于南阳邓县，在襄阳城西二十里，号曰隆中。"

北魏时期著名地理学家郦道元（？　527）在《水经注·沔水》中也记载说："沔水又东经隆中，历孔明旧宅北，亮语刘禅云：先帝三顾臣于草庐之中，咨臣以当时之事，即此宅也。"南北朝以后，亦有诸多史料也是这样记载的。

从上述史志资料记载来看，诸葛亮当年隐居躬耕的地方是南阳郡的邓县隆中，即今湖北省襄阳市城西20里的隆中，并不在南阳郡宛县（今南阳市）。

诸葛亮三岁丧母，七岁丧父，兄长诸葛瑾与弟弟诸葛均及两个姐姐全靠叔父诸葛玄抚养。所以，《诸葛亮集·诸葛篇》注引《诸葛氏谱》说："珪与章氏相继卒，三子俱叔玄抚养。"

兴平元年（194）秋，诸葛瑾举家东渡，落户曲阿（今江苏省丹阳市），为东吴孙权出谋划策。诸葛亮和弟弟诸葛均以及两个姐姐也随叔父诸葛玄一起去了扬州牧袁术所属的豫章郡（治所在今江西省南昌市）太守官任上。由于东汉朝廷又委派朱浩已经到任，诸葛玄未能遂愿而发生了争斗，不得不带领诸葛亮姐弟投靠好友荆州牧刘表。因此，《三国志·诸葛亮传》记载说："亮早孤，从父玄为袁术所属豫章太守，玄将亮及弟均之官，会汉朝更选朱皓代玄，玄素与荆州牧刘表有旧，往依之。"

诸葛玄安排好诸葛亮姐弟后，又去了豫章郡。15 岁的诸葛亮就在刘表在襄阳开办的"学业堂"学习，两个姐姐也先后嫁给了襄阳名门望族蒯越的儿子蒯祺和庞德公的儿子庞山民。

建安二年（197），诸葛玄在西城（今江西省高安市）被杀，诸葛亮也在"学业堂"结业，便在今襄阳隆中搭建茅屋，"隐居躬耕，好为梁甫吟"。这期间，诸葛亮不但广泛结交襄阳名士，谈天说地交流学识，极大地丰富了智慧才干，还娶了沔阳名士黄承彦之女黄月英为妻，直到建安十二年（207）冬，被皇室后裔刘备三顾茅庐恳请出山。

今天的南阳市在东汉时期既是南阳郡的郡治所在地，也是宛县的县治所在地，一直都是曹操的管辖区，而曹操"挟天子以令诸侯"，专横跋扈把持朝政的做法，诸葛亮是深恶痛绝的，在《隆中对策》中就有明确态度。特别是，诸葛亮姐弟是由叔父诸葛玄直接带到荆州牧刘表处安排居住生活的，并在襄阳刘表开办的"学业堂"学习，两个姐姐也先后嫁给了襄阳的名门望族，所以说，诸葛亮当年在南阳郡邓县隆中隐居躬耕生活，应是历史事实。

邓县，春秋时期为邓国，汉代设县，属于南阳郡 37 个县之一。

建安十三年（208）赤壁之战前，曹操平定荆州后从南阳郡划分一部分区域设置了襄阳郡，将邓县的一部分包括隆中划归襄阳郡的襄阳县。这说明，襄阳隆中从此不归属南阳郡所管辖。

赤壁之战以后，"先主收江南诸郡，乃封拜元勋，以关羽为襄阳太守、荡寇将军，驻江北"（见《三国志·蜀书·关羽传》）。

诸葛亮当年隐居躬耕的地方在今襄阳市城西二十里古隆中，而南阳卧龙岗武侯祠应该是诸葛亮在《出师表》中"臣本布衣，躬耕于南阳"之说，以及《三国志·蜀书·诸葛亮传》的"诸葛孔明者，卧龙也"的记载，才有了"南阳卧龙"说法，遂产生了南阳卧龙岗地名，后世人为了纪念诸葛亮，就有了南阳卧龙岗武侯祠。由于上述记载影响深远，历史上的达官显贵与文人学士来南阳武侯祠拜祭和歌咏题书较多，加之历朝历代对南阳武侯祠的维修与扩建，使南阳武侯祠名垂青史，誉冠古今，成为中原地区在国内外很有影响力的诸葛亮文化纪念地与旅游胜地，吸引着中外游人关注向往，纷至沓来旅游观光，进行考察，其意义非凡。

1. 历史沿革与古迹文物

据1999年6月中州古籍出版社出版南阳诸葛亮研究会编著的《卧龙岗志》介绍：章武二年（222），刘备在夷陵惨败之后，将军黄权（？—240）不得已投降曹魏而在宛城。后来，当知道诸葛亮病死五丈原后，“在青龙二年到正始元年（234—240）之间，遂与乡人因时节祭祀于卧龙岗或道陌上”。

明代嘉靖年间《南阳府志》校注也记载：“时，故将如黄权等先已在宛，其他族当多相依，故南阳有武侯所谓诸葛庵者，意亦道陌私祭之类。”

上述记载说明，当时因为蜀汉降将巴西阆中人黄权（？—240）为了纪念已故的诸葛亮“遂与乡人因时节祭祀于卧龙岗或道陌上”，说明南阳卧龙岗已有了诸葛庵之类的纪念场所。

诸葛庵，亦称“诸葛庐”，这应该是南阳武侯祠最早雏形。由于当地对诸葛亮的尊崇敬仰，纪念先贤，怀古钦英，纷纷进行祭祀，所以，不断地维修扩建，唐代已经有了相当规模。宋、金时期曾多次遭受兵焚，之后又进行了多次维修。

南宋绍兴八年（1138），抗金名将岳飞（1103—1142）路过南阳，住宿在卧龙岗武侯祠，他想起诸葛亮忠君爱国思想与“鞠躬尽瘁，死而后已”的献身精神，触景生情有感而发，挥泪写下了诸葛亮前、后《出师表》，至今石刻犹存，不但成为镇馆之宝，而且也是后世传承之佳作，历经千年以来，被复制雕刻遍布全国各地的相关文物旅游景点，影响深远，具有典型代表性。

元代成宗铁木耳的大德二年（1298），南阳监郡马哈马主持修葺了武侯祠，开始塑像祭祀诸葛亮，大德四年（1300）春完工。在此同时，还将附近田地二百余亩，作为岁时香火之用。

元代武宗海山至大二年（1309），河南行中书省平章政事何玮（1245—1310）扩建了武侯祠，创建了诸葛书院，皇庆元年（1312）秋天落成。

延祐二年（1315），经中书省平章政事与翰林院集体奏报，南阳卧龙岗的诸葛亮庙正式命名为“武侯祠”，仁宗皇帝爱育黎拔力八达（1280—1325）还为新建的书院颁额曰“敕赐诸葛书院”。

明代洪武元年（1368）、正统年间（1436—1449）、成化八年（1472）分别对武侯祠进行了重修。弘治十一年（1498），河南参政顾福（1440—？）再次重修，大学士李东阳（1447—1516）为之作记。

清代顺治、康熙、道光年间先后进行过维修。特别是，康熙五十年（1711），南阳知府罗景在任期间，曾主持重修武侯祠，并依照前人留下的“龙岗全图”石刻，逐一恢复修建了卧龙岗十景，即草庐、古柏亭、梁父岩、抱膝石、半月台、老龙洞、野云庵、诸葛井、躬耕亭、小虹桥。

今日的武侯祠，基本保持了元代布局，其木结构建筑多为明清时期重建或者是增建的仿古建筑风格。

1956 年 8 月 8 日，河南省人民委员会公布南阳武侯祠为重点文物保护单位。1957 年 6—9 月，南阳县人民委员会捐款 1.5 万元整修了武侯祠，重立了“千古人龙”牌坊。1958 年春天，武侯祠正式交给南阳市管理。

1961 年，南阳市博物馆正式在武侯祠成立。

1963 年 6 月 20 日，河南省人民委员会重新公布南阳武侯祠为省级重点文物保护单位。

1964 年，河南省两次拨款约两万元，维修了武侯祠。

1966 年“文化大革命”期间，南阳武侯祠部分文物古迹遭到了破坏。

1973 年，省、地、市三级陆续拨款，全面整修了武侯祠。

1980 年春天，博物馆重塑诸葛亮殿、宁远楼、三顾堂、关张殿 13 尊大型彩绘人物塑像。

1996 年 11 月，国务院公布南阳武侯祠为“全国重点文物保护单位”。

2007 年，被国家旅游局公布为 AAAA 级旅游景区。

南阳武侯祠的主体建筑主要有四大部分：

第一部分由三顾桥、大门与指道牌坊、三顾坊、仙人桥、卧龙潭、淡泊读书台组成；三顾桥，俗称三里桥，在卧龙路中殿，传说刘备三顾茅庐过此桥而得名，登上此桥，便可看见武侯祠苍松翠柏诱人景色。

拾阶而上，为武侯祠大门，这是 1973 年建造的具有传统民族色彩的仿古建筑，一对大型雕刻石狮分列两旁。道光年间修建的石牌坊，正面横额题书“千古人龙”，背面横额题书“忠延汉鼎”。民国三十二年（1943）遭雷击，后来

修复，“文化大革命”期间被毁，1992 年重建。

汉昭烈皇帝“三顾坊”在大门内，俗称“二道坊”，是道光十一年（1831）邑人任守泰等人所立。正中雕刻有“旭日出海”“伊尹牧野”“渭滨钓鱼”，寓意刘备当年三顾茅庐，如商汤得伊尹、周文王得姜尚一样。

仙人桥是山门前一座小桥，相传刘备当年三顾时遇见了诸葛亮岳父黄承彦冒雪过此桥，颇有仙人之风，因此得名“仙人桥”。

在仙人桥东侧下游，有一个天然蓄水潭，景色宜人。传说诸葛孔明曾在此沐浴洗涤。1988 年扩建，增设了七曲桥、玉带桥、回廊和亭台，因位于卧龙岗上，故名卧龙潭。

大门左侧，名曰“淡宁读书台”，传说诸葛亮躬耕时曾经在此读书故名。

第二部分由山门、献殿、诸葛殿组成；山门，又称圈洞式三门，红墙灰瓦，雄伟高大，两侧围墙错落有致，门口石阶前两边分别有望天吼石狮，威武雄壮。

武侯祠门额“武侯祠”三字，是 1959 年 8 月 8 日中科院院长郭沫若所题写，成为南阳武侯祠涉外的标识。

正殿之前的献殿，为卷棚式仿古建筑，面阔五间，进深三间，是祭祀诸葛亮陈列祭品地方。

殿内柱子纵二横四，斗拱层叠，高大宽敞，匾额与楹联琳琅满目，书法遒劲，书体各异，内涵丰富，各具特色。或赞武侯丰功伟绩，或颂孔明聪睿财智，属于不可多得的历史文化艺术瑰宝。游客至此，一定会目不暇接，启发智慧，

流连忘返。

诸葛亮殿，俗称大拜殿，重建于咸丰四年（1854），面阔 15.5 米、进深 8.1 米，为歇山式仿古建筑屋顶，是武侯祠主体建筑之一。

殿内神龛之上，供奉有诸葛亮彩色坐像，羽扇纶巾，神态自若，似运筹帷幄之中。塑像两侧站有两个书童。

诸葛亮塑像之后两侧，分别是诸葛亮的儿子诸葛瞻、孙子诸葛尚塑像。“文化大革命”期间古迹文物遭到了一定的破坏，1980 年进行了重塑。

第三部分由诸葛草庐、小虹桥、梁父岩、抱膝石、古柏亭、野云庵、诸葛井、伴月台、老龙洞、躬耕田组成，称为卧龙十景。这都是康熙五十年（1711），南阳知府罗景任期间所置。

第四部分由三顾堂、关张殿、躬耕亭、宁远楼组成。

三顾堂在三顾祠之内，始建于康熙三十年（1691），康熙五十一年（1712）重建，面阔 11.6 米、进深 6.1 米。堂内塑像“文化大革命”期间被毁，1980 年重新雕塑了诸葛亮与刘备相对而坐的塑像，旁边有书童持卷侍立，形象逼真。

关羽与张飞殿在三顾堂

前数十米处，硬山式建筑，据传为刘备三顾茅庐时关羽与张飞休息的地方，是一个纪念性建筑。

躬耕亭在草庐左侧东部，寓意诸葛亮躬耕时期存放农具的地方，亭内有武侯刻像的石碑。

宁远楼，亦称清风楼，在武侯祠院落最后部，始建时间不详，为一座五开间歇山式重檐二滴水建筑，属于武侯祠最高建筑物。楼内为环形走廊，登十八步阶梯来到二楼正堂，内有诸葛亮抱膝长啸造型塑像，琴童、书童两旁侍立。这里传为是诸葛亮藏书与鼓琴之所，后人因此建楼纪念，登高可观武侯祠的全境，属南阳武侯祠的胜景之一。

除此之外，还有诸葛书院，是元代至大二年（1309），河南行中书省平章政事何玮扩建武侯祠时创建，皇庆元年（1312）秋落成，明朝初年遭兵毁，成化年间重建，嘉靖六年（1527）又遭兵毁，清康熙三十年（1691）再次重修。民国二十七年（1938）改为南阳园艺学校，新中国成立后改为南阳农业干部学校，1980 年被改建为家属楼，面目全非。

上述这些古迹，都是人们根据诸葛亮当时在《出师表》中的“臣本布衣，躬耕于南阳”之说的生活起居而兴建的纪念性建筑物。

据中州出版社 2015 年 11 月出版南阳武侯祠博物馆馆长柳玉东主编的《卧龙岗武侯祠碑刻》图书介绍，该馆共计有各个时代大小不同的碑刻、石碣 198 通、方。

在武侯祠碑林之中，除了 3 通珍贵的汉代碑刻以及南宋岳飞所书写的诸葛亮前、后《出师表》之外，其余是元代 4、明代 53、清代 90、民国年间 35、当代 9 通、方，全部是歌颂诸葛亮功德业绩的题咏碑刻、历代修葺碑刻、记事碑刻、游记感想碑刻、檄文公告碑刻、祭祀文碑刻以及功德碑刻、书录典籍名人作品碑刻、石刻图像碑刻、石刻匾额与楹联碑刻、抗战纪念碑刻、其他类碑刻，共计 194 通、方。这些碑刻，都具有很高的历史与书法价值，属于南阳武侯祠博物馆的镇馆之宝。

2. 历朝历代的《祭文》

由于南阳武侯祠历史悠久，古迹文物丰富，加之地处中原地区，人口众多，交通便利，特别是，诸葛亮《出师表》中“臣本布衣，躬耕于南阳”之说在历史上影响很大，因此，历朝历代的达官显贵、文人学士前往参观考察、许愿还愿、拜谒祭祀趋之若鹜，为这里留下了诸多诗词歌赋、碑碣刻石、匾额楹联，同时还有《祭文》。

据中州古籍出版社 2015 年 11 月出版发行柳玉东主编《卧龙岗武侯祠碑刻》记载，南阳武侯祠博物馆至今保留有明代的《祭文》碑四通，它们是：

（1）明嘉靖年间邬景和的《南阳遣祭文》

惟嘉靖十八年（1539），岁次己亥，三月己巳朔初八日丙子，大明皇帝遣驸马都尉邬景和谕祭（天子下诏让臣子致祭）於汉武侯诸葛亮曰：

养高隆中，非三顾不起（诸葛亮高卧在隆中隐居躬耕，如果不是刘备三顾茅庐邀请出山辅佐的话是不可能自己出走的）。勠力王室，拜二表乃行（齐心协力为了蜀汉帝业，先后给后主上了两次《出师表》才率军北伐曹魏）。观其褫（chǐ，剥夺、割除的意思）孟德、走仲达（诸葛亮看到了曹孟德“挟天子以令诸侯”把持朝政剥夺了汉献帝皇权，于是采取了孙刘联盟策略在赤壁之战中大败曹军。大都督司马懿与诸葛亮在祁山对垒时“畏蜀如虎”而退避。诸葛亮死后，蜀军护送灵柩向汉中退军，司马懿率军急追，结果被蜀军击败，落了个“死诸葛吓走活仲达”话柄），孔明其人杰也欤（诸葛亮真是世间人杰也）！惜乎将星陨地，中道而殂，汉遂不振，皆天也，非人所能为也（可惜的是诸葛亮病死在五丈原军中，蜀汉帝业因此一蹶不振，这是天意，并不是人的意志所能够逆转的）。表忠有祠，谕祭有仪（表达对诸葛亮的忠心有武侯祠，致祭先贤有礼仪），灵爽不昧（爽：神灵、英灵。不昧：不湮灭的意思。诸葛亮的神灵不会泯灭），尚其歆之（尊崇敬仰诸葛亮，希望你享受祭品）。

以上祭文，在清代武侯墓祠主持道人李复心所著的《忠武侯祠墓志》卷五之《祭文》中也有辑录。

邬景和（1506—1557），昆山（今苏州市昆山市）人，字时济。嘉靖九年

（1530）武状元，任驸马都尉，掌宗人府事。死后赠“少保”，追谥“荣简”。

邬景和文武兼备，博学多才，是个怪才，据说他资貌平平，但却因而被太后相中，做了驸马都尉，成了嘉靖皇帝妹夫。他的八山叠翠诗《游苏州半山寺》因描写的是半山寺，故以八个山字嵌在半腰，高低写作四层，垒成山形，所以叫“叠翠诗”，于是，邬景和就成了叠翠诗体的创建者。传世之作除《游苏州半山寺》之外，还有《游西山灵山寺》以及《侍礼太庙应诏咏灯笼》。铭文有《御凡铭》，赋有《马鞍山赋》，祭文有《祭诸葛武侯文》。

由于他的祭文是受皇帝谕祭派遣而作，因此称《南阳遣祭文》。

除此之外，邬景和还为当时著名画家文徵明（1470—1559）所作诗、书、画三绝手卷《江南乐土》作了题引之首。

从这篇《南阳遣祭文》题目来看，应该是嘉靖十八年（1539）三月初八日，邬景和受大明嘉靖皇帝朱厚熜派遣，在南阳武侯祠祭祀诸葛亮时写的祭文。

在南阳武侯祠内，至今还保留有邬景和《祭诸葛武侯文》碑刻。邬景和撰文，汪坚等立石。碑为圆首，中间有篆额“御制”二字，左右饰飞龙，碑身四周边缘饰云雷纹，长方形碑座。碑高 145 厘米，宽 65 厘米。座长 84 厘米，高 49 厘米。楷书字体，共 15 行，满行 24 字，保存完好。

碑文落款是：“嘉靖二十年岁次辛丑冬十月吉日立石，钦差抚民兼分守汝南道河南等处承宣布政使司右参政臣汪坚、南阳府知府臣孙哲、同知臣王聘、通判臣胡师贤、臣刘邦杰、推官臣靳学颜、南阳知县臣王文渊”。

汪坚：字子固，直隶旌德县（今安徽省宣城市）人，正德十六年（1521）辛巳科二甲第九十五名进士。先后出任刑部主事，福州、保定知府，河南按察司副使，升河南等处承宣布政使司右参政，分守汝南道。

孙哲：号吉泉，石洲（今山西省吕梁市离石区）人，嘉靖年间南阳知府。

王聘：山阳（今山东省菏泽市巨野县）人，举人。嘉靖二十年（1541）出任南阳府同知。

胡师贤：直隶含山（今安徽省马鞍山市含山县）人，举人，曾出任南阳府通判。

刘邦杰：山东高唐州（今山东省聊城市高唐县）人，监生，嘉靖出任南阳府通判。

靳学颜：字子恩，号两城，山东济宁（山东省济宁市）人，嘉靖十四年（1535）进士。历任河南推官、吉安知府、左布政使。隆庆初年，入京为太仆寺卿，改迁光禄寺卿，不久拜右副都御史、山西巡抚，后为工部右侍郎、吏部左侍郎。

（2）明嘉靖孙哲卧龙岗武侯祠《祭文》

惟明嘉靖十八年（1539）岁次己亥，八月乙丑朔（初一），越二十有八日壬申，南阳知府孙哲谨以牲醴（lǐ，此指祭祀用的牲畜与甜酒）之奠，致告于蜀汉忠武侯诸葛孔明之神：

惟公三代遗才，伊吕俦匹（诸葛亮唯一是夏商周三代后遗留下来的奇才，商朝辅佐贤相伊尹与西周辅佐贤臣吕望可与其相匹配），心术事功，青天白日（诸葛亮的思想与功业，胸怀坦荡苍天可鉴）。

往寓南阳，躬耕自给。养神隆中，长吟抱膝，学几天民，礼乐可述（当年诸葛亮隐居于南阳郡，躬耕陇亩自给自足，休养生息在襄阳隆中，经常抱膝长啸《梁甫吟》，学识渊博，成了明乎天理尊卑有序礼乐可传述之人）。尊晦随时，屡顾乃出（诸葛亮尊贵而隐晦把握时机，一直到刘备屈尊三顾茅庐后才出山）。恢复至计，数语定盟（兴复汉室的大计，在诸葛亮的《隆中对策》中寥寥数语就定下来了）。韬闲八阵，二表忠贞（诸葛亮韬略娴熟的是“八阵图”，体现忠诚不二的是前后《出师表》）。两朝开济，蹇蹇匪宁（辅佐先主刘备与后主刘禅两朝的时候，时局多不安宁，步履艰难）。南征北讨（南征平叛与北伐曹魏），大业垂成（伟大事业行将成功）。天不祚汉，竟陨营星（上天不眷顾汉家江山，竟然使诸葛亮病死在五丈原北伐军中）。壮图短景，遗恨难平（雄心壮志没有完成意愿，留下千载难平的遗恨）。

哲也恭膺上命（孙哲也恭敬地承当皇帝的任命），领牧来斯（来到南阳这个地方做知府）。瓣香展谒，龙岗之祠（焚香拜谒，祭祀于南阳武侯祠）。仰瞻遗像，系我遐思（瞻仰诸葛亮塑像，使我产生了许多的遐想）。九京（山名，即山西省新绛县之九原山，春秋时晋大夫的墓地，后世多以此指墓地，亦指地下）莫作（不这样做），嗟谁与归（嗟叹有谁能够回到这里）？溪毛间草（语出《左传·隐公三年》：“苟有明信，涧溪沼沚之毛……可荐于鬼神。”杜预注曰：“溪，亦涧也。毛，草也。”指祭祀使用的溪边野草、野菜），荐酒陈词（以果品时鲜等佐酒敬献）。用昭明信，神其鉴之（诚心诚意祭祀，让神灵鉴赏）。谨告（敬告的意思）。

此祭文石碣为长方形，长 113 厘米，高 42 厘米，楷书 28 行，南阳府学教授吴性镌刻，保存完好。从祭文内容来看，这是孙哲在任南阳知府后的嘉靖十八年（1539）八月二十八日，前往卧龙岗武侯祠祭祀诸葛亮时所写的祭文。

吴性：今江苏省宜兴市人，嘉靖十四年（1535）进士，南阳儒学教授，历任承德郎、南京户部、陕西清吏司署郎中事主事，江西清吏司署郎中事主事、清吏司署郎中主事、礼部主客、尚宝司丞。在他的教育与影响下，一门四代有十人是进士，一名探花。

孙哲：字用晦，号吉泉，今山西省吕梁市离石区人，嘉靖十一年（1532）进士，十八至二十年（1539—1541）任南阳知府。任职期间，勤政忠厚，兴学育民，政绩显著，口碑很好。特别是，他对诸葛亮十分尊崇敬仰，作《祭文》并率领府内官员到卧龙岗武侯祠致祭。为此，后人将他致祭于当地的“三贤祠”，称为“南阳五太守祠”。

（3）明隆庆年间雷鸣春的《祭忠武侯文》

惟隆庆四年（1570），岁次庚午，八月丙申朔，越二十八日癸亥，河南南阳知府雷鸣春谨以刚鬣（liè，古代祭祀所用猪的专称）、柔毛（古代祭祀所用羊的别称）、香楮（chǔ，祭祀用的香和纸钱）庶品之仪致祭于诸葛武侯之神位曰：

惟神汉代之杰，君子之龙（唯有神人诸葛亮是汉代的杰出人才，属于人中之龙的君子）。抱奇才於叔世（汉代有伯、仲、叔、季的排序之说，蜀汉称之为叔季。此指诸葛亮具有奇特之才于蜀汉时代），完正气於隆中（诸葛亮修炼了一身正气于襄阳隆中）。出处揆度（他处事能力无法估量），举动雍容（态度温文大方从容不迫）。集思广益，开诚布公（能广泛吸取各方面意见和建议，坦诚公开自己的观点）。兴蜀一念，天地怜其正（为刘备出谋划策确立兴复汉室建立蜀汉政权的《隆中对策》，天地为鉴都认为是正确的）。出师二表，鬼神鉴其忠（前后《出师表》，其忠诚思想感天动地泣鬼神）。伯仲伊吕，萧曹下风（诸葛亮才能与商朝贤相伊尹与西周辅佐功臣吕望不相上下，西汉高祖刘邦辅佐大臣萧何、曹参都要甘拜下风）。诚人物之殊绝，宜今古之追崇（诸葛亮是历史上特殊人物，适宜于古今人们的尊崇敬仰）。草庐葱郁，岗月朦胧。巍巍其貌，耿耿者衷（诸葛草庐一片葱郁，卧龙岗月光朦胧，武侯祠庙貌巍峨，诚信守节的人们由衷敬仰诸葛亮）。要识兴亡关气运（要知道国家兴亡与气数和命运有关联），敢将成败论英雄（怎能以成败来评价英雄豪杰）？呜呼悲哉悲哉！鸣春叨牧兹土（雷鸣春悲叹而谦虚地认为自己蒙受朝廷信任而在此地出任知府），景仰高踪（尊崇敬仰诸葛亮高尚的行迹）。英灵尚在，感慨惟同。谒名祠而展敬，悼王业之鲜终（诸葛亮的英灵还在，追忆往事感慨是相同的。拜谒武侯名祠以展示我对诸葛亮的敬仰，悼念蜀汉帝业的兴旺与衰败）。冀神明以昭格（我国古代有昭格署，是祭祀的地方。此指卧龙岗武侯祠），笃皇佑于无穷（我会像你一样永远忠诚皇帝）。

此《祭忠武侯文》来自中州古籍出版社2015年出版柳玉东主编的《卧龙岗武侯祠碑刻》之《碑文》第90页。该碑刻现存南阳武侯祠，碑高167厘米，宽63厘米。座长107厘米，高32厘米。碑正面正书13行，四边刻有连续图案，保存完好。

雷鸣春，直隶怀宁（今安徽省怀宁县）人，嘉靖三十八年（1559）进士，嘉靖四十年（1561）任孝感县（今湖北省孝感市）知县，隆庆四至六年间（1570—1572）出任南阳知府。

从以上祭文内容来看，这是雷鸣春在出任南阳知府后的隆庆四年（1570）八月二十八日，前往卧龙岗武侯祠祭祀诸葛亮时所写的祭文。

（4）明万历叶秉敬的《祭诸葛武侯文》

嗟哉夫子兮，千载忠臣（诸葛亮啊，你是千百年来的忠臣）。伊贼操之挟天子兮（你的贼人曹操挟天子以令诸侯啊），夫固唾手而为君（诸葛亮你固然毅然决然出山辅佐刘备）。贼智百倍于新莽兮（贼人曹操百倍于西汉末年王莽篡权立国更有权谋啊。王莽改国号为新，故称新莽），何乃頫（fǔ）首（低头）而不敢以即真（王莽没有通过摄政或者是监国而正式的即帝位，不是真皇帝）。赖夫子之在蜀汉兮，贼破胆而惊神（全靠先生辅佐蜀汉帝业啊，让曹魏胆战心惊）。羌祁山之六出兮，都天戈之肆陈（六出祁山啊，指挥天兵肆意北伐曹魏）。死制司马之魄兮，生擒曹氏之魂（诸葛亮死后使得司马懿失魂落魄啊，落了个“死诸葛吓走活仲达”的千古笑柄）。惊豪奴与悍婢兮，将夺位于主人（吃惊强悍狡黠的奴仆杨仪与魏延，都想继承诸葛亮的位置）。有一士笃钳制其勇兮（此指马岱斩杀魏延），令彼睥睨（bì ní，斜着眼睛向旁边看）而无因（由于诸葛亮临终前私下已经安排蒋琬继位，使得魏延、杨仪没有机缘）。真千万年一大痛快兮，又何出师未捷之云（诸葛亮临终前的智谋大快人心啊，又何必说“出师未捷身先死，长使英雄泪满襟”呢）？是盖爱夫子者过于望夫子兮，胡犹以大统未集为嗔（由于热爱诸葛亮而重于希望诸葛亮功德圆满啊，可是不能够因为没有完成统一大业而怪罪诸葛亮）。惟予小人之爱夫子兮，独不在于一统而妙正在于三分（普通人热爱诸葛亮啊，唯独不在乎一统而在乎三分天下）。肃拜祭而陈词兮，觉夫子灵起大笑吐胸气而氤氲（yīn yūn，肃穆拜祭诸葛亮而致辞的时候啊，忽然觉得诸葛亮的英灵在大笑，吐出了胸中的闷气）。尚飨！

壬子春二月下浣，后学叶秉敬书石

此《祭诸葛武侯文》来自中州古籍出版社 2015 年出版柳玉东主编《卧龙岗武侯祠碑刻》之《碑文》第 113 页。该碣刻现存南阳武侯祠。碣长 137 厘米，高 64 厘米，草书共 20 行，四边刻有连续的卷草纹图案，保存完好。

叶秉敬（1562—1627），字敬君，号寅阳，衢州府西安县峡川（今浙江省衢州市衢江区峡川镇）人，性好学，幼通经史。万历二十九年（1601）进士。历任工部都水司主事、开封府太守、提督河南学政、江西布政使司、大中大夫、右参政、荆西道布政司参议等职。

叶秉敬博学多才，多处讲学，著作宏富，诗有《叶子诗言志》十二卷，以及《字孪》《千字说文》《韵表》《教儿识数》《字学疑似》《诗韵纲目》等。还著有《兰亭讲会》《开沟法》《赋役握算》《书肆说铃》《明谥考》《寅阳十二论》《治汴书》《学政要录》等书共有四十余种。晚年致仕归里。天启三年（1623），应知府林应翔邀，编纂《衢州府志》。

从以上祭文来看，这是叶秉敬于万历四十年（1612）二月下旬在南阳武侯祠祭拜诸葛亮时亲自书写的祭文，又亲自镌刻石碣，保留至今。

3. 匾额与楹联

（1）匾额 62 方

千古人龙

大清光绪壬辰年（1832）桐月（三月）吉旦（农历每月初一，泛指吉祥日子），知河南南阳县事梅岭（在江西省南昌市西郊 30 公里的西山脉中段，鄱阳湖西南岸，是国家级著名风景区）萧其芬重修，南阳县典史云间（上海市松江县别称）王清亮书。

萧其芬，梅岭（今江西省南昌市）人，道光十一年（1831）前后曾任南阳县知县，重修了“千古人龙”石牌坊，其余不详。

王清亮，云间（今上海市松江县）人，道光十一年（1831）前后曾任南阳县典史（元始置，明、清沿置，属于知县下面掌管缉捕、监狱的属官）。

【注】千古：语出北魏地理学家郦道元的《水经注·睢水四》：“追芳昔娱，神游千古，故亦一时之盛事。”此指久远的年代。例如：唐代诗人李白的《丁都护歌》诗歌有“君看石芒砀，掩泪悲千古”之句。再如：北宋文学家王安石的《金山寺》诗亦有“谁言张处士，雄笔映千古”之句。

人龙：语出晚唐诗人黄滔（840—911）的《南海韦尚书启》：“自从见作人龙，翔为鸟凤，腾辉瑞谍，流庆皇家。”比喻人中俊杰。例如：五代谭用之的《寄友人》诗“穴凤瑞时来却易，人龙别后见何难”。再如：南宋绍兴年间进士刘光祖（1142—1222）的《祭诸葛亮文》有“维诸葛公，矫矫犹龙”之句。

明正德年间进士萧鸣凤（1488—1572）的《谒诸葛武侯祠》诗亦有“气聚崇岗紫翠深，百年怀抱此登临，山连嵩岳来天地，名与人龙并古今”。

南阳武侯祠有千古人龙牌坊，高 9 米，面阔 13.5 米，三门四柱楼式，通体布满雕饰，额枋浮雕祥云瑞兽，如丹凤朝阳、麒麟送宝等均极生动。左右横额饰以诸葛亮生平故事，如“躬耕南阳”“草庐对策”“舌战群儒”等，栩栩如生。

此坊建于明代，清道光壬辰（1832），南阳知县萧其芬重修。

1957 年，南阳市人民政府重建，1968 年毁于“文化大革命”。1992 年，南阳华侨赵连仁先生捐资重建。石坊耸立门外，望柱冲天，浑厚端庄，在古柏映衬下巍然壮观，令人肃然起敬。

【释】诸葛亮是久远年代的人中之龙。

忠延汉鼎

道光十二年（1832）季春（三月），邑后学任守泰督工，邑后学任伯仁题书。

任守泰，字六阶，南阳郡宛县乡绅，其余不详。

任伯仁，南阳郡宛县乡绅，其余不详。

【注】邑：本县，此指南阳县。

后学：语出南宋文学家叶适（1150—1223）的《序》：“余后学也，不足以识子寿之文。”是对前辈学者的自谦之辞。

督工：道光十二年（1832）重修千古人龙牌坊时，负责监督施工的官员。

忠延汉鼎：刻在千古人龙牌坊的阴面。忠：忠君爱国。延：延续。汉鼎：为国之重器，此指蜀汉的社稷江山。

【释】诸葛亮用忠君爱国思想延续了蜀汉社稷江山。

卧龙岗

己卯年（1999）之秋，王学仲题书。

王学仲（1925—2013），别名夜泊，山东省滕州市人，先后毕业于北京京华美术学院、中央美术学院，曾师从吴景江、徐悲鸿、李可染等书画家，生前为中国文联荣誉委员、中国书法家协会顾问、天津文史研究馆名誉馆员、九三学社成员、天津大学教授、天津市文联主席团成员、天津书法家协会名誉主席、王学仲艺术研究所名誉所长。

【注】卧龙岗：在南阳市城西南七里，北纬 32′58″，东经 112′30″，海拔 183.3 米。这里地处伏牛山南麓，连接南阳城西北紫山继续南下，形成冈峦起伏隆起。由于诸葛亮人称“卧龙先生”，故称其冈为“卧龙岗”。

据《大明一统志》以及 1999 年 6 月中州古籍出版社出版张晓刚《卧龙岗志》介绍说，因为诸葛亮《出师表》有“臣本布衣，躬耕于南阳”之说，历史上在此修建了“诸葛草庐”故居等建筑，以示纪念诸葛亮隐居躬耕。

【释】纪念诸葛亮隐居躬耕的冈峦。

汉昭烈皇帝三顾处

道光辛卯年（1831）巧月（七月）吉日，宛邑后学任守泰、刘玑、刘训题书。

任守泰、刘玑、刘训，皆为道光年间南阳郡宛县乡绅，其余不详。

【注】此匾文刻在三顾坊的阳面，俗称“二道门”。道光十一年（1831）由邑人任守泰、刘玑、刘训所立。石坊正中雕刻有“旭日出海”图，上楣雕刻有“伊尹牧野”“渭滨钓鱼”；下楣雕刻有“二龙戏珠”。坊阴面雕刻“八仙庆寿”，正中有“真神人”匾文。

汉昭烈皇帝：此指蜀汉先主刘备。

据《三国志・蜀书・先主传》记载：章武元年（221）夏四月，刘备在成都称帝，国号“汉，改年章武，大赦”，史称“先主”。章武三年（223）三月，刘备病死在白帝城永安宫（今重庆市奉节县），临终前托孤受命，让诸葛亮全权辅佐太子刘禅继位，史称“后主”。五月，刘备梓宫自永安还葬成都，后主追“谥曰昭烈皇帝，秋八月，葬惠陵”（即成都武侯祠）。

据先秦时期的《逸周书・谥法解》说：“昭德有劳曰昭，容仪恭美听昭，圣闻周达曰昭；有功安民曰烈，秉德遵业曰烈。”

三顾处：建安十二年（207）冬，刘备屈尊三顾茅庐，恳请诸葛孔明指点迷津的地方。

【释】蜀汉昭烈皇帝刘备曾屈尊三顾茅庐请诸葛孔明指点迷津的地方。

真神人

道光十一年（1831）孟秋（七月）立，邑后学任伯仁题书。

任伯仁，南阳郡宛县乡绅，其余不详。

【注】此匾文刻在三顾坊，俗称“二道门”的背面正中。

神人：语出东汉哲学家桓谭（23—56）的《新论》：“天下神人五：一曰神仙，二曰隐沦，三曰使鬼物，四曰先知，五曰铸凝。”泛指得道的仙人，世上奇特少有的人才。例如：东晋文学家王嘉（？—360）的《拾遗记・周灵王》有：西施与郑旦“二人当轩并坐，理镜靓妆于珠幌之内，窃窥者莫不动心惊魄，谓之神人”之说。再如：北宋文学家苏轼（1037—1101）的《武侯庙记》称赞诸葛亮说：“密如鬼神，疾如风雷。进不可挡，退不可追。昼不可攻，夜不可袭。多不可敌，少不可欺。前后应会，左右指挥。移五行之性，交四时之令。人也！神也！仙也！吾不知之，真卧龙也！”

【释】诸葛亮是世上罕见的奇特人才。

忠武

大明嘉靖七年（1528），世宗朱厚熜敕赐。

明世宗朱厚熜（1507—1567），宪宗朱见深之孙，孝宗朱佑樘之侄，兴献王朱佑杬之子，武宗朱厚照的堂弟。明朝第十一位皇帝，1521—1566 年在位，年号嘉靖，后世称嘉靖帝。

【注】忠武：是封建社会中最高的荣誉封号，被视为忠君爱国又文武兼备的重臣。

据《逸周书·谥法解》记载说："忠：危身奉上曰忠，虑国忘家曰忠，让贤尽诚曰忠，危身利国曰忠，安居不念曰忠，临患不反曰忠，盛衰纯固曰忠，廉方公正曰忠，事君尽节曰忠，推贤尽诚曰忠，中能应外曰忠，杀身报国曰忠，世笃勤劳曰忠，善则推君曰忠，死卫社稷曰忠，以德复君曰忠，以孝事君曰忠，安不择事曰忠，教人以善曰忠，中能虑外曰忠，广方公正曰忠，肫诚翊赞曰忠。

武：刚强直理曰武，威强敌德曰武，克定祸乱曰武，刑民克服曰武，夸志多穷曰武，威强睿德曰武，除伪宁真曰武，威强恢远曰武，帅众以顺曰武，保大定功曰武，刚强以顺曰武，辟土斥境曰武，折冲御侮曰武，除奸靖难曰武，拓地开封曰武，肃将天威曰武，安民和众曰武，克有天下曰武，睿智不杀曰武，恤民除害曰武，赴敌无避曰武，德威遐畅曰武。"

在此基础上，以"忠"字开头，其后往往跟文、武、定、烈、简、肃、毅、敬等字，而"忠武"则为最高的荣誉。例如：据《后汉书·西域传》记载：西汉末年，莎车国国王王延（？—18）在西域动乱局势下，坚决不肯降服于势力强大的匈奴，始终同汉朝中央政府保持统一，确保丝绸之路畅通无阻。他经常教导自己的孩子说："当世奉汉家，不可负也。"他死后，汉朝政府为了表彰他的忠诚和功绩，追赠他为"忠武王"，这是中国历史上第一个被朝廷追封为"忠武"的人物。

诸葛亮生前被封为"武乡侯"，死后被后主刘禅追谥为"忠武侯"，这是历史上第二个被朝廷追封为"忠武"的人物。诸葛亮之后，历史上还先后有 50 多人被封或被追谥为"忠武"。

曹操《表论田畴功》有"文雅优备，忠武又著，和于抚下，慎于事上"之说。

【释】诸葛亮是忠君爱国又文武兼备的重臣。

武侯祠

1959 年 8 月 8 日，中国科学院院长郭沫若为南阳武侯祠题书。

【注】武侯：诸葛亮生前被封为"武乡侯"，死后被追谥为"忠武侯"，

因此人们尊称其为武侯。从此以后，“武侯”就成了诸葛亮的代名词。

祠：供奉祖宗、先贤、英烈、名人、鬼神的祠、庙。

【释】纪念诸葛亮的祠庙。

武侯祠

崇祯七年（1634）四月望日（农历每月十五日称望日）吉旦立，南阳知府陈振豪题书。

陈振豪，无锡人，明万历四十七年（1619）进士，崇祯七年（1634）任南阳知府；同年，重修山门时题“武侯祠”匾文，其余不详。

【注】武侯：诸葛亮生前被封为“武乡侯”，死后被追谥为“忠武侯”，因此人们尊称其为武侯。从此以后，“武侯”就成了诸葛亮的代名词。

祠：供奉祖宗、先贤、英烈、名人、鬼神的祠、庙。

【释】纪念诸葛亮的祠庙。

三代遗才

康熙癸卯（1663）孟冬（十月）吉日，南阳府知府加二级王维新虔建题书。

王维新，字兴周，辽东广宁（今辽宁省北镇县）人，贡生，顺治十六年（1659）出任南阳知县，康熙初年晋升为南阳知府，其余不详。

【注】加二级：清知县一般都是正七品官员，王维新从顺治末年南阳知县一步升为康熙初年南阳知府的正五品官员，故有加二级殊勋的称谓。

匾文刻在“三代遗才”牌坊正面。据传说，康熙之前，武侯祠仅有两道石坊，没想到，康熙皇帝继任后曾经问武侯祠坊数时，知府王维新误答为三。回来一查只有两道，他不由得大惊失色，未免要受欺君罔上之罪，于是立即备材亲自督工又虔诚地建了此坊，并题书匾文。

三代遗才：语出南宋进士、剑南东川节度推官刘光祖（1142—1222）的《万里桥记》：“诸葛公三代遗才也，用法而人不怨，任政而主不疑，非天下之至公，谁孰能与於此？”（见四川按察使周复浚的《全蜀艺文志》卷三十三）

明成化年间（1465—1487）进士、南京兵部尚书李充嗣（1465—1528）的《谒诸葛武侯祠》诗歌有：“一行上表千载涕，三代遗才异代逢。”

明嘉靖十一年（1532）进士，十八至二十年（1539—1541）任南阳知府的孙哲在嘉靖十八年（1539）所作祭祀诸葛亮的祭文中，也有“惟公三代遗才，伊吕俦匹”之说。

三代：语出《论语·卫灵公》：“斯民也，三代之所以直道而行也。”北宋史学家邢昺（932—1011）注曰："三代，夏、殷、周也"。

此指夏、商、周三代。

遗才：遗留下来的旷世奇才。

【释】诸葛亮是夏商周三代以后遗留下来的旷世奇才。

韬略宗师

题书者不详。

【注】韬略：古代兵书《六韬》和《三略》的统称，后引申为战斗用兵谋略与运筹帷幄的策略。例如：《三国演义》第二十九回"碧眼儿坐领江东"就有"此人胸怀韬略，腹隐机谋"之句。

宗师：语出《汉书·艺文志》："儒家者祖述尧、舜，宪章文武，宗师仲尼，以重其言，于道最为高。"泛指被尊崇效法的先师、大师，堪称师表的人。例如：《后汉书·谢弼传》有"谢弼字辅宣，东郡武阳人也，中直方正，为乡邑所宗师"之说。此指诸葛亮。

【释】诸葛亮是用兵谋略运筹帷幄方面的先师。

吾师

跋：霖束发受书，即知有诸葛忠武，未尝不流连慨慕，想见其为人。后读《三国志》，见忠武不用魏延子午之计，窃疑其理民之干优于将略。及观忠武自居，惟以谨慎二字，然后知承祚之言非笃论也。

今年春，霖以菲才，驻马南阳，适为忠武故里，瞻谒遗像，恭肃下拜，窃幸取则不远也。《诗》不云乎：高山仰止，景行行止，纵弗能至，心向往之。鹿传霖谨题祠额，用志宗仰。

鹿传霖（1836—1910），字润万，号迂叟，直隶（今河北省定兴县）人，同治元年（1862）进士。历任广西兴安知县、桂林知府、福建按察使、四川布政使、河南巡抚、陕西巡抚兼西安将军、广东巡抚、江苏巡抚、两江总督、两广总督、军机大臣，加太子太保东阁大学士，谥"文端"，著有《筹瞻疏稿》等。

此匾文应该是他在光绪九年（1883）出任河南巡抚时所题。

【注】跋：文章或书籍正文后面的短文，目的是说明写作经过、资料来源等有关情况。

束发：清朝以前汉族男子 15 岁时束发为髻成童，20 岁时行冠礼成年。

受书：语出《史记·孝武本纪》："神君所言，上使人受书其言。"意思是接受文化教育。

未尝不：何尝不使人。

流连：依恋不舍。

慨慕：感慨仰慕。

忠武不用魏延子午之计：建兴六年（228）春，诸葛亮首次北伐曹魏时，前将军魏延曾建议说，长安守将夏侯楙属于膏粱子弟，不懂军事，所以他主动请缨带领五千兵，负粮五千，兵出子午谷，让诸葛亮率军出褒斜道，两路突袭，不出十日长安可取。诸葛亮认真分析了当时情况，认为这是冒险行为，决定平推陇右循序渐进才比较稳妥，所以没有采纳魏延计策，魏延因此一直耿耿于怀（见《三国志》诸葛亮、魏延传）。正因为如此，后来史学界个别人就此事说长道短妄加评论，认为诸葛亮过于胆小怕事。还有人认为是诸葛亮嫉贤妒能，不信任甚至排挤魏延等等。

窃疑：怀疑。

理民之干优于将略：语出陈寿《三国志·蜀书·诸葛亮传》对诸葛亮评价说："然亮才，于治戎为长，奇谋为短，理民之干，优于将略。"

意思是说，诸葛亮在治军方面有所擅长，但不擅长使用奇谋，他治理人民的才干要比他的将才更为优秀。

承祚：陈寿字承祚。

非笃论：并不是确切的评论。

菲才：浅薄的才能。

驻马南阳：此指河南巡抚鹿传霖来到南阳。

窃：谦辞，指自己。

取：获取。

不远：此指拜谒诸葛武侯卧龙岗不远。

高山仰止，景行行止：语出《诗经·小雅·车舝》："高山仰止，景行行止。"比喻道德高尚的人使人景仰，沿着高尚德行的大路前进。

舝：即辖字。

纵弗能至：即使我不能够达到的意思。心向往之：心里是尊崇敬仰的。

跋文说：我鹿传霖从15岁束发开始接受文化教育时，就知道有个诸葛忠武侯，何尝不使人依恋不舍地去感慨仰慕。后来我读了《三国志》，看到诸葛亮北伐曹魏时不用魏延兵出子午谷的计谋，怀疑他治理人民的才干要比他的将才更为优秀。及至观看了卧龙岗诸葛亮故居以后，知道他一生中行事唯有谨慎二字，这时候才明白陈寿的评价并不是确切的。

今年春天（光绪九年，1883），我以浅薄的才能来到南阳，适当时来到了诸葛故里，瞻仰拜谒了诸葛亮的塑像，恭敬肃穆地进行了跪拜。自己幸运的是，想要获取诸葛亮的思想文化而拜谒诸葛武侯，卧龙岗距离不远。《诗经·小雅·车舝》不是说吗？道德高尚的人使人景仰，沿着高尚德行的大路前进，即使我不能够达到这个标准，心里却是尊崇敬仰的。

吾师：语出苏轼《黄州寒食诗帖》诗歌：“诗不求工字不奇，天真烂漫是吾师。”我的老师的意思，此指诸葛亮。

【释】诸葛亮是我的老师。

我师

庚申年（1800）清和月（四月），湘浦松筠题书，生平事迹见前。

【注】嘉庆元年至四年（1795—1799），白莲教多路大军来汉中各县攻城略地，势不可当，陕西巡抚松筠派兵镇压处处受挫，朝廷为尽快剿灭白莲教，特加任松筠为陕甘总督，令纠集西北地区军队剿匪，同时派遣京城军门王文雄、镇协王韩嘉业、鲍贵率军支援，结果还是惨败，王文雄等率领的朝廷军队在汉中西乡县全军覆没，白莲教撤军四川。当时，松筠驻军活动在今汉中勉县一带，还在武侯墓根据风水先生谭南宫之说，堆起了所谓的武侯“真墓”。

清军惨败之后，松筠为了给嘉庆皇帝有所交代，谎称是诸葛亮显圣，帮助清军赶走了白莲教军。嘉庆皇帝十分高兴，在京城御书“忠贯云霄”匾额，于嘉庆八年（1803）七月十六日“奉旨”发往今汉中勉县武侯祠悬挂，至今完好无损。与此同时，嘉庆皇帝还派遣工部侍郎初彭龄（1749—1825）前往武侯墓，用三牲大礼祭祀诸葛亮。

此匾文题书于清嘉庆五年（1800）农历四月，因此，根据时间推算，这个匾文有可能是松筠回京向朝廷汇报剿匪情况时路过南阳武侯祠所题。

我师：我的老师。

【释】诸葛亮是我的老师。

王者师

咸丰六年（1856）嘉平月谷旦，新邑弟子刘玉山敬立，题书者生平事迹不详。

【注】嘉平月：农历十二月。谷旦：吉日的代称。

新邑：西周时期洛阳的又一个称谓。

王者：语出《史记·伯夷列传》：“示天下重器，王者大统，传天下若斯之难也。”此指帝王、皇帝。师：辅佐帝王的老师，此指诸葛亮。

【释】诸葛亮是辅佐帝王的老师。

舜业伊功

康熙丁酉年（1717）中秋，山阴沈渊题书。

沈渊，山阴（浙江省绍兴市）人，康熙三十三年（1694）进士，改庶吉士，检讨兼佐领，迁内阁学士。康熙五十三年（1714）出任南阳知府，其余不详。

【注】舜：约公元前2277—公元前2178年，姚姓，妫氏，名重华，字都君，谥曰“舜”，是中国上古时代父系氏族后期部落联盟首领，建立了虞国，治都蒲阪（今山西省永济市），被尊为帝，列入“五帝”，史称帝舜，后世以舜称之。舜曾经躬耕于历山（在今山西省南部垣曲县、翼城县、阳城县、沁水县交界处）。

伊功：此指商朝初年辅佐贤相伊尹（公元前1649—公元前1549），他经过成汤三聘之后担任右相，辅佐商汤灭了夏桀，建立了商朝，担任尹（丞相），历事成汤、外丙、仲壬、太甲、沃丁五代君主，尊号“阿衡”，前后辅政50余年，为商朝的建立与兴盛富强立下汗马功劳。

【释】诸葛亮具有上古时期虞舜的业绩和商朝辅佐贤相伊尹的功劳。

伊吕遗风

光绪四年（1878）岁次戊寅六月谷旦，盐运使衔知南阳知府事宁夏任恺题书。

任恺，字乐如，宁夏银川人，同治六年（1867）至光绪四年（1878）出任南阳府知府。同治十一年（1872），他觅得岳飞书《武侯出师二表》拓本，于光绪二年（1876）三月亲自题跋，命工匠将《岳少保书武侯出师二表》摹刻于石，在南阳武侯祠流传至今，其余不详。

【注】盐运使：官名，始置于元代，设于产盐各省区，明、清相沿，其全称为“都转盐运使司盐运使”，简称“运司”。其下设有运同、运副、运判、提举等官，其长官为道员。

伊吕：此指商朝初期辅佐贤相伊尹和西周初期辅佐贤相吕尚（亦称吕望、姜尚、姜子牙）。伊尹辅助商汤灭了夏朝建立了商朝，先后辅佐了商汤、外丙、仲任、太甲、沃丁五代君主五十余年，为商朝立下了汗马功劳。吕尚先后辅佐周文王姬昌、周武王姬发推翻了商纣政权，建立了西周王朝。

遗风：遗留下来的风范。

【释】诸葛亮具有商朝辅佐贤相伊尹和西周辅佐贤相吕尚遗留下来的风范。

莘野高风

咸丰九年（1859）岁次己未仲春月（九月）谷旦，道员用前署南阳府知府何怀珍敬题。

何怀珍，云南省曲靖市师宗县葵山镇人，廪贡生（科举制度中名目之一，府、州、县学生员最初每月都给廪膳补助生活的生员），道光十八年戊戌（1838）进士，为翰林院编修、咸丰皇帝老师何桂珍的二哥。咸丰六年（1856）出任南阳府知府，咸丰九年任河南巡抚道员。

【注】道员：又称道台，是辅佐巡抚、总督的附属官员，负责管理河务、盐、茶、粮事务。

用前署：使用前面署理任职名称的意思。

莘野：语出《孟子注疏》卷九下：“伊尹耕于有莘之野，而乐尧舜之道焉。”东汉末年经学家赵岐（？—201）注曰：“有莘，国名。伊尹初隐之时，耕于有莘之国。”商朝初期辅佐贤相伊尹曾经隐居躬耕于莘国，后以“莘野”指隐居之所。

高风：高风亮节。

【释】诸葛亮具有商朝辅佐贤相伊尹隐居躬耕的高风亮节。

功盖寰宇

大清嘉庆六年（1801）岁次辛酉孟冬良月（十月）谷旦，山西北镇平鲁路都司世袭云骑尉功加一等军功记录二次世运常记录四次王凯敬献。

王凯（？—1800），贵州贵筑（今贵阳市）人，嘉庆二年（1797）起历任副将、都匀协统、都司、宜昌镇总兵、浙江定海镇总兵，曾经多次被嘉奖。

【注】北镇：今山西省北镇市。平鲁：古县名，今山西省朔州市所辖的平鲁区，这里是历史上的军事要地，为都司、总兵驻防之地。

都司：明清时期都指挥使司的简称，是地方设置的军事机构，类似我国现代的军区。

云骑尉：武散官名，正六品，清为世爵名。

功盖：语出西汉史学家司马迁（公元前145—公元前90）的《史记·淮阴侯列传》：“臣闻勇略震主者身危，而功盖天下者不赏。”形容功绩超过了所有人。盖：胜过、超过。例如：西汉名将李陵（公元前134—公元前74）的《答苏武书》有“陵先将军，功略盖天地，义勇冠三军”之句。

寰宇：语出西汉著名哲学家焦赣编著的《易林·升之临》：“权既在手，寰宇可驱。”泛指整个宇宙、天下。例如：唐代诗人骆宾王的《帝京篇》诗歌有“声名冠寰宇，文物象昭回”。

【释】诸葛亮的功德业绩超过了天下所有人。

帝臣王佐

乾隆四十八年（1783）岁次癸卯季春（三月）谷旦，题书者不详。

【注】帝臣王佐：语出北宋文学家苏轼的《次韵王宣徽太尉耆年会诗》："古来贤相称高奇，虞有皋夔商傅伊。帝臣王佐见谟训，千载相望如同时。"

帝臣：帝王的重臣。王佐：语出《汉书·董仲舒传赞》：刘向称"董仲舒有王佐之才，虽伊吕亡以加"。可以辅佐成就帝王霸业的人。例如：东晋医药学家葛洪（283—363）的《抱朴子·时难》有"怀其王佐之器，抱其邈世之材"之说。再如：唐代诗人韩愈的《合江亭》诗歌亦有"维昔经营初，邦君实王佐"之句。

【释】诸葛亮是帝王重臣辅佐成就霸业的人。

隐居求志

仲夏月重修，知南阳府事廖文锦题书。

廖文锦，字云出，嘉定（上海市嘉定区）人，嘉庆十六年（1822）进士，授翰林院编修，出任卫辉（今河南省卫辉市）知府，有《佳想轩诗钞》传世。

【注】重修：据1999年6月，中州古籍出版社出版张晓刚主编的《卧龙岗志》第61页记载说："诸葛亮殿，俗称大拜殿，重建于咸丰四年（1854），殿阔15.5米，进深8.1米，单檐歇山顶，是武侯祠的主要建筑之一。"

由此可见，南阳武侯祠诸葛亮大殿始建于何时，已经无考。题匾人说"重修"，应该是道光三年（1823）曾经重修过大殿，当时的南阳知府廖文锦在竣工以后即兴题书了该匾文。咸丰四年（1854），再次重修了诸葛亮的大殿。

隐居求志：语出孔子《论语·季氏》："隐居以求其志，行义以达其道。"意思是说，隐居不仕，以实现自己的志愿。

【释】诸葛亮隐居不仕为的是实现自己的志愿。

名垂宇宙

中华民国四年（1915）一月谷旦，知南阳县事山左曹慕时熏沐敬书。

曹慕时，山东人，民国三年（1914）出任南阳知县，与南阳镇守使吴庆桐共同筹资修葺了南阳武侯祠殿宇，民国四年（1915）一月竣工后题书此匾文。

【注】雍正十二年（1734）秋，康熙皇帝第十七子、爱新觉罗·允礼奉命护送入京朝觐的六世达赖喇嘛返回西藏路过汉中沔县时，见武侯墓与武侯祠破烂不堪，遂带头捐款，同时责令地方官员拨付银两限期整修。工程竣工后，果亲王就在武侯墓题书匾额"名垂宇宙"，在武侯祠题书"醇儒气象"。还在武侯祠赋诗刻立碑石，至今完整无损。因此，此处的匾额属于仿制品。

山左：此指太行山之左的山东省，因此，山左也是山东省的代称。例如：明末清初史学家黄宗羲（1610—1695）的《通议大夫靳公传》："先世为山左之历城人。”

熏沐：语出金代元好问（1190—1257）的《答郭仲通》诗：“向时诸老供熏沐，此日孤生足詈讥。”此指祭拜神灵之前的熏香沐浴，以示虔诚。

名垂宇宙：语出杜甫的《咏怀古迹》诗歌：“诸葛大名垂宇宙，宗臣遗像肃清高。三分割据纡筹策，万古云霄一羽毛。”意思是美好名声传遍天下。

【释】诸葛亮的美好名声传遍天下。

功盖三分

同治十一年（1872）中秋朔日，同知衔升用直隶州知南阳县事刘世勷敬立。

刘世勷，字菊农，贝邱（今山东省博兴县）人，拔贡出身（清代科举制度中由地方选拔贡入国子监的生员，每府学二名，州、县学各一名，由各省学政从生员中考选保送入京，称为拔贡。经过朝考合格，可以充任京官、知县或教职），同治八年（1869）出任南阳府同知兼任南阳县知县，其余不详。

【注】同知：明清时期官名，为知府副职，正五品，每府设一二人，负责地方盐、粮、捕盗、江防、海疆、河工、水利及清理军籍、抚绥民夷等事务，办事衙署称“厅”。另有知州副职称州同知，从六品，分掌本州内诸事务。

直隶州：明清时期地方行政单位之一，以直隶于布政司而得名。清朝行政区划的州与厅分为直隶州及直隶厅，直隶等级以统治人口多少与事务繁杂程度来区分，直隶州与府的等级相同，相当现在省辖市，与府平级。散州相当现在县级市，与县平级。清朝的河南有九府五个直隶州，一个直隶厅，南阳直隶于省的行政区，所以，南阳县亦有直隶的称谓。

功盖三分：语出杜甫《八阵图》诗歌：“功盖三分国，名成八阵图，江流石不转，遗恨失吞吴。”意思是说，诸葛亮在确立魏蜀吴三分天下鼎足而立的过程中，功绩最为卓绝。

【释】诸葛亮在确立魏蜀吴三分天下鼎足而立的过程中功绩最为卓绝。

第一良才

同治十一年（1872）冬月（十一月）中浣（中旬）谷旦，川贵县茧帮公立。生平事迹不详。

【注】川贵县：语出1999年6月中州古籍出版社出版张晓刚主编的《卧龙岗志》和2007年12月中国文史出版社出版李遵刚的《武侯祠匾联集注》，可是，笔者查阅历史资料，中国历史上就没有川贵县之说。

除此之外，作者“茧帮公”的“茧”字，也不属于姓氏范畴，因此不可能成为姓名，上述问题，有可能是资料抄录错了。

第一：语出《史记·吕太后本纪》："太傅产、丞相平等言，武信侯吕禄上侯，位次第一，请立为赵王。"排在最前的、最好的、最棒的。例如：北宋文学家苏轼《与梁左藏会饮傅国博家》诗歌有"将军破贼自草檄，论诗说剑俱第一"之说。

良才：语出先秦时期墨家学派创始人墨子（公元前468—公元前376）的《墨子·亲士》："良才难令，然可以致君见尊。"比喻杰出的人才。例如：三国时期东吴史学家韦昭（204—273）的《博弈论》有"博选良才，旌简髦俊"之说。再如：北宋文学家范仲淹（989—1052）的《天骥呈才赋》亦有"偶昌运以斯出，呈良才而必分"之句。

【释】诸葛亮是历史上排在最前的杰出人才。

抱膝长吟

道光壬寅年（1842）春月吉日，唐邑、陕州弟子周明德、薛冠群敬立。

周明德、薛冠群，清代中晚期人物，其余不详。

【注】唐邑：亦称堂邑，古县名，隋开皇六年（586）置堂邑县，治所在今山东省聊城市唐邑镇。

陕州：北魏孝文帝太和十一年（487）置陕州，即今河南省陕县。由此可见，周明德属于山东人，薛冠群属于河南人。

抱膝长吟：据《三国志·蜀书·诸葛亮传》记载："亮躬耕陇亩，好为《梁父吟》。"裴松之注引《魏略》记载说：诸葛亮"每晨夜从容，常抱膝长吟"。

梁父吟：亦称梁甫吟，属于汉乐府丧葬歌曲，说的是春秋时期齐景公贤相晏婴（晏子）为了国家安危而采取了"二桃杀三士"计谋，轻而易举地使自恃功高而目中无人的田开疆、公孙接、古冶子三人纷纷自杀，解除了忧患。

抱膝：抱着膝盖。长吟：亦称长啸，是指音调缓而长的吟咏。

诸葛亮"好为梁父吟"并且"每晨夜从容，常抱膝长吟"的原因，一是寄托思念家乡的情怀；二是效法晏婴忠君爱国思想；三是学习晏婴的谋略。正因为上述原因，襄阳隆中修建有抱膝亭，南阳武侯祠亦有抱膝石纪念景点。

【释】诸葛亮隐居躬耕时经常抱膝长吟家乡的汉代乐府《梁甫吟》。

雷雨经纶

中华民国四年（1915）四月上浣（上旬）谷旦，郝福田、赵福汇、刘展标、蔡文藻等十二人敬献。

郝福田，1888年出生于北京，直系将军、天津军事参议院参议。戎马一生，好读书，一生藏书与印章颇丰，其余不详。

赵福汇，1925 年 9 月民国政府授予陆军中将衔，其余不详。

刘展标，生平事迹不详。

蔡文藻，曾经出任清代末年东北新军步兵管带，其余不详。

【注】雷雨：雷电交加而又降大雨，此指东汉末年变化多端的动荡时局。

经纶：语出《礼记·中庸》：“唯天下至诚，为能经纶天下之大经，立天下之大本，知天地之化育。”比喻谋划治理国家大事。例如：唐代著名史学家刘知几（661—721）的《史通·暗惑》有“魏武经纶霸业，南面受朝”之说。

【释】在东汉末年变化多端的动荡时局中诸葛亮谋划着治理国家的大事。

勋侔伊吕

咸丰六年（1856）嘉平月（十二月），皖江弟子吴家恩敬立。

吴家恩，安徽人，生平事迹不详。

【注】皖江：指长江流域安徽段两岸地区，覆盖地域涉及现在的合肥、安庆、池州、铜陵、芜湖、马鞍山、宣城市和滁州市东部 8 个市。

勋：功勋与业绩。

侔：相等、齐名。

伊吕：此指商朝初期辅佐贤相伊尹和西周初期辅佐贤相吕尚（亦称吕望、姜尚、姜子牙）。

【释】诸葛亮的功勋业绩与商朝辅佐贤相伊尹和西周辅佐贤相吕尚齐名。

王佐儒流

嘉庆二十四年（1819）己卯仲秋（八月）谷旦，晋潞（今山西省潞城市）后学秦永宽沐手敬书。

秦永宽，今山西省潞城市人，其余不详。

【注】王佐：语出《汉书·董仲舒传赞》：刘向称“董仲舒有王佐之材，虽伊、吕亡（无）以加”。此指辅佐帝王成就霸业的人。例如：东晋医药学家葛洪（283—363）的《抱朴子·时难》有“怀其王佐之器，抱其邈世之材”之说。再如：唐代诗人韩愈的《合江亭》诗歌亦有“维昔经营初，邦君实王佐”之句。

儒流：语出杜甫《赠虞十五司马》诗歌：“交态知浮俗，儒流不异门。”儒士之辈意思。例如：《太平广记》卷四〇一引唐代柳祥的《潇湘录·张珽》有“路北一二里有一子，亦儒流也”之说。

【释】诸葛亮是辅佐帝王成就霸业的儒士之辈。

勋同伊吕

大清光绪癸巳年（1893）谷旦，浙绍山阴弟子何其豫立。

何其豫，今浙江省绍兴市人，其余不详。

【注】勋：功勋与业绩。同：相同、相等的意思。

伊吕：此指商朝初期辅佐贤相伊尹和西周初期辅佐贤相吕尚（亦称吕望、姜尚、姜子牙）。

【释】诸葛亮的功勋业绩与商朝辅佐贤相伊尹和西周辅佐贤相吕尚相同。

其人斯在

道光辛卯年（1831）季春（三月），六阶任守泰题书。

任守泰，字六阶，道光年间南阳郡宛县乡绅，其余不详。

【注】其人：这个人的意思，此指诸葛亮。

斯：这里、这个地方的意思。

在：在这里。

【释】诸葛亮在这个地方。

三顾祠

1988年夏月，卢嘉锡题书。

卢嘉锡（1915—2001），台湾省台南市人，祖籍福建省永定县，1934年毕业于厦门大学化学系，1939年获英国伦敦大学哲学博士学位。历任中国科学院学部委员（院士）、中国科学院院长、第三世界科学院副院长、第八届全国人大常委会副委员长、比利时皇家科学院外籍院士。

【注】三顾：此指建安十二年（207）冬，汉室后裔刘备为了匡扶汉室而思贤如渴，曾经屈尊三顾茅庐，请求诸葛孔明指点迷津。诸葛亮十分感激刘备的屈尊三顾茅庐，为其制定了兴复汉室成就霸业的《隆中对策》，在刘备恳请下毅然决然出山，辅佐刘备建立了蜀汉帝业。

祠：纪念诸葛亮的祠庙。

【释】刘备三顾茅庐恳请诸葛亮的纪念祠庙。

目无吴魏

光绪戊申年（1908）中秋节谷旦，彰德府武安县德茂祥敬立。

德茂祥，河南省安阳市人，生平事迹不详。

【注】此匾额悬挂在南阳武侯祠的关羽、张飞殿中。

彰德府：今河南省安阳市。

武安县：民国以前归属今河南省安阳市所辖，新中国成立以后划归河北省邯郸市所辖。

目无：眼中没有。

吴魏：三国时期的孙吴与曹魏。

【释】关羽和张飞的眼中根本没有东吴与曹魏。

三顾堂

壬辰年（1712）仲冬（十一月），襄平罗景题书。

罗景，字星瞻，襄平（今辽宁省辽阳市）人，监生出身（明清两代在国子监读书或取得进国子监读书资格的人），清康熙四十七年（1708）冬出任南阳知府，对诸葛亮十分尊崇敬仰，任职期间对南阳武侯祠进行了大规模修建，撰刻立了《重修卧龙岗暨落成恭谒武侯祠跋》碑石，确立了“卧龙岗十景”，主编了《卧龙岗志》两卷。

【注】三顾堂：刘备当年屈尊三顾茅庐请求诸葛孔明指点迷津出谋划策的纪念厅堂。堂：厅堂、堂屋、客厅、正房的意思。

【释】刘备三顾茅庐恳请诸葛亮指点迷津出谋划策的厅堂。

武侯祠

大清康熙五十一年（1712），南阳知府罗景题书。

【注】武侯：诸葛亮生前被封为“武乡侯”，死后被追谥为“忠武侯”，因此人们尊称其为武侯。从此以后，武侯就成了诸葛亮的代名词。

祠：供奉祖宗、先贤、英烈、名人、鬼神的纪念祠、庙。

【释】纪念诸葛亮的祠庙。

老龙洞

康熙五十一年（1712）二月，南阳知府罗景题书。

【注】老龙洞：清康熙四十七年（1708）冬，罗景出任南阳知府时对南阳武侯祠进行了大规模修建后确立的“卧龙岗十景”之一，位于半月台下的一个联体建筑，砖圈小门，内有一个弯曲的长洞，传说洞中有巨龙出没而得名，诸葛亮因为常饮洞中之水而聪明。后来，祠中道人惧怕洞中有怪物而将其填塞。

【释】老龙出没的洞穴。

千载一遇

题书者不详。

【注】千载一遇：此指东汉末年，汉室后裔刘备为了匡扶汉室而屈尊三顾茅庐，恳请诸葛亮指点迷津并出山辅佐成就大业，这是千百年难得一遇的事情。

【释】刘备三顾茅庐恳请诸葛亮指点迷津出山辅佐千百年难得一遇。

武侯祠

中华民国二十九年（1940），于右任题书，生平事迹见前。

【注】武侯：诸葛亮生前被封为“武乡侯”，死后被追谥为“忠武侯”，因此人们尊称其为武侯。从此以后，武侯就成了诸葛亮的代名词。

祠：供奉祖宗、先贤、英烈、名人、鬼神的纪念祠、庙。

【释】纪念诸葛亮的祠庙。

南阳诸葛庐

光绪己亥年（1899），子冬（十一月），傅凤飏题书。

傅凤飏（1839—1903），字醴泉，号竹农，莱州府平度州昌邑县（今山东省昌邑市）人，历任安宁州（今云南省安宁县）知州、安平（今云南省文山市马关县）同知、开化（今云南省文山市）知府、宾川州（今云南省大理市）知州、永昌府（今云南省保山市）知府、南阳知府。在任期间，倡导府署州县大小官员捐俸禄，对府衙古建筑群进行了大修缮及重建，使南阳千年古建筑得以存留于世，撰写了《重修南阳府署记》碑文，受朝廷一品典封诰授荣禄大夫的表彰。

【注】南阳：秦昭王三十五年（公元前272）初设置南阳郡，治所在宛县（今南阳市），春秋战国时期，南阳已成为全国八大都会之一，西汉时期为全国五大都市之一，东汉时被封“南都”，尊为“帝乡”，管辖37个县，隶属荆州，为天下经济之首都。光武帝刘秀麾下助其一统天下功劳最大、能力最强的“云台二十八将”中有十一人出自南阳郡。历史上，南阳曾经出现了姜子牙、范蠡、张衡、张仲景、诸葛亮等历史名人。

诸葛亮在《隆中对》中说：“臣本布衣，躬耕于南阳”，使得南阳更加著名。

诸葛庐：此指诸葛亮隐居躬耕时期居住草庐的纪念建筑。

【释】南阳郡诸葛亮隐居躬耕居住草庐的纪念建筑。

诸葛庐

民国二十九年（1940），于右任题书，罗震立。

罗震（1899—1987），字东峰，河南省南召县人，毕业于保定陆军军官学校。历任西北军第七师参谋长、第二集团军第四军参谋长、第十一军参谋长、青岛市公安局长、十三路军中将参谋长、宁夏省民政厅长、河南省行政督察专员兼保安司令、行政院参议兼秘书长。新中国成立后任河南省文史馆馆员、河南省人民政府参事、河南省委常委、开封市政协常委。

【注】诸葛：属于复姓，此指诸葛亮。

庐：简陋的草屋。例如：《荀子·正名》：“屋室庐庾，草屋也。”

【释】诸葛亮简陋的草屋。

诸葛草庐

1973 年 4 月，郭沫若题书，生平事迹见前。

【注】诸葛：此指诸葛亮。草庐：语出《后汉书·周燮传》：“有先人草庐结于冈畔，下有陂田，常肆勤以自给。”

草庐：简陋草屋。例如：诸葛亮《出师表》也说：“先帝不以臣卑鄙，猥自枉屈，三顾臣于草庐之中，咨臣以当世之事。”此指用茅草盖顶的简陋草屋。

【释】纪念诸葛亮隐居躬耕居住的简陋草屋。

宁远楼

康熙癸巳年（1713）夏月，遂宁张鹏翮（hé）题书。

张鹏翮（1649—1725），字运青，号宽宇，四川潼川州遂宁县（今四川省遂宁市蓬溪县）人，康熙九年（1670）进士。历任苏州知府、兖州知府、河东盐运使、浙江巡抚、兵部右侍郎、提督江南学政、左都御史、刑部尚书、江南江西总督、河道总督、户部尚书、文华殿大学士、吏部尚书，卒谥“文端”。代表作品有《冰雪堂稿》《如意堂稿》《治镜录》《兖州府志》《遂宁县志》《三国蜀诸葛忠武侯亮年表》《诸葛忠武志》等书。

【注】宁远：宁静致远的意思。语出诸葛亮《诫子书》：“非淡泊无以明志，非宁静无以致远。”是说只有在安静的环境下才能够认真读书学习、思考问题，从而树立远大的志向。

楼：语出《孟子·告子下》：“不揣其本，而齐其末，方寸之木，可使高于岑楼。”此指两层以上的房屋。例如：《史记·孝武本纪》亦有“方士有言，黄帝时为五城十二楼”之说。

【释】纪念诸葛亮宁静致远的楼房。

万古云霄

嘉庆十四年（1809）九月吉旦，郡守孔传金敬书。

孔传金，江苏元和（今江苏省吴县）人，癸卯（1783）举人，嘉庆十二年（1807）出任南阳知府。任职期间，曾经主持编撰了《南阳府志》，这是自康熙三十三年（1694）南阳知府朱君主持编撰《南阳府志》114年之后的再次编撰。

【注】万古云霄：语出唐代诗人杜甫《咏怀古迹》诗歌："诸葛大名垂宇宙，宗臣遗像肃清高。三分割据纡筹策，万古云霄一羽毛。"万古：比喻久远的时代。云霄：此指高而显达的地位。

【释】诸葛亮在久远的时代里始终处在高而显达的地位。

抱膝长吟

道光三年（1823）榴月（五月）重修，知南阳县事李永庆敬题。

李永庆，崞县（今山西省平阳县）人，监生出身，嘉庆十五年（1810）出任南阳县县丞（官名，县令佐官，主要负责水利、仓廪管理等事务），道光十二年（1822）出任南阳知县。

【注】抱膝长吟：据《三国志·蜀书·诸葛亮传》裴松之注引《魏略》说：诸葛亮在隐居躬耕时期，"每晨夜从容，常抱膝长吟"家乡的汉代乐府《梁甫吟》，以寄托自己的情怀。正因为如此，在襄阳隆中有抱膝亭，南阳武侯祠有抱膝石纪念景点。抱膝：抱着膝盖。长吟：亦称长啸，是指音调缓而长的吟咏。

【释】诸葛亮隐居躬耕时经常抱着膝盖吟咏家乡汉代乐府《梁甫吟》。

古柏亭

咸丰甲寅年（1854）秋月，钮濡题书。

钮濡，字啸琴，浙江人，贡生。咸丰二年（1852），出任南阳知县，勤政爱民，口碑很好。由于对诸葛亮十分尊崇敬仰，上任后就到武侯祠拜谒诸葛亮，还触景生情写下了诗歌《登卧龙岗谒武侯祠》，并且刻立碑石留存至今。

【注】古柏亭：在草庐左侧东部，这是清康熙四十七年（1708）冬罗景任南阳知府对南阳武侯祠进行了大规模修建后确立的"卧龙岗十景"之一。这里有古柏一株，苍翠挺拔，高耸入云，树围丈余，传为诸葛孔明所植，后人因此修亭纪念。

【释】纪念诸葛亮所植古柏修建的亭子。

半月台

咸丰五年（1855）春，顾嘉蘅题书。

顾嘉蘅，号湘坡，湖北宜昌市人，道光庚子科（1840）进士，授翰林院编修。从道光二十七年（1847）起，先后五次出任南阳知府近20年，政绩显赫，受到老百姓爱戴与朝廷器重。在这期间，他两次对武侯祠进行了大规模维修，同时将诸葛亮相关文章及自己歌颂诸葛亮的诗歌镌刻石碑立在祠内。特别是，为平息南阳与襄阳就诸葛亮躬耕地之争，他在南阳武侯祠所题书的著名楹联，寓意深刻，脍炙人口，成了传世佳作，一直流传至今。

【注】半月台：传说是诸葛亮夜观星象、登台赏月之处，在草庐右廊西部，为正方形平台，高5.9米，阔3.75米，上面置石几、石凳，旁有台阶22步，四周围以女墙。这是清康熙四十七年（1708）冬，罗景出任南阳知府对南阳武侯祠进行大规模修建后确立的“卧龙岗十景”之一。台：高平的建筑物，如楼台亭阁。

除此之外，在圆明园海岳开襟岛东岸有一片假山叠石的高台，也称半月台，这是清朝皇帝欣赏月亮的地方，台前竖有汉白玉碑一通，碑上刻有乾隆皇帝御书的《半月台》五律诗一首，今北京大学鸣鹤园仅存断残碑体。

【释】传说是诸葛亮夜观星象登台赏月的建筑物。

野云庵

道光乙卯年（1825）菊月（九月），桐城姚暄重建。

姚暄，桐城（今安徽省桐城市）人，监生（取得进国子监读书资格的人），嘉庆十三年（1808）任唐县县丞，道光三至八年（1823—1828）任南阳知县，曾经在道光五年（1825）重建了野云庵，题书有《野云庵》诗歌两首，还留下了《卧龙岗草庐题壁》诗歌，其余不详。

【注】野云庵：是清康熙四十七年（1708）冬，罗景出任南阳知府对南阳武侯祠进行大规模修建后确立的“卧龙岗十景”之一，在草庐右侧东部，传说为诸葛亮会客之处，原为草屋三间。康熙五十一年（1712），改建为砖石结构，呈长方形，进深三间，面阔6.4米，正面墙壁绘有“松鹤延年”“六合同春”图案，饰以树木、花卉、鸟兽砖雕。

【释】传说为诸葛亮会客之处。

躬耕亭

咸丰乙卯年（1855）仲春（二月），南阳知府顾嘉蘅题书。生平事迹见前。

【注】躬耕：语出《汉书·食货志上》："于是上感谊言，始开籍田，躬耕以劝百姓。"此指亲身从事农业生产。例如：诸葛亮《出师表》："臣本布衣，躬耕于南阳。"再如：唐乾宁元年（894）进士徐夤的《偶书》诗歌："市门逐利终身饱，谷口躬耕尽日饥。"

亭：古建筑的一种形式，有四角、六角、八角亭，亭盖有盔顶、攒尖式。

躬耕亭在南阳卧龙岗武侯祠的草庐左侧东部，寓意诸葛亮当年躬耕时存放农具的地方，亭内置一石刻碑庐，其上嵌有线刻武侯立像。象征诸葛亮当年隐居耕种田地，进行农业劳作。

【释】纪念诸葛亮隐居躬耕的亭子。

仙人桥

题书者不详。

【注】仙人桥是南阳武侯祠山门前的一座渡桥，相传刘备三顾茅庐时遥见诸葛亮岳父黄承彦骑驴踏雪行于此桥，颇有仙人之风范，因此得名。

此桥原为青砖圈顶结构，1959 年改为石桥，两侧护栏皆为汉白玉，裙板雕刻相关的博古图案。桥两端柱首各雕刻有对望石狮，四角的石鼓分别雕刻有渔樵耕读图案。桥长 10.45 米，宽 6.1 米，为南阳武侯祠十景之一。

《三国演义》第三十七回"司马徽两荐名士，刘玄德三顾茅庐"中描写刘备第二次拜见诸葛亮时，见到诸葛亮的岳父黄承彦骑驴踏雪从桥上走过，口中吟诗一首："一夜北风寒，万里彤云厚。长空雪乱飘，改尽江山旧。仰面观太虚，疑是玉龙斗。纷纷麟甲飞，顷刻遍宇宙。骑驴过小桥，独叹梅花瘦。"

【释】诸葛亮岳父黄承彦骑驴踏雪行于此桥颇有仙人之风范。

丞相祠堂

中华民国十九年（1930）一月，党胜梵题书，生平事迹不详。

【注】丞相：为中国古代帝王下面最高行政长官，负责辅佐帝王总理朝政，属于百官之长。战国时期秦悼武王（公元前 328—公元前 307）二年始置左右丞相，秦以后时废时设。

丞相在不同时期称宰相。例如《汉书·王陵传》："宰相者，上佐天子理阴阳，顺四时，下遂万物之宜，外填抚四夷诸侯，内亲附百姓，使卿大夫各得任其职也。"再如：清康熙年间才女倪瑞璿（1702—1731）的《阅明史马士英传》诗歌亦有"王师问罪近江濆，宰相中书醉未闻"之句。

蜀汉章武元年（221），刘备在成都称帝，国号"汉"，改元"章武"，史称先主，封诸葛亮为"丞相"，全权负责蜀汉国家行政事务。

祠堂：祭祀祖宗、先贤、英烈、名人、神仙的场所。

【释】纪念蜀汉丞相诸葛亮的祠堂。

永肃清高

民国三十年（1941），题书者不详。

【注】永肃清高：语出唐代诗人杜甫《咏怀古迹五首》诗歌：“诸葛大名垂宇宙，宗臣遗像肃清高。”是说诸葛亮的塑像永远肃穆庄重，令人肃然起敬。

【释】诸葛亮的塑像永远肃穆庄重令人肃然起敬。

淡泊宁静

甲申年（1464），一真题书。

一真（1392—1472），本名黄一真，号云峰、戒一子，内乡（今河南省内乡县）人，明朝初年南阳武侯祠道士。永乐六年（1408），太祖朱元璋第二十三子朱桱（1386—1415）被封为宗藩唐王，驻地在南阳府，他命一真道士为道官，主持南阳以北的道观。

【注】淡泊宁静：语出诸葛亮《诫子书》：“非淡泊无以明志，非宁静无以致远。”是说只有在安静的环境下才能够认真读书学习、思考问题，从而树立远大的志向。

【释】只有不追求名利在安静环境下才能认真读书学习树立远大志向。

三顾名成

同治五年（1866）岁次宾寅四月敬献，信女王李氏为劫匪徒叩许。

【注】信女：即崇尚道家学说的女弟子——善男信女。

王李氏：封建社会女子出嫁后以男子的姓氏为姓氏，由此看来，这个李家女子嫁给了王家，故称为王李氏。

为劫匪徒叩许：王李氏家遭到了土匪的劫难，因此才拜祭诸葛亮进行许愿，题此匾额，希望得到诸葛亮的护佑，确保全家平安。

三顾成名：意思是说，诸葛亮是因为当年刘备三顾茅庐进行《隆中对策》，恳请其出山辅佐才建功立业而成为历史名人。

【释】诸葛亮是因为刘备三顾茅庐请其出山辅佐而成为历史名人。

如愿相偿

中华民国四年（1915）小阳月（十月）吉旦立，陆军步兵少校河南陆军第二混成旅步兵四团一营营长山左弟子生得胜熏叩。

生得胜，山东人，其余不详。

【注】混成旅：是由步兵、骑兵、炮兵、工兵等各种兵混合编成的独立旅，民国时期军队中常常有此编制。一个混成旅通常有 4000 多人，属于特殊时期特殊编制的综合型部队。

山左：此指太行山左边的山东省。

熏叩：沐浴之后进行叩头祭拜，以示虔诚。

如愿相偿：与如愿以偿、心满意足、称心如意意思相同，是指和自己所希望的那样得到了满足，实现了自己的愿望。

【释】实现了自己虔诚拜祭诸葛亮的愿望。

英灵不爽

中华民国十年（1921）正月下旬敬献，河南镇平石佛寺弟子单德懋叩立。

单德懋，河南省镇平县石佛寺的僧人，其余不详。

【注】英灵：语出南朝齐文学家谢朓（464—499）的《酬德赋》：“赖先德之龙兴，奉英灵之电举。”比喻杰出的人才。例如：唐代诗人王维（699—761）的《送綦毋潜落第还乡》诗歌有“圣代无隐者，英灵尽来归”之句。

不爽：语出《诗经·小雅·蓼萧》：“其德不爽，寿考不忘。”毛传注曰：“爽，差也。”指不差，没有差错。例如：《南齐书·褚渊王俭传赞》有“民誉不爽，家称克隆”之说。

【释】诸葛亮是杰出的人才没有任何差错。

恩泽乾坤

民国二十九年（1940）四月立，信士弟子宛南大宋庄王一仙、刘自成、宋汉松敬献。

王一仙、刘自成、宋汉松，皆宛县南面大宋庄（今南阳市镇平县彭营乡宋营村）人，属于善男信女，其余不详。

【注】恩泽：语出先秦史籍《逸周书·时训》：“大雨不行时，国无恩泽。”比喻恩德惠及于人，像雨露滋润草木。亦称帝王或官吏给予臣民的恩惠。例如：《史记·律书》有“今陛下仁惠抚百姓，恩泽加海内”之说。再如：唐代文学家光州刺史薛用弱的《集异记·张镒》亦有“因奏事称旨，代宗面许宰相，恩泽独厚”之句。

乾坤：语出《易经·说卦》：“乾为天……坤为地。”此指天地之间，亦形容天下。例如：东汉著名史学家班固（32—92）的《典引》有“经纬乾坤，出入三光”之句。

【释】诸葛亮的恩德惠及天下。

我之导师

中华民国二十三年（1934）五月初一日敬献，中山舞台信义社全体叩立。

【注】我之：我的。

导师：属于佛教语。语出《佛报恩经·对治品》："夫大导师者，导以正路，示涅盘经，使得无为，常得安乐。"在佛教中，导师就是导引众生入于佛道者的通称。后来导师亦指引导他人某种知识上的指导者，为事业指示方向决策的伟大人物。例如：晚清文学家罗惇曧（1872—1924）的《文学源流》就有"左氏雄才，文章千古，上揖三代，下启百世，辟编年之途径，为史家之导师"之说。

【释】诸葛亮是我的指导老师。

一生谨慎

中华民国十一年（1922）菊月（九月）敬献，山右汾城县信士弟子衔诚祚题。生平事迹不详。

【注】山右：此指太行山右边的山西省。

汾城县：今山西省襄汾县。民国三年（1914）改名汾城县，属河东道。1954年襄陵与汾城二县合并为襄汾县，1958年并入临汾县，1959年10月又恢复襄汾县至今。

一生谨慎：语出南怀瑾（1918—2012）的《论语别裁》所收录明朝思想家、文学家李贽（1527—1602）的自题联语："诸葛一生唯谨慎，吕端大事不糊涂。"是说诸葛亮一生中做事情都十分的谨慎小心。

【释】诸葛亮一生中做事情都十分谨慎小心。

儒者气象

乾隆二年（1737）丁巳秋八月，绥阳后学陈仲荣题书。

陈仲荣，粤州绥阳（今贵州省绥阳县）人，雍正十一年（1733）进士，乾隆元年（1736）出任南阳知府，其余不详。

【注】儒者气象：语出南宋理学家朱熹（1130—1200）的《通鉴纲目》，他在该书中评价诸葛亮是"儒者气象，为儒中之醇儒"。

儒者：尊崇儒学、通习儒家经书的人。所谓儒者，实际就是指那些温文尔雅、谦恭礼让、具有渊博知识和极高修养的知识分子。古代的儒者就是传授礼、乐、射、御、书、数六艺的人。

气象：具有高雅气质与情态的风度。

【释】诸葛亮具有儒家文化思想的高雅气质与情态风度。

惠我无疆

中华民国十五年（1926）岁次丙寅孟春谷旦，弟子赵炳武因阖家平安敬献。

赵炳武，生平事迹不详。

【注】惠我无疆：语出先秦时期《诗经・周颂・烈文》：“烈文辟公，锡兹祉福。惠我无疆，子孙保之。”惠：恩惠、福泽的意思。无疆：形容没有穷尽、无限的意思。

【释】祈盼诸葛亮给我无穷无尽的恩惠福泽。

功在生民

同治岁次乙丑年（1865）孟冬良月既望，道衔知南阳府事长白张仙保敬献。

张仙保，今吉林省白山市长白朝鲜族自治县人，咸丰四年（1854）与同治初年，曾经两度出任南阳知府，其余不详。

【注】良月：农历十月的代称。既望：每月十五、十六日以及廿二、廿三日为既望。后称农历十五日为望，十六日为既望。

道衔：清代道一级的官衔。例如：晚清吴趼人（1866—1910）所著《二十年目睹之怪现状》第十九回有“何况这位李公，现在已经捐了道衔，在家乡里也算是一位大乡绅”之说。

长白：此指吉林省东南部长白山下的白山市长白朝鲜族自治县。

功：功劳、功德业绩。

在：在于的意思。

生民：语出《诗经・大雅》：“厥初生民，时维姜嫄。生民如何？克禋克祀，以弗无子。”此指人民群众。例如：曹操《蒿里行》诗歌有“生民百遗一，念之断人肠”之句。

【释】诸葛亮的功德业绩与思想道德直接影响了当代以及后世的人民群众。

福庇沉疴

跋：宛邑双桥铺南茨圆信道弟子袁庚辰为己身有病，在于诸葛老爷案前许愿，今病已愈，虔邀道师陈老先生印隆义占魁，恭诣（yì）案前敬献匾对，以谢神庥（xiōu）。中华民国十一年（1922）瓜月谷旦。

袁庚辰，南阳县人，道家信徒，其余不详。

【注】宛邑：此指南阳县。印：道家算卦的九个手印，分别为临、兵、斗、者、皆、阵、列、在、前九字，称为九字真言。隆义：隆重的教义。

占魁：语出明代戏曲作家王玉峰的《焚香记·托寄》："科场事幸然占魁，名忝状元。"意思是取得第一。

恭诣：意思是恭敬地按照道师诣旨。

神庥：语出前蜀天师杜光庭（855—933）的《王虔常侍北斗醮词》："答往愿于当年，期降恩于此日，永当修奉，以荷神庥。"此指神灵的护佑。例如：现代文学理论家鲁迅先生（1881—1936）的《坟·论照相之类》有"用布或绸做眼睛一对，挂神龛上或左右，以答神庥"之说。

瓜月：农历七月。

福庇：赐福庇护的意思。

沉疴（kē）：此指久治不愈的病。

【释】诸葛亮赐福庇护我治好了久治不愈的病。

无心出岫

道光辛卯年（1831）季春（四月），六阶任守泰题书，生平事迹见前。

【注】无心出岫（xiòu）：语出东晋文学家陶渊明（352—427）的《归去来兮辞》："云无心以出岫，鸟倦飞而知还。"比喻从山中或山洞中出来，亦指出仕。例如：现代诗人冉长春的《雨后咏竹》就有"明年再立擎天志，会当出岫拿苍冥"之句。

【释】诸葛亮没有心思出仕。

淡宁读书台

中华民国二十八年（1939），河南省建设厅厅长龚浩题书。

龚浩（1887—1982），湖南省益阳市人，国民党陆军中将。毕业于保定军官学校、北京陆军大学，历任前敌总指挥部参谋长、军委会参谋处处长、军委会第一厅厅长、军委会办公厅副主任、第一战区长官部参谋长、河南省政府委员兼建设厅厅长、第一战区长官部总参议、西安绥靖公署高级顾问。1949年赴台湾，任台湾行政院设计委员。

【注】淡宁：语出诸葛亮《诫子书》："非淡泊无以明志，非宁静无以致远。"

据1999年6月中州古籍出版社出版张晓刚《卧龙岗志》介绍："武侯祠大门左侧，高阜隆起，丛林密茂，绿荫蔽日，名曰淡宁读书台，传为诸葛亮躬耕时读书的地方。民国二十八年（1939），河南省建设厅厅长龚浩建歇山顶仿古建筑三间，是一座纪念性建筑物。"

【释】纪念诸葛亮淡泊宁静读书的地方。

诸葛读书台

张海题书。

张海，1941 年 9 月出生于河南省偃师市，历任中国书法家协会主席、郑州大学美术学院院长、河南省文联主席、河南省书法家协会主席、河南省书画院院长、全国政协常委，国务院批准有突出贡献的专家，曾任第八、九、十届全国人大代表，其余不详。

【注】诸葛读书台：在武侯祠大门左侧，是河南省建设厅厅长龚浩（1887—1982）于民国二十八年（1939）修建的一座三间歇山顶仿古建筑，纪念诸葛亮曾经在这里读书。

【释】纪念诸葛亮读书的地方。

（2）楹联 63 副

功盖三分延汉祚；
名垂千古仰威仪。

黄帝纪元四六九零年（1992）岁次壬申吉旦，南阳赵连仁敬立。

赵连仁，美籍华人，1933 年出生于今河南南阳市，美国寰球实业公司总裁、美国极品公司董事长。

【注】功盖三分：语出唐代著名诗人杜甫《八阵图》诗歌：“功盖三分国，名成八阵图，江流石不转，遗恨失吞吴。”是说诸葛亮的功劳覆盖了魏蜀吴三个国家。

延：延续。

汉祚：语出东汉史学家、《汉书》作者班固（32—92）的《东都赋》：“往者，王莽作逆，汉祚中缺。”此指汉朝皇位和国统。例如：三国曹魏时期司隶校尉钟会（225—264）的《檄蜀文》有“往者汉祚衰微，率土分崩，生民之命，几于泯灭”之说。再如：西晋文学家陆机（261—303）的《汉高祖功臣颂》亦有“文武四充，汉祚克广”之句。

名垂千古：语出唐代著名诗人杜甫《醉时歌》诗歌：“德尊一代常坎坷，名垂万古知何用。”此指英名千古流芳，名垂后世。例如：《三国志・魏书・臧洪传》有“身著图象，名垂后世”之说。

仰：语出《诗经・小雅・车舝》：“高山仰止，景行行止。”仰慕、景仰的意思。例如：《后汉书・刘恺传》有“今恺景仰前修，有伯夷之节”之句。

威仪：语出《礼记・中庸》：“礼仪三百，威仪三千。”孔颖达注疏曰：“威仪三千者，即《仪礼》中行事之威仪。”此指庄重严肃的规范礼仪以及待人接物的行为举止。例如：《三国演义》第三回中有“天子为万民之主，无威仪不可以奉宗庙社稷”之句。再如：《三国志·蜀书·简雍传》就有：“优游风议，性简傲跌宕，在先主坐席，犹箕踞倾倚，威仪不肃，自纵适”之说。

【释】诸葛亮的功劳覆盖了魏蜀吴三个国家他延续了汉室江山皇家国统；
诸葛亮的英名千古流芳后世人都景仰他严肃的容貌和庄重的举止。

百万劫山水依然，纵教物换星移，丞相祠堂仍旧在；
三千界英雄何在？遥想纶巾羽扇，先生风范却犹存。

黄帝纪元四六九零年（1992）岁次壬申吉旦，南阳赵连仁敬立。

【注】百万劫：佛教用语，语出《韦陀菩萨与高峰禅师的故事》：“一念顿超百万劫。”意思是说，一念之差顿时就会遭受无数次灾难或者是厄运。劫：泛指灾难、厄运。

山水：山明水秀的自然风景。

依然：依然存在的意思。

纵教：即使的意思。

物换星移：此指景物改变了。

丞相祠堂：此指诸葛亮的纪念祠庙。

仍旧在：仍然还在。

三千界：语出唐文宗大和五年（831）进士李远的《赠潼关不下山僧》诗歌：“窗中遥指三千界，枕上斜看百二关。”泛指佛教的三千大千世界。例如：元代著名杂剧家乔吉（1280—1345）的《水仙子·中秋后一日》曲有“坐金色三千界，倚天香十二阑”之说。

佛教认为，一千倍世界为小千世界，一千倍小千世界为中千世界，一千倍中千世界为大千世界，因为有小千、中千、大千，故称三千大千世界之说。例如：唐代著名高僧窥基（632—682）的《法华经玄赞》说：“三千大千世界，号为娑婆世界也。”

三千界英雄：此指三国时期各方面的英雄豪杰。

何在：如今在哪里。

遥想：回想很久以前事情。

纶巾羽扇：语出北宋文学家苏轼《念奴娇·赤壁怀古》词：“遥想公瑾当年，小乔初嫁了，雄姿英发。羽扇纶巾，谈笑间，强虏灰飞烟灭。”

羽扇：用鸟羽制成的扇子。

纶巾：南北朝时期用青丝带做的头巾，又名诸葛巾，是当时文人学士的普遍装束。所以，明代文献学家王圻（1530—1615）的《三才图会·衣服·诸葛巾》说："诸葛巾，此名纶巾，诸葛武侯尝服纶巾，执羽扇，指挥军事，正此巾也，因其人而名之。"正因为如此，在《三国演义》中多处出现诸葛亮羽扇纶巾装束，久而久之，"羽扇纶巾"就形成了诸葛亮固定装束形象。

先生：此指诸葛亮。

风范：语出南朝宋刘义庆的《世说新语·容止》："元规尔时风范不得不小颓。"此指风度、气质、气派。犹存：仍然保留着。

【释】经历无数次灾难厄运山明水秀的自然风景依然存在，即使大自然景物都改变了，可是诸葛亮丞相祠堂还仍旧存在；

三国时期各方面的英雄豪杰如今在哪里？回想很久以前诸葛亮的羽扇纶巾装束，他的风度和气质依然保留在民间。

运帷幄之筹谋，披肝沥胆，六经以来惟二表；
本圣贤者道范，寄命托孤，三代而下此一人。

黄帝纪元四六九零年（1992）岁次壬申吉旦，南阳赵连仁敬立。

【注】运帷幄之筹谋：此指运筹帷幄、出谋划策。

披肝沥胆：语出《隋书·李德林传》："百辟庶尹，四方岳牧，稽图谶之文，顺亿兆之请，披肝沥胆，昼歌夜吟。"形容肝胆相照、诚心诚意。例如：唐代文学家黄滔（840—911）的《启裴侍郎》有"沾巾堕睫，沥胆披肝，不在他门，誓于死节"之句。再如：《三国演义》第六十回"张永年反难杨修"之中亦有"某非卖主求荣，今遇明公，不敢不披肝沥胆"之说。

六经：此指孔子整理的《诗》《书》《礼》《易》《乐》《春秋》六部儒家经典著作的合称。因此，《汉书·艺文志》记载说："儒家游文于六经之中。"

惟：唯有。

二表：此指诸葛亮的前、后《出师表》。

本：本来的意思。

圣贤者：圣人与贤人的合称，亦指品德高尚，有超凡才智的人。

道范：高尚道德的典范。

寄命托孤：此指刘备临死前在白帝城向诸葛亮托孤交代后事，让诸葛亮全权辅佐后主刘禅。

三代：语出《论语·卫灵公》："斯民也，三代之所以直道而行也。"北宋史学家邢昺注疏："三代，夏、殷、周也。"此指夏、商、周三代。例如：南朝梁文学家刘勰的《文心雕龙·铭箴》有"斯文之兴，盛于三代。夏商二箴，余句颇存"之说。再如：唐代文学家韩愈《丰陵行》诗歌有："臣闻神道尚清净，三代旧制存诸书"之句。

而下：而后。

此一人：只有诸葛亮一个人。

【释】诸葛亮为了蜀汉帝业运筹帷幄出谋划策，非常忠诚，孔子整理的六部儒家经典以来唯有诸葛亮前后《出师表》影响深远；

诸葛亮本来就是品德高尚的圣贤典范，刘备托孤受命让他全权辅佐后主刘禅，这样忠君爱国在夏商周三代而后仅此一人。

死而后已酬三顾；
道自长存贯两间。

黄帝纪元四六九零年（1992）岁次壬申吉旦，南阳赵连仁敬立。

【注】死而后已：语出诸葛亮的后《出师表》："臣鞠躬尽力，死而后已。"意思是不辞辛苦地贡献出自己的一切，到死为止。

酬：酬谢的意思。

三顾：此指刘备的屈尊三顾茅庐。

道：此指诸葛亮高尚的道德品质。

自：自然的意思。

长存：长期的留存下来。

贯：贯穿的意思。

两间：天地之间，此指人间。

【释】诸葛亮不辞劳苦贡献一切到死为止为的是酬谢刘备屈尊三顾茅庐；

诸葛亮高尚思想道德品质自然长期留存下来始终贯穿在天地之间。

大文出师表；
胜地卧龙岗。

1940 年，于右任题书于卧龙岗，生平事迹见前。

【注】大文：语出《北史·薛道衡传》："涉历经史，有才思，虽不为大文，所有诗咏，大致清远。"形容宏大、伟大的作品。例如：民国初期北京大学教授田北湖（1877—1918）的《与某生论韩文书》有"世之尊崇愈者，方以是篇为巨制大文，而授受诵习焉"之说。

出师表：此指诸葛亮的前、后《出师表》。

胜地：语出南朝琅琊临沂文学家王屮（cāo）（古同"草"字）的《头陀寺碑文》："东望平皋，千里超忽，信楚都之胜地。"此指著名的、景色宜人的地方。例如：《旧唐书·德宗纪下》有："宜任文武百僚，选胜地追赏为乐。"再如：明朝开国元勋刘基（1311—1375）的《养志斋记》亦有"华亭在松江之滨，胜地冠于浙右”之说。

卧龙岗：此指南阳卧龙岗武侯祠。

【释】诸葛亮伟大作品就是前后《出师表》；

景色宜人的地方是南阳卧龙岗武侯祠。

长遗恨，终前未能上慰先主，下济苍生；
最可敬，身后不使内藏余帛，外有赢财。

戊辰年（1988）仲冬（十二月），侯廷章撰联，夷门（开封市的别称）王澄书。

侯廷章，原南阳师范学院教授，其余不详。

王澄，1945 年 6 月出生于河南开封市，1962 年毕业于开封市卫校。历任河南省文联书协副主席、河南省政协委员、中国书法家协会理事、中国书法家协会创作评审委员会委员。

【注】长：长期的意思。

遗恨：语出《后汉书·王常传》：“闻陛下即位河北，心开目明，今得见阙庭，死无遗恨。”到死还感到悔恨。例如：唐代诗人杜甫的《过南岳入洞庭湖》诗歌有“悠悠回赤壁，浩浩略苍梧。帝子留遗恨，曹公屈壮图”之说。

终前未能上慰先主，下济苍生：此指诸葛亮虽然五次北伐曹魏，但是在临死前都没有实现他在《出师表》中提出的“北定中原，兴复汉室，还于旧都”意愿，上不能够酬谢先主刘备当年三顾茅庐之恩宽慰英灵，下不能够安抚蜀汉的老百姓。济苍生：泛指救助老百姓。

最可敬，身后不使内藏余帛，外有赢财：最可敬的是，诸葛亮死后不使自己内藏有多余的绢帛，外面有多余的财物。余：多余的。帛：绢帛，泛指丝织品。赢财：多余的财物。

据《三国志·蜀书·诸葛亮传》记载：诸葛亮临终前曾给后主上书说：“成都有桑八百株，薄田十五顷，子弟衣食，自有余饶。至于臣在外任，无别调度，随身衣食悉仰于官，不别治生以长尺寸。若臣死之日，不使内有余帛，外有赢财，以负陛下。及卒，如其所言”。

【释】长期遗恨的是，诸葛亮临终前上不能慰藉先主英灵，下不能救助蜀汉老百姓；

最可敬的是，诸葛亮死后不使自己在内藏有多余的绢帛，外面有多余的财物。

可托六尺之孤，可寄百里之命，君子人欤？君子人也；
隐居以求其志，行义以达其道，吾闻其语，吾见其人。

1998 年元月上浣（上旬），侯廷章撰联，张海书。

侯廷章、张海，生平事迹见前。

【注】此楹联的原作者是清乾隆五年（1740）广西巡抚方显，原联文是："托六尺之孤，寄百里之命，君子人欤？君子人也；隐居求其志，行义达其道，吾闻其语，吾见其人"。

方显（1676—1741），字周谟，号敬斋，湖南省巴陵县人，岁贡生，历任湘乡教谕、广西恭城知县、镇远知府兼理思州府事、贵州道尹、贵州按察使、四川布政使、广西巡抚。

可托六尺之孤，可寄百里之命，君子人欤？君子人也：语出《论语・泰伯第八》："可托六尺之孤，可寄百里之命，临大节而不可夺，君子人欤？君子人也。"可托：可以托付。六尺之孤：语出《后汉书・卷六三・李固传》："今委君以六尺之孤，李氏存灭，其在君矣。"汉郑玄注："六尺之孤，年十五已下。"

六尺，指 15 岁以下，古人以七尺为成年。孤，死去父亲的小孩称孤。托孤，受君主临终前的嘱托辅佐幼君。可寄：可以寄托、委托。

百里之命：指掌握国家政权和命运。百里，此指国家疆域。例如：《孟子・万章下》："天子之制，地方千里，公侯皆方百里。"

君子人：人格品德高尚的人。欤：语气助词，表示疑问、感叹、反诘等语气，相当于吗、吧。也：文言助词，表示判断。

隐居以求其志，行义以达其道，吾闻其语，吾见其人：语出《论语・季氏篇》："孔子曰：隐居以求其志，行义以达其道，吾闻其语矣，未见其人也。"

这段话的意思是，孔子说，以隐居避世来保全自己的志向，依照义而贯彻自己的主张，我听到过这种话，却没有见到过这样的人。

隐居以求其志：以归隐山林回避乱世来保全自己的远大志向。

行义以达其道：以自己的品行、道义来实现自己的主张。

吾闻其语，吾见其人：我听到过这样的语言，我也见到过这样的人。

【释】可以托孤受命全权辅佐年幼的后主刘禅，可把蜀汉国家的疆域托付给诸葛亮，这样的人可以称为君子了吗？当然可以称为君子了；

以归隐山林回避乱世来保全自己的远大志向，以自己的品行道义来实现自己的主张，我听到过这样的语言，我也见到过这样的人。

遗世仰高风，抱膝长吟，出处各存千载志；
偏安恢汉祚，鞠躬尽瘁，日月同悬二表文。

益阳龚浩题书，生平事迹见前。

【注】遗世：此指隐居避世，超凡脱俗。

仰高风：尊崇敬仰高风亮节。

抱膝长吟：据《三国志·蜀书·诸葛亮传》记载："亮躬耕陇亩，好为梁甫吟。"裴松之注引《魏略》说：诸葛亮"每晨夜从容，常抱膝长吟"。

梁父吟：亦称梁甫吟，属于汉乐府丧葬歌曲，说的是春秋时期齐景公贤相晏婴（晏子）为了国家安危而采取了"二桃杀三士"计谋，轻而易举地使自恃功高而目中无人的田开疆、公孙接、古冶子三人自杀，解除了后患。

抱膝：抱着膝盖。长吟：亦称长啸，是指音调缓而长的吟咏。

诸葛亮"好为梁父吟"并且"每晨夜从容，常抱膝长吟"的原因，一是以此寄托自己思念家乡的情怀；二是效法晏婴忠君爱国的思想；三是学习晏婴为主分忧的谋略。正因为上述原因，在襄阳隆中修建有抱膝亭，南阳武侯祠亦有抱膝石纪念景点。

出处各存千载志：刘备三顾茅庐恳请诸葛亮出山辅佐时，各自都心怀匡扶汉室千秋大志。

偏安：语出《三国志·蜀书·诸葛亮传》裴松之注引《汉晋春秋》中诸葛亮后《出师表》："先帝虑汉贼不两立，王业不偏安，故托臣以讨贼也。"此指王朝不能统一全国而苟安于一方。

恢：恢复的意思。

汉祚：语出东汉班固的《东都赋》："往者王莽作逆，汉祚中缺。"此指汉室国统。例如：晋陆机《汉高祖功臣颂》有"文武四充，汉祚克广"之说。

鞠躬尽瘁：语出诸葛亮的后《出师表》："臣鞠躬尽力，死而后已。"意思是，不遗余力竭尽所能贡献出全部的力量。

日月同悬二表文：与日月同辉的是诸葛亮的前、后《出师表》。

【释】诸葛亮隐居避世使后人敬仰他高风亮节，常抱膝长吟《梁甫吟》寄托情怀，刘备三顾茅庐请他出山辅佐时都怀着千秋大志；

蜀汉不能统一全国而苟安益州一方为的是恢复汉室国统，诸葛亮竭尽所能贡献出全部力量，与日月同辉的是前后《出师表》。

龙去崇朝作霖雨；
我来高卧想羲皇。

癸未年（1883）夏日，山左鞠捷昌题书。

鞠捷昌，山东省海阳市人，同治七年（1868）进士，光绪元年（1875）任河南驻马店知县，光绪七年（1881）出任南阳知府，其余不详。

【注】龙去：此指诸葛亮这个卧龙已经出山走了。

崇朝：语出《诗经·墉风·蝃蝀》："朝隮于西，崇朝而雨。"毛传曰："崇，终也。从旦至食时为终朝。"从天亮到早饭时，犹言一个早晨，比喻时间短暂。例如：《后汉书·蔡邕传》有"或画一策而绾万金，或谈崇朝而锡瑞珪"之说。元代成吉思汗中书令耶律楚材（1190—1244）的《河中春游有感》诗歌之四亦有"崇朝驿骑驰千里，一夜捷书奏九重"之句。

霖雨：语出北宋文学家范仲淹（989—1052）的《和太傅邓公归游武当寄》："此日神仙丁令鹤，几年霖雨武侯龙。"比喻济世泽民。例如：近现代诗人柳亚子（1887—1958）的《一九四五年八月三十日渝州曾家岩呈毛主席》诗有"霖雨苍生新建国，云雷青史旧同舟"。

我来：此指楹联作者自己来到了卧龙岗武侯祠。

高卧：语出南朝宋刘义庆（403—444）的《世说新语·排调》："卿（谢安）屡违朝旨，高卧东山。"隐居避世的意思。此诸葛亮隐居不仕的地方。

想羲皇：想做羲皇时代的人。羲皇：本名风伏羲，是中国上古时期风姓部落的首领尊称。伏羲氏所处时代约为新石器时代中晚期，他发明创造了八卦，结束了"结绳记事"的历史，教会了人们渔猎方法，发明了瑟，创作了《驾辨》曲子，他的活动，增强了当时人们适应自然环境能力，过着无忧无虑舒适生活，标志着中华文明的起始。

【释】诸葛亮这个卧龙已出山走了他在短暂时间里济世泽民做出很大贡献；
我来到卧龙岗武侯祠诸葛亮隐居地方也想做羲皇时代无忧无虑的人。

诸葛大名垂宇宙；
元戎小队出郊坰。

咸丰五年（1855）春，南阳知府顾嘉蘅集杜甫诗句联。生平事迹见前。

【注】诸葛大名垂宇宙：语出唐代诗人杜甫《咏怀古迹》诗歌："诸葛大名垂宇宙，宗臣遗像肃清高。三分割据纡筹策，万古云霄一羽毛。"

诸葛亮的大名永远流传在天地之间。

元戎小队出郊坰：语出唐朝诗人杜甫《严中丞枉驾见过》诗："元戎小

队出郊垧，问柳寻花到野亭。川合东西瞻使节，地分南北任流萍。”

元戎：语出《史记·三王世家》：“虚御府之藏以赏元戎，开禁仓以振贫穷。”此指军队。例如：《三国志·蜀书·许靖传》亦有“知足下忠义奋发，整饬元戎，西迎大驾，巡省中岳”之说。

除此之外，《三国志·蜀书·诸葛亮传》裴松之注引《魏氏春秋》记载说：“亮性长於巧思，又损益连弩，谓之元戎，以铁为矢，矢长八寸，一弩十矢俱发。”此指诸葛连弩。

小队：人数少的队伍。出郊垧（jiōng）：出城很远的郊野。

【释】诸葛亮的大名永远流传在天地之间；

人数少的军队出城去了很远的郊野。

旨寻六家，业窥五际；
内学七纬，旁通三微。

道光戊申年（1848）春日，湘坡顾嘉蘅题书。生平事迹见前。

【注】旨：意图、宗旨的意思。

寻：寻找、寻觅的意思。

六家：指先秦至汉初学术思想主要派别：阴阳家、儒家、墨家、名家、法家、道德家。据《史记·太史公自序》记载说，西汉武帝时期，太史令司马迁的父亲司马谈（公元前165—公元前110）著有《论六家之要旨》。

业：事业。

窥：语出《庄子·在宥》：“无问其名，无窥其情，物固自生。”探究的意思。

五际：语出《汉书·翼奉传》：“《易》有阴阳，《诗》有五际。”颜师古注引孟康曰：“《诗内传》曰：五际，卯、酉、午、戌、亥也。阴阳终始际会之岁，于此则有变改之政也。”

西汉初年，齐郡西安县（今山东省淄博市桓台县）人辕固（亦称辕固生）编著的《齐诗》解释《诗经》时认为，每当卯、酉、午、戌、亥，都属于阴阳终始际会的年头，政治上必然会发生重大变动，故称为五际。例如：清代文学家朱彝尊（1629—1709）的《曹先生溶挽诗六十四韵》有“说《诗》穷五际，布《易》得三爻”之句。

内学：语出《后汉书·方术传序》：“自是习为内学，尚奇文，贵异数，不乏于时矣。”李贤注曰：“内学谓图谶之书也。其事秘密，故称内。”此指汉代依托儒家经义宣扬的符箓瑞应占验谶纬之学，相对于经书，故称内学。

七纬：此指清代赵在翰所辑西汉初年言经义、祥瑞、符应的七种纬书名，内容包括《易纬》《书纬》《诗纬》《礼纬》《乐纬》《春秋纬》《孝经纬》

七本书，共计三十八卷。

春秋以前，《诗》《书》《礼》《乐》《易》《春秋》属世传之史，凡是有教养的贵族子弟都要学习，儒家学派教授弟子也必须传习这“六艺”。

西汉武帝时，“罢黜百家，独尊儒术”，儒家学说的《诗》《书》《礼》《易》《春秋》五部专著成为官方法定经典，故立“五经博士”，也就出现了一批方士化儒生，把阴阳术数带进了儒学，使经学与当时的政治现实结合，开始神化孔子和经学，把孔子说成是一位能通过去、知未来的“神圣”。在儒学宗教化的气氛下，大量炮制谶纬神学之说，如此一来，即与当时的现实和政治结合，又以神权力量增加了经学的权威性，从而巩固了经学地位。这就是谶纬附经，号为“内学”，尊为“秘经”，盛极一时。

旁通：语出《易经·乾》：“六爻发挥，旁通情也。”孔颖达疏曰：“言六爻发越挥散，旁通万物之情也。”广泛通晓的意思。例如：北宋文学家文天祥的《跋李景春绍兴万言书稿》有：“惟我高宗皇帝仁厚恻怛，勤求民瘼，是以旁通下情”之说。

三微：语出《汉书·律历志上》：“三微之统既著，而五行自青始。”

《后汉书·陈宠传》亦有“三微成著，以通三统”之说。

李贤注引《三礼义宗》解释说：“三微，三正也。言十一月阳气始施，万物动于黄泉之下，微而未著，其色皆赤，赤者阳气。故周以天正为岁，色尚赤，夜半为朔。十二月万物始牙，色白，白者阴气。故殷以地正为岁，色尚白，鸡鸣为朔。十三月万物始达，其色皆黑，人得加功以展其业。夏以人正为岁，色尚黑，平旦为朔，故曰三微。”

【释】意图寻找阴阳家、儒家、墨家、名家、法家、道德家六家经典，探究政治上必然发生的重大变动；

通晓了《易纬》《书纬》《诗纬》《礼纬》《乐纬》《春秋纬》《孝经纬》就掌握了“三微”知识。

器学潜藏，抱膝长吟田父乐；
经纶跃展，鞠躬尽瘁老臣心。

民国四年（1915）嘉平月（十二月）乙卯，南阳镇守使吴庆桐题书。

吴庆桐（1827—1920），字子琴，河南省商丘市人，1912 年 10 月授陆军少将加中将军衔，1913 年任陆军第二混成旅旅长，1914—1920 年出任南阳镇守使。

【注】器学：此指才器、学识。

潜藏：语出《后汉书·苏竟传》：“太白辰星或经天反明，或潜藏久沉。”

此指隐藏而不显露。例如：元代戏曲作家高文秀《襄阳会》第三折有“他无路去潜藏，望着那山谷深林撞”之句。

抱膝长吟：语出《三国志·蜀书·诸葛亮传》：“亮躬耕陇亩。好为梁父吟。”裴松之注引《魏略》曰：“诸葛亮每昼夜从容，常抱膝长啸。”此指从容闲雅，平淡生活。

田父：语出战国时期齐国人尹文（公元前360—公元前280）的《尹文子·大道上》：“魏田父有耕于野者，得宝玉径尺，弗知其玉也，以告邻人。”此指在田间干活的农夫。

乐：快乐、愉悦的意思。

经纶：此指治理国家的才能。

跃展：此指大展雄才大略。

鞠躬尽瘁：竭尽全力，不辞劳苦。

老臣心：此指诸葛亮辅佐刘备、刘禅两朝的忠心。

【释】诸葛亮隐藏起学问和才能，从容闲雅过着农夫那样安乐的生活；
诸葛亮辅佐蜀汉政权大展雄才，竭尽全力体现了老臣一片忠心。

将相本全才，陈寿何人，敢评论先生长短；
帝王谁正统，文公特笔，为表明当日孤忠。

道光二十七年（1847）秋，楚彝陵顾嘉蘅涴手并书。生平事迹见前。

【注】将相本全才：此指诸葛亮本来就是文武全才的人物。

陈寿何人：你陈寿算是一个什么人物？

敢评论先生长短：胆敢妄加评论诸葛亮而说长道短。据《三国志·蜀书·诸葛亮传》陈寿评价诸葛亮说：“然亮才，治戎为长，奇谋为短，理民之干，优于将略。”还说：“然连年动众，未能成功，盖应变将略，非其所长欤。”

帝王谁正统：三国时期的帝王谁才是一脉相承的？但是，《三国志》作者陈寿虽出生于蜀汉，可他主要生活、工作在曹魏与西晋，而西晋又来自曹魏，所以，他作为著作郎在受命撰写《三国志》时，不得不以曹魏为正统。正统：此指封建社会的帝王必须是一脉相承。

文公特笔：此指南宋理学家朱熹（1130—1200），字元晦，号晦庵，谥“文公”，他编著的《紫阳纲目》特别突出地贬斥曹魏为篡逆之辈，尊蜀汉为正统。

为表明当日孤忠：为的是表明当年诸葛亮忠贞自持的爱国之心。

孤忠：语出北宋曾巩（1019—1083）的《韩魏公挽歌词》：“覆冒荒遐知大度，委蛇（yí）艰急见孤忠。”此指忠贞自持的人。例如：明末清初诗人宋儒醇的《南渡》诗歌有“独有史督辅，尽瘁继以死。一片孤忠心，众口交肆毁”。

【释】诸葛亮本来就文武全才，陈寿算是什么人，胆敢说长道短妄加评论；
三国帝王谁是一脉相承，朱熹特写为蜀汉，为表明诸葛亮忠贞自持。

孙曹固一世雄也，何以吴宫魏殿转眼邱墟？怎若此茅屋半间，遥与磻溪而千古；

将相其先生志乎？讵知羽扇纶巾终身军旅，剩这些松涛清径，如闻梁父之长吟。

壬申年（1872）仲春，贝邱刘世勳题书。

刘世勳，字菊农，贝邱（今山东省博兴县）人，同治八年（1869）出任南阳府同知兼南阳知县。

【注】孙曹：此指东吴的孙权与曹魏两个国家。

固：固然的意思。

何以：为什么的意思。

吴宫魏殿：东吴与曹魏的宫殿。

邱墟：废墟、荒地。

怎若：怎如的意思。

茅屋半间：此指诸葛亮隐居躬耕时狭小茅草屋纪念地。

遥：语出三国时期魏国博士张揖编撰的《广雅》：“遥，远也。”遥远的意思。

磻溪：在陕西省宝鸡市东南，源出南山兹谷，北流入渭水，相传吕尚（吕望、姜太公、姜子牙）垂钓于此而遇周文王恳请其出山辅佐，成就了西周王朝。所以，北魏地理学家郦道元《水经注·清水》记载说：“城西北有石夹水，飞湍浚急，人亦谓之磻溪，言太公尝钓于此也。”例如：明末清初文学家方文（1612—1669）的《姜先生六十双寿》诗歌有“非熊若是磻溪老，此日垂竿竹尚青”之句。

千古：千秋万年的意思。

将相：历史上辅佐帝王的文臣武将。

其：难道是。

先生：此指诸葛亮。

志乎：是志向吗？

讵知：怎么知道、怎么料到的意思。

羽扇纶巾：此指诸葛亮的形象装束，始于南北朝时期文人学士普遍的装束，所以历史上以羽扇纶巾代指诸葛亮，而并非诸葛亮的本来装束。

终身：一生、一辈子。

军旅：泛指参与军事战争活动。此指诸葛亮进行南征平叛与五次北伐曹魏活动。

松涛：风吹松林松枝互相碰击发出的如波涛般的声音。

清径：清静的道路。

梁父吟：语出《三国志·蜀书·诸葛亮传》："亮躬耕陇亩，好为梁父吟。"梁父吟，是汉代以前齐鲁一带流传的汉乐府丧葬歌，说的是春秋时期，齐景公相国晏子"二桃杀三士"的故事（见《晏子春秋》）。

诸葛亮隐居躬耕时期，经常抱膝长吟《梁父吟》，以寄托情怀。

【释】东吴曹魏固然一时称雄，为什么吴国皇宫与魏国殿宇转眼变成废墟，怎如狭小的茅草屋，与遥远的陕西宝鸡东南吕尚垂钓而遇周文王纪念地同样流传千古万年；

文臣武将难道是诸葛亮的志向吗？怎料到他终生军旅南征平叛与北伐曹魏，剩下卧龙岗这些松柏波涛声和清静道路，好像又听到他在这里抱膝长吟梁父吟。

巾扇任逍遥，试看抱膝长吟，高卧尚留名士隐；
井庐空眷念，可惜鞠躬尽瘁，归耕未慰老臣心。

同治乙丑年（1865）嘉平月朔日（农历腊月初一），黄陂金国均题书。

金国均（1814—？），字可亭，湖北武汉市黄陂区人。道光十八年（1838）进士，二十年（1840）榜眼。历任顺天乡试同考官、陕甘学政、江南乡试副考官。

【注】巾扇：头戴青丝巾，手拿羽毛扇，形容儒雅从容，举止潇洒，这是南北朝时期文人学士普遍的装束。例如：明朝文学家王圻（1530—1615）及其儿子王思义撰写的百科式图录类书《三才图会·衣服·诸葛巾》说："诸葛巾，此名纶巾，诸葛武侯尝服纶巾，执羽扇，指挥军事，正此巾也。因其人而名之。"此指诸葛亮当时羽扇纶巾指挥作战的装束。

《太平御览》卷七〇二引东晋文学家裴启的《语林》说："诸葛武侯与宣王在渭滨将战，武侯乘素舆，葛巾，白羽扇，指挥三军。后因以羽扇纶巾谓大将指挥若定潇洒从容。"

任逍遥：任凭逍遥自在的意思。

试看：试着看看。

抱膝长吟：诸葛亮在隐居躬耕时期经常抱膝长吟《梁父吟》，以寄托思念家乡的情怀。

高卧尚留名士隐：是说诸葛亮如果不被刘备恳请出山辅佐而是隐居不仕，

就定会成为一个名垂青史的高雅隐士。

井庐：此指南阳卧龙岗武侯祠的诸葛井和诸葛草庐。

空眷念：凭空的眷恋思念。

可惜鞠躬尽瘁，归耕未慰老臣心：可惜的是诸葛亮为了辅佐蜀汉帝业一生勤勤恳恳、竭尽全力，却没有能够实现功成隐退、归耕山林的夙愿。

【释】诸葛亮羽扇纶巾任凭逍遥自在，试看他隐居躬耕抱膝长吟《梁父吟》，如果不出山辅佐刘备而隐居不仕定会成为名垂青史的高雅隐士；

卧龙岗武侯祠的诸葛井和诸葛草庐留下凭空眷恋思念，可惜的是诸葛亮竭尽全力辅佐蜀汉，却没有能实现功成隐退归耕山林的夙愿。

心在朝廷，原无论先主后主；
名高天下，何必辩南阳襄阳。

南阳郡守顾嘉蘅题书，生平事迹见前。

【注】顾嘉蘅五次出任南阳知府历时近 20 年，政绩显赫，老百姓爱戴，因而受到朝廷器重。由于南阳与襄阳在诸葛亮隐居躬耕地问题上历来就有地望之争，各持己见。在当时肯定有不少人问及顾嘉蘅的观点是什么？在此前提下，他作了这副楹联巧妙进行了回答，对这些无谓争论算是一个总结，希望平息，因此，这副楹联也成了天下著名佳作。

心在朝廷，原无论先主后主：意思是说，诸葛亮忠心耿耿一心一意地辅佐蜀汉朝廷，原本就不分先主刘备与后主刘禅。

名高天下，何必辩南阳襄阳：意思是说，诸葛亮的知名度誉满天下，又何必争论他到底是在南阳或者是在襄阳隐居躬耕呢？

【释】诸葛亮一心一意地辅佐蜀汉朝廷，原本就不分先主刘备与后主刘禅；

诸葛亮知名度誉满天下，又何必争论他是在南阳或是襄阳隐居躬耕。

心在人民，原无论大事小事；
利归天下，何必争多得少得。

改南阳武侯祠楹联，胡耀邦书。

胡耀邦（1915—1989），字国光，湖南省浏阳市人，历任共青团中央第一书记、中国科学院副院长、中央党校常务副校长、中央组织部部长、中央纪律检查委员会第三书记、中共中央秘书长兼中宣部部长、中共中央主席、中共中央总书记。

【注】1958 年 9 月 28 日，时任中共中央委员、共青团中央第一书记胡耀邦来到南阳视察，在南阳地委书记林晓陪同下，来到卧龙岗武侯祠游览观光。

当时，他看到了顾嘉蘅的楹联有所感悟，随即口赋改写了此楹联。

【释】只要心系人民群众，就不要分大事小事都必须去做而且一定要做好；

为官所得的一切利益都归功于天下人民，又何必去计较多得与少得。

地无论宛襄，有诸葛庐自堪千古；
统并存吴魏，读隆中对早定三分。

光绪二年（1876）夏六月，闽中黄见三敬撰并书。

黄见三（1807—1870），闽中（今福建省长乐市青山村）人，笔名青山山农，字景如、心垣。咸丰三年（1853）进士，历任河南省杞县、汜水、内黄、林县、太康知县，颇有政绩，后来升为睢州知州。编著《红楼梦广义》一书，受到学者们高度赞扬，《闽中县志》有传。

【注】宛：是河南省南阳市最的地名，战国时期为楚国辖地，秦昭襄王三十五年（公元前 272）置县，治所在今河南南阳的宛城区，北周改名上宛县。

襄：此指今湖北省襄阳市，春秋战国时期置县，楚国辖地，秦汉时期隶属于荆州南阳郡。建安十三年（208）赤壁之战前，曹操占据荆州后，分南阳郡部分地域设置襄阳郡，关羽曾为“襄阳太守”（见《三国志·蜀书·关羽传》）。

诸葛庐：由于诸葛亮《出师表》有“臣本布衣，躬耕于南阳”之说，所以在南阳卧龙岗武侯祠和襄阳隆中武侯祠内，历史上都有纪念诸葛亮隐居躬耕时期的诸葛草庐。

堪：堪称、可以。

千古：千古万年。

统并存吴魏：意思是说，三国鼎立后，正统的蜀汉与吴国、魏国一起并存。读隆中对早定三分：读了《隆中对策》后，就知道诸葛亮早就预料到了天下迟早会形成三足鼎立局面。

【释】地方无论是南阳或者是襄阳，有了诸葛草庐这样的古迹名胜自然可以千古万年；

正统的蜀汉与吴国魏国并存，读了《隆中对》就知道天下迟早会成为三足国立。

立品於莘野渭滨之间，表读出师，两朝勋业惊司马；
结庐在紫峰白水以侧，曲吟梁父，千秋风云起卧龙。

题书者不详。

【注】立品：树立品级、品位。例如：清代经学家江藩（1761—1831）的《汉学师承记·武亿》有“亲往讲学，励以读书立品为善士”之说。

莘野：语出《孟子注疏》卷九下："伊尹耕于有莘之野，而乐尧舜之道焉。"东汉经学家赵岐（？—201）注曰："有莘，国名。伊尹初隐之时，耕于有莘之国。"后来泛指隐居之所。

商朝初期，伊尹（公元前1649—公元前1549）曾经在今江苏省盐城市盐都区楼王镇莘野村的莘国之野隐居躬耕，后来辅佐商汤灭了夏朝，为商朝的建立立下汗马功劳。

渭滨：在陕西省咸阳市秦都区西南部，西周初期，吕尚（亦称吕望、姜子牙、姜太公）曾在这里隐居垂钓，被周文王恳请出山辅佐，灭了商纣王，建立了西周王朝。正因为如此，战国时期韩非（公元前280—公元前233）的《韩非子·喻老》记载说："文王举太公于渭滨者，贵之也。"

北宋文学家曾巩（1019—1083）的《寄致仕欧阳少师》诗歌亦有"耕稼归莘野，畋渔返渭滨"之句。

表读出师：此指读了诸葛亮的前、后《出师表》。

两朝勋业惊司马：诸葛亮竭尽全力辅佐蜀汉先主刘备与后主刘禅两朝的功德业绩震惊了曹魏大都督司马懿及其子司马昭与孙子司马炎祖孙三代，所以，他们都曾赞誉诸葛亮。例如：《三国志·蜀书·诸葛亮传》和《晋书·宣帝纪》记载，司马懿曾经评价诸葛亮说："此人乃天下奇才也。"又说："诸葛亮真乃神人，吾不如也。"

《晋书·司马昭传》也记载说："帝为晋王，委任使典兵事。及蜀破后，令勰受诸葛亮围阵用兵倚伏之法，又甲乙校标帜之制，勰悉暗练之，遂以勰为殿中典兵中郎将，迁将军。"

《三国志·蜀书·诸葛亮传》裴松之注引《汉晋春秋》记载，司马炎曾经评价诸葛亮说："善哉，使我得此人以自辅，岂有今日之劳乎。"

司马炎在下诏时还曾经称赞诸葛亮说："诸葛亮在蜀，尽其心力，其子瞻临难而死义，天下之一善也。"（见《三国志·蜀书·诸葛亮传》裴松之注引《晋泰始起居注》）

结庐：此指南阳卧龙岗武侯祠的纪念建筑诸葛草庐。

紫峰：也称紫山，在南阳故城西北。

白水：即注入汉水的白河水。

以侧：旁边的意思。

曲吟梁父：诸葛亮当年隐居躬耕时期，经常吟啸流传在齐鲁地区的汉代乐府曲《梁父吟》，以寄托思念家乡之情怀。

千秋风云起卧龙：千百年来的政治风云中就出现了这个卧龙先生。

【释】树立高尚的思想品位于商朝辅佐贤相伊尹和西周辅佐贤相吕望之间，读了《出师表》，知道诸葛亮辅佐蜀汉两朝功德业绩震惊了司马懿及其子司马昭与孙司马炎；

诸葛草庐在紫山与白河水旁边，当年诸葛亮经常吟啸流传在齐鲁地区的汉代乐府《梁父吟》寄托思念家乡之情怀，千百年来政治风云中就出现了这个卧龙先生。

用之则行，舍之则藏，溯尼山邹峄而还，五百年必生名士；
为一不义，杀一不辜，虽千驷万钟弗受，三代下犹见斯人。

中华民国二十一年（1932）夏月，东周刘振华题书。

刘振华（1883—1952），字雪雅，河南省巩义市人。早期加入了同盟会，参与反清活动。民国时期，历任国民党镇嵩军司令、陕西省督军、陕甘剿匪总司令、讨逆第十一路军总指挥、豫陕晋边区绥靖督办、安徽省主席、豫鄂皖边区剿匪总司令。

【注】东周：战国时期的国名——都巩，在今河南省巩义市西十里康店镇。

《史记·周本纪》记载说：“惠公代封其少子于巩，以奉王，号东周惠公。”秦庄襄王元年（公元前249）灭其国。所以，东周就是河南省巩义市的代名词。

用之则行，舍之则藏：语出孔子《论语·述而十一》：“用之则行，舍之则藏，惟我与尔有是夫。”意思是说，被任用就施展抱负，不被任用就藏身自好。

溯：追溯回忆的意思。

尼山：在山东省曲阜市东南，原名尼丘山，由于孔子父母当年祈祷于尼丘山而得孔子，所以孔子名丘，字仲尼，后人为避孔子讳，称尼山，此代指孔子。

邹峄：又名邹峄山、邹山、东山，在山东省邹城市，海拔582.8米，是国家AAAA级风景名胜区。由于孟子出生于今邹城市，所以，历史上峄山代指孟子。

而还：以来。

五百年必生名士：语出《孟子·公孙丑下》：“五百年必有王者兴，其间必有名士者。”意思是说，每隔五百年必然会产生名高于世的人物。

为一不义，杀一不辜：语出《孟子·公孙丑上》：“行一不义，杀一不辜，而得天下，皆不为也。”这句话是孟子盛赞伯夷、伊尹、孔子这三位历史人物时说的。意思是，如果让伯夷、伊尹、孔子去做一件不仁义的事情，去杀一个无罪的人，就可以得到天下，他们都不会做的。

千驷：语出《论语·季氏》：“齐景公有马千驷，死之日，民无德而称焉，万钟弗受。”千驷，四千匹马。例如：南朝宋刘义庆《世说新语·言语》也说：

“虽有窃秦之爵，千驷之富，不足贵也。”驷：古代套着四匹马的车子。

钟：古代量器，《史记·河渠书》记载说：“六石四斗为一钟。”

千驷万钟：形容俸禄待遇十分的高厚。

弗受：不可能接受。

三代下犹见斯人：夏商周三代以后好像又看见了这种人。

【释】任用时就发挥聪明才智，不能任用时就隐藏起来，追忆孔子孟子以来，每隔五百年必然会产生名高于世的人物；

做一件不仁义事，杀一个无罪之人，虽然待遇十分高厚也不能去做，夏商周三代以后我好像又看见了这种人。

负天下奇才，若定指挥，独惜赍志偏安，鼎足三分屈王佐；
叹风尘末吏，未遑窃比，追溯鞠躬尽瘁，心香一瓣学乡贤。

甲寅年（1914）春，余奉檄治宛，得谒先生故庐，瞻遗庙之丹青，恫飘摇之风雨，乃启镇史吴公醵金重修。先生家琅琊，于余为乡贤，峻德丰功，讵能窃比万一。然在官言官，追溯鞠躬尽瘁之义而自勉，既落成谨志概略，山左曹慕时熏沐敬书并识。

曹慕时，山东省临沂市人，与诸葛亮是同乡人故称乡贤。民国三年（1914），出任南阳知县，恰在此时，他与南阳镇守使吴庆桐共同集资修葺了武侯祠祠宇，竣工以后题书此楹联。

【注】余：作者自称。

奉檄治宛：奉上级的文书任命，出任南阳知县，治理古宛县。

得谒：前往拜谒。

先生：此指诸葛亮。

故庐：诸葛草庐。

丹青：彩绘的古建筑。

恫：悲痛、伤心的意思。

飘摇之风雨：语出《诗经·豳风·鸱鸮》：“予室翘翘，风雨所飘摇。”形容在风雨中飘荡摇摆，亦比喻动荡不安的社会时局。例如：北宋文学家范成大（1126—1193）的《送文处厚归蜀类试》诗歌有“死生契阔心如铁，风雨飘摇鬓欲丝”之句。

乃启：才开始的意思。

醵（jù）金：集资的意思。

琅琊：郡名，秦朝三十六郡之一，两汉因之，属徐州所辖，治所在今山东省临沂市，诸葛亮出生于琅琊郡阳都县（即今山东省沂南县）。

峻德丰功：丰功伟绩。

讵能：岂能的意思。

窃比：语出《论语·述而》：“述而不作，信而好古，窃比于我老彭。”此指私下比拟的意思。

万一：可能性极小的意思。

跋文的意思是说：甲寅年的春天，我奉命来南阳出任知县，拜谒了卧龙岗武侯祠诸葛草庐，观看了彩绘的古建筑，悲痛动荡不安的社会局势使得古迹名胜破旧，这才开始与南阳镇守使吴庆桐共同集资进行重修。诸葛亮是琅琊郡人，所以我与他是老乡。他的丰功伟绩我岂能与他极小的比喻。然而在官场就说官场的话，追溯诸葛亮鞠躬尽瘁，死而后已的精神思想进行自我勉励，重修竣工后谨慎地以此来表达自己的志向而概略地叙述于此。

负：负有。

天下奇才：语出《三国志·蜀书·诸葛亮传》：“及军退，宣王案行其营垒处所，曰：天下奇才也。”司马懿称赞诸葛亮是天下奇特少有的人才。《三国演义》第一百四回“陨大星汉丞相归天，见木像魏都督丧胆”中，亦有司马懿称赞诸葛亮为“天下奇才”的故事。

若定指挥：语出唐代诗人杜甫《咏怀古迹》诗歌：“伯仲之间见伊吕，指挥若定失萧曹。”此指镇定自若的指挥作战。

独惜：唯独珍惜。

赍（jī）志：语出南朝梁江淹（444—505）的《恨赋》：“赍志殁地，长怀不已。”比喻怀抱着志愿。例如：晚唐至五代文学家黄滔（840—911）的《祭崔补阙文》有“赍志殁地，其痛何如”之句。

偏安：封建王朝不能统一全国而苟安于部分领土，此指蜀汉王朝只能够在益州一地苟安。例如：诸葛亮后《出师表》有“先帝虑汉、贼不两立，王业不偏安”之说。

鼎足三分：指曹魏、蜀汉、孙吴三国鼎立。

屈王佐：此指委屈了具有辅佐帝王才能的诸葛亮。

叹：感叹、可叹。

风尘：比喻纷乱的社会。

末吏：作者自谦是很小的官员。

未遑：语出西汉末年文学家扬雄（公元前53—公元18年）的《羽猎赋》：“立君臣之节，崇贤圣之业。未遑苑囿之丽、游猎之靡也。”意思为没有时间顾及，来不及。遑（huáng）：休闲、匆忙不安的意思。窃比：谦词，私自比拟。

追溯鞠躬尽瘁：此指作者此时追溯诸葛亮当年忠君爱国为了辅佐蜀汉帝业“鞠躬尽力，死而后已”，倾注了毕生心血而名垂青史。

心香一瓣：语出南宋诗人瞿翁的《满江红·孟史君祷而得雨》：“祷雨文昌，只全靠心香一瓣。”比喻用十分真诚的心意来焚香祭祀神灵。

学：学习。

乡贤：同乡的贤达。

【释】负有天下奇才盛誉，镇定自若指挥作战，唯独珍惜未遂志愿只在益州苟安，三国鼎立委屈了具有辅佐帝王才能的诸葛亮；

可叹纷乱社会中我这个很小官员，无法与诸葛亮比拟，追溯他辅佐蜀汉鞠躬尽力死而后已，我焚香祭祀向他这个老乡学习。

此地藉卧龙以传，看丹水西抱，白水东环，祇余长留名士隐；
斯人超凤雏而上，既莘野币交，渭滨车载，何如亲见使君来。

道光丁未（1847）九月谷旦，知南阳府事顾嘉蘅谨题并书。生平事迹见前。

【注】此地藉卧龙以传：南阳卧龙岗武侯祠凭借着诸葛亮卧龙的影响力在代代传播。

丹水西抱：丹水是长江水系支流汉江的支流，发源于陕西省商州市西北部的秦岭南麓，流经陕西省、河南省、湖北省，在丹江口市注入汉江，干流全长390公里，尧时即名丹水，因传说禹之外孙丹朱曾于此治水，为纪念他后人称丹水、丹江，丹江水在南阳的西面环抱。

白水东环：白水又称白河，亦称淯水，《三国演义》第十六回“吕奉先射戟辕门，曹孟德败师淯水”即是此处。白水发源于河南省嵩山之南伏牛山，南流到湖北省境内与唐河汇合后称为唐白河，在襄阳市又汇入汉江，全长312公里。白水从东面的嵩山而来，其干、支流大部分流经南阳盆地，在南阳地区环绕。

祇余：只剩下的意思。祇：与“只”同音同义。

长留名士隐：长久留下来诸葛亮这个知名人士隐居躬耕的名胜古迹。

斯人：此人的意思，此指诸葛亮。

超凤雏而上：此指诸葛亮的才能超过了庞统这个“凤雏”而居上。凤雏之说，见《诸葛亮传》注引《襄阳记》。

既莘野币交：商朝初年的贤相伊尹出生于伊地，自幼被卖给有莘国的庖人收养为奴，耕于莘国之野。商汤得知伊尹很有德才，便以资财赎回伊尹，拜他为相，伊尹全力辅佐商汤，推翻了残暴的夏桀王朝，建立了商朝，伊尹也成了名垂青史的贤相。币交：此指用货币进行交换而赎回了伊尹。

渭滨车载：西周初年的吕尚，本姓姜，名尚，字子牙，其先祖曾封于吕，故以吕为氏，称为吕尚，在先秦文献中还称他为“太公望、吕望、吕牙、太公、师尚父”等，后世俗称其为“姜子牙”。吕尚大半生在穷困潦倒中度过，年老穷困，终日在渭河江边钓鱼，他钓鱼是假，借垂钓之名来观望时局，等待周文王的赏识，能使自己的才华得以施展，故其钓鱼用直钩且不放鱼饵，别人问其缘由，他说“愿者上钩”，这个故事妇孺皆知。后来，周文王西伯出猎，路经渭水之滨，果然遇见吕尚于钓鱼台垂钓。两人一见如故，交谈后周文王大悦说：“自从我的先君太公曰：当有圣人适周，周以兴，果真是你啊？我的太公望之久矣。”所以，吕尚从此又号称“太公望”，于是二人同坐车回城，周文王立吕尚为师，辅佐他灭了商纣王，建立了西周王朝，成为著名的贤相。

何如：反问句，怎么样、如何的意思。

亲见：亲自看见。

亲见使君来：诸葛亮亲自见到了刘备屈尊三顾茅庐，恳请他出山辅佐。

使君：是汉代对州、郡长官的尊称。例如：《三国志·蜀书·刘璋传》说：“张松还，疵毁曹公，劝璋自绝，因说璋曰：刘豫州，使君之肺腑，可与交通。”

据《三国志·蜀书·先主传》记载说：建安三年（198），刘备因为帮助曹操灭吕布有功，所以，曹操表奏汉献帝刘协，封刘备为左将军、豫州牧。建安十三年（208），孙刘联军赤壁之战大败曹军以后，孙权又表奏刘备为荆州牧。建安十九年（214），刘备夺取了益州，自领益州牧，在此建立了蜀汉政权。正因为如此，刘备在历史上才有了“刘使君”“刘豫州”的称谓。

【释】南阳卧龙岗凭借诸葛亮卧龙的影响力而代代传播，丹江水从西面环抱，白河水从东面环绕，只留下长久保留下来的诸葛亮隐居躬耕名胜古迹；

孔明超过庞统这个凤雏而居上，即便是伊尹被商汤从莘野资财赎回，吕望被周文王以车从渭滨载回，如何能比亲自看见刘备三顾茅庐而来。

吕磻溪，伊莘野王佐其才乎？继以宛琅琊得主有常，经纶丕焕；
齐鲍叔，郑子皮圣门所许也，合之徐元直见贤能举，豪杰奋兴。

民国六年（1917）仲夏，南阳县知县京兆田沛题书。

田沛，字子霖，京兆（京师所在地）武清（今天津市武清区）人，光绪末年考取举人，以朝廷办事员身份在西藏多年。民国六年至八年（1917—1919）出任南阳县知县，后来出任房山县（今湖北省房山市）知县，功于书画。

【注】吕磻溪：此指西周初年的辅佐贤相吕望，他出山之前，曾经居住于今陕西省宝鸡市东南的磻溪。正因为如此，西汉文帝时期博士韩婴（公元前200—公元前130）所作《韩诗外传》卷八说：“太公望少为人壻，老而见去，

屠牛朝歌，赁于棘津，钓于磻溪。”

南宋绍兴末年太学博士李石编著的《续博物志》卷八也说：“汲县，旧汲郡，有硖水为磻溪，太公钓处，有太公泉、太公庙。”

伊莘野：商朝初期辅佐贤相伊尹在出山之前，曾经在莘国之野隐居躬耕。

王佐其才乎：他们是辅佐帝王的人才吗？

继以：继而的意思。

宛琅琊：此指在南阳的诸葛孔明。宛，汉代县名，治所在今河南南阳市。琅琊，郡名，属于徐州，治所在今临沂市，诸葛亮出生于琅琊郡阳都县，躬耕于南阳郡隆中，故称宛琅琊。

得主有常：诸葛亮得到刘备三顾茅庐出山辅佐以后，就有了主人和实现匡扶汉室的恒心。

经纶：语出北宋文学家秦观的《滕达道挽词》：“经纶未了埋黄土，精爽还应属斗牛。”此指经国济民的才能。例如：近现代著名文学家茅盾（1896—1981）的《创造》二之中有：“他把满肚子救国强种的经纶，都传授了儿子。”

丕：大的意思。例如：东汉著名文学家许慎（58—147）的《说文》：“丕，大也。”

焕：焕发、发挥的意思。

齐鲍叔：此指春秋时期齐国大夫鲍叔牙（公元前723—公元前644），姒姓，鲍氏，名叔牙。齐襄公十二年（公元前686），曾经辅佐公子小白，即后来的齐桓公，还推荐管仲为相国。齐桓公三十年（公元前656），参与了“召陵之盟”，促使诸国尊齐王为霸主，封鲍叔牙为相国。

郑子皮圣门所许也：郑子皮，本名罕虎（？—公元前529），姬姓，罕氏，名虎，字子皮，郑国七穆之一罕氏的宗主，郑穆公曾孙，郑公子喜之孙，公孙舍之（？—前544年）之子，春秋后期郑国相国、卿大夫。当时郑国大旱，罕虎慷慨开仓救济国人。公元前543年，郑简公因为公孙侨（字子产）之才优于自己便主动让位于子产。子产在相国、卿大夫罕虎（子皮）的积极支持下大胆进行改革，使郑国迅速得到发展，士大夫及国民都非常拥戴。

合之徐元直见贤能举：据《三国志·蜀书·诸葛亮传》记载说：建安十二年（207），徐庶向刘备举荐诸葛亮时说：“诸葛孔明者，卧龙也。将军岂愿见之乎？”刘备说：“君与俱来。”徐庶回答说：“此人可就见，不可屈致也。将军宜枉驾顾之。”于是刘备“遂诣亮，凡三往乃见”，才有了三顾茅庐恳请诸葛亮出山辅佐的故事。元直：徐庶，字元直。

豪杰奋兴：指刘备这个豪杰在诸葛亮这个英杰的辅佐下才努力奋斗兴起了

蜀汉帝业。

【释】商朝辅佐贤相吕望，西周辅佐贤相伊尹是辅佐帝王的人才吗？继而有了在南阳郡卧龙的琅琊人诸葛孔明得到刘备三顾茅庐恳请出山辅佐才有了主人和实现匡扶汉室恒心，经国济民才能得到了很大的发挥；

春秋时期齐国大夫鲍叔牙，郑国相子皮都受到了士大夫国民的赞许，正是徐庶举荐孔明才有刘备屈尊三顾茅庐恳请诸葛亮出山辅佐故事，刘备这个豪杰在诸葛亮这个英杰辅佐下才奋斗兴起了蜀汉帝业。

穷理於事物始生之处；
研幾於心意初动之时。

民国十二年（1923）一月，孙文题书。

孙文，即孙中山（1866—1925），名文，字载之，号日新、逸仙，广东省香山县（今中山市）人，中华民国和中国国民党的缔造者，“三民主义”的倡导者，创立了《五权宪法》。1940年，国民政府通令全国，尊称其为“中华民国国父”。

【注】穷理於事物始生之处：是说要彻底研究事物产生的道理、规律与根源。穷理：语出《易经·说卦》：“穷理尽性，以至于命。”指彻底研究事物的道理与规律。於：即“于”字。

研幾於心意初动之时：是说要穷究精研于当初思想深处的动机与道理。研幾：语出《易经·系辞上》：“夫易，圣人之所以极深而研幾也。”精研其中的道理。於心意：此指思想深处。初动之时：此指当初的思想动机。幾：是几的繁体字，与“几”同音、同义。

据张秀章编著的《蒋介石日记揭秘》记载说，1923年1月20日，蒋介石日记有“余自撰联句乞总理书之，总理又为书礼运语，与陈其美集赠余句乃悬之座右”。原来的联文上款有“介石吾弟撰句属书”。由此而知，此联文原为孙中山所书、蒋介石自撰联。

张秀章，原山西省忻州市宁武县委政研室正科级调研员、离休干部。从1993年以来，经常深入基层调查研究，长期坚持写作，发表各类文章近2000篇，编著出版专著13部。

陈其美（1878—1916），字英士，号无为，浙江省湖州市吴兴区人。中国近代民主革命家、中国同盟会元老、青帮代表人物，辛亥革命初期与黄兴同为孙中山的左右股肱，其两个侄子分别是后来国民党要员陈果夫、陈立夫。

【释】要彻底研究事物产生的道理规律与根源；

要穷究精研当初思想深处的动机与道理。

春风有型在流水；
古贤寄迹於斯文。

蔚叟曹广桢题书。

曹广桢（1864—1945），字蔚叟，湖南省长沙市人，光绪十八年（1892）进士，历任刑部主事、刑部员外郎、刑部郎中、军机处章京。光绪三十四年（1908），任吉林学政。

【注】此楹联题书在南阳卧龙岗武侯祠的《出师表》碑廊楹柱。

春风有型在流水：人们从流动的溪水感悟到春天的到来。

古贤寄迹於斯文：古代贤人以《出师表》来寄托自己的情怀。斯文：此指《出师表》。

【释】人们从流动的溪水中感悟到了春天的到来；

古代贤人以《出师表》来寄托自己的情怀。

到此莫论文，只有千秋出师表；
长征何算苦，请看五月渡泸人。

长沙朱玖莹题书。

朱玖莹（1898—1996），人称玖公，堂号扫帚斋，湖南省长沙市人，曾任第一任国民政府主席谭延闿秘书、蒋介石武昌行营秘书兼第一科科长、国民政府福建省建设厅长。1937 年 8 月至 1940 年 1 月，曾经出任河南省第六行政区督查专员。1949 年赴台湾，1996 年逝世。

【注】此联文题书于南阳卧龙岗武侯祠的《出师表》碑房前门。

到此莫论文，只有千秋出师表：到了南阳武侯祠千万不要谈论文章，因为这里只有千百年流传下来的诸葛亮前、后《出师表》最有学问。

长征何算苦，请看五月渡泸人：长期征战并不算是苦，要说苦请大家看一下当年诸葛亮进行南征平叛才算是最苦的人。长征：长期征战。

五月渡泸人：语出诸葛亮的前《出师表》：“故五月渡泸，深入不毛。”据《三国志·蜀书·诸葛亮传》记载说：“三年春，亮率众南征，其秋悉平。军资所出，国以富饶，乃治戎讲武，以俟大举。”建兴三年（225）三月，诸葛亮亲率大军进行南征平叛，五月渡过了泸水，秋天就平定了叛乱，十二月回到了成都。泸水：四川西南部的雅砻江下游与金沙江交汇段。不毛：语出《公羊传·宣公十二年》：“君如矜此丧人，锡之不毛之地，使帅一二耋老而绥焉，请唯君王之命。”何休注曰：“尧埆不生五谷曰不毛。”此指不生植物的荒瘠之地。例如：

北宋文学家王安石的《收盐》诗歌有“海中诸岛古不毛，岛夷为生今独劳”之句。

【释】到南阳武侯祠千万不要谈论文章，因为这里只有千百年流传下来的诸葛亮前后《出师表》最有学问；

长期征战并不算苦，要说苦请看一下当年诸葛亮五月渡泸水深入不毛之地南征平叛才算是最苦的人。

天下文章莫大乎是；
一时贤士皆从之游。

何绍基题书，生平事迹见前。

【注】此联文在南阳武侯祠《出师表》碑房门上。

天下文章莫大乎是，一时贤士皆从之游：此联出自于清道光辛巳（1831）举人梁绍壬的《两般秋雨庵随笔》卷七，是清初学子殷彦来颂扬尊师王士禛（1634—1711）的。意思是：天下在文章学问方面没有比王士禛境界更高的，当时的贤达名士都追随他与其交游。

王士禛（1634—1711），字贻上，号阮婷、渔洋山人，山东省新城市人，顺治十四年（1657）进士，历任扬州推官、部曹、翰林院编修、国史副总裁、刑部尚书。

殷彦来，本名殷誉庆，字彦来，江苏省江都县人，是王士禛的门生弟子。

梁绍壬（1792—？），字应来，号晋竹，浙江钱塘（今杭州市）人，道光辛巳年（1821）举人，官至内阁中书。著作除《两般秋雨庵随笔》外，还有诗集等。

何绍基将此联文原封不动地题书在南阳卧龙岗武侯祠《出师表》碑房，其用意是，天下文章没有大于诸葛亮《出师表》的；当时的贤达名士都追随诸葛孔明与他交游。

【释】天下的文章没有大于诸葛亮《出师表》的；

当时的贤达名士都追随诸葛孔明与他交游。

恢宏依大树；
宁静仰茅庐。

民国二十二年（1933）冬，河南全省保安处处长冯剑飞先生莅宛视察，抚军安民之暇同谒武侯祠，瞻拜神像肃然起敬，因思武侯宁静致远，与大树将军功成不居同为千古所敬仰，遂成一联，请先生书之刊石纪念。贵阳冯剑飞书，安阳王幼桥跋。

冯剑飞（1900—1951），贵州省盘县人，黄埔军校第一期毕业，任光复社河南分社书记、河南省政府保安处少将处长、贵州省政府保安处中将处长。

王幼桥（1888—1951），河南安阳人，毕业于北京工业专门学校。历任河南教育厅厅长、河南第六区行政督察专员、南阳县长、国民参政会参政员、河南省政府委员、河南省代省长、河南省博物馆馆长、河南大学教授。

【注】恢宏：语出诸葛亮《出师表》："诚宜开张圣听，以光先帝遗德，恢弘志士之气，不宜妄自菲薄，引喻失义，以塞忠谏之路也。"此指发扬光大的意思。

大树：此指东汉开国名将冯异，人称"大树将军"。据《后汉书·冯异传》记载说："诸将军并坐论功，异常独屏树下，军中号曰大树将军。"冯异（？—34），字公孙，颍川父城（今河南省宝丰县）人，东汉开国名将。东汉初期光武帝刘秀身边"云台二十八将"中排名第七位，为人谦和低调做人，每次论功行赏时，众将都依次排列并座，他独处树下，军中称之为"大树将军"，赞誉他是不居功自傲的将领。

恢宏依大树：要发扬光大英勇善战而居功不自傲依然像东汉初期冯异这样的大树将军。

宁静：语出诸葛亮《诫子书》："非澹泊无以明志，非宁静无以致远。"

宁静仰茅庐：要学习诸葛亮的淡泊明志，宁静致远思想就需要敬仰瞻拜诸葛孔明的草庐。

【释】要发扬光大英勇善战而居功不自傲依然有像东汉冯异这样的大树将军；
要学习诸葛亮淡泊明志与宁静致远思想就需要敬仰瞻拜诸葛孔明草庐。

成大事一生谨慎；
仰风流万古清高。

长安茹桂书，生平事迹见前。

【注】此楹联原出自汉中勉县武侯祠献殿檐口东侧的碑刻楹联，原文是："成大事以小心一生谨慎；仰流风于遗迹万古清高。中华民国十七年（1928）十二月，冯玉祥题于南京行营。"由此看来，茹桂修改了勉县武侯祠当年冯玉祥题书的碑刻楹联而成。

成大事一生谨慎：为了成就蜀汉帝业大事，诸葛亮一生都是小心谨慎的。

仰风流万古清高：仰慕先贤诸葛亮的功德业绩，永远都是纯洁高尚的。

【释】为成就蜀汉帝业大事诸葛亮一生都是小心谨慎的；
仰慕先贤诸葛亮的功德业绩永远都是纯洁高尚的。

忠怀千古出师表；
妙算三分卧龙岗。

戴明贤题书。

戴明贤，1935年出生于贵州省安顺市，笔名程履，毕业于贵阳清华中学。历任《友谊》杂志编辑、贵州人民广播电台新闻部编辑、贵阳市文联副主席、《花溪》月刊编审、贵阳书画院院长，贵州省书协第三届主席、中国书协第二、三届理事，享受政府特殊津贴。

【注】忠怀千古出师表：诸葛亮心怀忠君爱国思想体现在千古流传的《出师表》之中。

妙算三分卧龙岗：诸葛亮在隐居时就已巧妙地预计到将来天下要三足鼎立。

【释】诸葛亮心怀忠君爱国思想体现在千古流传的《出师表》之中；
诸葛亮在卧龙岗隐居时期就巧妙地预计将来天下要三足鼎立。

能攻心则反侧自消，从古知兵非好战；
不审势即宽严皆误，后来治蜀要深思。

光绪二十八年（1902）冬十一月上旬之吉，权四川盐茶使者剑川赵藩敬撰。生平事迹见前。

【注】此楹联原题书在成都武侯祠，南阳武侯祠宁远楼属于抄录仿制。

攻心：语出《战国策·韩策三》：“夫攻形不如越，而攻心不如吴。”此指从精神和思想上突破对方心理防线，达到瓦解敌人不战而胜的目的。

《三国志·蜀书·马谡传》裴松之注引《襄阳记》记载说：“夫用兵之道，攻心为上，攻城为下。心战为上，兵战为下。”

蜀汉建兴三年（225），诸葛亮率军南征平叛时，根据西南地区少数民族众多、环境复杂、语言与生活习俗和信仰不同的特殊情况，采取了“攻心为上”策略，对首恶分子朱褒、雍闿、高定坚决镇压，对西南地区少数民族中威信较高的部落首领孟获恩威并施采取了“七纵七擒”的怀柔策略，成功解除了西南地区叛乱，稳定了蜀汉大后方。

反侧自消：是说不安分、不顺从的敌人在“攻心为上”怀柔措施下，就会不再谋反叛乱。

从古知兵非好战：自古以来凡通晓军事的指挥员都不会穷兵黩武好战。

不审势即宽严皆误：如果不调查研究审查形势就采取宽大或者是严厉措施手段那就会有一定失误的。

后来治蜀要深思：后来凡是治理益州这个地方的官员都需要向诸葛亮学习

而深思熟虑。

【释】能从精神思想上突破对方心理防线以达到瓦解敌人不战而胜的目的，自古以来凡是通晓军事的指挥员都不会穷兵黩武而好战；

不调查研究审查形势就采取宽大或者严厉措施手段就一定会有失误，后来治理益州这个地方的官员都要向诸葛亮学习深思熟虑。

光绪二十八年（1902），新任四川总督岑春煊（1861—1933），广西西林县人，曾先后出任四川总督、两广总督，在缺乏调查研究基础上，决定以武力镇压当时在四川活动的农民起义军红灯教（白莲教的异名支派，亦称灯花教、燃灯教）。当时，川南道按察使赵藩陪同四川总督岑春煊到成都武侯祠去拜谒诸葛亮时，撰写此楹联，以"讽谏"方式暗示岑春煊，希望他向诸葛亮学习用"攻心"怀柔策略来解决问题，岑春煊没有理会。后来，以武力镇压屡遭挫折，迫于无奈不得不采纳了"攻心"怀柔策略这个建议。可是，岑春煊认为赵藩这副楹联使他很没面子，心中不快，遂将赵藩贬官使用，先后调任酉阳（重庆市酉阳县）知州、盐茶道、永宁道（四川泸州）按察使等。

将相具全才，结吴伐魏续汉统；
医药怀妙术，调营和卫保民生。

中华民国十一年（1922）七月，宛南茨圃袁庚辰献。

袁庚辰，今南阳市宛城区茨园村人，道教信徒，其余不详。

【注】将相具全才，结吴伐魏续汉统：诸葛亮具备了文武全才，是他促成了联吴伐魏延续了汉室江山的正统。

医药怀妙术，调营和卫保民生：张仲景具有妙手回春的医术本领，他调理阴阳和顺精气确保了老百姓的健康。调营和卫：中医医学名词，此指调理阴阳和顺精气。张仲景（150—219），名机，字仲景，东汉末年南阳郡涅阳县（今河南省邓州市）人，历史上著名医学家。他广泛收集医方写出传世巨著《伤寒杂病论》，确立了"六经辨证论治"原则，成为中医临床基本原则和灵魂，受到了历代医学家的推崇，因此被后人尊称为"医圣"，是南阳五圣之一（谋圣姜子牙、商圣范蠡、科圣张衡、医圣张仲景、智圣诸葛亮），南阳有张仲景的纪念祠庙。

【释】诸葛亮具备了文武全才，他促成联吴伐魏共同抗曹延续了汉室江山的正统；

张仲景具有妙手回春医术本领，他调理阴阳和顺精气确保了老百姓的健康。

合游息藏修皆是学；
通阴阳造化谓之文。

孙诒经题，严复书于卧龙岗武侯祠宁远楼。

孙诒经（1826—1890），字子授，钱塘（今浙江省杭州市）人，咸丰十年（1860）进士，历任内阁学士、礼部侍郎、工部、刑部左侍郎、户部右侍郎、礼部左侍郎、吏部右侍郎等职。

严复（1854—1921），原名宗光，字又陵，后改名复，字几道，福建省侯官县人，毕业于福建船政学堂和英国皇家海军学院，任京师大学堂译局总办、上海复旦公学校长、安庆高等师范学堂校长、清朝学部名辞馆总编辑。

【注】合：聚合。

游息藏修：语出西汉宣帝时期扬州刺史戴圣的《礼记·学记》：“君子之於学也，藏焉，修焉，息焉，游焉。”游息：游玩休憩。藏：隐藏、包藏，怀有。修：修身、修德、修养、修学，此指学习。意思是说，君子要心里常常怀有学习的思想，不能废弃，甚至连休息或闲暇的时候也要想着学习。

皆是学：都是学习。

通：精通。

阴阳：是古人观察到自然界中各种既对立又相连的自然现象，如天地、日月、昼夜、寒暑、男女、上下等，以哲学的思想方式，归纳出“阴阳”的概念。早在春秋时代的《易经》以及老子的《道德经》都有阴阳之说。阴阳理论已渗透到中国传统文化的方方面面，包括宗教、哲学、历法、中医、书法、建筑，堪舆、占卜等。

造化：自然界自身的发展规律与演化。

谓之文：称之为学问。

【释】聚合在游玩与休憩之中也要经常怀有修身立德的思想这都是学习；
精通对立而相连的现象了解自然界发展规律与演化都称之为学问。

八千余年上下古；
七十二家文字奇。

南林顾槐题书于南阳卧龙岗武侯祠碑廊。

顾槐，顾嘉蘅之父，字南林，今江苏省苏州市所辖昆山市人，曾出任东湖（今武汉市武昌）县令，书法名家，其余不详。

【注】八千余年上下古：形容中华民族经历时间相当长，有悠久的历史。例如：《庄子·逍遥游》有“以八千岁为春，八千岁为秋，此大年也”之说。

七十二家：语出《史记·封禅书》："古者封泰山，禅梁父者七十二家。"

正因如此，西汉文帝时期博士韩婴（公元前 200—公元前 130）所编著的《韩诗外传》记载说："孔子升泰山，观易姓而王可得，而数者七十二人，不得而数者万数也。"由此而知，西汉早期在泰山上封禅的碑刻数量非常之多，仅帝王就有 72 人，其他的碑刻还有数万人之多，不能够一一去指实。

七十二家文字奇：形容南阳卧龙岗武侯祠碑林中诸多文章都写得绝妙奇特。

【释】中华民族经历时间相当长有悠久的古老历史；

卧龙岗武侯祠碑林诸多文章都写得绝妙奇特。

笔底游龙惊藻思；
雲间海鹤拟清标。

道光庚子（1840）首夏（四月）书，南林顾槐题于卧龙岗武侯祠碑廊。

【注】笔底游龙：形容思维敏捷，书写流畅好比游动的龙一样。

惊：惊醒。

藻思：语出西晋时期东吴大都督陆逊之孙陆机（261—303）的《文赋》："或藻思绮合，清丽千眠。"此指做文章的才思。

笔底游龙惊藻思：为卧龙岗武侯祠碑廊书写碑文的人思维敏捷，语言流畅好比游动的龙一样，这是因为诸葛亮的功德业绩惊醒了他们做文章的才思。

云间海鹤：比喻诸葛亮志向高远，像海鸥、仙鹤翱翔于广阔的天空之间。

拟：比拟。

清标：语出《南齐书·杜栖传》："贤子学业清标，后来之秀。"赞美俊逸超群，才美出众，是后来人学习的榜样。

【释】为武侯祠碑廊书写碑文的人思维敏捷语言流畅好比游龙一样，这是因为诸葛亮功德业绩惊醒了他们做文章的才思；

诸葛亮知识渊博志向高远像海鸥仙鹤一样翱翔于天空之间，碑文比拟赞美他俊逸超群才美出众是后来人学习榜样。

务外非君子；
守中是丈夫。

张秀山题书。

张秀山（1895—1962），原名张世英，河北省曲阳县人，毕业于保定高等师范学院美术系，曾师从齐白石学画，在北京女三中任教，兼北师大客座教授，从事美术教学，潜心研究书画，是中国美术家协会及中国书法家协会会员，与王雪涛、李苦禅等著名画家结为好友。1961—1962 年期间，应邀给南阳武侯祠书写隶书《草庐对》碑文，至今保存完好。

【注】务外：儒家以“中庸之道”为最高行为标准，超出了儒家“中庸之道”思想之外的一切行为都属于不务正道。

非：不是、不属于的意思。

君子：语出《孟子·滕文公上》：“无君子莫治野人，无野人莫养君子。”这是对有道德、有才能的人的统称。

守中是丈夫：只有恪守儒家“中庸之道”的人才可以称为大丈夫。

守：恪守、信守、遵守的意思。

中：不偏不倚，无过无不及，不偏为中，不变为庸，这就是“中庸之道”。

丈夫：语出《孟子·滕文公下》：“富贵不能淫，贫贱不能移，威武不能屈，此之谓大丈夫也。”此指有志气、有节操、有作为的男子。

【释】超出儒家思想的一切行为都不属于有道德有才能的人；
只有恪守儒家中庸之道思想的人才可以称之为大丈夫。

大树思冯异；
甘棠忆召公。

张景岳题书。

张景岳，1945年出生于成都市，是中国书法家协会理事，四川省书法家协会副主席兼秘书长，其作品多次在国内外参展获奖，其余不详。

【注】大树思冯异，甘棠忆召公：语出唐代诗人李商隐《武侯庙古柏》：“蜀相阶前柏，龙蛇捧閟宫。阴成外江畔，老向惠陵东。大树思冯异，甘棠忆召公。叶凋湘燕雨，枝拆海鹏风。玉垒经纶远，金刀历数终。谁将出师表，一为问昭融。”

冯异（？—34），字公孙，颍川父城（今河南省宝丰县）人，东汉开国名将，屡立战功，是东汉初期“云台二十八将”第七位。他治军有方，威信很高，为人谦和，低调做人。如果在路上遇到其他将军时，他回避一边让别人先过，每次诸将一起争功论赏时，他就独处树下，因此军中称之为“大树将军”，赞誉他是不居功自傲的将领。

甘棠：语出《诗经·召南·甘棠》：“蔽芾甘棠，勿翦勿伐，召伯所茇。”此指棠梨木。

《史记·燕召公世家》记载：“周武王之灭纣，封召公于北燕。召公巡行乡邑（陕西省扶风县召公镇），有棠树决狱政事其下，自侯伯至庶人各得其所，无失职者。召公卒，而民人思召公之政，怀棠树不敢伐，歌咏之，作《甘棠》之诗。”所以，后来遂以“甘棠”称颂像召公这样的循吏美政和遗爱。

忆召公：回忆召公。

召公：姓姬名奭（shì），是周文王儿子，武王的弟弟。曾辅助周武王灭商，被封于燕（今河南省北部），是后来燕国的始祖。周成王时，出任太保，陕县以西地方归他管理，采邑在今陕西省扶风县召公镇。传说他曾在一棵甘棠树下办公，后人为纪念他，舍不得砍伐此树。所以，《诗经·召南·甘棠》就是为他而写的。

召公与周公旦、太公望三人并列为“三公”（司马、司徒、司空为三公），是西周初期建功立业的著名功臣。

【释】提起大树将军就会思念东汉初期云台二十八将的冯异；

说到甘棠树就会回忆西周初期建功立业著名功臣召公。

两表酬三顾；
一对足千秋。

江苏省姜华书于楚淮阴之凝碧轩。

姜华，1950年出生于江苏淮安市涟水县，历任江苏省淮阴师院美术系教授、中国书法家协会会员、淮安市书协常务副主席、江苏省政协书画创作室创作员。

【注】两表：此指诸葛亮的前、后《出师表》。

酬三顾：酬谢、报答刘备当年的屈尊三顾茅庐。

一对：此指诸葛亮在襄阳隆中隐居时期给刘备指点迷津出谋划策所制定的《隆中对策》。

足千秋：诸葛亮的《隆中对策》足可以成为千古美谈。

【释】诸葛亮的前后《出师表》是为了酬谢报答刘备当年屈尊三顾茅庐；

诸葛亮为刘备指点迷津制定的《隆中对策》足可以成为千古美谈。

淡泊以明志；
宁静以致远。

1979年冬天，三顾堂塑像落成留念，古宛张焕然敬录。

张焕然（1924—1997），南阳市人，原南阳市一中教师，其余不详。

【注】据1999年6月，中州古籍出版社出版发行张晓刚编著的《卧龙岗志》记载说，三顾堂“建于清康熙三十年（1691），后圮。康熙五十一年（1712）重建于此。面阔11.6米、进深6.1米，门额为当时南阳知府罗景所书。堂内塑像1966年毁没，1980年于内装置硐镂彩饰暖阁一座，上绘‘三顾图’，中间重置诸葛亮、刘备坐像，宾主相对面坐，状若交谈”。

从张焕然为“三顾堂塑像落成留念”所题楹联的落款时间来看，应该是

1979年冬天，而不是《卧龙岗志》记载的1980年“重置诸葛亮、刘备坐像”。

淡泊以明志，宁静以致远：语出诸葛亮《诫子书》：“非淡泊无以明志，非宁静无以致远。夫学须静也，才须学也，非学无以广才，非志无以成学。”

【释】只有把名利看得轻淡了才能够有明确志向；

只有静心学习努力奋斗才能实现远大目标。

良才作栋梁，胜国家巨室之任；
臣体比股肱，应朝廷大卿之选。

题于躬耕亭，题书者不详。

【注】躬耕亭在草庐左廊东部，寓意诸葛亮躬耕时存放农具的地方。此亭的梁、檩、檐、柱皆以自然原木构成，不加雕饰。亭内置一石刻碑庐，其上有线刻诸葛亮立像。

良才作栋梁，胜国家巨室之任：只有诸葛亮这样的栋梁之材，才能胜任辅佐蜀汉皇室朝廷的重任。巨室：此指皇室朝廷。

臣体比股肱：语出《三国志·蜀书·诸葛亮传》，刘备在白帝城托孤时对诸葛亮说：“君才十倍曹丕，必能安国，终定大事。若嗣子可辅，辅之；如其不才，君可自取。”诸葛亮涕泣回答说：“臣敢竭股肱之力，效忠贞之节，继之以死。”股：人的大腿。肱：手臂从肘到腕的部分。形容不遗余力，尽职尽责，到死为止。此指诸葛亮自比股肱之臣。

应朝廷大卿之选：此指诸葛亮顺应承担了辅佐蜀汉朝廷重臣的要职。大卿：语出南宋理宗赵昀时期进士赵与时（1172—1228）的《宾退录》卷三：“世俗称列寺卿曰大卿，诸监曰大监。”此指朝廷的要职重臣。

【释】只有诸葛亮这样的栋梁之材，才能够胜任辅佐皇室的重任；

诸葛亮自比是股肱之臣，顺应承担了蜀汉朝廷重臣的要职。

云归大漠随舒卷；
门对寒流自古今。

辛巳年（2001）四月，李刚田书于野云庵。

李刚田，1946年出生于河南省洛阳市，醉心书法篆刻，以隶、行见长。历任中国书法家协会理事、中国书协篆刻委副主任、西泠印社副社长、《中国书法》杂志主编、河南书法家协会名誉主席、河南省中国书协书法培训中心教授。

【注】野云庵：在草庐右侧东部，传说是诸葛亮会客之所，原为茅屋三间，康熙五十一年（1712）改建为砖石结构，面阔三间，进深6.4米。门额“野云庵”，两侧楹联为青砖雕刻而成，是一所独特的艺术建筑物。

云归大漠随舒卷：云气在广袤的空间任意舒展翻卷，寓意诸葛亮在广袤的空间可以尽情施展自己的才能与抱负。大漠：比喻广袤的空间。

门对寒流自古今：野云庵面对着沧桑多变的古今历史，寓意诸葛亮被人们代代尊崇敬仰。

【释】诸葛亮在广袤的空间可以尽情施展自己的才能与抱负；
野云庵面对沧桑多变历史诸葛亮被人们代代尊崇敬仰。

自来宇宙名垂，布衣有几；能使山川生色，陋室何妨。

光绪十四年（1888）岁在戊子年七月既望（农历每月十六日），山阴布衣单家驹题书。

单家驹，山阴（今浙江省绍兴市）人，其余不详。

【注】自来宇宙名垂：是说诸葛亮自古以来都是名垂宇宙的著名人物。

布衣：语出诸葛亮《出师表》：“臣本布衣，躬耕于南阳。”布衣，就是平民百姓。

有几：有几个人。

能使山川生色：能够使名山大川成为具有影响力的景色。

陋室：语出唐代文学家刘禹锡（772—842）的《陋室铭》：“山不在高，有仙则名。水不在深，有龙则灵。斯是陋室，惟吾德馨。”此指卧龙岗简陋的房舍。

何妨：语出《北史·后妃传上·文帝文皇后乙弗氏》：“生女何妨也，若此者，实胜男。”意思是没有妨碍。

【释】诸葛亮自古以来都是名垂宇宙的人物，像他这样的平民百姓有几个人；
能够使名山大川成为具有影响力景色，卧龙岗简陋房舍又有何妨。

庵垂两千年，问吴宫魏殿安在；人居三代下，比商伊周吕何如。

题书于躬耕亭，作者不详。

【注】庵垂两千年：卧龙岗诸葛亮躬耕亭茅草庵已有将近两千年的历史了。

庵：圆形茅草屋。问吴宫魏殿安在：请问当年东吴皇宫、魏国殿宇在哪里。

安在：语出《史记·高祖本纪》：张良问曰“沛公安在”。反问句，在哪里？

人居三代下：诸葛亮这个人处在夏、商、周三代以下。

比商伊周吕何如：诸葛亮与商朝贤相伊尹、西周贤相吕望相比怎么样。

何如：语出《左传·襄公二十七年》：“子木问於赵孟曰：范武子之德

何如。”怎么样的意思。

【释】卧龙岗诸葛亮躬耕亭茅草庵已经有将近两千年历史了，请问当年东吴皇宫与魏国的殿宇在哪里；

诸葛亮这个人虽然处在夏商周三代以下，可他与商朝辅佐贤相伊尹和西周贤相吕望相比怎么样。

猗此良耜耕彼南亩，四海俱有；
日吃三飡夜瞑一觉，无量寿佛。

同治乙丑年（1865）七月，赵之谦题书躬耕亭。

赵之谦（1829—1884），会稽（今浙江省绍兴市）人，字益甫，号冷君、悲庵等。咸丰九年（1859）举人，工诗文，擅书法、篆刻。著有《国朝汉学师承续记》《梅庵集》《悲庵居士诗剩》等，对后世影响深远，近代的吴昌硕、齐白石等著名画家都从他处受惠良多。

【注】猗（yǐ）：通“倚”，依靠的意思。

耜（sì）：古代一种与犁铧相似的翻土农具。

耕彼南亩：此指诸葛亮在南阳郡躬耕陇亩。

四海俱有：全国各地都有。

日吃三飡夜瞑一觉：是说每个人每天都能够吃三顿饭夜晚很好地睡眠一觉。飡（cān）：通餐，吃饭。瞑（míng）：闭目休息的意思，通眠。

无量寿佛：亦称无量光佛，为佛教梵语“阿弥陀佛”的意译，是西方极乐世界的教主。例如：《无量寿经》记载：“无量寿佛，威神光明，最尊第一。”再如：《观无量寿经》也说：“无量寿佛，身量无边，非是凡夫心力所及。”

【释】诸葛亮依靠这些良好农具在南阳郡躬耕陇亩，这种做法全国各地都有；

每个人每天都能够吃三顿饭夜晚很好地睡眠一觉，堪称是阿弥陀佛了。

古木千章栖老鹤；
使君三顾起卧龙。

子玉吴佩孚题书于古柏亭。

吴佩孚（1874—1939），字子玉，山东省蓬莱市人，秀才出身。历任直鲁豫两湖巡阅使、十四省讨贼联军总司令、国民革命军一级上将军，有“常胜将军”之名。著有《循分新书》《正一道诠》《明德讲义》《春秋正义证释》等著述传世。

【注】此楹联是1927年5月端午节时，吴佩孚败走南阳凭吊武侯祠题书。

古柏亭：在草庐左侧东部，这里有古柏一株，高接云天，腰围丈余，传说是诸葛亮所植，后人因此建亭纪念，并且以古柏命名。亭为歇山式屋顶，石砌墙体，面阔一间，两侧有回廊。门厅正中有“古柏亭”匾额，是咸丰四年（1854）秋月，南阳知县钮湍题书。

古木千章：古老的千株大树。千章：语出《史记·货殖列传》：“水居千石鱼陂，山居千章之材。”意思是千株大树。

栖老鹤：可以栖息老的仙鹤。寓意孔明曾经在此隐居躬耕。

使君：汉代称州牧与郡守官员为使君，刘备先后为豫州牧、徐州牧、荆州牧，故有“刘使君”之称谓。

三顾起卧龙：此指汉室后裔刘备曾经屈尊三顾茅庐恳请诸葛亮这个卧龙指点迷津，出山辅佐。

【释】诸葛孔明曾经在南阳卧龙岗这个具有千株大树的地方隐居躬耕；
汉室后裔刘备曾经屈尊三顾茅庐恳请诸葛亮这个卧龙出山辅佐。

老松阅世卧云壑；
乔木如今似画图。

陆润庠题书于古柏亭。

陆润庠（1841—1915），字凤石，号云洒、固叟，元和（今江苏省苏州市）人，同治十三年（1874）状元，历任国子监祭酒、山东学政、工部尚书、吏部尚书、太保、东阁大学士、体仁阁大学士、弼德院院长。辛亥以后留清宫，任溥仪老师，卒赠“太子太傅”，谥“文端”。

【注】老松阅世卧云壑：语出北宋文学家黄庭坚（1045—1105）赠苏辙《秋思寄子由》诗歌：“黄落山川知晚秋，小虫催女献功裘。老松阅世卧云壑，挽著沧江无万牛。”子由：就是苏辙，字子由，苏轼的弟弟。意思是，古老的松柏饱尝人间世态高卧云壑。

乔木如今似画图：语出北宋文学家苏轼《傅尧俞济源草堂》诗歌：“先生卜筑临清济，乔木如今似画图。邻里亦知偏爱竹，春来相与护龙雏。”参天乔木如今好似一幅美妙的图画。

【释】古老的松柏饱尝人间世态高卧云壑；
参天乔木如今好似一幅美妙的图画。

验证古今，雕琢性情；
刻镂声律，吐纳典谟。

曼生陈鸿寿题书。

陈鸿寿（1768—1822），钱塘（今浙江省杭州市）人，字子恭，号曼生、曼龚、曼公、恭寿、老曼等。嘉庆六年（1801）拔贡，曾任赣榆代知县、溧阳知县、江南海防同知，是当时著名书画家、篆刻家。代表作品有《种榆仙馆摹印》《种榆仙馆印谱》等。

【注】验证：语出东汉哲学家王充（27—94）的《论衡·奇怪》：“言之有头足，故人信其说。明事以验证，故人然其文。”经过检验得到证实。

雕琢性情：语出西汉高祖刘邦之孙淮南王刘安（公元前179—公元前122）主持编撰的《淮南子·精神训》：“衰世凑学，不知原心反本，直雕琢其性，矫拂其情，以与世交。”意思是，通过磨炼来不断修饰完善自己的性格形成高尚的情操。雕琢：此指磨炼。

刻镂：语出红十六军七师政委张铁珊（1899—1935）的《在非洲密林中·美丽的非洲》：“可父亲所形容的孩子临死前那种惊恐万状，转身便跑的神情，以及摇手求救的样子，深深地刻镂在他的心头。”铭刻、铭记的意思。

声律：语言文字的声韵格律。

吐纳：语出《庄子·刻意》：“吹呴呼吸，吐故纳新。”意思是吐出浊气，吸入清气，吸收精华，去除没用的东西。

典谟：《尚书》中《尧典》《舜典》《大禹谟》《皋陶谟》等篇的并称。此指典籍。

【释】验证古往今来的历史，通过磨炼来不断修饰完善自己的性格形成高尚的情操；

铭记语言文字声韵格律，用吐故纳新方法来吸收典籍中精华去除没用的东西。

梅花百树鼻功德；
茅屋三间心太平。

辛未年（1811）中秋，汀州伊秉绶题书。

伊秉绶（1754—1815），字祖似，号墨卿、默庵，福建汀州府宁化县（今福建省宁化县）人，故人称“伊汀州”。乾隆五十四年（1789）进士，历任刑部主事、员外郎、惠州知府、扬州知府。喜绘画、治印、工书，尤精篆隶，亦有诗集传世。

【注】梅花百树鼻功德：百树梅花散发的芳香首先是鼻子的可闻功劳。

茅屋三间心太平：虽然只有茅屋三间居住却心神宁静舒适安逸。

【释】百树梅花散发的芳香首先是鼻子的可闻功劳；

虽然只有茅屋三间居住却心神宁静舒适安逸。

英雄必乘势而兴，公特垄间一士耳，然则际会遭逢，遂舒才略，自隆中崛起，具展经纶，设施管乐韬猷，终建萧曹勋绩，皆缘契合君臣情亲鱼水，何辨昭烈倚公，公倚昭烈，谓此寔旷世殊知，良为幸遇；

邦国须凭基乃大，事既天下三分矣，犹图举弱并强，庸期利钝，讵祁山屡出，身歼师旅，莫改魏吴峙对，卒俾典午收鱼，诚繇形悬主客势异重轻，洵知时机造事，事系时机，若此虽奇才难济，徒用长嗟。

1985 年新秋之月，钱今凡先生撰联，庞国钟书于广东佛山市。

钱今凡，又名伊玲，1928 年出生于浙江嘉兴，是中国公开身份最年长的跨性别人士。先后任职北京中国银行、中国人民银行、佛山市国画院、文广局工作，其余不详。

庞国钟，1948 年出生于广东省南海市，中国书法家学会会员、广东省书法家协会会员、岭南书法篆刻艺术研究会副会长、佛山书法家协会副主席，编著有《魏碑技法——张猛龙碑》。

【注】英雄必乘势而兴：是英雄就必须要乘有利的形势而兴旺发达。

公：此指诸葛亮。

特：只是的意思。

垄间一士：在田地间耕作的一个人士，此指诸葛亮隐居躬耕时期。

然则：然而的意思。

际会遭逢：语出《周书·文帝纪上》："侯莫陈悦本实庸才，遭逢际会，遂叨任委。"意思是，遇到了时机。此指诸葛亮遇到了刘备屈尊三顾茅庐的时机。

遂：于是。

舒：舒展、施展的意思。

才略：才能与谋略。

自隆中崛起：诸葛亮施展了谋略才能被刘备从隆中恳请出山辅佐而兴起。

具展经纶，设施管乐韬猷：诸葛亮全面展现了经国济民抱负与才干，实施了春秋时期齐国贤相管仲和燕国上将军乐毅的文韬武略。韬猷：此指用兵的文韬武略。

终建萧曹勋绩：此指诸葛亮最终建立了西汉初期汉高祖刘邦贤相萧何与曹参那样辅佐的丰功伟绩。

皆缘契合君臣情亲鱼水：这都是因为诸葛亮与先主刘备君臣之间情投意合亲如鱼水。契合：语出唐代诗人杜甫《投赠哥舒开府翰》诗歌："策行宜战伐，契合动昭融。”此指意气相投、情投意合、君臣契合。情亲鱼水：语出《三国志·蜀书·诸葛亮传》：刘备三顾茅庐恳请诸葛亮出山辅佐以后，“与亮情好日密，关羽、张飞等不悦，先主解之曰：孤之有孔明，犹鱼之有水也”。

何辨昭烈倚公，公倚昭烈：后世人没必要去分辨到底是刘备依靠诸葛亮，还是诸葛亮依靠刘备。何辨：没必要去分辨。昭烈：刘备死后的谥号。倚：依靠的意思。公：指诸葛亮。

谓此寔旷世殊知，良为幸遇：说到这个搁置在当时没人比得上的特别之事，的确是一个良好的机遇。寔（shí）：搁置的意思。旷世：当时没人比得上。殊知：特别之事。

邦国须凭基乃大：国家必须要依靠坚实的政治、经济与军事基础才能强大。

事既天下三分矣：既然当年在《隆中对策》时早已经看清天下最终会三足鼎立这个事实。

犹图举弱并强：尚且还试图以弱小的蜀汉国家去攻打兼并强大的魏国。犹：尚且的意思。图：试图。

庸期利钝：怎么还期待成功与失败。庸：怎么。期：期待的意思。利钝：成功与失败，此指利与弊。

讵祁山屡出：岂知诸葛亮多次出攻祁山北伐曹魏。祁山：地名，在今甘肃省礼县祁山堡一带，诸葛亮北伐曹魏时期曾经两次到过祁山，《三国演义》从第九十五回“马谡拒谏失街亭”到第一百四回“陨大星汉丞相归天”把诸葛亮五次北伐曹魏与汉中防御战称为“六出祁山”。实际只有建兴六年（228）和九年（231）两次北代，到过祁山。

身歼师旅：准备亲自歼灭曹魏的军旅。

莫改魏吴峙对：结果都没有改变与曹魏和东吴鼎足对峙的局面。

卒俾典午收鱼：最终使得司马家族坐收渔利，泰始元年（265）代魏建立了晋朝。卒：最终。俾（bì）：使得。典午：典，掌管、主持，即“司”字。午，十二生肖中午为马，晋朝的帝王都姓司马，故称司马家族为“典午”。例如：《三国志·蜀书·谯周传》记载：“典午者，谓司马也。”再如：《晋书·安帝恭帝纪论》有“是以宋高非典午之臣，孙恩岂金行之寇”之说。

南宋诗人陆游《游诸葛武侯读书台》诗有“当日典午称滑贼，气丧不敢挡王师”之句。

诚：诚然是、尽管是。

繇（yáo）：由于的意思。

形悬主客势重轻：主客观形势力量悬殊。

洵知时机造事，事系时机：的确要知道机遇造就事实，成败关联着机遇。

洵知：的确要知道。

若此：如果像这样。

虽奇才难济：虽然是奇特人才也很难成事。

徒用：徒劳无益的意思。

长嗟（jiē）：语出南朝梁王僧孺（465—522）的《寄何记室》诗："思君不得见，望望独长嗟。"意思是长长的唉声叹气。

【释】英雄就必须要乘有利形势而兴旺发达，诸葛亮只是在田地间耕作的一个人士，然而遇到了刘备三顾茅庐时机，施展了才能策略，被刘备从隆中恳请出山辅佐而兴起，全面展现了抱负才干，实施了春秋齐国贤相管仲和燕国上将军乐毅的文韬武略，最终建立了西汉高祖刘邦贤相萧何与曹参那样的丰功伟绩，这都因为诸葛亮与先主刘备君臣之间情投意合亲如鱼水，没必要去分辨到底是刘备依靠诸葛亮，还是诸葛亮依靠刘备，说到搁置在当时没人比得上的这个特别之事，的确是一个良好的机遇；

国家必须依靠坚实的政治经济与军事基础才能够强大，既然《隆中对策》早已看清了天下会三足鼎立这个事实，尚且还试图以弱小的蜀汉国家去攻打兼并强大的曹魏国家，怎么还期待利大于弊，岂知诸葛亮多次出攻祁山北伐，准备亲身歼灭曹魏军旅，都没有改变与曹魏和东吴鼎足对峙局面，最终使司马家族坐收渔利代魏建立晋朝，尽管因当时主客观力量非常悬殊，可的确要知道机遇造就事实，成败关联时机，如果像这样虽然是奇特人才也很难成事，只能是徒劳无益而长长唉声叹气。

出处动关天下计；
茅庐我也过来人。

左宗棠题书于诸葛草庐。

左宗棠（1812—1885），字季高，一字朴存，号湘上农人，湖南省湘阴县人，20 岁中举进入仕途。历任闽浙总督、陕甘总督、两江总督、东阁大学士、军机大臣，封二等恪靖侯，与曾国藩、李鸿章、张之洞并称晚清"四大名臣"。他常自比为诸葛亮，以"今亮""老亮"自称，时人以"小诸葛"称之。著有《左文襄公全集》等，后人辑有《左宗棠全集》。

【注】出处动关天下计：意思是说，孔明从这里出山辅佐刘备的举动关系着天下大事。动：举动的意思。天下计：此指天下大事。

茅庐我也过来人：意思是说，我这个以诸葛亮自比的人也属于过来之人。茅庐：诸葛亮隐居躬耕时期居住的地方，此指左宗棠自比诸葛亮。过来人：曾经有过亲身经历和体验之人。

【释】孔明从这里出山辅佐刘备的举动关系着天下大事；
我以诸葛亮自比也是属于有过亲身经历体验之人。

事外风云争入眼；
汉家天下总关情。

林从龙题书于三顾堂。

林从龙，1928 年出生于湖南省宁乡县，历任河南省文史研究馆馆员、《中原文史》主编、《中州诗词》主编、中华诗词学会顾问、中华诗词文化研究所所长、《中国诗词月刊》顾问、中国民族艺术家协会学术顾问、河南省诗词学会会长，享受政府特殊津贴，其余不详。

【注】事外风云争入眼：此指诸葛亮在自己所处环境之外十分关心洞察天下的形势。事外：语出东晋文学家孙绰（314—371）的《竺法汰赞》：“事外萧洒，神内恢廓。”此指尘世之外。例如：《晋书·乐广传》亦有“广与王衍俱宅心事外，名重于时”之说。风云：语出《文选·沈约·齐故安陆昭王碑文》：“气蕴风云，身负日月。”比喻雄韬大略的远大志向。争：力求的意思。入眼：进入自己的视野。

汉家天下总关情：蜀汉江山的兴旺发达以及荣辱兴衰始终关联着诸葛亮的思想情感。

【释】诸葛亮对尘世之外的形势十分关心洞察力求进入自己的视野；
蜀汉江山兴旺发达与荣辱兴衰始终关联着诸葛亮的思想情感。

山光深小梦；
龙气绕长城。

杜漺题书于南阳武侯祠诸葛书院。

杜漺（1622—1685），字子濂，号湄村，山东省滨州市人，祖籍济南市，顺治四年（1647）进士。历任正定府推官、礼部给事中、扬州兵备道、河南参政、浙江参政，工于诗歌和书法，得王献之之神，著有《湄湖吟集》等传世。

【注】山光深小梦，龙气绕长城：据 2015 年 11 月，中州古籍出版社出版发行柳玉东主编的《卧龙岗武侯祠碑刻》第 145 页介绍，这副楹联是作者在顺治年间为南阳武侯祠诸葛书院楼柱所题书，又刻石碣流传至今。碣高 84 厘米、宽 34 厘米，有题跋，楷书 21 行，满行 12 字，保存完好。落款是：“济南后学杜漺题。”

山光深小梦：卧龙岗山色风光深藏着诸葛孔明匡扶汉室经国济民的梦想。小梦：梦想。龙气绕长城：诸葛亮这个卧龙的精气神始终围绕在竭尽全力辅佐蜀汉国家。长城：是中国古代伟大工程，西起甘肃嘉峪关，东到河北山海关，公元前3世纪秦统一中国后，联结战国时期燕、赵、秦之城并延长始为万里长城，历经修葺，今天人们所看到的长城多是明朝最后一次大修筑状况。总长2.1万公里。1961年3月4日，被国务院公布为第一批全国重点文物保护单位。1987年12月，长城被正式列入世界文化遗产。长城不但象征中华民族坚不可摧的力量，同时也是国家最重要的历史文物。此处的长城指蜀汉国家。

【释】卧龙岗山色风光深藏着孔明匡扶汉室的经国济民梦想；
诸葛亮这个卧龙的精气神始终围绕竭尽全力辅佐蜀汉。

於此中曾定三分大计；
后来者能有幾个先生。

题书者不详。

【注】於此中曾定三分大计：诸葛孔明当年曾在这里给刘备制定了天下三足鼎立大计。於此中：在这里。曾定：曾经制定了。於：即“于”字。

三分：语出唐代杜甫的《八阵图》诗歌：“功盖三分国，名成八阵图。”此指曹操、孙权、刘备三方面势均力敌的三足鼎立对峙。

大计：大的谋划计策、策略。

后来者能有幾个先生：后来的人能够有几个像诸葛亮这样的聪明人物。

后来者：语出西汉史学家司马迁《史记·汲郑列传》：汲黯对汉武帝说：“陛下用群臣，如积薪耳，后来者居上。”此指后来的人。幾：几的繁字体。能有：能够有。先生：此指诸葛亮。

【释】孔明当年曾在这里制定了天下三足鼎立的大计；
后来的人能够有几个像诸葛亮这样的聪明人物。

先生本天下才，世人莫之许也；
数语备当时事，将军岂有意乎？

题书者不详。

【注】先生本天下才：诸葛亮本来就是天下奇特少有的人才。

世人莫之许也：语出《三国志·蜀书·诸葛亮传》：“亮躬耕陇亩，好为梁父吟，身高八尺，每自比于管仲、乐毅，时人莫之许也。惟博陵崔州平、颍川徐庶元直与亮友善，谓为信然。”莫之许：没有人认可。

诸葛亮隐居躬耕时经常自比春秋时期齐国贤相管仲和燕国上将军乐毅，当时并没有人认可，唯独是崔州平与徐庶两个人与诸葛亮友好，比较了解情况，信以为是真的。

数语：寥寥数语的意思。

备：此指刘备。

当时事：刘备屈尊三顾茅庐时，诸葛亮给刘备分析了当时的天下形势。

将军岂有意乎：语出诸葛亮《隆中对策》："荆州北据汉沔，利尽南海，东连吴会，西通巴蜀，此用武之国，而其主不能守，此殆天所以资将军，将军岂有意乎？"

诸葛亮当时对刘备说：荆州这个地方北靠汉水、沔水，一直到南海物资都能得到，东面和吴郡、会稽郡相连，西边和巴郡、蜀郡相通，这是大家都要争夺的地方，但是它的主人却没有能力守住它，这大概是老天爷拿它来资助将军的，将军你是否有占领它的意思呢？

【释】诸葛亮本来就是天下奇特少有的人才，可是当时没有人认可唯独崔州平与徐庶两个人与诸葛亮比较友好了解情况信以为是真的；

诸葛亮寥寥数语给刘备分析了当时的天下形势，他对刘备说荆州地利优越物产丰富而其主人不能够守护你是否有意去占据它呢？

烧博望，平南蛮，出祁山，功垂宇宙；
拼司马，骂王朗，气周瑜，名震古今。

题书者不详。

【注】烧博望：语出《三国演义》第三十九回："博望坡军师初用兵。"

是说诸葛亮被刘备恳请出山辅佐后就以军师之礼待之，为此，关羽、张飞不服。不久，曹操令夏侯惇领兵十万来攻打新野县，刘备请诸葛亮安排破敌，诸葛亮运筹帷幄调兵遣将，在博望坡用火攻夏侯惇等曹军，大败之，关羽、张飞等众将皆服诸葛亮的足智多谋。

但是，据《三国志·蜀书·先主传》记载说：此事发生在刘备"三顾茅庐"之前，当时是荆州牧刘表派遣驻扎在新野县的刘备率军与曹军夏侯惇、于禁等在博望坡火攻大败曹军，根本与诸葛亮没有任何关系。究其原因，这主要是元代《诸葛亮博望烧屯》杂剧将此战的功劳转移到诸葛亮身上，目的是表现诸葛亮的智慧。

平南蛮：建兴三年（225）三月，诸葛亮亲自率军"五月渡泸，深入不毛"进行南征平叛，十二月就班师回成都。

出祁山：语出《三国演义》第一百二十回末尾的叙事诗："孔明六出祁山前，愿以只手将天补；何期历数到此终，长星半夜落山坞。"

此指诸葛亮从建兴五年至十二年（227—234），亲自率领大军屯驻在今汉中勉县定军山下，先后进行了五次北伐曹魏的军事活动，其中的228年春天第一次和 231 年的第四次北伐曹魏两次到过今甘肃省礼县祁山堡，其他三次根本就与祁山没有任何关系。但是，《三国演义》从第九十五回“马谡拒谏失街亭”到第一百四回“陨大星汉丞相归天”，把诸葛亮五次北伐曹魏和 230 年的汉中防御战说成是“六出祁山”。

功垂宇宙：此指诸葛亮的功德业绩与盛誉名垂青史传遍天下。

拼司马：在《三国演义》中，诸葛亮从一开始北伐曹魏就与大都督司马懿（179—251）进行交锋拼搏，这完全不符合历史事实。

据《晋书·宣帝纪》记载说：诸葛亮开始北伐曹魏时，司马懿还是魏明帝曹叡骠骑将军，当时驻军在宛城（今河南省南阳市）。魏太和五年（231）二月，诸葛亮第四次北伐曹魏时，大都督曹真病死，魏明帝才对司马懿说：“西方有事，非君莫可付者。”这时才任命司马懿为大都督，建兴九年（231）春，诸葛亮第四次北伐曹魏时，司马懿才开始与诸葛亮正式交战。

骂王朗：语出《三国演义》第九十三回：“武乡侯骂死王朗。”

王朗（？—228），本名王严，字景兴，东海郯（今山东临沂市郯城县）人。历任御史大夫、安陵亭侯、司空、乐平乡侯、司徒、兰陵侯，追谥“成侯”，其子王肃袭爵兰陵侯。其孙女王元姬嫁晋王司马昭，生晋武帝司马炎、齐献王司马攸。从《三国志·魏书·明帝纪》以及“王朗传”而知，王朗从来就没有与诸葛亮对过阵，根本没有可能被诸葛亮骂死。所以，“武乡侯骂死王朗”是《三国演义》根据“尊刘贬曹”的需要而故意安排的，目的是褒扬诸葛亮。

气周瑜：语出《三国演义》第五十一回“孔明一气周公瑾”和第五十五回“孔明二气周公瑾”、第五十六回“孔明三气周公瑾”，即“三气周瑜”。

据《三国志·吴书·周瑜传》记载说：周瑜（175—210），字公瑾，庐江舒县（今安徽省舒城县）人，堂祖父周景、堂叔周忠都官至太尉。周瑜有姿貌、精音律，江东有“曲有误，周郎顾”之说。周瑜 21 岁起随孙策奔赴战场平定江东，孙策遇刺身亡后孙权继任，周瑜将兵赴丧，以中护军身份与长史张昭共掌众事。建安十三年（208），周瑜率江东孙氏集团军队五万人与刘备军队联合，在赤壁之战中大败曹军，由此奠定了三足鼎立基础。建安十四年（209），因功拜偏将军，领南郡（荆州首府，治所在今湖北省荆州市江陵县）太守。建安十五年（210），病逝于巴丘（今湖南省岳阳市），年仅 36 岁。由此而知，周瑜是病死的，并不是被诸葛亮气死的。

《三国演义》为了突出表现诸葛亮的聪明智慧，加上虚构了“舌战群儒”“草船借箭”“借东风”“三气周瑜”等扣人心弦的故事，将周瑜写成嫉贤妒能、气量狭小的人物，最终被诸葛亮气死了，这完全是子虚乌有的事情，根本不可信。

名震古今：是说诸葛亮的名声震撼了古今中外。

【释】火烧博望坡，南征平叛，六出祁山北伐曹魏，诸葛亮功德业绩与盛誉名垂青史传遍天下；

与曹魏大都督司马懿拼搏厮杀，骂死了王朗，还三气周瑜，诸葛亮名声震撼了古今中外。

定三分，烧博望，出祁山，大名不休；
气周瑜，屏司马，擒孟获，古今流传。

1979 年，南阳张焕然题书。

张焕然（1924—1997），南阳市人，原南阳市一中教师，其余不详。

【注】定三分：诸葛亮在《隆中对策》时就已预测到将来的天下会形成三足鼎立局面。

烧博望：此指《三国演义》第三十九回“博望坡军师初用兵”中说诸葛亮被刘备恳请出山辅佐后就运筹帷幄用火攻在新野县的博望坡大败曹军。

出祁山：此指诸葛亮的五次北伐曹魏，《三国演义》称为“六出祁山”。

大名：语出战国经学家谷梁赤的《穀梁传·襄公十九年》：“君不尸小事，臣不专大名。善则称君，过则称己，则民作让矣。”此指好名声，大名望。例如：唐代诗人杜甫《咏怀古迹五首》诗歌有“诸葛大名垂宇宙，宗臣遗像肃清高”之句。

不休：没有停止。是说诸葛亮的大名代代传播就没有停止过。

气周瑜：此指《三国演义》所描写的诸葛亮“三气周瑜”。

屏司马：诸葛亮北伐曹魏时期屏退曹魏大都督司马懿。屏：屏退的意思。

擒孟获：此指诸葛亮南征平叛时期曾经采取了怀柔策略“七纵七擒孟获”。

古今流传：自古至今在流传。

【释】诸葛亮在《隆中对策》时就已预测将来天下会形成三足鼎立局面，他火烧博望，六出祁山北伐曹魏，其大名代代传播没停止过；

诸葛亮曾三气周瑜，北伐时还屏退曹魏大都督司马懿，南征平叛又采取了怀柔策略七纵七擒孟获，这些故事自古至今都在流传。

纵论三分天下，审时画策佐先主；
长怀一统江山，辅国达治启后人。

南阳胡汝萍题书。

胡汝萍（1933—1980），南阳市人，曾就职于南阳市文化馆，书法家。

【注】纵论：语出康熙年间文学家戴名世（1653—1713）的《再上韩宗

伯书》：“名世往在京师，与阁下游，凡一二年，相与纵论当世，独未尝言及文章之事。”此指无所顾忌地谈论。

三分天下：此指诸葛亮在《隆中对策》时就已经预测将来的天下会成为三足鼎立的局面。

审时：语出明代文学家沈德符（1578—1642）的《万历野获编·乡试遇水火灾》：“刘欲毕试以完大典，俱审时度势，切中事理。”此指审时度势，分析形势。

画策：语出唐代杜牧《燕将录》：“于是任智画策，仗猛将，练精兵，毕力再举涉河。”此指制定计划与策略。例如：《三国演义》第三十二回“夺冀州袁尚争锋，决漳河许攸献计”有“吾亦欲仗此二人早晚画策，如何离得”之句？

佐先主：此指诸葛亮在先主刘备的恳请下毅然决然出山全力辅佐。佐：辅助、帮助。先主：史称刘备为蜀汉国家先主。

长怀一统江山：是指诸葛亮长期心怀汉室江山一统的心愿。

辅国达治启后人：此指诸葛亮竭尽全力辅佐蜀汉国家使其达到治理，其功德业绩与思想道德一直在启迪着后世之人。

【释】诸葛亮无所顾忌谈到将来天下会出现三足鼎立局面，审时度势策划了匡扶汉室《隆中对策》为的是帮助先主刘备；

诸葛亮长期心怀汉室江山一统心愿竭尽全力辅佐蜀汉达到了治理，其功德业绩与思想道德一直在启迪着后世之人。

师卧龙，友子龙，龙师龙友；
兄玄德，弟翼德，德兄德弟。

谢瑞阶题书。

谢瑞阶（1902—2000），号就简老人，笔名黄河老人，河南省巩义市人，1924年毕业于上海美术专科学校。历任郑州艺术学院院长、教授，河南省文联副主席、省美术家协会主席、省书法家协会主席、中国文联委员、中国美术家协会理事、书法家协会理事、全国政协委员。他的《大河上下浩浩长春》陈列于人民大会堂，《黄河在前进》陈列于钓鱼台国宾馆。著有《人物画简述》《三门峡写生集》《谢瑞阶画选》。

【注】师：语出《礼记·学记》：“君子既知教之所由兴，又知教之所由废，然后可以为人师也。”德行学问各方面可为人表率的老师、师表。亦代指军队中运筹帷幄的军师与军师中郎将官名。例如：《资治通鉴·汉献帝建安十三年》有：“备以诸葛亮为军师中郎将。”胡三省注曰：“军师，亦古将军号。”

卧龙：语出《三国志·蜀书·诸葛亮传》：“诸葛孔明者，卧龙也。”所以，人称诸葛亮是“卧龙先生”。建安十二年（207）冬天，刘备恳请诸葛亮出山辅佐后，就封为军师中郎将。

友子龙：此指刘备的朋友赵云。据《三国志・蜀书・赵云传》和裴松之注引《赵云别传》记载说：“赵云，字子龙，常山真定（今河北省正定县）人，”自从军以来一直是刘备随从，跟随刘备东征西讨，在当阳长阪坡曾经不畏艰险救刘备幼子和甘夫人，因此被迁为牙门将军。刘备入蜀以后赵云留荆州，后来又随诸葛亮赴成都协助刘备取益州，紧接着帮助刘备与曹操争夺汉中，与老将军黄忠一起火烧天荡山曹军粮草迫使曹操从汉中退军，为刘备夺取汉中在此设坛称“汉中王”立下汗马功劳，所以刘备一直把赵云视为最亲密的知己朋友。

龙师龙友：卧龙诸葛亮是刘备的军师将军，子龙赵云是刘备的朋友。

兄玄德：刘备，字玄德。

弟翼德：张飞，字翼德。

德兄德弟：玄德是兄长，翼德是三弟。

据《三国演义》第一回“宴桃园豪杰三结义”说，刘备与关羽、张飞三人在涿郡（今河北省涿州市）举行了“桃园三结义”，刘备是大哥，关羽是二哥，张飞是三弟。但是，所有历史资料都没有“桃园三结义”这一说，这完全是《三国演义》的杜撰，目的是凸显汉室后裔刘备为正统的匡扶汉室信心与仁爱。

【**释**】刘备军师是卧龙诸葛亮，刘备知己朋友是子龙赵云，龙军师龙朋友；
玄德刘备是桃园三结义的兄长，翼德张飞是三弟，堪称为德兄德弟。

赤胆忠心，使天下名臣千秋魄动；
青山白水，招人间雅士万古神驰。

刘保和题书，生平事迹不详。

【**注**】赤胆忠心：语出明代文学家汤显祖（1550—1616）的《还魂记・淮警》诗歌：“贼子豪雄是李全，忠心赤胆向胡天。靴尖踢倒长天堑，却笑江南土不坚。”形容非常忠诚、诚心。此指诸葛亮对于蜀汉朝廷十分的忠诚。

使天下名臣千秋魄动：使后来的天下名臣贤士千百年来魂魄撼动。魄：魂魄的意思。动：撼动、震动、感动的意思。

青山白水：此指南阳周边的青绿色山体与白河水，寓意卧龙岗武侯祠。

招人间雅士万古神驰：招来了人世间文人雅士千秋万代的心驰神往。雅士：文人雅士。万古：千秋万代的意思。神驰：心驰神往的意思。

【**释**】诸葛亮对蜀汉十分忠诚，使后来天下名臣贤士千百年来都魂魄撼动；
南阳武侯祠青山与白河水，招来人世间文人雅士千秋万代心驰神往。

地无论宛襄，有诸葛庐自堪千古；
统并存吴魏，读隆中对早定三分。

光绪二年（1876）夏六月，福建人进士黄见三题书。

黄见三，字景如、心桓，笔名青山山农，福建省长乐市人，咸丰三年（1853）进士，历任河南省杞县、汜水、内黄、林县、太康等地知县，颇有政绩，升任睢州知州。毕生研究《红楼梦》很有建树，著有《红楼梦广义》流传后世。

【注】地无论宛襄：地方无论是南阳或者是襄阳。

宛：古县名，秦昭襄王置县，属于荆州南阳郡所辖，治所即今河南省南阳市宛城区。

襄：即湖北省襄阳市。西汉初年始建襄阳县，因县治在襄水以北而得名，属荆州南阳郡所辖。建安十三年（208）赤壁之战前，曹操控制了荆州南郡北部以后，分南阳郡邓县等区域独立设置了襄阳郡。

由于诸葛亮《出师表》有“臣本布衣，躬耕于南阳”之说，所以，历史上就一直存在着诸葛亮到底是隐居躬耕在南阳还是襄阳的地望之争。

有诸葛庐自堪千古：南阳武侯祠和襄阳隆中武侯祠都有诸葛草庐。因此，不管是哪里，有了诸葛草庐自然就可以千古扬名了。

统并存吴魏：诸葛亮想统一汉室江山，可始终存在东吴和曹魏两个国家。

读隆中对早定三分：读了诸葛亮的《隆中对策》，就应该知道天下三分是早已经预测到了的局面。

【释】无论是河南南阳卧龙岗武侯祠或者是湖北襄阳隆中武侯祠，只要有诸葛草庐自然可以千古扬名了；

想一统汉室江山却存在东吴和曹魏两个国家，读了《隆中对》就知道天下三分是早预测到的局面。

择偶重才，诫子明志，身耕南阳吟梁甫；
抚夷从宽，治军尚严，鏖战赤壁笑阿瞒。

题书者不详。

【注】择偶重才：诸葛亮当年择妻婚配时，只注重女方的才能而不注重相貌是否美丽。

据《三国志·蜀书·诸葛亮传》裴松之注引《襄阳记》记载：沔阳名士黄承彦是诸葛亮老师，听说孔明择妻，于是就对诸葛亮说：“闻君择妇，身有丑女，黄头黑色，而才堪相配。孔明许，即载送之，时人以为笑。乡里为之谚曰：莫作孔明泽妇，止得阿承丑女。”

诫子明志：诸葛亮为了更好地教育儿子诸葛瞻成才，特意写了《诫子书》，要求一定要做到“淡泊以明志，宁静以致远”，树立远大的志向。

身耕南阳吟梁甫：诸葛亮隐居躬耕时期经常吟诵家乡的乐府曲《梁甫吟》，以寄托情怀。因此，《三国志·蜀书·诸葛亮传》记载说：“亮躬耕陇亩，好为梁甫吟。”

抚夷从宽：建兴三年（225）五月，诸葛亮率军进行南征平叛时，他根据西南地区少数民族众多，地理环境险峻，以及语言与风俗习惯和汉民族截然不同的实际情况，实行“攻心为上，攻城为下”策略，对西南地区威信较高的首领孟获采取了“七纵七擒”怀柔方式，使其心悦诚服，对顽固不化的首恶分子雍闿、高定和朱褒坚决镇压，从而彻底安定了南方。夷：此指西南地区的少数民族。

治军尚严：治理军队十分严格。

鏖战赤壁笑阿瞒：建安十三年（208），荆州牧刘表病死，其幼子刘琮举荆州投降曹操，为此，曹操亲率几十万大军来襄阳，意欲先灭依附荆州牧刘表的刘备，再兴师讨伐东吴孙权，从而一举平定江南。当时，曹军大兵压境追杀刘备，迫使刘备弃襄阳、走樊城、败当阳、奔夏口，狼狈不堪。在此生死关头，诸葛亮主动请缨出使东吴，向孙权陈说利害，在鲁肃与周瑜的支持配合下，最终形成孙刘联军共同抗曹，在赤壁之战中大败曹军，促成了三足鼎立局面。因此，历史上一直在耻笑曹操当初狂妄自大，结果是狼狈不堪。

《三国演义》从第四十三回“诸葛亮舌战群儒”，到第五十回的“诸葛亮智算华容”连续介绍了上述故事。

鏖战：语出《新唐书·王翃传》：“引兵三千，与贼鏖战。”此指激烈地战斗，竭力苦战、血战、激战、酣战。阿瞒：曹操，字孟德，小名阿瞒。

【释】诸葛亮择妻婚配只注重女方才能而不注重相貌，他的《诫子书》要求儿子要树立远大志向，在南阳郡隐居躬耕时经常吟诵家乡乐府曲《梁甫吟》；

诸葛亮南征平叛采取“七纵七擒孟获”平定了西南，治理军队十分严格，赤壁激战中孙刘联军联手大败了曹军历史上一直在耻笑曹操当初狂妄自大。

心悬八阵图，初对策，再出师，共仰神明传将略；
目击三分鼎，东联吴，北拒魏，常怀谨慎励臣耕。

题书者不详。

【注】心悬八阵图：是说诸葛亮的心中悬挂着排兵布阵的八阵图。

据《三国志·蜀书·诸葛亮传》记载：“亮长于巧思，损益连弩，木牛流马，皆出其意；推演兵法，作八阵图，咸得其要。”

八阵图：据清武侯墓祠主持道人李复心《忠武侯祠墓志·八阵图》记载说，建兴五年（227），诸葛亮率军北伐曹魏屯军汉中时，曾经在定军山上“筑督军坛”，在山下坪上，根据八卦太极图原理为基础“积石为垒”，设计推演了“六十四阵八阵图”，以此训练军队。这些阵法有“当头阵法、方阵法、下营法、骑兵滚阵法、骑兵归营法”等，为的是在作战和安营扎寨时，能灵活机动地达到“行则为阵，止则为营”，始终立于不败之地。正因为如此，《汉中府志》《沔县新志》等诸多史志资料都有这方面的记载。

除此之外，在成都市新都区北三十里的牟弥镇，诸葛亮曾经在这里布二十四阵八阵图。

《晋书·桓温传》《水经注》《太平寰宇记》等诸多史志资料还记载说，在今重庆市奉节县白帝城山下长江边也有八阵图，历史上俗称为“水八阵”。所以，唐代诗人杜甫专门为此写了《八阵图》诗歌：“功盖三分国，名成八阵图。江流石不转，遗恨失吞吴。”说的就是这里。

初对策：此指建安十二年（207）冬天，诸葛亮在襄阳隆中和刘备进行的《隆中对策》。

再出师：此指诸葛亮的五次北伐曹魏，《三国演义》称之为“六出祁山”。

共仰神明传将略：共同尊崇敬仰诸葛亮的神灵而传播他的用兵谋略。

目击三分鼎：诸葛亮早已经看到了将来的天下会成为三足鼎立的局面。

东联吴：此指诸葛亮出使东吴联合孙权形成了孙刘联军共同抗曹的局面。

北拒魏：此指诸葛亮在北面抗拒抵御强大的曹魏军队。

常怀谨慎励臣耕：是说诸葛亮经常心怀谨慎以激励将士们研究追求他的思想真谛。臣：此指文武将士。耕：语出汉扬雄的《法言·学行》：“耕道而得道，猎德而得德。”

此指致力于研究追求思想之真谛。

【释】诸葛亮心中悬挂着排兵布阵的八阵图，当初和刘备进行《隆中对策》，然后再出师北伐曹魏，后世人共同尊崇敬仰他的神灵而传播他的用兵谋略；

诸葛亮早已看到将来天下会成为三足鼎立局面，联合孙权形成孙刘联军，北面抗拒强大的曹魏，经常心怀谨慎激励将士们去研求他的思想真谛。

收二川，排八阵，六出七擒，五丈原前点四十九盏明灯，一心只为酬三顾；

平西蜀，定南蛮，东和北拒，中军帐里变金木土爻神卦，水面偏能用火攻。

书者不详。

【注】此联文出自南宋嘉定三年（1210）贵州经略安抚使宋永高的《题七星关孔明碑》之中，详细情况见本书第二十四章第6节《其他地方的遗址、遗迹21处》之（3）“七星关遗址摩崖题刻”。

在四川省宜宾市武侯祠，也有同样的楹联，不知孰先孰后。

收二川：此指成都平原与汉中郡。唐肃宗李亨至德二年（757），将原来剑南节度使分为剑南东川节度使和剑南西川节度使，剑南以东汉中郡称“东川”，剑南以西的益州成都平原称“西川”。例如：《新唐书·韦嗣立传》就有“第进士，累调双流令，政为二川最”之说。

八阵：语出《孙膑兵法·八阵》：“用八陈战者，因地之利，用八陈之宜。”南朝文学家萧统（501—531）的《文选·班固封燕然山铭》注引《杂兵书》记载说：“八阵者，一曰方阵，二曰圆阵，三曰牝阵，四曰牡阵，五曰冲阵，六曰轮阵，七曰浮沮阵，八曰雁行阵。”

排八阵：此指诸葛亮根据八卦太极图原理所组成的军事训练和作战排兵布阵的“八阵图”。例如：《三国志·蜀书·诸葛亮传》记载说，诸葛亮“推演兵法，作八阵图”。

据武侯墓祠主持道人李复心的《忠武侯祠墓志·八阵图》记载，建兴五年（227），诸葛亮率军北伐曹魏屯军汉中时，曾经在定军山上“筑督军坛”，在山下武侯坪上，根据八卦太极图的原理为基础而“积石为垒”，设计推演了“六十四阵八阵图”，以此训练军队。这些阵法有“当头阵法、方阵法、下营法、骑兵滚阵法、骑兵归营法”等，为的是在作战和安营扎寨时能灵活机动地达到“行则为阵，止则为营”，始终立于不败之地。《汉中府志》《沔县新志》等诸多史志资料都有这方面的记载。

除此之外，在成都市新都区北三十里的牟弥镇，诸葛亮曾经在这里布二十四阵八阵图。

据《晋书·桓温传》记载：“初，诸葛亮造八阵图于鱼腹平沙之下，垒石为八行，行相去二丈。温见之，谓：此常山蛇势也。文武皆莫能识之。”

自此以后，《水经注》《太平寰宇记》等诸多史志资料也记载说，在今重庆市奉节县的白帝城山下长江边也有八阵图，历史上俗称“水八阵”。所以，唐代诗人杜甫写的《八阵图》诗歌：“功盖三分国，名成八阵图。江流石不转，遗恨失吞吴。”说的就是这里。

六出七擒：此指诸葛亮的“六出祁山”北伐曹魏和南征平叛时使用的“七擒孟获”怀柔策略。

五丈原前点四十九盏明灯：此故事出自《三国演义》第一百三回“五丈原诸葛禳星”。是说诸葛亮在五丈原第五次北伐曹魏时期积劳成疾，不得已在军中帐内摆了四十九盏神灯派人守护，自己在中军帐里仗剑作法，若七日内灯不灭，则可延续生命一纪（共计 12 年），以便使自己能够继续北伐曹魏。没想到，已经过去了六天六夜，魏军突然来袭，前将军魏延急忙进帐禀报，不小心将灯扑灭了，诸葛亮哀叹道："死生有命，不可得而禳也。"随后，诸葛亮就病死在五丈原军中。

一心只为酬三顾：诸葛亮一心一意辅佐蜀汉帝业，为的是酬谢先主刘备的屈尊三顾茅庐。

平西蜀：此指建安十九年（214）诸葛亮协助刘备平定了益州牧刘璋而夺取了益州。

定南蛮：此指建兴三年（225）诸葛亮亲自率军南征，平定了西南少数民族的叛乱。南蛮：此指西南少数民族。

东和北拒：此指诸葛亮在东面与东吴孙权联合抗曹，在西面又亲自率军北伐曹魏。

中军帐里变金木土爻神卦：此指诸葛亮在中军帐内用八阵图的金、木、水、火、土五行和乾、坎、艮、震、巽、离、坤、兑的爻卦来运筹帷幄排兵布阵。

水面偏能用火攻：此指诸葛亮在南征平叛时期曾经在泸水"火烧藤甲军"。

据《三国演义》第九十回"烧藤甲七擒孟获"记载，孟获第六次被诸葛亮释放以后，又请乌戈国引三万藤甲军与诸葛亮在庐江的桃花渡口交战。可是，这些蛮人个个身着藤甲，"而藤甲生长在山洞之中，盘于石壁之上，国人采取，浸入油中，半年方取出晒干，复浸油凡几十遍，造成铠甲，穿在身上，渡江不沉，经水不湿，刀剑皆不能入，因号藤甲军"。

正因为如此，蜀军几番交战奈何不得，在此情况下诸葛亮不得不采取火攻的办法将其消灭，最终将孟获第七次擒获，他心悦诚服地说："丞相天威，南人不复反也。"

此楹联不仅概述了诸葛亮的丰功伟绩，而且用上了"一二三四五六七八九十"各个数字和"东南西北中"以及"金木水火土"十个字，意义深远，结构奇巧，是一副绝佳的数字典故联。

【释】收复成都与汉中郡，排八阵图教兵演武训练军队，六出祁山北伐曹魏南征平叛七擒孟获，五丈原前点四十九盏神灯祈祷上苍延寿，诸葛亮一心辅佐蜀汉帝业只为报答先主屈尊三顾茅庐之恩；

协助刘备夺取益州，又平定西南地区少数民族，诸葛亮促成孙刘联盟统一战线东面联合孙权北面抗拒曹操，中军帐内用周易五行爻卦排兵布阵，在庐江水面偏用火功方法消灭了蛮夷藤甲军。

第十一章
诸葛亮隐居躬耕地故址——隆中武侯祠

隆中风景名胜区在鄂西北历史文化名城襄阳市区和南漳、谷城三县交界处，总面积 209 平方公里，包括古隆中、水镜庄、承恩寺、七里山、鹤子川等五大景区。1994 年，国务院审定公布为国家重点风景名胜区，而主景区古隆中就是其中的重要组成部分。

隆中位于襄阳城西 13 公里处，这里群山环抱，重峦叠嶂，苍翠清幽，景色迷人。东汉建安二年至十二年（197—207），青年时代的诸葛亮就在此隐居躬耕，汉室后裔刘备曾屈尊“三顾茅庐”，恳请诸葛亮指点迷津的《隆中对策》故事就发生在这里。

汉灵帝刘宏光和四年（181）四月十四日，诸葛亮出生在琅琊郡阳都县，就是今山东省沂南县界湖镇孙家黄疃村。由于诸葛亮出生时天刚拂晓窗外开始明亮，所以，父亲诸葛珪给他取名“亮”，字“孔明”。在此以前，诸葛亮有一个大自己 8 岁的哥哥诸葛瑾，还有两个姐姐。此后，又有了弟弟诸葛均。

诸葛亮 3 岁丧母，7 岁丧父，在此情况下，他和兄长诸葛瑾、弟弟诸葛均及两个姐姐，全靠叔父诸葛玄抚养。后来，诸葛瑾携家眷避乱江东，受到孙权的赏识而出仕于东吴，为其效力。

汉献帝初平四年（193），叔父诸葛玄被好友扬州牧袁术任命为豫章郡（今江西省南昌市）太守，遂带领诸葛亮与两个姐姐和弟弟诸葛均四人离开家乡阳都，前往豫章郡上任。没想到，汉朝廷已经任命朱浩为豫章郡太守，于是，朱浩向扬州刺史刘繇借兵攻打诸葛玄，诸葛玄兵败退守西城（今江西省高安市）。

兴平元年（194），诸葛玄将诸葛亮姐弟送到了好友荆州牧刘表处帮助照料，自己又回到西城。从这时候开始，诸葛亮就在刘表开办的“学业堂”读书三年，积累了丰富的文化知识，并且先后结识了徐庶、石广元、孟公威、崔州平、黄承彦、庞德公等一大批当时的文化名人。

建安二年（197），诸葛玄在西城被杀，两个姐姐也先后嫁给了襄阳名门望族蒯祺和庞山民，诸葛亮失去了可依靠的亲人，17 岁就不得不带领 15 岁的弟弟诸葛均在襄阳隆中搭建茅草屋，开始了隐居躬耕自食其力的生活，在此一住就是十年。正因为如此，《三国志·蜀书·诸葛亮传》裴松之注引《汉晋春秋》记载说：“亮家于南阳邓县，在襄阳城西二十里，号曰隆中。”

北魏地理学家郦道元《水经注·沔水》记载说：“沔水又东经隆中，历孔明旧宅北。亮语刘禅云：先帝三顾臣于草庐之中，咨臣以当时之事，即此宅也。”

南北朝以后，诸多史料均以此记载。由此而知，当年诸葛亮隐居躬耕地是南阳郡邓县隆中，而不在今天的南阳，诸葛亮的“臣本布衣，躬耕于南阳”之说只不过是地域泛称。所以，历史上留在今南阳卧龙岗武侯祠的四个《祭文》中，就有三个说明诸葛亮隐居躬耕在襄阳隆中。例如：明嘉靖十八年（1539）三月初八驸马都尉邬景和的《南阳遣祭文》说：“养高隆中，非三顾不起”；嘉靖十八年八月初一，南阳太守孙哲的《祭文》说：“往离南阳，躬耕自给，养神隆中，长吟抱膝”；隆庆四年（1570）八月二十八日，南阳太守雷鸣春的《祭忠武侯文》也说：“完正气於隆中。”以上见本书第十章第 2 节《祭文》。

在隆中的十年中，诸葛亮一边“躬耕陇亩”，自食其力，一边博览群书，广交名流学士，关注天下时政，追求“淡泊明志，宁静致远”，自比春秋时期齐国辅佐贤相管仲和战国时期燕国上将军乐毅，特别喜好家乡的“汉乐府”名曲《梁甫吟》，时人未可与比，尊称其为“卧龙”。

在隆中草庐独立生活环境中，诸葛亮刻苦学习，广交师友，磨砺了自己的坚强意志，陶冶了情操，也增长了学识与才干，为后来皇室后裔刘备“三顾茅庐”制定《隆中对策》并恳请他出山辅佐建立功业英名，奠定了坚实基础。

汉灵帝刘宏末年，政治衰败民不聊生，迫使黄巾军起义，造成了军阀割据，天下大乱，朝廷不得不招募各地义兵参与平剿黄巾军。皇室后裔刘备也自涿郡（今河北省涿州市）起兵，投入了这场风云际会持久战争。没想到，先是西凉董卓乘机胁迫皇室作恶多端，烧毁宫室。紧接着，又是曹操“挟天子以令诸侯”把持朝政飞扬跋扈，汉室江山名存实亡。在这种情况下，刘备被迫东投西靠始终不得志，还被曹操追赶得东躲西藏，漂泊半生都没有自己的立足之地。因此，他为了匡扶汉室，思贤若渴，急需要得力名士指点迷津进行辅佐。

建安十二年（207）冬天，47 岁的汉室后裔刘备在诸葛亮好友徐庶、司马徽的举荐下，屈尊“三顾茅庐”于隆中，请求 27 岁的诸葛亮指点迷津而出谋划策。诸葛亮精辟地分析了当时天下局势，向刘备指出了要“兴复汉室”一统江山的思路与策略。这次对话，便是历史上有名的《隆中对策》。全文如下：

自董卓以来，豪杰并起，跨州连郡者不可胜数。曹操比於袁绍，则名微而众寡，然操遂能克绍，以弱胜强者，非为天时，抑亦人谋也。今操已拥百万之众，挟天子而令诸侯，此诚不可与争锋。孙权据有江东，已历三世，国险而民附，贤能为之用，此可以为援而不可图也。荆州北据汉、沔，利尽南海，东连吴、会，西通巴、蜀，此用武之国，而其主不能守，此殆天所以资将军，将军岂有意乎？益州险塞，沃野千里，天府之土，高祖因之以成帝业。刘璋暗弱，张鲁在北，民殷国富而不知存恤，智能之士思得明君。将军既帝室之胄，信义著於四海，总揽英雄，思贤如渴，若跨有荆、益，保其岩阻，西和诸戎，南抚夷越，外结好孙权，内修政理；天下有变，则命以上将将荆州之军以向宛洛，将军身率益州之众出於秦川，百姓孰敢不箪食壶浆以迎将军者乎？诚如是，则霸业可成，汉室可兴矣。（见《三国志·蜀书·诸葛亮传》）

诸葛亮一番高瞻远瞩的谈话，使刘备茅塞顿开，喜出望外，有相见恨晚之感，于是，他诚恳地邀请诸葛亮出山辅佐，以便一步步实现《隆中对策》。

诸葛亮认为，刘备是货真价实的皇室后裔，有匡扶汉室的决心与信心，还能够礼贤下士屈尊三顾茅庐，足见其有远大抱负，必将会成就大业。

自古云：“贤臣择主而事，良鸟择木而栖。”诸葛亮深感汉室后裔刘备的屈尊三顾茅庐，便毅然决然出山辅佐刘备，走上了戎马生涯叱咤风云之路，结束了在隆中隐居躬耕的生活。从此以后，古隆中也就成了世人瞩目瞻仰、凭吊的胜迹佳地。

350 个字的《隆中对策》文字精练，思路清晰，很有传承教育意义。所以新中国成立后，被教育部列入了中学教材。

1. 襄阳隆中的历史沿革与古迹文物

诸葛亮离开隆中的第二年（208），襄阳就被曹操占领了，根据实际需要，曹操还在这里增设了“襄阳郡”，使得荆州从此成了八个郡，直到西晋统一全国前，襄阳郡一直是曹魏的地盘，所以，襄阳隆中的诸葛亮故宅，根本没有引起官方的重视。

据南朝梁武帝萧衍时期殷芸（471—529）的《殷芸小说》记载：诸葛亮离开隆中后，曾经有一户董姓人家在隆中草庐住过，这户人“家殄衰亡后，人不敢复憩焉”。也就是说，董姓人家居此后就人死家亡，从此再无人敢居住。

西晋统一后，晋武帝司马炎多次向臣下询问诸葛亮其人其事。永兴年间（304—306），镇南将军刘弘曾经到隆中凭吊诸葛亮，当时他思绪万千，对诸葛亮油然起敬，于是“观亮故宅，立碣表闾”，命太傅掾李兴在隆中诸葛亮故居刻石立碑，作为永久的纪念标志和见证（见《三国志·蜀书·诸葛亮》传裴松之注引《蜀记》）。

东晋升平五年（361），《汉晋春秋》的作者史学家、荆州刺史别驾习凿齿（317—384）参观诸葛亮故居后，著有《诸葛武侯宅铭》并刻碑以示纪念。

碑文指出：“亮家于南阳邓县，在襄阳城西二十里，号曰隆中。”

同时还指出，建筑物上出现了“雕薄蔚彩，鸥阑惟丰”，与当时盛行的祠庙无异，这应该是隆中武侯祠最早见于文字的记载。

据中国文联出版社 2008 年 5 月出版发行于襄生的《隆中志新编》记载说：南北朝时期，在诸葛茅庐故址上修建了“三顾门”。从此后，隆中诸葛故宅就不断地得到维修、重建与扩建，唐代以后，已经具有相当的规模。例如：唐宣宗大中十年（856），襄州刺史、山南东道节度使山西文水县人李景让（789—860）在隆中刻立了《蜀丞相诸葛公碑》，背面有“大中九年（855）进士、中书舍人孙樵”（？—867）所书的碑文。

光化三年（900），唐昭宗李晔追封诸葛亮为“武灵王”，还刻立《唐改封诸葛亮武灵王庙记》碑，并且御赐庙堂于隆中，隆中的知名度随之大大提高。

五代后晋高祖石敬瑭天福三年（938），在隆中建立了“武灵王学业堂”，襄州节度使安从进的观察判官李光图撰立有《卧龙山武灵王学业堂记》碑刻。

北宋时期，隆中诸葛亮故居继续维修，文学家苏轼（1037—1101）曾经到隆中写下了《隆中山》诗歌一首：“诸葛来西国，千年爱未衰。今朝游故里，蜀客不胜悲。谁言襄阳里，生此万乘师。山中有遗貌，矫矫龙之姿。龙蟠山水秀，龙去渊潭移。空余蜿蜒迹，使我寒涕垂。”

诗中提到了隆中有姿态雄伟的诸葛亮塑像。

元代至正年间（1341—1368），广德寺书院迁移到隆中，改为“隆中书院”。

明宪宗朱见深成化年间（1465—1487），荆南道观察使吴绶全面维修了隆中，增建了三顾堂、古柏亭、野云庵，连同原来的躬耕田、梁甫岩、抱膝石、老龙洞、半月溪、六角井、小虹桥，合称“隆中十景”，为此，吴绶和进士王越，都作过“隆中十景诗”。

明孝宗朱祐樘弘治二年（1489），隆中遭受到前所未有的破坏。当时，封为襄阳王的朱建淑，“慕隆中山佳奇，择为茔地”，便上奏皇帝，想把隆中封为“藩陵”，以便到时候埋葬他这个藩王，于是就毁掉诸葛草庐，迁走了诸葛书院，封山驱民，在草庐原址营造墓地，迁武侯祠于“山之左臂”。在此情况下，原来的碑刻与建筑已经破坏殆尽，形成无法弥补的损失。

明武宗朱厚照正德二年（1507），光化王朱祐櫍以此庙“地既非宜，庙且陋小”为由，上书将武侯祠移建于隆中的“东山洼”。

明世宗朱厚熜嘉靖四年（1525），御史王秀维修了武侯祠，并且请进士、大理寺丞郑杰撰写了《重修武侯祠记》。

嘉靖十九年（1540），隆中立赑屃碑刻，正面有当时书法家江汇所题“草庐”二字，背面题“龙卧处”三字。

万历二十年（1592），中孝大夫、都察院协院事左佥都御史李祯（1376—1452）维修了武侯祠，并且购置财产，增加了房舍。

明代末年，襄阳王朱建淑“藩陵”被毁。

清代康熙三十八年（1699），下荆南道的道员蒋兴芑在隆中山腰明末遗址上重新修建武侯祠。康熙五十九年（1720），陨襄观察使赵宏恩（？—1759）重修了诸葛故居。

雍正七年（1729），襄阳府事伊会一在草庐亭后 100 米处另外修建了一个诸葛草庐。乾隆二十一年（1756），陨襄荆兵备道李敏学维修了诸葛故居。三十八年（1773），中宪大夫、湖北分守、安襄陨兵备道兼理水利事务永昇维修了诸葛草庐。光绪十四至十九年（1888—1893），兵部尚书、都察院右都御史、湖广总督欲禄（1844—1900）和湖北提督程文炳（1833—1910）重修诸葛故居，并且立了“古隆中”牌坊。

民国二十一年（1932），国民党总统蒋介石（1887—1975）游览古隆中，拨款维修了这里的古建筑。现存嘉靖十九年（1540）“草庐碑”、万历二十年（1592）的“诸葛亮画像碑”、清光绪十五年（1889）的“古隆中牌坊”以及武侯祠、三顾堂、野云庵等古建筑，都是这一时期留下来的珍贵文物。

新中国成立以后，古隆中的文物古迹得到了前所未有的保护，曾多次对古迹恢复修建，新建了草庐、隆中书院、老龙洞、吟啸山庄、腾龙阁等仿古建筑。

1956 年，经湖北省人民委员会批准，襄阳隆中诸葛亮故居为省级重点文物保护单位。1964 年，中国科学院院长郭沫若来隆中考察，为隆中题写楹联、匾额，并写文章评价诸葛亮。

1965 年，国家副主席董必武（1886—1975）来隆中参观考察时，特意题写了“诸葛大名垂宇宙，隆中胜迹永清幽”的楹联。

1994 年 1 月 10 日，国务院〔94〕4 号文件公布隆中为国家级风景名胜区。

1996 年 11 月 20 日，国务院国发〔1996〕47 号文件公布襄阳“古隆中”为第四批全国重点文物保护单位。2001 年 1 月 11 日，国家旅游局发文批准隆中风景区为 AAAA 级旅游景点。

古隆中风景区总占地面积约 3000 亩，在层叠葱绿丛林之中，错落有致地分布有诸葛亮当年隐居躬耕遗留下来的古迹文物与纪念建筑物。如“古隆中”石牌坊、草庐亭、三顾堂、躬耕田、小虹桥、卧龙深处、抱膝亭、半月溪、诸葛井、梁甫岩、老龙洞、武侯祠等 20 余处。其中最具代表性的景点有：

（1）草庐亭

在隆中山畔，康熙五十九年（1720），襄阳观察使赵洪恩始建，原为六角亭。嘉庆十六年（1811），改为重檐二滴水六角亭仿古建筑，一律用石柱。

民国二十一年（1932），蒋介石来到了隆中后，对隆中的古建筑统一进行维修，将草庐亭改为砖墙青瓦亭。

新中国成立以后的1954年、1957年、1964年、1979年和20世纪80年代、90年代曾经多次对草庐亭进行维修，形成了今天的格局。

（2）隆中书院

唐昭宗李晔光化三年（900），朝廷追封诸葛亮为“武灵王”，并在隆中立碑纪念。所以，五代后晋高祖石敬瑭（892—942）天福三年（938），正式在隆中修建了“武灵王学业堂”，以此纪念诸葛亮当年曾在这里的“学业堂”读书。当时，襄阳节度使观察判官李光图还撰书刻立了《卧龙山武灵王学业堂碑记》。从此后，不少文人学士来此观光考察，留下了不少的诗歌文章与碑刻。

元代至正年间（1341—1368），正式改为“隆中书院”。明清时期，曾经多次对诸葛书院进行了维修。

1987年，国家旅游局拨款重新整修了“诸葛书院”，占地面积3600平方米，建筑面积1123.44平方米，由牌坊、山门、致远堂、斋舍、讲堂、藏书楼组成，内外回廊相通，1991年10月竣工。

（3）躬耕田

《三国志·蜀书·诸葛亮传》说：“玄卒，亮躬耕陇亩，好为梁甫吟。”这是诸葛亮在襄阳隆中隐居时期躬耕田地自食其力的准确历史记载，从此后，所有史志资料之中都有明确记载，货真价实，毋庸置疑。

那么，诸葛亮当年躬耕田地究竟在襄阳隆中的什么位置呢？

在《襄阳府志》与《襄阳县志》的“隆中山图”之中都有明确标记，真正的躬耕地应该在今湖北省文理学院（原来的襄樊学院）内，共计 116 亩，其中隆中庙前有 20 亩。

康熙五十八年（1719），陨襄观察使赵洪恩修建了“躬耕亭”，同时将隆中的庙产和诸葛亮当年躬耕田地的亩数详细刻在碑石上，刻写的躬耕田地是一百一十六亩。

宋代文学家曾巩（1019—1083）的《隆中》诗歌有“孔明方微时，息驾隆中田”之句。

明代成化年间（1465—1487），荆南道观察使吴绶《隆中躬耕》诗歌亦有“食力安生业，山前数亩田。雨晴耕白水，春暖放乌犍”之说。

1984 年，隆中风景区管理处在躬耕田重新修建了四角亭，建筑面积 18 平方米，亭额有“田园淡泊”匾文，亭内竖立了石碑“躬耕陇亩”，以示纪念。

（4）抱膝亭

在三顾堂前面的 100 米处。

据《三国志·蜀书·诸葛亮传》记载：“亮躬耕陇亩，好为梁父吟。”

裴松之注引《魏略》也说：诸葛亮隐居躬耕时“每晨夜从容，常抱膝长吟”梁父吟。

“梁父吟”，亦称“梁甫吟”，是历史上流行在齐鲁地区的汉乐府丧葬歌，说的是春秋时期在齐景公身边的公孙接、田开疆、古冶子三人不但力大无比，而且居功自傲、目中无人，严重威胁齐国与齐景公的安全。为此，齐国的相国晏婴利用“二桃杀三士”策略轻而易举地让他们自杀，从而除掉了齐国的后顾之忧。

诸葛亮喜欢《梁甫吟》的原因，一是思念家乡故土；二是学习晏婴的忠君爱国思想；三是敬佩晏子的高超智谋，故而以此来表达自己的思想与情怀。

康熙五十八年（1719），陨襄观察使赵洪恩在修建“躬耕亭”时，也修建了抱膝亭。现在的抱膝亭，是光绪年间湖北提督陈文炳修建的，同时还刻立了《抱膝处碑记》。

（5）三顾堂

在诸葛草庐前，是刘备当年屈尊三顾茅庐恳请诸葛亮指点迷津，进行《隆中对策》的“三顾堂”。这是明成化年间，荆南道观察使吴绶在三顾门的基础

上修建而成，历经多次维修、重修。

现在的“三顾堂”，建筑面积708.54平方米，后堂有复制的陈列展品，中堂悬挂有“三顾茅庐”古画，以及国家领导人董必武、郭沫若的题词。

三顾堂门前有古柏三棵，据说是刘备、关羽、张飞三人当年“三顾茅庐”时拴马的古柏。

在“卧龙深处”，彩塑有诸葛亮青年时与他的亲密师友庞德公、黄承彦、司马徽、庞统、徐庶以及崔州平、孟公威、石广元等人的塑像。

（6）武侯祠

在隆中山腰，是祭祀诸葛亮的祠堂，始建于晋朝，历朝历代都曾经维修。新中国成立后的 1954、1957、1973、1980 年，国家多次拨专款对武侯祠进行全面整修，使其更加完善、规范，吸引国内外游客寻踪觅迹纷至沓来，进行观光考察，拜谒祭祀诸葛亮。

现在的武侯祠，建筑面积为 1130.13 平方米，共有四进三院，除第三进为卷棚式建筑以外，其余都是单檐硬山式建筑，中间设庭院，左右有走廊。

山门前有一对高大石狮子翘首迎宾，狮子底座 周有奔马、舞凤、麒麟等精美的雕刻，栩栩如生。武侯祠的四层殿宇，依照山势逐次升高。例如：一殿前檐正中，有砖仿木四柱三牌楼，正中置匾额“汉诸葛丞相武侯祠”，两侧有石质楹联，内容是：“岗枕南阳依旧田园淡泊；统开西蜀尚留遗像清高”。

从殿后面拾阶而上进入二殿，与一殿建筑形式差不多，内有诸葛亮曾活动过的一些地方的图片与拓片，其后有左右厢房，供奉有刘备部下荆州籍文臣武将塑像 12 尊。

二殿后为过殿，里面陈列有诸葛亮的生平简介。

最后是诸葛亮大殿，正中有“天下奇才”匾额，柱子上有“三顾频烦天下计；两朝开济老臣心”楹联。殿内塑有诸葛亮和其子诸葛瞻、孙子诸葛尚一家三代英烈的塑像。诸葛亮神态自若，手握羽扇，两侧书童侍立，似运筹帷幄之中。

殿内上方与柱子上，悬挂有董必武、郭沫若等国家领导人当年来隆中武侯祠视察时所题书的匾额与楹联。

武侯祠东南部配殿，是纪念刘备、关羽、张飞的“三义殿”，塑像栩栩如生。在殿内的栏杆、裙板、墙壁上，嵌有 49 幅有关刘关张故事的浮雕。

在大殿与三义殿之间，有诸葛亮夫人黄月英的大型塑像。

（7）“古隆中”石牌坊

始建于光绪十九年（1893），高约 6 米，面阔约 10 米，由当时湖北提督陈文炳所建，仿木结构，重檐二滴水四柱三门，十个鼓形配件将四个立柱牢牢地固定，既美观又坚固，造型独特，工艺精湛。适当地方，分别刻有渔樵耕读、琴棋书画、双凤朝阳、鹿鸣同寿、麒麟送子等博古以及花草图案，成了襄阳隆中的标志性景物。

石牌坊正面上方阴刻“古隆中”三个大字，两侧石柱上阴刻有楹联：“三顾频烦天下计；两朝开济老臣心。”两侧的横匾是“淡泊明志”与“宁静致远”。

背面匾额是“三代下一人”，两侧石柱上的楹联是：“伯仲之间见伊吕；指挥若定失萧曹。”

（8）腾龙阁

位于海拔 306 米高的隆中山巅，重檐六滴水，外观五层，实际为十一层，

通高34米，建筑面积1108平方米，1997年11月动工，1998年8月竣工。整体属于仿古建筑，形成了外廊回环而八檐凌空的造型，看起来不但高耸入云，而且斗拱层叠，十分壮观。

腾龙阁，寓意诸葛亮在隆中隐居躬耕十年之后腾空而飞，出山辅佐先主刘备及后主刘禅，为蜀汉国家建功立业，名垂青史，被世世代代尊崇敬仰。

腾龙阁底层供游人休息和吃饭，第三、五、七、九层是瞭望台，随着一层层登高，游客所看的风景也不同，感受也自有不同。而第二、四、六、八层则是介绍诸葛亮一生功德业绩的陈列室，所以匾额与楹联层层叠叠，诗歌、文章与绘画比比皆是，文化内涵极为丰富。

由于隆中山地势高阜，终年烟雾缭绕，星月相吻，环山四周树木茂密郁郁葱葱，腾龙阁在山顶上显得高大雄伟，金碧辉煌，十分醒目，是国内外游客来隆中旅游必去的地方。

2014年，隆中景区在茂密的山林谷地总投资2.2亿元，修建了“草庐剧场”，地上四层，地下一层，占地面积11800平方米，是目前国内首创、亚洲最大的草庐形态展示建筑，每周六晚，将在“草庐剧场”定时演出大型实景话剧《草庐诸葛亮》，成为隆中风景区的一大亮点。

2. 历朝历代的《祭文》

由于襄阳隆中属于诸葛亮货真价实的隐居躬耕之地，史书多有记载，民间广为流传，所以，自西晋以来，就有不少达官显贵、文人学士和民间老百姓前往寻踪觅迹、观光考察、拜谒祭祀、许愿还愿，留下了诸多的诗词歌赋、文章碑记以及《祭文》。

2008年5月，中国文联出版社出版于襄生主编的《隆中志新编》之六《碑文》之中，涉及襄阳隆中的《祭文》就有6个，它们是：

（1）西晋李兴在隆中的《祭诸葛丞相文》

据《三国志·蜀书·诸葛亮传》裴松之注引西晋王隐的《蜀记》记载："晋永兴中，镇南将军刘弘至隆中，观亮故宅，立碣表闾，命太傅掾犍为李兴为文"祭祀诸葛亮，文曰：

天子命我（晋惠帝司马衷刘弘命令我），于沔之阳（沔水北面，古代以山南、水北为阳，反之为阴。襄阳隆中在沔水北面，此指隆中），听鼓鼙而永思（听到了大鼓和小鼓的声音去沉思。鼓鼙：语出《礼记·乐记》："君子听鼓鼙之声，则思将帅之臣。"古代军中用来发号令进攻的乐器），庶先哲之遗光（领略先贤遗留下来的道德品质），登隆山以远望（登上隆中山而望远），轼诸葛之故乡（轼：语出《后汉·张湛传》："轼辂马。"《注》曰："乘车必正立，有所敬则抚轼。"乘车来到诸葛丞相的故乡而致祭）。

盖神物应机，大器无方，通人靡滞，大德不常（诸葛亮英灵智慧会随机应变，广大而没有极限，通达无惑，高尚品德不常见）。故谷风发而驺虞啸，云雷升而潜鳞骧（故而东风骤起神兽咆哮，云雷升腾潜龙出渊）。挚解褐于三聘（此指伊尹为了帮助商汤灭掉夏桀而曾经被商汤虔诚地进行了三次往聘），尼得招而褰裳（此指孔子曾经褰裳归鲁于季康之招），管豹变于受命（此指春秋时期齐国贤相管仲的显达是因为鲍叔牙的举荐才被受命于贤主），贡感激以回庄（此指西汉文帝时期御史大夫贡禹提出了要废除武帝遗留下来的某些弊政而遭到反对辞官，后来他感激圣德而再次入仕）。异徐生之摘宝（此指惊异于徐庶能识鉴诸葛亮这个珍宝），释卧龙于深藏（向刘备举荐诸葛亮这个卧龙于幽隐潜藏之处）。伟刘氏之倾盖（惊叹先主刘备能坦诚倾心），嘉吾子之周行（赞赏诸葛亮的卓识远见）。夫有知己之主，则有竭命之良（诸葛亮有了相知赏识的明主，刘备才有了尽心血而效死命的良臣），固所以三分我汉鼎（之所以形成了与蜀汉分庭抗礼的三国鼎立），跨带我边荒（此指诸葛亮曾帮助刘备占据了荆州、益州之地），抗衡我北面（蜀汉国家与北面曹魏抗衡），驰骋我魏疆者也（诸葛亮为了兴复汉室先后进行了五次北伐曹魏）。

英哉吾子，独含天灵（诸葛亮是何等的英伟绝伦，您含纳了天地之灵气）。岂神之祇，岂人之精（您岂止是神明？岂止是人中之精）？何思之深，何德之清（您的思想是多么深远，德行是多么清明）！异世通梦，恨不同生（我和您异世相生，惟有梦魂相通，多恨和您不能同生一世）。推子八阵，不在孙吴（您推演的"八阵图"，不囿于春秋时期军事家孙武和战国时期的军事家吴起）；木牛之奇，则非般模（木牛流马的神奇，也并未仿效春秋时期工匠大师鲁班）；神弩之功，一何微妙（神弓连弩的功用，是多么精深奥妙）！千井齐甃，又何秘要（你在邛都的千万火井齐砌煮盐，又是何等的奥秘精要）。

昔在颠夭，有名无迹（西周的功臣太颠、闳夭，名传后世然而事迹无处可寻），孰若吾侪，良筹妙画（哪能像您一样，做出良策妙划）？臧文既没，以言见称，又未若子，言行并徵（春秋时期鲁国大夫臧文仲殁后，以言论见称，也不如您，能言行并存于世）。夷吾反坫，乐毅不终，奚比于尔，明哲守冲（管仲反坫僭越不知礼，乐毅降赵有始而无终。何能于你相比，明智睿哲保持纯真）。临终受寄，让过许由，负扆莅事，民言不流（先帝刘备临终让位托孤，您坚辞不受推让于许多理由，辜负了依托而莅国事，朝野却无任何流言蜚语）。刑中于郑，教美于鲁（赞扬诸葛亮刑法得当犹如郑国子产，教化百姓美于鲁国孔丘），蜀民知耻，河渭安堵（蜀汉之民知耻守礼，北伐兵出渭河魏境百姓也能安居）。匪皋则伊，宁彼管晏，岂徒圣宣，慷慨屡叹（您不是皋陶就是伊尹，怎能仅是那管仲与晏婴，又岂能仅仅是圣人孔丘？我情绪激昂地多次这样感叹）。

昔尔之隐，卜惟此宅，仁智所处，能无规廓（当年您隐居之时，惟选此宅，仁爱多智之人居所，怎会没有规划格局）。日居月诸，时殒其夕，谁能不殁，贵有遗格（日升月落，时光流逝，谁能不死，可贵的是能遗留下你的高尚品质）。惟子之勋，移风来世，咏歌余典，懦夫将厉（唯有您的功勋，能够影响改变来世风尚，吟颂歌咏您遗留典章，懦夫也得到激励）。

遐哉邈矣，厥规卓矣（您的典范长久深远，您的风仪超群卓绝），凡若吾子，难可究已（凡是我辈，都难以追寻自己的过去了）。畴昔之乖，万里殊途（以前和您背离，相隔万里殊途难同）。今我来思，觌尔故墟［如今我来思考，观看您的故居丘墟。觌（dí）：观察、察看］。汉高归魂于丰沛（汉高祖魂灵归于故土丰沛），太公五世而反周（太公吕望五世人皆返葬于周土），想罔两以仿佛（我用模糊的影子幻化着您的形象），冀影响之有余（希望追寻到您的踪迹）。魂而有灵（您若有灵），岂其识诸（能够体察到我的本心）。

李兴，亦名李安，字隽石，西晋武帝司马炎的太子洗马、汉中太守李密之子，益州犍为郡（治所在今四川省彭山县）人，曾经任益州刺史罗尚的别驾、镇南将军刘弘的参军。

西晋惠帝司马衷永兴年间（304—306），镇南将军刘弘（236—306）来到了隆中，参观了诸葛亮故宅，命令他的参军李兴写文章，“立碣表闾”纪念诸葛亮。“立碣”就是指立碑，“表闾”的意思即旌表闾里，显彰功德。由此可见，这是襄阳隆中已知历史上最早的有关诸葛亮《祭文》。

（2）东晋习凿齿在隆中武侯祠的《诸葛武侯宅铭》

在《四库全书》卷二四《初学记》中，收录了东晋史学家习凿齿的《诸葛武侯宅铭》。2008 年 5 月，中国文联出版社出版了于襄生编著的《新编隆中志》亦有记载。全文如下：

达人有作，振此颓风（通达事理有作为的人，能够振奋此时颓废的风气）；雕薄蔚采（武侯故宅建筑雕梁画栋蔚有风采），鸱（chī）阑惟丰（屋脊饰物和栏杆很多）。义范苍生，道格时雍（诸葛亮的道德品质给后世之人起到了典范作用，使后世的王道通行世事顺和）。自昔爰止（自始至终），于焉龙盘（诸葛亮在这里隐居不仕）。躬耕西亩（躬耕陇亩在隆中的西山），咏啸东峦（抱膝咏啸《梁甫吟》在隆中山的东峦）。迹逸中林，神凝岩端（诸葛亮的隐居草庐在山林之中，经常凝思聚神于岩石之端）。罔窥其奥，谁测斯欢（没有人能够窥知其深奥的心意，谁能够预测到诸葛亮的欢乐）？堂堂伟匠，婉翮阳朝（有盛大气魄可以托付重任的人，也只能够隐居隆中而等待时机）。倾岩搜宝，高罗九霄（此指皇室后裔刘备急于网罗人才，高张地在天下罗网求贤）。庆云集矣，鸾驾三招（庆幸的是刘备与诸葛亮在此聚集进行《隆中对策》，放下皇室后裔身价屈尊三顾茅庐恳请诸葛亮指点迷津并出山辅佐）。

铭：古代的一种文体，指刻在石碑或者是器物上用来称述功德和警戒自己的文字，如：铭记、铭心、墓志铭、座右铭等，因此，同样有追忆、纪念、怀念、祭奠的意义。

习凿齿（328—412），字彦威，襄阳人，东汉襄阳侯习郁后人，东晋著名史学家、文学家，主要著作有《汉晋春秋》五十四卷、《襄阳耆旧记》《逸人高士传》《习凿齿集》等。

习凿齿博学多才，思想正统，他在代表作《汉晋春秋》中叙述三国历史时，始终以蜀汉刘备为正统，曹魏为篡逆，对诸葛亮忠君爱国、勤政廉洁非常尊崇敬仰，所以多次到诸葛亮当年隐居躬耕地隆中寻踪觅迹，怀古钦英，这才写下了《诸葛武侯宅铭》，以示对诸葛亮的怀念。

（3）南宋刘光祖在襄阳隆中的《祭诸葛亮文》

据 2008 年 5 月中国文联出版社出版于襄生编著的《隆中志新编·金石艺文·碑文》第 123 页，刊载了明正德年间所编修的《襄阳府志》卷一九之《艺文·祭文》，其中有南宋乾道年间进士、侍御史刘光祖于嘉定二年（1209）在襄阳隆中祭祀诸葛孔明的《祭诸葛亮文》。

在 1997 年 9 月，齐鲁书社出版发行王瑞功主编的《诸葛亮研究集成·上编·记叙卷》第 740 页，也有录自明朝正德年间所编修的《襄阳府志》卷一九的此祭文，全文如下：

维嘉定二年（1209）月日，朝议大夫、右文殿修撰、知襄阳军府事、充京西南路安抚使都总管刘光祖恭诣伏龙山威烈武灵仁济王之祠，以清酌之奠，敢昭告于汉丞相忠武侯之神：

维诸葛公，矫矫犹龙（唯有诸葛先生，超凡脱俗如蛟龙）。躬耕南阳，高卧隆中（躬耕在南阳郡，隐居高卧于隆中），究厥抱膝，伊吕比踪（经常抱膝长啸《梁甫吟》，与商朝贤相伊尹和西周辅佐贤相吕望进行比较）。时非三代（当时并非夏商周三代），炎运欲终（汉代的帝业衰败气数将尽）。姑谓管乐，王图霸功（诸葛亮经常自比春秋时期齐国贤相管仲和战国时期燕国上将军乐毅，力求辅佐帝王成就霸业功勋），谁其知之（有谁能够知道他的心思），有鹿门翁（鹿门：此指襄阳鹿门山，庞德公曾隐居于此。例如：南宋陆游《醉中抒怀》诗有“不见鹿门翁，全家事潜遁”。此指襄阳鹿门山下的徐庶、庞德公很了解诸葛亮，因此才向刘备举荐）。拜翁床下，心敬高风（刘备三顾茅庐时诸葛亮正在午睡，刘备只好恭恭敬敬在外等候，诚心诚意地仰慕孔明崇高风范）。如彼子房，跪履益恭（刘备把诸葛亮比作是高祖刘邦时期的辅佐贤臣张良，跪在那里更加毕恭毕敬）。维彼子房，功孰比隆（张良的才干功劳是很大的）。公非不能，而系所逢（诸葛亮并非没有才能，而是因为没有机遇）。昭烈大度，三顾始从（昭烈皇帝刘备豁达大度，三顾茅庐恳请诸葛亮出山辅佐才获得成功）。言践道远，志存数穷（此指履行《隆中对策》诺言任重道远，使得刘备志存高远力量无穷）。拜表出师，涕泗横纵（拜读了诸葛亮《出师表》，知道他要北伐曹魏，“临表涕零不知所言”时不由得涕泪纵横）。渭水秋咽，草庐夜空（此指诸葛亮建兴十二年秋八月病死在五丈原军中，从此后隆中草庐再也没有主人了）。呜呼！兴汉曰武（呜呼哀哉，诸葛亮为了兴复汉室而南征平叛、北伐曹魏突出的是武），托孤曰忠（刘备在白帝城的托孤受命体现了诸葛亮的赤胆忠心）。经千万年，仰止弥崇（经过千万年以后，人们对于诸葛亮的尊崇敬仰依然是历久弥新）。南国之纪（语出《诗·小雅·四月》：“滔滔江汉，南国之纪。”后因以指南方），山川秀钟（山川秀丽）。偶来自蜀，汉水抚封（祭文作者偶然从益州来到了襄阳为官，在汉水之滨抚慰百姓）。皆公故国（这里是诸葛亮隐居躬耕故地），抵谒遗宫（我来到武侯宫进行拜谒）。借公余略，潜折敌冲（借助于诸葛亮的韬晦谋略，来对付敌人）。惮公德威，华夷所同（惧怕诸葛亮品德与威望，汉族与少数民族都是认同的）。载祝襄人，永护柏松（希望诸葛亮的英灵岁岁保护襄阳人，使得这里松柏长青）。尚享（享用祭品）！

刘光祖（1142—1222），字德修，南宋阳安（今四川省简阳市简阳镇）人，乾道年间进士，历任襄阳军府事、剑南东川节度推官、太学正、侍御史、太府少卿、直秘阁潼川运判、潼州提刑司检法、显谟阁直学士等，谥“文节”，著有《后溪集》十卷、《鹤林词》一卷。

伏龙山：俗称歪头山，主峰海拔 297 米，位于襄阳岘山南部，东西长约 1000 米，南北宽约 750 米，海拔 297 米。据说历史上这里有诸葛亮庙，俗称“伏龙庙”，位于伏龙山巅。

山西侧十分峭险，南北两侧较平缓，与百丈山，谢家山形成一个“凹”字形，山谷森林处可藏千军万马，所以，将这里称“襄阳城南第一关”。

据南宋史地学家王象之（1163—1230）的《舆地纪胜》记载：“伏龙山，在襄阳县西南三十里，诸葛威烈武灵仁济王庙，在襄阳县伏龙山。”

《大明一统志》也说：“伏龙山。在府城西南三十里，诸葛亮庙。在府城西南伏龙山，唐封武灵王，宋赐英惠庙额，加号仁济。”

从上面的祭文和相关史料记载内容而知，南宋宁宗赵扩的嘉定二年（1209），当时任襄阳府军事主管的刘光祖亲自到襄阳城西南三十里的伏牛山诸葛亮庙去祭祀诸葛亮。由于唐昭宗李晔光化三年（900）下诏封诸葛亮为“武灵王”，在隆中还立有《改封诸葛亮为武灵王记》碑刻。宋太祖赵匡胤建隆三年（962），又封诸葛亮为“忠惠仁济显应王”。所以，刘光祖才到这里来祭祀诸葛亮，这个《祭文》由此而产生。

（4）明正德年间隆中武侯祠的《明朝御祭文》

据 2008 年 5 月，中国文联出版社出版于襄生编著的《隆中志新编·金石艺文·碑文》第 130 页，刊载了明朝正德年间编修的《襄阳府志》卷一五之《艺文·祭文》，其中有祭祀诸葛孔明的《明朝御祭文》。全文如下：

维正德某年月，襄阳知府某钦奉朝廷命，致祭于汉丞相诸葛忠武侯之神位曰：

惟神三代遗才（诸葛亮是夏、商、周三代之后唯一遗留下来的旷世奇人才），两朝佐命（诸葛亮前后辅佐先主刘备和后主刘禅两朝），义明汉贼，国系存亡（《隆中对》中诸葛亮明确指出曹操是汉室江山的贼人，关系到汉家江山生死存亡）。虽恢复之志未终，而宇宙之名不朽（诸葛亮虽然没有完成“收复中原，兴复汉室”的意愿而死去，可他在人世间的功名是永垂不朽的）。矧（shěn，况且）藩封之近地，实卧龙之旧乡［况且这里是唐代光化三年（900）昭宗李晔封诸葛亮为“武灵王”的地方，确实是诸葛亮隐居躬耕故乡］。祠庙盖迁，礼文斯秩［此指弘治二年（1489）封为襄阳王的朱建淑，因为羡慕隆中风水好便上奏皇帝把隆中封为“藩陵”，以便到时候埋葬他这个藩王，于是迁移武侯祠于“山之左臂”而从此中断了祭祀］。兹值仲秋，式修荐事［时值正德二年（1507）中秋时期，移建整修武侯祠时举荐祭祀事宜］。仰其灵佑，享祀无穷”（仰慕诸葛亮的神灵护佑，让诸葛亮神灵无穷无尽地享受祭祀）。

从祭文内容看来，当是襄阳知府遵照正德皇帝命令，在新迁移修建的隆中武侯祠祭祀诸葛亮时所写的这份《祭文》。其中，既没有具体的年月日时间，也没有相关的人名。那么，为什么要迁移新建武侯祠呢？

据于襄生主编的《隆中志新编》介绍说，明朝孝宗朱祐樘弘治二年（1489），封为襄阳王的朱建淑，由于隆中的风水好，所以他“慕隆中山佳奇，择为茔地”，遂上奏皇帝把隆中封为“藩陵”，以便到时候埋葬他这个藩王。在这种情况下，不但毁掉了诸葛草庐，迁走了诸葛书院，还迁移武侯祠于“山之左臂”，进行封山驱民，在草庐原址营造墓地。这样一来，原来的武侯祠建筑以及碑刻等古迹文物破坏殆尽，造成了无法弥补的损失。

正因为上述原因，明武宗朱厚照正德二年（1507），光化王朱祐櫍认为此庙“地既非宜，庙且陋小”，就上书《崇慰先贤疏》，将武侯祠移建于隆中的“东山洼”。工程结束后，朱祐櫍“乞敕庙额及春秋祭祀”。正德皇帝正式下诏：“赦赐忠武侯庙额祭文、祭品檄文。”诏书说：

正德二年十一月，襄阳暂理府事光化王奏称：襄简王先年慕隆中佳秀，择为茔地，后任事之人，不能体王之意，将诸葛庙迁于山之左臂，地既非宜，庙且陋小，隆中东去数十步有一窝，欲将亮庙挪移修建等因。该本部题准行，移本府自备工料，盖建庙宇完日另行奏请庙额祭祀，续该本部题奉钦依，行移翰林院撰与文。赐庙额名忠武，定与祭品春秋致祭。品物：猪一口，羊一腔，鱼醢（hǎi，鱼肉酱），肉醢，菹菜（zū，此指酸菜）共五品。米面食共五品，果子五品，香一炷，烛一对，帛一段，酒二瓶，行三献礼如仪。

以上正德皇帝的诏书，当时已经刻立了《敕赐忠武侯庙额祭文祭品檄文碑》，至今保存在襄阳隆中武侯祠，碑文录自于襄生编著的《隆中志新编·金石艺文·碑文》第128页。除此之外，在1997年9月，齐鲁书社出版发行王瑞功主编的《诸葛亮研究集成》上卷第773页之《记序卷》也有记载。

（5）明正德三年陈凤梧的《祭汉丞相诸葛忠武侯文》

齐鲁书社1997年9月出版王瑞功主编的《诸葛亮研究集成》上卷《记序卷》775页，有明朝正德三年陈凤梧的《祭汉丞相诸葛忠武侯文》。

除此之外，山东人民出版社2001年8月出版发行的《山东省志·诸子百家志·诸葛亮》第一章《祠墓与祭祀》第421页，也有此文。全文如下：

惟正德三年（1508）月日，湖广等处提刑按察司提督学校佥（qiān，全部）事陈凤梧致祭于汉丞相诸葛忠武侯之神曰：

惟侯才堪王佐（唯有诸葛亮的才能可以辅佐帝王），德协天民（诸葛亮的道德品质有助于天下万民）。方汉未造，海宇风尘（蜀汉政权还没有成立，当时的天下大乱）。躬耕南阳，寂然无闻。抱膝长啸，若将终身（诸葛亮隐居躬耕在南阳郡，当时并没有什么影响。他经常抱膝长啸《梁甫吟》，好像是要以此终身）。及感昭烈三顾之勤，幡然而起（诸葛亮十分感激皇室后裔刘备屈尊三顾茅庐，毅然决然出山辅佐）。虎风龙云，复汉讨贼（诸葛亮跟随刘备以后如同云从龙风从虎，为了兴复汉室而讨伐汉贼曹魏）。仗义以仁，堂堂王师，惟图中原（诸葛亮依仗仁义，堂堂正正的亲自率军，为了收复中原进行了五次北伐曹魏）。成败利钝（成功与失败），固难逆陈（没办法预料）。功虽未就，大义已伸（诸葛亮为了北定中原兴复汉室而五次北伐曹魏虽然没有成功，可是他忠君爱国的大义已经尽到了）。鸣呼！出处之正，义气之分，三代而下，惟侯一人（鸣呼哀哉，诸葛亮出山辅佐刘家帝业是名正言顺的，他的义气与精神思想，夏商周三代之后，唯独只有他一个人）。

顾瞻兹地（陈凤梧瞻拜祭祀诸葛亮来到隆中武侯祠），龙卧旧村（诸葛亮卧龙的英灵依然还在这里）。去今千载，尚有余芬（于今相去了上千年，他的高尚品质还留有芳香）。伊犁莘野（此指商朝初年伊尹曾经耕于有莘之野。有莘，国名，在今江苏省盐城市盐都区楼王镇莘野村），尚父渭滨（是指周朝初期的隐士吕望，人称吕望、尚父、姜子牙，曾在今宝鸡市渭滨垂钓，被周文王虔诚地邀请进行辅佐）。纲常所系（关系到三纲五常的伦理道德），风化攸敦（诸葛亮的思想文化风范影响着后世）。圣明祀祭，庙貌载新（祭祀神明的诸葛亮，觉得武侯祠庙貌崭新）。纶巾羽扇，凛凛犹存（诸葛亮羽扇纶巾装束，风姿雅韵依然存在）。凤梧猥以末学，职典斯文（陈凤梧自谦认为自己没有学问，祭祀的时候写下了这个祭文）。高山仰止（语出《诗经·小雅·甫田之什·车舝》："高山仰止，景行行止。"比喻仰望崇拜诸葛亮高尚的道德），载晨载昏（从早到晚）。敬拜祠下，奠此蘩蘋（恭敬虔诚地在祠堂神龛之下，用两种可供食用的水草进行祭祀。蘩苹：是两种可供食用的水草，古代常用于祭祀）。阴佑文教，庶几有神（希望诸葛亮英灵护佑文化教育事业，但愿有神灵）。尚飨（享用祭品）。

陈凤梧，生卒年代不详，泰和（今江西省吉安市泰和县）人，弘治年间（1488—1505）进士，历任河南按察使、右副都御史、湖广等处提刑按察司提督学校佥事，曾经巡抚应天等十府，是当时著名的文学家、诗人，著有《四书六经集解》《修辞集》等。

从上述祭文内容而知，正德三年（1508），陈凤梧在出任湖广等处提刑按察司提督学校佥事时，曾经来到了隆中武侯祠拜祭诸葛亮，写下了此祭文。

（6）明嘉靖年间徐学谟的《祭隆中诸葛武侯文》

齐鲁书社 1997 年 9 月出版王瑞功主编的《诸葛亮研究集成》上卷《记序

卷》第803页，有明嘉靖二十九年（1550）进士、荆州知府徐学谟的《祭隆中诸葛武侯文》，全文如下：

呜呼！公之未遇，龙卧斯丘。公之既出，虎踞益州，鼎足中原，决策纡筹（呜呼哀哉，诸葛亮在没有遇到刘备之前，隐居躬耕在隆中山丘。刘备三顾茅庐恳请出山辅佐后，就帮助刘备取得益州建立了蜀汉帝业，与中原曹魏鼎足而立，谋划兴复汉室大业）。既受遗而内扶乎弱主，乃殚力以外抗乎勍仇（自从在白帝城托孤受命就辅佐年幼的后主刘禅和弱小的蜀汉国家，于是竭尽全力对外抗击强敌曹魏）。尽瘁之躬已誓心于未死，光复之志迄赍憾而莫酬（诸葛亮以鞠躬尽瘁，死而后已的决心誓死收复中原兴复汉室，遗憾的是没有实现意愿而未能酬谢先主刘备的恩德）。既而营星之陨，恍焉以遗垒（遂在五丈原军中大星陨落诸葛亮病死，恍惚间遗留下来古迹文物）；而欃枪（语出《尔雅》卷六《释天》，指彗星）之耀，遂焰被于九州（九州，泛指中华大地。此指诸葛亮英灵光泽普照中华大地）。其间成败利钝，即圣人不能以逆睹（诸葛亮北伐曹魏的成功或者是失败，即便是圣人也不可能预料）。而公之出处，始终之大概，已揭日月而并丽，溯江汉而同流（然而诸葛亮每次北伐曹魏，都有一个大概的结果，其功德业绩已经与日月同辉，追根求源也同样可以与长江和汉水长流）。后之儒者，慕空谈而贱名实，故訾（zī，评价估量）公者，或以为闻道之未优（后来的儒生学子，往往仰慕其名而空谈不了解实际情况，所以评价估量诸葛亮的个别人，还以为没有采纳魏延奇谋而失去了奇袭曹魏的优势）。即令并公之世，畀（bì，给予）以偏师之寄，曾不足以窥公一指之擘画（即便是当时诸葛亮给予魏延一支部队让他去偷袭，这样的计谋，也不足窥探了解诸葛亮一指之间的深谋远虑），矧（shěn，况且）夫明志致远之学，亦可忝于孔门王佐之俦（况且诸葛亮的“淡泊明志，宁静致远”之学识，可以与孔孟儒家学说的王佐之道相同列）。千载而下，过公之里式公之庐者，非特恨执鞭之不可及（千百年以后，凡是经过诸葛亮隐居躬耕草庐拜谒武侯祠的人，都非常痛恨我们这些卑贱差役与诸葛亮无与伦比）。而精爽飞越（诸葛亮的精气灵爽在上空飞扬），视死如生（语出西汉晁错的《守边劝农疏》：“故能使其众蒙矢石，赴汤火，视死如生。”形容不怕死），眷龙岗之一草一木（眷顾卧龙岗的一草一木），亦飒乎云车风马（语出晋傅玄的《吴楚歌》：“云为车兮风为马”，指神灵的车马）之来游。渺余小子（徐学谟自谦是一个十分渺小的人），式莅襄州（指徐学谟出任荆州知府时莅临襄阳）。仰典型而私幸（徐学谟认为，他仰慕诸葛亮这个典型的历史人物而私下感到十分庆幸），愧缅薄之悠悠（惭愧的是在缅怀诸葛亮时感觉到自己的德薄业微而忧愁思虑）。久牵累于鞅掌（此指职事繁忙纷扰），缺蘋、藻（皆水草之名，用以祭祀）之惟羞（徐学谟职事繁忙纷扰，缺少一些祭品来祭祀诸葛亮唯一感到的是羞愧难当）。跽（jì，挺着上身，两腿跪着）陈词而荐酒（呈上祭文而又置酒祭祀），庶馨彻于松楸（松树与楸树，祠、墓地多植，因以代称坟墓。此指诸葛亮长存的英名贯通于祠庙）。

据《明史》记载：徐学谟（1521—1593），字叔明，一字子言，号太室山人，原名学时，字思重，直隶苏州府嘉定（今上海市）人。嘉靖二十九年（1550）进士，授兵部主事、荆州知府。万历中（1573—1620）任右副都御史、礼部尚书、湖广总督。著有《世庙识余录》《万历湖广总志》传世。

从上述祭文的内容与作者的简介来看，应该是徐学谟在嘉靖二十九年（1550）成为进士，授兵部主事，并出任荆州知府时，亲自到隆中祭祀诸葛亮所写的祭文。

3. 匾额与楹联

由于襄阳古隆中武侯祠属于诸葛亮当年货真价实的隐居躬耕之所，诸葛亮又是名垂青史倍受古今中外尊崇敬仰效法学习的著名人物，因此，古隆中历史悠久，古迹文物内涵丰富，碑刻匾联、诗词歌赋很多，仅于襄生编著的《隆中志新编》就选录匾额 23 方，楹联 96 副，这些都是古隆中武侯祠的瑰宝，与诸葛亮的隐居躬耕息息相关，吸引着国内外游人前往观瞻。

尽管襄阳隆中的匾额看起来不多，但楹联却是全国武侯祠庙古迹中最多的。

（1）悬挂匾额 23 方

古隆中诸葛亮故居

1999 年 5 月 27 日，江泽民题书。

江泽民（1926—2022），1926 年出生于江苏省扬州市，1946 年 4 月加入中国共产党，1947 年毕业于上海交通大学电机系。1997 年 9 月至 2005 年 3 月，出任中国共产党中央委员会总书记、中华人民共和国主席、中央军事委员会主席。此匾额是 1999 年 5 月 27 日视察古隆中时题书。

【注】古隆中：在湖北省襄阳市城西 13 公里处，因海拔 306 米隆中山而名，其中包括乐山、大旗山、小旗山在内，总占地面积 14268.6 亩，古迹风景区占地面积 3000 亩。

诸葛亮故居：汉献帝兴平二年（195），诸葛亮来到了襄阳，在荆州牧刘表的“学业堂”读书。三年后的 197 年，诸葛亮因为两个姐姐先后出嫁，就与弟弟诸葛均在隆中自建茅屋，开始了隐居躬耕自食其力的生活长达十年，直到建安十二年（207）冬天，被汉室后裔刘备恳请出山辅佐，才离开了隆中。

据东晋史学家习凿齿（317—384）编著的《汉晋春秋》记载："亮家于南阳郡邓县，在襄阳城西二十里，号曰隆中。"

南北朝地理学家郦道元（？—527）编著的《水经注》也记载："沔水又东经隆中，历孔明旧宅北，亮与刘禅云：先主三顾臣于草庐之中，咨臣以当世之事，即此宅也。"

唐朝史学家李吉甫（758—814）的《元和郡县图志》卷21《襄州·襄阳县》也说："诸葛亮宅在县西北二十里。"

由此看来，襄阳隆中就是诸葛亮当年隐居躬耕期间的故居，是历史事实而无可辩驳。

【释】襄阳古隆中就是诸葛亮当年隐居躬耕期间的故居。

卧龙处

嘉靖江汇题书。

江汇，江西省进贤县人，字东之，嘉靖五年（1526）进士，授兵部主事。历任湖广按察副使、浙江按察使、河南右布政使。著有《游楚稿》传世。

【注】卧龙处：据《三国志·蜀书·诸葛亮传》记载："诸葛孔明者，卧龙也。"因此，清朝雍正七年（1729），时任襄阳府事的尹会一在三顾堂后面百米处修建了"卧龙深处"纪念建筑，之后的乾隆、光绪年间均有维修扩建。

1984年，对"卧龙深处"又进行了重修，建筑面积550平方米，由东西两个四合院构成，大门上的"卧龙深处"匾额，是全国人大常委会副委员长王任重（1917—1992）所题书。

【释】襄阳隆中是诸葛亮这个卧龙当年隐居躬耕的地方。

古隆中

兵备使者陈维周题书。

陈维周，字岐甫，号东屏，镇雄芒部（云南省昭通市镇雄县芒部镇）人，同治元年（1862）钦点赐进士出身，历任吏部郎中、湖北兵备道、总理湖北、四川、江西、湖南等八省漕粮兼理云南、贵州河道。光绪十五年（1889）冬，为古隆中牌坊题书"古隆中"匾额，还题书有"襄樊卧龙胜地，三代而下一人""伯仲之间见伊吕，指挥若定失萧曹"，以纪念诸葛孔明。

【注】古隆中：在湖北省襄阳市城西13公里处，因海拔306米隆中山而名，其中包括乐山、大旗山、小旗山在内，总占地面积14268.6亩，古迹风景区占地面积3000亩，这里是诸葛亮东汉末年曾经隐居躬耕十年的故址。

【释】古隆中是诸葛亮曾经隐居躬耕的故址。

汉诸葛丞相武侯祠

题书者不详。

【注】汉诸葛丞相：诸葛亮是蜀汉的丞相。据《三国志·蜀书·诸葛亮传》记载：章武元年（221），先主刘备在成都建立蜀汉国家而称帝后，封诸葛亮为蜀汉“丞相尚书事，假节”，总揽蜀汉国家的行政事务。

武侯：建兴元年（223），后主刘禅继位，封诸葛亮为“武乡侯，开府治事。顷之，又领益州牧。政事无巨细，咸决于亮”。

建兴十二年（234）八月，诸葛亮病死后，又被追封为“忠武侯”。武侯，是“武乡侯”的简称、诸葛亮的代名词。

武乡：西汉县名，属于徐州琅琊郡。据《汉书·地理志》第八上记载：“武乡，侯国，莽曰顺理。”由于当时的徐州琅琊郡归曹魏管辖，所以，诸葛亮的“武乡侯”只能够借地封侯，正因为如此，今汉中市汉台区有武乡镇，这就是当年诸葛亮封侯的地方。

祠：纪念诸葛亮的祠堂。

【释】蜀汉丞相诸葛亮的纪念祠堂。

诸葛武侯

李铎题书。

李铎（1930—2020），号青槐，字仕龙，湖南省醴陵市人，1953 年毕业于信阳步兵学院留校任教，1959 年起就职于中国人民革命军事博物馆，文职将军，享受国务院特殊津贴。历任全国政协委员、全国文联委员、中国书法家协会副主席、中国革命军事博物馆研究员、中国书画函授大学特约教授、齐白石书画艺术研究院副院长、北京工业大学书画学会顾问、中国书协顾问等。有《孙子兵法新校字帖》《李铎书前、后出师表》《书法入门》等专著。

【注】诸葛武侯：诸葛亮，复姓诸葛，名亮，字孔明，号卧龙。生前曾被后主封为“武乡侯”，死后被追封为“忠武侯”，因此，后世人称为“诸葛武侯”。

【释】后世人称诸葛亮为诸葛武侯。

天下奇才

唐河王树人书。

王树人（1916—2003），河南省唐河县人，中国书法家协会会员，中国工艺美术大师，历任湖北省书法家协会副主席、襄樊市书法家协会主席。书法作品在欧美、日、韩、港台及东南亚等地倍受关注，在日本、中国香港还设有“王树人书法研究会”。

【注】此匾文为光绪十二年（1886）春，钦命陕西陕安兵备道唐树楠题书于今汉中勉县武侯祠献殿，至今仍存，安然无损。所以，这里属于仿制品。

天下奇才：语出《三国志·蜀书·诸葛亮传》：“及军退，宣王案行其营垒处所，曰：天下奇才也。”此指诸葛亮是天下奇特少有的人才。

建兴十二年（234）秋天，诸葛亮病死在第五次北伐曹魏的五丈原军中，临终前他令长使杨仪临时代理兵权，魏延、姜维断后，领军徐徐退回汉中。当时，魏军大都督司马懿见蜀汉军退却，便领军来到五丈原诸葛亮驻军的地方视察，发现这里的军营、井灶部署有条不紊，十分惊讶，赞叹诸葛亮是“天下奇才也”，自愧不如。在《三国演义》第一百四回“陨大星汉丞相归天，见木像魏都督丧胆”中有详细介绍。

【释】诸葛亮是天下奇特少有的人才。

汉家遗风

甲子（1984）孟夏（四月），李铎题书。生平事迹见前。

【注】汉家：是指以汉高祖刘邦公元前206年在长安所建立的西汉王朝、光武帝刘秀于公元25年在洛阳所建立的东汉王朝，以及皇室后裔刘备在公元221年在成都所建立的蜀汉帝业，他们都是以刘姓为正统的汉家皇室江山社稷，故称之为汉家。

遗风：语出《楚辞·九章·哀郢》：“哀州土之平乐兮，悲江介之遗风。”此指前人遗留下来的风范。例如：《史记·货殖列传》亦有“故其民犹有先王之遗风”之说。

【释】诸葛亮具有以刘姓为正统的皇室王朝遗留风范。

志存高远

题书者不详。

【注】志存高远：语出诸葛亮《诫外甥书》：“夫志当存高远，慕先贤，绝情欲，弃凝滞。使庶几之志，揭然有所存，恻然有所感。忍屈伸，去细碎，广咨询，除嫌吝，虽有淹留，何损于美趣，何患于不济。若志不强毅，意不慷慨，徒碌碌滞于俗，默默束于情，永窜伏于凡庸，不免于下流矣。”

意思是说，一个人应当有高尚远大的志向，仰慕先贤，戒绝情欲，抛弃阻碍前进的因素，使先贤的志向在自己身上得到存留，在自己内心深处引起震撼。要能屈能伸，丢弃琐碎，广泛地向人请教咨询，去除猜疑和吝啬，即使受到挫折而滞留，也不会损伤自己美好志趣，又何必担心达不到目的。倘若志向不刚强坚毅，意气不慷慨激昂，就会碌碌无为而沉湎于流俗，默默无闻地被情欲束缚，势必会沦入凡夫俗子之列，甚至免不了成为庸俗的下流之辈。

【释】诸葛亮是一个具有远大理想的人。

卧龙遗址

1965 年 1 月，董必武题书。

董必武（1886—1975），字洁畲，号壁伍，湖北省黄安（今红安）县人。新中国成立后，历任中央财经委主任，政务院副总理，政法委主任，最高人民法院院长，全国政协副主席，中央监察委员会书记，中华人民共和国副主席、代主席，第四届全国人大常委会副委员长，中共六届中央委员，第七、八、九届政治局委员，十届中央政治局常委。

【注】卧龙：语出《三国志·蜀书·诸葛亮传》："诸葛孔明者，卧龙也。"形容诸葛亮是一个没有腾升的蛟龙。

遗址：遗留下来的故址。

襄阳隆中是诸葛亮在此隐居躬耕十年的故居，这里有"卧龙深处"遗址。

【释】隆中是诸葛亮隐居躬耕的故居遗址。

三顾遗迹

1982 年秋天，方毅题书。

方毅（1916—1997），福建省厦门市人，1931 年参加革命。历任厦门市委书记，湖北省委常委民运部长，鄂东特委书记，皖东省委书记，山东省政府副主席，福建省政府副主席，上海市副市长，中央财政部副部长，国家计委副主任，对外经济联络委员会主任、党组书记，中国科学院院长、党组书记，国家科委主任，国务院副总理，全国政协七届委员会副主席。

【注】三顾遗迹：建安十二年（227）冬天，汉室后裔刘备为了匡扶汉室，急需要高人指点迷津，在颍川名士徐庶、司马徽的推荐下，47 岁的刘备曾三次屈尊礼贤下士前往隆中拜访 27 岁的诸葛孔明，希望能为自己出谋划策。诸葛亮十分感激刘备屈尊三顾茅庐，为其分析了天下形势，制定了《隆中对策》方略，刘备如梦初醒，茅塞顿开而佩服之至，欣喜若狂，恳请诸葛亮出山辅佐实现计划。诸葛亮毅然决然出山，帮助刘备一步步走出困境，不断发展壮大，最终建立了蜀汉政权，诸葛亮也因此名垂青史。正因为如此，隆中"三顾堂"成为永久纪念遗址。

【释】襄阳隆中是刘备三顾茅庐请诸葛亮指点迷津的纪念遗址。

云龙风虎

戊辰年（1988）九月，王遐举题书。

王遐举（1909—1995），原名克元，号野农，湖北省监利县人，武昌中华大学肄业。历任民革中央监察委员、中央文史馆馆员、中国美术馆研究馆员、海峡两岸书画家联谊会会长、中国书法家协会理事、北京中山书画社副社长、中国书法艺术研究院院长。

【注】云龙风虎：语出《周易·乾》："同声相应，同气相求。水流湿，火就燥，云从龙，风从虎，圣人作而万物睹。"意思是说，同类会互相感应，意气相投的人会互相依靠。水流过后会湿，火烧过后会干燥，龙腾飞时云就会生，虎行动时就会起风，圣人做事情时万民就会目睹一切。

此指刘备与诸葛亮是明君良臣的默契遇合。

【释】刘备与诸葛亮是明君良臣的默契遇合。

智慧贤淑

1996 年 5 月 4 日，李讷游览襄阳隆中时为诸葛亮夫人黄月英祠堂题书。

李讷（nè），生平事迹见前。

【注】智慧：语出《墨子·尚贤中》："若此之使治国家，则此使不智慧者治国家也，国家之乱，既可得而知已。"此指聪明才智。例如：三国曹魏文学家嵇康（224—263）的《大师箴》有"下逮德衰，大道沉沦，智惠日用，渐私其亲"之说。

贤淑：语出唐代翰林学士孙棨的《北里志·俞洛真》："于公琮尚广德公主，宣宗女也，颇有贤淑之誉。"形容女子德性佳美十分贤惠。

此赞誉诸葛亮夫人黄月英不但聪明有才智，而且还德性佳美十分贤惠。

黄月英：东汉末年沔阳名士黄承彦之女，诸葛亮的夫人，诸葛瞻的生母。

据《三国志·蜀书·诸葛亮传》裴松之注引《襄阳记》记载："黄承彦者，高爽开列，为沔南名士，谓诸葛孔明曰：闻君择妇；身有丑女，黄头黑色，而才堪相配。孔明许，即载送之。时人以为笑乐，乡里为之谚曰：莫作孔明择妇，正得阿承丑女。"

据说，诸葛亮在襄阳隆中隐居躬耕时，黄承彦还是诸葛亮的老师，所以，多次登门求教，发现黄月英聪明贤惠，知书达理，善于动脑筋搞发明创造，就毅然决然与黄月英成婚，对诸葛亮帮助很大，隆中也因此有黄月英祠堂祭祀。

【释】诸葛亮夫人黄月英不但聪明有才智而且德性佳美十分贤惠。

卧龙深处

甲子年（1984）春天，王任重题书。

王任重（1917—1992），河北省景县人，历任湖北省政府副主席，湖北省委第一书记兼武汉军区第一政治委员，湖北省政协主席，陕西省委第一书记，国务院副总理，中宣部部长，中央书记处书记，政协第七届全国委员会副主席，中共第十一、十二、十三届中央委员。

【注】卧龙深处：在隆中“三顾堂”百米之处，是诸葛亮当年与亲朋好友聚会的地方。清雍正七年（1729），襄阳府事尹会一在此修建了草庐，更名“卧龙深处”。光绪初年，又易名为“野云庵”。1984年，恢复了“卧龙深处”称谓。

古迹占地面积550平方米，是一所两旁带院以中院为主的清式仿古建筑，王任重所题的“卧龙深处”匾额就在这里。中院殿堂中，有诸葛亮的良师益友庞德公、黄承彦、司马徽、庞统、徐庶、崔州平、孟公威、石广元等人聚会的大型雕塑。

【释】这里是诸葛亮这个卧龙与好友聚会的地方。

藏龙胜地

陈天然题书。

陈天然（1926—2018），河南省巩县（今巩义市）人，历任河南省书法家协会、美术家协会副主席、名誉主席、书画院院长，中国美术家协会、版画家协会、书法家协会常务理事，第六、七届全国人民代表大会代表，享受国务院特殊津贴。

【注】藏龙：语出北周文学家庾信（513—581）的《同会河阳公新造山地聊得寓目》诗歌：“暗石疑藏虎，盘根似卧龙。”即藏龙卧虎的意思。

胜地：语出南朝齐文学家王屮（cāo）的《头陀寺碑文》：“东望平皋，千里超忽，信楚都之胜地。”此指知名度较高，有一定特色与吸引力的名胜古迹游览之地。例如：明文学家刘基（1311—1375）的《养志斋记》有“华亭在松江之滨，胜地冠于浙右”之说。

【释】襄阳隆中是一个藏龙卧虎的旅游胜地。

吟啸待时

壬戌年（1982）夏天，王树人题书。生平事迹见前。

【注】吟啸：语出东晋道教理论家葛洪（286—363）的《抱朴子·畅玄》：“吟啸苍崖之间，而万物化为尘氛；怡颜丰柯之下，而朱户变为绳枢。”此指高声吟唱吟咏诗歌。例如：《新唐书·崔咸传》有“咸素有高世志，造诣崭远。

间游终南山，乘月吟啸，至感慨泣下”之说。

据《三国志·蜀书·诸葛亮传》裴松之注引《魏略》说：诸葛亮在襄阳隆中隐居躬耕时，“每晨夜从容，常抱膝长吟”家乡的汉乐府《梁甫吟》丧葬歌，以表达自己的思想情怀。

为纪念诸葛亮在隆中“常抱膝长吟”，后人将他当年经常坐的那块石头称为“抱膝石”。

康熙五十八年（1719），陨襄观察使赵洪恩修建了“抱膝亭”与“梁父岩”，以示纪念。

光绪十四至十九年间（1888—1893），湖北提督程文炳还刻立了《抱膝处碑记》，在碑的阳面有“草庐”二字，碑阴有“卧龙处”三个大字，至今仍存在。

待时：此指诸葛亮在隆中等待时机成熟，准备报效国家。

【释】诸葛亮隐居时经常吟咏《梁甫吟》表达思想情怀等待时机报效国家。

抱膝长吟

乾隆癸巳（1773）孟冬月（十月）吉日，襄陨兵备道兼水利事务加三级记录十七次（这是清政府对官员的通常奖赏，分为记录和加级两种，每种各有三等。最低的叫记录一次，积三次以上，便算加一级，然后再累计是加一级记录一次，加一级记录二次，直到加三级为止。此处是指提升了三个级别，记录了十七次功绩）长白山永生题书。

永生，长白山人，乾隆年间，曾经出任襄陨兵备道兼水利事务，其余不详。

【注】抱膝长吟：语出《三国志·蜀书·诸葛亮传》裴松之注引《魏略》：诸葛亮隐居躬耕时期“每晨夜从容，常抱膝长吟”家乡汉乐府《梁甫吟》，以表达自己的思想情怀。从容：悠闲舒缓，不慌不忙。常抱膝：经常抱着膝盖。长吟：音调缓而长的高声吟咏。

【释】诸葛亮隐居躬耕时经常抱着膝盖音调缓而长地高声吟咏《梁甫吟》。

三顾堂

襄阳张文伯题书。

张文伯（1876—1960），清末秀才，曾出任湖北省政府秘书、湖北省文史馆员、襄樊市人大特邀代表、市第一届政协委员。著有《文伯全集》《葆静斋诗草》《葆静斋搜辑先代》《先贤题双溪》《赐金园诗文集》等。

【注】三顾堂：在襄阳隆中的“诸葛草庐”前面，刘备当年“三顾茅庐”与诸葛亮进行交流作《隆中对策》时的纪念堂。这是明成化初年（1465—1470）荆南道观察使吴绶在宋代以前“三顾门”基础上改建的，占地面积

708.54 平方米，堂内有诸葛亮大型彩色塑像，左右有关羽、张飞的塑像。

当时吴绶作诗一首曰："贤人隐岩穴，帝子再三寻。野处终身志，雄淡济世心。路回山隐隐，树锁昼阴阴。千载称鱼水，高风贯古今。"

三顾堂历经了弘治二年（1489）、正德二年（1507）、嘉靖四年（1525）、万历二十年（1592）、康熙五十八年（1719）、乾隆二十一年（1756）、乾隆三十八年（1773）、光绪十四年（1888）、民国二十一年（1932）多次维修。新中国成立后的 1954 年、1957 年、1967 年和 20 世纪 80 年代、90 年代的历次维修，才保留了今天的"三顾堂"古迹格局。

【释】刘备当年屈尊三顾茅庐与诸葛亮进行交流作《隆中对策》时的纪念堂。

诸葛草庐

1964 年，郭沫若题书。生平事迹见前。

【注】诸葛草庐：语出诸葛亮《出师表》："臣本布衣，躬耕于南阳，苟全性命于乱世，不求闻达于诸侯。先帝不以臣卑鄙，猥自枉屈，三顾臣于草庐之中，咨臣以当世之事。"

据《三国志·蜀书·诸葛亮传》裴松之注引《襄阳记》记载：诸葛亮被刘备恳请出山辅佐走了以后，他的弟弟诸葛均也离开了隆中为官在外，隆中故居"嗣有董家居此宅，因董家衰殄灭亡，后人不敢复憩焉"。

从此以后，隆中的诸葛故居无人居住管理。

西晋永兴年间（304—306），镇南将军刘弘和长使李兴遂于司马邺建兴年间（313—316）进行整修，得以恢复，后来又历经了历史上各代的数次维修，才保留至今。现在的诸葛草庐占地面积 463.5 平方米，仿汉代建筑，砖木结构，有前后两个院落，分别由草堂、客房、卧室、内走廊组成，再现了诸葛亮当年在这里隐居躬耕时期的居住草庐。

【释】诸葛亮隐居躬耕时期的居住草庐。

明良千古

张海题书。

张海，1941 年出生于河南省偃师市，历任中国书法家协会主席，中国书法家协会学术委员会主任、评审委员会副主任，河南省文联主席，河南省书法家协会主席，第八、第九届全国人大代表，是享受国务院津贴的专家。

【注】明良：语出《尚书·益稷》："元首明哉，股肱良哉，庶事康哉。"比喻贤明的君主和忠良的臣子。例如：诸葛亮《便宜十六策·考黜》有"进用贤良，退去贪懦，明良上下，企及国理"之说。

明：贤明的君主，此指刘备。良：忠诚良将。例如：北宋科学家沈括（1033—1097）的《贺枢密吕侍郎启》有“明良协契，远迩均欢”之句。

千古：千古万年。

【释】刘备这个贤明君主和诸葛亮这个忠诚良将相结合的故事流传千古万年。

腾龙阁

庚辰年（2000）九月，乔石题书。

乔石（1924—2015），浙江定海县（今舟山市定海区）人，毕业于华东联合大学文学系。历任杭州市委宣传部长、组织部长，华东局统战部副部长，酒泉钢铁公司设计院院长，中央对外联络部部长，中央办公厅主任，中央组织部部长，中央政法委书记，中央党校校长，全国人大常委会委员长，第十二届中央政治局常委、中央书记处书记，第十四届中央政治局常委。

【注】腾龙：语出西汉文学家刘向（公元前 77—公元前 6）编著的《说苑·说丛》：“腾龙乘云而举。”比喻腾飞的龙。例如：清康熙年间进士陈元龙（1652—1736）奉敕编纂的《历代赋汇·王永颐八公山赋》有“压后土以踞虎兮，轶青霄而腾龙”之句。

腾龙阁，在襄阳隆中风景区的中山之巅，该阁 11 层，高 34 米，占地面积 1108 平方米，五层外廊回环，八檐凌空，宏伟高大，雄壮绝世。登临极顶可以俯视翠峰叠嶂，汉水帆影。阁内有诸葛亮事迹介绍，诗词歌赋琳琅满目。此阁于 1997 年 11 月动工，1998 年 8 月竣工，是纪念诸葛亮这个“卧龙”由此出山腾飞的建筑物。

【释】纪念诸葛亮这个“卧龙”由此出山腾飞的建筑物。

雄才大略

碣石湾（广东省汕尾市东部海岸）人，张明情题书。

张明情，广东省汕尾市人，其余不详。

【注】雄才大略：语出《汉书·武帝纪赞》：“如武帝之雄才大略，不改文景之恭俭以济斯民，虽《诗》《书》所称，何有加焉。”此指具有非常杰出的才智和谋略。

西汉时期，经过文景之治，农业得到空前的发展，国家安定团结。汉武帝即位后，他罢黜百家之言，独尊儒家文化，广泛收罗人才，兴大学，不改变“文景之治”的恭谦俭让之礼而关心人们的疾苦。所以，东汉史学家班固（32—92）在《汉书》中对汉武帝如此评价，认为汉武帝具有杰出的才智和宏大的谋略。

此处指诸葛亮具有非常杰出的才智和谋略。

【释】诸葛亮具有非常杰出的才智和谋略。

踵武前贤

严学章题书。

严学章，1959 年出生于湖北省枣阳市，中华蟹派艺术创始人。历任中国书法家协会会员、中国艺术创作院院长、中国艺术杂志社社长、中华书画协会常务副主席、中国《美术杂志》编辑、襄樊市文联创作联络部主任、湖北省书法创作研究员、襄樊市书法家协会副主席兼秘书长、襄樊市书学理论研究会副会长、襄樊市硬笔书法协会会长。

【注】踵武前贤：语出战国楚屈原《离骚》：“忽奔走以先后兮，及前王之踵武。”指效法前人，跟随着前人的脚步走。

踵：脚跟。武：足迹。前贤：以前的圣贤之人。

【释】效法诸葛亮这个圣贤之人跟着他的足迹向前走。

草庐先师

杨再春题书。

杨再春，字墨人，1943 年出生于河北省唐山市，就职于北京体育大学教授，历任北京书画艺术院常务副院长、党委书记，北京体育大学出版社社长兼总编，中国书法家协会会员，北京书法家协会理事，中央电视台书法讲座主讲，中国书画函授大学教授。

【注】草庐：襄阳隆中的诸葛草庐，是诸葛亮在此隐居躬耕十年的故居。

先师：语出《礼记 · 文王世子》：“凡学，春官释奠于其先师，秋冬亦如之。”郑玄注曰：“《周礼》曰：凡有道者、有德者使教焉，死则以为乐祖，祭于瞽宗，此之谓先师之类也。”此指以儒家道德思想为主题的前辈老师。例如：唐玄宗时期谏议大夫吴兢（670—749）的《贞观政要 · 论崇儒学》有“以仲尼为先圣，以颜子为先师”之说。

【释】诸葛草庐曾经出现了诸葛亮这个具有崇高思想道德修养的前辈大师。

（2）悬挂楹联 96 副

景是隆中秀；
山因诸葛高。

陈新剑题，张凡书。

陈新剑，襄阳广播电视大学教授、中共襄阳市委党校客座教授。代表作品有《中国古代散文美学》《历代诗人咏襄阳》，合著有《襄樊风情》《文化襄阳》。

张凡，原襄阳市隆中管理处主任，其余不详。

【注】景是隆中秀：旅游景点襄阳古隆中最为秀美。

山因诸葛高：隆中的山因为诸葛亮而名声最高。

【释】旅游景点襄阳古隆中最为秀美；

隆中的山因诸葛亮而名声最高。

毕生忠节垂双范；
千古智谋许一人。

严爱华题，鲁志敏书。

严爱华，襄阳市电大副教授、楹联学会副会长、诗词学会副会长。著述有《唐诗与襄阳》《襄阳风情历史篇》《襄阳城池》《趣说唐诗》《毛泽东诗词探微》等，其余不详。

鲁志敏，1933 年出生于湖北襄樊市，历任精忠书画院名誉院长、中国书画研究院高级书法师、中国老年书画研究会会员、中国文人书法家协会会员。

【注】毕生忠节垂双范：诸葛亮毕生忠君爱国的气节为后世留传下了典范。

千古智谋许一人：千百万年智慧谋略被后世认可的只有诸葛亮一人。

【释】诸葛亮毕生忠君爱国的气节为后世留传下了典范；

千百万年智慧谋略被后世认可的只有诸葛亮一人。

大智大忠，两表垂千古；
非神非圣，三代下一人。

张克文题，倪世伟书。

张克文，原襄阳市市委党校副校长，其余不详。

倪世伟，号水苇，香雪斋主人，1938 年出生于无锡市，客居湖北襄阳 50 余年。历任中国书法家协会会员、湖北省书法家协会理事、襄樊市展览馆馆长、书法家协会副主席。

【注】大智大忠，两表垂千古：诸葛亮具有大智慧与大忠诚，他的前后《出师表》名垂千古。

非神非圣，三代下一人：诸葛亮虽然不是神人、圣人，可他是夏商周三代以下的第一人。

【释】诸葛亮具有大智慧和大忠诚，他的前后《出师表》名垂千古；

诸葛亮虽然不是神人与圣人，可他是夏商周三代以下第一人。

山望隆中芳草近；
门临汉水碧波舒。

益阳周达斌题书。

周达斌，1935 年 9 月出生于湖南省益阳县，1960 年毕业于华中师范学院中文系，就职于湖北省襄阳师专中文系，历任中文系副主任、主任、党总支书、教授，湖北省《三国演义》学会理事。先后发表相关文章 30 多篇 20 多万字。

【注】山望隆中：登山远望古隆中。

芳草：语出《楚辞·离骚》：“何昔日之芳草兮，今直为此萧艾也。”以此比喻美德。例如：北宋文学家刘攽（1023—1089）的《泰州玩芳亭记》有“《楚辞》曰：惜吾不及古之人兮，吾谁与玩此芳草？自诗人比兴，皆以芳草嘉卉为君子美德”之说。

近：邻近。

门临汉水碧波舒：据北魏地理学家郦道元《水经注·沔水》记载：“沔水又东经隆中，历孔明旧宅北。亮与刘禅云：先帝三顾臣于草庐之中，咨臣以当世之事，即此宅也。”沔水：语出《诗经·小雅·沔水》：“沔彼流水，朝宗于海。”

沔水发源于汉中宁强县以北的汉源嶓冢山玉带河，流经陕西、湖北 7 个地市 34 个市县，流长 1532 公里，在武汉市汉口进入长江，属于中华民族四大河流（长江、黄河、淮河、汉江）之一，《水经注·沔水》第二十七至二十九卷中有详细记载。正因为如此，历史上才有上游的“沔阳”（今汉中勉县），下游亦有“沔阳县”称谓（今湖北省仙桃市），都因沔水而名。

由于沔水沿途两岸有 179 条大小河流汇入而水流量不断增大的缘故，上游自今汉中市勉县与汉台区交界的褒斜道南口之褒河水之上历史上一直称沔水，从褒水入口处至今安康市的中游被称为汉水，安康市以下至长江入口则称为汉江，汉水、汉江称谓由此而来，但是，郦道元《水经注》二十七至二十九卷都称为“沔水”。由此看来，汉水、汉江则是“沔水”的别名。

碧波：语出李白《江夏送林公上人游衡岳序》：“欲将振五楼之金策，浮三湘之碧波。”指清澄绿色的水波。

舒：从容、缓慢。

【释】登山远望隆中的芳草清香是因诸葛亮高尚美德距离很近；
古隆中山门邻近汉水清绿色水波从容而缓慢地向东流淌。

耕读成才留胜迹；
勤廉治国树高风。

李必才、钟生友撰联，鲁志敏书。

李必才，原湖北钢丝厂宣传部长，中华诗词学会会员，其余不详。

钟生友，中华诗词学会会员，中国楹联学会会员，其余不详。

鲁志敏，生平事迹见前。

【注】耕读成才留胜迹：是说诸葛亮在隆中隐居躬耕勤奋苦读成为名垂青史的人才，为隆中留下了名胜古迹。

勤廉治国树高风：是说诸葛亮勤政为民廉洁自律治理蜀汉国家树立了让后世尊崇敬仰的高风亮节。

【释】诸葛亮隐居躬耕勤奋苦读成为名垂青史人才为隆中留下名胜古迹；
诸葛亮勤政廉洁治理蜀汉国家树立了让后世尊崇敬仰的高风亮节。

淡泊明志；
宁静致远。

湖北兵备使者陈维周书，生平事迹见前。

【注】淡泊明志，宁静致远：语出诸葛亮《诫子书》：“夫君子之行，静以修身，俭以养德。非澹泊无以明志，非宁静无以致远。”

是说君子的行为操守，只有清心寡欲淡泊人生才能够明确志向；只有静心学习修身才能够实现远大目标。

【释】只有清心寡欲淡泊人生才能够明确志向；
只有静心学习修身才能够实现远大目标。

三顾频烦天下计；
两朝开济老臣心。

湖北兵备使者陈维周书，生平事迹见前。

【注】上、下联文皆语出唐代诗人杜甫《蜀相》诗歌：“丞相祠堂何处寻，锦官城外柏森森。映阶碧草自春色，隔叶黄鹂空好音。三顾频烦天下计，两朝开济老臣心。出师未捷身先死，长使英雄泪满襟。”

三顾频烦天下计：汉室后裔刘备为了匡扶汉室求贤若渴，曾频繁地屈尊三顾茅庐恳请诸葛亮指点迷津。诸葛亮十分感激刘备的屈尊三顾茅庐，为其分析了当时天下形势，制定了兴复汉室一统江山的《隆中对策》大计。

两朝开济老臣心：诸葛亮被先主刘备恳请出山辅佐，一步步实现《隆中对策》，最终建立了蜀汉政权。白帝城托孤后又辅佐后主刘禅治理国家，南征平叛、北伐曹魏，充分体现了这个老臣“鞠躬尽瘁，死而后已”辅佐两朝皇帝的忠君爱国之心。

【释】汉室后裔刘备屈尊三顾茅庐恳请诸葛亮制定了匡扶汉室一统江山大计；

诸葛亮辅佐先主刘备后主刘禅两朝皇帝体现了这个老臣忠君爱国之心。

伯仲之间见伊吕；
指挥若定失萧曹。

湖北兵备使者陈维周书，生平事迹见前。

【注】伯仲之间见伊吕，指挥若定失萧曹：语出唐代著名诗人杜甫《咏怀古迹》：“诸葛大名垂宇宙，宗臣遗像肃清高。三分割据纡筹策，万古云霄一羽毛。伯仲之间见伊吕，指挥若定失萧曹。福移汉祚难恢复，志决身歼军务劳。”

伯仲：语出东晋文学家王羲之（303—361）的《与谢安书》：“蜀中山水，如峨眉山，夏含霜雹，碑板之所闻，崑崙之伯仲也。”此指不相上下。例如：北宋秦观（1049—1100）的《代贺王左丞启》有“学穷游夏之渊源，文列班杨之伯仲”之句。

伊吕：商朝初期辅佐贤相伊尹与西周初期的辅佐贤相吕望。

指挥：此指出谋划策、运筹帷幄。

若定：镇定自若。

失：黯然失色。

萧曹：此指西汉初期汉高祖刘邦的两位辅佐贤相萧何、曹参。

【释】诸葛亮在辅佐帝王建功立业方面与商朝辅佐贤相伊尹和西周辅佐贤相吕望不相上下；

诸葛亮运筹帷幄镇定自若方面西汉高祖刘邦的两位辅佐贤相萧何与曹参也黯然失色。

岗枕南阳，依旧田园淡泊；
统开西蜀，尚留遗像清高。

题书者不详。

【注】岗枕南阳，依旧田园淡泊：诸葛亮如果继续在南阳郡隐居躬耕，结果仍然是淡泊田园之中的一个隐士。

统开西蜀，尚留遗像清高：诸葛亮帮助刘备建立了正统的蜀汉帝业，才留下了纪念祠庙与清高的塑像。

【释】诸葛亮如果继续在南阳郡隐居躬耕，仍然是淡泊田园中的一个隐士；

诸葛亮帮助建立了正统的蜀汉帝业，才留下了纪念祠庙与清高塑像。

三顾频烦天下计；
一番晤对古今情。

1965 年 1 月，国家副主席董必武在隆中视察题书，生平事迹见前。

【注】三顾频烦天下计：是说先主刘备为了匡扶汉室思贤若渴，曾频繁地三次前往襄阳隆中恳请诸葛亮指点迷津，诸葛亮为其制定了兴复汉室一统江山的《隆中对策》大计。

一番晤对古今情：刘备与诸葛亮在隆中一番分析天下形势、制定《隆中对策》的感悟性对话使刘备茅塞顿开，信心十足，恳请诸葛亮出山辅佐，建立了古今传颂的鱼水之情。

据《三国志·蜀书·诸葛亮传》记载：刘备恳请诸葛亮出山辅佐后“于是与亮情好日密。关羽、张飞等不悦，先主解之曰：孤之有孔明，犹鱼之有水也。愿诸君勿复言。羽、飞乃止”。

【释】汉室后裔刘备屈尊三顾茅庐恳请诸葛亮制定了匡扶汉室一统江山的大计；

刘备与诸葛亮一番对话深受感悟恳请出山辅佐建立了古今传颂的鱼水情。

志见出师表；
好为梁甫吟。

1964 年岁首，题为襄阳隆中诸葛草庐，郭沫若寄自北京刹海。生平事迹见前。

【注】志见出师表：诸葛亮辅佐蜀汉帝业忠君爱国志向体现在他的前、后《出师表》中。

好为梁甫吟：诸葛亮在隆中隐居躬耕时期，时常到山前石岩上吟诵《梁甫吟》抒发情怀。《梁甫吟》为汉代乐府古辞，一作《泰山梁甫吟》。例如：北宋文学家郭茂倩（1041—1099）的《乐府诗集》解题云：“按梁甫，山名，在泰山下。《梁甫吟》盖言人死葬此山，亦葬歌也。”

据于襄生编著的《隆中志》说隆中有“梁甫岩”，是当年诸葛孔明在此吟诵“梁甫吟”之处。例如：明代荆南道观察使吴绶的《隆中》诗歌有“半山岩石好，梁甫昔时吟。出处关成败，兴亡自古今”之句。

【释】诸葛亮辅佐蜀汉帝业的忠君爱国志向体现在他的前后《出师表》中；

诸葛亮在隆中隐居躬耕时经常到山前石岩吟诵《梁甫吟》抒发情怀。

半月溪小，能映五分明月；
藏书楼高，堪集九州奇书。

岁次辛未年（1991）仲冬（十一月），仲耘撰联，水苇书。

仲耘（1918—1999），本名李仲耘，毕业于北京辅仁大学，历任北京电影制片厂、中央新闻纪录电影制片厂美术设计总美术师，参与创作了国画《山河壮丽》《万水千山总是情》等珍品。生前是中国画研究会常务理事、中国美协、中国书协会员、北京市文史馆馆员。

水苇，本名倪世伟，号水苇，生平事迹见前。

【注】半月溪：在隆中的襄阳学院内，是小虹桥附近的一个碧潭，清澈明净水味甘甜，可以倒映天空中云彩，行人常饮此水解渴，是当年刘备三顾茅庐经过的地方。

藏书楼：在襄阳隆中诸葛书院，有藏书楼，历史悠久，自东晋以来历经多次维修。1987—1991 年，国家旅游局拨款进行了一次大维修，占地面积 3600 平方米，建筑面积 1123.44 平方米，形成了由牌坊、山门、致远堂、斋舍、讲堂、藏书楼组成大格局，收藏有若干图书资料，内外回廊相互连通，举办了“诸葛亮在襄阳”的陈列展览，对外开放。

【释】半月溪虽然小，可能够倒映一半天空的云彩和明月；
藏书楼很高大雄伟，可以汇集天下最好的图书资料。

垂功刘氏业；
遗范汉家风。

甲子（1984）孟夏（四月），湘醴李铎为襄阳隆中诸葛故居撰联。

生平事迹见前。

【注】垂功刘氏业：是说诸葛亮流传后世的功德业绩在于辅佐先主刘备、后主刘禅的蜀汉帝业。垂：语出《后汉书·邓禹传》：“垂功名于竹帛。”意思是将功名流传于后世。

遗范汉家风：诸葛亮遗留下来的思想道德楷模标准具有维护汉室江山一统的风范。

【释】诸葛亮流传后世的功德业绩在于辅佐先主刘备后主刘禅的蜀汉帝业；
诸葛亮遗留下来的思想道德楷模标准具有维护汉室江山一统的风范。

三顾草庐知节操；
两出师表见精忠。

庚申年（1980），襄阳王树人题书。生平事迹见前。

【注】三顾草庐知节操：刘备屈尊三顾茅庐礼贤下士使后世人知道了他的高尚道德情操。节操：语出《韩非子·五蠹》：“其剑者聚徒属，立节操，以显其名，而犯五官之禁。”此指做人的气节、德操。例如：《后汉书·伏隆传》有“隆字伯文，少以节操立名，仕郡督邮”之说。

两出师表见精忠：从诸葛亮的前、后《出师表》可以看到他对蜀汉国家无比忠诚。精忠：语出东晋医学家葛洪（284—364）的《抱朴子·博喻》：“是以比干匪躬，而剖心于精忠。”此指对国家、民族无比忠诚。例如：《宋史·岳飞传》有“帝手书精忠岳飞字，制旗以赐之”之说。

【释】刘备屈尊三顾茅庐礼贤下士使后世人知道了他高尚的道德情操；

从诸葛亮前、后《出师表》可以看见他对蜀汉国家的无比忠诚。

二表深心透武略；
三分鼎足见文韬。

王学仲题书。

王学仲（1925—2013），别名夜泊，山东滕州人，1942年于北京京华美术学院国画系学习，后在中央美术学院受业于当代绘画大师徐悲鸿先生，1953年起在天津大学任教。生前为中国文联荣誉委员、中国书法家协会顾问、天津文史研究馆名誉馆员、九三学社成员、天津市文联主席团成员、天津书法家协会名誉主席、天津大学教授。

【注】二表深心透武略：从诸葛亮前、后出师表透露出他忠君爱国、兴复汉室的深切心愿与治国安邦的军事谋略。

三分鼎足见文韬：从曹魏、蜀汉、孙吴三国鼎立可以看到诸葛亮在《隆中对策》中具有深谋远虑的预见性。

【释】从诸葛亮前后《出师表》透露出他忠君爱国兴复汉室的深切心愿与治国安邦的军事谋略；

从曹魏蜀汉孙吴三国鼎立中足可以看到诸葛亮在《隆中对策》中具有深谋远虑的预见性。

伯仲之间见伊吕；
先生有道出羲皇。

滇南黎天才集杜工部诗句联。

黎天才（1865—1927），云南省丘北县人，字辅臣，彝族，1883年参加抗法战争以作战勇敢而越级提拔为都司衔蓝翎守备。历任两浙中军管带、山西统领、江南第一师陆军中将、陆军第十一师师长、第九师师长兼襄（阳）、郧（西）

镇守使、湖北靖国联军总司令、将军府将军。

【注】伯仲之间见伊吕：语出唐代诗人杜甫《咏怀古迹》诗歌："伯仲之间见伊吕，指挥若定失萧曹。"诸葛亮在辅佐帝王建功立业方面，与商朝初期辅佐贤相伊尹和西周初期的辅佐贤相吕望不相上下。

先生有道出羲皇：语出杜甫《醉时歌》诗歌："先生有道出羲皇，先生有才过屈宋。"先生：这首诗是杜甫写给好友郑虔的，所以当指郑虔。

有道：有德有才。

出：出类拔萃。

羲皇：本名风伏羲、伏羲氏，中国上古时期风姓部落的首领。例如：南朝梁文学家萧统（501—531）的《文选·扬雄剧秦美新》有"厥有云者，上罔显于羲皇"。李善注："伏羲为三皇，故曰羲皇。"

此处的"先生有道出羲皇"，是指诸葛亮有德有才出类拔萃，超过了中国上古时期风姓部落的首领伏羲氏。

【释】诸葛亮辅佐帝王建功立业与商朝辅佐贤相伊尹和西周辅佐贤相吕望不相上下；

诸葛亮有德有才出类拔萃人格魅力功德业绩超过了上古风姓部落首领伏羲氏。

抱膝梦回梁甫吟；
鞠躬泪洒老臣心。

襄阳王树人题书。生平事迹见前。

【注】抱膝梦回梁甫吟：是说诸葛亮在襄阳隆中隐居躬耕时期，经常抱膝长啸家乡的汉代乐府诗歌《梁甫吟》，回味春秋时期齐国大夫晏婴使用计谋进行"二桃杀三士"的故事。

据《三国志·蜀书·诸葛亮传》裴松之注引《魏略》记载：诸葛亮在襄阳隆中隐居躬耕时期，"每晨夜从容，常抱膝长吟梁甫吟"，以表达自己的思想情怀。

鞠躬泪洒老臣心：是说诸葛亮虽然抱有"鞠躬尽瘁，死而后已"的献身精神决心要北伐曹魏，但是最终没有实现自己的心愿，落了个"出师未捷身先死，长使英雄泪满襟"的结果，让后世人经常挥泪纪念这个忠君爱国的老臣。

【释】诸葛亮隐居躬耕时期经常抱膝长啸家乡的汉代乐府诗歌《梁甫吟》回味"二桃杀三士"故事以寄托自己的思想情怀；

诸葛亮抱有"鞠躬尽瘁死而后已"献身精神北伐曹魏最终没有实现心愿让后世人经常挥泪纪念这个忠君爱国老臣。

智谋隆中对，三分天下；
壮烈出师表，一片丹心。

1982 年 4 月 10 日，陆定一题书于诸葛故居。生平事迹见前。

【注】智谋隆中对，三分天下：是说诸葛亮的智慧谋略汇聚在他的《隆中对策》之中，当时他已经预测到了将来天下会形成三国鼎立的局面。

壮烈出师表，一片丹心：是说诸葛亮竭尽全力辅佐蜀汉帝业，南征平叛与五次北伐曹魏的壮举体现了他的忠君爱国一片丹心。

【释】诸葛亮智慧谋略汇聚在《隆中对策》之中，当时他已预测到将来天下会形成三国鼎立局面；

诸葛亮竭尽全力辅佐蜀汉帝业，南征平叛与五次北伐曹魏壮举体现了忠君爱国的一片丹心。

昔定三分筹策；
今启四海文心。

谭继和撰联，田旭中书。

谭继和，1940 年出生于开县（今重庆市开州区），四川大学历史系研究生毕业，就职于四川省社会科学院，研究员。历任四川省文史馆馆员、历史学会会长、巴蜀文化学科首席专家，享受国务院特殊津贴专家。著有《巴蜀文化辩思集》《巴蜀文脉》《仙源故乡》等专著。

田旭中，1953 年出生于成都市，历任成都书画院院长、全国书画院创作交流会副主席、中国书法家协会会员、四川省书法家学会会长、草书研究会会长、成都市书协副主席、中国文艺家联合会副主席、北京宋庄国际诗书画院终身院长、中国数字艺术馆馆长。

【注】昔定三分筹策：是说诸葛亮当年在襄阳隆中为刘备制定了孙、刘联盟共同抗曹才能够兴复汉室，最终会形成三分天下鼎足局面的《隆中对策》。

今启四海文心：是说诸葛亮《隆中对策》、《诫子书》、《诫外甥书》、《便宜十六策》、前后《出师表》等文章直到今天还在启发着五湖四海文人的思想。

【释】诸葛亮为刘备制定了孙刘联盟共同抗曹才能兴复汉室形成三分天下鼎足局面的《隆中对策》；

诸葛亮《诫子书》《诫外甥书》《便宜十六策》《出师表》到今天还在启发五湖四海文人思想。

画三分，烧博望，出祁山，大名不朽；
气周瑜，辱司马，擒孟获，古今流传。

民国甲戌年（1934）孟秋（十月），黄冈（今湖北省武汉市新洲区）李云题书。生平事迹不详。

【注】画三分：诸葛亮《隆中对策》时预计到将来会出现三分天下的局面。

烧博望：是指博望坡之战，故事发生在汉献帝建安七年（202）。博望坡位于今河南省南阳市方城县博望镇。当时，刘备依附荆州牧刘表，驻军新野县，曹操派大将夏侯惇、于禁、李典于博望与刘备交战，刘备杀伤曹军后退兵。可是，《三国演义》第三十九回“博望坡军师初用兵”中，把这次战争说成是诸葛亮出山辅佐刘备的第一次运筹帷幄而大败曹军。就史实而言，建安七年（202），诸葛亮还没有出山，根本不可能去指挥这次战争。《三国演义》对这次战争采取了移花接木的艺术虚构，目的是表现诸葛亮的智慧。

出祁山：此指诸葛亮的五次北伐曹魏，《三国演义》称为“六出祁山”。

大名不朽：诸葛亮的大名永远流传不朽。

气周瑜：语出《三国演义》第五十一回“孔明一气周公瑾”、第五十五回“孔明二气周公瑾”、第五十六回“孔明三气周公瑾”，全属子虚乌有的虚构故事。

据《三国志·吴书·周瑜传》记载：“瑜还与将军据襄阳以戚操，北方可图也。权许之。瑜还江陵，为行装，而道于巴丘病卒，时年三十六。”巴丘：今湖南省岳阳市。由此看来，周瑜是病死的，不是诸葛亮气死的。

辱司马：是指诸葛亮建兴十二年（234）第五次北伐曹魏时驻军五丈原，与曹魏大都督司马懿以渭水相拒，司马懿见诸葛亮蜀军来势凶猛便坚不出战，诸葛亮派人送去了妇人衣服进行羞辱，认为司马懿如同妇人一般没有胆量。为此，《晋书·宣帝纪》记载说：“亮数挑战，帝不出，因遗帝巾帼妇人之饰。”

擒孟获：此指建兴三年（225），诸葛亮率军南征平叛，采取了“攻心为上”怀柔策略，“七纵七擒孟获”，使其心悦诚服归附，南中地区从此安定。

古今流传：以上这些故事从古至今都在广为流传。

【释】诸葛亮《隆中对策》中已预计到将来会出现三分天下局面，出山后就火烧博望坡大败曹军，又六出祁山北伐曹魏，他的大名永远流传不朽；

诸葛亮曾三气周瑜，羞辱魏国大都督司马懿，南征平叛时还七纵七擒孟获使其心悦诚服归附朝廷，以上这些故事从古至今都在广为流传。

沧海正横流，筹笔敢忘天下计；
云霄一羽毛，耕莘长见古人心。

癸酉年（1933）季夏（六月），重建武侯祠落成，黄冈徐源泉题书。

徐源泉（1886—1960），湖北省黄冈（今武汉市新洲区）人，宣统二年（1910）毕业于南京陆军讲武堂。历任上海光复军参谋、骑兵团长、陆军第十五旅旅长、四十八师师长、第六军副军长、第十军军长、鄂湘川“剿共总司令”，二级上将，国民党中央委员。

【注】沧海正横流：语出战国时期鲁国经学家谷梁赤《春秋谷梁传·序》：“孔子睹沧海之横流。”海水四处奔流，比喻政治混乱，社会动荡。例如：《晋书·王尼传》有“沧海横流，处处不安也”。再如：东晋史学家袁宏《三国名臣序赞》亦有“沧海横流，玉石同碎”之说。

筹笔：语出唐僖宗光启年间，兴元（今汉中市）节度副使唐彦谦（？—893）的《兴元沈氏庄》：“江邊武侯筹笔地，雨昏张载勒铭山。”此指运筹帷幄。

在广元市朝天镇北五公里筹笔乡，有诸葛亮当年运筹帷幄遗留的筹笔驿遗址，唐代诗人李商隐有《筹笔驿》著名诗歌。

另据武侯墓祠主持道人李复心《忠武侯祠墓志》记载：“武侯经理中原凡八载，多驻于此，或云祠堂为当年的筹笔驿，武侯驻军之行营，相府亦在斯地。”由此看来，兴元节度副使唐彦谦的诗歌中所提到的筹笔地当指今汉中勉县武侯祠，祠庙后面正好是沔水环绕。这说明，诸葛亮的“筹笔驿”遗址，起码有广元市朝天镇与汉中勉县武侯祠两个。

敢忘：不敢忘记。

天下计：治国安邦的天下大计。

云霄一羽毛：语出唐代诗人杜甫《咏怀古迹》诗歌：“诸葛大名垂宇宙，宗臣遗像肃清高。三分割据纡筹策，万古云霄一羽毛。”

此指站在众人之上手拿羽毛扇的诸葛亮。

耕莘：语出《孟子·万章上》：“相传伊尹未遇汤时耕于莘野，隐居乐道。”此指商朝初期伊尹还没有遇到商汤的时候，曾经隐居躬耕于莘国之野。

此处是指诸葛亮效法伊尹也隐居躬耕在襄阳隆中。

长见古人心：经常可以见到古人立志报国的心思。

【释】在动荡不安的东汉末年，诸葛亮为了辅佐蜀汉帝业而运筹帷幄不敢忘记治国安邦的天下大计；

站在众人之上手拿羽扇的只有诸葛亮一个人，他效法伊尹隐居躬耕可见到古人立志报国心思。

出处媲耕莘，寄命托孤，卓尔卧龙诚国士；
忠勤昭伐魏，大星遽陨，咄哉司马叹奇才。

道光戊申（1848）仲春月（二月），知均州事仁和县尧城题书。

尧城，仁和县（今浙江省杭州市仁和镇）人，道光年间曾出任均州（今湖北省丹江口市）知州，其余不详。

【注】出处：出仕为官的地方。

媲：对比，媲美。

耕莘：此指商朝初期伊尹曾经隐居躬耕于莘国之野。

寄命托孤：此指章武三年（223）春刘备在白帝城病笃，临终前向诸葛亮托孤寄命，安排后事，让诸葛亮全权辅佐后主刘禅。

卓尔：语出《论语·子罕》："既竭吾才，如有所立卓尔。"形容一个人的道德学问及成就超越寻常，与众不同。

卧龙：指诸葛亮。

诚：诚然，的确。

国士：语出《左传·成公十六年》："皆曰国士在，且厚，不可当也。"此指国中最优秀之人。例如：北宋文学家黄庭坚（1045—1105）的《书幽芳亭》有"士之才德盖一国则曰国士"之说。

忠勤昭伐魏：是说诸葛亮忠君爱国、勤政为民，他先后上前、后《出师表》奉后主刘禅的诏书正大光明北伐曹魏。昭：昭明，正大光明。

大星遽陨：此指诸葛亮病死在第五次北伐曹魏的五丈原军中。遽（jù）陨：就死的意思。

据《三国志·蜀书·诸葛亮传》裴松之注引《晋阳秋》记载："有星赤而芒角，自东北西南流投于亮营，三投再还，往大还小，俄而亮卒。"

咄哉：咄，呵斥，相当于去。哉，相当于吧。咄哉解释为去吧，去吧。

司马叹奇才：此指诸葛亮死后，蜀军徐徐退军汉中，魏军大都督司马懿前往五丈原观看诸葛亮驻军营地，发现这里井然有序，不得不惊奇地称赞诸葛亮是"天下奇才也"。

【释】诸葛亮隐居躬耕的地方可以与商朝伊尹在莘国隐居躬耕故事媲美，刘备临终前向诸葛亮托孤，说明诸葛亮与众不同是德才兼备的优秀人物；

诸葛亮忠君爱国勤政为民正大光明地北伐曹魏，没想到病死在五丈原军中，去吧司马懿你观看蜀军营地时还不得不称赞诸葛亮是天下奇才。

此邦是南北咽喉，筹策定孙刘，毕竟不无遗恨；
今日又河山板荡，驰驱遍荆楚，何从更觅先生。

黄冈陶继侃题书。

陶继侃，民国时期湖北省黄冈县人，其余不详。

【注】此邦是南北咽喉：此指襄阳这个地方是南北交通枢纽的咽喉要地。此邦：这个地方。

筹策定孙刘：是指当年诸葛亮为刘备制定了联合东吴孙权共同抗曹的战略决策。

毕竟不无遗恨：到底还是留下了一些遗憾。毕竟：到底、还是。不无：还是有一些。遗恨：遗憾。

今日又河山板荡：今天的国家又动荡不安。板荡：典出《诗经·大雅》，其中有《板》《荡》两篇，写当时周厉王无道，政治黑暗，国家动乱，人民生活贫苦，后来“板荡”便被用来形容天下大乱。例如：南朝宋文学家谢灵运（385—433）的《拟魏太子邺中集·王粲》诗有“幽厉昔崩乱，桓灵今板荡”之句。再如：唐太宗李世民（598—649）的《赐萧瑀》诗亦有“疾风知劲草，板荡识诚臣”之说。

驰驱遍荆楚：此指荆楚襄阳一带战争纷乱，社会形势极不安宁。驰驱：语出《孟子·滕文公下》：“吾为之范我驰驱，终日不获一，为之诡遇，一朝而获十。”策马疾驰奔走效力的意思。例如：诸葛亮《出师表》中有“遂许先帝以驱驰，后值倾覆”之说。

何从更觅先生：我们从哪里可以再找到一位像诸葛亮那样能够安邦定国的先生呢？

【释】襄阳这个地方是南北交通枢纽的咽喉要地，当年诸葛亮为刘备制定了联合东吴孙权共同抗曹的战略决策，到底还是留下了一些遗憾；

今天的国家又动荡不安，荆楚襄阳一带战争纷乱社会形势不安宁，我们从哪里再可以找到一位像诸葛亮那样能够安邦定国的先生呢？

汉室溯臣劳，当运际扶危，合让先生出头地；
蜀都崇庙祀，幸恩承秉臬，更从遗像仰擎天。

同治八年（1869）春三月既望，四川按察使、湖北安襄郧荆州兵备道长白英祥熏沐题书。

英祥，吉林长白朝鲜族自治县人，同治年间曾出任四川按察使、湖北安襄郧荆州兵备道。

【注】汉室：语出西汉孔安国（公元前156—公元前74）的《尚书序》：“汉室龙兴，开设学校，旁求儒雅。”此指刘姓帝业的汉朝。例如：诸葛亮《出师表》有“汉室之隆，可计日而待也”。此指蜀汉朝廷。

溯：追溯、追根求源。

臣劳：臣子的功劳。

当运际扶危：应当是全力扶助国家于危急存亡之时。

合让先生出头地：合情合理地让蜀汉丞相诸葛亮出人头地。先生：此指诸葛亮。

蜀都崇庙祀：益州人民尊崇敬仰而立庙祭祀诸葛亮。

幸恩承秉臬：此指作者本人幸运秉承皇恩执掌刑法。臬（niè）：宋、元、明、清时期主管一省司法的官员，如臬司。

更从遗像仰擎天：更加从诸葛亮的塑像来仰慕他就会有强大的力量。擎天：强大的力量、强大的责任。清代无名氏的《论语·齐景公待孔子五章》弹词有“自古大道属文宣，他把那擎天担子一肩担”之句。

【释】蜀汉朝廷追根求源封赏臣子功劳，应当是全力扶助国家于危急存亡之时，这样就合情合理让诸葛亮出人头地；

益州人民崇敬立庙祭祀诸葛亮，本人幸运承皇恩执掌司法，更从诸葛亮塑像仰慕他就会有强大力量与责任感。

公去已千年，留的胜迹长存，风光无限；
我来才一瞬，想到古人三顾，感慨何深。

楚人白雉山撰联，丁卯年（1987）仲秋（八月），汉阳昌麟姚励群书于汉皋。

白雉山，本名杨村，号白雉山人，1934年出生于湖北鄂州市，湖北省诗词学会副会长、副研究员。作品有《汉语新诗韵》《白雉山诗选》和《名联三百副评注》等10余部。

姚励群，字昌麟，号晴川阁人，就职于民革武汉市委员会，是中国手指画研究会副会长、中原书画研究会研究员、武汉太白书画院副院长、武汉江岸区书协副主席、江岸区政协委员。

【注】楚人：春秋战国时期楚国辖地的人，泛指湖北人。

昌麟：今武汉市汉阳区。

汉皋：山名，在湖北襄阳市西北。

公去已千年，留的胜迹长存，风光无限：诸葛亮去世已经有千年之久了，因他留下来的名胜古迹不但始终存在，而且风光无限美好。

我来才一瞬，想到古人三顾，感慨何深：作者本人来到襄阳隆中才很短的时间，想到了当时刘备曾经屈尊三顾茅庐向诸葛亮求教，思想中感触慨叹很深。

【释】诸葛亮去世已千年了，留下的名胜古迹始终存在，风光无限美好；
我到隆中很短时间，想到刘备三顾茅庐向诸葛亮求教，感慨很深。

布衣吟啸足千古，草庐频顾，收起潜龙，蜀丞相尽瘁鞠躬，非得已也；

竹帛勋名传两代，汉祚将终，霄沉羽鹎，杜少陵酸心呕血，有由来哉。

光绪七年（1881）三月之吉，浔阳吴耀斗题书于武侯祠。

吴耀斗，浔阳（今江西省九江市）人，同治、光绪年间，曾出任襄阳知县、江陵知县，续修了《襄阳县志》，其余不详。

【注】布衣：语出诸葛亮《隆中对》：“臣本布衣，躬耕于南阳。”此指平民百姓的意思。

吟啸：是指诸葛亮在隆中隐居躬耕期间，经常抱膝长啸家乡的汉乐府诗歌《梁甫吟》。

足千古：这种精神足可以传播千年。

草庐频顾，收起潜龙：汉室后裔刘备为了匡扶汉室求贤若渴，曾屈尊三顾茅庐请求诸葛亮指点迷津。诸葛亮为其分析了当时天下形势，制定了兴复汉室的《隆中对策》，使刘备如梦初醒，兴奋不已，他恳请诸葛亮出山辅佐。而诸葛亮十分感激刘备的屈尊三顾茅庐，毅然决然出山，帮助其实现匡扶汉室的大业，刘备从此接收了诸葛亮这个“卧龙”。

潜龙：亦指卧龙。语出《后汉书·马融传》：“聘畎亩之群雅，宗重渊之潜龙。”李贤注曰：“潜龙，喻贤人隐也。”此指隐居的贤才。例如：《三国志·蜀书·诸葛亮传》记载说：“诸葛孔明者，卧龙也。”

蜀丞相尽瘁鞠躬，非得已也：蜀汉丞相诸葛亮在辅佐先主刘备和后主刘禅期间，竭尽全力地忠君爱国、勤政为民、廉洁奉公，这是在主贤臣忠的前提下不得不这样做的事情。

竹帛：语出《墨子·天志中》：“又书其事于竹帛，镂之金石，琢之槃盂，传遗后世子孙。”古代在没有纸张的情况下，一直用竹简、木牍、绢帛来书写记录文字，此指历史典籍。例如：《史记·孝文本纪》有“然后祖宗之功德著于竹帛，施于万世，永永无穷，朕甚嘉之”之说。

勋名传两代：诸葛亮功名传播了蜀汉先主、后主两代。

汉祚将终：此指汉家帝业将要终止了。

霄沉羽鷛（chōng）：天降雨雹湿透了鷛鸟的羽毛而飞不起来。此指蜀汉衰败难以振兴。

杜少陵酸心呕血：唐代诗人杜甫在《蜀相》诗歌中评价诸葛亮说：“出师未捷身先死，长使英雄泪满襟。”在《谒先主庙》诗歌中亦有“杂耕心未已，欧血事酸辛”之句。杜少陵：杜甫（712—770），字子美，自号少陵野老。

有由来哉：这是有原因的。

【释】诸葛亮布衣隐居躬耕在隆中常抱膝长啸家乡汉乐府诗歌“梁甫吟”以寄托思想情怀其精神足可传播千年，刘备曾频繁三顾茅庐请诸葛亮指点迷津为其制定了《隆中对策》，刘备恳请诸葛亮出山辅佐接收了这个“卧龙”，在辅佐刘备和刘禅期间诸葛亮竭尽全力忠君爱国勤政为民廉洁奉公，这是在主贤臣忠前提下不得不这样做的事情；

历史典籍始终记载着诸葛亮辅佐蜀汉先主刘备后主刘禅两代帝王的功德业绩，眼看蜀汉时局衰败难以振兴汉家帝业将要终止了，这就好比天降雨雹湿透了鷛鸟的羽毛而飞不起来一样即便是再努力也不可能兴复汉室了，杜甫在《蜀相》诗歌中很伤心地评价诸葛亮说“出师未捷身先死，长使英雄泪满襟”，这种结局是由历史背景原因造成的。

一身阳刚之气，死而后已父子赴国难；
三代满门忠烈，鞠躬尽瘁祖孙勤王事。

岁次庚午（1990）仲秋（八月），隆山（古县名，今天四川省彭山县）舍人（古代是官名，宋、元后用以称呼权贵子弟）胡舟题书于武侯祠诸葛尚龛。

胡舟，生平事迹不详。

【注】一身阳刚之气，死而后已父子赴国难：此指诸葛亮的儿子诸葛瞻和孙子诸葛尚继承了诸葛亮为国家“鞠躬尽瘁死而后已”的献身精神，一身阳刚之气，在绵竹与魏军誓死决战而不投降，父子双双战死，为蜀汉国家赴难献身。

三代满门忠烈，鞠躬尽瘁祖孙勤王事：诸葛亮与儿子诸葛瞻和孙子诸葛尚三代人满门都是忠烈，他们祖孙都是忠君爱国、勤政敬业，竭尽全力地为蜀汉帝业的王室效力。正因为如此，西晋武帝司马炎评价诸葛亮父子说：“诸葛亮在蜀，尽其心力，其子瞻临难而死义，天下之善一也。”（见《三国志·蜀书·诸葛亮传》裴松之注引《诸葛氏谱》中《泰始起居注》）

罗贯中在《三国演义》第一百十七回“诸葛瞻战死绵竹”中也评价说：“苍天有意绝炎刘，汉室江山至此休。诸葛子孙皆效死，成都卿相尽添愁。”

【释】诸葛瞻和诸葛尚一身阳刚之气，继承了诸葛亮死而后已精神在绵竹与魏军誓死决战不降双双为国家赴难；

诸葛亮与儿子诸葛瞻孙子诸葛尚三代人满门忠烈，祖孙鞠躬尽瘁忠勤敬业竭尽全力为蜀汉帝业王室效力。

不做琅琊王，血洒西川视死如归；
甘做汉死臣，骸骨沙场大义凛然。

甲子年（1984）腊月吉日，孟凝慎题书于武侯祠诸葛瞻龛楹联。

孟凝慎，生平事迹不详。

【注】不做琅琊王，血洒西川视死如归：据《三国志·蜀书·诸葛亮传》附“诸葛瞻传”记载说：景耀“六年冬，魏征西将军邓艾伐蜀，自阴平由景谷道旁入。瞻督诸军至涪停住，前锋破，退还，住绵竹。艾遣书诱瞻曰：若降者，必表为琅琊王。瞻怒斩艾使，遂战大败，临阵死，时年三十七，众皆离散，艾长驱至成都。瞻长子尚，与瞻俱没”。

这段话是说，蜀汉景耀六年（263）冬，魏国征西将军邓艾率领大军为了灭蜀来到绵竹，派使者前往诸葛瞻军营送去劝降书，说如果愿意投降，可上表封为琅琊王。诸葛瞻看后大怒，立即斩杀使者，披挂上阵与邓艾军交战，由于寡不敌众，遂大败而战死，死年 37 岁。邓艾军长驱直入直逼成都，诸葛瞻 19 岁的儿子诸葛尚也战死了。父子双双埋在绵竹，后世人修祠立庙以示纪念。

甘做汉死臣，骸骨沙场大义凛然：诸葛瞻父子甘愿做一个蜀汉的忠臣良将去死，将骸骨遗留在战场而体现出大义凛然。

【释】诸葛瞻不愿做魏国所封“琅琊王”而投降，血洒绵竹视死如归；

诸葛瞻父子甘做蜀汉忠臣去死，骸骨遗留在战场体现大义凛然。

蹉跎八载梦；
今始到隆中。

1990 年 10 月 18 日，孙道临题书。

孙道临（1921—2007），1921 年生于北京市，毕业于燕京大学，1949 年就职于上海电影制片厂。历任中国电影家协会理事、顾问，上海华夏影业公司艺术总监。代表作品有《雷雨》《生死恋》《永不消逝的电波》《早春二月》《乌鸦与麻雀》。

【注】蹉跎：语出三国时期魏国“竹林七贤”之一阮籍（210—213）的《咏怀》诗歌之五：“娱乐未终极，白日忽蹉跎。”形容时间白白地过去了。例如：北魏农学家贾思勰的《齐民要术·种胡荽》有“蹉跎失机，则不得矣”之说。

再如《晋书·周处传》亦有“白日忽蹉跎，驱马复来归”之句。

八载梦：此指孙道临梦想到襄阳隆中来拜谒诸葛亮已经有八年了。

今始到隆中：今天才如愿以偿地来到了襄阳隆中这个地方。

【释】时间白白过去八年一直梦想到隆中拜谒诸葛亮；

今天才开始如愿以偿来到了襄阳隆中这个地方。

瞻诸葛故居；
赏隆中胜景。

丙子（1996）春，杨汝岱题书。

杨汝岱（1926—2018），四川省仁寿县人，1950年参加工作，历任仁寿县方家区副区长、仁寿县委组织部副部长、县委副书记、书记，乐山地委书记，四川省副省长、省委书记，中共第十二届、第十三届中央委员、第十三届中央政治局委员，中国人民政治协商会议第八、九届全国委员会副主席。

【注】瞻诸葛故居：瞻仰诸葛亮当年隐居躬耕时期居住过的地方。瞻：瞻仰。故居：曾经居住过的地方。

赏隆中胜景：参观游览认真欣赏襄阳隆中这里的古迹名胜景色。赏：参观游览认真欣赏。胜景：古迹名胜的景色。

【释】瞻仰诸葛亮当年隐居躬耕时期曾经居住过的地方；

参观游览认真欣赏襄阳隆中这里的古迹名胜景色。

念隆中为一代名士居处；
选贤才范后世治国之举。

王首道题书。

王首道（1906—1996），湖南省浏阳县人。历任湖南省政府主席、交通部副部长、国务院第六办公室主任、全国政协第四届委员会常务委员、广东省委书记、广东省政协主席、政协第五届全国委员会副主席、第五届全国人大法制委员会副主任。

【注】念隆中为一代名士居处：怀念襄阳隆中是一代知名人士诸葛亮居住过的地方。念：怀念。名士：知名人士。居处：居住过的地方。

选贤才范后世治国之举：选拔才智出众的人才为典范，目的是为了后来治理国家之举措。选：选拔。贤才：才智出众的人才。范：典范。后世：后来。治国：治理国家。举：举措。

【释】怀念襄阳隆中曾经是一代知名人士诸葛亮居住的地方；

选拔才智出众的典范人才为的是后来治理国家之举措。

体国经野；
运筹帷幄。

吴良镛题书。

吴良镛，1922 年出生于南京市，先后毕业于重庆中央大学、美国匡溪艺术学院硕士研究生。历任清华大学建筑系主任、教授，中国科学院院士，中国工程院院士，获得国家最高科学技术奖，被党中央、国务院授予“改革先锋”称号。

【注】体国经野：语出《周礼·天官·序官》：“惟王建国，辨方正位，体国经野，设官分职，以为民极。”体：划分。国：都城。经：丈量。野：田野。把都城划分为若干区域，由官宦贵族分别居住或让奴隶平民耕作。

此指系统地治理国家。例如：南北朝时期文学家庾信（513—581）的《贺新乐表》有“我太祖文皇帝，体国经野，设官分职”之说。

运筹帷幄：语出《史记·高祖本纪》：“夫运筹帷幄之中，决胜千里之外，吾不如子房。”运筹：计谋、谋划。帷幄：古代军中帐幕。

此指在军帐内对军事战略做全面的计划。

【释】系统治理国家；
　　需要全面计划。

隆中一日风云会；
剑外千秋草木香。

题书者不详。

【注】隆中一日风云会：刘备与诸葛亮在襄阳隆中一天的君臣际会就确立了后来建立蜀汉帝业的坚实基础。风云会：语出东汉王粲（177—217）的《杂诗》之四：“遭遇风云会，托身鸾凤间。”此指君臣际会，亦称际遇。例如：唐代诗人杜甫的《洗兵马》诗有“征起适遇风云会，扶颠始知筹策良”之句。

剑外：语出唐代诗人杜甫的《闻官军收河南河北》诗歌：“剑外忽传收蓟北，初闻涕泪满衣裳。”泛指四川剑阁以南地区。例如：北宋学者王銍《补侍儿小名录》有“自禄山之乱，父仓皇剑外，母程氏乃流落襄阳”之说。此指剑门关之外今汉中勉县。

千秋草木香：指勉县定军山下武侯墓千百年来得到很好的保护管理，草木都是香的。

据《三国志·蜀书·诸葛亮传》记载：建兴十二年（234）秋天，诸葛亮病死在第五次北伐曹魏的五丈原军中，遗命说：“死后葬汉中定军山，因山为坟，冢足容棺，殓以时服，不须器物。”同年十二月，将其安葬在定军山下。

景耀六年（263）春天，后主刘禅根据文武百官强烈要求，“诏为亮立庙沔阳”，在武侯墓前修建了天下第一武侯祠，以利于“千秋祭祀”。

同年“秋，魏镇西将军钟会征蜀至汉川，祭亮之庙，令军士不得于亮墓所左右刍、牧、樵、采”，这种制度一直延续到今天。因此，历史上就有了“十里定军草木香”之盛誉。武侯墓内山门口，有嘉庆七年（1802）汉中知府赵洵所题楹联：“水咽波声，一江天汉英雄泪；山无樵采，十里定军草木香。”

【释】刘备与诸葛亮在襄阳隆中一天的君臣际会确立了后来建立蜀汉帝业的坚实基础；

剑门关之外的汉中勉县定军山下武侯墓千百年来得到了很好保护草木都是香的。

三顾许驰驱，三分天下隆中对；
大军彰讨伐，六出祁山纲目述。

题书者不详。

【注】三顾许驰驱：刘备屈尊三顾茅庐经过诸葛亮指点迷津后茅塞顿开，他恳请诸葛亮出山辅佐，诸葛亮十分感激刘备的屈尊三顾茅庐，毅然决然答应出山奔走效力。许：许可，答应。驰驱：语出《三国志·蜀书·诸葛亮传》的《出师表》文：“先帝不以臣卑鄙，猥自枉屈，三顾臣于草庐之中，咨臣以当世之事，由是感激，遂许先帝以驱驰。后值倾覆，受任于败军之际，奉命于危难之间，尔来二十有一年矣。”此指奔走效力的意思。例如：北宋文学家苏辙《代张公祭蔡子正资政文》有：“声闻于朝，遂付兵枢，剔朽鉏荒，许之驰驱。”再如：清代诗人黄遵宪（1848—1905）的《人境庐诗草自序》亦有“余年十五六，即学为诗，后以奔走四方，东西南北，驰驱少暇，几几束之高阁”之说。

三分天下隆中对：天下三足鼎立局面是《隆中对策》早已经预料到的事情。

大军彰讨伐：诸葛亮率领军队主动出击攻打敌人，彰显了他在《出师表》中提出要“北定中原，兴复汉室，还于旧都”的决心。彰：彰显。讨伐：指主动出击攻打敌人。

六出祁山：语出《三国演义》第一百二十回的末尾叙事诗：“孔明六出祁山前，愿以只手将天补；何期历数到此终，长星半夜落山坞。”

《三国演义》从第九十五回“马谡拒谏失街亭”至一百四回“陨大星汉丞相归天”，集中将诸葛亮的五次北伐曹魏说成是“六出祁山”，其中将建兴八年（230）曹魏三路大军进攻汉中，诸葛亮在汉中的防御曹魏来犯也说成为“出祁山”显然是不准确的。陈寿《三国志》诸葛亮传和后主传中，明明白白告诉我们，诸葛亮北伐曹魏只有五次，其中228年的第一次与231年的第四次北伐曹魏到过祁山，其他三次北伐根本与祁山没有任何关系。因此，正确说法是“五次北伐”，而根本不存在“六出祁山”之说。

纲目：语出东汉文学家徐干（170—217）的《中论·民数》：“是以先王制六乡六遂之法，所以维持其民而为之纲目也。”计划大纲与细则。此指《三国志》与相关的历史典籍。

述：记述、记载。

【释】刘备三顾茅庐恳请诸葛亮出山辅佐答应奔走效力，三足鼎立是《隆中对》早已经预料的事情；

诸葛亮攻打曹魏彰显了兴复汉室决心，五次北伐的业绩在《三国志》相关历史典籍都有记载。

草庐起卧龙，辅弱挫强，开基承统，惜中兴事业难从愿；
秀岗留祠宇，仰忠慕志，钦德敬才，引无数英雄竞折腰。

钟生友题书。

钟生友，湖北省襄阳市谷城县人，谷城县作家协会会员，曾编著出版了《历代咏诸葛亮诗选》《联语心花》，其余不详。

【注】草庐起卧龙，辅弱挫强，开基承统，惜中兴事业难从愿：从诸葛草庐走出了诸葛亮这个卧龙先生，辅佐十分弱小的刘备集团联合东吴孙权在赤壁之战中彻底打败了实力强大的曹操，帮助刘备开创了蜀汉帝业继承了汉室江山的正统，可惜的是“北定中原，兴复汉室，还于旧都”的意愿很难实现。

中兴：语出《诗经·大雅·烝民序》：“任贤使能，周室中兴焉。”此指国家由衰退而复兴。例如：南宋王观国的《学林·中兴》有“中兴者，在一世之间，因王道衰而有能复兴者，斯谓之中兴”之说。

此指诸葛亮在《出师表》中提出“北定中原，兴复汉室”意愿难以实现。

秀岗留祠宇，仰忠慕志，钦德敬才，引无数英雄竞折腰：景色秀丽的隆中山岗上遗留下诸葛亮隐居躬耕时期的祠庙，让后世人仰慕他忠君爱国的志向，尊崇敬仰他高尚道德与才能，吸引古往今来无数英雄豪杰为之倾倒。

引无数英雄竞折腰：语出毛泽东主席《沁园春·雪》：“江山如此多娇，引无数英雄竞折腰。”引：吸引。无数英雄：很多英雄豪杰。竞：竞相。折腰：倾倒。

【释】草庐走出诸葛亮卧龙，辅佐弱小的刘备集团联合东吴在赤壁之战中打败了实力强大的曹操，帮助刘备开创帝业继承了汉室正统，可惜的是北定中原兴复汉室意愿很难实现；

景色秀丽的隆中山岗上遗留下诸葛亮隐居躬耕时期的故居祠庙殿宇，让后世人触景生情仰慕他忠君爱国志向，钦佩他高尚道德情操与才能，吸引无数英雄豪杰竞相倾倒。

瑶琴飞雅韵；
羽扇挟风雷。

释贵明题书。

释贵明，1946 年出生于湖北省襄樊市，毕业于华中理工大学新闻系，历任襄樊日报社总编室主任、总编助理，享受国务院政府特殊津贴。是中国新闻摄影学会会员、湖北省摄影家协会会员、襄阳市摄影家协会副主席。

【注】瑶琴：语出南朝宋文学家鲍照（414—466）的《拟古》诗歌七："明镜尘匣中，瑶琴生网罗。"此指用玉装饰的琴。琴长三尺六寸六分，按三百六十六日，前阔八寸按八节，后阔四寸按四时，厚二寸按两仪，据说为伏羲氏所琢。有一次伏羲看到凤凰来仪，飞坠在一株梧桐树上，遂按天、地、人三才将梧桐树截为三段，取中间一段在长流水中浸七十二日，再取起阴干，再按五行的金、木、水、火、土，成为宫、商、角、徵、羽五音制成了乐器——琴，奏出的音乐属于天上的瑶池之乐，所以把琴称作"瑶琴"。例如：北宋学者何薳（1077—1145）的《春渚纪闻·古琴品说》有"秦汉之间所制琴品，多饰以犀玉金彩，故有瑶琴绿绮之号"。

飞雅韵：此指《三国演义》第九十五回"马谡拒谏失街亭，武侯弹琴退仲达"中诸葛亮在西城楼上弹琴，高雅琴声在空中飞扬，吓退了司马懿魏军。

羽扇挟风雷：是说《三国演义》中诸葛亮经常手持羽毛扇运筹帷幄指挥作战依仗羽毛扇来改变局势。羽扇：诸葛亮的羽毛扇。挟：依仗的意思。风雷：急剧变化的战争形势。

【释】诸葛亮在西城楼上弹琴高雅琴声在空中飞扬吓退了司马懿魏军；

诸葛亮手持羽毛扇镇定自若指挥作战依仗羽毛扇改变战争局势。

前人之述备矣，愧无新赋颂博雅；
我辈何其幸哉，愿借东风净慧聪。

张克文题书。

张克文，1974 年出生于湖北省天门市，先后毕业于中南政法学院、中南财经政法大学、武汉大学，法学博士，中南财经政法大学刑事司法学院副教授。

【注】前人之述备矣，愧无新赋颂博雅：前辈人对诸葛亮的生平事迹与功德业绩记载评价已经相当丰富完备了，惭愧的是后来没有新的诗歌来歌颂诸葛亮广博学识与高雅风度。矣：文言助词，了的意思。赋：诗歌。博雅：学识渊博且具有高雅风度。

我辈何其幸哉，愿借东风净慧聪：我们这一辈人是多么幸福啊，但愿能够凭借这大好形势来净化我们的思想灵魂增加我们的聪明才智。何其：多么的。哉：感叹词啊的意思。借：凭借。东风：大好形势。慧聪：聪明才智。

【释】前辈人对诸葛亮功德业绩记述相当完备了，惭愧的是后来没有新诗歌来歌颂他的广博学识与高雅风度；

我们这一辈人是多么的幸福啊，但愿我们能够凭借着这大好形势来净化思想灵魂增加我们的聪明才智。

非先生对策，庶乎玄德成流寇；
无明主访贤，抑或孔明终野夫。

刘克勤撰联。

刘克勤，1950年出生于湖北省枣阳市，毕业于华中师范学院中文系，历任襄樊市精神文明办公室副主任、襄樊日报社副社长、文化局副局长、社科联党组书记副主席、群众文化学会会长、诸葛亮研究会常务理事。代表作品有《中国城市改革丛书·襄樊》《诸葛亮躬耕地望论文集》《论诸葛亮形象的双重性》《文化襄樊》等。

【注】非先生对策，庶乎玄德成流寇：如果不是诸葛亮的《隆中对策》和出山辅佐，刘备几乎成为到处流窜的盗匪贼寇。非：不是。先生：此指诸葛亮。对策：此指诸葛亮为刘备指点迷津制定的《隆中对策》。庶乎：几乎、差不多的意思。玄德：蜀汉先主刘备字玄德。流寇：语出明末清初文学家王铎（1592—1652）的《兵部尚书节寰袁公夫人宋氏行状》："乙亥二月，流寇薄睢阳城下，睢之厚资家多遁去或穴地内金焉。"此指到处流窜的盗匪贼寇。

无明主访贤，抑或孔明终野夫：假如没有刘备这个英明之主三顾茅庐访问求贤，诸葛孔明有可能终身都是草野农夫。无：没有。明主：英明之主。访贤：访问求贤。抑或：有可能。终：终身。野夫：语出《礼记·郊特牲》："野夫黄冠。黄冠，草服也。"孔颖达疏："田夫则野夫也。"泛指草野农夫之人。如：唐代诗人柳宗元的《禜（yíng）门文》有"淫雨斯降，害於麰麦。野夫兴忧，官守增惕"之说。

【释】如果不是诸葛亮的《隆中对策》和出山辅佐，刘备几乎成为流窜的盗匪贼寇；

假如没有刘备英明之主三顾茅庐访问求贤，诸葛孔明有可能终身都是草野农夫。

两表酬三顾；
一对足千秋。

永川子明游俊题书于三顾堂大门。

游俊（1884—1951），字子明，号盲禅，永川（今重庆永川区）人，历任彭县知事、天全县、江油县县长。20 世纪 30 年代在成都以卖字画为生，成都武侯祠、新都桂湖升庵祠等风景名胜地至今还留有他的手迹，为四川名士。

【注】两表酬三顾：诸葛亮前、后《出师表》体现了酬谢刘备当年屈尊三顾茅庐恩情。

一对足千秋：诸葛亮当年为刘备指点迷津出谋划策制定的《隆中对策》足可传播千万年。

【释】诸葛亮前后《出师表》体现了酬谢刘备当年屈尊三顾茅庐恩情；

诸葛亮为刘备指点迷津制定的《隆中对策》足可以传播千万年。

功盖三分国；
名成八阵图。

1984 年 4 月，王任重书于诸葛故居。生平简介见前。

【注】此联句皆语出唐代著名诗人杜甫《八阵图》诗歌：“功盖三分国，名成八阵图。江流石不转，遗恨失吞吴。”

【释】诸葛亮的功德业绩冠盖了魏蜀吴三个分庭抗礼国家；

诸葛亮名望成就于他设计推演的军事战术八阵图。

诸葛大名垂宇宙；
隆中胜迹永清幽。

1965 年 1 月，董必武题书于三顾堂。生平事迹见前。

【注】1965 年 1 月，国家副主席董必武来到了襄阳隆中参观考察时，即兴题书此联。

诸葛大名垂宇宙：语出唐代诗人杜甫的《咏怀古迹五首》之五诗歌：“诸葛大名垂宇宙，宗臣遗像肃清高。三分割据纡筹策，万古云霄一羽毛。”

隆中胜迹永清幽：襄阳隆中诸葛亮故居的名胜古迹永远都是清净优雅的。

【释】诸葛亮的大名自古至今传遍天下；

隆中名胜古迹永远是清净优雅的。

问鼎三分三顾地；
出师两表两朝心。

壬戌年（1982）七月，闻钧天题书于三顾堂，年八十又三岁。

闻钧天（1900—1986），别名一尊，号劬庐，湖北省浠水县人，先后毕业于南京美专和东南大学。历任西南社会教育学院教授、武汉画院名誉院长、武汉市文史研究馆馆长、文化部中国画创作组成员、中国书法家协会会员、中国美协湖北分会顾问、中国国际文化交流中心湖北分会理事。作品有《友谊图》《樱花牡丹图》等。

【注】问鼎：语出《左传·鲁宣公三年》："楚子伐陆浑之戎，遂至于雒，观兵于周疆。定王使王孙满劳楚子，楚子问鼎之大小轻重焉。对曰：在德不在鼎。"

这段话的意思是，东周时期鲁宣公三年（公元前606），楚庄王为了讨伐陆浑国之戎（今河南嵩县东北一带），军队来到了东周国都洛阳，陈兵于城外，想了解一下周王朝疆域到底有多大。当时，周定王派遣大臣王孙满出城慰劳楚庄王。楚庄王借机询问王孙满，象征周王朝政权的大鼎究竟有多大、多高、多重？意思是想夺取周王朝王位。王孙满回答说："王位的统制权在于道德品质的高尚而不在于鼎多大、多高、多重。"由此而知，问鼎是指具有夺取政权的野心。例如：《晋书·王敦传》有"遂欲专制朝廷，有问鼎之心。"再如：唐史学家刘知几（661—721）的《史通·叙事》亦有"论逆臣则呼为问鼎，称巨寇则目以长鲸"之说。

问鼎三分：此指皇室后裔刘备为了匡扶汉室屈尊三顾茅庐恳请诸葛亮指点迷津，诸葛亮在为其制定兴复汉室的《隆中对策》时，就已经知道将来天下会形成三足鼎立的局面。

三顾地：此指刘备三顾茅庐恳请诸葛亮出山辅佐的襄阳隆中。

出师两表两朝心：是说诸葛亮前、后《出师表》体现了他竭尽全力辅佐蜀汉先主刘备、后主刘禅两朝的忠君爱国之心。

【释】刘备请诸葛亮指点迷津制定《隆中对策》就知道将来天下会形成三足鼎立三顾茅庐地是襄阳隆中；

前后《出师表》集中体现了诸葛亮竭尽全力辅佐蜀汉先主刘备与后主刘禅两朝帝王的忠君爱国之心。

两表一对，鞠躬尽瘁酬三顾；
鼎足六出，威德咸孚足千秋。

壬戌岁（1982）之初夏，曹立庵题书于襄阳古城。

曹立庵（1921—1991），名晋，又名美植，武汉市武昌人，因以“万”字治印10方亦称“十万印楼主人”。早年受益于何香凝、于右任、沈钧儒、柳亚子、郭沫若、陈叔通等名流，1945年曾为毛泽东刻印章二枚。新中国成立后，历任湖北省书法家协会副主席、武汉市书法家协会副主席、东湖印社名誉社长、黄鹤楼书画社社长。著有《怎样写毛笔字》一书，四次再版。

【注】两表一对，鞠躬尽瘁酬三顾：诸葛亮前后《出师表》和《隆中对策》集中反映了他“鞠躬尽瘁，死而后已”思想，为的是酬谢报答先主刘备的屈尊三顾茅庐之恩。

鼎足六出，威德咸孚足千秋：曹魏、蜀汉、孙吴三国鼎立的形成与六出祁山北伐曹魏都是诸葛亮的功劳，他的威望与高尚品德都信服可以传播千秋万代。咸孚：都信服的意思。

【释】诸葛亮前后《出师表》和《隆中对》，集中反映了他鞠躬尽瘁死而后已思想为的是酬谢先主屈尊三顾茅庐之恩；

曹魏蜀汉孙吴三国鼎立形成与六出祁山北伐曹魏都是诸葛亮的功劳，其威望与高尚品德都信服可以传播千秋万代。

使先帝不三顾茅庐，笑布衣贱当似我；
若后主可终承社稷，想巴蜀乐亦如人。

白雉山题书于三顾堂。生平事迹见前。

【注】使先帝不三顾茅庐，笑布衣贱当似我：假使先主刘备没有屈尊三顾茅庐，诸葛亮就不可能有施展才能的机会与平台，如果是这样的话，就可以笑看孔明先生平凡的和我们老百姓差不多。布衣：语出《荀子·大略》：“古之贤人，贱为布衣，贫为匹夫。”平民百姓的意思。例如：诸葛亮前《出师表》有“臣本布衣，躬耕于南阳”之说。

若后主可终承社稷，想巴蜀乐亦如人：假若后主刘禅不那么昏庸无能是有主见可以继承蜀汉帝业的话，试想也不会成为说“巴蜀乐”这种话的人。巴蜀乐：据《三国志·蜀书·后主传》记载：景耀六年（263）秋天蜀汉被魏国灭亡，刘禅等官员被俘虏，移居魏国都城洛阳。有一天，晋王司马炎（236—290）设宴款待刘禅等蜀汉官员，席间，司马炎有意让演奏蜀汉的宫廷音乐，跳蜀汉的宫廷舞蹈，以便观察这些人的反应。其他的蜀汉官员都触景生情暗自垂泪，刘禅却喜不自胜，手舞足蹈。司马炎不无感触地对身边的开国元勋贾充（217—282）说“人之无情，乃可至于是乎！虽使诸葛亮在不能辅之久全，而况姜维邪。”过了几天，司马炎又故伎重演，他问刘禅说：“颇思蜀否？”刘禅不假思索地回答说：“此间乐，不思蜀。”

这时候，刘禅身边的蜀汉降官郤正（？—278）听后急忙教刘禅说：“若王后问，宜泣而答曰：先人坟墓远在陇、蜀，乃心西悲，无日不思。”过了一会儿，司马炎果然再次问刘禅说：“颇思蜀否？”刘禅按照郤正所教的话脱口而出，司马炎一针见血地问刘禅：“何乃似郤正语邪？”刘禅吃惊地看着司马炎回答说：“诚如尊命。”在座的所有人听了后，都捧腹大笑。

【释】假使刘备没有三顾茅庐诸葛亮就不会有施展才能的机会与平台，如果是这样的话就可以笑看孔明先生平凡的和我们老百姓差不多；

假若后主刘禅不那么昏庸无能而是有主见可以继承帝业的话，试想在司马炎有意识试探他的场合下也不会是说巴蜀乐这种话的人。

大猷是经，谋国早读隆中对；
淡泊明志，慕公好为梁甫吟。

重修诸葛武侯祠落成纪念，襄阳县政府地方财务委员会谨志。

【注】大猷：语出《诗经·小雅·巧言》：“奕奕寝庙，君子作之；秩秩大猷，圣人莫之。”此指治国大道。例如：唐代诗人白居易的《为宰相请上尊号第二表》有：“伏惟陛下略㧑谦之小节，弘祖宗之大猷。”

是经：是准则的意思。

谋国：谋划国家大事。

谋国早读隆中对：要想谋划国家大事就需要早一点阅读诸葛亮《隆中对策》。

淡泊明志：语出诸葛亮的《诫子书》：“非淡泊无以明志，非宁静无以致远。”意思是说，如果不恬静寡欲就无法明确志向，不追求名利才能使志趣高洁。

慕：仰慕。

公：此指诸葛亮。

好为梁甫吟：语出《三国志·蜀书·诸葛亮传》：“亮躬耕陇亩，好为梁父吟。”诸葛亮在襄阳隆中隐居躬耕时期，经常抱膝长啸家乡的汉代乐府诗歌《梁甫吟》，以寄托情怀。

【释】治国大道是准则，要想谋划国家大事就需要早一点阅读诸葛亮《隆中对策》；

恬静寡欲才能明确志向，仰慕诸葛亮隐居时抱膝长啸《梁甫吟》寄托情怀。

隆中对，出师表，壮志未遂，长使英雄泪；

三顾堂，梁甫吟，遗址尚存，想见古人心。

壬戌年（1982）端午后三日，沈鹏客次襄阳为隆中诸葛武侯故居题书。

沈鹏，1931年出生于江苏省江阴市，历任人民美术出版社编辑室副主任、总编室主任、副总编辑，第八届全国政协委员，中国文联副主席，中国书法家协会代主席，北京大学艺术教育研究顾问，中国书画函授大学教授，享受国务院特殊津贴。代表作品有《当代书法家精品·沈鹏卷》《沈鹏书法选》《沈鹏书法作品集》《沈鹏书归去来辞》《行草书绝妙宋词》《草书千字文》《楷书千字文》《岳阳楼记》等。

【注】隆中对，出师表，壮志未遂，长使英雄泪：诸葛亮《隆中对策》，前后《出师表》，都是为了“北定中原，兴复汉室”，结果没有实现愿望留下了千古遗恨，经常使后世英雄们垂泪惋惜。长使英雄泪：语出唐代诗人杜甫《蜀相》诗歌：“出师未捷身先死，长使英雄泪满襟。”

三顾堂，梁甫吟，遗址尚存，想见古人心：襄阳隆中诸葛亮隐居躬耕的三顾堂，梁甫吟等古迹文物依然存在，触景生情似乎可以看见当年这些古人的心思意愿。

【释】诸葛亮《隆中对》，前后《出师表》都是为了兴复汉室，未能实现愿望留下千古遗恨，经常使后世英雄垂泪惋惜；

隆中诸葛亮隐居躬耕时的三顾堂，梁甫吟古迹，遗址依然存在，触景生情似乎可以看见当年这些古人们的心思意愿。

与孟德同时，先后相汉，而行谊判若霄壤，大节凛孤忠，孟德能无死悔?

为仲达所畏，进退视蜀，倘将星不陨渭滨，王师捷六出，仲达焉得生还。

中华民国二十七年（1938），夏口杨铎拜撰于三顾堂。

杨铎（1893—1967），字闻泉，湖北省武汉市夏口人，早年参加辛亥革命首义学生军，后来投身于教育事业。新中国成立后，为武汉市文史研究馆馆员。

【注】与孟德同时，先后相汉，而行谊判若霄壤：此指刘备与曹操都是同

时代的人，他们先后都相继各自为东汉朝廷与蜀汉尽责，可俩人在思想行为方面有很大差别。刘备匡扶汉室凛然正气始终忠贞自持；曹操“挟天子以令诸侯”，独揽朝廷大权而专横跋扈。孟德：曹操字孟德。判若霄壤：比喻有天地之间的差别。霄：云霄，天上。壤：地上。

大节凛孤忠：刘备对匡扶汉室江山正气凛然的忠贞自持是不求体察的。孤忠：语出北宋文学家曾巩（1019—1083）的《韩魏公挽歌词》：“覆冒荒遐知大度，委蛇艰急见孤忠。”比喻忠贞自持不求体察。例如：清代文学家顾炎武《井中心史歌》诗有“独力难将汉鼎扶，孤忠欲向湘累吊”之句。

孟德能无死悔：是说曹操对于他死后被后世人指责唾骂能不会后悔吗？

为仲达所畏：此指魏军大都督司马懿十分害怕诸葛亮率军北伐，因而他“畏蜀如虎”。仲达：司马懿字仲达。

据《三国志·蜀书·诸葛亮传》裴松之注引晋习凿齿《汉晋春秋》记载：“贾栩、魏平数请战，因曰：公（司马懿）畏蜀如虎，奈天下笑何。”

进退视蜀：此指建兴十二年（234）诸葛亮第五次北伐曹魏时驻军五丈原与司马懿魏军隔渭水相据，司马懿“甘辱巾帼”坚不出战，进军、退兵都十分惧怕诸葛亮。正因为如此，《三国志·魏书·明帝叡传》裴松之注引《魏氏春秋》记载说：“亮既屡遣使交书，又致巾帼妇人之饰，以怒宣王。”

倘将星不陨渭滨，王师捷六出，仲达焉得生还：假如诸葛亮不病死在渭水之滨的五丈原，并且取得了北伐曹魏的成功，司马懿哪能够活着回去？将星不陨渭滨：据《三国志·蜀书·诸葛亮传》裴松之注引《晋阳秋》记载说：“有星赤而芒角，自东北往西南流，投入亮营，三投再还，往大还小，俄而亮卒。”此指凡重要人物去世前，上天就会有征兆予示。六出：此指《三国演义》说诸葛亮北伐曹魏与230年的汉中防御战为“六出祁山”，实际只有五次北伐曹魏。

【释】刘备与曹操都是同时代人，他们各自为东汉朝廷与蜀汉尽责，可俩人思想与行为方面有很大差别，刘备匡扶汉室的凛然正气始终忠贞自持，曹操挟天子令诸侯专横跋扈死后被唾骂能不后悔吗？

魏军大都督司马懿十分害怕诸葛亮率军北伐而畏蜀如虎，进军与退兵都十分畏惧蜀汉军队与诸葛亮，假如诸葛亮不是病死在渭水之滨五丈原军中，并取得北伐彻底成功，司马懿哪还能活着回去？

往时文采动人主；
万古云霄一羽毛。

吴兴朱佑保题书于三顾堂。

朱佑保，吴兴（今浙江省湖州市吴兴区）人，民国三年（1914），曾出任襄阳道观察使，随后又出任滦州（今河北省唐山市滦县）知州，其余不详。

【注】往时文采动人主：语出唐代诗人杜甫的《莫相疑行》诗歌："往时文采动人主，此日饥寒趋路旁。"是说杜甫的文采曾经感动了天子，可是今日几乎饿死在道路之上。此诗句在这里作为联句，是指诸葛亮文经武纬才能曾感动了蜀汉先主与后主两代帝王。

万古云霄一羽毛：语出唐代诗人杜甫《咏怀古迹》诗歌其五："三分割据纡筹策，万古云霄一羽毛。"意思是：千百万年以来站在众人之上直至云霄里的人物，只有诸葛亮一个人。

一羽毛：北宋文学家苏轼《念奴娇·赤壁怀古》中描写诸葛亮有"羽扇纶巾，谈笑间，樯橹灰飞烟灭"之说。这是魏晋南北朝时期文人学士普遍装束，以示风雅。可是，在后来的文学作品中，经常让诸葛亮手拿羽毛扇表示风流儒雅智慧超群，从而形成了标志性的定制。

【释】过去诸葛亮的文经武纬才能曾经感动了蜀汉先主与后主两代帝王；
千百万年来站在众人之上直至云霄的著名人物只有诸葛亮一个人。

文章西汉两司马；
经济南阳一卧龙。

1984年6月，尔重游武侯祠题书意联一副。

尔重（1913—2009），本名李尔重，河北省丰润（今唐山市丰润区）人，先后毕业于北京大学农学院与北京大学哲学系。历任黑龙江鸡西县委书记、铁道兵团政治部宣传部长、陕西省委书记、湖北省委书记、河北省委书记。作品有《长白山上的自卫队》《杜厂长》《新战争与和平》等，曾经被毛泽东主席誉为"我们的作家和才子"。

【注】文章西汉两司马；经济南阳一卧龙：最早为清晚期军机大臣左宗棠（1812—1885）所题写，悬挂在自己居室柱子上借以自勉。

左宗棠年轻时就对诸葛亮的思想品德、人格魅力十分尊崇敬仰，为官之后处处效法学习，为此，他自称是"老亮"和"亮白"。

文章西汉两司马：此指西汉景帝刘启时期大文学家司马相如（公元前179—公元前117）和西汉武帝刘彻时期《史记》作者司马迁（公元前145—前90），他们两人的文章最著名。

经济：语出《晋书·殷浩传》："足下沉识淹长，思综通练，起而明之，足以经济。"此指经世济民治理国家。

南阳：两汉时期郡名，隶属荆州，辖县37个，治所在今河南省南阳市。诸葛亮《出师表》有"臣本布衣，躬耕于南阳"。

《三国志·蜀书·诸葛亮传》亦有“诸葛孔明者，卧龙也”之说。因此，南阳与卧龙就成了诸葛亮的代名词。

【释】论文学才能那就是西汉时期司马相如和司马迁最为著名；

论经世济民治理国家的本领只有诸葛亮这个卧龙先生了。

自来宇宙垂名，布衣有幾？
能使山川生色，陋室何妨。

光绪十四年（1888）七月既望，山阴布衣单家驹题书于卧龙深处。

单家驹，山阴（今浙江省绍兴市）人，其余不详。

【注】自来宇宙垂名，布衣有幾：自古以来名垂青史传遍天下的，平民百姓有几个人？幾，是“几”的繁体。布衣：语出诸葛亮《出师表》：“臣本布衣，躬耕于南阳。”此指平民百姓。

能使山川生色，陋室何妨：隆中诸葛亮故居能够使这里的山川增光添彩，简陋房舍又有何妨呢？陋室：简陋狭隘的房屋，此指诸葛亮故居。

【释】自古名垂青史传遍天下，像诸葛亮这样的平民百姓能够有几个人呢？

隆中诸葛亮故居能够使这里山川增光添彩，简陋的房舍那又有何妨。

隆中山有幸，龙盘虎踞留遗貌；
大业功未成，鞠躬尽瘁感后人。

乙丑年（1985）孟春月（正月），波啸敬书于卧龙深处。

波啸，本名张孝元，笔名云轩、晓州、波啸、静轩，襄阳市人，原隆中风景区管理处副处长，擅长历史研究、书法、雕塑、园林设计，后辞职下海在海南省三亚市经商，其余不详。

【注】隆中山有幸，龙盘虎踞留遗貌：襄阳隆中的山川十分有幸，诸葛孔明好像盘绕的龙、蹲伏的虎曾经在这里隐居躬耕留下了丰富的古迹文物。

龙盘虎踞：语出西汉景帝刘启之子刘胜（？—公元前113）的《文木赋》：“枝条摧折，既剥且刊，见其文章，或如龙盘虎踞，复似鸾集凤翔。”好像盘绕的龙、蹲伏的虎。

大业功未成，鞠躬尽瘁感后人：诸葛亮“北定中原，兴复汉室”的理想虽然没有实现，可是他“鞠躬尽瘁，死而后已”的献身精神却感动了后世之人。

【释】隆中山川十分有幸，孔明如盘绕的龙蹲伏的虎在此隐居躬耕留下了丰富的古迹文物。

诸葛亮兴复汉室理想虽然没有实现，可他鞠躬尽瘁死而后已献身精神感动了后世人。

楚国离骚兴废鉴；
南洲多士栋梁才。

甲子年（1984）冬十月，李国平题书于卧龙深处。

李国平（1910—1996），广东省丰顺县人，1933年毕业于中山大学，1955年当选为中国科学院数学物理学部委员（中科院院士），历任中科院武汉数学物理研究所第一任所长、武汉大学数学系教授、武汉大学副校长、中国数学物理学会会长、《数学物理学报》主编。

【注】楚国离骚兴废鉴：指战国时期楚国诗人屈原（公元前340—公元前278）创作的文学作品《离骚》，作品倾诉了对楚国命运和人民生活的关心，比如“哀民生之多艰，叹奸佞之当道”，主张“举贤授能，皇天无私”。

《离骚》是后来国家民族荣辱兴衰的借鉴。

南州多士栋梁才：此指荆襄一带在历史上曾出现了很多知名人士都是担当国家重任的人才。

南州：语出《三国志·蜀书·庞统传》：“徽甚异之，称统当为南洲士之冠冕。”这段话是说，襄阳人庞统（179—214）从小就聪明好学令人奇之。20岁前去拜见颍川著名人士司马徽（？—208）时，看见司马徽坐于桑树上采桑，庞统只好坐于树下，相互提问交谈，一直从白天说到黑夜，司马徽对庞统大为惊异，说他是南州士子中没有人可以与相比的。冠冕：此指位居首位，没有人可与之相比。例如：唐代史学家刘知几（661—721）的《史通·鉴识》有“盖《尚书》古文，六经之冠冕也”。

多士：很多的知名人士。

栋梁才：能担当国家重任的人才。

【释】战国时期楚国屈原创作的《离骚》是后来国家民族荣辱兴衰的借鉴；
荆襄一带曾经出现了很多知名人士后来都是能担当国家重任的人才。

躬耕志未忘，终成伯业西川富；
三顾迹长存，赢得隆中草木香。

乙丑年（1985）孟春，静庵题书于卧龙深处。

静庵，本名蔡彬，字静庵，1931年出生于湖北省宜昌市。历任中国书法家学会会员、湖北省书法家协会理事，其余不详。

【注】躬耕志未忘，终成伯业西川富：诸葛亮在襄阳隆中隐居躬耕时期始终没有忘记辅国安邦的志向，最终辅佐刘备这个明主成就了蜀汉霸业，使得益州地区富庶了起来。

伯业：语出明代文学家冯梦龙（1574—1646）的《东周列国志》第五十七回："复兴伯业，司寇屠岸贾见赵氏复盛，忌之益深。"霸业的意思。

西川：唐肃宗李亨至德二年（757），将原来剑南节度使分为剑南东川节度使和剑南西川节度使，剑南东川管辖今陕西省汉中市一带，剑南西川管辖今成都平原一带。到了宋代，又设置了西川路。从此以后，"西川"一词便为人们所熟知。泛指四川地区。

三顾迹长存，赢得隆中草木香：刘备当年屈尊三顾茅庐古迹文物长期存在，赢得了襄阳隆中历来有草木香的盛誉。

【释】诸葛亮在襄阳隆中隐居躬耕没有忘记辅国安邦志向，他辅佐刘备成就了霸业使益州富庶了起来；

刘备屈尊三顾茅庐的诸葛亮故居古迹文物长期存在，赢得了襄阳隆中历来有草木清香盛誉美名。

才堪王佐，松风犹识隆中对；
业济两朝，世人常叹蜀道难。

乙丑年（1985）孟春，静庵题书于卧龙深处。生平简介见前。

【注】才堪王佐，松风犹识隆中对：诸葛亮的才能足可以辅佐帝王，松林之风都好像知道诸葛亮的《隆中对策》。才：才能、才干的意思。堪：足可以。王佐：语出《汉书·董仲舒传赞》："董仲舒有王佐之材，虽伊吕亡以加，筦晏之属伯者之佐，殆不及也。"此指能够辅佐帝王成就霸业的人。例如：东晋医学家葛洪（283—363）的《抱朴子·时难》就有"怀其王佐之器，抱其邈世之材"之说。

松风：松林之风。

犹：好像。

识：知道。

隆中对：诸葛亮为皇室后裔刘备指点迷津出谋划策的《隆中对策》。

业济两朝，世人常叹蜀道难：诸葛亮辅佐蜀汉先主刘备与后主刘禅两朝，后世人经常感叹蜀汉帝业十分的艰难。业济：辅佐帝王的业绩。蜀道难：语出唐朝诗人李白《蜀道难》诗歌："蜀道难，难于上青天。"蜀道：是指秦、蜀间金牛道，秦惠文王十三年（公元前312）始通。例如：清代诗人张问陶（1764—1814）的《高碑店垂丝古柳》诗歌有"平原系马五更寒，万里重来蜀道难"之句。此指蜀汉帝业所经历的道路十分艰难。

【释】诸葛亮才能足可辅佐帝王，松林之风好像知道诸葛亮《隆中对策》；

诸葛亮辅佐蜀汉先主与后主两朝，后世人常感叹蜀汉帝业十分艰难。

不识荆山贵璞，景升父子长遗笑；
若无玄德诚意，卧龙先生空抱膝。

乙丑年（1985）孟春月（正月）晓洲题书于卧龙深处。生平事迹不详。

【注】不识：不能够识别。

荆山贵璞：又称为荆山之玉。语出三国时期建安文学代表人物之一曹植（192—232）的《与杨德祖书》："人人自谓握灵蛇之珠，家家自谓抱荆山之玉。"荆山：在湖北省南漳县西部，漳水发源于此，山有抱玉岩，传为春秋时期楚人卞和得璞玉之处。贵璞：十分珍贵而未雕琢过的玉石。此指隐居躬耕还没有出山的诸葛孔明。

景升父子：此指荆州牧刘表以及他的儿子刘琮。刘表（142—208），字景升，胸无大志，好谋无断，诸葛亮在襄阳隆中隐居躬耕时期，他发现不了诸葛亮的宏图大志才能而不能用。刘表死后，14 岁的幼子刘琮继位，由于曹操大军兵临城下意欲夺取荆州，他畏敌如虎不战而降了曹操。

长遗笑：此指刘表与刘琮父子二人长久地被人耻笑。

若无玄德诚意，卧龙先生空抱膝：如果没有刘备诚心诚意地屈尊三顾茅庐请诸葛亮出山辅佐，诸葛孔明先生也就在隆中白隐居躬耕抱膝长啸《梁甫吟》寄托情怀了。玄德：刘备字玄德。卧龙：《三国志·蜀书·诸葛亮传》记载："诸葛孔明者，卧龙也。"抱膝：诸葛亮在襄阳隆中隐居躬耕期间，经常抱膝长啸家乡的汉代乐府诗歌《梁甫吟》，以寄托自己的情怀。

【释】不能识别使用在隆中隐居躬耕还未出山的诸葛孔明，荆州牧刘表与他儿子刘琮长久被人耻笑；

如果没有刘备诚心三顾茅庐请诸葛亮出山辅佐，孔明先生在隆中就白隐居抱膝长啸寄托情怀。

才须学也，自布衣且致丞相，耕读本始；
法以威之，亲贤臣而远小人，纪纲当先。

癸亥（1983）之秋，蜀人方滨生题书于卧龙深处。

方滨生（1913—2008），四川省大足县（今重庆市大足区）人，毕业于四川大学乡村教育学院。就职于四川省银行绵阳、内江分行、成都市美术公司、成都武侯祠博物馆。历任中国书法家协会会员，四川书法家协会常务理事、四川省文史馆馆员、成都市书法家协会顾问、中国老年书画研究会四川分会顾问。有《方滨生墨迹》《滨生吟草》等。

【注】才须学也：语出诸葛亮《诫子书》："夫学须静也，才须学也，

非学无以广才，非志无以成学。”

布衣：平民百姓。

丞相：管理国家行政的最高官员。

耕读本始：都要从耕种农田和认真读书这个根本开始。

法以威之：语出诸葛亮《答法正书》：“吾今威之以法，法行则知恩。”

亲贤臣而远小人：语出诸葛亮《出师表》：“亲贤臣，远小人，此先汉所以兴隆也。”

纪纲：语出《尚书·五子之歌》：“惟彼陶唐，有此冀方。今失厥道，乱其纪纲，乃底灭亡。”此指国家法纪与规章制度。例如：《吕氏春秋·用民》有“用民有纪有纲”之说。

【释】才华是需要不断学习积累的，自古以来平民百姓到国家丞相，都要从耕种农田和认真读书这个根本开始；

贯彻执行国家法律条款，亲近有道德的贤能之人远离奸佞小人，任何时候都要以法纪与规章制度为前提。

鹿门乃沔南名士，水镜知人，伏龙凤雏皆俊杰，崔徐独谓信然，魏何多士，屈石韬孟建，为有同志才相酬；

豫州系汉室后裔，高祖风气，云长翼德敌万人，周程尝称枭雄，军无善计，奔袁绍刘表，不得卧龙难腾飞。

静轩题书于卧龙深处。

静轩，本名张孝元，襄阳市人，字静轩、云轩，原襄阳隆中管理处副处长。

【注】鹿门：即今襄阳市襄阳区鹿门山。东汉末年，襄阳名士庞德公携妻子登鹿门山采药不返，后因指隐士所居之地。例如：明代著名文学家杨慎（1488—1559）的《霞邱归引》有“鹿门栖隐处，行与老庞邻”之说。

庞德公与当时名士徐庶、司马徽、诸葛亮、庞统等人交往密切，他们都是当时沔水之南的著名人士。

据《三国志·蜀书·庞统法正传》裴松之注引《襄阳记》说：“诸葛孔明为卧龙，庞士元为凤雏，司马德操为水镜，皆庞德公语也。”

建安十二年（207），皇室后裔刘备为了匡扶汉室而求贤若渴，是徐庶、司马徽向刘备举荐了诸葛亮，才有了刘备的屈尊三顾茅庐恳请诸葛亮出山辅佐而最终成就了名垂青史的千秋大业。

沔水：亦称汉水、汉江。发源于陕西省汉中市宁强县汉王嶓冢山玉带河，流经陕西、湖北二省三十四个市、县、区，在武汉市汇入长江，总流长1532公里，沿途有179条大小河流汇入，是中国江、河、淮、汉四大河流之一。

北魏地理学家郦道元《水经注》第二十七至二十九卷“沔水”有详细记载。

伏龙凤雏皆俊杰：语出《三国志·蜀书·诸葛亮传》裴松之注引《襄阳记》记载：刘备思贤如渴，在襄阳四处访贤时遇到了当地名士司马徽，向刘备介绍说：“儒生俗士岂识时务，识时务者，在乎俊杰。此间自有卧龙、凤雏。”

崔徐独谓信然：语出《三国志·蜀书·诸葛亮传》：诸葛亮隐居躬耕时期“每自比管仲、乐毅，时人莫之许也，惟博陵崔州平、颍川徐庶元直与亮友善，谓为信然”。诸葛亮隐居躬耕时期经常把自己比喻为春秋时期齐国贤相管仲和战国时期燕国上将军乐毅，认为自己能文能武，将来一定会为国家效力。当时的人都不相信，认为他痴人说梦，唯独好友崔州平和徐庶信以为真。莫之许也：都不相信，不以为然的意思。魏何多士：魏国的文臣武将何其之多。

屈石韬孟建：委屈了石韬与孟建的才能。石韬，字广元，颍川郡（辖17县，治所在今河南省禹州市）人。孟建，字公威，汝南郡（辖37县，治所在今河南省平舆县）人。

东汉末年，石韬、孟建二人南下客居襄阳，与诸葛亮结为好友。后来，二人均仕于曹魏，可是他们与曹魏的人士志向大相径庭，所以，难以施展抱负。

为有同志才相酬：只有志同道合才能够和睦相处酬劳报答。

豫州系汉室后裔：是说刘备是汉室的嫡亲后裔。据《三国志·蜀书·先主传》记载说：“先主姓刘，讳备，字玄德，涿郡涿县人，汉景帝子中山靖王胜之后也。胜子贞，元狩六年（公元前117）封涿县陆城亭侯，坐酎金失侯，因家焉。”由此而知，刘备是汉景帝之子中山靖王刘胜的后人，属于汉室后裔。

建安三年（198），刘备依附曹操时，曾协助曹操剿灭吕布有功，曹操表奏汉献帝刘协，封刘备为镇东将军、宜城亭侯、豫州牧，因此，称刘备为“刘豫州”。

高祖风气：是说刘备有汉高祖刘邦的风格与气质。

云长翼德敌万人：是说关羽和张飞两人都具有力敌万人的功夫与本领。

周程尝称枭雄：是说东吴的周瑜与程普经常称赞刘备是枭雄。

据《三国志·吴书·周瑜传》记载：“瑜上书曰：刘备以枭雄之姿，而有关羽、张飞熊虎之将，必非久屈为人用者。”《三国志·吴书·鲁肃传》也说：“刘备天下枭雄，与操有隙，寄于表，表恶其能而不能用。”

军无善计：此指刘备军中没有善于谋划之人。

奔袁绍刘表，不得卧龙难腾飞：此指刘备曾四处奔波，先投靠豪强世族袁绍，后来又投靠了荆州牧刘表。这是因为，刘备没有得到诸葛亮这个卧龙而不能够飞黄腾达。

【释】庞德公是沔水之南的名士，司马徽知人善任举荐了诸葛孔明，孔明与庞统都是胸怀大志英雄豪杰，好友崔州平和徐庶唯独信以为真，魏国文臣武将何其之多，委屈了石广元与孟公威，只有志同道合才能够和睦相处酬劳报答；

刘备是汉室后裔，具有高祖刘邦风范气质，关羽和张飞都有力敌万人本领，周瑜与程普常称刘备是枭雄，可惜军中没有谋划之人，迫使刘备四处奔波投靠袁绍又投靠刘表，这是因为没有得到诸葛亮这个卧龙很难飞黄腾达。

草庐三顾，鼎足三分，不朽当年三义；君臣一德，兄弟一心，无双后汉一人。

辛酉年（1981）冬，静轩题书。生平事迹见前。

【注】草庐三顾：此指建安十二年（207）冬，汉室后裔刘备屈尊三顾茅庐恳请诸葛亮指点迷津并且出山辅佐。

鼎足三分：此指赤壁之战形成了曹操、孙权、刘备三足鼎立对峙的局面。

不朽当年三义：此指刘备、关羽、张飞桃园三结义的故事。此故事出现在《三国演义》第一回“宴桃园豪杰三结义”，纯属虚构，在《三国志》中，根本就没有“桃园三结义”之说。

据《三国志·蜀书·关羽传》记载：“先主与二人寝则同床，恩若兄弟。而稠人广坐，侍立终日，随先主周旋，不避艰险”；《三国志·蜀书·张飞传》中只提到“羽年长数岁，飞兄事之”；《三国志·魏书·刘晔传》也说“且关羽与备，义为君臣，恩犹父子”。

笔者认为，《三国演义》第一回“宴桃园豪杰三结义”的时间是中平元年（184），说刘备当时是28岁。《三国志·蜀书·先主传》无刘备生年，仅说他死于章武三年（223）夏四月，“时年六十三”。于此推算，刘备出生于东汉桓帝刘志的延熹四年（161），当时应该是23岁。

关羽的出生在《三国志》中没有具体时间，只知道死于建安二十四年（219）。可是据晚清柯汝霖（1781—1852）依据文学家钱静方所著的《小说丛考》所整理的《关公年谱》说：康熙年间，关羽故里解州（今山西省运城市）浚井时意外发现了关家墓碑及墓道，由此得知关羽祖父和父亲的名字及生卒年月等资料，知州王朱旦作有《关侯祖墓碑记》一文说：“桓帝延熹三年庚子六月二十四日生关羽。羽父毅，性至孝，父审卒后，在墓旁结庐守丧三年。於羽长成后娶胡氏为妇，生子关平。”如此说来，关羽出生于延熹三年（160），长刘备一岁，应该是24岁。如果按照结拜时的实际年龄来说，关羽应该是大哥，刘备次之，张飞的年龄最小。

君臣一德：此指刘备与诸葛亮君臣之间和睦共同具有高尚品德。

除此之外，刘备字玄德，张飞字翼德，君臣二人都有一个德字。刘备与关羽、张飞之间情同兄弟。

无双后汉一人：意思是说，刘备为了匡扶汉室与诸葛亮君臣之间和睦相处，又与关羽和张飞情同兄弟一心一意，这在后汉时期是绝无仅有的一个人。

【释】刘备三顾茅庐请诸葛亮指点迷津出山辅佐，使当时的天下形成三足鼎立，存在于人们记忆中的是桃园三结义；

刘备与诸葛亮君臣和睦共同具有高尚品德，与关羽张飞情若兄弟一条心，这在后汉时期是绝无仅有的一个人。

当年正气扶元气；
万世人心仰赤心。

辛酉年（1981）冬，静轩题书。生平事迹见前。

【注】当年正气扶元气：此指当年诸葛亮以正确的思想扶持刘备使其有了匡扶汉室的精神与力量。

正气：语出《文子·符言》：“君子行正气，小人行邪气。内便于性，外合于义，循理而动，不系于物者，正气也。推于滋味，淫于声色，发于喜怒，不顾后患者，邪气也。”此指正确的思想。例如：毛泽东主席（1893—1976）的《关于正确处理人民内部矛盾的问题》二有“总结经验，发扬正气，打击歪风”之说。

元气：语出《后汉书·赵咨传》：“夫亡者，元气去体，贞魂游散，反素复始，归于无端。”泛指人体内在的精神力量，也就是人的精、气，神。例如：北宋文学家苏辙（1039—1112）的《龙川别志》卷下有“凡人元气重十六两，渐老而耗。张公所耗过半矣”之说。再如：当代作家艾芜（1904—1992）的《人生哲学的一课》文章亦有“有了元气的我，就走进夜的都市的腹心，领略异地的新鲜的情调”之句。

万世人心仰赤心：千秋万代人们在心中尊崇敬仰诸葛亮忠君爱国赤诚之心。

【释】当年诸葛亮以正确的思想扶持刘备使其有了精神与力量；

千秋万代人们心中都尊崇敬仰诸葛亮忠君爱国赤诚之心。

西亩躬耕，岩端神犹在；
嘉宾时来，余典歌未衰。

1984年云轩（原襄阳隆中管理处副处长张孝元）题书于隆中丹青苑落成，以恭候嘉宾。

【注】丹青苑：1984年隆中管理处在维修“卧龙深处”时，新辟西院名“丹

青苑”，专为游客抒怀题字之处。

西亩躬耕，岩端神犹在：诸葛亮当年在隆中西面躬耕田地，其山峦岩石之端的故居神灵依然存在。西亩：隆中西面的田地。犹在：依然存在。

嘉宾时来，余典歌未衰：瞻仰诸葛亮故居的宾客来到这里，会发现歌颂诸葛亮高尚品德礼节并没有衰败。余典：此指遗留下来祭祀诸葛亮的礼节。歌：歌颂的意思。

【释】诸葛亮当年在隆中西面躬耕田地，其山峦岩石之端的故居神灵依然存在；

瞻仰故居宾客来到这里，会发现歌颂诸葛亮高尚品德的礼节并没有衰败。

扇摇战月三分鼎；
石黯阴云八阵图。

题书者不详，题书于草庐亭。

【注】扇摇战月三分鼎，石黯阴云八阵图：语出清代康熙五十九年（1720）陨襄观察使赵宏恩的《隆中诸葛草庐》诗：“汉季群奸探赤符，慨吟梁甫独扶孤。扇摇战月三分鼎，石黯阴云八阵图。泣鬼文成何有魏，陨星人去失吞吴。劫灰不冷英雄气，襄水忠魂晓夜呼。”扇摇：形容诸葛亮手拿羽毛扇镇定自若指挥军队作战。这一说法最早见于东晋河东郡闻喜处士（今山西运城市闻喜县有才德而隐居不仕的人）裴启的《语林》：“诸葛武侯与宣王（此指司马懿）在渭滨将战，乘素舆，葛巾，毛扇，指挥三军。”正因为如此，北宋文学家苏轼的《念奴娇·赤壁怀古》词亦有“羽扇纶巾谈笑间，樯橹灰飞烟灭”之说。战月：战乱不息的年月。三分鼎：此指曹魏、蜀汉、孙吴三国鼎立。

石黯阴云八阵图：形容诸葛亮为了训练军队提高作战能力而设计推演的八阵图可使天昏地暗飞沙走石十分奇妙。石黯阴云：形容天昏地暗飞沙走石。八阵图：据《三国志·蜀书·诸葛亮传》记载：建兴五至十一年（227—233），诸葛亮为了北伐曹魏，曾经在今天汉中勉县定军山下屯军，“教兵演武，推演八阵图”。陈寿评价说：“亮性长于巧思，损益连弩，木牛流马，皆出其意。推演兵法，作八陈图，咸得其要云。”

据清武侯墓祠主持道人李复心所著《忠武侯祠墓志·八阵图》记载说：当时八阵图是按照八卦太极图的八方爻线规律形式而“积石为垒”，摆下了六十四阵八阵图训练军队，有当头阵法、方阵法、下营法、骑兵滚阵法、骑兵归营法等，以达到“行则为阵，止则为营”，使军队始终立于不败之地。

据笔者实地调查而知，定军山下当年“积石为垒”的八阵图解放后被分田到户彻底破坏了，遗址犹存。

据《明一统志》等史志资料记载，成都市新都区三十里的牟弥镇，诸葛亮当年在此摆了二十四阵八阵图，遗址犹存，属于成都市重点文物保护单位。

除此之外，在今重庆市奉节县白帝城山下夔门长江北岸，也有八阵图遗迹，称“水八阵”。《晋书·桓温传》记载：“初，诸葛亮造八阵图于鱼腹平沙之下，垒石为八行，行相去二丈。温见之，谓：此常山蛇势也，文武皆莫能识之。”

正因为如此，唐代诗人杜甫《八阵图》诗：“功盖三分国，名成八阵图。江流石不转，遗恨失吞吴。”成了千古绝唱，说的就是这里。

【释】诸葛亮手拿羽扇镇定自若指挥军队在战乱不息年代作战促成了魏蜀吴三国鼎立；

诸葛亮为了提高作战能力设计推演的八阵图可使天昏地暗飞沙走石十分的奇妙。

亭势凌云，抱膝迥留千古胜；
台形丽日，观星总括万年奇。

此楹联刻在抱膝亭，题书者不详。

【注】亭势凌云，抱膝迥留千古胜：抱膝亭的地势凌空腾云，历史久远地留下了千年名胜古迹。迥：久远。

据2008年5月中国文联出版社出版于襄生编著的《隆中志》第68页介绍说：“抱膝亭位于三顾堂前面约100米处，有阜隆起，纵横十余丈，自后山逶迤而下，至此气为之聚乃构亭其上，高四丈有余，围七丈余。亭在绿荫丛中，六角形，三檐三层，檐角高翘，造型挺秀端庄。亭内有木梯可登楼观景，别有一番情趣。亭前立有《抱膝处》石碑一通，据说为书法家张裕钊所题书。”

台形丽日，观星总括万年奇：抱膝亭的台形面向明媚阳光，观察天象预测天下大事一览无余。丽日：明媚的阳光。总括：总览。万年奇：万年有奇。

【释】抱膝亭地势凌空腾云，历史久远地留下了千年名胜古迹；

抱膝亭台形面向明媚阳光，观察天象总览大事万年有奇。

老龙洞泉水，滋故土莘野；
诸葛公智慧，济西蜀生灵。

为老龙洞楹联，题书者不详。

【注】老龙洞泉水，滋故土莘野：在襄阳隆中的伏龙山有老龙洞，泉水从洞中流出，山下的谷地有池塘，灌溉着诸葛亮当年隐居躬耕时期耕种的二十多亩田地。滋：滋润。莘野：语出《孟子·万章上》：“伊尹耕于有莘之野，

而乐尧舜之道焉。”东汉赵岐注曰：“有莘，国名。伊尹初隐之时，耕于有莘之国。”商朝初期辅佐贤相伊尹曾在莘国之野隐居躬耕，故称为莘野。后以“莘野”比喻隐居之所。例如：唐朝晚期诗僧齐己（863—937）的《赠白处士》诗有：“莘野居何定，浮生知是谁。”北宋文学家曾巩《寄致仕欧阳少师》诗歌亦有“耕稼归莘野，畋渔返渭滨”之说。此处的莘野，指的是襄阳隆中诸葛亮隐居躬耕地。

诸葛公智慧，济西蜀生灵：诸葛亮的聪明才智，曾辅佐蜀汉帝业经国济民确保了益州老百姓的安居乐业生存大计。西蜀：此指益州。生灵：此指老百姓的安居乐业生存大计。

【释】隆中老龙洞泉水，滋润着诸葛亮当年隐居躬耕时期耕种的二十多亩田地；

诸葛亮的聪明才智，辅佐蜀汉经国济民确保了益州百姓安居乐业生存大计。

岗枕南阳，依旧田园淡泊；
统开西蜀，尚留遗像清高。

题书者不详。

【注】岗枕南阳，依旧田园淡泊：襄阳隆中的山岗邻近南阳郡，这里依然和从前一样保留着诸葛亮当年隐居躬耕淡泊明志的生活场景。

岗：山岗。枕：邻近的意思。例如：《汉书·严助传》：“会稽东接于海，南近诸越，北枕大江。”南阳：汉代郡名，属于荆州所辖，管辖37县，治所在今河南省南阳市。当时的襄阳隆中属于南阳郡所辖。所以，诸葛亮的《出师表》中有“臣本布衣，躬耕於南阳”之说。从此以后，南阳就成了诸葛亮的代名词。

依旧：依然和从前一样。

田园淡泊：此指诸葛亮在这里的隐居躬耕。

统开西蜀：此指诸葛亮辅佐刘备在四川开创建立了正统的蜀汉帝业。西蜀：语出唐代诗人杜甫《诸将》诗之五：“西蜀地形天下险，安危须仗出群材。”因为今天四川省在西方，古为蜀地，历史上故称“西蜀”。例如：元朝文学家揭傒斯（1274—1344）的《云锦溪棹歌》有“西蜀锦江那得似，西湖绿水更须怜”之句。

尚留遗像清高：武侯祠之中尚且留下了诸葛亮高洁肃穆的塑像。遗像：遗留下来的塑像。清高：语出东汉文学家王充（27—97）的《论衡·定贤》：“鸿卓之义，发于颠沛之朝。清高之行，显于衰乱之世。”此指品德纯洁高尚。例如：唐代诗人杜甫《咏怀古迹》诗有“诸葛大名垂宇宙，宗臣遗像肃清高”之句。

【释】隆中山岗邻近南阳郡，这里依然和从前一样保留诸葛亮当年隐居躬耕淡泊明志生活场景；

诸葛亮辅佐刘备在四川建立了正统的蜀汉帝业立下功勋，武侯祠尚且留下高洁肃穆塑像。

竹下满宾朋，半盏香淳堪慰己；
座上无虚言，一席清谈亦醉人。

岁次金蛇小龙年（1989 年为蛇年，所以称小龙年），涂廷多题书于老龙洞。

涂廷多，1945 年出生于湖北省襄樊市，历任中国书协理事、湖北省政协委员、湖北省书法家协会评审委员会副主任、襄樊市书协主席、文联主席，米芾研究会副会长，其余不详。

【注】竹下满宾朋，半盏香淳堪慰己：隆中的竹林里高朋满座，半杯清香淳厚的隆中“孔明茶”足以慰藉自己。香淳：清香淳厚。多年来，隆中山自产有“孔明茶”。

座上无虚言，一席清谈亦醉人：凡是来隆中进行座谈交流的人学识渊博没有虚词，一番高谈阔论足可以令人陶醉。

【释】隆中竹林里高朋满座，半杯清香淳厚的隆中孔明茶足可以慰藉自己；

来隆中座谈交流的人学识渊博没有虚词，一番高谈阔论足可令人陶醉。

让彼苍松翠竹共绘人间美景；
得此古洞幽泉尽销眼底俗尘。

辛未年（1991）夏，刘鸣冈撰老龙洞联，王树人书。

刘鸣冈（1923—2006），湖北省襄樊市人，1944 年毕业于襄阳第五师范学院，先后就职于《新襄阳日报》编辑、《汉口报》编辑、《中山通讯社》总编辑、《大同日报》副总编辑、《襄樊市志》副总编辑。代表作品有《名城旧事》《襄樊历代名人》《诸葛亮成才之路》等。

王树人，生平事迹见前。

【注】让彼苍松翠竹共绘人间美景：要让隆中孔明故居的苍松翠竹共同绘制人间美景。

得此古洞幽泉尽销眼底俗尘：得到了老龙洞幽静泉水就可完全消除眼睛里的俗世偏见。销：消除，去掉。俗尘：俗世偏见。

【释】要让隆中诸葛孔明故居的苍松翠竹共同绘制人间美景；

得到了老龙洞幽静泉水就可完全消除眼里的俗世偏见。

汉末三分鼎；
隆中一卧龙。

己巳年（1989）夏日，费新我题书于隆中诸葛书院。

费新我（1903—1992），字立千，号立斋，湖州南浔（浙江省湖州市南浔区）人，毕业于上海白鹅绘画学校。历任上海万叶书店美术编辑、江苏省国画院一级画师。著有《怎样画毛笔画》《怎样学书法》《怎样画铅笔画》《怎样画图案》《费新我书法集》等。

【注】汉末三分鼎：东汉末年出现了曹操刘备孙权三分天下鼎足对峙局面。

隆中一卧龙：襄阳隆中在三国时期曾经有一个人称卧龙的诸葛孔明先生。

【释】东汉末年出现了曹操刘备孙权三分天下而鼎足对峙的局面；

襄阳隆中在三国时期曾经有一个人称卧龙的诸葛孔明先生。

静修励志，恪勤朝夕；
苦读报国，纵横古今。

辛未年（1991）仲冬（十一月），世伟题书于隆中诸葛书院。生平事迹见前。

【注】静修励志，恪勤朝夕：诸葛亮在襄阳隆中隐居躬耕时期“静以修身，俭以养德”磨砺自己的意志，日日夜夜谨慎勤奋自勉。励：磨砺。恪勤：谨慎勤奋。朝夕：日日夜夜。

苦读报国：此指孔明隐居躬耕时期苦心研读博览群书立志将来报效国家。

纵横：语出东汉文学家刘桢（？—217）的《赠五官中郎将》诗之四：“君侯多壮思，文雅纵横飞。”比喻奔放自如。如：唐代诗人杜甫《戏为六绝句》诗有“庾信文章老更成，凌云健笔意纵横”之句。

古今：古往今来的意思。

【释】诸葛亮在隆中隐居躬耕时静以修身俭以养德磨砺意志，日日夜夜谨慎勤奋自勉；

苦心钻研博览群书立志报家，辅佐蜀汉先主后主建功立业奔放自如影响贯古今。

慕先贤，绝情欲，弃凝滞；
去细碎，广咨问，除嫌吝。

1989年，王澄题书于隆中诸葛书院。

王澄，1945年出生于开封市，字溥泉。历任河南省文联书协副主席、河南省政协委员、中国书法家协会评审委员会委员、开封市文联主席。著有《王澄书法集》《王澄诗文书法集》。

【注】慕先贤，绝情欲，弃凝滞；去细碎，广咨问，除嫌吝：上下联文皆语出诸葛亮《诫外甥书》："夫志当存高远，慕先贤，绝情欲，弃凝滞，使庶几之志，揭然有所存，恻然有所感；去细碎，广咨问，除嫌吝，虽有淹留，何损于美趣，何患于不济？若志不强毅，意不慷慨，徒碌碌滞于俗，默默束于情，永窜伏于凡庸，不免于下流矣。"

【释】有志之士首先要追慕先贤英烈，节制自己的情欲，去掉胸中的俗念与障碍；

成就大事必须放弃琐碎事务，广泛征求他人意见不耻下问，除去嫌隙杂念。

耕畎体民情，兴利除弊开陇蜀；
读书明法理，弃宽取严载春秋。

庚午年（1990）夏，桂林张开政题书于隆中诸葛书院。

张开政，广西桂林市人，中国百杰书法家之一，桂林市书法家协会主席、桂林市诗词楹联学会主要创始人，中国书法家学会会员、广西省书法家协会名誉主席、桂林市第九届人大常委会副主任。其石刻、碑刻、楹联遍布桂林主要风景点及全国近百处风景点。

【注】耕畎体民情：诸葛亮一生都十分注重兴修水利与因地制宜发展农业生产，自力更生解决经济困难，体察民情生机。在隆中隐居时他躬耕农田自给自足；治理蜀汉国家时又整修都江堰，灌溉成都平原田地造福百姓，还种桑养蚕发展蜀锦富国强民；北伐曹魏期间，在汉中"休士劝农，务农殖谷"，治理汉江修筑堰塘，因地制宜开拓农田，让军队与老百姓合耕以解决北伐军需减轻百姓负担；即便在五丈原北伐前线还让军队与当地老百姓合耕农田作长久之计。耕畎（畎 quǎn）：耕种田地。畎，田地之间的沟。

兴利除弊：语出北宋文学家王安石（1021—1086）的《答司马谏议书》："举先王之政以兴利除弊，不为生事。"此指兴办对国家人民有利益的事情，除去各种不利的弊端。

开陇蜀：此指诸葛亮开拓了凉州陇右一带与四川盆地。陇：是甘肃省代名词，因地处历史上凉州天水郡一带的陇山板块而得名。例如：《史记·六国表》有"文公逾陇"。《史记·秦本纪》亦有"又使司马错发陇西，因蜀攻楚黔中"之说。《后汉书·岑彭传》还有"既得陇，复望蜀"的"得陇望蜀"成语典故。

建兴六年（228）春天与建兴九年（231）春，诸葛亮曾经两次出祁山北伐曹魏来到陇右的天水、南安、安定一带。蜀，西蜀，泛指四川盆地。

读书明法理，弃宽取严载春秋：此指建安十九年（214）刘备占据益州之后，军师将军诸葛亮根据原益州牧刘焉与刘璋父子多年来“德政不举，威刑不肃”现状，要从严治理益州，没想到，法正却建议诸葛亮应该效法汉高祖刘邦夺取三秦建立西汉争权后所采取的“与父老约法三章：杀人者死，伤人及盗抵罪”那样“缓刑弛禁”措施，以此从宽执法来收买人心。

诸葛亮却认为，“秦以无道，政苛民怨，匹夫大呼，天下土崩。高祖因之，可以弘济”，所以才有“缓刑弛禁”的“约法三章”之说。可是，益州牧刘璋“自焉已来，有累世之累，文法羁縻，互相承奉，德政不举，威刑不肃。蜀土人士，专权自恣，君臣之道，渐以陵替”。所以，今天的益州就必须要“威之以法，法行则知恩；限之以爵，爵加则知荣。荣恩并济，上下有节，为治之要，于斯而著矣”（见《三国志·诸葛亮传》裴松之注引《郭冲五事》）。

【释】诸葛亮注重耕种田地发展生产体察民情，兴办有益的事情除去不利弊端开拓了陇右与益州地区；

诸葛亮博览群书明白法纪通情达理，放弃法正从宽执法建议采取威之以法措施被传播千秋万代。

天下三分，叹吴魏江山已无半壤；
隆中一息，与羊樊祠庙并足千秋。

岁次小龙（1989）中秋重阳节后，薛夫彬题书于隆中诸葛书院。

薛夫彬，字扶宾，1948年生于北京市。历任中国书法家协会理事、评审委员会委员、全国中青年书法篆刻展评审委员、北京书法家协会副主席、中国生态书画院副院长、北京市政协委员、北京教育学院美术系副教授、书法教研室主任、北京书法报主编。

【注】天下三分，叹吴魏江山已无半壤：三国时期虽然天下形成了三国鼎立的局面，可叹的是当年吴国与魏国的江山土地后来已经一点儿都不存在了。半壤：此指一星半点的土地。

隆中一息，与羊樊祠庙并足千秋：诸葛亮在襄阳隆中很短时间隐居躬耕，他的故居就与羊祜、樊世宁的祠庙共同存在足可以留存千秋万代。

羊祜（221—278），字叔子，泰山南城（今山东省新泰市）人，西晋武帝司马炎时期为车骑将军，他受命坐镇襄阳都督荆州诸军事达十年之久。羊祜在荆州襄阳屯田兴学，以德怀柔，深得军民之心。正因为如此，荆州百姓在集市听到羊祜的死讯，罢市痛哭，街巷悲声相属，连绵不断，吴国守边将士也为之落泪。所以，后世人在襄阳岘山为他建庙立碑，以示纪念。（见《晋书·羊祜传》）

樊世宁，明代万历年间（1573—1620）进士，曾任湖广都指挥使，在襄阳多年颇有政声，深得老百姓爱戴。他死后，后人给他在襄阳修祠立庙纪念。

【释】三国时期天下形成三国鼎立局面，可叹的是吴国与魏国江山土地一点都不在了；

诸葛亮在隆中很短时间隐居躬耕，其故居与羊祜樊世宁祠庙并存足可流传千秋。

於焉盘桓，躬耕西亩，风云起卧龙；
迹逸山林，神凝岩端，千秋慕隆中。

1989年，周俊杰题书于隆中诸葛书院。

周俊杰，1941年出生于河南省开封市。历任中国书法家学术委员会副主任、河南省书法家协会名誉主席、河南省文史研究馆馆员、郑州大学名誉教授。代表作品有《书法美探奥》《周俊杰书法作品集》《临帖通解》，与中国书法家协会主席沈鹏共同主编《当代书法论集》。

【注】上联的“於焉盘桓，躬耕西亩”和下联的“迹逸山林，神凝岩端”，皆出自东晋史学家、襄阳人习凿齿的《诸葛武侯宅铭》：“自昔爰止，於焉盘桓。躬耕西亩，永啸东峦。迹逸中林，神凝岩端。罔窥其奥，谁测斯欢。”

於焉盘桓，躬耕西亩，风云起卧龙：是说诸葛孔明当年在襄阳隆中这个地方逗留，隐居躬耕西面田地，东汉末年动荡局势迫使这个卧龙从这里出山。於焉：于此。盘桓：逗留。西亩：隆中西面的田地。风云：此指动荡的局势。起：此指出山。卧龙：此指诸葛亮。

迹逸山林，神凝岩端，千秋慕隆中：是说诸葛亮故居隐逸在隆中的山林之中，神秘的古迹文物高度集中在这里的岩石之端，千万年来人们都十分仰慕隆中这个地方。迹：古迹文物。逸：隐逸。神：神秘。凝：高度集中。

【释】诸葛孔明于此逗留，隐居躬耕西面田地，东汉末年动荡局势使卧龙从这里出山；

故居隐逸在山林中，神秘古迹文物集中在岩石之端，千万年来人们都仰慕隆中。

博览群集，广学儒法兵道；
躬耕陇亩，勤种稻麦稷黍。

岁次辛未年（1991）冬月，仲耘撰于隆中诸葛书院，世伟书。

仲耘，本名严永渊，字仲耘，1935年出生于湖北省襄樊市，毕业于华中师范学院。历任襄樊市展览馆总设计师、中国版画家协会会员、中国工业设计协会会员、襄樊市美术家协会副主席、襄樊市室内装饰协会副理事长。

世伟，本名倪世伟，生平事迹见前。

【注】博览群集，广学儒法兵道：诸葛亮博览群书，广泛学习儒家、法家的用兵之道。兵道：语出东汉会稽山阴（今绍兴市）人赵晔的《吴越春秋·阖闾内传》："兵者凶事，不可空试，故为兵者诛伐不行，兵道不明。"

此指用兵之道，犹言兵法与军事战略思想。

躬耕陇亩，勤种稻麦稷黍：诸葛亮在襄阳隆中隐居躬耕田地，勤劳耕种五谷杂粮。陇亩：田地。稻麦稷黍：自古以来，人们称稻（稻谷）、麦（小麦）、黍（黄米）、稷（高粱）、菽（大豆）为五谷杂粮，这是人们生活的必需品。

【释】诸葛亮博览群书，广泛学习儒家与法家用兵之道；

诸葛亮在隆中隐居躬耕田地，勤劳耕种五谷杂粮。

淡泊明志，宁静致远，还向纶巾瞻气象；
鞠躬尽瘁，死而后已，尚留清誉满神州。

庚申年（2000）九月，乔石题书于襄阳隆中腾龙阁。生平事迹见前。

【注】淡泊明志，宁静致远：语出诸葛亮《诫子书》："非淡泊无以明志，非宁静无以致远。"

还向纶巾瞻气象：还需向羽扇纶巾的诸葛亮塑像来瞻仰他高雅气质形象。

鞠躬尽瘁，死而后已：语出诸葛亮《出师表》："臣鞠躬尽力，死而后已。"

尚留清誉满神州：还留下了清正廉明的美好赞誉遍布神州大地。

【释】不看重名利才能树立远大志向，安静学习才会有远大目标，要了解诸葛亮还需向羽扇纶巾的塑像来瞻仰他高雅气质形象；

诸葛亮辅佐蜀汉帝业不辞劳苦勤勤恳恳竭尽全力，贡献全部精力一直到死为止，留下了清正廉明美好赞誉遍布神州大地。

临阁登高，看四面青山，云连泰华衡恒，长宜引凤；
开襟望远，喜一潭碧水，气接江河湖海，正好腾龙。

乙卯年（1999）初春，李必才为襄阳隆中腾龙阁撰联，沈鹏书。

李必才，1937年出生于四川省宜宾市，中国楹联学会名誉理事，楹联学家。

沈鹏，生平事迹见前。

【注】临阁登高，看四面青山，云连泰华衡恒，长宜引凤：登上腾龙阁可以居高临下，观看四面青山绿水，这里的白云连接着山东省的泰山、陕西省的华山、湖南省的衡山和山西省的恒山，这地方长久适宜于引来那些有才德

的人。凤：此指有才德的人。

开襟望远，喜一潭碧水，气接江河湖海，正好腾龙：敞开胸襟放眼远望，可喜的是腾龙阁下有一潭碧波荡漾的绿水，它气势磅礴地与汉江、长江、淮河及相关的湖泊汇入了东海，正好可以让潜龙腾飞升空。

【释】登上腾龙阁可居高临下，观看四面青山绿水，这里的白云连接着山东泰山陕西华山湖南衡山和山西恒山，这地方长久适宜引来有才德的人；

敞开胸襟放眼远望，可喜的是腾龙阁下有一潭碧波荡漾绿水，气势磅礴与汉江长江及沿途相关湖泊汇入了东海，正好可以让潜龙腾飞升空。

料事如神，尝虑千一失，他人休诩智；
依山起势，竟拔地擎天，此阁可腾龙。

严爱华为襄阳隆中腾龙阁撰联，刘洪彪书。

严爱华，生平事迹见前。

刘洪彪，字后夷，号逆阪斋主，1954年出生于江西省萍乡市，就职于第二炮兵政治部文艺创作室主任，国家一级美术师。历任中国书法家协会理事、中国书法培训中心教授。

【注】料事如神：语出南宋杨万里（1127—1206）的《提刑徽猷检正王公墓志铭》："公器识宏深，襟度宽博，议论施加人数等，料事如神，物无遁情。"形容预料事情如同神人一样。

尝虑千一失：经常考虑事情还是有可能出现智者千虑必有一失的情况。

他人休诩智：其他人休要夸耀说大话认为自己有智慧。诩智：夸耀说大话认为自己有智慧。

依山起势，竟拔地擎天，此阁可腾龙：隆中的腾龙阁依山而建，拔地而起直抵云天，正好可以让诸葛亮这个隐居躬耕的卧龙出山腾飞。

【释】诸葛亮料事如神，经常考虑担心的是智者千虑必有一失，他人休夸耀说大话认为自己有智慧；

隆中腾龙阁依山而建，竟然拔地而起抵云天，正好可让诸葛亮这个隐居躬耕的卧龙出山腾飞。

动足步出隆中地；
伸手托起炎汉天。

癸酉年（1993）冬，陈声庆题书于腾龙阁。

陈声庆，字楚声，号竹林山人、竹林隐士、巴山狼，湖北省十堰市人，

1978 年参军，先后就职于北京总参谋部、十堰市军分区、十堰市中级人民法院审判长，其余不详。

【注】动足步出隆中地：诸葛孔明一动脚就走出了襄阳隆中故居这个地方。

伸手托起炎汉天：诸葛亮辅佐先主刘备与后主刘禅支撑起蜀汉帝业天地。炎汉：自高祖刘邦建立的西汉王朝，到东汉光武帝刘秀建立的东汉王朝，都自称以火德而称帝，所以，两汉时期称为“炎汉”。例如：三国时期曹操第三子陈思王曹植（192—232）的《徙封雍邱王朝京师上疏》有：“笃生我皇，奕世载聪……受禅炎汉，临君万邦。”南朝梁文学家萧统（501—531）《文选序》亦有“自炎汉中叶，厥涂渐异”。李周翰注“汉火德，故称炎”。

由于先主刘备属于汉室后裔，故亦称蜀汉为“炎汉”。

伸手托起：此指诸葛亮辅佐支撑蜀汉江山社稷的意思。

【释】诸葛孔明一动脚就走出了襄阳隆中故居这个地方；
诸葛亮辅佐刘备与刘禅支撑起了蜀汉帝业的天地。

谷秀客心清，篁影草庐品策对；
阁高天宇阔，松涛云海赋龙腾。

陈新剑撰于襄阳隆中腾龙阁，黄惇书。

陈新剑，襄阳广播电视大学教授、襄阳市委党校客座教授、市社科联副主席，著有《中国古代散文美学》《剑气箫心》《历代诗人咏襄阳》。合著有《襄樊风情》《文化襄阳》。

黄惇，1947 年出生于江苏省太仓市，1985 年于南京艺术学院文学院美术系研究生毕业留校任教，为美术系教授、博士生导师。著有《中国书法全集·董其昌卷》《董其昌书论注》《中国古代印论史》《中国书法全集·金农·郑燮卷》。

【注】谷秀客心清：隆中山谷的景色秀丽游客的心情就会十分清爽。

篁影：竹林影子。语出《三国演义》第三十七回“司马徽再荐名士，刘玄德三顾茅庐”中描写诸葛亮隆中隐居地：“山不高而秀雅，水不深而澄清；地不广而平坦，林不大而茂盛；猿鹤相亲，松篁交翠。”形容诸葛亮在襄阳隆中的故居地景色十分秀丽。

草庐品策对：此指刘备三顾茅庐与诸葛亮品评时局进行的《隆中对策》。

阁高天宇阔，松涛云海赋龙腾：腾龙阁高大雄伟极目远望海阔天空，这里的松涛云海似乎都在歌颂当年诸葛亮这个卧龙从这里腾飞出山。赋：《汉书·艺文志》说“不歌而诵谓之赋”。此指歌颂。

【释】山谷景色秀丽游客心情就会十分清爽，竹林影子中有诸葛亮草庐当年刘备与诸葛亮在此品评时局进行的《隆中对策》；

腾龙阁高大雄伟极目远望海阔天空，这里的松涛云海似乎都在歌颂诸葛亮这个卧龙曾经从这里腾飞出山辅佐蜀汉帝业。

吟啸待时，龙卧渊中思远举；
登临揽胜，江流天外寄豪情。

周达斌为腾龙阁撰联，夏湘平书于北京。

周达斌，生平事迹见前。

夏湘平，1930年出生于湖南省湘潭市，历任广州军区政治部美术组组长、总政治部文化部干事，是中国书法家协会常务理事、中国美协第三届常务理事。作品有《海岛小学》《柳林深处是我家》《铜墙铁壁》《有朋自远方来》等。

【注】吟啸待时，龙卧渊中思远举：诸葛亮在襄阳隆中隐居时经常抱膝长啸家乡乐府《梁甫吟》以寄托情怀，等待时机报效国家，他这个卧龙在故居里思考着远大的抱负举动。龙：此指诸葛亮这个卧龙。渊中：深潭之中，此指隆中的腾龙阁。

登临揽胜，江流天外寄豪情：登上腾龙阁就可饱览这里的名胜古迹，山下汉江水流向了天际之外的长江与东海，恰好借以寄托我们热爱祖国热爱民族的博大豪情壮志。

【释】诸葛亮隐居时经常抱膝长啸家乡乐府《梁甫吟》以寄托情怀等待时机报效国家，这个卧龙在草庐里思考着远大抱负举动；

登上腾龙阁可以饱览隆中名胜古迹，山下汉江水流向天际之外长江与东海恰好借以寄托我们热爱祖国与民族的豪情壮志。

精研儒法兵道，借古观今，慧心巧悟三分策；
雅好琴棋书画，怡情养性，羽扇轻摇百万师。

丁宝斋题于腾龙阁，碣石湾人张明情书。

丁宝斋（1935—2002），湖北省丹江口市人，毕业于华中师范大学中文系，历任襄樊市文化局研究员、市历史文化名城专家组组长、中国魏晋南北朝史学会副秘书长、陕西省三国文化研究中心特聘研究员、隆中风景名胜区高级顾问。著有《隆中志》《诸葛亮研究新编》。

张明情，碣石湾（广东省汕尾市）人，其余不详。

【注】精研：语出《后汉书·儒林传下·何休传》："休为人质朴讷口，而雅有心思，精研六经，世儒无及者。"精心钻研的意思。例如：北宋史学家

司马光（1019—1086）的《张子厚先生哀辞》有“中年更折节，六籍事精研”之句。

儒法：此指以孔子、孟子为首的儒家文化与以申不害、商鞅、韩非为代表的法家文化。

兵道：语出东汉史学家赵晔《吴越春秋·阖闾内传》：“兵者凶事，不可空试，故为兵者诛伐不行，兵道不明。”此指用兵之道。

借古观今：借助于古代的经验观察今天的现实情况。

慧心：语出三国曹魏时期嵇康（224—263）的《声无哀乐论》：“器不假妙瞽而良，籥不因慧心而调。”此指聪慧的心思。

慧心巧悟三分策：诸葛亮用聪慧心思巧妙感悟出天下三分鼎足对峙的策略。

雅好：语出东汉文学家张衡（78—139）的《西京赋》：“雅好博古，学乎旧史氏，是以多识前代之载。”此指高雅的爱好。例如：北宋史学家司马光（1019—1086）的《刘道原十国纪年序》有“英宗皇帝雅好稽古，欲遍观前世行事得失以为龟鉴”。再如：《资治通鉴·唐太宗贞观十五年》亦有“吾雅好山水，此有胜处，吾欲观之”之说。

琴棋书画：语出北宋诗人孙光宪（901—968）的《北梦琐言》卷五：“唐高测，彭州人，聪明博识，文翰纵横。至于天文历数，琴棋书画，长笛胡琴，率梁朝朱异之流。”此指弹琴、弈棋、写字、绘画，表示个人的文化素养俱佳。

怡情养性：语出近代文学家茅盾（1896—1981）的《如何欣赏文艺作品》：“他们那时候，把一部用文言写的诗、词、赋、曲、传奇、小说乃至野史、笔记，视为杂览，士大夫博习经史以后，不妨也阅读一番，为的可以怡情养性，殚见洽闻。”此指怡养性情。

羽扇轻摇：语出南朝梁文学家《殷芸小说》：“武侯与宣王泊兵，将战，宣王戎服位事，使人密见武侯，乃乘素舆葛巾，自持白羽扇指麾，三军随其进止。宣王叹曰：真名士也。”北宋文学家苏轼的《念奴娇·赤壁怀古》词亦有“羽扇纶巾，谈笑间，樯橹灰飞烟灭”之说。由此看来，魏晋南北朝时期就出现了诸葛亮“羽扇纶巾”之说，寓意诸葛亮文人雅士的风度和智谋，因此，《三国演义》中多次出现诸葛亮轻摇羽毛扇，“锦囊妙计”就层出不穷。

百万师：百万雄师，此指诸葛亮的运筹帷幄计谋强似百万雄师。

【释】诸葛亮精心钻研儒家和法家思想文化，借古代经验观察现实，用智慧心思巧妙感悟出了天下三分鼎足策略；

诸葛亮高雅地爱好琴棋书画艺术，以此陶冶情操修养性格，只要他轻摇羽毛扇就会计上心来强似百万雄师。

道德文章，官范帝师垂百代；
忠勤功业，士模人则足千秋。

袁本清撰联于腾龙阁，涂廷多书。

袁本清，襄阳隆重管理处文史馆员，曾经与丁宝斋合作编著出版《隆中志》。

涂廷多，生平事迹见前。

【注】道德文章：语出南宋词人辛弃疾（1140—1207）的《渔家傲·为余伯熙察院寿》："道德文章传几世，到君合上三台位。"此指思想品德和学识学问。

官范：官吏学习效法的典范、楷模。

帝师：语出《史记·留侯世家》："今以三寸舌为帝者师封万户，位列侯，此布衣之极，于良足矣。"帝王的老师。例如，《汉书·朱云传》："至成帝时，丞相故安昌侯张禹以帝师位特进，甚尊重。"

垂百代：永远流传于世世代代。

忠勤：语出《后汉书·公孙瓒传》："长沙太守孙坚，前领豫州刺史，遂能驱走董卓，埽除陵庙，忠勤王室，其功莫大。"忠心勤劳的意思。例如：《晋书·黄泓传》有"石苞在位称为忠勤，帝每委任焉"之说。

功业：语出《易经·系辞下》："爻象动乎内，吉凶见乎外，功业见乎变，圣人之情见乎辞。"此指功勋业绩。例如：《三国演义》第三十四回"蔡夫人隔屏听密语，刘皇叔跃马过檀溪"之中：刘备对刘表说："日月蹉跎，老将至矣，而功业不建，是以悲耳。"

士模人则足千秋：诸葛亮忠君爱国勤政廉洁思想是后世效法楷模与做人的准则，足可以传播千秋万年。士：官吏。模：学习效法的楷模。人则：做人准则。

【释】诸葛亮思想道德与文章，是历史上官方典范与帝王老师永远流传于世世代代；

诸葛亮忠君爱国勤政廉洁思想，是后世楷模与做人准则足可以传播千秋万年。

幽耶奇耶，山水任评量，喜见人来人往；
龙也凤也，英贤争奉献，何分谁主谁宾。

李永光撰联于腾龙阁，倪世伟书，生平事迹见前。

李永光，襄阳市群众艺术馆副书记、副馆长、副研究员，其余不详。

【注】幽耶奇耶，山水任评量，喜见人来人往：隆中风景区幽静吗？奇特吗？这里的山山水水任由大家评价估量，可喜的是只看见人来人往川流不息。耶：

文言助词，相当于吗的意思。

龙也凤也，英贤争奉献，何分谁主谁宾：隆中的诸葛故居塑像中有帝王有贵人，这些英烈先贤们争先恐后为国家做贡献，后世人祭祀的时候没必要区分主人与宾客。龙凤：语出《旧唐书·太宗纪上》："太宗时年四岁，有书生自言善相，谒高祖，曰：公贵人也，且有贵子。见太宗，曰：龙凤之姿，天日之表，年将二十，必能济世安民矣。"此指帝王和超凡贵人。主宾：主人与宾客。

【释】隆中风景区幽静吗奇特吗？这里的山山水水任由大家评价估量，可喜的是看见人来人往川流不息；

故居塑像有帝王也有超凡贵人，这些英烈先贤曾争先恐后为国家做贡献，何必要区分主人与宾客。

须高卧便高卧，先生吟啸待时，幸逢有道君王识；
该出山即出山，吾辈沉浮自主，莫等访贤车马来。

云帆为腾龙阁撰联，陈义经书。云帆，襄阳人，其余不详。

陈义经（1914—2007），字孝前，号愚庵，武汉市人，中国书法家协会会员，湖北省文史馆馆员，出版有《陈义经书法集》等多部书法集。

【注】须高卧便高卧，先生吟啸待时，幸逢有道君王识：需要隐居不仕的时候就隐居，诸葛亮在襄阳隆中隐居时期经常抱膝长啸家乡乐府《梁甫吟》以寄托情怀等待时机报效国家，幸好遇到了有德有才通达事理的先主刘备的赏识。高卧：语出南朝宋文学家刘义庆（403—444）的《世说新语·排调》："卿屡违朝旨，高卧东山，诸人每相与言：安石不肯出，将如苍生何？"此指隐居不仕或者是隐居。例如，中国现代小说家许地山（1894—1941）的《狐仙》有"早知道茅庐高卧，省多少六出祁山"。幸逢：幸好遇到。有道君王识：此指得到了有德有才通达事理的蜀汉先主刘备的赏识。

该出山即出山，吾辈沉浮自主，莫等访贤车马来：该出仕为官的时候就要承担相应职责，我们这一辈人的荣辱兴衰自己做主，千万不要等待访贤求士的车马到你家门前来接你。出山：此指隐士出仕为官或者承担某种事务。吾辈：我们这一辈人。沉浮：兴旺发达与衰败，此指荣辱兴衰。访贤：访贤求士。访贤车马来：此指西周初期，西伯侯姬昌（周文王）亲自用车马将吕望（吕尚、姜子牙，姜太公，公元前 1156—公元前 1017）从渭滨（今宝鸡市渭河之滨）迎接到镐京（今西安市长安区西北），封为"太师、太公望"，恳请全力辅佐，最终建立了西周王国。后来，又辅佐周武王姬发，被封为"师尚父"，所以，吕望这个辅佐贤相名垂青史。

【释】需要不仕的时候就隐居，诸葛亮在隆中常抱膝长啸《梁甫吟》以寄托情怀等待时机报效国家，幸好遇到了有德有才的刘备赏识；

该出仕为官的时候就要承担相应的职责，我们这一辈人荣辱兴衰应该自己做主，千万不要等待访贤求仕车马到你家门前来接你。

中原逐鹿，群英亮彩；
高阁腾龙，一杰耸碑。

刘家国为腾龙阁撰联，严学章书。

刘家国，湖北省谷城县人，历任谷城县委党史办副主任、县政府直属单位党组书记等。2005 年辞职经营种茶卖茶进行旅游商品开发，远销 36 个国家和地区。出版了《谷城革命史》，合作编著了《光辉足迹》。成立了“汉家刘氏谷城宗亲联谊会”，出任会长。

严学章，1959 年出生于湖北省枣阳市，中华蟹派艺术创始人，斋号先亮斋、三不堂。现为中国艺术创作院院长、中国艺术杂志社社长、中华书画协会常务副主席，其余不详。

【注】中原逐鹿：此指群雄并起争夺天下。中原：我国黄河中下游一带，泛指整个中国。逐鹿：语出《史记·淮阴侯列传》：“秦失其鹿，天下共逐之。”此指群雄并起争夺天下。例如：唐代诗人温庭筠（812—866）的《过五丈原》诗有：“下国卧龙空误主，中原逐鹿不因人。”

群英亮彩：此指各路诸侯都展现出了自己的风采。

高阁腾龙，一杰耸碑：此指诸葛亮从隆中腾龙阁腾飞出山，只有他一个英雄豪杰在历史上树立了丰碑。

【释】东汉末年群雄并起争夺天下，各路诸侯都展现出了自己的风采；

诸葛亮从腾龙阁腾飞出山，只有他一个英杰在历史上树立丰碑。

耕在隆中，读在隆中，常吊遗踪师淡远；
功留剑外，魂留剑外，且收泫泪效驱驰。

陈楚舆撰联于腾龙阁，徐利明书。

陈楚舆，作者生平事迹不详。

徐利明，文学博士、全国政协委员、致公党中央委员、江苏省委副主委、南京艺术学院教授、博士生导师、江苏省书法创作研究中心主任、中国致公画院副院长、中国书法家协会理事、江苏省书法家协会副主席、南京印社社长、西泠印社理事，其余不详。

【注】耕在隆中，读在隆中，常吊遗踪师淡远：诸葛亮躬耕在襄阳隆中，

读书学习也在隆中，我们要经常凭吊故居古迹学习他的淡泊明志宁静致远思想。

功留剑外，魂留剑外，且收泫泪效驱驰：诸葛亮功德业绩留在了剑门关之外，他的灵魂也留在了剑门关之外，我们权且收起垂下的眼泪效法他去干一番事业。功：功德业绩。剑外：语出唐代诗人杜甫《闻官军收河南河北》诗歌："剑外忽传收蓟北，初闻涕泪满衣裳。"此指四川省剑阁县的剑门关之外。例如：北宋王銍《补侍儿小名录》有："自禄山之乱，父仓皇剑外，母程氏乃流落襄阳。"剑门关，位于四川省广元市剑阁县北部，这里有高低错落七十二座大小剑山形成的屏障，峰峦似剑，行旅通商的进出口关隘在大剑山之中，两壁相对似门而得名剑门关，是出蜀入秦必由之路，诸葛亮北伐曹魏时期经常出入剑门关。魂：灵魂，此指诸葛亮的墓葬也留在了剑门关之外的汉中勉县定军山下。泫泪：垂泪的意思。驱驰：语出《三国志·蜀书·诸葛亮传》："三顾臣于草庐之中，咨臣以当世之事，由是感激，遂许先帝以驱驰。"奔走效力的意思，此指干一番事业。

【释】诸葛亮当年躬耕在隆中，读书学习也在隆中，我们要经常凭吊故居学习他淡泊明志宁静致远思想；

诸葛亮功德业绩留在剑门关之外，墓葬也留在剑门关之外，我们权且收起垂泪效法他干一番事业。

三分天下成故事；
江山一统看今朝。

高锡鸿撰联，书者不详。

高锡鸿，襄阳市君和集团神农饮品有限公司总经理，其余不详。

【注】三分天下成故事：当年曹操、孙权、刘备三分天下已经成了历史故事。江山一统看今朝：中华民族团结统一繁荣富强还要看今天的大好形势。

【释】当年曹操孙权刘备三分天下已经成了历史故事；

中华民族团结统一繁荣富强还看今天大好形势。

南北东西，数隆中胜迹；
古今中外，仰诸葛奇才。

朱卫平撰联。

朱卫平，1957 年出生于湖南省益阳市，先后毕业于复旦大学经济学、暨南大学产业经济学专业博士学位。现任暨南大学产业经济研究院院长、教授、博士生导师、产业经济国家重点学科负责人、《产经评论》杂志社社长、暨南大学房地产研究中心主任。

【注】南北东西：语出《左传·襄公二十九年》："东西南北，谁敢安处。"此指四面八方。例如：明代小说家许仲琳（1560—1630）的《封神演义》第二回有"惟知仓惶奔走，马听轰天之炮，难分南北东西"之说。

数隆中胜迹：名胜古迹要数襄阳隆中的诸葛故居最有观瞻意义。

古今中外：语出现代文学家茅盾（1896—1981）的《子夜》九："翻遍了古今中外的历史，没有一个国家曾经用这种所谓示威运动而变成了既富且强。"此指从古代到今天，从国内到国外。

仰诸葛奇才：人们都很尊崇敬仰诸葛亮的奇特才能。仰：仰慕。奇才：奇特的才能。

【释】四面八方名胜古迹，要数襄阳隆中诸葛故居最有观瞻意义；
从古代到今天从国内到国外，人们都仰慕诸葛亮奇特才能。

江汉朝东，气象万千，能纳九天豪雨；
英贤辅主，忠心一片，何悲五丈秋风。

毛运海撰联。

毛运海，1961年出生于襄樊市，历任襄樊职业技术学院副教授、学院学报兼职审稿编辑、湖北省体育理论学会常务理事、湖北省舞蹈运动协会委员、湖北省炎黄文化研究会襄樊理事、国家一级篮球与田径裁判员。

【注】江汉朝东：此指汉水（古称为沔水）从襄阳隆中之下朝东流去。

北魏时期地理学家郦道元（466—527）在《水经注·沔水》中记载说："沔水又东经隆中，历孔明旧宅北，亮语刘禅云：先帝三顾臣于草庐之中，咨臣于当世之事，即此宅也。"

气象万千：语出北宋文学家范仲淹（989—1052）的《岳阳楼记》："朝晖夕阴，气象万千。"形容景象或事物壮丽而多变化。

能纳：能够接纳、接受。

九天：语出《孙子·形篇》："善攻者，动于九天之上。"天的最高处，形容极高。传说古代天有九重，所以称九重天、九霄。例如：唐代诗人李白（701—762）的《望庐山瀑布》诗就有"飞流直下三千尺，疑是银河落九天"之句。

豪雨：暴雨、骤雨。

英贤辅主：此指英明贤达德才兼备的杰出人才诸葛亮辅佐蜀汉先主刘备、后主刘禅。

忠心一片：诸葛亮具有一片忠君爱国之心。

何悲：语出北宋文学家王安石和苏轼所写的《祭欧阳文忠公》：“苟能如此足矣，而抑又何悲？”还有什么可悲哀的呢？

五丈秋风：语出元代诗人张养浩（1270—1329）的《折桂令·诸葛武侯》：“五丈秋风，落日苍茫。”此指陕西省岐山县渭水之南的高店镇五丈原，这里是诸葛亮建兴十二年（234）第五次北伐曹魏时期驻军之地。同年八月二十八日，诸葛亮病死在五丈原军中。所以，后来的文人学士多有歌咏题记。例如：元末明初诗人王祎（1321—1372）的《五丈秋风》诗歌有：“一片西原土，空埋尽瘁身。凄凄烟树冷，似泣汉家春。”

【释】汉水从襄阳隆中之下朝东流去，它壮丽而多变化，能够接纳来自九重天暴雨；

诸葛亮德才兼备辅佐先主后主，有一片忠君爱国之心，何等悲哀他病死五丈原。

高阁何高，天上云烟踩脚下；
伟人何伟，世间冷暖系心中。

刘鸣冈撰联。生平事迹见前。

【注】高阁何高，天上云烟踩脚下：隆中腾龙阁是何等高大，登上腾龙阁后天上的云烟都踩在了脚下。

伟人何伟，世间冷暖系心中：诸葛孔明这样的人物是何等伟大，把人世间饥渴冷暖都牵挂在心中。伟人：此指诸葛孔明。系：牵挂。

【释】隆中腾龙阁是何等高大，登上腾龙阁后天上云烟都踩在脚下；

诸葛孔明是何等伟大，他把人世间的饥渴冷暖都牵挂在心中。

历朝岂乏英才，却难遇荐贤司马；
后代若逢明主，莫道无对策卧龙。

李学军撰联。生平事迹不详。

【注】历朝岂乏英才，却难遇荐贤司马：历朝历代都不缺乏才能出众之人，可是很难遇到向刘备举荐贤能人才诸葛孔明的伯乐司马徽。英才：才能出众。荐贤：举荐贤能人才。司马：此指东汉末年颍川（今河南省禹州市）人客居荆州襄阳的隐士司马徽（？—208）。

据《三国志·蜀书·庞统传》裴松之注引《襄阳记》记载：“诸葛孔明为卧龙，庞士元为凤雏，司马德操为水镜，皆庞德公语也。德公，襄阳人，孔明每至其家，独拜床下，德公初不令止。”由此而知，诸葛亮对老师司马徽相当尊崇，司马徽对学生诸葛亮要求相当严格。

建安十二年（207），汉室后裔刘备为了匡扶汉室而思贤如渴，急需要名士出谋划策，于是，颍川徐庶和襄阳人司马徽都先后向刘备举荐了在襄阳隆中隐居躬耕，人称“卧龙先生”的诸葛孔明，“由是先主遂诣亮，凡三往，乃见”，刘备遂屈尊三顾茅庐请求诸葛亮指点迷津。

《三国演义》第三十六回“元直走马荐诸葛”以及三十七回“司马徽再荐名士，刘玄德三顾茅庐”，详细介绍了徐庶与司马徽向刘备推荐诸葛亮，才有三顾茅庐之说。诸葛亮十分感激刘备屈尊三顾茅庐而为其出谋划策制定了《隆中对策》，刘备如梦初醒，恳请诸葛亮出山辅佐的全过程。

后代若逢明主，莫道无对策卧龙：后来如果遇到了贤明君主，不要说没有《隆中对策》和辅佐贤明君主的诸葛孔明了。后代：后来的时代。若逢明主：如果遇到了贤明的君主。莫道：不要说。无：没有。对策：此指《隆中对策》。卧龙：诸葛孔明。

【释】 历朝历代不缺乏才能出众之人，可很难遇到举荐贤能的司马徽；
后来如遇到贤明君主，不要说没有《隆中对策》和诸葛孔明了。

走马荐贤，片言只语；
指图论势，一对三分。

童辉波撰联。

童辉波，笔名童游、石花渔夫，历任湖北省谷城县教育局局长、党委书记，谷城文化研究会会长、中国书法家协会会员，县书法家协会名誉主席。

【注】 走马荐贤：语出《三国演义》第三十六回“元直走马荐诸葛”：东汉末年颍川人徐庶，本名单福，字元直，学识渊博，因避祸而寓居襄阳，与孔明成为好友。建安十二年（207），汉室后裔刘备为了匡扶汉室而思贤如渴，遍访名人学士，徐庶在驻军新野县的刘备帐下以军师效力。恰在此时，曹操欲取荆州，派遣曹仁、李典等攻打新野县，徐庶运筹帷幄火烧新野，又破解了曹军八门金锁阵，使得曹军大败而归。曹操闻言这是徐庶所为，遂扣押了徐庶母亲为人质，迫使徐庶弃刘备而归曹操。在这种情况下，徐庶骑马离开时向刘备举荐了自己的好友诸葛孔明，希望刘备去聘请诸葛亮进行辅佐。

片言只语：《三国志·蜀书·诸葛亮传》裴松之注引《魏略》记载，徐庶向刘备举荐说：“诸葛孔明者，卧龙也，将军岂愿见之乎？先主曰：君与俱来。庶曰：此人可就见，不可屈致也，将军宜枉驾顾之。由是先主遂诣亮，凡三往，乃见。”片言只语：三言两语的意思。

指图论势，一对三分：据《三国演义》第三十七回“刘玄德三顾茅庐”和

第三十八回“定三分隆中决策”介绍说，刘备按照徐庶的举荐，曾在当年冬天三次到隆中拜访诸葛孔明，请求指点迷津出谋划策。诸葛亮听完了刘备欲匡扶汉室的决心之后，遂认真分析了当时天下形势，为刘备谋划了孙刘联盟共同抗曹，再西和诸戎、南抚夷越，团结少数民族，同时不失时机地占荆州、取益州、夺汉中，等到时机成熟时，再两路钳击中原的《隆中对策》。说完后，又让人拿出了画图一幅给刘备介绍说：“这是西川五十四州地图，将军欲成霸业，北让曹操占天时，南让孙权占地利，将军可占人和。先取荆州为家，后取西川建基业，以成鼎足之势，然后可图中原也。”刘备听完这一番话后如醍醐灌顶，茅塞顿开，欣喜若狂，立即起身拱手致谢。他认为，孔明未出茅庐，已知将来的天下会形成三足鼎立，真万古之人不及也。

【释】当年徐庶骑马离开刘备时曾经举荐诸葛孔明，只说了三言两语；

指着地图论形势，一个《隆中对》就知道天下会形成三足鼎立。

淡泊躬耕，抱膝长吟，萦怀经国志；
忠勤酬主，出师未捷，憾筑定军山。

镇平撰联。作者生平事迹不详。

【注】淡泊躬耕，抱膝长吟，萦怀经国志：诸葛亮在襄阳隆中隐居躬耕时期追求淡泊明志，他经常在闲暇之余抱膝吟啸家乡的汉代乐府诗歌《梁甫吟》，以寄托自己的情怀，牵挂在心的是经国济民的志向。萦怀：语出唐代文学家蒋防（795—832）的《霍小玉传》：“酒阑宾散，离思萦怀。”牵挂在心的意思。经国志：经国济民的志向。

忠勤酬主，出师未捷，憾筑定军山：诸葛亮一生中都对蜀汉帝业忠勤敬业为的是酬谢先主刘备的屈尊三顾茅庐之恩，为了实现“北定中原，兴复汉室”而五次北伐曹魏但却没有如愿最后病死在五丈原军中，遗憾地在汉中定军山下给自己筑造墓葬。憾筑：遗憾地筑造墓葬。定军山：武侯墓就在陕西省汉中勉县城南十里。

据《三国志·蜀书·诸葛亮传》记载：“亮遗命葬汉中定军山，因山为坟，冢足容棺，殓以时服，不须器物。”

建兴十二年（234）十二月，后主刘禅将其安葬在定军山下。

【释】诸葛亮在隆中隐居躬耕追求淡泊明志，经常在闲暇之余抱膝吟啸家乡汉代乐府诗歌《梁甫吟》寄托自己情怀，牵挂在心的是经国济民志向；

诸葛亮对蜀汉忠勤敬业为的是酬谢先主刘备屈尊三顾茅庐之恩，曾经五次北伐曹魏但都没有如愿，病死后遗憾地在汉中定军山下筑造墓葬。

绝顶起嵯峨，雾绕云飞，三楚发光添异彩；
斯人垂典范，行廉志洁，五洲儿女仰高山。

齐文英为腾龙阁撰联。生平事迹不详。

【注】绝顶起嵯峨，雾绕云飞，三楚发光添异彩：在隆中极高山峰上矗立着高大雄伟的腾龙阁，雾霭缭绕彩云翻飞，它为三楚发光增添了异彩。嵯峨：语出《楚辞·淮南小山招隐士》：“山气巃嵸兮石嵯峨，溪谷崭岩兮水曾波。”王逸注：“嵯峨巀嶭，峻蔽日也。”形容山势高峻。亦形容高大雄伟。如：唐代诗人唐彦谦（？—893）的《送许户曹》诗歌有“将军楼船发浩歌，云樯高插天嵯峨”之句。三楚：战国时期楚国疆域广阔，因此，秦、汉时分为西楚、东楚、南楚，合称三楚。据《史记·货殖列传》记载说：“以淮北、沛、陈、汝南、南郡为西楚；彭城以东之东海、吴、广陵为东楚；衡山、九江、江南、豫章、长沙为南楚。”例如：《汉书·高帝纪上》记载：“羽自立为西楚霸王。”颜师古注引孟康《音义》说：“以江陵为南楚，吴为东楚，彭城为西楚。”唐代诗人李商隐的《过郑广文旧居》诗歌有“宋玉平生恨有余，远循三楚吊三闾”之句。

斯人：这个人，此指诸葛亮。

垂：流传后世。

典范：楷模。

五洲：泛指世界各地。

行廉志洁：语出《史记·屈原列传》：“其文约，其辞微，其志洁，其行廉。其称文小而其指极大，举类迩而见义远。其志洁，故其称物芳。其行廉，故死而不容。”泛指一个人的行为清廉，志向远大，品德高洁。此指诸葛亮。

五洲：亚洲、欧洲、非洲、澳洲、美洲。《明史·外国传七·意大里亚》有“万历时，其国人利玛窦至京师，为《万国全图》，言天下有五大洲”之说。今分为亚洲、欧洲、非洲、北美洲、南美洲、大洋洲、南极洲七大洲，但习惯上仍称五大洲，常用以代称世界。

儿女：人民。

仰高山：此指仰慕诸葛亮至高无上的人格魅力。

【释】隆中极高山峰上矗立着高大雄伟的腾龙阁，雾霭缭绕彩云翻飞，它为三楚发光增添了异彩；

诸葛亮是千古流传的楷模，他清廉的品德高洁的志向，人民都仰慕他至高无上的人格魅力。

亮本布衣，无汉季天人巧合，难成其殊绩；
史多奇士，有中华德智渊源，必生此巨才。

钟祥（湖北省钟祥市）荆陂撰联。生平事迹不详。

【注】亮本布衣，无汉季天人巧合，难成其殊绩：诸葛亮本来就是一个平凡的老百姓，如果没有汉室后裔刘备神仙般人物与平凡人的巧合，就很难成就诸葛亮特殊功勋与业绩。亮：此指诸葛亮。本：本来。布衣：语出《三国志·蜀书·诸葛亮传》中前《出师表》：“臣本布衣，躬耕于南阳。”平凡老百姓。无：没有。汉季：此指蜀汉王朝。天人：语出《晋书·应贞传》：“顺时贡职，入觐天人。”特指天子。例如：唐代诗人沈佺期（656—715）的《夏日都门送司马员外逸客孙员外佺北征》诗歌有：“庙略天人授，军麾相国持。”再如：唐代诗人杜甫《八哀诗·赠太子太师汝阳郡王琎》亦有“汝阳让帝子，眉宇真天人”。其：此指诸葛亮。殊绩：特殊功勋与业绩。

史多奇士，有中华德智渊源，必生此巨才：历史上有很多才能出众的贤达人士，因为有中华民族传统思想道德与聪明才智渊源，必然产生诸葛亮这样有巨大作为与贡献的人才。奇士：语出《史记·货殖列传》：“无岩处奇士之行，而长贫贱，好语仁义，亦足羞也。”此指德行与才智出众的贤达人士。德智：思想道德与聪明才智。巨才：有巨大作为贡献人才。

【释】诸葛亮本来就是一个平凡老百姓，如果没有汉室后裔刘备蜀汉帝王人物与平凡人巧合，就很难成就特殊功勋与业绩；

历史上有很多才能出众人士，因为有中华民族传统道德与聪明才智渊源，必然会产生诸葛亮这个有巨大作为的人才。

史家尊正统，总用汗青书节义；
百姓喜传奇，漫夸神异寄虔诚。

钟祥（湖北省钟祥市）荆陂撰联。其余不详。

【注】史家：语出北齐文学家颜之推（531—597）的《颜氏家训·书证》：“《诗》云：伐木浒浒。毛传云：浒浒，柹貌也。史家假借为肝肺字。”此指历史学家。例如：《汉书·蒯通传》有“本与武帝同讳”。唐颜师古注曰：蒯通本名为彻，其后史家追书为通”之说。

尊：尊重。

正统：语出东汉史学家班固（32—92）的《典引》：“膺当天之正统，受克让之归运。”此指一脉相承统一全国的封建王朝。例如：唐代御史大夫成都副使裴铏的《传奇·陶尹二君》有“秦于今世，继正统者九代，千余年兴亡之事，不可历数”之说。

总用汗青书节义：历史学家尊重的是历史王朝先后相承的系统，所以他们总是用史册来书写历史人物的节操与正义行为。汗青：语出南宋理学家朱熹（1130—1200）的《答严时亭书》：“当时若得时亭诸友在近相助，当亦汗青有期也。”古代多在竹简上书写，先以火烤竹去湿，再刮去竹青部分，以便书写和防蛀，称为汗青。所以，后世把完成文章著作与典籍叫作汗青，亦指史册。例如：南宋著名文学家文天祥（1236—1283）的《过零丁洋》有“人生自古谁无死，留取丹心照汗青”之句。节义：语出《管子·君臣上》：“是以上之人务德，而下之人守节义。”此指节操与正义行为。例如：《后汉书·安帝纪》有：“其赐人尤贫困、孤弱、单独谷，人三斛，贞妇有节义十斛。”李贤注曰：“节谓志操，义谓推让。”

百姓喜传奇，漫夸神异寄虔诚：民间老百姓喜欢传奇故事，他们毫无边际地夸大鬼怪神灵与异兽能量目的是借以寄托他们的恭敬和诚意。漫夸：毫无边际地夸大。神异：鬼怪神灵与异兽。寄：寄托。虔诚：恭敬而有诚意。

【释】历史学家尊重的是王朝一脉相承，他们总是用史册书写历史人物节操与正义行为；

老百姓喜欢传奇故事，毫无边际地夸大鬼怪神灵与异兽能量借以寄托恭敬和诚意。

流连四望，岭横峰侧龙曾卧；
慷慨一歌，雾去云来我欲飞。

刘候撰联。生平事迹不详。

【注】流连四望，岭横峰侧龙曾卧：我依恋不舍地在隆中向四面看去，只见这里山势纵横交错起伏重叠，诸葛孔明这个卧龙就曾经在这里隐居躬耕。

流连：语出南朝宋开国功臣傅亮（374—426）的《为宋公修张良庙教》：“游九京者，亦流连于随会。”依恋不舍的意思。

岭横峰侧：形容山势纵横交错，起伏重叠。例如：北宋文学家苏轼的《题西林壁》诗歌就有“横看成岭侧成峰，远近高低各不同。不识庐山真面目，只缘身在此山中”之句。龙曾卧：此指诸葛孔明当年曾经在这里隐居躬耕。

慷慨一歌，雾去云来我欲飞：意思是说，作者本人在隆中山上情绪激昂放开歌喉唱了一首歌，歌声在山间的云雾中回荡使得心旷神怡似乎与歌声在云雾里飞扬。慷慨：情绪激昂。

【释】我依恋不舍在隆中向四面看去，见这里山势纵横交错起伏重叠诸葛孔明这个卧龙就曾在这里隐居躬耕；

我在隆中山上情绪激昂地唱了一首歌，歌声在山间云雾中回荡使得心旷神怡似乎与歌声在云雾里飞扬。

（3）馆藏楹联10副

风雪历三番，欲致高贤甘折节；
江山谋一统，愿撑危局藉酬知。

吴丈蜀题书。生平事迹见前。

【注】风雪历三番，欲致高贤甘折节：汉室后裔刘备为了拯救匡扶汉室，曾经在风雪交加的冬天三次前往隆中拜访隐居躬耕的诸葛孔明，想让这个高士指点迷津出谋划策，所以他屈尊折节礼贤下士，恳请其出山辅佐。正因为如此，《三国志·蜀书·诸葛亮传》中《出师表》说："臣本布衣，躬耕于南阳，苟全性命于乱世，不求闻达于诸侯。先帝不以臣卑鄙，猥自枉屈，三顾臣于草庐之中，咨臣以当世之事，由是感激，遂许先帝以驱驰，后值倾覆，受任于败军之际，奉命于危难之间，尔来二十有一年矣。"折节：语出《管子·霸言》："折节事强以避罪，小国之形也。"主动降低自己的身份。此指刘备放下架子，屈尊三顾茅庐礼贤下士。

江山谋一统，愿撑危局藉酬知：诸葛亮为了谋求汉室江山的统一，他心甘情愿地支撑着蜀汉危险而艰难的局面，不遗余力地辅佐先主刘备、后主刘禅，为的是慰藉心灵借以酬谢报答刘备的知遇之恩。藉：慰藉心灵。酬：酬谢，报答。知：知遇之恩。

【释】汉室后裔刘备为了匡扶汉室曾在风雪交加的冬天三次前往隆中拜访诸葛孔明，目的是想让这个高士贤达指点迷津出谋划策所以他甘愿折节礼贤下士；

为了谋求汉室江山统一，诸葛亮心甘情愿支撑着蜀汉危险而艰难的局面不遗余力地辅佐先主与后主两代帝王为的是慰藉心灵借以酬谢刘备的知遇之恩。

出师表、诫子书已承孔孟渊源，迥异儒生空讲学；
梁甫吟、隆中对诚抱伊姜道德，宁同逸士仅鸣高。

乾隆年间，四川按察使仓德题。

仓德：据乾隆四十六年（1781）阿贵等奉敕撰的《平定金川方略》卷三记载说，乾隆十二年（1747）九月，仓德由湖南岳常道出任四川按察使。

【注】出师表、诫子书已承孔孟渊源，迥异儒生空讲学：诸葛亮《出师表》与《诫子书》已经继承了孔子、孟子儒家思想渊源，相差很远的读书人所讲都

是十分空洞乏味的。迥异：语出北宋科学家沈括（1031—1095）的《梦溪笔谈·辩证一》："钢乃铁之精纯者，其色清明，磨莹之，则黯黯然青且黑，与常铁迥异。"迥然不同、完全不同，此指相差很远。儒生：语出《史记·刘敬叔孙通列传》："叔孙通之降汉，从儒生弟子百余人。"此指儒家学说之人，泛指读书人。例如：东汉思想家王充（27—97）的《论衡·超奇篇》有"故夫能说一经者为儒生，博览古今者为通人"之说。

梁甫吟：亦称梁父吟，语出《三国志·蜀书·诸葛亮传》："亮躬耕陇亩，好为《梁父吟》。"《梁父吟》属汉乐府丧葬歌，描写的是春秋时期齐国贤相晏婴（公元前578—公元前500）利用"二桃杀三士"的谋略，让直接危及国家安全的三位勇士公孙接、田开疆、古冶子自杀解除了齐国隐患的故事（见《晏子春秋》）。

隆中对：此指建安十二年（207）冬天，刘备三顾茅庐恳请孔明指点迷津的《隆中对策》。

诚抱：真诚地抱着。

伊姜：此指商朝初期贤相伊尹和西周初期贤相姜尚。

道德：语出《韩非子·五蠹》："上古竞于道德，中世逐于智谋，当今争于气力。"此指能够启发、感悟、引导、规范人们思想与行为的准则。例如：《后汉书·种岱传》有"臣闻仁义兴则道德昌，道德昌则政化明，政化明而万姓宁"之说。

宁：宁愿、情愿。

同：和、与的意思。

逸士：语出《后汉书·逸民传·高凤传论》："先大夫宣侯尝以讲道余隙，寓乎逸士之篇。"此指隐居不仕之人。例如：唐代诗人白居易《秋日与张宾客舒著作同游龙门醉中狂歌》有"商岭老人自追逐，蓬丘逸士相逢迎"之句。

仅鸣高：仅仅是自鸣清高。

【释】《出师表》与《诫子书》已继承了孔子和孟子儒家道德思想渊源，相差很远的读书人所讲都是十分空洞乏味的；

　　　《梁甫吟》和《隆中对》真诚抱着商初贤相伊尹与西周贤相姜尚的道德观念，宁愿同这些隐士一样自命清高。

谁谓将略非其所长，当时予智矜才，终逊一生谨慎；
可惜天心未曾厌乱，至今知人论世，岂徒两表文章。

咸丰四年，湖广总督杨霈题书。

杨霈，字慰农，室名十芝堂，今辽宁省铁岭市人，道光九年（1829）进士，咸丰四年（1854）出任湖广总督，咸丰十年（1860）战败后，寓居襄阳时拜谒隆中武侯祠题书此楹联。

【注】谁谓：谁说的。将略非其所长：语出《三国志·蜀书·诸葛亮传》中陈寿评价诸葛亮说：“然亮才，于治戎为长，奇谋为短，理民之干，优于将略。”这段话是说，诸葛亮的才能在治理军队方面有能力，但是谋略欠缺，治理国家的才能，优于领军作战的本领。

当时：此指陈寿撰写《三国志》的时候。

予智：自以为聪明。

矜才：语出北宋文学家宋敏求（1019—1079）的《春明退朝录》卷上：“宗衮尝曰：残人矜才，逆诈恃明，吾终身不为也。”比喻自以为有才而自负。

终逊一生谨慎：最终逊色于一生谨慎的诸葛亮。

可惜天心未曾厌乱：可惜的是天意并没有厌恶战争之乱。天心：此指天意。未曾：并没有。厌乱：厌恶战争之乱。

至今知人论世：时至今日知道诸葛亮这个人而议论当时的世道时局。论世：议论世道时局。

岂徒两表文章：何止是前、后《出师表》两篇文章。

岂徒：何止。两表：此指诸葛亮的前、后《出师表》。

【释】是谁说诸葛亮军事才能非其所长？当时的陈寿自以为聪明有才干而自负，最终使一生谨慎的诸葛亮逊色一筹；

可惜天意并没有厌恶战乱，时至今日知道诸葛亮这个人而议论当时世道时局，何止前后《出师表》两篇文章。

行藏以道，出处因时，使无三顾频烦，亦与水镜鹿门甘心肥遁；成败论人，古今同慨，似此全才难得，尚有子由承祚刻意讥评。

道光年间，张曜孙题书。

张曜孙（1808—1863），字皋文，号复生，江苏省武进县人，道光二十三年（1843）举人，历任武昌知县、汉阳知县、同知、湖北候补道。寓居襄阳时，拜谒武侯祠题书此楹联。著有《谨言慎好之居诗集》《续红楼梦未竟稿》。

【注】行藏：语出《论语·述而》：“用之则行，舍之则藏。”此指被任用就出仕，不被任用就退隐。例如：唐代诗人岑参（715—770）的《武威送刘单判官赴安西行营便呈高开府》诗歌有“功业须及时，立身有行藏”之说。

以道：遵照这个道理的意思。

出处因时：此指诸葛亮从隆中出山的时候是因为时机成熟了。

使无三顾频烦：假使没有刘备频繁地三顾茅庐恳请诸葛亮出山辅佐。

亦与：也同样与。

水镜：此指水镜先生司马徽。《三国志·蜀书·庞统传》裴松之注引《襄阳记》记载："诸葛孔明为卧龙，庞士元为凤雏，司马德操为水镜，皆庞德公语也。"

鹿门：襄阳鹿门山省称。东汉末年，庞德公曾携妻子登鹿门山采药不返。此指隐居在襄阳鹿门山的庞德公，后来泛指隐士所居之地。例如：唐代诗人杜甫《冬日有怀李白》诗歌就有"未因乘兴去，空有鹿门期"之句。再如：明文学家杨慎《霞邱归引》亦有"鹿门栖隐处，行与老庞邻"之说。

肥遁：语出东晋道学家葛洪（284—364）的《抱朴子·畅玄》："知足者则能肥遁勿用，颐光山林。"此指隐居不仕。例如：《魏书·逸士传序》有"肥遁不及，代有人矣"之说。

成败论人：语出北宋文学家苏轼的《孔北海赞序》："世以成败论人物，故操得在英雄之列。"以成功和失败作为评论人物的标准。

古今同慨：古往今来都是一个概念。

似此全才难得：像诸葛亮这样的全能人才十分难得。

尚有：还有的意思。

子由：北宋文学家苏辙（1039—1112），字子由，与父亲苏洵、兄长苏轼合称三苏，是唐宋八大家之一，他对诸葛亮始终有一些偏激的看法。例如：他在《三国论》中评价诸葛亮说："用诸葛孔明治国之才而当纷纭征伐之中，则非将也。"他在《读史》的诗歌中还说："桓文服荆楚，安取破国都。孔明不料敌，一世空驰驱。"

承祚：此指《三国志》作者陈寿（233—297），字承祚。他在《三国志·蜀书·诸葛亮传》中陈寿评价说："然亮才於治戎为长，奇谋为短，理民之干，优於将略。"他还评价诸葛亮说："然连年动众，未能成功，盖应变将略，非其所长欤。"认为诸葛亮连年北伐曹魏兴师动众，都没有成功，这是应变将略的智慧谋略非其所长缘故。

刻意：有意识地。

讥评：讥讽评价。

【释】被任用就出仕不被任用就退隐，诸葛亮从隆中出山是因时机成熟了，假使没有刘备频繁三顾茅庐恳请出山，同样与司马徽庞德公心甘情愿隐居不仕；

以成败评论人物，古往今来都是一个概念，像诸葛亮这样的全能人才十分难得，可还是有北宋的苏辙与《三国志》作者陈寿这些人有意识地讥讽评价。

鹿门学道，跪床下，不耻下问，方得一生聪明；西蜀施政，坐府中，非慎不断，才使八方肃静。

题书者不详。

【注】鹿门学道，跪床下，不耻下问，方得一生聪明：据《三国志·蜀书·庞统传》裴松之注引《襄阳记》记载："诸葛孔明为卧龙，庞士元为凤雏，司马德操为水镜，皆庞德公语也。德公，襄阳人，孔明每至其家，独拜床下，德公初不令止。"

据 2008 年 5 月中国文联出版社出版于襄生编著的《隆中志》记载：居住在襄阳鹿门山的大名士庞德公，有知人之鉴，他富贵不淫，贫贱不移，威武不屈，荆州牧刘表曾经多次请他为官而拒绝不仕。因此，诸葛亮非常敬重庞德公，曾经多次登门拜师求教。可是，"孔明每至其家，独跪床下，而德公初不令止"。诸葛亮每一次拜见庞德公都跪在床下求教提问题，以此磨炼意志。如此折节屈尊不耻下问，才使诸葛孔明一生都十分聪明睿智。

西蜀施政，坐府中，非慎不断，才使八方肃静：诸葛亮在益州以丞相身份管理国家大事，经常坐在丞相府中，非常谨慎地不断作出正确决策，才使蜀汉国家四面八方都十分平静安宁。

【释】诸葛亮向庞德公拜师求教时，经常跪在床下不起，不耻下问，方能够积累丰富知识一生都十分聪明睿智；

在益州以丞相身份管理国家大事，经常坐在府中，谨慎地不断作出正确决策，才使得四面八方平静安宁。

隆中山育英才，英才弼国家；武侯祠敬先贤，先贤作楷模。

题书者不详。

【注】隆中山育英才，英才弼国家：隆中山这个地方是培育诸葛亮这个英才的场所，而这个英才辅佐了蜀汉国家。

英才：语出《孟子·尽心上》："得天下英才而教育之，三乐也。"此指才能智慧杰出的人。例如：东晋道教医药学家葛洪（283—363）的《抱朴子·辞义》有"众书无限，非英才不能收膏腴"之说。唐代诗人李白（701—762）的《赠何判官昌浩》诗歌亦有"夫子今管乐，英才冠三军"之句。

弼：语出《后汉书·伏湛传》："柱石之臣，宜民辅弼。"即辅弼，辅佐。例如：《晋书·元帝纪》有："能弼宁晋室，辅予一人。"《说文》："弼，辅也。左称辅，右称弼。"《新唐书》亦有"一日去良弼，如亡左右手"之说。

国家：语出《易经·系辞下》："君子安而不忘危，存而不忘亡，治而不忘乱，是以身安而国家可保也。"古代诸侯封地称国，大夫封地称家。例如：《孟子·离娄上》："人有恒言，皆曰天下国家，天下之本在国，国之本在家，家之本在身。"东汉史学家赵岐（？—201）注曰："国谓诸侯之国，家谓卿大夫也。"此指蜀汉国家。

武侯祠敬先贤，先贤作楷模：武侯祠是尊崇敬仰诸葛亮这个先贤的地方，先贤始终被后世人当作学习效法的榜样。

先贤：语出《礼记·祭义》："祀先贤于西学，所以教诸侯之德也。"此指已故有才德的人。例如：南宋诗人陆游《过广安吊张才叔谏议》诗有"春风匹马过孤城，欲吊先贤涕已倾"之句。

【释】隆中山是培育诸葛亮英才的场所，英才辅佐了蜀汉国家；
武侯祠是敬仰诸葛亮先贤的地方，先贤被当作学习榜样。

老龙洞泉水不竭，应思躬耕古贤者；
小虹桥溪流焉断，该想开拓今后人。

题书者不详。

【注】老龙洞泉水不竭，应思躬耕古贤者：隆中老龙洞泉水流淌不枯竭，我们应当思考怀念当年在这里隐居躬耕的诸葛孔明。

老龙洞泉水：据 2008 年 5 月中国文联出版社出版发行于襄生《隆中志新编·名胜古迹》介绍说："海拔 306 米的隆中山向西一脉回旋向南又折向东，时起时伏，势若蟠龙，因此又称伏龙山，老龙洞就位于这蟠龙之腰的山脚下，洞北是隆中山的主峰。洞西山梁俗称龙稍，森林茂密，环境优美。洞南的山梁叫乐山，山上怪石嶙峋，因诸葛亮当年经常登此山弹琴作乐而得名。洞东是窄狭谷地，老龙洞泉水从这里流出。谷地里有池塘和田地二十多亩，是诸葛亮的躬耕田。老龙洞周围松柏交翠，山水相映，一径小溪把老龙洞的泉水引到诸葛亮的躬耕田。这里秀美幽深，风景别致，自古就是隆中的风景点之一。"

据当地传说，洞内住有老龙，老龙洞因此而得名。这里的泉水就是老龙的唾液，因此，水质甘甜，喝了此水能够使人聪明，诸葛亮智慧超人，就是喝了此水。古贤者：此指诸葛亮。

小虹桥溪流焉断，该想开拓今后人：横跨在诸葛庙前小虹桥的溪流怎么就断流了？我们应该想一想如何扩展培养像诸葛亮这样的后来之人。

小虹桥：据 2008 年 5 月中国文联出版社出版发行于襄生《隆中志新编·名胜古迹》介绍，在隆中诸葛故居门前，有一座拱形小桥名小虹桥，桥下旧有溪流。属于隆中的重要景点之一，历史上曾多次修复。明代弘治二年（1489），由于诸葛草庐位置下移，小虹桥也随之东移，故而桥下溪流断流。

1984 年，隆中管理处恢复新建了拱形石质小虹桥，两边安装了雕花石栏杆，使得桥体更加坚固美观，与此同时，还刻立碑石以示久远。

《三国演义》第三十七回“刘玄德三顾茅庐”之中描写刘备三顾茅庐时曾经过往此桥。特别是，第二次来到隆中拜访诸葛孔明时，恰好遇见了诸葛亮岳父黄承彦“狐裘遮体，骑着一驴，后随一青衣小童，携一葫芦酒，踏雪而来”。走过了小虹桥，还随口赋诗一首：“一夜北风寒，万里彤云厚。长空乱雪飘，改尽江山旧。仰面观太虚，疑是玉龙斗。纷纷鳞甲飞，顷刻遍宇宙。骑驴过小桥，独叹梅花瘦。”

焉断：怎么就断流了？开拓：扩展培养。后来人：像诸葛亮这样的后来之人。

【释】隆中老龙洞泉水流淌不枯竭，我们应当思念当年在这里隐居躬耕的诸葛孔明；

诸葛庙前小虹桥溪流怎么断流了？应该想如何扩展培养诸葛亮这样的后来人。

凤凰台栖凤凰，凤凰行影何在？
三顾堂纪三顾，三顾遗迹永存。

题书者不详。

【注】凤凰台：在江苏省南京市秦淮区的凤游寺，相传南朝刘宋的元嘉年间（424—453），有凤凰飞集于此山而得名。例如：李白《登凤凰台》诗歌有“凤凰台上凤凰游，凤去台空江自流。吴宫花草埋幽径，晋代衣冠成古丘。三山半落青天外，一水中分白鹭洲。总为浮云能蔽日，长安不见使人愁。”

栖凤凰：栖息凤凰。

凤凰行影何在：凤凰的行动影子在哪里？

三顾堂纪三顾，三顾遗迹永存：隆中三顾堂纪念的是当年刘备屈尊三顾茅庐，三顾茅庐的遗迹文物永远存在。

【释】南京秦淮区凤游寺凤凰台曾传说有凤凰栖息，可凤凰的影子在哪里？

隆中三顾堂纪念的是刘备三顾茅庐，三顾茅庐的遗迹文物永远存在。

老龙洞泉水，滋故土莘野；
诸葛公智慧，济西蜀生灵。

题书者不详。

【注】老龙洞泉水，滋故土莘野：隆中老龙洞的泉水，滋润着诸葛亮当年

隐居躬耕的这片土地。滋：滋润的意思。故土：此指当年诸葛亮隐居躬耕的这片土地。莘野：语出《孟子·万章上》："伊尹耕于有莘之野。"东汉史学家赵岐（？—201）注曰："有莘，国名。伊尹初隐之时，耕于有莘之国。"后以"莘野"指隐居之所。

伊尹（公元前1649—公元前1550），姒姓，伊氏，名挚，曾隐居躬耕在莘国之野（今河南省杞县葛岗镇空桑村），成汤（契的后代，子姓，名履，又称天乙）三聘之后担任右相，辅佐成汤打败夏桀建立了商朝，担任尹（丞相），历事成汤、外丙、仲壬、太甲、沃丁五代君主的辅佐贤相，尊号"阿衡"，辅政五十余年，为商朝兴盛富强立下了汗马功劳。

此处的"莘野"指的是诸葛亮隐居躬耕在襄阳隆中。

诸葛公智慧，济西蜀生灵：诸葛亮的聪明才智，拯救、帮助着蜀汉国家的人民。智慧：聪明才智。济：拯救、帮助。西蜀：泛指益州地区、蜀汉国家。生灵：老百姓。

【释】隆中老龙洞泉水，滋润着诸葛亮隐居躬耕这片土地；
诸葛亮聪明才智，拯救帮助了益州蜀汉国家老百姓。

少年时失双亲，流离襄阳苦读；青年时交游士林，躬耕陇亩；受任时内困外乱，国中惊扰；托孤时一身国任，君主诚信；临终时巧安排，死而后已；

新野时烧博望，取信关张众服；赤壁时出使东吴，运筹帷幄；取川时东念西顾，天下知晓；南征时七擒夷酋，孟获悦服；北伐时任指挥，鞠躬尽瘁。

题书者不详。

【注】少年时失双亲，流离襄阳苦读：诸葛亮3岁丧母，7岁丧父，他与两个姐姐和弟弟全靠叔父诸葛玄抚养。14岁时就随叔父离开了家乡，先去了豫章（今天江西省南昌市），紧接着又来到了襄阳投靠荆州牧刘表，在刘表创办的"学业堂"读书学习，苦心钻研。所以，《三国志·蜀书·诸葛亮传》记载说："亮早孤，从父玄为袁术所署豫章太守，玄将亮及亮弟均之官，会汉朝更选朱皓代玄，玄素与荆州牧刘表有旧，往依之。"

据《三国志·蜀书·刘表传》裴松之注引王粲《英雄记》记载说："表乃开立学官，博求儒士，使綦毋闿、宋忠等撰《五经章句》，谓之《后定》。"

南宋王象之《舆地纪胜》卷八十二"学业堂"条记载说："孔明读书之所，谓之学业堂，在江之南。"明万历《襄阳府志》也记载说："学业堂，遗址在城南二里，诸葛亮在此求学。”

青年时交游士林，躬耕陇亩：学业堂结业后，叔父诸葛玄已去世，两个姐姐也先后嫁给了襄阳名门望族蒯祺与庞山民，17 岁的诸葛亮与弟弟诸葛均就在襄阳隆中隐居躬耕自食其力，喜好家乡的《梁甫吟》以寄托情怀。闲暇之余博览群书，广泛结交名人学士，拜师求教，积累了丰富知识。正因为如此，《三国志·蜀书·诸葛亮传》记载说：“玄卒，亮躬耕陇亩，好为梁父吟。”

受任时内困外乱：建安十二年（207）冬天，汉室后裔刘备为了匡扶汉室曾经三顾茅庐，请求诸葛亮指点迷津，诸葛亮十分感激刘备的屈尊三顾茅庐，为其制定了兴复汉室一统江山的《隆中对策》，刘备如梦初醒欣喜若狂，恳请诸葛亮出山辅佐，诸葛亮毅然决然出山。当时刘备势单力薄没有立足之地，又被曹操追赶得狼狈不堪。因此，诸葛亮在《出师表》中说：“先帝不以臣卑鄙，猥自枉屈，三顾臣于草庐之中，咨臣以当世之事，由是感激，遂许先帝以驱驰。后值倾覆，受任于败军之际，奉命于危难之间，尔来二十有一年矣。”

国中惊扰：此指建安二十年（215），曹操征讨“五斗米教”第三代传人张鲁占据了益州北大门汉中后，益州之民因此惶惶不可终日。所以，《三国志·魏书·贾诩传》记载说：“魏武克平张鲁，蜀中一日数十惊，刘备虽斩之不能止。”在此基础上，诸葛亮遂运筹帷幄，帮助刘备与曹操争夺汉中，定军山大战后，曹军败退，刘备正式做了“汉中王”，紧接着在成都建立了蜀汉国家。

托孤时一身国任，君主诚信：刘备临终前，向诸葛亮托孤受命交代后事，全权委托辅佐年幼后主刘禅。当时，刘备说：“君才十倍曹丕，必能安国，终定大事。若嗣子可辅，辅之；如其不才，君可自取。亮涕泣曰：臣敢竭股肱之力，效忠贞之节，继之以死。”刘备令刘禅要待诸葛亮“事之如父”。从此以后，诸葛亮就“摄一国之政事”，竭尽全力辅佐后主，君臣关系诚信和睦。

临终时巧安排：诸葛亮临终前，向朝廷派来的特使李福转达了自己死后对朝廷后事的安排建议。同时遗命说：“死后葬汉中定军山，因山为坟，冢足容棺，殓以时服，不须器物。”明确了自己死后安葬之事，以免发生其他问题。

特别是，他深知长使杨仪与前将军魏延二人历来居功自傲目中无人，他死后肯定不服任何人管理会产生内乱。所以，他利用杨仪与魏延二人水火不容的个人矛盾，特意让杨仪临时接替兵权，让魏延、姜维断后，率领蜀军护送他的灵柩退回汉中。如此一来，彻底激起了魏延不满，独自率军前行，烧绝褒斜栈道阻击杨仪率领的蜀军，形成魏延谋反的现象与证据，杨仪遂奉诏以谋反罪杀了魏延，回成都后又杀了魏延三族，自以为立了大功。

由于杨仪得不到丞相之位而怨声载道，明目张胆地反叛朝廷，被后主下狱处死。诸葛亮到死为止的这些巧妙安排，彻底解除了蜀汉国家的后顾之忧。

死而后已：语出诸葛亮后《出师表》："臣鞠躬尽力，死而后已。"意思是，竭尽全力，到死为止。

新野时烧博望，取信关张众服：故事出自《三国演义》第三十九回"博望坡军师初用兵"。是说诸葛亮被刘备恳请出山辅佐后待若上宾，这就使得关羽、张飞很不满意。刘备解释说："孤之有孔明，犹鱼之有水也，羽、飞乃止。"关羽、张飞二人听后，就不再说什么了。恰在此时，曹操令夏侯惇领兵十万杀奔新野而来，当时刘备就驻军新野县，只有几千人，曹军兵临城下，刘备惊慌失措。没想到，孔明用计策火烧博望坡，大败夏侯惇、于禁、李典等曹军而大获全胜，刘备、关羽、张飞等人佩服得五体投地。

赤壁时出使东吴，运筹帷幄：这段话出自《三国演义》四十三回、四十六回、四十九回：是说建安十三年（208），荆州牧刘表去世，其幼子刘琮降曹操，因此曹军百万雄师下荆州，准备先灭掉刘备，再灭掉东吴。大兵压境势不可当，刘备被曹操追杀得抛妻弃子慌不择路，情况十分危急。诸葛亮主动请缨出使东吴，"舌战群儒"说服了孙权，促成了孙刘联盟共同抗曹的局面。紧接着，诸葛亮又进行了"草船借箭"和"借东风"，孙刘联军在赤壁之战中大败曹军，使得刘备与孙权两家转危为安，刘备还有了荆州四郡的发展空间。

取川时东念西顾，天下知晓：建安十九年（214），刘备取益州夺成都久攻不下，不得不让留守荆州的诸葛亮率领张飞、赵云等大军逆长江而上前去支援，令关羽全权负责荆州安全，诸葛亮当时既担心东面荆州安全又顾及西面夺取益州的大事，因此忧心忡忡，天下人都知道。

南征时七擒夷酋，孟获悦服：建兴三年（225），诸葛亮亲自率军进行南征平叛，他根据西南地区少数民族众多，地理环境、语言、信仰、生活习俗与汉民族截然不同的实际情况，因地制宜采取了"攻心为上、攻城为下；心战为上，兵战为下"政策，刚柔并济，果断斩杀了首恶分子高定、雍闿和朱褒，对在西南少数民族中威信较高的夷人首领孟获却实行了"七擒七纵"的怀柔策略，最终使其心悦诚服地说"丞相天威，南人不复反也"。从而彻底平定了西南地区叛乱，提高了国人的信心与斗志，有效地稳定了蜀汉政权。

北伐时任指挥，鞠躬尽瘁：诸葛亮为了"北定中原，兴复汉室"而进行了五次北伐曹魏，《三国演义》称为"六出祁山"。北伐时期，诸葛亮根本不畏惧弱小的蜀汉去主动攻打强大的曹魏，始终主动出击以攻为守，把战场摆在敌方，指挥若定进退自如，使曹魏"畏蜀如虎"。他在后《出师表》中说："臣鞠躬尽力，死而后已"，体现了不遗余力去北伐曹魏的献身决心。

【释】诸葛亮少年时就失去了父母，随叔父流离来到襄阳在刘表“学业堂”读书学习；青年时广交名人学士拜师求教积累了丰富的社会知识，在隆中隐居躬耕自食其力；出山辅佐刘备时堪称内忧外患，曹操占据益州北大门汉中后益州之民惶惶不可终日；刘备临终前托孤受命全权委托诸葛亮辅佐后主承担一国政事，君臣关系诚信和睦；临终前对朝廷后事作巧妙安排解除了后顾之忧，他为蜀汉国家奉献了终身；

诸葛亮在新野县火烧博望坡大败曹军，关羽与张飞等佩服得五体投地；赤壁之战时主动请缨出使东吴，运筹帷幄促成了孙刘联盟共同抗曹统一战线大败曹军转危为安；协助刘备取益州夺成都既担心东面荆州安全又顾及西面益州之事忧心忡忡，天下人都知道；南征平叛采取攻心怀柔策略七纵七擒孟获使其心悦诚服；为收复中原兴复汉室五次北伐曹魏指挥若定进战退守自如，勤勤恳恳竭尽了全力。

"汉水文化"省级重点学科资助出版图书　　三国历史文化研究系列丛书

中国武侯墓祠匾联集注（下）

郭清华　侯素柏◎编著

第十二章
湖北省境内其他武侯祠庙

诸葛亮自从 14 岁被叔父诸葛玄带领离开家乡阳都故里后，先去了今江西省南昌市和高安市，紧接着又随叔父来到了荆州牧刘表这里，在襄阳刘表开办的“学业堂”读书三年。学业结束后的建安二年（197），叔父诸葛玄已经去世，两个姐姐也分别出嫁，大姐嫁给了荆州名士蒯越的儿子蒯祺，二姐嫁给了庞德公的儿子庞山民。诸葛亮与弟弟诸葛均便在襄阳城西 20 里的隆中搭起了茅屋，开始过上了“躬耕于野，不求闻达”的自食其力生活。

按照常理，诸葛亮凭借自己逸群之才和两个姐姐的家族关系，完全可以在荆州谋个一官半职，但他没有这样做。原因是，荆州牧刘表“外宽内忌，好谋无决，有才不能用，闻善而不能纳”（见《三国志·刘表传》陈寿评注）。所以，尽管当时荆州“地方千里，带甲十万”，刘表却“虑既不远，儿子又劣，非能够承业传基者也”（见《三国志·吴书·甘宁传》）。

正因为如此，荆州表面看起来繁华平静，实际充满了隐患与不安，刘表根本靠不住。后来，诸葛亮在《隆中对》中向刘备说到荆州时，也认为“此用武之国，其主不能守”。所以，诸葛亮和弟弟诸葛均两人不得不在襄阳隆中搭建茅屋，隐居躬耕，自食其力十年，名声显赫，人称“卧龙先生”。在此期间，诸葛亮娶了沔阳名士黄承彦之女黄月英为妻，而岳父黄承彦之妻又和荆州牧刘表的妻子是两姐妹，如此看来，诸葛亮与刘表还有直系亲属关系。

建安十二年（207）冬天，汉室后裔刘备为了匡扶汉室急需高人指点迷津，在颍川名士徐庶、司马徽举荐下，刘备屈尊三顾茅庐，恳请诸葛亮出谋划策。诸葛亮为其制定了兴复汉室一统江山的《隆中对策》，使刘备醍醐灌顶如梦初醒，恳请其出山辅佐。诸葛亮十分感激刘备屈尊三顾茅庐，就毅然决然出山，走上了戎马倥偬之路，成为刘备的“军师将军”，为刘备运筹帷幄，排忧解难，关键时侯，出使东吴促成孙刘联盟联合抗曹统一战线，取得了赤壁之战全胜，使刘备转危为安，有了荆州四郡立足之地发展空间，又为刘备在四郡收税。

建安十六年（211），刘备应益州牧刘璋邀请而入川对付汉中郡“五斗米教”第三代传人张鲁，诸葛亮与关羽等留守荆州。由于诸葛亮在《隆中对策》中提出，希望刘备在适当时候夺取益州这个用武之地，所以刘备借机夺取成都而力不从心。十八年（213），刘备让诸葛亮率军支援他夺益州取成都，留关羽守荆州，从此以后，诸葛亮离开了荆州，就没有再回来。

诸葛亮在荆州地区前后活动了十余年，有一定影响力，史志资料都有记载，除襄阳隆中留下了中外著名的古迹文物之外，在今天湖北省境内相关地方，后世人为纪念诸葛亮，还修建了纪念祠庙，供世人观瞻拜谒。例如：

1. 诸葛亮择妇纪念地——湖北省仙桃市武侯祠

仙桃市是湖北省江汉平原的中心城市，东邻省会武汉市，西接荆州市、宜昌市，北依汉水，南靠长江，是荆楚文化的重要发祥地之一，有 1500 多年建制历史，还是闻名全国的体操之乡、文化之乡、状元之乡、鱼米之乡，素有“江汉明珠”的美誉。仅明、清 552 年间，就出了 88 名进士。

仙桃市原名沔阳县，秦灭六国后行郡县制，分天下为三十六郡时，沔阳属荆州南郡，汉代因之。南朝梁武帝天监二年（503），这里因地处沔水以北而分竟陵郡设沔阳郡，领云杜、沔阳二县，从此后，这里一直称为沔阳。

1952 年，沔阳县治迁入仙桃镇，1986 年 5 月 27 日，经国务院批准撤销沔阳县，以县治所在地命名为仙桃市至今。

诸葛亮在襄阳隆中隐居躬耕期间，曾广交荆襄名士，拜师访友，谈论天下形势。其中，诸葛亮的老师、岳父黄承彦（151—？）就是东汉末年的沔阳名士，所以，诸葛亮在襄阳隆中隐居时期，曾多次前往沔阳拜见黄承彦，留下了很多足迹与传说故事。特别是，诸葛亮娶黄承彦之女黄月英为妻的故事，就寓意深刻，流传千年之久。

据《三国志·蜀书·诸葛亮传》裴松之注引《襄阳记》记载：

黄承彦者，高爽开列，为沔南名士，谓诸葛孔明曰：闻君择妇，身有丑女，黄头黑色，而才堪配。孔明许，即载送之。时人以为笑乐，乡里为之谚曰：莫作孔明择妇，正得阿承丑女。

这段记载是说，黄承彦，人品高尚性格爽快开朗，是沔水之南一带的知名人士，他有心将自己的女儿黄月英嫁给诸葛亮，于是就毛遂自荐说：听说你在找对象，我有一个丑女子，黄头发黑皮肤，但是才能可以与你匹配。诸葛亮当时就答应了，于是黄承彦就用车子将女儿黄月英送去了。正因为如此，当时的人还以此为讥笑讽刺诸葛亮的笑话，乡里人还有谚语说：千万别学孔明娶媳妇，只得了黄承彦一个丑女子。

笔者认为，黄承彦当时出于谦辞，说自己女儿黄头发黑皮肤是个丑女子，这不足为奇，因为黄头发黑皮肤未必就是丑女，而“才堪匹配”才是诸葛亮当时答应这门亲事的真正原因，所以，这个故事也就成为流传后世的美谈而经久不衰，沔阳也就有了纪念诸葛亮的武侯祠。

据当地世代传说，诸葛亮建安八年（203）秋天来沔城，与当地名士黄承彦之女黄月英（当地一说叫黄楚女）成婚。婚后，诸葛亮每天就在黄府花园内读书台上攻读天文、地理、兵法等书，造就了经天纬地之才。

次年春，诸葛亮就与爱妻黄月英回到了隆中。不久就受到皇室后裔刘备的屈尊三顾茅庐，恳请出山辅佐，走上戎马生涯道路，跟随刘备东征西讨，忠心耿耿地给刘备出谋划策，一步步化险为夷，最终在成都建立蜀汉政权，诸葛亮也官至蜀汉国丞相，为后来建功立业名垂青史奠定了坚实基础。

建兴五年（227）七月，黄月英为诸葛亮生下了唯一的儿子诸葛瞻，有了天伦之乐的家庭生活。仙桃市武侯祠，就是诸葛亮与黄月英婚姻生活的纪念地。

（1）历史沿革与古迹文物

据当地传说，建兴十二年（234）诸葛亮死后，后主刘禅为缅怀诸葛亮功绩，封诸葛亮为“忠武侯”，并令人在沔城黄府花园内读书台处建“诸葛武侯祠”，供四时祭祀。武侯祠高 8 米，明三暗五，仿古建筑雕梁画栋，上盖红色琉璃瓦，颇为壮观，是当地一处名胜，参观游览的人甚多，有不少文人墨客在此还留下了诗句和对联。比如：元代末年，农民起义军领袖的沔阳人陈友谅（1320—1363）曾登基称帝，国号“汉”，改元“大义”。当初，陈友谅在出任元朝沔阳州狱吏时，就与沔阳人第一猛将张定边（1318—1417）游览诸葛亮读书台，即兴赋诗二首：

其一是：“武侯祠内话古今，读书台上思孔明。才女虽丑佐贤相，功盖三国励后人。”

其二是：“刘备早无川蜀地，武侯尚有读书台。古往今来论文武，无文有武岂算才。”

嘉靖年间进士、南京太仆寺丞归有光（1507—1571）来此也写下七绝诗一首：“古柏森森诸葛栽，遗风千载留书台。功成鼎足垂青史，誉过萧曹良相才。”

清代末年，沔阳举人、文学家杨会康（1866—1939）为读书台撰写了一副楹联，内容是：

读书台，屯甲山，胜迹在望，诸葛大名垂宇宙；

千佛寺，百神庙，梵声相应，众仙同日咏霓裳。

1985年以来，沔阳县老百姓自筹资金及砖瓦木料重修了武侯祠和读书台。

武侯祠有门楼、诸葛亮大殿和千佛寺等古建筑。其中，诸葛亮大殿高12米，为歇山式明三暗五重檐二滴水仿古建筑，飞檐翘角，雕梁画栋，气势雄伟。

门口正面门楣上，悬挂有“诸葛武侯祠”匾额，题书者不详。两侧柱子上，有楹联一副，内容是：

名成八阵，功盖三分昭青史；

智超群雄，师出两表见赤心。

正殿内塑诸葛亮彩色坐式雕像，左手捋胡须，右手轻摇羽毛扇，面部肃穆，双目炯炯有神，似乎在运筹帷幄。神龛前面置有几案，其上正中高悬“鞠躬尽瘁”匾额，题书者不详。

两侧的柱子上，有楹联一副，题书者不详，内容是：“辅先皇，联吴抗曹定三分天下，功勋盖世；佐后主，抚夷伐魏图一统江山，韬略超群。”

正殿两侧墙壁上绘有诸葛亮出山、舌战群儒、七擒孟获、天水关、八卦阵、智取陈仓、空城计等三国故事图，其下有关羽、张飞、赵云、马超等大型肖像栩栩如生，令人浮想联翩。

诸葛亮读书台遗址上，现有碑文一通，高2米，宽1米，刻有诸葛亮之像，虽经风雨剥蚀，可是雕像雄风犹存，字迹仍然清晰可辨。

紧随武侯祠其后的是著名的千佛寺，有歇山式面阔五间重檐二滴水的仿古建筑大雄宝殿，殿前有七层铁塔一座，气势雄伟。

据当地传说，诸葛亮在沔城西门外岳父黄承彦家时，与寺中博学多才的了凡和尚十分友善，了凡和尚喜欢辞令，且擅长翰墨，常与诸葛先生谈论历代兴衰，品评成功失败，志趣相投，互有诗词唱和。所以，诸葛亮经常与了凡和尚一起散步，在寺内的柏树下读书。

（2）匾额2方、楹联3副

诸葛武侯祠

题书者与时间不详。

【注】诸葛：属于复姓，此指诸葛亮。

据《三国志·吴书·诸葛瑾传》裴松之注引《吴书》记载说："起先葛氏，本琅琊诸县人，后徙阳都。阳都先有葛姓者，时人谓之诸葛，因以为氏。"

这就是"诸葛"复姓的由来。

武侯：诸葛亮生前被后主封为"武乡侯"，死后被追谥为"忠武侯"，从此后，武侯就是诸葛亮的代名词。

祠：是中国历史上纪念祖宗、先贤、英烈、名人、神仙的祠堂、祠庙。正因为如此，纪念诸葛亮的祠庙就称为武侯祠。

【释】纪念诸葛亮的武侯祠。

鞠躬尽瘁

题书者不详。

【注】鞠躬尽瘁：语出诸葛亮后《出师表》："臣鞠躬尽力，死而后已。"恭恭敬敬竭尽全力，到死为止的意思。后来引申为成语典故"鞠躬尽瘁，死而后已"。体现的是为国家、为民族而不辞劳苦勇于献身的精神。

【释】恭恭敬敬竭尽全力。

名成八阵，功盖三分昭青史；
智超群雄，师出两表见赤心。

题书者不详。

【注】名成八阵：语出唐代诗人杜甫《八阵图》诗歌："功盖三分国，名成八阵图。江流石不转，遗恨失吞吴。"此指诸葛亮的成名在于他设计创造训练军队排兵布阵的八阵图。八阵图：据《三国志·蜀书·诸葛亮传》记载：建兴五至十一年（227—233）诸葛亮为了北伐曹魏，曾经在今天汉中勉县的定军山下屯军，"教兵演武，推演八阵图"，以此训练军队。

《三国志・蜀书・诸葛亮传》还记载说：“亮性长于巧思，损益连弩，木牛流马，皆出其意。推演兵法，作八陈图，咸得其要云。”

清嘉庆至道光年间武侯墓祠主持道人李复心《忠武侯祠墓志・八阵图》记载说：诸葛亮的“八阵图”，是按八卦太极图的乾、坎、艮、震、巽、离、坤、兑八方爻线规律形式而“积石为垒”，摆下“六十四阵八阵图”，以此训练军队，“有当头阵法、方阵法、下营法、骑兵滚阵法、骑兵归营法”等，以达到“行则为阵，止则为营”的目的，使军队始终立于不败之地。

据笔者实地调查而知，当年诸葛亮在定军山下“积石为垒”所摆的八阵图，被解放后的 1953 年分田到户彻底破坏了，遗址犹存。

除此之外，诸葛亮当年还曾经在今天成都市新都区摆下二十四阵八阵图，遗址犹存。

在重庆市奉节县夔门白帝山下长江北岸，也有诸葛亮摆的八阵图，俗称“水八阵”。唐代诗人杜甫《八阵图》诗歌“功盖三分国，名成八阵图。江流石不转，遗恨失吞吴。”写的就是这里，成了千古流传的名篇诗歌。

据《晋书・桓温传》记载：“初，诸葛亮造八阵图于鱼腹平沙之下，垒石为八行，行相去二丈。温见之，谓：此常山蛇势也。文武皆莫能识之。”

北魏地理学家郦道元（470—527）的《水经注》第三十三卷“江水”也记载说：“江水又东径诸葛亮图垒南，石碛平旷，望间川陆，有亮所造八阵图，东跨故垒，皆累细石为之。自垒西去，聚石八行，行间相去二丈，因曰：八阵即成，自今行师，庶不复败，皆图兵势行藏之权，自后深识者，所不能了。今夏水漂荡，岁月消损，高处可二三尺，下处磨灭殆尽。”

南北朝时期《荆州图副》记载：“永安宫南一里，渚下平碛上，周回四百十八丈，中有诸葛武侯八阵图，聚细石为之，各高五尺，广十围，历然棋布，纵横相当，中间相去九尺，正中南北巷悉广五尺，凡六十四聚，或为人所散乱，及为夏水所没，冬时水退，复依然如故。”

南朝宋史学家盛弘之《荆州记》亦记载：“垒西聚石为八行，行八聚，聚间相去二丈许，谓之八阵图。有此记载，后世皆称之为武侯八阵图。”

北宋文学家苏轼（1037—1101）在此写《八阵碛》诗歌说：“平沙何茫茫，仿佛见石蕝。纵横满江上，岁岁沙水啮。孔明死已久，谁复辨行列。神兵非学到，自古不留诀。”

苏轼弟弟苏辙（1039—1112）也写过《八阵碛》，诗歌说：“涨江吹八阵，江落阵如故。我来苦寒后，平沙如匹素。乘高望遗迹，磊磊六十四。遥指如布棋，就视不知处。世称诸葛公，用众有法度。区区落褒斜，军旅无阔步。中原竟不到，置阵狭无所。茫茫平沙中，积石排队伍。独使后世人，知我非莽卤。”

明代文学家杨升庵（1488—1559）的《太史升庵全集》记载说：“诸葛武侯八阵图，在蜀者二：一在夔州之永安宫，一在新都之弥牟镇。在夔州者，为侯从先主伐吴防守江路，行营布伍之遗制；新都为成都近郊，则其恒所讲武之所也。”

明正德年间（1506—1521）的《夔州府志》记载：“诸葛亮在此垒石为阵，纵横皆八，八八六十四垒。外有游兵二十四垒，垒高五尺，相去九尺，广五尺，这个碛即是传说中诸葛亮布阵的地方，当地人称八阵碛。”

笔者认为，自《晋书·桓温传》与《水经注》以来，诸多史志都对这里的“水八阵图”有所记载，文人学士也有不少诗词歌赋，真实性不应该怀疑。就时间分析，建安二十三年（218）六月，诸葛亮率领张飞、赵云等大军逆长江而上，急急忙忙去帮助刘备取成都曾路过白帝城在此驻军，从当时急于行军赶赴成都的速度和形势分析，根本不可能在此停留摆什么八阵图。

章武三年（223）二月，刘备临终前在白帝城给诸葛亮、李严托孤授命，这期间诸葛亮到过白帝城。从当时实际情况推理分析，作为“摄一国之政事”的诸葛亮肩负蜀汉国家安危，从军事防御角度考虑，孙刘联盟共同抗曹关系已彻底破裂，成为水火不容的敌对方，因此，诸葛亮有可能在此摆八阵图，属必要的战略措施，因为这里是东吴入侵蜀汉必经要津关隘，防范东吴是情理中的事情。所以，《晋书·桓温传》与《水经注》都记载了这里的“水八阵图”，后来的文人学士也题诗歌咏这里的“水八阵图”，这说明奉节县白帝城山下“水八阵图”的确是存在，绝不是《三国演义》的虚构。

可是，我们又必须了解，八阵图本身是“积石为垒”，靠将士在里面不断运动变化御敌，并不是完全靠石墙阻挡敌人。再则，长江水边用石头布八阵图，涨潮、退潮将毁于一旦，根本留不住。所以，只能是遗址而已。

还有就是，陆逊根本没有到过这里，假如东吴军队一旦逆江而来到这里，水八阵图的石头阵也根本挡不住吴军进攻。所以，我们应该明白，历史记载属于真实的，而传说故事是文学艺术的加工，没有真实性可言。

功盖三分昭青史：诸葛亮早年在《隆中对策》时就预测到将来天下会形成三足鼎立局面，后来他出使东吴促成了联吴抗曹大败曹军，真正实现了三足鼎立，这个功劳彰显在历史典籍之中。昭：显扬、显示、彰显的意思。青史：中国古代在纸张还没有正式使用之前，一应文章、文字绝大多数都是写在竹简之上的。竹简的制作，首先要刮去竹子的青皮，将竹片串起来才能够书写使用，在上面书写相关文章称为“青史”，又称为“简书”。成语典故的“名垂青史”因此而来。

智超群雄：此指诸葛亮的聪明智慧超过了所有人。

师出两表见赤心：从诸葛亮前、后《出师表》中可看到忠君爱国赤诚之心。

【释】诸葛亮成名在推演的八阵图，他促成了天下三分功劳显扬在典籍中；

诸葛亮智慧超过所有人，前后《出师表》可看到忠君爱国赤诚之心。

辅先皇，联吴抗曹定三分天下，功勋盖世；
佐后主，抚夷伐魏图一统江山，韬略超群。

题书者不详。

【注】辅先皇：此指诸葛亮辅助先主刘备。

联吴抗曹定三分天下：此指建安十三年（208）诸葛亮出使东吴，促成了孙刘联军共同抗曹的统一战线，在赤壁之战中大败曹军，形成了三足鼎立局面。

功勋：语出《周礼·夏官·司勋》："王功曰勋。"后泛指为国家建立的功绩勋劳。

盖世：语出《韩非子·解老》："战易胜敌则兼有天下，论必盖世则民人从。"此指才能与功绩高出当代无人可比。

佐后主：此指诸葛亮辅佐后主刘禅。

抚夷：此指诸葛亮亲自率军南征平叛安抚西南地区少数民族。

伐魏：此指诸葛亮进行了五次北伐曹魏。

图一统江山：为的是汉家江山完整与统一。

韬略超群：智谋韬略超过所有人。

【释】辅助先主刘备，促成孙刘联军共同抗曹形成三足鼎立局面，功勋业绩无人可比；

辅佐后主刘禅，南征平叛与北伐曹魏是为汉家江山统一，智谋韬略超过所有人。

读书台，屯甲山，胜迹在望，诸葛大名垂宇宙；
千佛寺，百神庙，梵声相应，众仙同日咏霓裳。

江西巡警道杨会康题书。

杨会康（1866—1939），沔阳（今仙桃市）沔城人，25岁中举。历任江西省实业厅厅长、财政厅厅长、政务厅长，不久返回故里无意仕进，诗酒博弈以度晚年，与邑人共组"沔城诗社"定期吟咏，汇集成《古复诗草》，自费刊行，著有《卓观楼文集》传世。

【注】读书台：在湖北仙桃市沔城古柏门外，传说诸葛亮曾在沔城读过书，至今留有读书台遗址。

屯甲山：位于仙桃市仁风塔以西，这里有“八角楼”。传说是沔城“龙脉”，福星山、青林山、屯甲山，山山相拥，天宝物华。

胜迹在望，诸葛大名垂宇宙：名胜古迹历历在目，诸葛亮大名传遍了天下。

千佛寺：位于仙桃市沔城西门城外河曲，紧靠诸葛武侯祠后。

据明嘉靖《沔阳志》记载：诸葛亮系布衣时，曾寄读于沔阳城西门外名士黄承彦家中，而黄家花园后面就是千佛寺，寺中了凡和尚友善且博学多才，擅长翰墨辞令。诸葛亮经常与了凡和尚在一起，散步于寺东柏树下读书，谈论历史兴衰，品评名人成败，志趣相投，互有诗词唱和。

百神庙：众神的庙宇。

梵声：语出梁武帝萧衍（464—549）的《和太子忏悔》诗：“缭绕闻天乐，周流扬梵声。”此指念佛诵经之声。例如：唐代诗人王维（701—761）的《登辨觉寺》诗有“软草承趺坐，长松响梵声”。再如：南唐诗人陈陶（812—885）的《题豫章西山香城寺》诗亦有“祇园树老梵声小，雪岭花香灯影长”。

相应：语出《国语·齐语》：“设象以为民纪，式权以相应。”此指互相呼应、应和。例如：《陈书·高祖纪上》有“军志有之，善用兵者，如常山之蛇，首尾相应”之说。

众仙同日咏霓裳：语出唐代诗人李商隐《留赠畏之》诗歌：“清时无事奏明光，不遣当关报早霜。中禁词臣寻引领，左川归客自回肠。郎君下笔惊鹦鹉，侍女吹笙弄凤凰。空寄大罗天上事，众仙同日咏霓裳。待得郎来月已低，寒暄不道醉如泥。五更又欲向何处，骑马出门乌夜啼。”众仙：此指祭祀神仙的善男信女。同日：同一天。咏：此指诵经祷告。霓裳：语出《楚辞·九歌·东君》：“青云衣兮白霓裳，举长矢兮射天狼。”据说神仙以云为裳，此指神仙的衣裳。咏霓裳：此指祭拜神仙。例如：元代书院山长袁桷（1266—1327）的《甓社湖》诗歌有“灵妃夜度霓裳冷，轻折菱花玩月明”之句。

【释】沔阳城外诸葛读书台，这里的福星山青林山屯甲山，名胜古迹历历在目，诸葛亮大名传遍天下；

沔阳城外的千佛寺，以及众神庙宇，念佛诵经之声互相呼应，善男信女们都在同一天祭拜神仙。

2. 诸葛亮“借东风”纪念地——赤壁市武侯宫

赤壁市位于湖北省南部，北倚省会武汉，南临湘北重镇岳阳，素有“湖北南大门”之称。现辖 15 个镇，4 个办事处，2 个国有林、茶场。总面积 1723 平方公里，人口 50 万。

赤壁市，夏、商属荆州云梦泽地，西汉为荆州江夏郡沙羡县。三国东吴黄武二年（223），孙权在蒲圻湖设置蒲圻县，“蒲”即蒲草，“圻”为湖边。属武昌郡，此后屡有变更。1986 年 5 月，国务院批准设蒲圻市，1998 年 6 月，国务院更名赤壁市，隶属湖北省咸宁市至今。

赤壁之名从何而来？据当地介绍，汉高祖刘邦元年（公元前 206）在这里设置“沙羡县”，当时的县令梅赤就开始实地考察县境内的山川河流，他发现很多地方没有地名，于是就按照朝廷旨意命名了一批地名。由于赤壁地处长江北岸，北乃四神玄武之象，为“玄武之壁也”，再加之西汉高祖刘邦自称是“火德赤帝子”（见《史记·高祖本纪》），故而取名为“赤壁”。

在历史上，历来有“武赤壁”与“文赤壁”之说，其意义各有不同。

武赤壁，在今赤壁市，即原来的蒲圻市。这是因为，建安十三年（208），孙权与刘备两家联手共同抗曹，在赤壁之战中，以弱胜强大败不可一世的曹操数十万大军而名垂青史。

文赤壁，在今湖北省黄州市公园路，这是因为，北宋文学家苏东坡在此吟诵了千古绝唱《念奴娇·赤壁怀古》而被命名为“东坡赤壁”或称为“文赤壁”。

在赤壁市西北 38 公里处的赤壁镇，有“赤壁之战”古战场遗址，与江北乌林镇相对，距武汉市 164 公里，距湖南省岳阳市 90 公里，这就是古代历史上“以少胜多，以弱胜强”战役中唯一尚存原貌的古遗址，即武赤壁。

建安十三年（208），荆州牧刘表病死，其 14 岁小儿子刘琮继位，因惧怕“挟天子以令诸侯”的曹操势力而举荆州降曹。曹操乘机率领数十万大军南下，想一举灭掉依附刘表的刘备，然后再灭掉东吴孙权而一统江山。为此，曹操以三千轻骑兵马不停蹄地追杀刘备，迫使刘备弃襄阳、走樊城、败当阳、奔夏口，狼狈不堪。在此危难之际，28 岁的诸葛亮主动请缨，前往东吴说服孙权，促成了孙刘联军共同抗曹局面，两家联手在赤壁之战中大败曹军，不但使孙刘两家转危为安，而且还瓜分了荆州，刘备占据荆州四郡，从此有了发展空间。

正因为如此，《三国志·蜀书·先主传》记载说：“先主遣诸葛亮自结於孙权，权遣周瑜、程普等水军数万，与先主并力与曹公战于赤壁，大破之，焚其舟船。先主与吴军水陆并进，追到南郡，时又疾疫，北军多死，曹公引归。”

《三国志·吴书·孙权传》记载说：“备进住夏口，使诸葛亮诣权，权遣周瑜程普等行。是时曹公新得表众，形势甚盛。诸议者皆望风畏惧，多劝权迎之。惟瑜肃执拒之仪意与权同。瑜普为左右督，各领万人，与备俱近，遇于赤壁，大破曹公军。公烧其余船引退，士卒饥疫，死者大半。备瑜等复追至南郡，曹公遂北还。”

《三国志·吴书·周瑜传》也记载说：“时刘备为曹公所破，欲引南渡江与鲁肃遇於当阳，遂共图计，因进住夏口，遣诸葛亮诣权。权遂遣瑜及程普等与备并力逆曹公，遇於赤壁。时曹公军众已有疾病，初一交战，公军败退，引次江北。瑜等在南岸。”

《三国志·吴书·黄盖传》记载说：“建安中，随周瑜拒曹公於赤壁，建策火攻。”当时，黄盖建议说：“今寇众我寡，难与持久。然观操军船舰，首尾相接，可烧而走也，乃取蒙冲斗舰数十艘，实以薪草，膏油灌其中，裹以帷幕，上建牙旗，先书报曹公，欺以欲降。又豫备走舸，各系大船后，因引次俱前。曹公军吏士皆延颈观望指言盖降。盖放诸船同时发火。时风盛猛，悉延烧岸上营落。顷之，烟炎张天，人马烧溺死者甚众军遂败退，还保南郡。备与瑜等复共追，曹公留曹仁等守江陵城，径自北归。”

据北魏地理学家郦道元《水经注·江水三》记载说：“江水左径百人山（今纱帽山）南，右径赤壁山北，昔周瑜与黄盖诈魏武大军处所也。”

唐代地理学家李吉甫（758—814）的《元和郡县图志·江南道三·鄂州》记载：“赤壁山在蒲圻县县西一百二十里，北临大江，其北岸即乌林，与赤壁相对。即周瑜用黄盖计，焚曹公舟船败走处。故诸葛亮论曹公危于乌林是也。”因此，北宋文学家黄庭坚（1045—1105）的《次韵文潜》诗歌有“武昌赤壁吊周郎，寒溪西山寻漫浪”之句。

关于赤壁之战前后过程，《三国演义》从四十三回“诸葛亮舌战群儒”开始，到五十七回的“柴桑口卧龙吊孝”前后十五回之中，根据《三国志》相关历史资料记载写得惟妙惟肖，与此同时，为了凸显诸葛亮聪明才智，先后采取文学艺术加工，虚构了很多精彩生动的故事，例如：舌战群儒、草船借箭、借东风、三气周瑜等，这些故事极大地渲染了诸葛亮智慧，其中，被世世代代传播颂扬，世人皆知的“草船借箭”故事，还是采取移花接木方式加在诸葛亮身上的。

据《三国志·吴书·孙权传》记载：“建安十八年正月，曹公攻濡须，权与相据月余。”裴松之注引《魏略》记载说：当时“权乘大船来观军，公使弓弩乱发箭著其船，船偏重将覆，权因回船复以一面受箭，箭均船平，乃还”。如此看来，“草船借箭”是孙权而不是诸葛亮。

笔者认为，凡是《三国演义》描写赤壁之战发生在诸葛亮身上的相关故事都属艺术加工，“借东风”的故事更没有科学依据。

由于《三国演义》赋予诸葛亮超常智慧，他不但常年都是“羽扇纶巾”装束，运筹帷幄指挥军队作战，而且还能掐会算“锦囊妙计”层出不穷。尤其是，第一百一回还有“出陇上诸葛妆神”，把诸葛亮描写成一个能掐会算呼风唤雨的神仙道士。难怪鲁迅先生在《中国小说史略》之中评价《三国演义》时说：“壮诸葛之多智而近妖”，这种评价一点都不过分。

我们应该明白，作为历史文学艺术巨著的《三国演义》，其素材基础来源于《三国志》与裴松之注引的诸多史料，描写的三国历史文化发展故事主题内容是有根据的，只是根据艺术加工需要，虚构了不少人物与故事，使故事更加精彩引人入胜。例如：《三国志》有传的人物共计 454 人，裴松之注引又出现 309 人，两者相加后《三国志》共计 763 人。而《三国演义》共计出现了 1223 个有名有姓人物，比上述还多出 470 人，有姓无名与有名无姓以及神仙道人还不算。这些人物个个活灵活现，故事引人入胜，家喻户晓，妇孺皆知，堪称是前无古人后无来者的历史文学巨著，属于中国民族的文化艺术精品，具有传承价值。正因为如此，赤壁古战场发生的故事，也因《三国志》与《三国演义》的记载与艺术加工而著名古今中外。

（1）历史沿革与古迹文物

据笔者 2005 年 8 月实地考察而知，赤壁古战场在长江北岸，沿江布景，有赤壁摩崖石刻、翼江亭、武侯宫、拜风台、周瑜大型石雕塑像、凤雏庵、赤壁之战陈列馆、赤壁碑廊等组成，属湖北省重点文物保护单位，亦是国家 AAAA 级旅游景区，吸引着国内外游客向往。

在赤壁山临江悬岩上，有摩崖石刻“赤壁”二字，各长 150、宽 104 厘米，据说当时赤壁大战时，孙、刘联军火烧曹军战船，江面一片火海，把江边崖壁映得通红，是周瑜率兵大败曹军后，把酒庆功，酒酣之余，周瑜提剑在崖壁上刻下了“赤壁”二字，由于是巨手神笔，力盖千钧，字迹竟透过石崖到了山后，映出了反体的“赤壁”二字。

据专家考证，“赤壁”二字为唐人所题刻，虽经千年风雨侵蚀以及惊涛骇浪的拍击，字迹至今清晰完整。

南宋文学家谢枋得（1226—1289）的《赤壁诗·序》记载说：“余自江下溯洞庭，舟过蒲圻，见石岩有赤壁二字。”

明正统（1436—1449）年间《嘉鱼县志》记载：“赤壁削壁面西，上有赤壁二字见存。”

在“赤壁”二字之上，还有唐代道教全真派祖师吕洞宾刻的“鸾”字形符号。其下有明代文学家浙江衢州府人王奉题刻的《过赤壁偶成绝句》七律诗歌一首，内容是：“赤壁横岸瞰大江，周瑜于此破曹郎。天公已定三分势，可叹奸雄不自量。孟德雄心实啖吴，皇天未肯遂其图。水军八十万东下，赤壁山前一火无。”

唐代诗人李白在开元二十二年（734）游览赤壁时也写下了《赤壁送别歌》七绝诗歌，内容是：“二龙争战决雌雄，赤壁楼船扫地空。烈火张天照云海，周瑜於此破曹公。”

在赤壁之战陈列馆内，不但图文并茂详细介绍了赤壁之战的全过程，而且还复制展出了当时的各种大小战船模型。比如刘备指挥船、周瑜指挥船、赤马、斗舰、赤侯、艨艟等。

在南屏山顶上，有“武侯宫”，亦称“拜风台”，这是为了纪念赤壁之战时诸葛亮在此设祭坛借东风而修建的，1935年重建，1948年维修，建筑面积310平方米，分前后两殿庙堂，殿内供有刘备、关羽、张飞、诸葛亮的全身塑像，袍带飘逸，栩栩如生。

“武侯宫”原名“公瑾庙”，始建于晋代，是纪念东吴大都督周瑜的祠堂。

清乾隆（1736—1795）年间的《蒲圻县志》和同治（1862—1874）年间的《嘉鱼县志》记载说：“公瑾庙，宋元之交改为吴王庙，明洪武十五年（1382），知县刘秉政在此建吴王庙，十六年改建为拜风台、武侯宫。明万历三十八年（1610），知县葛中宪进行维修，建拜风台。同治初年，毁于太平天国。”

民国十年《湖北通志》也记载说：“诸葛亮祭风于此。”

民国二十五年（1936），道人李宗金、李宗阳、刘宗教、郭宗贵等人化缘重建，周围环以苍松翠柏，衬以新建亭台，巍峨壮丽，规模宏大。当时施工时，曾经挖出了一块有“祭风台”三个大字的残碑。1948年，重建了前殿。1975年，又修建了“东风阁”。形成了今天的格局。

现在的“武侯宫”占地面积310平方米，大门前有石梯，两边有石栏杆。

大门上方，有“武侯宫”三个隶书大字。在“武侯宫”三个字上方，有竖立的“拜风台”三字匾额，也是隶书，古朴苍劲。遗憾的是，都没有题书者的落款。

"武侯宫"是前后相连的两殿一厅，前殿挂有介绍"赤壁之战"的各种图、表。左侧有文物陈列馆，建于 1979 年，馆内陈列了在赤壁出土的文物 1000 余件，有吴国货币"大泉当千""大泉五百""大泉当百"，以及箭镞、刀枪、斧钺、铜币、旌旗插杆、带钩、弩机，东汉铜镜、六朝陶器等许多珍贵文物。

后殿的木制神龛内，并排供奉着刘备、诸葛亮、关羽、张飞四人的金身坐式塑像，线条流畅，形体丰满，造型生动，惟妙惟肖。右侧"东风阁"，1975 年建造，供游人歇憩。

需要说明的是，这里的"武侯宫""拜风台"古迹，纯属根据《三国演义》第四十九回"七星坛诸葛祭风，三江口周瑜纵火"的演义故事而来，不是历史真实状况，因为诸葛亮根本就没有"借东风"之说。

笔者认为，由于诸葛亮博学多才、谦虚谨慎、忠君爱国、勤政廉洁。特别是，他的聪睿才智与人格魅力世世代代影响了中华民族，历次《三国演义》的创作又从尊刘扬汉维护正统的需要出发对诸葛亮形象进行了完美塑造，使之成为有口皆碑的楷模与典范，影响极其深远。在这种情况下，"武侯宫"古迹不但油然而生而且合情合理，加之北宋时期著名文学家苏轼有《赤壁赋》与《赤壁怀古》名篇传世，历史上文人学士达官显贵纷纷寻踪觅迹，赏心悦目，纪念先贤，怀古钦英，为这里留下了丰富的历史文化财富。这足以说明，诸葛亮是中华民族思想文化形象大师，永远活在人们的心中。

在赤壁矶头一处开阔平地上，矗立着东吴都督周瑜（175—210）大型石雕像，工艺精湛，栩栩如生，这是 1991 年元月为了纪念当年赤壁大战而刻立的。

雕像底座宽、高各 2 米，长 3 米。人像高 6.85 米，由 26 块花岗石雕砌而成，通高 8.58 米，高大威武，雄姿飒爽，属于湖北省最大的人物石雕像，成了这里标志性造像。整个雕像把周瑜英雄气概表现得淋漓尽致，充分展现了周郎当年血气方刚英姿雄风。游客至此都会合影留念，留下美好记忆。

（2）匾额4方、楹联2副

武侯宫

题书者不详。

【注】武侯宫：拜风台又称武侯宫，在赤壁遗址的南屏山顶，这是根据《三国演义》第四十九回“七星坛诸葛祭风，三江口周瑜纵火”故事修建的纪念建筑物。始建于明洪武十六年（1383），万历三十八年（1610）和民国二十五年（1936）重建，有前后相连的两殿一厅，苍松翠柏衬以新建亭台，巍峨壮丽，规模宏大。前殿有介绍“赤壁之战”的各种图片，大厅陈列许多珍贵出土文物。宫里存有诸葛亮和桃园三兄弟塑像，个个线条流畅，形体丰满，造型生动，惟妙惟肖。宫：此指纪念建筑物。

【释】为诸葛亮在此设祭坛借东风而建的纪念建筑物。

拜风台

题书者不详。

【注】拜风台：亦称武侯宫，是根据《三国演义》四十九回“七星坛诸葛祭风，三江口周瑜纵火”故事而修建的纪念诸葛亮为了破曹军而在此借东风的建筑物。

【释】为诸葛亮在此设祭坛借东风破曹军而建的纪念建筑物。

二赋堂

湖广总督李鸿章题书。

李鸿章（1823—1901），安徽省合肥市人，字渐甫，号少荃。历任文华殿大学士、北洋通商大臣、直隶总督，与曾国藩、张之洞、左宗棠并称为“四大名臣”，世人多称“李中堂”。曾代表清政府签订《越南条约》《马关条约》《中法简明条约》《辛丑条约》等。

【注】二赋堂：是这里著名的建筑，由于堂内有苏东坡的前、后《赤壁赋》而得名。二赋堂始建于清初，同治七年（1868）重建，当时湖广总督李鸿章为其题书匾额。堂正中有一巨型木壁，高约两丈，木壁的阳面镌刻着清末民初黄州名士程之桢书写的楷书《赤壁赋》。木壁阴面镌刻着民国黄冈人李开侁（1871—1929）书写的《后赤壁赋》，汉隶魏碑二体相兼。

【释】展示苏东坡前后《赤壁赋》的纪念堂。

风存赤壁

庚辰（2000）九月，王东进题书。

王东进，1945 年出生于重庆市，历任中华全国总工会副主席、劳动保障部副部长、第十一届全国政协委员、国务院参事室特约研究员，其余不详。

【注】风存赤壁：诸葛亮当年所借的东风以及他高雅遗风依然留存在赤壁古战场。风：诸葛亮当年所借东风及高雅遗风。存：遗存、留存的意思。赤壁：此指赤壁古战场。

【释】诸葛亮当年所借东风以及他高雅遗风依然留存在赤壁古战场。

古今往事千帆去；
风月秋怀一篴知。

水竹村人题书于二赋堂。

水竹村人，本名徐世昌（1855—1939），字卜五，号菊人，晚号水竹村人、东海居士，天津市人，进士，袁世凯的谋士。曾任军机大臣、国务卿、民国大总统。民国十一年（1922）通电辞职退隐天津租界以书画自娱，著书立言 30 余种，被后人称为“文治总统”。

【注】古今往事千帆去：古往今来的事情就像千万只帆船往来穿梭一样成为过眼云烟。

风月：清风明月，泛指美好景色。唐懿宗李漼咸通（860—874）进士吕岩（吕洞宾）的《酹江月》词有“倚天长啸，洞中无限风月”之句。

秋怀：秋日的思绪情怀。例如：唐代诗人元稹（779—831）的《解秋》诗之十有“今日复今夕，秋怀方浩然”之句。

篴（dí，笛）：古代所说的一种竹子。

【释】古往今来事情就像千万只帆船往来一样成为过眼云烟；
清风明月之下我的秋日思绪情怀一根竹子就能够知晓。

才子重文章，凭他二赋八诗，都争传苏东坡两游赤壁；
英雄造时势，待我三年五载，必艳说湖南客小住黄州。

黄兴题书于二赋堂。

黄兴（1874—1916），原名轸，改名兴，字克强，号庆午，曾用名李有庆、张守正、冈本，湖南省长沙市善化县高塘乡人。先后毕业于武汉两湖书院、东京弘文学院，是中华民国的创建者之一，孙中山先生的第一知交。著有《黄克强先生全集》《黄兴集》等。

【注】才子重文章：是才子都十分重视文章的优劣好坏。

凭他：任凭他。

二赋：苏东坡前、后《赤壁赋》。

八诗：宋代诗人曾用孙、岳珂、王周、郑獬、李壁、戴复古、明代的戴智、清代的袁牧，他们八个人都曾经写过《赤壁》诗歌。

都争传苏东坡两游赤壁：世人都在争相传播苏东坡曾经两次游历赤壁写下的《赤壁赋》。

英雄造时势：此指历史人物往往能在关键时刻决定历史发展的走向。

待我三年五载：等待我三五年以后。

必：必然的意思。

艳说：语出南朝梁文学家刘勰（465—520）所著《文心雕龙·情采》："绮丽以艳说，藻饰以辩雕，文辞之变，于斯极矣。"此指文辞绮丽的辩说。

湖南客：黄兴是湖南长沙人，因此自称湖南客。

小住：语出《后汉书·方术传下·蓟子训》："顾视见人而去，犹驾昔所乘驴车也。见者呼之曰：蓟先生小住。"少停、暂时停留居住的意思。

黄州：此指黄州赤壁，即东坡赤壁，又名黄州赤壁、文赤壁，俗称赤壁公园，在湖北省武汉市东南70公里黄冈市黄州区黄冈公园路，这里有岩石突出像城壁一般，颜色呈赭红色，所以称为赤壁。因苏轼的《念奴娇·赤壁怀古》《前赤壁赋》《后赤壁赋》闻名。

【释】是才子都十分重视文章，任凭苏东坡前后《赤壁赋》还是其他八位诗人的《赤壁》诗歌，世人都争相传播苏东坡两次游历赤壁写下的《赤壁赋》；

历史人物往往在关键时刻决定历史发展走向，等待三五年以后，我这个湖南客人也必然会文辞绮丽地辩说自己曾经暂时停留居住在黄州的文赤壁。

3. 诸葛亮入川纪念地——宜昌市宜昌县黄陵庙武侯祠

黄陵庙，俗称黄牛庙，位于湖北省宜昌市宜昌县三斗坪镇黄陵庙村，坐落在长江西陵峡南岸黄牛岩山麓，下距长江水利枢纽工程葛洲坝35公里，上距世界第一水电高坝三峡大坝7公里。

据清道光甲辰（1844）进士、同治五年（1866）宜昌知府聂光銮编写的《宜昌府志》记载：春秋战国时期，长江三峡一带就流传有黄牛神助大禹治水的神话传说，因此，后世人在此修建黄陵庙，祭祀黄牛神和大禹，具体是何时、何人始建，已无法考证。

建安十八年（213），诸葛亮率师入蜀支援刘备取益州时，路过黄陵庙而

弃船登岸，见黄陵庙残破不堪，就重建了此庙，还撰有《黄牛庙记》一文，刻石立碑，至今保留在庙中碑林院。碑文云："古传所载，黄牛助禹开江治水，九载而功成，信不诬也，惜乎庙貌废去使人太息，神有功助禹开江，不事凿斧顺济舟航，当庙食兹土仆复而兴之，再建其庙号，目之曰黄牛庙。"

据说，诸葛亮当时还亲手栽种了一株铁树，树皮如赤龙鳞甲，叶似孔雀开屏，形态古朴俊丽，至今还在殿后院中。

在庙后郁郁葱葱的橘林中，还有一口石井，泉源不断，色清味纯，名为"黄牛庙泉池"，据说也是诸葛亮亲手开凿，至今仍供饮用和浇灌橘园，就是大旱年泉水也长涌如故用之不竭。

唐朝时期，茶圣陆羽（733—804），曾经路过黄陵庙，到此吸井水煮茶，对此井水赞不绝口，在他的《茶经》中称之为"天下第四泉"。

唐宣宗李忱大中元年（847），建禹王殿兼祭大禹，庙名亦称"黄牛祠"。

北宋仁宗赵祯景祐三年（1036），进行维修后祭祀禹王。

明正德年间（1506—1521）复建禹王殿专祭大禹，改称"黄陵庙"至今。

1973 年笔者在中科院学习考古专业期间，在老师带领下曾和学员们一起到黄陵庙进行水文资料考察学习，目睹了当时黄陵庙现状，发现这里的古建筑与水文资料很有特点。

这里的黄陵庙山门，建筑在海拔 75.56 米高的江边台地上。据说，宋代尚见山门有两匹石马。清嘉庆年以前为"敕书楼"，清嘉庆八年（1803），重庆府事赵田坤见敕书楼殿宫墙因多年风雨飘摇而崩塌，遂倡导重修，将敕书楼中殿改建为戏台，并撰刻《万世流芳》碑记至今尚存。

从黄陵庙保存的遗物、遗迹、水文碑刻、史志记载以及民间传说可以证明，历史上禹王殿根本没有被特大洪水冲毁过，可是，殿内三十六根楠木立柱均保存有清代同治九年（1870）被洪水所冲刷而水平一致的澄江泥痕迹，比当时长江水平面高达 37 米，证明当时的长江水已经淹波及阑额，下檐"玄功万古"匾被淹浸了 47 厘米，古建筑立柱黑、黄颜色分明，未被洪水浸淹的上端为黑色，即本色；被洪水浸淹过的下端为淡黄色，且澄江泥至今尚敷着在立柱表面的裂缝之中。

据水利部长江水利委员会专家介绍，清同治九年（1870），长江特大洪水水位为海拔 81.16 米，秒流量 11 万立方米。经科学测量，确认大殿内三十六根楠木立柱上水浸痕迹是长江三峡 1870 年特大洪水水位的历史记录，十分珍贵。

（1）历史沿革与古迹文物

据清同治三年（1864）续修《东湖县志·艺文志》记载："因武侯立黄陵庙祀禹王及黄牛神，后人于其侧建诸葛武侯祠。"

现存的黄陵庙，是明代万历四十六年（1618）仿宋代建筑风格修建，属穿斗式砖木结构建筑。

山门外有石阶三十三步又十八级，寓意三十三重天和十八层地狱。山门、禹王殿、武侯祠等建筑，依次建造在逐级升高的台地之上。

禹王殿修建在比山门地基还高 19 米的台地上，为重檐歇山顶穿斗式木结构仿古建筑，板瓦屋面，面阔五开间 18.44 米，进深 16.02 米，占地面积 4000 平方米。

明代末年，开始祭祀诸葛亮于禹王殿背后，诸葛亮塑像是明代末年著名女将、巾帼英雄秦良玉（1574—1648）所建造。

清乾隆五十二年（1788）重修了武侯祠，建筑占地 155.6 平方米，面阔三间 12.2 米，进深 12.58 米，穿斗式砖木结构，单檐硬山顶，小青瓦屋面，通高 9.6 米。

关于武侯祠的具体情况，晚清进士王柏心（1779—1873）在《补修黄牛峡武侯祠并造像记》中记载详尽。这里的碑林之中，有大小不等的碑、碣几十通、方，很有历史价值。据碑刻记载而知，历史上来此游历考察并题刻的名家有诸葛亮、郦道元、李白、杜甫、陆羽、欧阳修、苏轼、黄庭坚、陆游、王士祯、李拔、张问陶等。

同治三年（1864）补修的武侯祠则被1870年大水彻底冲毁，光绪十二年（1886），宜昌镇总兵罗缙绅又重建，次年完工。

祠内碑记载："光绪二年创高救生船只，沿江上下拜禹庙及武侯祠肃然起敬，因咸丰庚申、同治庚午两次水灾倒塌不堪，缙绅目击心伤。"

1983年，地方政府对禹王殿拟定维修方案时，专家们鉴于武侯祠紧连大殿既破坏了大殿凝重壮观的形象，又妨碍大殿搭架施工，所以将武侯祠迁建到了大殿后的东北角，另成轴线。

祠内大殿正中有诸葛亮坐式塑像，左右各有两个站立书童，分别持有古琴、画卷、印信、雨伞，栩栩如生，别具一格。形象生动，肃穆庄重，令人肃然起敬。

神龛之上，悬挂有"云霄一羽"匾额，为清代光绪年间宜昌总兵罗缙绅题书。

两侧墙壁上，彩绘有诸葛亮生平事迹的故事壁画，再现了诸葛亮足智多谋形象。

黄陵庙是长江三峡内唯一规模最大、保存完整的明清古建筑群，属于国家重要的水文资料与历史文化遗产，正因为如此，1956年，湖北省人民政府公布为第一批重点文物保护单位。2006年，被国务院批准列入第六批全国重点文物保护单位名单。

（2）匾额2方

武侯祠

1992年，尹瘦石题书。

尹瘦石（1919—1998），江苏省宜兴市人，1933年进江苏省宜兴陶瓷职业学校习书法绘画，1938年进武昌艺术专科学校学习，其艺术造诣深得郭沫若、徐悲鸿、翦伯赞等文化巨匠赞赏，曾为毛泽东画像，与柳亚子合办《柳诗尹画联展》。历任广西省立艺术馆美术部研究员、中国美协内蒙古分会主席、北京画院副院长、美协北京分会主席、中国文联副主席，第八、九届全国政协委员。

【注】武侯：诸葛亮生前被后主刘禅封为“武乡侯”，死后又被追谥为“忠武侯”，所以，武侯即指诸葛亮的尊称。

祠：历史上纪念祖先、英烈、先贤、名人。神仙的祠堂。

【释】纪念诸葛亮的祠堂。

云霄一羽

罗缙绅题书。

罗缙绅，字笏臣，初名贺缙绅，后归宗姓罗，湖南岳州（今岳阳市）平江县人。光绪年间历任湖广督标水师副中营、峡江救生总局局务、宜昌总兵、宜昌土药局督办。主要作品有《峡江救生船志》《峡江图志》《平江贺氏汇刻医书五种》流传后世，其余不详。

【注】云霄一羽：语出唐代著名诗人杜甫《咏怀古迹五首》诗歌：“诸葛大名垂宇宙，宗臣遗像肃清高。三分割据纡筹策，万古云霄一羽毛。”

云霄：语出汉代刘歆（公元前 50—公元 23）的《西京杂记》卷一：“齐首高唱，声彻云霄。”天际，极高的意思。例如：唐代诗人杜甫《兵车行》有“哭声之上千云霄”之句。

一羽毛：站在众人之上云霄里的只有一个人，那就是诸葛亮。

【释】站在众人之上云霄里的只有诸葛亮一个人。

4. 公安县武侯祠楹联 1 副

在湖北省公安县夹竹园镇黄金口村，原有纪念东吴名将吕蒙的祠堂，后因火灾而被毁，重建时改为武侯祠，可是，历经沧桑，早已经不复存在了。

在当地史志资料中，保留了明代刘珠为武侯祠题书楹联一副，内容是：

汉业鼎兴，二表见出师之意；
蒙城庙食，千年愧僭贼之心。

刘珠敬题。

刘珠，湖北省公安县人，与内阁首辅张居正是老乡，关系很好，可是，连续考进士 36 年，一直到隆庆五年（1571）66 岁时才在张居正做主考官那年考中。著有《丝桐篇》，其余不详。

【注】汉业鼎兴，二表见出师之意：蜀汉帝业的兴盛，可以从诸葛亮前、后《出师表》中看到他的思想意识。鼎兴：语出北宋文学家沈括（1031—1095）的《梦

溪笔谈·官政一》：“又召诸佛寺主首谕之曰：饥岁工价至贱，可以大兴土木之役，于是诸寺工作鼎兴。”兴盛的意思。

蒙城庙食：民国初期以前，在原来的东吴辖区，曾经有纪念吕蒙的祠庙，吕蒙在城中祠庙里享受祭祀香火。这是因为，赤壁之战以后，刘备占据了荆州的长沙、桂阳、零陵、武陵四郡，当时就驻守在公安县。孙权为了讨好刘备，还表奏他正式出任了荆州牧，并主动把自己19岁的妹妹嫁给刘备，目的是“进妹固好”（见《三国志·蜀书·先主传》）。

荆州首府为南郡（治所在今湖北省荆州市江陵县），刚好在刘备所占领的四郡之中，孙权让大都督周瑜兼领南郡太守，目的是监督刘备军。如此一来，刚好给刘备所占领的四郡当中横插了一杠子，不好管理，随时都有可能发生边境的军事摩擦。

为了逼走周瑜，不受东吴监督控制，在诸葛亮出谋划策下，刘备主动提出要借荆州首府南郡，理由是军队和老百姓太多安置不下。再者说，自己已经是荆州牧，理应拥有荆州首府。当时的大都督周瑜不同意，孙权犹豫不决。周瑜死后，鲁肃接替了周瑜兵权，促成了刘备借南郡愿望。如此一来，刘备实际上控制了荆州一多半地域，这就是历史上“刘备借荆州”的真正起因与过程（见《三国志·吴书·鲁肃传》）。

刘备拥有荆州五个郡以后，分别安排了郡守驻防。刘备取益州时，留关羽镇守荆州。后来，孙权屡次遣使索要荆州，刘备都以各种理由拒不归还。

建安二十年（215），孙权在万般无奈下派吕蒙率两万兵士，以武力攻取长沙、零陵、桂阳三郡，并委派了太守，结果都被关羽赶走。

建安二十四年（219），孙权主动与魏文帝曹丕联手，联合进攻关羽准备夺取荆州，吕蒙首当其冲。关羽在腹背受敌的情况下而大败被擒，吕蒙将关羽和儿子关平杀害，收回了荆州。吕蒙不但为东吴立下了不世之功，也成了孙权的心腹爱将。脍炙人口的“吴下阿蒙”与“士别三日，当刮目相待”成语典故，也发生在吕蒙身上。

正因为上述原因，在原来东吴辖地的有些地方，历史上曾经修建祠庙纪念吕蒙，后来，这些祠庙都不复存在了。

庙食：语出《史记·滑稽列传》：“庙食太牢，奉以万户之邑。”享受香火祭祀的意思。

千年愧僭贼之心：千百年来都惭愧吕蒙这种僭越的贼人之心。愧：惭愧的意思。僭：语出《公羊传·昭公二十五年》：“诸侯僭于天子。”僭越，超越本分行事。泛指有野心而越级、越权行事或取而代之。例如：北齐史学家魏收（507—572）编撰的北魏与东魏纪传体史书《魏书·清河王怿传》省："谅以天尊地卑，君臣道别，宜杜渐防萌，无相僭越。"再如：《三国演义》第二十一回"曹操煮酒论英雄"有"玄德不能隐讳，遂曰：舍弟见操僭越，故不觉发怒耳"之说。贼：贼人、贼子的意思。

【释】蜀汉帝业兴盛，可从诸葛亮前、后《出师表》看到他的思想意识；
吕蒙在城中祠庙里享受祭祀香火，千百年来都惭愧僭越贼人之心。

5. 沙市武侯祠楹联 2 副

武侯祠原址在湖北省沙市江汉南路东面的堤坡，始建于清代，后遭大水冲毁于江中。1931—1935 年修建中山公园时，将武侯祠移修于公园内，地址在沙市人民会场后侧。当时，园内有"涵荫草庐""张太岳堂""武侯祠""屈原居"等名胜，现在都已不在了。武侯祠毁于何时无从知晓。

可是，从地方史志资料保留下来的以下两副地方名人为武侯祠题书的楹联来看，武侯祠很可能是毁于民国末年或者是新中国成立初期。这两副楹联是：

三分筹策基荆楚；
两表精诚泣鬼神。

陈国华敬题。

陈国华（1862—1953），字芸青，沙市人，光绪十六年（1890）进士，授兵部主事，后任灵川县知县。解放后任中南文史馆馆员，其余不详。

【注】三分筹策基荆楚：诸葛亮当年为汉室后裔刘备制定《隆中对策》时，早已预测到将来天下会形成三足鼎立，筹划预测的地方就在荆州襄阳隆中。荆楚：语出《诗经·商颂·殷武》："挞彼殷武，奋伐荆楚。"春秋时期，楚国在荆州一带建立，形成了荆楚文化，所以湖北省在古代多称为荆楚。例如：唐代诗人杜甫的《江上》诗歌有"江上日多雨，萧萧荆楚秋"之句。

建安十二年（207）冬天，汉室后裔刘备屈尊三顾茅庐恳请诸葛亮指点迷津，出山辅佐，就在荆州的襄阳隆中。

两表精诚泣鬼神：诸葛亮前、后《出师表》体现了对蜀汉国家的真心诚意，堪称为感天动地泣鬼神。精诚：语出《庄子·渔父》："真者，精诚之至也，不精不诚，不能动人。"此指真心诚意。例如《后汉书·广陵思王荆传》亦有"精诚所加，金石为开"。

【释】诸葛亮在荆州襄阳制定《隆中对策》时就预测到天下会形成三足鼎立；
诸葛亮前后《出师表》体现对蜀汉国家真心诚意堪称感天动地泣鬼神。

此间有廉吏风，漫道贪家轻试口；
其人真名世者，却从淡泊早铭心。

郑德孝敬题。

郑德孝（1880—1963），字子仁，湖北省沙市人，清朝末年秀才，民国年间私塾教师，解放后任市人大代表、政协副主席。

【注】此间有廉吏风，漫道贪家轻试口：这里有诸葛亮廉洁奉公的官吏风气，不要轻易议论那些贪污腐败之人。

此间：这里。廉吏：清正廉洁的官吏，此指诸葛亮。风：风气。漫道：莫说、不要说、不要讲。贪家：贪污腐败之人。轻试口：此指轻易地开口议论。

其人真名世者，却从淡泊早铭心：诸葛亮是真正的世之名人，他顾及未来作长远打算把淡泊名利早已经铭记在心。其人：此指诸葛亮。真名世：语出南宋诗人陆游《书愤》诗歌："出师一表真名世，千载谁堪伯仲间。"真正的世之名人。

却从淡泊早铭心：诸葛亮早已经从淡泊明志之中悟出了刻骨铭心的真谛。淡泊：语出诸葛亮的《诫子书》："夫君子之行，静以修身，俭以养德。非澹泊无以明志，非宁静无以致远。"铭心：语出《三国志·吴志·周鲂传》："铭心立报，永矣无贰。"比喻刻骨铭心。例如：南宋文学家叶适（1150—1223）的《上宁宗皇帝札子》有"铭心既往，图报方来"之说。

【释】这里有清正廉洁的风气，请不要轻易开口议论那些贪污腐败之人；
诸葛亮是真正世之名人，从淡泊名利中早就悟出刻骨铭心的真谛。

第十三章

湖南省衡阳市石鼓山书院与武侯祠

在湖南省衡阳市石鼓区的石鼓山上有一座石鼓山书院，环境清幽，历史悠久，是我国北宋以来最著名的四大书院之一（河南商丘睢阳书院、江西庐山五老峰南麓白鹿洞书院、湖南长沙岳麓书院、湖南衡阳石鼓山书院）。在这四大书院之中，石鼓山书院堪称创建历史最早，有确切史料记载。

据衡阳《李氏七修族谱》记载而知：李宽，又名宽中，字裕卿，巩昌（今甘肃省陇西）人，唐宪宗元和年间（806—820），游历来到衡州石鼓山，见这里林木葱郁，湘江、蒸水、耒水三江环绕，千里烟波尽收眼底，顿觉心旷神怡，就再也不忍离去，遂在山上的寻真观结庐读书，初名书堂，元和五年（810）

在这里创建了中国历史上最早的“书院”。正因为如此，时任衡州刺史的吕温（771—811）还触景生情写下了《同恭夏日访寻真观李宽中秀才书院》诗歌（见《全唐诗》）。

北宋初期，太祖赵匡胤（927—976）正式赐名为“石鼓书院”。

石鼓书院占地面积4000平方米，三面环水，四面凭虚，加之绿树成荫，亭台楼阁飞檐翘角，江面帆影涟涟渔歌唱晚，风光秀丽绝美，自古就有“石鼓江山锦绣华”之美誉。

南宋理学家朱熹（1130—1200）于淳熙十四年（1187）在此讲学时所作的《石鼓书院记》记载说：“衡州石鼓山据蒸湘之会，江流环带，最为一郡佳处。”

万历年间《衡州府志》记载说：“州城外石鼓山，自贞观初刺史宇文炫开东岩、西溪，为眺览名地。宽为山主，乃改道院为学舍，辟寻真观为读书之所，并且立学祠先圣及招诸生，弦诵其中，时称李秀才书院。”

石鼓山名称的由来，是因为湘江、蒸水、耒水三江环绕，水流撞击石崖声若鼓鸣故名。因此，历史上有人在这里立有高约2米的石鼓，成为石鼓书院的标志。

2006年，沿江岸建有石鼓碑墙，总长99米，38块石碑镌刻着历代诗词歌赋，勾勒出书院历朝的风采。

据东晋文学家庾仲初的《观石鼓书》记载说：“鸣石含潜响，雷骇震九天。”

北魏地理学家郦道元（470—527）的《水经注》也记载说：“具有石鼓高六尺，湘水所经，鼓鸣则有兵革之事。”

由此而知，这里的石鼓在南北朝时期就有了。山因石鼓而得名，书院因山而著名，相得益彰。石鼓山峻峭挺拔，风景奇异，历有湖南第一名胜之称。

石鼓山胜景与石鼓书院自古就是文人墨客喜爱之地。因此，不少文人学士来这里访古探幽，赋诗作记，题壁刻碑，寄托情怀，发思古之幽情，论天下之文章。还有不少著名学者在这里讲学传播文化。例如：苏轼、周敦颐、张栻、朱熹、蔡汝南、程洵、郑向、湛若水、叶钊等名人都曾在此执教，先后培育了王居仁、夏汝弼、管嗣裘、邹统鲁、朱炳如、伍定相、曾朝节、陈宗契、王夫之、曾国藩、彭玉麟、彭述、杨度、齐白石等一大批对中国历史产生重大影响的名人。

北宋仁宗赵祯景祐二年（1035），集贤殿校理刘沆（995—1060）在衡州任知府时将石鼓书院故事上报给皇帝，仁宗皇帝阅后便赐额“石鼓书院”。

由于石鼓书院有两次被北宋皇帝“赐额”殊荣，使石鼓书院步入鼎盛时期，成了当时全国四大书院之首。所以，南宋诗人范成大（1126—1193）在《石鼓山记》文中写道：“天下有书院四：徂徕、金山、岳麓、石鼓。石鼓，山名也。”

除此之外，宋元时期史学家马端临（1254—1340）在他的《文献通考》中也记载说：“石鼓书院，为宋兴之初天下四书院之首。”

1. 历史沿革与古迹文物

南宋乾道四年（1168），有人在石鼓书院修建“武侯祠”，纪念蜀汉丞相诸葛亮，原因是：“赤壁之战后，诸葛亮为军师中郎将驻兵临烝，以督零陵、桂阳、长沙三郡，调其赋税以充军资。临烝即今衡阳，烝水经石鼓山之东而汇於湘江，庙食於此，固宜。”

据《三国志·蜀书·诸葛亮传》记载说：“曹操败於赤壁，先主遂收江南，以亮为军师中郎将，使督零陵、桂阳、长沙三郡，调其赋税，以充军实。”

裴松之注引西晋史学家司马彪（？—306）所著《零陵先贤传》也记载说：“建安十三年赤壁战后，诸葛亮驻临烝，为汉末置县无疑，此县居长沙、零陵、桂阳三郡之中，调其赋税，最为要地也。”

《零陵先贤传》还说：“衡州府衡阳县，汉为承阳，后汉曰烝阳，三国吴置临烝县。”由此看来，当年在衡阳石鼓山上修建武侯祠，是为了纪念诸葛亮在此驻军征调零陵、桂阳、长沙三郡的赋税。

据《徐霞客游记》记载说，为了纪念诸葛亮在此活动建武侯祠以供祀享，宋代重修石鼓书院时，将武侯祠移至石鼓山，南宋理学家张栻（1133—1180）曾经作《武侯祠记》并亲笔勒石立碑。元、明、清以来，各代都对“石鼓山书院”与武侯祠有过维修。

1944 年 7 月，抗日战争衡阳保卫战之中，日本军队的炮火彻底摧毁了这里的文物古迹，“石鼓山书院”与“武侯祠”荡然无存。所以，新中国成立后，这里辟为公园，供人们休闲娱乐。

为了弘扬地方历史文化，发展旅游事业，2006 年 4 月，衡阳市人民政府采取政府保底融资，社会民间集资的办法，总投资 1207 万元，恢复修建了“石

鼓山书院”与“武侯祠”，占地面积 4000 平方米。广场左边有一株千年银杏，古朴沧桑。

整修后的石鼓山景区有禹碑亭、武侯祠、李忠节公祠、大观楼、合江亭、朱陵洞等景观，属于国家 AAAA 级旅游景区。

书院山门门匾“石鼓书院”，是前任中国书协主席沈鹏先生的墨宝。门口两侧的楹联是：“修名千佛上；至味五经中”，这是国学大师文怀沙先生生前来此参观考察时，触景生情所书。

武侯祠正殿神龛之中，有诸葛亮大型坐式铜像，两边各有两个立式小书童铜像。

殿内神龛之上的“武侯祠”匾额，是著名石雕艺术家钱绍武所题书。

两侧门柱上的楹联，是嘉庆九年（1804）曾经三次出任衡阳县令的戏剧作家范鹤年（1753—1805）所题，同治年间（1862—1874），衡州知府李镐所书。

殿内壁间的木板墙壁上，雕刻有南宋文学家张栻撰写的《武侯祠记》全文。

2. 匾额 2 方、楹联 2 副

石鼓书院

沈鹏题书。生平事迹见前。

【注】石鼓：又称陈仓石鼓，中国九大镇国之宝之一，被康有为誉为“中华第一古物”。

唐太宗李世民贞观元年（627），陕西凤翔府陈仓山一牧羊老人在陈仓山发现了十个怪异的花岗岩大石，硕大的石体形似鼓，形态一致，每个高二尺，直径一尺多，上细下粗顶微圆，花岗岩材质，每个重约一吨，上面都镌刻大篆“石鼓文”，因铭文中多言渔猎之事，故又称其为《猎碣》。乡民闻风而至，焚香跪拜，惊为天赐之神物。

石鼓文记述了秦始皇统一前一段为后人所不知的历史，是中国最早的石刻诗文，乃篆书之祖，因此，唐代文学家韩愈著有《石鼓歌》。唐宋以来，石鼓多次因为战乱而遭迁移、流失磨难，更加引起了官方与文人学士的关注，视为无价之宝，一字抵万金，创下中国文物史上的奇迹。

自元代以来，十个石鼓文真品藏于故宫博物院石鼓馆至今，在石鼓发现地宝鸡，后来修建有中华石鼓园、石鼓阁。

由于上千年以来视石鼓为中华民族的文化瑰宝，石鼓书院因此而得名。

书院：语出《新唐书·艺文志一》："及还京师，迁书东宫丽正殿，置修书院于著作院。其后大明宫光顺门外、东都明福门外，皆创集贤书院，学士通籍出入。"此指读书、讲学的处所。

唐玄宗开元六年（718），在京师长安设立丽正书院。开元十二年（724）移至明福门外，开元十三年（725）改称"集贤殿书院"。不过，这是朝廷官方设立的书院，有专人主持。

最早将书院作为普及教育形式的创始人是南宋理学家朱熹，当时由富商学者自行筹款，在山林僻静之处建学舍，或置学田收租以充经费。书院以讲论经籍为主，最有名的是江西庐山白鹿洞书院、湖南衡阳石鼓山书院、河南商丘应天书院、湖南长沙岳麓书院，元代书院遍及各路、州、府。

明、清时期书院更多，但多为习举业而设。书院的主持人皆称为"山长"。清光绪二十七年（1901）后，改全国省、县书院为学堂，书院之名遂废。

【释】石鼓山书院是读书学习培养人才的地方。

武侯祠

钱绍武题书。

钱绍武（1928—2021），江苏省无锡市人，1942年学传统国画，1951年毕业于中央美术学院留校任教。历任中央美术学院教授、博导、首都规划委员会专家委员、中国工艺美术学会雕塑委员会会长、中国城市雕塑全国委员会常委、中国美术家协会雕塑委员会委员、北京市政府顾问。代表作品有《大路歌》《李大钊纪念像》《炎帝像》《李清照像》《石家庄烈士像》等。出版有《素与随想》《素描人体选集》。

【注】武侯：诸葛亮生前被后主刘禅封为"武乡侯"，死后被追谥为"忠武侯"，因此，武侯就是诸葛亮的代名词。

祠：历史上祭祀祖先、英烈、先贤、名人的祠堂。

【释】纪念诸葛亮的祠堂。

心远地自偏，问草庐是耶非耶，此处想见当日；
江流石不转，睹秋水来者逝者，伊人宛在中央。

嘉庆九年（1804），衡阳县令范鹤年题，衡州知府李镐敬书。

范鹤年（1753—1803），字青子，号砚云，一号琴轩，别署砚云斋主人，洪洞（山西省洪洞县）人。乾隆五十四年（1789）进士。历任会同、衡阳、清泉、桃源、永顺等县知县。嘉庆九年（1804），第三次出任衡阳县令。著有《蘶雪山房全集》《桃花影》，今存于世。

李镐，同治（1862—1874）年间，曾经出任衡州知府，其余不详。

【注】心远地自偏：语出陶渊明《饮酒》诗："结庐在人境，而无车马喧。问君何能尔？心远地自偏。采菊东篱下，悠然见南山。山气日夕佳，飞鸟相与还。此中有真意，欲辩已忘言。"意思是，只要心志高远，自然就会觉得所处地方僻静了。

问草庐是耶非耶：请问诸葛亮当年在草庐之中被刘备恳请出山辅佐是正确还是不正确。草庐：孔明隐居之所，指诸葛亮。是：正确。非：不正确。耶：相当于"吗""呢"。

此处想见当日：这地方好像又看见诸葛亮当时在这里活动的情景。

江流石不转：语出唐代著名诗人杜甫的《八阵图》诗歌："功盖三分国，名成八阵图。江流石不转，遗恨失吞吴。"

寓意诸葛亮在历史长河中像八阵图一样，能够经得起风吹浪打。

据《晋书·杜预传》与《水经注》等相关史志资料记载说，诸葛亮当年曾经在今重庆市奉节县夔门长江边上"积石为垒"摆了八阵图，俗称"水八阵"，用以防御东吴进犯。

睹秋水来者逝者：石鼓山三面环水，此指作者目睹了秋天的长江水涨水消。睹：目睹、看见的意思。秋水：此指秋天的长江水。来者逝者：此指长江水涨潮和流逝。

伊人宛在中央：诸葛亮好像还站立在这水中央。伊人：语出《诗经·大雅·蒹葭》："蒹葭苍苍，白露为霜。所谓伊人，在水一方。溯洄从之，道阻且长。溯游从之，宛在水中央。"那个人的意思。例如：东晋著名诗人陶渊明（352—427）的《桃花源》诗歌亦有："嬴氏乱天纪，贤者避其世。黄绮之商山，伊人亦云逝"之句。宛在：好像还在的意思。中央：石鼓山下的长江水中央。

【释】心志高远就会觉得所处地方僻静，请问诸葛亮被刘备恳请出山辅佐是正确还是不正确，这地方好像又看见他当时活动的情景；

在历史长河中诸葛亮如摆的八阵图一样经得起风吹浪打，目睹着秋天的长江水涨潮和流逝，诸葛亮就好像还站立在水的中央。

修名千佛上；
至味五经中。

文怀沙题书。

文怀沙（1910—1986），名𠦑，原名文哲渠，字贯之，斋名燕堂，号燕叟，笔名有王耳、司空无忌等，国学大师。生于北京，祖籍湖南。历任燕堂诗社社长、上海大学文学院名誉院长、西北大学唐文化国际研究中心名誉主席、中国诗书画研究院名誉院长、黾学院名誉院长。

【注】修名：语出《隋书·列女传序》："其修名彰于既往，徽音传于不朽，不亦休乎。"比喻美好的名声。如：明代文学家刘城（1598—1650）的《秋怀》诗有"惟有修名在，千秋不可欺"之句。此指石鼓山书院具有美好的名声。

千佛：指三世十方诸佛群像，大乘佛教有三世三千佛之说，简称千佛。

有些千佛像旁还写有佛名，这些佛名分别出自《佛说决定毗尼经》《过去庄严劫千佛名经》《未来星宿劫千佛名经》等不同经典。

上：之上的意思。

至味：语出《吕氏春秋·本味》："汤得伊尹，祓之于庙，爝以爟火，衅以牺猳。明日设朝而见之，说汤以至味。"东汉建安时期司空掾、东郡濮阳令高诱注曰："为汤说美味。"此指最美好的滋味，最美味的食品。例如：西汉儒家宗法思想推崇者董仲舒（公元前179—公元前104）的《春秋繁露·仁义法》有"虽有天下之至味，弗嚼弗知其旨也"之说。再如：明代文学家方孝孺（1357—1402）的《王温子栗字说》亦有"饮食资乎水火，而饮食非水火也。咸酸本乎盐梅，而至味非盐梅也"之说。

此指学习体味到最美好的知识。

五经：语出东汉史学家班固（32—92）的《白虎通·五经》："五经何谓？谓《易》《尚书》《诗》《礼》《春秋》也。"

始于汉武帝建元五年（公元前136）的这些儒家五部经典著作都是历代儒家学子核心研习的书经。除此之外，在《新唐书·百官志三》中还有"《周易》《尚书》《毛诗》《左氏春秋》《礼记》为五经"之说。

中：之中、其中。

【释】石鼓山书院美好名声在三世十方诸佛群之上；
最美好知识在儒家的五部核心经典著作之中。

第十四章

江苏省南京市清凉山武侯祠

清凉山，古名石头山、石首山，在江苏省南京市广州路西端，山高 100 多米，方圆约 4 平方公里，因山上建有清凉寺而名。由于长江直逼清凉山西南麓，江水冲击拍打，形成悬崖峭壁，成为阻碍北敌南渡的天然屏障，所以，三国时期，东吴孙权在此建立石头城，作为江防要塞。

建安十三年（208），荆州牧刘表病死，14 岁幼子刘琮继位，在其母蔡氏与其舅蔡瑁等人诱导下投降了曹操，为此，曹操率领几十万大军南下占据荆州，声势浩大，迅速收编了刘表军队，意欲先灭依附于刘表的刘备，再一举灭了东吴孙权而一统天下，形势十分紧张。当时，曹操追杀得刘备弃新野、奔樊城、败当阳、走夏口，疲于奔命丢弃妻子而狼狈不堪。

据《三国志・吴书・孙权传》裴松之注引《江表传》记载：当时，曹操还给孙权去信说："近者，奉辞伐罪，麾旄南指，刘琮束手，今治水军八十万众，方与将军会猎于吴。权得书以示众，群臣莫不响震失色。"

正因为如此，东吴文臣武将如惊弓之鸟闻风丧胆，不少人都劝孙权投降曹操，以求自保江东社稷与百姓安宁。孙权当时"拥军于柴桑，观望成败"而举棋不定。

为了尽快解除这一困境，28 岁的诸葛亮认为，只有尽快前往东吴说服孙权，两家联合共同对付曹操才有可能转危为安。于是主动请缨向刘备说："事急矣，请奉命求救于孙将军。"

刘备欣然同意，随派遣诸葛亮出使东吴。所以，《三国志・吴书・孙权传》也说："诸葛亮诣权，权遣周瑜、程普等行。是时，曹公新得表众，形势甚盛，诸议者皆望风畏惧，多劝权迎之，唯瑜肃执拒之，议意与权同。"

据《三国志·蜀书·诸葛亮传》记载，诸葛亮见到孙权后，根据东吴对曹操占据荆州后大兵压境普遍产生畏惧而大多数主张投降曹操，孙权又举棋不定的实际情况，首先采取投石问路的激将法对孙权说："海内大乱，将军起兵据有江东，刘豫州亦收众汉南与曹操并争天下。今操芟夷大难，略已平矣，遂破荆州威震四海。英雄无所用武，故豫州遁逃至此。将军量力而处之，若能以吴、越之众与中国抗衡，不如早与之绝。若不能当，何不案兵束甲，北面而事之。今将军外托服从之名而内怀犹豫之计，事急而不断，祸至无日矣。"

孙权听后说："苟如君言，刘豫州何不遂事之乎？"

诸葛亮回答说："刘豫州王室之胄，英才盖世，众士仰慕，若水之归海，若事之不济，此乃天也，安能复为之下乎？！"

孙权激动地回答说："吾不能举全吴之地，十万之众受制于人。吾计决矣，非刘豫州莫可以当曹操者，然豫州新败之后，安能抗此难乎？"

诸葛亮客观分析了当时形势说："北方之人不习水战，又荆州之民附曹者逼兵势耳，非心服也。今将军诚能够命猛将统兵数万，与豫州协规同力，破曹军必矣。曹军破，必北还，如此则荆吴之势强，鼎足之势形成矣，成败之机在于今日。权大悦，即遣周瑜、陈普、鲁肃等水军三万，随亮旨先主并力拒曹公。"

诸葛亮在主战派鲁肃、周瑜的配合下，最终说服了孙权，促成"孙刘联盟"，两家联手，在赤壁之战中彻底打败了不可一世的曹操，不但解除了刘备与孙权的危机，还瓜分了荆州，促成了三足鼎立局面，使刘备有了荆州四郡的发展空间，从此开始走上了真正的辉煌道路。所以，《三国志·蜀书·诸葛亮传》说："先主遂收江南，以亮为军师中郎将，始督零陵、桂阳、长沙三郡，调其赋税以充军资。"

据南宋绍兴出任建康安抚使幕府进士张敦颐的《六朝事迹编类》记载说：诸葛亮出使东吴时顺路来到秣陵（今南京市），驻马考察了这里的地形地貌。见到孙权时，诸葛亮说："秣陵之地，钟阜龙蟠、石头虎踞，真帝王之宅也。"

孙权对诸葛亮的这段话很受启发，因此，221 年，孙权就从京口迁到了秣陵，改名建业。229 年四月，孙权正式称帝，国号"吴"，改元"黄龙"，自武昌迁都秣陵，遂将秣陵改称"建业"，寓意"建立帝王之大业"。

正因为如此，《三国志·吴书·孙权传》记载说："九月，权迁都建业，因故府不改馆。"这是南京在历史上第一次建都，很有历史意义。

南京市在历史上先后称为金陵、秣陵、建业、建邺、建康、江宁、应天、石头城、天京等，是中国历史上东吴、东晋、南朝宋、齐、梁、陈"六朝古都"，人口 850 万，面积 6587 平方公里。

1. 历史沿革与古迹文物

诸葛亮是形容南京地理形势为“龙盘虎踞”第一人，从此以后，“龙盘虎踞”也就成了成语典故与南京的代名词。后来，人们为了纪念诸葛亮，在南京汉中门清凉山修建了一座武侯祠，没想到，后来毁于兵火。

咸丰三年（1853），安徽省全椒县的进士薛时雨（1818—1885）在这里主讲“惜芳书院”时，又集资重建了武侯祠，据说，当年诸葛亮出使东吴时就在这里驻马观察地形，故称“驻马坡”。新中国成立后，以清凉山古迹为核心建立了公园，占地面积 73 公顷，供市民休闲娱乐。

1984 年，在公园北山坡镶嵌有著名书画大师刘海粟（1896—1994）题书的“驻马坡”石刻，每字高 1.5 米、宽 1 米，红漆涂刷，点缀在万绿丛中。时至今日，这里的武侯祠虽然早已不复存在了，但旧址仍然立有《诸葛武侯驻马坡》碑刻。在当地的历史资料中，依然保留下来了几副当年武侯祠的楹联。

2. 楹联 6 副

丞相当年曾驻马；
江山终古此蟠龙。

题书者不详。

【注】丞相当年曾驻马：诸葛丞相当年曾经在这里驻马考察，称赞“秣陵之地，钟阜龙蟠、石头虎踞，真帝王之宅也”。

江山：语出《庄子·山木》：“彼其道远而险，又有江山，我无舟车，奈何？”此指江河山岳，亦指国家疆域。例如：《三国志·吴书·贺劭传》：“割据江山，拓土万里。”

终古：语出《楚辞·九章·哀郢》：“去终古之所居兮，今逍遥而来东。”自古以来的意思。例如：唐代诗人李白《忆旧游书怀赠江夏韦太守》诗有“惟君固房陵，诚节贯终古”之句。

此：南京这个地方。

蟠龙：语出《四库全书总目》卷十二《经部十三·书类存目一》收录的《尚书大传》卷一下：“蟠龙贲信于其藏，蛟鱼踊跃于其渊。”郑玄注曰：“蟠，屈也。”此指盘伏的龙。例如：唐代诗人李商隐《赛灵川县城隍神文》有“逐清泠之耕父，不使扬光；迴沮泽之蟠龙，皆令洒润”之句。南京属于六朝古都，孙权首次在这里建都，此指帝王的都城。

【释】诸葛丞相当年曾在这里驻马考察称赞龙盘虎踞；
国家疆域里南京这个地方自古就是帝王的都城。

荐公一掬建业水；
听我三终梁父吟。

顾石公敬题。

顾石公，本名顾云（1845—1906），字子鹏，号石公，江宁（今南京市）人，诸生（明清时期考取秀才入学的生员），任训导。光绪年间，常与“四公子”的谭嗣同、陈立三、丁惠康、吴宝初聚会，饮酒品茶谈天说地。著有《盋山诗录》《湘江梦幻图》《仿倪瓒平林远岫图》《仿石涛山水图》。

【注】荐：推荐。

公：此指孙权。

一掬：语出《诗经·小雅·采绿》：“终朝采绿，不盈一匊。”毛传注曰：“两手曰匊。”此指两手所捧少而不定。例如：春秋时期的《文子·上德》有：“土之势胜水，一掬不能塞江河。”再如：北魏科学家贾思勰《齐民要术·种胡荽》亦有“一升子与一掬湿土和之”之说。

建业：南京在三国时期东吴都城名称，是当时中国南方经济、文化、政治、军事中心。建安十六年（211），孙权根据诸葛亮建安十三年（208）出使东吴时实地考察所说“秣陵之地，钟阜龙蟠、石头虎踞，真帝王之宅也”的建议，遂将治所从京口（今江苏省镇江市京口区）迁往秣陵。建安十七年（212），在金陵邑故址石头山筑城取名石头城，作为驻军和屯粮之所。黄龙元年（229）四月，孙权正式称帝，国号“吴”，改元“黄龙”，自武昌迁都秣陵，遂将秣陵改称“建业”，寓意“建立帝王之大业”。秣陵：公元前 472 年，越王勾践令范蠡在此筑城称为“越城”以图消灭楚国称霸江淮。战国初年，越国反被楚国打败尽取吴故地，在此置江东郡。

公元前 333 年，楚威王熊商欲借长江天堑为屏障以图谋天下，遂于此建城，置金陵邑。秦始皇二十四年（公元前 223），楚国灭亡，秦改金陵邑为秣陵县。

建安十六年（211），孙权移治此地，十七年（212）建石头城。

建安二十六年（221），孙权迁都于鄂县改称为“武昌”（今湖北省鄂州市）。

黄龙元年（229），孙权在武昌称帝，九月还都建业，秣陵改称“建业”，南京建都之始。

西晋太康三年（282），改称“建邺”。1368 年，朱元璋在此称帝建立大明王朝，实行南北两京制，于应天府置“南京”，是为南京地名之始。

1912 年 1 月 1 日，中华民国临时政府在南京成立，1927 年 4 月 18 日国民政府也在南京成立，定南京为首都，改名为“南京市”至今。

建业水：此指诸葛亮给孙权的一点小建议。

听我三终梁父吟：请听我反复地吟诵诸葛亮喜欢的《梁甫吟》。三终：语出《礼记·乡饮酒义》：“工人，升歌三终。”孔颖达注：“谓升堂歌《鹿鸣》《四牡》《皇皇者华》，每一篇而一终。”此指反复地吟诵。

《梁甫吟》亦称《梁父吟》，是历史上齐鲁地区的一首汉乐府丧葬歌曲，出自战国时期齐国博士淳于越编写的《晏子春秋》，全文如下：

步出齐城门，遥望荡阴里。里中有三坟，累累正相似。问是谁家墓，田疆古冶氏。力能排南山，又能绝地纪。一朝被谗言，二桃杀三士。谁能为此谋，相国齐晏子。

这首丧葬歌讲述了一个完整的故事：春秋时期，齐景公帐下有三员大将，分别是公孙接、田开疆、古冶子，他们个个力大无比、功劳显著，关系密切，号称“齐国三杰”。但是，他们性格刚烈，恃功孤傲，目空一切。相国晏婴担心他们迟早会给国家造成不可避免的灾害，曾多次建议齐景公早日消除这三人隐患，齐景公总是优柔寡断下不了决心。有一天，适逢鲁昭公访问齐国，齐景公要热情招待，晏子遂心生一计，就亲自去摘了六个成熟的桃子，给齐景公与客人一人一个后还剩下了两个桃子。这时候，晏婴建议齐景公将这两个桃子奖励给功劳最大的勇士吃。公孙接、古冶子两人立即争先恐后，自以为是地自报功劳就吃掉了两个桃子。田开疆一看，自己在两位国君面前吃不到桃子，就意味着自己没有功劳或者功劳不大，认为这是最大的侮辱，就立即拔剑自刎了。公孙接与古冶子这时候也如梦初醒，是啊，为了吃一个桃子，我们竟然不顾多年兄弟情，逼得田开疆自杀了，我们还有何脸面活在世上，于是两人也纷纷拔剑自杀了。晏婴利用他们三人的个性特点巧使妙计，兵不血刃地用两个桃子就让齐国三个隐患之人自裁，堪称计谋高超。事后，博士淳于越将此事编为诗歌，被收入了《晏子春秋》，成为齐鲁地区历史上丧葬之歌流传千古。因此，出生于琅琊郡阳都故城的诸葛孔明也时常吟咏《梁甫吟》，一是感念相国晏子忠君爱国的思想与高超的智谋；二是思念家乡，寄托情怀。

据《三国志·蜀书·诸葛亮传》记载说："亮躬耕陇亩，好为《梁父吟》。"

【释】诸葛亮向孙权推荐说秣陵可作帝王之宅；

听我反复吟诵诸葛亮喜欢的《梁甫吟》。

风景依然，名士曾杭衣带水；
云霄如在，寓公为集草堂资。

陈幼莲敬题。

陈幼莲，清朝末年至民国初年江南名士，善诗文、楹联，与当时文化名人郑孝胥、唐徽卿、易实甫、林琴南等皆为好友，其余不详。

【注】风景依然：这里的风景依然如故，没有变化。

名士：语出《礼记·月令》："勉诸侯，聘名士，礼贤者。"郑玄注曰："名士，不仕者。"孔颖达疏："名士者，谓其德行贞绝，道术通明，王者不得臣，而隐居不在位者也。"此指名望高而不仕的人，亦指著称的知名士人。例如：《吕氏春秋·尊师》："由此为天下名士显人，以终其寿。"此处指诸葛亮。

曾：曾经的意思。

杭：渡过。例如：东汉文学家许慎（58—147）编著的《说文解字》记载说："杭，渡也。"此指来到的意思。

衣带水："一衣带水"成语典故的简称。语出《南史·陈后主纪》："我为百姓父母，岂可一衣带水不拯之乎。"意思是，一条衣带那样狭窄的水，虽有江河湖海相隔，但距离不远，不足以成为交往的阻碍。此指山水相连的邻邦。例如：明代文学家袁宏道（1568—1610）《戏作三星行送曹子野归楚时予亦将归里》有"望江上之青峰，指湘皋之云树。汉沔相踞，一衣带水，俟君于油口之渡"之说。

云霄：语出唐代诗人杜甫《咏怀古迹五首》诗歌："诸葛大名垂宇宙，宗臣遗像肃清高。三分割据纡筹策，万古云霄一羽毛。"此指诸葛亮。

如在：语出《论语·八佾》："祭如在，祭神如神在。"比喻祭祀神灵、祖先时，好像受祭者就在面前，后称祭祀诚敬为"如在"。例如：《后汉书·顺帝纪》："深恐在所慢违如在之义，今遣侍中王辅等，持节分诣岱山、东海、荥阳、河、洛，尽心祈焉。"

寓公：指寓居之人薛时雨（1818—1885），字慰农、澍生，号桑根老农，安徽全椒县人，清代咸丰三年（1853）进士。历任嘉兴知县、杭州知府兼督粮道、代行布政使、按察两司事。去官后主讲杭州崇文书院三年后，又先后在南京江宁尊经书院、惜阴书院为山长主讲。

为集草堂资：此指薛时雨为惜阴书院山长主讲时，曾经集资修建了武侯祠，并且于南京钟山山麓也建造了“薛庐”。

【释】这里的风景依然如故没有变化，诸葛亮曾来到山水相连的邻邦东吴；诸葛亮好像就在祭祀者的面前，寓居之人薛时雨集资修建了武侯祠。

许先帝驱驰，东连吴会；有儒者气象，上承伊周。

刘坤一敬题。

刘坤一（1830—1902），字岘庄，湖南新宁县人，廪生（明清两代由公家给以膳食的生员）出身。历任直隶州知州、广西布政使、江西巡抚、两江总督、两广总督、南洋通商大臣、帮办海军事务大臣。谥号“忠诚”，追封一等男爵，赠“太傅”，有《刘坤一集》。

【注】许先帝驱驰：语出诸葛亮《出师表》：“先帝不以臣卑鄙，猥自枉屈，三顾臣于草庐之中，咨臣以当世之事，由是感激。遂许先帝以驱驰，后值倾覆，受任于败军之际，奉命于危难之间，尔来二十有一年矣。”许：承诺的意思。先帝：此指先主刘备。驱驰：比喻奔走效力。例如：唐代诗人元稹的《进马状》散文就有“自惭驽钝之姿，莫展驱驰之效”之句。再如：明代戏剧家梁辰鱼（1521—1594）的《浣纱记·游春》亦有“偶尔闲步，试看世情，奔走侯门，驱驰尘境”之说。

东连吴会：语出诸葛亮《隆中对策》：“荆州北据汉沔，利尽南海，东连吴、会，西通巴蜀，此用武之国，而其主不能守，此殆天所以资将军，将军岂有意乎？”吴会：此指东吴的吴郡（东汉领县13，治所在今江苏省苏州市姑苏区）、会（kuài）稽（jī）郡（东汉领县15，治所在今浙江省绍兴市）。此指建安十三年（208），诸葛亮出使东吴促成了孙刘联军共同抗曹的战略格局。

有儒者气象：此指诸葛亮具有儒家思想的学识与气质。

上承伊周：诸葛亮忠君爱国的思想，继承的是商朝辅佐贤相伊尹和西周辅佐贤相周公的风范。

伊尹（公元前1649—公元前1550），姒姓，伊氏，名挚，空桑（今河南省杞县空桑村）人，因其母居伊水之上，故以伊为姓。他聪明颖慧，勤学上进，曾经耕作于有莘国。商汤三聘之后，就辅助商汤打败夏桀，为商朝建立了丰功伟绩。拜为尹（即后来的丞相），故称为伊尹。

周公，姬姓，名旦，是周文王姬昌第四子，周武王姬发的弟弟，曾两次辅佐周武王东伐纣王，并制作礼乐。因其采邑在周，爵为“上公”，故称周公。

周公是西周初期杰出的政治家、军事家、思想家、教育家，被尊为“元圣”

和儒学先驱。

【释】诸葛亮承诺要为先主刘备奔走效力，曾出使东吴促成了孙刘联军共同抗曹的统一战线；

诸葛亮有儒家思想学识与气质，继承了商朝辅佐贤相伊尹和西周辅佐贤相周公的风范。

驻马所重径，莫问渠天发残碑，临硎断阙；
卧龙如何作，愿为我翦除他族，开济清时。

冯煦敬题。

冯煦（1842—1927），原名冯熙，字梦华，号蒿庵，江苏省金坛市人，有江南才子之称。光绪十二年（1886）进士，授翰林院编修。历任安徽凤阳知府、四川按察使、安徽巡抚。辛亥革命后寓居上海创立义赈协会，承办江淮赈务，参与纂修《江南通志》，著有《蒿庵类稿》。

【注】驻马所重径：在诸葛亮曾经驻马考察的地方我重新经过。径：经过的意思。三国时期曹魏古汉语训诂学者张揖编著的《广雅》说："径，过也。"

问渠：语出南宋文学家朱熹（1130—1200）的《观书有感》诗句："半亩方塘一鉴开，天光云影共徘徊。问渠哪得清如许，为有源头活水来。"询问沟渠里的水是从哪里来的。莫问渠：此指不要问缘由。

天发残碑：天意所致，让这里发生巨大变化，只留下了残缺不全的石碑。残碑：不完整的残缺石碑。此指驻马坡仍然立有《诸葛武侯驻马坡》碑刻。

临硎（xíng）：语出西晋著名文学家左思（250—305）文选《吴都赋》："阖闼谲诡，异出奇名，左称弯碕，右号临硎。"李善注曰："吴后主起昭明宫于太初之东，开弯碕、临硎二门。弯碕，宫东门；临硎，宫西门。"此指三国时期吴国的宫门名。

断阙：此指残破的宫城。阙：泛指宫殿与宫殿前城楼。

卧龙：此指诸葛亮。

如何作：如果可以再世的意思。

愿为我翦除他族：但愿为我们铲除外来的侵略者。愿：但愿。翦除：铲除、消灭的意思。他族：此指外来的侵略者。

开济：语出唐代诗人杜甫的《蜀相》诗歌："三顾频繁天下计，两朝开济老臣心。"此指开创并匡济帝业的意思。例如：晚清著名文学家王闿运（1833—1916）的《陆建瀛传》有"建瀛才识明敏，开济时务"之说。

清时：语出三国时期曹操（155—220）的《清时令》："今清时，但当尽忠于国，效力王事。"此指清平时代，太平盛世。例如：南朝梁著名文学家萧统（501—531）的《文选·李陵·答苏武书》：“勤宣令德，策名清时。”唐代文学家张铣注曰：“清时，谓清平之时。”

【释】诸葛亮曾驻马考察的地方我重新经过，不问缘由天意发生变化只留下碑刻，残破宫门宫城；

诸葛亮如果可以再世的话，但愿他为我们铲除外来的侵略者，开创并且匡扶经济清平时代。

慕纶巾羽扇风流，俎豆维新，恍之西蜀祠堂，南阳庐舍；
冠钟阜石城名胜，江山依旧，渺矣吴宫花草，晋代衣冠。

陈幼莲敬题。生平事迹见前。

【注】慕：仰慕。

纶巾羽扇：语出北宋文学家苏轼的《念奴娇·赤壁怀古》词：“羽扇纶巾谈笑间，樯橹灰飞烟灭。”此指诸葛亮赤壁之战期间拿着羽毛扇子，戴着青丝头巾指挥军队，在谈笑风生中从容地打败了曹操军队。

南北朝以后，文人学士多以“羽扇纶巾”装束以体现高雅风度，因此，后世人多以此来形容诸葛亮。例如：唐末五代著名道士吕岩的《雨中花》词有“岳阳楼上，纶巾羽扇，谁识天人”之句。再如：《太平御览》引东晋裴启的小说集《语林》亦有“诸葛武侯与司马宣王在渭滨，将战，宣王戎服莅事，使人视武侯，素舆葛巾，持白毛羽扇指麾，三军皆随其进止。宣王闻而叹曰：可谓名士”之说。

风流：语出《晋书·刘毅传》：“六国多雄士，正始出风流。”此指杰出不凡的人物。如：明代文学家李贽（1527—1602）的《藏书·儒臣传八·苏轼》有“古今风流，宋有子瞻，唐有太白，晋有东山，本无几也”之说。

俎豆：语出《史记·孝武本纪》：“泰一所用，如雍一畤物，而加醴枣脯之属，杀一牦牛以为俎豆牢具。”俎和豆属古代祭祀、盛食物用的两种礼器，后来多以俎豆比喻祭祀。例如：清乾隆年间进士阮葵生（1727　1789）的《茶余客话·张英死后之荣》就有：“又赐文端祠联云：风度犹存，典礼焕千秋俎豆；师模如在，忠忱垂奕叶箕裘。”

维新：语出《诗经·大雅·文王》：“周虽旧邦，其命维新。”毛传曰：“乃新在文王也。”陈奂传疏：“维，犹乃也；维新，乃新也……言周至文王而始新之。”变旧法行新政的意思，此指有新的认识。例如：《后汉书·杨彪传》：“耄年被病，岂可赞维新之朝？”

恍：仿佛的意思。

之：代词，那的意思。

西蜀祠堂：成都武侯祠。

南阳庐舍：此指南阳卧龙岗武侯祠诸葛草庐。

冠钟阜石城名胜：南京曾经冠名为钟山石头城而成为名胜古迹。冠：冠名的意思。钟阜：钟山的意思。钟山：在今江苏省南京市东北，东西长 7.4 公里，南北宽 3 公里，周长 20 多公里，蜿蜒起伏，恍若游龙，古人称“钟阜龙蟠”，故名“钟山”。由于南京古称“金陵”，亦称“金陵山”，又因山石呈紫红色，阳光照映呈紫金色，故又名“紫金山”。三国时期，东吴孙权为了避祖父孙钟之讳，将“钟山”更名为“蒋山”，因为东汉末年县尉蒋子文的墓地在此山。东晋初年，此山常有紫金色云彩缭绕，取名为“紫金山”或“金山”。至北宋才又复名“钟山”。阜：土山。石城：在今南京市西清凉山上，三国时期，孙吴在此以石壁筑城戍守，故称石头城。名胜：名胜古迹。

江山依旧：此指江河山岭依然如故没有变化。

渺矣：渺无痕迹了。

吴宫花草：语出唐朝诗人李白的《登金陵凤凰台》：“凤凰台上凤凰游，凤去台空江自流。吴宫花草埋幽径，晋代衣冠成古丘。”比喻东吴帝国的宫殿已经不存在了。

晋代衣冠：比喻东晋王朝的政权。衣冠：语出《史记·孝武本纪》：“黄帝已仙上天，群臣葬其衣冠。”衣服与帽子，古代士以上官员的服装。此处代指政权。

【释】仰慕羽扇纶巾的诸葛亮这个杰出不凡人物，祭祀时有了新的认识，仿佛这里是那成都武侯祠，以及南阳卧龙岗武侯祠的诸葛草庐；

南京曾经冠名钟山石头城而成为名胜古迹，这里的江河山岭依然如故没有变化，可是东吴帝国渺无痕迹了，晋朝政权也不存在了。

第十五章
山东省境内的武侯祠

据《三国志·蜀书·诸葛亮传》记载说："诸葛亮，字孔明，琅琊阳都人也。"这说明，诸葛亮出生于今天的山东省临沂市沂南县。

琅琊：郡名。据《史记·秦始皇本纪》记载："二十六年（公元前221），分天下以为三十六郡，郡置守、尉、监。"

又据东晋史学家裴松之之子裴骃的《史记集解》说："三十六郡者，三川、河东、南阳、南郡、九江、鄣郡、会稽、颍川、砀郡、泗水、薛郡、东郡、琅琊、齐郡、上谷、渔阳、右北平、辽西、辽东、代郡、巨鹿、邯郸、上党、太原、云中、九原、雁门、上郡、陇西、北地、汉中、巴郡、蜀郡、黔中、长沙凡三十五，与内史为三十六郡。"

当时的琅琊郡属徐州所辖，治所在琅琊县（今山东胶南市琅琊镇夏河城）。西汉时期，郡治设在东武，即今山东省诸诚市城关镇东古城子村。

东汉建武十七年（41），光武帝刘秀封子刘京为琅琊王，琅琊郡遂改为琅琊国，建都于莒（今山东省莒县城阳镇莒国古城）。建初五年（80），琅琊国移都开阳（今山东省临沂市区北），领13县。建安二十一年（216），曹操杀了琅琊王刘熙，国除为郡。三国魏时仍治开阳，领开阳、临沂、阳都、缯、郎丘、华、费、安丘，辖9县，仍然属于徐州，治所不变。

徐州，辖郡、国5个，县62个，治所郯县（今山东省郯城县）。

徐州为《尚书·禹贡》所定的华夏九州（荆州、兖州、雍州、青州、冀州、徐州、扬州、梁州、豫州）之一，简称徐，古称"彭城"，地处江苏省西北部，有"五省通衢"之称，自古号称"北国锁钥、南国门户"，是兵家必争之地和商贾云集中心。

阳都，属于琅琊郡的一个辖县。公元前221年，秦始皇定天下为三十六郡时设阳都县，两汉因之，隶属于琅琊郡，汉灭即废，故治在今山东省沂南县的砖埠镇孙家黄疃村、里宏、大小汪家庄一带。

据北魏地理学家郦道元《水经注》第二十五卷“沂水”记载：“沂水又南，桑泉水入，经阳都县故城东与蒙山水合，水出蒙山之阴，东流经阳都县南。”

桑泉水，就是今天阳都故城北流入沂河的东汶河，古阳都故城东临沂河，北靠东汶河，南近蒙河，西依青山，三水环绕，一山屏障，这里就是诸葛亮出生地和居住过的故里，所以，阳都故城，亦称诸葛城。

由于诸葛亮出生在今山东省临沂市沂南县阳都故里，13 岁前生活在这里，加之诸葛亮在历史上的深远影响，这里就产生了不少纪念祠庙，供观瞻、凭吊。

1. 临沂市沂南县诸葛亮故里纪念馆

东汉灵帝刘宏光和四年（181）四月十四日，诸葛亮出生在琅琊郡阳都县，出生时天刚拂晓，窗户微明而亮，父亲给他取名“亮”，字“孔明”。

诸葛亮有一个大他 8 岁的哥哥诸葛瑾、两个姐姐，还有一个比他小两岁的弟弟诸葛均。诸葛亮 3 岁丧母，7 岁丧父，他和兄长诸葛瑾、弟弟诸葛均以及两个姐姐靠叔父诸葛玄抚养，所以，诸葛亮在家乡阳都故里度过了他的幼年和童年时期。

据乾隆二十五年（1760）泰安知府宋思仁（1730—1807）的《泰山述记》、乾隆三十八年（1773）泰安府吏聂剑光（1711—1796）的《泰山道里记》以及嘉庆十三年（1808）泰安知府金修编著的《泰山志》等地方史志资料记载而知：诸葛亮幼年时期，母亲章氏病死后，父亲诸葛珪当时在泰山郡梁父县任“县尉”（负责地方治安与捕盗的官员，相当今公安局局长），接着又升为“泰山郡丞”（郡守助手，相当于今副市长）。当时，诸葛亮随父亲到任所，直到 7 岁时父亲死去，诸葛亮才由叔父诸葛玄抚养。

“梁父”县和“泰山郡”都在今天的泰安市，由此看来，诸葛亮 3—7 岁之间，曾经随父亲在今天泰安市生活了四年。

据《三国志・蜀书・诸葛亮传》记载：“亮早孤，从父玄为袁术所属豫章太守，玄将亮及弟均之官。”就是说，诸葛亮成了孤儿后，就和弟弟诸葛均以及两个姐姐，跟随叔父诸葛玄一起去了扬州牧袁术所属的豫章太守官任上。没想到发生了变故，诸葛玄不得不带领诸葛亮姐弟又投奔好友荆州牧刘表。这是因为，“玄素与荆州牧刘表有旧，往依之”。

诸葛玄素来与刘表是老朋友关系，所以才前往投靠荆州牧刘表，诸葛亮姐弟也从此留在了荆州襄阳。

关于诸葛玄就任豫章太守的事情，《三国志·蜀书·诸葛亮》裴松之注引《献帝春秋》记载说："初，豫章太守周术病卒，刘表遂推荐诸葛玄为豫章太守，治南昌。汉朝闻周术死，又派遣朱皓代替诸葛玄，朱皓从扬州刺史刘繇那里求兵攻击诸葛玄，诸葛玄退屯西城，朱皓入南昌。建安二年正月，西城民反，杀诸葛玄，并把首级送刘繇。"

根据上述记载，查阅相关资料而知，初平四年（193），豫章（属扬州，辖21县，治所在今南昌市）太守周术病死，荆州牧刘表向扬州牧袁术推荐诸葛玄接任，袁术接受建议，遂任命诸葛玄为豫章太守，诸葛玄便带领诸葛亮姐弟前往豫章上任。适逢把持朝廷大权的李傕控制了朝廷，遂改派太尉朱儁（？—195）之子朱皓代替诸葛玄出任豫章太守，朱皓见诸葛玄已经到任，便向扬州刺史刘繇（156—197）借兵攻打诸葛玄，诸葛玄被迫退守西城（今江西省高安市）。兴平元年（194），诸葛玄不得不将诸葛亮姐弟送到好友荆州牧刘表处托付照顾，自己又回到了西城，坚持了一年多，建安二年（197）正月，西城居民叛乱杀了诸葛玄，将其首级送与刘繇。

兴平元年（194）秋，诸葛亮的哥哥诸葛瑾举家东渡落户曲阿（今江苏省丹阳市），从此后一直为东吴效力，历任绥南将军、封爵宣城侯、南郡太守、大将军，左都护、豫州牧。

兴平二年（195），诸葛亮15岁，弟弟13岁，两个姐姐也先后嫁给了荆州名门望族蒯越的儿子蒯祺和庞德公的儿子庞山民，诸葛亮开始在荆州牧刘表开办的"学业堂"读书，从此以后，一家人再也没有回过琅琊阳都故里。因为，阳都故里一直属曹魏辖地，家乡没有了亲人，既不能够回去，也没有任何意义，所以，诸葛亮的故居荒废无考，仅存阳都故城旧址。

由于历史上行政区划的原因，阳都这个地方曾经被今天的沂水县、沂南县和临沂市先后管辖过，所以，一些史料不但称诸葛亮为沂水县或者是沂南县人，在临沂市曾有"诸葛祖墓""诸葛城""诸葛堤""武侯祠"，还有祭祀诸葛孔明、晋朝的王祥、王览及唐代的颜真卿、颜杲卿的"五贤祠"，他们都是沂水之滨的历史名人，遗址犹存。

当初，诸葛氏家族在祖籍诸城县属于名门望族，尽管诸葛珪一家迁移到了阳都县，可是，祖籍还有不少人仍然留在诸城县西南三十里的枳沟乡故土，所以，这里至今还有"葛坡""孔明里"的称谓，周围数十里内，"诸"姓人家居多，他们都自称是"诸葛亮的同族后裔"。

（1）历史沿革与古迹文物

1987年9月，全国第四届"诸葛亮研讨会"在山东省临沂市的银雀山宾馆召开，大会安排全体代表参观考察沂南县阳都故城，因此，笔者有机会进行认真的实地考察。

考察发现，阳都故城遗址地势平坦，土肥水美，东靠沂水，北临东汶河，沂水傍城址而下一望无垠。在东面河岸上，露出了用厚石条砌成的古城墙基。北面河岸上，残存有约 1500 米长的城墙遗迹。据考古调查与相关资料介绍而知，当初阳都城十分热闹繁华，到了明嘉靖年间（1522—1566），这里已经是一片瓦砾废墟。笔者调查时，随处可见汉代残砖碎瓦以及陶器残片。

除此之外，只有 1982 年沂南县人民政府公布的“阳都故城”县级文物保护单位保护标志，凄凉地立在荒地之中，其他，没有任何纪念建筑物。

根据上述情况，笔者当时就给当地政府建议说，诸葛亮与阳都故城著名古今中外，希望在阳都故址上修建“诸葛亮纪念馆”，达到保护文物古迹，传承历史文化的目的，很有意义。

1992 年，沂南县人民政府投资在阳都故城遗址上进行规划设计，开始修建占地面积 2700 平方米的“诸葛亮纪念馆”，1993 年 6 月 3 日开馆。

纪念馆坐南向北，由山门以及东西厢房、正殿等仿古建筑组成。大门为过厅式，单檐歇山顶，面阔三间，门额上方有“诸葛亮纪念馆”馆名匾额，由山东省政协主席李子超题写。两侧的柱子上有楹联两副，内容分别是：

沂汶蒙三水聚融，润毓千秋贤相；蜀魏吴一时鼎分，垂传万代智星。李遵刚撰联，魏启后书。

沂河水，幞头树，碧波青山，绘阳都春色；承祚文，子美诗，信史佳什，颂诸葛高风。1995 年，王瑞功撰联，刘聿鑫书。

进入山门，一眼可见中轴道两侧绿荫之中的碑亭与碑刻，左侧碑亭内，竖立着当地出土的东汉时期画像石穿孔石碑，十分珍贵。

纪念馆正殿为面阔三间的单檐歇山顶仿古建筑，高 7 米，宽 9 米，面阔 12.4 米，占地面积 111.6 平方米。殿宇的檐柱与金柱之间，为贯通式走廊。

殿内正中神龛上，安放着诸葛亮坐式塑像，羽扇纶巾，神态自若。左右两侧有两个书童侍立，一个捧印玺，一个捧宝剑。

神龛两侧分别悬挂“一代贤相”和“名垂宇宙”匾额。

正殿四壁是 14 幅壁画，依次是：出世阳都、躬耕南阳、三顾茅庐、舌战群儒、草船借箭、计借东风、火烧赤壁、拜将入川、七擒孟获、六出祁山、木牛流马、空城退敌、误失街亭、鞠躬尽瘁。

这些壁画，基本是根据《三国演义》来反映诸葛亮一生中辉煌业绩的。

正殿两侧厢房内，陈列展出的是阳都故址出土文物 200 余件，有仰韶文化、龙山文化、商周文化、秦汉文化、三国两晋文化五大部分。

除此之外，纪念馆还收集了当地出土的反映作战、耕种、渔猎汉代画像石若干块，以及汉代的穿孔碑刻，有较高历史与艺术价值，还有当地著名史学家王汝涛、姜东舒的书诗碑刻。

1990 年，沂南县人民政府利用集资方法，又在县城界湖的卧龙山东侧卧龙公园内用铜铸造了一尊高 7 米、重 7 吨、座基高 3 米的诸葛亮坐像。诸葛亮坐在一辆带扶手的四轮小车中，前轮小，后轮大，左手扶小车，右手持羽毛扇，两眼炯炯有神凝视远方，似乎在指挥行军作战。

坐像两侧各有两匹石雕的战马，作奔腾之状，四周以花岗石贴面。坐像后面一周墙壁镶嵌着 14 幅大型汉代画像石图案，每幅 5.25 平方米，依次反映诸葛亮“出世阳都”到“鞠躬尽瘁”一生的光辉业绩，与诸葛亮坐像构成了一个完美的艺术群体。1993 年 6 月 3 日，上述工程落成后，形成了西山公

园的主题特色，也是沂南县涉外的特色标志。

1994年10月，全国第八届诸葛亮研讨会在沂南县召开，同时举行了商贸洽谈会，来自全国各地的专家学者以及经济界人士共计345人来到了阳都故城“诸葛亮纪念馆”参观考察。

应主人邀请，笔者即兴题书了一副楹联，内容是：“孔明生斯地，从古阳都多名胜；武侯葬汉中，至今定军是佳城。”至今，还保存在该馆。

时过境迁，代远年湮，阳都故城虽然没有了当年的热闹繁盛，变成了今日怀古钦英的纪念地，但是，沂水河与阳都故城却孕育了诸葛亮这位中华民族世世代代有口皆碑而名垂青史的历史人物，成了千百年来被尊崇敬仰的典范。因此，琅琊阳都与诸葛亮的名字永远同辉。

（2）匾额4方、楹联4副

诸葛亮故里纪念馆

李子超题书。

李子超（1920—2002），山东省沂南县人，历任中共沂南县委副书记，鲁中南团工委组织部部长，共青团山东省委秘书长，山东分局工业部处长，山东省交通厅副厅长，山东省委副秘书长，山东省政协副主席，山东省第五、六届政协主席，党组书记，中共十三大代表，第五届全国人大代表，第七届全国政协委员。代表作品有《心印集》《白驹集》《无邪集》。

【注】诸葛亮故里：在山东沂南县砖埠镇孙家黄疃、里宏、大小汪家庄一带。东汉灵帝刘宏光和四年（181），诸葛亮就出生在这里。1992年，沂南县人民政府在阳都故城遗址上新建了“诸葛亮故里纪念馆”。故里：语出南朝梁文学家江淹（444—505）的《别赋》：“视乔木兮故里，决北梁兮永。”此指出生、居住生活过的地方。也指故乡、家乡。例如：北宋文学家陈师道（1053—1102）的《次韵苏公题欧阳叔弼息斋》：“行者归故里，居者爱吾庐。”

纪念馆：纪念重大历史事件或重要人物的机构与场所。

【释】诸葛亮出生地的纪念馆。

地灵人杰

姜东舒题书。

姜东舒（1923—2008），山东省乳山市人。曾任中国硬笔书法家协会主席、浙江省钱江书法研究会会长、文澜书画社社长、山东《王羲之书画报》名誉社长，研究馆员。代表作品有《姜东舒诗集》《女运粮》《姜东舒小楷永州八记》《魏碑十字帖》《姜东舒书法》。

【注】地灵人杰：语出唐代诗人王勃（650—676）的《滕王阁序》："人杰地灵，徐孺下陈蕃之榻。"意思是，有杰出的人在这里出生或者是来过，这个地方就会成为名胜之地。此指阳都这个地方很有灵气因此就出生了诸葛亮这样的杰出人物。

【释】阳都这个地方很有灵气因此就出生了诸葛亮这样的杰出人物。

名垂宇宙

山东省沂南县诸葛亮纪念馆落成纪念，浙江省兰溪市诸葛大公堂村委会同贺，诸葛亮第四十六世后裔诸葛达书，1992 年仲秋吉旦。

诸葛达，1949 年出生于浙江省兰溪市诸葛八卦村，现在是浙江师范大学人文学院教授。

【注】名垂宇宙：语出唐代诗人杜甫《咏怀古迹五首》："诸葛大名垂宇宙，宗臣遗像肃清高。三分割据纡筹策，万古云霄一羽毛。"意思是说，诸葛亮的大名始终流传于天下。

此匾文最早为雍正十三年（1735），果亲王路过汉中勉县武侯墓时所题书，至今仍存在，因此，这里属于仿制品。

【释】诸葛亮的大名始终流传于天下。

一代贤相

郑汉农题书。

郑汉农，1945 年出生于山东省兰陵县，毕业于山东大学历史系考古专业，就职于临沂市博物馆，馆长，文博研究员。为中国汉画学会会员、山东考古学会会员、山东中山书画研究会会员、山东临沂瀚博书画研究院院长。著有《翰墨春秋》《翰博墨韵》《临沂汉画像石》。

【注】一代：语出《汉书·萧何传赞》："唯何、参擅功名，位冠群臣，声施后世，为一代之宗臣。"此指一个时代，例如：东晋著名医药学家葛洪（283—363）的《抱朴子·论仙》："彼二曹学则无书不览，才则一代之英。"

再如：《新五代史·慕容彦超传》亦有“今公英武，一代之豪杰也，若量力相时而动，可以保富贵终身”之说。

贤相：语出《荀子·富国》：“使百姓无冻馁之患，则是圣君贤相之事也。”意思是说，要使老百姓没有饥饿受冻的患难，则应该是圣明君主身边的宰相或者是丞相的责任。泛指贤明的宰相、丞相。例如：南朝宋诗人谢灵运（385—433）的《述祖德》诗之二有“贤相谢世运，远图因事止”。此处指蜀汉丞相诸葛亮。

【**释**】诸葛亮是蜀汉那个时代的贤明丞相。

沂河水，幞头树，碧波青山，绘阳都春色；
承祚文，子美诗，信史佳什，颂诸葛高风。

1995年，王瑞功撰联，刘聿鑫书。

王瑞功（1942—2003），山东省莒南县人，历任临沂师范专科学校历史系教师、诸葛亮与王羲之研究室副主任、沂蒙文化研究所所长、教授。著有《诸葛亮研究集成》《诸葛亮志》《曾子志》多部专著，发表论文百余篇，为研究地方史志与诸葛亮文化做出了显著的贡献。

刘聿（yù）鑫，1934年出生于山东省淄博市，毕业于山东大学中文系，留校任古籍整理研究所教授、文史哲研究院教授、古典文献学硕士研究生导师，是中国书法家协会会员。

【**注**】沂河水：源出淄博市沂源县田庄水库，流经沂源县、临沂市、沂水县、沂南县、兰陵县、郯城县，至江苏省邳州市入新沂河，抵燕尾港入黄海，全长574公里，沂南县阳都故城，就东靠沂河水。

幞（fú）头：山名，在阳都故城西南。

碧波青山：此指青山绿水，碧波荡漾的意思。

绘阳都春色：构成了阳都故城美丽的春色。

承祚文：此指陈寿在《三国志》中为诸葛亮所作的传和赞语评价。陈寿，字承祚。

子美诗：唐代诗人杜甫赞美诸葛亮的诗歌。杜甫，字子美。

信史：可信的史料。

佳什：语出唐代诗人许浑（791—858）的《酬钱汝州》诗序：“汝州钱中丞以浑赴郢城，见寄佳什。”此指优美的诗歌诗作。例如：清代文学家曾国藩（1811—1872）的《邓湘皋先生墓表》有“于是搜访滨资郡县名流佳什，辑《资江耆旧集》六十四卷”之说。

颂诸葛高风：歌颂诸葛亮的高风亮节。

【释】沂水河，幞头山树木，青山绿水碧波荡漾，构成阳都故城美丽春色；

陈寿《三国志》，杜甫诗歌，可信史料佳作，歌颂诸葛亮高风亮节。

沂汶蒙三水聚融，润毓千秋贤相；
蜀魏吴一时鼎分，垂传万代智星。

李遵刚撰联，魏启后书。

李遵刚，1952年出生于山东省沂南县，曾经出任沂南县委常委、宣传部部长、县政协副主席，沂南县诸葛亮研究会会长，在三国历史文化研究方面有建树。

魏启后（1920—2009），山东省济南市人，毕业于北京辅仁大学中文系，曾任中国书协理事、中国书协创作评审委员会委员、山东书协副主席、中国国际友好联络会山东分会理事、济南市政协常委、济南画院顾问、济南诗词协会副会长等，是山东省书法界领军人物。

【注】沂汶蒙三水聚融：此指阳都故城城东的沂河、城北的汶河、城南的蒙河三水汇聚交融环绕。

润毓：滋润孕育的意思。毓：同“育”，孕育、养育。

千秋贤相：数千年的贤明丞相，此指诸葛亮。

蜀魏吴一时鼎分：此指蜀汉、曹魏、东吴三个国家一时间鼎立对峙。从汉献帝延康元年（220）十二月魏文帝曹丕废汉献帝而建立魏国开始，到东吴末帝孙皓天纪四年（280）三月西晋灭掉东吴正式统一止，三国鼎立整六十年，所以称为一时鼎分。

垂传：流传的意思。

万代智星：数万年的智慧之星，此指诸葛亮。

【释】阳都故城东沂河与城北汶河以及城南蒙河三水汇聚交融，滋润孕育了数千年的贤明丞相诸葛亮；

蜀汉曹魏东吴三个国家一时间的鼎立对峙，数万年都将会流传赞颂智慧之星诸葛亮的功德业绩。

功著南国，古今和泪读二表；
名昭故里，中外虔心谒一尊。

李遵刚撰联，司惠国书。

司惠国，字耕人，1959年出生于辽宁省大连市，历任中国当代硬笔书法家协会主席、中国书画艺术百科全书编辑委员会主任、东方书谱研究院院长。作品有《中国书画艺术百科全书》《中国硬笔书法百科全书》《二十世纪中国书画艺术》《中国书画艺术精品大典》等。

【注】功著南国：此指诸葛亮当年南征平叛时采取“攻心为上”怀柔策略，曾经“七纵七擒孟获”，平定了西南地区，功不可没。南国：语出《楚辞·九章·橘颂》：“受命不迁，生南国兮。”王逸注：“南国，谓江南也。”泛指我国南方地区。例如：三国时期曹植《杂诗》之五：“南国有佳人，容华若桃李。”此指西南少数民族地区。

古今和泪读二表：自古至今人们都在眼含泪水品读诸葛亮前、后《出师表》。

名昭故里：诸葛亮古今中外的知名度昭彰显现在他的出生地阳都故城。

中外虔心谒一尊：中外游客都十分虔诚地拜谒诸葛亮这一尊神像。1993 年农历四月十四，是诸葛亮诞辰 1812 周年纪念日，沂南县人民政府在县城西山公园内落成了高 7 米、重 7 吨的诸葛亮大型坐式锻铜造像，成了沂南县城市标志，也是迄今全国最大的诸葛亮铜像。

【释】诸葛亮南征平叛采取攻心为上平定了西南地区功不可没，自古至今人们都眼含泪水品读前后《出师表》；

诸葛亮古今中外的知名度昭彰显现在出生地阳都故城，这使得中外游客都十分虔诚地拜谒他这一尊神像。

孔明生斯地，从古阳都多名胜；
武侯葬汉中，至今定军是佳城。

1994 年金秋 10 月，全国第八届诸葛亮研究联会在沂南县召开，参观诸葛亮纪念馆时，定军山下守墓人郭清华应邀即兴题书此楹联。

【注】孔明生斯地：此指诸葛亮出生于阳都故城这个地方。斯地：此地，这里的意思。

从古阳都多名胜：从此以后，阳都故城就多了名胜古迹。

武侯葬汉中，至今定军是佳城：据《三国志·蜀书·诸葛亮传》记载说，建兴十二年（234），诸葛亮病死在第五次北伐曹魏的五丈原军中，临终前遗命说：“死后葬汉中定军山，因山为坟，冢足容棺，殓以时服，不须器物。”根据他的遗命，同年十二月，后主刘禅将其归葬在汉中定军山下。佳城：语出《西京杂记》卷四：“佳城郁郁，三千年见白日，吁嗟滕公居此室。滕公曰：嗟乎天也！吾死其即安此乎？死遂葬焉。”喻指墓地。例如：南朝梁文学家萧统（501—531）的《文选》收录南朝梁文学家沈约（441—513）的《冬节后至丞相第诣世子车中作》诗歌有“谁当九原上，郁郁望佳城”之句。唐代史学家李周翰注曰：“佳城，墓之茔域也。”此指诸葛亮的武侯墓。

【释】诸葛亮出生在这个地方，从此以后阳都故城就多了名胜古迹；

诸葛亮遗命归葬于汉中，至今定军山下武侯墓就是他的墓地。

2. 沂南县诸葛宗祠

诸葛：属于复姓。据《三国志·吴书·诸葛瑾传》裴松之注引韦昭《吴书》记载说："起先葛氏，本琅琊诸县人，后徙阳都。阳都先有葛姓者，时人谓之诸葛，因以为氏。"

这段记载告诉我们，诸葛复姓是葛姓人从诸县迁移到阳都后，为了区分于原来在阳都的葛姓，才合称为诸葛成为复姓的。

韦昭，又名韦曜（204—273），与诸葛瑾以及其子诸葛恪都是吴国的同时代人，这个说法很可能是来自诸葛瑾与诸葛恪。

历史上，经常称诸葛亮为"葛氏"，例如，《三国志·蜀书·后主传》的裴松之注引《魏略》之中刘禅说："政由葛氏，祭则寡人。"再如：《三国志·蜀书·诸葛瞻传》也记载说："朝廷每有一善政佳事，虽非瞻所建倡，百姓皆传相告曰：葛侯之所为也。"

由此看来，"葛"姓是诸葛复姓的简称，可"诸葛"是诸葛亮的代名词。例如：西晋文学家左思（250—305）的《吴都赋》有"公孙国之而破，诸葛家之而灭"。再如：元、明时期，诗人刘炳的《寄许永明公冕昆季得夫先生》诗歌亦有"诸葛有心扶汉室，包胥无泪哭秦庭"句。又如：明代文学家李贽（1527—1602）的自题联语"诸葛一生惟谨慎，吕端大事不糊涂"，等等。

宗祠：亦称宗庙、祖庙、祖祠、祠堂，是供奉祭祀祖先的场所。怀古钦英，纪念先贤，传承美德，继往开来，是中华民族优秀传统，有悠久历史。

宗祠制度产生于周代，当时只为天子专有。春秋时期以来，在儒家传统思想文化影响下，才有了规范的宗庙制度。所以，《礼记·王制》记载："天子七庙，三昭三穆，与太祖之庙而七。诸侯五庙，二昭二穆，与太祖之庙而五。大夫三庙，一昭一穆，与太祖之庙而三。士一庙，庶人祭于寝。"

但是，这些宗庙多修建在自己墓地。因此，《汉书·张禹传》记载说："禹年老自治冢茔，起祠室。"《后汉书·清河孝王庆传》也记载说："朝廷大恩，犹当应有祠室，庶母子并食，魂灵有所依庇。"

正因为如此，北宋史学家司马光（1019—1086）的《文潞公家庙碑》记载："先王之制，自天子至于官师皆有庙。君子将营宫室，宗庙为先，居室为后。及秦非笑圣人，荡灭典礼，务尊君卑臣，于是天子之外无敢营宗庙。汉世公卿贵人多建祠堂于墓所，在都邑则鲜焉。"

昭和穆，是在宗祠祭祀排位中体现前后尊卑地位的称谓，南向的一列正面朝阳而明亮，称"昭"，昭有明义；北向的一列正面背光而冥昧，称"穆"，穆有冥义。古人尚左而下右，南向为尊，北向为卑。因为，每个氏族内男女各有两个辈分，两个氏族同辈异姓才可以通婚，子女的世系按母亲世系来决定，父子属于不同氏族，是昭穆制的根本意义。所以，“左昭右穆”，仅仅是排列祭祀牌位顺序的代称。如此一来，后辈子孙才能够有序地“昭兹来许，绳其祖武”（见《诗经·大雅·下武》），来祭奠先祖。

南宋时期，著名理学家朱熹（1130—1200）提倡每个家族建立一个奉祀高、曾、祖、祢四世神主的祠堂四龛，这就是民间宗祠的开始。从此以后，全国各地的宗族祠堂拔地而起，祭祀先祖活动比比皆是，每族都有族长或宗长、宗正。同时，还陆续修编《家谱》《宗谱》，记述本族渊源发展与忠孝传家的家训、家风，以及先祖的功德业绩，为的是教育后辈子孙，促使人才辈出。这样一来，宗祠就是凝聚本族至高无上的场所，每到适当时候都会在宗祠举办祭祀活动，或者是共同商议重大事情，宗族祠堂就成了族权与神权交织中心。

（1）历史沿革与古迹文物

2005 年，沂南县人民政府为了弘扬诸葛亮文化，发展文化旅游产业，在城西卧龙山东麓卧龙原风景区公园内投资新建了仿汉建筑风格四合院群体的庞大诸葛宗祠，占地面积 10 亩，建筑面积 3600 平方米，是以纪念诸葛亮为主题兼及诸葛先人与后裔的诸葛宗祠，其建设规模，在当地文物古迹中属规模较大的一个。落成典礼时，举行了首届诸葛亮旅游文化节。

该祠坐北向南，大门外正前方矗立着龙首赑屃座乾隆皇帝题诗碑，碑阳面镌刻着乾隆皇帝《题琅琊五贤祠》七言绝句诗一首。御碑之上，修建有重檐八角御碑亭。

宗祠门前，有一座三拱并列的“明良桥”，寓意“明君良臣”。桥下碧水、荷花、游鱼，寓意诸葛亮如荷玉立而高杰，君臣如鱼水一般亲密无间。

宗祠大门两侧，分别镶嵌有“忠”和“武”两个大字，刻石高 2 米，宽 1.6 米，堪称全国武侯祠刻石文字之最。

院内设有毓秀堂、本源堂、全人堂、冠盖堂、萃华堂和流芳厅、致远阁。

在五个堂内，有十二尊塑像、十一尊浮雕像、十八尊绣像。分别祭祀诸葛氏始祖及父辈诸葛亮和诸葛亮的同辈。虽然以诸葛亮为主，但不仅限于祭祀诸葛亮，而是全面展现以诸葛亮为代表的诸葛家族风采，因而定名诸葛宗祠。

西侧偏殿为“萃华堂”，主要供奉了诸葛亮的子孙辈及诸葛家族中一些杰出的女性。院内碑刻中有王羲之、王献之父子书写的《隆中对》，还有王羲之临摹的诸葛亮《远涉帖》手书，堪称宗祠的“三宝”。

在“流芳厅”内，展示有全国各地武侯祠庙图片以及文献资料。

在“致远阁”的四壁，绘有《武侯风雷图》，登阁瞭望，可以俯瞰县城全貌。

诸葛宗祠中的碑、碣、匾、联层层叠叠，这些碑碣与匾联无论是古物或者是今作，都是出自名家之手，气势非凡，所以，具有很高的历史与艺术价值。

（2）匾额 39 方、楹联 22 副

诸葛宗祠

范曾题书。生平事迹见前。

【注】诸葛宗祠：2005 年，沂南县在县城西卧龙山东麓卧龙源风景区新建纪念诸葛亮及其先祖与后人的仿汉建筑四合院宗祠，建筑面积 3600 平方米。宗祠大门两侧分别镶嵌有“忠”“武”两字，各高 2 米、宽 1.6 米。院内设有毓秀堂、本源堂、全人堂、冠盖堂、萃华堂和流芳厅、致远阁。五堂内有十二尊塑像、十一尊浮雕像、十八尊绣像。“流芳厅”内展示着全国各地武侯祠庙的图片与文献资料，“致远阁”四壁彩绘有《武侯风雷图》。

【释】纪念诸葛亮及其先祖与后人的宗族祠堂。

明易先知

诸葛亮纪念馆纪念，陈立夫题书，八三·二·廿五。

陈立夫（1900—2001），名祖燕，字立夫，今浙江省湖州市吴兴区人，历任蒋介石机要秘书、国民党秘书长、教育部部长、立法院副院长，成立了中统，属国民党重要人物。晚年在台湾从事文化教育工作，在战乱期间对中国教育事业的发展做出了卓著的贡献。

【注】八三·二·廿五：此指民国八十三年二月二十五日，即 1994 年 2 月 25 日。

1994 年，临沂市诸葛亮研究会将于同年 10 月在诸葛亮故里沂南县举办“全国第八届诸葛亮学术讨论会”，陈立夫知晓以后，特意为诸葛亮纪念馆题词。

明：明白掌握了某种知识原理。

易：此指《易经》，亦称为《周易》，成书于西周时期，内容包括《经》和《传》两个部分。《经》主要是六十四卦和三百八十四爻，卦和爻各有卦辞与爻辞说明，作为占卜之用。《传》包含解释卦辞和爻辞的七种文辞共十篇，统称《十翼》。

《周易》是中国传统思想文化中自然哲学与人文实践的理论根源，是古代汉民族思想、智慧的结晶，被誉为“大道之源”，内容极其丰富，对中国几千年来的政治、经济、文化等各个领域都产生了极其深刻的影响，蕴含着朴素深刻的自然法则与和谐辩证思想，属于中华民族五千年智慧的结晶，是我国儒家思想文化的五部经典著作《诗经》《尚书》《礼记》《易经》《春秋》之一。

先知：语出《孟子·万章上》：“天之生此民也，使先知觉后知，使先觉觉后觉也。”此指认识事理较一般人早的先知先觉之人。例如：《孙子·用间》有“故明君贤将，所以动而胜人，成功出于众者，先知也”。

【释】诸葛亮明白了《易经》原理就有了先知先觉的本领。

唯德惟廉

李铎题书。生平事迹见前。

【注】唯德：语出唐代诗人祖咏（699—746）的《清明宴司勋刘郎中别业》诗歌：“以文长会友，唯德自成邻。”是说唯有高尚的道德品质自然就成为好邻居。

惟廉：语出明朝五大学者之一朱舜水（1600—1682）的《伯养说》：“惟公则生明，惟廉则生威。”唯有公正才能够明理，唯有廉洁自律才能够产生威望。清代山阴人金兰生的《格言联璧》也有“律身惟廉为宜，处世以退为尚”之说。此指诸葛亮具有高尚的人格魅力与廉洁自律的道德品质。

【释】诸葛亮有高尚的人格魅力与廉洁自律的道德品质。

万古云霄

韩鼎晋题书。生平事迹见前。

【注】此匾额是韩鼎晋嘉庆二十年（1825）孟冬（十月）题书于今汉中勉县武侯墓，至今仍存。清代武侯墓祠主持道人李复心编著的《忠武侯祠墓志》有记载。所以，此处的匾额内容属于复制品。

万古云霄：语出唐代诗人杜甫《咏怀古迹五首》诗歌：“诸葛大名垂宇宙，宗臣遗像肃清高。三分割据纡筹策，万古云霄一羽毛。”万古：久远的时代。云霄：云天之上，此指高而显达的地位。

【释】诸葛亮在久远的时代里始终处于高而显达的地位。

毓秀

李遵刚题。作者简介见前。

【注】毓秀：语出西晋文学家左思（250—305）的《齐都赋》："幽幽故都，萋萋荒台，掩没多少钟灵毓秀。"泛指山川秀美，孕育了优秀的人才。例如：清代著名文学家曹雪芹（1715—1763）著的《红楼梦》第三十六回：有"亦且琼闺绣阁中亦染此风，真真有负天地钟灵毓秀之德了"之说。毓：孕育、产生。秀：美好的。比喻山川秀美，人才辈出。

此寓意阳都故城这个美好的自然环境产生了诸葛亮这样的优秀人物。

【释】阳都故城这个美好的环境产生了诸葛亮这样的优秀人物。

万古云霄

徐悲鸿题书。

徐悲鸿（1895—1953），原名徐寿康，江苏省宜兴市人。先后任教国立中央大学艺术系、北平大学艺术学院和北平艺专、中央美术学院院长，是中国著名画家、美术教育家。逝世后，夫人廖静文女士将他的作品1200余件与一生收藏的唐、宋、元、明、清及近代著名书画家的作品1200余件及图书、画册、碑帖等1万余件全部捐献给了国家。

【注】此匾文为嘉庆二十年（1825）十一月，督学使者韩鼎晋为定军山下武侯墓题书，至今仍存正殿上方。因此，这里属仿制品。

万古云霄：语出唐代诗人杜甫《咏怀古迹五首》诗歌："诸葛大名垂宇宙，宗臣遗像肃清高。三分割据纡筹策，万古云霄一羽毛。"

【释】诸葛亮在久远的时代里始终处于高而显达的地位。

紫气东来

刘炳森题书。生平事迹见前。

【注】紫气东来：语出西汉文学家刘向（公元前77—公元前6）的《列仙传》："老子西游，关令尹喜望见有紫气浮关，而老子果乘青牛而过也。"

这段话是说，老子过函谷关之前，关令尹喜见有紫气从东而来，知道将有圣人过关，果然老子骑着青牛而来，后遂以"紫气东来"表示祥瑞的征兆。例如：清康熙年间洪升（1645—1704）的剧曲《长生殿·舞盘》第十六出也有"紫气东来，瑶池西望，翩翩青鸟庭前降"之说。

紫气：紫色的气，古人认为紫色与当官有关，所以官服多是紫色的。

【释】祥瑞之气从东面而来。

物华天宝

钟鸣天题书。

钟鸣天，字鹤声，号抱璞斋主、梅香洞人，1928年出生于江西省定南县，毕业于华中师范学院美术系，留校任教，1973年调湖北省博物馆担任字画鉴定研究员至退休。历任中央文联委员会委员、中国书法家协会理事、湖北省书法家协会主席、省文联委员、文史研究馆馆员。著作有《书法教学通论》《中国书法史纲》《中国画诗文题跋》《行草书简论》等。

【注】物华天宝：语出唐代文学家王勃（650—676）的《滕王阁序》："物华天宝，龙光射牛斗之墟。"物华：万物的精华。天宝：天然的宝物。此指各种珍美的宝物。例如：明末清初文学家陈忱（1615—1670）编著的《水浒后传》第四十回有"大聚会兄弟同宴乐，好结果君臣共赋诗"之中就有"物华天宝动和风，一派萧绍仙苑同"之句。

【释】万物的精华天然的宝物。

人杰地灵

陈复澄题书。

陈复澄，1943年出生于重庆市，先后毕业于大连师范学院中文系、四川大学历史系古文字学研究生。先后就职于四川大学历史研究所、辽宁省博物馆、北京团结出版社、对外经济贸易大学。他以刀作笔创作的书法被誉为"中华第一刀，刀笔书法第一人"。

【注】人杰地灵：语出唐代文学家王勃（650—676）的《滕王阁序》："人杰地灵，徐孺下陈蕃之榻。"人杰：杰出的人才。地灵：地方很灵秀美好。泛指杰出的人物出生或到过的地方就会成为名胜之地。

此指阳都有诸葛孔明这个杰出人物降生，这里就成了名垂青史的胜地。

【释】阳都有诸葛孔明这个杰出人物降生，这里就成了名垂青史的胜地。

静能生慧

沈鹏题书。生平事迹见前。

【注】静能生慧：语出北宋文学家晁迥（948—1031）的《昭德新编》卷三："水静极则形象明，心静极则智慧生。"

道家和佛教都认为"静能生慧""静能开悟""静能正道"，只有在平静安闲之中才能够产生智慧。与此同时，也才能够延年益寿。例如，南朝梁道教学家陶弘景（456—536）的《养性延命录》记载说："静者寿，躁者夭，静而不能养，减寿。躁而能养，延年。”

【释】只有在平静安闲之中才能够产生智慧。

千古人龙

道光壬辰年（1832），南阳县典史王清亮题书。生平事迹见前。

【注】此匾额原作在南阳卧龙岗武侯祠，此处属于模仿复制。

千古：语出北魏郦道元《水经注·睢水四》：“追芳昔娱，神游千古，故亦一时之盛事。”千秋万古的意思。例如：唐代诗人李白的《丁都护歌》诗有“君看石芒砀，掩泪悲千古”之句。

人龙：语出晚唐时期诗人黄滔（840—911）的《南海韦尚书启》：“自从见作人龙，翔为鸟凤，腾辉瑞谍，流庆皇家。”意思是人中俊杰。例如：五代诗人谭用之的《寄友人》诗有：“穴凤瑞时来却易，人龙别后见何难。”明代永乐二年（1404）进士、兵部侍郎萧鸣凤（1488—1572）的《谒诸葛武侯祠》诗歌亦有“气聚崇岗紫翠深，百年怀抱此登临。山连嵩岳来天地，名与人龙并古今”之句。

【释】千秋万古诸葛亮都是人中俊杰。

全人

乾隆御笔。生平事迹见前。

【注】全人：语出《庄子·庚桑楚》：“圣人工乎天而拙乎人，夫工乎天而俍乎人者，唯全人能之。”唐朝道学家成玄英（608—669）疏曰：“全人，神人也。夫巧合天然，善能晦迹，泽及万世而日用不知者，其神人之谓乎。”此指善于契合天然而又应合人为的全德之人。

最早评价诸葛亮为没有缺陷、瑕疵的全人，是南宋戴溪。

据明代嘉靖抄本《将鉴论断》卷五收录南宋淳熙五年（1178）第一名进士、曾出任湖南潭州（今长沙市）石鼓书院山长、教授、博士、工部尚书戴溪（1141—1215）所著《石鼓论语答问》中说：

有仁人君子之心者，未必有英雄豪杰之才；有英雄豪杰之才者，未必有忠臣义士之节；三者，世人之所难全也。全之者，其惟诸葛亮乎。

乾隆十六年（1741），乾隆皇帝下江南视察来到今临沂市五贤祠，这里祭祀的是历史上当地名人诸葛亮、王祥、王览、颜真卿、颜杲卿五人。乾隆皇帝听完地方官员汇报后，即兴题书了“五贤祠”匾额，还题诗曰：“孝能竭力王祥览，忠以捐躯颜皋真，所遇由来殊出处，端推诸葛是全人。”此碑文至今仍存。

【释】诸葛亮是各方面都没有缺陷瑕疵的人。

忠贯云霄

嘉庆皇帝御笔。生平事迹见前。

【注】匾文为嘉庆皇帝在嘉庆八年（1803）七月十六，题书于皇宫御制，由沿途驿站“奉旨”发往汉中沔县武侯祠悬挂至今。原因是，嘉庆皇帝听说诸葛亮在定军山下显圣帮助朝廷赶走了“白莲教”匪徒十分高兴，特御书此匾额，褒奖诸葛亮忠君爱国的神明显佑。与此同时，嘉庆皇帝还亲自御书《祭文》，派遣工部尚书彭龄前往武侯墓，以“三牲”（猪、牛、羊）大礼祭祀诸葛亮，详细情况在勉县武侯祠的匾额中有介绍。所以，这里的匾额属于仿制品。

【释】诸葛亮的忠君爱国之心贯通着天际。

名垂宇宙

雍正甲寅年（1734）仲冬吉旦，果亲王题书。生平事迹见前。

【注】据《清史稿》和武侯墓祠主持道人李复心《忠武侯祠墓志》记载说，雍正十二年（1734）仲冬，爱新觉罗·允礼奉旨护送进京朝觐的六世达赖喇嘛返回康藏高原甘孜泰宁（今四川省甘孜州道孚县八美镇），出秦入蜀走“古金牛道”途经汉中沔县时，亲自到武侯墓祠拜谒诸葛亮，他发现墓、庙年久失修，便带头捐资进行维修，同时责令地方官员也相继捐款，限期维修，次年（1735）三月初十竣工。为此，果亲王不但令人在武侯墓前刻立了《汉诸葛武侯之墓》碑，还亲自题书了“名垂宇宙”匾额，在武侯祠题书“醇儒气象”匾额，即兴赋诗一首：“遭逢鱼水自南阳，将相才兼管乐长。羽扇风流看节制，草庐云卧裕筹量。丹心一片安炎鼎，浩气千秋壮蜀疆。庙貌嵯峨沔水侧，入门瞻拜肃冠裳。”

当年，果亲王令人刻立在武侯墓祠的这些题诗碑刻以及题书的匾额，至今完好无损。因此，沂南县诸葛宗祠属于仿制品。

除此之外，此匾文原为雍正十三年（1735）三月果亲王题书于武侯墓，可是，上述所说的雍正甲寅年（1734）仲冬，应该是果亲王的出行时间，并不是题书匾文的时间。

【释】诸葛亮的大名流传于天地之间。

德和

欧阳中石题书。

欧阳中石（1928—2016），山东省泰安市所辖肥城市人，毕业于北京大学，历任首都师范大学教授、博士生导师，全国政协委员，中国书法家协会顾问，中国画研究院院务委员，中国书画国际大学董事局名誉主席，国防大学文化艺术中心高级顾问，中国文史研究馆馆员。

【注】德：语出《周礼·地官》：“内外之称，在心为德，施之为行。”此指人的思想道德品行。例如：《三国志·蜀书·诸葛亮传》刘备三顾茅庐时对诸葛亮说：“孤不度德量力，欲信大义于天下。”

和：语出《史记·魏公子列传》：“颜色愈和。”东汉文学家许慎（58—147）的《说文》有“和，相应也”。三国曹魏张揖《广雅》亦有“和，谐也”之说。此指和谐、和睦、和平。

【释】思想道德品行端正与人和睦相处。

诚信

辛巳年（2001）秋，邹德忠题书。

邹德忠，1938年出生于山东省烟台市，曾任中国书法家协会组联部主任、中国书协中央国家机关分会副会长、中国书法艺术家协会主席、文化部市场发展中心艺术评估委员会委员。先后被聘任为全国多家书法刊物、书法院校校长、名誉院长、顾问、教授等。

【注】诚信：语出《礼记·祭统》：“是故贤者之祭也，致其诚信，与其忠敬。”此指以真诚之心，行信义之事。例如：《北齐书·尧雄传》有“雄虽武将而性质宽厚，治民颇有诚信”。南宋文学家叶适（1150—1223）的《太府少卿李公墓志铭》亦有“故参知政事吴兴李公，以诚信质直事孝宗”之说。

【释】以真诚待人以信誉行事。

百世楷模

刘丽英题书。

刘丽英，女，1932年出生于山东省东平县，毕业于哈尔滨行政干部学校，历任沈阳市公安局干部科科长、公安局副局长、中央纪委纪律检查室副主任、第二纪律检查室副主任、第三纪律检查室副主任、中纪委副书记、全国妇联第四、第五届执行委员，其余不详。

【注】百世楷模：语出明末清初政治家孙承泽（1593—1676）的《庚子消夏记》之中赞美东汉《史晨碑》说：“字夏尔雅超逸，可为百世楷模，汉石之最佳者也。”此指世世代代学习的榜样。百世：语出《诗经·大雅·文王》：“文王孙子，本支百世。”此指世世代代久远的岁月，时间无穷尽。例如：南朝梁文学家刘勰（465—521）的《文心雕龙·辨骚》有“所谓金相玉质，百世无匹者也”。再如：近代文学家郑泽（1895—1959）的《长沙谒烈士祠》诗歌亦有“讵唯百世兴，浩气凌苍莽”之句。

楷模：语出《后汉书·卢植传》："故北中郎将卢植，名著海内，学为儒宗，士之楷模，国之桢干也。"此指值得学习的榜样。如：《三国志·魏书·胡昭传》有："胡昭善史书，与钟繇、邯郸淳、卫觊、韦诞并有名，尺牍之迹，动见楷模。"再如：南宋文学家叶适（1150—1223）的《谢宰执登科》亦有"固无以动世俗之耳目，斯可以为治道之楷模"之句。

【释】诸葛亮是世世代代学习的榜样。

范示群伦

启功题书。生平事迹见前。

【注】范示群伦：这是启功先生出任北京师范大学教授时为该校题的校训："师垂典则，范示群伦。"后来，他感觉这个校训"文意"和而"古意"太浓，显得有些平板，过于静态，跟时代的风潮不太合拍。于是再三斟酌，最终在1997年夏天重新圈定题写了"学为人师，行为世范"校训，至今保留完好。

范：模范、典范，楷模的意思。

示：展示、示范的意思。

群伦：语出西汉文学家扬雄的《法言·孝至》："圣人聪明渊懿，继天测灵，冠乎群伦。"此指同类或同等的人们。例如：唐代诗人刘禹锡的《袁州广禅师碑》有"惟四海之大，群伦之富，必有以得其门而会其宗者"之句。

【释】要以模范的思想行为展示给同类或同等的人们。

本源

李遵刚撰文并集《爨龙颜碑》字体而成。

爨（cuàn）龙颜（386—446），字仕德，东晋南朝宋人，历任龙骧将军，护镇蛮校尉，建宁、晋宁二郡太守、宁州刺史，封邛都县侯。

【注】《爨龙颜碑》：全称《宋故龙骧将军护镇蛮校尉宁州刺史邛都县侯爨使君之碑》，刻立于南朝刘宋孝武帝大明二年（458），现存云南省曲靖市陆良贞元堡小学，碑文由爨道庆撰写，楷书字体，遒劲有力。碑末有乾隆年间云贵总督阮元（1764—1849）与同僚邱均恩、杨佩三人联名题跋。

碑通高3.38米，上宽1.35米，下宽1.46米，厚0.25米，碑阳正文24行，行45字，共927字。碑文详细记载了爨氏家族从河南入滇过程与发展历史以及墓主人祖孙三代仕历，是后人研究爨氏家族及晋南北朝时代云南历史以及书法艺术的宝贵资料，属于国务院1961年公布的第一批全国重点文物保护单位。

本源：语出东汉王充的《论衡·效力》："江河之水，驰涌滑漏，席地长远，无枯竭之流，本源盛矣。"事物的根源、起源。

此指沂南县阳都故城是诸葛亮出生地根源。

【释】沂南县阳都故城是诸葛亮出生地根源。

大名永垂

勒保题书。生平事迹见前。

【注】此匾额是嘉庆七年（1802）勒保奉命前往四川平剿“白莲教”农民起义军路过汉中沔县时在武侯墓拜谒诸葛亮所题书，当时勒保是“钦命兵部尚书、四川总督”。因此，此处的匾文属于复制品。

大名：语出战国时期谷梁赤的《穀梁传·襄公十九年》：“君不尸小事，臣不专大名。善则称君，过则称己，则民作让矣。”比喻好的名声，大名望。例如：唐代诗人韩愈的《与于襄阳书》说：“士之能享大名显当世者，莫不有先达之士负天下之望者，为之前焉。”唐代诗人杜甫的《咏怀古迹》诗歌亦有“诸葛大名垂宇宙，宗臣遗像肃清高”之句。

永垂：语出《魏书·高祖纪下》：“虽不足纲范万度，永垂不朽，且可释滞目前，厘整时务。”此指将先人的光辉业绩与伟大思想精神永远流传后世。

【释】诸葛亮的好名声永远流传后世。

德泽铭心

胡清平题书。

胡清平，湖北省洪湖市人，中国书法家学会会员，洪湖市书法家协会理事。

【注】德泽：语出《韩非子·解老》：“有道之君，外无怨雠于邻敌，内有德泽于人民。”德，高尚品德。泽，施恩于人，做好事。例如：《尚书大传》卷二有“清庙升歌者，歌先人之功烈德泽也”之说。再如：南宋陆游的《秋思》诗亦有“中原形胜关河在，列圣忧勤德泽深”之句。

铭心：语出《三国志·吴书·周鲂传》：“铭心立报，永矣无贰。”铭记于心中的意思。例如：南宋文学家叶适（1150—1223）的《上宁宗皇帝札了》有“铭心既往，图报方来”之句。

【释】诸葛亮留给沂南县阳都故城的高尚品德与精神思想要永远铭记在心中。

桑梓蒙光

沈定庵题书。

沈定庵，1927年出生于浙江省绍兴市，号小山，曾就职于绍兴鲁迅纪念馆、绍兴鲁迅图书馆。历任中国书法家协会理事、浙江分会副主席、西泠印社社员、兰亭书会会长、绍兴市书协主席、绍兴市政协常委。著有《沈定庵书法作品选》

《沈定庵隶书二种》《定庵随笔》。

【注】桑梓：语出《诗经·小雅·小弁》："惟桑与梓，必恭敬止。靡瞻匪父，靡依匪母。"古代人常在家屋旁栽种桑树和梓树，说家乡桑树和梓树是父母种的，要对它表示敬意，因此有"反哺桑梓"成语。桑梓，借指故乡或乡亲父老。例如：东晋文学家袁宏（328—376）的《后汉纪·明帝纪上》有"中国者，先王之桑梓也"之说。

蒙光：此指蒙受先贤的光辉。

【释】诸葛亮先贤使阳都故城故乡蒙受着光辉。

冠盖

李遵刚集唐代书法家颜真卿《争座位帖》字，于"冠盖堂"外撰匾文。

颜真卿（709—784），字清臣，小名羡门子，别号应方，京兆万年（今陕西省西安市）人，祖籍琅琊临沂（今山东省临沂市），唐代杰出的书法家。他创立了"颜体"楷书，与赵孟頫、柳公权、欧阳询并称"楷书四大家"。

【注】《争座位帖》亦称《论座帖》，它和《与郭仆射书》同为颜真卿行草书精品，是唐代宗李豫广德二年（764）颜真卿写给仆射郭英乂的书信手稿。

冠盖：语出东汉史学家班固《西都赋》："冠盖如云，七相五公。"古代指官员的冠服和车盖，是官员代称。例如：唐代诗人杜甫《梦李白》诗之二有"冠盖满京华，斯人独憔悴"之句。清代小说家吴敬梓（1701—1754）的长篇小说《儒林外史》第三六回亦有"我因谢绝了这些冠盖，他虽是小官，也懒和他相见"之说。如云：语出《诗经·郑风·出其东门》："出其东门，有女如云。"毛传注曰："如云，众多也。"形容很多。例如：西汉飞将军李广之孙李陵（公元前134—公元前74）的《答苏武书》有"当此之时，猛将如云，谋臣如雨"之说。比喻文臣武将官员很多。

冠盖堂：是祭祀诸葛亮兄长诸葛瑾、族弟诸葛诞、弟弟诸葛均的场所。

据《三国志·吴书·诸葛瑾传》裴松之注引《吴书》记载说："瑾为大将军，而弟亮为蜀丞相，二子恪、融皆典戎马，督领将帅。族弟诞又显名于魏，一门三方为冠盖，天下荣之。"

诸葛瑾（174—241），诸葛亮的胞兄，为避战乱迁到江东，经鲁肃推荐为东吴效力，历任南郡太守、骠骑将军、大将军、豫州牧，封"宛陵侯"。

诸葛瑾生子有三，其中：

长子诸葛恪（203—253），历任东吴骑都尉、丹阳太守、大将军。

次子诸葛乔（204—228），早年过继给诸葛亮为义子，是蜀汉的驸马都尉，诸葛亮第一次北伐曹魏运输粮草时死在了褒斜道中，时年25岁。

三子诸葛融（？—253），是东吴骑都尉、公安督、奋威将军。

诸葛诞（？—258），诸葛亮的族弟，历任曹魏的荥阳令、尚书郎、扬州刺史、昭武将军、镇东将军、镇南将军、征东大将军，封“山阳亭侯”。

诸葛均，诸葛亮的弟弟。诸葛亮出山辅佐刘备后，诸葛均仍留在隆中种田度日。后来入蜀出任长水校尉，蜀汉灭亡后与宗预被迁徙至洛阳，在途中病故。

匾文赞扬诸葛亮三兄弟及其族人、后人都是龙腾虎跃，各有千秋的官员。

【释】诸葛亮三兄弟及其宗族后人都是官员。

光前泽后

李遵刚集王羲之《圣教序》字，撰“冠盖堂”龛匾文。

王羲之（303—361），字逸少，琅琊（今山东省临沂市）人，后迁会稽郡山阴县（今浙江省绍兴市），晚年隐居剡县（今浙江省嵊州市新昌县）。历任秘书郎、宁远将军、江州刺史，会稽内史、右将军，是东晋时期著名书法家，有“书圣”之称，代表作品《兰亭序》被誉为“天下第一行书”。在书法史上，他与其子王献之合称为“二王”。

【注】《圣教序》：全称《大唐三藏圣教序》，简称《圣教序》，文章由唐太宗李世民（598—649）撰写。最早由唐初四大书法家之一的褚遂良（596—659）所书，称为《雁塔圣教序》。后来，佛教徒怀仁从王羲之书法中集字刻成碑文，又称为《唐集右军圣教序并记》或《怀仁集王羲之书圣教序》，因碑首横刻有七尊佛像，亦名《七佛圣教序》。此碑刻立于唐高宗李治的咸亨三年（672），通高 350、宽 180、厚 28 厘米。碑文 30 行，行 83—88 字不等，现存陕西省碑林博物馆，属于镇馆之宝之一。

光前：语出元代戏剧家亢文苑《一枝花・为玉叶儿作》：“大丈夫峥嵘恁时候，扶汤佐周，光前耀后，直教万古清名长不朽。”光耀祖先前辈，光宗耀祖，造福后代的意思。

泽：恩泽、恩惠的意思。

后：后人的意思。

【释】诸葛亮的思想品德与功德业绩光宗耀祖恩泽后人。

风云壮观

胡清平题书于“冠盖堂”。生平事迹见前。

【注】风云：语出《后汉书・皇甫嵩传》：“今主上执弱于刘项，将军权重于淮阴，拊足以振风云，叱咤可以兴雷电。”此指政治与军事活动，亦指不平凡的经历。例如：东晋袁宏的《后汉纪・桓帝纪上》有“高祖之兴，草创大伦。

解褚衣而为将相，舍介胄而居庙堂，皆风云豪杰，屈起壮夫”之说。

毛泽东主席《清平乐·蒋桂战争》词赤有“风云突变，军阀重开战”之句。

壮观：语出西汉辞赋家司马相如（公元前 179—公元前 118）的《封禅文》：“此天下之壮观，王者之卒业，不可贬也。”比喻极其宏伟的事、物或风景蔚为壮观。例如：唐代诗人李白的《大猎赋》有“赫壮观于今古，簸摇荡于乾坤”之句。

【释】诸葛瑾兄弟的政治与军事活动生涯蔚为壮观。

壮志凌云

周杰进题书于“冠盖堂”。

周杰进，号齐云轩主人，1972 年出生于安徽省阜阳市颍上县，毕业于中国美术学院书法专业。中国书法家协会会员、中国书法创作评审委员会委员。作品被日本、美国、新加坡、马来西亚等国家珍藏。书法家刘炳森评价他的隶书作品说：“师古而不泥，古拙而灵秀。”

【注】壮志凌云：语出《汉书·扬雄传下》：“往时武帝好神仙，相如上《大人赋》欲以风，帝反缥缥有凌云之志。”壮志：宏大的志愿。凌云：直上云霄，形容理想宏伟远大。例如：元代文学家许有壬（1286—1364）的《沁园春·老子当年》也有“老子当年，壮志凌云”之说。现代著名作家姚雪垠（1910—1999）的《李自成》第二卷第二十八章亦有“这号人，在困难中不是低头叹气，而是奋发图强，壮志凌云，气吞山河”之说。

【释】诸葛瑾兄弟理想宏伟远大。

萃华堂

李遵刚撰联并集孙过庭《书谱》字为萃华堂匾额。

孙过庭（646—691），名虔礼，吴郡富阳（今浙江省富阳市）人，著名书法家，曾任右卫胄参军、率府录事参军。擅长于楷书、行书，尤长于草书。代表作品《书谱》卷为纸本，纵 26.5 厘米，横 900.8 厘米，现藏台北故宫博物院。

【注】萃华堂：沂南县诸葛宗祠内的“萃华堂”，祭祀的是三国两晋时期诸葛家族中的佼佼者。萃华：取“荟萃精华”之意。

【释】荟萃诸葛家族中精华人物的纪念厅堂。

源远流长

王遐举题书于萃华堂。

王遐举（1909—1995），原名克元，号野农，湖北省监利县人。历任民革中央监察委员、中央文史馆馆员、中国美术馆馆员、海峡两岸书画家联谊会长、中国书法家协会理事、北京中山书画社副社长、中国书法艺术研究院院长。

【注】源远流长：语出唐代诗人白居易（772—846）《海州刺史裴君夫人李氏墓志铭》："夫源远者流长，根深者枝茂。"此指河流的源头很远，水流很长。例如：《明史·徐贞羽传》："卢沟发源于桑乾，滹沱发源于泰戏，源远流长。"亦比喻历史悠久，根底深厚。例如：清代文学家方苞（1668—1749）的《书删定后》："岂气数使然邪，抑浸润于先王之教泽者，源远流长。"

【释】诸葛家族历史悠久根底深厚。

独秀九莱

李遵刚集《始平公造像碑》字，为萃华堂撰匾文。

【注】《始平公造像碑》：全称《比丘慧成为亡父洛川刺史平公造像记》，北魏太和二十年（498）刻于河南洛阳龙门山古阳洞，是著名的魏碑代表作《龙门二十品》之一。《始平公造像记》碑全文为阳文10行，每行20字，字间有方格为栏，并有明确撰文者孟达和书写者朱义章，其书法笔画雄强，结构茂密，气势开张，极富特色。

独秀：语出《楚辞·招魂》："《激楚》之结，独秀先些。"

南朝梁文学家刘勰（465—521）的《文心雕龙·原道》亦有"夫子继圣，独秀前哲"之说。形容超群出众，优势明显。

九莱：泛指中华九州广袤的大地。

【释】诸葛家族在中华大地上超群出众独树一帜。

龙蟠凤逸

崔廷瑶题书。

崔廷瑶，1947年出生于江西省九江市，是中国书法家协会理事、中国书法家协会培训中心教授、中国书法家协会创作委员会委员、中国书法家协会装裱艺术委员会委员、全国书展评委、江西省书法家协会副主席、九江市书法家协会主席，其余不详。

【注】龙蟠凤逸：语出唐代诗人李白《与韩荆州书》："一登龙门，即声誉十倍，所以龙蟠凤逸之士，皆欲收名定价于君侯。"如龙盘曲不得舒展，凤闲逸不见飞舞，比喻怀才不遇。例如：清代文学家李百川（1719—1791）的《绿野仙踪》第四回有"岂和璧隋珠，赏识无人耶？抑龙蟠凤逸，埋光邱壑耶"之说。

龙蟠：语出西晋文学家吴勃《吴录》："刘备曾使诸葛亮至京，因睹秣陵山阜叹曰：钟山龙盘，石头虎踞，此帝王之宅。"意思是，像龙盘着，像虎蹲着，形容地势雄伟险要。此比喻诸葛家族如蛟龙盘踞在这里。

凤：比喻有才华的英俊少年。

逸：逸群之才的意思。例如：《三国志·蜀书·诸葛亮传》记载：“亮有逸群之才。”

【释】有逸群之才的英俊少年诸葛亮像蟠龙一样。

虎啸龙吟

孙其峰题书于萃华堂。

孙其峰，1920 年出生于山东省招远市，毕业于北平国立艺专国画科，历任天津美术学院教授、顾问、文化部中国画研究院院部委员、中国美术家协会理事、中国书法家协会理事、中国美术家协会天津分会副主席、天津中国画研究会会长。有《孙其峰画辑》《孙其峰画集》《花鸟画谱》《孔雀画谱》《中国画技法》《花鸟画构图手稿》，其余不详。

【注】虎啸龙吟：语出东汉科学家张衡（78—139）的《归田赋》：“尔乃龙吟方泽，虎啸山丘。”虎啸：老虎在吼叫。龙吟：龙在吟鸣。亦比喻英雄豪杰叱咤风云。例如：北宋真宗年间员外郎张君房所著《云笈七签》第七十二卷记载说：“经云鹤鸣在阴，其子和之。又云：虎啸龙吟，物类相感，岂谬言哉。”清代太平天国领袖洪秀全（1814—1864）的《吟剑诗》亦有“虎啸龙吟光世界，太平一统乐如何”之句。此指诸葛家族藏龙卧虎吟啸待时。

【释】诸葛家族藏龙卧虎吟啸待时。

鸾翔凤翥

张寿民题书于萃华堂。

张寿民（1909—1997），山东省莱芜市人，毕业于济南师范学院，历任临沂师专副校长、临沂教育学院顾问，著名书法家。

【注】鸾翔凤翥：语出西晋文学家陆机（261—303）的《浮云赋》：“鸾翔凤翥，鸿惊鹤飞，鲸鲵溯波，鲛鳄冲道。”鸾、凤：都是传说中的神鸟。翔：盘旋而飞。翥（zhù）：高飞。意思是鸾鸟盘旋，凤凰高飞。亦比喻书法笔势飞动舒展。例如：唐代著名诗人韩愈（768—824）的《石鼓歌》有“鸾翔凤翥众仙下，珊瑚碧树交枝柯”之句。此指诸葛家族的人如鸾鸟盘旋，凤凰高飞。

【释】诸葛家族的人如鸾鸟盘旋凤凰高飞。

浩然正气

刘伶明题书于萃华堂。

刘伶明，1964年出生于安徽省蚌埠市，中文系毕业，历任安徽省五河县文明办副主任，是中国硬笔书法协会会员、安徽书协会员、蚌埠市书协理事、青年书协暨硬笔书协副主席、安徽散文家协会会员、五河县青年书协主席、诗词协会秘书长、青年诗社社长，其余不详。

【注】浩然正气：语出《孟子·公孙丑上》："我善养吾浩然之气。"浩然：盛大、刚直的样子。气：气概、精神。此指正大刚直的精神与气质。例如：中国著名作家老舍（原名舒庆春，1899—1966）的《兔儿爷》有"抗战建国须凭真实本领与浩然正气，只能迎时当令充兔子王的，不作汉奸，也是废物"。

【释】诸葛家族的人有正大刚直的精神与气质。

隆烈

高惠敏题书于萃华堂。

高惠敏，1948年出生于江苏省无锡市，1987年毕业于北京师范学院书法专业、美术教育专业硕士研究生。历任首都师范大学文学院副教授、书法学硕士研究生导师、书法教研室主任、《人民日报》神州书画院特聘书画师、外交部书画顾问，其余不详。

【注】隆：兴盛的意思。诸葛亮《出师表》有"汉室之隆，可计日而待也"。烈：显赫的意思。《国语》有"君有烈名"之说。此指诸葛家族兴隆显赫。

【释】诸葛家族兴隆显赫。

鞠躬尽瘁

何应辉题书于萃华堂。

何应辉，1946年出生，重庆市人。历任四川省文联副主席、中国书法家协会副主席、中国书法家协会评审主任委员、四川省诗书画院副院长、四川省书法家协会主席、四川大学客座教授，享受国务院政府特殊津贴。著有《中国书法鉴赏大辞典》《何应辉书画精品辑》《何应辉书法艺术及技法》《中国书法全集·秦汉刻石》等。

【注】鞠躬尽瘁：语出诸葛亮后《出师表》："臣鞠躬尽瘁，死而后已。"此指弯着身子，毕恭毕敬地谨慎小心。例如：《仪礼·聘礼》："执圭，入门，鞠躬焉，如恐失之。"再如：《汉书·冯参传赞》："宜乡侯参，鞠躬履方，择地而行，可谓淑人君子。"颜师古注曰："鞠躬，谨敬貌。"

元末明初文学家宋濂（1310—1381）的《先府君蓉峰处士阡表》亦有"祖妣夫人与显考鞠躬尽瘁，誓勿蹶其门"之句。再如：清代诗人李载《遥赠阎古古先辈》诗有"鞠躬讵肯输诸葛，断指终期报贺兰"之句。清代史学家唐孙华（1634—1723）的《诸葛武侯祠》诗亦有“委寄寻前诺，艰危誓鞠躬”之说。

尽瘁：语出《诗经·小雅·北山》：“或燕燕居息，或尽瘁事国。”毛传注：“尽力劳病，以从国事。”此指竭尽心力，不辞劳苦，贡献出全部精力。

【释】诸葛亮辅佐蜀汉帝业毕恭毕敬谨慎小心不辞劳苦贡献出了全部精力。

山高水长

复制汉中勉县武侯祠匾额。

【注】此匾额为民国十八年（1929）春天，中州赵凤林题书于汉中沔县武侯祠。赵凤林，河南人，曾任国民党宋哲元将军的第十三军十七师师长。

山高水长：语出唐代文学家、诗人刘禹锡的《望赋》：“龙门不见兮，云雾苍苍。乔木何许兮，山高水长。”像山一样高耸，如水一般长流。例如：唐代诗人李白《上阳台帖》有“山高水长，物象千万，非有老笔，清壮可穷”之句。北宋著名文学家范仲淹（989—1052）的《严先生祠堂记》中有“云山苍苍，江水泱泱，先生之风，山高水长”。再如：明代著名文学家李东阳（1447—1556）的《祭钱都督士英墓文》亦有“公德之容兮，玉质金相；公泽于家兮，山高水长”之句。比喻人的风范声誉像高山流水那样永远存在。

【释】诸葛家族的风范声誉像高山流水那样永远存在。

留芳

李遵刚集颜真卿字为“流芳厅”撰匾文。

【注】留芳：语出南朝宋刘义庆《世说新语·排调》：“洗耳逃禄，千载流芳。”留：留下了。芳：美好的名声。此指留下了美好名声。例如：元代戏剧家纪君祥《赵氏孤儿》第二折有“你若存得赵氏孤儿，将名标青史，万古留芳”之说。

此指诸葛亮所到之处都留下了美好的名声。

【释】诸葛亮所到之处都留下了美好的名声。

致远

朱守道题书于“致远阁”。

朱守道，1955年出生于福建省泉州市，1982年毕业于厦门大学中文系。历任全国人大常委会华侨委员会副司长、中国书法家协会理事、全国人大书画研究会副会长、北京大地书画院副院长、中央国家机关书法家协会展览部副主任、《现代书画家报》艺术顾问、中国历史文化名城书画家协会顾问等，其余不详。

【注】致远：语出春秋时期思想家文子编著的《文子·上仁》：“非淡

漠无以明德，非宁静无以致远，非宽大无以并覆，非正平无以制断。”此指恬淡宁静，追求远大理想。例如：西汉文学家刘安（公元前179—公元前122）的《淮南子·主术训》有：“是故非淡薄无以明德，非宁静无以致远，非宽大无以兼覆。”再如：诸葛亮《诫子书》亦有“夫君子之行，静以修身，俭以养德，非淡泊以明志，非宁静以致远”之说。此指诸葛亮具有远大的理想。

【释】诸葛亮具有远大的理想。

宁静

沈定庵题书于“致远阁”。生平事迹见前。

【注】宁静：语出诸葛亮《诫子书》：“夫君子之行，静以修身，俭以养德。非澹泊无以明志，非宁静无以致远。”此指清静寡欲认真学习，才能够思考树立远大理想。例如：明代末年文学家陈子龙（1608—1647）的《蔡氏鼎易蔡序》有“壮不求仕，贫不问资，淡泊宁静，若将终身，则先生之得于《易》深也”。再如：清代末年文学家平步青（1832—1896）的《霞外攟屑·格言·姚端恪公》亦有“所谓闲者，少思寡欲，宁静恬淡而已”之句。意思是说，只有清静寡欲，不慕荣利才能够认真学习思考树立远大理想。

【释】只有清静寡欲认真学习才能够树立远大理想。

智哉！忠哉！伟哉！当沐浴以拜谒，身向高处瞻气象；儒耶？道耶？法耶？须斋戒而参省，心向大道悟真诠。

李遵刚撰联，惠玉昆书于山门。

李遵刚，生平事迹见前。

惠玉昆，1927年出生于山东省日照市东港区，1950年来临沂，先后就职临沂文艺工作队、苍山县文化馆、郯城县文化馆、临沂市广播服务部、市广播电视局。为中国书法家学会会员、山东省书法家协会会员、临沂市书法家协会顾问。

【注】智：智慧。

忠：忠诚。

伟：伟大。

哉：文言助词，表示感叹，相当于“啊”。

沐浴：语出《周礼·天官·宫人》：“宫人掌王之六寝之修，为其井匽（排污水的阴沟），除其不蠲（juān，清洁），去其恶臭，共王之沐浴。”洗澡、洗浴。例如：唐代诗人白居易的《沐浴》诗歌有“经年不沐浴，尘垢满肌肤”。

除此之外，历史上凡是遇到重大的祭祀节日，人们都要沐浴更衣、斋戒素食、禁忌交欢，才可祭拜祖宗、先贤、英烈、神祇，以示虔诚尊敬。例如：

《孟子·离娄下》：“虽有恶人，斋戒沐浴，则可以祀上帝。”

《三国演义》第四十九回“七星坛诸葛祭风”有“孔明于十一月二十日甲子吉辰，沐浴斋戒，身披道服，跣足散发，来到坛前”之说。清代文学家戴名世（1653—1771）的《杨刘二王合传》亦有“乃沐浴焚香，撰上烈皇帝表”之说。

拜谒：语出《史记·袁盎晁错列传》：“盎告归，道逢丞相申屠嘉，下车拜谒，丞相从车上谢袁盎。”拜访、拜见的意思。例如：《三国演义》第三十八回“定三分隆中决策”之中有“兄长两次亲往拜谒，其礼太过矣”之句。

瞻：瞻仰、瞻望、领略、观看的意思。

气象：语出《新唐书·王丘传》：“气象清古，行修洁，于词赋尤高。”比喻人的精神气质。例如：宋代文学家龚昱的《乐庵语录》卷五有“如舜孳孳为善，想其气象必是个温良恭顺底人”之句。再如：《三国演义》第八十二回“孙权降魏受九锡”中亦有“权曰：此计最善，但卿此去，休失了东吴气象”之说。此指诸葛亮的精神气质。

儒：此指以春秋时期孔子、孟子为代表的儒家思想学派。

耶：文言疑问词，相当于“吗”。

道：此指以春秋战国时期的老子、庄周为代表的道教思想学派。

法：此指先秦时期以商鞅、韩非子、申不害为代表的法家思想学派。

斋戒：语出《史记·廉颇蔺相如列传》：“于是赵王乃斋戒五日，使臣奉璧，拜送书于庭。”斋戒主要用于祭祀、行大礼等严肃庄重的场合，以示虔诚与敬重。斋戒包含斋和戒两个方面：斋，主要是整齐，如沐浴更衣、不饮酒，不吃荤；戒，主要是不与妻妾同寝，减少娱乐活动。

参：参拜、参见的意思。省（xǐng）：反省、洗心革面的意思。

大道：语出《礼记·礼运》：“孔子曰：大道之行也，与三代之英，丘未之逮也，而有志焉。”此指最高的治世原则，包括伦理纲常。例如：《汉书·司马迁传赞》有“又其是非颇缪于圣人，论大道则先黄老而后六经”之说。唐代诗人柳宗元（772—819）的《箕子碑》亦有“当纣之时，大道悖乱，天威之动不能戒，圣人之言无所用”之说。

悟：感悟、领悟、觉悟、大彻大悟。

真诠：语出唐代礼部侍郎卢藏用（664—713）的《衡岳十八高僧序》：“然而年代攸邈，故老或遗；真诠缅微，后生何述。”此指真正的解释，真实的道理。例如：唐代诗人刘禹锡（772—842）的《大唐曹溪第六祖大鉴禅师第二碑铭》有：“我立真诠，揭起南国。无修而修，无得而得。”再如：第六、七届全国政协副主席赵朴初（1907—2000）的《毛主席写给诗刊的信发表二十周年纪念座谈会献词》亦有“文章华国事更艰，孰能计日收真诠”。

【释】诸葛亮智慧啊！忠诚啊！伟大啊！应当沐浴后才能够瞻仰，身处较高地方才可领略他的精神实质；

诸葛亮是儒家吗？道家吗？法家吗？只有虔诚斋戒参拜反省，心中才会感悟到这些真正的道理。

诸县葛氏徙阳都而隆盛，虽千年，诸葛渊源未忘；
桑泉梓水汇沂河乃流长，即百代，桑梓情愫永怀。

李遵刚撰联，张韬书。

张韬，笔名十翼，号大风堂，1957年出生于河南省南阳市，就职于曲阜师范大学教授、硕士研究生导师。历任教育部中小学书法教材评审委员、山东省“泰山文艺奖”评审委员、中国书法家协会会员、山东省文艺评论家协会副秘书长、山东省书法家协会学术委员会委员。作品有《大学书法论文写作教程》《张韬书法作品集》《张韬中国书法篆刻中国画作品集》《礼器碑临习指南》《石鼓文临习指南》等。

【注】诸县葛氏徙阳都而隆盛：据《三国志·吴书·诸葛瑾传》裴松之注引《风俗通义》记载说：秦末农民起义军首领陈胜（？—公元前208）部将“葛婴（？—公元前209）为陈涉将军，有功而诛，孝文帝追录，封其孙诸县侯”。

西汉文帝刘恒时，为追录葛婴反抗暴秦的功劳，曾经赐封葛婴孙子为“诸县侯”（今山东省诸城县西南），并世居于此。保存在浙江省兰溪市诸葛八卦村大公堂经过历史上十六次续修的《诸葛氏宗谱·序》，也有如此之说。

《三国志·吴书·诸葛瑾传》裴松之注引《吴书》记载说：“起先葛氏，本琅琊诸县人，后徙阳都。阳都先有葛姓者，时人谓之诸葛，因以为氏。”

如此看来，诸葛氏原来姓葛，是秦末农民起义军将领葛婴后裔，本来是琅琊郡诸县人，后来迁移到阳都县，这里原先就有葛姓之人，当时人为区分从诸县来的葛姓，就称他们为“诸葛”，诸葛姓氏由此而来。从此后，诸葛氏就在这里生息繁衍，逐渐强盛起来了。

渊源：语出《汉书·董仲舒传赞》：“仲舒遭汉承秦灭学之后，《六经》离析，下帷发愤，潜心大业，令后学者有所统一，为群儒首，然考其师友渊源所渐，犹未及乎游夏，而曰筦晏弗及，伊吕不加，过矣。”水的源头。亦比喻事物的本源。例如：北宋文学家苏轼的《复改科赋》有“探经义之渊源，是非纷若；考辞章之声律，去取昭然”之说。此指诸葛家族生息繁衍的根本。

桑泉水：古称汶水，又称东汶河，系沂河主要支流，源出山东省临沂市蒙阴县岸堤水库，主要流域在沂南县境内，在砖埠镇黄疃村诸葛故里汇入沂河，全长约110公里，流域面积约2428.46平方公里。

北魏时期地理学家郦道元《水经注》记载说："叀崮水有二源双会，东导一川，俗谓之汶水，东经蒙阴县，注桑泉水，又东北流入于沂。又汶上，县名。"

桑梓：语出《诗经·小雅·小弁》："维桑与梓，必恭敬止。靡瞻匪父，靡依匪母。"在古代，人们常在家乡屋旁栽种桑树和梓树，认为桑树和梓树是父母所种，要对它表示敬意。所以，桑梓多比喻家乡、故乡，从而会怀念父母，故有"反哺桑梓"成语。

沂河：亦称沂水河。源出山东省淄博市沂源县田庄水库，流经沂源县与临沂市的沂水县、沂南县、临沂市区、兰陵县、郯城县，至江苏省邳州入新沂河，抵燕尾港入黄海，全长574公里，流域面积17325平方公里，是淮河流域泗沂沭水系中较大的河流。

情愫：语出北宋文学家陈亮（1143—1194）的《进中兴五论札子》："臣尝为陛下有忧于此矣，尝欲输肝胆，效情愫，上书于北阙之下。"比喻真实朴素的情感。例如：现代作家叶圣陶（1894—1988）的《倪焕之》十五有"他在她旁边，便觉一切都有光辉，整个生命沐浴在青春的欢快里，这就可知不仅是朋友间的情愫了"之句。

百代：语出东汉哲学家王充（27—97）的《论衡·须颂》："恢国之篇，极论汉德非常，实然乃在百代之上。"很长的岁月，此指若干年以后。例如：《晋书·阮种传》有"德逮群生，泽被区宇，声施无穷，而典垂百代"之说。再如：清代著名文学家吴敬梓（1701—1754）长篇小说《儒林外史》第一回有"百代兴亡朝复暮，江风吹倒前朝树"之句。

永怀：语出《诗经·周南·卷耳》："我姑酌彼金罍，维以不永怀。"永远的留恋怀念。例如：明代诗人夏完淳（1631—1647）的《效潘安仁悼亡》诗有"永怀寄寒夜，冥冥空怀抱"之句。

【释】诸县葛氏迁徙到阳都不断兴隆发展强盛，虽有数千年历史，诸葛家族繁衍本源没有忘记；

桑泉水汇入沂河仍然源远流长，即便是若干年后，家乡真实朴素情感也要永远留恋怀念。

是彝是训率乃祼考；
有典有则贻厥子孙。

爱新觉罗·溥儒题书。

爱新觉罗·溥儒（1896—1963），字心畬，号羲皇上人、西山逸士，北京人，恭亲王奕䜣之孙，道光皇帝曾孙。1913年毕业于北京法政大学青岛威廉帝国研修院，著名收藏家、书画家，与张大千齐名，代表作品有《雪中访友图》。

【注】是彝是训：语出《尚书·洪范》：“皇极之敷言，是彝是训。”意思是说，天子的训导可以永远作为老百姓的行为准则。彝训：语出唐代文学家元稹（779—831）的《赠乌重胤父承玭等制》：“追念本始，无忘尔先，永锡追荣，用章彝训。”此指尊长对后辈的教诲、训诫。

率：语出《诗经·大雅·假乐》：“率由旧章。”遵循、服从的意思。

乃：语出《史记·屈原贾生列传》：“乃令张仪佯去秦，厚币委质事楚。”于是的意思。例如：清代文学家徐珂（1869—1928）的《清稗类钞·战事类》有“婉贞挥刀奋斫，敌乃纷退”。

褫（chǐ）考：语出《荀子·非相篇》：“极礼而褫考。”考证的意思。

有典有则贻厥子孙：语出《尚书·五子之歌》：“明明我祖，万邦之君，有典有则，贻厥子孙。”把法典准则遗留给后世惠及子孙。贻厥：遗留、遗传，为的是给子孙做好安排。

【释】是教诲是训诫遵循先辈业绩于是考证；
有法典有准则祖宗遗留后世惠及子孙。

乐哉斯游，仰见明月；
超然有悟，时闻清钟。

温原兴题书。

温原兴（1946—1998），号达耶，成都市人，江苏无锡书法艺术专业函授毕业，中国书法家协会会员、四川省书法家协会常务理事兼副秘书长及评审委员会委员，四川省篆刻艺术委员会主任、凉山州书法家协会主席、西昌市书法家协会主席、市工人俱乐部副研究馆员。

【注】乐哉斯游，仰见明月：快乐地在这里游览心旷神怡，如同抬头看见了明亮的月光。

超然有悟，时闻清钟：心中放下了俗事超然物外感悟颇深，时时听到清心的钟声回荡。

【释】快乐地在这里游览拜谒先贤，如同抬头看见了明亮的月光；
放下了俗事超然物外感悟颇深，好似时常听到清心的钟声。

鱼水三顾和；
风云四海生。

张兴武题书。

张兴武，1939 年出生于甘肃省兰州市，肄业于兰州大学历史系，就职于中学美术教师，是甘肃省美术家协会会员和书法家协会会员，其余不详。

【注】鱼水三顾和；风云四海生：语出唐代诗人李白（701—762）的《读诸葛武侯传书怀赠长安崔少府叔封昆季》："汉道昔云季，群雄方战争。霸图各未立，割据资豪英。赤伏起颓运，卧龙得孔明。当其南阳时，陇亩躬自耕。鱼水三顾合，风云四海生。武侯立岷蜀，壮志吞咸京。何人先见许，但有崔州平。余亦草间人，颇怀拯物情。晚途值子玉，华发同衰荣。托意在经济，结交为弟兄。毋令管与鲍，千载独知名。"

鱼水：语出《三国志·蜀书·诸葛亮传》：刘备恳请诸葛亮出山辅佐后，君臣之间情好日密，言听计从。为此，关羽、张飞心中不悦。刘备进行解释说："孤之有孔明，犹鱼之有水也，愿诸君勿复言。"

三顾和：建安十二年（207）冬，汉室后裔刘备为匡扶汉室，曾屈尊三顾茅庐恳请诸葛亮指点迷津，诸葛亮为其制定了兴复汉室的《隆重对策》，刘备如梦初醒，恳请诸葛亮出山辅佐成就霸业。从此以后，君臣关系和谐相处，关系亲密。所以，诸葛亮在前《出师表》之中说："先帝不以臣卑鄙，猥自枉屈，三顾臣于草庐之中，咨臣以当世之事，由是感激，遂许先帝以驱驰，后值倾覆，受任于败军之际，奉命于危难之间，尔来二十有一年矣。"

风云：语出东汉献帝时期文学家荀悦（148—209）的《汉纪·高祖纪赞》："高祖起于布衣之中，奋剑而取天下，不由唐虞之禅，不阶汤武之王，龙行虎变，率从风云，征乱伐暴，廓清帝宇。"形容政治军事战争活动。例如：

东晋文学家袁宏（328—376）的《后汉纪·桓帝纪上》有"高祖之兴，草创大伦。解赭衣而为将相，舍介胄而居庙堂，皆风云豪杰，屈起壮夫"之说。

此指诸葛亮为报三顾之恩尽托孤之忠竭尽全力辅佐蜀汉帝业的南征平叛及五次北伐曹魏军事活动。

四海：五湖四海，泛指天下。

生：产生影响。

【释】汉室后裔刘备为匡扶汉室曾屈尊三顾茅庐恳请诸葛亮指点迷津出山辅佐君臣如鱼水关系和睦相处；

诸葛亮为报三顾之恩尽托孤之忠全力辅佐蜀汉帝业南征平叛北伐曹魏政治军事活动天下产生影响。

耿性持节，名震初元永光朝野；

苦心育孤，功及蜀汉孙吴河山。

李遵刚撰联，丁谦书于"本源堂"。

丁谦，字浩文，斋号万籁草堂，1958 年出生于河南省周口市，为解放军总后勤部某部政委，大校军衔。是中国书法家协会理事、硬笔书法协会副主席、中国文化艺术界慈善志愿者主席团主席。书法作品先后十多次荣获国际、国内大赛一等奖、金奖。

【注】耿性：比喻性格刚正不阿。持节：语出《史记·张释之冯唐列传》："是日，令冯唐持节赦魏尚，复以为云中守。"节，旄节，也叫符节，古代使臣奉命出行，必持朝廷以竹竿上缀旄牛尾的特制符节为凭证信物。例如：唐朝诗人韩愈的《送殷员外序》有"丞相其选宗室四品一人，持节往赐君长，告之朕意"之说。明朝诗人张煌言（1620—1664）的《曹云霖中丞从龙诗集序》亦有"予亦奉命持节护张侯军"之句。此指诸葛亮的先祖诸葛丰忠君爱国，刚正不阿。

据《汉书·诸葛丰传》记载：诸葛丰，字少季，琅琊郡诸县人。自幼聪慧，性格刚直，读经阅史很有名气，所以提拔为侍御史，代表皇帝管理国家重要图册、典籍，起草诏命文书。

汉元帝初元五年（公元前 44），朝廷授诸葛丰为司隶校尉，专职监督京师百官以及皇族不法行为，他秉公执法，"刺举无所避"，检举揭发违法乱纪官员从来不留情面，汉元帝为了"嘉其节"，特赐符节代表朝廷行事职权。可是，诸葛丰性情刚正不阿，对贪官污吏恨之入骨，因此得罪不少达官显贵。后因弹劾权臣侍中许章奢侈淫逸不守法度，门下宾客都与许章勾连，打算就地拘捕。可皇帝不许诸葛丰抓捕许章，反而下令收回符节。从此以后，中国历史上司隶校尉去掉符节特权就是从诸葛丰开始的。

名震初元永光朝野：是说诸葛丰在西汉元帝刘奭（shì）初元（公元前 48—公元前 44）、永光（公元前 43—公元前 39）年间为官的时候名气在朝廷与民间很大。朝野：朝廷与民间。

苦心育孤：诸葛亮三岁丧母，七岁丧父。所以，《三国志·蜀书·诸葛亮传》记载说："父珪，字君贡，汉末为太山郡丞。亮早孤，从父玄为袁术所署豫章太守，玄将亮及亮弟均之官。"当年，诸葛珪与叔父诸葛玄两人千辛万苦抚育幼孤的诸葛瑾与诸葛亮以及两个姐姐和弟弟诸葛均。

功及蜀汉孙吴河山：此指诸葛亮辅佐蜀汉帝业，诸葛瑾辅佐东吴孙权建功立业，这其中就有诸葛珪和诸葛玄的抚育教诲之功劳。

【释】诸葛亮的先祖诸葛丰性情刚正不阿西汉元帝赐给他符节执法，初元与永光年间为官时期他的名气在朝廷和民间是很大的；

诸葛珪与诸葛玄千辛万苦抚育幼孤的诸葛亮兄弟，后来诸葛亮辅佐蜀汉诸葛瑾辅佐东吴这其中就有他们的抚育教诲之功。

丹心辉北斗；
正气贯长虹。

陈光宗题书于“本源堂”。

陈光宗，1932年出生于广东省电白县，1949年毕业于广东省立艺专美术本科，曾任职电白县文联主席、县文化馆馆长。为中国书法家协会会员、顾问、广东书法家协会名誉理事、茂名市书画院名誉院长，著有《中学美术教材》《光宗诗存》。

【注】丹心：语出三国时期魏国“竹林七贤”之一阮籍（210—263）的《咏怀》诗歌：“丹心失恩泽，重德丧所宜。”赤诚的报国之心。例如：北宋文学家苏轼《过岭寄子由》有“一片丹心天日下，数行清泪岭云南”之句。南宋诗人陆游的《金错刀行》有“千年史策耻无名，一片丹心报天子”。再如：雍正十三年（1735）三月，康熙皇帝十七子果亲王、爱新觉罗·允礼给今天汉中勉县武侯祠题书的《谒沔县诸葛武侯祠》诗歌亦有“丹心一片安炎鼎，豪气千秋壮蜀疆。庙貌嵯峨沔水侧，入门瞻拜肃冠裳”之句。此指诸葛亮先祖诸葛丰的忠君爱国之心。

辉北斗：光辉照耀如北斗星。北斗：又称“北斗星”。北方天空排列成斗形的七颗亮星。七颗星的名称是天枢、天璇、天玑、天权、玉衡、开阳、摇光，排列如斗杓，前四颗星叫“斗魁”，又名“璇玑”；后三颗星叫“斗杓”“斗柄”，故称“北斗”。

正气贯长虹：语出《礼记·聘义》：“气如白虹，天也。”形容正义的精神气概极其崇高。例如：陈毅（1901—1972）《纪念李大钊同志殉难三十周年》诗有“斗争结盟友，殉难慷慨同。人民柴市节，浩气贯长虹”之说。

【释】诸葛丰的忠君爱国之心光辉照耀如北斗星；
诸葛丰正义的精神气势直上高空彩虹之间。

大事岂能一清静；
古贤终是异和同。

云平题书于“本源堂”。

云平，1958年出生于河南省开封市，为中国书法家协会楷书委员会委员、河南省书法家协会副主席、国家一级美术师。代表作品有《云平书法选》。

【注】大事岂能一清静：在大事情面前怎么能够顾得上一时的清静。岂能：怎么能够的意思。清净：此指清闲无事，内心平静。

古贤终是异和同：古代德才兼备的人始终有不同和相同的特点与优势。

古贤：语出《后汉书·方术传上·谢夷吾》："方之古贤，实有伦序。"此指古代德才兼备的贤达之人。例如：三国时期魏国文学家曹植（192—232）的《上责躬应诏诗表》有"以罪弃生，则违古贤夕改之劝"。清代文学家方苞（1668—1749）的《书考定文王世子后》亦有："先圣之经，古贤之记。"异：不同的。同：相同的。

【释】在大事情面前怎么能够顾得上一时的清闲无事与平静；
古代德才兼备的人始终具有不同的和相同的特点优势。

诸葛大名垂宇宙；
宗臣遗像肃清高。

1964 年，沈尹默题书。生平事迹见前。

【注】此楹联是沈尹默先生 1964 年根据唐代诗人杜甫的《咏怀古迹》诗歌之句题书于成都武侯祠，这里属于复制品。

垂：流传的意思。

宇宙：天地之间。

宗臣：世所景仰的名臣。

遗像：此指诸葛亮的塑像。

肃清高：此指诸葛亮的塑像高大雄伟肃穆庄重。亦指诸葛亮的品德高尚。

【释】诸葛亮大名永远流传在天地之间；
世所景仰的诸葛亮塑像肃穆清高。

三顾频烦天下计；
一番晤对古今情。

1965 年 1 月，红安董必武题书。生平事迹见前。

【注】此楹联是董必武 1965 年 1 月题书于成都武侯祠，这里属于复制品。

三顾频烦天下计：语出唐代诗人杜甫《蜀相》诗歌："三顾频烦天下计，两朝开济老臣心。出师未捷身先死，长使英雄泪满襟。"

一番晤对古今情：此指建安十二年（207）冬，汉室后裔刘备为匡扶汉室，曾屈尊三顾茅庐，恳请诸葛亮指点迷津并且出山辅佐。诸葛亮与刘备的一番交谈，形成了名垂青史的《隆中对策》，君臣之间从此结下了深厚的友谊，成了古今美谈。晤对：会面对话。

【释】汉室后裔刘备频繁三顾茅庐恳请诸葛亮指点迷津确立了匡扶汉室大计；
刘备与诸葛亮一番会面对话从此结下了深厚友谊成为古今流传的美谈。

志见出师表；
好为梁父吟。

1964 年岁首，郭沫若题书。生平事迹见前。

【注】此楹联是全国人大常委会副委员长郭沫若 1964 年在成都武侯祠视察时题书于过厅，至今仍在。所以，这里属于复制品。

志见出师表：诸葛亮全力辅佐蜀汉帝业的志向可以在他的前、后《出师表》中见到。

好为梁父吟：语出《三国志·蜀书·诸葛亮传》："亮躬耕陇亩，好为《梁父吟》。"诸葛亮在隆中隐居时期经常吟诵家乡的汉乐府《梁甫吟》诗歌以寄托情怀。《梁父吟》：亦称《梁甫吟》，流传于齐鲁地区的汉乐府丧葬歌曲名。

据《晏子春秋》记载，春秋时期，齐国相国晏婴巧妙地利用"二桃杀三士"计谋，除掉了公孙接、田开疆、古冶子三名居功自傲又力大无比而严重危及国家安全的武士。西晋文学家陆机（261—303）的《拟古诗·拟今日良宴会》有"齐僮《梁甫吟》，秦娥《张女》弹"之说。北宋文学家王安石的《次韵酬昌叔羁旅之作》亦有"客主竟何事？萧条《梁父吟》"之句。

【释】诸葛亮全力辅佐蜀汉帝业志向可以在他的前后《出师表》中见到；
诸葛亮隐居时期经常吟诵家乡汉乐府《梁甫吟》诗歌以寄托情怀。

教子三书，淡泊明志，宁静致远，自古云礽遵祖训；
酬君一对，竭虑殚精，鞠躬尽瘁，至今朝野颂良臣。

李遵刚撰联，王士新书于"全人堂"。

王士新，1963 年出生于山东省沂南县，本科学历，就职于沂南县纪委。是山东省书法家协会会员、临沂市书法家协会理事、沂南县书法家协会主席。

【注】全人堂：语出乾隆皇帝下江南时在今临沂市"五贤祠"题诗："孝能竭力王祥览，忠以捐躯颜杲真。所遇由来殊出处，端推诸葛是全人。"正因为如此，在沂南县诸葛宗祠中修建有"全人堂"，以示纪念诸葛亮。

教子三书：此指诸葛亮教育子女所写的《诫子书》《又诫子书》和《诫外甥书》三篇文章。

淡泊明志，宁静致远：语出诸葛亮的《诫子书》："非淡泊无以明志，非宁静无以致远。"

云礽：语出《尔雅·释亲》："子之子为孙，孙之子为曾孙，曾孙之子为玄孙，玄孙之子为来孙，来孙之子为昆（kūn）孙，昆孙之子为礽孙，礽孙之子为云孙。”此指遥远的孙辈。例如：明朝文学家李东阳（1447—1556）的《赠阙里孔以昌》诗歌有：“已向云仍占圣泽，还从伯仲识风标。”清代诗人龚自珍（1792—1841）的《己亥杂诗》之五九亦有：“端门受命有云礽，一脉微言我敬承。”现代著名学者刘逸生（1917—2001）注曰：“云礽，遥远的孙辈。”

遵祖训：遵循祖辈训诫。

酬君一对：诸葛亮为酬谢刘备屈尊三顾茅庐而制定了《隆中对》。

竭虑殚精：语出唐代诗人白居易（772—846）的《策林一·策头》：“殚思极虑，以尽微臣献言之道乎。”殚：竭尽。虑：思虑，形容用尽心思、不遗余力。例如：明代文学家胡应麟（1551—1602）的《诗薮》有“其用总之工，传情之文宛，有唐人竭虑殚精不能追步者”。再如，《清史稿·儒林传三·陈奂传》亦有“奂尝言大毛公诂训传言简意赅，遂殚精竭虑，专攻毛传”之说。

鞠躬尽瘁：语出诸葛亮后《出师表》：“鞠躬尽瘁，死而后已。”鞠躬：谦恭地弯着身子。尽瘁：语出《诗·小雅·北山》：“或燕燕居息，或尽瘁事国。”毛传注曰：“尽力劳病，以从国事。”竭尽心力，不辞劳苦。此指小心谨慎，竭尽全力，不辞劳苦贡献出全部精力。

至今朝野颂良臣：时至今日举国上下都在歌颂诸葛亮这个贤良的忠臣。朝野：语出《后汉书·杜乔传》：“由是海内叹息，朝野瞻望焉。”朝廷与民间，寓意举国上下。例如：唐代诗人韩愈的《为宰相贺雪表》有：“见天人之相应，知朝野之同欢。”

【释】诸葛亮《诫子书》《又诫子书》《诫外甥书》三篇文章，要求子女淡泊名利明确志向，在安静环境中才能树立远大抱负，自古以来遥远后辈子孙们始终遵循祖辈教诲训诫；

诸葛亮为酬谢刘备屈尊三顾茅庐为其制定了《隆中对策》，从此后辅佐蜀汉帝业用尽心思不辞劳苦，小心谨慎贡献全部精力，时至今日举国上下都在歌颂诸葛亮贤良忠臣。

鞠躬尽瘁，语导之，身行之，文述之，贤相英名传万代；
竭虑殚精，民依之，国重之，官齐之，神州俎豆续千年。

王文华撰联，魏廷端书于“全人堂”。

王文华，1941年出生于河北省围场满族蒙古族自治县，曾任中共宁夏回族自治区纪律检查委员会纪检监察专员、高级政工师，是中华诗词学会会员、中国楹联学会会员、宁夏诗词学会副会长、银川市楹联学会副会长。

魏廷端，1946年出生于山东省沂南县，是山东省书法家协会会员。

【注】鞠躬尽瘁，语导之，身行之，文述之，贤相英名传万代：诸葛亮

在后《出师表》中提出要“鞠躬尽瘁，死而后已”，竭尽全力去北伐曹魏，兴复汉室，他用此语言指导自己，亲身实践，文字记述，忠诚贤良的丞相美名流传千秋万代。

竭虑殚精，民依之，国重之，官齐之，神州俎豆续千年：诸葛亮辅佐先主刘备与后主刘禅用尽了心思不遗余力，益州老百姓依靠他，蜀汉国家重视他，官员都向他看齐，中华大地祭祀他的礼器已经延续了数千年。

神州：语出《史记·孟子荀卿列传》：“中国名曰赤县神州。”泛指华夏大地为神州大地。例如：南朝宋文学家刘义庆（403—444）的《世说新语·言语》有“当共戮力王室，克复神州”之说。再如：金代学者刘昂霄（1186—1223）的《题裕之家山图》诗有“万里神州劫火余，九原夷甫有余辜”之句。毛泽东主席的《送瘟神》亦有“春风杨柳万千条，六亿神州尽舜尧”之说。

俎（zǔ）豆：语出《论语·卫灵公》：“俎豆之事，则尝闻之矣。”俎和豆，是古代祭祀时盛供品的两种礼器，后来常以俎豆表示祭祀活动。例如：唐代文学家柳宗元（773—819）的《游黄溪记》有“以为有道，死乃俎豆之，为立祠”之说。清乾隆进士阮葵生（1727—1789）的《茶馀客话·张英死后之荣》亦有“又赐文端祠联云：风度犹存，典礼焕千秋俎豆；师模如在，忠忱垂奕叶箕裘”之句。

【释】诸葛亮提出要鞠躬尽瘁死而后已北伐曹魏，用语言指导自己，亲身实践，文字记述，忠诚贤良的蜀汉丞相美名流传千秋万代；

诸葛亮辅佐先主与后主用尽心思不遗余力，百姓依靠他，国家重视他，官员向他看齐，中华大地祭祀他的礼器延续了数千年。

襄阳逸思书天马；
诸葛余才创木牛。

甲申（1944）十月，张大千题书。

张大千（1899—1983），名正权、名权，字大千，四川省内江市人。20世纪50年代，游历世界获得巨大的国际声誉，被西方艺坛赞为“东方之笔”“临摹天下名画最多的画家”，与齐白石、徐悲鸿、黄君璧、黄宾虹、溥儒、郎静山及西班牙抽象派画家毕加索齐名。

【注】襄阳：此指湖北省的襄阳隆中。当年，诸葛亮曾经在这里隐居躬耕。

逸思：语出南朝梁文学家沈约（441—513）的《棋品·序》：“是以汉魏名贤，高品间出。晋宋盛士，逸思争流。”此指超凡脱俗的思想境界。例如：唐代诗人王勃（650—676）的《游庙山赋》有“驱逸思于方外，蹋高情于天下”之说。

书天马：寓意诸葛亮给刘备规划制定的《隆中对策》如天马一样的神奇。天马：语出《史记·大宛列传》：“初天子发书《易》云：神马当从西北来，得乌孙马好，名曰天马。及得大宛汗血马，益壮，更名乌孙马曰西极，名大宛马曰天马。”骏马美称。如：三国时期魏国诗人阮籍（210—263）的《咏怀》之五有“天马出西北，由来从东道”之句。

诸葛余才创木牛：诸葛亮根据自己的才华在汉中勉县定军山下创造性设计制作了往北伐曹魏前线运送粮草的木牛和流马。

据《三国志·蜀书·诸葛亮传》记载：“亮性长于巧思，损益连弩，木牛流马，皆出其意。推演兵法，作八陈图，咸得其要云。”

建兴九年（231），“亮复出祁山，以木牛运，粮尽退军”。

余：古文中我的意思，泛指自己。才：才能、才华。

木牛：从诸葛亮《制木牛流马法》记载来看，木牛是用若干块木板靠榫卯关系组合成为一个外形完整的木头牛，四足有轮子，完全是从动关系，即靠人推、拉前行。一个木牛一次可以运输一个人吃一年的粮食（约600—640斤），装在牛腹中（参考2013年7月，中国文史出版社出版发行郭清华编著的《三国风云定军山》专著第168—172页“木牛流马之谜”；2015年8月，中国文化出版社出版的《全国第二十一届诸葛亮学术研讨会论文集》第58—65页郭清华的“关于研究复制诸葛亮木牛流马的几个必备特点和要素”文章）。

【释】诸葛亮在襄阳隐居时就有超凡脱俗思想，他给刘备制定的《隆中对》如天马一样神奇；

诸葛亮根据自己的才华创造性地设计制作了往北伐曹魏前线运送粮草的运输工具木牛。

一门三方为冠盖，敌友也，兄弟也；
千秋百姓颂英贤，心香之，俎豆之。

李遵刚撰联，许文正书于“冠盖堂”。

许文正，1939年出生于沂南县，字仁真，山东省书法协会会员。

【注】一门三方为冠盖：语出《三国志·吴书·诸葛瑾传》：“瑾为大将军，而弟亮为蜀丞相，二子恪、融皆典戎马，督领将帅。族弟诞又显名于魏，一门三方为冠盖，天下荣之。”此指诸葛家族的人分别在三个国家为官，显赫一时。冠：礼帽。盖：车盖。泛指官员的冠服和车乘。例如：《后汉书·酷吏传·阳球》有：“阳球，字方正，渔阳泉州人也，家世大姓冠盖。”再如：东汉史学家班固（32—92）的《西都赋》有“冠盖如云，七相五公”。唐代诗人杜甫《梦李白》诗有“冠盖满京华，斯人独憔悴”之句。

敌友也，兄弟也：既是兄弟关系，又是敌友关系。

一门：此指一个家族。

三方：三个国家。

千秋百姓颂英贤，心香之，俎豆之：千百年来老百姓都一直在歌颂诸葛家族中英雄贤达，十分真诚的心意怀念他们，虔诚地用俎豆祭奠他们。心香：语出南宋文学家王十朋（1112—1172）的《行可生日》诗："祝公寿共诗书久，一瓣心香已敬焚。"比喻十分真诚的心意。

【释】诸葛家族中诸葛瑾与两个儿子事吴国诸葛亮在蜀汉为官族弟诸葛诞在魏国为官，他们既是敌友关系，又是兄弟关系；

千百年来老百姓都一直在歌颂诸葛家族中的英雄豪杰与贤达，十分真诚的心意怀念他们，虔诚地用俎豆在祭奠他们。

得山水清气；
极天地大观。

周杰峰题书于"冠盖堂"。

周杰峰，字相如，号揽月楼主，1945年出生于四川省南充市，就职于南充市文化馆，副研究馆员。历任中国书法家协会会员、四川省书法家协会理事、南充市书法家协会主席、四川省硬笔书协副主席、南充市书协终身名誉主席，南充市政协书画院副院长。

【注】此楹联最早是清代著名画家吴青题于安徽无锡惠山至德祠的楹联。

吴青：生卒年不详，字史臣，又字子勋，广东省潮州人，终身以画为业，善写水墨鱼虾，笔精细而劲健，其画深受群众喜爱。

得山水清气：获得山水之间的清新空气。

极天地大观：尽赏天地之间的美丽景观。

【释】获得山水之间的清新空气；

尽赏天地之间的美丽景观。

江声不尽英雄泪；
天意无私草木秋。

郭玉海题书于"冠盖堂"。

郭玉海，字古愚，号新栖居士、天中散人，1963年出生于安徽省太和县，毕业于中国书画函授大学书法专业，就职于太和县工商银行。是中国书法家协会会员，太和墨海八仙之一。

【注】江声不尽英雄泪，天意无私草木秋：语出南宋诗人陆游（1125—

1210）的《黄州》诗歌："局促常悲类楚囚，迁流还叹学齐优。江声不尽英雄恨，天意无私草木秋。"

黄州：即今湖北省黄冈市黄州区。北宋神宗赵顼元丰二年（1079）七月，著名文学家苏轼（1037—1101）曾经被奸臣诬陷而降职为黄州团练副使（相当于自卫队副队长），到任后由于心情郁闷，曾多次到黄州城外的古战场赤壁山游览，写下了《赤壁赋》《后赤壁赋》和《念奴娇·赤壁怀古》等千古名作，以此来寄托他谪居时的思想感情。

南宋孝宗乾道六年（1170），陆游前往黄州游览观光看到了苏轼当年的著名作品，遂触景生情写下了《黄州》诗歌："局促常悲类楚囚，迁流还叹学齐优。江声不尽英雄恨，天意无私草木秋。万里羁愁添白发，一帆寒日过黄州。君看赤壁终陈迹，生子何须似仲谋。"以此诗歌来表达时光流逝，自己报国无门的感慨，可谓是英雄惜英雄。

后来，陆游的这首诗被刻书于赤壁，与苏轼的《赤壁赋》《后赤壁赋》和《念奴娇·赤壁怀古》形成了完整的对应，成为流传千古的名篇之作。

作者将"江声不尽英雄恨，天意无私草木秋"作为楹联题书于诸葛宗祠的"冠盖堂"，寓意诸葛诞尽管忠于曹魏，但还是被司马氏剿杀，虽然滔滔江水诉说不尽英雄的遗恨，可是天意如此只能够留下千秋草木。

诸葛诞（？—258），字公休，琅琊阳都（今山东省沂南县）人，西汉司隶校尉诸葛丰之后，蜀汉丞相诸葛亮的族弟。在魏国先后出任吏部郎、御史中丞、尚书、昭武将军、征东大将军、司空、封山阳亭侯。后来，由于他与被诛的夏侯玄、邓飏交厚，且见到王凌、毋丘俭等人的覆灭而心不自安，于甘露二年（257）起兵，并得到东吴的支援，但最终于次年被曹魏镇压，诸葛诞被大将军胡奋所斩，夷三族。诸葛诞麾下数百人，全部拒绝投降而被杀。

【释】滔滔江水诉说不尽英雄的遗恨；

天意如此只能够留下千秋草木。

诸泽流长，宋韵唐音龙族地；
葛藤茂盛，文韬武略汉家风。

廖文焕撰联，朱士明书于"翠华堂"。

廖文焕，广西壮族自治区河池市罗城仫佬族自治县妇幼保健院退休干部。

朱士明，山东省沂南县人，中国书法家学会会员、中国美术家协会会员。

【注】诸泽流长：诸葛先祖的恩泽源远流长。泽：语出《庄子·大宗师》："泽及万世而不为仁。"恩泽、恩惠的意思。

宋韵唐音：亦称唐音宋韵。意思是说，唐诗宋词中有不少歌颂诸葛亮的诗歌。

龙族地：此指阳都故城是诸葛亮这个卧龙家族的地方。

葛藤茂盛：意思是说，诸葛亮的远祖葛婴一支藤脉生息繁衍后代繁盛。

据保存在兰溪市诸葛八卦村大公堂经过历史上十六次续修的《诸葛氏宗谱·序》记载说："诸葛氏为汉诸县侯葛婴之后，而光大于三国两晋之际。"

《诸葛氏宗谱·序》还说："诸葛氏，山东老世家也。姓氏之源，自葛氏始……至秦汉间，有葛婴者，为陈涉将，有功被诛。汉文帝追封其为诸县侯，因以为氏。"由此而知，诸葛亮远祖追根求源，应该是葛婴为已知的远祖。

据《史记·陈涉世家》记载：葛婴（？—公元前209），符离（今安徽省宿州市埇桥区符离镇）人，秦末农民起义军领袖之一陈胜（陈涉）的首席名将。秦二世元年（前209年）七月，陈胜、吴广在蕲县大泽乡（今安徽省宿州市西寺坡乡）起义，葛婴曾在攻取陈县（今河南省淮阳县）、蕲县（今安徽省宿州市）二县中立下汗马功劳。陈胜是楚人，所以他在陈县为了张扬大楚国而建立了"张楚"国，成为中国历史上第一个农民革命政权。

陈胜打"张楚"旗号立国的目的虽是要推翻秦王朝，解救天下的穷苦百姓，这是体现他"鸿鹄之志"和"王侯将相宁有种乎"思想的身体力行，更是他统一号令起义军的战略考虑，并不以恢复楚国故土为目的。

由于葛婴功劳卓著，陈胜称王立国后便册封他为征南将军，当时被派遣去南征九江（治今安徽省寿县），并不知道陈胜已经称王，所以，他遇见了楚国后裔襄强后，为了求得正统，便私自拥立襄强为楚王。随后，传来了陈胜在陈县称王的消息，葛婴因一臣不能事二主，便毫不犹豫地杀掉了襄强，同时立即返回陈县拜见陈胜，报告了这件事情，但是，陈胜还是因此怀恨在心，找了个借口将葛婴斩杀。

据《三国志·吴书·诸葛瑾传》裴松之注引的应劭《风俗通义》说："葛婴为陈涉将军，有功而诛，孝文帝追封其孙诸县侯。"

这就是说，西汉文帝刘恒时，为追葛婴反抗暴秦的功劳，赐封葛婴孙子为诸县（今山东省诸城县西南）侯，并世居于此。

《三国志·吴书·诸葛瑾传》裴松之注引韦昭《吴书》还记载说："起先葛氏，本琅琊诸县人，后徙阳都。阳都先有葛姓者，时人谓之诸葛，因以为氏。"葛婴孙子到底是谁，我们不知道。但是，我们起码知道了后来的葛氏为感念文帝功德，遂将"葛"姓与诸县地名合并改称为"诸葛"复姓。

据2015年公布的全国第六次人口普查而知，"诸葛"姓氏3.7万人，在复姓中排名第6位，而这些诸葛姓氏的远祖是来源于葛婴。

文韬武略汉家风：此指诸葛家族后裔个个能文能武，都有维护汉室江山的风范。

【释】诸葛先祖的恩泽源远流长，唐诗宋词中有不少歌颂诸葛亮的诗词歌赋颂扬阳都是卧龙家族聚居地；

诸葛亮远祖葛婴一支藤脉生息繁衍后代旺盛，诸葛家族后裔个个能文能武都有维护汉室江山风范。

养浩然正气；
法古今完人。

李遵刚集黄庭坚字为“翠华堂”楹联。

黄庭坚（1045—1105），字鲁直，号山谷道人，洪州分宁（今江西省九江市修水县）人，治平四年（1067）进士，历任汝州叶县县尉、国子监教授、著作左郎、国史编修官、员外郎、宜州管制，是北宋著名文学家，曾经游学于苏轼门下，与苏轼齐名，世称“苏、黄”。

【注】1923年1月，蒋介石请孙中山挥毫题书楹联，孙中山当即就题书了“养天地正气，法古今完人”。这副楹联，至今还悬挂在台湾台北的“中正纪念堂”。

养浩然正气：语出《孟子·梁惠王上》：“吾善养吾浩然之气，况浩然者天地之正气也。”

养：培养、修养的意思。此指正大刚直之气。例如：明代文学家汤显祖（1550—1616）的《牡丹亭·言怀》有“贫薄把人灰，且养就这浩然之气”。

浩然：语出《淮南子·要略》：“诚通其志，浩然可以大观矣。”正大、豪迈的意思。如：东晋大司马陶渊明（352—427）的《扇上画赞》有“至於於陵，养气浩然”之句。

正气：语出《楚辞·远游》：“内惟省以端操兮，求正气之所由。”豪迈气概与刚正气节。例如：东晋文学家孙绰（314—371）的《太傅褚褒碑》有“公资清刚之正气，挺纯粹之茂质”之句。再如：毛泽东主席《关于正确处理人民内部矛盾的问题》有：“总结经验，发扬正气，打击歪风。”

法：学习、效法。法古今完人：要学习效法古代与今天思想道德品行完美无缺的人。

完人：语出金代末年太学生刘祁（1203—1250）的《归潜志》卷十三：“士之立身如素丝，慎不可使点污，少有点污则不得为完人矣。”此指德行完美没有瑕疵的人。例如：乾隆皇帝在临沂《五贤祠》题诗碑刻之中有“端推诸葛是全人”之句。

【释】要培养正大刚直豪迈坚贞情操和维护正义的气节；

学习效法古代与今天思想行为没有缺陷瑕疵的人。

开张天岸马；
奇异人中龙。

牛忠理书于“翠华堂”。

牛忠理，字允之，1946年出生于河南省偃师市，中国书法家协会会员、偃师市书法家协会副主席，其余不详。

【注】开张天岸马，奇异人中龙：语出北宋道家学者陈抟老祖手书对联：“开张天岸马，奇逸人中龙。”此楹联书法取《石门铭》，被刻在洛阳的龙门石窟上，据说原作被国学大师南怀瑾（1918—2012）先生所收藏。

开张：形容词，雄伟开阔。

天岸马：《说文解字》说：“岸，水厓而高者。天岸，天之厓。天岸马，一跃而至天厓之马，天下良马之最佳者。古人说，马八尺为龙，良马乃龙也。故此句为隐语，赞美伊阙风光，如飞龙在天。”

奇异：变幻莫测之貌。

人中龙：人中之俊杰。例如：北宋文学家石延年（994—1041）写诗赞美陈抟说：“希夷先生人中龙，天岸梦逐东王公。酣睡忽醒骨灵通，腕指忽忽来天风。鸾舞广漠凤翔空，俯视羲献皆庸工。投笔再拜称伎穷，太华少华白云封。”陈抟（871—989），五代宋初道士，字图南，号扶摇子，亳州真源（今河南省鹿邑县）人，潜心修道，隐居不仕，北宋太宗赵光义雍熙元年（984）赐号“希夷先生”。著有《无极图》《先天图》《指玄篇》《三峰寓言》《高阳集》《钓潭集》等。

此处的“人中龙”，比喻诸葛亮是奇特少有的人中奇才。

【释】良马在开阔之地一跃而上天涯；
诸葛亮是奇特少有的人中奇才。

古经道德五千字；
丞相成都八百桑。

李遵刚集《华山碑》字题“翠华堂”楹联，书者不详。

【注】《华山碑》：全称《西岳华山庙碑》，东汉桓帝刘志延熹四年（161）四月，刻立于今陕西省华阴市西岳庙中，隶书，22行，行38字。额篆书“西岳华山庙碑”六字，末行有“郭香查书”字样。《华山碑》是汉碑隶书成熟时期代表作之一，历来为书家所推重。

古经道德五千字：此指春秋时期老子的五千字《道德经》。

老子（公元前571—公元前471），字伯阳，谥号聃，又称李耳，曾为周王室守藏室之官（管理藏书的官员），是中国伟大哲学思想家之一，道家理论学说的创始人，被道教尊为教祖，属于世界文化名人。

老子的思想养生主张是“清静无为”，他以“道”解释宇宙万物的演变，“道”为客观存在，是宇宙能量现象。老子著有五千言的《老子》一书，称《道德经》或《道德真经》，是道家学派经典著作。他的学说后来被战国中期宋国哲学家庄周（公元前369—公元前286）所发展，因此，后世并称为“老庄思想”或“老庄学派”。

《道德经》全书八十一章，分为上、下两册，共五千字左右，前三十七章为上篇《道经》，第三十八章以下属下篇《德经》，全书的思想结构是道是德的体，德是道的用。《道德经》与西周时期的《易经》和孔子的《论语》被认为是对中华民族思想影响最深远的三部巨著。

丞相成都八百桑：语出诸葛亮《自表皇帝书》：“成都有桑八百株，薄田十五顷，子弟衣食，自有余饶。至于臣在外任，无别调度，随身衣食悉仰于官，不别治生以长尺寸。若臣死之日，不使内有余帛，外有赢财，以负陛下。及卒，如其所言。”

【释】古代经文最著名的是老子五千字《道德经》；
蜀汉丞相诸葛亮在成都仅有八百株桑树家产。

出师两表惊天文字，人人涕泪；
武侯一脉大好儿孙，代代忠贞。

李遵刚撰联，赵学波书于“翠华堂”。

赵学波，1969年出生于山东省沂南县，是山东省书法家协会会员、沂南县书画院院长。

【注】出师两表惊天文字，人人涕泪：诸葛亮的前、后《出师表》文字精练，思想内容惊天动地，每个人看了以后都会感动得流泪。

武侯一脉大好儿孙，代代忠贞：诸葛亮家族一脉都是中华民族的大好儿孙，他们在各个时代都对国家十分忠诚坚贞。

武侯：据《三国志·蜀书·诸葛亮传》记载说，诸葛亮生前被后主刘禅封为“武乡侯”，死后被追封为“忠武侯”，因此，武侯即代表诸葛亮的尊称。

忠贞：忠诚坚贞，一心不二。

忠武：语出《逸周书·谥法解》：“危身奉上曰忠，险不辞难，克定祸乱曰武。”在中国历史上众多的谥号中，“忠武”被视为所有谥号的最高荣誉。因此，以“忠”字开头，后跟文、武、定、烈、简、肃、毅、敬等字。由此可见，诸葛亮的“忠武侯”谥号至高无上。

侯：语出《礼记·王制》："王者之制禄爵，公、侯、伯、子、男，凡五等。"古代帝王给有功之臣封赏的爵位名称。

东汉后期，因功分设县侯、乡侯、亭侯，诸葛亮为武乡县侯。

【释】诸葛亮前后《出师表》文字精练思想内容惊天动地，每个人看后都会感动流泪；

诸葛亮家族一脉都是中华民族大好儿孙，他们在各个时代都对国家十分的忠贞。

3. 山东省临沂市五贤祠

在山东省临沂市图书馆旁边。历史上曾经有一座古迹，始建于明朝嘉靖初年，沂州佥事李士元在沂州府所在地临沂城修建了一座诸葛亮与西晋王祥合祀的祠堂叫"忠孝祠"。

嘉靖三十年（1551），沂州知州何格在此新建了"景贤祠"，专门祭祀临沂籍的五位先贤名人，他们是：三国蜀汉丞相诸葛亮，西晋初年的太尉、二十四孝之一"卧冰求鲤"的王祥，西晋初年光禄大夫、王祥的弟弟王览，唐朝常山郡（治所在今河北省正定县）太守颜杲卿与其堂弟平原郡（治所在今山东省陵县）太守、著名书法家颜真卿，五位先贤造像排列顺序是：诸葛亮正中，东侧为"二王"，西侧为"二颜"。五位先贤名人之中的诸葛亮人人皆知，其他四人，就未必了解。

王祥（184—268），字休徵，琅琊郡临沂（今临沂市西孝友村）人，三国曹魏及西晋时期大臣。在曹魏先后任县令、大司农、司空、太尉等职，封爵睢陵侯。西晋建立后，拜太保，进封睢陵公，谥号"元"，有《训子孙遗令》一文传世。王祥性情非常孝顺，生母薛氏早逝，继母朱氏对他十分苛刻，可他侍奉后母极孝。某年冬天，河面结冰，继母想吃活鱼，王祥二话不说，卧冰下河抓鱼，满足了继母的需求。其孝心令乡人惊奇感叹，我国二十四孝之一"卧冰求鲤"的故事就发生在他的身上，为此，唐太宗李世民时期"梁国公"

房玄龄（579—648）在编修《晋书》时评价王祥时说："孝为德本，王祥所以当仁"。所以，历史上有"孝圣"之称。

王览（206—278），字玄通，王祥的弟弟，"书圣"王羲之曾祖，举孝廉任司徒西曹掾。曹魏时期，任清河太守，册封即丘县子。西晋泰始年间，历任弘训少府、太中大夫、宗正卿。

王览与兄长感情要好，继母朱氏憎恨王祥，经常虐待他，在丈夫面前中伤，王览始终站在王祥一边，劝继母不要恶意针对哥哥，当知道继母朱氏有意毒杀王祥时，王览不顾可能误服毒药危险抢毒酒和先行试菜，正因为如此，成为"二十四悌"之一"王览争鸩"典故主人公。

颜杲卿（692—756），字昕，京兆万年（今陕西西安市）人，祖籍琅琊临沂（今山东省临沂市）。唐朝著名史学家颜师古（581—645）五世从孙、濠州刺史颜元孙（？—732）之子。

颜杲卿初任范阳（今河北省涿州市）户曹参军，是范阳节度使安禄山（703—757）部下。"安史之乱"时，他与其子颜季明（？—756）守常山（河北正定县），从弟颜真卿守平原，设计杀安禄山部将李钦凑，擒高邈、何千年，受到唐玄宗李隆基嘉许。天宝十五年（756），叛军围攻常山，擒杀颜季明，城破，颜杲卿被押到洛阳。他瞋目怒骂安禄山，最终遇害，年六十五。乾元元年（758），获赠太子太保，谥号"忠节"。建中三年（782），加赠"司徒"。

颜杲卿忠节不屈的精神广为后世所称颂，南宋文学家文天祥（1236—1283）的《正气歌》有"为张睢阳齿，为颜常山舌"赞语。

颜真卿（709—784），字清臣，小名羡门子，别号应方，京兆万年（今陕西西安）人，祖籍琅琊临沂（今山东临沂），颜杲卿从弟。开元二十二年（734）进士，历任监察御史、殿中侍御史。后因得罪权臣杨国忠，被贬为平原太守，世称"颜平原"。安史之乱时他率义军对抗叛军。后至凤翔（今陕西省宝鸡市），授宪部尚书。唐代宗时官至吏部尚书、太子太师，封鲁郡公，人称"颜鲁公"。兴元元年（784），被派晓谕叛将李希烈，拒贼被缢杀，三军将士皆为之痛哭，朝廷追赠"司徒"，谥号"文忠"。颜真卿书法擅长行、楷，与赵孟頫、柳公权、欧阳询并称为"楷书四大家"，有《颜鲁公集》传世。

（1）历史沿革与古迹文物

清乾隆十六年（1751）四月，乾隆皇帝南巡来到临沂视察时，在"景贤祠"听地方官员介绍当地五位先贤名人后触景生情，随即御赐匾额"千秋五贤"，接着又题诗赞颂五位先贤说："孝能竭力王祥览，忠以捐躯颜杲真。所遇由来殊出处，端推诸葛是全人。"最后，还落款"题琅琊五贤祠，乾隆御笔"。正

因为如此，地方官员遂将其更名为“五贤祠”，并立即将乾隆题诗刻成碑刻，还在殿前立了御碑亭，以示永久保存。

乾隆皇帝诗歌中“端推诸葛是全人”之句，足见对诸葛亮评价是很高的。

在此以前，南宋淳熙五年（1178）第一名进士、出任湖南潭州（今长沙市）石鼓书院山长、教授、博士、工部尚书戴溪（1141—1215）在所著《石鼓论语答问》中评价诸葛亮说：“有仁人君子之心者，未必有英雄豪杰之才；有英雄豪杰之才者，未必有忠臣义士之节。三者，世人之所难全也。全之者，其惟诸葛亮乎。”（见明嘉靖抄本《将鉴论断》卷五）

清代到民国以来，五贤祠一直保存完好，属于临沂市一个有影响的名胜古迹。遗憾的是，“文化大革命”期间，五贤祠祠毁碑残，遭到了很大的破坏。

2003 年，临沂市人民政府在对东晋书法家王羲之故居扩建时，由于王羲之就是王览的后世子孙，因此，在临沂市洗砚池街上的王羲之故居内就重新整修了面阔三间的“五贤祠”大殿。大殿是硬山式建筑三间，殿前上方，高悬“大名永垂”匾额，题书者不详。

两侧的柱子上悬挂楹联一副，内容是：“合忠贞孝悌为一祠维系纲常，愿三族云礽各衍箕裘绳祖武；历唐宋元明而千古芬芳史传，独五贤风范统承纶綍焕宸章。”王綮森敬题，朱时叙补书。

殿内正中，有诸葛亮的彩色坐像，肃穆庄重，上面悬挂有“忠贯云霄”匾额，题书者不详。

东侧有王祥、王览的彩色坐像，上方有“孝感天地”匾额，题书者不详。

西侧有颜真卿、颜杲卿彩色坐像，上方题有“忠贯古今”匾额，题书者不详。

大殿两侧有厢房、碑廊与花园。大殿前面是御碑亭，里面有乾隆皇帝题书的御碑。

大殿前面恢复修建了御碑亭，重新将乾隆题诗刻成 6 米高的碑刻，保存在御碑亭内。

大门新建了面阔三间的高大石牌坊，将乾隆御赐匾额“千秋五贤”几个大字刻牌坊正中，十分醒目大气。除此之外，还有部分匾额与楹联，内涵丰富。

（2）匾额 4 方、楹联 3 副

千秋五贤

乾隆皇帝御笔题书。生平事迹见前。

【注】此匾文为乾隆十六年（1751）四月，乾隆皇帝南巡时，亲自在今天临沂市为“五贤祠”御笔题书。

千秋：千秋万年的意思。

五贤：此指三国的蜀汉丞相诸葛亮，西晋初年太尉、二十四孝之一“卧冰求鲤”的主人公王祥，西晋初年光禄大夫、王祥的弟弟王览，唐朝常山郡太守颜杲卿与其堂弟平原郡太守、著名书法家颜真卿。“五贤祠”中，五位先贤造像排列顺序是：诸葛亮在正中，东侧为“二王”，西侧为“二颜”。

贤：据东汉文学家、五经博士许慎（58—149）的《说文解字》说：“贤，善良而多才。”此指有德行与才能的人。诸葛亮《出师表》也有“亲贤臣，远小人”之说。

【释】千秋万年都纪念诸葛亮、王祥、王览、颜杲卿、颜真卿五位贤才。

大名永垂

书者不详。

【注】此匾文为嘉庆七年（1802），钦命兵部尚书、四川总督勒保题书于今汉中勉县武侯墓献殿，至今仍存。所以，此处属于仿制品。

大名永垂：语出唐代诗人杜甫《咏怀古迹》诗歌：“诸葛大名垂宇宙，宗臣遗像肃清高。三分割据纡筹策，万古云霄一羽毛。”大名：很大的名气。永垂：永远流传后世。

【释】诸葛亮很大的名气永远流传后世。

忠贯云霄

嘉庆皇帝御笔。生平事迹见前。

【注】此匾额为嘉庆皇帝于嘉庆八年（1803）七月十六题书于皇宫并在京城御制，由沿途驿站“奉旨”发往今天汉中沔县武侯祠悬挂至今。因此，这里属于仿制品。

嘉庆初年，“白莲教”农民起义军来汉中攻城略地，朝廷派军队进行清剿却屡屡惨败。这时，嘉庆皇帝听陕西巡抚松筠禀报说诸葛亮在定军山下显圣，帮助朝廷赶走了“白莲教”匪徒，嘉庆皇帝十分高兴，特御书此匾额褒奖诸葛亮忠君爱国的神明显佑，还亲自御书《祭文》，派遣工部尚书彭龄前往武侯墓，并且以“三牲”（猪、牛、羊）大礼祭祀诸葛亮。有关本故事的来龙去脉，请参阅本书第一章第 9 节《诸葛亮显圣定军山是怎么回事》。

【释】诸葛亮的忠君爱国忠心贯通着天际。

景行维贤

陈允升敬书。

陈允升（1892—1977），原名际楷，字逢吉，号蒙阳居士，山东省临沂市罗庄区高都街道常旺村人，自幼在村私塾就读，20 岁开始教书育人。新中国成立后，出任临沂县第一届政协委员，酷爱书法艺术，是临沂地区著名的书法家，其作品流传后世颇多。

【注】景行维贤：语出南朝梁武帝指令给事郎周兴嗣（469—537）编著的《千字文》：“景行维贤，克念作圣。”此指高尚的德行只能在贤人那里看到。要克制私欲，努力仿效圣人。

景行：语出《诗经·小雅》：“高山仰止，景行行止。”此指景仰高尚光明的德行。东汉经学大师郑玄（127—200）注曰：“古人有高德者则慕仰之，有明行者则而行之。”

【释】景仰高尚光明的德行唯有贤人。

由汉而晋而唐，前后五百年诞降三朝明喆；
曰忠与孝与节，辉煌廿八字褒题一邑英贤。

同邑后学狄建鳌熏沐敬题。

狄建鳌，山东省临沂市人，清朝晚年拔贡（科举制度由地方贡入国子监的生员，可以任京官、知县或教职），光绪二十三年（1897），出任沂州州判。

【注】由汉而晋而唐，前后五百年诞降三朝明喆：从蜀汉而到晋朝再到唐朝，前后五百年中就降生了三个朝代的明智睿哲之人。诞降：语出明末清初文学家陈维崧（1625—1682）的《瑞木赋》：“繄哲考之诞降兮，缅纯淑之嘉则。”降生的意思。例如：近代文学家梁启超（1873—1929）的《亚洲地理大势论》有“乃于其中诞降一豪杰焉，曰哥仑布”。三朝明喆：此指蜀汉丞相诸葛亮、晋朝王祥与王览、唐代颜真卿与颜杲卿。明喆：语出《尚书·说命上》：“知之曰明哲，明哲实作则。”孔传注曰：“知事则为明智，明智则能制作法则”。

喆：同“哲”。此指明智睿哲，通达事理。

曰忠与孝与节，辉煌廿八字褒题一邑英贤：说到忠诚与孝悌和名节，乾隆皇帝在五贤祠的二十八个字题诗就褒奖了一个家乡的英雄贤士。忠：此指诸葛亮的忠诚。孝：此指王祥以“孝悌”著称。节：此指颜真卿、颜杲卿的名节。廿（niàn）八字：乾隆皇帝在“五贤祠”所题的七言绝句诗歌，全诗共计二十八个字。

【释】从蜀汉而到晋朝再到唐朝，前后五百年就诞降产生了三个朝代明智睿哲之人；

说到忠诚与孝悌和名节，乾隆皇帝二十八字题诗就褒奖了一个家乡英雄贤士。

虽然大汉大晋大唐鼎祚久迁移，犹幸兹补葺檐楹，妥以往五贤灵爽；

不是全忠全孝全节纲常相砥砺，怎博得馨香俎豆，许后来三族趋跄。

王宝枢敬题，陈永升书。陈永升，生平事迹见前。

王宝枢，清末秀才，浙江省绍兴市人，曾经出任沂州知府的师爷，其余不详。

【注】虽然大汉大晋大唐鼎祚久迁移，犹幸兹补葺檐楹，妥以往五贤灵爽：意思是，虽然大蜀汉、大晋朝、大唐朝国运很久以前就已经变迁了，仍然有幸现在修葺五贤祠古迹，为的是妥善安置以往诸葛亮、王祥、颜真卿等五位贤人的神灵精气。鼎祚：语出《周书·晋荡公护传》：“臣所以勤勤恳恳，干触天威者，但不负太祖之顾托，保安国家之鼎祚耳。”国运的意思。例如：前蜀史学家杜光庭（850—933）的《贺嗣位表》有“是以克绍宗祧，光升宝位。鼎祚彰惟新之命，洪基显隆永之期”之说。迁移：语出《荀子·君道》：“与之举措迁移，而观其能应变也。”变迁的意思。例如：《史记·太史公自序》有“与时迁移，应物变化，立俗施事，无所不宜”之说。犹：语出《资治通鉴》：“犹不失下曹从事。”仍然的意思。幸：有幸。兹：语出《尚书·盘庚上》：“兹予大享于先生，尔祖其从与享之。”现在的意思。补葺檐楹：此指修葺五贤祠。妥：妥善的意思。灵爽：语出东晋史学家袁宏（328—376）编著的《后汉纪·献帝纪三》：“朕遭艰难，越在西都，感惟宗庙灵爽，何日不叹。”此指神灵、神明精气。例如：清代文学家钱泳（1759—1844）的《履园丛话·梦幻·秦桧铁像》有“窃念岳王灵爽在天，逆桧沉沦地狱久矣”之说。

不是全忠全孝全节纲常相砥砺，怎博得馨香俎豆，许后来三族趋跄：意思是，如果不是为了尽全忠、尽全孝、尽全节而坚守三纲五常相互激励，五位贤人怎么能够取得香气远播被尊奉祭祀，期望诸葛氏家族、王氏家族、颜氏家族的三族后人效法先贤。纲常：三纲五常简称。封建时代以君为臣纲、父为子纲、夫为妻纲为三纲；仁、义、礼、智、信为五常。例如：《宋史·儒林传八·叶味道》有："正纲常以励所学，用忠言以充所学。"砥砺：语出《荀子·王制》："案平政教，审节奏，砥砺百姓。"激励、勉励的意思。馨香：语出《国语·周语上》："其德足以昭其馨香，其惠足以同其民人。"此指香气味。俎豆：语出《史记·孔子世家》："孔子为儿嬉戏，常陈俎豆，设礼容。"俎豆是古代的两种器物，属于祭祀、宴飨时盛食物用的礼器，后引申为祭祀和崇奉。三族：语出《后汉书·杨终传》："秦政酷烈，违忤天心，一人有罪，延及三族。"李贤注引《汉书音义》说："三族，父族、母族、妻族也。"此指诸葛氏家族、王氏家族与颜氏家族。趋跄：语出《诗经·齐风·猗嗟》："巧趋跄兮。"古时朝拜晋谒须依一定的节奏和规则行步。此指效法与追随先贤。

【释】虽然大蜀汉大晋朝大唐朝的国运很久以前就已经变迁了，仍然有幸现在修葺五贤祠古迹，为的是妥善安置以往诸葛亮与王祥和颜真卿等五位贤人神灵精气；

如果不是为了尽全忠尽全孝尽全节而坚守三纲五常相互激励，五位贤人怎能够取得香气被尊奉祭祀，期望诸葛氏家族与王氏家族和颜氏家族后人效法先贤。

合忠贞孝悌为一祠维系纲常，愿三族云礽各衍箕裘绳祖武；
历唐宋元明而千古芬芳史传，独五贤风范统承纶綍焕宸章。

王綮森敬题，朱时叙补书。

王綮（qìng）森，山东省临沂市人，晚清秀才，未出仕，其余不详。

朱时叙（1930—2009），山东省临沂市人，曾就职于临沂一中总务处副主任、中国函授大学临沂分校副教授。擅长书法，功力深厚，书法作品多次获奖。

【注】合忠贞孝悌为一祠维系纲常，愿三族云礽各衍箕裘绳祖武：意思是说，聚合了忠贞和孝悌在一个祠堂为的是维护三纲五常，但愿诸葛氏家族、王氏家族、颜氏家族的子孙各自衍生发展祖辈的事业继续按照先祖的足迹向前走。三族：此指诸葛氏家族、王氏家族、颜氏家族。云礽（réng）：语出《尔雅·释亲》："子之子为孙，孙之子为曾孙，曾孙之子为玄孙，玄孙之子为来孙，来孙之子为晜（kūn）孙，晜孙之子为礽孙，礽孙之子为云孙。"此指远孙。各衍：此指各自生息繁衍发展的意思。箕裘：语出《礼记·学记》："良冶之子，必学为裘，良弓之子，必学为箕。"箕：畚箕。裘：皮衣。良冶之子：此指良匠的儿子。良弓之子：冶金制作良弓的人。这段话是说，良匠的儿子，想必

也能学习补缀皮衣。良弓的儿子，想必也能制作畚箕。后来以“箕裘”比喻学习继承祖上的基业。绳祖武：语出《诗经·大雅·下武》：“昭兹来许，绳其祖武。”绳：继续、继承。祖武：祖先的足迹。比喻继续按照祖先的足迹向前走。

历唐宋元明而千古芬芳史传，独五贤风范统承纶绋焕宸章：经历了唐、宋、元、明各个朝代而千百年来美好的德行与名声始终被历史传播，独有诸葛亮等五位贤士完全继承了先祖风范焕发出了乾隆皇帝的诏令与所作的诗文。芬芳：语出东汉著名文学家崔瑗的《座右铭》：“慎言节饮食，知足胜不详。行之苟有恒，久久自芬芳。”此指美好的德行与名声。独：独有、唯独的意思。风范：此指教化的风气。统承：语出《三国志·蜀书·后主张后传》：“朕统承大业，君临天下，奉郊庙社稷。”继承的意思。例如：《资治通鉴·晋简文帝咸安元年》有“于是宣太后令，废帝为东海王，以丞相、录尚书事、会稽王昱统承皇极”之说。纶绋（fú）：语出《礼记·缁衣》：“王言如丝，其出如纶；王言如纶，其出如绋。”后来泛称皇帝的诏令为“纶绋”。例如：《魏书·彭城王勰传》：“及入参政务，纶绋有光，爰登中铉，敷明五教。”焕：焕发的意思。宸章：语出唐代诗人王维（701—761）所作《奉和圣制暮春送朝集使归郡应制》诗歌：“宸章类河汉，垂象满中州。”此指皇帝所作的诗文。例如：北宋文学家王安石（1021—1086）的《和御制赏花钓鱼》诗之一有“宸章独与春争丽，恩许赓歌岂易陪”之句。

【**释**】聚合了忠贞和孝悌在一个祠堂为的是维护三纲五常，但愿诸葛氏家族与王氏家族颜氏家族子孙各自衍生发展祖辈事业继续按照先祖的足迹向前走；

经历了唐宋元明各个朝代千百年来美好德行名声始终被历史传播，独有诸葛亮等五位贤士完全继承了先祖风范焕发出乾隆皇帝诏令与所作的诗文。

4. 山东省淄博市桓台县五贤祠匾额 1 方、楹联 5 副

在山东省淄博市桓台县华沟村马踏湖畔有一座古建筑，原名“三贤祠”，始建于明朝天启年间（1621—1627），祭祀的是战国时期齐国活动家鲁仲连，三国时期著名政治家、军事家诸葛亮，北宋著名文学家苏轼。

清嘉庆二十二年（1817），改祭祀鲁仲连、战国时期齐国尽忠直言者——“安步以当车”成语典故的发明人颜斶（chù）、西汉时期儒家经典的传承者辕固。同治三年（1864）维修时，又复祭祀鲁仲连、诸葛亮、苏轼，并且为鲁仲连、诸葛亮、苏轼塑像，为颜斶、辕固立了牌位。

鲁仲连（公元前 300—公元前 250），又名鲁连，尊称为“鲁仲连子”，战国末期齐国人。清代文学家王士祯（1634—1711）在《池北偶谈》中记

载说："新城东北锦秋湖上，有鲁仲连陂，传为鲁仲连所居。"新城，即今山东省桓台县。据考，桓台县是鲁仲连隐居之处。

据《战国策·赵策三》和《资治通鉴》记载，周赧王五十七年（公元前258），秦王为称霸诸侯，派大将白起击溃赵国四十万军队围困了都城邯郸，以此威慑魏王等诸侯国尊奉秦昭王为诸侯王。鲁仲连以机敏的胆识、超人的智慧、善辩的言词劝说魏王"义不帝秦"，解除了危机，一展齐国高士风采。与此同时，在破燕复齐进程中，他又出奇谋，立奇功，为光复祖国做出了杰出贡献。所以，他的事迹被后世广为传颂。

颜斶（chù），生卒年不详。据《战国策·齐策四》记载，齐宣王召见颜斶时说："斶前！"（颜斶你过来）颜斶也说："王前！"（大王你过来）齐宣王不悦，左右的人也都说颜斶违反了君臣之礼。颜斶回答说："夫斶前为慕势，王前为趋士，与使斶为慕势，不如使王为趋士。"

这段话的意思是，我上前就成为仰慕大王权势，大王上前就成为礼贤下士，与其让我仰慕权势，还不如让大王礼贤下士。宣王忿然作色曰："王者贵乎？士贵乎？"（是大王我尊贵，还是你这个官员尊贵？）颜斶毫无惧色地回答说："当然是士人尊贵，君王并不尊贵。"宣王问："你说这话有什么根据吗？"颜斶举一反三列举了很多事例，齐宣王听后尽管满脸不高兴，可是也无言以对。除此之外，"安步当车"成语典故也出自颜斶与齐宣王二人对话。因此，颜斶堪称战国时齐国高士。

辕固（公元前194—公元前104），又名辕固生，西汉齐郡西安县（今山东省淄博市桓台县）人，早年是清河王刘乘太傅，景帝时为《诗经》博士。

公元前140年，汉武帝即位，接受董仲舒的建议"罢黜百家，独尊儒术"，立"五经博士"向全国各地征召贤良。90多岁高龄的辕固以贤良身份到了都城长安，他告诫也在这批贤良中的齐人公孙弘（后官至丞相）说："公孙子，务正学以言，无曲学以阿世。"辕固不但精通儒家经典，而且师徒繁衍桃李满天下，形成了一个庞大的以齐人为主的《齐诗》学派，所以，史称"诸齐以《诗》显贵，皆固之弟子也。"司马迁在《史记》

中也记载说："言《诗》，于鲁则申培公，于齐则辕固生，于燕则韩太傅。"

正因为上述原因，山东省淄博市桓台县历史上才有了"三贤祠"，后来又改为"五贤祠"，专门祭祀鲁仲连、颜斶、辕固、诸葛亮、苏轼五位历史贤达人物，并且为他们立了牌位。

1985 年，当地村民集资重修祠庙时，将原来的"三贤祠"改名"五贤祠"。

"五贤祠"大门坐北面南，门前有石狮一对，门东侧为钟楼，高约 8 米，悬吊大钟，西侧为火池。祠庙是中轴线对称的四合院仿古建筑，大门朝南，东南、西南分别建有角亭，由山门向内，左右两侧是厢房，正面为五间祠堂，亭台楼阁，古朴典雅。祠的正殿中为五位先贤的彩塑神像。祠堂的门楣上方与木柱上有匾额 1 方，楹联 5 副。

五贤祠

岁在乙丑年（1985），高启云题书。

高启云（1914—1988），原名高启方，山东临朐县人。历任中共济南市委副书记、书记，山东省工业交通生产委员会主任，省计划委员会主任，经济委员会主任，副省长，省委书记，省人大代表和全国第六届人大代表，山东省书法家协会名誉主席。

【注】五贤祠：此指战国时期齐国著名的社会活动家鲁仲连（公元前 300—公元前 250）、战国时期齐国尽忠直言者——"安步以当车"成语典故的发明人颜斶、西汉时期儒家经典传承者辕固（公元前 194—公元前 104）、三国时期的诸葛亮（181—234）、北宋著名的文学家苏轼（1037—1101）。

【释】纪念鲁仲连、颜斶、辕固、诸葛亮、苏轼五位贤人的祠堂。

不帝秦，不王前，不忘汉室，各有大名垂宇宙；
斥腐儒，斥曲学，斥退公孙，常留正气在人间。

时在丙寅年（1986）秋月，董一博敬书。

董一博（1912—1987），原名董开夫，山东枣庄市人。历任山东大学讲师、华东局秘书处处长、北京电力学院副院长、全国政协文史办公室主任、全国地方志协会副会长、《中国大辞典》编辑委员会主任。

【注】不帝秦：此指战国时期齐国名士鲁仲连的"义不帝秦"政治主张。

据《战国策·赵策三》记载：秦国赵都邯郸，魏王使晋鄙领兵救赵，止于荡阴不进。又派客将军辛垣衍潜入邯郸，通过平原君赵胜劝说赵王尊秦为帝，平原君犹豫不决。正在邯郸游历的鲁仲连听到"魏将欲令赵尊秦为帝"的消息后，立即去见平原君，要求为他引见辛垣衍。鲁仲连开始不说话，他听完辛垣衍幼稚的说辞，驳斥辛垣衍的错误估计。接着，他指出暴秦实质是“弃礼义，上首功，权使其士，虏使其民”之国。并表明自己对强秦的态度，假使秦国一旦吞并天下，“则连有赴东海而死耳，吾不忍为之民也”。因此，他义正词严地提出“义不帝秦”政治主张。

不王前：语出《战国策·齐宣王见颜斶》：“齐宣王见颜斶曰：斶前。斶亦曰：王前。宣王不悦。左右曰：王，人君也。斶，人臣也。王曰斶前，亦曰王前，可乎？斶对曰：夫斶前为慕势，王前为趋士。与使斶为慕势，不如使王为趋士。王忿然作色曰：王者贵乎？士贵乎？对曰：士贵耳，王者不贵。王曰：有说乎？斶曰：有。昔者秦攻齐，令曰：有敢去柳下季垄五十步而樵采者，死不赦。令曰：有能得齐王头者，封万户侯，赐金千镒。由是观之，生王之头，曾不若死士之垄也。宣王默然不悦。”

这段话是说，齐宣王召见颜斶说：“颜斶你上前来。”颜斶回答说：“大王你上前来。”宣王很不高兴。左右近臣说：“大王是人君，颜斶你是人臣。大王让你上前来，你说让大王上前来，这样可以吗？”颜斶回答说：“我上前是趋炎附势，大王上前是礼贤下士。与其让我趋炎附势，不如让大王礼贤下士。”宣王生气地变了脸色说：“是王尊贵，还是士尊贵？”颜斶回答说：“是士尊贵，王不尊贵。”宣王不说话，很不高兴。

颜斶与齐宣王一段针锋相对的对话，争论的是国君与士人谁尊谁卑的问题。颜斶公开声称“士贵耳，王者不贵”，并用历史事实加以证明，它充分反映了战国时期士阶层要求自身地位的提高与民主思想的抬头。颜斶拒绝齐宣王的引诱而返璞归真，表现士人不慕权势，洁身自爱的傲气与骨气。

不忘汉室：此指诸葛亮自始至终没有忘记兴复汉室。正因为如此，建安十二年（207）冬刘备三顾茅庐时，诸葛亮在《隆中对策》中就有“诚如是，则霸业可成，汉室可兴矣”之说。

建兴五年（227）五月，诸葛亮准备亲自率军北伐曹魏，在给后主刘禅上《出师表》中有“北定中原，庶竭驽钝，攘除奸凶，兴复汉室，还于旧都”之说。后来的五次北伐曹魏（《三国演义》称为“六出祁山”），最终病死在第五次北伐曹魏的五丈原军中，这是诸葛亮不忘汉室最好的说明。

各有大名垂宇宙：此指上述先贤各自都有很大的名声流传在天地之间。

斥腐儒，斥曲学，斥退公孙：语出《汉书·儒林传第五十八》：“武帝初即位，复以贤良征。诸儒多嫉毁曰固老，罢归之。时，固已九十余矣。公孙弘亦征，仄目而事固。固曰：公孙子，务正学以言，无曲学以阿世。诸齐以《诗》显贵，皆固之弟子也。”

这段话是说，汉武帝刘彻继位后，以品德贤良征召齐郡西安县（今淄博市桓台县）人辕固入朝为官，那些喜好阿谀逢迎的儒生们多有嫉妒诋毁辕固之语，说辕固老了，于是他被罢官遣归，这时辕固已经 90 多岁了。当初他被征召为官的时候，薛邑（今山东省滕州市官桥镇）人公孙弘也被征召，却不敢正视辕固。辕固对他说："公孙先生，务必以正直的学问论事，不要用邪曲之说去迎合世俗。"自此之后，齐人讲《诗》都依据辕固生的见解。一些齐人因研究《诗经》有成绩而仕途显贵，他们都是辕固的弟子。

斥：辩驳、驳斥、斥责的意思。

腐儒：语出《荀子·非相》："故《易》曰：括囊，无咎无誉，腐儒之谓也。"此指只知道读书而不懂世事的腐朽儒生。例如：《史记·黥布列传》有"上折随何之功，谓何为腐儒，为天下安用腐儒"之说。

曲学：语出《商君书·更法》："穷巷多恠，曲学多辨。"此指一隅之学而学识浅薄的人。

仄目：语出《汉书·息夫躬传》："众畏其口，见之仄目。"表示畏惧、嫉恨而斜着眼睛看对方。例如，《明史·魏大中传》有"持议峻切，大为邪党所仄目"之说。

常留正气在人间：长久地留下了正大光明的风气在人间。正气：语出唐代经典著作《文子·符言》："君子行正气，小人行邪气。内便于性，外合于义，循理而动，不系于物者，正气也。推于滋味，淫于声色，发于喜怒，不顾后患者，邪气也。"此指正大光明的风气。

【释】鲁仲连绝不允许强秦称霸天下，颜斶不向齐宣王低头让步，诸葛亮自始至终没有忘记兴复汉室，他们各自都有很大的名声流传在天地之间；

辕固驳斥不懂世事的腐朽儒生，斥责曲解学识而知识浅薄的人，斥退畏惧嫉恨他的官员以及公孙弘，长久地留下了光明正大的风气在人世间。

识时在诸葛；
致和有仲连。

丙寅年（1986）之秋，题书者不详。

【注】识时在诸葛：语出《三国志·蜀书·诸葛亮传》裴松之注引《襄阳记》颍川名士司马徽对刘备说："儒生俗士，识时务者，在乎俊杰。此间自有卧龙、凤雏。"此指识时务，能够清楚认识当时时政要务的人，才可以称为俊杰英才，这人就是诸葛孔明。

致和：语出唐肃宗李亨至德二年（757）进士严维的《奉和皇甫大夫祈雨应时雨》："致和知必感，岁旱未书灾。伯禹明灵降，元戎祷请来。"比喻人事极其和顺。

有仲连：有战国时期的名士鲁仲连。

据《史记·鲁仲连邹阳列传·鲁仲连》记载：鲁仲连，又名鲁连，尊称为“鲁仲连子”或“鲁连子”，齐国人。他以口才超群、谈锋机警的“辩士”形象呈现在世人面前，长于阐发奇特宏伟卓异不凡的谋略，却不肯做官任职，愿意保持高风亮节。特别是，他曾经协助军事家田单复兴了齐国，主张“义不帝秦”，说赵、魏两国联合抗秦，为齐国立下了汗马功劳。正因为如此，他被后世人称为“天下高士”。

【释】能够清楚认识当时时政要务的人在于诸葛孔明；

人事极其和顺的人就有战国时期齐国的鲁仲连。

异姓三贤，卧龙谪仙天下士；
数代一堂，汉相宋儒战国才。

娄以忠题书。

娄以忠，1936年出生于山东省东阿县，毕业于曲阜师范大学中文系，中国书法家协会会员、书画网艺委副主席、中国老年书画研究院副院长、山东省鲁艺书画社副社长、齐鲁书画研究院研究室主任。著有《古诗文译注》《娄以忠自书联语集》《娄以忠书前出师表》等。

【注】异姓三贤：此指桓台县早期称为“三贤祠”，仅祭祀有鲁仲连、诸葛亮、苏轼三位异姓贤士。

卧龙：此指诸葛亮。

谪仙：语出《南齐书·高逸传·杜京产》：“永明中会稽钟山有人姓蔡，不知名。山中养鼠数十头，呼来即来，遣去便去，言语狂易，时谓之谪仙。”意思是，被贬谪的仙人。

唐朝著名诗人李白、杜甫，北宋著名文学家苏轼等极有才能的文人，都曾被称为“谪仙”。例如：北宋文学家黄庭坚（1045—1105）的《次苏子瞻和李太白浔阳紫极宫感秋诗韵追怀太白子瞻》有“不见两谪仙，常怀倚修竹”之句，称李白和苏轼都是“谪仙”。此指苏轼。

天下士：语出《史记·鲁仲连邹阳列传·鲁仲连》：“始以先生为庸人，吾乃今日知先生为天下之士也。”天下才德非凡之名士。例如：唐代诗人高适（704—765）的《咏史》诗有“不知天下士，犹作布衣看”之句。

数代一堂，汉相宋儒战国才：意思是说，蜀汉丞相诸葛亮与北宋著名儒学大家苏轼以及战国时期著名英才鲁仲连，他们虽然相隔多个朝代却汇聚在一个祠堂被供奉祭祀。数代：多个朝代。一堂：汇聚在一个祠堂。汉相：此指蜀汉丞相诸葛亮。宋儒：此指北宋儒学大家苏轼。战国才：此指战国时期的英才鲁仲连。

【释】诸葛亮苏轼鲁仲连三位异姓贤士，堪称为天下才德非凡的名士；
诸葛亮苏轼鲁仲连，相隔多个朝代却汇聚一个祠堂被供奉祭祀。

异姓结同心之侣；
一堂萃三代之英。

岁在丁卯年（1987），张云铸题书。

张云铸，1935年出生于山东省淄博市，淄博市艺术馆馆长、淄博市书法家协会主席、淄博市第二至四届书法家协会名誉主席、淄博市书画院院长。

【注】异姓结同心之侣：诸葛亮、苏轼、鲁仲连异姓之人共同凝结为国效力之心成为不谋而合的伴侣。

一堂萃三代之英：一个祠堂荟萃了三国蜀汉、北宋时期、战国时期三个不同朝代的英杰人才。萃：荟萃、萃聚、萃于一堂的意思。三代：此指诸葛亮的蜀汉、苏轼的北宋、鲁仲连的战国。英：英杰人才。

【释】诸葛亮苏轼鲁仲连异姓共同凝结为国效力之心成为不谋而合的伴侣；
一个祠堂中荟萃了三国蜀汉与北宋和战国三个不同朝代的英杰人才。

异姓五贤英名传万古；
数代一堂功业垂千秋。

题书者不详。

【注】异姓五贤：此指"五贤祠"所祭祀战国时期名士鲁仲连、战国时期齐国尽忠直言的颜斶、西汉时期儒家经典传承者辕固、三国蜀汉丞相诸葛亮、北宋著名文学家苏轼五位异姓贤人，祠内为鲁仲连、诸葛亮、苏轼塑像，为颜斶、辕固立牌位。

英名：语出《墨子·非攻中》："昔者，晋有六将军，而智伯莫为强焉，计其土地之博，人徒之众，欲以抗诸侯，以为英名功战之速。"此指具有卓越智慧与才能的英雄名人。例如：《三国志·魏志·程昱传》有"刘备有英名，关羽、张飞皆万人之敌也"之说。

传万古：流传万世。

数代：多个朝代。

一堂：汇聚于一个祠堂。

功业：语出《易经·系辞下》："爻象动乎内，吉凶见乎外，功业见乎变，圣人之情见乎辞。"此指功德业绩。例如：《史记·殷本纪》有"功业著于百姓，百姓以平”之说。

垂千秋：语出北宋诗人郭茂倩（1041—1099）的《乐府诗集·满歌行二首》其二：“往者二贤，名垂千秋。”垂范于千秋万代的意思。

【释】诸葛亮苏轼鲁仲连颜阖辕固五位异姓名人的卓越智慧与才能流传万代；多个朝代名人贤士汇聚一个祠堂祭祀他们的功德业绩将会垂范于千古。

5. 临沂市临沂城武侯祠楹联 1 副

据清康熙十三年（1674）邵士、李希贤重修明万历三十六年（1608）沂州知州徐汝冀纂修的《沂州志》刻本“城池”记载：“旧临沂城周围九里，高二丈五尺，阔一丈，城楼四座。除南门楼为大楼三层又小楼二座外，其余东、西、北三门均系二层大楼一座。四门名称：南曰望淮，东曰镇海，西曰瞻蒙，北曰宗岱。北门有两层阁楼，下层为玄武阁，供奉玄武大帝。上层为武侯祠，祭祀诸葛亮。祠宇坐南朝北，遥对故乡阳都。”

遗憾的是，这里的城墙与武侯祠，早已经不复存在了，毁于何时、何因，已经不知道了。但是，在地方史志资料中，记载有原武侯祠楹联 1 副。

佐玄德，破孟德，而后南北三国分鼎；
生阳都，仕成都，从此东西两地盛辉。

题书者不详。

【注】佐：辅佐的意思。

玄德：此指蜀汉先主刘备，字玄德。

破孟德：此指建安十三年（208），诸葛亮出使东吴，促成了孙刘联军共同抗曹统一战线，在赤壁之战中大败曹操。

孟德：曹操，字孟德。据《三国志·魏书·武帝纪》记载说：“太祖武皇帝，沛国谯人也，姓曹讳操字孟德，汉相国参之后。”

而后南北三国分鼎：此指最终形成了曹魏与蜀汉及东吴三个国家鼎立对峙南北分庭抗礼的局面。分鼎：分庭抗礼鼎足对峙。

生阳都：此指诸葛亮出生于琅琊阳都。

仕成都：此指诸葛亮在益州的首府成都出任蜀汉丞相。仕：为官的意思，此指诸葛亮出任蜀汉丞相。成都：益州首府，蜀汉国家的都城。

从此东西两地盛辉：从此以后阳都故里与成都两个地方就盛誉生辉。盛辉：盛誉生辉。

【释】诸葛亮辅佐蜀汉先主刘备，促成了孙刘联军共同抗曹在赤壁之战中大败曹操，最终形成南北三个国家分庭抗礼局面；

诸葛亮出生于琅琊郡阳都故里，在益州首府成都出任蜀汉丞相，从此以后阳都故里与成都东西两个地方就盛誉生辉。

6. 临沂市沂水县沂水城武侯祠与明志书院楹联 3 副

今天的临沂市沂南县，在 20 世纪中期以前还属于沂水县所辖。所以，阳都故城遗址，历史上就在沂水县境内。正因为如此，不少史志资料都曾经称阳都故城在沂水县。

清代末年，沂水县城内建有“武侯祠”和“明志书院”，今天都已不复存在了。但是，从地方史志资料记载而知，原来的武侯祠与明志书院有相关的楹联 3 副。

先生本王佐奇才，我所思兮，犹想见八阵名成，三分功盖；
此地更宗臣特祀，神如鉴及，应以随东皋云至，大岘风来。

题书者不详。

【注】先生本王佐奇才：诸葛亮本来就是辅佐帝王的奇特人才。王佐奇才：语出《三国志·魏书·荀彧传》：“彧年少时，南阳何颙异之，曰：王佐才也。”具有辅佐帝王的才能。此指诸葛亮。

我所思兮：我有所思考啊。

犹想见八阵名成：好像又看见了功成名就的八阵图。八阵：此指诸葛亮推演训练军队的八阵图。

据《三国志·蜀书·诸葛亮传》记载说：“亮性长巧思，损益连弩，木牛流马，皆出其意；推演兵法，作八阵图，咸得其要云。”

据清代武侯墓祠主持道人李复心编著《忠武侯祠墓志·八阵图说》记载：诸葛亮在汉中屯军北伐曹魏时期，曾经在定军山下“积石为垒”推演八阵图六十四阵，以此训练将士，使得军队“进者为阵，止者为营”，以达到立于不败之地的目的。

除此之外，诸葛亮还在今天成都市新都区摆了二十四阵八阵图。

在重庆市奉节县夔门长江边上，也有“水八阵”之说。

唐代诗人杜甫的《八阵图》诗歌有“功盖三分国，名成八阵图。江流石不转，遗恨失吞吴”，说的就是这里。

三分功盖：诸葛亮的功劳冠盖了三分天下的魏蜀吴国家。

此地更宗臣特祀：这里更是诸葛亮这个正宗名臣特别祭祀的地方。

神如鉴及：如果神灵有知。

东皋：沂水城东的东皋山。

大岘：沂水城北的大岘山，山上有穆陵关隘。

【释】诸葛亮本来就是辅佐帝王的奇特人才，我有所思考啊，好像又看见他功成名就的八阵图，冠盖三分天下的功劳；

这里更是诸葛亮正宗名臣特别祭祀的地方，如果神灵有知的话，他就应该跟东皋山云到此，随大岘山的风而来。

三代下只斯闻道一人，虽星陨於五丈原中，魂魄应归故土；
六经外仅见出师二表，特庙祀夫千百年后，桑梓共奉宗臣。

题书者不详。

【注】三代：语出《论语·卫灵公》：“斯民也，三代之所以直道而行也。”此指夏商周三代。

只：只有的意思。

斯：斯人、这个人的意思，此指诸葛亮。

闻道：语出《论语·里仁》：“朝闻道，夕死可矣。”此指领会某种道理。如唐代著名文学家韩愈的《师说》有“闻道有先后，术业有专攻”之说。

一人：一个人。

虽星陨于五丈原中：此指诸葛亮虽然病死在五丈原军中。

魂魄应归故土：他的魂魄应该回归家乡故土。故土：此指阳都城。

六经：指六部儒家经典著作，它们是《诗经》《书经》（即《尚书》）、《礼经》、《易经》（即《周易》）、《乐经》、《春秋》，始见于《庄子·天运篇》。

外：之外。

仅见：仅可以见到。

出师二表：此指诸葛亮的前、后《出师表》。

特庙祀：特别在祠庙中祭祀。

夫：成年男子，此指诸葛亮。

千百年后：千百年以后。

桑梓：语出《诗经·小雅·小弁》：“维桑与梓，必恭敬止。”在古代，人们喜欢在住宅周围栽植桑树和梓树，后来人们就用此物代指处所，因为桑树都是父母种的，所以桑梓借指故乡。

共奉宗臣：共同尊奉这个世所敬仰的名臣。宗臣：语出《汉书·萧何曹参传赞》：“淮阴、黥布等已灭，唯何、参擅功名，位冠群臣，声施后世，为一代之宗臣，庆流苗裔，盛矣哉。”颜师古注：“言为后世之所尊仰，故曰宗臣也。”比喻世所敬仰的名臣。此指诸葛亮。

【释】夏商周三代以来只有诸葛亮一人理解辅佐帝王就必须要忠君爱国的道理，他虽然病死在五丈原军中，魂魄应该回归家乡故土；

儒家六部经典著作外仅可见到前后《出师表》，特别在祠庙祭祀诸葛亮千百年后，故乡人都会共同尊奉这个世所敬仰的名臣。

学与古为徒，一邑内，彦和之文，荣绪之史，戴氏之典礼，武侯之伟烈丰功，懦立玩廉何在，非诸生师表；

心随境有会，四时中，龙池之月，穆陵之雪，沂水之托蓝，岜山之秋岚晚翠，高瞻远瞩亦足，以荡我胸襟。

题书者不详，题于明志书院。

【注】明志书院：清代中晚期之前，在今天临沂市有琅琊书院，规模较大，是当时临沂的最高学府。与此同时，在沂水县还有明志书院，毁于百余年前。

学与古为徒：语出战国时期宋国哲学家、思想家庄周（公元前369—公元前286）所著《庄子·人间世》：“为人之所为者，人亦无疵焉，是之谓与人为徒。成而上比者，与古为徒。”意思是，要学习和古人做朋友。

一邑内：一个县之内。邑：古代对家乡县的称谓。

彦和之文：此指南北朝时期的南朝梁代著名文学家刘勰的文章。刘勰（465—520），字彦和，生于京口（今江苏省镇江市），祖籍山东莒县（今山东省日照市的莒县东莞镇大沈刘庄）。历任县令、步兵校尉、宫中通事舍人，颇有清名，是中国历史上的文学理论家、文学批评家。

荣绪之史：此指南北朝时期南朝齐国历史学家臧荣绪的历史故事。臧荣绪（415—488），自号被褐先生，东莞莒（今山东省日照市莒县）人，南朝齐历史学家，出身官宦之家，不入官场，潜心著述。所著《旧晋书》包括纪、录、志、传共一百一十卷，囊括从西晋到东晋的全部历史，体例完备，内容详尽，是诸晋史中较为完善的一部，成为后来唐朝史学家房玄龄、褚遂良等人修编《晋书》的最重要参考蓝本。

戴氏之典礼：此指西汉时期的经学家戴德和戴圣叔侄二人。戴德（公元前99—公元前37），出生于战国时期梁国睢阳（今河南省商丘市），是文礼学“大戴学”的开创者，代表作有《大戴礼记》。他与其弟戴仁之子戴圣两人被称为“大小戴”。由于二人在礼学上的重大贡献，也被后人尊称为“儒宗”。戴圣：生卒年不详，出生于战国时期梁国睢阳（今河南省商丘市），汉宣帝时以博士参与石渠阁论议，官至九江太守。著作有儒家经典著作之一《礼记》，被称为《小戴记》。

据上海古籍出版社根据宁波天一阁所藏嘉靖本于 1965 年影印出版的《青州府志》记载："二戴往来于齐鲁间，慕沂山水，在颜温里立书院，教授生徒。"

颜温里：即今天沂南县张庄镇北沿汶村。

武侯之伟烈丰功：此指诸葛亮的丰功伟绩。

懦立玩廉：即成语典故"廉顽立懦"，语出《孟子·万章下》："故闻伯夷之风者，顽夫廉，懦夫有立志。"这段话的意思是说，伯夷（子姓，墨胎氏，名允，商纣王末期孤竹国第八任君主亚微的长子，弟亚凭、叔齐）的风范使贪得无厌之人能够思过廉洁，懦弱的人能够立志奋进。因此，后世常以"廉顽立懦"来比喻能够起到模范教化作用。

何在：哪里还在的意思。

非：不是的意思。

诸生：古代泛指儒生，封建社会在朝廷太学学习的生员。例如：增生、庠生、附生、廪生、贡生等统称诸生，后来也指读书的学生。

师表：语出《史记·太史公自序》："国有贤相良将，民之师表也。"此指在道德或学问上值得学习的榜样，比如：为人师表。

心随境有会：心情的好坏，随着环境的变化而变化。

四时中：一年四季之中。

龙池之月，穆陵之雪，沂水之托蓝，岜山之秋岚晚翠：旧时沂水县有八景之说。例如"龙池浸月、穆陵停雪、沂水托蓝、岜山耸翠"等等。

高瞻远瞩：语出王充《论衡·别通篇》："夫闭户塞意，不高瞻览者，死人之徒也哉。"高瞻：站在高处远看。此指站得高，就看得远，比喻眼光远大。

亦足：也满足了。

以荡我胸襟：以此使我的心情激荡，胸襟开阔。

【释】要学习和古人做朋友，一个县内，有南朝文学家刘勰的文章，南朝历史学家臧荣绪的历史故事，西汉时期戴德戴圣叔侄二人的经典礼学，诸葛亮的丰功伟绩，这些模范的教化在哪里，不是学生学习的榜样；

心情的好坏随着环境的变化而变化，一年四季之中，沂水县的旧时八景中就有龙池浸月、穆陵停雪、沂水托蓝、岜山耸翠这些景色，站得高才能够看得远我也就心满意足了，以此使我的心情激荡胸襟开阔。

第十六章
浙江省兰溪市诸葛八卦村大公堂与丞相祠堂

诸葛亮，是中华民族世世代代尊崇敬仰、顶礼膜拜的纯正楷模，一千多年来，他不但名垂青史，誉满古今，而且进入了千家万户，堪称家喻户晓、妇孺皆知。然而，有关他的后裔传世情况，在历史上却一直是个谜。

从《三国志》等历史资料记载而知，诸葛亮当年与其妻——襄阳名士黄承彦之女黄月英未生子以前，曾将兄长诸葛瑾次子诸葛乔收为义子，视为己出，官拜蜀汉“驸马都尉”，随诸葛亮到汉中北伐曹魏。没想到，建兴六年（228）春天第一次北伐曹魏时，诸葛亮采取了声东击西策略，命赵云、邓芝率军去褒斜道以北箕谷吸引曹魏主力，自己率大军出祁山，想出其不意攻打凉州魏军。当时，诸葛亮令诸葛乔带领六百子弟兵给赵云、邓芝日夜兼程运输军需物资，死在了褒斜道之中。建兴五年（227）七月，诸葛亮妻子黄月英生了长子诸葛瞻，有了继嗣。后来，诸葛瞻又生了诸葛尚、诸葛京二子。

蜀汉景耀六年（263）秋天，魏国多路进军准备灭蜀汉，当时，征西将军邓艾偷渡阴平，破剑阁、攻绵竹，直逼蜀汉国都成都，形势十分危急。诸葛瞻与长子诸葛尚率部在绵竹拼死抵抗，不愿意接受邓艾高官厚禄“封琅琊王”的诱惑，最终双双战死在绵竹，诸葛瞻死年 37 岁，诸葛尚死年 19 岁。如此一来，诸葛亮嫡传子孙唯独有诸葛京在世。

据《三国志·蜀书·诸葛亮传》附《诸葛瞻传》记载：

六年冬，魏征西将军邓艾伐蜀，自阴平由景谷道旁入。瞻督诸军至涪停住，前锋破，退还住绵竹。艾遣书诱瞻曰：若降者，必表为琅琊王。瞻怒斩艾使，遂战，大败临阵死，时年三十七，众皆离散，艾长驱至成都。瞻长子尚，与瞻俱没。

次子京及攀子显等，咸熙元年内移河东。

咸熙，是魏元帝曹奂最后一个年号，元年即264年。内移，就是蜀汉灭亡后，魏国官方对于蜀汉国家相关官员以及家属的强制性安置迁移。当时，比诸葛尚约小两岁的诸葛京成为诸葛家族唯一继承人，所以，他就带领母亲以及诸葛乔的儿子诸葛攀之子诸葛显等家眷按照魏国官方安排被迫来到了河东郡（今山西省运城市临猗县），在此安家落户。

《三国志·蜀书·霍弋传》裴松之注引《汉晋春秋》记载："泰始四年三月，从帝宴于华林园，诏闻蜀大臣子弟，后问先辈宜时叙用者。罗宪荐蜀郡常忌、杜轸、寿良、巴西陈寿、南郡高轨、高阳吕雅、许国、江夏费恭、琅琊诸葛京、汝南陈裕，即皆叙用，显现于世。"

这段话是说，西晋泰始四年（268）三月，武帝司马炎在京都洛阳华林园设宴招待蜀国大臣的子弟，当时，司马炎问蜀汉名臣后裔中适合任用者有哪些人？巴东太守罗宪（218—270）就向司马炎推荐了常忌、杜轸、寿良、陈寿、高轨、吕雅、许国、费恭、诸葛京、陈裕十个人，他们分等级得到了朝廷的进用，诸葛京也因此脱颖而出，从此走上了仕途。

当时，济阴郡（属兖州，治所在山东省菏泽市定陶区）太守文立（？—279）也向司马炎进言说："故蜀之名臣子孙流徙中国者，宜量才叙用，以慰巴蜀之心，以倾吴人之望。"

司马炎认为，这些建议很有道理，既利于国家量才用人，也有利于安抚人心，遂下诏说："诸葛亮在蜀尽其心力，其子瞻临难而死意，天下之善一也。其孙京随才署吏，后为郿令。"（见《三国志·蜀书·诸葛亮传》裴松之注引《晋泰始起居注》）

在巴东太守罗宪与济阴太守文立的一致推荐下，诸葛京完全得到了晋武帝司马炎的信任。这样一来，诸葛京"随才署吏"，在当地河东郡官府做了吏员（相当今天公务员）。由于他尽职尽责表现不错，才"后为郿令"，做了今陕西省宝鸡市眉县的县令。在职期间，诸葛京业绩显著，有目共睹。因此，尚书仆射山涛（205—283）又上书晋武帝司马炎说："郿令诸葛京祖父亮遇汉乱分隔，父子在蜀，虽不达天命要为，尽心所事，京治郿自复有称。臣以为，宜以补东宫舍人，以明世人之理，副梁益之论"。山涛希望为诸葛京加官晋爵，认为宜补任"东宫舍人"以安众心。后来，诸葛京被升迁为"广州刺史"。

在《三国志·蜀书·诸葛亮传》裴松之注引中出现了《诸葛氏谱》，简单记载了诸葛亮之子诸葛瞻、孙子诸葛尚与诸葛京第四代情况。南朝梁史学家刘校标（462—521）在为当时史学家刘义庆（403—444）所著《世说新语》

作注时，也引用了《诸葛氏谱》。

笔者认为，这个《诸葛氏谱》应是两晋谱牒之风盛行时编著的。这是因为，诸葛家族中的诸葛亮、诸葛瑾、诸葛诞分别在蜀汉、东吴、曹魏三国为高官，忠君爱国，身份显赫，特别是诸葛瞻、诸葛尚父子为国捐躯忠勇英烈可歌可泣，彰显了“一门三方为冠盖天下荣之”的名门风范，故有人编写了《诸葛氏谱》，何人所编，不得而知。就《三国志》等史志资料而言，诸葛京之后再无诸葛亮后裔的信息，成了一片空白。

1982 年 3 月，笔者在多次联络成都武侯祠、襄樊隆中武侯祠基础上，发起了“川、陕、鄂诸葛亮研究联会”，经过几十年的活动不断发展扩大，形成了由 20 多个省、市相关文博单位与大专院校、科研单位参加的全国性“诸葛亮学术研究联合会”，轮流在各地相关城市举办了多次研讨会，推动了地方的文化旅游产业与经济发展，在国内外有一定影响。

1985 年 10 月，第三届联合会在襄樊市召开，山东省临沂市一位代表公布了在临沂市发现的《全裔堂诸葛氏宗谱》，当时引起了与会专家、学者关注。但是，很快就发现这个《宗谱》错误和漏洞百出，经不起推敲，纯属后世伪造。所以，1987 年 10 月在临沂市召开的第四届研究联会上，被不少专家学者全面论证并且否定。诸葛亮后裔是否存在，依然是一个未解之谜。

1. 揭开诸葛亮后裔之谜的前后过程与相关宣传活动

1992 年下半年，笔者收到了一封来自浙江省兰溪市诸葛八卦村诸葛绍贤的来信，信中说：“我是诸葛亮的第五十代嫡传后裔，本名诸葛芳，字绍贤，今年已经 71 岁了，在兰溪市诸葛镇诸葛八卦村有明清时期祖先设计修建的八卦形庞大村落，现在还居住着诸葛亮第 43—54 代嫡传后裔 2500 余人。特别是，保留至今还有历朝历代经过了十六次修编的《诸葛氏宗谱》。这里古建筑十分有特色，大公堂是历代诸葛后裔祭先祖诸葛亮的纪念场所，很有代表性，刚刚整修完工。诸葛大公堂理事会由 22 名理事组成正式成立了，大家一致推荐我为理事长，村支书诸葛卸春为主任。为了探索寻找全国其他地方是否有诸葛亮后裔，我与山东省博物馆去信联系，他们将信转给了临沂市地方志办公室，地方志办公室又将信转给了诸葛亮出生地的沂南县黄疃村负责人孙元吉老先生。孙元吉回信说，他们那里没有一个诸葛亮后裔。为此，孙元吉先生推荐我与陕西省汉中勉县博物馆馆长郭清华联系一下，说你研究三国历史文化有影响，诸葛亮当年在定军山下屯军八年北伐曹魏，死后又遗命归葬在定军山下，后主刘禅下诏在这里修建了天下第一个武侯祠，看看你们那里有没有诸葛亮后裔。”

笔者是长期生活工作在武侯墓博物馆的负责人，接到这封信件以后，十分的震惊兴奋。这是因为，作为保护研究诸葛亮古迹文物几十年的专业工作人员，对诸葛亮的高尚品德堪称尊崇敬仰，情有独钟。关于诸葛亮嫡传后裔，自他的孙子诸葛京以后历史上一直是个谜团，没想到浙江省兰溪诸葛八卦村还有 2500 余人，但是，史学界都清楚诸葛亮生前根本就没去过今天的浙江省，那么他的后裔是怎样到浙江兰溪去生息繁衍的？他们经历了什么？虽然诸葛八卦村有经过十六次修编的《诸葛氏宗谱》，可是否经得起推敲考证？他们是不是货真价实的诸葛亮后裔？这都需要进一步深入考察研究论证。尽管如此，这绝对是个意想不到的天大好消息，拭目以待吧。

在这种情况下，笔者立即回信诸葛绍贤，表示对诸葛亮后裔非常的景仰，十分感谢他的信任，希望有机会带领诸葛后裔来汉中勉县武侯墓祠实地考察，祭奠先祖诸葛亮，共同进行交流，更希望提供相关资料，以便对《诸葛氏宗谱》及其后裔的真实性研究论证。与此同时，告知诸葛绍贤，汉中勉县定军山下有定军山镇、武侯镇，还有一个诸葛村，可是，根本就没有一个姓诸葛的，从来也没有听说过汉中一带有诸葛亮后裔。

除此之外，还告诉诸葛绍贤，今年 10 月，“全国第六届诸葛亮学术研究联会”将在成都召开，由成都市诸葛亮研究会举办，笔者可推荐绍贤先生携带《诸葛氏宗谱》赴成都参加第六届学术研讨会，把诸葛八卦村的诸葛后裔消息告诉学术界，希望引起共同关注。

1992 年 10 月，“全国第六届诸葛亮学术研究联会”在成都市召开时，兰溪市诸葛镇长胡正军带领诸葛村副主任诸葛方城、大公堂理事会理事长诸葛绍贤应邀参加了这次大会，诸葛绍贤在大会发言提出：“浙江省兰溪市诸葛镇诸葛村聚居着诸葛亮嫡传子孙 2500 余人，诸葛镇、诸葛村因此而名。诸葛方城是 49 代后裔，诸葛绍贤是 50 代后裔，诸葛大公堂理事会是诸葛亮后裔组织机构，已有 500 余年的历史。”

诸葛绍贤的发言，令全体与会代表震惊而受到关注，为此，《四川日报》《成都晚报》进行了报道，成都市相关领导和与会代表先后接见并且与其合影留念。但是，由于当时缺乏可靠证据，仅是自我宣传的一家之言，会后就风平浪静依然如故，只有《浙江日报》《金华日报》《钱江晚报》和《兰溪日报》先后分别作了报道，并没有在学术界和社会上产生大的影响。可是，他们申请加入了全国诸葛亮研究联会，同时申请下一届研讨会在兰溪市诸葛八卦村召开，得到了联会的一致同意。

成都会议结束后，胡正军、诸葛方城、诸葛绍贤三人首次前往汉中勉县的武侯墓、祠扫墓拜祭先祖诸葛亮，作为东道主和诸葛亮研究活动联络发起人，笔者热情接待了他们，进行了座谈交流，全程陪同他们的祭祖和考察活动，并且合影留念。

恰在此时，新华社西安分社新闻部主任、高级记者王兆麟先生与夫人来勉县拜访笔者，和诸葛绍贤一行首次见了面，请诸葛绍贤签字留念。在和他们的接触中，详细咨询了解诸葛亮后裔发展演变史，以及诸葛大公堂和《诸葛氏宗谱》的历史演变与现状。

诸葛绍贤，本名诸葛芳（1921—2005），字绍贤，是诸葛亮第五十代嫡传后裔。自幼读书，当过药店小学徒，自己开过药店。由于受到了诸葛后裔传统家风"不为良相，便为良医"的良好教育，一生忠诚敬业，勤勤恳恳，刻苦好学，学问渊博，为人处世温和谦恭，很受人敬重。

正因为如此，我们的相识，就把诸葛亮后裔研究探索推向了新高潮。从此以后，诸葛绍贤和笔者的书信、电话联系频繁，还特意寄来了《诸葛氏宗谱》部分复印件和相关资料。

笔者将这些资料反复研究分析后，基本搞清楚了诸

1992 年 10 月，诸葛绍贤一行在武侯墓合影。左起：武侯墓支书郭良础、诸葛方城、诸葛绍贤、胡正军、郭清华、侯素柏

诸葛绍贤给新华社主任记者王兆麟签字留念

诸葛方城、诸葛绍贤在武侯墓祭祖

葛亮后裔生息繁衍代代相传发展演变历史的来龙去脉。

首先，《诸葛氏宗谱》为八开线装20卷39本，民国三十六年（1947）最后一次修撰，当时的国民党要员陈果夫（1892—1951）和薛笃弼（1890—1973）为《诸葛氏宗谱》写了序。

最早的《诸葛氏宗谱》，是南宋绍兴甲寅（1134）蕤宾月（五月）第十九代后裔诸葛英修编的。该《诸葛氏宗谱》记载说：

始祖君贡，讳珪，东汉末为泰山郡丞，生三子：长瑾，字子瑜，仕吴左将军封苑陵侯。次亮，字孔明，仕汉丞相，谥忠武侯。三子均，为长水校尉，生平无传。瑾生三子，长融袭爵；次恪，字元逊，吴威北将军，封都乡侯，拜太傅，生三子，长竦、次绰、三建，皆无传。第三子乔，字松柏，拜驸马都尉，生一子攀，行护军翊武将军，生一子显，迁河东。亮生一子瞻，字思远，为汉行军都护卫将军平尚书事，其子曰尚、京，瞻、尚父子同日殉义。

京字行宗，为江州刺史，生子冲，字茂长，为晋廷尉；冲生子铨，为零陵太守；铨生规，为义阳太守；规生子颖，隋大业中为参军，加正议大夫、著作郎；颖生嘉会；嘉会生神力，职居文林郎；神力生纵，广德间为当涂县令；纵生良；良生爽，唐中和年间任中书门下平章事，擢检校司空；爽生仲芳；仲芳生二子浰、深，后周广顺二年岁次乙巳孟春，兄弟俱避兵燹渡江而南，深抵闽，浰抵越，寻迁寿昌棣村居焉。浰一子青，天禧二年复徙居砚山之后，以农桑起家，娶徐氏无出，遂纳叶氏生六子，葬西坞天马饮泉地形，户系上等，本贯严州府寿昌县任丰乡，鼎置衢严婺三州田产及九十余石。时明道三年癸酉，分析六子卜地异居，长子智八，讳承荫，居砚山后旧居间，生二子明、诜，明即英之父也。次仁九，讳承祐，徙居兰溪县太平乡，地名西诸，士农其间，登科入仕者如士曹，讳冯如，教授讳昕，癸未年榜登。第三子圣十，讳承载，居兰溪县太平乡，地名永间，子孙雅厚。先有讳安道者，治春秋而兴婺之乡焉。四子义十一，讳承晔，居泉山下，子孙衰落。五子忠十二，讳承咏，居前诸，子京任国子监助教，后多不传。第六子和十六，讳承遂，赘居绍兴府山阴县甲子巷王氏之家，皆诸葛姓，子孙多有入仕者。

据《诸葛氏宗谱》记载而知，诸葛英是诸葛亮第十七代后裔诸葛承荫之孙，第十八代后裔诸葛明之子，属第十九代后裔。南宋绍兴年间（1131—1162），诸葛英为抗金将领岳飞（1103—1142）军师统制（协助管理军队的高级参谋），岳飞被害后回家乡泉麓（今浙江省建德市）郁郁成疾，四年后因病而终。其子诸葛择，是岳飞二子岳雷的军师，官至兵部尚书（主管全国军事的主官）。

诸葛英是编写《诸葛氏宗谱》最早的人，他系统介绍了从第一代诸葛珪到第四代诸葛京以及后来各代生息繁衍聚居的基本情况，生平事迹清楚，大部分都有他们的嫡出、名讳、字号、婚配、子女和典型事迹记载，有根有据，填补了历史资料缺陷，原版至今保留在建德市后裔手中。随后，又经历宋、元、明、清与民国时期的 16 次专职修撰，完好无损地保存在诸葛八卦村，成为后来各派系认祖归宗的参考依据，具有可靠的历史资料性。

诸葛京是诸葛亮唯一的嫡传孙子，为诸葛亮后裔传承留下了根苗。其子诸葛冲，是东晋“廷尉”，他的女儿诸葛婉是晋武帝司马炎的夫人。

诸葛冲生子铨，为东晋“零陵太守”；诸葛铨生规，为“义阳太守”；诸葛规生子颖，为隋代“正议大夫”。五传至诸葛爽，在唐代“为司空、河南节度使”。他的儿子诸葛仲方袭其爵位，“并有贤声”。到了十五代孙诸葛浰时，为五代唐末，他从成都来到浙江宦游，先后为“绍兴令”（今绍兴市）和“寿昌令”（今浙江省建德市），卒于官任，成了浙江诸葛亮后裔的始祖。诸葛浰生子诸葛青，诸葛青又生子六人，分别是诸葛承荫、承祐、承载、承晔、承咏、承遂，因种种历史缘故，他们分别迁徙聚居在今天浙江省建德市、绍兴市、兰溪市、龙游县，从此在浙江一带生息繁衍，不断发展，延续到今天，人丁兴旺。

八卦村诸葛亮后裔以《诫子书》为家训，教育子女，传承武侯精神。他们的世传口号是“不为良相，便为良医”，所以，历史上诸葛亮后裔之中分布在全国各地的著名中医名师和药行、药店比比皆是，如崇文堂、崇行堂、崇忠堂、崇信堂、崇德堂、仁德堂、余庆堂、崇义堂、尚义堂、泰和堂、雍睦堂、尚礼堂、为政堂、积善堂、思仁堂、尚书堂、尚教堂、大公堂，这十八个属于公有的厅堂。除此之外，还有私人修建的十八厅堂。这些厅堂个个独具特色，很有文化内涵。

据调查，现在散居在浙江兰溪、建德、龙游、温州、绍兴、瑞安各地的诸葛亮后裔 8000 余人，而聚居在兰溪市诸葛村的就有 43—54 代孙 4000 余人，是诸葛亮后裔聚居最多的地方，尽管他们自己知道是诸葛亮嫡传后裔，也曾多次采取过各种方式对外联络和宣传，但是始终得不到社会的广泛承认和关注，所以，他们也只好默默无闻，顺其自然。

摸清上述情况后，出于对诸葛亮及其后裔的尊崇敬仰和职业的爱好，笔者于 1992 年 11 月上旬撰写了 1860 字的《诸葛亮后裔今何在》一文，简要介绍了发现研究诸葛亮后裔与《诸葛氏宗谱》全过程，首次向社会系统报告诸葛亮后裔聚居浙江兰溪市和他们以“十八厅堂”为主体的“诸葛八卦村”明清古建筑群体的消息。为了使这一报道能够立竿见影，在社会产生一定的宣传效果，笔者将稿件寄给了新华社西安分社新闻部主任、高级记者王兆麟先生，与他联手，以新华社“中文稿”和“英文稿”向国内外报纸杂志和广播电台转发此稿。

这是因为，王兆麟先生自 20 世纪 80 年代以来，多次以新华社名义向国内外报道过笔者在勉县的文物考古研究成果，比如：“东汉早期的稻田养鱼模型”、“东汉早期的四合院建筑模型”、刘备铸造的稀有货币“传形五铢”、在诸葛亮所筑“汉城”遗址出土的魏文帝曹丕“黄初七年”铭文弩机、诸葛亮北伐曹魏时期在汉中因地制宜开创的“冬水田模型”、体现诸葛亮当年在汉中“休士劝农”措施的“持锸农俑、军士俑”、在定军山下铸造的“扎马钉”、“勉县出土的一批汉代农田水利模型”等，其中不少是首次发现的国家孤品文物。这些文物通过新华社新闻报道后，都曾在国内外产生很大影响力，被学术界誉为我国“价值连城的国宝”，因此，勉县的珍贵文物先后应邀被国家借调赴日本、美国、英国、法国、德国、韩国、比利时、西班牙、意大利 9 个国家巡展，为国家争光创汇。从此以后，王兆麟与笔者就成了密不可分的好朋友，并且相约凡是新鲜稿件，一定要先寄给他看一看，有分量的稿件会通过新华社向国内外发新闻，介绍诸葛后裔文章也不例外。

王兆麟收到了笔者《诸葛亮后裔今何在》文章后，认为是一个具有轰动性效应的新闻稿，十分高兴，立即在 11 月 25 日、27 日连续两次在新华社“国内新闻”和“国外新闻”发稿。这样一来，《人民日报》《文汇报》《光明日报》《中国文化报》《中国旅游报》《今晚报》《新民晚报》《羊城晚报》《南方日报》《南方周末》《香港明报》《大公报》《澳门日报》等国内外百余家报纸杂志纷纷转载，全国各家省级报纸、广播电台相继刊载、播报。《中国日报》和中央人民广播电台也以中文与外文对外转播，宣传报道力度堪称是铺天盖地，使浙江省兰溪市诸葛八卦村的诸葛亮后裔一夜之间成为国内外关注的焦点和名城名地，人们不约而同地从四面八方纷至沓来，潮涌八卦村，或

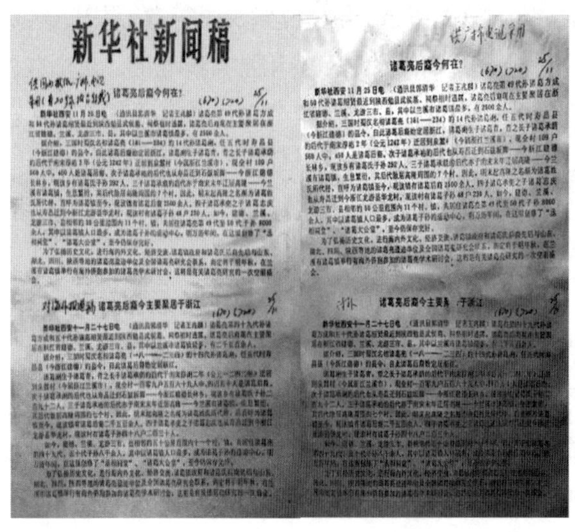
新华社新闻稿

诸葛亮后裔今何在?

诸葛亮后裔今主要聚居于浙江

观光考察，实地采访，或调查研究，联谊交友，争相一睹诸葛亮后裔的风采，想从诸葛后裔身上寻找中华民族人人尊崇敬仰的诸葛亮楷模形象之影子，同时也想进一步了解诸葛亮后裔的生存现状。

面对突如其来的井喷式旅游观光场面，兰溪市人民政府与诸葛镇、诸葛村根本没有任何思想和物质准备。欣喜中，他们立即研究，迅速采取应对措施，成立相应机构，接待国内外游人，同时制订发展规划，筹集资金整修八卦村古建筑和相关旅游设施，打造新的旅游环境。

1992 年 12 月 28 日，兰溪市人民政府与诸葛镇，邀请了相关部门以及金华地区的各界知名文化人士与新闻媒体，就如何借助诸葛亮名气以及诸葛亮后裔聚居地优势来开发利用当地历史文化资源，进一步促进当地文化经济与旅游产业发展，召开了专题座谈会。在集思广益基础上，会议决定，由诸葛镇牵头，诸葛八卦村负责收集整理诸葛氏族的文化史料，实施总体规划；在保护诸葛八卦村历史建筑与大公堂前提下，开发建设诸葛后裔聚居活动的旅游场所；充分发挥诸葛后裔中医药特长，开发生产益智食品、保健食品、特色药品与诸葛亮文化有关工艺品，可望把诸葛八卦村打造成为黄金旅游线上的明珠。特别是，要全力以赴做好首次举办全国第七届诸葛亮学术研讨会的各项筹备工作，借此平台宣传诸葛八卦村，扩大知名度（见 1992 年 12 月 20 日《金华日报》）。

1993 年 2 月 9 日，《兰溪日报》报道说，兰溪市人民政府已经正式公布诸葛八卦村为“兰溪市历史文化名村”。

1993 年 1 月，诸葛八卦村及其后裔信息铺天盖地在全国产生影响后，国家文物局古建筑专家组组长罗哲文（1924—2012）先生来到诸葛八卦村进行实地考察，他惊奇地发现，这里的明清古建筑纵向小巷呈放射状从里向外辐射，纵横连接如一张大蜘蛛网，形成了中国古建筑史、文化史的一大奇观。所以，他认为：“诸葛八卦村的九宫八卦式古建筑布局方式在中国古建筑史上尚属于孤例，应该看到，这是诸葛亮后裔对其先祖八阵图有意模仿和演绎，并非偶然的巧合。”为此，罗哲文极感兴趣（见《钱江晚报》1 月 25 日第 6 版）。

与此同时，清华大学也迅速派楼西庆、陈志华带领专家组两次前来诸葛村实地考察研究八卦村的明清古建筑群，在实测、绘图、摄影、记录以及座谈、查阅史料、分析研究基础上，一致认为它们的确在全国具有典型性，遂编制成为图文并茂资料上报国家文物局与国务院，并用中英文编辑出版向国内外发行，让中外都知道诸葛亮后裔亲手创造的中华民族不可多得的文化瑰宝。

1996 年，国务院正式将诸葛八卦村公布为“全国重点文物保护单位”，国家旅游局也批准诸葛八卦村为 AAAA 级旅游区。

诸葛后裔和八卦村从此火了起来，他们以旅游产业为支柱自我发展壮大，产生了很大的经济和社会效益。正因为如此，诸葛八卦村古建筑群与诸葛后裔成了国内外著名的聚焦点。

在此以前，诸葛亮后裔聚居兰溪诸葛八卦村的信息除当地部分人知道外，外界并不知晓。以“十八厅堂”为主体的明清古建筑群体为例，虽然建筑布局奇特、宏伟，但是过去大部分建筑因年久失修而破损不堪，连最神圣的诸葛大公堂也曾在“文化大革命”期间被作为牲畜圈和杂物仓库。

左起第一人为笔者

1993 年 10 月 13（农历八月二十八）至 15 日，“全国第七届诸葛亮文化研讨联会”首次在兰溪市召开，这一天恰好是诸葛亮逝世 1759 周年。由于笔者的《诸葛亮后裔今何在》宣传文章在国内外产生了巨大影响力，所以参会的人员剧增，超过了以前历届会议规模。来自全国 12 个省的专家、教授、学者达到 140 余人，收到论文 42 篇、专著 6 部。金华市、兰溪市主要领导都到会看望参会代表，不少新闻媒体也跟踪采访，主持这次会议的是兰溪市副市长包瑞田，会议的主题是研究诸葛亮及其后裔。

会议期间，代表们参观考察了诸葛八卦村与兰溪市内的古迹文物，以及诸葛后裔开办的相关企业，兰溪市政府还举办了诸葛后裔文化的大型演出活动。

正前方中间为笔者，右侧为《兰溪日报》主任记者胡新谷

参会期间，笔者受到了金华地区与兰溪市领导热情接见，他们十分感激笔者对诸葛后裔的宣传报道，当地的新闻媒体也跟踪进行采访。

会后，笔者应大公堂管委会的特邀，就诸葛亮后裔问题进行了专题座谈交流。与此同时，受大公堂理事会的邀请，笔者为大公堂题写了“汉相苗裔”与“武侯遗风”匾额，同时还题书了楹联两副，内容是：

其一：嫡孙安在，诸葛遗风留古镇；忠魂犹存，武侯灵爽护宗祠。

其二：出阳都，隐襄阳，受命蜀汉，归葬定军，武侯史迹著中华；

　　任寿昌，徙高隆，繁衍婺州，聚居兰溪，诸葛苗裔在斯地。

正因为如此，1993 年 10 月 16 日的《兰溪日报》跟踪采访，作了专题报道。

1994 年清明节，诸葛亮后裔在武侯墓首次举行祭祖仪式

1994 年清明节期间，为了隆重纪念诸葛亮逝世 1760 周年，在勉县委县政府全力支持下，笔者在武侯墓举办了规模宏大的武侯墓清明文化庙会，并且与国家邮政部门合作，在武侯墓举办了“全国集邮联展”，还特意设计印制了 24 种定军山、武侯墓、天下第一武侯祠邮票与邮品，举行首发式，特邀全国著名邮品设计大师邵柏林、陈全胜来武侯墓现场签字发售邮品。

与此同时，还特邀诸葛后裔 48 代孙诸葛卸春为团长、50 代孙诸葛向华为副团长，组团 10 人专程来武侯墓，配合清明文化庙会活动，首次向世人展示了隆重的祭祖仪式，新华社、中央电视台、中央人民广播电台、《人民日报》等 36 家新闻媒体驻会向国内外发布信息。来自全国各地观众达 20 余万，人们争相一睹诸葛后裔风采并与他们合影留念，排长队请诸葛后裔和邵柏林、陈全胜签字发售邮品，给世人留下了深刻的印象。

1997 年 10 月，兰溪市又一次举办了“全国第十届诸葛亮学术研讨会”，参加这次会议的有 12 个省市专家学者以及有关诸葛亮文物保护单位与部分大专院校共计 120 余人，大会收到三国文化、诸葛亮后裔和地方历史文化研究论文 74 篇、专著 4 本。主持这次会议的是兰溪市诸葛

亮研究会会长、副市长包瑞田。会后，由包瑞田、徐国平、何百川编著了《十论武侯在兰溪》论文集；1998 年 8 月，由浙江大学出版社出版。

1999—2003 年，笔者在多次实地考察研究基础上，先后编辑出版了《诸葛亮后裔之谜》和《诸葛亮后裔》两本图书，由陕西旅游出版社出版全国发行，系统宣传介绍了诸葛亮后裔信息的发现、研究、《诸葛氏宗谱》概况、诸葛后裔传承的因果关系、他们的过去与现在概况、诸葛后裔中的名人学者、八卦村古建筑特点、大公堂及十八厅堂、中医药店铺的由来与文化内涵、诸葛后裔的祭祖仪式等，以此推介诸葛八卦村古建筑特点与诸葛后裔的影响，深受读者喜爱，为传播诸葛亮文化以及诸葛亮后裔家族文化与八卦村知名度，做出了应有的贡献。

2004年5月下旬，兰溪市委、市政府为拓展诸葛文化，推动地方文化经济特别是旅游业再掀新高潮，特邀全国四名专家进行实地考察座谈，希望为八卦村提供可行性发展规划思路。

笔者认为，诸葛八卦村属于明清时期古建筑，在全国有它的独特性，已经定型，是国务院重点文物保护单位，只能够因地制宜保护，发挥优势进行利用，带动地方文化旅游经济发展，遵照国家的《文物保护法》，不可能进行改造或者新建任何项目。

但是，诸葛亮一生忠君爱国，勤政廉洁，是中国历史上第一个自报家产接受监督的官员，完全可以在八卦村举办相应的陈列展览，宣传介绍诸葛亮勤政廉洁思想，增加文化内涵与观瞻视野，潜移默化教育广大干部和青少年以及游客，达到启智育人有助风化的良好效果，将会很有现实意义。

这个建议，得到了与会代表和当地党政领导一致赞赏。因此，特邀笔者撰写了《从武侯遗命薄葬看诸葛亮廉政思想及对后世的影响》万余字文章，以此全面展示诸葛亮勤政廉洁思想，教育广大干部要廉洁党政党风，教育青少年学习诸葛亮爱国爱家，淡泊明志务实向上，才能够成为国家栋梁之材。与此同时，也体现了诸葛后裔的思想理念。正因为如此，诸葛八卦村被国家相关部门确立为全国首家“诸葛亮勤政廉洁教育基地”与“青少年教育基地”。

2005 年夏天，笔者以中央电视台“特聘顾问与访谈专家”身份，特邀中央

图左起诸葛村办公室主任、央视摄影师张学国、摄制组组长茹洪江、村委会书记诸葛坤亨、笔者郭清华

电视台“走近科学”栏目摄制组到诸葛八卦村，策划拍摄了科教节目专题片《寻找诸葛亮后裔与八卦村》，在国内外播放，再次为宣传诸葛后裔做出了一定的贡献。

2007 年清明节期间，汉中市人民政府在武侯墓隆重举办第七届“中国·汉中·诸葛亮旅游文化节”，笔者撰写的《定军山》四集电视专题片恰好被中央电视台《百科探秘》摄制组在勉县定军山、武侯墓、天下第一武侯祠开机拍摄。借此时机，笔者又特邀诸葛坤亨为团长组团来勉县武侯墓祠进行祭祖活动，受到了各界人士的普遍关注与好评。

2007 年 10 月，兰溪市举办了全国第十五届诸葛亮学术研讨会，来自全国各地联会代表、文博单位以及部分科研单位、大专院校的专家、学者百余人，收到论文 83 篇、专著 6 本，主持这次会议的是兰溪市诸葛亮研究会常务副会长兼秘书长徐国平先生。这次的会议主题是“诸葛亮与诸葛家族文化”。会后，由徐国平、诸葛坤亨编著了《诸葛亮与诸葛家族文化》论文集；2008 年 9 月，由吉林人民出版社出版发行。

2009 年清明节期间，武侯墓清明文化庙会升格为陕西省旅游局与汉中市人民政府主办、勉县人民政府承办的“中国·汉中·诸葛亮文化旅游节”，为此，陕西省委省政府、省人大、省政协，及汉中市与勉县相关领导参会致辞祝贺，数万各界群众潮涌武侯墓参观游览，声势浩大，各种摊位、店铺、小吃、杂耍、电影、戏剧助兴，不少新闻媒体也现场进行报道。为此，笔者再次特邀诸葛坤亨为团长组团来勉县武侯墓表演祭祖活动，进一步向广大人民群众展示了诸葛后裔虔诚敬祖朝宗风采，弘扬了诸葛亮文化，

影响深远。

2016 年 9 月，兰溪市举办了全国第二十三届诸葛亮学术研讨会，会议主题是“诸葛亮思想文化及其后裔研究、诸葛亮古迹文物与旅游开发建设研究”。出席会议的有来自全国各地专家、学者 120 余人，主持会议的是兰溪市诸葛亮研究会。会议期间，诸葛亮后裔表演了隆重的祭祖仪式，这是 2014 年 11 月文化部公布浙江兰溪“诸葛后裔祭祖为第四批国家级非物质文化遗产”的代表性项目，今年正好是诸葛亮逝世 1782 年，与会代表全体参加，全国三国文化胜地武侯遗迹地和部分诸葛后裔聚居地都派代表前来参加，显得十分隆重。

会后，由倪金谷、诸葛坤亨、徐国平编著了《第二十三届全国诸葛亮学术研讨会论文集》；2018 年 9 月，由团结出版社出版发行。

今日的诸葛后裔和诸葛八卦村早已中外驰名，成为浙江省乃至全国著名的旅游胜地。为此，诸葛村后裔说：“我们能够有今天，世世代代都不能忘记郭清华与陈志华这二华。”他们认为，如果没有郭清华当年那篇《诸葛亮后裔今何在》揭秘报道文章向国内外的报道宣传，就不可能使八卦村与诸葛后裔在社会产生广泛深远的影响，引起国内外关注而成为国家 AAAA 级旅游胜地。因此，他们称郭清华为诸葛后裔的“恩公”。如果没有陈志华实地考察和认可，八卦村明清古建筑群体就不可能被国务院公布为“全国重点文物保护单位”而引起各级重视并且迅速发展。所以，陈志华也是诸葛后裔不能忘怀的恩人。

笔者认为，我们不应该忘记的人还有诸葛绍贤与王兆麟先生。试想一下，如果没有诸葛绍贤书信寻找诸葛亮后裔，就不可能认识沂南县孙元吉老先生；没有孙元吉老先生建议，诸葛绍贤就不会给勉县博物馆去信，也就不可能认识馆长郭清华。没有郭清华举荐，诸葛绍贤一行就不可能参加全国第六届诸葛亮学术研讨会对外宣传诸葛亮后裔的信息；没有郭清华邀请诸葛绍贤一行到勉县的武侯墓祠首次祭祖和座谈交流，就不可能萌发郭清华深入研究论证诸葛亮后裔的想法；没有诸葛绍贤给郭清华多次书信联系邮寄相关资料，郭清华也就写不出《诸葛亮后裔今何在》的文章；如果没有新华社高级主任记者王兆麟先生的大力支持与配合，而仅仅是某一个报纸一般性新闻报道，就不可能产生国内外媒体铺天盖地的宣传效应。因此，作为诸葛八卦村的诸葛亮后裔，虽然说“世世代代都不能忘记二华”，可是，同样还应该记住已故的五十代后裔诸葛绍贤先生和新华社高级主任记者王兆麟先生，永远都不能够忘本。

大家都十分清楚，当年，诸葛亮就是为了感谢刘备的屈尊三顾茅庐而制定了《隆中对策》，在刘备恳请之下才毅然决然出山，赤胆忠心地为刘备出谋划策，促成孙刘联盟共同抗曹的统一战线，赤壁之战后才使刘备有了荆州四郡立足之地。随后又协助刘备定益州、夺汉中，设坛称“汉中王”，最终建立了蜀汉帝业，这都是诸葛亮的报恩思想所致，传为历史佳话。

白帝城托孤时，刘备的“君才十倍曹丕，必能安国，终定大事。若嗣子可辅辅之，如其不才，君可自取”这一席话，感动得诸葛亮痛哭流涕，决心要“竭股肱之力，效忠贞之节，继之以死”。从此承担了全力辅佐后主刘禅的责任重担，竭尽全力公正无私地协助刘禅处理朝政，因地制宜发展经济，不辞劳苦亲自南征平叛，又率领军队五次北伐曹魏，死在了五丈原军中。

诸葛亮的一生忠君爱国，勤政廉洁，鞠躬尽瘁，死而后已，这完全是为报刘备的知遇之恩和尽白帝城托孤之忠而尽职尽责，因此才在历史上留下千古美名，成为中华民族世世代代尊崇敬仰的楷模与典范。

自从诸葛八卦村后裔在国内外著名以后，他们就决心“写诸葛亮文章，唱诸葛亮戏，挖掘诸葛亮及其后裔的古文化，兴诸葛亮后裔的旅游业”。为此，他们成立了“诸葛旅游发展有限公司”，制定了发展规划与实施方案。

与此同时，还东渡日本，在东京召开了诸葛亮后裔新闻发布会，东京的 23 家旅游公司老总参会，东京电视台进行了报道，取得了良好效果。

除此之外，他们又组织了 200 多名诸葛后裔分别去上海、杭州、广州进行自我宣传，以便让更多人了解诸葛八卦村与诸葛后裔。

除了上述集体宣传形式之外，诸葛绍贤老先生也闲不下来了，他先后收到了不少国内外信件与邀请，对他进行专题采访，特邀他进行交流作报告。

日本福冈市《三国演义》学会负责人师村妙石先生，是中国杭州西泠印社和上海中国画院的名誉会员，曾经编著出版了《三国志语言浪漫》一书。1995 年 11 月，他通过日本驻华领事馆和浙江省外事办，欲寻找一位诸葛后裔撰写兰溪诸葛村概况，字数在千字以内，要求在两天中完成任务，最后找到了诸葛绍贤执笔撰文，文章收到后，师村妙石先生十分满意。

1996 年 3 月，师村妙石先生特地从日本来到杭州，首次特邀诸葛绍贤去日本参加 6 月份在神户市举行的《三国演义》研讨会，76 岁的诸葛绍贤因为身体欠佳不能够前往，只好由另一位诸葛后裔去了日本。

诸葛绍贤与师村妙石先生合影留念

1997 年 6 月，师村妙石先生第二次来到杭州，特邀诸葛绍贤去日本，还是因为身体不佳不能够前往，师村妙石先生十分遗憾。

诸葛绍贤与日本各界学者合影留念

1997年11月，师村妙石先生第三次来杭州，邀请诸葛绍贤去日本讲学，诸葛绍贤欣然答应次年开春后前往。1998年4月16日，在女儿五十一代后裔诸葛丽华的陪同下前往日本神户市。为此，师村妙石先生还对日本朋友开玩笑地说："请绍贤先生就像请他祖先诸葛亮三顾茅庐一样的，请了三次才成功地来到了东瀛。"访日期间，诸葛绍贤在师村妙石先生的陪同下先后访问了大阪、广岛、北九州、神户、福冈五大城市，受到了日本各界学者的热情欢迎和接待，在一起合影留念。

1996年6月，诸葛绍贤又受中央电视台邀请，去无锡"三国城"参加文艺活动，邀请诸葛后裔、孙权后裔、周瑜后裔每家祖孙三代人参加，诸葛绍贤与女儿、侄子有幸一起参加，"三国城"总经理接见了他们，大家欢聚一堂过了一个愉快的儿童节。

诸葛绍贤、孙北强、周柏泉合影留念

在文艺演出中，总经理还亲自发给三家荣誉证书，承认诸葛后裔、孙权后裔、周瑜后裔永远都是三国城的"荣誉市民"称号。周瑜的后裔周柏泉在南京，孙权的后裔孙北强在浙江富阳，这些都是诸葛绍贤通过朋友介绍找到的，他们一直有书信往来，成为忘年交。因此，他们在一起合影留念。

三国影视城总经理给诸葛绍贤发证书

2005年12月26日，诸葛绍贤在弥留之际给他外孙何皓洲交代说："你要千方百计找到郭清华先生，要与他联系，他是我们诸葛亮后裔的恩公，如果没有郭清华的文章向国内外宣传报道，就没有我们诸葛后裔与诸葛八卦村今天的兴旺发达。因此，我们诸葛后裔要永远记住，不可忘怀。"

为了继承外公诸葛绍贤一生尊崇敬仰祖先诸葛亮的意志，何皓洲毅然决然放弃了在家乡温州市的舒适生活与高薪待遇，辞职回到了兰溪诸葛八卦村老家，将舅舅留下来的祖屋进行重新装修，恢复开办了有几百年历史的"淡明轩"堂号，门匾"淡明轩"三个字还是蒋介石机要秘书、国民党组织部部长、教育部部长陈立夫当年亲笔所题。

"淡明轩"集风味小吃、住宿、品茶、咖啡于一体，为诸葛八卦村的旅游业配套服务。值得说明的是，这里室内还收集展示了不少有关诸葛亮文化以及诸葛绍贤的相关图书、图片等介绍资料，使游客在旅游休闲中得到了文化熏陶。

何皓洲牢记外公诸葛绍贤遗嘱，通过互联网找到了笔者的联系方法。2018 年 3 月初，最终与笔者取得了联系。

当知道何皓洲是诸葛绍贤的外孙后，笔者十分高兴，但是，当时正在日本旅游，于是就风尘仆仆赶到上海见面交谈。3 月 6 日，何皓洲特意从兰溪赶到上海与笔者见了面，我们如同故友重逢，热情洋溢地谈论了两个多小时，言犹未尽，合影留念，从此以后，我们就成了好朋友。

笔者认为，今天国内外人士之所以趋之若鹜潮涌诸葛八卦村参观考察，并不是这里明清古建筑与居住的老百姓有什么特别吸引力，主要是为向往古今中外著名的诸葛亮而来，诸葛亮虽然已去世 1700 多年，可是他名垂青史，誉冠古今，是人们学习效法的楷模与典范，被世世代代尊崇敬仰。所以，大家把对诸葛亮的思念情感，完全寄托在诸葛后裔身上，很想从后裔身上寻找到诸葛亮高尚道德情操风范相关事迹，体现诸葛亮人格魅力，看到诸葛亮的影子，了解诸葛亮后裔的真实生活与工作面貌，能够得到启发受益而不虚此行，这应该是大多数游客不可言表的心态。实事求是地说，诸葛后裔虽然很普通，可国内外知名，令世人刮目相看，这主要是诸葛亮的影响力给予了诸葛后裔的荣耀与风采，这是不可否认的特定含义。正因为如此，诸葛亮后裔的一言一行、待人接物、思维方式都要时时处处向先祖诸葛亮学习，继承先祖诸葛亮的忠诚、勤政、廉洁、睿智、高尚道德情操与风范，继往开来，严于律己，借以传播弘扬中华民族优秀传统文化，给国内外游客留下深刻的印象，让全世界都永远铭记诸葛亮和诸葛八卦村的诸葛亮后裔。

2. 诸葛八卦村的古迹文物

诸葛八卦村地处浙江省金华市所辖兰溪市诸葛镇，海拔 61—69 米，距离兰溪市区 17 公里，距离金华市 45 公里，距离杭州市 188 公里，距离龙游市与建德市都是 32 公里，330 国道从村中经过，南面、北面都有高速公路。自古以来，这里就是当地的交通要冲。

特别是，村西北 5 公里接龙游市志棠镇，中途要穿过建德市里叶村，因此，诸葛八卦村历来就有“一家饭熟三县香”和“一脚踏三县”的说法。

据《诸葛氏宗谱》记载说，这里的诸葛亮后裔是五代唐末（约 930）第十五代孙诸葛浰从成都到浙江宦游，先为绍兴（今浙江省绍兴市）县令，后改任寿昌（今浙江省建德市）县令，卒于官，葬在了寿昌的锡山，这就是诸葛亮后裔来浙江的始祖。

南宋时期，第十七代孙诸葛承载迁徙到高隆（今兰溪市诸葛镇），生息繁衍，人丁兴旺，因此，明代高隆遂被诸葛姓氏取代而称为诸葛镇。

俯视诸葛八卦村全貌

诸葛八卦村，是元代至元年间（1271—1294）第二十八代孙诸葛大狮以先祖诸葛亮九宫八卦阵布局详细规划而营建的村落。从此以后，诸葛亮后裔便聚族于斯，瓜瓞绵延。明代后期，形成一定规模的独特建筑村落，人口众多。经过历代的多次扩建、维修，就形成了今天九宫八卦形布局的庞大村落，总面积达到了 6 万多平方米，总体看是一个完整的八卦太极图。

村落地形跌宕起伏，建筑布局结构严谨独特，错落有致，十分合理。

村中水塘波光粼粼，竹木茂盛，巷道纵横，神秘莫测，独具特色。

村中的古建筑厅堂、民居形制多而质量高，宗祠规模宏大。各种建筑的木雕、砖雕、石雕工艺精湛，建筑结构丰富而显得十分豪华，如今的八卦村房屋，属于明清时期建筑风格。

在村落的中心部位，有一个圆形的“钟池”，一半是水塘，一半是陆地，构成了八卦太极图的“阴阳鱼”核心。

根据《易经》东南为阳，西北为阴及“天圆地方”的说法，水塘边缘为圆形，陆地边缘为方形，“太极图”阴阳鱼的位置在“钟池”水塘与陆地相对应的地方各凿一眼井，分别象征阴阳鱼的眼睛，设计别具匠心，巧妙精良，堪称一绝。

以“钟池”为核心，有八条狭窄主巷道从这里的中心呈放射状伸向四面八方，它们之间似连非连，似通非通，似闭却通，千门万户，面面相向，背背相承，巷道纵横，深邃莫测。

所有建筑因其地势错落有致，层层叠叠，纵横交错，有主有次，有序不乱，虚虚实实，特色鲜明，形成了一张庞大的九宫八卦形蜘蛛网，宛如神奇难解的迷宫阵。若是陌生人进村，常常不得其道而难以出入，假如盗贼至此，只能束手就擒。有趣的是，村外恰好有八座小山一周环抱，从外面根本就看不见八卦村。

八卦村所有的建筑群体一律是高大白墙，灰色青瓦，既有中国传统古建筑园林的风格，又突出体现了“青砖灰瓦马头墙，肥梁胖柱小闺房”的江南庭院民居特点，建筑秀美，成了中国建筑史与文化史上的一个奇观。

在八卦村的建筑群体中，最为突出的是明清时期诸葛后裔先后修建的公有“十八厅堂”，集中体现了他们决心继承先祖诸葛亮的高尚思想品德，并且代代传承，启迪后世，它们是：

崇文堂、崇行堂、崇忠堂、崇信堂、崇德堂、仁德堂、余庆堂、崇义堂、尚义堂、泰和堂、雍睦堂、尚礼堂、为政堂、积善堂、思仁堂、尚书堂、尚教堂、大公堂。

除此之外，还有诸葛后裔私人因地制宜先后修建的“十八厅堂”，有的是为了光宗耀祖而修建的祠堂，有的是修建的中医药店名，有的是园林名称，它们是：

春晖堂、行原堂、射堂亭、高明楼、大经堂、日新堂、小宗祀、大伦堂、始基堂、光大堂、光裕堂、光启堂、佑启堂、光玉堂、绪新堂、滋树堂、三荣堂、太元堂。

据《诸葛氏宗谱》与《诸葛村志》记载，诸葛亮后裔中人才辈出，仅明清时期就有进士 12 人，举人 11 人，贡生 43 人，出任知府、知县的 10 人，出任州、府教授、训导、教谕的 16 人，受到朝廷敕封的 21 人，受到褒奖而载入史志的近 200 人。宗族为了纪念与褒奖这些业绩显赫的后裔，才先后修建了公有“十八厅堂”和私有的“十八厅堂”，以示光宗耀祖。

特别是，明英宗朱祁镇正统四年（1439）为第三十二代后裔诸葛彦祥（1393—1447）在天下灾荒、饥民成群的情况下，慷慨向政府捐献粮食 1121 石（一石约合今 75 公斤，共计 84075 公斤）而赈济灾民，受到了皇帝的嘉奖，御赐“敕旌尚义之门”匾额及《圣旨》，官方为此竖匾修建了大公堂。

除此之外，还有嘉靖二十五年（1547）三月十八，世宗皇帝朱厚熜又给殿试第三名进士诸葛岘（1508—1547）封给事中，因为他“忠直敢言，不图名利，留心边务，荐贤举能，弹劾奸佞，正气浩然”而因此封及父母、妻子；清嘉庆元年（1796）正月初一，皇帝因护境赈灾有功荣封诸葛诰（1738—1799）父子二代；嘉庆二十一年（1816）十二月十二，皇帝再次荣封奉直大夫诸葛蓉（1761—1817）三代。民国以来接受国家高等教育而在全国各地各行各业就职工作的有 300 余人，担任重要职务的有 100 多人。

“不为良相，便为良医”，这是诸葛后裔写进《诸葛氏宗谱》的祖训，因此历来就有“徽州人识宝，诸葛人识草”的盛誉，仅诸葛八卦村就有中医药店铺十余家。

明清以来，诸葛后裔先后在全国各地包括香港地区开设的著名中药店铺就多达 30 余家。如裕康、实裕、文成、裕兴、裕德、箕芝、泰兴、祥源、天生堂、天福堂、同庆、天一堂、益生堂、保寿堂、德成、德兴堂、福善堂、永生堂、义丰、生生堂、太和堂、集丰、延寿堂、聚合堂、聚德堂、春雨堂、春山堂、恒善堂、颐生堂、祥源、宏茂等，这在当时都是知名度很高的中医药店铺。

在这些医药店铺中，各家都有药切、药文、药谜、药名诗歌、汤头歌诀、药名《祭文》。除此之外，到处还可以看见一些直接与中草药有关的楹联，例如：

附子牵牛耕熟地；槟榔贝母过常山。

红娘子推窗望月；白头翁闭门防风。

娃亲无论生熟地；仿古犹闻霍木香。

避暑最宜淡竹叶；伤寒尤妙小柴胡。

车前草，夏枯草，冬虫草，百草皆为药；

金银花，山菊花，茉莉花，三花可当茶。

白头翁持大戟跨海马与木贼草蔻战百合，旋覆回朝不愧将军国老；

红娘子插金簪戴银花比牡丹芍药胜百倍，芙蓉出阁宛若云母天仙。

值得一提的是光绪三十一年（1905），第四十七代孙“天一堂”创始人诸葛斐斋因病死于香港，移柩还乡安葬，族人诸葛峻用64味中药名称撰写了《祭文》，成为后世佳话。全文如下：

呜呼！秋**桂枝**高，痛泣**威灵**仙去；冬**桑叶**落，更悲**子不留行**。恭维我兄斐斋公者，禀性**光明**，持躬**厚朴**；**细辛**处事，**苦楝**成家。成**大腹**之能容，亦**合欢**而有庆。只为**潼关**失怙，**苦丁**慈父之忧；于焉**浮海**经商，**甘遂**劳人之驾。迨至业精**百草**，利获**千金**；**新会**朋侪，**当归**故里。**余粮**满石，有时则润及**慈姑**；**益智**多仁，至此则苦尤**知母**。骨**肉果**团圆以序乐，弟**昆布**慈惠以无私。宜乎**宝树**联辉，**五加**其一（斐斋有六子）；**银花**叶瑞，**二妙**成双（斐斋有二女）。有事**必不**违心，随遇**自然**得意者也。胡意平生**急性**，留毒**归身**。病起**无名**，吞吐未能**活络**；医诚**没药**，肿痛盖以**连须**。百草徒煎，**千年**难**健**。帐登仙於**紫苑**，徒洒泪於**清风**也乎！兹际**梅**开**绿萼**，橘皱**丹皮**；律转**阳春**，期当**望月**。驾而车於**熟地**，借巢穴於**原枝**。吊客**连翘**，哀声**续断**。范等**密蒙**友爱，**薄荷**教言；叹**栀子**之云亡，悲**使君**之不见。歌兴**薤白**，卿呈**竹叶**之觞；服带**麻黄**，有感**荆花**之谊。望**车前**而洒泪，束**蒿本**以为刍。血献**仙茅**，香供**白檀**一炷；露擎**佛手**，酒斟**红曲**三杯。**神曲**有歌，**公英**来格。

堂弟：范等奠。

以上录自《诸葛村志》第七章之第六节“中药文化”第215、216页；《诸葛氏宗谱》卷十八第三本之中也有记载。文字之中加黑的，全部是中草药药名，堪称中华民族唯一用中草药名写的绝佳《祭文》。

上述公、私三十六厅堂建筑形式古朴典雅，各具特色，各有内涵，它们都以“大公堂”为核心分层次有序地环绕在一周，千门万户的各种经营门店鳞次栉比，成为热闹非凡的集市，加之花池、水榭、园林、花草树林与亭台楼阁的点缀，简直把八卦村装点得如人间仙境一般。

在诸多的建筑中，最值得介绍的是“大公堂”与“丞相祠堂”，它们都始建于明朝万历年间（1573—1620），属于整体建筑的核心，有一定的典型代表性。

“大公堂”位于八卦村中心的“钟池”北面，坐北向南，前后有五重建筑，占地面积700平方米，是诸葛后裔联络活动的核心场所。

“大公堂”大门是歇山顶重檐式仿古建筑门楼，高达10米，大门正中高悬明代正统四年（1439）英宗皇帝朱祁镇（1427—1464）御赐给第三十二代孙诸葛彦祥的金匾“敕旌尚义之门”和《圣旨》。

大门两侧的白色墙壁上有高达两米见方的“忠”“武”两个楷书黑色大字，十分醒目。“忠武”是封建社会的最高封号，颂扬诸葛武侯忠君爱国、经国济民思想的高风亮节，显得十分神圣而肃穆庄重，使人崇敬之心油然而生。

据《诸葛氏宗谱》记载，正统初年，灾荒严重，老百姓难以生存，诸葛彦祥主动捐献出粮食1121石赈济灾民，百姓感恩，官方褒奖，英宗皇帝朱祁镇因此下诏御赐金匾保存至今。

大门里面是三开间、三进深明堂，雕梁画栋，粉壁白墙，数十根悬挂楹联的黑漆方柱在中轴线两边整齐对称排列，一路延伸，形成了一道深深的柱廊直达后堂，给人以深邃、庄严、厚重之感，别具特色。

二进是大厅，有“三顾茅庐”彩绘屏风，两侧墙壁上彩绘有“舌战群儒”“七擒孟获”“草船借箭”“白帝城托孤”四幅巨型壁画，图文并茂，展示诸葛亮的雄才伟略与丰功伟绩。

三进的屋顶上方高悬有“大公堂”匾额，用笔流畅，书法遒劲，耐人寻味，这是中央电视台副台长、书法家洪民生所题书。其下的四扇堂门上有诸葛亮《诫子书》全文，言简意赅，字字珠玑，对于后世，特别是青少年有很大的启迪与教育意义。

四进属于天井式庭院，院中有古朴典雅的亭阁和清澈的水池，环境清幽雅致。两边分别是“老年人协会”和“青少年活动室”，显得十分宁静与协调。

后堂正中高悬着诸葛亮画像，四壁有《武侯公生平传略》与《诸葛氏各代系统一览表》，同时还有“勋高管乐”等匾额以及楹联，莫不使人肃然起敬。

“丞相祠堂”，在“大公堂”东南约100米处，占地面积1400平方米，有钟楼、鼓楼、厢房、正厅等房舍52间。

“丞相祠堂”大门为三开间，都有四扇木门，门虽开可并不直接与外道相通，而是以一道墙代替照壁，在左右两边的侧门供人出入。大门正中，高悬“丞相祠堂”匾额。

进入大门，门屋与左右两庑及后面的正殿形成了一个“口”字形，中间造成了一个高大而华丽的中庭。中庭建造在约1米高台基上，屋脊高10米，歇山顶，飞檐翘角，面阔五开间，进深三开间，全部敞开。中庭由松、柏、桐、椿四根直径0.5米的大木柱支撑，取意“松柏同春”。廊檐用青石方柱，坚固而美观。

后面的正殿正中有神龛，设“武侯公灵位”与诸葛亮坐像，两侧还供奉有诸葛亮后裔中的“乡先贤达”与“忠孝义烈”者神位，岁时祭祀不辍。

“丞相祠堂”，是按照每年一小祭、三年一大祭的家族传统进行祭祀的，诸葛后裔们在每年的农历四月十四与八月二十八进行祭祀，是隆重纪念诸葛亮诞辰与逝世举行活动的场所，也是诸葛八卦村重要的古建筑之一。

3. 诸葛后裔的祭祀礼仪

据2013年1月，西泠印社出版发行的《诸葛村志》第370页第十三章“礼仪”记载说：

据《高隆诸葛氏宗谱》载，明朝嘉靖皇帝给河南南阳忠武侯庙有《敕赐忠武侯庙祭文祭品》一文，文中有春祭用次丁日，秋祭用八月二十八日，是为两祭。旧时，有德有功可为百世之式的人，朝廷均规定祭祀法，一般为一年一祭，极少数特别杰出人物一年为春、秋两祭。诸葛村祭祀先祖诸葛亮就遵照此两祭规定，春祭定为农历四月十四，一直沿袭至今。

正因为如此，诸葛亮诞辰祭祀日是四月十四，八月二十八是诸葛亮忌日。

所以，诸葛后裔们每年农历四月十四与八月二十八祭祀先祖诸葛亮礼仪都是十分完备而庄重的。

事前，首先要悬挂诸葛孔明出山时的画像，画像前要设置神位桌与香案桌，准备好祭品与祭器。

祭器有高烛台、檀香炉、酒壶、爵、杯、盘、筷等。祭品有圣猪一口，装在木架上，身上插状元花；圣羊一只，装在木架上，身上插状元花；三牲一副（全鸡一只，双刀肉一块）；馒首一盘；索面一盆；糕点四盆；水果四盆；猪肝一盆；粉条一碗；米饭一碗；茶花一朵；生羊血一碟内放羊毛一束；黄酒三杯；茶一杯；纸帛；香一束；红烛二对；檀香若干；告繇文一篇；祭文一篇；鼓乐队与鞭炮爆竹。

《高隆诸葛氏宗谱》记载《四月十三日夜大公堂忠武公告繇》全文如下：

年月日，恭逢从祀文庙汉丞相武乡侯领益州牧谥忠武公，始祖考诞降吉期，谨备粢盛，预告于神位前曰：水源木本，追远宜诚，螽（zhōng）衍瓜绵，酬恩倍切，矧（shěn）此孟夏清和之良夜，正值始祖华诞之前期，虽献颂跻堂，自昔已隆荐享，而称觥上寿，于今更肃明禋，爰展悃忱，先申庆祝，谨告。

祭祀人员有主祭一人，由德高望重的老人担任；引祭二人；内外执事各二人；司仪一人；读祝一人。四月十三日夜，要向祖宗祭拜，预告祭祀典礼事宜。

四月十四日祭祀大典时，来自全国各地的诸葛亮后裔代表齐聚兰溪诸葛八卦村，与全村诸葛后裔一起，在丞相祠堂以明代古礼隆重祭祀先祖诸葛亮，仪式由家族中有威望长辈主持，需完成升炮、序立等 15 道程序。

迎会队伍由 300 多名诸葛亮后裔组成，以书有“蜀汉丞相武乡侯诸葛”的

纛旗（dào qí，古代军队里的大旗）作为祭祖队伍的先导，由先锋号角队、行军鼓队、吹打乐队、仪仗队、圣猪圣羊队等 10 多个方队组成，形成为一支庞大的祭祖队伍，以隆重、庄严、肃穆、悲壮的主调祭祀先祖。然后在八卦村游行，热闹非凡。

诸葛后裔祭祖仪式的规格高，他们一律着古装、效法古礼，先后进行三上香、三献礼，诵读《祭文》、示训诫、鸣鼓乐、伴銮驾，完全是一种融文学、音乐、美术、舞蹈、食品等艺术为一体的综合性艺术，十分圣洁而庄重，堪称完美无缺，如果在现场领略，简直就是一种完美而高尚的精神享受。正因为如此，诸葛后裔的祭祖仪式，已经被列入国家级“非物质文化遗产”名录，进行保护并且代代传承。

4.《四月十四大公堂忠武公祭文》

《诸葛村志》第 371 页记载的《四月十四大公堂忠武公祭文》如下：

年月日，裔孙等仅以刚鬣柔毛，粢盛醴斋之奠，敢昭告于从祀文庙汉丞相武乡侯领益州牧谥忠武公始祖考、暨夫人黄氏之神位前曰：伏以水有源而木有本，千秋奉黍稷之馨，生为英而殁为灵，万载隆俎豆之报。

恭维我始祖考忠武公者，道协伊周，才同管乐。纶巾羽扇，依然名士风流。抱膝长吟，洵有醇儒气象。隐居求志，逍遥梁甫之词。济世安民，慷慨隆中之时。读出师两表，鞠躬尽瘁之节炳若日星。诵诫子一书，淡泊宁静之风光于史策。以故勋著汉书，大名独垂乎宇宙。因此祀从文庙，荐享不废夫春秋，诚一代王佐之才，为两朝开济之傅也。裔孙等派属云礽，情深颂祷。仰宗功之赫赫，时切瞻依。思祖德之巍巍，不忘景慕。爰因华诞之辰，谨以嘉肴之奠。惟冀神灵如在，藉呵护以遐昌。庶几庙貌聿新，效烝尝于勿替。尚飨。

5. 匾额与楹联

据《高隆诸葛氏宗谱》记载而知，明清时期，诸葛后裔前后就有进士12人，达官显贵、文人学士更是不胜枚举，他们继承了先祖诸葛亮的遗风，为国家尽忠，为百姓谋福利，名冠史册，誉传千秋。同时，他们也给诸葛村留下了诸多诗词歌赋与匾额、楹联，成了诸葛八卦村珍贵的文化遗产财富。

（1）匾额16方

敕旌尚义之门

正统四年（1439），皇帝朱祁镇御赐。

朱祁镇（1427—1464），即明英宗，明朝第六任（1435—1449）、第八任（1457—1464）两次在位的皇帝。第一次继位称帝年仅九岁，年号正统，国事由太皇太后张氏（诚孝昭皇后）把持。正统十四年（1449），发生土木堡之变，其弟朱祁钰（1428—1457）登基称帝，遥尊英宗为太上皇，改元景泰，英宗回京后被朱祁钰软禁于南宫。景泰八年（1457）复位第二次称帝，改元天顺。病逝后庙号英宗，葬于明十三陵之裕陵。

【注】此匾文在大公堂门额，正统四年（1439），明英宗皇帝朱祁镇因诸葛亮第三十二代后裔诸葛彦祥为灾民捐献粮食1121石而嘉奖御赐此匾额。

据《诸葛氏宗谱》以及2013年1月西泠印社出版发行的《诸葛村志·人物》记载说：诸葛吉（1393—1447），行原五，字彦祥，属诸葛亮第三十二代后裔。宣德六年（1431），曾第五次主持续修了《诸葛氏宗谱》。正统四年（1439），天下灾荒，饥民成群，诸葛吉十分同情，便慷慨向政府捐献粮食1121石，赈济灾民，受到了皇帝嘉奖，御赐“敕旌尚义之门”匾额及《圣旨》竖匾一方。

同时，英宗皇帝朱祁镇还降《旌诸葛彦祥义民敕》文说：“国家施仁，养民为首。尔能出谷一千一百二十一石，用助赈济，有司有闻，朕用嘉之。今遣人斋敕谕尔，劳以羊酒，旌为义民，免杂泛役三年。尚允蹈忠厚，表励乡俗，用副褒嘉之意。钦哉。正统四年七月初四日，广运之宝（皇帝印玺）。”

敕：历代皇帝所下《诏书》命令专用名词。

旌：表彰的意思。

尚义：崇德尚义的意思。

【释】皇帝下诏表彰诸葛吉崇德尚义的门。

大公堂

洪民生题书。

洪民生，1933 年出生于浙江省宁波市，毕业于中国人民大学新闻系，历任中央电视台副台长、总编辑，中国电视艺术委员会副主任兼秘书长，中国书法家协会理事，电视戏曲研究会会长，电视文艺研究会常务副会长，中国广电局老年书画院顾问，其余不详。

【注】大公堂：诸葛八卦村代表性建筑，在村中钟池西北角，是每年农历四月十四诸葛亮诞辰日和秋天八月二十八逝世日，诸葛亮后裔在此隆重举行纪念公有活动。除此之外，也是诸葛后裔平时议事场所，门口偏南就是丞相祠堂。

据《高隆诸葛氏宗谱》记载："大公堂为始迁祖所建。"由此而知，大公堂为元代第二十八代孙诸葛大狮在规划修建八卦村时所建，后来经过明朝、清朝、民国年间多次维修扩建，最后一次是 1990 年，形成现在的格局。占地面积 720 平方米，由前院、门楼、中厅、后厅、拜厅、寝室组成，共计四进均为三开间。正厅有《诫子书》，次间有前、后《出师表》。

【释】诸葛亮后裔祭祀先祖以及公有的活动厅堂。

隆中云礽

崇祯丙子年（1636）孟春月吉旦，赐进士第山东东兖兵备副使温陵裔孙诸葛羲泸水敬题。

诸葛羲，字基画，号沪水，温陵（今福建省泉州市）人，崇祯元年（1628）进士，授户部四川司主事，为诸葛亮第三十六世孙。历任浙江参议、山东东兖道（治所在今临沂市）兵备副使，曾编著《诸葛孔明全集》二十一卷。

【注】隆中：诸葛亮曾经在襄阳隆中隐居躬耕，因此，代指诸葛亮。

云礽：语出《尔雅·释亲》："子之子为孙，孙之子为曾孙，曾孙之子为玄孙，玄孙之子为来孙，来孙之子为晜孙，晜孙之子为仍孙，仍孙之子为云孙。"郭璞注："言轻远如浮云。"此指远孙的意思。晜（kūn）孙：远孙的统称。礽：与"仍"同音同义。

当年，诸葛羲得知今诸葛八卦村诸葛亮后裔为浙江始祖后特题书此匾文。

【释】诸葛八卦村诸葛后裔是诸葛亮的远孙。

勋高管乐

题书者不详，书于大公堂。

【注】此匾文是 1927 年春正月，华阳（今成都市双流区华阳镇）信士李鉴

为成都武侯祠所题书，至今仍存。所以，此处属于仿制品。

勋高：此指取得的功勋业绩至高无上，超过了其他人。

管：此指春秋时期齐国辅佐贤相管仲（公元前723—公元前645），曾辅佐齐桓公称霸天下。

乐：此指战国时期燕国的上将军乐毅，曾经率领赵、楚、韩、魏、燕五国之兵攻打齐国，大破之。《三国志·蜀书·诸葛亮传》记载说："亮每比于管仲、乐毅，时人莫之许也。"

【释】诸葛亮功勋高于春秋时期齐国贤相管仲与战国时期燕国上将军乐毅。

丞相祠堂

题书者不详，题书于丞相祠堂。

【注】丞相祠堂：诸葛八卦村纪念先祖蜀汉丞相诸葛亮的总祠，位于村东南角入口处，始建于明朝永乐年间（1408—1424），由高隆诸葛氏始祖第二十八世孙诸葛大狮曾孙诸葛伯融修建。明嘉靖年间（1522—1566）、万历年间（1573—1620）、崇祯十一年（1638），清雍正十二年（1734）、咸丰十一年（1861）、同治三年（1864）、光绪二十二年（1896），民国十四年（1925）先后进行了扩修、维修。20世纪50年代，丞相祠堂由当地国家粮食部门接管成为粮食仓库。1992年才归还诸葛村管理使用，在此基础上，村委会又集资整合维修，形成了今天的格局。

丞相祠堂宽42米，进深45米，总面积1900平方米。中轴线上分布有门厅、中庭、寝室，两侧有庑屋、厢房、钟楼、鼓楼，组成了一个"回"字形古建筑。丞相祠堂是安放供奉先祖诸葛亮及第二十六世孙诸葛梦漕公以下高隆诸葛氏列祖列宗神位的祠堂，也是诸葛后裔逢年过节祭祀祖先的场所。随着诸葛八卦村在国内外知名度提高，旅游业成了支柱型产业，所以，丞相祠堂也是这里重要的旅游景点。

【释】纪念蜀汉丞相诸葛亮的祠堂。

万世景仰

陈永源题书于丞相祠堂。

陈永源，字琴斋、可宁、宁庐，号非闲居者，1931年出生于浙江省兰溪市。曾出任小学校长，兰溪市文化局、市文联负责人，是中国书法家协会会员、中国书法家协会浙江分会第二届理事会理事、浙江省金华市书法家协会第一、二届副主席，其余不详。

【注】万世：语出《尚书·太甲中》："惟朕以怿，万世有辞。"此指很多时代，

形容时代久远。例如，北宋文学家苏轼的《司马温公神道碑》有“劝帝不受尊号，遂为万世法”之说。

景仰：语出《后汉书·刘恺传》：“今恺景仰前修，有伯夷之节。”崇敬、佩服、仰慕的意思。

【释】诸葛亮在久远的年代都会被人们崇敬仰慕。

名垂宇宙

韵声郑文琴题书于丞相祠堂。

郑文琴（1920—1996），本名郑韵声，字文琴，浙江省兰溪市人，其余不详。

【注】此匾文是雍正十三年（1735）果亲王、康熙皇帝第十七个儿子爱新觉罗·允礼为今天汉中勉县武侯墓所题书，至今仍存。因此，此处属于仿制品。

据《清史稿》和道光年间武侯墓祠主持道人李复心编著《忠武侯祠墓志》记载说，雍正十二年（1734）仲冬，爱新觉罗·允礼奉旨护送进京朝觐的六世达赖喇嘛返回康藏高原的甘孜泰宁（今四川省甘孜州道孚县八美镇）。因此，果亲王出秦入蜀途经汉中沔县，亲自到武侯墓祠拜谒诸葛亮，他发现墓、庙年久失修，便带头捐资进行维修，同时责令地方官员相继捐款，限期维修，次年（1735）三月初十竣工。果亲王在武侯墓前刻立《汉诸葛武侯之墓》碑刻，题书了“名垂宇宙”匾额。同时，在武侯祠题书“醇儒气象”匾额，又即兴赋诗：“遭逢鱼水自南阳，将相才兼管乐长。羽扇风流看节制，草庐云卧裕筹量。丹心一片安炎鼎，浩气千秋壮蜀疆。庙貌嵯峨沔水侧，入门瞻拜肃冠裳。”

名垂宇宙：语出唐代诗人杜甫《咏怀古迹》诗歌：“诸葛大名垂宇宙，宗臣遗像肃清高。三分割据纡筹策，万古云霄一羽毛。”

名垂：语出《荀子·王霸》：“名垂于后世。”大名流传下去的意思。

宇宙：语出《淮南子·齐俗训》：“往古来今谓之宙，四方上下谓之宇。”此指天地之间。

【释】诸葛亮大名流传于天地之间。

伯仲伊吕

汪月山书于丞相祠堂。

汪月山（1921—2006），安徽省黄山市歙县人，寓居浙江兰溪市，曾经是兰溪市书法家协会会员，其余不详。

【注】此匾文是民国元年（1912）三月，汉中行营司令官马炳郁为今汉中勉县武侯祠献殿所题书，至今仍存。因此，出处属于仿制品。

伯仲伊吕：语出唐代诗人杜甫《咏怀古迹》诗句：“伯仲之间见伊吕，指挥若定失萧曹。”

伯仲：语出《诗经·小雅·何人斯》：“伯氏吹埙，仲氏吹篪。”东汉经学家郑玄（127—200）注曰：“伯仲，喻兄弟也。”古代一家有兄弟数人，在给他们起名字的时候有意用伯、仲、叔、季等字以示长幼有序，这种习惯做法，始于西周初年，后来亦比喻不相上下。

伊吕：此指商朝辅佐贤相伊尹和西周辅佐贤相吕望（姜子牙、姜尚）。

【释】诸葛亮的才能与商朝辅佐贤相伊尹和西周辅佐贤相吕望不相上下。

忠贯云霄

郑振庚书于丞相祠堂。

郑振庚（1941—2017），字渗，号金钟道人、兰韵居士。历任浙江省书法家协会会员、浙江省老年书画研究会理事、金华市书法家协会理事、兰溪市书法家协会主席、名誉主席、兰溪市老年书画研究会会长。

【注】嘉庆八年（1803）七月十六，仁宗皇帝爱新觉罗·颙琰，根据陕西巡抚松筠奏报，说诸葛亮在定军山显圣，帮助官军赶走了“白莲教”匪徒。为了褒奖诸葛亮在定军山显圣，嘉庆皇帝在京城御赐题书了“忠贯云霄”匾额，由沿途各驿站奉旨前往今汉中勉县武侯祠悬挂，至今完好无损。与此同时，嘉庆皇帝还亲自御书《祭文》，派遣工部尚书彭龄前往武侯墓，以“三牲”（猪、牛、羊）大礼祭祀诸葛亮。因此，这里的匾额属于仿制品。

忠：忠诚、忠心。

贯：贯穿、贯通，比喻穿透。

云霄：语出《晋书·陶侃传》：“志凌云霄，神机独断。”寓意天际、天空。

【释】诸葛亮的忠心贯通着天际。

日月同光

题书者不详。

【注】日月：语出《周易·离》：“日月丽乎天，百谷草木丽乎土。”泛指太阳与月亮。例如：唐代文学家韩愈（768—824）的《秋怀诗》之一有“羲和驱日月，疾急不可恃”之句。日月亦比喻天地。例如：唐朝宰相郑畋（825—887）的《马嵬坡》诗有“玄宗回马杨妃死，云雨难忘日月新”之句。北宋诗人孙光宪（901—968）的《渔歌子》词之二亦有“经霅水，过松江，尽属侬家日月”之说。

同光：语出《淮南子·俶真训》：“能游冥冥者与日月同光。”同放光辉的意思。例如：唐代诗人钱珝的《册淑妃为皇后文》有“处大伦而克正，与元化而同光”之句。

日月同光：此指诸葛亮的思想品德如太阳与月亮一样同样光照天地。

【释】诸葛亮的思想品德如太阳与月亮一样同样光照天地。

绿桑余荫

题书者不详。

【注】绿桑：语出北宋文学家欧阳修（1007—1072）的《田家》诗歌：“绿桑高下映平川，赛罢田神笑语喧。”碧绿的桑树高高低低掩映在平野村落之间。

诸葛亮在《自表皇帝书》中说：“成都有桑八百株，薄田十五顷，子弟衣食，自有余饶。”自古以来，就有桑树与梓树为父母所栽种之说，因此，“桑梓”历来是怀念家乡与祖先的象征。例如：《诗经·小雅·小弁》有：“维桑与梓，必恭敬之。”《朱熹集传》说：“桑梓二木，……父母所植。”

余荫：比喻前辈惠及子孙的恩泽。例如：明代《西游记》作者吴承恩（1500—1583）的《德寿齐荣颂》有“况我二三门下承余荫而叨末光者，忝仕在近，能无激于衷哉”之说。

这里的绿桑余荫，比喻诸葛亮对后代子孙的护佑与恩泽。

【释】诸葛后裔在先祖诸葛亮的护佑与恩泽下兴旺发达。

垂裕后昆

题书者不详。

【注】垂裕后昆：语出《尚书·仲虺之诰》：“以义制事，以礼制心，垂裕后昆。”垂：留下。裕：富足。后昆：子孙后代，后嗣。此指为后世子孙留下功业或财产。例如：《梁书·侯景传》有：“垂裕后昆，流名竹帛，此实生平之志也。”

【释】为后世子孙留下功业或财产。

克笃前烈

题书者不详。

【注】克笃前烈：语出《尚书·武臣》：“公刘克笃前烈。”孔传曰：“能厚先人之业。”克笃：能增益的意思。前烈：祖先、前辈。此指增益继承祖先、前辈功德业绩。例如，两宋之际抗金名臣李纲（1083—1140）的《辞免兵部侍郎奏状》有“陛下克笃武志，张皇六师，以昭艺祖之丕烈”之说。

【释】增益继承祖先前辈的功德业绩。

翠柏长春

题书者不详。

【注】翠柏：四季常青的松柏。比喻具有高贵品质、坚定节操的人。

在陕西勉县武侯墓正殿之中，有清光绪戊子年（1888）仲冬（十二月）豫章人萧执中题书的楹联："古石幽香名士骨；苍松翠柏老臣心。"

比喻诸葛亮忠于蜀汉帝业的高洁心灵。

长春：四季常春、万古长春、万古长存的意思。

翠柏长春：比喻诸葛亮忠于蜀汉帝业的高洁心灵万古长存。

【释】诸葛亮忠于蜀汉帝业的高洁心灵万古长存。

汉相苗裔

1993年10月，全国第七届诸葛亮文化研讨联会期间郭清华为大公堂撰。

【注】汉相：语出《汉书·王商传》："天子闻而叹曰，此真汉相矣。"汉代的丞相、宰相。此指蜀汉丞相诸葛亮。

苗裔：语出屈原《楚辞离骚》："帝高阳之苗裔兮。"后代子孙的意思。例如：《三国演义》第四十三回"诸葛亮舌战群儒，鲁子敬力排众议"之中就有"刘豫州虽云中山靖王苗裔，却无可稽考，眼见只是织席贩屦之夫耳，何足与曹操抗衡哉"之说。

【释】蜀汉丞相诸葛亮的后代子孙。

武侯遗风

1993年10月，全国第七届诸葛亮文化研讨联会期间郭清华为大公堂撰。

【注】武侯：诸葛亮生前被封为"武乡侯"，死后被追封为"忠武侯"，所以武侯就是诸葛亮的代名词。正因为如此，全国各地凡是纪念诸葛亮的祠庙，都称为武侯祠。

遗风：语出《楚辞·九章·哀郢》："哀州土之平乐兮，悲江介之遗风。"此指前人遗留下来的风范。例如：《史记·货殖列传》有"故其民犹有先王之遗风"之说。

【释】诸葛亮遗留下来的风范。

（2）楹联71副

诸葛大名垂宇宙；
宗臣遗像肃清高。

沈尹默书于大公堂神龛。生平事迹见前。

【注】此楹联是1964年沈尹默为成都武侯祠静远堂题书，至今仍存。所以，此处的楹联属于仿制品。

联句出自唐代著名诗人杜甫《咏怀古迹》：“诸葛大名垂宇宙，宗臣遗像肃清高。三分割据纡筹策，万古云霄一羽毛。”

诸葛大名垂宇宙：是说诸葛亮的英名千古流芳，永远留在天地之间。

宗臣遗像肃清高：是说他的遗像肃穆清高，人们对他无限地尊崇敬仰。宗臣：名臣。

【释】诸葛亮英名千古流芳永远留在天地之间；
　　　名臣遗像肃穆清高人们无限地尊崇敬仰。

仍兴公承宏志创宏图，筚路蓝缕，千秋伟绩；
诸葛氏暨百姓振百业，锦山绣水，万世鸿基。

诸葛村委会组织编写的大公堂楹联，题书者不详。

【注】仍兴公：此指诸葛亮第二十六世孙诸葛梦漕。

据《诸葛氏宗谱》记载说：诸葛梦漕，属诸葛后裔二十六代世孙“仍”字辈，排行十九，出生于南宋理宗赵昀淳祐四年（1244），卒于元代成宗铁木耳大德元年（1297），生前曾经是南宋末年的“谕加奉议大夫”（皇帝谕旨加封的正五品文职官员）。诸葛梦漕配赵氏生四子，为第二十七代世孙，“兴”字辈，其中“兴三公”是诸葛梦漕的长子。“兴三公”生“宁五公”诸葛大狮，为第二十八代世孙，迁徙到高隆，成了今天浙江省兰溪市诸葛八卦村的始祖。

又据第四十九代孙诸葛政清民国三十六年（1947）主编的《兰溪诸葛简史》记载说：“高隆始祖仍十九公，居住葛塘，家道丰富。至孙宁五公时，以葛塘阳基未善，择地高隆，因高隆地势葡萄形，居和子孙繁衍瓜瓞绵延矣。”

这段话是说，诸葛亮第二十六世孙诸葛梦漕当时居住在葛塘（今金华市所辖义乌市），家庭比较丰裕富庶。到了第二十八世孙“宁五公”诸葛大狮时，由于葛塘的住宅基础不太完善，就重新选择了高隆（今兰溪市诸葛八卦村）作为住宅基地，原因是，高隆地势像一个葡萄形，居住在这里有利于后代子孙的生息繁衍。

承宏志创宏图：继承了先祖的志向，创建了宏图大业。

筚路蓝缕：语出《左传》：“筚路蓝缕，以启山林。”筚路：简陋的柴车。蓝缕：破衣服。此指驾着简陋的柴车，穿着破烂的衣服去开辟山林中的道路。形容创业艰难，例如：近代著名小说家蔡东藩（1877—1945）与许廑父（1891—1953）合作编写的《民国通俗演义》第九回有“筚路蓝缕，孙公既开其先，发扬光大，我公宜善其后”之说。

千秋伟绩：长久伟大的功绩。

诸葛氏暨百姓振百业：诸葛氏后裔既然与老百姓没有两样就必须要发展生产振兴百业。

锦山绣水：此指家乡的景秀山水。

万世：千秋万代。

鸿基：语出《三国志·蜀书·后主传》注引《诸葛亮集》：“朕以幼冲，继统鸿基。”此指伟大事业。例如：北宋文学家范仲淹（989—1052）的《圣人大宝曰位赋》有“固此鸿基，方君临于万国”之说。

【释】诸葛亮第二十六世孙诸葛梦漕继承先祖志向创建宏图大业，尽管创业十分艰难，却奠定了长久丰功伟绩；

诸葛氏后裔既然与老百姓没有两样就要发展生产振兴百业，建造家乡景秀山水，开创千秋万代鸿伟基业。

溯汉室以来，祀文庙，祀乡贤，祀名室，祀忠孝义烈，不少伟人，自有史书留姓氏；

迁浙江而后，历绍兴，历寿昌，历常村，历南塘水阁，於兹启宇，可以谱牒证渊源。

诸葛枚题书，壬午年（2002）秋，八旬老人郑溥渊补书于大公堂。

诸葛枚（1817—1898），字企乘，号笔潮，诸葛村人，第四十七世孙，咸丰十一年（1861）拔贡，敕授文林郎，出任绍兴府学教授。光绪三年（1877）主持第十三次编修《诸葛氏宗谱》。其生平事迹见2002年1月，浙江人民出版社出版发行的《兰溪市文化志》第三章。

郑溥渊，1925年出生于浙江省兰溪，是世界艺术家联合会会员、中国书法家协会会员、浙江金华市书法家协会会员、兰溪市书法协会名誉理事、华夏名人书画社名誉副社长，其余不详。

【注】溯汉室以来：追忆自西汉、东汉以来。溯：追溯、追忆的意思。汉室：语出西汉经学家孔安国（公元前156—公元前74）的《尚书·序》：“汉室龙兴，开设学校，旁求儒雅。”此指西汉王朝。后来泛指刘姓一脉传承的东汉与蜀汉王朝。例如：诸葛亮在《隆中对》中有“诚如是，则霸业可成，汉室可兴矣”之说。在前《出师表》中亦有：“侍中、尚书、长史、参军，此悉贞良死节之臣，愿陛下亲之信之，汉室之隆可计日而待也”。

祀文庙：祭祀孔子的文庙。

祀乡贤：祭祀乡里推崇的贤达人物。

祀名室：祭祀有名家族。

祀忠孝义烈：祭祀忠诚孝廉和义士英烈。

不少伟人：不少伟大的人。

自有史书留姓氏：自然有历史书籍留下他们的姓名与业绩。

迁浙江而后，历绍兴，历寿昌，历常村，历南塘水阁：诸葛亮第十五代孙诸葛浰在五代的唐时从成都来浙江宦游，先为山阴县（今浙江省绍兴市）令，后来又出任寿昌（今浙江省建德市）县令，卒于官任，成为浙江的诸葛始祖。其子诸葛青，为第十六代后裔，字显明，是寿昌县教谕（相当今教育局局长），当时就居住在常村（属于建德市）。后来，诸葛青第三个儿子诸葛承载迁居于南塘水阁（距兰溪市诸葛八卦村大约 4 公里）。

於兹：语出西汉文学家东方朔（公元前 154—公元前 93）的《非有先生论》：“虚心定志，欲闻流议者，三年於兹矣。”于今、至今的意思。

启字：陈述、启事的意思。

可以谱牒证渊源：可以用记述氏族世系的《宗谱》书籍来佐证本源。谱牒：语出《史记・太史公自序》：“维三代尚矣，年纪不可考，盖取之谱牒旧闻。”此指古代记述氏族世系生息繁衍传承与功德业绩的《宗谱》《家谱》书籍。渊源：本源的意思。

【释】追忆西汉王朝以来，祭祀孔子文庙，祭祀乡里推崇的贤达人物，祭祀有名家族，祭祀忠诚孝廉义士英烈，不少伟大人物，自然有历史书籍留下他们的姓名；

第十五代世孙诸葛浰来到浙江以后，后裔们先后经历了绍兴市，经历了建德市，在常村，在南塘水阁居住，至今陈述，可以用氏族世系《宗谱》佐证本源。

六经以来有二表；
三代而下第一人。

壬午年（2002）深秋，九十岁郑柏庵书于大公堂。

郑柏庵，浙江省兰溪市人，书法家，其余不详。

【注】原楹联最早题书于成都武侯祠，已经遗失，作者与年代不详。丙寅年（1986）七月十一，四川蓬溪县书法家吕光光为成都武侯祠补书，楹联仍存。这里属于仿制品。

六经：语出《庄子・天运》：“孔子谓老聃曰：丘治《诗》《书》《礼》《乐》《易》《春秋》六经，自以为久矣，孰知其故矣。”《汉书・武帝纪赞》亦有“孝武初立，卓然罢黜百家，表章六经”之说。颜师古注曰：“六经，谓《易》《诗》《书》《春秋》《礼》《乐》也。”这是儒家思想创始人孔子先后整理编著的《诗经》《尚书》《礼记》《周易》《乐经》《春秋》六部儒家经典著作的合称。其中，《乐经》已经失传，实际上只有五经。

以来：语出《战国策·韩策一》："自今以来，率且正言之而已矣。"以后的意思。

二表：此指诸葛亮的前、后《出师表》。

三代：语出《论语·卫灵公》："斯民也，三代之所以直道而行也。"注疏曰："三代，夏、殷、周也。"此指夏、商、周三代。例如：南朝梁文学家刘勰的《文心雕龙·铭箴》有："斯文之兴，盛于三代。"唐代文学家韩愈《丰陵行》诗亦有"臣闻神道尚清净，三代旧制存诸书"之句。

而下：以下的意思。

一人：此指诸葛亮这个名垂青史的贤相。

【释】儒家六部经典著作后还有诸葛亮的前后《出师表》；
夏商周三代以下只出现了诸葛亮一个名垂青史贤相。

诸葛大名垂宇宙；
鞠躬尽瘁兴汉邦。

诸葛霖题书于大公堂。

诸葛霖，字慰苍，诸葛后裔，1919年出生于江苏省无锡市金匮县，毕业于上海交通大学经济管理专业，被推荐至美国华盛顿大学攻读经济管理专业硕士，就职于北京对外贸易学院，教授，其余不详。

【注】诸葛大名垂宇宙：语出唐代诗人杜甫的《咏怀古迹》："诸葛大名垂宇宙，宗臣遗像肃清高。三分割据纡筹策，万古云霄一羽毛。"

鞠躬尽瘁：语出诸葛亮《出师表》："臣鞠躬尽力，死而后已。"恭敬谨慎，竭尽全力，不辞劳苦，奉献一切。例如：元末明初文学家宋濂（1310—1381）的《先府君蓉峰处士阡表》有："祖妣夫人与显考鞠躬尽瘁，誓勿蹶其门"。

兴：振兴的意思。

汉邦：此指蜀汉国家。

【释】诸葛亮大名永远流传天地之间；
竭尽全力为的是振兴蜀汉国家。

修建大公堂，国内裔孙完夙愿；
高悬武侯像，海外游子有光辉。

诸葛志撰联，西河书于大公堂。

诸葛志，1921年出生于今浙江省兰溪市，诸葛亮第四十六世孙，字培根，号增寿，毕业于安徽法学院（现安徽大学法学院），再由黄埔军校实践研究院毕业，1950 年去台湾任记者，是台湾杂志协会常务理事，懋诚、至成、行行贸易公司董事长、“培根文化公司”创办人。1988 年移居加拿大。1990 年，先后为重修大公堂捐资 5 万港币，为修建雍睦堂捐款 2.5 万人民币。

西河：本名郭西河，1930 年出生于河南省偃师市，1985 年修业于中国书画函大。历任洛阳市书法家协会副主席、洛阳市书画院副院长、金谷印社社长。作品有《甲骨文集诗百首》《金文集诗联百首》《石鼓文集联百副》《郭西河书画集》《郭西河书法集》等二十余部，其余不详。

【注】修建大公堂，国内裔孙完夙愿：据 2013 年 1 月，西泠印社出版发行《诸葛村志》编辑委员会编著的《诸葛村志・大公堂》介绍说：“大公堂是诸葛亮的纪念堂，奉祀有诸葛亮的画像，是春、秋两次祭祀先祖诸葛亮的活动场所，也是诸葛后裔合族议事的场所。大公堂始迁祖所建，历代都进行了多次维修，最后一次维修是民国二十九年（1940）。20 世纪 60 年代的‘破四旧’时期，大公堂失去了保护，被生产队当作牛棚至 80 年代。多处坍塌，漏雨霉变，古建筑有毁于一旦之虑。1990 年，由本村诸葛卸春、诸葛绍贤、诸葛志祥、诸葛达等 22 位有志之士组成了重修诸葛大公堂理事会，负责筹措资金，材料采购和组织施工等工作，全体村民不分姓氏都踊跃捐款，居外乡亲也邮来资金，各组织和单位也有资助材料和捐款的。经各方热心人士齐心协力，历时二年，耗资人民币 14 万元，大公堂古建筑重放光彩。大公堂占地面积 720 平方米，总面阔 11.1 米，总进深 49.5 米，成为后来开发旅游业的重要景点。”

高悬武侯像，海外游子有光辉：1990 年重新整修了大公堂以后，又重新悬挂了诸葛亮的画像，使海外的诸葛后裔都显得十分有光彩。海外游子：此指寓居国外的诸葛后裔。

【释】重新整修了诸葛大公堂，使国内诸葛后裔完成了一直持有的愿望；
整修大公堂后悬挂了诸葛亮画像，海外的诸葛后裔都十分有光彩。

拱皇极，振纲常，出处分明，大义千秋昭日月；
辅明君，抚国政，夙夜匪懈，忠心一点贯云霄。

岁次壬午年（2002）秋月，张宝仁题书于兰城（兰溪市）大公堂。

张宝仁，兰溪市人，金华市书法家协会会员，兰溪市书法家协会顾问。

【注】拱：语出《礼记・曲礼上》：“遭先生于道，趋而进，正立拱手。”此指双手抱拳，表示拱手服从的意思。

皇极：语出东汉文学家荀悦（148—209）的《汉纪・高祖纪一》：“昔在上圣，唯建皇极，经纬天地。”此指皇室。例如：《晋书・桓玄传》有“先臣蒙国家殊遇，姻娅皇极”之说。

振纲常：振兴三纲五常的意思。封建时代，以君为臣纲、父为子纲、夫为妻纲为三纲；仁、义、礼、智、信为五常，这是儒家思想道德伦理观念的基本标准，不可逾越。正因为如此，东汉建初四年（79），白虎观经学会议资料汇编《白虎通义·三纲六纪》记载说：“三纲者，何谓也？谓君臣、父子、夫妇也。”东汉思想家王充（27—97）的《论衡·问孔》之中亦有“五常之道，仁、义、礼、智、信也”之说。

出处分明：此指做人的准则要求已经十分清楚。

大义千秋昭日月：此指诸葛亮的大仁大义千秋万年都可以感召日月。

辅明君，抚国政：此指诸葛亮辅佐先主刘备和后主刘禅两个明君，抚助了蜀汉国家政权。

夙夜匪懈：语出《诗经·大雅·烝民》：“既明且哲，以保其身，夙夜匪懈，以事一人。”白天与晚上都不敢懈怠。夙夜：白天与晚上。匪懈：不敢懈怠。

忠心一点贯云霄：一点忠心可以贯通天际。贯：贯通、贯穿的意思。云霄：天际的意思。

【释】服从蜀汉皇室，振兴三纲五常，做人准则十分清楚，诸葛亮大仁大义千秋万年都可以感召日月；

辅佐先主刘备后主刘禅两个明君，抚助蜀汉国家政权，诸葛亮日夜都不懈怠，这点忠心贯天际。

祖名垂青史一千余载，如今光犹照日月，越照越光辉，万世称颂；孙创大公堂五百多年，当前后辈重修建，愈建愈宏伟，千里知名。

作者不详，题书于大公堂。

【注】祖名垂青史一千余载，如今光犹照日月，越照越光辉，万世称颂：祖先诸葛亮名垂青史已经一千多年了，如今他的思想品德依然光照人间，他的影响越来越大，千秋万年都将会被称赞歌颂。祖：此指诸葛后裔的祖先。名垂：语出《史记·越王勾践世家》：“范蠡三迁皆有荣名，名垂后世。”大名流传后世。例如：《三国演义》第六十回“庞士元议取西蜀”中有“明公先取西川为基，然后北图汉中，收取中原，匡正天朝，名垂青史，功莫大焉”。青史：语出南朝梁江淹（444—505）的《诣建平王上书》：“俱启丹册，并图青史。”古代没有纸张书写时，只能将竹片进行烘烤，刮掉含水分而光滑的青皮，串起来为竹简，在竹简上书写文字记事，成为后世历史文献，因此称为青史，泛指历史书籍。例如：唐代诗人杜甫《赠郑十八贲》诗歌有“古人日以远，青史字不泯”之句。再如：唐代诗人岑参的《轮台歌奉送封大夫出师西征》亦有“古

来青史谁不见，今见功名胜古人”之句。

孙创大公堂五百多年，当前后辈重修建，愈建愈宏伟，千里知名：子孙们创建诸葛大公堂已经五百多年了，经历了前后辈的多次重修重建，愈建愈宏伟壮观，在国内外已经有相当的知名度。孙：诸葛亮后裔子孙。创：创建了大公堂古建筑。千里：国内外。

【释】祖先诸葛亮名垂青史已一千多年了，如今他的思想品德依然光照人间，影响越来越大，千秋万年都将会被称赞歌颂；

子孙们创建诸葛大公堂已经五百多年，经历了前后辈多次重修重建，愈建愈宏伟壮观，在国内外已有相当的知名度。

沧海正横流，筹笔敢忘天下计；
云霄一羽毛，耕莘长见古人心。

书者不详，题书于大公堂。

【注】此联文是湖北黄冈（今武汉市新洲区）人、国民党上将军徐源泉（1886—1960）在1933年7月为襄阳隆中武侯祠整修竣工所题，至今仍存。因此，此处属于仿制品。

沧海正横流：语出战国时期鲁国经学家谷梁赤所著《春秋谷梁传·序》：“孔子睹沧海之横流。”海水四处奔流，比喻政治混乱，社会动荡。例如：《晋书·王尼传》有：“沧海横流，处处不安也。”东晋袁宏（328—376）的《三国名臣序赞》亦有“沧海横流，玉石同碎”之句。

筹笔：语出唐光启年间兴元（今汉中市）节度副使唐彦谦（？—893）的《兴元沈氏庄》诗歌：“江绕武侯筹笔地，雨昏张载勒铭山。”此指用笔来运筹帷幄。

据清嘉庆至道光年间武侯墓祠主持道人李复心《忠武侯祠墓志》记载：“武侯经理中原凡八载，多驻于此，或云祠堂为当年的筹笔驿，武侯驻军之行营，相府亦在斯地。”由此看来，兴元节度副使唐彦谦诗歌中所提到的筹笔地当指今汉中勉县武侯祠，祠庙后面正好是沔水环绕，后来多称汉水、汉江。

除此之外，在四川省广元市朝天镇北5公里筹笔乡，历史上有诸葛亮当年在这里驻军而运筹帷幄遗留下来的筹笔驿，唐代诗人李商隐（813—858）有《筹笔驿》著名诗歌。

这说明，诸葛亮“筹笔驿”遗址，历史上起码有广元市朝天镇与汉中勉县武侯祠两个。

敢忘：不敢忘记。

天下计：治国安邦的天下大计。

云霄一羽毛：语出唐代诗人杜甫《咏怀古迹五首》诗歌："诸葛大名垂宇宙，宗臣遗像肃清高。三分割据纡筹策，万古云霄一羽毛。"云霄：众人之上。意思是，站在众人之上的只有一个人，那就是手拿羽毛扇的诸葛亮。

耕莘：语出《孟子·万章上》："相传伊尹未遇汤时耕于莘野，隐居乐道。"商朝初期辅佐贤相伊尹（公元前1649—公元前1550）还没有遇到商汤的时候，曾经隐居躬耕于莘国之野。此处是指诸葛亮效法伊尹也隐居躬耕在襄阳隆中。

长见古人心：经常可以见到古人立志报国的心思。

【释】政治混乱社会动荡的东汉末年，诸葛亮辅佐蜀汉帝业运筹帷幄时刻不敢忘记治国安邦天下大计；

站在众人之上只有手拿羽扇的诸葛亮一个人，在隆中隐居躬耕可以经常见到古人立志报国心愿。

伊吕允堪俦，若定指挥，岂仅三分兴鼎足；
魏吴犹并峙，永怀匡复，尚余两表见臣心。

清代人撰联，作者不详。壬午年（2002）仲秋，郑溥渊书于大公堂。

郑溥渊，生平简介见前。

【注】伊吕：此指商朝初期辅佐贤相伊尹和西周初期辅佐贤相吕望。

允：允许的意思。

堪俦：可以相比较的意思。

若定指挥：语出唐代诗人杜甫《咏怀古迹五首》诗歌之五："伯仲之间见伊吕，指挥若定失萧曹。"若：如果、假如。意思是，如果诸葛亮当年能够镇定自若地指挥作战。

岂仅三分兴鼎足：怎么能够仅仅形成三国鼎立对峙的局面。

魏吴犹并峙：此指曹魏和东吴两个国家仍然并存与蜀汉国家对峙。犹：仍然、尚且的意思。峙：势均力敌的相互对立并存。

永怀匡复：此指诸葛亮始终心怀匡扶汉室的信心与决心。

尚余两表见臣心：尚且还有前、后《出师表》足可以看见这位忠臣的决心。

【释】诸葛亮完全可以与商朝辅佐贤相伊尹和西周辅佐贤相吕望相比较，如果镇定自若指挥作战，怎能够仅仅形成三足鼎立的局面；

曹魏东吴两个国家仍然与蜀汉对立并存，诸葛亮始终心怀匡扶汉室，尚且还有前后《出师表》足可以看见他这位忠臣的决心。

大业定三分，伊吕洵堪称伯仲；
奇才真十倍，萧曹未许比经纶。

书者不详，书于大公堂。

【注】此楹联是光绪四年（1878）十二月，长安信士潘矩墉题书于今汉中勉县武侯墓正殿，至今仍存，完好无损。所以，这里属于仿制品。

大业：语出《易经·系辞上》："盛德大业，至矣哉。"孔颖达疏："于行谓之德，于事谓之业。"此指宏大的功德业绩。例如：三国时期魏文帝曹丕（187—226）的《典论·论文》有"盖文章经国之大业，不朽之盛事"。再如：唐代书法家颜真卿（709—784）的《请复七圣谥号状》亦有"三者备矣，然后能立天下之大本，正天下之大名，建天下之大业，能事毕矣"之说。

定三分：此指诸葛亮全力辅佐弱蜀帝业，最终形成了三国鼎立的局面。

伊：指商朝初期的辅佐贤相伊尹。

吕：吕氏后裔，名望，人称吕尚、吕望，本名姜尚，字子牙，是西周初期的辅佐贤相。

洵堪：意即实在可以。

伯仲：语出《诗经·小雅·何人斯》"伯氏吹壎，仲氏吹篪"。汉郑玄注曰："伯仲，喻兄弟也。"例如：梁武帝萧衍长子萧统《文选·魏文帝》有"付毅之与班固，伯仲之间耳"。

古时候，兄弟之间多以伯、仲、叔、季来区分长幼，亦形容不相上下。例如：东晋著名书法家王羲之（303—361）的《与谢安书》有："蜀中山水，如峨眉山，夏含霜雹，碑板之所闻，昆仑之伯仲也。"再如：孙中山（1866—1925）的《行易知难》第四章亦有"中国更有一浩大工程，可与长城相伯仲者，运河是也"之说。

奇才：语出《史记·商君列传》："公孙鞅，年虽少，有奇才。"指具有特殊才能的人。例如：《三国志·蜀书·诸葛亮传》记载说："宣王（司马懿）案行其营垒处曰：天下奇才也。"

真十倍：语出刘备在白帝城遗命托孤时嘱诸葛亮语："君才十倍于曹丕，必能安邦定国，终定大事。"此比喻诸葛亮是真正完美而少有的特殊人才。例如：北宋诗人宋祁《孔明书台》诗歌有"十倍奇才安用书，此台昔日知有无"。

萧曹：此指西汉初年辅佐高祖刘邦建立帝业的开国功臣萧何与曹参二人。萧何为宰相，封酂侯。曹参为平阳侯，萧何死后接任宰相。

未许比：不可能相比。

经纶：语出《易经·屯》："君子以经纶。"此指处理国家大事的经国济民才能。例如：南朝宋文帝时期诗人张演《武侯墓》诗歌有"勋业伊周亚，经纶楚汉前”之句。

【释】诸葛亮辅佐蜀汉使之与曹魏和东吴形成三分天下，其功德业绩实在可以与伊尹和吕望比肩而论不相上下；

诸葛亮是真正特殊少有而完美的人才，西汉时期的萧何与曹参二人也不可能比得上他经国济民政治才能。

两表一对，鞠躬尽瘁酬三顾；
鼎足六出，威德咸孚足千秋。

书者不详，题书于大公堂。

【注】此楹联是书画篆刻家武昌人曹立庵于1982年初夏题书于襄阳隆中三顾堂，至今仍存，完好无损。因此，此处属于仿制品。

两表一对，鞠躬尽瘁酬三顾：诸葛亮的前、后《出师表》和《隆中对策》，集中反映了他“鞠躬尽瘁，死而后已”的忠诚思想，为的是酬谢报答先主刘备的屈尊三顾茅庐之恩。

鼎足六出，威德咸孚足千秋：曹魏与蜀汉、东吴三国鼎立形成以及六出祁山北伐曹魏都是诸葛亮的功劳，他的威望与高尚品德都信服，足可以传播千秋万代。六出：此指诸葛亮五次北伐曹魏，《三国演义》称之为“六出祁山”。咸：都。孚：信服。

【释】诸葛亮前后《出师表》和《隆中对》，集中反映了他鞠躬尽瘁死而后已的忠诚思想为的是酬谢先主屈尊三顾茅庐之恩；

曹魏蜀汉东吴三国鼎立形成与六出祁山北伐曹魏都是诸葛亮的功劳，他的威望与高尚品德都信服足可以传播千秋万代。

寡智可以宁静，寡能可以节劳；
至乐莫如读书，至要莫如教子。

秀峰黄大谋题书于大公堂。

秀峰黄大谋（1726—1799），字圣筹，号石庵，秀峰（浙江省衢州市所辖江山市张村）人，少年善诗文、书法。24岁弃文习武，乾隆甲戌年（1754）中武进士，钦点蓝翎御前侍卫。先后出任直隶天津都司、泰宁镇总兵、温州镇总兵、韶南镇总兵、广东提督，诰封“武显将军”。

【注】寡智：语出《国语·晋语二》：“杜原款将死，使小臣圉告于申生曰：款也不才，寡智不敏，不能教导，以至于死。”此指缺少智慧。

可以宁静：可以安静，心态清静寡欲。

寡能：缺少技能的人。

节劳：节制身心活动使之不过分疲劳。

至乐：语出《庄子·天运》："夫至乐者，先应之以人事，顺之以天理，行之以五德，应之以自然，然后调理四时，太和万物。"意思是，最大的快乐。

莫如读书：莫过于读书。

至要莫如教子：最重要的事情莫过于教育子女。

【释】缺少智慧可以清心寡欲，缺少技能的人可以不过分疲劳；
最大的快乐莫过于读书，最重要的事情莫过于教育子女。

伏虎钟灵，喜北镇冠山，东环带水；
卧龙衍派，本南阳望族，西蜀名家。

诸葛绶、诸葛峻撰联，壬午年（2002）秋月，同森书于丞相祠堂。

诸葛绶（1860—1917），行明，字春南，清末民初诸葛八卦村大户，18岁就在住宅后院开办私塾，入学者多达60余人，是著名的私塾先生，人称"春南先生"，为当地教育事业做出了显著贡献，当时的县政府奖励"教育功深"匾额一方，以资鼓励。

诸葛峻，1938年出生于诸葛八卦村，大学文化，曾经就职于金华市武义县一中教师。

同森，诸葛八卦村人，生平事迹不详。

【注】伏虎：据《高隆诸葛氏宗谱·重建宗祠记》记载说："吾族宗祠自岘山起祖以来，脉主真龙，形名伏虎，阙地祥矣。"意思是，诸葛后裔的丞相祠堂地形如伏虎一般非常吉祥。

钟灵：钟灵毓秀。钟：凝聚，集中。毓：养育。此指凝聚了天地间的灵气，孕育着优秀的人物。泛指山川秀美，人才辈出。例如：曹雪芹（1715—1763）著《红楼梦》第三十六回有"真真有负天地钟灵毓秀之德了"之说。

喜北镇冠山：《诸葛村志·丞相祠堂》介绍说："丞相祠堂背靠经堂后山，以它为镇山，面对村北面的两座山峰，称为冠山。"

东环带水：据《诸葛村志·村域与建制》介绍说："兰溪诸葛村从大的地理方位来说，它处于兰江以西，衢江以北，新安江以南的千里冈脉南缘，金衢盆地北缘上。"这就说明，诸葛八卦村东面众水环绕，一衣带水。

卧龙衍派，本南阳望族，西蜀名家：意思是说，诸葛亮繁衍的后裔各个派系，本来就是南阳卧龙的名门望族，西蜀著名的世家。南阳：两汉时期郡名，属荆州，辖37县，治所在今河南省南阳市。诸葛亮《出师表》中有"臣本布衣，躬耕于南阳"之说，因此，南阳就寓指诸葛亮，南阳卧龙岗还有武侯祠。

【释】丞相祠堂如伏虎钟灵毓秀，可喜背靠经堂镇山北有冠山，众水环绕一衣带水；

诸葛亮繁衍的后裔各个派系，本来就是南阳卧龙名门望族，西蜀著名的世家。

功盖三分，伐魏和吴扶汉室；
名成八阵，降龙伏虎展鸿图。

诸葛绶、诸葛峻撰联，生平事迹见前。

【注】功盖三分：诸葛亮的功德业绩冠盖了曹魏、蜀汉、东吴三个国家。

伐魏和吴：建安十三年（208），荆州牧刘表病死，14岁的幼子刘琮继位后将荆州献给曹操，因此，曹操挥师南下荆州，想一举灭掉依附刘表的刘备，再灭掉东吴孙权，大兵压境，形势十分急迫。在此危急之时，28岁的诸葛亮主动请缨出使东吴，劝说孙权促成了孙刘联军共同抗击曹操的统一战线，在赤壁之战中彻底打败了曹军，不但使刘备与孙权化险为夷、转危为安，而且还瓜分了荆州，使刘备有了荆州四郡，从此就有了发展空间。

扶汉室：此指诸葛亮竭尽全力辅佐先主刘备与后主刘禅的蜀汉帝业。

名成八阵：诸葛亮的功名成就于他的八阵图。八阵图：语出《三国志·蜀书·诸葛亮传》："推演兵法，作八阵图。"

据清代嘉庆至道光年间武侯墓祠主持道人李复心编的《忠武侯祠墓志》记载：八阵图是诸葛亮根据伏羲八卦与周文王八卦的理论创造设计的军事阵法，以八卦太极图为基础，采取"积石为垒"方法，在定军山下"摆六十四阵八阵图，教兵演武"，以此训练军队，以达到"行则为阵，止则为营"的目的，使军队始终立于不败之地。

除此之外，在重庆市奉节县长江北岸夔门也有八阵图，俗称"水八阵"。

据《晋书·桓温传》记载："初，诸葛亮造八阵图于鱼腹平沙之下，垒石为八行，行相去二丈。温见之谓：此常山蛇势也，文武皆莫能识之。"

唐代诗人杜甫《八阵图》"功盖三分国，名成八阵图。江流石不转，遗恨失吞吴"，说的就是这里。

据《明一统志》记载说，在今天成都市新都区牟弥镇，诸葛亮也摆了二十四阵八阵图。

降龙伏虎：形容能够战胜一切强大对手，克服很大困难。例如：明代著名小说家许仲琳（1560—1630）的《封神演义》第八十三回有"降龙伏虎似平常，斩将封为斗木豸"之说。

展：展开、施展的意思。

鸿图：语出唐代文学家韩愈（768—824）的《为裴相公让官表》：“启中兴之宏图，当太平之昌历。”比喻宏伟远大的谋略计划。例如：《宋史·律历志三》有“太祖生于洛邑，而胞络惟黄；鸿图既建，五纬聚于奎躔，而镇星是主”之说。

此处的展宏图，是指放手实施宏伟的计划和设想。

【释】诸葛亮功德业绩冠盖三分天下的魏蜀吴，促成了孙刘联军共同抗击曹操竭尽全力扶助蜀汉帝业；

诸葛亮功名成就于八阵图，能够战胜强大对手克服很大困难放手去实施自己的宏伟计划和设想。

木主编行，式凭灵爽；
草庐发迹，克绍渊源。

诸葛峻撰联，生平事迹见前。

【注】木主：语出《史记·周本纪》：“武王上祭于毕，东观兵至于盟津，为文王木主，载以车，中军。”此指木制的神位，又称神主，俗称牌位，上书死者姓名以供祭祀。例如：清代学者俞正燮（1775—1840）的《癸巳类稿·论语社主义》有：“后世埋石不为匰，号之为主，而谓木主为神牌。民间自以树为田主，王侯自以木为社神主，名异实同也。”

编行：此指将神位依次编排成行有序地供奉。

式凭：语出《明史·李贤传》：“此尧舜用心也，天地祖宗实式凭之。”依靠、依附的意思。

灵爽：语出东晋文学家袁宏（328—376）的《后汉纪·献帝纪三》：“朕遭艰难，越在西都，感惟宗庙灵爽，何日不叹。”此指神灵、神明。例如：明代文学家徐渭（1521—1593）的《隍灾对》有“土木，神之托也，贱也；灵爽，神之真也，贵也”。

草庐发迹：诸葛亮在襄阳隆中隐居躬耕时自建茅草屋居住，由此而发迹的。

克绍：语出《尚书·周书·冏命》：“俾克绍先烈。”孔传注曰：“使能继先王之功业。”能够继承的意思。例如：北宋诗人孙光宪（901—968）的《北梦琐言》卷二十：“有温颢者，乃飞卿之孙，宪之子，仕蜀，官至常侍，无它能，唯以隐僻绘事为克绍也。”

渊源：语出《三国志·魏书·管宁传》：“测其渊源，览其清浊，未有厉俗独行若宁者也。”泛指源流、水的源头，亦比喻事物本源。例如：北宋文学家苏轼的《复改科赋》：“探经义之渊源，是非纷若；考辞章之声律，去取昭然。”清代学者俞正燮（1775—1840）的《癸巳类稿·唐律疏议·跋》亦有“唐律本隋，由魏而周而隋，有渊源也”之说。

此处指诸葛家族本源。

【释】木制的神牌位依次编排有序地供奉，依靠祖先神灵护佑；

先祖自建茅屋居住由此发迹，后裔们能够继承家族本源。

谨慎承先，读耕启后；
规模依旧，俎豆维新。

诸葛绶撰联，生平事迹见前。

【注】谨慎承先：在谨慎敬业方面要继承先祖诸葛亮的风范。

读耕启后：在读书学习与耕种田地方面也要启发后人。

规模依旧：此指诸葛八卦村的大公堂与武侯祠规模依然没有变化。

俎豆：语出《论语·卫灵公》：“俎豆之事则尝闻之矣，军旅之事未之学也。”俎和豆是古代两种祭祀与盛食物的器皿，后来泛指祭祀。例如：唐代诗人柳宗元的《游黄溪记》有“以为有道，死乃俎豆之，为立祠”。

维新：语出《诗经·大雅·文王》：“周虽旧邦，其命维新。”清代史学家陈奂传疏曰：“维，犹乃也；维新，乃新也，言周至文王而始新之。”

此指改变旧的，推行新的。例如《旧五代史·苏循传》有“彼专卖国以取利，不可立维新之朝”之说。

【释】谨慎敬业继承先祖风范，读书学习耕种田地要启发后人；

大公堂与武侯祠的规模依然如故，祭祀先祖有新的变化。

薄田十五顷，桑树八百株，完其淡泊，永垂百代清廉典范；
雄文廿四篇，珠玑数万字，教我子孙，宜享万代俎豆馨香。

诸葛诚撰联，癸酉年（1993）桂月（八月），汪月山书于丞相祠堂。生平事迹见前。

诸葛诚（1925—2000），字马章，兰溪市诸葛镇前宅村人，诸葛亮第四十七代孙，明行辈。先后就职供销社、小学、中学，主持续修了本村《村志》和诸葛村的《诸葛氏宗谱》。

【注】薄田十五顷，桑树八百株：语出《三国志·蜀书·诸葛亮传》：“亮自表后主曰：成都有桑八百株，薄田十五顷，子弟衣食，自有余饶。至于臣在外任，无别调度，随身衣食，悉仰于官，不别治生，以长尺寸。若臣死之日，不使内有余帛，外有赢财，以负陛下。”

完其淡泊：此指完美地体现了诸葛亮一生淡泊明志的思想品德。

永垂百代清廉典范：千百万年都永远流传诸葛亮清廉的榜样。

雄文廿四篇，珠玑数万字：据《三国志·蜀书·诸葛亮传》记载：陈寿收集诸葛亮二十四篇文章编著了《诸葛氏集》，内容有：

开府作牧第一；权制第二；南征第三；北出第四；计算第五；训厉第六；综核上第七；综核下第八；杂言上第九；杂言下第十；贵和第十一；兵要第十二；传运第十三；与孙权书第十四；与诸葛瑾书第十五；与孟达书第十六；废李平第十七；法检上第十八；法检下第十九；科令上第二十；科令下第二十一；军令上第二十二；军令中第二十三；军令下第二十四。右二十四篇，凡十万四千一百一十二字。

珠玑：语出《墨子·节葬下》："诸侯死者，虚车府，然后金玉珠玑比乎身。"指珠宝，亦比喻美好的诗文绘画。如：唐代诗人方干（836—888）的《赠孙百篇》诗有"羽翼便从吟处出，珠玑续向笔头生"之句。

教我子孙：教育我们诸葛后裔。

宜享万代俎豆馨香：适合于配享千秋万代祭祀的芳香。俎豆：泛指祭祀。馨香：芳香。

【释】薄田十五顷，桑树八百株，完美体现了诸葛亮一生淡泊清廉，千百万年都永远流传他的清廉榜样；

诸葛亮二十四篇文章，数万字如珠宝一样珍贵，教育我们诸葛后裔，适合配享千秋万代祭祀的芳香。

联孙权，拒曹操，降季玉，决策斯为明矣；
斩王双，射张郃，困仲达，用兵若其神乎。

诸葛诚题书。生平事迹见前。

【注】联孙权，拒曹操：此指建安十三年（208），荆州牧刘表病死后，其幼子刘琮继任荆州牧就投降曹操，为此，曹操挥师南下荆州，想一举歼灭依附刘表而屯驻于新野县的汉室后裔刘备，然后再灭掉东吴孙权。因此，曹军大兵压境势如破竹，刘备被追杀得弃襄阳、逃樊城、败当阳、奔夏口，狼狈不堪。关键时刻，诸葛亮主动请缨前往东吴劝说孙权与刘备联手，形成孙刘联军共同抗曹统一战线，最终在赤壁之战中大败曹军，形成了三足鼎立局面。

降季玉：此指建安十九年（214），诸葛亮从荆州带兵协助刘备取益州，迫使益州牧刘璋投降，实现了诸葛亮在《隆中对策》中提出夺取益州的战略决策。季玉：益州牧刘璋，字季玉。

决策斯为明矣：这些决策都是十分英明的。

斩王双：此指建兴六年（228）冬，诸葛亮"出散关，围陈仓"进行第二次北伐曹魏时攻打二十余日不克，魏军援兵赶到，诸葛亮用计在退军路上斩杀了前来追赶的魏将王双。

射张郃：此指建兴九年（231）春天，诸葛亮出祁山进行第四次北伐曹魏，魏军大都督司马懿“畏蜀如虎”不敢正面与诸葛亮交战，加之蜀军远道而来粮草供给困难，想以此拖垮蜀军。没想到，运粮官李严延误了时日，害怕追究责任，于是假传圣旨令诸葛亮退军回汉中。在退军中，曹魏骠骑将军张郃执意要进行追赶截杀，被诸葛亮用计在木门道将其射杀。

困仲达：此指《三国演义》第一百三回“上方谷司马受挫”中讲述的故事：建兴十二年（234）春天，诸葛亮第五次北伐曹魏（《三国演义》称六出祁山）时，司马懿一看诸葛亮来势凶猛，求战心切，于是就“甘辱巾帼”而坚决不战，使得诸葛亮进退两难，一筹莫展。有一天，诸葛亮用计将司马懿魏军引诱到上方谷中（今眉县葫芦峪，距离五丈原以东 20 里），蜀汉军前后堵截，然后用火烧魏军，死者不计其数，司马懿父子被困在谷中抱头痛哭，眼看就要一命呜呼了。没想到，突然间天降滂沱大雨将火浇灭，司马懿父子死里逃生。诸葛亮仰天长叹说：“谋事在人，成事在天，此乃天意也。”

用兵若其神乎：此指诸葛亮用兵如此的出神入化。

【释】联合东吴孙权，共同抗击曹操，协助刘备攻取益州，决策十分英明；
斩杀魏将王双，射杀魏将张郃，上方谷围困司马懿，用兵出神入化。

佐先主，辅后主，一颗忠心昭日月；
取荆州，定益州，三分功业盖乾坤。

诸葛诚题书。生平事迹见前。

【注】佐先主，辅后主，一颗忠心昭日月：辅佐先主刘备，辅助后主刘禅，诸葛亮的一颗忠心同日月一样明亮。昭日月：如同日月一样明亮。

取荆州，定益州，三分功业盖乾坤：诸葛亮在《隆中对策》中为刘备提出了要取荆州，定益州，促成三足鼎立局面的功德业绩遮盖了天地之间。

乾坤：此指天地之间。

【释】辅佐先主刘备，辅助后主刘禅，诸葛亮的一颗忠心同日月一样明亮；
诸葛亮提出取荆州，定益州，形成三足鼎立功德业绩遮盖天地之间。

修合虽无人见；
诚心自有天知。

诸葛诚题书。生平事迹见前。

【注】修合虽无人见：此指《诸葛氏宗谱》自南宋初年诸葛希孟主持修志以来，到民国三十六年（1947）历经十六次续修与合修。1995 年，诸葛诚又

参与主持续修诸葛村的《诸葛氏宗谱》。这些续修与合修《诸葛氏宗谱》的人，虽然年代久远，没有任何人可以目睹见证。

诚心自有天知：历史上参与续修与合修《诸葛氏宗谱》的人一片诚心自有老天爷知道。

【释】《诸葛氏宗谱》自南宋修志以来历经十六次续修与合修已经没有人见证；历史上参与续修合修《诸葛氏宗谱》的人一片诚心自有老天会知道。

岘山西峙，瀔水东流，人杰地灵，丞相子孙多俊彦；
岐黄术精，濒湖学博，世医代药，高隆盛誉满寰区。

陈建亮撰联，癸酉年（1993）桂月（八月），陈永源书。

陈建亮，1920年出生于浙江省兰溪市，毕业于国立浙江大学中文系，就职兰溪中学，教师，曾是浙江省诗词学会、金华市诗词学会会员，兰溪市诸葛亮研究会理事，其余不详。

陈永源，生平事迹见前。

【注】岘（xiàn）山西峙：诸葛八卦村的西面有岘山耸立。据《诸葛氏宗谱》记载说，第十七代世孙诸葛承载迁徙来到今兰溪西乡岘山下，第二十八代世孙诸葛大狮迁徙到高隆（今浙江省兰溪市诸葛八卦村），是诸葛八卦村的始祖。

瀔（gǔ）水东流：衢江古称瀔水，位于浙江省衢州市境内，又称信安溪、信安江、衢港，是钱塘江主要支流，发源于开化县的马金溪，河长522.22公里，其中安徽省境内24.77公里，浙江省境内497.45公里，流域面积44014.50平方公里。

人杰地灵：语出唐代著名文学家王勃的《滕王阁赋》："人杰地灵，徐孺下陈蕃之榻。"意思是，有杰出的人降生或到过的地方因而出名，也指杰出的人物生于灵秀之地。丞相子孙多俊彦：诸葛亮后裔多为杰出的人士。

俊彦：语出《尚书·太甲上》："旁求俊彦，启迪后人。"意思是，杰出的人才、贤士。

岐黄术精：此指岐伯与黄帝二人的医术精湛。岐：此指岐伯，是中国上古时期最有声望的医学家，精于医术脉理，名震一时，后世尊称为"华夏中医始祖、医圣"。黄：指黄帝（公元前2717—公元前2599），是中国远古时代华夏民族的共主，五帝之首（黄帝、颛顼、帝喾、尧、舜），被尊为中华"人文初祖"。据说，黄帝与岐伯曾经共同讨论病理，编著了《黄帝内经》流传后世。

濒湖学博：此指明代医学家李时珍学问渊博。李时珍（1518—1593），字东璧，号濒湖山人，湖北省蕲春县人，终身采集研究中草药，著有192万字的中药学巨著《本草纲目》传世，成为中医学的经典之作。除此之外，他还对脉学与奇经八脉也很有研究，被后世人尊为“药圣”，著述有《奇经八脉考》《濒湖脉学》等多种中医学理论专著流传后世。

世医代药，高隆盛誉满寰区：诸葛后裔历来都有“良相医国，良药医民”之说，所以，“不为良相，便为良医”就成了他们的祖训，世代传承经久不衰。正因为如此，他们经营的中医药业遍布全国各地。

据《诸葛村志·中药业》列表介绍说，诸葛后裔“经营药业历史悠久，早在宋代就有了医药组织”，后来，逐步发展繁盛，仅清代至民国时期，在全国各地开设的著名中药店铺就有 125 家，在诸葛八卦村经营中药店铺四代人以上的就有 16 家，他们不但有药切、药文、药谜、药名对联、药名诗歌、药名祭文，还有汤头歌诀。后裔从事中医、中药学人才辈出，不胜枚举，其知名度传遍人世间。

高隆：即今天的诸葛镇，此指诸葛八卦村。

寰区：语出《后汉书·逸民传序》：“彼虽硁硁有类沽名者，然而蝉蜕嚣埃之中，自致寰区之外，异夫饰智巧以逐浮利者乎。”此指天下人世间。例如：唐代诗人杜甫《解闷》诗之八有“最传秀句寰区满，未绝风流相国能”之句。

【释】八卦村西面有岘山耸立，东面有衢江水流，灵秀之地出杰出人物，诸葛亮后裔好多都是杰出的能人贤才；

岐伯与黄帝医术精湛，医圣李时珍学问渊博，诸葛后裔世代行医开店，八卦村美好声誉遍布天下人世间。

灵地产灵人，山东溯源临沂县；
名厅祀名相，江南同仰大公堂。

陈建亮题书。生平事迹见前。

【注】灵地产灵人：好的地方就能够产生优秀的人物，寓意地灵人杰。

山东溯源临沂县：追根求源诸葛亮出生在山东省临沂。溯源：追根求源。临沂县：西汉元封五年（公元前 106）始置临沂县，治所在今临沂市白沙埠镇驻地东北 6 公里的诸葛城，属东海郡。东汉建初五年（80），琅琊国迁都开阳，临沂自此就有“琅琊”之称，区境分属开阳、临沂二县。1958 年 12 月 20 日称县级临沂市，1963 年 3 月 16 日恢复临沂县。1994 年 12 月 17 日，撤销临沂地区和县级临沂市，设立地级临沂市至今。现在的临沂市辖三区、九县、三个经济开发区，总面积 17184 平方公里，2010 年人口 1003.94 万人。

《三国志·蜀书·诸葛亮传》记载：“诸葛亮，字孔明，琅琊阳都人也。”琅琊：郡名，属于徐州，治所在今天的临沂市。阳都：县名，今天的沂南县。

名厅祀名相：著名的厅堂祭祀著名的贤相诸葛亮。

江南同仰大公堂：江南的人共同景仰诸葛八卦村的大公堂。江南：泛指长江以南地区。同仰：共同尊崇敬仰的意思。大公堂：诸葛八卦村的核心建筑，是诸葛后裔祭祀诸葛亮的活动场所。

【释】好地方就能够产生优秀人物，追根求源诸葛亮出生在山东省临沂；

著名厅堂祭祀著名的贤相诸葛亮，江南人共同景仰八卦村大公堂。

议论纷纷，说法说道说神，谁识孔明真际；
流风浩浩，曰忠曰公曰爱，宜为当代精神。

陈建亮题书。生平事迹见前。

【注】议论纷纷，说法说道说神，谁识孔明真际：意思是，史学界曾经有很多议论，说诸葛亮的思想属于法家思想，也有人说是道家思想，还有人说诸葛亮是神人，谁能够认识了解其中的真实情况。

议论纷纷：语出《后汉书·袁绍传》："是以远近狐疑，议论纷错者也。"此指有很多议论。例如：明代文学家冯梦龙（1574—1646）的《东周列国志》有："新令既出，百姓议论纷纷，或言不便，或言便。"

真际：语出《文选·王中·头陀寺碑文》："荫法云于真际，则火宅晨凉。"李善注："《维摩经》曰：同真际，等法性，不可量。僧肇曰：真际实际也。"此为佛教语，指宇宙本体，亦指成佛的境界。此指真切的道理，真实的情况。

流风：语出《孟子·公孙丑上》："纣之去武丁未久也，其故家遗俗，流风善政，犹有存者。"此指前代流传下来的良好风气。

浩浩：语出《诗经·小雅·雨无正》："浩浩昊天，不骏其德。"形容广大无际。曰忠曰公曰爱：说忠诚、说公正、大公无私，说博爱、仁爱。

宜为当代精神：正适合当代社会提倡的思想精神。宜：适宜、合适的意思。

【释】史学界有很多议论，说诸葛亮属法家思想也有人说是道家思想还有人说是神人，谁能够了解其中真实情况；

前代流传良好风气广大无际，说忠诚的说公正无私的说博爱的，这些说法正适宜当代社会提倡的思想精神。

千古斯民，瞻仰孔明如泰山北斗；
万邦俊彦，欣闻诸葛衍孝子贤孙。

陈建亮题书。生平事迹见前。

【注】千古：此指久远的年代。

斯民：语出《孟子·万章上》："予将以斯道觉斯民也。"此指老百姓。

瞻仰：此指恭敬地瞻拜敬仰、仰慕的意思。

泰山北斗：语出《新唐书·韩愈传赞》：“自愈没，其言大行，学者仰之如泰山北斗云。”泰山：五岳之首的东岳，在山东省泰安市。北斗：此指北斗星，又称北极星、魁星等，属大熊星座。是指在北天有排列成斗杓形的七颗亮星，即天枢、天璇、天玑、天权、玉衡、开阳和摇光。人们通常称为“北斗七星”，能够帮助人们在夜间辨别方向。此指道德高、名望重或有卓越成就为众人所敬仰的人。例如：陈毅（1901—1972）的《赴延安留别华中诸同志》诗有“众星何灿烂，北斗住延安”之句。

万邦：语出《尚书·大禹谟》：“嘉言罔攸伏，野无遗贤，万邦咸宁。”此指天下一统的意思。例如：三国时期曹植（192—232）的《上责躬应诏诗表》有“君临万邦，万邦既化”之说。

俊彦：语出《尚书·太甲上》：“旁求俊彦，启迪后人。”此指杰出贤才。例如：《后汉书·班固传》有：“窃见故司空掾桓梁，宿儒盛名，冠德州里，七十从心，行不逾矩，盖清庙之光晖，当世之俊彦也。”

欣闻：高兴地听到。

衍：生息繁衍的意思。

孝子贤孙：语出《孟子·离娄上》：“虽孝子慈孙，百世不能改也。”意思是，只有孝敬父母的儿子才能生出贤惠善良有德行的孙子，这个道理永远都不会改。元代诗人刘唐卿《降桑椹》有“圣人喜的是义夫节妇，爱的是孝子贤孙”之说。

【释】久远年代的老百姓，他们在瞻拜敬仰诸葛亮遗像时就像观看泰山与北斗星一样虔诚；

天下杰出贤才，高兴地听到诸葛亮后裔生息繁衍出现了很多有才能德行的后辈子孙。

谱牒告成功，由仍字分支廿十五世，右穆左昭俱就序；
岘峰钟秀气，自威公卜宅千余来年，敬宗收族永流芳。

清代·诸葛后裔题书，作者不详。

【注】谱牒告成功，由仍字分支廿十五世：意思是，《诸葛氏宗谱》宣告编著成功确立，是由仍字辈第二十六世孙诸葛梦澧以下分支续修、合修十余次已经经历了二十五代。

谱牒：语出《史记·太史公自序》：“维三代尚矣，年纪不可考，盖取之谱牒旧闻。”“谱牒”是古代记述氏族世系的书籍。例如：唐代史官刘知几（661—721）的《史通·书志》有“谱牒之作，盛于中古。汉有赵岐《三辅决录》，晋有挚虞《族姓记》。江左有两王《百家谱》，中原有《方司殿格》。盖氏族之事，尽在是矣”之说。

廿十五世：此指二十五代。

右穆左昭：语出《礼记·王制》："天子七庙，三昭三穆，与太祖之庙而七。诸侯五庙，二昭二穆，与太祖之庙而五。大夫三庙，一昭一穆，与太祖之庙而三。士一庙，庶人祭于寝。"昭穆：语出《周礼·春官·冢人》："先王之葬居中，以昭穆为左右。"郑玄注曰："自始祖之后，父曰昭，子曰穆。"此指古人家族中宗庙、墓地的辈分排列关系。古人在室内座次以东向为上，其次才是南向、北向和西向，故以始祖居中。东向：二世、四世、六世位于始祖的左方。朝南称昭，三世、五世、七世位于右方，朝北，称穆。简而言之，昭穆就是宗庙、坟地和神主的左右位次，左为昭，右为穆，故亦称"左昭右穆制"。这是我国古代的宗法制度中宗庙、墓地或神主的辈次排列，不可错乱。

在这种宗法制度排列顺序上，宗庙神主的排列就呈现出一个显著特点，即地位越高的人其宗庙中可以供奉的祖先就越多，地位越低的人在宗庙中所供奉的祖先就越少，以此通过宗庙和祖先数量的多少来象征尊卑与上下等级关系。

俱就序：此指全都有顺序。

岘峰钟秀气，自威公卜宅千余来年：诸葛八卦村的西面岘山耸立，钟灵毓秀有灵气。据《诸葛氏宗谱》记载说，自第十七代世孙诸葛承载迁徙来到今天兰溪西乡岘山下，第二十八代世孙威公诸葛大狮占卜修建诸葛八卦村成为始祖以来，已经有一千余年的历史。

敬宗收族：语出《礼记·大传》："尊祖故敬宗，敬宗故收族，收族故宗庙严。"此指尊敬祖先，以尊卑亲疏远近之序团结族人。例如：宋末元初理学家陈澔（1260—1341）的《礼记集说》有"收，不离散也。宗道既尊，故族无离散"之说。

永流芳：永远流芳百世。

【释】《诸葛氏宗谱》宣告成功编著确立，是由仍字辈第二十六世孙诸葛梦漕以下分支续修合修十余次已经历二十五代，宗庙墓地与神主辈次排列全部都有顺序；

八卦村西岘山钟灵毓秀有灵气，自二十八代世孙诸葛大狮占卜修建诸葛八卦村以来已经有一千余年历史，以上下尊卑亲疏远近之序团结族人永远流芳百世。

昔以八阵克敌，今以八卦兴村，生死殊功永其芳泽；

不为良相医国，可作良医济世，宽仁家教贻厥孙谋。

凌成澜题书。

凌成澜，1926年出生于安徽省歙县，笔名林汀、凌丁，号悉心居士。历任中小学教师、记者、编辑、工艺美术设计师、中华诗词学会会员、浙江省诗词学会理事、浙江省书协会员、兰江诗社副社长、兰溪市书法、美术协会理事、兰溪市诗词书画社副秘书长兼社刊主编等。

【注】昔以八阵克敌：此指诸葛亮当年以八阵图克敌制胜。

今以八卦兴村：今天的诸葛后裔以八卦村兴旺发达。

生死殊功永其芳泽：无论是今天的成就或者是先祖的特殊功勋都永远留下了芳香。生死：此指现在的诸葛亮后裔与死去的先祖诸葛亮。殊功：特殊的功勋。永其芳泽：永远都留下了芳香。

不为良相医国，可作良医济世：据《诸葛氏宗谱》记载："诸葛后裔祖训曰：良相医国，良医济世。不为良相，便为良医。"

宽仁家教贻厥孙谋：此指以宽厚仁爱的家庭教育遗传给后世，为子孙的将来作好打算。

贻厥孙谋：语出《尚书·五子之歌》："明明我祖，万邦之君，有典有则，贻厥子孙。"贻：遗留。厥：其他的。孙：子孙后代。谋：谋划、打算。此指为后辈子孙的将来作好安排打算。例如：东晋著名史学家习凿齿（317—384）的《襄阳记》有"曾不知防虑于此，岂所谓贻厥孙谋乎"之说。

【释】诸葛亮当年以八阵图克敌制胜，今天诸葛后裔以八卦村兴旺发达，无论是今天的成就或者是先祖的特殊功勋都永远留下了芳香；

不能够作为良相治理国家，可作为良医济世救民，诸葛后裔宽厚仁爱家庭教育遗传后世是为了给后辈子孙的将来作好安排打算。

嫡孙安在，诸葛遗风留古镇；
忠魂犹存，武侯灵爽护宗祠。

1993年10月，郭清华题于诸葛八卦村大公堂。

【注】1993年10月13—15日，全国第七届诸葛亮研究联会在兰溪市诸葛八卦村召开，由于笔者的一篇《诸葛亮后裔今何在》文章通过新华社在国内外数百家新闻媒体连续转载报道而引起了轰动，使诸葛八卦村与诸葛亮后裔成为中外普遍关注的焦点，所以，才成功地在这里召开了这次学术会。会后，笔者应大公堂理事会邀请现场题写了相关匾文楹联，为此，10月16日的《兰溪日报》对以上情况作了详细报道。

嫡孙：语出《陈书·吴兴王陈胤传》："吴兴王胤，字承业，后主长子也，时后主年长，未有胤嗣，高宗因命以为嫡孙。"此指正宗血统一脉遗传的子孙。

安在：语出《史论·项羽本纪》："项羽曰：沛公安在。"安然存在的意思。

诸葛遗风留古镇：诸葛亮的风范遗留在兰溪市的诸葛古镇。

忠魂犹存，武侯灵爽护宗祠：诸葛亮忠君爱国灵魂仍然保留，他的神灵始终护佑着这里的宗族祠堂。犹存：仍然保留着。灵爽：语出东晋史学家袁宏（328—376）的《后汉纪·献帝纪三》："朕遭艰难，越在西都，感惟宗庙灵爽，何日不叹。"此指神灵、神明的意思。

【释】正宗血脉遗传的子孙安然存在，诸葛亮的风范遗留在兰溪市诸葛古镇；

诸葛亮忠君爱国灵魂仍然保留，他的神灵始终护佑着这里的宗族祠堂。

出阳都，隐襄阳，受命蜀汉，归葬定军，武侯史迹著中华；
任寿昌，徙高隆，繁衍婺州，聚居兰溪，诸葛苗裔在斯地。

1993 年 10 月，郭清华题于诸葛八卦村大公堂。

【注】出阳都，隐襄阳，受命蜀汉，归葬定军，武侯史迹著中华：诸葛亮出生于山东的阳都故里，隐居躬耕于湖北的襄阳隆中，受命辅佐于益州的蜀汉朝廷，遗命归葬于陕西汉中勉县的定军山下，有关他的历史遗迹显著于中华大地。著：显著的意思。

任寿昌，徙高隆，繁衍婺州，聚居兰溪，诸葛苗裔在斯地：诸葛亮第十五代孙诸葛浰在寿昌（今浙江省建德市）出任县令卒于官，成为诸葛后裔的浙江始祖。第十七代孙诸葛承载又迁徙高隆（今浙江省兰溪市诸葛镇），后裔们在婺州（隋朝置婺州，治所在今浙江省金华市，明朝初年改名宁越府，随后又改名金华府）一带生息繁衍，最后又聚居在今兰溪市诸葛八卦村，诸葛亮后代子孙都在这里。苗裔：语出战国诗人屈原的《楚辞·离骚》："帝高阳之苗裔兮。"此指后代子孙。例如：《三国演义》第四十三回"诸葛亮舌战群儒，鲁子敬力排众议"有"刘豫州虽云中山靖王苗裔，却无可稽考，眼见只是织席贩屦之夫耳，何足与曹操抗衡哉"之说。斯地：这里的意思。

【释】诸葛亮出生山东阳都故里，隐居躬耕湖北襄阳隆中，受命辅佐益州蜀汉朝廷，遗命归葬于汉中勉县定军山，有关他的历史遗迹显著于中华大地；

十五代孙诸葛浰任寿昌县令卒于官，十七代孙诸葛承载迁徙到高隆，在婺州生息繁衍，后又聚居在兰溪的诸葛八卦村，诸葛亮后代子孙都在这里。

贤相一代，水源木本在阳都，英才辈出垂教远；
宗臣千秋，卧龙子孙继世长，嫡系居浙念血地。

孙元吉题。

孙元吉（1923—2018），山东省沂南县砖埠镇黄疃村人，就职于沂南县直机关工委直至退休。1992 年，他奔走呼吁，筹资创建了诸葛亮故里纪念馆，并且出任馆长多年，写下了《阳都故城在黄疃》《弩戟》《诸葛亮简介》《诸葛亮的家族》《阳都故城考评》等文。

【注】贤相一代：诸葛亮是蜀汉朝廷的一代贤明丞相。

水源木本：语出《左传·昭公九年》：“我在伯父，犹衣服之有冠冕，水木之有本原，民人之有谋主也。”此指水的源头，树的根本。比喻事物根本或事情的起因。如：明代文学家归有光（1507—1571）的《华亭蔡氏新谱·序》有“孰知故家大族，实有与国相维持者，系风俗世道之隆污，所不可不重也，况孝子仁人木本水源之恩乎”之说。

阳都：汉县名，属徐州琅琊郡所辖，故址即今山东省临沂市沂南县砖埠镇黄疃村一带。

英才辈出：语出明末清初文学家李渔（1611—1680）的《闲情偶寄·词曲·格局第六》：“犹之诗、赋、古文以及时艺，其中人才辈出，一人胜似一人。”形容德才兼备的人才一批接一批不断地涌现。

垂：语出《尚书·微子之命》：“功加于时，德垂后裔。”流传后世的意思。

教远：训导教化留下了深远的影响。

宗臣：语出《汉书·萧何曹参传赞》：“淮阴、黥布等已灭，唯何、参擅功名，位冠群臣，声施后世，为一代之宗臣，庆流苗裔，盛矣哉。”隋唐时期历史学家颜师古（581—645）注曰：“言为后世之所尊仰，故曰宗臣也。”此指世所景仰的名臣。

千秋：千秋万年。

卧龙子孙继世长：诸葛亮的后代子孙代代相继，历史悠久。

嫡系居浙念血地：嫡传后裔虽然聚居在浙江却始终思念出生地的阳都故城老家。血地：祖祖辈辈生活居住的地方，泛指出生地、老家。例如：巴人（王任叔，1901—1972）的《莽秀才造反记》长篇小说第十五章有“有的惋惜，人为什么要离开祖宗的血地呢？”之说。

【释】诸葛亮是蜀汉朝廷一代贤明丞相，他的根源在出生地阳都故城，齐鲁之地英才辈出垂范后世的训导教化影响深远；

世所景仰的名臣载誉千秋万年，诸葛亮后代子孙代代相继历史悠久，嫡传后裔虽聚居在浙江却始终思念阳都老家。

治蜀遗爱，黛柏由来护古庙；
诫子传名，兰江千古余公堂。

李兆成题于大公堂。

李兆成，1949 年出生于四川成都，毕业于四川电大汉语言文学专业，就职于成都武侯祠博物馆，研究馆员。代表作品有《锦城成都》《诸葛亮文译注》

《武侯祠大观》《西汉盛世》《武侯祠历史文化丛书》《一代贤相诸葛亮》《武侯祠史话》《成都武侯祠塑像简考》《近四百年来惠陵附属建筑修葺考》《武侯祠漫游》等 10 余部。

【注】治蜀遗爱：此指诸葛亮治理蜀汉国家时期在民间遗留下了千秋爱戴的美名。

黛柏：青黑色的古柏。由来护古庙：自古以来都护理着成都武侯祠这座古庙。例如：唐代诗人杜甫《古柏行》诗歌有“孔明庙前有老柏，柯如青铜根如石。霜皮溜雨四十围，黛色参天二千尺”之句。

诫子传名：此指诸葛亮的《诫子书》流传千古而名垂青史。

兰江：古名兰溪、瀔水，属钱塘江支流，也有称南源、北源新安江的。它是钱塘江干流从兰溪市至建德市间的名称，上游两水汇合于兰溪市西南的兰阴山下，因岩多兰茝故名兰溪，兰溪市因此而得名。

千古余公堂：千年以来遗留下来有诸葛大公堂。余：剩余、遗留下来的。大公堂：八卦村代表性古建筑，是诸葛后裔祭祖和重大活动的场所。

【释】诸葛亮治理蜀汉国家时期在民间遗留下千秋爱戴美名，青黑色柏树自古以来都护理着成都武侯祠这座古庙；

诸葛亮《诫子书》流传千古而名垂青史，兰溪诸葛八卦村千年以来遗留下了后裔们祭祖场所的诸葛大公堂。

余地辟三弓，何必羡金谷繁华，争奇斗艳；
存心唯一点，务必追杏林至德，救死扶伤。

诸葛斐斋题书于天一堂。

诸葛斐斋，本名诸葛棠斋，又名诸葛锵，道光末年出生于今天的诸葛八卦村，是诸葛亮第四十七代世孙，一生经营药材，在诸葛村创办了“天一堂”中药店铺，名声远播，在广州、香港开设了“祥源”“同庆”等中药行。光绪二十六年（1900）在香港逝世，移灵柩还乡安葬时其弟诸葛晓峰用 64 味中药名撰写成《祭文》，堪称一绝，成为后世传播的名作佳话。

【注】余地辟三弓：意思是，在空余的地方开辟一丈五尺之地开设中医药店铺。余地：空余的地方。辟：开辟的意思。三弓：一丈五尺。弓：古代丈量土地计量单位，一弓为五尺，三百六十弓为一里，三弓为一丈五尺。例如：唐代文学家陆龟蒙（？—881）的《送小鸡山樵人序》记载说：“自冢至麓，凡二百弓。”

何必羡金谷繁华：何必去羡慕有钱人家的富贵繁华。羡：羡慕。金谷：钱财与粮食，泛指有钱人家。繁华：此指荣华富贵。

争奇斗艳：语出北宋文学家吴曾的《能改斋漫录·方物·芍药谱》："名品相压，争妍斗奇，故者未厌，而新者已盛。"形容百花齐放，争芳吐艳。

存心唯一点，务必追杏林至德，救死扶伤：诸葛后裔存在的心思唯独只有一个，那就是务必追求中药学至高无上的道德品质，实行救死扶伤。

杏林：故址在今江西庐山市和安徽凤阳县。据东晋道学家葛洪所著的《神仙传》卷十记载：东汉晚期，东吴侯官（今福建省长乐市）人董奉（169—？）为庐山县（今江西省庐山市）令，建安九年（204）罢官行医，先后在庐山和钟离（今安徽省凤阳县）"为人治病不取钱，使人重病愈者，使栽杏五株，轻者一株，如此十年，计得十万余株，郁然成林"。上述记载，在《三国志·吴书·士燮传》裴松之注引葛洪《神仙传》之中也有此说。从此以后，人们就用"杏林"称颂中医学医生，而他们每以"杏林中人"自居。

救死扶伤：语出西汉史学家司马迁（公元前145—公元前90）的《报任少卿书》："与单于连战十有余日，所杀过半当，虏救死扶伤不给。"此指抢救生命垂危的人照顾受伤的人。例如：现代作家姚雪垠（1910—1999）的《李自成》第二卷第十四章有"做外科医生的能够以肉补肉，以血补血，则救死扶伤，造福人群，岂不大哉"之说。

【释】在空余之地开辟一丈五尺去开设中药店铺，何必要羡慕有钱人家的荣华富贵，争芳吐艳；

诸葛后裔存在心思唯有一个，就是务必追求中药学至高无上的道德品质，实行救死扶伤。

万里春风，吹来丞相祠堂，重生光彩；
千秋祖德，激励高隆儿女，奋起腾飞。

陈建亮撰联，癸酉年（1993）桂月（八月），邑人郑振庚书于丞相祠堂。

陈建亮、郑振庚，生平事迹见前。

【注】万里春风，吹来丞相祠堂，重生光彩：此指1992年11月，郭清华的《诸葛亮后裔今何在》文章通过新华社高级记者王兆麟在国内外新闻媒体连续转发报道，使兰溪市诸葛八卦村明清古建筑与这里的诸葛后裔一夜之间成为国内外关注的焦点，掀起轰动效应，人们纷至沓来，争相一睹诸葛亮后裔的风采，使这里成了名城名地。1993年10月，全国第七届诸葛亮研究联会又首次在兰溪市诸葛八卦村召开，全国各地数百名专家、学者云集这里，参观考察八卦村明清建筑和大公堂与丞相祠堂，这好比万里春风吹来，使诸葛后裔的生活基础得到了重生而展示出了华丽光彩。

千秋祖德，激励高隆儿女，奋起腾飞：千百年来祖先诸葛亮遗留下来的高尚道德品质，激励着诸葛八卦村诸葛后裔奋发图强飞速跃起，各个方面都得到了迅速发展。祖德：祖先遗留的高尚品德。高隆儿女：此指八卦村的诸葛后裔。奋起：奋发跃起。腾飞：迅速发展。

【释】诸葛八卦村成为国内外关注焦点全国诸葛亮研究会首次在这里召开，这好比万里春风吹到丞相祠堂，使诸葛后裔得到重生而光彩；

千百年来祖先诸葛亮遗留下来的高尚道德品质，激励着诸葛八卦村的后辈子孙，使他们奋发图强飞速跃起各个方面都得到了发展。

派衍南阳，家声勿替；
绪绵西蜀，世泽长存。

诸葛峻题书于丞相祠堂。生平事迹见前。

【注】派衍：语出清朝魏秀仁（1818—1873）的《花月痕》第五回：“则有家传汉相，派衍苏州。”此指宗族派系的生息繁衍与支派的衍生。

南阳：两汉郡名，属荆州，辖37县，治所在今河南省南阳市。诸葛亮的《出师表》中有“臣本布衣，躬耕于南阳”之说，故南阳代指诸葛亮。

家声：语出《史记·李将军列传》：“单于既得陵，素闻其家声，及战又壮，乃以其女妻陵而贵之。”此指家族的世传美声名誉。

勿：不能够、不要的意思。

替：衰败更替的意思。

绪绵西蜀：此指诸葛亮忠君爱国勤政廉洁思想在西蜀继续绵延。

世泽：语出《孟子·离娄下》：“君子之泽，五世而斩。”此指先辈的遗泽。

长存：长期存在。

【释】诸葛后裔生息繁衍来源于诸葛亮，家族世传美声名誉不能衰败更替；

诸葛先祖忠君爱国勤政廉洁思想在西蜀继续绵延，先辈遗泽长期存在。

历宋元明，昭兹来许；
说孟仲季，聚族于斯。

诸葛绶题书于丞相祠堂。生平事迹见前。

【注】历宋元明：此指八卦村诸葛后裔自从第十七代世孙诸葛承载在南宋末年迁徙来到兰溪西乡岘山下，第二十八代孙诸葛大狮元代迁徙到高隆——今兰溪市诸葛八卦村，成为这里的始祖。明代时期，后裔们又大兴土木，不断扩建了诸葛八卦村，形成了后来的格局。

昭兹来许：语出《诗经·大雅·下武》：“昭兹来许，绳其祖武。”昭：彰显的意思。兹：这个。来许：后人、后辈的意思。此指彰显这个于后人。

说孟仲季：说起诸葛后裔家族的辈分区分。此指同等辈分的老大、老二、老三等排序。孟仲季：语出《左传·隐公元年》："惠公元妃孟子。"唐代史学家孔颖达（574—648）注疏曰："孟仲叔季，兄弟姊妹长幼之别字也，孟伯俱长也。"孟亦称为伯，所以，历史上有伯、仲、叔、季称谓。例如：左丘明（公元前502—公元前402）的《左传·昭公二十六年》有："亦唯伯仲叔季图之。"《说文·人部》亦有"伯，长也。仲，中也。叔是老三，季为老四"之说。再如，三国时期，孙坚有四个儿子，长子孙策，字伯符，次子孙权，字仲谋，三子孙翊，字叔弼，四子孙匡，字季佐，这正是按照伯、仲、叔、季取名而比较有代表性的辈分区分。

聚族于斯：大家汇聚了一个庞大的家族在这里。于斯：在这里的意思。

【释】经历了宋元明三代才形成了今天的诸葛八卦村，要彰显这个于后人；
说起诸葛后裔家族的辈分区分，大家汇聚了一个庞大的家族在这里。

三顾出茅庐，自任以天下之重；
一心扶汉室，是知其不可而为。

诸葛熙、诸葛绶撰联于丞相祠堂。

诸葛熙，诸葛八卦村人，生平事迹不详。

诸葛绶，生平事迹见前。

【注】三顾出茅庐：自从刘备屈尊三顾茅庐恳请诸葛亮出山以来。

自任以天下之重：语出《孟子·万章下》："思天下之民，匹夫匹妇有不与被尧舜之泽者，若己推而内之沟中，其自任以天下之重也。"比喻担负起天下的责任。此指诸葛亮担负起了兴复汉室天下的重任。

一心扶汉室：诸葛亮一心一意辅佐蜀汉帝业。

知其不可而为：语出《论语·宪问》："子路宿于石门。晨门曰：奚自？子路曰：自孔氏。曰：是知其不可而为之者与？"此指明知道不可能成功但是还要坚持去做。

【释】刘备三顾茅庐恳请诸葛亮出山以来，就担负起了兴复汉室的天下重任；
诸葛亮一心一意辅佐蜀汉帝业，明知道不可能成功但是还要北伐曹魏。

遗像肃清高，至今凛凛有生气；
大狮垂统绪，旁作穆穆以迓衡。

诸葛峻题书于丞相祠堂。生平事迹见前。

【注】遗像肃清高：语出唐代杜甫的《咏怀古迹五首》诗歌："诸葛大名垂宇宙，宗臣遗像肃清高。三分割据纡筹策，万古云霄一羽毛。"此指诸葛亮

的遗像肃穆清高。

至今凛凛有生气：时至今日还令人敬畏而有生气。凛凛：语出《宋史·辛弃疾传》："孰谓公死，凛凛如生。"令人敬畏有生气的意思。

大狮垂统绪：此指第二十八代世孙诸葛大狮元代迁徙到今天诸葛八卦村成为这里的始祖，是他把宗族系统的基业传承了下来。垂：传下去的意思。统绪：语出清代文学家蒲松龄（1640—1715）的《聊斋志异·乱离二则》："我无子，将以汝继统绪，肯否？"此指宗族代代传承系统。

旁作穆穆以迓衡：语出《尚书·洛诰》：周成王赞美周公姬旦说："惟公德明，光于上下，勤施于四方，旁作穆穆迓衡，不迷文武勤教。"孔传曰："四方旁来，为敬敬之道，以迎太平之政。"此指周公旦光明磊落施政于四方，臣民普遍做端庄恭敬的姿态迎接太平之政。旁作：普遍作的意思。

穆穆：语出《尚书·舜典》："宾于四门，四门穆穆。"此指端庄恭敬。例如：《尔雅·释训》有"穆穆，敬也"之说。迓衡：比喻迎接太平之政。

【**释**】诸葛亮遗像肃穆清高，时至今日还令人敬畏而有生气；
诸葛大狮把宗族基业传了下来，后裔普遍恭敬地迎接。

诫子一书，括修齐治平之理；
出师二表，偕典谟誓诰俱传。

诸葛涛题书于丞相祠堂，生平事迹不详。

【**注**】《诫子书》：这是诸葛亮写给儿子诸葛瞻的书信，以此教育和勉励子女。全文如下："夫君子之行，静以修身，俭以养德，非淡泊无以明志，非宁静无以致远。夫学须静也，才须学也，非学无以广才，非志无以成学，淫慢则不能励精，险躁则不能治性。年与时驰，意与日去，遂成枯落，多不接世，悲守穷庐，将复何及。"

括修齐治平之理：此指《诫子书》全文包括了修身、齐家、治国、平天下的道理。据《礼记·大学》记载说："古之欲明德于天下者，先治其国。欲治其国者，先齐其家。欲齐其家者，先修其身。欲修其身者，先正其心。欲正其心者，先诚其意。欲诚其意者，先致其知，致知在格物。物格而后知至，知至而后意诚，意诚而后心正，心正而后身修，身修而后家齐，家齐而后国治，国治而后天下平。"

修身、齐家、治国、平天下，提高自身修为，管理好家庭，治理好国家，安抚天下百姓苍生，这是儒家思想正人君子必须做到的基本法则。

出师二表：此指诸葛亮的前、后《出师表》。

偕典谟誓诰俱传：诸葛亮前、后《出师表》与《尚书》中的《尧典》《大禹谟》

《牧誓》《汤诰》等名篇同样流传千古。偕：同样的意思。

《尚书》的内容有六种文体，分别记述有帝王言行以作后代常法的《尧典》；君臣谋议国事的《皋陶谟》；训导言词的《伊训》；施政文告的《汤诰》；临战勉励将士誓词的《牧誓》；帝王诏令的《顾命》，以上简称典、谟、训、诰、誓、命。

【释】诸葛亮的《诫子书》全文包括了修身、齐家、治国、平天下的道理；
《出师表》与《尧典》《大禹谟》《牧誓》《汤诰》同样流传千古。

读出师两表，大义贯古今，莫认宗功专在汉；
遵谱系一丝，声华联岳渎，须知祖德逋於川。

清代·诸葛后裔题书于丞相祠堂，作者不详。

【注】读出师两表，大义贯古今，莫认宗功专在汉：读了诸葛亮的前、后《出师表》，就会知道他忠君爱国、兴复汉室的大义贯穿古今，不要认为祖宗的功德业绩专一在蜀汉。贯：贯穿、贯通。莫认：不要认为。宗功：祖宗的功德业绩。专：语出《孟子·告子上》："不专心致志，则不得也。"专一、集中的意思。汉：此指蜀汉朝廷。

遵谱系一丝：遵照《宗谱》排序系列要一丝不苟。

声华：语出唐代诗人白居易（772—846）所作《晏坐闲吟》诗歌："昔为京洛声华客，今作江湖老倒翁。"美好名声的意思。

联：关联的意思。

岳渎：语出《后汉书·顺帝纪》："京师旱，庚辛，敕郡国二千石各祷名山岳渎。"此指东岳泰山、西岳华山、南岳衡山、北岳恒山、中岳嵩山五岳。《尔雅·释水》记载说："江、河、淮、济为四渎。四渎者，发源注海者也。"此指长江、黄河、淮河、济水四渎的并称。岳：山川。渎：沟渠、河川，泛指祖国山川河流。例如：明代万历时期内阁首辅、著名政治家张居正（1525—1582）的《宫殿纪》有"二大都在寰宇间，皆据百二之雄胜，萃岳渎之灵秀，鸿图华构，鼎峙于南北"之说。

须知祖德逋於川：必须知道祖先诸葛亮的高尚品德遗留在四川。

祖德：祖先的功德业绩。逋於川：遗留于四川。逋（bū）：逗留、遗留。

【释】读了前后《出师表》，就知道诸葛亮忠君爱国兴复汉室的大义贯穿古今，不要认为祖宗的功德业绩专一在蜀汉；

遵照《宗谱》排序系列一丝不苟，美好名声关联着祖国山川河流，必须要知道祖先诸葛亮高尚品德遗留在四川。

良医自古称扁鹊；
贤相於今颂武侯。

题书于大经堂，作者不详。

【注】大经堂：是诸葛八卦村“十八厅堂”之一，位于村东大道下塘段东侧，坐东北向西南，三开间两进，始建于明代，历经修葺，现在是药业标本展览馆，供游客参观。

良医自古称扁鹊：良好的医术自古以来都在称赞战国时期的扁鹊。

扁鹊（公元前 407—公元前 310）：姬姓，秦氏，名越人，亦称秦越人，号卢医，渤海莫（今河北省任丘市）人。善于运用望、闻、问、切“四诊术”给人治病，尤其是用脉诊和望诊来诊断疾病，精于内、外、妇、儿、五官等科，应用砭刺、针灸、按摩、汤液、热熨等方法治疗疾病，是我国中医学的开山鼻祖，被尊为中华民族的“医祖”。

贤相：语出《荀子·富国》：“使百姓无冻馁之患，则是圣君贤相之事也。”近代文学家鲁迅先生（1886—1936）曾在《且介亭杂文二集·田军作八月的乡村序》中说：“我们的学者也曾说过：要征服中国，必须征服中国民族的心。其实，中国民族的心，有些是早给我们的圣君贤相武将帮闲之辈征服了的。”此指治理国家的贤能丞相或宰相。

武侯：语出《三国志·蜀书·诸葛亮传》：“建兴元年，封亮武乡侯，开府治事。”诸葛亮死后，又被追封为“忠武侯”。此指武乡侯诸葛亮。

【释】良好的医术自古以来都在称赞战国时期的神医扁鹊；
诸葛亮是历史上贤明丞相至今人们还在歌颂武乡侯。

散称诸葛行军，驰名於世；
学传濒湖本草，精义入神。

题书于大经堂，作者不详。

【注】散称诸葛行军，驰名于世：据民间传说，建兴三年（225），诸葛亮亲自率军进行南征平叛来到了泸水，由于西南地区地理环境复杂，气候炎热，泸水毒气蒸发，蜀汉将士中毒者越来越多，严重影响了军队的战斗力和士气。为此，诸葛亮因地制宜，利用当地中草药配制发明了“行军散”，用于避暑、解毒、开窍，治疗头晕目眩、感冒风寒、腹痛吐泻，效果极佳，驰名于世，被后世人称为“诸葛行军散”或者是“武侯行军散”。

正因为如此，清康熙五十年（1711），朝廷太医院方略馆之中著名医学家孙伟编著的《良朋汇集经验神方》卷五《行军方便便方》和道光十八年（1838）

钱塘江（今杭州市）人中医温病学家王士雄（1808—1868）编著的《霍乱论》医学专著都有“诸葛行军散”记载。

1979年3月，人民卫生出版社出版发行国家卫生部组织《中医大词典》编辑委员会编著《简明中医辞典》及2004年1月，商务印书馆国际有限公司编辑出版《中医大词典》中都有“诸葛行军散”的介绍。

在上述记载中说，诸葛行军散“用麻黄270克，川芎、白芷、苏叶、石膏、甘草各30克，绿豆粉60克，制成行军散，每服3克，用无根水调服”。

学传濒湖本草，精义入神：要学习和传承药圣李时珍的《本草纲目》医学专著，对其精髓要义一定要心领神会。学传：学习和传承。濒湖：此指明代药圣李时珍。李时珍（1518—1593）：字东璧，自号濒湖山人，今湖北省蕲春县蕲州镇东长街瓦屑坝（今博士街）人。他参考历代医药方面书籍925种，考古证今穷究物理，记录上千万字札记，弄清许多疑难问题，历经二十七个寒暑，三易其稿，于明万历十八年（1590）完成了192万字的中药学巨著《本草纲目》，还著有《奇经八脉考》《濒湖脉学》等多种中医药学专著，被后世尊为“药圣”。本草：此指《本草纲目》。精义：精髓要义。入神：心领神会的意思。

【释】诸葛亮研制用于治疗头晕目眩感冒风寒腹痛吐泻的中草药叫行军散，驰名于世；

学习和传承药圣李时珍《本草纲目》医学专著对其精髓要义，一定要心领神会。

渺渺情怀仰斯人，惜其不见；
皇皇篇什味遗著，得我同然。

作者不详，题于雍睦堂。

【注】雍睦堂：位于诸葛八卦村的果和山南坡，坐北向南，属于“十八厅堂”之一，始建于明正德年间，后历次修建。特别是，清嘉庆年间，进士诸葛梦岩（1788—1845）大加修葺，遂成为规模。雍睦堂门面为牌楼式建筑，共三进，高度约10米，檐下上方匾额有“进士”二字，显得气势雄伟。1995年，经多方集资，进行了再度重修，更加古朴典雅，金碧辉煌，被开辟为“诸葛氏耕读文化蜡像展览馆”，内塑四组蜡像，分别是进士诸葛岘（1508—1547）少年用功读书；一举三科的报喜画面；进士诸葛琪（1655—1717）；历任八县知县的诸葛蓉（1761—1817）等人的事迹展览。

渺渺：语出《管子·内业》：“折折乎如在于侧，忽忽乎如将不得，渺渺乎如穷无极。”幽远的意思。

情怀：情趣与胸怀。

仰：敬仰、仰慕的意思。

斯人：语出《论语・雍也》：“天将降大任于斯人也。”此人的意思。此指雍睦堂蜡像馆展示的这些诸葛后裔先辈。

惜其不见：可惜看不见他们本人。惜：可惜。其：他们。

皇皇：语出《诗经・鲁颂・泮水》：“烝烝皇皇，不吴不扬。”毛传注曰：“皇皇，美也。”《国语・越语下》亦有“天道皇皇，日月以为常”之说。此指美妙、美好的意思。

篇什：《诗经》的“雅”和“颂”以十篇为一什，所以诗章又称“篇什”。如：北齐文学家颜之推（531—597）的《颜氏家训・文章》有“兰陵萧悫，梁室上黄侯之子，工于篇什”。再如：北宋文学家苏轼的《艾子杂说》亦有“闻足下篇什甚多，敢乞一览”之说。

味：品味的意思。

遗著：此指诸葛后裔祖先遗留下来的诗歌与文章著作。

得我同然：得到了我和大家相同的好评。同然：语出《孟子・告子上》：“心之所同然者何也？谓理也，义也。”相同的意思。

【释】以幽远的情怀敬仰诸葛后裔先辈，可惜看不见他们本人；
品味祖先遗留下来的美妙文章，得到我和大家相同好评。

尚德为怀，绳其祖武；
礼教必饬，贻厥孙谋。

诸葛碧泉题于尚礼堂，生平事迹不详。

【注】尚礼堂：又名西坞厅，位于诸葛八卦村南端的村西大道东侧，坐东北朝西南，始建年代不详。清嘉庆、同治、宣统，以及民国十五年（1926）期间都进行了维修扩建，形成了今天的三开间四进格局，属于诸葛八卦村的“十八厅堂”之一。

尚德为怀：以崇敬高尚的道德品质为胸怀。

绳其祖武：语出《诗经・大雅・下武》：“昭兹来许，绳其祖武。”绳：继续。其：他的。祖武：祖先的足迹。意思是踏着祖先的足迹继续前进，比喻继承祖业。

礼教：语出《孔子家语・贤君》：“敦礼教，远罪疾，则民寿矣。”意思是，诚心诚意地遵循礼仪教化，远离罪恶与疾病，只有这样，人民才能够健康长寿。此指礼仪教化。例如：三国时期曹魏文学家吴质（177—230）的《在元城与魏太子笺》有“都人士女，服习礼教”之说。

必饬（chì）：语出《国语・吴语》：“周军饬垒。”注：“治也。”必然要进行整顿，整治的意思。

贻厥孙谋：语出《尚书·五子之歌》：“明明我祖，万邦之君，有典有则，贻厥子孙。”《诗经·大雅·文王有声》亦有“诒厥孙谋，以燕翼子”之说。贻厥：留传、遗留的意思。孙谋：为子孙后代谋划打算。例如：习凿齿《襄阳记》有“曾不知防虑于此，岂所谓贻厥孙谋乎”？

【释】崇敬高尚的道德品质为胸怀，继续踏着祖先足迹继承祖业；

礼仪教化必须要进行整顿，留传后世为子孙将来做好打算。

滋德为怀，本文百世；
树人之斗，惟有一经。

诸葛若卿题于滋树堂。

诸葛若卿，诸葛八卦村人，生平事迹不详。

【注】滋树堂：亦称花园厅，在诸葛八卦村西，坐西南朝东北。明朝时期，诸葛后裔在这里创建了“文成药行”行医济民。清乾隆年间，诸葛巍成经营药行生意兴隆，远近闻名，于是，在此创建了“滋树堂”继续经营。

“滋树堂”面阔 13.5 米，进深 33 米，左右有夹弄，形成了三进两明堂格局。中厅后金柱穿枋上悬挂有一方高 1.5 米、长约 4 米的金字匾额“滋树堂”，据说是乾隆二十七年（1762）浙江巡抚熊学鹏所题书，气势雄伟，庄严肃穆。熊学鹏（1697—1779），字云亭，号廉村，江西南昌市人，雍正八年（1730）进士，乾隆八至十三年（1743—1747）出任台湾巡台御史，任满后升任太常寺少卿。乾隆二十七年（1762），调任浙江巡抚。

滋德：语出《荀子·君道》：“养源滋德。”意思是，保养本源涵养，滋养高尚品德本性。

为怀：要有崇高道德品质的思想情怀。

本文百世：就必须世世代代以读书为本。

树人：语出《管子·权修》：“一年之计，莫如树穀；十年之计，莫如树木；终身之计，莫如树人。”此指培养造就人才。

之斗：要为之努力奋斗。

惟有：唯独有的意思。

一经：语出《史记·乐书》：“通一经之士不能独知其辞，皆集会五经家，相与共讲习读之，乃能通知其意。”意思是说，精通了一种启智益教的经书并不能够完全理解其中的含义，要读完《诗经》《尚书》《礼记》《周易》《春秋》五部经书，相互融会贯通，才能够理解其中的意思。

此指诸葛亮的《诫子书》，它是诸葛后裔教育子女的一部经典经书。

【释】要滋生崇高道德品质思想情怀，就必须世世代代以读书为本；

培养人才远大志向为之努力奋斗，《诫子书》是唯一的经书。

科第尚哉，必忠孝节廉自任几端，方谓敬宗尊祖；
诗书贵矣，但农工商贾各专一业，便为孝子慈孙。

章秉清题书于尚礼堂。生平事迹不详。

【注】科第：语出《汉书·元帝纪》：永光元年“二月，诏丞相、御史举质朴、敦厚、逊让、有行者，光禄以此科第郎从官”。颜师古注曰：“始令丞相、御史举此四科人以擢用之，而见在郎及从官，又令光禄每岁依此科考校定其第高下，用知其人贤否也。”

中国科第考核官员是一种制度，历史悠久。据《尚书·舜典》记载，当时有“三载考绩，三考，黜陟幽明，庶绩咸熙”考核制度。商朝职官一般三年一次，主要从政务、管理、法纪三个方面着手，对任职官的从政能力、行政水平进行鉴定，在考绩过程中发现人才破格录用。西周实行天子巡狩诸侯述职制度，考核是以“八法治官府”与“六计课群吏”。“八法”就是对组织机构考核，“六计”是对官员业绩考察。春秋时期考核为年终“会政致事”和“三年大比”。两汉延续了先秦时期对官吏的考课，主要有“上计制度”“监察制度”和“仕进制度”。还有比较固定的程序规则和机构。两晋、唐、宋、元、明、清以来，历代都有官员考核，废除于清末年。

尚：仍然的意思。

哉：文言助词，“呢”的意思。

必忠孝节廉自任几端：必须要做到忠诚、孝悌、节操、廉洁自信的几个开端。必：必须要。自任：十分自信的意思。几端：几个好的开端。

方谓敬宗尊祖：这才可以说是尊敬祖先。方谓：这才可以说。敬宗尊祖：语出《礼记·丧服小传》：“尊祖故敬宗，敬宗所以尊祖、祢也。”尊敬祖先。《礼记·大传》亦有“尊祖故敬宗，敬宗，尊祖之义也”。

诗书：语出《左传·僖公二十七年》：“《诗》《书》，义之府也。《礼》《乐》，德之则也。”此指《诗经》与《尚书》，亦泛指有益的文化作品。如：唐代诗人杜甫《闻官军收河南河北》诗歌有“却看妻子愁何在？漫卷诗书喜欲狂”之说。

贵矣：比较珍贵了。

诗书贵矣：此指读书人比较高贵。

但农工商贾各专一业：但是，农业、手工业、经商各自有专一的职业。商贾（gǔ）：语出《周礼·天官·太宰》：“六曰商贾，阜通货贿。”郑玄注：

“行曰商，处曰贾。”行走贩卖货物的为商，在店铺出售货物的为贾，二字连用，泛指经商做买卖商人。例如：唐代诗人韩愈《论今年权停选举状》：“今年虽旱，去岁大丰，商贾之家，必有储蓄。”

便为：便是的意思。

孝子慈孙：语出《孟子·离娄上》：“虽孝子慈孙，百世不能改也。”

此指对祖先孝敬的后代子孙。例如：清代小说家吴趼人（1816—1910）的《二十年目睹之怪现状》第二十五回就有“祖宗虽没了，然而孝子慈孙，追远起来，便如在其上”之说。

诸葛后裔遵循“良相医国，良医济民”和“不为良相，便为良医”祖训，因此历朝历代科举为官的不少，但是，开药行经商行医的人更多，且誉满中华，所以，才有此楹联。

【释】考核官员的制度仍然存在呢，必须要做到忠诚孝悌节操廉洁自信的几个开端，这才可以说是尊敬祖先；

读书人虽然说是比较高贵了，但是农业手工业行医经商各自有专一职业，便是对祖先孝敬的后代子孙。

王业不偏安，北伐奏功，地转锦江成渭水；
大星若未陨，西归敷治，天廻玉垒作长安。

清代人撰联，作者不详。

【注】王业不偏安：语出诸葛亮后《出师表》：“先帝深虑汉、贼不两立，王业不偏安，故托臣以讨贼也。”此指为了蜀汉帝业不偏居苟安在益州这个地方。

北伐奏功：此指北伐曹魏假如奏报成功的话。

地转锦江成渭水：蜀汉的疆域将会从成都扩展到关中平原的渭水之滨。锦江：又称府南河，是岷江流经成都市旧城区段的主要河流，总长29公里，成都市锦江区与街道、大酒店、商铺、单位等多以“锦江”命名。正因为如此，锦江亦是成都市的代名词。渭水：本名渭河，古称渭水，是黄河最大支流。发源于甘肃省定西市渭源县鸟鼠山，流经今甘肃省天水市和陕西省宝鸡、咸阳、西安、渭南等地，至渭南市潼关县汇入黄河。渭河在陕西省境内流经22个市、县、区，流长502.4公里，流域面积67108平方公里，占黄河流域总面积的50%。因此，渭水代称关中平原。

大星若未陨：如果诸葛亮没有病死在五丈原军中。大星：比喻诸葛亮去世天上的流星落了下来，预示名人将去世。

据《三国志·蜀书·诸葛亮传》裴松之注引《晋阳秋》记载说：“有星赤

而芒角，自东北西南流，投于亮营，三投再还，往大还小，俄而亮卒。”若：如果。未陨：天上的陨石没有掉下来，此比喻诸葛亮如果没有去世。

敷治：语出《孟子·滕文公上》：“尧独忧之，举舜而敷治焉。”东汉赵岐（108—201）注曰：“敷，治也。《尚书》有：禹敷土，是言治其土也。”此指治理。例如：《清史稿·乐志三》有“佐予敷治，俗美时雍”之说。

天廻：语出西晋文学家左思（250—305）的《蜀都赋》：“望之天廻，即之云昏。”此指气象雄伟壮观的意思。

玉垒：语出西晋文学家左思（250—305）的《蜀都赋》：“廓灵关以为门，包玉垒而为宇。”刘逵注曰：“玉垒，山名也，湔水出焉。在成都西北岷山界。”此指玉垒山，多作成都代称。例如：北宋诗人张素的《拟李义山井络》诗歌有“玉垒山前花黯黯，锦官城外鼓逢逢”之句。

长安：是西安市古称。历史上先后有十三个王朝在此建都，其中，周、秦、西汉、隋朝和唐朝都是中国历史上最为强盛的时代，当时的长安已成为国际性大都市，与罗马、开罗、雅典并称为“世界四大古都”。特别是，公元前206年，高祖刘邦在这里建立了西汉政权，直到东汉光武帝刘秀建武元年（25）前，长安一直是汉室江山的都城。诸葛亮前《出师表》中所说的“北定中原，庶竭驽钝，攘除奸凶，兴复汉室，还于旧都”，即指长安。

【释】为了不偏居苟安在益州一域之地，诸葛亮北伐曹魏成功的话，蜀汉疆域将会从成都扩展到关中平原；

如果诸葛亮没病死在五丈原军中，西蜀归根结底进行了治理，成都也会雄伟壮观的像西汉长安一样。

筹笔在攻心，当年华洽賨羌，冠带百蛮归典属；
安边曾叱驭，此日风清鸥脱，云霄万古仰宗臣。

大公堂楹联，书者不详。

【注】原楹联为乾隆五十八年（1793）进士、宁远知府、四川按察使戴三锡题书于四川省宁远府武侯祠，因此，大公堂这里属于后世人的仿制品。

筹笔：语出唐代诗人李商隐《筹笔驿》七律诗歌题目，写的是今四川省广元市北筹笔驿。据说诸葛亮北伐曹魏时期，曾经在这里驻军而运筹帷幄进行谋划，因此得名。

在攻心：在于采取“攻心为上”的怀柔策略。

当年华洽賨羌，冠带百蛮归典属：此指建兴三年（225）诸葛亮率军南征平叛时，曾经根据西南地区少数民族众多而地理环境复杂，以及风土民情、语言、信仰与汉民族都不相同的实际情况，因地制宜采取了“攻心为上，攻城为下；心战为上，兵战为下”怀柔策略，对于首恶分子雍闿、高定、朱褒坚决进行镇压，对西南少数民族地区威信较高的首领孟获却进行了“七纵七擒”，使其心悦诚服，最终连带西南各个少数民族都归附了蜀汉朝廷，彻底平定了西南地区叛乱，归附了蜀汉朝廷，解除了后顾之忧，留下了千古美谈。

华洽：此指中华民族和谐相处。賨羌：亦称青羌，西南地区的羌族一支，服饰尚青色故称。诸葛亮后《出师表》记载说：“突将、无前、賨叟、青羌、散骑、武骑一千余人，此皆数十年之内所纠合四方之精锐。”

冠带：语出《韩非子·有度》：“兵四布于天下，威行于冠带之国。”教化的意思。例如：南宋翰林院学士洪迈（1123—1202）的《容斋四笔·饶州风俗》有：“宋受天命，然后七闽、二浙与江之西东，冠带诗书，翕然大肆”。

百蛮：此指西南地区诸多的少数民族。

归典属：都归附于蜀汉国家。

安边曾叱驭：此指诸葛亮五次北伐曹魏期间曾经叱咤风云驰骋疆场。

风清：此指社会安宁清平。

鸥：海鸥。

脱：轻慢洒脱的意思。

此日风清鸥脱：这时候社会安宁清平，海鸥都会轻慢洒脱地飞翔。

云霄万古仰宗臣：在天地之间千百万年都会尊崇敬仰诸葛亮这个世所景仰的名臣。

【释】运筹帷幄在于攻心为上怀柔策略，诸葛亮南征平叛能够使中华民族和谐相处，教化西南地区诸多少数民族都心悦诚服归附于蜀汉国家；

北伐曹魏期间诸葛亮曾叱咤风云驰骋疆场，此时社会清平海鸥都会轻慢飞翔，天地之间千百万年都会尊崇敬仰他这个世所景仰的名臣。

犹有神灵，翠柏参天二千尺；
别无生业，绿桑如盖八百株。

诸葛峻题书于丞相祠堂。生平事迹见前。

【注】犹有神灵：诸葛亮好像很有神人的灵气。

翠柏参天二千尺：语出唐代诗人杜甫《古柏行》：“孔明庙前有老柏，柯如青铜根如石。霜皮溜雨四十围，黛色参天二千尺。”此指成都武侯祠的古柏十分高大。

别无生业：没有别的生存职业。

绿桑如盖：绿色的桑树成荫，枝叶茂密遮蔽了阳光。

八百株：语出诸葛亮的《自表皇帝书》：“成都有桑八百株，薄田十五顷，子弟衣食自有余饶。至于臣在外任，无别调度，随身衣食悉仰于官，不别治生，以长尺寸。若臣死之日，不使内有余帛，外有赢财，以负陛下。及卒，如其所言。”

在成都市双流区葛陌村，旧有诸葛庙，据说诸葛亮当年的家就在这里，“有桑八百株”即此。

【释】诸葛亮好像是很有神人的灵气，成都武侯祠古柏都十分高大；
诸葛亮家人没有别的生存职业，只有枝叶茂密的八百株桑树。

读书略观大意，真儒学问；
治世不尚小惠，王佐经纶。

清代人题书于大公堂，作者不详。

【注】读书略观大意：语出《三国志·蜀书·诸葛亮传》：“亮在荆州，以建安初与颍川石广元、徐元直、汝南孟公威等俱游学，三人务于精熟，而亮独观其大略。”意思是说，诸葛亮读书只是观其大略，了解其中思想内涵，而不是咬文嚼字地刻板细读背诵。

真儒：语出西汉文学家扬雄（公元前53—公元18）的《法言·寡见》：“如用真儒，无敌于天下。”此指真正儒者，犹大儒。例如：唐代诗人韩愈的《答殷侍御书》有“每逢学士真儒，叹息踧踖，愧生于中，颜变于外，不复自比于人”。

学问：语出《易经·乾》：“君子学以聚之，问以辩之。”学习和询问。此指正确掌握客观事物的系统知识。例如：清代思想家顾炎武（1613—1682）的《日知录·求其放心》有“夫仁与礼未有不学问而能明者也”之说。

治世不尚小惠：语出《三国志·蜀书·诸葛亮传》注引《华阳国志》录诸葛亮《答惜赦》：“治世以大德，不以小惠。”意思是，治理国家要依靠高尚的品德教化与法治，而不是依靠施舍小恩小惠去笼络人心。

王佐经纶：具有辅佐帝王的经国济民才能。

【释】读书了解其中思想内涵而不咬文嚼字刻板细读，才是真正儒者学问；
治理国家依靠高尚品德教化与法治，而不靠施舍小恩小惠笼络人心。

自任以天下之重如此；
是知其不可而为之與。

清代人题书于大公堂，作者不详。

【注】自任以天下之重如此：语出《孟子·万章下》：“思天下之民，匹夫匹妇有不与被尧舜之泽者，若己推而内之沟中，其自任以天下之重也。”自任：自己承担起了。天下之重：天下的重大责任。如此：理当如此。

是知其不可而为之與：语出《论语·宪问》："子路宿于石门，晨门曰：奚自？子路曰：自孔氏。曰：是知其不可而为之者与？"

这段话是说，孔子的学生子路夜里住在石门，看门的人问：你从哪里来？子路回答说：从孔子那里来。看门的人说：是那个明知做不到却还要去做的人吗？與：同"与"通，还这样做的意思。

此指诸葛亮明知道北伐曹魏兴复汉室理想很难成功却还要这样做。

【释】诸葛亮理当如此地承担起了匡扶汉室的天下重大责任；

诸葛亮明知道北伐曹魏兴复汉室很难成功却还这样做。

抱膝长吟饒智略；
纶巾羽扇自风流。

清代人题书于大公堂，作者不详。

【注】抱膝长吟：语出《三国志·蜀书·诸葛亮传》记载："亮躬耕陇亩，好为梁甫吟。"裴松之注引《魏略》记载说：诸葛亮"每晨夜从容，常抱膝长啸"。

《梁甫吟》：是历史上流传在齐鲁地区的一首汉乐府曲牌丧葬歌，写的是春秋时期齐国贤相晏婴利用"二桃杀三士"计谋兵不血刃除掉了齐王身边三位自恃功高而专横跋扈、目中无人的勇士公孙接、田开疆、古冶子，解除了国家的安危（见《晏子春秋·内篇谏下·第二十四》）。诸葛亮喜欢《梁甫吟》的原因，一是思念家乡故土，二是仰慕晏婴的忠君爱国思想与计谋。

饒：是"饶"的古字，富饶，丰富的意思。智略：智慧与谋略。

纶巾羽扇：语出《太平御览》卷七〇二引晋裴启《语林》："诸葛武侯与宣王在渭滨将战，武侯乘素舆，葛巾，白羽扇，指挥三军。"后多以"羽扇纶巾"形容文人雅士的高雅风度与大将的指挥若定潇洒从容。例如：唐代道士吕洞宾（713—741）的《雨中花》词有"岳阳楼上，纶巾羽扇，谁识天人"之句。北宋文学家苏轼《念奴娇·赤壁怀古》词有"羽扇纶巾，谈笑间，樯橹灰飞烟灭"之说。再如：明末清初文学家李渔（1611—1680）的《玉搔头·擒王》亦有"伐罪安民，军机宜迅，兼程进。羽扇纶巾，令下山河震"。

羽扇纶巾是魏晋南北朝时期文人学士象征儒雅普遍装束，并非诸葛亮一人的装束。此指拿着羽毛扇子，戴着青丝绶头巾，形态儒雅从容的诸葛亮。

自风流：语出明神宗万历年间学者洪应明《菜根谭》："唯大英雄能本色，是真名士自风流。"意思是，真正高雅的人物其一举一动自然而然地就能显示出超凡脱俗的高雅品位来。

【释】诸葛亮在襄阳隆中隐居躬耕时期抱膝长啸梁甫吟丰富了智慧与谋略；

羽扇纶巾的诸葛亮自然而然地就能显示出他超凡脱俗的高雅品位来。

出师表著君臣节；
诫子书传天地心。

清代人题书于大公堂，作者不详。

【注】出师表：此指诸葛亮的前后《出师表》。

著：显著的意思。

君臣节：君王与臣下之间的礼节。

此指诸葛亮与先主、后主之间的礼节。

诫子书：此指诸葛亮教育儿子诸葛瞻的《诫子书》。

传：传播的意思。

天地心：此指天底下所有父母的心思。

【释】《出师表》显著体现了诸葛亮与蜀汉君臣之间礼节；

诸葛亮的《诫子书》传播了天底下所有父母的心思。

伯仲之间见伊吕；
指挥若定失萧曹。

清代人书于大公堂，作者不详。

【注】伯仲之间见伊吕，指挥若定失萧曹：语出唐代诗人杜甫《咏怀古迹五首》之五诗歌："诸葛大名垂宇宙，宗臣遗像肃清高。三分割据纡筹策，万古云霄一羽毛。伯仲之间见伊吕，指挥若定失萧曹。福移汉祚难恢复，志决身歼军务劳。"

伯仲：兄弟之间排行的次第，伯是老大，仲是老二。比喻不相上下。

伊吕：此指商朝初期的辅佐贤相伊尹与西周初期的辅佐贤相吕望。

指挥若定：此指诸葛亮在指挥军队南征平叛与北伐曹魏时镇定自若。

失：失去的意思。

萧曹：此指西汉初期辅佐高祖刘邦的丞相萧何与曹参。

【释】诸葛亮和商朝初期的辅佐贤相伊尹以及西周初期辅佐贤相吕望不相上下；

诸葛亮指挥南征平叛与北伐曹魏镇定自若使西汉萧何与曹参都黯然失色。

三顾频烦天下计；
两朝开济老臣心。

清代人书于大公堂，作者不详。

【注】三顾频烦天下计，两朝开济老臣心：语出唐代诗人杜甫《蜀相》诗歌："三顾频烦天下计，两朝开济老臣心。出师未捷身先死，长使英雄泪满襟。"

三顾频烦天下计：此指汉室后裔刘备为了匡扶汉室而思贤若渴，曾经屈尊三顾茅庐恳请诸葛亮指点迷津，诸葛亮十分感激刘备的屈尊三顾茅庐，为其制定了兴复汉室、一统江山的《隆中对策》大计。

两朝开济老臣心：此指诸葛亮先后竭尽全力辅佐了先主刘备与后主刘禅两朝帝王，充分体现了这个老臣忠君爱国的心思。

【释】刘备三顾茅庐恳请诸葛亮为其制定了兴复汉室一统江山的《隆中对策》大计；

诸葛亮全力辅佐先主刘备与后主刘禅两朝帝王体现了这个老臣忠君爱国心思。

扶皇极，振纲常，出处分明，大义千秋昭日月；
辅幼君，摄国政，夙夜匪懈，忠心一点贯云霄。

题书者不详。

【注】扶皇极：此指诸葛亮先后扶持了先主刘备与后主刘禅两个皇帝。

皇极：语出《史记·卫将军骠骑列传》司马贞述赞："姊配皇极，身尚平阳。"此指皇帝。如：清初诗人屈大均（1630—1696）的《洗象行》有"晓披璎珞朝皇极，秋驾銮舆出喜峰"。

振纲常：此指振兴三纲五常。三纲：语出东汉史学家班固（32—92）《白虎通·三纲六纪》："三纲者，何谓也？谓君臣、父子、夫妇也。"此指君为臣纲，父为子纲，夫为妻纲。五常：语出东汉思想家王充（27—97）的《论衡·问孔》："五常之道，仁、义、礼、智、信也。""三纲五常"是中国儒家伦理文化中的重要思想，封建社会以此教化维护社会的伦理道德、政治制度。例如：元末明初杂剧作家贾仲名（1343—1422）的《萧淑兰》第二折就有"先生九经皆通，无书不读，岂不晓三纲五常之理"之说。出处分明：事情的经历十分清楚。

大义千秋昭日月：此指正义的思想行为千秋万年都会感召日月。

辅幼君，摄国政：章武三年（223）春天，先主刘备在白帝城病死，临终前曾向诸葛亮托孤寄命全权辅佐年仅 17 岁的后主刘禅。随后，诸葛亮以丞相和"相父"身份总览朝政，竭尽全力日夜操劳。所以，《三国志·蜀书·诸葛亮传》陈寿评价说："及备殂没，嗣子幼弱，事无巨细，亮皆专之。"

夙夜匪懈：语出《诗经·大雅·烝民》："既明且哲，以保其身，夙夜匪懈，以事一人。”夙夜：早晚，朝夕。匪懈：不懈怠。形容不敢懈怠地勤奋工作。

忠心一点贯云霄：此指诸葛亮忠君爱国之心贯穿于天地之间。

【释】扶持两个皇帝，振兴三纲五常，经历十分清楚，诸葛亮思想行为千秋万年都感召日月；

辅佐年幼后主，总览国家朝政，日夜不敢懈怠，诸葛亮忠君爱国之心贯穿于天地之间。

尊祖宗遗训，克勤克俭；
教子孙谨业，唯读伪耕。

作者不详，题于尚礼堂。

【注】尊祖宗遗训：遵从祖先遗留下来的训诫教诲。

克勤克俭：语出《尚书·大禹谟》：“克勤于邦，克俭于家。”克：能够。意思是既能够辛勤勤劳，又能够生活节俭。如北宋英宗治平年间太常博士郭茂倩（1041—1099）的《乐府诗集·梁太庙乐舞辞·撤豆》有“克勤克俭，无怠无荒”。

教子孙谨业：教育子孙要谨慎地从事各种职业。

唯读：唯有读书学习增长知识。

伪：虚假而不真实的行为。

耕：泛指农耕之事，认真地耕种劳作。伪耕：此指耽误农事。

【释】遵从祖先遗留下来的训诫教诲，既能够辛勤劳动又能够生活节俭；

教育子孙要谨慎地从事各种职业，唯有读书学习且不要耽误农事。

野鸟鸣春，呼弟子深耕畎亩；
晨鸡唱晓，叫儿童朗诵诗书。

诸葛瑞云题书于八卦村宗祠祠堂。生平事迹不详。

【注】诸葛宗祠，是诸葛后裔祭祀宗祖先贤的场所，占地面积10亩，建筑面积3600平方米，其建设规模在全国各地武侯祠中属于规模较大的一个。

宗祠内涉及四十个人物，十二座塑像，十一幅浮雕，十八个绣像，虽然以诸葛亮为主，但不仅限于祭祀诸葛亮，而是全面展现以诸葛亮为代表的诸葛家族风采，因而定名诸葛宗祠，具有较大的影响力和历史价值。

野鸟鸣春，呼弟子深耕畎亩：意思是说，春天的野鸟在天亮前鸣叫时候，就要呼唤弟子们去深耕田地进行劳作了。

畎（quǎn）亩：语出《国语·周语下》：“天所崇之子孙，或在畎亩，由欲乱民也。”韦昭注：“下曰甽，高曰亩。亩，垄也。”此指田地、田野。

晨鸡唱晓，叫儿童朗诵诗书：意思是，清晨在雄鸡报晓的时候，就应该叫醒家中的儿童赶紧起来去熟读相关书籍文章，朗诵诗词歌赋。

【释】春天野鸟在天亮前鸣叫时，就要呼唤弟子们去深耕田地进行劳作了；

清晨雄鸡报晓时，就该叫醒家中儿童起来熟读相关文章朗诵诗歌了。

满门烈士；
王佐奇才。

作者不详，题于八卦村宗祠祠堂。

【注】满门烈士：诸葛亮病死在第五次北伐曹魏的五丈原军中，时年 54 岁；诸葛亮的义子诸葛乔在建兴六年（228）春天第一次北伐曹魏时，为赵云、邓芝疑军往箕谷运送粮草死在了褒斜道中，时年 25 岁；景耀六年（263）秋天，诸葛亮的儿子诸葛瞻与魏军征西将军邓艾交战死于绵竹阵中，死年 37 岁；诸葛亮的孙子诸葛尚单骑直冲魏军中战死时年 19 岁。正因为如此，诸葛亮家族满门都是烈士。

王佐奇才：语出《三国志·魏书·荀彧传》：“彧年少时，南阳何颙异之，曰：王佐才也。”意思是，具有辅佐帝王的奇特才能。

此指辅佐蜀汉先主刘备与后主刘禅建立了不朽功勋而名垂青史的诸葛亮。

【释】诸葛亮家族中满门都是烈士；

诸葛亮具有辅佐帝王的奇才。

有庐堪千古；
读策定三分。

作者不详，题于八卦村宗祠祠堂。

【注】有庐堪千古：有了诸葛草庐诸葛亮的业绩就堪称名垂千古万年了。

庐：此指诸葛亮隐居躬耕时期曾经居住过的草庐。

诸葛亮《出师表》有“臣本布衣，躬耕于南阳”之说，所以，南阳卧龙岗武侯祠与襄阳隆中武侯祠都有纪念诸葛亮的草庐。

读策定三分：读了《隆中对策》以后就知道天下三分是诸葛亮早已经预测到了的事情。

【释】有了诸葛草庐诸葛亮的业绩就堪称名垂千古万年了；

读了《隆中对》知道天下三分是早已预测到的事情。

余恨未能平，天教汉室三分鼎；
用兵非不善，人诵心书五十篇。

清代·诸葛后裔题书于大公堂，作者不详。

【注】余恨未能平，天教汉室三分鼎：诸葛亮生前在《出师表》中提出要“北定中原，兴复汉室”，进行了五次北伐曹魏都没有实现愿望，所以，恨不能够平定，这是老天爷要让蜀汉政权与曹魏和东吴形成三国鼎立的局面。

用兵非不善，人诵心书五十篇：诸葛亮并不是不善于用兵，后世人一直都在心中诵读他的五十篇军事著作。五十篇：此指诸葛亮的军事著作五十篇：即《治军篇》10 篇；《智谋篇》5 篇；《机势篇》8 篇；《赏罚篇》4 篇；《地形篇》3 篇；《用人篇》7 篇；《将性篇》9 篇；《四夷篇》4 篇。

【释】诸葛亮未实现生前意愿遗恨不能平定，这是老天爷要让天下形成三国鼎立；

诸葛亮并不是不善于用兵，后世人一直都在心中诵读他的五十篇军事著作。

肸蚃千秋礼明乐备；
卧龙一脉源远流长。

诸葛峻撰联于丞相祠堂，生平事迹见前。

【注】肸蚃（xī xiǎng）：语出《汉书·司马相如传上》：“众香发越，肸蚃布写。”此指如瀑布泄流一样的传播。例如：西晋文学家左思（250—305）的《吴都赋》有“芬馥肸蚃”。

千秋：泛指很长久的时间，例如千秋万代、千秋万年。

礼乐：语出《礼记·乐记》：“乐也者，情之不可变者也；礼也者，理之不可易者也。乐统同，礼辨异。礼乐之说，管乎人情矣。”孔颖达注曰：“乐主和同，则远近皆合；礼主恭敬，则贵贱有序。”泛指古代规范的道德品质、典章制度而形成的礼节和音乐。

明：明确的意思。

备：具备的意思。

卧龙一脉：此指诸葛亮一脉相承的嫡传后裔世世代代生息繁衍。

源远流长：语出唐代诗人白居易（772—846）的《海州刺史裴君夫人李氏墓志铭》：“夫源远者流长，根深者枝茂。”历史悠久的意思。

【释】如瀑布泄流一样传播千秋万年的礼节和音乐已明确具备；

诸葛亮一脉相承的嫡传后裔世世代代生息繁衍历史悠久。

忠孝节廉，身范克端神祖武；
农桑诗礼，家规垂训翼孙谋。

兰城郑会朝题书于尚礼堂，生平事迹不详。

【注】忠孝节廉：忠诚、孝悌、节操、廉耻合称。孝、悌、忠、信、礼、义、廉、耻，是孔子儒学德育内容的全部精髓。正因为如此，《论语·学而》说：“君子务本，本立而道生。孝悌也者，其为仁之本与。”再如：先秦时期的《管子·牧民》也说：“何谓维？一曰礼，二曰义，三曰廉，四曰耻。”后来，南宋理学家朱熹（1130—1200）归纳为“孝悌忠信、礼义廉耻”，世称“朱子八德”，这是做人的必备八德，更是中华民族传统文化的重要内容。

身范：语出《太平广记》卷三引《汉武帝内传》：“今日受教，此乃天也，彻戢圣命以为身范。”此指自身行为的规范。例如：中国教育家陶行知（1891—1941）在《中国教育改造》中说：“德高为师，身正为范。”

克端：此指克服去掉不端正的思想与行为。

神祖武：语出《诗经·大雅·下武》：“昭兹来许，绳其祖武。”绳：继续。祖武：祖先的足迹。意思是，踏着祖先的足迹继续前进，亦比喻继承祖业。

农桑：语出《汉书·景帝纪》：“其令郡国务劝农桑，益种树，可得衣食物。”泛指农业生产。例如明代农学家徐光启（1562—1633）的《农政全书》卷三有“均征徭，劝农桑，贫不给者，发仓赈之”之说。

诗礼：语出《庄子·外物》：“儒以《诗》《礼》发冢。”封建社会，读书人必读的书是《诗经》和《礼经》。此指读书学习，诗礼传家。

家规：语出唐代诗人韩愈《寄崔二十六立之》诗：“诸男皆秀朗，几能守家规。”此指家族之中的规矩。例如：现代剧作家叶紫（1910—1939）的《星》第一章有：“她可以骄傲……尤其是对于那些浮荡的，不守家规的妇人骄傲。”

垂训：语出三国曹魏文学家嵇康（223—262）的《答释难宅无吉凶摄生论》：“夫先王垂训，开端中人。”垂示教育、训导的意思。

翼孙谋：语出《诗经·大雅·文王有声》：“诒厥孙谋，以燕翼子。”此指谋划教育子孙后代。

【释】忠诚孝悌节操廉耻是人生必备之德，自身要规范行为端正思想才能继承祖业；

保持农耕生产与诗礼传家的优良作风，用家族之中的规矩垂示训导子孙后代。

尚礼溯本支，瀔水小宗千百世；
大名垂宇宙，隆中高卧一先生。

兰城（新疆巴州和硕县）姜赤诚题书于尚礼堂。

姜赤诚，生平事迹不详。

【注】尚礼：崇尚道德礼仪。

溯：追溯考察。

本支：同一家族的嫡系后代。

瀔（gǔ）水：衢江古称瀔水，位于浙江省衢州市境内，是钱塘江支流、源头之一。又称信安溪、信安江、衢港。

据《诸葛村志·村域与建制》介绍说："兰溪诸葛村从大的地理方位来说，它处于兰江以西，衢江以北，新安江以南的千里冈脉南缘，金衢盆地北缘上。"此指诸葛八卦村。

小宗：一小部分正宗诸葛后裔。

千百世：此指诸葛八卦村的诸葛后裔已经经历了千百年。据《诸葛氏宗谱》记载，北宋初年，第十七代世孙诸葛承载迁徙来到今兰溪西乡岘山下；元代时期，第二十八代世孙诸葛大狮迁到高隆（今浙江兰溪市诸葛镇），是诸葛八卦村的始祖，从此以后，已经经历了千百年。

大名垂宇宙：语出唐代诗人杜甫《咏怀古迹五首》诗歌："诸葛大名垂宇宙，宗臣遗像肃清高。三分割据纡筹策，万古云霄一羽毛。"诸葛亮的大名始终流传在天地之间。

隆中高卧：东汉末年，诸葛亮曾经在襄阳隆中隐居躬耕。

一先生：此指诸葛孔明先生。

【释】崇尚道德礼仪追溯家族本支，八卦村小部分正宗后裔已经历千百年；
诸葛亮大名始终流传天地之间，在隆中隐居躬耕的是孔明先生。

勤俭持家，农工商贾各专业；
文章华国，祖考高曾乃慰心。

城北柳萃藩题书于尚礼堂。

柳萃藩（1892—1974），字屏山，兰溪市城北人，毕业于上海圣约翰大学，醉心于诗词、金石、书画、音乐，书法成就更高，当时兰溪城内大多数店号招牌和宅第匾额均出自其手。

【注】勤俭持家：语出巴金（1904—2005）的《谈秋》："钱不够花，也不想勤俭持家，却仍然置身在亲戚中间充硬汉。"以勤劳节约精神操持家务。

例如：毛泽东主席在《农业合作化的一场辩论和当前的阶级斗争》中有“要提倡勤俭持家，勤俭办社，勤俭建国”之说。

农工：语出战国时期谷梁赤的《穀梁传·成公元年》：“古者立国家，百官具，农工皆有职以事上。”务农做工的人。例如：《史记·秦始皇本纪》有“今天下已定，法令出一，百姓当家，则力农工。”苏轼《上巳日与二三子携酒出游》诗亦有“东坡作塘今几尺，携酒一劳农工苦”之句。

商贾：语出《孟子·梁惠王上》：“商贾皆欲藏於王之市。”古代称商人为“行商坐贾”。意思是，行走贩卖货物的为商，在店铺坐着出售货物的为贾，后来泛指经商做买卖的人。

各专业：各行各业的专业学问。

文章华国：语出宋代诗人滕岑父所作《和岑子上郑广文诗》：“青衫晚从事，着以供燕侍。文章可华国，谁云只小技。”意思是，有了文韬武略的才学就可以光耀国家。正因为如此，在苏州寒山寺碑廊，有岳飞所题的“文章华国；诗书传家”碑刻。再如：清嘉庆进士、翰林院庶吉士郑家兰（1772—1860）曾经在宗族祠堂中也有题书的“文章华国；诗书传家”楹联。

文章：语出唐代文学家韩愈（768—824）的《苗氏墓志铭》：“夫人年若干，嫁河南法曹卢府君，讳贻，有文章德行。”此指才干、才学。

华国：语出西晋文学家、原东吴大司马陆抗第五子陆云（262—303）的《张二侯颂》：“文敏足以华国，威略足以振众。”光耀国家的意思。

祖考：语出《诗经·小雅·信南山》：“祭以清酒，从以骍牡，享於祖考。”祖先的意思。例如：唐代文学家韩愈《祭郑夫人文》有“春秋霜露，荐敬苹蘩，以享韩氏之祖考”之句。

高曾：此指高祖与曾祖。高祖：语出《左传·昭公十五年》：“且昔而高祖孙伯黡司晋之典籍，以为大政，故曰籍氏。”杜预注曰：“孙伯黡，晋正卿，籍谈九世祖。”孔颖达注曰：“九世之祖称高祖者，言是高远之祖也。”此指始祖、远祖的意思。曾祖：语出东汉史学家班固（32—92）的《白虎通·宗族》：“宗其为曾祖后者，为曾祖宗。”此指祖父的父亲。乃：于是、就的意思。

慰心：心灵得到了慰藉。

【释】勤劳节约操持家务，农业与手工业劳作及经商做买卖各有专业学问；文韬武略才学可以光耀国家，祖先中的高祖曾祖就能得到心灵慰藉。

德须积百年，全靠前人培树本；
书不负三代，永教后裔惜光明。

何家胡绍基题书于尚礼堂，生平事迹不详。

【注】德须积百年，全靠前人培树本：美好的道德品质需要百年以上的积累，全靠前辈人培养树立才是根本。前人：前辈人。培树：培养树立。本：根本。

书：诗书传家的意思。

不负：不辜负的意思。

三代：语出《汉书·李广传赞》："然三代之将，道家所忌，自广至陵，遂亡其宗，哀哉！"此指曾祖父、祖父、父亲三代人。例如：唐代诗人卢纶（739—799）的《送彭开府往云中觐使君兄》诗有"一门三代贵，非是主恩偏"之句。再如：《宋史·选举志一》亦有"缀行期集，列叙名氏，乡贯、三代之类书之，谓之小录"之说。

永教后裔惜光明：永远教育后代子孙要珍惜这些光辉业绩。后裔：后代子孙。光明：光辉业绩的意思。

【释】美好道德品质需要百年以上的积累，全靠前辈人培养树立才是根本；
诗书传家不负三代人教诲，永远教育后代子孙要珍惜这些光辉业绩。

此地重光，相与躬耕自乐；
外方多难，休教心慕虚荣。

金华施祝龄题书于尚礼堂，生平事迹不详。

【注】此地：这里的意思，此指诸葛八卦村。

重光：语出《尚书·顾命》："昔君文王、武王，宣重光。"比喻累世盛德辉光相承。

相与：语出《孟子·公孙丑上》："又有微子、微仲、王子、比干、箕子、胶鬲，皆贤人也，相与辅相之，故久而后失之也。"共同、一道的意思。

躬耕：语出《三国志·蜀书·诸葛亮传》："臣本布衣，躬耕于南阳。"此指诸葛亮亲身从事农业生产。

自乐：语出东晋文学家陶渊明（365—427）的《桃花源记》："黄发垂髫，并怡然自乐。"自娱自乐，自己想法子让自己快乐，高兴而满足的意思。

外方：语出《南齐书·王琨传》："外方小郡，当乞寒贱。"外面、外地、远方的意思。

多难：语出《诗经·周颂·访落》："维予小子，未堪家多难。"此指有很多难成之事。

休教：不要让、不要叫。例如：《三国演义》第四回"废汉帝陈留践位，谋董贼孟德献刀"中，曹操曾经对陈宫说："宁教我负天下人，休教天下人负我。"

心慕虚荣：语出《周书·柳带韦传》："夫顾亲戚，惧诛夷，贪荣慕利，此生人常也。"此指内心贪恋羡慕利益与虚幻的荣耀。

【释】这里是累世盛德辉光相承的地方，诸葛后裔共同亲身从事农业生产高兴而满足；

外面会有很多困难和难成之事，不要让自己的内心有贪恋羡慕虚幻荣耀的思想。

希圣希贤，作天下第一流人物；
全忠全孝，扶世间亿万载纲常。

诸葛碧泉题书于尚礼堂，生平事迹不详。

【注】希圣希贤：语出北宋文学家周敦颐（1017—1073）的《通书·志学》："圣希天，贤希圣，士希贤。"此指希望向圣人和贤达人物学习，效法他们的行为。希：希望的意思。

一流：语出三国时期魏国尚书郎刘劭（168—240）的《人物志·接识》："故一流之人能识一流之善，二流之人能识二流之美。"第一等的意思。

全忠全孝：此指全身心的忠诚与孝悌。

扶：扶持。

世间：人世间。

亿万载：千秋万年的意思。

纲常："三纲五常"的简称。封建时代以君为臣纲，父为子纲，夫为妻纲为三纲；仁、义、礼、智、信为五常。

【释】希望学习圣人和贤达人物效法他们的行为，做天下第一等人物；

全身心忠诚与孝悌，扶持人世间千秋万年流传下来的三纲五常。

要好儿孙，须从尊祖敬宗起；
欲光门第，还是读书积善来。

兰溪徐品金书于尚礼堂。题书者生平事迹不详。

【注】要好儿孙：语出兰州碑林中清代道光年间抗击英国侵略者的民族英雄朱贵（1778—1842）题书《家训》楹联碑刻："欲增福寿惟善行；要好儿孙须读书。"意思是说，想要福寿延年唯有积德行善，要是一个好的儿孙就必须读书学习。须从尊祖敬宗起：必须从尊敬祖宗做起。

欲光门第，还是读书积善来：想要光耀家族的社会地位，还是要从读书学习与积德行善之中来做起。光：光宗耀祖的意思。门第：语出《魏书·世宗纪》："而中正所铨，但存门第，吏部彝伦，仍不才举。"此指家庭在社会上的地位等级。例如：元代文学家刘祁（1203—1250）的《归潜志》卷十三有："宋、齐、梁、陈，惟以文华相尚，门第相夸，亦不足观"之说。

【释】要是一个好的儿孙后代，就必须从尊敬祖宗先贤做起；
想光耀家族的社会地位，还是从读书学习积德行善来。

源远流长要识敬宗尊祖；
光前裕后便为孝子贤孙。

题书于绍基堂，书者不详。

【注】绍基堂：是尚礼堂派下的支派宗祠，位于诸葛八卦村西部偏南旧市路，三开间三进，布置周全，合乎礼仪。

源远流长：语出唐代诗人白居易（772—846）的《海州刺史裴君夫人李氏墓志铭》："夫源远者流长，根深者枝茂。"源头很远，水流很长。比喻历史悠久。此指诸葛后裔历史十分悠久。

要识：要知道。

敬宗尊祖：此指尊崇敬仰祖宗先贤。

光前裕后：语出南宋著名史学家王应麟（1223—1296）的《三字经》："扬名声，显父母，光于前，裕于后。"光前：光大前业；裕后：遗惠后代。此指为祖先增光，为后代造福。

便为：便是的意思。

孝子贤孙：语出《孟子·离娄上》："虽孝子慈孙，百世不能改也。"

此指孝敬父母有德行的贤惠子孙。例如：元代文学家刘唐卿的《降桑椹》有"圣人喜的是义夫节妇，爱的是孝子贤孙"之说。

【释】诸葛后裔的历史十分悠久后辈要知道尊崇敬仰祖宗先贤；
为祖先增光为后代造福便是孝敬父母有德行的贤惠子孙。

立业惟艰，虽一丝一粟勿忘先泽；
守成匪易，遵六德六行不坠家声。

题书于绍基堂，书者不详。

【注】立业惟艰：创立家族基业唯有艰难困苦。

虽：虽然是的意思。

一丝一粟：语出清代著名理学家朱柏庐（1627—1698）的《治家格言》："一饭一粟当思来之不易，一丝一缕衡念物力维艰。"此指一尺布匹与一粒粮食。

勿忘：不要忘记的意思。

先泽：语出南宋著名诗人陆游（1125—1210）的《读苏叔党汝州北山杂诗次其韵》之九："先泽傥未衰，岂无五秉粟。"此指祖先的恩泽。

守成：语出《诗经·大雅·凫鹥序》："《凫鹥》（fú yī），古代的水鸭称凫，海鸥称鹥。守成也。太平之君子，能持盈守成，神祇祖考安乐之也。”此指保持祖辈前人的成就和业绩。

匪易：不容易的意思。

遵：遵守的意思。

六德：语出《周礼·地官·大司徒》：“以乡三物，教万民而宾兴之。一曰六德：智、仁、信、义、忠、和。”这是儒家思想的六种美德。

六行：此指西周大司徒教民做人的六种行为标准，即“孝、友、睦、姻、任、恤”。意思是，要做到孝敬父母、友善他人、邻里和睦、姻亲妻子、有责任感、体恤百姓。

六德六行，是儒家的重要思想体系。除此，还有六艺，即“礼、乐、射、御、书、数”。此指礼法、乐舞、射箭、驾车、书法、算术六种技能。

不坠：语出《国语·晋语二》：“知礼可使，敬不坠命。”不辱的意思。

家声：语出《史记·李将军列传》：“单于既得陵，素闻其家声，及战又壮，乃以其女妻陵而贵之。”此指家庭的名声。

【释】创立家族基业唯有艰难困苦，虽然是一尺布或一粒粮食都不能忘记祖先的恩泽；

保持前人成就和业绩不容易，要遵守儒家六种美德与行为标准才不辱家族名声。

第十七章
江西省上饶市诸葛亮后裔与武侯祠

关于诸葛亮后裔，在《三国志·蜀书·诸葛亮传》中只记载到他唯一的一个孙子诸葛京，在西晋时期做过眉县令和广州刺史，除此之外，所有历史资料都没有诸葛亮后裔的信息记载。正因为如此，诸葛亮嫡传后裔就成了历史上的千古之谜。1992 年 11 月，笔者一篇《诸葛亮后裔今何在》文章通过新华社两次向国内外报道以后，百余家新闻媒体连续转播刊发，产生了轰动效应，浙江省兰溪市诸葛八卦村的诸葛亮后裔一夜之间成了国内外关注的焦点。从此后，世人都知道诸葛亮的嫡传后裔 43—54 代 8600 余人生息繁衍在浙江省兰溪市与建德、龙游、温州、瑞安一带，其中，以兰溪市诸葛八卦村为核心。保留至今的八开线装 20 卷 39 本《诸葛氏宗谱》详细记述了五代唐末（930—936），第十五代孙诸葛浰从成都到浙江宦游，先后为“绍兴令”（今绍兴市）和“寿昌令”（今建德市），卒于官任，成了浙江诸葛亮后裔的始祖。之后，诸葛浰生诸葛青，诸葛青又生子诸葛承荫、承祐、承载、承奕、承咏、承遂，后因种种历史缘故，他们分别迁徙聚居在今天的浙江省建德市、绍兴市、瑞安市、兰溪市、龙游县，而诸葛承载就是最早迁徙来到兰溪的始祖。这些后裔从此在浙江一带生息繁衍，不断发展，一直延续到今天，人丁兴旺。

最早的《诸葛氏宗谱》是南宋绍兴甲寅（1134）蕤宾月（五月）第十九代后裔诸葛英修编的，到民国三十六年（1947），后裔们先后对《诸葛氏宗谱》又进行了十六次专职修撰，资料齐全完备，代代传承，有根有据，比较可靠。正因为如此，诸葛八卦村也就成了名城名地。

但是，世人并不清楚，在江西省上饶市至今也有 4000 多名诸葛亮后裔，他们与兰溪市诸葛八卦村诸葛亮后裔属于同宗同祖，一脉相承，堪称货真价实。

1. 历史渊源与古迹文物

据江西省上饶市广信区（原上饶县）罗桥街道罗桥居委会乌石山自然村的第五十二代后裔诸葛有德先生介绍说：他们在历史上曾经有《诸葛氏宗谱》，因发生火灾而损毁。清光绪三年（1877），由后裔诸葛运芬主持编修了《诸葛氏宗谱》，民国六年（1917），第四十九代后裔诸葛德风主持了续修；1994 年，由第五十三代诸葛年寿、第五十二代诸葛有德再次进行了续修，四开本共计 13 卷，木刻版印刷，形成了今天上饶市《诸葛氏宗谱》的格局。

据《诸葛氏宗谱》记载，明朝建文元年至四年（1399—1402），朝廷发生了“靖难之变”（指统治阶级内部争夺帝位的战争），造成了社会动乱，民心不安，江浙行省金华府龙游县诸田铺村（今浙江省龙游市模环镇）第三十三代孙诸葛志广、诸葛志远、诸葛志通三兄弟遂决定迁徙江南西道之信州（古称江右，今上饶市信州区），成为上饶市诸葛亮后裔的始祖。

诸葛志广：生于明洪武己酉年（1369）十月初八，殁葬失考。

诸葛志远：生于明洪武壬子年（1372）七月廿六，殁失考，葬天竹坞（今信州区山地名）。

诸葛志通：生于明洪武癸亥年（1383）正月初四，殁于景泰癸酉年（1453）七月十八，葬失考。

诸葛志广、诸葛志远、诸葛志通三兄弟先是迁徙信州葛阳（古县名，在上饶市弋阳县），后迁徙信州里居（今上饶市信州区茅家岭街道周田村里珠自然村）。

1994 年续修《诸葛氏宗谱》时，谱局（修撰宗谱临时管理机构）决定寻宗溯源，完善前三十世诸葛氏族谱，于是就委托诸葛有德、诸葛有坤、诸葛丰昌、诸葛年寿赴浙江省查询，前后共两次走访了龙游市与兰溪市三个乡镇，历时十余天，终于在龙游县模环镇诸田铺村找到了渊源世系，并且与兰溪市诸葛大公堂管理委员会进行论证座谈，经过与八卦村诸葛后裔的《诸葛氏宗谱》核对，发现龙游市诸田铺村的诸葛后裔就是第十七代的诸葛大六支中诸葛承载后裔，明代初期，的确有三兄弟从金华府的龙游县诸田铺村迁徙到江南西道信州的记载，因此，江西省上饶市诸葛亮后裔应该是真实而毋庸置疑的。

康熙年间，上饶诸葛后裔族众虽没有现在兴旺，却也开枝散叶，分别在今

周田村、罗桥村、桥下村、杨家湖村、彭泽村、铅山重阳庙村、下高塘村居住。

为了加强宗族联系，提高凝聚力，诸葛后裔们合力在周田村修建了宗祠，族中有大事，便开祠商议，尤其是清明时节，各地族人齐聚祠堂，举行隆重的祭祀仪式，以示不忘根本。

由于原有宗祠规模太小不能适应族人的活动需求，因此，民国二十七年（1938）在原宗祠地进行了扩建。现在的周田村诸葛宗祠进深 22 米，面阔 12 米，占地面积 264 平方米。

民国三十年（1941）1 月，国民党发动“皖南事变”；同年 3 月，在上饶茅家岭、周田、李村、七峰岩、石底等地设立了一座规模庞大的法西斯集中营——上饶集中营，主要用来囚禁“皖南事变”中谈判被扣的新四军军长叶挺和弹尽粮绝被俘的新四军排以上干部，还有部分从东南各省地方上搜捕来的共产党以及其他爱国进步人士共 760 余人。

上饶集中营是“皖南事变”的历史产物，1988 年 1 月，监狱旧址被国务院批准为全国重点文物保护单位，这里的烈士陵园，也于 1989 年 8 月被国务院批准为“第二批全国重点革命烈士纪念建筑物保护单位”，正因为如此，南京军区、江西省委、省政府先后将“上饶集中营”与这里的“烈士陵园”命名为“爱国主义教育基地”。1996 年，国家教委、民政部、文化部、国家文物局、共青团中央和解放军总政治部，又同时联合将“上饶集中营”与这里的“烈士陵园”命名为“全国中小学爱国主义教育基地”。

周田村诸葛宗祠是纪念诸葛武侯的祠堂，里面有诸葛亮塑像，也有匾额与楹联，属于“上饶集中营名胜区”的一个重要组成部分。

罗桥村乌石山武侯祠，是由罗桥村诸葛亮后裔于 2013 年集资修建的，殿内有诸葛亮塑像，同时也是祭祀诸葛志远等先祖的宗祠，属合二为一，时机成熟后，将修建独立的武侯祠，形成诸葛亮文化及家风传承的教育基地。

上饶诸葛亮后裔自明初迁徙江西上饶以来，已有600余年历史，目前分布在上饶市周边市、区、县7个村庄，有“新、大、有、丰、年、庆、荣、华、道”九代4000余人，其中“有、丰、年、庆”四代是主力军，最大的“新”字辈已97岁高龄，垂垂老矣，最小的“道”字辈步履蹒跚，牙牙学语，堪称为九世同堂，福满天伦，托祖先佑护之功，实乃诸葛宗族之幸也。

2021年春节期间，“上饶市诸葛亮研究会”会长诸葛有德特邀专业研究诸葛亮及其后裔历史文化的郭清华与侯素柏夫妇2人赴江西省上饶市实地考察这里的诸葛后裔，在诸葛有德、诸葛大联、诸葛丰春、诸葛有中、诸葛彪等专家、教授、著名企业家以及当地有关领导和后裔热情接待陪同下，参观考察了广信区罗桥村与周田村相关遗址遗迹及国务院文物保护单位上饶集中营，进行了座谈交流，详细了解了他们的经历与发展过程，并且合影留念。

调查而知，自明朝建文元年至四年（1399—1402），第三十三代孙诸葛志广、诸葛志远、诸葛志通三兄弟从浙江金华府龙游县诸田铺村（今浙江省龙游市模环镇）迁徙到江南西道信州（今上饶市信州区），成为上饶市诸葛后裔始祖以来，瓜瓞绵延，人丁兴旺，至今就有51至58代后裔4000多人，而绝大多数后裔居住在周田村。在他们中间，不但有各级政府官员，亦有教书育人的教授、专家，还有江西省与上饶市名列榜首的著名企业家，堪称人才辈出，光宗耀祖。

在考察座谈中知晓，他们已组建了以诸葛有德、诸葛大联为核心的“上饶市诸葛亮文化研究会”机构，将深入研究先祖诸葛亮的忠诚敬业、廉洁自律的高尚道德品质与人格魅力思想文化，以及诸葛后裔优秀家风家训文化，增强文化自信，建设最美家庭，为传播与弘扬中华民族璀璨历史文化做贡献。

由于原来的诸葛宗祠在周田村国务院文物保护单位“上饶集中营”之中，

使用很不方便。后来，罗桥村虽然修建了一个诸葛宗祠，但面积太小，不利于全族人开展大型的祭祀活动。因此，他们准备筹措资金另辟蹊径，决定重新规划修建诸葛宗祠与武侯祠，以及诸葛亮文化广场，雕塑诸葛亮大型立式造像，成为诸葛后裔祭祀先祖、举行相关活动的重要场所。

2. 匾额 3 方、楹联 4 副

武侯祠

题书者不详。

【注】武侯：诸葛亮生前被后主刘禅封为“武乡侯”，死后又被后主追谥为“忠武侯”，所以，武侯就代表诸葛亮。

祠：是历史上纪念祖先、先贤、英烈、名人以及宗族进行活动的祠堂。

【释】纪念诸葛亮的祠堂。

诸葛宗祠

题书者不详。

【注】诸葛：姓氏，此指诸葛亮后裔。

宗祠：宗族祠堂的意思。

宗祠制度产生于周代，封建社会时期代代延续，成为一种礼制。

据《礼记·王制》记载：“天子建七庙，诸侯五庙，大夫三庙，士一庙。”

但是，上古时代，因为宗庙为天子专有，与士大夫和民间老百姓没有多大关系，所以，士大夫不敢建宗庙。到了南宋时期，著名理学家、思想家、儒学集大成者朱熹（1130—1200）提倡修建家族祠堂，每个家族建立一个，奉祀高、曾、祖、祢四世（此指高祖、曾祖、祖父、父亲）神主的祠堂四龛，从此后，民间就有了宗族祠堂，祠堂也就成了族权与神权交织的中心。

宗祠一般建于宗族聚居的近地，岁时由族长率领族人共同祭祀。

【释】诸葛亮后裔祭祖活动的宗族祠堂。

华夏师表

辛丑年（2021）仲春，定军山人郭清华题。

【注】华夏：语出《尚书·周书·武成》：“华夏蛮貊，罔不率俾。”唐朝著名经学家孔颖达（574—648）的《春秋左传正义》记载说：“中国有礼仪之大，故称夏，有服章之美，谓之华。”由此而知，华夏是我国古称，后来泛指中华民族。例如：《三国志·蜀志·关羽传》有“羽威震华夏，曹公议徙许

都以避其锐”之句。再如：近现代著名作家郁达夫（1896—1945）的《满江红·闽于山戚继光祠题壁》词有“三百年来，我华夏威风久歇”之说。

师表：语出《史记·太史公自序》：“国有贤相良将，民之师表也。”此指在道德与学问上的学习榜样。例如：《三国志·魏书·文帝纪》有：“昔仲尼大圣之才，怀帝王之器，……可谓命世之大圣，亿载之师表者也。”再如：

《北齐书·王昕传》亦有“杨愔重其德业，以为人之师表”之说。

【释】诸葛亮是中华民族学习效法的榜样。

序昭穆无论年大年小；
敬祖宗惟有克俭克勤。

第五十一世孙诸葛大岳敬撰。

诸葛大岳（1913—1985），上饶市信州区茅家岭街道周田村人，诸葛亮第五十一代后裔。新中国成立前，曾经从事私塾教育。

【注】序：排列秩序的意思。

昭穆：语出《周礼·春官·小宗伯》：“辨庙祧之昭穆。”郑玄注曰：“父曰昭，子曰穆。”古代宗庙中神主的排列秩序，始祖居中，以下为祖父、父亲，依次为递排列称之为昭穆，左为昭，右为穆。

无论年大年小：不要去区分年龄的大小。

敬祖宗：尊敬祖宗的意思。

惟有：唯独、只有的意思。

克俭克勤：语出《尚书·大禹谟》：“克勤于邦，克俭于家。”

此指既能够勤劳，又能够节俭。

【释】祖先牌位应该按尊卑秩序排列不要区分年龄大小；

尊敬祖宗的做法唯独只有既能够勤劳又能够节俭。

佐备辅禅，鞠躬尽瘁为兴汉；
联吴拒魏，六出祁山欲胜天。

第五十一世孙诸葛大庚敬撰并书写。

诸葛大庚（1914—1978），上饶市信州区茅家岭街道周田村人，诸葛亮第五十一代孙，江西省立师范学校毕业，擅长书法，造诣颇深。

【注】佐备辅禅：此指诸葛亮辅佐先主刘备与后主刘禅。

鞠躬尽瘁：语出诸葛亮后《出师表》：“鞠躬尽力，死而后已。”恭恭敬敬竭尽全力。后引申为“鞠躬尽瘁，死而后已”成语典故。

为兴汉：语出诸葛亮《出师表》：“收复中原，兴复汉室。”

联吴拒魏：此指建安十三年（208），荆州牧刘表病死，14岁的小儿子刘琮继位后投降了曹操，于是，曹操率大军南下荆州，想一举灭掉依附刘表的刘备，再灭掉东吴孙权。所以，曹军兵临城下，势不可挡，追杀得刘备弃襄阳、走樊城、败当阳、奔夏口，抛妻弃子，慌不择路，狼狈不堪。

与此同时，曹操还给孙权去信威胁说："近者奉辞伐罪，旌麾南指，刘琮束手。今治水军八十万众，方与将军会猎于吴。"（见《三国志·吴书·吴主传》裴松之注引《江表传》）东吴的文臣武将闻言惊慌失措，大多数人主张与曹操议和，为此，孙权也举棋不定。

在此危难之际，诸葛亮主动请缨出使东吴，去动员孙权与刘备联手，形成统一战线共同抗击曹操。当时，诸葛亮对孙权说："北方之人不习水战，又荆州之民附曹者逼兵势耳，非心服也。今将军诚能够命猛将统兵数万，与豫州（刘备）协规同力，破曹军必矣。曹军破必北还，如此则荆吴之劳强，鼎足之形成矣，成败之机在于今日。权大悦，即遣周瑜、程普、鲁肃等水军三万，随亮旨先主并力拒曹公。"（见《三国志·蜀书·诸葛亮传》）如此一来，诸葛亮促成了孙刘联盟共同抗击曹操的统一战线，在赤壁之战中大败曹军。

六出祁山：语出《三国演义》第一百二十回末尾的叙事诗："孔明六出祁山前，愿以只手将天补。何期历数到此终，长星夜半落山坞"。此指诸葛亮的五次北伐曹魏，《三国演义》称之为"六出祁山"。其实，只有建兴六年（228）春第一次与九年（231）春的第四次北伐曹魏去过祁山，其他几次都与祁山无关。

欲胜天：想要战胜天大的困难。

【释】诸葛亮辅佐先主刘备与后主刘禅两朝帝王，恭恭敬敬竭尽全力为的是兴复汉室；

诸葛亮促成了孙刘联军共同抗击曹操，六出祁山北伐曹魏想要战胜天大的困难。

吴宫汉殿两诸葛；
信水南屏一祠堂。

第五十一世孙诸葛大海敬撰。

诸葛大海（1899—1959），本名表，字大海，号光四，上饶信州区茅家岭街道周田村人，诸葛亮第五十一代后裔，民国年间高等小学毕业，曾经办学教书育人。

【注】吴宫汉殿：此指东吴的皇宫与蜀汉的宫殿。

两诸葛：此指蜀汉丞相诸葛亮（181—234）与东吴大将军、豫州牧诸葛亮亲哥哥诸葛瑾。

诸葛瑾（174—241），字子瑜，诸葛亮之兄，诸葛恪之父。东汉末年因中原战乱而避乱江东，孙权对其才华感到惊奇，与鲁肃等被视为上宾。历任东吴县令、长史、司马、宣城侯、绥南将军、南郡太守、左将军、假节、宛陵侯、骠骑将军、大将军、左都护，领豫州牧。

信水：发源于浙赣两省交界的怀玉山南的玉山水和武夷山北麓的丰溪水，在上饶汇合后始称信水，通常也叫信江。信水为江西省五大河流之一，也是鄱阳湖水系五大河流之一。

南屏：此指方位在信水的南岸。

一祠堂：此指有一个武侯祠。

【释】东吴皇宫有诸葛瑾蜀汉宫殿有诸葛亮；
信水南边有一个纪念诸葛亮的武侯祠。

汉相苗裔，志广远通瓜瓞绵延，续写祖训开先河；
诸葛云孙，周田罗桥绳其祖武，耕读传家启后世。

辛丑年（2021）春节期间，定军山人郭清华应邀赴江西上饶市广信区罗桥村与信州区周田村，实地考察座谈诸葛亮后裔移居此地生息繁衍发展壮大实况，有感而发特撰此联。

【注】汉相：据《三国志·蜀书·诸葛亮传》记载说，章武元年（221），先主刘备在成都“即帝位”建立了蜀汉国家，“策亮为丞相”。因此，汉相指蜀汉丞相诸葛亮。

苗裔：语出战国时期楚国诗人屈原（公元前340—公元前278）的《楚辞离骚》：“帝高阳之苗裔兮，朕皇考曰伯庸。”泛指一脉相传的后代子孙。例如，《三国演义》第四十三回“诸葛亮舌战群儒，鲁子敬力排众议”中有“刘豫州虽云中山靖王苗裔，却无可稽考，眼见只是织席贩屦之夫耳，何足与曹操抗衡哉”之说。

志广远通：据上饶市《诸葛氏宗谱》记载说，明朝建文元年至四年（1399—1402），诸葛亮第三十三代孙诸葛志广、诸葛志远、诸葛志通三兄弟决定从金华府龙游县的诸田铺村（今浙江省龙游市模环镇）迁徙江南西道之信州（古称江右，今上饶市信州区），成为今天上饶市诸葛亮后裔的始祖。

瓜瓞绵延：语出《诗经·大雅·绵》：“绵绵瓜瓞，民之初生，自土沮漆。”比喻后代子孙众多，如同一根连绵不断的藤上结了许多大大小小的瓜一样繁盛。

续写祖训开先河：此指诸葛志广、诸葛志远、诸葛志通三兄弟来到这里后成为移居始祖，《诸葛氏宗谱》续写了他们生息繁衍发展历程以及祖先的训诫与家风戒律。祖训：祖先的训诫。

诸葛：复姓，此指诸葛亮。据保存在兰溪市诸葛八卦村大公堂经过历史上十六次续修的《诸葛氏宗谱·序》记载说："诸葛氏为汉诸县侯葛婴之后，而光大于三国两晋之际。"还说："诸葛氏，山东老世家也。姓氏之源，自葛氏始……至秦汉间，有葛婴者，为陈涉将，有功被诛。汉文帝追录，封其为诸县侯，因以为氏。"由此可知，诸葛亮的远祖追根求源应该是秦朝的葛婴。正因为如此，《三国志·吴书·诸葛瑾传》裴松之注引韦昭《吴书》也记载说："起先葛氏，本琅琊诸县人，后徙阳都。阳都先有葛姓者，时人谓之诸葛，因以为氏。"这就是说，葛姓人从诸县迁到阳都后，为区分在阳都的葛姓，才合称为诸葛成为复姓的。

云孙：语出《尔雅·释亲》："父之子为子，子之子为孙，孙之子为曾孙，曾孙之子为玄孙，玄孙之子为来孙，来孙之子为晜孙，晜孙之子为礽孙，礽孙之子为云孙，云孙之子为耳孙。"郭璞注曰："言轻远如浮云。"此指远代子孙。例如：南宋诗人陆游《镜湖西南有山作短歌》有"云孙相遇不相识，笑问尘世今何年"之句。

周田罗桥：在上饶市信州区周田村与广信区罗桥村，聚居着诸多诸葛后裔，他们牢记祖训家风，传承先祖的功德业绩与高风亮节，所以，自古至今英杰辈出，人才荟萃。

绳其祖武：语出《诗经·大雅·下武》："昭兹来许，绳其祖武。"

绳：继续；祖：祖先；武：足迹。意思是，踏着祖先的足迹继续前进，亦比喻继承祖辈的事业。

耕读传家：语出清《睢阳尚书袁氏家谱》："九世贵，字茂云，……忠厚古朴，耕读传家。"此指耕田种地，饱读诗书，知书达理，建功立业，以此为家风而传承。

启后世：此指言传身教传播家族优良传统，启迪激励后世儿孙。启：启迪。

【释】诸葛亮嫡传后裔，志广志远志通三兄弟移居此地为始祖生息繁衍，人丁兴旺，续写家族发展和祖训开了先河；

诸葛亮远代子孙，在上饶周田与罗桥踏着祖先足迹，耕田种地，饱读诗书建功立业言传身教启迪激励后辈之人。

第十八章

广西壮族自治区桂林市阳朔县诸葛亮后裔与武侯祠

提起诸葛亮后裔，人们马上就会联想到浙江省兰溪市诸葛八卦村诸葛亮后裔，这是因为，自 1992 年 11 月笔者一篇《诸葛亮后裔今何在》文章通过新华社连续两次向国内外报道以后，100 多家报刊、广播电台、电视台连续转载报道了这一消息，产生了前所未有的轰动效应，诸葛八卦村诸葛亮后裔一夜间成为国内外关注向往的名城名地，中外游客争先恐后纷至沓来实地参观考察，一睹这里的明清古建筑与诸葛亮后裔风采，想通过后裔寻找千百年来被世人尊崇敬仰的诸葛亮影子。从此后，诸葛后裔就成为世人关注的聚焦点，八卦村也成了国家 AAAA 级旅游区与国务院重点文物保护单位，全国十大古村落之一，中外游客络绎不绝。

据《三国志》记载而知，诸葛亮 46 岁前没有亲生儿子，所以将他哥哥诸葛瑾的次子诸葛乔过继为义子，视为己出，疼爱有加。没想到，建兴六年（228）春天第一次北伐曹魏时，诸葛乔率领六百子弟兵给斜谷口为疑军的赵云、邓芝运输粮草时死在褒斜道中，年仅 25 岁。恰在建兴五年（227）七月，诸葛亮亲生儿子诸葛瞻出生，有了嫡传血脉。后来，诸葛瞻又先后生下诸葛尚、诸葛京两个儿子，诸葛亮家族有了传承基础。

蜀汉炎兴元年（263）秋天，曹魏的三路大军齐头并进攻打益州，想要一鼓作气灭了蜀汉国家，时任蜀汉尚书仆射、军师将军的诸葛瞻与 19 岁的长子诸葛尚，在绵竹与曹魏征西将军邓艾大军交战拒不投降，父子双双战死。从此以后，诸葛京就成了诸葛亮唯一留在世上的亲孙子。

蜀汉灭亡后，诸葛京与家人被迫"内移河东"落户，瓜瓞绵延，后世子孙成为诸葛后裔真正的传承人。据不完全统计，全国各地现有诸葛亮后裔 4 万多人，主要分布在浙江省的兰溪市诸葛八卦村、温州市、瑞安市、建德市、龙游县；江西省上饶市；江苏省常州市。这些后裔都是诸葛京一脉相承的后代，而河东郡才是诸葛亮后裔的发祥地，这是货真价实毋庸置疑的。

诸葛京既然是诸葛亮后裔唯一传承人，那么，“内移河东”后的具体情况又是怎样的呢？

据《三国志・蜀书・诸葛亮传》注引《诸葛氏谱》记载说：

《泰始起居注》载诏曰：诸葛亮在蜀，尽其心力，其子瞻临难而死义，天下之善一也。其孙京随才署吏，后为郿令。尚书仆射山涛启事曰：郿令诸葛京祖父亮遇汉乱分离，父子在蜀，虽不达天命要为尽心所事，京治郿自复有称，臣以为亦以补东宫舍人，以明事人之理，副梁益之论。京位至广州刺史。

由此而知，诸葛京当年曾经“随才署吏”在河东郡为吏，“后为郿令”，在今宝鸡市眉县出任县令，最后官至“广州刺史”。从此以后，史书就不再有诸葛京相关事迹记载了。

关于诸葛京“内移河东”后的具体情况，在本书第二十三章《关于山西省临猗县武侯墓与诸葛京“内移河东”研究》有详细的研究论述介绍。

1982 年 3 月，笔者联络发起“川、陕、鄂诸葛亮研究联会”，全国相关的诸葛亮文博单位与大专院校、研究团体及热爱三国历史文化的专家、学者纷纷介入，逐步形成了规模庞大而颇具影响力的“全国诸葛亮研究联会”，多年来，大家不间断地力争轮流在相关市、县举办学术研究和“诸葛亮文化旅游节”活动已成规律。2019 年 11 月，已经在襄阳市举办了第二十五届研究活动。

2012 年 4 月，广西壮族自治区桂林市阳朔县的“诸葛亮研究会”成立了，作为联会成员单位，11 月首次举办了“全国第十九届诸葛亮研究联会”。通过会长诸葛保满介绍，在桂林市阳朔县周边聚居了 1.6 万多诸葛亮嫡传后裔，其中，阳朔县约 0.8 万人；临桂区约 0.5 万人；荔浦县约 0.1 万人；富川县约 200 人；桂林市区、南宁市区、贺州市区约 0.18 万人。这时候大家才知道这些鲜为人知的诸葛后裔，数量之多令人惊讶，与会代表十分欣慰。从此后，广西桂林市阳朔县的诸葛亮后裔引起了世人关注。这次会后，由诸葛保满与诸葛全生编辑了《诸葛亮及桂林后裔》论文集，2013 年 5 月由广西师范大学出版社出版。

2018 年 5 月，他们又成功举办了“全国第二十四届诸葛亮研究会”，会后诸葛保满与诸葛全生主编了《峰林之都论孔明》论文集，2019 年 7 月由吉林文史出版社出版发行。

阳朔县不但有诸葛宗祠古迹以及相关遗址文物，还有“阳朔诸葛亮文化研究会”组织，年轻有为的会长诸葛保满把桂林一带 4 个县区、133 个居住点的诸葛后裔联络聚集在一起，形成了一个完整团队，主持续修了《广西诸葛氏宗谱》，先后举办了两次全国诸葛亮学术研讨会，编著出版《论文集》，设立了“广西诸葛奖学金”，广泛集资，多次举办“诸葛亮文化旅游节”，虔诚祭祀祖先，有效传承诸葛家族祖训家风，带动了地方文化与经济发展。

特别是，近年来先后举办了 6 次颁奖典礼，为 107 名诸葛后裔考上全国各个重点大学的优秀学子颁发奖学金，鼓励学子牢记祖训家风，继承先祖高尚品德，刻苦学习，努力上进，立德树志，不忘初心，学好知识报效国家，这种启智育人、光宗耀祖颁发奖学金的活动堪称意义非凡，影响深远，普遍受到了当地诸葛后裔与社会好评。

最近，他们又筹资在阳朔县高田镇思和村修建了“武侯祠”，举行了隆重的庆典仪式。这些活动，深深地打动了当地政府特别是诸葛亮后裔，得到各方面的认可重视与支持，在全国学术界与其他诸葛亮后裔之中也产生了深远影响，普遍为他们点赞、喝彩。

笔者认为，这是“阳朔诸葛亮文化研究会”整体素质的体现，更是诸葛保满会长为主体的领导班子在继承先祖诸葛亮“鞠躬尽瘁”献身精神的基础上身先士卒带领全体诸葛后裔厚积薄发努力奋斗的结果，凸显了他们的人格魅力，实乃功莫大焉，具有武侯遗风矣。所以，笔者有感而发，为这里的翠屏村与思和村武侯祠题书了相关的匾额与楹联。

阳朔县葡萄镇翠屏村是广西各地诸葛后裔活动中心，这里有武侯祠等古迹文物。翠屏村，是第二十四代孙诸葛仲贤创建于南宋绍兴四年（1134），后来的后代逐渐外迁，在翠屏村附近的周寨、景隆、大林里、龙头山、九竹山、观音山等 6 个地方先后建村子，形成 7 个全部姓诸葛的诸葛村，并且在地理形态上呈现出了“北斗七星”的布局。

千百年来，居住在翠屏一带的诸葛后裔，秉承先祖遗风，传承诸葛文化，并与周边的壮族、瑶族、苗族等民族文化融合，形成了与中原文化一衣带水，又具有鲜明广西特色的民俗文化。

据《广西通志·社会民族·各县氏族卷》记载说：“阳朔县……又诸葛氏，为诸葛武侯后裔，有诸葛齐嚣宦粤卜居邑白沙村。”

正因为如此，历代《阳朔县志》对诸葛后裔迁居广西都有详细记录。

据民国二十六年（1937）的《阳朔县志·社会文化》辑录元代文人费一枝镌刻的《晋都督祠碑》记载说：“阳朔白沙村诸葛氏之族，乃南阳孔明之后裔也。昔孔明忠事两朝，功盖三国，厥后子孙英杰继出，仕宦显达。至晋时，裔孙诸葛齐嚣，事晋帝本忠诚，帝梦葛藤绕殿，乃疑之。委任广东，乃致仕。游于广西，见白沙村地可建宅，乃居焉。既殁，子孙葬祖，律郎立祠宇，庙貌巍然，神像俨然，历岁已久。岁月不得而记述于宋端平年间，孙文庚以书经领任壬子乡荐，擢丙辰进士第，任郁林太守，期以鼎新其庙，未几卒于任，此议遂寝。后经甲子兵燹，人物流离。后人念祖宗之祠宇倾废，乃率众而新之，虽未及前代之规模，处时之艰，亦喜能存告朔之饩，以垂后耳。嗟呼，世道循环，如轮如云，衣冠礼仪终不泯灭，况名贤之后，代不乏人，必有能以意逆之，复昔日之气象，壮观其祠宇者，是乃祖宗之灵，而亦定和等之愿。然方向之良，年月之利，前后绝不可易，故刻石以为记云。"

白沙村，就是今阳朔县白沙镇立龙村委会白沙堡自然村。律郎，就是今天的白沙镇立龙村委会立龙自然村。

这里的《广西诸葛氏宗谱》早期版本已经无从查考，保留至今的是民国二十六年（1937）的版本，共有一卷，记载了先祖诸葛齐器自晋朝来此定居，以及后世人在此生息繁衍的概况。其中自宋代第二十三代孙诸葛隆中，一直到当前的第五十六代后裔实际情况介绍比较详细。

2017 年，诸葛保满等人又进行了续修，并且刊印成册，以继续传承后世。

上述碑文以及《广西诸葛氏宗谱》中都提到了"至晋时，裔孙诸葛齐器，事晋帝本忠诚，帝梦葛藤绕殿，乃疑之。委任广东，乃致仕。游于广西，见白沙村地可建宅，乃居焉。既殁，子孙葬祖，律郎立祠宇，庙貌巍然神像俨然"。这说明，晋朝时期，诸葛亮第六代后裔诸葛齐器被委任在广东为官，当时他游历广西时，就在今天阳朔县白沙镇白沙村建宅留居，并在此生息繁衍留下子孙后代。他死后，子孙们将其就地安葬并且立庙祭祀，成了广西省境内诸葛亮后裔的迁居始祖。

广西诸葛后裔家风族规始终遵循先祖诸葛亮的《诫子书》《又诫子书》《诫外甥书》，以及《广西诸葛氏家族祖训十条》，这些都是诸葛后裔一千多年的"传家之宝"，也是教育和团结宗亲的纽带和桥梁。《诫子书》《又诫子书》《诫外甥书》是诸葛亮写给儿子诸葛瞻及亲属子弟的家书，文字虽不多却启迪智慧催人奋进，意义深刻，开创了中国家教训导之先声。

《广西诸葛氏祖训十条》内容是："一曰积德以固根基；二曰守分以免刑罚；三曰崇祀以报孝恩；四曰睦邻以求和顺；五曰孝悌以肃家风；六曰宁静以立远志；七曰耕读以务本业；八曰勤俭以资谋生；九曰勤劳以创财富；十曰赈济以周贫乏。"

古往今来，诸葛村每个村民从小到大都受《诫子书》等家训熏陶，能深

刻领会“静以修身，俭以养德”，以及“淡泊宁静，志存高远”的耕读传家祖训。正因为如此，广西的诸葛后裔不但人才辈出，而且出类拔萃。

据《广西诸葛氏族谱》记载，在历史上，宋代以来就先后出现了八名进士；一名解元；一名知州；三名知府；都令、宣德郎、修职郎、县令、县丞、教谕、训导等数十人；贡生、廪生、增生数十人；国民党第五战区军参谋长一人。

据诸葛保满统计而知，1949—2017 年，诸葛后裔在各级政府机关出任厅级、副厅级、处级、副处级、正科级、副科级的行政职务者有 60 余人。2000—2017 年，后裔中的学者、著名企业家、企业高管有 50 人。2018 年以来，考上全国各大学的本科生、研究生有 107 人。

葡萄镇诸葛亮后裔自晋朝迁居阳朔以后，每逢诸葛亮诞辰日、忌日以及清明等节日都要进行祭祀，这些比较规范的公祭活动开始于明代。

明嘉靖皇帝在《敕赐忠武侯庙规祭文祭品》一文中记载说：“春祭用次丁日，秋祭用八月二十八日。”自此以后，聚居在阳朔县一带的诸葛后裔遵照朝廷规定，有了比较规范的祭祖仪式，并且不断完善补充，形成独具特色的祭祖习俗已有约 600 年历史。

这里诸葛后裔祭祖习俗是综合性的民俗活动，内涵包括史学、文学、音乐、绘画、舞蹈、美食、服装工艺、场景布置等，有明显的群体参与特征。每次祭祀活动都由主祭、执事、司仪九人共同组成，他们身着古装，复古礼共九道程序，历时 10 分钟。通过读祭章、训诫等，缅怀诸葛亮一生的丰功伟绩，训诫后裔要忠诚事国、严于律己，牢记《诫子书》中“俭以养德、静以修身”和“淡泊明志、宁静致远”的训导。

在当地举办上述祭祀活动的同时，他们还连续

被全国相关的文博单位邀请，先后到山东省沂南县诸葛故里、陕西勉县的武侯墓清明庙会、襄阳隆中武侯祠进行了祭祖表演，受到了社会的好评。

除此之外，他们还成功举办了八次“阳朔诸葛亮文化旅游节”，深受群众喜爱。

“阳朔诸葛亮文化研究会”自 2012 年 4 月挂牌成立以来，就不断对诸葛后裔祭祖习俗的文化内涵进行挖掘完善，并将社科成果运用到经济发展中，以经济杠杆带动文化和社科发展与繁荣。

2015 年 10 月，阳朔诸葛亮研究会倡导注册成立了“阳朔县诸葛文化旅游有限公司”，注册资金 100 万元，开发建设翠屏五指山、500 多平方米的武侯祠（含广场）以及翠屏草庐等人文景点。近年来，为诸葛亮文化研究与相关活动提供了 30 多万元资金，有效地保护和传播了诸葛亮文化。

1. 历史渊源与古迹文物

阳朔县白沙镇立龙村的都督祠纪念的是第一个迁入广西的诸葛亮后裔始祖诸葛齐器，在历代版本的《阳朔县志》中都对都督祠做了记录。

民国二十六年（1937）修编的《阳朔县志》中收录的《都督祠碑记》，更是详细记录了诸葛齐器在广东当都督后，来到了阳朔白沙村定居，成了这里诸葛后裔迁徙始祖，后人为了纪念他，才修建了都督祠。

南宋理宗宝祐四年（1256），后裔诸葛文庚考中进士，准备对破败的都督祠进行重修，由于死于任上没有实现愿望，都督祠遭兵燹被毁，白沙村的诸葛族人也遇难兵燹，或死难，或流离失所（见《都督祠碑记》）。

到了元代，后裔诸葛定和组织族人重修了都督祠，虽然规模没有先前宏大，但是有一定气势，当时的文人费一枝专门撰写了《都督祠碑》。据考证，20 世纪的“文革”期间，

都督祠还是立龙小学校舍，村人称之为“老庙”。遗憾的是，都督祠被毁，仅存遗址。

据桂林《旧志》记载：“诸葛祠在宝积山，一览可尽古建。明都指挥使耿良、按察使孔镛、太监刘昶、总兵俞太猷皆重修之。万历二十三年（1595）副使郭宗磐移于山麓。”当时武侯祠的修建与迁移规模怎样，不得而知。

崇祯九年（1636），广西布政使司右参议梁衍泗重修，朱应昌为记。清康熙十一年（1672），按察使杨唆文移建山顶，黄性震曾重修，广西按察使王用霖在康熙五十一年（1712）刻立有《重修诸葛武侯祠碑记》。雍正十一年（1733）亦重修久废，仅存碑石。

这里的宗祠始建年代由于代远年湮已无考，原为泥砖青瓦建筑。2000 年，广西诸葛氏理事会组织族人筹资重建，现为砖瓦结构。新建的宗祠内置采光天井，有跑马楼等设施。祠堂为二进三间，占地面积 300 多平方米，正厅供奉着诸葛亮神像及诸葛氏族历代先祖。从此后，宗祠就是广西 133 个诸葛家族开展活动的核心基地。

宝积山又名卧龙山、孔明台，是因元代在山上建武侯祠，通称孔明台，宝积山也被称作孔明台、卧龙山。早在唐宋时期，宝积山已经是游览胜地，山麓壁间有宋、明以来石刻 10 余件。

1966 年，此处被列为桂林市文物保护单位。2001 年 6 月，被列为全国重点文物保护单位，是桂林城区内的文物荟萃之地。如今，宝积山武侯祠已经不复存在，仅存遗址与碑刻。

2. 翠屏村武侯祠匾额 4 方、楹联 2 副

2016 年 5 月，阳朔诸葛后裔在阳朔县葡萄镇翠屏村五指山山麓，依照桂林宝积山武侯祠规格，建了翠屏武侯祠，面阔三间，进深一间，建筑面积 80 平方米。武侯祠规模虽小，却是当地诸葛亮后裔的活动中心。

武侯祠门口正中，高悬“武侯祠”匾额，落款是“2016 年 4 月秦臻题书”。

左间匾额是“隆中云仍”，落款是“2018 年 5 月，王稼田题书”。右侧匾额是“南阳孔明后裔”，落款是“2018 年 5 月，王建中题书”。

正中两侧门柱楹联是“教子三书，云仍自古遵祖训；酬君一对，上下至今颂良臣”，落款是“2018 年 5 月，李遵刚题书”。

武侯祠

2016 年 4 月，秦臻题书。

秦臻，广西作协会员、广西书协会员，任阳朔报社社长、《阳朔县志》总纂。曾编著了《阳朔文史地理辞典》，2013 年 6 月由广西人民出版社出版发行。全书共 60 余万字，收入词目 18 类 2000 余条，让读者能够全方位地了解阳朔历史文化和地理知识，其余不详。

【注】武侯：建兴元年（223）诸葛亮被后主刘禅封为“武乡侯”，死后追谥为“忠武侯”，因此，后世人尊称诸葛亮为“武侯”或是“武乡侯”。

祠：语出《汉书·陈胜传》：“祠，神祠也。”此指祭祀祖宗、先贤、英烈、神仙的祠堂。

祠堂：语出《汉书·循吏传》：“文翁终于蜀，吏民为立祠堂。及时祭礼不绝。”东汉末年，社会上兴起建祠抬高家族门第之风，甚至活人也为自己修建“生祠”，这种制度一直延续。

【释】纪念诸葛亮的祠堂。

隆中云仍

2018 年 5 月，王稼田题书。

王稼田，1950 年 2 月出生于襄阳，历任襄阳市群艺馆馆长，襄阳市文联主席，隆中风景区党委书记，市委宣传部副部长等。2015 年，曾出任襄阳市诸葛亮研究会会长。

【注】隆中：在湖北省襄阳市城西 20 里的西山环拱之中，是襄城区、南漳县、谷城县三区县交界处的风景名胜区。两汉时期，这里属于荆州的南阳郡管辖。东汉末年，诸葛亮曾在襄阳隆中“隐居躬耕”十年。当时，汉室后裔

刘备为了匡扶汉室，急需要名士指点迷津，出谋划策，在徐庶等人的推荐下，屈尊“三顾茅庐”，诸葛亮为其制定了《隆中对策》，刘备如梦初醒，遂恳请诸葛亮出山辅佐。所以，诸葛亮在前《出师表》中说：“臣本布衣，躬耕于南阳，苟全性命于乱世，不求闻达于诸侯。先帝不以臣卑鄙，猥自枉屈，三顾臣于草庐之中，咨臣以当世之事，由是感激，遂许先帝以驱驰。后值倾覆，受任于败军之际，奉命于危难之间，尔来二十有一年矣。”正因为如此，“隆中”就是诸葛亮的代名词。

云仍：亦称云礽。语出《尔雅·释亲》：“子之子为孙，孙之子为曾孙，曾孙之子为玄孙，玄孙之子为来孙，来孙之子为晜孙，晜孙之子为仍孙，仍孙之子为云孙。”晜（kūn）孙：远孙的统称。此指遥远的孙子。

【释】诸葛亮遥远的子孙。

南阳孔明后裔

2018年5月，王建中题书。

王建中，河南南阳人，曾任南阳地、市文化局副局长、调研员，是中国汉画学会、楚文化学会理事，南阳市诸葛亮研究会副会长，其余不详。

【注】南阳：两汉时期郡名，辖37县，隶属于荆州，治所宛，即今河南省南阳市。东汉末年，诸葛亮曾经在南阳郡的襄阳隆中“隐居躬耕”十年，因此，他在前《出师表》中有“臣本布衣，躬耕于南阳”之说，后世多以“南阳”代称诸葛亮。此处的“南阳”，是“南阳郡”地域的泛称。民国二十六年版《阳朔县志》中《晋都督祠碑》记载：“阳朔白沙村诸葛氏之族，乃南阳孔明之后裔也”。孔明：诸葛亮，字孔明。

后裔：语出《尚书·微子之命》：“功如于时，德垂后裔。”此指后代子孙。

【释】诸葛亮的后代子孙。

德泽后世

辛丑年（2021）季秋，定军山人郭清华题。

【注】德泽：语出《韩非子·解老》：“有道之君，外无怨仇于邻敌，而内有德泽于人民。”德：此指高尚品德、恩德。泽：福泽、惠泽、泽被的意思。例如：西汉史学家伏生（公元前260—公元前161）所著《尚书大传》卷二：“清庙升歌者，歌先人之功烈德泽也。”再如：南宋诗人陆游（1125—1210）的《秋思》诗歌亦有“中原形胜关河在，列圣忧勤德泽深”之句。

后世：语出《易经·系辞下》：“上古穴居而野处，后世圣人易之以宫室。”此指某一时代以后的各个时代，亦指后世子孙。例如：《荀子·强国》有“无僇乎族党而抑卑其后世”之句。《后汉书·袁闳传》亦有“吾先公福祚，后世不能以德守之”之说。

【释】诸葛亮的高尚品德惠泽各个时代的后世子孙。

教子三书，云仍自古遵祖训；
酬君一对，上下至今颂良臣。

2018 年 5 月，李遵刚题书。生平事迹见前。

【注】教子三书：此指诸葛亮为教育子女写的《诫子书》《又诫子书》和《诫外甥书》三篇文章。

云仍：遥远的孙子。语出《尔雅·释亲》：“子之子为孙，孙之子为曾孙，曾孙之子为玄孙，玄孙之子为来孙，来孙之子为晜孙，晜孙之子为仍孙，仍孙之子为云孙。”此指后辈子孙。

自古遵祖训：自古以来都遵循祖先的训诫。

酬君一对：建安十二年（207）冬天，汉室后裔刘备为了匡扶汉室，曾经屈尊三顾茅庐，恳请诸葛亮指点迷津，出谋划策，诸葛亮为了酬谢刘备的屈尊三顾，为刘备制定了兴复汉室、一统江山的《隆中对策》，刘备茅塞顿开，恳请诸葛亮出山辅佐，以便实现这一计划。酬君：此指诸葛亮酬谢先主刘备这个君主。

上下至今：从古至今的意思。《汉书·叙传下》：“篇章博举，通于上下。”清末学者王先谦（1842—1917）补注曰“上下谓古今也”。

颂：歌颂、颂扬的意思。

良臣：此指诸葛亮这个忠君爱国的贤臣良相。

【释】诸葛亮教育子女写的《诫子书》《又诫子书》和《诫外甥书》三篇文章，后辈子孙自古都遵循祖先的训诫；

为酬谢刘备三顾茅庐诸葛亮制定了兴复汉室的《隆中对策》，至今都在颂扬这个忠君爱国良相贤臣。

物华天宝，独秀风景在阳朔；
人杰地灵，武侯云孙聚翠屏。

辛丑年（2021）季秋，定军山人郭清华题。

【注】物华天宝：语出唐代诗人王勃（650—676）的《滕王阁序》“物华天宝，龙光射牛斗之墟”。物华：万物的精华。

天宝：天然宝物。寓指桂林市阳朔县一带因为喀斯特地貌而形成的独特秀美自然风光，“桂林山水甲天下，阳朔山水甲桂林”，已经是国内外著名的旅游观光代名词。

独秀：语出《楚辞·招魂》："《激楚》之结，独秀先些。"此指独特秀美，特别突出。

风景：语出南朝宋文学家鲍照（416—466）的《绍古辞》之七："怨咽对风景，闷瞀守闺闼。"此指自然风光景色。例如：唐代诗人张籍（766—830）的《送李司空赴镇襄阳》诗有"襄阳由来风景好，重与江山作主人"之句。

在：在此、在这里的意思。

阳朔：是广西壮族自治区桂林市辖县，隋开皇十年（590）设县，总面积1428平方公里，总人口30万人，辖6镇3乡，有汉族、壮族、瑶族、回族等11个民族。2014年中国最美丽县名单中，阳朔以秀领天下美居第一。电影《刘三姐》的播出更使拍摄地阳朔一夜成名，闻名海内外。

人杰地灵：语出唐代诗人王勃（650—676）的《滕王阁序》："人杰地灵，徐孺下陈蕃之榻。"此指杰出的人物出生或者是到过的地方，就会产生灵气而成为名胜之地。例如：近代诗人闻一多（1899—1946）的《孟浩然》文论就有"实在襄阳的人杰地灵，恐怕比它的山水形胜更值得人赞美"之说。

武侯：据《三国志·蜀书·诸葛亮传》记载说："建兴元年（223），封亮武乡侯，开府治事。"建兴十二年（234）诸葛亮死后，后主刘禅下诏，追"赠君丞相武乡侯印绶，谥君为忠武侯"。从此以后，"武侯"就成了诸葛亮的代名词。

云孙：语出《尔雅·释亲》："父之子为子，子之子为孙，孙之子为曾孙，曾孙之子为玄孙，玄孙之子为来孙，来孙之子为晜孙，晜孙之子为礽孙，礽孙之子为云孙，云孙之子为耳孙。"郭璞注曰："言轻远如浮云。"此指远代子孙。例如：南宋诗人陆游《镜湖西南有山作短歌》有"云孙相遇不相识，笑问尘世今何年"之句。

聚：语出《管子·君臣上》："而发于众心之所聚。"聚居、聚集、聚住、云聚的意思。据《阳朔县志》辑元代《晋都督祠碑》碑文及《阳朔县诸葛氏宗谱》记载：诸葛齐嚣是诸葛亮唯一孙子诸葛京曾孙，属第六代诸葛后裔。自东晋来此定居成为始祖后，生息繁衍，人丁兴旺，使诸葛后裔分布在今桂林市11个县、区23个乡镇133个聚居点，有1.6万人，这其中，以阳朔县葡萄镇翠屏村为核心，这里有武侯祠古迹，是"诸葛亮研究会"所在地。

翠屏村，是第二十四代孙诸葛仲贤创建于南宋绍兴四年（1134）。后来，后代逐渐外迁，在翠屏村附近形成7个全部姓诸葛的诸葛村，在地理形态上呈现出了"北斗七星"布局。

【释】万物精华形成天然宝物，独特秀美的风光景色在阳朔县；
杰出人物造就灵气之地，诸葛亮的远代子孙聚居翠屏村。

3. 思和村武侯祠匾额 1 方、楹联 2 副

2021 年 10 月，以阳朔县高田镇思和村诸葛后裔为主，筹资 19 万余元，经“阳朔诸葛亮文化研究会”扶持，面向广西各地以及浙江、江苏、江西、广东等地诸葛后裔众筹资 5 万余元，建成了思和“武侯祠”。

思和武侯祠，面阔三间 12 米，进深一间 8 米，建筑面积约 100 平方米。

思和武侯祠紧邻阳朔县城新区，是广西各地诸葛后裔研习、交流、传承、传播诸葛亮文化的平台。

门口左右两侧，有“忠”“武”两个大字。正中上方，高悬“武侯祠”匾额，落款是“诸葛丽娜题书”。

大门两侧楹联内容是：“思圣祖，瓜瓞绵绵遵诫训；和贤邻，宾朋济济效良臣”，落款是“诸葛保满撰联，秦臻书”。

武侯祠

2021 年 10 月，诸葛丽娜题书。

诸葛丽娜，江苏常州人，中国书法家协会会员，清华大学美术学院客座教授。作品曾 40 余次在中国书法家协会书法展中入展及获奖，被人民大会堂、国家博物馆、美国北美画院、美国华美博物馆等收藏，曾在央视书画频道授课 15 辑。出版有《诸葛丽娜书画集》《诸葛丽娜书法作品集》《当代中青年书法家创作档案诸葛丽娜卷》《书法二十家》《诸葛丽娜书法集》《翰墨书香 · 诸葛丽娜的书法之道》《闳约深美 · 诸葛丽娜书法作品集》等。

【注】武侯：诸葛亮在建兴元年（223）被后主刘禅封为“武乡侯”，死后被追谥为“忠武侯”，因此，后世人尊称诸葛亮为“武侯”或是“武乡侯”。

祠：语出《汉书 · 陈胜传》：“祠，神祠也。”祭祀祖宗、先贤、英烈、神仙的祠堂。祠堂：语出《汉书 · 循吏传》：“文翁终于蜀，吏民为立祠堂。

及时祭礼不绝。”东汉末年，社会上兴起建祠抬高家族门第之风，甚至活人也为自己修建“生祠”。

【释】纪念诸葛亮的祠堂。

思圣祖，瓜瓞绵绵遵诫训；
和贤邻，宾朋济济效良臣。

2021年10月，诸葛保满撰联，秦臻书。

诸葛保满，1974年出生于阳朔县葡萄镇翠屏村，诸葛亮第48代孙，从事新闻工作近20年。在《人民日报》《人民画报》《瞭望》《新民晚报》《桂林发展研究》等各级报刊发表新闻作品、咨政报告3000多篇（幅）。荣获《广西日报》先进通讯员、桂林市宣传文化思想工作先进个人、《桂林日报》优秀通讯员等荣誉40余次。撰写与诸葛亮相关学术论文11篇计3万余字，主编《诸葛亮及桂林后裔》《峰林之都论孔明》《广西诸葛氏宗谱（2017版）》，独著《阳朔少数民族》等书。

秦臻，生平事迹见前。

【注】思：思念；和：和睦、和谐。思和武侯祠位于阳朔县高田镇思和村，此联为村名藏头联。

圣祖：语出《汉书·王子侯表上》：“大哉，圣祖之建业也，后嗣承序以广亲亲。”《晋书·乐志上》亦有“赫赫太上，巍巍圣祖”之说。神圣的祖先。此处指诸葛亮。

瓜瓞绵绵：语出《诗经·大雅·绵》：“绵绵瓜瓞，民之初生，自土沮漆。”瓞：小瓜。绵绵：延续不断。形容像一根连绵不断的藤上结了许多大大小小的瓜一样，祝福子孙昌盛。遵：遵循、遵照。

诫训：语出明末清初政治家唐甄（1630—1704）的《潜书·贱奴》：“然刚明之君，或中其一二，法制无可加，诫训无所益，祖虽神圣，盖亦莫之如何也已矣。”诫律训导的意思。遵诫训：遵循祖先的告诫训导。

和贤邻：此指与贤惠的邻居和睦相处。

宾朋：语出南朝宋文学家鲍照（416—466）的《代堂上歌行》诗歌：“车马相驰逐，宾朋好容华。”宾客、朋友的意思。

济济：语出《诗经·大雅·旱麓》：“瞻彼旱麓，榛楛济济。”毛传曰：“济济，众多也。”

效：效法、效仿的意思。

良臣：语出《管子·八观》：“豪杰不安其位，则良臣出；积劳之人不怀其禄，则兵士不用。”《三国志·魏书·徐邈等传》评曰：“皆掌统方任，垂称著绩。可谓国之良臣，时之彦士矣。”忠诚贤良的官吏。此指诸葛亮这个忠君爱国的贤臣良相。

【释】思念圣祖诸葛亮，子孙后代绵延不息都遵循祖先的诫律训导；
与邻为善和睦相处，亲朋好友众多效法诸葛亮这个贤臣良相。

阳朔山川秀美，中外游人慕名览胜；
武侯祠庙庄严，诸葛后裔祭祖敬宗。

辛丑年（2021）季秋，定军山人郭清华题。

【注】阳朔：为广西壮族自治区桂林市辖县，是当今世界最典型的亚热带喀斯特地貌区域之一，境内有挺拔突兀，造型隽秀的奇峰2万多座，形态万千，其中，有17条河流纵横交错，河水清澈，群山倒映，形成了250多个自然景观。正因为如此，南宋庆元至嘉泰年间（1195—1204），出任广西提点刑狱代理静江〔桂林市古称，南宋绍兴三年（1133）设置〕知府王正功（1133—1203），在为桂林考生赴京城赶考的饯行宴会上一句“桂林山水甲天下”流传千古。

清末民国年间诗人吴迈（1885—1936）来到这里实地参观以后，触景生情写下了“桂林山水甲天下，阳朔堪称甲桂林。群山倒映山浮水，无水无山不入神”诗歌，再次对阳朔风光高度评价而被世人皆知，从此后吸引了诸多国内外游客纷至沓来旅游观光、实地考察。

1961年，长春电影制片厂根据广西壮族自治区的壮族民间传说故事改编，由苏里执导，黄婉秋、刘世龙、夏宗学等人主演的中国第一部风光音乐故事片《刘三姐》在阳朔县实地拍摄，播放后影响深远，至今仍是家喻户晓，人人传唱，使得阳朔自然风光知名度经久不衰。

山川：语出《易经·坎》：“天险，不可升也，地险，山川丘陵也。”此指山岳、江河。

秀美：语出北宋史学家司马光（1019—1086）的《知永兴军谢上表》：“维此咸秦，昔为畿甸，山川秀美，土地膏腴。”

此指山川河流自然景色十分独特，秀丽美好。例如：清文学家戴名世（1653—1713）的《陈某诗序》有“余尝闻东南江海之壖，土田肥饶，山川秀美”。

中外：语出《后汉书·南匈奴传》：“宣帝之世，会呼韩来降，故边人获安，中外为一，生人休息六十余年。”原指中原和边疆，后来泛指中国和外国。例如：瞿秋白（1899—1935）的《乱弹·财神还是反财神一》有“一切种种中外大小的财神菩萨才是中国的主子”之说。

游人：语出北宋苏轼（1037—1101）的《泛舟城南会者五人分韵赋诗得

人皆苦炎字》："桥上游人夜未厌，共依水槛立风檐。"此指游玩的客人。例如：清末民国著名小说家吴趼人（1866—1910）的《二十年目睹之怪现状》第二十二回有"此时天气寒冷，游人绝少"之说。

慕名：语出清代学者华广生的《白雪遗音·八角鼓·清晨起》："原来是近邻的街坊贤母子，慕名来送小儿曹。"此指仰慕名声、名气。

览胜：语出北宋文学家王安石（1021—1086）的《和平甫舟中望九华山》："寻奇出后径，览胜倚前檐。"此指参观游览旅游名胜古迹。

武侯祠庙：祭祀诸葛亮的宗祠庙宇。

庄严：语出南朝萧齐天竺三藏法师求那毗地译《百喻经·子死欲停置家中喻》："生死道异，当速庄严致于远处而殡葬之。"庄重而严肃。例如：南宋理学家朱熹的《朱子语类》卷八十七有"人不可以不庄严，所谓君子庄敬日强，安肆日偷"之说。

诸葛：此指蜀汉丞相诸葛亮。

后裔：语出《尚书·微子之命》："功加于时，德垂后裔。"后代子孙的意思。例如：南宋文学家叶适（1150—1223）的《任子》有"古者裂地分茅，以报人臣之功，使其子孙嗣之，所以酬祖宗，垂后裔也"。再如：现代作家冰心（谢婉莹，1900—1999）的《晚晴集·我的故乡》亦有"上面仿佛还讲我们谢家是从江西迁来的，是晋朝谢安的后裔"之说。

祭祖：此指后世人在祠庙、坟墓祭祀拜谒先祖，以示不忘祖先的功德业绩与祖训家风，护佑后辈子孙幸福安康，这是中华民族历史悠久的传统美德。

敬宗：语出《礼记·大传》："尊祖故敬宗，敬宗故收族，收族故宗庙严。"郑玄注曰："收族者，谓别亲疏，序昭穆。宗道既尊，故族无离散。"此指尊敬祖宗。

【释】 阳朔风光独特秀美，中外客人仰慕名声游览胜地；
武侯祠庙庄重严肃，诸葛后裔祭祀拜谒尊敬祖宗。

第十九章
江苏常州金坛区儒林镇诸葛后裔与“八阵图村”

1. 儒林镇鲁墅村诸葛家族墓与元代赵孟頫题书的墓碑

据 2014 年 12 月凤凰出版传媒集团出版发行诸葛佩圣的《诸葛八阵图村落》文章介绍，1998 年夏天，金坛市政府开展“平坟还田”时，在儒林镇鲁墅村的诸葛家族 800 多年祖坟地，当地村民为了响应国家号召，数百座大小坟墓被铲平，墓碑被移走或砸碎，只剩下 3 座古墓与 1 通历尽沧桑字迹模糊的高大墓碑没有被破坏。这是因为，这通碑刻是元代著名书法家赵孟頫为诸葛亮第三十二代孙诸葛维贤撰写的碑文。由于第五十四代后裔诸葛佩圣多年在教习女儿诸葛丽娜学书法时，对赵孟頫有所知晓，因此，在他竭尽全力保护下才保留了下来。经过他对碑文进行拓片并且认真研究，对照当地已封存百年的谨慎堂《诸葛氏宗谱》，基本明确了当地 4000 多诸葛后裔瓜瓞绵延来龙去脉，从此后，彻底拉开了金坛儒林镇八阵图村落诸葛亮后裔家族文化研究保护与发展的序幕，在学术界产生了一定的影响。

该碑高 200、宽 106、厚 33

厘米，小楷阴刻，竖书 26 行，共计 872 字。上部横书“始迁祖肇穴之碑”，题头为“宋进士授五经博士诸葛维贤公墓表”。

从碑文记载得知，碑刻立于元代仁宗延祐三年（1316），由于“兵燹风霜摧残剥蚀，五百年来字迹漫漶不堪卒读”，所以，“大清乾隆二十八年”又进行了重刻，落款也因此出现了“大元延祐三年岁在丙辰冬十一月翰林学士赵孟頫承旨撰，大清乾隆二十八年岁次癸未乙丑月臧林（今江苏无锡宜兴市新建镇）储在宽（当时供职于翰林院）书”。

赵孟頫（1254—1322），字子昂，号松雪道人、水晶宫道人，吴兴（今浙江湖州市）人，原籍婺州兰溪。宋太祖赵匡胤十一世孙、秦王赵德芳的嫡孙，受元世祖、武宗、仁宗、英宗四朝礼敬。曾历任集贤直学士、济南路总管府事、江浙等处儒学提举、翰林侍读学士、荣禄大夫等职，被追赠为“江浙中书省平章政事、魏国公”，是南宋晚期至元朝初期著名书法家、画家、诗人，创元代新画风以及“赵体”书法，为“中国楷书四大家”之一。

碑文介绍说，“诸葛公维贤，字孟举，行万一”。生于南宋宁宗赵扩嘉定八年（1215），卒于元成宗铁木尔元贞元年（1295），享年 81 岁。

碑文还说，诸葛“维贤公生早慧，英才勃发，三岁从母识字，五岁启蒙，八岁从曾外叔祖父学经史，十一岁乡试中举，十五岁礼部会试得贡士，绍定二年四月殿试，以《庄子寓言》篇中策问登进士及第，授翰林院五经博士，掌古今经史传授，执教皇室子弟与选拔来京深造学生，以正六品阶参与朝议政事”。

碑文还介绍说，南宋绍熙元年（1190），诸葛亮第三十代孙诸葛恒中进士，历任承德郎、浙江道御史，生二子，长宥之，次释之。释之，字廷舒，学富才高，四方学士咸敬仰，蒙皇上青睐，将太祖赵匡胤第十一世孙女赵孺人下嫁诸葛释之为妻，生子诸葛维贤，而赵孟頫又是赵匡胤四子秦王赵德芳的后裔，与诸葛维贤是嫡亲表兄弟，诸葛维贤的母亲是赵孟頫的嫡亲姑妈。

元世祖忽必烈统一中国之后，征召天下著名儒士入朝做官，知道诸葛维贤的都举荐他，诸葛维贤却坚决不肯“背宋仕元”。所以，当时还随口赋诗说：“一朝天子一朝臣，我讵能为两朝人；世故递迁今异昔，回想宗社倍伤神。”以此表明了自己的态度，执意不肯在元朝为官。

赵孟頫虽然屈就做了元朝的翰林学士，却十分佩服嫡亲表兄诸葛维贤的忠贞气节，为此，诸葛维贤死后，他“念故戚之情”，特意撰写了碑文，以表示深情悼念。

维贤公在朝始终“以始祖孔明自期，佩服其淡泊宁静四字”，心系国危，匡扶社稷忠心耿耿。岂料帝王沉醉于湖山之乐，不思复国收土。正因为如此，维贤公退朝沉思，北望中原，感慨山河破碎，神州陆沉，虽有心报国，然无路请缨，因而心灰意冷，无心仕宦，任职三载，遂辞官归里，回到家乡丹阳（江苏省镇江市所辖丹阳市）大华里。可是，当时的长江以北被蒙古军队所占领，为避战乱，诸葛维贤迫不得已于绍定六年（1233）携带家人迁徙到今常州市的金坛区儒林镇长荡湖东岸，在这里建造了自己安居乐业的村落。

2. 诸葛维贤因地制宜修建的“八阵图村”

当时，为防止元军来犯以及土匪骚扰，维贤公按照祖先诸葛亮的八阵图图谱布阵设防，在村落的四周按八个阵图的天覆阵、地载阵、风扬阵、云垂阵、龙飞阵、虎翼阵、鸟翔阵、蛇蟠阵开挖护村河，以确保村庄安全。

河道纵横有致，排列有序，形成前后呼应，左右支援，环环紧扣，形成了水八阵村落，很有特点，充分体现了天文、地理、数学、兵法相关知识，这在全国各地也堪称是唯一。由于后来的诸葛后裔子孙枝繁叶茂，派衍八支，八个阵图也就自然而然地形成了大鲁墅、小鲁墅、前云墅、中云墅、后云墅、南阳、前笪、后庄八个村落。遗憾的是，代远年湮，沧桑多变，如今只有大鲁墅与小鲁墅的河道遗迹。而大鲁墅村的河道布局与“虎翼阵”如出一辙，小鲁墅村布局则与“天覆阵”相符。

金坛，隋大业十三年（617）建金山县，唐代垂拱四年（688）更名为金坛县，1993 年撤县设金坛市，2015 年撤市设立常州市金坛区至今。

金坛区辖 7 个镇，人口 55 万人，总面积 975.49 平方千米，其中陆地面积 781.27 平方千米、水域面积 194.22 平方千米。

儒林镇，隶属金坛区，面积 62 平方公里，人口 3 万有余，这里是唐代著名山水田园诗人储光羲（706—763）的故乡，因储氏族人最早于此建村定居而称为“储村”。唐肃宗李亨巡视江南时曾经驻跸于此，见这里的老百姓晴耕雨读，人人学识渊博，个个知书达理，于是龙颜大悦，评价说：“真乃儒村也。”当时，储光羲恳请皇帝为家乡赐名，皇帝遂饱蘸笔墨，没想到“村”字的一点下笔太重，墨点外延成了“林”字，“儒村”也就变成了“儒林”，顾名思义就是“儒士成林”之意。但是，至今村民还是习惯叫“儒村”，大名却称“儒林”。

长荡湖，又名洮湖，北至金坛建昌，南至溧阳南河，南北逾 50 公里，晋时即有长塘名。今位于常州金坛区东南部 20 公里处，总面积 13 万亩，为江苏十大淡水湖之一。其水源充足，水质清新，水草等水生资源极其丰富，盛产螃蟹、米虾、银鱼、鳑鲏鱼等。尤其是，长荡湖的大闸蟹优于其他淡水湖蟹，曾荣获“中华绒螯蟹”称号，是“中国十大名蟹”之一，堪称中国淡水湖蟹之上品，深受广大游客与美食者喜爱，供不应求。

特别是，长荡湖水街九曲十八弯，盘踞在长荡湖烟波浩渺的水域之中很有特色，是江苏省四星级乡村旅游景点。当年，著名歌唱家宋祖英一曲悠扬美妙的《长荡湖之歌》，使长荡湖美名传遍大江南北，千家万户，不少人慕名前往观光赏景或者是品尝美食。正因为上述种种原因，长荡湖驰名古今中外。

3. 谨慎堂《诸葛氏宗谱》与诸葛亮后裔

据当地谨慎堂《诸葛氏宗谱》记载说，700 年前，第三十二代孙诸葛维贤在这里创建了一个村落，名叫“鲁墅”，意思是山东的一个村庄，后来就按照八阵图谱逐步扩建，形成了“诸葛八阵图村落”，至今居住着诸葛亮的 51—58 代后裔 4000 余人，他们自称为“南阳族”。

据《三国志・蜀书・诸葛亮传》记载说，诸葛亮唯一的儿子诸葛瞻只有两个儿子，长子诸葛尚 19 岁时与诸葛瞻一起战死在绵竹，次孙诸葛京当时因年幼没有参加保卫国家的战争留了下来，成为诸葛亮唯一后裔，但是，诸葛京的后裔到底是谁，历史资料很少记载，而且说法不一，基本上是个谜。

保存在儒林镇鲁墅村尘封的谨慎堂三十七卷《诸葛氏宗谱》是道光八年（1828）编修的，民国四年（1915）进行续修，民国三十六年（1947）进行验谱，当时诸葛后裔排列到 51 代。2006—2009 年，由第五十四代孙诸葛全、诸葛伟强、诸葛惠荣、诸葛洪志、诸葛大宝、诸葛佩圣历时 3 年共同续修《新谱》七卷，后裔从 51 代排列到 58 代。2001 年 5 月 18 日，原中央军委副主席、国防部长迟浩田为续修的《诸葛氏宗谱》题词“鞠躬尽瘁，死而后已”。

据谨慎堂《诸葛氏宗谱》记载：诸葛“京生子二，长膺，次肩。肩承本生父为河东派，膺嗣伯尚为南阳派”。这说明，诸葛京有两个儿子，长子诸葛膺，次子诸葛肩。诸葛肩随父亲诸葛京在蜀汉灭亡后被迫于“咸熙元年内移河东”，成了河东派。诸葛膺因继嗣给没有子嗣记载的伯父诸葛尚，以示血脉传承而成了南阳派。笔者认为，诸葛京“内移河东”时尚为婚配，不可能生子随父内移。

谨慎堂《诸葛氏宗谱》还说：“肩生子二，长文次武。武早逝，武之子齐器徙居广西。”这段记载，恰好与《广西诸葛氏宗谱》记载的第六代后裔诸葛武之子——曾经出任“广州都督”的诸葛齐嚣为广西始迁祖相符，然而广西阳朔的所有地方志记载都是西晋初年的“诸葛齐器”为始迁祖，而不是“齐器”。笔者认为，这有可能是谨慎堂《诸葛氏宗谱》编写时的笔误。

需要说明的是，诸葛八卦村与其他各家后裔的《诸葛氏宗谱》之中，都分别记载说诸葛京“生子冲、颙”，根本没有记载说诸葛“京生子二，长膺，次肩”的，这种说法首次出现，依据来源何处，不得而知。上述问题究竟出现在哪里？还有待于有志之士进一步研究论证。

关于诸葛京“咸熙元年内移河东”的前后因果关系，笔者在本书第二十三章有系统的研究介绍，当时诸葛京也就 18 岁左右，没有婚配，也没有子女，根本不可能生二子而随父一起“内移河东”，也不会有“河东派”与“南阳派”之说。

根据这里的《诸葛氏宗谱》记载，诸葛维贤为第三十二代后裔，是老大，称为“万一公”，属金坛儒林镇诸葛后裔的始祖。“万字辈”共有二十人，“万十三公”是迁徙到今浙江省兰溪市诸葛八卦村的先祖，这与八卦村《诸葛氏宗谱》记载完全相符。特别是，《诸葛氏宗谱》还记载“万十八、万十九公”，是山东省临沂与沂南县诸葛后裔的排行。这些记载说明，儒林镇 4000 多诸葛后裔都是诸葛京嫡传，属于货真价实的诸葛亮后裔。同时，也为研究山东省临沂市与沂南县诸葛后裔的来龙去脉提供了参考依据。

2004 年春，金坛“万一公”第五十四世孙诸葛全和儒林镇长巫政强等携带《诸葛氏宗谱》赴浙江兰溪诸葛八卦村寻亲，受到兰溪诸葛氏“万十三公”后裔热情接待，他们首次开启了丞相祠堂大公堂正门迎接“老大”的到来，并赠予了“同宗同祖，源远流长”题词以示纪念，同时钤盖了“诸葛丞相祠堂之印”与“诸葛八卦村之印”朱文方形印章二枚。为此，常州电视台、江苏电视台和中央电视台先后播出了以此为题材的纪录片《遥远的绝响》。

在大鲁墅村东北，位于八阵图之第六阵的“虎翼阵”原来有诸葛氏宗祠“谨慎堂”，前后都是两进大殿的四合院，有先祖塑像，遗憾的是抗日战争时期毁于战火，至今遗址犹存。

4. 诸葛后裔耕读传家人才辈出

自从第三十二代孙诸葛维贤在儒林镇安家落户生息繁衍以来，人丁兴旺，始终牢记先祖的族规家训：“凡我子孙惟勤耕读，读可成贤，耕能积谷，贫贱安命，富贵知足，毋作非端，为祖宗辱污。”让子弟都要明确“人成器与否，都要从小时教习。骄惰多败子，故教习要严格。吾祖教子弟训曰：成人有三，知畏惧而守法；知羞耻而养德；知艰难而奋进”的道理。在这种严格管理教育的前提下，这里的诸葛后裔耕读传家事业兴旺发达，人才辈出。

据这里的《诸葛氏宗谱》记载，从诸葛维贤之后，儒林镇诸葛家族先后出现了 13 名进士，有 20 人先后在宋、元、明、清各代的朝廷以及地方为官。

近现代以来，有 80 多人成为国家政治、军事、经济、文化教育领域的著名人物。例如，政治方面，有厅长、局长、副局长、市长、党委书记、处长、台长、主任、主席等；军事方面，既有将军、师长以及各级指挥员，亦有不少抗日战争以来的战斗英雄与烈士；科技与经济领域方面，有总工程师、总设计师与技术员，还有总经理、经济师、厂长；文化教育方面，既有不少博士、硕士、教授、副教授、讲师，还有校长、院长、博物馆馆长和诸多专家学者。特别是在书法绘画艺术方面，儒林镇诸葛后裔出现了享誉海内外的美术家诸葛志润与年轻有为的美女书法家诸葛丽娜。

诸葛志润，1937 年出生，毕业于中央美术学院，历任新华社专职画家、广电部美协主席、中国人民大学一分校艺术研究室主任、北京中联国兴书画研究院院长。作品曾在美国、法国、英国、德国、意大利、日本、韩国、新加坡与中国香港参展，受到各国美术爱好者喜爱与收藏。在人民大会堂、钓鱼台国宾馆、天安门城楼及全国各大美术馆，都收藏有他的作品。还曾经为国家领导人江泽民、李鹏、杨尚昆、田纪云作画，作为国家的文化礼品，赠送给外国元首。

诸葛丽娜，诸葛佩圣之女，1977 年出生，先后毕业于南京艺术学院美术系本科和南京大学中国现代文学研究生，曾师承萧娴、黄惇先生，中国书法家协会会员，国家二级美术师。现供职于江苏常州刘海粟美术馆，是中国国家画院沈鹏书法工作室成员、清华大学美术学院客座教授、江苏省国画院书法研究院特聘书法家。其作品多次在国内诸多大城市与台湾以及日本、韩国、新加坡、美国交流展出，数十次荣获最高奖、金奖、佳作奖、二等奖、三等奖。2008 年以来，先后被评为“十佳最受欢迎书法家”“中国十大女书家”“中国书法家人气风云榜名列第一”，不定时为央视书画频道授课，各大专刊杂志多次刊发介绍其作品，被《中国书法二十家》《当代中青年书法家创作档案》将其收录。出版了《诸葛丽娜书画集》《诸葛丽娜书法作品集》在全国发行，为诸葛亮后裔增光添彩，堪称可喜可贺。

1950 年出生儒林镇的诸葛亮第五十四代后裔诸葛佩圣，曾任金坛市公安局党支部书记与文化行政综合执法大队负责人，退休后积极联络发动儒林镇的各村诸葛后裔，为传承弘扬诸葛家族文化而统一认识形成合力，采取走出去，请进来的方法，为促进地方文化经济与旅游产业发展做贡献。因此，他认真研究《诸葛氏宗谱》与诸葛后裔的传承发展脉系，先后撰写文章在数十家报纸、杂志发表。除此之外，编著出版了 20 余万字的《诸葛八阵图村落》专著，原常州市长姚晓东为其写《序》，金坛著名作家蒋文静为其写《跋》，对他给予了高度评价，

2014 年 12 月由凤凰出版传媒有限公司出版。2023 年 6 月，江苏人民出版社出版了他的《呼之欲出的诸葛村》。同年 8 月，广东人民出版社出版了他的《而已斋诗文集》，莫言题书名。

2018 年 8 月，诸葛佩圣在金坛组织成立了“常州市金坛诸葛亮文化研究会”，当选为会长，他以研究会名义筹措资金，创办了《儒林春秋》会刊，不定期发表相关文章，进行广泛宣传。如此一来，常州市金坛儒林镇这个名不见经传的诸葛后裔群体与八阵图村落就传遍大江南北，引起了各方面的重视与关注。

在村内多次实地考察研究的基础上，诸葛佩圣利用先祖诸葛维贤当年创建“八阵图村”的历史影响力基础，结合儒林镇长荡湖水域自然资源在国内外的知名度优势，积极筹措资金，不遗余力打造诸葛亮文化村落，在村口修建了总投资 800 万元的儒林镇通村公路，取名“卧龙道”。20 多年来，自筹资金与族人捐款数百万元，他本人又耗资百万余元，在村中竖立了“诸葛八阵图村”“鲁墅源记”“伯仲叔季，同根同源”“鞠躬尽瘁，死而后已”“汉诸葛虎翼阵”等石刻。

与此同时，还修建了石牌坊，雕刻了十二生肖圆雕，牌坊正中为“晴耕雨读”，两侧石柱楹联是“武侯翰墨世家；卧龙书香门第”。这些文字，有的是原中央军委副主席、国防部长迟浩田与原中国书法家协会主席沈鹏题写，有的是诸葛丽娜题写。

除此之外，在村口新建了

一个诸葛文化广场，有8米多高的石牌门楼立于中间，正中有“八阵图鲁墅村”6个大字。两侧石柱上有诸葛佩圣所题、诸葛丽娜所书的楹联，内容是：

先祖武乡侯开创八阵兵法运筹帷幄；后裔维贤公巧设河道玄机固守家邦。

牌楼东面是两尊雕刻的石坐像，一尊是诸葛亮，一尊是诸葛维贤，两人坐南朝北，凝视远方。广场周围还建有武侯亭、功德碑等纪念建筑物。

在村中，修建了展示诸葛后裔先贤功德业绩的文化墙以及烈士碑林，村后一侧有诸葛后裔的墓葬区。2010年5月，金坛市人民政府将诸葛维贤“始迁祖之穴”正式公布为文物保护单位，还把赵孟頫为诸葛维贤题书的墓碑修建了碑亭，用玻璃砖进行封闭包裹加以保护，防止自然风化与人为破坏。为了方便了解碑文，把碑文用楷书在背面黑白展示，一目了然。

2021年春节期间，笔者与侯素柏应上饶市研究会会长诸葛有德特邀赴江西

省上饶市，首次实地考察这里的诸葛后裔与相关的遗址遗迹，受到了“上饶市诸葛亮研究会”热情地接待。紧接着，又被常州市金坛区“诸葛亮研究会”的诸葛佩圣会长热忱邀请，在诸葛有德的陪同下，前往儒林镇对“诸葛八阵图村”进行实地考察，受到诸葛佩圣与当地政府领导及部分诸葛后裔的盛情接待，有幸实地考察参观了金坛儒林镇“八阵图鲁墅村”相关古迹文物景点，合影留念，并且进行了座谈交流。

笔者曾反复阅读诸葛佩圣所提供的相关资料，结合耳濡目染感知，使我们对诸葛佩圣为传承弘扬诸葛亮家族文化而执着钻研，又无私奉献的精神由衷地敬佩，对这里的后裔耕读传家人才辈出而感叹，对这里的各级领导重视支持文化发展而点赞。

2013 年 3 月 1 日，中共中央总书记、国家主席习近平在中央党校建校 80 周年庆祝大会暨 2013 年春季班开学典礼讲话中说：“诸葛亮鞠躬尽瘁，死而后已的献身精神，体现了中华民族的传统优秀文化和民族精神，我们都应该继承和发扬。”正因为如此，继承、弘扬与传播诸葛亮思想文化是我们每个公民的责任与义务。

目前，据悉在诸葛佩圣建议与策划下，儒林镇政府已有了总体规划，他们依托当地长荡湖自然资源与儒林镇的历史文化，结合诸葛后裔家族的耕读文化、八阵图村的军事文化、抗日战争时期的红色文化、独具特色的地方民俗文化与饮食文化等各方面优势，筹措资金，将全力打造国内唯一的“诸葛水八卦特色旅游景区”的龙飞阵、虎翼阵、鸟翔阵、蛇蟠阵、天覆阵、地载阵、风扬阵、云垂阵八个军事阵图村落，恢复修建“谨慎堂”诸葛宗祠、诸葛祖墓、七星坛旧址、天覆广场、诸葛亮家族文化展览馆，以及游客服务中心等 26 个景点，为传承与弘扬中华民族文化、推动地方文化经济与旅游产业做贡献。相信不久的将来，金坛儒林镇的“诸葛八阵图村”就会以完备的面貌迎接国内外游客参观考察。

第二十章
广东省境内的武侯祠庙

诸葛亮自从 14 岁随叔父诸葛玄离开家乡阳都故城（今山东省沂南县黄疃村）后，到过今天的江西省南昌市、高安市，随后在荆州牧刘表的“学业堂”读书、在南阳郡的襄阳隆中隐居躬耕十年、出使东吴形成孙刘联盟大败曹军、协助刘备取益州、夺汉中、辅助后主刘禅治理蜀汉国家、南征平叛安定西南地区，为了兴复汉室前后进行了五次北伐曹魏的军事活动，最后病死在五丈原军中。由此而知，诸葛亮生前曾经在今中国数十个省都活动过，史志资料都有记载，古迹文物比比皆是，纪念他的武侯祠庙都是国家各级重点文物保护单位或旅游景点，一年四季接待着国内外游客参观考察与祭祀拜谒，堪称世人皆知。

特别是，诸葛亮晚年在汉中定军山下屯军八年，北伐曹魏的出兵、退军皆以定军山为基，在此“教兵演武、推演八阵图，改革连弩、制木牛流马”，又在黄沙“休士劝农”，兴修水利，发展农业生产，自力更生解决军需供给，造福当地老百姓。病死五丈原军中时又遗命“死后葬汉中定军山，因山为坟，冢足容棺，殓以时服，不须器物”。二十九年后，后主刘禅又下诏在定军山下武侯墓修建了“天下第一武侯祠”，为这里留下了丰富的古迹文物。

笔者出生在汉中勉县定军山下，就读于中科院考古专业，历任文物管理所所长和博物馆馆长、武侯墓文管所所长、陕西省三国文化研究中心主任。家乡的三国古迹文物堪称星罗棋布，知名古今中外，出于管理职责需要和对诸葛亮的尊崇敬仰，执着地从事三国历史文化特别是诸葛亮及其后裔的专业研究 40 多年，带队徒步实地考察了诸葛亮北伐路线，又多次对全国各地不少相关古迹与遗址进行了考察。先后编著出版发行了《诸葛亮与中国武侯祠》《武侯墓祠匾联集注》《诸葛亮名言集解》《诸葛亮后裔之谜》《三国成语典故》《定军山下论三国》《三国风云定军山》等专著十余本，撰写发表各类文章 1000 余篇，应邀接受中央电视台采访拍摄专题片 30 多部，在学术界有一定的影响，所以，自认为对全国武侯祠庙与古迹文物还算是比较了解。

没想到，偶然的机会，微信中认识了在《羊城职工》杂志编辑部出任编辑的广州大学硕士研究生何诗莹女士，交流中看到她发表在《神州民俗》杂志上《中山武侯庙考述》的文章后，就特别感到兴趣和不可思议。这是因为，过去编著出版的《诸葛亮与中国武侯祠》图书，也只介绍了全国八个省 12 个较有影响的武侯墓祠古迹，而广东省境内竟然还有 24 个纪念诸葛亮的武侯祠庙，在学术界鲜为人知，不由对何诗莹女士能够在百忙之中认真逐一实地考察介绍这些武侯庙由衷感叹与敬佩，从此以后，我们就成了忘年交，经常交流探讨。

奇怪的是，诸葛亮一生都没有去过今广东省一带，这一带至今还有这么多的武侯祠庙，真是令人百思不得其解，足可以证明，诸葛亮在中华民族的影响力之大是毋庸置疑的。基于上述原因，这次在《中国武侯墓祠匾联集注》图书集中介绍全国各地武侯墓祠庙时，首次将何诗莹文章介绍的广东省境内武侯庙进行整理收入专著，还特意邀请她对文稿进行审查修改，同时还附有她提供的部分照片，力求图文并茂，更有说服力。

据何诗莹女士多次实地考察研究而知，在今天广州、中山、珠海、顺德地区曾经有明、清时期纪念诸葛亮的武侯祠庙 30 余座，堪称世所罕见。遗憾的是，这些祠庙有的已不复存在了，保留至今还比较完整的有如下 24 个。

1. 广州黄埔区深井村诸葛亮纪念堂匾额 2 方、楹联 1 副

深井村，原名金鼎村，有 700 多年历史，这里的村民多姓凌，据说是南宋末年抗元名将凌震后裔。凌震（1235—1315），字国威，号雷门，番禺县东圃宦溪乡（今广州市所辖番禺市河区前进街宦溪村）人，南宋淳祐四年（1244）进士，任南海道宣慰使时举家迁至广州。历任广州都统、广东制置使。其孙子凌方名属于深井村凌氏的始祖，现在村内还有凌方名的墓葬。明朝时期，凌氏家族共计出现了七名进士，建有三座文塔，今存两座。

据同治年间《番禺县志》记载而知：诸葛亮纪念堂，原名武侯祠，始建于清乾隆三十九年（1775），嘉庆丁卯年（1807）进行了迁建，规模虽然不大，可香火极其旺盛，当地人习惯称之为“孔明庙”，属于“深井十景”之一。

据当地老人说，20 世纪 50 年代“大跃进”时期，国家提倡拆庙宇进行大炼钢铁，武侯祠遭到了严重破坏，“文化大革命”期间，再次进行了大破坏，文物古迹荡然无存。

改革开放以后，国家鼓励华侨和港澳同胞回大陆投资建设，广东省出现了

华侨归国投资热潮，他们除了支持国家经济建设，还大力赞助家乡公益事业。

1991年，90岁高龄的深井村旅港同胞凌文义倡议重新修建武侯庙，得到了族人一致赞同，凌文义等侨胞集资100余万元港币，在深井村安心街重建了武侯庙，1992年3月落成，老百姓称之为“孔明庙”。

这座以园林绿化为主体的仿古建筑孔明庙占地面积3600平方米，外山门白墙绿瓦，门额大书“深井公园”，院内不远处就是面阔三间的灰墙绿瓦回廊式仿古建筑，门额悬挂有“深井老人活动中心”牌匾，这是主体建筑。其后可见到两层硬山式正殿仿古建筑，门匾为“诸葛亮纪念堂”。纪念堂殿内，彩塑诸葛亮高大坐像，羽扇纶巾，手持书卷，双目凝视前方，似运筹帷幄之中，显得十分庄重肃穆。神龛上面悬挂有“名垂宇宙”匾额，两侧柱子上有“两表酬三顾；一对足千秋”楹联，题书者不详。

就诸葛亮塑像的形式而言，与汉中勉县武侯墓大殿中明代万历年间诸葛亮塑像一样，所以，何诗莹认为，有可能是模仿汉中勉县武侯墓的塑像。

正殿两面墙壁上悬挂有《诸葛亮纪念堂建筑始末》，以及《诸葛亮生平简介》与《隆中对策》，前、后《出师表》，唐代著名诗人杜甫《八阵图》诗歌和李白的《读诸葛武侯传书怀赠长安崔少府叔封昆季》诗歌、董必武的《为隆中题对联》、郭沫若的《为隆中题中堂》等书画作品。

正殿两侧是厢房，院内有水池和六角亭，水池后面有诸葛亮“八阵图”石阵。

这里的香火极其旺盛，当地老百姓逢年过节、大事小事都要祭祀诸葛亮，祈求护佑保平安（见何诗莹《广州黄埔武侯庙——深井村诸葛亮纪念堂》，2018年《羊城古今》第一期）。

诸葛亮纪念堂

题书者不详。

【注】纪念堂：语出近代文学家鲁迅（1881—1936）的《书信集·致沈雁冰》：“最失败的是许钦文，他募款建陶元庆纪念堂，后来收款寥寥，自己欠一批债。”此指为纪念某一著名人物而建造的厅堂、殿堂、祠堂等建筑物。

【释】纪念诸葛亮的祠堂。

名垂宇宙

书者不详。

【注】此匾文原为雍正十三年(1735),康熙皇帝第十七子爱新觉罗·允礼——果亲王题书于今汉中勉县武侯墓，至今悬挂在献殿，保存完好。因此，深井村诸葛亮纪念堂的这方匾文属于仿制品。

名垂宇宙：语出唐代诗人杜甫《咏怀古迹》诗歌之五：“诸葛大名垂宇宙，宗臣遗像肃清高。”名：大名、名声、名誉的意思。垂：流传，传播的意思。宇宙：语出《庄子・让王》：“余立于宇宙之中，冬日衣皮毛，夏日衣葛絺；春耕种，形足以劳动；秋收敛，身足以休食；日出而作，日入而息，逍遥于天地之间。”天地万物的总称，此指天地之间。例如：《庄子・齐物论》亦有“旁日月，挟宇宙”之说。

【释】诸葛亮的大名传播在天地之间。

两表酬三顾；
一对足千秋。

书者不详。

【注】两表酬三顾，一对足千秋：此联文最早是游俊题书于襄阳隆中武侯祠，至今仍存，完好无损。因此，此处属于仿制品。

游俊（1884—1951），字子明，号盲禅，重庆永川县人。先后在永川中学堂、四川藏文学堂读书。先后任永川县立中学学监、彭县知事、天全县长、江油县长等。一生好古文辞，善书画。20世纪30年代在成都以卖字画为生，成都武侯祠、新都桂湖升庵祠等风景名胜地至今还留有他的手迹。

两表酬三顾：前、后《出师表》体现了诸葛亮酬谢报答先主刘备的三顾茅庐之恩。

一对足千秋：诸葛亮为刘备兴复汉室而制定的《隆中对策》足可以传播影响千秋万年。

【释】诸葛亮的前后《出师表》体现了酬谢报答先主刘备三顾茅庐之恩；
诸葛亮为刘备兴复汉室制定的《隆中对》足可传播影响千秋万年。

2. 中山市曹边村武侯庙匾额3方、楹联6副

在广东中山市南区曹边村有一座武侯庙，虽然不大，但在当地却影响深远。

据光绪五年（1879）刻立的《重修武侯庙碑记》记载："祠庙创建自宋，由来已久矣。"后来，又经过了光绪五年（1879）、民国八年（1919）和1986年三次重修，形成了今天的格局。

武侯庙坐西向东，面阔11.88米，进深15.48米，面积184平方米，为硬山式建筑，抬梁式木架构。庙门横额为"武侯殿"匾文，左右柱子上楹联为："功盖三分国；人当万里城。"这是清同治十年（1871），状元梁耀枢（1832—1888）的手迹。

庙的墙壁上镶嵌有两通《重修武侯庙碑记》。

院内有一通清光绪五年（1879）用黑麻石阴刻楷书的碑刻，高138厘米，宽67厘米。另一通碑刻刻于1919年，用黑麻石阴刻楷书而成，高138厘米，宽67厘米。

进入庙内，首先映入眼帘的是"万里沾恩"匾额，两侧柱子上悬挂有楹联，内容是："妙策定三分，迄今英灵尚在；安居平五路，此时豪杰称奇"。

题书者皆不详。

天井院中有一个四角亭，柱子上楹联是："自矢孤忠存蜀汉；大施远虑镇华夷。"题书者不详。

天井后正殿门口楹联是："义胆忠肝，六经出师二表；托孤寄命，三代而下一人。"题书者不详。

正殿正中神龛上有诸葛亮彩塑坐像，羽扇纶巾，神采奕奕。坐像之上有"恩光普照"匾额，两侧柱子上有楹联，内容是："幕惟肃穆环雄虎；松柏萧森拥卧龙。"题书者不详。

正殿右墙壁上悬挂有楹联一副，内容是："神算决三分，伊吕洵堪称伯仲；奇才真十倍，萧曹未许比经纶。"题书者不详。

正殿两侧有偏殿，西偏殿祭祀华佗，东偏殿祭祀观音。

据当地老百姓介绍，每年端午节是武侯庙庙会，届时，老百姓自发地会聚，敲锣打鼓，舞狮助兴，然后大摆宴席，热闹非凡，是一年一度的盛事。

武侯殿

题书者不详。

【注】武侯：据《三国志·蜀书·诸葛亮传》记载："建兴元年，封亮武乡侯，开府治事。"由此而知，诸葛亮生前被封为"武乡侯"，死后又"赠君丞相武乡侯印绶，谥君为忠武侯"。从此后，"武侯"就成了诸葛亮的代名词。

殿：语出嘉庆年间文学家沈涛（1792—1855）的《说文古本考》："殿，堂之高大者也。"古代泛指高大的房屋，后专指供奉神佛的殿宇或帝王受朝理事的大厅。此指纪念诸葛亮的殿宇。

【释】纪念诸葛亮的殿宇。

万里沾恩

题书者不详。

【注】万里：此指千万里之外的意思。

沾恩：语出西晋文学家潘岳（247—300）的《马汧督诔》："沾恩抚循，寒士挟纩。"意思是受到帝王恩惠。此指受到了诸葛亮恩泽。

【释】千万里之外都受到了诸葛亮恩泽。

恩光普照

题书者不详。

【注】恩光：语出南朝梁文学家江淹（444—505）的《狱中上建平王书》："大王惠以恩光，顾以颜色。"此指恩泽、恩惠的光芒。例如：《水浒传》第七十一回有"一则祈保弟兄身心安乐；二则惟愿朝廷早降恩光"之说。

普照：语出南朝梁简文帝的《大法颂》序："慧日普照，毒霜并消。"此指普遍地照耀。

【释】诸葛亮的恩泽普遍照耀。

功盖三分国；
人当万里城。

同治十年（1871），梁耀枢题书。

梁耀枢（1832—1888），字冠祺，号斗南，顺德杏坛（今广东省佛山市顺德区杏坛镇光华村）人，同治十年（1871）状元，授翰林编修，历任侍读学士、参事府詹事、翰林院侍讲、侍读。钦孝皇太后曾评价说："梁耀枢是一位金玉君子也。"这话在朝中一传开，就被人们称为"金玉状元"。

【注】功盖三分国：语出唐代诗人杜甫《八阵图》诗歌："功盖三分国，名成八阵图。江流石不转，遗恨失吞吴。"意思是说，诸葛亮功劳冠盖于魏蜀吴三分天下的三个国家。

人当万里城：语出唐代开元年间宰相张九龄（678—740）的《奉和圣制送尚书燕国公赴朔方》诗歌："宗臣事有征，庙算在休兵。天与三台座，人当万里城。"意思是说，天子给予了三公高官之位，我们就要当作万里长城一样捍卫国家。

万里城：就是万里长城。语出《南史·檀道济传》："道济见收，愤怒气盛，目光如炬，俄尔间引饮一斛，乃脱帻投地，曰：乃坏汝万里长城。"

春秋战国时期，燕、赵国诸侯为了防御别国入侵修筑烽火台，并用城墙连接起来，形成了最早的长城，后来，历代君王都加固增修长城。

特别是，秦始皇使用了占当时全国总人口的二十分之一近百万劳动力修筑了长城，大约有十万里以上，故称作"万里长城"，已经有两千多年历史。

今天所说的万里长城多指明代修建的长城，地域分布在河北、北京、天津、山西、陕西、甘肃、内蒙古、黑龙江、吉林、辽宁、山东、河南、青海、宁夏、新疆 15 个省、区、市，总长度超过 2.1 万千米。现存长城文物本体包括长城墙体、壕堑、界壕、单体建筑、关堡、相关设施等各类遗存总计 4.3 万余处。古今中外，凡到过长城的人无不惊叹它的磅礴气势、宏伟规模、艰巨工程与防患意义。人当万里城：此比喻诸葛亮好比万里长城一样捍卫着蜀汉政权。

【释】诸葛亮功劳冠盖于魏蜀吴三分天下的三国；
诸葛亮好比万里长城一样捍卫着蜀汉政权。

妙策定三分，迄今英灵尚在；
安居平五路，此时豪杰称奇。

题书者不详。

【注】妙策定三分：此指诸葛亮为刘备指点迷津而制定的《隆中对策》，当时就已经预测到了将来会形成曹操、刘备、孙权三分天下鼎足对峙的局面。

迄今：至今的意思。

英灵尚在：此指诸葛亮的神灵、英魂还在。

英灵：语出南朝梁著名文学家沈约（441—513）的《赤松涧》诗歌："松子排烟去，英灵眇难测。"此指神灵、英魂的意思。

安居平五路：语出罗贯中《三国演义》第八十五回"刘先主遗诏托孤儿，诸葛亮安居平五路"。说的是刘备病死后，幼子刘禅继位，蜀汉国家内忧外患。恰在此时，魏文帝曹丕采取司马懿的建议，派遣五路大军同时进攻蜀国，大兵压境，危在旦夕。诸葛亮镇定自若，运筹帷幄，兵不血刃就将曹魏五路大军退去，确保了蜀汉国家安然无恙。

此时豪杰称奇：当时的英雄豪杰们都称赞诸葛亮的奇特妙计。

【释】诸葛亮为刘备制定《隆中对策》时预测到会形成三分天下鼎足对峙局面，至今神灵尚在；

运筹帷幄兵不血刃将曹魏五路进攻蜀国大军退去，当时英雄豪杰都称赞诸葛亮奇特妙计。

自矢孤忠存蜀汉；
大施远虑镇华夷。

题书者不详。

【注】自矢：语出明朝万历年间国学博士袁宏道（1568—1610）的《舒大家志石铭》："族长者以其秾李恐不当霜雪，家以死自矢。"此指自己发誓要立志不移。如《清史稿·世祖纪》就有"国家设官，必公忠自矢，才能裨益生民，共襄盛治"之说。

孤忠：语出北宋史学家曾巩（1089—1183）的《韩魏公挽歌词》："覆冒荒遐知大度，委蛇艰急见孤忠。"此指忠贞自持，不求人体察的节操。例如：北宋史学家司马光（1019—1086）的《魏忠献公挽辞三首其一》有"孤忠贯白日，美志掩丹霞"之说。存蜀汉：存在于蜀汉国家的意思。

大施远虑镇华夷：此指建兴三年（225），诸葛亮率军南征平叛，大胆施展了深谋远虑策略，"七纵七擒孟获"，震慑降服了西南少数民族，安定了后方，解除了蜀汉国家的后顾之忧。镇：震慑，降服。华夷：语出《晋书·元帝纪》："天地之际既美，华夷之情允洽。"此指汉族与少数民族。例如：唐代诗人杜甫的《严公厅宴咏蜀道画图》诗歌有"华夷山不断，吴蜀水相通"之句。

【释】诸葛亮立志不移又忠贞自持地存在于蜀汉这个国家；

诸葛亮大胆施展深谋远虑策略震慑了西南少数民族。

义胆忠肝，六经出师二表；
托孤寄命，三代而下一人。

题书者不详。

【注】义胆忠肝：语出北宋文学家辛弃疾（1140—1207）的《永遇乐·戏赋辛字送茂嘉十二弟赴调》词："烈日秋霜，忠肝义胆，千载家谱。"此指为人正直，忠心赤胆。例如：太平天国首领洪秀全《因冯云山有难感慨作歌》就有"安得义胆忠肝兮，同享宇宙太平"之说。

六经：此指六部儒家经典著作《诗经》、《书经》（即《尚书》）、《礼经》、《易经》（即《周易》）、《乐经》、《春秋》，统称为《诗》《书》《礼》《易》

《乐》《春秋》，始见于《庄子·天运篇》。

出师二表：此指诸葛亮的前、后《出师表》。

托孤寄命：此指章武三年（223）春天，先主刘备在白帝城病死，临终前向诸葛亮托孤寄命交代后事时流着眼泪说："君才十倍曹丕，必能安国，终定大事。若嗣子可辅，辅之。如其不才，君可自取。"这段话意思是说，你的才能是魏文帝曹丕的十倍，一定能够安邦定国，成就大事。如果我的儿子刘禅可以辅佐，你就辅佐，如果他不成才，你就自己来做皇帝。

刘备当时的意思很明确，那就是，汉室的江山社稷为重，一定要把蜀汉的江山维护下去。

诸葛亮听到这番话以后，立即跪地叩头哭泣说："臣敢竭股肱之力，效忠贞之节，继之以死。"在场的所有人无不为之感动，刘备老泪纵横地给太子刘禅遗诏说："汝与丞相从事，事之如父。"（以上见《三国志·蜀书·诸葛亮传》）

三代：语出《论语·卫灵公》："斯民也，三代之所以直道而行也。"北宋史学家邢昺（932—1010）注疏曰："三代，夏、殷、周也。"

而下：以来。

一人：一个人。此指夏商周三代以来只有诸葛亮一个人。

【释】为人正直忠心赤胆，自六经之后诸葛亮前后《出师表》可以看到；
白帝城托孤寄命这种事情，从夏商周三代以来只有诸葛亮一个人。

幕惟肃穆环雄虎；
松柏萧森拥卧龙。

题书者不详。

【注】幕惟：语出《管子·问》："甲兵、兵车、旌旗、鼓铙、帷幕、帅车之载几乘。"遮挡的幕布，亦作"帷幙"。此指殿宇中遮挡的帷帐。

肃穆：语出曹魏时期文学家应璩（190—252）的《与满炳书》："夫漳渠西有伯阳之馆，北有旷野之望，高树翳朝云，文禽蔽绿水，沙场夷敞，清风肃穆。"肃穆、庄重的意思。

环：环绕的意思。

雄虎：此指陪祀的文臣武将。

松柏萧森：语出北宋文学家苏轼的《绝句三首》诗："松柏萧森溪水南，道人只作两团庵。市区收罢豚鱼税，来与弥陀共一龛。"

此指茂盛密布的苍松翠柏。

拥卧龙：簇拥着武侯祠。

卧龙：诸葛亮人称卧龙，此指纪念诸葛亮的武侯祠。

【释】殿宇帷帐更显孔明塑像肃穆庄重环绕有文臣武将；
茂盛密布的苍松翠柏簇拥着纪念诸葛亮的武侯祠。

神算决三分，伊吕洵堪称伯仲；
奇才真十倍，萧曹未许比经纶。

题书者不详。

【注】此匾文为清光绪四年（1878）仲冬月（十二月），长安信士潘矩墉在武侯墓题书，原文是“大业定三分，伊吕洵堪称伯仲；奇才真十倍，萧曹未许比经纶”，至今还完好无损地悬挂在大殿之中。因此，这里的匾文仅将上联开头改了三个字，属于仿制品。

神算决三分：此指诸葛亮在当年给刘备制定的《隆中对策》中早已经神机妙算到了将来会形成三足鼎立对峙的局面。

伊吕：此指商朝初期辅佐贤相伊尹与西周初期的辅佐贤相吕望。

洵堪：实在可以的意思。称伯仲：称兄道弟的意思。

伯仲：语出《诗经·小雅·何人斯》：“伯氏吹埙，仲氏吹篪。”东汉著名儒学家郑玄（127—200）注曰：“伯仲，喻兄弟也。”古代一家有兄弟数人，在给他们起名字的时候，有意用上“伯（或者是孟）、仲、叔、季”等字，以示长幼有序。除此之外，伯仲亦指不相上下。例如：东晋著名书法家王羲之（303—379）的《与谢安书》有“蜀中山水，如峨眉山，夏含霜雹，碑板之所闻，昆嵛之伯仲也”之说。

奇才：语出《史记·商君列传》：“公孙鞅，年虽少，有奇才。”此指奇特少有的人才。例如，《三国志·蜀书·诸葛亮传》有“宣王案行其营垒处曰：天下奇才也”之说。

真十倍：语出《三国志·蜀书·诸葛亮传》之中先主刘备在白帝城托孤时对诸葛亮说：“君才十倍曹丕，必能安国，终定大事。”此指货真价实的才能。

萧曹：此指西汉初期辅佐高祖刘邦的丞相萧何与曹参。

未许比：不可能相比的意思。

经纶：语出《易经·屯》：“君子予以经纶。”此指处理国家大事而经国济民的才能。例如：《礼记·中庸》有“唯天下至诚，为能经纶天下之大经，立天下之大本，知天地之化育”。再如：唐代史学家刘知几（661—721）的《史通·暗惑》亦有“魏武经纶霸业，南面受朝”之说。

【释】诸葛亮神机妙算预策将来会形成天下三足鼎立，他的智谋和商朝初期贤相伊尹与西周初期贤相吕望实在不相上下；

诸葛亮奇特少有的才能货真价实，西汉初期辅佐贤相萧何与曹参都不能与其相比处理国家大事和经国济民的业绩。

3. 中山市濠头一村武乡侯庙匾额 4 方、楹联 4 副

濠头村，位于中山市火炬开发区西部，背靠五马峰山，临海，有小溪盛产蚝称为蚝溪，村名因此称为蚝溪村，后改为今名濠头。

濠头的一、二、三村不但都有武乡侯庙，而且还各具特色。

濠头一村的武侯庙，又称为香林古庙，始建于清代，具体时间不详。现在的建筑是 1992 年、1993 年、2007 年三次由村民集资重建而成，建筑面积 350 平方米。在山门的门额上有“武乡侯庙”匾额，题书者不详。

两侧门柱上有一副楹联，内容是“功存汉祚；业本儒宗”，题书者不详。

院内有一个四角亭，亭后是重檐歇山式的正殿，面阔五间，正门上方悬挂有“万古无双”匾额，题书者不详。

两侧柱子上的楹联是：“想当年羽扇纶巾，问谁东汉真名士；看此地屏山带水，可是南阳旧草庐。”题书者不详。

正殿神龛内，有诸葛亮彩塑坐像，前面匾额是“德并伊周”，后面是“亘古一人”。题书者不详。

神龛两侧柱子上有两副楹联，题书者均不详。内容分别是：

“地限偏安，伐魏和吴中有主；天生名士，耕莘钓渭后何人。”

“功冠萧曹，义胆忠肝，六经以来二表；名齐伊吕，托孤寄命，三代而下一人。”

正殿两侧有东、西偏殿，东偏殿前面部分为迎客堂，后面部分祭祀观世音。西偏殿祭祀的是神医华佗。两个偏殿都有回廊，回廊里面有历次集资捐款进行修建的碑石。

武乡侯庙

题书者不详。

【注】武乡侯：语出《三国志·蜀书·诸葛亮传》：“建兴元年，封亮武乡侯，开府治事。顷之，又领益州牧，政事无巨细，咸决于亮。”建兴十二年（234）秋天八月二十八，诸葛亮病死在第五次北伐曹魏的五丈原军中，根据临终前遗命而安葬在汉中定军山下，后主刘禅又下诏：“赠君丞相武乡侯印绶，谥君为忠武侯。”从此以后，“武乡侯”就成了诸葛亮的称谓与代名词。

庙：语出《周礼·祭仆》：“复于小庙。”《尔雅·释宫》有：“室有东西厢曰庙，无曰寝。”三国魏明帝太和年间的《广雅·释天》记载：“庙祧坛墠，鬼祭先祖也。”此指供奉祭祀祖先的处所。所以，东汉文学家许慎（58—147）的《说文解字》说：“宗庙，尊先祖貌也。”

【释】纪念诸葛亮的祠庙。

万古无双

题书者不详。

【注】万古：语出《北齐书·文宣帝纪》：“朕以虚寡，嗣弘王业，思所以赞扬盛绩，播之万古。”千秋万代的意思。

无双：语出《庄子·盗跖》：“生而长大，美好无双。”独一无二的意思。

【释】诸葛亮是千秋万代独一无二的人。

德并伊周

题书者不详。

【注】德：语出《周礼·地官》：“德行，内外之称，在心为德，施之为行。”此指高尚品德。例如，《三国志·蜀书·诸葛亮传》刘备三顾茅庐时曾对诸葛亮说：“汉室倾颓，奸臣窃命，主上蒙尘。孤不度德量力，欲信大义于天下。”

并：语出《韩非子·难势》：“且夫尧、舜、桀、纣千世而一出，是比肩并踵而生也。”此指并驾齐驱，不相上下。例如，《文心雕龙·附会》有“并驾齐驱，而一毂统辐”之说。

伊周：此指商朝初期辅佐贤相伊尹与西周初期辅佐贤相周公。

伊尹（公元前1649—公元前1550）：姒姓，伊氏，名挚，生于莘国（今河南省洛阳市伊河），因其母居伊水之上，故以伊为姓。他曾经隐居躬耕于有莘国，被商汤三聘之后，遂辅佐商汤打败夏桀，为商朝的建立做出不朽功勋，拜为尹（丞相），史称伊尹。

周公（约公元前1095年在世）：姬姓，名旦，周文王姬昌第四子，周武王姬发的弟弟，曾两次辅佐周武王东伐纣王，并制作礼乐，是著名的辅佐贤相。

【释】诸葛亮的功德业绩可以与商朝贤相伊尹和西周贤相周公并驾齐驱。

亘古一人

题书者不详。

【注】亘古：语出南朝宋文学家鲍照（414—466）的《清河颂》："亘古通今，明鲜晦多。"自古以来的意思。例如：明万历年间进士谢肇淛（1567—1642）的《五杂俎·人部一》有"王氏以妇人能之，尤亘古所无也"之说。

一人：一个人，此指诸葛亮。

【释】自古以来只有诸葛亮这样的一个人。

功存汉祚；
业本儒宗。

题书者不详。

【注】功存汉祚：意思是说，诸葛亮的显著功劳存在于蜀汉江山的帝位。

汉祚：语出《东都赋》："往者王莽作逆，汉祚中缺。"比喻汉室江山帝位。例如：三国时期曹魏镇西将军钟会的《檄蜀文》有"往者汉祚衰微，率土分崩，生民之命，几于泯灭"之说。《三国演义》第一百十六回"钟会分兵汉中道，武侯显圣定军山"之中亦有"虽汉祚已衰，天命难违，然两川生灵，横罹兵革，诚可怜悯。汝入境之后，万勿妄杀生灵"之说。

业：事业、业绩、功业。

本：原本、基本、根本、本来。

儒宗：语出《史记·刘敬叔孙通列传赞》："叔孙通希世度务，制礼进退，与时变化，卒为汉家儒宗。"《晋书·贺循传》有"朝廷嘉其能，令教育生徒，号为当世儒宗"之说。此指儒家思想的宗师。

【释】诸葛亮显著功劳存在于蜀汉江山帝位；
诸葛亮业绩本来就是儒家思想的宗师。

想当年羽扇纶巾，问谁东汉真名士；
看此地屏山带水，可是南阳旧草庐。

题书者不详。

【注】当年：语出西汉文帝时期博士韩婴（公元前200—公元前130）的《韩诗外传》："故先生者，当年而霸，楚庄王是也。"此指过去的那些年代。

羽扇纶巾：语出北宋文学家苏轼（1037—1101）的《念奴娇·赤壁怀古》："羽扇纶巾，谈笑间，樯橹灰飞烟灭。"

《太平御览》卷七〇二注引东晋文学家裴启的《语林》也记载说："诸葛武侯与宣王在渭滨将战，武侯乘素舆，葛巾，白羽扇，指挥三军。"从此以后，"羽扇纶巾"就成了诸葛亮的形象装束，以此形容诸葛亮指挥若定而潇洒从容。

问谁：请问还有谁。

东汉：从公元25年至220年，光武帝刘秀在东部洛阳建都的汉室王朝，传八世共计有13个帝王历时196年，与西边长安建都的西汉王朝合称汉朝。诸葛亮出生于东汉灵帝刘宏光和四年（181）四月十四，大半生都活动在东汉时期，因此有东汉之说。

真：真正的。

名士：语出秦国丞相吕不韦（公元前292—公元前235）主持编写的名著《吕氏春秋·尊师》："由此为天下名士显人，以终其寿。"此指名人贤士。

看此地：此指看一看中山市的濠头村这个地方。

屏山带水：濠头村背靠五马峰山，临海，还有小溪。因此，堪称屏山带水。

可是：语出南朝宋文学家刘义庆（403—444）的《世说新语·品藻》："人有问太傅，子敬可是先辈谁比。"可与的意思。

南阳旧草庐：此指南阳卧龙岗武侯祠的诸葛草庐。旧：陈旧、古老的意思。

【**释**】回想过去诸葛亮羽扇纶巾潇洒从容，请问还有谁是东汉时期真正的名人贤士；

看看濠头村屏山带水，这里的武乡侯庙可与南阳武侯祠陈旧的诸葛草庐相比较。

地限偏安，伐魏和吴中有主；
天生名士，耕莘钓渭后何人。

题书者不详。

【**注**】地限偏安：此指蜀汉国家受到了限制而偏居苟安于益州一隅之地。

偏安：语出《三国志·蜀书·诸葛亮传》注引的《汉晋春秋》："先帝虑汉贼不两立，王业不偏安，故托臣以讨贼也。"此指蜀汉王朝不能统治全国而偏居苟安于益州一方。

伐魏：为了"北定中原，兴复汉室"，诸葛亮先后率军进行了五次北伐曹魏的军事战争，《三国演义》称之为"六出祁山"。

和吴：此指建安十三年（208），诸葛亮出使东吴劝说孙权，促成了孙刘联盟共同抗曹的战略决策。

中有主：其中一定有主事的人。

天生名士：天然生成的名人贤士。

耕莘：语出《孟子·万章上》："相传伊尹未遇汤时耕于莘野，隐居乐道。"此指商朝初期辅佐贤相伊尹在没有遇到商汤前，曾经隐居躬耕于莘国之野。

钓渭：语出《史记·齐太公世家》："吕尚年老渔钓，周西伯出猎，遇于渭之阳。"此指西周初期的辅佐贤相吕尚年老而在渭滨垂钓，周文王去打猎，在渭水的北面遇到了吕尚，文王与他交谈，发现他有王佐之才，便一同乘车归来，拜以为师，辅佐周文王灭了商纣王，建立了西周王朝。

后何人：后来还有哪一位。

【释】蜀汉国家受到限制偏居苟安于益州一隅之地，促成孙刘联盟共同抗曹这其中一定有主事的人；

诸葛亮是天然生成的名人贤士，除了商朝辅佐贤相伊尹与西周辅佐贤相吕尚后来还有哪一位。

功冠萧曹，义胆忠肝，六经以来二表；
名齐伊吕，托孤寄命，三代而下一人。

题书者不详。

【注】功冠萧曹：诸葛亮功德业绩冠盖了西汉辅佐贤相萧何与曹参。

萧何（公元前 257—公元前 193），沛丰（今江苏省徐州市丰县）人，是高祖刘邦的宰相，西汉开国功臣之一，史称"萧相国"。他辅佐刘邦战胜项羽而建立西汉政权起了重要作用。刘邦死后，他又辅佐刘邦儿子惠帝刘盈。爵位"酂侯"，谥号"文终侯"。

曹参（？—公元前 190），沛县（今江苏省徐州市沛县）人，字敬伯，西汉开国功臣名将，曾经攻下两个诸侯国 122 个县，是继萧何后的西汉第二位相国，史称"曹相国"。刘邦称帝后，对有功之臣论功行赏，曹参功居第二，赐爵"平阳侯"。汉惠帝时官至丞相，遵萧何治国理念的约束，历史上故有"萧规曹随"之称，谥号"懿侯"。

义胆忠肝：亦称忠肝义胆，语出北宋著名词人辛弃疾（1140—1207）的《水调歌头》："千古忠肝义胆，万里蛮烟瘴雨，往事莫惊猜。"意思是，忠心耿耿，仗义行事。

六经：此指《庄子·天运篇》记载的《诗》《书》《礼》《易》《乐》《春秋》六部儒家经典。

以来：以后的意思。

二表：此指诸葛亮的前、后《出师表》。

名齐伊吕：诸葛亮的美名与商朝辅佐贤相伊尹和西周辅佐贤相吕望齐名。

托孤寄命：语出《论语·泰伯》："可以托六尺之孤，可以寄百里之命。"邢昺注疏："可以托六尺之孤者，谓可委托以幼少之君也。"例如：《三国志·魏书·徐宣传》有"诏曰：宣体履至实，直内方外，历在三朝，公亮正色，有托孤寄命之节，可谓柱石臣也"之说。

此指蜀汉章武三年（223）春，先主刘备在白帝城托孤寄命，让诸葛亮全权辅佐后主刘禅。

三代而下一人：此指夏商周三代以后只有诸葛亮这样的一个人。

【释】诸葛亮的功德业绩冠盖了西汉辅佐贤相萧何与曹参，他忠心耿耿仗义行事思想，自六部儒家经典著作以后就是他的前后《出师表》；

诸葛亮美名与商朝辅佐贤相伊尹和西周的辅佐贤相吕望齐名，白帝城托孤寄命他全权辅佐后主刘禅，夏商周三代后只有这样一个人。

4. 中山市濠头二村汉忠武侯庙匾额 1 方、楹联 2 副

中山市火炬开发区濠头二村的汉忠武侯庙，又称"大王庙"，位于该村的涌口正街。

"大王"一词，语出西汉高祖刘邦异母弟刘交的后代刘向（公元前 77—公元前 6）编著的《列女传》："大王及宗室所赐币帛，尽以与军吏、士大夫。"

这是古代对帝王、君主或诸侯的敬称。由此可见，这里的老百姓把诸葛亮看得如同古代帝王与君主一样很高大，是十分尊崇敬仰的。

濠头二村汉忠武侯庙始建于清代，具体时间不详。现在的建筑为 1997 年村民集资重建，建筑面积 170 平方米，面阔一间，前后两进硬山式仿古建筑。

庙门上方匾额属于阴刻，内容是"汉忠武侯庙"，题书者不详。

两侧门柱的楹联是"功成汉室三分鼎；名就蜀汉八阵图"，题书者不详。

门厅西部墙面上镶嵌有 1997 年集资《重修汉忠武侯庙》的记事碑刻。

正殿神龛上，有诸葛亮彩塑坐像，羽扇纶巾，肃穆庄重。

神龛两侧楹联是："想当年羽扇纶巾，问谁东汉真名士；看此地屏山带水，可是南阳旧草庐"，题书者不详。

神龛下面两侧有姜维、马岱两位将军的立式大型彩塑雕像，一捧印，一按剑，神采奕奕，威风凛凛。正殿之西有偏殿，祭祀的是天后娘娘。

天后娘娘：就是南方普遍祭祀的妈祖，属于中国东南沿海地区最重要的民间传统信仰，是历代航海船工、海员、旅客、商人和渔民共同信奉的神。有关妈祖的传说故事，自宋代以来就多次出现在历史典籍之中。

据说，妈祖是林姓人家的女儿，生于北宋太祖建隆元年（960），从小就持斋吃素，侍奉神灵，羽化升天后，经常在海上救难，保护出海人与船只平安，所以，被皇帝敕封为“天后圣母”，老百姓称之为“天后娘娘”。

每年农历二月十五，是这里的庙会，当地村民都会自发会聚在武侯庙祭祀诸葛亮大王，热闹非凡。

汉忠武侯庙

题书者不详。

【注】汉：此指刘姓汉室江山王朝，从公元前 206 年西汉高祖刘邦在长安建国开始，到公元 8 年的孺子婴——刘婴结束，共计有 13 个帝王，历时 214 年。公元 25 年光武帝刘秀在东部洛阳建都，到 220 年汉献帝刘协下台，共有 13 个帝王，历时 196 年，称为东汉。由于西汉与东汉共计 26 个皇帝，历时 410 年，他们都是一脉相传的汉家王朝，简称汉。正因为如此，历史上才有了汉朝、汉民族、汉语言、汉文化、汉字、汉服、汉白玉以及汉奸等名词。

据《三国志·蜀书·先主传》记载：刘备是“汉景帝子中山靖王胜之后也”，所以，221 年刘备在成都立国为“汉”，俗称“蜀汉”，到 263 年后主刘禅灭国，共计两个帝王，历时 43 年。按照古代孟、仲、季排列顺序，蜀汉称为季汉。所以，此处的“汉”指的是蜀汉。

忠武侯：建兴十二年（234），诸葛亮病死在第五次北伐曹魏的五丈原军中，根据他的遗命安葬在汉中定军山下，后主刘禅追谥诸葛亮为“忠武侯”。

庙：此指纪念诸葛亮的庙宇。

【释】纪念蜀汉忠武侯诸葛亮的庙宇。

功成汉室三分鼎；
名就蜀汉八阵图。

题书者不详。

【注】功成汉室三分鼎：诸葛亮的功劳是促成了汉室江山与曹魏、东吴的三足鼎立。

名就蜀汉八阵图：诸葛亮的成名就在于他所设计推演的八阵图。

八阵图：语出《三国志·蜀书·诸葛亮传》："亮性长于巧思，损益连弩，木牛流马，皆出其意；推演兵法，作八阵图，咸得其要云。"

据清武侯墓祠主持道人李复心《忠武侯祠墓志·八阵图》记载说，诸葛亮北伐曹魏期间在今汉中勉县定军山下采用"积石为垒"方法，根据周文王八卦太极图原理推演了"六十四阵八阵图，教兵演武"，借以训练军队，以达到"行则为阵，止则为营"，使军队始终立于不败之地。这些八阵图有"下营法、归营法、当头阵法、骑兵滚阵法、骑兵归营法"等。

除此之外，在今天成都市新都区还有二十四阵八阵图遗址；在重庆市奉节县的长江夔门北岸，还有诸葛亮所摆的"水八阵"遗址。唐代诗人杜甫为此写下了《八阵图》："功盖三分国，名成八阵图。江流石不转，遗恨失吞吴。"说的就是这里。

【释】诸葛亮的功劳是促成了汉室江山与曹魏东吴的三足鼎立；
诸葛亮的成名就在于他在蜀汉国家所设计推演的八阵图。

想当年羽扇纶巾，问谁东汉真名士；
看此地屏山带水，可是南阳旧草庐。

题书者不详。

【注】此楹联在濠头一村也有，看来是出自一人之手，属于复制品。

想：回想。

当年：语出西汉文帝博士韩婴（公元前200—公元前130）的《韩诗外传》："故先生者，当年而霸，楚庄王是也。"此指过去的那些年代。

羽扇纶巾：语出北宋文学家苏轼（1037—1101）的《念奴娇·赤壁怀古》："羽扇纶巾，谈笑间，樯橹灰飞烟灭。"

《太平御览》卷七〇二注引东晋文学家裴启《语林》也记载说："诸葛武侯与宣王在渭滨将战，武侯乘素舆，葛巾，白羽扇，指挥三军。"从此后，"羽扇纶巾"就成了诸葛亮形象装束，以此形容诸葛亮指挥若定而潇洒从容。

问谁：请问还有谁。

东汉：从公元25年至220年，光武帝刘秀在东部洛阳建都的汉室王朝，传八世共计有13个帝王历时196年，与西边长安建都的西汉王朝合称汉朝。诸葛亮出生于东汉灵帝刘宏光和四年（181）四月十四，大半生都活动在东汉时期，因此有东汉之说。

真：真正的。

名士：语出秦国丞相吕不韦（公元前292—公元前235）主持编写的名著《吕氏春秋·尊师》："由此为天下名士显人，以终其寿。"此指名人贤士。

看此地：此指看一看中山市的濠头村这个地方。

屏山带水：濠头村背靠五马峰山，临海，还有小溪。因此，堪称屏山带水。

可是：语出南朝宋文学家刘义庆（403—444）的《世说新语·品藻》：“人有问太傅，子敬可是先辈谁比。”可与的意思。

南阳旧草庐：此指南阳卧龙岗武侯祠的诸葛草庐。旧：陈旧、古老的意思。

【释】回想过去诸葛亮羽扇纶巾潇洒从容，请问还有谁是东汉时期真正的名人贤士；

看濠头村屏山带水，这里的武乡侯庙可与南阳武侯祠陈旧的诸葛草庐相比较。

5. 中山市濠头三村武侯庙匾额 1 方、楹联 1 副

中山市火炬开发区濠头三村武侯庙始建于清代，具体时间不详。现在建筑是 1993 年村民集资重建的，面阔一间，属于硬山式仿古建筑，门额上用大理石阴刻“武侯庙”，落款是“癸酉年”（1993），题书者不详。

门口楹联是“南阳高抱负；西蜀展奇才”，题书者不详。

正殿内正中神龛上有诸葛亮金身坐式塑像，头戴王侯冠冕，左手搭膝盖，右手执笏（hù，封建社会时期，官员上朝必须具备的记事奏报礼器）。左边的神龛是关羽塑像，右边的神龛有观世音塑像（观世音菩萨是观察世间民众心声的菩萨，属于佛教中四大菩萨之一），墙壁上镶嵌有集资捐款重修武侯庙的《功德碑》。

武侯庙

癸酉年（1993），题书者不详。

【注】诸葛亮生前被后主刘禅封为“武乡侯”，死后又被追谥为“忠武侯”，因此，武侯就是诸葛亮的代名词。

庙：纪念祖宗、先贤、英烈、名人、神仙的庙宇。

【释】纪念诸葛亮的庙宇。

南阳高抱负；
西蜀展奇才。

癸酉年（1993），题书者不详。

【注】南阳：此指南阳郡，两汉时期属于荆州，辖37县，治所在宛（今河南省南阳市）。东汉末年，诸葛亮曾经在荆州牧刘表的“学业堂”读书三年，在南阳郡的襄阳隆中隐居躬耕十年，所以，他的《出师表》中有“臣本布衣，躬耕于南阳”之说。正因为如此，南阳也就成了后世人称谓诸葛亮的代名词。

高抱负：此指建安十二年（207）以前，诸葛亮曾在襄阳隆中自建茅庐，与弟弟诸葛均隐居躬耕十年。其间，他除了躬耕自食其力之外，还博览群书，拜师交友，关注天下大事，具有远大的抱负，人称“卧龙先生”，还没有出茅庐就已经是众所周知的名士了。

西蜀：语出唐代诗人杜甫的《诸将》诗之五：“西蜀地形天下险，安危须仗出群材。”元代著名文学家揭傒斯（1274—1344）的《云锦溪棹歌》诗歌有“西蜀锦江那得似，西湖绿水更须怜”之句。

今四川省古为蜀地，因在西方，故称“西蜀”。此指益州的蜀汉国家。

展奇才：此指诸葛亮协助先主刘备夺取了益州与汉中，建立了蜀汉政权，辅佐后主刘禅经国济民、南征平叛、北伐曹魏，施展出了自己奇特的才能。

【释】诸葛亮在南阳郡的襄阳隆中隐居躬耕博览群书关注天下大事具有远大抱负；

诸葛亮在益州的蜀汉国家经国济民南征平叛北伐曹魏施展出自己奇特才能。

6. 中山市白庙村武侯庙匾额 1 方、楹联 1 副

白庙村武侯庙在中山市火炬开发区西南部，是五星村所辖5个自然村之一，武侯庙就位于白庙村村西。

由于这里的武侯庙历史上曾经祭祀有太白金星（中国道教神仙中知名度最高的神之一，在神话中，他是玉帝信使，是一位白发苍苍、表情慈祥的老人，忠厚善良，主要职务是负责传达玉皇大帝各种命令，因而受到人们喜爱。他本为道家先哲老子的学生，后得道升仙）的塑像，正因为如此，村名也称为“白庙村”，当地老百姓也习惯性地称武侯庙为“白庙”。

据这里光绪甲辰年镌刻的《重建武侯庙碑记》记载而知，最早的武侯庙已

无法考证，现存武侯庙为光绪三十年（1904）重修，坐东北向西南，背靠群山，为硬山式仿古建筑，面阔三间，进深一间。武侯庙建筑规模虽然不大，也相当简陋，可在当地老百姓心目中却有一定的影响力。

在武侯庙正门上方，镶嵌着阴刻石质匾额“武侯庙”，字体苍劲有力，镌刻技术精湛，遗憾的是题书者不详。

庙门两侧门柱上楹联是“策定三分国；名留八阵图”，题书者不详。

殿内正中有诸葛亮的半身画像，后墙彩绘有“二龙戏珠”等壁画。

武侯庙

题书者不详。

【注】诸葛亮生前被后主刘禅封为“武乡侯”，死后曾被追谥为“忠武侯”，因此，武侯就是诸葛亮的代名词。

庙：纪念祖宗、先贤、英烈、名人、神仙的庙宇。

【释】纪念诸葛亮的庙宇。

策定三分国；
名留八阵图。

题书者不详。

【注】策定三分国：此指诸葛亮在《隆中对策》中就早已经预测到将来的天下会形成三足鼎立的局面。

名留八阵图：此指诸葛亮的功名留在了他教兵演武训练士卒的八阵图上。

八阵图：语出《三国志·蜀书·诸葛亮传》：“亮性长于巧思，损益连弩，木牛流马，皆出其意；推演兵法，作八陈图，咸得其要云。”

此指诸葛亮设计推演的八阵图。

据清嘉庆至道光年间武侯墓祠主持道人李复心《忠武侯祠墓志·八阵图》记载说，诸葛亮在汉中定军山下采用“积石为垒”方法，“教兵演武，推演八阵图”，借以训练军队达到“行则为阵，止则为营”的目的，使军队进战退守始终立于不败之地。八阵图有下营法、当头阵法、骑兵滚阵法、骑兵归营法等，共计六十四阵。

除此之外，在重庆市奉节县的长江夔门北岸，还有诸葛亮所摆的“水八阵”遗址。因此，《晋书·桓温传》记载说：“初，诸葛亮造八阵图于鱼腹平沙之下，垒石为八行，行相去二丈。温见之谓：此常山蛇势也，文武皆莫能识之。”正因为如此，唐代诗人杜甫的《八阵图》诗歌有“功盖三分国，名成八阵图。江流石不转，遗恨失吞吴”。说的就是这里。

据《太平寰宇记》与《明一统志》记载，在今天成都市新都区还有二十四阵八阵图遗址。

【释】诸葛亮《隆中对策》就早已经预测到将来的天下会形成三足鼎立局面；诸葛亮功名留在他设计推演而教兵演武训练士卒进战退守的八阵图上。

7. 中山市宫花村武侯庙楹联 1 副

宫花村是中山市火炬开发区南部一个半山区村落，原名竹迳村，当地世代相传，说这里曾经出了一名美女，被明朝正德皇帝朱厚照封为皇娘，遂将竹迳村御赐为宫花村至今。

宫花村有 300 户，常住人口 1100 人，外来务工人员 3000 多人。据统计，集体经济固定资产为火炬区各村之首。

武侯庙，坐落在村北堡后山门下，坐西向东，据说是始建于清代。

现在的武侯庙，修建时间不详，属现代修建的钢筋混凝土建筑结构，占地面积 60 多平方米，殿内供奉有诸葛亮及道教的八位神仙：铁拐李、钟离权、张果老、蓝采和、何仙姑、吕洞宾、韩湘子、曹国舅。除此之外，还有观世音菩萨等牌位。如此看来，武侯庙虽说是以诸葛亮为主而称为“武侯庙”，但却是一个多神的庙宇。庙门两侧有一副楹联，内容是：

武侯八仙常显圣；
普罗财运广亨通。

题书者不详。

【注】武侯：诸葛亮生前被后主刘禅封为“武乡侯”，死后谥为“忠武侯”。所以，武侯就是诸葛亮的简称、代名词。

八仙：据明代文学家曹学佺（1574—1646）编著的《蜀中广记》记载说，最早的八仙指“蜀中八仙”，他们是容成公、李耳、董仲舒、张道陵、庄君平、李八百、范长生、尔朱先生。据三国蜀汉谯周（201—270）的孙子——西晋隐士谯秀《蜀纪》记载说：“此八人均在蜀得道成仙，故称之为八仙。”

唐朝的“八仙”称为“酒中八仙”，他们是李白、贺知章、李适之、李琎、崔宗之、苏晋、张旭、焦遂。这八个文人都好饮酒赋诗，所以，诗人杜甫曾作有《饮中八仙歌》咏唱说：“知章骑马似乘船，眼花落井水底眠。汝阳三斗始朝天，道逢麴车口流涎，恨不移封向酒泉。左相日兴费万钱，饮如长鲸吸百川，衔杯乐圣称世贤。宗之潇洒美少年，举觞白眼望青天，皎如玉树临风前。苏晋长斋绣佛前，醉中往往爱逃禅。李白一斗诗百篇，长安市上酒家眠。天子呼来不上船，自称臣是酒中仙。张旭三杯草圣传，脱帽露顶王公前，挥毫落纸如云烟。焦遂五斗方卓然，高谈雄辨惊四筵”。

明、清时期有“道教八仙”，俗称“八洞神仙”，即铁拐李、汉钟离、张果老、蓝采和、何仙姑、吕洞宾、韩湘子、曹国舅，这组八仙最早出现于元曲《八仙庆寿》。明朝嘉靖年间（1522—1566），文学家吴元泰编著的《八仙出处东游记》才正式确定了“八仙”名称，并流传至今。

显圣：语出唐代传奇作家李朝威（766—820）的《柳毅传》：“赖上帝显圣。”此指神圣的人物生前有大功德，死后会有灵显感应的神通。例如：施耐庵《水浒》第六十五回“托塔天王梦中显圣，浪里白条水上抱冤”中就有“既是天王显圣，不可不信其有”之说。

普罗：是法语“普罗列塔利亚”的简称，无产阶级的普罗大众，也就是普通民众的意思。

财运广亨通：语出清代著名文学家李汝珍（1763—1830）编著的《镜花缘》第七十回：“谁知财运亨通，飘到长人国，那酒坛竟大获其利。”财运：发财的运道。广：很广泛的意思。亨通：通达、顺利，赚钱很顺利。

【释】祈盼诸葛亮与八仙经常显圣护佑；

普通民众盼望发财运道广泛通达。

8. 中山市黎村武侯庙匾额 1 方、楹联 2 副

黎村位于中山市火炬开发区东部。据当地史志资料介绍，南宋宁宗赵扩嘉定年间（1208—1224），黎姓人迁此建村，以姓氏命名称黎村。1949 年前后，黎村部分人迁往山岗下建村，因村北有涌名下岐称谓，村名就称为下岐村。1981 年，黎村本部与下岐合并，仍称黎村至今，武侯庙在村中。

据光绪二十九年（1903）的《重修北帝武侯二庙碑记》记载：“武侯庙经白蚁蛀蚀，癸卯年十月十一落成，是年冬十二月初六，共计费银八百四十六两。”由此而知，这座武侯庙在光绪以前就已经存在了。后来，由于遭到了“白蚁蛀蚀”，所以，光绪二十八年（1902）进行了重修。

近年来，当地人对武侯庙又一次进行了重修，建筑面积不详，只知道正殿

属于硬山式仿古建筑，青砖墙体，琉璃瓦房面。庙门的门额上方，阴刻石质匾额“武侯庙”。

两侧门柱上有楹联，内容是“伊吕伯仲；鱼水君臣”。题书者不详。

殿内有诸葛亮彩塑坐像，头戴王侯冠冕，左手托笏，右手持羽毛扇，身后是彩绘壁画。两侧柱子上有楹联，内容是“三顾频烦天下计；一番晤对古今情”。题书者不详。

神龛下面，有文武二人侍立左右，文者握卷持笔，武者按剑持戟。

武侯庙

题书者不详。

【注】诸葛亮生前被后主刘禅封为“武乡侯”，死后又被追谥为“忠武侯”，因此，武侯就是诸葛亮的代名词。

庙：纪念祖宗、先贤、英烈、名人、神仙的庙宇。

【释】纪念诸葛亮的庙宇。

伊吕伯仲；
鱼水君臣。

题书者不详。

【注】伊吕：此指商朝初期辅佐贤相伊尹与西周初期辅佐贤相吕望。

伯仲：语出《诗经·小雅·何人斯》：“伯氏吹埙，仲氏吹篪。”东汉末年儒家学者、经学大师郑玄（127—200）注曰：“伯仲，喻兄弟也。”

在古代，兄弟间排行的次序称谓是伯、仲、叔、季，以示长幼有序。

此指诸葛亮的才能与伊尹、吕望不相上下。

鱼水：语出《三国志·蜀书·诸葛亮传》：先主“与亮情好日密，关羽、张飞等不悦。先主解之曰：孤之有孔明，犹鱼之有水也，愿诸君勿复言”。

君臣：语出《易经·序卦》：“有父子，然后有君臣。有君臣，然后有上下。”此指君主与臣下。

【释】诸葛亮的才能与商朝初期贤相伊尹和西周初期贤相吕望不相上下；
蜀汉先主刘备与丞相诸葛亮的君臣关系亲密的如同鱼儿和水一样。

三顾频烦天下计；
一番晤对古今情。

书者不详。

【注】三顾频烦天下计，一番晤对古今情：此楹联是国家副主席董必武于

1965 年 1 月游成都武侯祠所题，至今完好无损。因此，此处属仿制品。

三顾频烦天下计：语出唐代诗人杜甫（712—770）的《蜀相》诗歌："三顾频烦天下计，两朝开济老臣心。出师未捷身先死，长使英雄泪满襟。"

意思是说，汉室后裔刘备为了匡扶汉室急需要名士指点迷津，所以，他在建安十二年（207）冬天，曾经屈尊三次前往襄阳隆中，恳请在这里隐居躬耕的诸葛孔明出谋划策。

一番晤对古今情：意思是说，诸葛亮与刘备的一番会面交谈就建立了鱼水般深厚感情，成了千古美谈。

晤对：语出北宋王谠的《唐语林·豪爽》："辛氏郎君，来谒丞相，於晤对之间，未甚周至。"会面交谈的意思。

【释】刘备曾经三顾茅庐恳请诸葛亮指点匡扶汉室一统江山的大计；
诸葛亮与刘备一番会面交谈就建立了鱼水深情成为千古美谈。

9. 中山市涌口村武侯庙匾额 4 方、楹联 8 副

涌口村，又称冲口村，在中山市南朗镇东偏北，因位于丰阜湖古涌道口，故名涌口村。武侯庙在该村的东堡正街，又称涌口祖庙。

据光绪十九年（1903）的《重修武侯庙碑记》记载说：

吾宗涌口乡旧有武侯庙，在丰阜湖东，明初始建一行宫于乡之东隅，每岁端阳迎銮回乡，节过始返。后因祈祷不便，廓行宫以为庙，而丰阜湖之庙如故。道光辛丑年（1841），乡人购地扩而大之，迄今四十余年，丹青始剥，榱桷（cuī jué，古代指古建筑的椽子）朽败，屡议重修未果。适乡人有能占卜者，布置款式，大小事宜暨捐助多寡一听命于神，故人心乐趋踊跃从事，集资捐款，讫无异议。戊子年（1888）秋天施工，落成于己丑年（1889）冬。

由此而知，这座武侯庙是明代初年始建，开始是行祠，后来扩建为庙，但是规模不大。道光二十一年（1841），乡人购地再次扩建，40年后，古建筑彩绘剥落，椽子腐朽。为此，光绪十四年（1888），乡人在占卜的前提下，自愿集资捐款进行了重修，光绪十五年（1889）

竣工。其后百余年以来，一直没有进行过重修，所以，代远年湮，风雨侵蚀，武侯庙古建筑多处出现了裂缝而成为危楼。2001 年，涌口村村民自愿集资 30 余万元对武侯庙进行维修，耗时四个月而竣工，遗憾的是，建筑面积不详。

今天的武侯庙，正面有一个小广场，广场前面是一个池塘，庙一周有围墙。

庙的正门匾额为石刻“武侯庙”，落款是“道光辛丑年孟秋，鲍俊敬书”。

两侧的门柱楹联是“龙凤瞻遗像；风云护古祠”。题书者不详。

另一副门柱楹联是“后汉劳三顾；南阳又一庐”。题书者不详。

进入门厅，是屏门，正中高悬“聿厥有成”匾额。题书者不详。

两侧门柱有楹联一副，内容是：“遗像肃清高，企石壮观昭日月；光辉沾社稷，剑门自治有馨香。”题书者不详。

绕过屏门，就是有盖的天井，天井为四柱，其下有一个巨型的石雕三足圆形大香炉。穿过天井，就是正殿，主祀诸葛武侯。

柱子上楹联是：“记历相两朝，直酬三顾，勤劳祇在兴刘复汉；读出师二表，俨见一生，筹策只因伐魏征吴。”题书者不详。

神龛上方有“武乡侯王”匾额，两侧柱子楹联是：“龙卧南阳，抱膝长吟名士志；马流西蜀，鞠躬尽瘁老臣心。”题书者不详。

正中神龛上有诸葛亮坐像，头戴王侯九旒冕，身着大红袍，双手持圭（新石器时代以及商周时期的一种玉质兵器，汉代属于王公贵族显示其地位的玉质器物）于胸前，左边有帅印，右边有令剑。坐像前面有“诸葛武侯王”牌位。

正殿的左边神龛，祭祀张飞、赵云，右边神龛祭祀关公。

神龛前面有彩绣锦缎幔帐，横额是“佑我万民”，两侧的楹联是：“明代建庙乡东隅，念武侯一生为汉业；辛巳重修赖众心，感神恩百世荫涌溪。”题书者均不详。

正殿的墙壁上还有楹联两副，遗憾的是都没有落款。

左边是：“纶羽真名士哉，家世龙岗，君臣鱼水；寄托惟汉相耳，军机牛马，阵势风云。”

右边是：“三顾感遭逢驰驱，时羽扇纶巾讨贼先声慑曹马；一生能谨慎寄托，后披肝沥胆兴刘正统继高光。”

正殿的两侧还有东、西偏殿，分别祭祀的是其他神位。在两个偏殿的墙壁上，分别镶嵌有光绪年间和 2010 年的《重修武侯庙碑记》。

据当地村民说，每年的农历七月二十三是武侯庙的祭祀日，这是根据道光九年（1829）成都华阳县举人潘时彤纂修的《昭烈忠武陵庙志》所记载的时间确定的。

武侯庙

道光辛丑年（1841）孟秋（八月），鲍俊敬书。

鲍俊（1797—1851），字宗垣，号逸卿，自号石溪生，香山县山场乡（今珠海市香洲区山场村）人，出身于书香世家。道光二年（1822）中举人，次年中进士，历任翰林院庶吉士、刑部山西主事、候选员外郎、即用郎中。著有《榕塘吟馆诗钞》《倚霞阁词钞》《罗浮游草》《鲍逸卿草法》等。

【注】诸葛亮生前被后主刘禅封为“武乡侯”，死后又被追谥为“忠武侯”，因此，武侯就是诸葛亮的代名词。

庙：纪念祖宗、先贤、英烈、名人、神仙的庙宇。

【释】纪念诸葛亮的庙宇。

聿厥有成

题书者不详。

【注】聿厥：语出《诗经·大雅·文王之什》：“无念尔祖，聿修厥德。”意思是，追念继承先祖的高尚品行，修好个人的道德。

有成：语出《尚书·禹贡》：“禹锡玄圭，告厥成功。”成就功业或事业。

【释】追念继承先祖高尚品行修好个人道德成就功业。

武乡侯王

题书者不详。

【注】武乡侯：据《三国志·蜀书·诸葛亮传》记载说：“建兴元年，封亮武乡侯，开府治事。”诸葛亮死后，后主刘禅又“赠君丞相武乡侯印绶，谥君为忠武侯”。从此后，“武乡侯”与“武侯”就成了诸葛亮的称谓与代名词。

王：语出《诗经·小雅·北土》：“溥天之下，莫非王土；率土之滨，莫非王臣。”在古代，王的本意是天子、君王，是人间最高统治者。秦汉以后，王就成了皇帝对臣子的最高封爵，一人之下万人之上。在历史上，诸葛亮曾经多次被历朝历代的皇帝追封为“王”，以示尊崇敬仰。

据李复心的《忠武侯祠墓志》卷三《忠武侯爵谥暨历代追封考》记载：“晋封武兴王，唐封武灵王，宋封忠惠仁济显应王，元封威烈忠武显灵仁济王。”

除此之外，五代时期前蜀王建（907—925）永平二年（912）封诸葛亮为“安国王”；宋徽宗宣和五年（1123），诸葛亮被封为“顺兴侯”；南宋孝宗乾道四年（1168），诸葛亮被封为“威烈武灵仁济王”（见《宋史·礼》105卷）。明洪武二十一年（1388），太祖朱元璋“定帝王庙，崇祀名臣风后三十七人，忠武武乡侯之位在其内”（见《明史·太祖本纪》）。

嘉靖年间，仿照唐代制度，“立武成王庙，诸葛亮乃入祀”（见2014年《成都大学学报》第二期刊载刘森垚（yáo）的《论历代的诸葛亮祭祀——以官方祭祀为中心》文章）。

清雍正二年（1724），皇帝“特旨以侯从祀孔庙，诚旷典也”（见《清史稿·世宗本纪》）。也就是从这时候起，就开始把诸葛亮与文化圣人孔子一起进行祭祀了，从此以后，诸葛亮就被视为历史上的圣人、神人供奉。正因为如此，此处的王，是老百姓把诸葛亮看成是如同帝王一样至高无上的人。

【释】诸葛亮如同帝王一样至高无上。

佑我万民

题书者不详。

【注】佑我万民：保护我们老百姓的意思。

佑：语出《尚书·泰誓上》：“天佑下民，作之君，作之师。”护佑、保护的意思。

万民：语出《易经·谦》：“劳谦君子，万民服也。”广大百姓的意思。

【释】诸葛亮护佑我们广大百姓。

龙凤瞻遗像；
风云护古祠。

题书者不详。

【注】龙凤：语出《旧唐书·太宗纪上》：“太宗时年四岁，有书生自言善相。谒高祖曰：公贵人也，且有贵子。见太宗曰：龙凤之姿，天日之表，年将二十，必能济世安民矣。”形容帝王与贵人有超凡的气质。此处比喻诸葛亮具有帝王的气质与风范。

瞻遗像：此指瞻仰诸葛亮的塑像。

风云：语出《史记·老子韩非列传》：“至于龙，吾不能知其乘风云而上天。”此指大自然中的风和云。

护古祠：保护诸葛亮的古祠庙。

【释】诸葛亮具有帝王气质我们前来瞻仰他的塑像；
希望大自然中的风和云保护诸葛亮的古祠庙。

后汉劳三顾；
南阳又一庐。

题书者不详。

【注】后汉：此指光武帝刘秀公元25年在东都洛阳建立的东汉王朝，传八世13帝，享国共计196年，与汉高祖刘邦公元前206年在长安创立的西汉王朝统称为两汉。

劳三顾：此指东汉建安十二年（207）冬天，汉室后裔刘备为了匡扶汉室而急需要名士指点迷津，在徐庶与司马徽举荐下，曾不辞辛劳地屈尊三顾茅庐，恳请诸葛亮为其出谋划策出山辅佐。诸葛亮十分感激刘备的屈尊三顾茅庐，为其制定了《隆中对策》，并出山辅佐。

南阳：两汉时期郡名，辖37县，属荆州所辖，治所在宛，即今河南省南阳市。东汉末年，诸葛亮曾在南阳郡襄阳隆中隐居躬耕，所以，他在《出师表》中说："臣本布衣，躬耕于南阳。"正因为如此，后世多以"南阳"代称诸葛亮。

又一庐：此指涌口村的武侯庙。庐：草庐，诸葛亮隐居躬耕时期曾经自建草庐，至今在南阳武侯祠和襄阳隆中都有诸葛草庐纪念建筑。

【释】东汉末年皇室后裔刘备曾不辞辛劳三顾茅庐；
中山市涌口村又有一个纪念诸葛亮的武侯庙。

遗像肃清高，企石壮观昭日月；
光辉沾社稷，剑门自治有馨香。

题书者不详。

【注】遗像肃清高：语出唐代诗人杜甫《咏怀古迹五首》诗歌："诸葛大名垂宇宙，宗臣遗像肃清高。三分割据纡筹策，万古云霄一羽毛。"此指诸葛亮的塑像肃穆清高。

企：开启的意思。

石：石头。

企石壮观：此指涌口村开启用石头修建的武侯庙十分壮观。

昭：显扬、显示的意思。例如：诸葛亮《出师表》有"昭陛下圣明"之说。

日月：天地的意思。例如：唐代诗人郑畋（825—887）的《马嵬坡》诗有"玄宗回马杨妃死，云雨难忘日月新"之句。此指诸葛亮的功德业绩显扬在天地之间。

光辉：语出《后汉书·班彪传》：“盖清庙之光晖，当世之俊彦也。”此指光荣、荣耀。

沾：牵扯的意思。

社稷：语出《韩非子·难一》：“晋阳之事，寡人危，社稷殆矣。”社为土神，稷为谷神。土神和谷神在以农为本的中华民族是最重要的崇拜物，后来泛指国家。例如：《孟子·尽心下》有“民为贵，社稷次之，君为轻”之说。在《三国演义》第二回“何国舅谋诛宦竖”之中亦有“陛下今不自省，社稷立见崩摧矣”之句。

剑门：即大剑山，在今四川盆地北缘的广元市剑阁县，是益州北部重要关隘，蜀汉国家的北大门，这里有大小剑山七十二峰，其间有栈道七十里，称为剑阁，剑阁县因此得名。历史上号称“剑门天险”，历来有“一夫当关，万夫莫开”之称。

据《大清一统志》记载说：“四川保宁府大剑山，在剑州北二十五里。其山削壁中断，两崖相嵌，如门之辟，如剑之植，故又名剑门山。”

由于出秦入蜀的“古金牛道”必须要从剑门关通过，所以，诸葛亮在建兴五年（227）率大军出川进入汉中准备北伐曹魏的时候，就首先要开辟险境架设栈道，全面整修此道路。例如：东晋史学家常璩（291—361）的《华阳国志·蜀志》记载：“诸葛亮相蜀，在剑门关凿石架空为飞梁阁道，并立门，设阁尉守之，以通行旅。”

清道光年间昭化县令李元在《蜀水经》中记载说：“大剑溪峡谷石崖上还存有栈道石孔，可见剑阁道是沿大剑溪架设的。最初的剑阁道只是指剑门关一段的道路，后因诸葛亮在蜀汉建兴年间率兵北伐，对金牛道的栈阁进行了大规模的扩建，故后来的史学家们也将金牛道称为剑阁道。”

由此看来，剑门关古道的确是诸葛亮所开通。

自治：语出《史记·陈涉世家》：“以苛察为忠，其所不善者，弗下吏，辄自治之。”自行管理或处理的意思。此指诸葛亮开通了剑门关古道。

馨香：语出春秋时代鲁国史学家左丘明（公元前502—公元前402）的《国语·周语上》：“其德足以昭其馨香，其惠足以同其民人。”

此指散发着久远的香气。

【释】塑像肃穆清高，启用石头修建武侯庙十分壮观诸葛亮功德业绩显扬天地；

诸葛亮的荣耀牵扯到蜀汉国家，他开通了剑门关古道散发着久远的香气。

记历相两朝，直酬三顾，勤劳衹在兴刘复汉；
读出师二表，俨见一生，筹策只因伐魏征吴。

题书者不详。

【注】记：铭记、记忆的意思。

历相两朝：此指蜀汉丞相诸葛亮曾经历了先主刘备和后主刘禅两朝帝王。

直酬三顾：意思是，诸葛亮直接为了酬谢先主刘备当年的屈尊三顾茅庐。

勤劳衹在兴刘复汉：意思是说，诸葛亮的勤劳只是在于兴复刘家的汉室江山。衹：同“只”。兴刘复汉：从西汉高祖刘邦开始，到东汉献帝刘协 410 年中，汉室江山始终属刘姓的江山帝业，后来被魏文帝曹丕所颠覆，刘备是汉室后裔，诸葛亮就竭尽全力辅佐先主刘备与后主刘禅匡扶汉室帝业。正因为如此，诸葛亮在《出师表》中说：他要亲自率军北伐曹魏，以达到“北定中原，庶竭驽钝，攘除奸凶，兴复汉室，还于旧都”的目的。

读出师二表：读了诸葛亮的前、后《出师表》。

俨见一生：好像又看见了诸葛亮的一生经历。俨：好像、又如。

筹策：语出《史记·孙子吴起列传论》：“孙子筹策，庞涓明矣。”此指谋划、运筹帷幄。

只因伐魏征吴：只是因为北伐曹魏和征讨东吴。

【释】铭记丞相诸葛亮经历先主后主两朝，直为酬谢三顾茅庐，勤劳只为兴复刘姓汉室江山；

读了前后《出师表》，好像又看见诸葛亮一生经历，运筹帷幄只是为北伐曹魏征讨东吴。

【特别说明】诸葛亮一生中只有“孙刘联盟共同抗曹”之说，从来没有要征伐东吴之说。早在《隆中对策》时，诸葛亮就认真分析了天下形势，明确提出：当时的刘备是“帝室之胄，信义著于四海，总揽英雄，思贤如渴”。说明刘备是皇室后裔，很讲信誉，为匡扶汉室想招揽天下英雄而思贤若渴，虽然占据了人和优势，但势单力薄还没有立足之地。特别是，当时曹操“已拥百万之众，挟天子以令诸侯”，占据了天时，刘备是不可以单独与其针锋相对的。东吴“孙权据有江东，已历三世，国险而民附，贤能为之用，此可以为援而不可图也”。这说明，孙权占据了地利优势，刘备只能够视其为合作对象，不可以去灭掉他。正因为如此，建安十三年（208），曹操数十万大军来到荆州，想一举灭掉依附于荆州牧刘表的刘备，再挥师东吴灭掉孙权。为此，曹军追杀刘备弃新野、走樊城、败当阳、逃夏口。情急之中，诸葛亮才主动请缨出使东吴，最终促成了“孙刘联盟共同抗曹”的统一战线，在赤壁之战中大败曹军，不但使刘备与孙权转危为安，而且还使刘备有了荆州四郡的立足之地与发展空间，为后来的发展以及建立蜀汉国家奠定了坚实基础。

尽管刘备称帝以后，急切要给“情同兄弟，抵足而眠”的关羽报仇，亲自率领大军讨伐东吴，结果被东吴“火烧连营七百里”而大败，几乎全军覆没，只好带领残兵败将气急败坏地逃回白帝城，一病不起而死。

在这之前，诸葛亮与赵云等文臣武将都曾劝说刘备不要去讨伐东吴，可刘备力排众议，执意要去讨伐东吴，彻底破坏了“孙刘联盟共同抗曹”的战略决策。尽管诸葛亮在刘备去世后又迅速派遣使者恢复了孙刘联盟共同抗曹局面，但还是给蜀汉国家带来了不小的后患。历史上，刘备的确讨伐过东吴，可是，诸葛亮从来就没有讨伐东吴的想法。所有历史资料都没有诸葛亮想要讨伐东吴的记载，因为，诸葛亮十分清楚，蜀汉国家的敌人是曹魏，而不是东吴，东吴是盟友，不是敌人，讨伐东吴没有道理。虽然唐代诗人杜甫《八阵图》诗歌有“功盖三分国，名成八阵图。江流石不转，遗恨失吞吴”之说，可是我们要搞明白，这是诗人杜甫借今天重庆市奉节县白帝城山下水八阵遗址而发的一种感叹而已。意思是说，假如刘备讨伐东吴成功了，就不可能有这样的惨败，并不是诸葛亮运筹帷幄中的“遗恨失吞吴”之失误。由此而论，此处的讨伐东吴之说没有历史根据，说法有误，特此说明。

龙卧南阳，抱膝长吟名士志；
马流西蜀，鞠躬尽瘁老臣心。

题书者不详。

【注】龙卧南阳：此指诸葛亮这个卧龙在南阳郡的襄阳隆中隐居躬耕。

据《三国志·蜀书·诸葛亮传》记载：“徐庶见先主，先主器之，谓先主曰：诸葛孔明者，卧龙也，将军岂愿见之乎？”

诸葛亮《出师表》记载说：“臣本布衣，躬耕于南阳。”裴松之注引《汉晋春秋》也记载说：“亮家于南阳之邓县，在襄阳城西二十里，号曰隆中。”

由此而知，邓县属南阳郡辖县，而襄阳隆中在邓县境内。此处的南阳，是“南阳郡”地域的泛称。

北魏时期地理学家郦道元的《水经注·沔水》第二十八卷记载说：

沔水又径乐山北，昔诸葛亮好为《梁甫吟》，每所登游，故俗以乐山为名。沔水又东径隆中，历孔明旧宅北。亮语刘禅云：先帝三顾臣于草庐之中，咨臣以当世之事，即此宅也。车骑沛国刘季和之镇襄阳也，与犍为人李安（兴），共观此宅，命安作宅铭云：天子命我于沔之阳，听鼓鼙而永思，庶先哲之遗光。后六十余年，永平之五年，习凿齿又为其宅铭焉。

抱膝长吟名士志：此指诸葛亮在襄阳隆中隐居躬耕时期，经常抱膝长啸家乡的汉代乐府丧葬歌《梁甫吟》，以寄托名人志士的远大志向。

马流西蜀：诸葛亮建兴五至十二年（227—234）五次北伐曹魏期间，曾经在益州汉中郡的定军山下发明制作了往北伐前线运送粮草的木牛和流马。西蜀：此指益州的汉中郡。

鞠躬尽瘁：语出诸葛亮后《出师表》："臣鞠躬尽力，死而后已。"后来演变成为"鞠躬尽瘁，死而后已。"

竭尽全力，到死为止的意思。

老臣心：诸葛亮这个老臣忠君爱国的心思。

【释】诸葛亮这个卧龙曾在南阳郡襄阳隆中隐居躬耕，经常抱膝长啸《梁甫吟》以寄托名人志士的远大志向；

诸葛亮在定军山下制作了往北伐前线运送粮草的木牛流马，他竭尽全力体现了这个老臣忠君爱国心思。

明代建庙乡东隅，念武侯一生为汉业；
辛巳重修赖众心，感神恩百世荫涌溪。

题书者不详。

【注】明代建庙乡东隅：此指这座武侯庙明代初年始建于涌口村的东面。东隅：语出《仪礼·士昏礼》："妇洗在北堂，直室东隅。"东方、东面的意思。

念武侯一生为汉业：思念诸葛亮的一生都是为了辅佐蜀汉帝业。

辛巳重修赖众心：此指2001年涌口村重修武侯庙时，依赖村民自愿集资30余万元进行整修，耗时四个月而竣工。辛巳：2001年。

感神恩百世荫涌溪：感激诸葛亮的神灵世世代代荫庇护佑涌口村民。百世：语出《诗经·大雅·文王》："文王孙子，本支百世。"世世代代的意思。荫：语出《国语·晋语》："若君实庇荫膏泽之。"荫庇护佑的意思。涌溪：此指丰阜湖古涌道口的涌口村。

【释】明代初年始建武侯庙于涌口村东面，思念诸葛亮一生都是为了辅佐蜀汉帝业；

辛巳年重修时依赖村民众人齐心集资，感激神灵世世代代荫庇护佑涌口村民。

纶羽真名士哉，家世龙岗，君臣鱼水；
寄托惟汉相耳，军机牛马，阵势风云。

题书者不详。

【注】纶羽真名士：语出南朝梁文学家殷云（471—529）的《殷芸

小说》："武侯与宣王泊兵，将战，宣王戎服位事，使人密见武侯，乃乘素舆葛巾，自持白羽扇指麾，三军随其进止。宣王叹曰：真名士也。"此指诸葛亮羽扇纶巾的装束。

哉：感叹词，"啊"的意思。

家世龙岗：此指诸葛亮的家在南阳郡的卧龙岗。

君臣鱼水：此指诸葛亮与先主刘备的君臣关系好比鱼儿和水的关系。

据《三国志·蜀书·诸葛亮传》记载：自从刘备恳请诸葛亮出山辅佐以后，"於是与亮情好日密。关羽、张飞等不悦，先主解之曰：孤之有孔明，犹鱼之有水也，愿诸君勿复言"。

寄托惟汉相耳：后主刘禅即位后，把江山社稷唯一寄托在蜀汉丞相诸葛亮的身上而已。据《三国志·蜀书·诸葛亮传》记载："及备殂没，嗣子幼弱，事无巨细，亮皆专之。"

耳：语出《论语·阳货》："前言戏之耳。"而已的意思。

军机：军事机密。

牛马：此指诸葛亮设计制作往北伐曹魏前线运输粮草的木牛流马。

阵势：此指军队作战的阵容部署场面。

风云：语出《后汉书·皇甫嵩传》："今主上执弱于刘项，将军权重于淮阴，指㧑足以振风云，叱咤可以兴雷电。"形容军事战争神秘莫测，变化多端。

【释】诸葛亮羽扇纶巾是真正名士啊，他家世代在南阳郡卧龙岗，与先主刘备的君臣关系好比鱼儿和水一样；

后主刘禅把江山社稷唯独寄托在丞相诸葛亮身上而已，具有军事机密的木牛流马，阵容变化神秘莫测。

三顾感遭逢驰驱，时羽扇纶巾，讨贼先声慑曹马；
一生能谨慎寄托，后披肝沥胆，兴刘正统继高光。

题书者不详。

【注】三顾感遭逢驰驱：刘备三顾茅庐恳请诸葛亮出山辅佐以后，就感受到刘备遭受曹操大军的追杀而为之奔走效力。

正因为如此，诸葛亮前《出师表》中说："先帝不以臣卑鄙，猥自枉屈，三顾臣于草庐之中，咨臣以当世之事，由是感激，遂许先帝以驱驰，后值倾覆，受任于败军之际，奉命于危难之间，尔来二十有一年矣。"

驰驱：语出《孟子·滕文公下》："吾为之范我驰驱，终日不获一，为之诡遇，一朝而获十。"奔走效力的意思。

时：当时的意思。

羽扇纶巾：形容诸葛亮神态自若，潇洒自如。

讨贼：此指赤壁之战孙刘联军共同讨伐曹军。

先声：此指运筹帷幄先声夺人的意思。

慑曹马：此指震慑了曹操的军马。

一生能谨慎寄托：意思是，由于诸葛亮一生谨慎行事，因此，刘备在白帝城托孤寄命时，将蜀汉江山寄托于诸葛亮的全权辅佐。

后：后来的意思。

披肝沥胆：语出唐代乾宁年间四门博士黄滔（840—911）的《启裴侍郎》："沾巾堕睫，沥胆披肝，不在他门，誓于死节。"比喻赤心相待，不畏艰险。

兴：兴复的意思。

刘：此指汉室刘姓的正统帝业。

正统：语出《汉书·郊祀志下》："宣帝即位，由武帝正统兴。"此指一脉相承的皇室帝业。

继：继承的意思。

高光：语出班固编著的《典引》："是以高光二圣，宸居其域。"

此指西汉高祖刘邦和东汉光武帝刘秀。

【释】刘备三顾茅庐恳请诸葛亮出山后就感受到遭曹军追杀而为之奔走效力，当时他潇洒自如，促成孙刘联军共同抗曹在赤壁之战中先声夺人震慑了曹操的军马；

诸葛亮一生谨慎行事刘备才托孤寄命将蜀汉江山全权交付他辅佐后主，后来他不畏艰险，力求兴复刘姓正统江山以继承西汉高祖刘邦和东汉光武帝刘秀帝业。

10. 中山市东埡村武侯庙匾额 3 方、楹联 3 副

东埡村位于中山市南朗镇西北，武侯庙在该村的大同街。

据当地人说，清光绪年间，武侯庙就已经存在了，始建时间不详，民国年间被毁。

现在的武侯庙是 1997 年重修的硬山式仿古建筑，面阔三间两进，面积不详。门口有一个池塘。正门上方的"武侯庙"匾额与两侧的楹联全是当地的麻石镌刻，楹联

内容是“圣门学问；名士风流”。题书者不详。

院内天井之中有四角拜亭，正中檐下高悬“国泰民安”匾额，题书者不详。亭柱上阴刻一副楹联，内容是“良相媲伊周，医国心存同济世；大名垂宇宙，庇民绩懋合称尊”，落款是“光绪丙申年”，题书者不详。

穿过拜亭，就是正殿，殿内正中神龛上有诸葛亮彩塑坐像，身披黄袍，左右有侍奉书童。神龛上方的匾额为“民安物阜”，题书者不详。

两侧柱子上的楹联内容是“日月同悬出师表；风云常护定军山”。

左右两边神龛上，分别祭祀天后（称为妈祖，流传于中国沿海地区最重要的民间信仰，是历代航海船工、海员、旅客、商人和渔民共同信奉的神）、观世音（佛教中慈悲和智慧的象征）以及华光（中国民间传说道教中神仙，即马元帅，又名马天君、华光天王、华光大帝，道教护法四圣之一。相传他姓马，名灵耀，生有三只眼，即火之精、火之星、火之阳，是火神的象征，所以民间又称“马王爷三只眼”）诸神。

前后两进之间，有回廊连接，西廊的墙壁上有 1997 年《重修武侯庙乐捐善款芳名录》碑石一通。

武侯庙

题书者不详。

【注】诸葛亮生前被后主刘禅封为“武乡侯”，死后又被追谥为“忠武侯”，因此，武侯就是诸葛亮的代名词。

庙：纪念祖宗、先贤、英烈、名人、神仙的庙宇。

【释】纪念诸葛亮的庙宇。

国泰民安

题书者不详。

【注】国泰民安：语出南宋钱塘江人、文学家吴自牧编著的《梦粱录·山川神》：“每岁海潮太溢，冲激州城，春秋醮祭，诏命学士院，撰青词以祈国泰民安。”国：国家。泰：平安，安定。民安：人民安康。

明代小说家许仲琳（1560—1630）的《封神演义》第一七回有“陛下当改恶从善，亲贤远色，退佞进忠，庶几宗社可保，国泰民安，生民幸甚”之说。此指国家太平，人民安康。

【释】国家太平人民安康。

民安物阜

题书者不详。

【注】民安物阜：语出明太祖朱元璋之孙朱有炖（1379—1439）的《灵芝庆寿》第一折：“皆因中国雨顺风调，民安物阜。”《清史稿·圣祖纪三》亦有“天下和乐，四海人又安。虽未敢谓家给人足，俗易风移，而欲使民安物阜之心，始终如一”之说。形容社会安定，经济繁荣，人民安康，物产丰盛。物阜：语出《晋书·顾荣传》：“元恶既殄，高尚成功，封闭仓廪，以俟大军，故国安物阜，以义成俗，今日匡霸事举，未必不由此而隆也。”此指物产丰盛。

【释】人民安康物产丰盛。

圣门学问；
名士风流。

题书者不详。

【注】圣门：语出西汉文学家扬雄（公元前53—公元18）的《法言·修身》：“天下有三门：由于情欲，入自禽门；由于礼义，入自人门；由于独智，入自圣门。”泛指孔孟之道学派。例如：南宋文学家俞文豹的《吹剑四录》有“惟我朝诸公为义理之学，仿佛圣门气象尔”。再如：明代文学家胡应麟（1551—1602）的《少室山房笔丛·经籍会通三》亦有“余近得《颜子》三卷，亦国朝人裒集，虽谓有功圣门，可也”之说。

学问：语出《易经·乾》：“君子学以聚之，问以辩之。”《荀子·劝学》有“不闻先王之遗言，不知学问之大也”。此指学习请教知识。

名士风流：语出《后汉书·方术传论》：“汉世这所谓名士者，其风流可知矣。”此指具有名人志士的风度和习气。晚清小说家李宝嘉（1867—1906）的《文明小史》第三十一回有“咱们名士风流，下该洒脱些才是”之说。

【释】诸葛亮具有孔孟之道学派的知识；
诸葛亮具有名人志士风度和习气。

良相媲伊周，医国心存同济世；
大名垂宇宙，庇民绩懋合称尊。

光绪丙申年（1906），题书者不详。

【注】良相：语出《史记·卷四四·魏世家》：“家贫则思良妻，国乱则思良相。”此指封建社会负责处理国家事务的宰相、丞相。此指诸葛亮。例如：《三国志·蜀书·诸葛亮传》记载：章武元年（223），“先主於是即帝位，策

亮为丞相曰：朕遭家不造，奉承大统，兢兢业业，不敢康宁，思靖百姓，惧未能绥。於戏，丞相亮其悉朕意，无怠辅朕之阙，助宣重光，以照明天下，君其勖哉。亮以丞相尚书事，假节。张飞卒后，领司隶校尉”。

媲：媲美的意思。清代文学家江藩（1761—1831）的《宋学渊源记序》有：“直迈三代而媲美唐虞矣。”

伊周：商朝初期辅佐贤相伊尹和西周初期辅佐贤相周公。

医国心存同济世：此指诸葛亮与伊尹、周公他们治理国家的共同心愿是为国除患祛弊，救济帮助世人。医国：语出《国语·晋语八》：“上医医国，其次疾人。”意思是，上等的医术是能够为国家除患祛弊确保安宁，其次才是治病救人。心存：心中的意愿。同：共同。济世：语出《庄子·庚桑楚》：“简发而栉，数米而炊，窃窃乎又何足以济世哉。”此指救济帮助世人。例如：唐代道家理论家成玄英（608—669）注疏曰：“此盖小道，何足救世。”

大名垂宇宙：语出唐代诗人杜甫的《蜀相》诗歌：“诸葛大名垂宇宙，宗臣遗像肃清高。”宇宙：语出《庄子·让王》：“余立于宇宙之中，冬日衣皮毛，夏日衣葛絺；春耕种，形足以劳动；秋收敛，身足以休食；日出而作，日入而息，逍遥于天地之间。”泛指天体的无限空间，比喻天底下。

庇民：庇护老百姓的意思。

绩懋：语出《晋书·王湛传论》：“虽崇勋懋绩，有阙于旗常，素德清规足传于汗简矣。”此指大功绩。

合称尊：适合被后世人称赞而敬重。尊：语出西汉文学家贾谊（公元前200—公元前168）的《过秦论》：“尊贤而重士。”敬重、推崇、尊崇敬仰的意思。

【释】诸葛亮可与商朝贤相伊尹和西周贤相周公相媲美，治理国家心愿是除患祛弊救济世人；

诸葛亮的美好名声传播天下，庇护老百姓有很大的功绩适合被后世人称赞而尊崇敬仰。

日月同悬出师表；
风云常护定军山。

书者不详。

【注】此楹联原作是清乾隆五十二年（1787）进士、陕西学使、仁和（浙江省杭州市）人马履泰（1746—1829）为今汉中勉县武侯祠题书，至今依然在戟门正面砖墙柱上，属阴刻，完好无损。因此，这里的楹联内容属于仿制品。

日月同悬出师表：诸葛亮的《出师表》像太阳与月亮一样永远放射着光芒。

风云常护定军山：大自然的风和云经常保护着定军山与山下武侯墓、祠。

定军山：在汉中勉县的城南 10 里，属于巴山系，由 12 个山体组成，东西绵亘 20 里。西边第三个山头是定军山主峰，海拔 883 米，山后便是“可屯万兵的仰天洼”。建安二十年（215）五月至建安二十四年（219）初，曹操的征西将军夏侯渊在此驻军。紧接着，发生了刘备与曹操争夺汉中的定军山大战，老黄忠杀夏侯渊于定军山，曹军败退，刘备在定军山下“设坛场称为汉中王”，奠定了后来建立蜀汉政权的基础，促成了三国鼎立。

建兴五至十二年（227—234），诸葛亮在定军山下屯军八年，在此“教兵演武，推演八阵图”，先后进行了五次北伐曹魏，出兵退军皆以定军山为基础。因此，他在这里“休士劝农”实行军民合耕，发展农业生产，解决军需供给。还“损益连弩”，设计制作了往前线运输粮草的“木牛流马”。他死后，遗命葬定军山下。29 年后，后主刘禅还在定军山下“因近其墓”为诸葛亮修建了“天下第一武侯祠”。正因为如此，定军山名垂青史，誉贯古今中外。

【**释**】诸葛亮的《出师表》像太阳与月亮一样永远放射着光芒；

大自然的风和云经常保护着定军山与山下的武侯墓和祠。

11. 中山市赤坎村武侯庙匾额 1 方、楹联 1 副

赤坎村，在中山市南朗镇北偏西之处，距东垭村 4 公里，武侯庙位于来贤里。来贤里是一座夯土闸门，武侯庙在其后之左。据当地人说，武侯庙在光绪年间已有之，后来被毁。

今天的武侯庙，是一座面阔一间两进的硬山式仿古建筑，灰墙素瓦，绿色瓦当，博古屋脊，修建的时间与建筑面积不详。

庙门正面，有石刻匾额“武侯庙”三个朱红色大字，题书者不详。

两侧门柱上有石刻楹联一副，内容是“纶巾伊吕；烟柏祠堂”。题书者不详。

庙门的庙额上有彩绘人物故事壁

画，已经斑驳不清。

正殿主祀的是诸葛亮，正中神龛有诸葛亮塑像，头戴纶巾，身着绿袍，双手持圭于胸前。

左边神龛上，祭祀的是康真君（本名康保裔，生卒年不详，系河南省洛阳人，北宋著名将领，其祖及父皆为宋代抗辽名将，都因奋勇抗敌而战死沙场，后来康保裔沿袭了父辈职位，亦在沙场上屡建奇功，《宋史》有其传）。

右边神龛祭祀的是华光大帝（即马元帅、马天君、华光天王、华光大帝，道教护法四圣之一。相传他有三只眼，民间又称“马王爷三只眼”）。

武侯庙

题书者不详。

【注】诸葛亮生前被后主刘禅封为“武乡侯”，死后又被追谥为“忠武侯”，因此，武侯就是诸葛亮的代名词。

庙：纪念祖宗、先贤、英烈、名人、神仙的庙宇。

【释】纪念诸葛亮的庙宇。

纶巾伊吕；
烟柏祠堂。

题书者不详。

【注】纶巾：古代用青色丝带做的头巾，这是魏晋南北朝时期文人学士的一种普遍装束，相传三国时期诸葛亮在军中也以此装束服用，所以，《太平御览》引东晋河东郡闻喜（今山西省运城市闻喜县）人裴启《语林》记载：“诸葛武侯与宣王在渭滨将战，武侯乘素舆，葛巾，白羽扇，指挥三军。”正因为如此，纶巾又称“诸葛巾”。后来多以“羽扇纶巾”形容指挥若定潇洒从容。例如：北宋文学家苏轼《念奴娇·赤壁怀古》词中就有“遥想公瑾当年，小乔初嫁了，雄姿英发，羽扇纶巾，谈笑间，樯橹灰飞烟灭”。这说明，东吴的大都督周瑜，当年也是羽扇纶巾装束。这里指头戴纶巾的诸葛亮。

伊吕：此指商朝初期辅佐贤相伊尹和西周初期辅佐贤相吕望（亦称吕望、姜子牙、姜尚）。

烟柏：此指祭祀的烟火与松柏。

护祠堂：保护着纪念诸葛亮的祠堂。

【释】诸葛亮与商朝贤相伊尹和西周贤相吕望可以相媲美；
祭祀的烟火与这里的松柏保护着纪念诸葛亮的祠堂。

12. 中山市田边村武侯庙匾额 3 方、楹联 5 副

中山市南朗镇田边村，距赤坎村两公里。在南朗镇田边村的鸡山旁，原来有一座武侯庙，修建历史不详。1958 年，中山县人民政府拨款将设在环城古香林寺内的精神病患者收容站迁至武侯庙内，当时，中山县精神病院有职工 10 多人，其中医务人员 7 人，设病床 100 张，住有患者 80 多人。从此后，武侯庙由中山县人民政府民政科管理，并且不断地被医院扩建改造而销毁。

现在的武侯庙是 1998 年迁址新建的，建筑面积不详，为面阔三间两进的硬山式仿古建筑，白墙绿色琉璃瓦房盖，朱红柱子黄色瓦当，屋脊为二龙戏珠，门前有一对石狮子。山门的门额上方，阴刻有“武侯庙”三个金色大字。

两侧柱子上的楹联是“锦城遗相业；赤企古丛祠”。题书者不详。

门内上方的匾额为“仁风广扇”，题书者不详。两侧柱子上的楹联是“福地钟灵，诸葛大名垂宇宙；慈怀感应，神威显赫护山河”。题书者不详。

正殿内正中神龛上有诸葛亮彩塑神像，头戴王侯冠冕，身着红袍，双手持圭于胸前。神龛上方有“武侯殿”匾额，题书者不详。

两侧柱子上楹联是：“伊吕勋名归淡泊；君臣鱼水率驰驱”。题书者不详。

殿中柱子上有楹联两副，内容分别是：“运筹宽紧，义胆忠肝，展以汉朝宰相；审时度势，联吴伐魏，赫然天下军师”。

“寄百里之命，托六尺之孤，伊周之外无双士；隐居求其志，行义达其道，秦汉尔后第一人”。

遗憾的是，题书者均不详。

正殿左边神龛，祭祀有天后娘娘（妈祖）、禾谷夫人（广东香山地区尊奉的谷神）、金花夫人（是中国民间信仰的送子女神，广州市很多地方都有金花庙，祀金花夫人）。

右边神龛祭祀有财帛星君（民间信仰的一位文财神，又称增福相公、增福财神。据说他姓李名诡祖，今山东省淄博市一带人）、文昌帝君（本名星，亦称文昌星、文星，是中国民间和道教尊奉的掌管世人功名禄位之神）、关帝圣君（即关羽）。

两边的东西殿，祭祀北帝（即北方真武玄天上帝，是古代对星辰的崇拜而产生的神位）与观世音菩萨（佛教中慈悲和智慧的象征，无论在佛教还是在民间信仰，都具有重要的地位）。

武侯庙

题书者不详。

【注】武侯：诸葛亮生前被封为“武乡侯”，死后被追谥为“忠武侯”，因此，武侯就是诸葛亮的代名词。

庙：纪念祖宗、先贤、英烈、名人、神仙的庙宇。

【释】纪念诸葛亮的庙宇。

仁风广扇

题书者不详。

【注】仁风：语出《后汉书·章帝纪》：“功烈光于四海，仁风行于千载。”此指仁德的高风亮节。例如：西晋文学家潘岳（247—300）的《为贾谧作赠陆机》诗歌有“大晋统天，仁风遐扬”之句。

仁：仁德、恩泽。风：风尚、风气、高风亮节。

广扇：广泛地宣扬、传播。

【释】诸葛亮的仁德与高风亮节被广泛宣扬传播。

武侯殿

题书者不详。

【注】武侯：诸葛亮生前被封为“武乡侯”，死后被追谥为“忠武侯”，因此，武侯就是诸葛亮的代名词。

殿：语出《战国策·魏策》：“苍鹰搏击于殿上。”特指历史上帝王所居和朝会的地方，例如：宫殿、太和殿、金銮殿等。

清嘉庆年间沈涛（1792—1855）的《说文古本考》说：“殿，堂之高大者也。”后来泛指供奉神佛的地方，如：正殿、大殿、偏殿、大雄宝殿等。

【释】诸葛亮祠庙的正殿。

锦城遗相业；
赤企古丛祠。

题书者不详。

【注】锦城：即锦官城的简称。三国时期，因成都蜀锦出名，成为蜀汉国

家的重要财政收入，所以，丞相诸葛亮就曾在这里设“锦官”和建立锦官城以保护蜀锦生产，“锦官城”的称呼由此产生而名垂青史，后世人常以“锦城”或“锦官城”作为成都的别称。例如：据南朝梁益州别驾李膺的《益州记》记载说：“锦城在益州南、笮桥东，流江南岸，昔蜀时故锦官也。”正因为如此，唐代诗人杜甫《蜀相》有“丞相祠堂何处寻，锦官城外柏森森”之句。

遗相业：此指遗留下来丞相诸葛亮当年的功德业绩。

赤企：是田边村的另一个名称。

丛祠：语出《史记·陈涉世家》：“又令吴广之次所旁丛祠中。”史学家司马贞索隐引的《战国策》高诱注曰：“丛祠，神祠也。”乡野林间的神祠。

此指古代留下的武侯祠庙。

【释】成都遗留了丞相诸葛亮的功德业绩；
田边村乡野林间有古代的武侯祠庙。

福地钟灵，诸葛大名垂宇宙；
慈怀感应，神威显赫护山河。

题书者不详。

【注】福地：语出南朝齐文学家王融（466—493）的《三月三日曲水诗》序言：“芳林园者，福地奥区之凑，丹陵若水之旧。”此指神仙居住之处。因此，旧时常以道观与寺院为福地。例如，唐末五代时期“传真天师”杜光庭的《洞天福地记》就有“十大洞天，三十六小洞天，七十二福地”之说。

亦指幸福安乐的地方。例如：元代杂剧作家王实甫（1260—1336）《西厢记》第一本第一折有“这里有甚么闲散心处？名山胜境，福地宝坊皆可”之说。

钟灵：钟灵毓秀的意思。语出西晋文学家左思（250—305）的《齐都赋》：“幽幽故都，萋萋荒台，掩没多少钟灵毓秀。”天地灵气孕育优秀人才。亦称山川秀美，人才辈出。

诸葛大名垂宇宙：语出唐代诗人杜甫《咏怀古迹五首》之五：“诸葛大名垂宇宙，宗臣遗像肃清高。”诸葛亮的美名始终传播在天地之间。

慈怀：慈悲为怀的意思，属于佛教用语，劝诫人以恻隐怜悯之心为根本。

感应：语出北齐文学家颜之推（531—597）的《颜氏家训·归心》：“神通感应，不可思量。”此指神明对人或事的反应。例如：唐代史学家刘知几（661—721）的《史通·书事》就有“幽明感应，祸福萌兆则书之”之说。

神威：语出《云笈七签》卷九六：“叩商百兽舞，六天摄神威。”此指神灵威德与神奇威力。例如：唐代诗人李白（701—762）的《明堂赋》有“崔嵬赫奕，张天地之神威”。

显赫：神奇强大的威力十分显著。

护山河：保护着祖国的大好河山。

【释】武侯庙很有灵气，诸葛亮的美名始终传播在天地之间；

慈悲为怀诸葛亮神明感应，强大威力保护着祖国河山。

伊吕勋名归淡泊；
君臣鱼水率驰驱。

题书者不详。

【注】伊吕：此指商朝初期辅佐贤相伊尹与西周初期辅佐贤相吕望。

勋名：语出《后汉书·张奂传》："及为将帅，果有勋名。"功勋与名望。

淡泊：语出诸葛亮的《诫子书》："非淡泊无以明志，非宁静无以致远。"南北朝时期的《东观汉记·郑均传》也有"好黄老，淡泊无欲，清静自守"之说。此指不追求名利。

君臣鱼水：据《三国志·蜀书·诸葛亮传》记载：刘备恳请诸葛亮出山辅佐后，"与亮情好日密。关羽、张飞等不悦，先主解之曰：孤之有孔明，犹鱼之有水也，愿诸君勿复言"。比喻刘备与诸葛亮的君臣关系，好比鱼儿和水一样亲密无间。

率：率先的意思。

驰驱：语出《孟子·滕文公下》："吾为之范我驰驱，终日不获一，为之诡遇，一朝而获十。"奔走效力的意思。例如：《三国志·蜀书·诸葛亮传》的《出师表》文有："先帝不以臣卑鄙，猥自枉屈，三顾臣於草庐之中，咨臣以当时之事，由是感激，遂许先帝以驱驰，后值倾复，受任於败军之际，奉命於危难之间，尔来二十有一年矣"之说。此指诸葛亮率先为先主刘备奔走效力。

【释】诸葛亮具有商朝贤相伊尹与西周贤相吕望的功勋名望这都归结于他不追求名利的结果；

诸葛亮与先主刘备的君臣关系好比鱼儿和水的关系他率先为刘备解除危难而奔走效力。

运筹宽紧，义胆忠肝，展以汉朝宰相；
审时度势，联吴伐魏，赫然天下军师。

题书者不详。

【注】运筹宽紧：此指诸葛亮在运筹帷幄处理相关事务的时候会根据内在因素而有宽有严。

义胆忠肝：语出《水浒传》第七十二回："义胆包天，忠肝盖地，四海无人识。"此指为人正直忠贞，肝胆相照。

展以汉朝宰相：意思是，展现出了汉朝宰相的风范。

宰相：语出《韩非子·显学》："明主之吏，宰相必起于州部，猛将必起于卒伍。""宰"的意思是主宰，相，本为相礼之人，字义有辅佐之意。宰相是中国古代最高行政长官通称。

商朝时为管理家务和奴隶之官。周朝有执掌国政的"太宰"。秦武王二年（公元前 309）任樗里疾、甘茂为左右丞相，"丞相"之名由此而始。秦朝"丞相"分设左、右，以左为上，称为"左丞相"，其次为"右丞相"。西汉早期称"相国"，如萧何、曹参都是"相国"，地位更高一些，以御史大夫为副职。汉武帝时，起用了一批儒生当"丞相"，处理日常行政事务，而政务中心则转到内廷。三国时期的各国不同，魏国称为"相国"，蜀汉依然延续用"丞相"，吴国最初也是用丞相，后来设立左、右丞相。

审时度势：语出明代文学家沈德符（1578—1642）的《万历野获编·乡试遇水火灾》："刘欲毕试以完大典，俱审时度势，切中事理。"审：仔细研究审查。时：时局。度：估计。势：发展趋势。意思是要观察分析时势，估计情况变化。

联吴伐魏：建安十三年（208），荆州牧刘表病死，14 岁幼子刘琮继位后就投降了曹操，因此，曹操率领大军挥师南下荆州想一举灭掉势力单薄的刘备，再灭掉东吴孙权一统天下。曹军大兵压境势不可挡，刘备被追杀得抛妻弃子慌不择路，疲于奔命，形势十分危急。在此危难之时，诸葛亮主动请缨出使东吴，前去劝说孙权与刘备联手，形成了"孙刘联军共同抗曹"的局面，在赤壁之战中大败曹军，刘备与孙权不但大获全胜转危为安，而且还瓜分了荆州。

赫然：语出《汉书·枚乘传》："汉知吴之有吞天下之心也，赫然加怒。"形容令人惊讶或引人注目。

天下军师：诸葛亮是天下公认出谋划策的人。

【释】诸葛亮运筹帷幄处理相关事务会根据内在因素而有宽有严，他为人正直忠贞，展现出了汉朝宰相的风范；

诸葛亮观察分析时势情况，劝说孙权与刘备联手共同抗曹，赤壁之战大败曹军引人注目为天下公认军师。

寄百里之命，托六尺之孤，伊周之外无双士；

隐居求其志，行义达其道，秦汉尔后第一人。

题书者不详。

【注】寄百里之命，托六尺之孤：语出《论语·泰伯》第八："可以托六尺之孤，可以寄百里之命，临大节而不可夺也。君子人与？君子人也。"意思是，可以把年幼君主托付给他，可以把国家政权命脉寄托给他，面临生死存亡紧急关头而不动摇屈服。这样的人是君子吗？是君子啊！寄：寄托。百里：比喻国家疆域政权。命：命脉、命运。托：托孤、托付。六尺：古代指未成年小孩，六尺约合今一百三十八厘米。例如：唐代咸通年间诗人李山甫（1019—1087）的《下第献所知》诗有"虚教六尺受辛苦，枉把一身忧是非"之句。

蜀汉章武三年（223），刘备临终前在白帝城进行托孤交代后事，将蜀汉国家与年幼太子刘禅托付给诸葛亮。

伊周：此指商朝辅佐贤相伊尹与西周辅佐贤相周公。

之外：除此之外。

无双士：语出《史记·淮阴侯列传》："诸将易得耳，至如信（指韩信）者，国无双士。"指一国中独一无二的杰出人才，没有第二个人。例如：嘉庆七年（1802），沔县知县马允刚为武侯祠题书了"两汉以来无双士；三代而后第一人"楹联。中华人民共和国元帅陈毅（1901—1972）的《在志愿军司令部度春节》诗有"雄豪尽是无双士，卫国保家子弟兵"之句。

隐居求其志，行义达其道：语出《论语·季氏》："隐居以求其志，行义以达其道。"意思是，隐居不仕是为了追求自己的志向，行使仁义是为了达到自己的高尚品德。

秦汉尔后第一人：此指秦汉时期以后诸葛亮是第一个人。

【释】白帝城托孤刘备将蜀汉国家的命运，年幼的太子全权托付给诸葛亮，这在商朝伊尹与西周的周公之外没有第二个人；

诸葛亮隐居不仕是为了追求自己的远大志向，行使仁义是为了达到自己的高尚品德，秦汉时期以后他是第一个人。

13. 中山市亨美村武侯庙匾额 2 方、楹联 2 副

亨美村，距离田边村 1 公里，村中的武侯庙始建于清代，具体时间不详，光绪三十一年（1905）曾经进行过重修。保留至今的武侯庙为面阔一间的仿古建筑，灰墙灰瓦，正面无墙无古建筑门，仅仅用朱红色金属栏杆围护，正中开门，门口有一对石狮子。门柱石刻楹联一副，内容是"一德同伊吕；三分藐吴魏"。题书者不详。

进入庙内，正殿神龛上供奉着诸葛亮彩塑神像，头戴王侯冠冕，身着大

红袍，双手握圭于胸前，两侧有两个小将侍立，一捧印绶，一持大刀。

神龛上方的匾额是“若金在镕”，题书者不详。两侧有楹联一副，内容是“功盖三分国；名成八阵图”。书者不详。

神龛之前是锦帐，上方用金线刺绣有“武侯殿庙”匾额，题书者不详。

神龛的右侧，镶嵌有光绪三十一年（1905）镌刻的《重修武侯庙碑记》。

若金在镕

题书者不详。

【注】若金在镕：语出《汉书·董仲舒传》中的董仲舒对策：“夫上之化下，下之从上，犹泥之在钧，唯甄者之所为。犹金之在镕，唯冶者之所铸。”意思是说，一个人好像是金子在镕化，只有通过冶炼铸造才能够成器。若：如同的意思。

唐宪宗元和四年（809），剑南西川节度使武元衡（758—815）的节度掌书记裴度（765—839）为成都武侯祠所撰《蜀丞相诸葛武侯祠堂碑》碑文也有“公是时也，躬耕南阳，自比管乐，我未从虎，时称卧龙。诗曰：潜虽伏矣，亦孔之炤。故洲平心与，元直神交。洎（jī，得到的意思）乎三顾而许以驱驰。一言而定其机势，于是翼伏刘氏，缵承旧服，结吴抗魏，用蜀称汉，刑政达于荒外，道化行乎域中。谁谓阻深？殷为强国；谁谓莝（cuò，粉碎的草）脆？厉为劲兵。则知地无常行，人无常性，自我而作，若金在镕”之说。

这段话的意思是说：诸葛亮这个时候，在南阳隐居躬耕，自比管仲乐毅，没有轻易出山择主而是以静制动，静观时变，所以当时的人称之为卧龙先生。《诗经》说，鱼儿虽然潜伏在水底，可是依然清晰可见。因此崔州平才平心静气地推崇赞美，徐庶也心悦诚服地神交。得到了刘备三顾茅庐而诸葛亮遂承诺出山辅佐为之奔波效命，在《隆中对策》中三言两语就为刘备制定了兴复汉室一统江山的大计，于是就跟随刘备，匡扶汉室，出使东吴联吴抗曹，在益州建立了蜀汉政权，制定的刑法与政令都到达没有开化的西南地区，道德教化在管辖区广泛得到了贯彻执行。谁说蜀地的道路阻隔遥远？经过诸葛亮治理成了殷实富裕的强国。谁说蜀汉国家军事力量好比粉碎的草那样脆弱？在诸葛亮训练下有能征惯战的劲旅。要知道国家疆域不是固定的，人性也不是一成不变的，做一件事情在于自己，就如同将金属镕化，随人的意图铸造出各式各样的器物。

北宋著名文学家范仲淹（989—1052）也曾经创作了《金在镕赋》，进一步阐明金子只有在良好的冶炼铸造之中才能够成器的道理。

【释】诸葛亮治蜀如同将金属镕化一样铸造出富强国家与能征惯战的劲旅。

武侯殿庙

题书者不详。

【注】诸葛亮生前被后主刘禅封为“武乡侯”，死后又被追谥为“忠武侯”，因此，武侯就是诸葛亮的代名词。

殿：语出《说文古本考》：“殿，堂之高大者也。”特指历史上帝王所居和朝会的地方，例如：宫殿、太和殿、金銮殿等等。后来泛指供奉神佛的地方，例如：正殿、大殿、偏殿、大雄宝殿等。此指供奉诸葛亮的祠庙正殿。

庙：纪念祖宗、先贤、英烈、名人、神仙的庙宇。

【释】纪念诸葛亮的正殿庙宇。

一德同伊吕；
三分藐吴魏。

题书者不详。

【注】一德：语出西汉宣帝时期庐江太守桓宽的《盐铁论·世务》：“方此之时，天下和同，君臣一德，外内相信，上下辑睦，兵设而不试，干戈闭藏而不用。”一心一德、同心同德的意思。

同：相同的意思。

伊吕：商朝初期辅佐贤相伊尹与西周初期辅佐贤相吕望。

三分：此指曹操、刘备与孙权的三分天下。

藐：藐视、小看、瞧不起的意思。

吴魏：此指东吴与曹魏。

【释】诸葛亮一心一德辅佐蜀汉像伊尹和吕望一样；
三分天下之中诸葛亮始终瞧不起东吴与曹魏。

功盖三分国；
名成八阵图。

书者不详。

【注】功盖三分国，名成八阵图：语出唐代诗人杜甫《八阵图》诗歌：“功盖三分国，名成八阵图。江流石不转，遗恨失吞吴。”意思是，诸葛亮功劳是促成了三国鼎立对峙局面，诸葛亮成名基因是他推演的八阵图。

八阵图：语出《三国志·蜀书·诸葛亮传》：“亮性长于巧思，损益连弩，木牛流马，皆出其意；推演兵法，作八陈图，咸得其要。”

据清嘉庆至道光年间武侯墓祠主持道人李复心《忠武侯祠墓志·八阵图》

记载说，诸葛亮在汉中定军山下屯军时根据八卦太极图原理“筑督军坛”，采用“积石为垒”方法推演了“下营法、归营法、方阵法、当头阵法、骑兵滚阵法、骑兵归营法等六十四阵八阵图，教兵演武，训练军队”，以达到“行则为阵，止则为营”的目的，使军队始终立于不败之地。

北魏地理学家郦道元（470—527）的《水经注》第二十七卷“沔水上”记载说：“沔水又东，经沔阳故城南。城，旧言汉祖在汉中，萧何所筑也。汉建安二十四年，刘备并刘璋，北定汉中，始立坛，即汉王位于此城。其城南临汉水，北带通逵，南面崩水三分之一，观其遗略，厥壮时传，南对定军山。曹公南征汉中，张鲁降，乃命夏侯渊守之。刘备自阳平关南渡沔水，遂斩渊首，保有汉中。诸葛亮之死也，遗命葬于其山，因即地势不起坟垄，唯松森茂柏，攒蔚川阜，莫知墓茔所在。山东名高平，是亮宿营处，有亮庙。亮薨，百姓野祭。步兵校尉习隆、中书郎向充共表云：臣闻周人思邵伯之德，甘棠为之不伐。越人怀范蠡之功，铸金以存其像。亮德轨遐迩，勋盖来世，王室之不坏，实赖斯人。而使百姓巷祭，戎夷野祀，非所以存德念功，追述在昔者也。今若尽顺民心，则黩而无典，建之京师又逼宗庙，此圣怀所以惟疑也。臣谓宜近其墓，立之沔阳，断其私祀，以崇正礼。始听立祀，斯庙盖所启置也。钟士季征蜀，枉驾设祠茔东，即八阵图也。遗基略在，崩褫难识。”

除此之外，重庆市奉节县长江夔门北岸还有诸葛亮所摆的“水八阵”遗址。《晋书·桓温传》记载：“初，诸葛亮造八阵图于鱼腹平沙之下，垒石为八行，行相去二丈。温见之，谓：此常山蛇势也，文武皆莫能识之。”

《水经注·江水》也记载说：“永安宫南一里渚下平碛上，有孔明八阵图聚绩，石图之各高五尺，皆棋布相当，中间相去九尺，正中开南北巷，悉广五尺，凡六十四聚，或为人散乱，或为夏水所没，及水退，复依然如故。”

正因为如此，唐代诗人杜甫（712—770）写下了《八阵图》诗歌“功盖三分国，名成八阵图。江流石不转，遗恨失吞吴”，说的就是这里。

据《太平寰宇记》《明一统志》记载，在今成都市新都区弥牟镇还有二十四阵八阵图。

【释】诸葛亮的功劳是促成了三国鼎立局面；
诸葛亮的成名基因是他推演的八阵图。

14. 中山市崖口村武侯庙匾额 3 方、楹联 3 副

崖口村，旧称崖溪，距亨美村四公里，是中山市南朗镇管辖的一个行政村，北邻深圳，右靠珠海，正面隔海与香港相对，是珠江口伶仃洋边一个村庄，面

积40多平方公里，8个村民小组。崖口村有近700年历史，先祖在南宋时期迁来这个地方定居，依山傍水开拓土地，世代以农耕为主，解放前经济就很发达，是五桂山游击队的后勤基地，革命老区。

解放后，各级领导对这个村庄很重视，20世纪六七十年代是广东省军区、佛山军分区、中山县武装部的民兵点，三级部队领导长期进驻，培训民兵，加强海边防建设，经营十多年，为村庄的发展打下了牢固的政治基础。

这里的武侯庙始建于清代，具体时间不详，光绪年间曾经重修。近年来，再次进行重修，建筑面积与修建时间不详。

今天的武侯祠，是面阔一间的硬山式仿古建筑，正门上方，有石刻“武侯庙”匾额，落款是：“光绪乙亥年”，即光绪二十四年（1898），题书者不详。

两侧门柱有楹联一副，内容是：“西蜀流恩远；南溪被泽深。”题书者不详。

正殿门口的匾额为“臣极帝师”，题书者不详。

圆形门洞的芭蕉形门两侧有楹联一副，内容是：“德著南阳，三顾往还先主笃；志存西蜀，一生谨慎老臣心。”题书者不详。

正殿神龛之上，高悬“武乡侯”匾额，两侧楹联为：“六经以来二表；三代而下一人。”书者不详。

神龛之中有诸葛武侯的彩塑神像，头戴王侯冠冕，双手持圭于胸前。两侧分别有文曲星（为北斗第四星，主文运，文章写得好而被朝廷录用为大官的人是文曲星下凡。文曲星属于癸水，主科甲功名，代表有文艺方面才能或者爱好文学及艺术。祭祀人物有比干、范仲淹、包拯、文天祥、许仙的儿子许仕林、刘伯温等）、武曲星（中国民间信仰诸神之一，五行中属于阴金，化气为财，为财帛宫主，属于财富之神，司掌财富、武勇）侍立的小塑像。

武侯庙

光绪己亥年（1899），题书者不详。

【**注**】武侯：诸葛亮生前被后主刘禅封为“武乡侯”，死后又被追谥为“忠武侯”，因此，武侯就是诸葛亮的代名词。

庙：纪念祖宗、先贤、英烈、名人、神仙的庙宇。

【释】纪念诸葛亮的庙宇。

臣极帝师

题书者不详。

【注】臣极：语出东晋小说家王嘉的《拾遗记·吴》："昔时之精灵，今出于世，当使子孙位超臣极，擅名江表。"比喻最高的臣位。此指诸葛亮。

帝师：语出《史记·留侯世家》："今以三寸舌为帝者师，封万户，位列侯，此布衣之极，于良足矣。"帝王的老师。例如：《汉书·朱云传》有"至成帝时，丞相故安昌侯张禹以帝师位特进，甚尊重"之说。

【释】最高臣位的诸葛亮是帝王老师。

武乡侯

题书者不详。

【注】武乡侯：语出《三国志·蜀书·诸葛亮传》："建兴元年，封亮武乡侯，开府治事。顷之，又领益州牧。政事无巨细，咸决于亮。"

章武三年（223）四月，蜀汉先主刘备在白帝城逝世，17 岁的太子刘禅继位后主，封诸葛亮为"武乡侯"，领益州牧，朝廷大小事务都依赖于诸葛亮决定处理。建兴十二年（234）秋八月，诸葛亮病死在五丈原军中，后主追"赠君丞相武乡侯印绶，谥君为忠武侯"。从此，"武乡侯"就成为诸葛亮的代名词。

【释】武乡侯诸葛亮。

西蜀流恩远；
南溪被泽深。

题书者不详。

【注】西蜀：语出唐代诗人杜甫《诸将》："西蜀地形天下险，安危须仗出群材。"古代蜀汉国在西部的益州，今天的四川省，故史称西蜀之地。例如：元代诗人揭傒斯（1274—1344）的《云锦溪棹歌》有"西蜀锦江那得似，西湖绿水更须怜"之句。

流恩远：此指流传的恩泽很远。

南溪：中山市有南溪区，此指中山市。

被泽深：被恩惠的很深。泽：恩惠、恩泽的意思。

【释】西部益州蜀汉国诸葛亮的恩泽流传很远；

广东省中山市一带被诸葛亮恩惠的很深。

德著南阳，三顾往还先主笃；
志存西蜀，一生谨慎老臣心。

题书者不详。

【注】德著南阳：意思是，先主刘备的高尚品德显著体现在屈尊三顾茅庐恳请诸葛亮身上。德：高尚品德。著：显著的意思。南阳：两汉时期郡名，辖37县，属于荆州所辖，治所在今河南省南阳市。东汉末年，诸葛亮在南阳郡邓县襄阳隆中隐居躬耕。所以，诸葛亮的《出师表》有“臣本布衣，躬耕于南阳”之说。正因为如此，南阳亦代称诸葛亮。

三顾：此指建安十二年（207）冬，汉室后裔刘备为了匡扶汉室，曾经屈尊三顾茅庐，恳请诸葛亮指点迷津出山辅佐。

往还：多次的意思。

先主：此指蜀汉先主刘备。

笃：笃信、忠诚、诚信。

志存西蜀，一生谨慎老臣心：诸葛亮志向存在于西部的蜀汉帝业，他一生谨慎行事体现了这个忠君爱国老臣的思想。

【释】刘备高尚品德显著在南阳郡，他屈尊三顾茅庐恳请诸葛亮指点迷津出山辅佐是对诸葛亮诚信；

诸葛亮志向存在于西部益州蜀汉帝业，他一生谨慎行事集中展示了这个忠君爱国老臣的思想。

六经以来二表；
三代而下一人。

书者不详。

【注】此楹联最早在成都武侯祠，已经遗失。1986年7月11日，四川省蓬溪县人——全国政协文史委员会专员吕光光补书于成都武侯祠，至今仍存。因此，这里属于仿制品。

六经：语出《汉书·艺文志》：“游文于六经之中。”

所谓六经，就是经孔子整理而传授的先秦六部儒家经典著作《诗》《书》《礼》《易》《乐》《春秋》的合称。这六部经典的全名依次为《诗经》、《书经》（《尚书》）、《礼记》、《易经》（《周易》）、《乐经》、《春秋》。

而外：除此之外。

二表：此指诸葛亮的前、后《出师表》。

三代：语出《论语·卫灵公》：“斯民也，三代之所以直道而行也。”北宋史学家邢昺（932—1010）注疏曰："三代，夏、殷、周也。"唐代文学家韩愈（768—824）的《丰陵行》诗歌有"臣闻神道尚清净，三代旧制存诸书"之句。

以下：以后。

一人：此指诸葛亮这个名垂青史的人物。

【释】儒家六部经典著作之外还有诸葛亮前后《出师表》；
夏商周三代以后只出现了诸葛亮一个名垂青史人物。

15. 中山市岭后亨村武侯庙匾额 2 方、楹联 5 副

岭后亨村，在中山市沙溪镇西面偏北，村中武侯庙始建于清代，具体时间不详，光绪十八年（1892）进行重修。1997 年，村民集资捐款在原址上修建了 800 平方米的小公园。

2016 年，岭后亨村准备在公园内恢复修建武侯庙，得到了村民与旅美侨亲以及港澳同胞的大力支持，自愿集资捐款 100 多万元，作为重修武侯庙资金，同年施工、竣工。重建的武侯庙，是一座灰墙灰瓦两进的硬山式仿古建筑，建筑面积 200 平方米。

庙前有一四柱神香阁，面朝庙门，左、右各置一通高大的赑屃座石碑，左边是《岭后亨武侯庙重建碑记》，右边是《岭后亨村志》。

庙门沿用了老庙的风格为石门框，上方有石刻匾额"武侯庙"。

两侧的石刻楹联是："西川留相业；南国仰神光。"题书者不详。

进入山门，是一排仿古的隔扇门，正中门柱楹联是："法器塞苍冥，奠俎千秋；大名垂宇宙，出师一表。"题书者不详。

进了山门就是一个天井，两侧回廊连接前后进出，东、西回廊各有古香古色的孔明灯，墙壁上镶嵌有《诸葛亮生平》《重修武侯古庙碑记》两方石碣。

除此之外，还有古人咏赞诸葛亮诗歌、岭后亨村人祝贺武侯庙落成的诗歌数十首，其中该村比较有代表性的是彭炳祥写的诗歌："元功赫濯（zhuó，威严显赫）翠珉镌，宝帐神光耀斗躔（chán，北斗星）。泽润村前桑梓地，恩流

岭后尧舜天。出师一表披肝胆，鼎足三分固蜀川。好借吾乡灵秀域，青灯香烛仰先贤。”

天井之后是正殿，正中神龛上有木刻诸葛亮彩绘坐像，头戴黑色纶巾，身着朱红色描金云纹氅衣。左手按膝盖，右手持羽毛扇，面带微笑，神态祥和。

正殿前柱子上有楹联一副，内容是：“恩垂三顾蜀先主；富佑千秋岭后亨。”神龛之前有刺绣宝帐，正中刺绣有“诸葛武侯”。

两侧的垂帷刺绣有楹联，内容是：“羽扇纶巾天下士；文经武纬后人师。”题书者不详。

神龛两侧墙壁上还有一联，内容是：“神算决三分，伊吕洵堪称伯仲；奇才真十倍，萧曹未许比经纶。”题书者不详。

正殿的左侧神龛祭祀华佗，右侧神龛祭祀观世音菩萨。

武侯庙

题书者不详。

【注】武侯：语出《三国志·蜀书·诸葛亮传》：“建兴元年，封亮武乡侯，开府治事。顷之，又领益州牧。政事无巨细，咸决于亮。”建兴十二年（234）八月，诸葛亮病死五丈原军中，又追“赠君丞相武乡侯印绶，谥君为忠武侯”。从此以后，“武侯”与“武乡侯”就成了诸葛亮的代名词。

庙：纪念祖宗、先贤、英烈、名人、神仙的庙宇。

【释】纪念诸葛亮的庙宇。

诸葛武侯

题书者不详。

【注】诸葛：复姓。诸葛亮的远祖是秦末农民起义军首领陈胜手下的功臣大将葛婴，被陈胜所杀。西汉文帝时期，追封葛婴之孙为诸县侯，后来，迁徙到了阳都县，这里先有了葛姓，于是就称为诸葛以示区别，诸葛复姓因此而来。

据《三国志·吴书·诸葛瑾传》裴松之注引应劭《风俗通义》说：“葛婴为陈涉将军，有功而诛，孝文帝追录，封其孙诸县侯。”

《三国志·吴书·诸葛瑾传》注引韦昭的《吴书》还记载说：“起先葛氏，本琅琊诸县人，后徙阳都。阳都先有葛姓者，时人谓之诸葛，因以为氏。”

保存在兰溪市诸葛八卦村大公堂经过历史上16次续修的《诸葛氏宗谱·序》也记载说：“诸葛氏为汉诸县侯葛婴之后，而光大于三国两晋之际。”

《诸葛氏宗谱·序》还说：“诸葛氏，山东老世家也。姓氏之源，自葛氏始，至秦汉间，有葛婴者，为陈涉将，有功被诛。汉文帝追录，封其为诸县侯，因以为氏。”

武侯：建兴元年（223），后主刘禅继位后，封诸葛亮为“武乡侯，领益州牧”。建兴十二年（234），诸葛亮死后又被追谥为“忠武侯”。因此，武侯就是诸葛亮的代名词。

【释】武乡侯诸葛亮。

西川留相业；
南国仰神光。

题书者不详。

【注】西川：四川盆地古代称为益州，今陕西汉中、安康一带，曾经称为梁州。唐太宗贞观元年（627），改益州为“剑南道”，改梁州为“山南道”。唐玄宗开元二十三年（735），分剑南道为“剑南西川节度”与“剑南东川节度”作为行政区划，西川管辖四川，而东川则管辖今陕西省南部汉中、安康一带。西川、东川之名由此而来。

“剑南”之称，则因今四川省广元市嘉陵江上游剑阁县的剑门关而得名，这里有大小剑山七十二峰，是古代秦蜀之间行旅通商的必经关隘，“山南”是因终南山而得名。

终南山，东起盛产美玉的陕西省蓝田县东端杨家堡，西至陕西省周至县最西界秦岭主峰太白山南梁梁脊，属于秦岭山系。

留相业：此指留下了诸葛亮这个蜀汉丞相的功德业绩。

南国：语出《楚辞·九章·橘颂》：“受命不迁，生南国兮。”东汉文学家王逸注曰：“南国，谓江南也。”例如：三国时期文学家曹植（192—232）的《杂诗》之五有：“南国有佳人，容华若桃李。”泛指我国南方地区。

此指中山市一带。

仰神光：瞻仰诸葛亮神灵的光辉形象。

【释】西部四川留下了诸葛亮这个蜀汉丞相功德业绩；
在我国南方中山市瞻仰诸葛亮神灵的光辉形象。

法器塞苍冥，奠俎千秋；
大名垂宇宙，出师一表。

题书者不详。

【注】法器：语出唐朝著名诗僧齐己（863—937）的《赠念法华经僧》诗歌：“言公少年真法器，白昼不出夜不睡。”此指僧、道举行宗教仪式所用的器具、道具。

塞苍冥：语出南宋文天祥（1236—1283）的《正气歌》："于人曰浩然，沛乎塞苍冥。皇路当清夷，含和吐明庭。"塞：语出春秋时期《礼记·孔子闲居》："志气塞乎天地。"注曰："满也。"苍冥：语出北周文学家庾信（513—581）的《贺平邺都表》："然后命东后，诏苍冥。"苍天的意思。

奠：祭奠的意思。俎：俎豆的意思。俎豆：语出《论语·卫灵公》："俎豆之事则尝闻之矣，军旅之事未之学也。"是古代祭祀、宴飨时盛食物用的两种器皿。亦泛指各种礼器。例如：东汉史学家班固（32—92）的《东都赋》之中有"献酬交错，俎豆莘莘。下舞上歌，蹈德咏仁"之说。

千秋：千秋万年。

大名垂宇宙：语出唐代诗人杜甫《咏怀古迹五首》诗歌："诸葛大名垂宇宙，宗臣遗像肃清高。"意思是说，诸葛亮的美好名声传播于天地之间。

出师一表：诸葛亮《出师表》有前、后两个，其中前《出师表》出现在《三国志·蜀书·诸葛亮传》正文中，而后《出师表》却出现在裴松之注引吴国张俨《默记》之中。正因为如此，历史上个别文人学士就认为后《出师表》属于后世人附会的作品，不应该是诸葛亮的作品，故而只承认前《出师表》是诸葛亮原作，才称之为"出师一表"。例如：南宋诗人陆游（1125—1210）的《书愤五首·其一》诗歌中有"出师一表真名士，千载谁堪伯仲间"。他在《病起书怀》诗歌中也有"出师一表通今古，夜半挑灯更细看"之说。

【释】祭祀诸葛亮使用器具充满了苍天之下，俎豆祭奠千秋万年；

诸葛亮美好名声传播天地之间，主要是因他的《出师表》。

恩垂三顾蜀先主；
富佑千秋岭后亨。

题书者不详。

【注】恩：此指恩德、恩惠、感恩的意思。

垂：垂范的意思。

三顾蜀先主：汉室后裔的蜀汉先主刘备为了匡扶汉室而思贤若渴，急需要名士出谋划策进行辅佐。为此，他曾经在建安十二年（207）冬天，屈尊三顾茅庐，恳请在襄阳隆中隐居躬耕的诸葛亮指点迷津并且出山辅佐，以便实现他兴复汉室的宏图大业。

富佑千秋岭后亨：希望诸葛亮千秋万年护佑岭后亨村的老百姓富裕。

【释】诸葛亮感恩蜀汉先主刘备能够垂范屈尊三顾茅庐；

希望诸葛亮千秋万年护佑岭后亨村的老百姓富裕。

羽扇纶巾天下士；
文经武纬后人师。

书者不详。

【注】此楹联是道光五年（1825），陕西总督太子太傅、兵部尚书四川崇庆杨遇春题于今汉中勉县武侯祠。甲子年（1984）夏，陕西老年书画学会理事长、老科协书画研究院院长黎牧樵补书，至今仍然在大殿之中保存完好。因此，这里属于仿制品。

羽扇纶巾：语出魏晋时期文学家裴启的《语林》：“诸葛武侯与宣王在渭滨将战，武侯乘素舆，葛巾，白羽扇，指挥三军。”手拿羽毛扇，头戴青丝巾。形容儒雅从容，举止潇洒。

纶巾：用丝带制作的头巾，亦名诸葛巾。明万历年间《三才图会·衣服一》记载说：“诸葛巾，一名纶巾。诸葛武侯常服纶巾，执羽扇，指挥军事。”

后来多以“羽扇纶巾”来形容大将指挥若定潇洒从容。例如：北宋文学家苏轼（1037—1101）的《念奴娇·赤壁怀古》词有“羽扇纶巾，谈笑间，樯橹灰飞烟灭”。比喻东吴大都督周瑜赤壁之战时的装束和举止十分潇洒。再如：明代诗人刁翼《望定军山诸葛公墓》有“羽扇纶巾将相荣，定军山下久屯营”之句。

天下士：天下的名士。

文经武纬：语出唐代著名书法家颜真卿的《颜鲁公文集·郭公庙碑记》：“文经武纬，训徒陟空。”泛指古代治理国家能文能武的才干，亦称文武经略。例如，《隋书·高帝纪》有“文武经略，久播朝野”之句。

后人师：语出近代史学家梁启超（1873—1929）的《纪事二十四首》之十三：“一夫一妻世界会，我与浏阳实创之。尊重公权割私爱，须将身作后人师。”此指后世人的师表、典范。

【释】手持羽扇头戴纶巾潇洒从容指挥军事诸葛亮不愧是天下名士；
在治理国家文武才干方面诸葛亮堪称是后世人的师表与典范。

神算决三分，伊吕洵堪称伯仲；
奇才真十倍，萧曹未许比经纶。

书者不详。

【注】此楹联原文是：“大业定三分，伊吕询堪称伯仲；奇才真十倍，萧曹未许比经纶。”光绪戊寅（1878）仲冬（十一月），长安信士潘矩墉题书于今汉中勉县的武侯墓，至今仍然保存悬挂在大殿之中，完好无损。因此，这里

只是在上联改动了三个字，其余的文字没有动，属于修改仿制品。

神算：语出《后汉书·循吏传·王涣》："涣又能以谲数发擿奸伏，京师称叹，以为涣有神筭。"唐代章怀太子李贤（655—684）注曰："智筭若神也。"令人称绝的神奇算计。筭与算，同音同意。

决三分：此指诸葛亮全力辅佐弱蜀帝业，最终促成了三国鼎立的局面。

清代文学家王一奎《诸葛武侯墓》诗歌有"三分天下悬图画，分裂疆域魏与吴"之说。

伊：指商朝初期辅佐贤相伊尹。伊尹做了商朝几个国王的相，为商朝延续600多年奠定了坚实的政治基础，成为中国历史上第一个有名的贤相。

吕：吕氏后裔，名望，人称吕尚、吕望，本名姜尚，字子牙，是周朝初期辅佐贤相，被周文王封为"太师"，尊为"师尚父"，全力辅佐文王，成为中国历史上最享盛名的政治家、军事家和谋略家。

洵堪：意即实在可以。

伯仲：语出《诗经·小雅·何人斯》："伯氏吹壎，仲氏吹篪。"汉郑玄注曰："伯仲，喻兄弟也。"古代以伯、仲、叔、季之称来区分兄弟之间的老大、老二、老三、老四。除此之外，伯仲亦形容比肩而论，不相上下。例如，东晋文学家王羲之（303—361）的《与谢安书》："蜀中山水，如峨眉山，夏含霜雹，碑板之所闻，昆嵛之伯仲也。"再如：梁武帝萧衍长子萧统在《文选·魏文帝》中也有"付毅之与班固，伯仲之间耳"之说。

奇才：语出《史记·商君列传》："公孙鞅，年虽少，有奇才。"此指具有特殊才能的人。例如：《三国志·蜀书·诸葛亮传》记载"宣王案行其营垒处曰：天下奇才也"。

真十倍：语出《三国志·蜀书·诸葛亮传》刘备托孤时嘱诸葛亮语："君才十倍于丕，必能安邦定国，终定大事。"评价诸葛亮真正具有货真价实的才能。

例如：北宋翰林学士宋祁（998—1061）的《孔明书台》诗歌有"十倍奇才安用书，此台昔日知有无"之句。

萧曹：指西汉初年辅佐高祖刘邦建立帝业的开国功臣萧何、曹参二人。

萧何为宰相，封鄼侯。曹参为平阳侯，萧何死后接任宰相。

未许比：不可能相比。

经纶：语出《易经·屯》："君子以经纶。"唐代经学家孔颖达（574—684）注疏曰："经谓经纬，纶谓纲纶，言君子法此屯象有为之时，以经纶天下，约束于物。"指处理国家大事的经国济民才能。例如：南朝宋诗人张演（1248—1320）的《武侯墓》诗有"勋业伊周亚，经纶楚汉前"。再如：唐代史学家刘知几（661—721）的《史通·暗惑》亦有“魏武经纶霸业，南面受朝”之说。

【释】令人称绝的神奇计策促成了魏蜀吴三分天下，诸葛亮巨大业绩与功名实在可与伊尹和吕望比肩而论；

诸葛亮是真正完美少有的特殊人才，西汉时期萧何与曹参二人也不可能比得上他经国济民政治才能。

16. 中山市港头村沙溪祖庙匾额 2 方、楹联 1 副

港头村，亦称港园村，距离岭后亨村 1 公里，是港头和塔园两村各取一字为名，也就是中山市沙溪镇所在地，这里有一座沙溪祖庙，也祭祀诸葛亮。

据说该庙始建于明代，因年久失修早已破败不堪，所以，20 世纪 50 年代被拆除，仅存石刻“沙溪祖庙”庙额。

2004 年，当地的旅港乡亲黎灿倡议重建祖庙，并慷慨捐助 25 万元，村民积极响应，在海内外本地侨胞纷纷解囊捐助的基础上，仅利用三个多月时间就竣工了。重建的祖庙，是一座面阔三间两进的硬山式仿古建筑，建筑面积 150 平方米。

大门庙额利用了遗留下来的石刻“沙溪祖庙”横匾，两侧楹联也是旧联新刻，内容是“勋助汉统；道济民生”。题书者不详。

庙内正殿神龛上方高悬“恩泽护民”匾额。题书者不详。

神龛正中有诸葛亮彩塑神像，神龛之下分别是姜维和马岱的陪祀塑像。

诸葛亮塑像左右两边，分别有东汉时期神医华佗（145—208）以及王来任（字宏宇，奉天，今辽宁省沈阳市人，汉军正黄旗，清顺治年间进士。康熙初年以副都御史奉命巡抚广东，遂出任广东巡抚。在任期间，他体察民情，深得民心）的陪祀。

殿内左边神龛内，祭祀文昌帝君（又称更生永命天尊，即文昌星君，是中国民间和道教尊奉的掌管士人功名禄位之神），神龛之下有魁星（中国古代神话中主宰文章兴衰的神，在儒士学子心目中魁星具有至高无上的地位）立像。

殿内右边神龛内，祭祀的是金花夫人（是中国民间信仰的送子女神。广州市很多地方都有金花庙，奉祀金花夫人）。

沙溪祖庙

题书者不详。

【注】沙溪：此指中山市沙溪镇，古称隆都，紧邻中山市城区西部，总面积 55 平方公里，辖区内设有 15 个行政村和 1 个社区，常住人口 12.17 万人，

户籍人口 6.54 万人，有海外侨胞、港澳台同胞 8 万人。

祖庙：语出《周礼·春官·甸祝》：“舍奠于祖庙。”此指祭祀祖先的庙堂。例如，《旧唐书·文苑传下·刘蕡》有“神器固有归，天命固有分，祖庙固有灵，忠臣固有心，陛下其念之哉”之说。

【释】沙溪镇祭祀祖先的庙宇。

恩泽护民

题书者不详。

【注】恩泽：语出《史记·律书》：“今陛下仁惠抚百姓，恩泽加海内。”此指帝王恩德惠泽及人。例如：唐代著名小说家薛用弱编著的《集异记·张镒》有“因奏事称旨，代宗面许宰相，恩泽独厚”之说。

护民：保护民众的意思。

【释】诸葛亮恩德保护着民众。

勋助汉统；
道济民生。

题书者不详。

【注】勋：功勋、勋劳、勋业的意思。

助：有助于的意思。

汉统：语出《三国演义》第八十五回“刘先主遗诏托孤儿”：“孔明曰：国不可一日无君，请立嗣君，以承汉统。”此指汉室江山的正统帝业。

道济：语出北宋文学家苏轼的《潮州韩文公庙碑》中对韩愈评价说：“文起八代之衰，而道济天下之溺；忠犯人主之怒，而勇夺三军之帅。”

此指用高尚的道德思想救济帮助众人。

民生：语出《左传·宣公十二年》：“民生在勤，勤则不匮。”此指人民的生活。例如：明代文坛四杰之一何景明（1483—1521）的《应诏陈言治安疏》有“民生已困，寇盗未息，兵马弛备，财力并竭”之说。

【释】诸葛亮功勋有助于汉室江山的正统帝业；
诸葛亮高尚道德思想救济帮助民众生活。

17. 中山市水溪村三王庙匾额 1 方、楹联 4 副

距离沙溪镇岭后亨村 3 公里的水溪村有一座三王庙，坐西北向东南，面阔三间两进的硬山式仿古建筑，建筑面积 200 多平方米，主祀诸葛武侯，始建年

代不详。光绪十五年（1889）进行了重修，2007 年再次重修。庙门正中上方阳刻“三王庙”匾额，题书者不详。

两侧的楹联是：“玉灵端北阙；英勇镇西乡。”题书者不详。

庙内正中神龛上，有诸葛武侯的彩塑神像，形象端庄，神采奕奕。龛联内容是：“一点忠心昭日月；千秋如意壮乾坤。”题书者不详。

诸葛亮塑像的左右两边，有三国蜀汉后期将领马岱与姜维的彩塑神像。

正殿的墙壁楹联是“三顾频烦天下计；一番晤对古今情”。

正殿柱子上楹联是“三顾频烦天下计；两朝开济老臣心”。

正殿左边神龛内，祭祀的是三国蜀汉仁义先师、武财神关羽。

右边神龛内，祭祀的是曾经造福于当地老百姓的广东巡抚王来任。

据清雍正《广东通志·名宦志·王来任列传》记载说：王来任（？—1668），字宏宇，奉天（今辽宁省沈阳市）人，汉军正黄旗，天聪八年（1634）举人，顺治年间进士。“康熙四年（1665）以副都御史巡抚广东，时粤地屡经盗寇，赋役未减，平靖两藩轻视民命，来任至，安集流亡，咨询疾苦。”他在任期间，忠勤敬业，体察民情，深得人心。

特别是，当时朝廷为了收复台湾而发布了“迁界禁海令”，造成广东沿海地区民不聊生怨声载道，他因同情迁民，执行上司命令不力，康熙七年（1668）被罢官还京，不久病倒去世。

临终前，他挂记广东迁民之苦，带病冒死写下了《展界复乡疏》，向皇上奏报当时广东因为“迁界禁海令”而造成夫役、民船、采卖、私抽、诬盗、擅杀等六大弊端，特谏请朝廷解除禁令，让迁民回乡复耕，安居乐业。此疏得到了朝廷的关注，康熙皇帝恩准逐条施行。

康熙八年（1669）正月，两广总督周有德（？—1680）奉旨弛禁展界，动员迁民回归故里复耕，百姓如获再生。正因为如此，王来任深得当地老百姓拥戴，为他立碑、塑像以示纪念。

三王庙

题书者不详。

【注】三王：此指蜀汉丞相诸葛亮、三国时期“威震华夏”的蜀汉名将关羽以及康熙年间的广东巡抚王来任。由于诸葛亮在历史上曾经多次被追封为王，与孔子同庙祭祀，关羽也曾经在清顺治九年（1652）被敕封为“忠义神武灵佑仁勇威显关圣大帝”，崇为“武圣”，与“文圣”孔子齐名。而广东巡抚王来任，则以姓王代指为王，故称之为“三王”。

庙：祭祀祖宗、先贤与英烈、名人的庙宇。

【释】祭祀诸葛亮关羽王来任先贤的庙宇。

玉灵端北阙；
英勇镇西乡。

题书者不详。

【注】玉灵：语出《史记·龟策列传》：“今日吉，谨以粱卵焍黄，祓去玉灵之不祥。”此指神龟。例如：唐代诗人韦应物（737—792）的《鼋头山神女歌》诗歌有“碧水冥空惟鸟飞，长天何处云随雨。红蕖绿苹芳意多，玉灵荡漾凌清波”之句。

神龟，在古代称为“玄武”，是代表北方的神。例如：《楚辞·远游》有“召玄武而奔属”。北宋史学家洪兴祖（1090—1155）补注曰：“玄武为龟蛇，位在北方曰玄，身有鳞甲故曰武。”再如：《后汉书·王梁传》也有“玄武，北方之神”的说法。

除此之外，神龟还是古代规格较高碑刻下面的碑座“赑屃”代名词。由于赑屃碑座形状如极大的乌龟，因此，老百姓历来都俗称为“神龟碑座”或者是“乌龟碑座”。

赑屃（bì xì）：据明代医学家李时珍（1518—1593）的《本草纲目·介部一》记载说：“赑屃者，有力貌，今碑趺象之。”清初文学家褚人获（1635—1682）的《坚瓠集》记载说：“赑屃，形似龟，好负重，今石碑下龟趺是也。”清代文学家高士奇（1645—1704）的《天禄识余·龙种》也记载说：“俗传龙子九种，各有所好，一曰赑屃，形似龟，好负重，今石碑下龟趺是也。”端：端庄的意思。

北阙：语出《汉书·高帝纪下》：“萧何治未央宫，立东阙、北阙、前殿、武库、太仓。”泛指古代宫殿北面的门楼，是臣子等候朝见或上书奏事之处。此指三王庙北面门楼前立的纪念王来任的神龟碑刻。

英勇：语出《新五代史·楚世家·马殷》：“马公英勇，可共立之。”此指视死如归，威武不屈的意思。

镇：语出《资治通鉴·唐纪》：“留五百人镇之。”镇守的意思。

西乡：此指西面的蜀汉国家乡土。

【释】纪念王来任的神龟碑刻端庄地树立在三王庙北面的门楼前；
诸葛亮一生都视死如归威武不屈地镇守着西面的蜀汉乡土。

一点忠心昭日月；
千秋如意壮乾坤。

题书者不详。

【注】一点忠心：忠贞不二之心。

昭日月：语出西汉文学家伏生（公元前260—公元前161）编撰的《尚书大传》："子夏读书毕，见夫子，夫子问之，何为于书？子夏曰：书之论事，昭昭如日月之代明，离离如参辰之错行，商所受于夫子者，志之于心，不敢忘也。"此指丰功伟绩，人所共见。

千秋：语出西汉名将李陵（公元前134—公元前74）的《与苏武》诗歌："嘉会难再遇，三载为千秋。"泛指千秋万年。例如：毛泽东《念奴娇·昆仑》词有："千秋功罪，谁人曾与评说。"

如意：语出《汉书·京房传》："臣疑陛下虽行此道，犹不得如意。"此指符合心意。

壮：强盛、强大的意思。

乾坤：语出《易经·说卦》："乾为天……坤为地。"此指天地之间。

【释】诸葛亮关羽和王来任的赤胆忠心人所共见；

千秋万年符合民众的意愿强大于天地之间。

三顾频烦天下计；
一番晤对古今情。

书者不详。

【注】三顾频烦天下计，一番晤对古今情：此联是董必武于1965年1月游成都武侯祠所题，至今仍然悬挂，完好无损。因此此处属于仿制品。

三顾频烦天下计：语出唐代著名诗人杜甫《蜀相》诗歌："三顾频烦天下计，两朝开济老臣心。出师未捷身先死，长使英雄泪满襟。"

此指汉室后裔刘备为匡扶汉室急需要名士指点迷津，所以在建安十二年（207）冬曾屈尊三次前往襄阳隆中，恳请在这里隐居躬耕的诸葛孔明出谋划策。

一番晤对古今情：诸葛亮与刘备的一番会面谈话，就建立了鱼水般的深厚感情，成了千古美谈。

晤对：语出北宋王谠《唐语林·豪爽》："辛氏郎君，来谒丞相，於晤对之间，未甚周至。"会面交谈的意思。

【释】汉室后裔刘备曾屈尊三顾茅庐恳请诸葛亮指点匡扶汉室一统江山大计；

诸葛亮与刘备的一番会面谈话就建立了鱼水般深厚感情成为千古美谈。

三顾频烦天下计；
两朝开济老臣心。

书者不详。

【注】此楹联是光绪十五年（1889）冬，湖北兵备使者陈维周为古隆中牌坊题书，同时，还题书有“古隆中”匾额以及“襄樊卧龙胜地，三代而下一人”；“伯仲之间见伊吕，指挥若定失萧曹”楹联，以纪念诸葛孔明。所以，此处属于仿制品。

三顾频烦天下计，两朝开济老臣心：语出唐代诗人杜甫《蜀相》诗歌：“丞相祠堂何处寻，锦官城外柏森森。映阶碧草自春色，隔叶黄鹂空好音。三顾频烦天下计，两朝开济老臣心。出师未捷身先死，长使英雄泪满襟。”

上联是说，汉室后裔刘备为匡扶汉室求贤若渴，曾经频繁屈尊三顾茅庐，请求诸葛亮指点迷津，出谋划策。诸葛亮十分感激刘备的屈尊三顾，为其认真地分析了当时的天下形势，制定了兴复汉室一统江山的《隆中对策》大计。

下联是说，诸葛亮被刘备恳请出山辅佐，一步步实现《隆中对策》建立了蜀汉政权，白帝城托孤后又辅佐后主刘禅治理蜀汉国家，南征平叛、北伐曹魏，充分体现了他这个老臣“鞠躬尽瘁，死而后已”辅佐两朝的忠君爱国之心。

【释】为了匡扶汉室刘备曾经频繁屈尊三顾茅庐为的是请求诸葛亮指点迷津出谋划策制定兴复汉室一统江山的大计；

诸葛亮先后辅佐了先主刘备与后主刘禅两朝皇帝充分体现了这个老臣“鞠躬尽瘁死而后已”的忠君爱国之心。

18. 中山市南城村武乡侯帅府庙匾额 2 方、楹联 2 副

中山市南头镇接近顺德市，该镇的南城社区南城村孔明街路口有一座“武乡侯帅府庙”，当地人称之为“孔明庙”。

据当地村民说，很久以前，附近原是一望无际的大海，后来海水泥沙淤积成为海岸，这里就慢慢地变成了居民区。有一天，海边漂来一尊孔明像，村民便在此地建庙供奉，称为“武乡侯帅府庙”，最后一次修建是清光绪十年（1884），所以，早已经破败不堪了。

1985 年，在侨港同胞黄德华倡导捐资下，得到各方乡会的重视支持，村民们又纷纷自愿募捐资金，在原址重新修建“武乡侯帅府庙”，占地面积 600 平方米，建筑面积 300 平方米，庙前有绿色琉璃瓦顶的遮雨廊，其后为诸葛亮的丞相府。门口的楹联是：“辅汉如龙，勋成鼎业；镇威伏虎，泽被民生。”

题书者不详。

再往里，就是正殿，门口正中为“武乡侯帅府庙”匾额，门两侧的楹联是：“人事补中天，功成西蜀；神威临下界，泽沛南头。”题书者不详。

殿内正中神龛上的匾额是“孔明圣殿”，神龛之中有诸葛亮坐像，头戴紫色八卦帽，身披紫色八卦袍，神采奕奕，肃穆庄重。

左边神龛祭祀有观世音菩萨塑像，右边神龛祭祀有赵公明（名朗，字公明，称赵公元帅，为道教四大元帅之一，多为黑面浓须，骑黑虎，一手执银鞭，一手持元宝，全副戎装，相传为正财神，司掌世间财源）塑像。

除此之外，庙内还有“圣母殿”，祭祀圣父圣母（是武当山道教真武大帝父母的尊称，其父为净乐国国王，母亲为善胜皇后。真武在武当山修道成仙以后，父母随之而被玉皇大帝分封，其父为“净乐天君明真大帝”，其母封为“善胜太后琼真上仙”，居住在龙变梵度天无欲宫。正因为如此，道教尊奉其父母为“圣父圣母”）。

据民国时期的《佛山忠义乡志》记载说：“按粤俗，各庙无论天神、地祇，具供有圣亲牌位，谓之圣父圣母，殊不可解。”如此看来，这种习俗，源远流长了。

该庙每年举办三次庙会，即农历正月十二的花灯酒会、农历四月十四孔明诞辰纪念庙会、农历八月二十四的鸣炮大会。

武乡侯帅府庙

题书者不详。

【注】武乡侯：据《三国志·蜀书·诸葛亮传》记载说，章武三年（223）四月，先主刘备在白帝城驾崩，诸葛亮受命全权辅佐太子刘禅继位后，遂改元建兴，封诸葛亮为“武乡侯，开府治事。顷之，又领益州牧。政事无巨细，咸决于亮”。建兴十二年（234）八月二十八，诸葛亮死后，刘禅又“赠君丞相武乡侯印绶，谥君为忠武侯”。从此后，“武乡侯”就成了诸葛亮的代名词。

帅府：将帅处理公务的府署。例如：明代杭州人剧作家吾邱瑞所著《运甓记·弃官就辟》之中有“小生且喜已到帅府门首了”之句。

庙：祭祀祖宗、先贤、英烈、名人的祠庙。

【释】诸葛亮将帅府庙宇。

孔明圣殿

题书者不详。

【注】孔明：据《三国志·蜀书·诸葛亮传》记载说：“诸葛亮，字孔明。”

圣殿：神圣的殿宇。

【释】纪念诸葛亮的神圣殿宇。

辅汉如龙，勋成鼎业；
镇威伏虎，泽被民生。

题书者不详。

【注】辅汉：辅佐汉室。

如：好像、好比的意思。

龙：语出东汉史学家王充（27—97）的《论衡·纪妖》："祖龙死，谓始皇也。祖，人之本，龙，人君之象也。"在古代龙是帝王象征，更是中华民族自立于世界之林的象征。

勋：功勋、功劳。

鼎业：语出《周书·文闵明武宣诸子传论》："是以齐晋帅礼，鼎业倾而复振。温陶释位，王纲弛而更张。"此指帝王之大业。例如：唐代名相姚崇（651—721）的《奉和圣制龙池篇》有"恭闻帝里生灵沼，应报明君鼎业新"。

镇威：震慑的威力。

伏虎：语出明代戏剧家沈璟（1553—1610）的《义侠记·释义》："因此上屈弓腰，舒猿臂；要降龙，思伏虎。"降龙伏虎的意思。例如：陈毅（1901—1972）元帅的《悼罗炳辉将军》诗歌有"自有擎天手，伏虎又降龙"之说。

泽被：把恩惠、恩泽施加于某事物之上。泽：恩泽，恩惠。被：施及，加于其上。例如，陶铸（1908—1969）的《崇高的理想》有"李冰父子为了解决当时成都平原的水利问题，不知克服了多少困难，终于修成了泽被后世的都江堰"之说。

民生：语出《左传·宣公十二年》："民生在勤，勤则不匮。"此指人民的生活。例如：明代文学家何景明（1483—1521）的《应诏陈言治安疏》就有"民生已困，寇盗未息，兵马弛备，财力并竭"之说。

【释】辅佐汉室好比辅佐帝王，诸葛亮的功勋在于成就了蜀汉帝王大业；
诸葛亮的震慑威力可以降龙伏虎，他的恩惠泽被了后代人民生活。

人事补中天，功成西蜀；
神威临下界，泽沛南头。

题书者不详。

【注】人事：语出《孟子·告子上》："虽有不同，则地有肥硗，雨露之养、人事之不齐也。"此指人力所为之事。

补：弥补、补救的意思。

中天：语出《后汉书·刘陶传》：“伏惟陛下年隆德茂，中天称号。”天运正中的意思，亦比喻帝王大业盛世。例如：清代文学家王韬（1828—1897）的《变法上》有“唐虞继统，号曰中天，则为文明之天下”之说。

功成西蜀：功业成就于益州。西蜀：此指西部的益州。

神威临下界：诸葛亮的神灵威力光临下界。

泽沛：恩泽充沛广大。

南头：中山市南头镇。

【释】人力所为补救了蜀汉国家的盛世，诸葛亮功业成就于益州；

诸葛亮神灵威力光临下界，恩泽充沛广大于中山市南头镇。

19. 中山市北台村武侯庙匾额3方、楹联5副

北台村，是中山市南区一个村，因村东面有北台山而得名，是著名的侨乡，华侨旅居以美洲、澳洲为主。近代历史中，曾涌现出一大批精英人物，例如：檀香山稻糖业巨子杨著昆、空军之父杨仙逸、中国TNT炸药之父林炳光、中国第一位航校校长杨官宇等名人。

村中的武侯庙，始建于清光绪二年（1876），是一座面阔三间两进的硬山式仿古建筑，青砖墙体，绿色琉璃瓦房盖，门额石刻“武侯庙”匾额，两侧柱子上的楹联是：“名垂西蜀；绩著南阳。”题书者不详。

由于该庙年久失修，已经破败不堪，所以，2012年，村民与海内外本村侨胞共同集资200多万元，在旧庙的基础上进行了重修，建筑面积不详。

今天的武侯庙，在北台村之中，一周有围墙，西边是正门。

门额上方有“荫溪”二字石刻匾额，门柱的楹联是：“溪畔犹闻梁甫曲；门前曾驻使君车。”题书者不详。

进入院子，是一个小广场，武侯庙位于小广场北侧，面向东南方的北溪河，建筑面积200多平方米。可能是因为诸葛亮有“卧龙”之称的缘故，这里仿古建筑上龙的雕刻与图案特别多。主题建

筑是硬山式，墙体是青灰色石刻图案墙面，屋顶是橙红色琉璃瓦，屋脊正中由“二龙戏珠”图案组成，两端各有一个琉璃彩塑凤凰，从整体来看，形成了龙凤呈祥。

庙正门上方有“武侯庙”匾额，两侧石柱上浮雕有双蟠龙，门口楹联是：“文韬施将略；武库蕴神机。”题书者不详。

墙体上，全部镶嵌着浮雕的石刻三国故事和吉祥如意的图案。

进入正门是天井，沿中轴道护栏的石阶梯而上就是正殿，殿内有两根硕大的蟠龙石柱，正中神龛内是诸葛亮的彩塑神像，头戴湛蓝色纶巾，身着描金八卦与祥云图案的琥珀色袍服，右手持羽扇，左手按在膝盖上，目视前方，神态祥和，似运筹帷幄之中。

神龛左右柱子上楹联是：“忠怀天下计；智贯古今韬。”题书者不详。

神龛前面是彩绣宝帐，左右垂帷刺绣有楹联，内容是：“诸葛大名垂宇宙；宗臣遗像肃清高。”正中上部的横批是“诸葛武侯”。题书者不详。

正殿左面神龛内，祭祀的是天后娘娘（妈祖，沿海地区重要的民间信仰），右边神龛内祭祀的是牛王（即牛神，乃农家敬奉的保护耕牛之神，祭祀牛王最早可追溯到春秋时代）。

门厅和正殿之间左右两廊墙壁上，镶嵌有2012年的《北台重建武侯庙碑记》。

据守庙人杨老先生说，北台村武侯庙香火最旺盛的是每年端午节。这时候，村民都会用轿子抬着一尊小型的武侯神像在村子里巡游，老百姓会沿途祭祀参拜。巡游之后村里就大摆宴席，村民都会聚在一起吃饭，一般要摆50余席，非常热闹。

武侯庙

题书者不详。

【注】武侯：诸葛亮生前被后主刘禅封为“武乡侯”，死后又被追谥为“忠武侯”，因此，武侯就是诸葛亮的代名词。

庙：纪念祖宗、先贤、英烈、名人、神仙的庙宇。

【释】纪念诸葛亮的庙宇。

荫溪

题书者不详。

【注】荫：语出《淮南子·人间》：“武王荫暍人于樾下。”暗地里庇佑保护的意思。例如：《隋书·柳述传》有“少以父荫”之说。

溪：此指北溪河的老百姓。

【释】神灵庇佑北溪河老百姓。

诸葛武侯

题书者不详。

【注】诸葛：复姓。诸葛亮远祖是秦末农民起义军首领陈胜功臣大将葛婴（？—公元前209），可是被陈胜所杀。西汉文帝时期，追封葛婴之孙为诸县侯，后来迁徙到了阳都县（今山东省沂南县）。由于这里有了葛姓，于是就称为诸葛进行区别，诸葛复姓因此而来。

据《三国志·吴书·诸葛瑾传》裴松之注引应劭《风俗通义》说："葛婴为陈涉将军，有功而诛，孝文帝追录，封其孙诸县侯。"裴松之注引韦昭《吴书》还记载说："起先葛氏，本琅琊诸县人，后徙阳都。阳都先有葛姓者，时人谓之诸葛，因以为氏。"

保存在兰溪诸葛八卦村大公堂经过历史上十六次续修的《诸葛氏宗谱》也记载说"诸葛氏为汉诸县侯葛婴之后，而光大于三国两晋之际"。

《诸葛氏宗谱·序》还说："诸葛氏，山东老世家也。姓氏之源，自葛氏始……至秦汉间，有葛婴者，为陈涉将，有功被诛。汉文帝追录，封其为诸县侯，因以为氏。"

武侯：223年5月，后主刘禅继位，改元建兴，遂封诸葛亮为"武乡侯，领益州牧"，建兴十二年（234）8月，诸葛亮病死后，又被追谥为"忠武侯"，因此，武侯就是诸葛亮的代名词。

【释】武乡侯诸葛亮。

名垂西蜀；
绩著南阳。

题书者不详。

【注】名垂：语出《史记·越王勾践世家》："范蠡三迁皆有荣名，名垂后世。"名：功名、大名、功德业绩。垂：垂范，亦指留传后世的意思。

西蜀：语出唐代诗人杜甫的《诸将》诗之五："西蜀地形天下险，安危须仗出群材。"西部的益州古为蜀地，因在西方故称"西蜀"。例如，元代文学家揭傒斯（1274—1344）的《云锦溪棹歌》有"西蜀锦江那得似，西湖绿水更须怜"之句。

绩：事迹、业绩的意思。

著：语出《礼记·大学》："掩其不善，而著其善。"显现、显著、昭显、彰显的意思。

南阳：两汉时期郡名，辖 37 县，属荆州，治所在今河南省南阳市。东汉末年，诸葛亮曾经在南阳郡的襄阳隆中隐居躬耕，建安十二年（207）冬，汉室后裔刘备为了匡扶汉室，曾屈尊三顾茅庐，恳请诸葛亮指点迷津并且出山辅佐。因此，诸葛亮在《出师表》中说："臣本布衣，躬耕于南阳，苟全性命于乱世，不求闻达于诸侯。"

【释】诸葛亮的功德业绩垂范于西部益州；
诸葛亮隐居躬耕事迹彰显于南阳郡。

溪畔犹闻梁甫曲；
门前曾驻使君车。

题书者不详。

【注】溪畔犹闻梁甫曲：在北溪河的河边好像又听到了诸葛亮吟诵《梁甫吟》的声音。犹闻：好像又听到了。梁甫曲：此指诸葛亮在襄阳隆中隐居躬耕时期，经常吟诵家乡齐鲁地区汉代乐府丧葬歌《梁甫吟》，以寄托自己的情怀。所以《三国志·蜀书·诸葛亮传》记载说："亮躬耕陇亩，好为《梁父吟》。"

门前曾驻使君车：武侯庙的门前曾经停驻过刘备前来恳请诸葛亮出山辅佐的车子。使君：语出《三国志·蜀书·刘璋传》："刘豫州，使君之肺腑，可与交通。"汉代对州牧与刺史的尊称，此指刘备。

据《三国志·蜀书·先主传》记载说，建安四年（199），吕布攻打刘备取徐州时，"先主败走归曹公，厚遇之，以为豫州牧"。紧接着，刘备又帮助曹操在下邳围剿而灭了吕布有功，因此，曹操回到许昌，就表奏汉献帝封刘备为"左将军，礼之愈重，出则同舆，坐则同席"。从此后，刘备就有了"刘使君"或"刘豫州"的称谓。

使君车：此指刘备恳请诸葛亮出山辅佐的车子。自西周初期周文王在渭滨以车子恳请吕望为辅佐贤相后，这个故事就成了历史佳话，后世便以此说来形容君王心诚意笃礼贤卜士。

【释】在北溪河的河边好像又听到了诸葛亮吟诵《梁甫吟》的声音；
武侯庙门前曾经停驻过刘备前来恳请诸葛亮出山辅佐的车子。

文韬施将略；
武库蕴神机。

题书者不详。

【注】文韬：此指先秦时期《六韬》中的文、武、龙、虎、豹、犬六韬用兵谋略。例如：文学家施耐庵（1296—1370）的《水浒传》第四十七回有"你

便有文韬武略，怎逃出地网天罗”之说。

将略：语出《三国志·蜀书·诸葛亮传》：“然亮才于治戎为长，奇谋为短，理民之干，优于将略。”此指用兵的谋略。

武库：语出《汉书·高帝纪下》：“萧何治未央宫，立东阙、北阙、前殿、武库、大仓。”泛指储藏战备物资仓库。此指诸葛亮战略智慧库。

蕴：蕴藏的意思。

神机：语出前蜀宰相韦庄（836—910）的《闻官军继至未睹凯旋》诗歌：“已有孔明传将略，更闻王导得神机。”此指灵巧机变的计谋。

【释】诸葛亮文治韬略能够施展出用兵谋略；
诸葛亮战略智慧库蕴藏灵巧机变计谋。

忠怀天下计；
智贯古今韬。

题书者不详。

【注】忠：忠心、忠诚、忠君爱国的意思。

怀：胸怀的意思。

天下计：语出唐代诗人杜甫的《蜀相》诗歌：“三顾频烦天下计，两朝开济老臣心。”此指安邦定国的天下大计。

智：智慧的意思。

贯：贯穿的意思。

古今：古往今来的意思。

韬：文韬武略的意思。

【释】诸葛亮忠君爱国胸怀安邦定国天下大计；
诸葛亮智慧贯穿着古往今来的文韬武略。

诸葛大名垂宇宙；
宗臣遗像肃清高。

书者不详。

【注】上、下联文语出唐代诗人杜甫《咏怀古迹五首》诗歌之五：“诸葛大名垂宇宙，宗臣遗像肃清高。三分割据纡筹策，万古云霄一羽毛。伯仲之间见伊吕，指挥若定失萧曹。运移汉祚终难复，志决身歼军务劳。”

诸葛大名垂宇宙：诸葛亮的大名流传于天地之间。垂：流传。宇宙：天地之间的意思。

宗臣：语出《汉书·萧何曹参传赞》：“淮阴黥布等已灭，唯何参擅功名，位冠群臣，声施后世，为一代之宗臣，庆流苗裔，盛矣哉。”隋唐时期历史学家颜师古（581—645）注曰：“言为后世之所尊仰，故曰宗臣也。”此指世所敬仰的名臣。

遗像：此指先主刘备与诸葛亮的塑像。

肃清高：肃穆清高的意思。

【释】诸葛亮的大名流传于天地之间；
世所敬仰的名臣塑像肃穆清高。

20. 中山市马溪村武侯祖庙匾额 2 方、楹联 4 副

马溪村，在中山市五桂县五桂山镇，因村边有马溪河而得名，是桂南村下辖的九个自然村之一。武侯祖庙在村头，背靠五桂山，面向池塘。

据《中山地理志》记载：此庙建于清康熙五十九年（1720），咸丰辛酉年（1861）和 1946 年、1991 年曾经修缮，形成了今天的格局。从此以后，这里就是马溪村的老人活动中心。

武侯祖庙一周有围墙，进入山门，是面阔三间两进的硬山式仿古建筑，面积 300 平方米，是这里的主题建筑。祖庙建筑设计独特，山门为风雨廊，门框是花岗岩石，正中有石刻匾额“武侯祖庙”，门前石柱刻着楹联一副，内容是“三分割据纡筹策；万古云霄一羽毛”。

庙内门柱楹联是：“经纶自昔追三代；治化于今遍九州”。落款是“咸丰辛酉年”，即咸丰十一年（1861），题书者不详。正殿前面的柱子上有楹联一副，内容是：“寄命托孤君子节；集思广益大儒心。”题书者不详。

正面神龛摆放着诸葛亮的木雕塑像，头戴纶巾，右手持羽毛扇，左手抚膝盖，神态祥和。神龛之上有“武侯爷”匾额。

两侧楹联是：“神恩普照千门旺；圣德匡扶万户安。”题书者不详。

正殿左边神龛祭祀天后娘娘（妈祖），右边神龛祭祀观世音菩萨。

正殿两侧有回廊与门厅连接，廊道的墙壁上镶嵌有 1991 年《重修武侯祖庙碑记》。

每年正月初七，村民都会自愿地前来祖庙供奉果品，烧香拜祭，并举行隆重的醒狮汇演，热闹非凡。

武侯祖庙

题书者不详。

【注】武侯：诸葛亮生前被后主刘禅封为“武乡侯”，死后又被追谥为“忠武侯”。从此以后，武侯就是诸葛亮的代名词。

祖庙：语出《周礼·春官·甸祝》：“舍奠于祖庙。”此指供奉祭祀祖先的庙宇。例如：《旧唐书·文苑传下·刘蕡》有“神器固有归，天命固有分，祖庙固有灵，忠臣固有心，陛下其念之哉”之说。再如：近代史学家蔡东藩（1877—1945）的《清史通俗演义》第九十七回亦有“边境要区，割削尽去，拊背扼吭，及其祖庙，卧榻之间，鼾声四起”之说。

【释】供奉祭祀祖先诸葛亮的庙宇。

武侯爷

题书者不详。

【注】武侯：诸葛亮生前被封为“武乡侯”，死后被追谥为“忠武侯”。所以，武侯就是诸葛亮的代名词。

爷：对长辈或年长男子的敬称，例如，老爷、大爷、爷爷、太爷。

据清嘉庆七年（1802）夏，沔县（今勉县）知县马允刚镌立的《重修诸葛武侯墓记》碑文记载：“沔民之于武侯也，饮食必祭，水旱、灾异必祷，坟曰爷坟，庙曰爷庙。其相传而致，其祭扫者，非一代也。”

嘉庆至道光年间武侯墓祠主持道人李复心《忠武侯祠墓志·邑人祭》也记载说：“妯娌口角、夫妇不睦，以至鸡鸭琐事，亦哭诉于侯之位前曰：武侯爷爷在上，弟子在下，你老人家前知五百年，后知五百年，中知五百年，是如今活神。弟子某人、某氏为某事……黑处投明，如蒙感应，宝烛长钱送上殿来。”

从上述记载来看，数千年来诸葛亮思想文化以及传说故事，早已经进入了千家万户，并且被世代传承，经久不衰，堪称家喻户晓，妇孺皆知，老百姓把诸葛亮看成是至高无上的先祖与神人。在他们看来，爷就是最亲近、最高尚的称谓，只有这样，才能够充分体现他们对于诸葛亮的尊崇信仰、顶礼膜拜，在思想感情上才可以密不可分地融为一体。

【释】诸葛亮爷爷。

三分割据纡筹策；
万古云霄一羽毛。

书者不详。

【注】上、下联文皆语出唐代诗人杜甫《咏怀古迹》诗歌之五："诸葛大名垂宇宙，宗臣遗像肃清高。三分割据纡筹策，万古云霄一羽毛。伯仲之间见伊吕，指挥若定失萧曹。运移汉祚终难复，志决身歼军务劳。"

三分割据：此指魏蜀吴三分割据鼎立对峙的局面。

纡：纡回、来回。

筹策：语出《史记·孙子吴起列传论》："孙子筹策，庞涓明矣。"筹算、谋划、揣度的意思。

万古：千百万年的意思。

云霄：比喻在众人之上。

一羽毛：只有手拿羽毛扇的诸葛亮一个人。

【释】魏蜀吴三分割据鼎立局面是诸葛亮纡回谋划的结果；
千百万年在众人之上只有手拿羽毛扇诸葛亮一个人。

经纶自昔追三代；
治化於今遍九州。

咸丰辛酉年（1861），题书者不详。

【注】经纶：语出《礼记·中庸》："唯天下至诚，为能经纶天下之大经，立天下之大本，知天地之化育。"比喻筹划处理国家大事。例如：唐代史学家刘知几（661—721）的《史通·暗惑》有"魏武经纶霸业，南面受朝"之说。

自昔：语出《诗经·小雅·楚茨》："自昔何为？我蓺黍稷。"往昔、从前的意思。

追：追溯、追忆的意思。

三代：语出《论语·卫灵公》："斯民也，三代之所以直道而行也。"北宋学者邢昺（932—1010）注疏曰："三代，夏、殷、周也。"

治化：语出南宋文学家陈亮（1143—1196）的《廷对策》："其为朕稽古今之宜，推治化之本，凡可以同风俗、清刑罚、成泰和之效者，悉意条陈之。"此指治理国家，教化人民。

九州：语出《尚书·禹贡》："分天下冀、兖、青、徐、扬、荆、豫、梁、雍为九州。"从此以后，九州就泛指中华大地。例如：《楚辞·离骚》有"思九州之博大兮，岂惟是其有女"。

【释】处理国家大事有才能人物往昔可追溯到夏商周三代；

治理国家教化人民的辉煌业绩至今遍布于中华大地。

寄命托孤君子节；
集思广益大儒心。

题书者不详。

【注】寄命托孤君子节：据《三国志·蜀书·诸葛亮传》记载说，章武三年（223）春天，先主刘备在白帝城病死，临终前向诸葛亮遗命托孤说：“君才十倍曹丕，必能安国，终定大事。若嗣子可辅，辅之；如其不才，君可自取。”

诸葛亮痛哭流涕回答说：“臣敢竭股肱之力，效忠贞之节，继之以死。”

刘备感动得老泪纵横，他诏敕后主刘禅说：“汝与丞相从事，事之如父。”同年五月，17岁太子刘禅继位改元，“建兴元年，封亮武乡侯，开府治事。顷之，又领益州牧。政事无巨细，咸决于亮”。

《三国演义》第八十五回“刘先主遗诏托孤儿，诸葛亮安居平五路”也有此故事详情。正因为如此，白帝城托孤寄命故事，成为中华民族历史长河中流传千年的佳话，从古至今，人们都对诸葛亮高尚品德与君子情怀而赞叹。

君子：语出《周易》：“天行健，君子以自强不息。地势坤，君子以厚德载物。”此指学识渊博而具有高尚品德的人。

节：此指气节、节操。

集思广益：语出诸葛亮的《教与军师长史参军属》：“夫参署者，集众思，广忠益也。”意思是，集中群众的智慧，广泛吸收有益的意见。

大儒：语出《荀子·儒效》：“志安公，行安修，知通统类，如是则可谓大儒矣。大儒者，天子三公也。”此指儒学大师。心：心思、思想、情怀的意思。

【释】先主刘备在白帝城永安宫遗命托孤交代后事十分感念诸葛亮君子节操；

诸葛亮提倡集中群众智慧广泛吸收有益意见的思想具有儒学大师情怀。

神恩普照千门旺；
圣德匡扶万户安。

题书者不详。

【注】神恩：神灵恩泽普惠的意思。

普照：语出南朝梁简文帝《大法颂》序：“慧日普照，毒霜并消。”此指普遍照耀。

千门：千家的意思。

旺：旺盛的意思。

圣德：语出《汉书·外戚传下·孝成赵皇后》：“愚臣既不能深援安危，定金匮之计；又不知推演圣德，述先帝之志。”此指至高无上的道德。

匡扶：语出唐代诗人司空图（837—908）的《太尉琅玡王公河中生祠碑》：“志切匡扶，义唯尊戴，每承诏命，若觐天颜。”匡正扶持的意思。

万户安：此指万户皆安宁。

【释】祈盼诸葛亮的神灵与恩泽普遍地照耀千家都旺盛；

有诸葛亮至高无上思想道德匡正扶持万户皆安宁。

21. 中山市雍陌村南阳祖庙匾额 3 方、楹联 1 副

雍陌村，距离马溪村 3 公里，属于中山市五桂县三乡镇所辖。

据光绪年间《香山县志续编》以及《郑氏雍陌房祖谱牒》记载说：“郑菊叟第九世孙，名子纲，号雍陌，于明朝从桥头迁此。后人为祀先祖，在村西建雍陌府君庙，并以雍陌为村名沿用至今。”

由此而知，这里的村名是因为郑氏第九代先祖郑菊叟从桥头迁徙来此居住而生息繁衍，形成了村落，后世人立祖庙纪念，遂以先祖郑菊叟的号雍陌定为村名，沿用至今。

该村有一座“南阳祖庙”，位于雍陌村上街的“老人康乐中心”东侧，始建于光绪元年（1875），年久失修，破败不堪，因此，1990 年郑氏后裔又进行了重修。

该庙坐西北向东南，面阔三间两进，硬山式仿古建筑，建筑面积 150 多平方米。庙门正中上方阳刻“南阳祖庙”匾额，两侧门柱的楹联是：“功盖三分国；人当万里城。”题书者不详。

正殿内，悬挂两方匾额分别是“德泽万民”“福荫群生”。题书者不详。

正中神龛内有诸葛亮彩塑神像，羽扇纶巾，肃穆庄重。

前后建筑之间，有回廊连接。2012 年 1 月 10 日，这座“雍陌村南阳祖庙”被中山市人民政府公布为“不可移动文物”进行保护。

除此之外，中山市的五桂县三乡镇桥头村、西山村，原来还有武侯庙、南阳庙，今已不存。

南阳祖庙

题书者不详。

【注】南阳：两汉时期郡名，有 37 县，属荆州所辖，治所宛县，即今河南省南阳市。东汉末年，诸葛亮曾在南阳郡襄阳隆中隐居躬耕，他在《出师表》中说“臣本布衣，躬耕于南阳”。所以，后世多以“南阳”代称诸葛亮。

祖庙：语出《周礼·春官·甸祝》：“舍奠于祖庙。”此指供奉祭祀祖先的庙宇。例如：《旧唐书·文苑传下·刘蕡》有“神器固有归，天命固有分，祖庙固有灵，忠臣固有心，陛下其念之哉”之说。

【释】纪念诸葛亮先祖的庙宇。

德泽万民

题书者不详。

【注】德泽万民：语出《韩非子·解老》：“有道之君，外无怨仇于邻敌，而内有德泽于人民。”德：高尚品德。泽：恩泽、惠泽、恩惠的意思。万民：广大人民群众的意思。

【释】诸葛亮的高尚品德恩惠广大人民群众。

福荫群生

题书者不详。

【注】福荫：语出元代无名氏编著的《前汉书评话》：“吕后终托着皇帝福荫。”福庇护佑的意思。例如，《三国演义》第四十八回“宴长江曹操赋诗，锁战船北军用武”之中有“我等终身皆赖丞相福荫”之句。

群生：语出《国语·周语下》：“仪之于民，而度之于群生。”此指老百姓。例如：唐代道家学者元结（719—772）的《大唐中兴颂》有“边将骋兵，毒乱国经，群生失宁”之说。

【释】祈盼诸葛亮神灵福庇护佑老百姓。

功盖三分国；
人当万里城。

题书者不详。

【注】此楹联在中山市的南区曹边村武侯庙也有一副。

功盖三分国：语出唐代诗人杜甫《八阵图》诗歌：“功盖三分国，名成八阵图。江流石不转，遗恨失吞吴。”意思是，诸葛亮功劳冠盖于魏、蜀、吴三分天下的三国。

人当万里城：语出唐开元名相张九龄（678—740）的《奉和圣制送尚书燕国公赴朔方》："宗臣事有征，庙算在休兵。天与三台座，人当万里城。"意思是，人多力量大，可以当作万里长城。

此比喻诸葛亮的影响力好比万里长城一样。

万里城：就是万里长城。春秋战国时期，燕国、赵国诸侯为防御别国入侵，修筑了烽火台，并用城墙连接起来，形成了最早的长城。以后历代君王几乎都加固增修长城。特别是，秦始皇使用了占当时全国总人口的二十分之一近百万劳动力修筑了长城，大约有 10 万里以上，故称作"万里长城"，其历史长达 2000 多年。今天所指的万里长城多指明代修建的长城，地域涵盖今天的新疆、甘肃、宁夏、陕西、内蒙古、山西、河北、北京、天津、辽宁、吉林、黑龙江、河南、山东、湖北、湖南等省、市、自治区。古今中外，凡是到过长城的人，无不惊叹它的磅礴气势、宏伟规模、艰巨工程与防患意义。

【释】诸葛亮功劳冠盖于三分天下的魏蜀吴三国；
诸葛亮的影响力好比万里长城一样的久远。

22. 中山市沾涌村沾溪武侯祖庙匾额 1 方

沾涌村，原名叫沾溪村，距离马溪村 18 公里，属于中山市坦洲镇。

该村三面环山，蜿蜒曲折的沾溪从铁炉山水库往村中蜿蜒流过，山环水绕，村中有一座"沾溪祖庙"，亦称"武侯祖庙"。每年春节期间和武侯诞辰日，这里都要举办隆重的庙会，祭奠祖宗、先贤，开展相应的活动，村民都会争先恐后地参与，热闹非凡，使得整个村子充满了生气。

据民国时期《香山县志续编》记载："文武二帝诸葛武侯庙在谷镇沾涌，乾隆十四年（1749）创建，咸丰六年（1856）重修，宣统二年（1910）复重修。"

又据今沾溪祖庙简介说，该庙乾隆时期称为"文武二帝诸葛武侯庙"，咸丰年间称为"诸葛武侯庙”，宣统时称为“沾溪武侯祖庙”。宣统二年从老高村原石碉楼边迁移到涌口今址，建筑面积 1000 平方米。当年，整座庙宇采用了南洋坤甸木建筑风格建造。

主殿分前、中、后三部分，左右有两廊，并且附设有钟楼、鼓楼等。

主殿正中神龛祭祀诸葛武侯，左边神龛祭祀关羽，右边神龛祭祀北帝（全称北方真武玄天上帝，俗称上帝公、上帝爷或帝爷公，统理北方以及所有水族之民间道教神祇，又称黑帝）。

2013 年，村民及四方信众集资 500 多万元，重建了“沾溪祖庙”。遗憾的是，只有一方“武侯祖庙”匾额，而没有楹联。

武侯祖庙

题书者不详。

【注】武侯：诸葛亮生前被后主刘禅封为“武乡侯”，死后又被追谥为“忠武侯”。所以，武侯就是诸葛亮的代名词。

祖庙：语出《周礼・春官・甸祝》：“舍奠于祖庙。”此指供奉祭祀祖先的庙宇。例如：《旧唐书・文苑传下・刘蕡》有“神器固有归，天命固有分，祖庙固有灵，忠臣固有心，陛下其念之哉”之说。

【释】供奉祭祀祖先诸葛亮的庙宇。

23. 中山市南下村汉武侯庙匾额 2 方、楹联 6 副

南下汉武侯庙，位于中山市石岐区迎阳社区南下村南阳里，又称“南阳古庙”，始建于宋代。清雍正年间、嘉庆十六年（1811）、道光十六年（1836）、光绪十五年（1889）都曾重修。

武侯庙建筑坐东北向西南，三间三进，一进和三进面阔三间，二进为四角拜亭。面阔 9 米，进深 19.4 米，建筑面积 176 平方米。主题建筑拜厅与正殿硬山式仿古建筑，青砖墙，木梁架，前廊木梁之上雕刻有人物纹饰。

庙门左右的壁画仍清晰可见，左边是“桃园结义”，右边是“卧龙出山”。

正间天井建有重檐四角亭，正中上方有“德泽宏敷”匾额，题书者不详。

天井两侧设有卷棚顶雨廊，次间左右墙内镶有碑碣五方。前门墙上有石雕图案，偏间前后檐下有装饰的木雕，门额及所有楹联皆为镶石雕刻。

大门匾额是“汉武侯庙”，落款“嘉庆辛卯年（1811），弟子徐有度敬奉”。两侧楹联是“伊吕伯仲；鱼水君臣”。落款是“嘉庆辛卯年（1811），弟子徐有度敬奉”。

大门檐柱楹联是："两朝经济行筹策；万古风云护简书。"落款是："嘉庆辛卯年（1811）孟冬吉旦，弟子徐绍勋偕男云见龙敬奉。"

仪门楹联是："送往事居名事业；鞠躬尽瘁老臣心。"落款是"嘉庆辛卯年（1811）畅月吉旦，庇下高信行率男敬源虔奉。"

拜厅另一副楹联是："气霭旃檀联邸阁；烟腾闤阓撤郿城。"落款是："嘉庆辛卯年（1811）孟冬吉旦，弟子高畅远率男灿鳌孙王周伟敬奉。"

拜厅楹联是："香风飒爽驱流马；云气氤氲起卧龙。"落款："嘉庆辛卯年（1811）孟冬吉旦，弟子李光和达龙仝敬奉。"

正殿的神龛内有诸葛亮的彩塑神像，羽扇纶巾，神采奕奕。

正殿诸葛亮坐像之后的楹联是："西蜀勋名垂宇宙；南州英爽遍河山。"落款："嘉庆辛卯年（1811）畅月吉旦，庇下高见行率男亮源、肇源、昭源，孙锦堂、树堂，曾孙文荣、藻芹仝敬献。"

该庙历史悠久，是当地典型的清代庙宇建筑，保存完好。

2012年1月15日，中山市人民政府公布其为重点文物保护单位。

德泽宏敷

题书者不详。

【注】德泽：语出《韩非子·解老》："有道之君，外无怨仇于邻敌，而内有德泽于人民。"德：高尚品德。泽：恩泽、惠泽、恩惠的意思。

宏敷：语出清代文学家李汝珍（1763—1830）长篇小说《镜花缘》第六十七回"小才女卞府谒师；老国舅黄门进表"中的章节："兹际文教之宏敷，微才幸进，叨沐仁恩之远被，荒甸咸知。"广布的意思。

【释】诸葛亮的恩惠广布。

汉武侯庙

嘉庆辛卯年（1811），弟子徐有度敬奉。生平事迹不详。

【注】汉武侯：此指蜀汉丞相"武乡侯"诸葛亮。章武元年（221），先主刘备在成都称帝，国号"汉"，建立了蜀汉政权，封诸葛亮为"丞相"。刘备

去世后，太子刘禅继位，“建兴元年，封亮武乡侯，开府治事。顷之，又领益州牧”。诸葛亮去世后刘禅追赠诸葛亮“丞相武乡侯印绶，谥君为忠武侯”。所以，后世多以“汉武侯”或“武乡侯”代指诸葛亮。

庙：纪念先祖、先贤、英烈、名人、神仙的庙宇。

【释】纪念蜀汉丞相武乡侯诸葛亮的庙宇。

伊吕伯仲；
鱼水君臣。

嘉庆辛卯年（1811），弟子徐有度敬奉。生平事迹不详。

【注】伊吕伯仲：语出唐代诗人杜甫《咏怀古迹》诗歌之五：“伯仲之间见伊吕，指挥若定失萧曹。”

伊吕：指商朝初期辅佐贤相伊尹（公元前1649—公元前1550）与西周初期辅佐贤相吕望（公元前1156—公元前1017，亦称姜子牙、姜太公）。

伯仲：语出《诗经·小雅·何人斯》：“伯氏吹壎，仲氏吹篪。”郑玄曰：“伯仲，喻兄弟也。”古代兄弟大小依次排序伯、仲、叔、季的简称。此指并肩而立，不相上下。例如：东晋著名书法家王羲之（303—379）的《与谢安书》有“蜀中山水，如峨眉山，夏含霜雹，碑板之所闻，崑崙之伯仲也”之说。

鱼水：语出《三国志·蜀书·诸葛亮传》：先主“于是与亮情好日密，关羽、张飞等不悦，先主解之曰：孤之有孔明，犹鱼之有水也，愿诸君勿复言。”

君臣：语出《易经·序卦》：“有父子，然后有君臣；有君臣，然后有上下。”此指君主与臣下。例如：唐代女皇武则天（624—705）的《唐明堂乐章·迎送王公》诗歌就有“君臣德合，鱼水斯同”之说。

【释】诸葛亮功德业绩与商朝辅佐贤相伊尹和西周辅佐贤相吕望不相上下；
蜀汉先主刘备与丞相诸葛亮君臣间关系好像鱼儿和水一样亲密无间。

两朝经济行筹策；
万古风云护简书。

嘉庆辛卯年（1811）孟冬（十月）吉旦，弟子徐绍勋偕男云见龙敬奉。生平事迹不详。

【注】两朝：此指蜀汉国家的先主刘备与后主刘禅两朝。

经济：语出《晋书·殷浩传》：“足下沉识淹长，思综通练，起而明之，足以经济。”此指经国济民、经世济民的才能。

行：实行的意思。

筹策：语出《老子·正诂》："善数不用筹策。"著名古文字学家高亨（1900—1986）注曰："筹策，古时计数之竹筳也。"亦称筹筴、竹码子，是古时计算用具。亦比喻筹算、谋划、揣度。如：《史记·孙子吴起列传论》有"孙子筹策，庞涓明矣"之说。再如：唐代诗人杜甫（712—770）的《咏怀古迹五首》亦有"诸葛大名垂宇宙，宗臣遗像肃清高。三分割据纡筹策，万古云霄一羽毛"之句。

万古：语出《北齐书·文宣帝纪》："诏曰：朕以虚寡，嗣弘王业，思所以赞扬盛绩，播之万古。"千秋万年的意思，形容经历时代久远。例如：唐代诗人杜甫《戏为六绝句》诗之二有"尔曹身与名俱灭，不废江河万古流"之句。

风云：语出《后汉书·皇甫嵩传》："今主上执弱于刘项，将军权重于淮阴，指㧑足以振风云，叱咤可以兴雷电。"此指变幻动荡的政治与军事战争活动。例如：毛泽东主席的《清平乐·蒋桂战争》词有"风云突变，军阀重开战"之句。

护：保护、维护的意思。

简书：语出《诗经·小雅·出车》："岂不怀归，畏此简书。"

中国在汉代以前没有纸的情况下，一般都在竹简上书写策命、盟誓、征召、告诫、军令、记事等文书，称之为简书，或者是简牍、简策、简册，主要记载的是当时的政治思想与军事活动。正因为如此，《后汉书·宦者传·蔡伦》记载说："自古书契多编以竹简，其用缣帛者谓之为纸。"例如：在山东省临沂市银雀山汉墓出土的《汉简本孙子兵法》，在内蒙古居延汉墓出土过编缀成册的东汉文书等，都是在竹简上书写的文章。

据《三国志·蜀书·诸葛亮传》以及相关史料记载，诸葛亮一生中共有表、对、书、议、疏、教、法、帖、论、记以及治国、治军、将苑等各类大小文章将近200篇，亦称简书，后来被陈寿汇集为"二十四篇，凡十万四千一百十二字"，形成了《诸葛亮集》专著流传后世，集中反映诸葛亮忠君爱国政治军事活动与思想。所以，唐代诗人李商隐（813—818）在《筹笔驿》诗歌中有"猿鸟犹疑畏简书，风云常为护储胥"之句，歌颂诸葛亮的治军以严明著称，连猿猴和鸟都惊畏他的军令简书，自然界风云都在保护他的军用篱栅。

【**释**】先主刘备与后主刘禅两朝的经世济民都靠诸葛亮实行谋划；

千秋万年以来变化多端的政治风云都在维护诸葛亮的思想。

送往事居名事业；
鞠躬尽瘁老臣心。

嘉庆辛卯年（1811）畅月（十一月）吉旦，庇下高信行率男敬源虔奉。生平事迹不详。

【注】送往事居：语出《左传·僖公九年》："公家之利，知无不为，忠也。送往事居，耦俱无猜，贞也。"这段话是说，国家的利益，知道也不去贪占，这就是忠诚的表现。送别死者奉养生者，两方面都不至于猜忌，这就是坚贞的表现。此处的"送往事居名事业"意思是说，送别已故身居高位的诸葛亮，他生前为匡扶汉室建立了名垂青史的丰功伟业。

鞠躬尽瘁：语出诸葛亮后《出师表》："臣鞠躬尽力，死而后已。"恭敬谨慎，竭尽全力。

老臣心：语出唐代诗人杜甫《蜀相》："三顾频烦天下计，两朝开济老臣心。"此指诸葛亮这个老臣辅佐蜀汉帝业忠君爱国的一片忠心。

【释】送别已故身居高位的诸葛亮他生前为了匡扶汉室建立了名垂青史的丰功伟业；

诸葛亮恭敬谨慎竭尽全力辅佐蜀汉帝业体现了这个老臣忠君爱国的一片忠心。

气霭旃檀联邸阁；
烟腾阊阖撤郿城。

嘉庆辛卯年（1811）孟冬（十月）吉旦，弟子高畅远率男灿鳌孙王周伟敬奉。

【注】气霭：语出唐代诗人王维的《终南山》："白云回望合，气霭入看无。"此指雾气烟霭，轻烟薄雾的意思。

旃（zhān）檀：又名檀香、白檀、赤金檀，是一种古老神秘的珍稀树种，收藏价值极高。檀香木香味醇和，历久弥香，素有"香料之王"之美誉。

北魏时期，地理学家郦道元编著的《水经注·河水一》有"以旃檀木为薪"之说。此指香气。

联：联系、关联的意思。

邸阁：古代官府所设储存粮食等物资的仓库，此指斜谷邸阁。

据《三国志·蜀书·诸葛亮传》记载说：建兴"六年（228）春，扬声由斜谷道取郿，使赵云、邓芝为疑军，据箕谷。魏大将军曹真举众拒之，亮身率诸军攻祁山"。当时，就在褒斜道箕谷内治斜谷邸阁储备粮草，以备军用。所以，《三国志·蜀书·后主传》记载说：建兴"十一年（233）冬，亮使诸军运米集于斜谷口，治斜谷邸阁"。这一次，是诸葛亮于建兴"九年（231）复出祁山，以木牛运"进行第四次北伐曹魏而"粮尽退军"的前提下，在汉中定军山下"休士劝农"两年时间，集中精力发展农业生产后又设计制作了往前线运输粮草的"木牛流马"，再一次往斜谷邸阁储备粮草，为次年再次北伐曹魏准备从“由斜谷出，以流马运，据武功五丈原”做好充分准备。

正因为如此，南宋史学家郑樵（1104—1162）的《通志》记载说：“邸阁在斜谷口，诸葛亮欲伐魏，用流马转运谷中，故于此先治邸阁，后人因建怀贤阁。”

怀贤阁，在今宝鸡市眉县齐镇斜峪关北口不远处积谷寺村，这里就是当年的斜谷邸阁旧址，何时、何人在此修建的怀贤阁，已经无存考究。但是，北宋著名诗人苏轼在嘉祐八年（1063）关中久旱灾情严重的前提下，身为凤翔府判官的苏轼，被刚到任月余的凤翔知府陈公弼委派，率员前往府属的磻溪和眉县太白山两地祷祝求雨时，农历七月二十四来到了这里的怀贤阁，苏轼触景生情，回想起诸葛亮当年为了兴复汉室，不惜鞠躬尽瘁死而后已，病死在五丈原军中，遂写下了千古流传的《怀贤阁》诗歌：“南望斜谷口，三山如犬牙。西观五丈原，郁屈如长蛇。有怀诸葛公，万骑出汉巴。吏士寂如水，萧萧闻马檛。公才与曹丕，岂止十倍加。顾瞻三辅间，势若风卷沙。一朝长星坠，竟使蜀妇髽（zhuā，古代妇女服丧用麻扎成的发髻）。山僧岂知此，一室老烟霞。往事逐云散，故山依渭斜。客来空吊古，清泪落悲笳。”

烟：此指战争的硝烟。

腾：升腾的意思。

阊阖（chāng hé）：语出《左传·隐公五年》：“夫舞所以节八音，而行八风。”隋唐时期经学家陆德明（550—630）释文曰：“八方之风，谓东方谷风，东南清明风，南方凯风，西南凉风。西方阊阖风，西北不周风，北方广莫风，东北融风。”阊阖，风的省称，此指西风。此处的阊阖，喻指诸葛亮病死在五丈原军中。

撤：语出《宋史·张浚传》：“时金人屯重兵于河南，为虚声胁和，有刻日决战之语。及闻浚来，亟撤兵归。”亟（jī、qī）：紧迫、急躁、急迫的意思，相当于“急”。撤兵、撤军的意思。此指诸葛亮病死后蜀汉军撤军回汉中。

郿城：此指眉县。战国时期正式设立郿县，秦孝公十二年（公元前350）设为武功县。秦始皇统一天下后实行郡县制，又设置郿县，渭水南仍为武功县，西汉因之。东汉与三国时期为武功县，属司隶州右扶风郡，治所在今眉县东，当时的五丈原归属于眉县所辖。西晋太康八年（287）今眉地称秦国，复为郿县，西晋亡于汉（前赵），今眉地号曰郿城。

正因为上述原因，《三国志·蜀书·诸葛亮传》记载说：建兴“十二年春，亮率大众由斜谷出，以流马运粮，据武功五丈原”。

【释】诸葛亮北伐曹魏雾气烟霭的香气关联斜谷邸阁；

战争硝烟升腾诸葛亮病死五丈原蜀军撤兵郿城。

香风飒爽驱流马；
云气氤氲起卧龙。

嘉庆辛卯年（1811）孟冬（十月）吉旦，弟子李光和达龙仝敬奉。

生平事迹不详。

【注】香风：语出南朝梁简文帝《六根忏文》：“香风净土之声，宝树铿锵之响，于一念中，悦然入悟。”此指带有香气的风。例如：唐代初年吏部尚书杨师道（？—647）的《赋终南山用风字韵应诏》有“登临日将晚，兰桂起香风”之句。

此处的香风，喻指诸葛亮北伐曹魏的战争风云。

飒爽：语出唐代诗人杜甫的《丹青引赠曹将军霸》：“褒公鄂公毛发动，英姿飒爽犹酣战。”矫健挺拔的意思。

驱：驱动、驱赶的意思。

流马：此指诸葛亮设计制作往前线运输粮草的工具木牛流马。例如：《三国志·蜀书·诸葛亮传》记载说：“亮性长于巧思，损益连弩，木牛流马，皆出其意。”

云气氤氲（yīn yūn）：语出曹植《九华扇赋》：“效虬龙之蜿蝉，法虹霓之氤氲。”烟云弥漫的样子。

起卧龙：腾升出现了诸葛亮这个卧龙。

【释】北伐曹魏时期矫健地驱赶着运输粮草的木牛流马；
烟云弥漫的战争之中腾升出现了诸葛亮这个卧龙。

西蜀勋名垂宇宙；
南州英爽遍河山。

嘉庆辛卯年（1811）畅月（十一月）吉旦，庠下高见行率男亮源、肇源、昭源，孙锦堂、树堂，曾孙文荣、藻芹仝敬献。生平事迹不详。

【注】西蜀：此指西部的益州。

勋：功勋、功名的意思。

名垂宇宙：语出唐代诗人杜甫的《蜀相》诗歌：“诸葛大名垂宇宙，宗臣遗像肃清高。”垂：语出《后汉·邓禹传》：“垂功名于竹帛。”流传的意思。宇宙：天地之间。

南州：语出《楚辞·远游》：“嘉南州之炎德兮，丽桂树之冬荣。”国学大师姜亮夫（1902—1995）校注曰：“南州犹南土也，此当指楚以南之地言。”泛指南方地区。例如：《三国志·蜀书·庞统传》有“徽甚异之，称统当为南州士之冠冕”之说。

英爽：语出《晋书·王济传》：“济字武子，少有逸才，风姿英爽，气盖一时。”英俊豪爽的意思。例如：明代学者顾起纶（1517—1587）的《国雅品·士品四》有“王山人仅初，蚤岁英爽，读书经目成诵”之句。

遍河山：遍布祖国大地的意思。

【释】西部益州诸葛亮的功名流传天地之间；

南方地区英俊豪爽人士遍布祖国大地。

24. 珠海市鸡山村武侯庙匾额 1 方、楹联 1 副

在珠海市香洲区唐家湾镇，有一个鸡山村，因村子的后山形似一只鸡而得名。村子东面有一座“武侯庙”，又称“南阳古庙”，始建年代不详，坐东南向西北，建筑面积 180.7 平方米。该庙分别于清嘉庆十二年（1807）、光绪七年（1881）两次重修。数百年来，鸡山村在武侯祠的守护下一直安宁而幸福。1987 年，鸡山村侨胞、港澳同胞共同集资对武侯庙进行了维修，形成了今天的格局。

“南阳古庙”供奉诸葛亮、诸葛瞻、诸葛尚祖孙三人神像，东厢还供奉孔子神像，庙的前方建有一座琉璃塔。

2011 年 11 月，被正式公布为“珠海高新区不可移动文物”。2012 年 7 月，又被珠海市人民政府公布为“珠海市不可移动文物”。

据 1994 年 12 月广东人民出版社出版发行、珠海市文物管理委员会编的《珠海市文物志》第四章·建筑的第二节·庙宇记载：“鸡山武侯庙，经过清代的嘉庆、光绪年间举行了两次重修，庙内供奉诸葛亮及其儿子诸葛瞻、孙子诸葛尚，有《重修武侯古庙碑》。”

由此看来，这座武侯庙历史悠久，有一定的影响。

现在的武侯庙，有一方匾额和一副楹联。

匾额内容是“仰答神庥”。落款是：“光绪岁次乙未年（1895）孟冬谷旦，弟子唐吾福率男应禄敬立。”楹联内容是：“伊吕伯仲；鱼水君臣”，题书者不详。

仰答神庥

光绪岁次乙未年（1895）孟冬（十月）谷旦，弟子唐吾福率男应禄敬立。生平事迹不详。

【注】仰答：语出《南齐书·顾欢传》："陛下宜仰答天人引领之望，下吊眊黎倾首之勤。"意思是，敬仰报答尊者。例如：明代张居正（1525—1582）的《答奉常陆五台论治体用刚》有"仆所以恳恳救之者，盖以仰答圣恩，下明臣节耳"之说。

神庥：语出前蜀·传真天师杜光庭（850—933）的《王虔常侍北斗醮词》："答往愿于当年，期降恩于此日，永当修奉，以荷神庥。"神灵护佑的意思。庥，庇护、庇佑的意思。如：鲁迅的《坟·论照相之类》有"用布或绸做眼睛一对，挂神龛上或左右，以答神庥"之说。

【释】敬仰报答尊者诸葛亮祈盼得到神灵护佑。

伊吕伯仲；
鱼水君臣。

题书者不详。

【注】伊吕伯仲：语出唐代诗人杜甫《咏怀古迹五首》之五："伯仲之间见伊吕，指挥若定失萧曹。"

伊吕：此指商朝初期辅佐贤相伊尹（公元前 1649—公元前 1550）与西周初期辅佐贤相吕望（公元前 1156—公元前 1017，亦称姜子牙、姜太公）。

伯仲：语出《诗经·小雅·何人斯》："伯氏吹壎，仲氏吹篪。"郑玄曰："伯仲，喻兄弟也。"古代兄弟大小依次排序伯、仲、叔、季的简称。

此指并肩而立，不相上下的意思。

鱼水：语出《三国志·蜀书·诸葛亮传》：先主"于是与亮情好日密，关羽、张飞等不悦。先主解之曰：孤之有孔明，犹鱼之有水也，愿诸君勿复言"。

君臣：语出《易经·序卦》："有父子，然后有君臣；有君臣，然后有上下。"此指君主与臣下。例如：唐代女皇武则天（624—705）的《唐明堂乐章·迎送王公》歌有"君臣德合，鱼水斯同"之说。

【释】诸葛亮功德业绩与商朝辅佐贤相伊尹和西周辅佐贤相吕望不相上下；
蜀汉先主刘备与丞相诸葛亮君臣间关系好像鱼儿和水一样亲密无间。

第二十一章
广东一带多有武侯祠庙的原因是什么

广东地处中国大陆最南端，濒临南海，毗邻香港与澳门，全省土地面积17.97万平方千米，下辖21个地级市、2个副省级城市、60个市辖区、20个县级市、36个县、3个自治县。截至2016年末，常住人口10999万人，是一个民族成分齐全的省份。

广东省汉族人口占全省总人口的97.46%，除此之外，还有55个少数民族约307万人，其中壮族、瑶族、土家族、苗族、侗族5个民族人口有1061537人，占少数民族总人口的86%。

广东是中国历史上最早通商口岸之一和著名的“海上丝绸之路”起点。改革开放40多年来，依托毗邻港、澳的区位优势，积极参与国际竞争与合作，成为中国经济实力最雄厚、市场化程度最高、开放型经济最活跃地区之一，位居全国第一。可是，应该看到，在历史上，这里的人民群众一直都是以农业和渔业为主体的生活方式。

这次笔者在《中国武侯墓祠匾联集注》图书中介绍的广东省境内24个武侯祠庙，除了广州市黄埔区深井村诸葛亮纪念堂、珠海市鸡山村武侯庙之外，还有22个武侯祠庙全部都在中山市所辖相关村子中，几乎相邻的村子村村都有武侯庙，比较集中，数量之多令人惊叹。这些资料，完全是根据何诗莹女士发表在《神州民俗》杂志上的《中山武侯庙考述》文章而整理编写的。

何诗莹，女，1984年出生，广州大学中文系硕士研究生毕业，就职广东省《羊城职工》杂志编辑部编辑，特别热爱三国历史文化，尤其对诸葛亮尊崇敬仰、顶礼膜拜。正因为如此，她充分利用节假日，足迹走遍了全国相关的武侯墓祠、庙，特别对广东省境内的武侯祠庙进行了实地考察，收集了大量相关资料，为诸葛亮文化研究，做出了显著的贡献。

从何诗莹女士提供的资料看来，广东省珠海市与中山市老百姓对于诸葛亮堪称情有独钟尊奉有加，在某种程度上来说，比内地老百姓对诸葛亮尊奉信仰还有过之而无不及。

基于上述原因，笔者首次将广东省境内24个武侯庙进行归纳整理，收入了《中国武侯墓祠匾联集注》图书中，还特意邀请何诗莹对文章进行了审查修改，再附上必要的照片，争取图文并茂。与此同时，笔者就广东省境内有如此多的武侯祠庙不得不深入探究其中的因果关系，力求有所收获，为读者答疑解惑。

三国时期，广东一带属于东吴孙权所辖的古越国地域，是东南沿海多渔民的区域，诸葛亮一生都与今天的广东省没有任何关系，更不可能去过中山市和珠海市，可是，这一带为什么会有这么多清代中晚期的武侯祠庙、武侯祖庙、南阳祖庙呢？尽管它们的规模都不大，建筑也很简单，可有的还是中山市的市、县级文物保护单位。这说明，这里的人民对于诸葛亮是多么的尊崇敬仰，以至于到处有武侯庙，一出门随时可以虔诚地进行祭拜，祈求诸葛亮的神灵护佑。查阅史料，究其原因，笔者认为，大凡有以下七个因素。

1. 清朝早期的“迁界禁海令”造成了东南沿海地区老百姓苦不堪言

说起清朝早期的“迁界禁海令”，与郑成功收复台湾后直接和清政府分庭抗礼以及他的长子郑经继位后，对东南沿海不断骚扰所产生的后果密不可分。

台湾，位于东南沿海，由80多个岛屿组成，面积3.6万平方公里，东临太平洋，西与福建省隔海相望。春秋战国时期称台湾为“岛夷”；秦朝称“瀛洲”；三国时期称“夷洲”；隋朝至元朝称“琉球”，明朝万历年间（1573—1620）官方正式用“台湾”一词。明末清初，广东与福建一带老百姓大量移居台湾，与这里的高山族融为一体，形成了以汉民族为主体的社会，历朝历代都在台湾设立官府，例如：宣政院、巡检司、台湾府、中书省。所以，台湾属于中华民族不可分割的组成部分。

据《三国志·吴书·孙权传》记载说：黄龙二年春正月，“遣将军卫温、诸葛直将甲士万人浮海求夷洲及亶洲。亶洲在海中，长老传言：秦始皇帝遣方士徐福将童男童女数千人入海求蓬莱神仙及仙药，止此洲不还，世相承，有数万家。其上人民时有至会稽货布，会稽东县人海行，亦有遭风流移至亶洲者，所在绝远卒不可得至，但得夷州数千人还。……三年二月，卫温、诸葛直皆以违诏无功，下狱诛”。

从上述记载而知，三国时期，东吴孙权曾经在黄龙二年（234）派遣卫温和诸葛直两位将军率领一支万余名军士组成的三十多艘船队来到今天的台湾岛，尽管各种因素导致只有数千人回来，没有找到亶洲，“卫温、诸葛直皆以违诏无功”而被“下狱诛”。可是，这次行动，拉开了中国大陆朝廷大规模正式开发台湾的先河。正因为如此，东吴临海郡太守沈莹在《临海水土志》一书中对当时称为“夷洲”的台湾有详细的记载，此书主要内容被《太平御览》收录，成了历史上最早而最完整的关于台湾岛具体情况的文字资料。

1624 年，荷兰东印度公司为了建立中国与日本贸易据点而占领台湾 38 年。1662 年，建都福州的南明王朝大将军郑成功（1624—1662），亲率将士二万五千、战船数百艘，自金门料罗湾出发，经澎湖，向台湾进军，用了两年时间，就彻底赶走荷兰侵略者而收复了台湾。

郑成功，名森，字明俨，福建省南安市石井镇人，生于日本的长崎县平户千里滨。其父郑芝龙是东南沿海武力海商集团领导人，其母是日本人名田川氏，他属于混血儿。由于收复台湾有功，南明绍宗朱聿键赐明朝国姓朱，名成功，称“国姓爷”“郑国姓”“朱成功”，封“延平王”，称“郑延平”，尊称为“延平郡王”“开台尊王”“开台圣王”等。

1645 年，清军攻入江南，郑成功率部在中国东南沿海抗清，与清朝廷形成了对立面。郑成功死后，长子郑经继位“延平郡王”与“诏讨大将军”，继续与清政府分庭抗礼，为了解决军需物资确保生存条件，经常劫掠官府与富豪，清政府多次进行平剿，可是郑经的军队都是水军，来去自由，清军无可奈何，只好交涉谈判打打停停，都没有取得成功，如此一来，东南沿海一带始终不得安宁，迫使清政府不得不采取“迁界禁海令”措施进行遏制。

据乾隆五年《大清律例》记载说，顺治十二年（1655），浙闽总督屯泰奏请朝廷说：“沿海省份，应立严禁，无许片帆入海，违者置重典。”

朝廷要求商民不得下海交易，沿海居民内迁 50 里，违者或越界者，无论官民一律处斩，货物没收，犯人家产偿给告发人。之所以如此严厉的规定禁海令，是因为当时沿海受到了郑氏的侵袭，所以不得已而为之。

顺治十三年（1656）六月，清廷正式颁布《禁海令》，明确指出：

敕谕浙江、福建、广东、江南、山东、天津各省督抚提镇曰：严禁商民船只私自出海，有将一切粮食、货物等项与逆贼贸易者，不论官民，俱行奏闻正法，货物入官，本犯家产尽给告发之人。该管地方文武各官不行盘诘擒缉，皆革职，从重治罪。地方保甲通同容隐，不行举首，皆论死。

这样做的目的是为了防止台湾的郑氏集团袭扰沿海一带来攫取给养，因此下令沿海省份居民内迁，要求“无许片帆入海，违者立置重典”。

顺治十八年（1661），更强行将江、浙、闽、粤、鲁等省沿海居民分别内迁三十至五十里，设界防守，严禁逾越，直到康熙二十年（1681）平定了平西王吴三桂、平南王尚可喜、靖南王耿精忠“三藩之乱”，康熙二十二年（1683）收复了台湾，清廷方才全面彻底地开了海禁。

从顺治十三年（1656）到康熙二十二年（1683），长达二十多年的“迁界禁海”，使得沿海地区的土地大量荒废，农业生产遭到了很大破坏，老百姓流离失所，无家可归，无田地耕种，生活没有着落，苦不堪言，又无可奈何。

据乾隆年间的《广东通志·名宦志·王来任列传》记载说，康熙四年（1665），奉天人（今沈阳市）王来任以副都御史出任广东巡抚，他忠勤敬业，体察民情，访贫问苦，深得人心。特别是，他同情迁民，在执行“迁界禁海令”方面有抵触情绪，因此，康熙七年（1668）被罢官还京，次年就病倒去世了。

王来任临终前，还挂记着“迁界禁海令”给广东老百姓造成的苦难，遂带病冒死写下了《展界复乡疏》，向皇上奏报当时广东因“迁界禁海令”而造成夫役、民船、采卖、私抽、诬盗、擅杀等六大弊端，特谏请朝廷解除禁令，让老百姓回乡复耕，安居乐业，最终引起了朝廷的关注与重视，紧接着，康熙皇帝就恩准按照王来任的建议逐条施行。

康熙八年（1669）正月，两广总督周有德（？—1680）奉旨前往广东弛禁展界，遂动员迁民归故里复耕，百姓如获再生，感恩戴德，欢天喜地。王来任因此也深得当地老百姓拥戴，故而在中山市水溪村三王庙为他立碑、塑像，以示永久地纪念。

康熙二十三年（1684），清朝廷彻底平定台湾以后，才全面废除“迁界禁海令”而复界，经过了数十年休养生息，这一带才逐渐恢复了生产经济，人们的生活基础有了保障，这时候才有可能去追求精神文化作为寄托，因地制宜修祠立庙，祈求先贤神祇护佑理所当然。因此，这里的大多数武侯祠庙都是清代雍正年间以后所建，其中不乏供奉各种神人。

2. 诸葛亮名垂青史、誉贯古今，老百姓修祠立庙纪念他天经地义

诸葛亮的一生，汇聚了中华民族所有的传统美德，他的忠君爱国、勤政为民、廉洁奉公、聪睿才智名垂青史，誉贯古今中外，堪称家喻户晓，妇孺皆知，被世世代代传播弘扬，成为我们民族优秀思想道德的形象大师，无可替代。所以，老百姓修祠立庙纪念诸葛亮天经地义。

自西晋以来，数十个帝王对诸葛亮赞誉有加，追封加爵，称之为“全人”

而以王侯之礼进行祭祀，历史典籍多有记载。据笔者统计，历朝历代的帝王将相、达官显贵在各地武侯墓祠庙中祭祀的《祭文》就有 26 份，为诸葛亮歌功颂德著书立说的专著就有几百部，发表研究诸葛亮的文章与诗词歌赋数以万计，为诸葛亮题书匾额与楹联的文人学士更是举不胜举。

特别是，宋、元、明、清以来，诸葛亮不但多次被帝王封为神，而且还与中国文化圣人孔子一同在祠庙中祭祀。如此看来，诸葛亮既是德高望重的人，更是值得人们尊崇敬仰的神，他的思想文化早已进入千家万户。

早在 1771 年，诸葛亮就被全世界最权威的大型工具书《大英百科全书》收录，成了全世界的著名人物，被古今中外广泛推崇效法，这是我们中华民族的自豪与骄傲。

一千多年来，有关诸葛亮的功德业绩、高尚品质、名言警句以及相关故事不但人人知晓，信口拈来，有口皆碑，而且被代代颂扬传播。这说明，他的人格魅力、思想文化永远扎根在人民群众的心中，正因为如此，全国各地为他建祠立庙进行祭祀，怀古钦英，纪念先贤的传统美德理所应当，属于情理中之事。历史上，不仅中华大地纪念诸葛亮的武侯祠庙比比皆是，不胜枚举，现存的就有 60 多座，而且在中国台湾也有武侯祠，东南亚地区日本等国家对于诸葛亮更是尊崇敬仰，顶礼膜拜，这种现象在中华民族的历史长河中是少有的。

3. 清朝政府倡导祭祀诸葛武侯，广东一带多处出现武侯祠庙势在必行

清代早期的几个皇帝，他们都曾经认真品读《三国志》与《三国演义》，对诸葛亮十分尊崇敬仰。这是因为，他们要从汉文化中吸取精华来统治汉人。例如：据 2012 年 9 月，三秦出版社出版日本学者稻叶君山所著《清朝全史》记载说：清朝开创者努尔哈赤“幼时爱读《三国演义》，又爱《水浒传》，因此交识汉人而得其赐也”。在他的影响下，其子太宗皇太极对《三国演义》也情有独钟，天聪年间（1627—1636），他命学士达海（1595—1632）将《三国演义》译成满文，供满族文武大臣学习。满族入关后，又出现多种满文译本，因此三国文化在清朝统治期间就成了满族人民的喜爱和习尚，人们以不同的语言和文学艺术方式广泛传播三国历史文化，而诸葛亮是他们首当其冲的崇拜者。

据 1977 年中华书局出版发行民国初年清史馆编写的《清史稿》记载：顺治二年（1645），朝廷在确立祭祀历代帝王庙时，诸葛亮是三国时期唯一的从祀者。康熙皇帝还在《遗诏》中说：“鞠躬尽瘁，死而后已，为人臣者，惟诸

葛亮能如此耳。”

雍正二年（1724），皇帝“特旨以武侯从祀孔庙，诚旷典也”（见 2018 年 1 月，陕西人民出版社出版发行清嘉庆至道光年间武侯墓祠主持道人李复心编著的《忠武侯祠墓志》）。

从此以后，全国各州府县的孔庙内不但都有诸葛亮的神位，而且还被视为“乃祖乃父”；乾隆十六年（1751），乾隆皇帝下江南巡查时，在今山东省临沂市题《五贤祠》诗歌中说：“端推诸葛是全人”，给予诸葛亮很高评价（见 1997 年 9 月，齐鲁书社出版发行王瑞功主编的《诸葛亮研究集成》，以及山东省临沂市五贤祠内的乾隆皇帝《五贤祠》御碑）。

广东省境内现存的 24 座武侯祠庙，除了中山市曹边村武侯庙与南下村的武侯庙据说是始建于宋代，清代光绪年间重建；还有港头村沙溪祖庙据说是始建于明代，现代重建以外，其余绝大多数都是清代乾隆至光绪年间所建。从清朝政府乾隆年间开始倡导祭祀诸葛武侯的时间上来看，全国各地到处出现武侯祠庙是势在必行的，而广东省境内也就不足为奇了。

4. 广东一带老百姓重视农耕，诸葛亮的“躬耕陇亩”就是崇拜偶像

广州一带许多地方志大都提到了诸葛亮当年的隐居躬耕，对诸葛亮躬耕务农十分敬仰。这是因为，诸葛亮在《出师表》中有“臣本布衣，躬耕于南阳”之说，这是诸葛亮成年以后把隐居躬耕、生产务农看作是第一重要的生活环节与生存技能的要务，为后世人树立了农耕生产典范。所以，广东中山市老百姓把诸葛亮看成是务农生产的楷模，修建的武侯庙多处称为“南阳庙”或者是“南阳古庙”“南阳祖庙”等，把诸葛亮看作是农耕守护神祭祀。

据明代嘉靖年间编撰的《香山县志》记载说：“惟事农圃，不务工商”，意思是说这里的人只看重农业生产，不在乎工商经营。由此看来，这里的老百姓历来是以农业生产为基础的。

涌口村武侯庙的光绪年间《重修武侯庙碑记》也记载说：“或为武侯躬耕南阳，故农家事之惟谨。”这就是说，因当年诸葛亮曾经躬耕于南阳郡，所以，农民们才恭敬地供奉他。言下之意，农民们崇拜诸葛亮是因为他做过庄稼汉，核心是躬耕，不在乎南阳究竟是哪里？只不过是一个代名词而已。

中华民族先民自 6000 年前的原始社会新石器时代开始刀耕火种以来，就一直把农耕生产耕种农作物作为生存的主体，并且不断地完善与发展，彻底改变了旧石器时代以前仅靠渔猎生活的局面。数千年来，不管社会发生怎样变革，

农业生产依然是人们生活基础，无可替代。

广东省地处东南沿海，虽然有一些地方有渔业生活条件，可还是必须要依靠农业生产来解决生活资源，这是人们生存的根本。正因为这样，效法先贤重视农业生产、祈求神灵护佑，保一方平安是必不可少的。

在他们看来，诸葛亮一生中广交名士、博学多才、三顾茅庐、隆中对策、孙刘联盟大败曹军、取西蜀、夺汉中、白帝城受托孤、南征平叛、北伐曹魏，都不如“臣本布衣，躬耕于南阳”对他们影响深远而有意义。

正因为如此，这里诸多武侯庙匾额、楹联之中，都联系自己当地的实际，反映出了这种思想理念。例如，香山县多农田，历来注重农耕生产，因此他们在武侯祠题有“想当年羽扇纶巾，问谁东汉真名士；看此地屏山带水，可是南阳旧草庐”等楹联，一语道破了其中的思想内涵。

5. 诸葛亮本来就是王侯形象

这里的诸多武侯庙中，诸葛亮都是头戴王侯冠冕，手持笏或者是圭。

笏（hù），是封建社会时期朝廷官员上朝必须具备的记事奏报的象牙礼器。

圭（guī），是封建社会王侯将相显示身份的玉质礼器。全国各地武侯祠庙中诸葛亮无论是立像或者是坐像，基本一律是羽扇纶巾手握书卷装束，而广东省境内武侯祠庙中的诸葛亮像却都是头戴王侯冠冕，手持笏或者是圭，与内地大不一样。为什么会出现这些情况呢？笔者认为，有以下几个因素：

首先，诸葛亮本来就是王侯级别，蜀汉建兴元年（223），后主刘禅继位以后就封诸葛亮为“武乡侯”，建兴十二年（234），诸葛亮病死以后，后主又追封他为“忠武侯”，侯的级别不言而喻是顺理成章的。

据南宋史学家祝穆（？—1255 年）的《方舆胜览》卷五十一《成都府路》记载说：东晋穆帝司马聃永和三年（347），荆州都督“桓温平蜀，夷少城，犹存孔明庙，后封武兴王，至今祠祀不绝”。

唐肃宗李亨上元元年（760）闰四月十九下诏说：“太公望可追封为武成王”，于是设“武庙”，追封姜子牙为“武成王”主祭祀，同时祭祀的还有三国蜀汉丞相诸葛亮等十人。

唐昭宗李晔光化三年（900），又下诏封诸葛亮为“武灵王”。同时，在襄阳隆中还立有《改封诸葛亮为武灵王记》碑刻（见《襄阳金石略》）。

五代时期，前蜀王建永平二年（912），封诸葛亮为“安国王”。

宋太祖赵匡胤建隆三年（962），封诸葛亮为“忠惠仁济显应王”。

宋徽宗赵佶政和二年（1112）下诏，定位将历史上文治武功的十位著名人物进行祭祀时，诸葛亮仍然是“十哲”之一。

宣和五年（1123），宋徽宗封“蜀丞相诸葛亮顺兴侯”（见《宋史·志·礼八》卷五十八）。

南宋乾道四年（1168），诸葛亮被封为“威烈武灵仁济王”（见《宋史·礼》105卷）。

元代英宗至治元年（1321），皇帝硕德八剌下诏，封诸葛亮为“威烈忠武显灵仁济王”（见《元史·英宗》卷28）。

明洪武二十一年（1388），太祖朱元璋“定帝王庙，崇祀名臣风后三十七人，忠武武乡侯之位在其内”（见《明史·太祖本纪》）。

嘉靖年间，仿照唐代制度，“立武成王庙，诸葛亮乃入祀”（见2014年《成都大学学报》第二期刊载刘森垚（yáo）的《论历代的诸葛亮祭祀——以官方祭祀为中心》文章）。

到了清世宗雍正二年（1724），皇帝胤禛“特旨以（武）侯从祀孔庙，诚旷典也”（见《清史稿·世宗本纪》）。

也就从这时候起，就开始把诸葛亮与文化圣人孔子一起进行祭祀了，从此以后，诸葛亮就被视为历史上的圣人、神人供奉。由此看来，诸葛亮的王侯称谓是名正言顺的。

正因为上述原因，广东省境内的武侯祠庙中诸葛亮都是头戴王侯冠冕，手持笏或者是圭，这主要是为了体现诸葛亮属于王侯级别，地位显赫，德高望重。因此，当地人才特别的尊崇敬仰，顶礼膜拜。这种做法，比内地诸多武侯祠庙中诸葛亮千篇一律手持羽扇要真实的多，有意义得多。

6. 这里的武侯祠庙是老百姓祭祀的主体

广东省境内的武侯庙，多称为村庙、祖庙，而且多在村中显耀位置，这是为了区别于其他民间信仰的庙宇，他们尊奉诸葛亮为该村保护神，这是他们精神依托主体。正因为如此，庙中核心位置供奉祭祀诸葛亮，所有的匾额与楹联基本上都是以歌颂诸葛亮为基本内容。这些庙宇中还同时祭祀有诸葛瞻、诸葛尚、姜维、张飞、关羽、马岱、华佗等，他们都是三国时期人物，大部分与诸葛亮有关系，属于陪衬，这在全国武侯祠庙中屡见不鲜。

祠庙之中的其他诸神，如天后娘娘、观世音菩萨、北帝、康真君、华光大帝、武曲星、文曲星、金花夫人、禾谷夫人、文昌帝君、魁星、药王、海神、太白金星、吕祖、财神、武财神、文财神等都属于陪祀，虽然与诸葛亮毫不相干，但是，应该看到这些诸神都是民间数千年来精神寄托信仰的象征，老百姓时时刻刻希望诸多的神灵显应来护佑自己，能够健康、平安，并且期盼发财富贵，这是情理之中无可厚非的。

7. 诸葛亮孙子诸葛京任“广州刺史”十年，政绩显著有口皆碑，人们纪念诸葛亮情有独钟

建兴七年（227）七月，诸葛亮唯一的儿子诸葛瞻出生，有了直系子嗣。后来，诸葛瞻生长子诸葛尚、次子诸葛京。景耀六年（263）秋，魏国三路大军齐头并进灭掉蜀汉时，36 岁的诸葛瞻与 19 岁的诸葛尚在绵竹县拼死抵抗而双双战死，17 岁的诸葛京因未成年侥幸留了下来，成了诸葛亮唯一嫡传后裔。蜀汉灭亡后，诸葛京与家人被曹魏强制性于“咸熙元年内移河东”，监视居住生活。咸熙元年为 264 年，“内移”就是蜀汉灭亡后魏国对蜀汉国的相关官员及家属进行的内部安置迁移，具有身不由己的强迫性。河东，为郡名，治所在今山西省运城市。

由于诸葛亮的影响力巨大，诸葛京随后被晋武帝司马炎“随才署吏”，在河东郡的地方官府做事，“后为郿令”，即在今陕西省宝鸡市眉县当县令，由于业绩显著，补为“东宫舍人”，后升任为“广州刺史”。

据《三国志·蜀书·诸葛亮传》裴松之注引《诸葛氏谱》记载：

《泰始起居注》载诏曰：诸葛亮在蜀，尽其心力，其子瞻临难而死义，天下之善一也。其孙京随才署吏，后为郿令。尚书仆射山涛启事曰：郿令诸葛京祖父亮遇汉乱分离，父子在蜀，虽不达天命要为尽心所事，京治郿自复有称，臣以为亦补东宫舍人，以明事人之理，副梁益之论。京位至广州刺史。

据乾隆二十四年（1759）金烈、张嗣衍、沈廷芳修编的《广州府志·职官一·广州刺史》卷一九第 411 页记载：“诸葛京，永熙初（290）任。王毅，元康九年（299）任。王矩，永嘉元年（307）任。郭讷，永嘉五年（311）任。陶侃，永昌元年（322）任。……”

乾隆年间《钦定四库全书·史部》收录康熙年间郭棐（1529—1605）万历二十七至二十九年（1599—1601）编著的《广州通志》卷二十六《广东通志·职官·广州刺史》中第 7—8 页也记载说：诸葛京，永熙初任。王毅，元康九年任。

卷三十七还记载说：

诸葛京，字行宗，琅琊人，汉丞相亮之孙。魏人灭汉，京父瞻战死，咸熙初内移徙居河东。晋武帝泰始中诏曰：诸葛亮在蜀，尽其心力，其子瞻临难而死义，天下之善一也。其孙京随才署吏，后为郿令。尚书仆射山涛荐之擢中庶子。惠帝时位至平越中郎将广州刺史，假节。推诚待物，有祖风烈，吏民称之。

在上述史志资料中，不但都有诸葛京出任“广州刺史”的记载，而且还记载他兼任“平越中郎将”，曾持朝廷授予生杀大权的“假节”，属于维护皇权而派往州一级地方监察官员，负责监督诸侯王、郡太守和地方豪强，是皇帝的耳目，秩比二千石，一石120斤，合今60斤。2000石，合今为120000斤粮食，为朝廷高级官员。这期间，他“推诚待物，有祖风烈，吏民称之”。

“永熙”是西晋第二个皇帝司马衷的第一个年号，只有一年，时间是290年。“元康九年”就是299年。由此而知，诸葛京出任“广州刺史”前后共有10年，根据时间计算，他离任时已经54岁了，这是准确的。

详细情况请参阅本书第二十三章《关于山西临猗县武侯墓祠与诸葛京“内移河东”研究》，有系统的研究介绍。

笔者认为，诸葛京出任“广州刺史”并且兼任“平越中郎将”10年之久，在这期间，他“推诚待物，有祖风烈，吏民称之”，是有目共睹的。可见他耳濡目染完全继承了祖父诸葛亮、父亲诸葛瞻、兄长诸葛尚的忠君爱国、勤政为民高风亮节，所以，他为官忠诚敬业、勤政廉洁，政绩显著，官民爱戴，在当地有口皆碑，被地方史志载入而流传后世。正因为上述原因，尽管诸葛亮没有去过广东一带，可他唯一的孙子诸葛京曾在这里为官给当地留下了深刻的印象，人们就会自然而然想起这是诸葛亮高尚品质与人格魅力在祖训家风影响下给他们带来了福祉，由于诸葛亮是中华民族世世代代被尊崇敬仰的楷模与典范，于是就纷纷修建了武侯祠庙进行纪念，这也是情有独钟的体现。

第二十二章
中国台湾南投县孔明庙

台湾，位于中国东南沿海，东临太平洋，西隔台湾海峡与福建省相望，南界巴士海峡与菲律宾相对，台湾岛与澎湖列岛共由80多个大小岛屿组成，占地面积3.6万平方公里，人口2350万人，70%人口集中在台湾岛西部的五大都会区，以台北市都会区最大。

据《史记·帝纪·第六卷·秦始皇帝》以及“东夷”“南越”记载说，春秋战国时期称台湾为“岛夷”；秦朝称“瀛洲”。三国时期，台湾称“夷洲”，东吴孙权曾经在黄龙二年（234）派遣卫温和诸葛直两位将军率领万余名军士组成的30多艘船队来到了台湾岛，拉开了中国大陆政府大规模开发台湾岛的先河。为此，东吴永安七年至天纪四年（264—280），临海郡太守沈莹在所著《临海水土志》中对当时称为“夷洲”的台湾有详细记述，成为历史上最早记载台湾岛具体情况最完整的文字资料。例如：

夷州在临海郡东南二千里，土地无雪霜，草木不死。四面是山溪，众山夷所居。山顶有越王射的，正白，乃是石也。此夷各号为王，分划土地人民，各自别异。人皆髡头穿耳，女人不穿耳。作居室，种荆为藩障。土地饶沃，既生五谷，又多鱼肉。舅姑子妇卧息，共一大床，交会之时，各不相避。能作细布，亦作斑纹布，刻划其内有文章，以为饰好也。其地亦出铜铁，唯用鹿觡矛以战斗耳。磨砺青石以作矢镞刃斧，环贯珠珰。饮食不洁，取生鱼肉杂贮大器中以卤之，历日月乃啖食之，以为上肴。……

从此以后，历朝历代先后都在台湾设立宣政院、巡检司、台湾府、中书省等官府。隋朝至元朝称“琉球”，明朝万历年间（1573—1620），官方正式用“台湾”一词。明末清初，广东与福建一带老百姓大量移居台湾，与这里的高山族融为一体，形成了以汉民族为主体的社会。所以，台湾虽隔海相望，却血脉相连，是中华民族的一部分。

1624 年，荷兰东印度公司为了建立中国与日本贸易据点而占领台湾 38 年。1662 年，建都福州的南明王朝大将军郑成功（1624—1662）亲率将士二万五千、战船数百艘，自金门出发，经澎湖向台湾进军，不到两年时间就赶走荷兰侵略者收复了台湾。郑成功死后，长子郑经管辖台湾。

1684 年，康熙王朝灭了郑经后设台湾府，1885 年设立了台湾省。1895 年，清政府以《马关条约》将台湾割让给日本。1945 年抗战胜利后，恢复了台湾省的行政管理。1949 年，蒋介石国民党败退台湾据守。1954 年，国民党与美国政府签订《共同协防条约》，造成台湾与中国大陆分离状况至今。可是，应该明白，台湾是中国领土不可分割的组成部分，台湾的历史文化、风土民情与中国大陆一脉相承，所以，台湾人民一直尊崇敬仰中华民族历史文化先贤，对他们顶礼膜拜，不但修建诸多关公庙与孔子庙，两岸的文化交流也源远流长。

据 2000 年 9 月，四川人民出版社出版发行沈伯俊（1946—2018）编著的《三国漫话》之中“宝岛归来”一文介绍说：1999 年 12 月 10—17 日，应“台湾沈春池文教基金会”特邀，由“中国艺术研究院”负责筹备的“《三国演义》文化艺术展”在台湾台北市孙中山先生“国父纪念馆”隆重举行，台湾方面的“关公武侯研究会”“企业家谈三国鼎盛会”也组织了相应的活动。例如：三国木偶戏、三国创意征文、诗词征选、三国启示、喜怒哀乐看三国、过五关斩六将、三国冠军猜谜、三国游园活动等，数万人观看并且参与了这些活动，热闹非凡，寓意深远。国家资深的《三国演义》研究著名专家沈伯俊先生作为艺术顾问随团赴台湾参加活动。据悉，台湾人民对于三国历史人物之中的关羽、诸葛亮、赵云情有独钟，因此，台湾都有祭祀他们的祠庙，关羽庙宇就有几十座。台湾专家、学者编著出版的《诸葛孔明》《曹操争霸经营史》《三国智典 100》《三国谋略与现代商战》等三国题材的专著有十余部，《实用历史丛书》40 余部。如此看来，南投县有孔明庙古迹文物就不足为奇了。

南投县位于中国台湾地区中部，东面相邻花莲县，西面接壤彰化县和云林县，南面毗邻嘉义县和高雄市，北面交界台中市，领域范围方整适中，是唯一的内陆县。高速公路、公路、铁路等交通线路纵横交错、四通八达。明代称为天兴县，属北路安抚司。康熙二十二年（1683）隶属于福建省台湾府诸罗县，雍正元年（1723）增设彰化县，本县隶属之。乾隆二十四年（1759）设县丞。光绪十三年（1887）福建、台湾分治，台湾正式改制为台湾省，南投行政区属台湾府台湾县。光绪二十一年（1895），清政府将台湾岛、澎湖列岛及台湾附属岛屿割让日本，日本殖民统治期间几经改制后，南投行政区隶属台中州，分设南投郡、竹山郡、新高郡、能高郡。1945 年日本战败投降后，南投县归属于台中县；同年 10 月，调整全省行政区，南投县自台中县划出单独设县，县治设于南投镇。1981 年 12 月，南投镇改制为县辖市南投市至今。

南投县的管辖范围是南投市、草屯镇、埔里镇、集集镇、竹山镇、中寮乡、国姓乡、仁爱乡、名间乡、水里乡、鱼池乡、信义乡、鹿谷乡 1 市 4 镇 8 乡，面积 4106.4 平方千米，境内有泰雅族、布农族、邹族和邵族。2015 年，人口有 537168 人。

南投县文化教育事业底蕴深厚，其中有大学 2 所，即暨南国际大学、南开科技大学，有高中 6 所、高职 5 所、初中 6 所，全县有图书馆 13 个。

据山东人民出版社 2001 年 8 月出版发行的《山东省志・诸子百家志・诸葛亮》记载，以及互联网的台湾南投县相关资料记载与介绍说：在台湾省南投县鱼池乡中明村的明湖水库东北方有孔明庙，这也是台湾省唯一一座纪念诸葛孔明的庙宇。

1. 历史沿革与古迹文物

这座庙宇始建于清光绪二十七年（1901），当时，有一位叫石添福的村民在自家厅堂设置牌位，专门祭祀道教的玉清、上清、太清三位天尊，称之为“明德堂”，逐步形成当地祭祀道教三清道祖的殿宇，由于神灵显赫，这里慢慢就成了当地老百姓的信仰中心。

三清，总称为“虚无自然大罗三清三境三宝天尊”，即“玉清圣境无上开化首登盘古元始天尊”“上清真境玉晨道君灵宝天尊”“万教混元教主玄元皇帝道德天尊”。

玉清即盘古大帝，上清即太上老君，太清即老子，这是道教对三位居于三清胜境至高无上的玉清、上清、太清最尊贵天神的尊称。

由于当时私人家庭中的神坛简陋而且空间狭小，信徒较多，祭祀活动受到了一定的限制。所以，在信众的倡议下，民国十五年（1926），就开始正式改建新庙，除了保留原有的三清道祖之外，还增加了诸葛孔明，以及北极玄天上帝（全名为武当山北极玄天真武大帝、荡魔大天尊，俗称北极大帝、真如大帝、开天炎帝、水长上帝、北极佑圣真君、混元九天万法教主、真武大帝，以及小上帝等，在台湾奉祀他的庙宇有 300 多座）和武圣人关公（关羽）等神位。

这里背对松岭，面向莲花山，与日月潭比邻，四时鸟语花香，在四周青山绿水间，孔明庙尤其醒目。1979 年，又进行了扩建，称为“孔明庙”，亦称为“启示玄机院”。

1981 年 4 月，在孔明庙前右侧建了一个高度 36 尺（12 米）的诸葛亮塑像，右手执羽扇，左手拿书卷，智者风范表现无遗，民族精神凸显神韵，同年七月十八日完工开光。两年后，又在此修建了八卦亭，将诸葛孔明像覆盖于亭内保护，因此，这里就是台湾全省唯一供奉诸葛亮的庙宇，香火一直鼎盛，据说该庙的签颇为灵验。

孔明庙，占地面积约 10 亩，为两层仿古建筑风格。主体建筑的大殿建在一座高台上，一楼一底两层，重檐二滴水歇山顶，面阔五间，进深四间，雕梁画栋，翘角凌空，整体建筑红柱黄琉璃瓦，上下围栏装饰裙板，造型独特，十分壮观。一楼主祀诸葛武侯，二楼奉祀武圣关公。

大殿檐前有一个平台，称为“卧龙台”，中轴道左侧围栏中有刘备、关羽、张飞“三顾茅庐”恳请诸葛亮的大型立式彩色塑像。

大殿左边有一座三层楼房，是接待来这里祭拜客人活动与食宿的场所。

右边有八角重檐建筑“孔明八卦亭”，也是红柱黄瓦，彩绘色彩艳丽。

正殿正中的神龛上有诸葛亮的彩塑神像，羽扇纶巾，神态祥和。神龛上有“一代将相”“天下奇才”的匾额，题书者不详。殿内柱子上挂有两副楹联，内容分别是：

心存汉室，忠贞昭日月；志在扶刘，义气贯青天。

大节英风盖高代；奇谋勇略号雄师。

遗憾的是，落款均不详。

2. 匾额 2 方、楹联 2 副

一代将相

题书者不详。

【注】一代：语出《汉书·萧何传》：“唯何、参擅功名，位冠群臣，声施后世，为一代之宗臣。”一个朝代、一个时期的意思。此指蜀汉时期。

将相：语出《史记·高祖本纪》：“诸侯及将相，相与共请尊汉王为皇帝。”泛指将帅与丞相。此指诸葛亮文武全才，出则为将，能够治乱安危；入则为相，能够经国济民。

【释】诸葛亮是蜀汉时期的能文能武全才。

天下奇才

书者不详。

【注】此匾文为光绪十二年（1886）春，钦命陕西陕安兵备道唐树楠书于今汉中勉县武侯祠献殿，至今仍存，安然无损。

天下奇才：语出《三国志·蜀书·诸葛亮传》：“及军退，宣王（司马懿）案行其营垒处所曰：天下奇才也。”此指诸葛亮是天下奇特少有的人才。

建兴十二年（234）秋天，诸葛亮病死在第五次北伐曹魏的五丈原军中，临终前，他令长使杨仪临时代理兵权，魏延、姜维断后，领军徐徐退回汉中。

魏军大都督司马懿见蜀汉军退却，便领军来到五丈原诸葛亮驻军地方视察，发现这里的军营、井灶部署得有条不紊，十分惊讶，因此，他赞叹诸葛亮是“天下奇才也”，自愧不如。

【释】诸葛亮是天下奇特少有的人才。

心存汉室，忠贞昭日月；
志在扶刘，义气贯青天。

题书者不详。

【注】心存汉室，忠贞昭日月：诸葛亮心中始终存在着兴复汉室而一统江山的思想，他对于蜀汉国家的忠诚与坚贞感天动地。

汉室：此指蜀汉国家的江山社稷。诸葛亮前《出师表》有“今南方已定，兵甲已足，当奖率三军，北定中原，庶竭驽钝，攘除奸凶，兴复汉室，还于旧都”之说。

忠贞：语出《尚书·君牙》：“惟乃祖乃父，世笃忠贞。”忠诚坚贞的意思。

昭：语出《左传·定公四年》：“以昭周公之明德。”此指显扬、彰显的意思。例如：诸葛亮《出师表》中有“若有作奸犯科及为忠善者，宜付有司论其刑赏，以昭陛下平明之理”之句。

日月：语出唐僖宗李儇（xuān）时期宰相郑畋（tián，825—883）的《马嵬坡》诗歌：“玄宗回马杨妃死，云雨难忘日月新。”天地之间的意思。

志在扶刘，义气贯青天：诸葛亮的志向在于辅佐扶持蜀汉国家的先主刘备与后主刘禅，他忠君爱国的正义气节贯穿于青蓝色的天空。

义气：语出西汉文学家董仲舒（公元前179—公元前104）的《春秋繁露·王道》：“仇牧、孔父、荀息之死节，公子目夷不与楚国，此皆执权存国，行正世之义，守惓惓之心，春秋嘉义气焉，故皆见之，复正之谓也。”此指正义的气节。

贯：语出《汉书·司马迁传·赞》：“贯穿经传，驰骋古今，上下数千载间，斯已勤矣。”贯通、贯穿的意思。

青天：语出《庄子·田子方》：“夫至人者，上阚青天，下潜黄泉，挥斥八极，神气不变。”此指青蓝色的天空。

【释】诸葛亮心中始终存在着兴复汉室一统江山思想，他对于蜀汉国家的忠诚与坚贞显扬在天地之间；

诸葛亮志向在于扶持蜀汉国家先主刘备与后主刘禅，他忠君爱国的正义气节贯穿于青蓝色天空。

大节英风盖高代；
奇谋勇略号雄师。

题书者不详。

【注】大节英风盖高代，奇谋勇略号雄师：上、下联句语出南宋诗人王刚中（1103—1165）的《滩石八阵图行》诗歌：“我生孔明后，相望九百载。我想孔明贤，巍然伊吕配。奇谋勇略夸雄师，大节英风盖当代。木牛流马何足言，八阵遗踪千古在。”

大节英风：此指宏大的志向气节与英武风范。盖：语出《庄子·应帝王》：“功盖天下。”胜过、超出。高代：前代、前辈。奇谋勇略：语出《北史·独孤信传》：“信美风度，雅有奇谋大略。”此指奇特的计谋与勇敢的策略。号：号令、号召的意思。雄师：语出《大宋宣和遗事》前集：“李密袒臂一呼，聚雄师百万，占了中原。”此指英勇善战的强大军队。

【释】诸葛亮的志向气节与英武风范胜过了前代人；

诸葛亮奇特计谋与勇敢策略号令着强大军队。

第二十三章

关于山西临猗县武侯墓祠与诸葛京“内移河东”研究

2020 年 3 月下旬，山西省“临猗县诸葛亮文化研究会”秘书长孙青贤给笔者来电话讲：“我是临猗县孙吉镇原人大主席，已经 70 岁了，家乡天兴村自古就有武侯墓祠及诸葛祖墓，历史悠久，当地的史志资料都有记载，还有不少传说故事，遗憾的是这些古迹全部被毁坏。近年来，关心热爱诸葛亮文化的人越来越多，一致希望恢复修建武侯墓祠及诸葛祖墓古迹，为传承和振兴地方文化作贡献。为此，2019 年 8 月，县政府批准成立了临猗县诸葛亮文化研究会牵头谋划此事。我们通过互联网了解到你多年专业研究三国历史文化，对诸葛亮及其后裔情有独钟，实地考察了全国诸多武侯祠庙古迹文物，编著出版了一系列专著，还联络发起了全国诸葛亮研究联会，一篇文章就把浙江兰溪诸葛八卦村与诸葛后裔推向了国内外，使其成为世人关注向往的旅游胜地。所以，我们知道你是这方面的著名专家，特意网购了你出版的相关图书，受益匪浅，特与你联系，希望得到你的鼎力相助，研究论证我们的史志资料，为我们出谋划策，理清思路，帮助我们规划设计，以便实现我们恢复修建这些古迹的愿望。”

当时，孙先生希望来勉县登门拜访详谈，因新冠肺炎疫情而暂时搁浅。

笔者闻言后十分高兴，这是因为诸葛亮从来都没去过山西省，但是诸葛亮唯一孙子诸葛京在蜀汉灭亡后的次年就举家“内移河东”，这在《三国志·诸葛亮传》中有明确的记载，具体地址在哪里却不得而知。只知道诸葛京被“随才署吏”先后做过“郿令”和“广州刺史”，之后就再无任何记载，史学界对诸葛京“内移河东”后具体情况再也没有人进行专题研究，以至于被忽视而成为历史空白。

没想到，临猗县竟然有武侯墓、武侯祠与诸葛祖墓，地方史志资料还都有记载，也有传说故事，堪称鲜为人知，这究竟是怎么回事呢？作为毕生研究诸葛亮文化的专业人员，很有必要搞清楚这些来龙去脉的因果关系。所以，笔者希望孙青贤先生尽可能提供所有地方史志资料，先了解一下基本情况后再说。

在这种情况下，通过反复阅读学习孙先生先后发来的相关地方史志资料与诸葛亮传说故事后，通过认真梳理，归纳如下。

1. 地方史志资料记载与相关传说故事摘要

明嘉靖十七年（1538），平阳府荣河县令唐镕与猗氏县儒生教谕宋纲编著的《荣河县志》第二卷《祠志》第48、49页记载："诸葛武侯庙，在县城东南三十里天兴村，世传武侯生于天兴，长在寺底，即今庙址。在寺底村，亦谓有武侯墓之庙。"

宋纲按："亮生于天兴，长在寺底。及考通鉴，琅琊人，亮寓居在襄阳隆中谓之寓居，则生斯长斯或可信也。一说天兴村，古亦称琅琊。"

第65页《陵墓》记载说："诸葛武侯墓在城南三十里天兴村，岁久，尽被乡人平作耕地种植。寺底庙在焉，今名寺底村。"

上述记载，是所有地方史志资料中最早而最具权威性依据，以后的地方史志资料多以此而言。例如：清康熙二十一年（1682）编著的《山西通志·陵墓篇》第363页记载说："汉诸葛武侯墓，在县南三十里天兴村无考。"

清乾隆元年（1736），翰林院编修储大文（1655—1743）的《山西通志》第166卷《祠庙》第35页记载说："武侯庙在南三十里天兴村，庙中有砖塔，高丈余，居人议毁之，有驹儿者首持器，坏其一隅，内有石碣二尺许，刻云：若是塔儿破，定是驹儿来。字迹苍古，居民复整理如初，有墓。"

第173卷第55页《陵墓》记载说："汉丞相诸葛亮墓，相传在县南三十里天兴村。"

乾隆十九年（1754）的《蒲州府志》第58页"古迹篇"记载说："荣河冢墓之有诸葛武侯。"

乾隆三十四年（1769），山西荣河县令杨令琢纂修的《荣河县志》第86页《坛庙》记载说："武侯庙，县东三十里天兴村。"

第63页《古迹陵墓》亦记载说："诸葛武侯墓：在城南三十里天兴村，事无所考。"

第 86 页记载：“邑中东岳行祠，崔府君庙，白马庙，武侯庙，三结义殿，皆旧县志所载。”

光绪七年（1881），马鉴、王希濂、寻銮炜修编的《荣河县志》第 75 页记载说：“武侯墓，武侯庙，在县南三十里天兴村，事无所考。”

第 105、106 页还记载说：“武侯忠存蜀汉，皆无愧庙祀，昭烈、桓侯久与关圣并祠，非淫祠可比，故仍旧志录之。”

民国二十五年（1936）版，张柳星、范茂松、郭廷瑞修撰的《荣河县志》卷十二第 473 页亦记载说：“诸葛武侯墓：在县城南四十五里之天兴村。”

1986 年，孙晋怀、宁新杰主编的《临猗县地名志》第 120 页“天兴”条记载说：“相传天兴原名天庆，为三国蜀相诸葛亮故里，因有亮生于天庆长在南阳之说。考史载亮为山东沂水县人，并非天庆人。但晋代亮之后裔曾在河东为官，遂有此说。该村北面原有诸葛亮庙，规模较大，内有钟楼、鼓楼、两个舞台，一九五二年拆毁，后演变为天兴。”

第 111 页“浪池”条还记载：“该村西口有一古柏，柏下有一水池，相传古时池中有怪兽，池水常年翻腾不已，后由诸葛亮持青龙剑杀死怪兽平息水患，村名浪池由此而来。”

第 218 页的“民间故事”记载：“天兴村里话诸葛有打柴遇妖、渔人得利、纵火惹祸、乘龙逃脱、龙卧南阳等五个故事。”

第 219 页还有“诸葛亮浪池斩怪兽”的传说故事。

2018 年编撰的《运城市志》卷二十一《商贸服务业》第 1276 页记载说：“庙会，旧时境内庙多，每座大的庙宇每年至少有一次庙会，同时在庙会期间进行商贸活动。……唐代，著名的庙会有猗氏县的马王庙会和孙吉天兴村的武侯祠庙会等。”

除了地方史志资料之外，明末清初蒲剧“舌战群儒”中，诸葛亮的唱词有：“家住荣河在天兴，幸遇先主识卧龙。孙刘破曹三分定，全凭舌战立奇功。”

1993 年，临汾地区三晋文化研究会编印的《蒲州梆子传统剧本汇编》之中的《甘露寺》，该剧乔玄的唱词就有：“我皇叔说起他的孔明先生，本是荣河天庆村人氏”，“天庆”就是天兴。

在诸多的传说故事中，天兴村民马存才、樊作林、樊双明讲述的开篇故事《生在天兴》把诸葛亮为什么生在天兴用传说故事讲得十分清楚，故事说：

小时候，我们常听说，诸葛亮生在咱们天兴村。后汉末年，朝纲腐败，兵荒马乱，山东连年闹灾荒，民众流离失所。相传诸葛亮的父母听说咱山西这边年景较好，就随着逃荒的人一路寻茶讨饭，来到天兴村。为什么能落脚到咱们这儿呢，因为这个地方当时是汾阴古道，这条大道南北都是壕，是人们南来北往的必经之地。壕的两边是高崖，崖下面有打的窑洞，供来往客人避雨歇脚。因为那时交通不便人们多是步行，就在咱们现在这个地方，两边崖下的窑洞里，他们就安下了身。窑的对面是个娘娘庙，一是便于取水，二是时有献供可以充饥。诸葛亮母亲身怀有孕，已近临产，行走已很不方便，也就没有再挪移。后来顺利产下诸葛亮，他父母原计划生下娃后继续寻找安身之地，后来却没有离开咱们这里，原因是几个月来，尤其是他母亲坐月子以后，我村男女老少都没有把他一家当外人看，大家嘘寒问暖，送米送面，百般照顾，像对待自己家里人一样，诸葛亮母亲被咱这里温暖的人情所感动，就干脆常住下来。后来就流传下来了诸葛亮少年时在我们这一带发生的许多传奇故事，这就是诸葛亮生在天兴说法的来历。

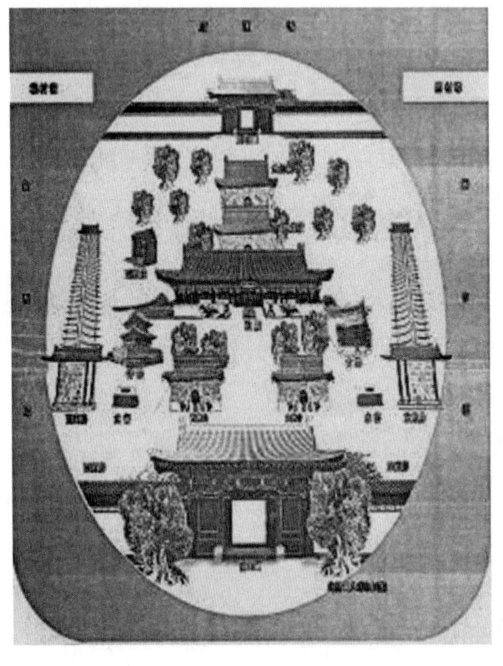

关于天兴村武侯祠的规模与布局，2019年4月，村民樊双明根据记忆还原绘制了示意图，让人一目了然。

2007年7月10日，生于临猗县天兴村的山西省社会科学院研究员马斗全先生，根据相关地方史志资料记载，在《山西日报》撰写发表了《天兴武侯祠概述》文章，详细讲述了历史上天兴村武侯祠具体情况，全文如下：

说起武侯祠，人们自然会想到成都武侯祠，有的人还知道南阳武侯祠，而晋南的天兴武侯祠，却竟少为人知。作为全国仅有的几座大型武侯祠之一，作为山西历史文化的精美建筑之一，天兴武侯祠的概况不能不为世人一述。

天兴武侯祠在运城市临猗县城西北35公里处的天兴村（古属汾阴县、北宋改为荣河县，1954年和万泉合并为万荣县，1972年划归临猗县）。这里地处黄土高原的峨嵋岭水深土厚，村东、北、西面地势均高，村南低而平坦。因为濒临黄河所以自古交通较为发达，如今交通更为便利，村东紧邻河津至永济的省级公路，南北均与同蒲铁路、大运高速公路相接，距村西一公里多便是黄河旅游公路。

传说三国时的大政治家、军事家、文学家诸葛亮生在天兴（村），长在卧龙（岗），所以，天兴村从古就有一武侯祠，当地人又称为诸葛亮庙或天兴庙。

庙在村北约400米处，自古以来由四社（天兴村、南周村、程村、蔡高村）共同管理，按年轮流值班管护。

庙前方是宽敞的土壕沟，庙底地形酷似一只头朝南伸展的乌龟，庙就坐北朝南建于乌龟头上，占地百余亩。庙前和庙两旁因有九个崖头，所以名为九龙口。从庙前面上一陡坡就是雄伟壮丽的山门，两旁各有一棵罕见的古柏树，西边那棵树身倾斜向前，东边那棵挺拔而立，高数丈须三人才能合抱。两棵大柏树一斜一挺，好像两员大将守护着庙门，为古庙增添了幽静而神秘的色彩。而三人方可合抱之古柏，则充分说明该庙历史之悠久。成都武侯祠之古柏最粗者两人即可合抱。

进了山门，两座戏台并立，中间相距丈许。戏台左右各有一眼水窖，恰似乌龟两只眼睛。台前有四棵古柏，均高三丈余，粗可一抱。东边柏树名为贵云柏，若逢细雨飘落，一到晚上，戏台灯光映照，云雾缭绕，煞是好看。东台为正台，又高又大，前场正中高悬“学盖三国”大匾，字大五尺苍劲有力。上场门匾额为“阳春”，下场门匾额为“白雪”。两边山墙上面，有古代战争壁画，千军万马，战车飞奔，交锋激烈，场面壮阔，人物形象逼真。最奇的是戏台对联以“八仙故事”和“长安八景”为题材，每一字均由三字或四字巧妙组成，引人入胜，颇耐玩味，堪称奇联。上下联32个“字”，实际包含了112个字，具体内容如下：

钟离盘石把扇摇，拐李先生赐福高。洞宾背剑清风客，果老骑驴羡凤毛。采和手执云杨板，国舅瑶池奏玉箫。仙姑送来长生酒，湘子花篮献蟠桃。

骊山晚照明光显，草滩烟雾紧相连。灞柳风雪飞满面，咸阳古渡几千年。华岳仙掌第一景，太白积雪六月天。曲江流饮团团转，雁塔神钟在城南。

西台（偏台）较东台低小，前场正中悬挂“盛世元音”大匾，山墙上也有壁画，而最招人喜爱的是屏风上雕刻的笑容可掬的老寿星。

再往前行，左钟楼，右鼓楼，上悬大钟巨鼓，每逢敬献，钟鼓齐鸣，声传十余里，余音不断。上了台阶，是四椽五檩九间献殿，宽阔壮伟。逢庙会时，由值班村负责，用白面捏成各种各样的祭品，同时又为民间艺术品，有花形、鸟形、人形及各种走兽等，敬献神灵和供人观赏。献殿两边各有一耳房，供管庙人常年居住，庙会时兼为社家议事之处。过了献殿，便是后土娘娘殿和痘疮娘娘殿，塑像端庄慈祥。后土娘娘殿后，有一卷棚与武侯殿相连。

武侯殿是三间大殿带穿廊，廊下左右各放一铁鼎，高五尺粗两抱，大而精巧。

进入大殿，肃穆壮观，雕梁画栋，五彩缤纷，诸葛武侯神采奕奕、威严端坐神龛正中，周围为龙飞凤舞与战车飞奔、马跃枪击等战争泥塑，多姿多态，十分壮观神奇。殿前的左右站像，是诸葛亮真传的姜维和杨仪，恭然而立。

大殿东边，盖有廊房数十间，西围墙下有厢房多间，逢庙会时供商贾摆卖布匹、百货之用，以免日晒雨淋。这些商贾来自绛州、荣河、万泉、临晋、解州等地，还有来自陕西和河南的。殿前西南方，有四合院一座，供种地人居住。

天兴庙周围又有庙地百亩，供庙会时用地及日常经费之用。庙的周围有后添的柏树百株，相传系程村王仁捐栽。远远望去庙宇高耸，苍柏掩映，郁郁葱葱，近则风声飕飕，香烟缭绕，铃声叮当，好一派威严而阴森逼人的气象。

天兴武侯祠究竟为何时所建，现已难以考证，壁画和建筑风格如古代许多大型建筑一样，是多年陆续建成的。

有关诸葛亮小时候神奇而美丽的故事世代相传，如《打柴遇妖》《巧得天书与红丹》《失火惹祸》《乘龙逃脱》《龙卧南阳》《计挖壕沟》《宗儿破塔》《浪池斩妖》等，皆为史书和《三国演义》未载，至今仍引人入胜。这些传奇故事曾被《山西民间艺术》《故事报》等报刊搜集发表，并收入《临猗县地名风物故事集》。

据《山西工商》杂志"古会新容"栏目所刊之文，天兴庙古会在唐朝天宝年间，距今 1200 多年就誉满秦晋而闻名遐迩了，几十年前的盛况，村中老人们至今仍记忆犹新。

早在庙会（每年阴历二月二十一、十月初一）前四五天，人们就跨河越岭，争先恐后地从四面八方纷纷赶来。正会那天，各条路上，人流如潮，车轮滚滚，尘土飞扬。人们车拉肩挑，牵牛赶羊，黑压压地向这里汇集。祭祀诸葛亮、娘娘上庙为庙会重要仪式，锣鼓喧天，极为热闹。此外，两台戏对唱，跑马踩高跷，耍猴弄棒，各式玩耍，真是无奇不有。

庙会另一重要内容是物资交流，远近人们都要等到天兴会购买各种生活、生产用品，商贾们更是老早就为庙会筹备货物，所以每次庙会都是商贾云集，购销两旺。百亩场地之上人声嘈杂，羊咩牛叫，人山人海，热闹非凡，哄闹之声响彻云天，几天之间不绝于耳。

诸葛亮生在天兴之说，虽然史无记载，但流传久远，至今仍在当地广为流传着。成都、南阳、勉县等武侯祠都与诸葛亮有着密切的关系，古人于天兴村建造规模宏大的武侯祠也必然有其历史缘由，久为流传的那许多脍炙人口的传奇故事，也绝不会是空穴来风。

天兴村至今有诸葛家地、诸葛家坟，就不仅仅是传说，而同武侯祠一样就成为事实了，这说明天兴村和天兴武侯祠与诸葛亮必定有某方面或某种联系，其历史根源，有待于历史学家和有关专家进行考察研究，以探求历史真相，而作为宏大精美古建筑群的天兴武侯祠更是不应为今世所遗忘。

有关诸葛亮出生于天兴村而产生的相关故事，曾经被当地的文化人先后撰写文章发表在《山西日报》《运城日报》《后土文化》《桑泉》《山西民间文学》等报纸杂志。例如，1984 年第 4 期《山西民间文学》，刊登了王天泰、丁实编写的有关诸葛亮传说系列故事《打柴遇妖》《天书与红丹》《失火惹祸》《施巧计乘龙逃脱》《南阳卧龙》。故事讲述了少年诸葛亮在天兴村如何遇到了槐树精和蛤蟆精斗智斗勇；如何得到天书红丸而足智多谋，能够腾云驾雾；如何学到火攻技能而惹祸被关进监牢；又如何巧使计谋而乘龙出逃来到南阳卧龙岗隐居躬耕，被刘备三顾茅庐而出山辅佐，最终成就了大业。

再有，村民马自成、马历全、王全仁根据清乾隆《山西通志》记载而改编的《浪池斩妖》《设计挖壕》《宗儿破塔》传说故事，集中讲述了诸葛亮唯一传世孙子诸葛京的相关故事。2009 年，运城市河东博物馆原馆长王泽庆先生，曾经在太原市《后土文化》杂志发表了《诸葛亮是河东人》的文章，他的依据就是《荣河县志》的“诸葛亮生于荣河天兴，长在寺底”。

除此之外，1985 年在成都市举办了“首届三国与诸葛亮国际学术研讨会”，山东省临沂市学者何玮与姜开民先生联合撰写的《诸葛亮故里考》文章在大会进行交流说：“是否能够说诸葛亮故里就在今沂南县呢？证据仍嫌不足，不仅至今尚未发现诸葛亮居住阳都城附近，连诸葛氏祖居于阳都城的民间传说也未见流传。”王泽庆当时也应邀参会，所以，便以此为著文的佐证，认为既然在阳都故城没有诸葛亮居住的遗迹与传说故事，就可能出生在天兴村。

2007 年，村民马自成编写了《诸葛亮与天兴村》专著约 30 万字，内部印刷进行交流。

2019 年 9 月，“临猗县诸葛亮文化研究会”编著了《诸葛亮的传说》册子，内部印刷进行交流。

从上述地方志资料记载及产生的传说故事来看，都与诸葛京“内移河东”有关。所以，笔者很有必要依据历史资料，从地理关系方面来分析解读诸葛京“内移河东”的前因后果。

河东郡，秦始皇统一全国定天下为三十六郡时所设，两汉因之，三国时属司隶校尉部，治所在今山西省运城市夏县西北禹王镇，管辖 19 县，其中猗氏县就是今天的临猗县。

运城市，地处山西省西南部，属地级市，下辖 1 区 2 市 10 县 133 个乡镇 3338 个行政村，面积 14233 平方公里，人口 527.53 万人，有 21 个少数民族，历史上的河东郡就在这里。

运城市因地处黄河以东而古称河东，因为古代是“盐运之城”而得名运城，所以这里是中华文明的重要发祥地之一，例如女娲补天、黄帝战蚩尤、舜耕历山、禹凿龙门、嫘祖养蚕、后稷稼穑等历史传说故事均发生在今天的运城市。

除此之外，这里还是三国名将关羽出生地，也是曾经为《三国志》作补注的史学家裴松之故乡，裴氏家族历代做过宰相的有 59 人，大将军 59 人，做过尚书、侍郎，御史、刺史、巡抚、太守、知县等官员的有 3000 多人，还出过皇后 3 人、太子妃 4 人、王妃 2 人、驸马 21 人，元代著名戏剧家关汉卿也是这里人。正因为如此，运城市历史悠久，名人辈出，曾涌现出张仪、司马迁（出生今陕西韩城南，另一说出生于运城市河津）、关羽、裴秀、裴松之、裴度、薛仁贵、王勃、王维、王之涣、柳宗元、司马光、赵鼎、关汉卿、杨深秀等一大批著名人物，文物古迹比比皆是，全市各级文物保护单位有 178 处，全国重点文物保护单位就有 102 处。所以，历来就有“五千年文明看运城”之说。

荣河县，秦惠文王九年（公元前 316）设汾阴县，属河东郡，两汉三国至五代时期因之。北宋大中祥符四年（1011）改名荣河县。1954 年 8 月，又与万泉县合并为万荣县。由于临猗县的天兴村一带历史上曾经归属于荣河县所辖，故有《荣河县志》记载武侯墓与武侯祠之说。

临猗县，为运城市辖县，西临黄河，东望太岳，北屏峨嵋岭，南面中条山，境内无山，是山西省唯一的平川县，距运城市 30.8 公里。西周时期，这里是郇国所在地，称之为郇阳。

据《史记·货殖列传》记载，春秋时期，当时鲁国贫士猗顿，曾经向范蠡请教致富之术而在此“大畜牛羊於猗氏之南，十年之间其息不可计，赀拟王公驰名天下”。从此以后，这里始称猗氏县，先秦两汉以来，一直属于河东郡所辖。1954 年，由临晋县和猗氏县各取县名首字合并为临猗县至今，治所就在猗氏镇。

该县辖区面积为 1339.32 平方公里，辖 9 镇 5 乡 2 区 375 个行政村，常住人口 58 万人，其中的天兴村归属于孙吉镇所辖。

临猗县一直是“山西省文化先进县”“全国水果十强县”“全国文化工作先进地区”“全国文明村镇建设示范县”“全国科技工作先进县”。

孙吉镇，是临猗县第一大镇，全镇辖 45 个行政村，人口 5.6 万人，耕地 12 万亩，著名爱国将领傅作义将军的故乡就在这里。全镇在外经商、务工人员超过万人，有 500 多家工商企业遍及全国 30 多个大中城市，是国家七部委确定树立的“全国名镇”。

天兴村，历史上曾称为天庆、寺底，是临猗县孙吉镇的下辖村，地处临猗县西北方，距离运城市与临猗县城皆 35 公里，南距离孙吉镇 6 公里。全村辖有 4 个组，240 个农户，总人口 1060 人，土地面积 3.1 平方公里，耕地面积 3177 亩。

20 世纪 90 年代，村民杨文革捐款，在村口修建了一座石牌坊，四柱擎天落地，正中坊楣之上为二龙戏珠，柱下有一对石狮，工艺精湛，高大雄伟。正面坊楣有“天兴村”名，两侧的石柱上刻有楹联一副，内容是：“两千年信史诸葛故里；八百口淳民康乐家园。”

背面上方，有“顺天应人”匾额。两侧石柱上有山西省社会科学院研究员马斗全题书的楹联一副，内容是：“世道几沧桑，古庙古会垂青史；辉煌方再造，宏图宏功仗俊才。”

2. 笔者对地方史志资料与传说故事的几点看法

从上述地方史志资料记载与传说故事可以明显看出，临猗县历史上不但有武侯墓、武侯祠与诸葛祖墓，而且代代传播影响深远，当地人记忆犹新，形成了这里不可或缺的文化内涵，体现了当地老百姓对诸葛亮尊崇敬仰的深厚感情，实乃可敬可佩。但是，存在一定的历史知识误区。

笔者认为，《三国志》作者陈寿（233—297），曾是蜀汉主簿、秘书郎、观阁令史。蜀汉灭亡以后为西晋初期著作郎，始终都是史官，所以，他受命编著的《三国志》被后来史学界称为“当时人写当时事”，与《史记》《汉书》《后汉书》并称为可靠的前四史，历来都是了解研究三国历史文化最早而唯一的原始工具书，是不可撼动的权威历史依据。正因为如此，任何后来的史志资料，都不可以随意推理臆断而进行更改。然而，上述地方史志资料与传说故事就出现了几处不同的说法，存在一定的谬误，需要以史为据，进行纠偏。

（1）诸葛亮出生天兴说违背了历史性定位

嘉靖年间的《荣河县志》记载说：“世传武侯生于天兴，长在寺底。”还说“天兴村古亦称琅琊”，所以诸葛亮“生斯长斯或可信也”。

这种说法是当地最早的记载，后来的地方资料都以此为据，但是严重背离了《三国志》对诸葛亮出生地的历史定位而形成异说，明显不可信。

据《三国志·蜀书·诸葛亮传》记载说：“诸葛亮，字孔明，琅琊阳都人也。”

《三国志·吴书·诸葛瑾传》记载：“诸葛瑾，字子瑜，琅琊阳都人也。”裴松之注引说：“吴书曰：其先葛氏，本琅琊诸县人后徙阳都。阳都先有姓葛者，时人谓之诸葛，因以为氏。”

《三国志·魏书·诸葛诞传》也记载说：“诸葛诞，字公休，琅琊阳都人，诸葛丰后也。”

琅琊，郡名，秦朝将中国分三十六郡时，琅琊郡为其一，隶属徐州刺史部，治所就在今山东省临沂市郯城县，东汉改琅琊郡为琅琊国，建都开阳城，即今山东省临沂市市区。琊、邪，在古代同音同义。

阳都，属于琅琊郡的一个辖县，公元前 221 年，秦始皇定天下为三十六郡时设阳都县，故治在今山东省沂南县砖埠镇孙家黄疃村、里宏、大小汪家庄一带。东汉灵帝光和四年（181），诸葛亮就诞生在这里。由于历史上阳都这个地方曾经归属于沂水县管辖，故也有沂水县之说。

上述记载明确说明，诸葛亮与家族兄弟皆出生于琅琊郡阳都县，也就是今天山东省临沂市沂南县，属于历史性定位，千百年来从无异说或者是任何争议，这是无可辩驳的历史事实。

（2）关于对诸葛亮父母逃荒来到天兴村落户居住的传说故事看法

1984 年，《山西民间文学》第四期刊登了天兴村民马存才、樊作林、樊双明讲的诸葛亮《生在天兴》传说故事。与此同时，刊载的还有王天泰、丁实编写的有关诸葛亮《打柴遇妖》《天书与红丹》《失火惹祸》《施巧计乘龙逃脱》《南阳卧龙》系列故事。这些传说故事，都是现代人根据《荣河县志》所记载的“世传武侯生于天兴，长在寺底”而臆想推理编写的。

除此之外，2020 年 4 月，临猗县诸葛亮文化研究会还汇编了《天兴村诸葛亮传说故事》小册子，集中收录了 24 篇文章。其中，有诸葛亮的传说故事 10 篇，武侯庙传说故事 6 篇，与诸葛亮有情怀关系的故事 8 篇，这些传说故事来源于临猗县和万荣县一带，都是今人作品，违背了诸葛亮出生的历史背景，显得荒诞离奇而难以成立，根本没有任何传承价值。理由是：据《三国志・蜀书・诸葛亮传》记载说：“诸葛亮，字孔明，琅琊阳都人也，汉司隶校尉诸葛丰后也。父珪，字君贡，汉末为太山郡丞。”

诸葛亮的先祖诸葛丰为西汉元帝时期（公元前 44—公元前 33）司隶校尉，是专职负责监督检举三公之外百官以及皇族不法行为的三品官员，二千石俸禄，属皇帝信任的朝廷高官。

诸葛亮的父亲诸葛珪（？—187），字君贡，为泰山郡丞，是太守的首席属官，专职协助太守处理辖区各种事务以及社会治安的高官，相当于今天地级市市长助理，享受六百石俸禄。如此看来，诸葛亮出生于东汉末期一个朝廷高级官员家庭，并非一般平民百姓的家庭。

据《汉书・律历志上》记载：“三十斤为钧，四钧为石。”一石是 120 斤，按古今度量衡换算合今 60 斤，六百石合今 36000 斤粮食。诸葛亮出生之前，家中就有父亲、母亲、哥哥诸葛瑾与两个姐姐共五口人，父亲的年俸禄平均每个人有 7200 斤粮食，如果加上家中的佣人、家丁数十人，全家人也是衣食无忧。所以，即便是社会再动乱，灾荒再严重，作为泰山郡丞高官的诸葛珪，绝对不可能弃官不做，还抛弃一个儿子与两个女儿，只带领身怀有孕的妻子从山东外出逃荒，一路讨饭来到今山西临猗县天兴村，在这里生下了诸葛亮，干脆常住下来，成为诸葛亮生在天兴村说法的依据，还在这一带产生了许多传奇故事，这明显是不可能的事情。

诸葛亮名垂青史誉冠古今，绝非一般性人物，因此，《三国志》记载他的出生家庭历史背景十分清楚，任何时候、任何人都不能够随意更改。即便是文学作品的艺术加工，也绝对不应该脱离历史背景而臆说，特别是对家喻户晓的历史名人诸葛亮，更需要特别的慎重。

由于天兴村老百姓对当地武侯墓祠与诸葛祖墓的来龙去脉、因果关系无从知晓，误认为与诸葛亮有直接关系，所以才演化出了诸葛亮就出生于天兴村的传说故事。可是，应该明白，这些随意编造的传说故事不但会贻笑大方，没有任何意义，而且还会给全国学术界与诸葛亮后裔造成严重负面影响，产生不好的后果。因此，再不要坚持说诸葛亮父母逃荒来到这里，诸葛亮就出生在天兴村，这里就是琅琊。希望当地从历史知识的误区中走出来，重新认识这些因果关系。

笔者认为，以诸葛京为首的诸葛后裔两晋时期在山西省运城市临猗县落户而发扬光大，被后世代代传播，所以，地方史志才多有记载，这里的武侯墓、诸葛庙以及诸葛祖墓，都与诸葛京“内移河东”有关，与诸葛亮本人出生此地没有任何关系，这是无可辩驳的历史事实。

（3）天兴村武侯墓祠和诸葛祖墓都与诸葛京“内移河东”有直接关系

诸葛亮一生都没有去过今天山西省运城市一带，这里更不是他的安葬地，这是不可辩驳的历史事实。可是，自嘉靖十七年（1538）编著的《荣河县志》出现“汉诸葛武侯墓祠在县南三十里天兴村”之说后，当地不少地方史志资料都不约而同有这样的记载，这究竟是怎么回事呢？

据《三国志·蜀书·诸葛亮传》记载：建兴十二年（234）秋天，诸葛亮病故于第五次北伐曹魏的五丈原军中，临终前曾遗命说：“死后葬汉中定军山，因山为坟，冢足容棺，敛以时服，不须器物。”为此，长史杨仪根据诸葛亮临终前安排，率领蜀汉军队将诸葛亮灵柩从五丈原送回到汉中，后主刘禅于同年底还御书《诏策》祭奠文，追谥诸葛亮为“忠武侯”，将其安葬在定军山下。景耀六年（263）春，刘禅还“诏为亮立庙于沔阳”，在武侯墓修建了天下第一武侯祠以示纪念。同年“秋，魏征西将军钟会征蜀至汉川祭亮之庙，令军士不得于亮墓所左右刍牧樵采”。从此后，汉中定军山下武侯墓就为全国独有，武侯祠天下第一，名垂青史世人皆知，现在都是国内外知名的国务院重点文物保护单位，国家AAAA级旅游圣地。除此之外，全国都不可能再有诸葛亮的武侯墓。

封建社会时期，地方志书一般都由饱读史书的地方官员负责编修，他们对《三国志》等著名典籍不可能不读，诸葛亮出生于琅琊郡阳都，遗命安葬在汉中定军山下，后主刘禅又“因近其墓”而“立庙沔阳”，他们对各地武侯祠庙情况不可能不清楚。

荣河县令唐镕与猗氏县教谕宋纲在编著《荣河县志》时，出于对诸葛亮的顶礼膜拜，有意无意地忽视了“景耀六年，亮子瞻，嗣爵”之说以及诸葛京“咸熙元年内移河东”的关键性历史记载，误认为“武侯”必然是诸葛亮，诸葛京名气不大，所以将天兴村武侯墓、武侯祠直接与诸葛亮联系在一起，妄说诸葛亮“生于天兴，长在寺底”，形成地方史志误传，为后来编写诸葛亮出生于天兴村传说故事提供了依据。

可是，清康熙二十一年（1682）的《山西通志·陵墓篇》第363页记载：“汉诸葛武侯墓，在县南三十里天兴村，无考”；清乾隆三十四年（1769）的《荣河县志》第63页《古迹陵墓》亦有“诸葛武侯墓，在城南三十里天兴村，事无所考”；光绪七年（1881）的《荣河县志》第75页亦记载说：“诸葛武侯墓，武侯庙，在城南三十里天兴村，事无所考。”这些记载，都有“无所考”之说。

特别是，1986年编的《临猗县地名志》第120页“天兴”条记载说：

“考史载亮为山东沂水县人，并非天庆人。但晋代亮之后裔曾在河东为官，遂有此说。该村北面原有诸葛亮庙规模较大，内有钟楼、鼓楼、两个舞台，一九五二年拆毁，后演变为天兴。”这个说法，接近历史事实。

按照修志的规则与惯例，对于存在的重大事件，原则上必须要进行辑录，已经不存在的事情一律不提，旧志有而后来虽然存在可是有变化的，一定要记录变化的因果与现状情况。

从上述记载而知，天兴村的武侯墓与武侯祠起码在1952年拆毁前还是存在的，并非空穴来风，我们不能否认。假如修志时这些墓祠古迹已不存在的话，就没必要提及此事了。所以，当时编写志书的官员很可能搞不明白，武侯墓在《三国志》中明明白白记载诸葛亮临终前曾遗命安葬在汉中定军山，景沃六年（263）春天，后主刘禅还在定军山下为诸葛亮修了天下第一武侯祠，这是千百年来无可辩驳的历史事实，可天兴村武侯墓与武侯祠又是从何而来的呢？从来都没有资料记载说明，他们也不得而知，所以才用了“事无考”这句话，这也是《山西通志》在卷173《陵墓》之中第55页特意还注明说“当以汉中定军山为正”来以此说明的缘故。

据清雍正十二年（1734）与乾隆四十六年（1781）的《山西通志·祠庙》记载，山西省境内的太谷县、徐沟县、临汾县、凤台县、襄陵县、榆社县、荣河县、猗氏县历史上都曾经有武侯祠庙，而荣河县与猗氏县在历史上都曾经管辖天兴村，武侯墓祠与诸葛祖墓唯独出现在这里，其他地方也仅仅有武侯祠庙。由此看来，诸葛京“内移河东”一定是在今临猗县天兴村定居安家落户生息繁衍的。理由是：诸葛亮是名垂青史的著名人物，历史上纪念他的武侯祠庙比比皆是，至今在全国各地包括中国台湾还有60余座。因此，即便是山西省境内历史上有再多的武侯祠庙都不足为奇，关键是，今天的临猗县天兴村在历史上是唯一定位在河东郡辖区以内，其他地方有再多的武侯祠都与河东郡无关，也没有武侯墓与诸葛祖墓，这是不可辩驳的证据。试想一下，除了诸葛京“内移河东”后为纪念先祖而在这里修建武侯墓祠与诸葛祖墓之外，还有谁会无缘无故地这样干？所以，临猗县天兴村无疑是诸葛京“内移河东”的定居之地。

笔者认为，由于天兴村老百姓在不清楚历史上武侯墓祠与诸葛祖墓因果关系的前提下才产生了诸葛亮出生于天兴村的传说故事，体现了对于诸葛亮的尊崇敬仰，因此每年都举办活动纪念先贤，以此传承历史文化，这种朴实情感是无可厚非的。但是，应该明白这些历史古迹与诸葛亮没有任何关系，却与诸葛京当年被迫带领一家人“内移河东”来到天兴村安家落户纪念先祖有直接关系，这才是天兴村历史上就有武侯墓祠与诸葛祖墓的真正缘由。

据《三国志·蜀书·诸葛亮传》记载说：“景耀六年春，诏为亮立庙于沔阳。亮弟均，官至长水校尉。亮子瞻，嗣爵。”

这段话是说，景耀六年（263）春天，后主刘禅在定军山下修建武侯祠时，就让37岁的诸葛瞻“嗣爵”，继承了他父亲生前的武乡侯爵位。因此，这时的“武乡侯”是指诸葛瞻，而不再是诸葛亮了。

武乡侯，是后主刘禅为诸葛亮所封爵位。《三国志·蜀书·诸葛亮传》记载说：“建兴元年，封亮武乡侯。”建兴十二年，诸葛亮死后，后主刘禅又“赠君丞相武乡侯印绶，谥君为忠武侯。”从此以后，“武侯”就成为诸葛亮的代名词，全国各地也就先后出现了不少武侯祠。

武乡，汉代县名。据近代史学家卢弼（1876—1967）的《三国志集解·蜀书·诸葛亮传》在“武乡侯”条注引说：

《寰宇记》，武乡谷在南郑县东北三十一里，即诸葛孔明受封之地。赵一清曰：《方舆纪要》卷五十六武乡谷在汉中府南郑县，蜀汉封丞相亮为武乡侯盖邑于此。又褒城县十七里有武乡城，后魏延昌初置武乡县，属褒中郡。考武乡乃县名，前汉属琅琊郡，中兴省，至建安中严干已封武乡侯，可知武乡侯虽省改于中兴，而实复置于汉末矣。三国时，封爵之制皆以本郡邑为封土，如魏张郃为鄚人封鄚侯；徐晃杨人封杨侯；吴文钦谯郡人封谯侯；濮阳兴陈留人封外黄侯；时谯郡、陈留不属吴，亦遥领之。诸葛琅琊郡人，因以琅琊之武乡封之，犹张桓侯涿郡人封西乡侯，西乡，涿郡县名，皆邑侯非乡侯也。

从以上记载而知，诸葛亮当年的“武乡侯”是因西汉琅琊郡的武乡县而封，属于县侯，可这里在后来一直是魏国管辖之地，所以，只好把封地改在今汉中市汉台区武乡镇一带。

《三国志·蜀书·诸葛亮传》附诸葛瞻传还记载：

诸葛瞻，字思远，年十七尚公主，拜骑都尉。其明年为羽林中郎将，屡迁射声校尉、侍中、尚书仆射，加军师将军。景耀四年，行都护卫将军，与辅国大将军南乡侯董厥并平尚书事。景耀六年冬，魏征西将军邓艾伐蜀，瞻督诸军至涪停住，前锋破，退还住绵竹。艾遣书诱瞻曰：若降者，必表为琅琊王。瞻怒斩艾使遂战大败临阵死，时年三十七，众皆离散，艾长驱至成都，瞻长子尚与瞻俱没。次子京及攀子显等，咸熙元年内移河东。

尚公主，就是娶帝王之女为妻的意思。在古代封建王朝中，皇帝女儿不是谁都可以娶的，因此，帝王们的女儿要嫁给某人不叫娶而叫作“尚”，此人的身份也自然而然为“驸马都尉”。

据明代崇祯末年国子监生张自烈（1597—1673）编著的《正字通·小部》记载说：“尚，娶公主谓之尚，言帝王之女尊而尚之，不敢言娶。”例如：《史记·吴起列传》记载说：“公叔为相，尚魏公主”；再如：《史记·李斯列传》有：“诸男皆尚秦公主，女悉嫁秦诸公子”之说；《新唐书·郭暧传》也记载说：“暧字暧，以太常主簿尚升平公主。”

诸葛瞻出生于建兴五年（227）七月，延熹六年（243）十七岁娶了后主刘禅“敬哀皇后”之女，次年（244）就生了长子诸葛尚，而“敬哀皇后”是张飞的长女。敬哀：悲痛、庄敬之意。语出《荀子·礼论》：“故丧礼者无他焉，明死生之义，送以哀敬而终周藏。”张飞是先主刘备在涿州家乡起兵打拼江山的好兄弟，章武元年（221）准备跟随刘备讨伐东吴为关羽报仇时，被部将范强、张达所杀。因此，后主刘禅娶张飞长女为皇后，特以“敬哀”作为封号，表示对已故岳父老丈人张飞的缅怀、悲痛、尊重与敬意。

《三国志·蜀书·二主妃子传》记载：“后主敬哀皇后车骑将军张飞长女也，章武元年纳为太子妃，建兴元年立为皇后，十五年薨，葬南陵。后主张皇后，前后敬哀之妹也，建兴十五年入为贵人，延熹元年春正月策曰：朕统承大业君临天下，奉郊庙社稷，今以贵人为皇后……咸熙元年，随后主内迁于洛阳。”

由此而知，后主刘禅两个皇后都是车骑将军张飞的女儿。章武元年（221）先主刘备称帝立刘禅为太子时，长女为太子妃，刘禅继位后的建兴三年（223）立为皇后，建兴十五年（237）就去世了，遂又正式纳张飞次女为贵人，延熹元年（238）正月，立次女为“张皇后”，炎兴元年（263）冬天蜀汉灭亡后，随后主刘禅一起被曹魏遣送到了洛阳。

诸葛瞻 17 岁娶后主刘禅的女儿刘氏公主为妻后，就被封为骑都尉，第二年升为羽林中郎将，后来又先后升为射声校尉、侍中、尚书仆射、军师将军。景耀六年（263）冬，魏国征西将军邓艾率领大军灭蜀汉时，诸葛瞻与长子诸葛尚全力抵抗而拒不投降，双双战死在今四川省德阳市绵竹县，就地安葬并修建有“双忠祠”，成为国内外著名的古迹名胜。

值得注意的是，封建社会女子 15 岁开始束发用簪子盘头，称为“及笄”，男子 20 岁戴成人帽子行“弱冠”之礼，意味着已经成年可以婚嫁。当年，诸葛瞻“年十七尚公主”并没有遵循“弱冠”礼制的相关记载，这应该是特殊时期对特殊人物的特殊待遇，另当别论。

蜀汉灭亡后，诸葛京就是诸葛亮唯一在世的嫡传后裔。所以，咸熙元年（264）就带领诸葛氏家眷不得不按照曹魏官方意志而内移河东郡安家落户，开始了一般平民生活。

咸熙，是魏元帝曹奂最后一个年号，元年是 264 年。内移，就是蜀汉国灭亡以后魏国官方对于蜀汉国家相关官员以及家属的内部安置迁移，具有身不由己的强迫性。这是因为，正常情况下的安家，一般称为迁徙、移居、寓居、回迁。可是，在封建社会，战胜国对于战败国的官员有“外徙”和“内移”两种安置方法，“外徙”就是指发配流放到边远的地区，“内移”就是强制性迁移到统治者便于控制的地方。无论“外徙”或者是“内移”，本质上就是“流放”与“管制”，具有监督管理居住生活的意思。例如，蜀汉国灭亡以后魏国就将后主刘禅“内移”到洛阳养起来，才有后来的“乐不思蜀”成语典故。诸葛京是诸葛家族的唯一继承人，所以，他被迫携家眷按照魏国官方安排来到了河东郡——今运城市临猗县天兴村定居，是因为这里属于曹魏长期管辖之地，既利于生活，也便于控制。正因为如此，诸葛京成了诸葛亮后裔在此生息繁衍发展的始祖，这里也就成了诸葛后裔的发祥地。

诸葛京虽然是诸葛亮后裔唯一传承人，但是应该明白，诸葛乔是诸葛瑾的次子，曾过继给诸葛亮为义子。所以，《三国志·诸葛亮传》记载说：“初，亮未有子，求乔为嗣。瑾启孙权遣乔来西，亮以乔为适子，拜为驸马都尉，随亮至汉中，年二十五，建兴六年卒。子攀，官圣行护军翊武将军，亦早卒。”诸葛乔生子诸葛攀，诸葛攀生子诸葛显，是诸葛亮哥哥诸葛瑾的曾孙，属于嫡亲血脉，他们同时来到天兴村，都是货真价实的诸葛后裔传承人。

在《三国志》中，诸葛京的生卒年不详，可他哥哥诸葛尚出生于蜀汉延熙七年（244）二月，死于炎兴元年（263）十一月，时年 19 岁，起码比诸葛京大两岁。因此，诸葛京可能出生于延熙九年（246）左右，属于未成年，所以没有参加保卫蜀汉国家的战争而活了下来。

诸葛京父亲诸葛瞻与兄长诸葛尚兄双双战死在绵竹县以后，蜀汉国家也灭亡了，所以才在次年的咸熙元年（264）带领母亲以及诸葛攀之子诸葛显等家人，一起“内移”河东郡天兴村安家落户。

诸葛京当年从哪里“内移河东”的呢？自然是从当时蜀汉国都成都所迁移。这是因为，建安十九年（214）刘备夺取益州领益州牧后，刘备就给手下有功之臣进行封赏，诸葛亮安家的地方在今成都市双流区，历史上称为“葛陌”，诸葛亮家人就在这里耕作与种桑养蚕，诸葛瞻与其子诸葛尚、诸葛京都出生在这里，今天是双流区星空路葛陌社区。

据《三国志·蜀书·诸葛亮传》之中的《自表后主》记载说：

成都有桑八百株，薄田十五顷，子孙衣食，自有余饶。臣身在外，别无调度，随时衣食，悉仰于官，不别治生以长尺寸。臣死之日，不使内有余帛，外有盈财，以负陛下也。

“薄田十五顷”，应是刘备夺取益州后分给诸葛亮的田产，“有桑八百株”，是诸葛亮一家人带头种桑养蚕发展蜀锦的体现。春秋战国时代，成都地区称为“蚕丛之国”，是中国丝绸文化的发祥地。因此，诸葛亮为发展蜀汉经济，曾设锦官专营，成都故有锦官城、锦江、锦城、锦里之称；是成都的代名词。而今天成都市双流区的葛陌村就是后世怀念诸葛亮生活居住的故址遗迹。

据唐代地理学家李吉甫（758—814）的《元和郡县图志》卷三十二《剑南道》“双流县”记载：“诸葛亮旧居在县东北八里，今谓之葛陌。孔明表云：薄田十五顷，桑八百株即此地”。这说明，诸葛亮家人当年的确在今成都市双流区葛陌社区耕作与种桑养蚕。

据当地居民介绍说，民国时期此地称为“永福乡”，有一个武侯祠庙专门供奉诸葛亮，庙的屋顶造型为八角形，当地人称“八角庙”，“文化大革命”时期被拆除。20 世纪 80 年代，这里恢复了个“葛陌村”古地名。由此而论，诸葛京是从今成都市双流区“内移河东”的。

可是，据江苏金坛市道光年间修编的谨慎堂《诸葛氏宗谱》记载，说他们那里的诸葛后裔“属于南阳派”，这是因为诸葛亮《出师表》之中有“臣本布衣，躬耕于南阳”的说法，因此误认为诸葛亮当年既然生活在南阳，他的家就理所当然在南阳，所以，他们的《诸葛氏宗谱》记载中也就出现了“诸葛京是从南阳内移河东郡的”推理，殊不知这种说法是绝对错误的。

首先，南阳郡在东汉末年与三国时期始终属曹魏辖地，诸葛亮当年实际是在南阳郡的襄阳隆中隐居躬耕，“南阳”只是地域泛称，并没有在南阳居住生活过，哪来的家庭与子女？更没有后裔的派系分支。

其次，建兴五年（227）七月诸葛亮才有儿子诸葛瞻，这时候他家就在今成都双流区，孙子诸葛尚与诸葛京都出生于这里，与南阳根本没有任何关系。

还有，魏国灭的是蜀汉，国都在成都而不是南阳，诸葛京为什么会从成都跑到魏国管辖的南阳郡，又为何被“内移”到了河东郡，有什么依据呢？

特别是，历史上凡是被“外徙”或者是“内移”之人都属于强制性的，是身不由己的，为了有效监督管理其生活起居活动，绝对会远离其故居族属割断人脉关系，以免产生后患。因此，该《诸葛氏宗谱》记载“诸葛京从南阳内移河东郡”之说，属于违背常理的推理臆断而不可信。

根据推算，诸葛京“咸熙元年”（264）带领全家人“内移河东”郡时应该是18岁左右；其母亲是后主刘禅第一个夫人敬哀皇后所生，此时应该是36岁左右；诸葛攀是诸葛乔儿子，诸葛乔建兴五年25岁死，诸葛攀早年已病死，诸葛攀的儿子诸葛显此时应该是20岁左右。

（4）诸葛京的“随才署吏”与出任“广州刺史”依据

诸葛京在“咸熙元年”带领家人奉命“内移河东”，来到今临猗县天兴村安家落户仅仅四年时间，就被举荐为官，开始“随才署吏”走上仕途，为朝廷效力。

据《三国志·蜀书·霍弋传》裴松之注引《汉晋春秋》记载说：

泰始四年三月，从帝宴于华林园，诏闻蜀大臣子弟，后问先辈宜时叙用者，罗宪荐蜀郡常忌、杜轸、寿良、巴西陈寿、南郡高轨、高阳吕雅、许国、江夏费恭、琅琊诸葛京、汝南陈裕，即皆叙用显现于世。

当时，济阴郡（属兖州，治所在今山东菏泽市定陶区）太守文立（？—279）也向司马炎进言：“故蜀之名臣子孙流徙中国者，宜量才叙用，以慰巴蜀之心，以倾吴人之望。帝从之。”

晋武帝司马炎认为有道理，遂下诏书说：“诸葛亮在蜀尽其心力，其子瞻临难而死义，其孙京宜随才署吏。”（见《资治通鉴》七十九卷之“晋武帝泰始五年二六九”）

《三国志·蜀书·诸葛亮传》注引《诸葛氏谱》也记载说：

《泰始起居注》载诏曰：诸葛亮在蜀，尽其心力，其子瞻临难而死义，天下之善一也。其孙京随才署吏，后为郿令。尚书仆射山涛启事曰：郿令诸葛京祖父亮遇汉乱分离，父子在蜀，虽不达天命要为尽心所事，京治郿自复有称，臣以为亦以补东宫舍人，以明事人之理，副梁益之论。京位至广州刺史。

泰始四年（268）三月，巴东郡太守罗宪向西晋武帝司马炎举荐了诸葛京，得到司马炎认同并在泰始五年（269）下诏书，诸葛京才有“随才署吏”之说，随后做了“郿令”，所以，乾隆四十三年（1778）的《郿县志》也有同样记载。

吏，是古代为官府做事人员的称谓，类似于今天国家公务员。例如：官吏，吏员、吏治等。从上述记载而知，诸葛京被罗宪举荐以后，晋武帝司马炎下诏被“随才署吏”后，根据他的才能在当地官府做事情，具体做什么事，干了多久不得而知，后来才做了“郿令”。眉县在今陕西省宝鸡市东南，与岐山县接壤，眉县县治西与五丈原诸葛庙仅有20里，今天的五丈原在当时属于眉县管辖区。所以，诸葛京任“郿令”期间，很可能创建了五丈原诸葛庙，以此纪念祖父诸葛亮病死在这里，成为后来闻名于世的古迹名胜，这是情理中的事情。

由于诸葛京出任“郿令”期间政绩显著有目共睹，因此，尚书仆射山涛（205—283）报奏晋武帝，希望为其加官晋爵，封为“东宫舍人”，以安众心。

据《晋书·山涛传》记载：山涛（205—283），字巨源，河内郡怀县（今河南武陟县）人，好老庄学说，曾经与嵇康、阮籍、向秀、刘伶、王戎、阮咸七人交游，被后世称为“竹林七贤”，40岁时任郡主簿。大将军司马师执政时举为秀才，迁尚书吏部郎。西晋历任行军司马、大鸿胪、奉车都尉、冀州刺史、北中郎将、侍中、尚书、散骑常侍、太子少傅、尚书仆射等职，封新沓伯。

尚书仆射，为尚书令之副，处于副相职位，号称端副，是魏晋南北朝至宋的尚书省官员。山涛的“尚书仆射”官职是晋武帝司马炎咸宁期间（275—280）所任。因此，《泰始起居注》说山涛举荐诸葛京因功被封为“东宫舍人”（亦称中庶子，是太子侍从官，俸禄六百石）就在这段时间，可看不出结论，只有“京位至广州刺史”之说。假如这件事情是真实的，诸葛京“随才署吏，后为郿令”的任职时间12年左右，即269—280年；任职“东宫舍人”可能10年左右，即280—290年之间，因为，诸葛京出任“广州刺史”10年是有据可查的。例如：据乾隆年间《钦定四库全书·史部》收录郭棐万历二十七至二十九年（1599—1601）编著的《广州通志》卷三十七记载说：

诸葛京，字行宗，琅琊人，汉丞相亮之孙。魏人灭汉，京父瞻战死，咸熙初内移徙居河东。晋武帝泰始中诏曰：诸葛亮在蜀，尽其心力，其子瞻临难而死义，天下之善一也。其孙京随才署吏，后为郿令。尚书仆射山涛荐之擢中庶子。惠帝时位至平越中郎将、广州刺史，假节。推诚待物，有祖风烈，吏民称之。

郭棐（1529—1605），字笃周，号梦兰，广东南海（今广东省佛山市南海区）人，明嘉靖四十一年（1562）进士。历任夔州知府、湖广道屯田副使、四川提学、广西右江副使、云南右布政使、光禄寺正卿。他一生中将修志作为地方官的守土之责，所以每到一地必有修志之举，特别注重家乡广东的方志事业。曾修编《粤大记》三十二卷、《岭海名胜志》、《广东通志》七十二卷、《四川总志》三十四卷、《酉阳正俎》十卷，以及《右大江志》和《宾州志》十四卷、《梦菊全集》、《齐楚滇蜀诸稿》等志书，颇为时人所称颂，对后世修志颇有影响。

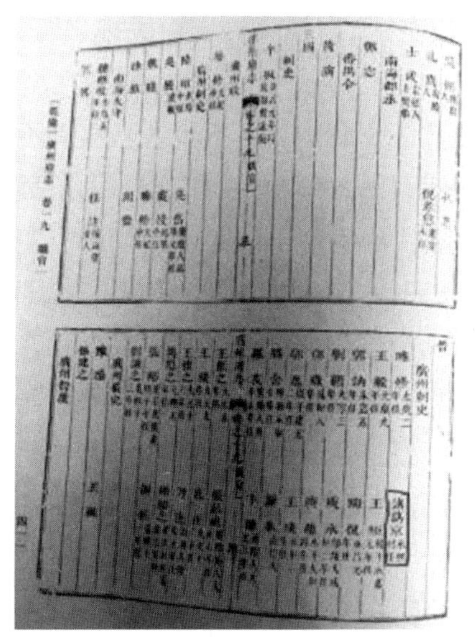

在《广州通志》记载中，我们知道诸葛京在西晋惠帝时不但做了平定南越（今广东地区）的中郎将，而且还是广州刺史，假节（地方军政官员所加朝廷持节或假节称号，可以诛杀犯军令者以及中下官吏与无官职的人），秩比二千石，年俸禄合今120000斤粮食。

诸葛京任广州刺史究竟有多少年，正史没有任何信息，但是在地方史志上有了准确答案。

据乾隆二十四年（1759）金烈、张嗣衍、沈廷芳修编的《广州府志·职官一·广州刺史》卷一九第411页记载说：“诸葛京，永熙初（290）任。王毅，元康九年（299）任。王矩，永嘉元年（307）任。郭讷，永嘉五年（311）任。陶侃，永昌元年（322）任。……”

乾隆时期修编的《钦定四库全书》卷二十六《广东通志·职官·广州刺史》第7—8页也记载说：“诸葛京，永熙初任。王毅，元康九年任。”

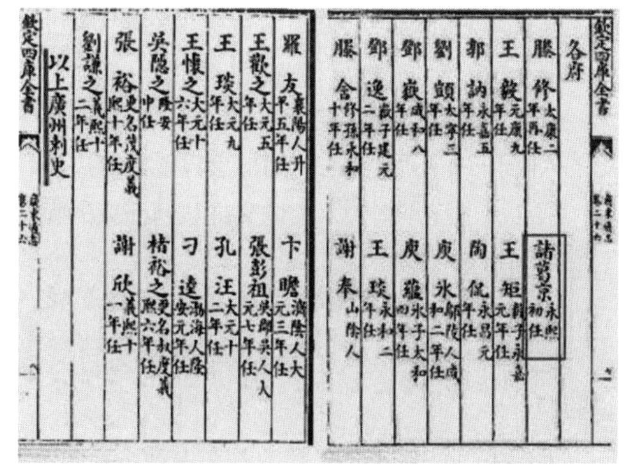

欽定四庫全書

各府

滕修 太康二年再任　諸葛京 永熙初任
王毅 元康九年任　王矩 永嘉元年任
郭訥 永嘉五年任　陶侃 永昌元年任
劉顗 太寧三年任　庾冰 咸和二年任
鄧嶽 咸和八年任　庾蘊 冰子太和四年任
鄧逸 嶽子建元二年任　王琰 永和二年任
滕含 修孫永和十年任　謝奉 山陰人

羅友 襄陽人升平五年任　卞瞻 濟陰人大元三年任
王歡之 大元五年任　張彭祖 吳郡吳人大元七年任
王琰 大元九年任　孔汪 大元十二年任
王懐之 大元十六年任　刁逵 渤海人隆安元年任
吳隱之 隆安中任　桓裕之 更名叔度義熙六年任
張裕 更名茂度義熙十年任　謝欣 義熙十一年任
劉謙之 義熙十二年任

以上廣州刺史

“永熙”是西晋第二个皇帝司马衷的第一个年号，只有一年，时间是290年。“元康九年”，就是299年。由此而知，诸葛京44岁出任“广州刺史”共有10年，离任时已经54岁，这是准确的。

在此之前，他22岁左右“随才署吏”，后来又做“郿令”，前后起码12年，出任朝廷“东宫舍人”10年，出任“广州刺史”共有10年，一生中为官共计32年，堪称功德圆满。

刺史，是两汉魏晋南北朝时期维护皇权而派往州一级地方的监察官员，负责监督诸侯王、郡太守和地方豪强，是皇帝的耳目，五品，秩比二千石，属于朝廷的高级官员。

诸葛京在“广州刺史”任上曾经持有朝廷授予生杀大权的“假节”，兼任“平越中郎将”十年是肯定的，在这期间他“推诚待物，有祖风烈，吏民称之”，是有目共睹的。

关于诸葛京到底是出任“广州刺史”还是“江州刺史”，不少人一直搞不清楚因果关系，误认为是“江州刺史”，这是错误的。理由是：广州，为东吴大帝孙权黄武五年（226）所建立，辖十个郡国，治所番禺，即今广州市。正因为如此，《三国志·吴书·孙权传·黄武五年》记载：“是岁，分交州置广州。”

《晋书·地理志》也记载：“吴黄武五年，分交州之南海、苍梧、郁林、高粱四郡立为广州。”胡三省注曰：“海南三郡交趾、九真、日南也。海东四郡苍梧、南海、郁林、合浦也。”

赵一清曰：“《方舆纪要》卷一百：孙吴广州置番禺，交州还置龙编。”（即今越南首都河内）

江州，西晋惠帝元康元年（291）设置，治所在南昌县，即今南昌市。东晋咸康六年（340）徙治浔阳县（今湖北黄梅县）。南朝宋国升明元年（477）徙治柴桑县（今江西九江市西南）。陈国的天嘉初年，移治湓口城（今九江市）。隋大业三年（607），改为九江郡。

除此之外，战国周慎王五年（公元前316），秦灭巴蜀后设江州县，治所在今重庆市。

就以上广州与江州的设置时间和相关史志资料准确记载，以及历任广州刺史的人物和时间顺序而言，诸葛京只能是“广州刺史”。

那么，“江州刺史”之说又是从何而来的呢?

（5）诸葛英修编的《诸葛氏宗谱》之中有两处错误

据南宋绍兴甲寅年（1134）蕤宾月（五月），诸葛英修编的《诸葛氏宗谱记》记载说：

始祖君贡，讳珪，东汉末为泰山郡丞，生三子，长瑾，字子瑜，仕吴左将军封苑陵侯。次亮，字孔明，仕汉丞相，谥忠武侯。三子均，为长水校尉，生齐无传。瑾生三子，长融袭爵；次恪，字元逊，吴威北将军，封都乡侯，拜太傅，生三子，长竦、次绰、三建，皆无传。第三子乔，字松柏，拜驸马都尉，生一子攀，行护军翊武将军，生一子显，迁河东。亮生一子瞻，字思远，为汉行军都护卫将军平尚书事，其子曰尚、京，瞻、尚父子同日殉义。京字行宗，为江州刺史，生子冲，字茂长，为晋廷尉；冲生子铨，为零陵太守；铨生规，为义阳太守；规生子颖，隋大业中为参军，加正义大夫、著作郎；颖生嘉会；

嘉会生神力，职居文林郎；神力生纵，广德间为当涂县令；纵生良；良生爽，唐中和年间任中书门下平章事，擢检校司空；爽生仲芳；仲芳生二子浰、深，后周广顺二年岁次乙巳孟春，兄弟具避兵燹渡江而南，深抵闽，浰抵越，寻迁寿昌棣村居焉。浰一子青，天禧二年复徙居砚山之后，以农桑起家，娶徐氏无出，遂纳叶氏生六子，葬西坞天马饮泉地形，户系上等，本贯严州府寿昌县任丰乡，鼎置衢严鹜三州田产及九十余石。时明道三年癸酉，分析六子卜地异居，长子智八，讳承荫，居砚山后旧居间，生二子明、诜，明即英之父也。次仁九，讳承祐，徙居兰溪县太平乡，地名西诸，士农其间，登科入仕者如士曹，讳冯如，教授讳昕，癸未年榜登。第三子圣十，讳承载，居兰溪县太平乡，地名永间，子孙雅厚。先有讳安道者，治春秋而兴鹜之乡焉。四子义十一，讳承晔，居泉山下，子孙衰落。五子忠十二，讳承咏，居前诸，子京任国子监助教，后多不传。第六子和十六，讳承遂，赘居绍兴府山阴县甲子巷王氏之家，皆诸葛姓，子孙多有入仕者。

据诸葛亮家族编著最早的《诸葛氏宗谱》记载而知，诸葛英是诸葛亮的第十七代后裔诸葛承荫之孙，第十八代后裔诸葛明之子，属第十九代后裔。南宋绍兴年间（1131—1162），诸葛英为抗金将领岳飞（1103—1142）的军师统制，岳飞被害后回到家乡泉麓（今浙江省建德市）郁郁成疾，乾道四年（1169）因病而终。其子诸葛择，是岳飞二子岳雷的军师，官至兵部尚书。

诸葛英是编写《诸葛氏宗谱》最早的人，他系统介绍了从第一代诸葛珪到第四代诸葛京以及后来各代生息繁衍聚居的基本情况，填补了历史资料缺陷，原版至今保留在建德市后裔之中。随后，又先后经历了宋、元、明、清十五次修编，最后一次是民国三十六年（1947），当时的国民党中央要员陈果夫、薛笃弼分别写了《序》。《诸葛氏宗谱》为八开线装，共计二十卷 39 本，完好保存在诸葛八卦村，成为各派系认祖归宗的依据，具有可靠的历史资料性。

除了大家熟知的诸葛八卦村诸葛亮后裔外，在广西的阳朔、浙江的温州、瑞安、建德、龙游、江西的上饶、江苏的常州等地，还有四万多诸葛亮后裔，他们都有各自的分支派系及多次修编的《诸葛氏宗谱》，详细记述着分支派系渊源与发展历史。追根求源，他们都属于诸葛京这个祖先繁衍传承的嫡系后裔，好比是万法归宗，这是无可辩驳的事实。

诸葛英虽然最早而比较系统编著了《诸葛氏宗谱》，功不可没，遗憾的是，有两处不知何故，明显是错误的。

一是说诸葛京“为江州刺史”是错的。理由是：西晋武帝司马炎《泰始起居注》记载诸葛“京位至广州刺史”。笔者认为，就历史记载的时间而言，比南宋诸葛英编著的《诸葛氏宗谱》要早 800 多年。司马炎还是直接安排诸葛京“随才署吏，后为郿令”，又因功升“中书舍人”，最后为“广州刺史”的皇帝，诸葛京的任职，司马炎堪称为亲身经历者，可信度毋庸置疑。

特别是，《起居注》开始于周朝，在封建社会中每一个皇帝都有《起居注》，目的是记载皇帝本人每天处理国家大事与日常生活起居实况，是皇家必备秘籍。因此，宫廷的专职史官日夜寸步不离皇帝左右，随时记录皇帝一言一行，文字语言贴切准确，不敢有丝毫误差。

唐代以前，由于《起居注》涉及皇帝的秘籍隐私，皇帝本人是不能看的，只有皇帝本人去世以后才可以出现。后来，康熙皇帝以“记注官泄密”为由才停止编纂《起居注》。因此，《泰始起居注》绝对可信。就历史资料记载的时间而言，必须要以《三国志》裴松之注引的《诸葛氏谱》之中《泰始起居注》为准，诸葛京应该是“广州刺史”，而不是“江州刺史”。

二是说诸葛乔是诸葛瑾的第三子，“长融袭爵，次恪”，此说也是错误的。据《三国志·蜀书·诸葛亮传》记载说：“乔，字伯松，亮兄瑾之第二子也，与兄元逊具有名，于时论者以为乔才不及兄而性业过之。初，亮未有子，求乔为嗣，瑾启孙权遣乔来西，亮以乔为己适子，故易其字焉，拜为驸马都尉，随亮至汉中，年二十五，建兴六年卒。子攀，官至行护军翊武将军，亦早卒。诸葛恪见诛于吴，子孙皆尽，而亮自有胄裔，故攀远复为瑾后。”

当初，诸葛亮没有儿子，就求哥哥诸葛瑾将次子诸葛乔过继做义子，诸葛瑾请示孙权后就让诸葛乔来到益州，办理了交接手续，拜为驸马都尉，视为己出，跟随诸葛亮来到汉中。建兴六年（228）春第一次北伐曹魏时，诸葛亮让他带领 600 子弟兵，日夜往来于五百里的褒斜道中给赵云、邓芝的疑军运送粮草，结果死在了褒斜道之中，时年才 25 岁。

诸葛乔的儿子诸葛攀为蜀汉护军翊武将军，早年已去世。会稽王孙亮建兴二年（253），诸葛瑾长子诸葛恪（203—253）受命为托孤大臣，因独断专权被杀后，满门抄斩子孙皆无，这时候诸葛亮已有了自己的儿子诸葛瞻，因此，就将诸葛攀复为诸葛瑾后人，留在益州。

据《三国志·吴书·诸葛瑾传》记载：“黄武元年，迁左将军，督公安，假节，封宛陵侯。”还说“瑾子恪，名盛当世，权深器异之，然瑾常嫌之，谓非保家之子每以忧戚。赤乌四年，年六十八卒，……恪已自封侯，故弟融袭爵。”

由此而知，诸葛恪是诸葛瑾长子，诸葛乔（204—228）为次子，诸葛融（？—253）是三子。由于诸葛乔早年过继给诸葛亮做义子，建兴六年已去世。所以，诸葛恪自己封侯后，才让三弟诸葛融承袭了父亲的“宛陵侯”爵位。

笔者认为，诸葛英编著的《诸葛氏宗谱》出现上述错误，有可能是笔误，更有可能是后世人在修编抄录时出现失误，我们应该以《三国志》明辨纠错，不能以《诸葛氏宗谱》为真而以讹传讹。

（6）《诸葛氏谱》与诸葛京“广州刺史”的关系

除了上述诸葛英编写的《诸葛氏宗谱》之外，在《三国志·蜀书·诸葛亮传》裴松之注引中还出现了《诸葛氏谱》，简单记载了诸葛亮之子诸葛瞻、孙子诸葛尚与诸葛京情况。

诸葛尚出生于延熙七年（244），死于炎兴元年（263），年 19 岁。诸葛京是诸葛尚的弟弟，应该比诸葛尚小两岁左右，属于未成年人，当时正处在蜀汉国家生死存亡之际，因此不可能谈婚论嫁。假如诸葛尚与诸葛京成年有了婚配与子女，《诸葛氏谱》就可能会有记载。

南朝梁史学家刘校标（462—521）在为史学家刘义庆（403—444）所著的《世说新语》作注时，也引用了这个比诸葛英还早 700 多年的《诸葛氏谱》，这又是什么原因呢？

笔者认为，《诸葛氏谱》应是两晋时期谱牒之风盛行编著的。这是因为，诸葛瑾、诸葛亮、诸葛诞分别在东吴、蜀汉、曹魏三国为高官，身份显赫，在当时堪称誉冠朝野。除此之外，诸葛瞻、诸葛尚父子的忠勇英烈，名垂青史，这些都彰显了诸葛家族“一门三方为冠盖，天下荣之”（见《三国志·吴书·诸葛瑾传》裴松之注引《吴书》）的名门望族风范，这才出现了《诸葛氏谱》。究竟是何人所编，我们不得而知，可是它却为后世人提供了最早而珍贵的信息。这其中，提出了两个值得我们研究论证的问题：一是《诸葛氏谱》何时编著的？二是诸葛京的“广州刺史”何时任命？又何时出任的？

笔者认为，《诸葛氏谱》应该是惠帝司马衷“永熙”年之后编著的。理由是：每个皇帝的《起居注》都是在皇帝本人驾崩后才可出现的，这是封建社会不可逾越的戒律规定，可是《泰始起居注》却出现在《诸葛氏谱》之中，假如司马炎还在世，是绝对不可能的事情。这说明，《诸葛氏谱》一定是在司马炎病死而惠帝司马衷继位以后的“永熙”年之后编著的。

诸葛京“广州刺史”何时任命？又何时出任的？“泰始”（265）是司马炎第一个年号，《泰始起居注》因此而得名，“太熙”（290）是司马炎在位最后一个年号，同年四月二十日，55 岁的司马炎病死了，太子司马衷立即继任，称为惠帝，改元“永熙”，所以，这一年四月二十日之前为“太熙”，之后为“永熙”。由此看来，诸葛京出任“广州刺史”属于司马炎“太熙”元年四月病死前任命的，是在司马衷继任惠帝之后改元“永熙”上任的，不然的话，绝不会在《泰始起居注》中出现诸葛京任“广州刺史”记载，也不会在乾隆年间的《广州府志》与《广州通志》等资料中同时出现“诸葛京，永熙初”任“广州刺史”之说。

3. 诸葛京一家人“内移河东”后的行为分析

诸葛京虽然出任过西晋初期“广州刺史”，属于朝廷二千石俸禄的高官，可是，《晋书》之中却没有为他立传，《三国志·诸葛亮传》等相关史志资料也只有十分简略的记载，因此，他“内移河东”后的具体情况怎样？“随才署吏”的功德业绩详情如何？死于哪一年，安葬在何处？都没有任何史料明确记载，只知道他出任“郿令”，又因功被推举“东宫舍人”，最后出任了“广州刺史，平越中郎将，假节。推诚待物，有祖风烈，吏民称之”。这些简单资料缺陷，为后世研究考证留下了一定的难度，不得不根据相关资料，进行推理分析。

笔者认为，诸葛京 18 岁左右带领一家人被迫“内移河东”来到天兴村的四年间，首先是本本分分小心行事，在当地官方监督生活起居活动的情况下，全面担负起执掌家庭的责任，因地制宜熟悉环境，继承先祖“耕读传家”之风，向当地百姓虚心学习农耕知识，还与侄儿诸葛显分别就地娶妻生子，处处谨慎做平民安居乐业，闲暇时博览群书励志向上，向老百姓特别是青少年传授历史文化知识。母亲刘氏公主除管理照顾全家人的生活起居之外，还负责种桑养蚕，组织当地妇女传授刺绣与织锦技术，如此一来，他们与当地百姓和睦相处，逐渐建立了深厚感情。

诸葛京 22 岁左右被举荐“随才署吏”后，就在当地官府尽职尽责，得到了一致的好评。出任“郿令”后成了朝廷正七品官员，他继承了祖父诸葛亮的遗风而忠君爱国，勤政廉洁，兢兢业业、尽职尽责地去做好每一件事，深得官方与老百姓的赞誉。在这期间，他利用出任“郿令”管理五丈原之地的便利条件，为祖父诸葛亮修建了诸葛庙古迹，以便于随时祭祀。

由于诸葛京“随才署吏”与出任“郿令”的 12 年间业绩显著，有口皆碑，因此被尚书仆射山涛向晋武帝司马炎推举，出任了太子司马衷身边的“东宫舍人”（太子舍人）。在朝廷就职的 10 年中，学习掌握了丰富的经国济民方略，更加明确了修身齐家治国平天下的道理，树立了良好形象，所以，44 岁左右又出任“广州刺史，平越中郎将，假节”，再度为国效力，在此期间，他牢记祖辈家风遗训，始终“推诚待物，有祖风烈”，因此“吏民称之”，口碑很好。

在出任“郿令”与“广州刺史”期间，诸葛京很可能利用自己官员身份的良好影响以及丰厚俸禄，在家乡天兴村为祖父诸葛亮、父亲诸葛瞻建造“武侯墓”衣冠冢，同时还为伯父诸葛乔、堂兄诸葛攀、哥哥诸葛尚也修了衣冠冢。与此同时，还修建了纪念性建筑“武侯祠”，塑像立牌位，借以缅怀祖父诸葛亮、父亲诸葛瞻、伯父诸葛乔、堂兄诸葛攀、兄长诸葛尚。

由于没有任何历史资料证明诸葛京“广州刺史”卸任后的去向，因此笔者认为，诸葛京很可能在“元康九年”（299）54岁左右，离任“广州刺史”后功成名就回到天兴村安度晚年，最后就地归葬于家乡祖墓中。诸葛京的母亲刘氏公主与堂侄儿诸葛显也先后去世，并且就地安葬在天兴村，这就是天兴村历史上有武侯墓祠与诸葛祖墓的因果关系，不能与诸葛亮混为一谈。

4. 对临猗县恢复修建诸葛古迹的建议与设计理念

2013年3月1日，中共中央总书记、国家主席习近平在中央党校建校80周年庆祝大会暨2013年春季班开学典礼讲话说：“诸葛亮鞠躬尽瘁，死而后已的献身精神，体现了中华民族的传统优秀文化和民族精神，我们都应该继承和发扬。”

这是国家要求我们弘扬传承诸葛亮文化的决心，因此，更是我们每个公民的责任与义务。

2020年6月30日至7月1日，临猗县原政协主席、三晋文化研究会会长孙正来先生带领“临猗县诸葛亮研究会”会长、副会长、秘书长、天兴村党支部书记、村委会主任、县文化馆馆长与村民代表8人，专程来到勉县定军山下拜访笔者，进行了热情洋溢的座谈交流。

笔者在认真听取他们各方面情况介绍后，就几个月来对临猗县地方史志资料与传说故事的研究论证，进行了举一反三的详细解读分析，认定这些历史记载的武侯墓祠与诸葛祖墓和诸葛亮没有直接关系，却与诸葛亮唯一孙子诸葛京“内移河东”直接有关系，天兴村是全国现有数万诸葛亮后裔的发祥地，堪称填补历史空白，属于临猗县天兴村今后涉外的一张不可复制的亮丽名片，如果能够捋清思路，统一认识正面宣传，主打诸葛京“内移河东”这张牌，全面展示诸葛亮文化与诸葛亮家族文化，以此发展旅游产业，会有不可估量的作用。可是，绝对不能再说诸葛亮出生于天兴村，不然的话，就一定会在全国学术界特别是诸葛亮后裔中产生负面影响，引起不必要的争论，因为诸葛亮的出生地在《三国志》中早已经有了历史性定论。

他们听后十分高兴，决心统一认识，主打诸葛京“内移河东”这张牌，发展旅游产业。笔者提出，将把诸葛京“内移河东”与这里武侯墓祠及诸葛祖墓的因果关系研究成果收录进正在编著准备出版的《中国武侯墓祠匾联集注》百万余字专著之中向全国发行宣传，让世人都知道临猗县天兴村就是全国各地诸葛亮后裔生息繁衍的发祥地，毋庸置疑。他们听后，十分高兴赞同。

除此之外，笔者陪同他们考察参观了定军山下全国唯一的武侯墓与天下第一武侯祠以及古阳平关等古迹文物，进行了合影留念。他们认为此行意义重大，信心十足，准备在争取各级政府关心与支持的前提下，大规模恢复修建诸葛古迹，形成地方特色名片，每年都举办以纪念诸葛京为首的诸葛亮文化大型祭祖旅游文化节活动，结合地方民俗文化特色优势带动当地旅游经济产业，为弘扬和传承中华民族历史文化做贡献。为此，还特邀笔者为他们进行规划设计。

根据他们介绍的天兴村实际情况，结合全国各地现存武侯祠庙虽然很多，但各具特色比较分散而很难构成诸葛亮文化整体优势的现状，笔者提出了以诸葛京“内移河东”为根，以诸葛亮文化与诸葛亮家族文化两大部分为魂，设计建造以“诸葛亮文化博览园”大型旅游景区为实际载体，力争打造成为全国唯一、独一、专一、第一的诸葛亮文化龙头旅游产业，形成诸葛亮勤政廉洁与青少年教育基地，同时成为全国数万诸葛亮后裔认祖归宗祭祖的活动场所。每年举行相关的大型活动，吸引国内外游客向往，让人们在观瞻中受到文化熏陶，在休闲娱乐中启智育人，有助于社会风化与精神文明建设，从而成为特色名片，以此带动当地文化与经济发展，构成山西乃至全国规模最大、文化内涵最丰富、最具代表性而不可复制的诸葛亮文化旅游产业，只有这样，才能够经久不衰，始终立于不败之地。这是因为，诸葛亮文化与全国各地的数万诸葛后裔社会影响力之大、国家发展文化产业的要求、山西省与运城市临猗县振兴地方文化产业的决心与民意，以及孙吉镇天兴村地理环境条件优势、诸葛京“内移河东”的历史定位，加之全国学术界与诸葛亮后裔的普遍认可，堪称天时、地利、人和齐备，若能成功将会带动山西运城乃至全国诸葛亮文化的旅游产业，也会为诸葛亮文化整体打包申遗奠定坚实基础。笔者这些观点与设计理念，得到了“临猗县诸葛亮研究会”与三晋文化研究会的一致认同。

在上述设计理念的主导下，笔者开始大胆构想，并且查阅大量相关资料，进行研究分析，为临猗县天兴村的“诸葛亮文化博览园”规划设计了占地面积1400 亩，投资数十亿元的大型旅游景区，征求“临猗县诸葛亮研究会”意见，以便进行修改完善。

根据笔者的构想设计，临猗县很快正式批准成立了“山西天庆旅游开发公司”管理机构，遵照国家《企业名称登记管理规定》要求，为了回避以村名命名特以“天庆”代指天兴村。天庆，就是天兴村明代以前古名称，这在相关史志资料中有明确记载。

“山西天庆旅游开发有限公司”和“临猗县诸葛亮文化研究会”在“三晋文化研究会”及当地政府全力支持下，紧锣密鼓为“诸葛亮文化博览园”开始运作。

2020 年 11 月 13—17 日，笔者应邀赴天兴村考察座谈，为了“诸葛亮文化博览园”的开发建设，同时还带去了北京与上海两位著名投资商参与实地考察座谈，看是否有投资意向。

在当地相关领导、专家学者、新闻媒体、开发公司与诸葛亮研究会陪同下，笔者对武侯墓祠及诸葛祖墓原址考察后进行了座谈交流。系统分析介绍了对当地史志资料、传说故事与武侯墓祠、诸葛祖墓关系的研究论证结果和规划设计博览园思路，使大家耳目一新群情振奋。

与此同时，笔者还应邀出席了天兴村数千人的“诸葛亮文化节”大会，首次向当地各界人士宣传介绍了诸葛京当年“内移河东”来这里安家落户生息繁衍而成为诸葛亮后裔的嫡传始祖，这里因此才产生了武侯墓祠与诸葛祖墓的因果关系，天兴村无疑是诸葛亮后裔最早的发祥地，可是与诸葛亮根本就没有直接关系，希望大家要正确理解，不要再误传误说。台下数千人不但鸦雀无声认真听讲，还多次自发地热烈鼓掌，表示认同与支持。

天兴村的诸葛庙会一年两次，分别是农历二月二十一和十月初一，有千年历史，这都是老百姓对诸葛亮感情的自发行为，足以证明诸葛亮文化的影响力在天兴村留下了深刻印记，早已经融入了当地老百姓的精神生活之中。

会后，不少老百姓来到武侯墓祠与诸葛祖墓原址上设供案祭品，有哀乐和《祭文》诵读，虔诚焚香点蜡跪地叩头，充分体现出对诸葛亮的尊崇敬仰情感，堪称叹为观止。

大会间，运城日报

社与运城市电视台对笔者专题采访报道，起到了很好的宣传效果，引起各方面关注与重视，认为诸葛京“内移河东”定位以及规划设计“诸葛亮文化博览园”大型旅游景区，将以此带动当地旅游文化与经济发展，定会成为当地又一个历史文化亮点，形成山西省乃至全国规模最大、看点最多、文化内涵最丰富而最有意义的旅游文化产业园。

通过实地考察座谈与查阅史料而知，山西是中华民族历史文化汇集大省，特别是河东郡的运城市，堪称物华天宝、人才荟萃。虽然有“五千年文明看运城”之说，可是这里的文物旅游景点尽管居多且各具特色，但规模都不大，观瞻内容单一化，对外界来说，缺乏社会影响力而留不住人，所以大多数都无人知晓而门庭冷落，很难形成一个统一的旅游大格局，这是无法回避的现状。

诸葛亮是中华民族思想文化形象大师而被历朝历代尊崇敬仰，堪称家喻户晓有口皆碑。他唯一的孙子诸葛京“内移河东”，在天兴村落户成为诸葛亮后裔发祥地货真价实，因此，在天兴村修建“诸葛亮文化博览园”，汇聚诸葛亮文化与诸葛亮家族文化将很有历史价值与现实意义，诸葛亮后裔也会前来认祖归宗祭拜祖先，这里就会成为国内外著名的游览圣地。

正因为如此，笔者对“诸葛亮文化博览园”更有信心，进行了更加细致的第二次设计，从“前言”“核心价值”“整体布局”的每一个景区景点都有详细的建筑形式、位置、结构、尺寸、内容等数十万文字说明，以便为设计制图提供参考依据。如此一来，景区的占地面积达到了 3000 亩，不包括外围附属园林面积，总投资数十亿元。建议总体规划一次性到位，具体方案分步实施，实行循序渐进滚动发展的方针。由于项目用地与投资大，希望政府主导立项报批，纳入国家文化产业发展计划，采取多方筹资企业管理运作措施。

景区主体由诸葛祠庙殿宇古建群、诸葛祖墓陵园、祭祖堂、诸葛亮与诸葛京大型雕像、诸葛亮后裔系列塑像、诸葛京故居、诸葛躬耕地、诸葛亮文化与诸葛后裔多个陈列展览馆、碑林、文化墙、诸葛书院、万卷楼、宁远阁、八卦游乐宫、汉代礼仪乐舞演示厅、《河东魂》大剧院（每天演出全面反映诸葛京在河东的五场古典音乐歌舞剧《河东魂》）、仿古商业街、诸葛亮文化广场，以及康养中心、青少年活动中心、大型宾馆等项目组成，可全面展示诸葛京“内移河东”后的诸葛家族后裔文化与诸葛亮文化、汉代服饰与礼仪文化、地方特色文化。建议将黄河水或汾河水引入古迹区融汇于一体富有生气，核心景区的外围到处有四季果园与水榭园林，体现地域环境与经济特色。如此一来，在古迹景区以内处处展示诸葛亮及其后裔的文化内容，汇聚古今所有的相关图书资料，收藏相关文物与字画，制作相关旅游纪念品，形成古迹与园林相结合，观瞻与休闲游乐相结合，历史文化与科学技术相结合，做到景点多而有看头、导游讲解有说头、寓教于乐有听头、老少皆宜有玩头、回味无穷有想头、游客流连忘返相互宣传才会有回头。真正把景区打造成全国四个第一，形成诸葛亮勤政廉洁文化与青少年教育基地和诸葛亮后裔认祖归宗的祭祀活动场所，每年都举行相关大型活动吸引国内外游客向往，让人们在观瞻中受到文化熏陶，在休闲娱乐中启智育人，成为良好社会风化与精神文明建设的特色名片，只有这样，才会使“诸葛亮文化博览园”始终立于不败之地。

临猗县诸葛亮文化研究会看到第二次设计方案后十分满意，多次联系，希望能联络全国诸葛亮研究联会负责人与诸葛亮后裔，前往临猗天兴村进行实地考察座谈。笔者也认为很有必要。这是因为，诸葛京当年“内移河东”，在临猗县天兴村安家落户生息繁衍而成为诸葛亮后裔发祥地的研究论证定位堪称填补历史空白，鲜为人知，应该取得全国诸葛亮研究联会负责人与诸葛亮后裔的一致认同，也有利于当地下一步决策安排工作。

在这种情况下，笔者遂即将《关于对山西省临猗县天兴村武侯墓祠与诸葛祖墓的解读》研究论证文章，分别给全国研究联会各成员单位负责人及诸葛后裔转发，听取大家有关看法。一个月之间，联会成员单位与诸葛后裔负责人纷纷以电话或者微信回复，一致认为研究论证资料翔实、层层考据很到位、分析论证言之有据，诸葛京“内移河东”在临猗县天兴村安家落户成了诸葛亮后裔的发祥地，这将在诸葛亮后裔研究方面填补历史空白，实乃可喜可贺。

5. 联络组织全国联会负责人与诸葛亮后裔进行实地考察座谈

2021 年春节后，笔者就开始在全国学术界联络协调，组织安排，特邀山东省沂南县、湖北省襄阳市、河南省南阳市、甘肃省礼县、浙江省兰溪市诸葛八卦村、广西阳朔县“诸葛亮研究会”的会长、副会长、秘书长，以及陕西省三国文化研究中心 7 家全国诸葛亮研究联会的主要负责人与诸葛亮后裔 22 人，于 4 月 12—16 日汇聚运城市，就诸葛京“内移河东”在天兴村安家成为诸葛亮后裔发祥地的定位问题进行实地考察座谈，进一步达到统一认识。

成都武侯祠因为太忙而不能参加，表示致谢致歉。

4 月 12 日晚，由笔者主持的联会负责人联席会上，“临猗县诸葛亮研究会”要求加入全国联会并申请首次举办全国研讨会，大家一致同意接纳为成员单位，赞成在运城市举办“全国第二十六届诸葛亮学术研讨会”，主题是：诸葛京内移河东；诸葛亮家族文化；诸葛亮文化；诸葛亮文化与旅游产业的发展。

13 日上午，前往天兴村进行实地考察，临猗县副县长致欢迎词，宣传部部长与文化旅游局局长、文化馆长、孙吉镇镇长、天兴村党总支书记、村委会主任等相关领导到场。在这里，展示了历史上武侯祠庙与诸葛祖墓、诸葛田复原图及相关史志资料，观看了天兴村民自发祭祀活动，这使来自全国各地诸葛亮研究联会负责人与诸葛后裔都觉得耳目一新，深受感动，不约而同合影留念。

“兰溪市诸葛亮研究会”副会长，诸葛八卦村党总支书记、村委会主任、诸葛亮第48代后裔诸葛坤亨先生接受媒体采访时说：

这次考察让我非常感动，能够感受到天兴村村民的热情和对诸葛亮文化的重视。虽然这里只剩下遗址，但民间对弘扬诸葛亮文化的热情很高，文脉还在。山西运城以诸葛京为切入点研究诸葛亮文化方向很好，作为诸葛后裔我们一定会积极配合。诸葛亮文化属于中华传统文化的组成部分，不属于某个特定地方，应该属于全国乃至全世界，希望大家共同努力，为进一步弘扬诸葛亮文化做贡献。

13日下午，在运城市金鑫大酒店举行了座谈会，除全国各地诸葛亮研究联会负责人与诸葛后裔外，原运城市委常委常务副市长、“三晋文化研究会”会长王殿民、文化和旅游局、诸葛亮研究会专家学者、运城电视台、运城日报社，以及临猗县与孙吉镇党委政府相关领导参会，主持这次会议的是原临猗县政协主席、“临猗县三晋文化研究会”会长孙正来先生。

在座谈会上，笔者首先就这次活动联络发起的起因、天兴村武侯墓祠与诸葛祖墓及当地史志资料的研究考证和诸葛京“内移河东”因果关系，进行了长达两小时说明发言。以史为据，认定天兴村就是诸葛京当年“内移河东”的处所，是全国各地诸葛亮嫡传后裔的发祥地，填补了历史空白，所以这里才会有武侯墓祠与诸葛祖墓，才有老百姓自发地祭祀纪念活动，代代传播经久不衰，形成当地历史悠久的诸葛亮文化现象，应该属于诸葛亮文化与诸葛亮后裔家族文化不可分割的组成部分，是独具优势的名片。因此，应邀为天兴村规划设计“诸葛亮文化博览园”大型旅游景区，希望能够引起运城市与临猗县各界的重视，以此为契机结合地方文化与相关资源优势，打造特色旅游文化产业，促进地方文化经济发展，为弘扬与传承中华民族的优秀文化做贡献，希望得到全国联会与社会各界的支持。

与会的联会各成员单位负责人与诸葛亮后裔都纷纷发言，一致认为郭清华主任研究论证诸葛京“内移河东”在临猗县天兴村定居的史料翔实言之有据，填补了历史空白，这里就是诸葛亮后裔生息繁衍的发祥地，也是诸葛亮文化的根脉。这一发现，将对于诸葛亮文化研究，特别是对诸葛亮后裔家族文化研究具有深远的历史意义与研究价值。

来自广西阳朔诸葛亮第 48 代孙诸葛保满先生深情地以山歌唱道：“河东是个好地方，好山好水好风光。诸葛文化弘扬好，明天将会更辉煌。”

他为传承诸葛亮文化的执着而感动。

运城文化名人王雪樵老先生热情呼吁说：“诸葛亮是中华民族智慧的化身，诸葛亮文化是中华民族十分宝贵的优秀文化遗产。诸葛京内移河东的考证定论，使我们在诸葛家族遗址与遗迹的地方兴建‘诸葛亮文化博览园’，对弘扬传统文化助推当地文化与经济发展有重要意义。希望能够在当地党委政府的领导和支持下，各方共襄盛举，把这件事办好。”

座谈会结束时，主持人宣布“全国第二十六届诸葛亮文化研讨会”11 月上旬在运城市召开，由 2019 年 11 月在襄阳举办第二十五届学术会承办方会长陈道斌正式向临猗县诸葛亮研究会会长严耀国举行授旗仪式，全体鼓掌。部分联会负责人，还向临猗县研究会赠送了相关的图书资料。

原工会纪检书记、运城市三晋文化研究会副会长穆羽盛赞孙吉人改革开放后敢闯敢干、致富不忘家乡的品格，有智慧、有胆略，这正是诸葛亮精神的具体体现。

运城市三晋文化研究会会长王殿民热情洋溢肯定了此次活动，他说：

此次活动达到了预期效果，诸葛京“内移河东”史料研究敲开了我市诸葛亮文化研究的大门。我们要从史实资料科学定位，从史料挖掘丰富内容，将诸葛亮文化做强、做大、做实，依托载体广泛宣传，弘扬诸葛亮文化的时代精神，将“诸葛亮文化博览园”项目融入黄河文化版块，政府有重视，民间有热情，专家有论证，在搞好文化传承的基础上，有效促进运城市临猗县文化和旅游的融合发展，带动临猗乃至整个河东大地经济的腾飞。

最后，主持人孙正来先生做总结发言说：

这次考察座谈会确立了诸葛京内移河东安家落户就在今天临猗县天兴村，这里就是诸葛亮后裔的发祥地，填补了历史空白，丰富了诸葛亮文化、特别是诸葛亮家族文化的研究内涵，具有深远意义。十分感谢郭清华老师一年多来研究考证辛勤劳作，为我们设计了“诸葛亮文化博览园”旅游景区方案，这是运城之幸。还替我们特邀全国各地诸葛亮研究联会负责人与诸葛亮后裔来这里考察座谈，给我们信心与力量，我们将全力以赴举办好全国第二十六届诸葛亮学术研讨会。一定会借鉴在座专家提出的经验，克服千难万难，因地制宜，把天兴村“诸葛亮文化博览园”一步一步做起来，将文化研究与精神引领相结合，与社会经济发展相结合，希望我们大家携起手来共同为弘扬传承诸葛亮文化做贡献。我们的诸葛亮文化研究起步晚，也要迎头赶上，欢迎大家莅临指导。

座谈会在热烈气氛中结束，会议后全体与会人员在大酒店门口合影留念。

从 2020 年 3 月笔者开始深入研究山西运城市临猗县天兴村相关地方史志资料与传说故事进行考证定位，应邀两次规划设计“诸葛亮文化博览园”大型旅游景区，到 2021 年 4 月联络邀请全国诸葛亮研究联会相关成员单位负责人与诸葛亮后裔代表 22 人来到实地考察座谈，确认诸葛京“内移河东”就在临猗县天兴村定居的史实填补了历史空白，使“临猗县诸葛亮文化研究会”正式进入了全国联会，确定在运城市举办“全国第二十六届诸葛亮文化研讨会”。从此后，彻底拉开了运城市临猗县研究诸葛亮文化与诸葛亮家族文化的序幕，其意义与影响力是深远的。遗憾的是，由于三年来的全国新冠疫情防控特殊情况限制，原打算在运城市举办的全国第二十六届诸葛亮研讨会，因种种客观原因而未能实现。

第二十四章
与诸葛亮有关的遗址、遗迹、文物

上述逐一介绍了全国各地现存有一定规模与影响的62座武侯祠庙，还有数百处与诸葛亮当年活动有一定关系的遗址、遗迹，以及出土或者是馆藏相关文物，已经随文在前面相关文章中作了详细的介绍，在这里不再赘述。

除此之外，还有一批与诸葛亮生平事迹直接有关系的遗址、遗迹，以及出土的相关文物，分布在全国各地。

1. 陕西省境内和诸葛亮有关的遗址、遗迹与出土文物28处

（1）定军山古战场

“天汉遥遥指剑关，逢人先问定军山。”这是清初著名文学家王士祯（1634—1711）来汉中沔县武侯墓、祠拜谒诸葛亮后有感而写的《谒诸葛忠武侯祠》诗中的佳句。

定军山，在陕西汉中勉县城南十里的诸葛村，属巴山支脉，山势自西向东分别由石山子、大山、定军山、中山子、小陡山、八阵山、千户山、一字山、卧牛山、鸡心山、黄猫山、元山子横向

连脉组成，叠秀峰十二，绵亘二十里，与群山绝殊，故号称“十二连珠山”，巍然屹立于沧海烟云之中，它与西边的阳平关和北边的天荡山形成了鼎足之势，成为汉中盆地西端南部的天然屏障与地理标志，历来为兵家必争之地。

定军山自西向东七个山峰排列齐整，如“二龙戏珠”，形态逼真。第三个山峰为定军山主峰，海拔高 883 米，主峰山南有天然形锅底大洼，周长 1.5 公里，是史称“可屯万兵”的“仰天洼”（见《忠武侯祠墓志》《汉中府志》《勉县志》）。

建安二十年（215），曹魏亲自率军征讨以“政教合一”统治汉中郡二十五年的“五斗米教”第三代传人张鲁而平定汉中以后，就令征西将军夏侯渊（？—219）在定军山驻军四年多。

建安二十四年（219），刘备与曹操争夺汉中，令老将军黄忠（？—220）袭杀夏侯渊于定军山，紧接着，赵云和黄忠又火烧了曹军在天荡山（后《出师表》称“北山”）囤积的“数千万囊粮食”，迫使曹操从汉中撤军，刘备夺取汉中，遂在定军山下“设坛场称汉中王”，令魏延为汉中太守镇守汉中。定军山之战促成了后来的三国鼎立，在中国历史上具有深远意义，所以名垂青史，誉冠古今。

建兴五年（227）三月，诸葛亮给后主刘禅上《出师表》后，五月就亲自率领蜀汉数十万大军进驻汉中，在定军山下屯军八年，“营沔北、阳平、石马”，始终把这里作为北伐曹魏的军事基地，在此筑督军坛，“教兵演武，推演八阵图”，训练军队，以达到“行则为阵，止则为营”而立于不败之地的目的。八年之中，诸葛亮前后进行了五次北伐曹魏，无论出兵或者是退军都以定军山为大本营、根据地。正因为如此，诸多的史志资料都有记载。

建兴十二年（234）秋八月，诸葛亮病死在第五次北伐曹魏的五丈原军中，临终前遗命：“死后葬汉中定军山，因山为坟，冢足容棺，殓以时服，不须器物。”后主刘禅根据他的遗命，同年底将其安葬在定军山下。29 年后的景耀六年（263）春天，后主刘禅又下诏“因近其墓”，为诸葛亮修建了天下第一武侯祠，千秋供奉，现在都是全国文物保护单位，国家 AAAA 级旅游区。

上述这些活动，在以定军山为核心的 22 平方公里之内，留下了诸多古迹文物，至今就有全国独有的武侯墓、天下第一武侯祠、秦蜀重镇阳平关、“五斗米教”第三代传人张鲁城旧址、诸葛亮读书台、刘备称汉中王设坛处、全国唯一的马超墓祠、诸葛亮制木牛流马处、张鲁女墓以及汉城等三国古迹名胜。其数量之多、景点之集中、影响之大，在全国的三国历史文化中有八个第一，独具特色。因此，汉中勉县被全国史学界称为“中国三国历史文化之聚焦地”，定军山又被誉为“中国三国历史文化名山”。

据不完全统计，三国时期，有 22 位著名人物在定军山一带活动，《三国志》中，有数十人传中都提到了定军山；《三国演义》有十二回描写发生在定军山一带的故事；记载定军山的历史工具书和著名史志有百余部，现代著书涉及定军山的有数百部，古今相关研究文章涉及定军山的有几百篇；产生在定军山下的《三国成语典故》就有 30 个；历朝历代文人学士、达官显贵歌咏《定军山》的诗歌就有数百首；清光绪年间中国京剧大师谭鑫培（1847—1917）主演的第一部京戏与 1905 年在北京丰台照相馆拍摄的中国第一部黑白无声电影都是《定军山》，定军山成了古今中外名副其实的三国历史文化名山。

2015 年是世界电影诞生 120 周年、中国电影诞生 110 周年，为此，中国电影基金会在陕西省新闻出版广电局、陕西省文化厅、汉中市人民政府、汉中市委宣传部以及勉县县委县政府的参与下，举行了“中国电影发展趋势论坛”，授予勉县“中国电影之乡”称号，在定军山的西山门广场进行了揭牌仪式。全国部分影视制片人、出品人以及部分著名导演和演员参加了活动。

1994 年清明期间，邮政部门印制发行了定军山邮品 22 种；2005 年，邮政部发行了定军山邮票一枚；中国人民银行发行了定军山金、银纪念币各一枚。

（2）沔阳八阵图遗址

定军山北面山下武侯坪，史称“高坪”，东西长约 5 公里，南北宽约 3 公里，总面积约 15 平方公里，除了南面紧靠定军山之外，东、西、北三面开阔，地势平坦，一览无余，是古代一个十分理想的可以大规模屯军训练军队与用兵征战的地方。

武侯坪距离沔水（亦称汉水）约两里地，属冲积平原的二层台地，地势较高。当年，诸葛亮为了提高军队的实战能力，在定军山的八阵山半腰“筑督军坛”，在山下的武侯坪“教兵演武，推演八阵图”，以此来训练军队，提高军队的战斗力，为北伐曹魏做前期准备。

正因为如此，北魏时期地理专家郦道元（？—527）在《水经注·沔水》第二十七卷中记载：“沔水东经武侯垒南，又东经沔阳县故城南，南对定军山，山东名高坪，是亮宿营处，营东即八阵图也。遗迹略在，崩褫难识。”

这说明，武侯坪上的八阵图遗迹在诸葛亮死后 250 年左右尽管依然存在，可是，已经是面目全非，难以辨识了。

据清武侯墓祠主持道人李复心编著的《忠武侯祠墓志·沔阳八阵图考》记载说：诸葛亮当年“在沔阳之高坪积石为垒”，摆下了“六十四聚八阵图”，这些阵法就有“当头阵法”“方阵法”“下营法”“骑兵滚阵法”“骑兵归营法”等，用八阵图来训练军队，使其“行则为阵，止则为营”而始终立于不败之地，以取得战争之主动权。

据笔者实地调查而知，这些“积石为垒”的八阵图，彻底破坏于1953年的“土地改革”分田到户时期，现在仅存遗址。后来的武侯坪，除了周边先后有诸葛村、湾坎村、金寨村、毛堡村之外，其他的核心区域全部被汉江钢铁厂、陕西省钢铁集团有限公司所占据。

（3）诸葛井

在定军山“仰天洼”之中，水源旺盛，历史上一直饮用。

据《忠武侯祠墓志》等地方史志记载，诸葛亮当年在定军山下修建了“八角琉璃井”，又在定军山仰天洼中开凿了“诸葛井”和“武侯饮马池”，为的是解决军队生活和马匹的用水。遗憾的是，定军山下的“八角琉璃井”在1953年“土地改革”分田到户时期被老百姓就地回填掩埋，已经不知道准确的位置了。而定军山“仰天洼”之中的“诸葛井”和“武侯饮马池”依然如故。

原来的“诸葛井”口直径约60厘米，深约6米，毛石垒砌，一年四季水源旺盛而不枯。据当地村民介绍，新中国成立后的几十年来，为有效保护定军山树木，当地成立了林场，长期有人居住在“仰天洼”之中，吃水与天旱给树木幼苗灌溉，都是在“诸葛井”中取水，取之不尽用之不竭。这些古迹遗址，至今尚存，供人观瞻。

山无水而不秀，水无山而不雄。定军山虽然十分有名，但一直缺乏水源，形不成自然而然的山水交融自然风貌。这是因为，1977年，冶金部的汉江钢铁厂准备在定军山下上马，陕西省地质勘探局711队、714队曾全面对定军山进行了地质勘探，结果发现，定军山所有的山体全部是白云石构成，表面只有稀薄的土层，基本没有地下水。

2000年，勉县人民政府为了全面开发建设定军山，从根本上解决水源问题，打造人文历史与山水交融为一体的旅游景区。为此，笔者受县长点名指派，让协助县水利局与地质勘探部门全面勘探定军山寻找地下水源。勘探结果证实，定军山整体完全是由白云石构成的自然山体，结构严密除“仰天洼”之中的“诸葛井”属于唯一一个地下水源外，其他地方根本就没有地下水。为此，不由得令人感叹，诸葛亮是怎样准确知道“仰天洼”中唯一一个地下水眼的？这始终是一个谜，足见是何等的聪明而伟大。

2011年元月，勉县旅游产业投资发展有限责任公司，全面整修了定军山“仰天洼”之中的“武侯饮马池”景点，新修了督军坛、展览馆以及老将军黄忠斩杀夏侯渊的雕塑。增设了部分旅游公共设施。同时还对“诸葛井”进行了淘井加固，并且修砌了井台、井亭和纪念碑亭。遗憾的是，“诸葛井”经过淘井加固后，从此就彻底断了地下水源，成为一个死水枯井，这是根本想不到的事情。

在整修“诸葛井”期间，笔者撰写了碑文，全文如下：

定军山仰天洼汉诸葛武侯井在焉，井乃石砌圆口直壁，井口直径80厘米，井深约6米。四季蓄水，天旱不枯，霖雨不溢，清澈甘甜，洁净无染，供人饮用与浇灌已历千年矣。

据史志记载，建兴七至十二年，武侯北伐曹魏驻军汉中，营沔北阳平石马，于定军山下教兵演武，推演八阵图，改革连弩，造木牛流马，开展诸多军事活动。军队云集，人喊马嘶，然饮食为天，水源为先，武侯遂在定军山下与仰天洼开凿水井，供军队饮水之需。山下水井历尽沧桑不复存在，唯仰天洼武侯水井安然如故。

据地质部门测定，定军山体皆白云石构成，基本无地下水，然诸葛武侯是如何发现仰天洼地下水而开凿水井，至今是千古之谜，足见其智慧也。

为发展旅游业，振兴地方文化经济，县人民政府投资开发定军山古迹景区，按汉代风格恢复整修诸葛武侯井，供游客观赏。饮水思源，怀古钦英，饮武侯之井水，增诸葛之睿智，神哉，妙哉。为传承三国历史文化，特刻石立铭，以垂久远，庚寅年季冬吉日。

（4）武侯饮马池

在勉县城西五公里的定军山仰天洼中。

“武侯饮马池”占地面积约 3000 平方米，深约 3 米。历史上饮马池一直靠四周山上的雨季储水，常年不枯竭，堪称一个奇迹。

据《汉中府志》《沔县新志》和武侯墓祠主持道人李复心《忠武侯祠墓志》记载：“定军山仰天洼之饮马池，武侯于此屯军饮马所遗也。”由此看来，武侯饮马池历史悠久，很有纪念意义。

为有效保护文物古迹，打造旅游景点，纪念诸葛亮在定军山屯军北伐八年，2007 年，由县委、县政府主导，笔者策划，整修了饮马池，增设了楼台亭阁相关建筑。同时，邀请西安环艺雕塑院设计制作安装了锻铜工艺的铜马与蜀汉人物铡草、喂马、放马、马饮水、吃草的大型雕塑，工艺精湛，栩栩如生，再现了当年的生动场面。

（5）“古定军山”碑

在定军山主峰山顶上，旧有民国三十五年（1946）夏四月，汉中警备司令宋邦荣（1900—1962，保定军官学校第九期毕业，历任国民党陆军中将、鄂陕甘边区副总司令、国防部高参）所立的《古定军山》碑刻一通，高约 2 米，宽约 1.2 米，厚约 20 厘米，有碑座。遗憾的是，“文化大革命”期间，被彻底毁坏了。

20 世纪 70 年代初期，笔者在山顶上发现了碑刻的石碑座，四周与山坡上到处可见被打碎的碑刻残片，无法修复。幸运的是，汉中地区著名摄影师白丁老先生 1961 年拍摄了一批当地著名古迹老照片，20 世纪 70 年代初期，汉中地区文化馆为了纪念白丁先生，在汉中举办“白丁摄影艺术展”，笔者有幸应邀参加开展仪式，发现不少与勉县有关的珍贵古迹文物照片进行了翻拍，才使得这些珍贵古迹文物照片传承后世。

1997 年，笔者给县委、县政府撰写提交了《勉县文物古迹资源优势以及定军山旅游开发前景的思考与建议》，希望县政府以定军山为主体，依托全国独有武侯墓、天下第一武侯祠、全国唯一的马超墓祠，以及古阳平关、天荡山、刘备称汉中王设坛处、诸葛亮制木牛流马处等古迹文物景点，打造成为一个国内外著名的三国旅游文化基地，借以带动和促进地方文化旅游产业以及经济发展，扩大对外知名度。这个建议，得到了县委、县政府的重视，遂迅速批准成立了“定军山旅游开发建设有限公司”，上报陕西省人民政府立项，正式启动了由县政府主导、企业牵头、招商引资、总体规划、分期实施的定军山旅游开发总体蓝图，经过数十年的努力，勉县的三国文化旅游业取得了显著的效果。

2003 年，为了恢复定军山碑刻标识，树立涉外宣传形象，经县委、县政府批准，由笔者策划并且设计，“定军山旅游开发建设有限公司”具体实施，重新在定军山主峰顶上刻立了仿明代风格的《定军山》碑。该碑由碑首、碑身、赑屃座、长方形基座组成，通高 4.5 米，显得十分高大而雄伟。碑文由“全国十佳青年文学家”刁永泉撰写，陕西省委副书记——原汉中市委书记张保庆书丹，至今仍存。

（6）武侯遮箭牌

在定军山西部石山子北面半山腰上有一个高 3 米多、宽约 2 米的大石头，中间有一条石缝，宽窄不一，当地老百姓世世代代传说这是诸葛亮当年所遗存的古迹文物，称为“武侯遮箭牌”，或者是“武侯挡箭石”，属于定军山古迹的一景。

据清嘉庆至道光年间武侯墓祠主持道人李复心的《忠武侯祠墓志》记载说：“遮箭牌在定军山石山子下，形似石壁，高可长余，宽约五尺，中间一线宽窄不一，离地约七尺，扎一枚箭镞，摇着则动，拔之不出，相传为武侯所遗。”

1989 年地震出版社出版发行的《勉县志·遗迹》记载说：“定军山半山腰突起一石壁，高 3 米多，宽约 2 米，中开一缝，宽窄不一，相传为诸葛亮当年教兵演武用以遮挡敌箭的遮箭牌。”今天大石头依然存在，可早已没有了箭镞。

（7）八角琉璃井

在勉县城南5公里定军山下北面的诸葛村。

据《忠武侯祠墓志》以及《汉中府志》《沔县新志》记载，这里有诸葛亮当年修建的“八角琉璃井”一口，据当地老人们传说为汉代细花纹砖所砌，废弃年久，不可详识。

据笔者调查而知，1953年，“土地改革”分田到户抬田造地时期，“八角琉璃井”就被当地农民回填，当事人早已经不在了。因此，具体遗址已经不详，留待后世人发现吧。

1997年，汉江钢铁厂在定军山下武侯坪上修建专用铁路线时，在距地表约2米深的近千平方米内先后发现了19口深10—11米，直径90—100厘米的圆形竖井，井壁清晰可见汉代专用工具“锸”的挖掘痕迹，井底一律是粒石子铺底。据笔者现场调查分析考证，这应该是诸葛亮当年在定军山下屯军“教兵演武，推演八阵图”时集中开凿的一批水井，目的是供军队食用。为了有效保护这些古迹，同时也不影响施工需要，市县文物主管部门一致同意就地掩埋封存，留给后人作为研究实证的依据。

（8）诸葛亮读书台

在勉县城西5公里阳平关以北卧龙岗上，台高6米，周长约30米，占地面积约500平方米。顶上平缓，历史上有古建筑三间。台下北面有莲花池2亩，史传为诸葛亮当年在此种植，“莲不数开，开必并头”，是过去沔县八景之一的“书台晚翠”。

据《汉中府志》《沔县新志》等地方志记载，建兴五至六年（227—228），诸葛亮在此屯军北伐曹魏期间，中军帐就设在今武侯祠内，与阳平关和读书台比邻，诸葛亮曾在此台居高临下观察地形，研究兵书军事运筹北伐方略，所以，后世人在此立碑修亭子以示纪念。历史上不少达官显贵、文人学士路过阳平关时，都曾游览该读书台赋诗发感叹。

乾道八年（1172），南宋诗人陆游（1125—1210）在汉中抗击金人时也曾登台游览，触景生情写下了千古绝唱的《游诸葛武侯读书台》诗歌：

沔阳道中草离离，卧龙往矣空遗祠。
当日典午称滑贼，气丧不敢挡王师。
定军山前寒食路，至今人祀丞相墓。
松风想象梁父吟，尚忆幡然答三顾。
出师一表千载无，远比管乐盖有余。
世上俗孺宁辩此，高台当日读何书？

明代文学家张颂来此台游览，写下《书台晚翠》诗歌以抒怀：

茫茫宇宙一帡幪，山拥书堂入半空。
触目草生春雨后，举头人在夕阳中。
一行鹭起凌云白，数点花飞落地红。
风土不凡人物盛，沔城何处见英雄。

民国二十四年（1935）七月，沔县县长杨忻斋为读书台立碑，高1.51、宽0.57米。碑刻正面题书“汉诸葛武侯读书台”，背面有感赋诗：“日照阳平四扇开，宾朋携手访书台。台旁池沼今犹在，哪有源头活水来。”

后来，读书台古迹建筑虽然荒废不复存在，但是，陆游等人的题诗碑刻依然存在。

1983年，读书台被勉县人民政府公布为县级重点文物保护单位，与阳平关、武侯祠、马超墓祠连片配套，是当地重要的三国古迹，供人们参观凭吊。

（9）诸葛亮制木牛流马处

在勉县黄沙镇的偃河边古金牛道南侧，至今保留着诸葛亮当年制作木牛流马遗址，占地面积约300平方米。

这里的盝顶式碑亭内，有清代同治五年（1866）四月，知沔县事浙江人莫增奎重立的“汉诸葛武侯制木牛流马处”碑刻，碑高120、宽60厘米，说明原来的碑刻已经损坏或者遗失。

据《三国志·蜀书·后主传》记载：建兴“十年，亮休士劝农于黄沙，作流马、木牛毕，教兵演武。”

《三国志·蜀书·诸葛亮传》也记载说：“亮性长于巧思，损益连弩，木牛流马，皆出其意；推演兵法，作八陈图，咸得其要云。”

这说明，建兴十年（232），诸葛亮在认真总结前几次北伐曹魏皆因“军粮不济”而被迫退军的教训前提下，曾经在黄沙“休士劝农”，因地制宜发展生产，自力更生保障军需。与此同时，为解决适应山区给北伐军运送粮草的运输工具，还在黄沙设计制作了木牛和流马。所以，历史典籍都有记载，黄沙这个地名也因此名垂青史。

北魏地理学家郦道元《水经注·沔水》第二十七卷中记载说：“汉水又东，黄沙水左注之。水北出远山，山谷邃险人迹罕交。溪曰五丈溪，水侧有黄沙屯，诸葛亮所开也。”

据调查而知，原来的遗址在黄沙街十字路口一带，仅存一通同治五年知沔县事浙江人莫增奎重立的碑刻，被过往车辆撞倒，如此看来，原来的环境已经不利于文物古迹保护和今后的游览参观。因此，1984 年，勉县人民政府重新拨款征地移到今址。尽管遗址向东移动有所稍微变更，但是，诸葛亮在此地造木牛流马的历史事实没有变动。遗址虽然不大，仅有碑亭与廊桥，但是木牛流马知名度很高，吸引着国内外不少游人慕名考察和观瞻。

1983 年，勉县人民政府公布为县级重点文物保护单位；2000 年，汉中市人民政府公布为重点文物保护单位；2008 年，被陕西省人民政府公布为重点文物保护单位。

（10）古陈仓道遗址

当年，韩信“明修栈道，暗度陈仓”，帮助刘邦“出定三秦”的故事世人皆知，当时，明修的栈道是“褒斜道”，大家都知道。但是，要问起韩信当年暗度的“陈仓道”究竟在哪里，恐怕就不一定答得上来。

建兴六年（228）冬天，诸葛亮“出散关，围陈仓”进行第二次北伐曹魏，是从今勉县北山天荡山下的黄家沟村走“古陈仓道”而出“大散关”围攻陈仓道出口上的陈仓城。

当时，诸葛亮曾经给在东吴为官的哥哥诸葛瑾去信《与兄瑾言治绥阳小谷书》说：“有绥阳小谷”，就是指这条陈仓古道，由于此道隐秘便捷，但是多年很少有人行走，情况不明，因此诸葛亮事先派人进行了侦察，然后沿途进行整修，大军随后由此而过。但是，他们攻打“陈仓城”二十余日不克，最终因“粮草不济”而不得不退军汉中。

据光绪九年（1883）的《沔县新志》记载说：“天荡山在县东北十六里，与定军山南北相对。相传为魏武驻军时屯粮之地，夏侯渊军曾扎营于此山，腹有米仓山，圆若复盂，其上旧有淮阴侯庙，盖因暗度陈仓由此也。”

正因为如此，1998 年，安徽佛学院毕业的法师释一现来到了天荡山，在原来的“淮阴侯庙”遗址上筹资修建了天灯寺大型寺庙，成为当地佛教协会管理机构，吸引了成千上万善男信女前往朝拜，成为勉县又一个旅游景区。

《沔县新志·道路》还记载说：“县东北之四沟入山共二十里至北栈关，又三十里至秧田坝，二十里至板凳垭，又四十五里至高坪场，又十里至九台子，又十五里至林口子，又十五里至茅坝，为古陈仓道。”

该志“关隘”又说：“林口子即古之百丈关，在县北一百五十里茅坝九台子之间，旧州河源出百丈坡是也。旧州河源为今大小狮子河，正在林口子之东，其山为百丈坡无疑，关为百丈关亦无疑，关之柱础迄今犹存，时代莫祥。百丈坡经九台子、火烧关、铁炉川、大石崖、陈仓沟出口，相传为淮阴侯暗度陈仓古道，计险四百八十里，山路险极，束马緼人始能行走。”

1980 年，陕西省文化厅发文，责令宝鸡与汉中两地文化局，要求组织人力分别对古陈仓道进行交叉实地考察形成结论。为此，汉中地区文化局与勉县文化局指定笔者负责组织人力带队专题考古调查“陈仓道”。通过两个月徒步实地考察，查阅大量地方史志资料，结合走访座谈调查，掌握了大量第一手材料，确认“古陈仓道”从勉县天荡山下的黄家沟东行再入北山，沿途经过贾旗宅、龙王沟、长沟河、亮马台、汪家河、高坪、百丈关、茅坝、二沟、火烧关，再经留坝县正河西上，过凤县之酒奠沟、酒奠梁、陈仓沟、双石铺，北上大散关，在宝鸡市东十里古陈仓县之“陈仓城”（宝鸡市陈仓区）为终点，全长四百八十里，与《沔县新志》相符。

自从韩信当年神不知鬼不觉地走此道“暗度陈仓”大败秦将章邯而帮助刘邦定三秦后，这条古道路就被定名为“陈仓道”。此道途经今勉县、留坝县、凤县、宝鸡市。当时，我们和宝鸡市文物单位进行交叉考察，即我们北行，他们南下，根据各自掌握的历史资料开展考察，互不干扰影响。最后，我们的考察结论与宝鸡市的实地调查资料完全相符（见郭清华《陈仓道初探》，《成都大学学报》，1989 年第 2 期）。

在宝鸡市西南三十里秦岭山巅上，有著名的“大散关”，它是通巴蜀与汉中古道上的重要险关要隘，是陈仓道的必由之关隘。今日的古“陈仓道”除凤县双石铺至宝鸡地段被宝、成铁路和宝（鸡）、汉（中）公路所改用外，其余地段的古道遗迹依然犹存，沿途有不少的残存石刻“指路碑”。

遗憾的是，1981 年，笔者在“陕西省文博考古科研学术成果汇报会”上介绍了对“陈仓道”实地考察情况后，在场的史学家——陕西省副省长孙达仁十分感兴趣，会后，他专程到汉中，在王立刚副专员的陪同下，亲自来勉县拜访笔者，借走了当年所拍摄陈仓道的相关古迹文物照片与碑石拓片和相关图表，说他详细研究后尽快归还。没想到，从此失去联系，笔者也不好意思再取回这些资料，所以，在《成都大学学报》发表文章时只有文字无图版。

由于陈仓道是韩信“暗度陈仓”所开创，建兴六年（228）冬，诸葛亮第二次北伐曹魏“出散关，围陈仓”时亦往返于散关。因此，历代才典籍多有记载，民间也广为传播。

在凤县留凤关镇连云寺村陈仓沟至今还有乾隆四十九年（1784）三月，分巡陕西汉兴道丰绅（？—1898）所刻立的“对面古陈仓道”指路碑石，正因为如此，凤县人民政府将其公布为重点文物保护单位。

需要说明的是，从大散关之南，沿嘉陵江入蜀有条古道路，称为“嘉陵故道”，亦称“故道”，这条故道历史悠久，在先秦以前就有了，“陈仓道”在今天凤县双石铺以北过大散关一段，借用了嘉陵故道。

除此之外，南北朝时期褒斜道废弃不通，人们开始从“嘉陵故道”凤县双石铺借用“陈仓道”东行路段，即从双石铺、陈仓沟、酒奠梁、酒奠沟，沿今留坝县正河，从褒斜道南口鸡头关出褒谷口，称为“连云栈道”的“南栈”。而“北栈”，则是指从今凤县凤州经过紫柏山柴关岭，过留坝县姜窝子、青桥驿、阎王砭，出鸡头关南口而到汉中盆地。

无论“南栈”或者是“北栈”，都属于“连云栈道”，这条古道使用时间比较长，一直沿用到清代光绪末年才废弃不用，因此也比较有名，我们必须搞清楚它们之间的关系，不能够张冠李戴，把“连云栈道”也误认为是“陈仓道”而混为一谈。特别是，有人认为“陈仓道”应该从勉县西行到略阳县，经凤县北上，过大散关到宝鸡的陈仓区——汉代陈仓城。这些说法，完全是缺乏实地考察座谈而望文生义的臆断猜想，没有任何历史依据和佐证。

（11）古褒斜道遗址

褒斜道南起今汉中市汉台区褒城镇北山的褒谷口，北至今宝鸡市眉县南的斜峪关斜谷口，古道贯穿秦岭的褒水和斜水二山谷，故而得名，此道全长 249 公里，古称 500 里。

褒斜道是古代秦蜀间行旅通商与军事征战的必由之路，所以，历史典籍都有记载。例如：《史记・范雎蔡泽列传》记载说："栈道千里，通于蜀汉。"指的就是褒斜栈道。

《史记・秦本纪》记载说：秦惠文王十三年（公元前 312），秦国派遣大将司马错"攻楚汉中，取地六百里，置汉中郡"，走的就是褒斜道。

《史记・高祖记》记载：公元前 206 年，刘邦被项羽封为汉王而"王巴、蜀、汉中"时，为麻痹项羽，采取了谋士张良的建议，"烧绝栈道，以备诸侯盗兵袭之，亦示项羽无东意"。

《三国志・蜀书・诸葛亮传》记载，建兴六年（228）春天，诸葛亮第一次北伐曹魏时，曾令赵云、邓芝为疑军，据斜谷口吸引曹军主力，以达到声东击西的目的，他自己率领大军突然袭击攻打祁山。在此同时，他让自己的义子诸葛乔带领六百子弟兵走褒斜道往斜峪关给赵云、邓芝为疑军的军营运送粮草，结果死在了褒斜道，时年 25 岁。

建兴十二年（234）春天，诸葛亮第五次北伐曹魏时期，率领大军走褒斜道，出斜峪关，驻军五丈原，同年秋天的八月二十八病死在军中，杨仪、姜维护送他的灵柩退军汉中时，还是走的褒斜道，结果被魏延所烧。所以，褒斜道与诸葛亮北伐曹魏有着密不可分的联系。

据地理学家顾祖禹（1631—1692）的《读史方舆纪要》记载："褒斜之道，夏禹发之，汉始成之，南褒北斜，春秋开凿，秦时已有栈道。"可见，褒斜道在夏朝时就有小路相通。

战国时期，铁制工具的发展和广泛使用为修凿栈道提供了便利条件，人们开始在险峻地带架设栈道，官方屡次对褒斜道进行了大规模的修凿。

从褒斜道摩崖石刻记载而知，东汉永平六年至九年（63—66），根据皇帝诏书，汉中郡、广汉郡、巴郡、蜀郡 2690 人整修褒斜道，共修栈道桥阁 623 间，建大桥五座，五里设一邮，十里设一亭，三十里设一驿站。同时，又采取了"火烧水激"方法，人工开通了南口长 16.3、宽 4.2、高 3.45—3.75 米的石门隧道，成为中国古代交通史上一大发明，也是世界隧道史之冠。

毫不夸张地说，褒斜道在东汉时期就是一条著名的高速公路，在当时，它是贯通中国南北的大动脉。正因为如此，官方对褒斜道不断进行维修，并且刻石记载，留下来大批国宝级的摩崖石刻等珍贵文物。

1936 年，我国第一版《辞海》问世，封面的书名"辞海"两个字，就是从褒斜道摩崖石刻中《石门颂》选用的。1961 年，国务院公布褒斜道摩崖石刻为全国重点文物保护单位，褒斜道名垂青史，世界著名。

1969 年，国务院批准在褒斜道南口修建水库，目的是灌溉汉中盆地的良田。为了有效保护这些珍贵文物，1970 年，国家批准将其中最有代表性的重要石刻《石门》《鄐君开通褒斜道》《石门颂》《玉盆》《石虎》《衮雪》

《鄐君碑释文》《石门铭》《潘宗伯韩仲元》《杨淮表记》《李君表》《重修山河堰》《李苞通阁道》十三品取回存放在汉中市博物馆陈列展览，成为国家珍稀的孤品文物，供人们观赏品评。其余 145 方摩崖石刻与东汉时期开通的石门，依然完好无损地保留在褒河水库之中。

1989 年，笔者在《成都大学学报》第一期刊发了《浅谈褒斜栈道在历代战争中的运用》。

2005 年 3 月，笔者陪同中央电视台《走近科学》栏目，在褒斜道遗址实地拍摄《木牛流马》专题片时受到石门水库管理局领导热情接待。这期间，管理局希望笔者以央视特聘顾问身份向央视建议，能够为他们近年来为充分利用褒斜栈道资源优势而发展旅游产业，在褒斜道南口恢复修建了约 5 公里的汉代栈道与相关楼台亭阁仿古建筑通过央视进行宣传，吸引国内外游览观瞻。为此，笔者建议并且配合科教频道摄制组进行策划报央视审查立项。同年 7 月，央视拍摄了《石门悬疑》专题片，再现了古人利用“火烧水激”方法开通石门以及栈道修建情况，在国内外播放后引起世人关注，受到了好评。

2008 年，北京电视台《木牛流马》摄制组就诸葛亮在汉中屯军八年北伐曹魏相关问题专程来到勉县采访笔者，带他们去石门水库拍摄褒斜栈道古迹文物，通过视频，再次向国内外进行了广泛宣传，吸引游客观光游览，实地考察，效益一直很好。

为了向世人全面展示褒斜栈道与石门摩崖题刻历史文化内涵，汉中文化人郭林生自筹资金 300 万元，千方百计征集收购褒斜道石门摩崖题刻除石门十三

品之外的 145 方题刻拓片、图片等相关资料，复制碑石。还通过史志资料，整理出了“100 位汉中历史名人”，为他们逐一刻碑记事。如此一来，形成独具特色的文化宝库。在此基础上，他奔走呼吁，宣传汇报，聘请全国著名专家数十人对这些珍贵资料进行整合研究，因地制宜设计方案，力求建造“汉中蜀道石刻艺术博物馆”，对外开放让世人观瞻。

在国家文物局及省、市相关部门重视与支持下，2012 年，博物馆在汉台区兴元湖公园南侧“国家级经济开发区”正式成立，占地面积 20 亩。十余年来，共计投资 5000 多万元，已经完成 2 万多平方米的修建任务，仿古建筑层层叠叠，错落有致，楼台亭阁各具特色，5 个陈列馆内涵丰富，300 多通大小碑刻林立，目不暇接。该馆的设立，对保护研究与传承弘扬褒斜栈道石门历史文化无疑有不可估量的意义。

（12）秦、蜀咽喉重镇阳平关

在勉县城西 5 公里的武侯镇，三面环山，南北平地宽约 2 公里，这里就是汉中盆地的开端，因关城修在沔水之阳平坦地而名。

据北魏地理学家郦道元（？—527）的《水经注》第二十七卷“沔水上”记载：“沔水又东经沔阳故城南。城，旧汉祖在汉中，言萧何所筑也。建安二十四年，刘备并刘璋，北定汉中，始立坛，即汉王位于此城。其城南临汉水，北带通逵，南面崩水三分之一，观其遗略，厥状时传，南对定军山。”

由此而知，阳平关城是西汉初期刘邦“为汉王，王巴、蜀、汉中”时丞相萧何所修建，距今已有两千多年历史。时至今日，阳平关南面靠近沔水堤岸边仍有数百米长的石条与青砖城墙基础，东面至今还保留一段萧何修建阳平关的高大宽厚土筑城墙体，夯筑土层清晰可见，里面还夹杂着汉代砖瓦及文物残片，是不可多得的历史见

证珍贵文物。

据《沔县新志·城池》记载："县之东关为汉阳平关，一名白马城，三国又名石马城，唐宋西县、五代安远军因而治焉。其基址架山临水，隐约可识。洪武四年知州王昱由沔州迁治于西山谷口白马城即今城也。依山据平地，高二丈五尺，周三里三分，垣堞以土，池深一丈，阔八尺，沔水环流。三门，东曰镇江，西曰拱汉，南曰定军，东西具为重门。万历元年，千户李光文甃以砖，明末，为流寇小红狼所破毁。"

阳平关东门旧有关楼，关楼上有国民党政府监察院长于右任（1879—1964）题写的"古阳平关"匾额，20 世纪 60 年代"文化大革命""破四旧"时期遭到了彻底破坏。

幸运的是，汉中地区著名摄影师白丁老先生早就在 1961 年拍摄了一批当地的著名古迹老照片。

20 世纪 70 年代初期，汉中地区文化馆为了纪念白丁先生，在汉中举办了"白丁摄影艺术展"，笔者有幸被应邀参加开展仪式，翻拍了一批珍贵照片，才使得这些古迹文物历史原貌传承后世。

阳平关南城墙下为沔水（亦称汉水、汉江），西门外为沮水，古代称为"浕口水"，是沔水的支流。著名的金牛古道（蜀道）穿阳平关东、西城门而过，城西南直通西蜀，西北方向便是经通今略阳、甘肃的要道。

阳平关是汉中盆地西部门户，更是益州与关中地区之间行旅通商出入必经关隘，舍此则无法通过。可是，这里山水盘护，易守难攻，一旦丢失，汉中不保。

据王纯五所著《天师道二十四治考》记载：从汉永寿二年（156）第二代天师张衡继承"五斗米"教开始，到建安二十年（215）曹操灭了第三代"五斗米"教首张鲁的六十年期间，阳平关一直就是"天师道"所设立"二十四治"中的"浕口治"被称为"阳平治"，属于"五斗米教"政教合一政权的"中央教区"。"五斗米教"是中国道教组织的鼻祖，因此，按照今天的说法，这里就是全国道教活动的管理中心。

东汉末年至三国时期，曹操的大将夏侯渊、张郃、徐晃和后来的蜀汉名将马超都曾经在这里驻守，可见当时阳平关在军事上的重要性。

据《三国志·蜀书·诸葛亮传》记载说，建兴五年（227）七月，诸葛亮率北伐大军来到汉中就“营沔北阳平、石马”，在定军山下驻军，当时的中军帐就设在今勉县武侯祠内。可是，《三国志·蜀书·后主传》记载说：“七年春，亮遣陈式攻武都、阴平，遂克定二郡。冬，亮徙府营于南山下原上，筑汉、乐二城。”这说明，建兴七年（229）春天，诸葛亮派遣陈式夺取了曹魏的武都、阴平两郡，为了防止曹魏攻打汉中，同年冬天，诸葛亮不但将中军帐迁移到了定军山下的武侯坪，还在定军山东面修建了汉城，在今城固县以北的小河口修建了乐城，以防御曹魏。

阳平关的东门外，有明代万历十七年（1589）神宗朱翊钧为其母祝寿而号令天下普遍修建的万寿宫和万寿塔，万寿宫先后毁于清代嘉庆七年（1802）白莲教和同治二年（1863）太平天国农民起义军。民国二十四年（1935），国民党军队在此修建碉堡时将万寿宫彻底毁掉，仅存万寿塔树立在原址。

万寿塔为六边形空心砖结构，共十一层，高24.85、直径6米，塔基周长17.4米，显得高大雄伟，属于明清时期沔县的八景之一“东塔西影”。

清光绪五年（1879）5月12日，发生地震，将塔顶摇落（见《沔县新志》）。由于该塔在陕南不多见，因此，被国家收入《中国百塔图集》。

1983年12月，阳平关与万寿塔同时被勉县人民政府公布为县级文物保护单位；2000年10月，被汉中市人民政府公布为重点文物保护单位；2008年，又被陕西省人民政府公布为重点文物保护单位。

2000年以来，为了有效保护文物古迹，发展旅游业，地方政府投资300余万元，按历史原貌整修恢复了阳平关西门300米城墙和城门，修建了护城河索桥，恢复后的古城墙古朴、凝重、美观、雄伟，高大挺拔的墙体，宽阔高耸的城门，排列整齐的垛堞以及历史影响力，吸引着国内外游人纷至沓来参观游览。

现在，当地政府正在将一江两岸、沔水湾、诸葛古镇、诸葛街、武侯祠、马超墓祠、诸葛亮读书台、阳平关连片打造，将逐步形成整体旅游格局供人们休闲娱乐观光。

值得说明的是，不少人很容易将勉县阳平关与宁强县的阳平关混为一谈，需要进行说明。宁强县阳平关宋代以前称为“关城”“阳安关”。例如：《三国志·魏书·钟会传》记载：“使护军胡烈等行前攻破关城，得库藏积谷。姜维自沓中还，至阴平合集士众欲赴关城，未到闻其已破，退去白水。”

《三国志·蜀书·姜维传》也记载说：“及钟会将向骆谷，邓艾将入沓中，然后乃遣右车骑廖化诣沓中为维援，左车骑张翼、辅国大将军董厥等诣阳安关口，以为诸围外助。”

正因为如此，清《一统志》记载说：“古阳平关即白马城，在沔县界。今陕西宁羌县西北阳平关即古阳安关，蜀汉姜维遣张翼、廖化诸军护阳安关口即此，后改置阳平关。”

《汉中地区志》也记载说：“阳安关，在今宁强县阳平关镇嘉陵江西岸的黄家坝，宋代始称阳平关。蜀汉景耀六年（263），魏将钟会取蜀，战于此。”

上述史实，笔者在2013年7月，中国文史出版社出版的《三国风云定军山》专著中有详细解读。

（13）汉代山河堰遗址

在汉中市汉台区河东店镇共计有三个堰头，一个在今勉县褒城镇以北的鸡头关下；另一个在汉台区河东店镇小学西南；还有一个在汉台区河东店镇面粉厂对面河中。它们都是西汉初期萧何所修筑，三国时期曾经被诸葛亮所利用。

据《汉中府志》记载：“山河堰，汉相国萧何所筑，曹参落成之。”

山河堰是汉中地区有史可查的最早水利工程，从古至今一直沿用，今汉台区的褒惠渠以及勉县的汉惠渠之北干渠都源于山河堰。历史上，山河堰始终在汉中的农业生产方面起到了举足轻重的作用，所以，它与当地的军食民用安危密不可分，历来被重视。

诸葛亮北伐曹魏驻军汉中时，汉中多是无主荒地，躬耕出身的诸葛亮为了尽快发展农业生产，他利用北伐将士实行军屯，一边种田，一边打仗，还任命吕乂为汉中太守，“兼领督农，供给军食”（《三国志·蜀书·吕乂传》）。同时，又令杨仪在汉中“规划分布，筹度粮谷”（《三国志·蜀书·杨仪传》），以保障军需供给。

据考，“督农”一职官吏在古代根本没有先例，只设于蜀汉北伐曹魏的汉中，足以证明，诸葛亮当时是十分重视军屯耕战措施的。

《三国志·蜀书·后主传》记载：“十年，亮休士劝农于黄沙，作流马木牛毕，教兵演武。”

建兴十年（232），诸葛亮在总结前几次北伐失利的主要原因是“军粮不济”，不得不暂停北伐活动，于是“休士劝农于黄沙”，集中精力带领军队和当地老百姓治理汉江，开拓堰渠，抬田造地，务农植谷，对萧何开创的山河堰也“踵迹增筑”（见《汉中府志》）。与此同时，他还在黄沙设计制作了往前线运输粮草的工具——木牛流马，随后，又“教兵演武”训练军队。

（14）汉城遗址

在今汉中勉县城南5公里定军山以东10里的定军山镇元山村与温泉镇牟营村一带。《三国志·蜀书·后主传》记载：“七年春，亮遣陈式攻武都阴平，遂克定二郡。冬，亮徙府营于南山下原上，筑汉、乐二城。”

东晋史学家常璩《华阳国志·汉中志》记载说：“蜀时，以沔阳为汉城，成固为乐城。”

北魏地理学家郦道元《水经注》第二十七卷“沔水”也记载说：“建兴七年冬，诸葛亮徙府营与南山下原上，筑汉城于沔阳，城在山上，周三十里。”

《水经注》二十七卷“沔水”还说：“沔水又东经西乐城北，城在山上，周三十里甚险固，城侧有谷谓之容裘谷，道通益州山多群獠，诸葛亮筑以防遏。”

建兴七年（229）春天，诸葛亮派遣陈式前去攻打武都（郡治在甘肃省成县西北）、阴平（郡治在甘肃省文县西北）二郡进行第三次北伐曹魏。在成功攻取武都与阴平两郡回到汉中后，同年冬天，诸葛亮就先后采取了一系列措施，借以巩固后方军事基地的安全。首先，将行辕相府从今勉县武侯祠迁到了定军山下武侯坪，即“南山下原上”。其次，为了加强汉中的防御，有效地抵御曹魏进攻汉中，就必须因地制宜增设防御工事，于是诸葛亮在定军山以东的元山、牟营一带横山增筑“汉城”，取固守汉家城池之意。与此同时，又在今城固县北小河口的傥骆道出口筑“乐城”，取乐守汉家基业之意。

修筑汉城、乐城之后，蜀汉派军队巡防驻守，随时防止曹魏来犯。蜀汉后期的景耀年间（258—263），“监军王含守乐城，护军蒋斌守汉城，即此”（见《三国志·蜀书·姜维传》）。

清初顾祖禹《读史方舆纪要》卷五十六记载说：“西乐城即汉城，对乐城而言，故云。”由此而知，“汉城”在汉中郡西部亦称“西乐城”，“乐城”在汉中郡东部又称“东乐城”。

但是，北宋赵光义太平兴国（976—983）年间《太平寰宇记》记载说：“西县（唐宋时期勉县叫西县）诸葛城，即诸葛孔明拔陇西千余家还汉中，筑此城以处之，因取名是焉”。由此可见，在历史上，汉城也曾被称为“诸葛城”。

考古调查表明：当年的汉城遗址，涉及今定军山镇元山村和温泉镇牟营村，其遗址整个覆盖了元山一周的山上山下，山下便是汉水支流漾家河，后来虽然看不见当年汉城的残垣断壁，但到处可见汉代的残砖破瓦碎片。

这里的地势居高临下，视野开阔，和定军山屏障连线，又有充足水源，易守难攻，进退自如，的确是个极佳的军事防御据点。

1985 年，勉县温泉镇牟营砖厂在汉城遗址上施工取土时发现了“汉城”的建筑遗迹。当时，笔者亲临现场进行调查处理，不但发现了城市街道铺地石条和大量汉砖与汉瓦，而且还出土了一件“黄初七年（226）六月一日”魏国制造的铭文铜弩机与一件铜支架。经考证，这件铭文铜弩机，应该是诸葛亮北伐曹魏时将士们缴获的魏国战利品，带回汉城而遗留下来的实物，这种有铭文的三国铜弩机在全国也不多见，属于国家珍贵文物（见 1985 年第 5 期《文博》，郭清华《勉县出土一件三国魏弩机》）。

除此之外，1998 年，在汉城遗址的西南方向，即定军山镇元山村山梁上，农民修房时还曾经发现了一口汉砖修建的汉代水井遗址，井口直径 80 厘米，残深约 400 厘米。博物馆立即前往调查处理。据笔者考证，应该是当年汉城的食用水井。为了有效地长期保护该水井，遂将其就地封存掩埋。

（15）乐城遗址

在今汉中市城固县以北 140 里之小河口。

建兴七年（229）冬天，诸葛亮第三次北伐攻取了武都、阴平二郡之后，就在今城固县以北小河口修建了乐城，以防御曹魏攻打汉中。

晋代史学家常璩《华阳国志·汉中志》也说：“蜀时，以沔阳为汉城，成固为乐城。”遗憾的是，据清康熙时期福建侯官人陈梦雷（1650—1741）所编辑的《古今图书集成》和明嘉靖二十三年（1544）汉中府同知张良知主持纂修的《汉中府志》记载说：“乐城早已经成为平地，不复存在了。”

（16）诸葛城遗址

据1984年笔者实地考察而知，诸葛城在陕西省宝鸡市陈仓区15公里汧河西岸石鼻山下，又名“石鼻寨、石鼻城”。

据清顺治十四年（1657）的《宝鸡县志》记载说：“石鼻城，治东四十里，汉武侯所筑，以拒郝昭。俗呼石鼻寨，即古天兴县。”

这说明，此城是诸葛亮建兴六年（228）冬天率大军第二次北伐曹魏攻打陈仓城时，为了防止曹魏援兵而修筑的城池。

北宋时期，文学家苏东坡（1037—1101）的《石鼻城》诗曰：“平时战国今无在，陌上征夫自不闲。北客初来试新险，蜀人从此送残山。独穿暗月朦胧里，愁渡奔河草莽间。渐入西南风景变，道旁修竹水潺潺。”说的就是这里。

诸葛城早已不复存在了，只知道它在今陈仓区千河镇魏家崖村，西与石羊庙镇底店村隔千河相望，城垣遗迹可见，城筑于高达10余米的石层之上，三面绝壁，远眺似大船紧靠千河东岸，其形雄伟壮观。

清同治六年（1867），回民起义军攻城，连攻不克。

（17）大散关

亦称“散关”“崤谷”，在宝鸡市南郊川陕公路19.5公里清姜河岸之秦岭巅峰。据1984年笔者实地考察而知，大散关北连渭河支流，南通嘉陵江的上源，其范围为南起秦岭梁，北至二里关。这里山势险峻，层峦叠嶂，大有“一夫当关，万夫莫开”之势，自古为川、陕行旅通商必经的咽喉要隘，是扼西南、西北交通要道枢纽，为关中四关（东为潼关、西大散关、南武关、北萧关）之一。由于此关置于大散岭上，也是周朝“散国”之关隘而得名。明代末年，大散关废弃，关址处立有“秦岭”石碑一通。

在大散关关门遗址东面岩壁上刻立有民国二十五年（1936）十月古华（今江苏省松江县城厢镇人）——原国民党全国经济委员会公路处专员赵祖康（1900—1995）题书的“古大散关遗址”摩崖石刻。今川陕公路、宝成铁路由此通过。

据《史记·河渠书》记载说：大散关“北

不得无以启梁益，南不得无以固关中”。正因为如此，这里就成了历代兵家必争之地，据统计，历史上为争夺散关的战争就有 70 多次。

公元前 206 年，汉王刘邦采取韩信“明修栈道，暗渡陈仓”计谋，自汉中由故道出陈仓还定三秦，经由此关出。

东汉建武二年（26），武安王延岑（？—36）引兵进入散关至陈仓。

建安十九年（214），曹操平定了割据凉州四郡三十余年自称“河首平汉王”的宋建以后，在陈仓城稍作休整，于次年（215）三月亲率大军过散关前往汉中，去攻打以“政教合一”割据汉中郡二十五年的“五斗米教”第三代传人张鲁，九月平定汉中，十二月就班师回朝。

建兴六年（228）冬天，诸葛亮进行第二次北伐曹魏时，“出散关，围陈仓”，进军和退兵皆往返于大散关。建兴十二年（234）春天，进行第五次北伐曹魏驻军五丈原时，与曹魏大都督司马懿相持对垒期间，诸葛亮曾经派遣军队收复占领大散关，扫除后顾之忧。

从古到今，文人墨客、达官显贵凡是路过大散关的人，大都会触景生情留下诗词歌赋。例如，建安二十年（215），曹操率领大军过大散关前往汉中郡征讨“五斗米教”第三代传人张鲁时写下了《秋胡行·晨上散关山》：

晨上散关山，此道当何难。牛顿不起，车堕谷间。坐磐石之上，弹五弦之琴。作为清角韵，意中迷烦。歌以言志，晨上散关山。

唐代诗人王勃、王维、岑参、杜甫、李商隐等，都曾经有歌颂大散关的诗歌。特别是，宋代著名诗人陆游、苏东坡有关大散关的诗最多，影响也最大。例如，陆游的《书愤五首》其一，就有“楼船夜雪瓜洲渡，铁马秋风大散关”之句。由于代远年湮，历尽沧桑，古大散关的古迹早已经不见了当年的雄风，只留下了旧址。

为了有效保护古迹文物，发展当地的旅游产业，再现大散关历史风貌，2008 年宝鸡市渭滨区政府筹资 700 多万元，重新恢复修建了大散关古迹上山步道以及关楼、陆游祠、敌楼、烽火台、斯飞阁、龙井、历史名人诗歌廊等设施。如此一来，封闭了 500 多年的大散关面目一新。2009 年 4 月，大散关古迹旅游区正式

开放，接待国内外游人参观考察。现在，大散关属于陕西省重点文物保护单位。

（18）诸葛原遗址

在宝鸡市以南的渭水南河岸冯家原镇冯家原村。

据明武宗正德十六年（1521）的《凤翔府志》和清代的《宝鸡县志》记载，建兴六年（228）冬天，诸葛亮第二次北伐曹魏“出散关，围陈仓”时曾经在这里设立中军大营，指挥蜀汉大军攻打陈仓城。因此，老百姓一直称这里叫“诸葛原”，至今遗址犹存。

（19）诸葛中军城

在陕西省岐山县南高店镇之五丈原南原头的三合堡村。

据清代《岐山县志》记载：建兴十二年（234）春天，诸葛亮率领大军进行第五次北伐曹魏时期，“由斜谷出，以流马运，据武功五丈原，与司马宣王对于渭南”。

武功，是汉代县名，属于右扶风郡，管辖当时的五丈原，所以诸葛亮就在五丈原南面原上筑土城作为中军帐，在这里指挥北伐曹魏的军事活动，史称“诸葛中军城”或者是“武侯中军城”。后来，由于沧桑多变，此城残破十分严重，到处是残垣断壁的豁口，又因《三国志·蜀书·诸葛亮传》裴松之注引《晋阳秋》记载说：“有星赤而芒角，自东北西南流投于亮营，三投再还，往大还小，俄而亮卒”的缘故，当地老百姓将其称为“豁落城”。原城中有诸葛殿，早已经不在了，今天的“诸葛中军城”残垣犹存，范围清晰，时有汉代文物出土。

（20）诸葛亮令蒲元造刀

20世纪70年代，在定军山主峰南面岩石下面，出土了一把三国时期铜柄曲耳带环铁刀，通长72、刀长58、柄长14、刃宽6—8厘米，实不多见。

根据刀的造型，以及诸葛亮在定军山屯军八年而北伐曹魏的一系列活动，笔者认为，很可能是当年诸葛亮令蒲元所铸造的刀，现存勉县博物馆。

关于诸葛亮在汉中屯军北伐时期令蒲元造刀，还有一段寓意深刻的故事。据清代张澍《诸葛亮集·制作篇》中收录的《蒲元别传》记载说："亮尝

欲制刀而未得，会蒲元为西曹掾，性多巧思，因委之于斜谷口，镕金造器，特异常法，为诸葛铸刀三千口。刀成，自言：汉水钝弱，不任淬用。蜀江爽烈，是谓大金之元精，天分其野。乃命人于成都取江水至，元取以淬刀，言杂涪江水不可用。取水者犹捍言不杂，元以刀画水云：杂八升，何故言不杂？取水者叩头服云：实于涪津渡负倒覆水，惧怖，遂以涪水八升益之。于是咸共惊服，称为神妙。刀成，以竹筒密纳铁珠满中，举刀断之应手虚落，若薙（tì）水世，称绝当世，因曰神刀。今之屈耳一作且环者，是其遗制"。

这段话是说，诸葛亮经常想造刀而未能遂愿，恰好当时有西曹掾（汉代丞相、太尉府的属员，主府内事务）蒲元，他巧思多能，诸葛亮就让他在汉中褒斜道斜谷口铸造兵器，蒲元用特殊技能手法为诸葛亮造了三千口刀。刀造成以后，蒲元自言自语说，汉江水钝弱，不能给刀淬火，蜀都的江水清冽而湍急，堪称为金属淬火的精华，这是老天所赐。于是，蒲元命人去成都取回来江水。蒲元以水给刀淬火，说这水杂有涪江水不能用。取水人态度坚决地说这水不杂，蒲元以刀在水中划了一下说，杂八升，为什么说不杂呢？取水的人立即叩头叹服，说实际上是我在涪津渡口不小心将所取之水倒掉了，由于害怕就将涪水八升进行补充。在场的人听了后都十分惊叹服气，称为神奇玄妙。刀铸造成功后，蒲元在一个竹筒内装满铁珠，举刀砍去如切割水草，竹筒齐齐被砍断，铁珠散落，刀却毫发无损。这种造刀技术堪称绝世，因此称之为神刀。

（21）"扎马钉"之谜

"扎马钉"学名"蒺藜"，状若荆棘刺，是古代军事战争中的一种暗器，铜质曰铜蒺藜，铁质曰铁蒺藜。在定军山一带，经常有三国时期的"扎马钉"出土，这是诸葛亮当年令蒲元等工匠在定军山下铸造的专门对付敌人骑兵与步兵的暗器"铜蒺藜"，俗称"扎马钉"，属于全国独有的珍贵文物。

"扎马钉"有四个锋锐的尖爪，随手抛掷，三尖撑地，一尖直立向上，推倒立尖，下尖又起，始终如此，使接触它的人不能避其锋锐而被刺伤。特别是，这种暗器多在战地与险境刺伤敌方的马匹和士卒，因而俗呼"扎马钉"。

据说，近代战争中，还用此物专门对付敌人的汽车轮胎，十分有效。

清代武侯墓祠主持道人李复心编著的《忠武侯祠墓志》记载说：“铜蒺藜，俗乎扎马钉，有铜、铁两种。四角锋锐，随手掷地，有一角向上。又有战箭镞，皆铜铸成，前微方而后圆。沿山耕地，农人偶得之，亦间有雨后得之者。透体碧绿色，真汉时物也，相传皆武侯所制。”

光绪《沔县新志·定军山》也记载说：“铜蒺藜则时复出，土人多藏之。”

据西周辅佐贤相姜子牙（公元前1156—公元前1017）所著《六韬·虎韬·军用》篇记载说：“狭路微径，张铁蒺藜”，可见这种暗器在西周以前就已经出现并用于战争了。西汉初年，“扎马钉”称“渠答”。例如：

据《汉书·晁错传》记载：“高城深堑，具蔺石，布渠答。”唐朝史学家颜师古注释说：“蔺石，城上礧石。渠答，即铁蒺藜也。”

诸葛亮依据古人的铁蒺藜进行改造，使“扎马钉”都成为铜质的三角锥形，尖爪之间，每个夹角130°，大的重约15克，尖长2.7厘米；小的重约8克，尖长1.5厘米，巧妙地应用了力学和数学原理。

考古资料证明，全国各地出土的各个时代的“扎马钉”大都是铁质的圆锥形尖爪，有的尖爪还是空心的，有放血和放气孔，唯独定军山一带出土的“扎马钉”是铜质实心三角锥形，它属于三国诸葛亮时期极有代表性的典型文物。

正因为如此，国家历史博物馆、中国军事博物馆、陕西历史博物馆、成都武侯祠博物馆、五丈原诸葛庙博物馆、南阳卧龙岗武侯祠博物馆、襄阳隆中武侯祠、汉中市汉台博物馆所陈列展出的三国时期铜质“扎马钉”，都来自20世纪80年代以来勉县博物馆捐赠的定军山一带出土的珍品，被誉为“武侯之物”而与诸葛亮的智慧、业绩共存（见郭清华《扎马钉》，《文博》1986年第2期）。

（22）诸葛亮在汉中“休士劝农”兴修水利发展生产

建兴十年至十一年（232—233），诸葛亮根据前几次北伐曹魏皆因“军粮不济”而被迫退军的实际情况，不得不“休士劝农”，在汉中黄沙一带兴修水利，开拓堰渠，抬田造地，务农植谷，发展农业生产，因地制宜解决北伐曹魏的军需供给。因此，《三国志·蜀书·后主传》记载说：“十年，亮休士劝农于黄沙。”

北魏地理学家郦道元在《水经注·沔水》第二十七卷记载说：“汉水又东，黄沙水左注之，水侧有黄沙屯，诸葛亮所开也。”

黄沙，在今勉县东 20 里的汉江北岸，南岸大多数均为丘陵地带，是当年诸葛亮所“开”的范畴，当年开“黄沙屯”，很可能就是因地制宜开丘陵地带的“冬水田”，因为靠近汉水两岸的平川田地早已有之，不在开的范围之内。

汉中盆地，历来主产稻子和小麦，水利设施是发展农业生产的根本保障。因此，诸葛亮一方面治理汉江，兴修水利，引水灌溉。一方面因地制宜在浅山丘陵增筑了不少蓄水设施——陂池、塘库等，为发展农业生产创造条件，千方百计为北伐多打粮食，积蓄充足的军需物资。

20 世纪 70 年代，在勉县蜀汉墓葬中先后出土了不少塘库、陂池等陶制水利设施模型文物。其中，在勉县老道寺沙家庄村 M4 出土了一件“绿铅釉红陶陂池”模型最有代表性。该模型为圆形，直壁平底，直径 36、通高 9、壁厚 1.2 厘米。池内不但泥塑有五支荷叶以及含苞待放的荷花与花蕾，还泥塑有螺蛳、黄鳝、泥鳅、青蛙、菱角与大小不同的鱼。更有趣的是，陂池的边上分别还有一只鸭子与一条蚂蟥，陂池正中大型荷叶上还泥塑有一只跃跃欲试的青蛙。这件模型造型独特，水生动植物形态逼真，在国内考古界也属罕见。笔者考证认为，这是诸葛亮当年在汉中因地制宜兴修水利发展农业生产最好的实物例证（见郭清华《勉县老道寺四号汉墓发掘简报》，《考古与文物》1982 年第 2 期；郭清华《从勉县的出土文物浅谈诸葛亮在汉中的军屯耕战措施》，《成都大学学报》1986 年第 3 期）。

（23）诸葛亮与“冬水田”

1978 年 12 月，笔者在勉县老道寺沙家庄村 M4 出土了一件“绿铅釉红陶方形冬水田”模型，边长 31.3、高 5、壁厚 1.5 厘米。方形田内，有四条不规则田埂将其分为五个不规则田块，田块中泥塑有两只青蛙、一条泥鳅、一条黄鳝、两只螺蛳，以及大小不等的四条鱼，形态逼真。据笔者考证，这件“绿铅釉红陶方形冬水田”稻田模型，属于诸葛亮北伐时期在汉中“休士劝农”期间首创于汉中勉县一带而沿用至今的一种稻田形式（见《考古与文物》1982 年第 2 期，郭清华《勉

县老道寺四号汉墓发掘简报》；1986 年 10 月 10 日，新华社对外新闻稿《诸葛亮与冬水田》；郭清华《论勉县出土的三国文物》，《文博》1994 年第 3 期）。

汉中盆地历来是水稻产区，其稻田有两种类型：一类是平川地带两季田，年产一稻一麦，较为正规，当地称为“槽田”；另一类是浅山丘陵地区独有的“冬水田”，此类田因受气候与特定环境的限制，靠冬季积雪与蓄水，一年只种一季稻谷，故又叫“一季田”。

冬水田因地势而就，多为不规则形，是浅山丘陵地带典型稻田。从汉中自然条件来看，诸葛亮当年在此设了“督农”官吏，主要是管理屯田生产和军粮的供给。而“筹度粮谷”和“使给军食”的主要对象又是稻米，所以，稻田的多寡优劣将是生产军粮重要条件。当年，诸葛亮数十万蜀汉军除耕种那些无主田地外，还须开拓更多新田地，其中包括因地制宜开拓的丘陵地带荒地，只有这样，才能够满足当时蜀汉军队与当地老百姓的生产生活需要。

从考古资料看，三国以前两季田模型在勉县与汉中均出土过，但蜀墓出土“冬水田模型”，除在勉县发现外全国各地都没有发现过。

需要说明的是，笔者 1978 年在勉县老道寺墓葬中出土和研究“冬水田模型”的时候，尽管当地人把这种稻田形式叫“冬水田”，世人皆知，但是查遍国内相关历史资料和《辞源》《辞海》等权威工具书，根本就没有“冬水田”相关词条和解释。经请教国家农业水利部门以及亚太地区淡水养鱼中心等相关部门专家才知道，“冬水田”属于陕南地方一种特有稻田形式，其他地区历史上根本没有，由于没有普遍性，因此自古至今没有引起世人关注，也没有相关的记载可查阅。自从笔者发表研究文章之后，不但填补了诸葛亮在汉中开拓农田的实物例证，国内的文库里就开始有了“冬水田”这个词条。

（24）军民合耕实行军屯

建兴六年（228）春，诸葛亮第一次北伐“围祁山”时，就曾令赵云率领军队忙里偷闲因地制宜地在“赤崖屯田”。

赤崖，在褒斜道峡谷中，四周全是山脉与河流。受地理环境和气候的限制，想必当初所屯的“田”就是新开拓的“冬水田”之类型。

建兴十年（232），诸葛亮在认真总结了前四次北伐曹魏皆因“军粮不济”而不得不退兵的教训以后，于是就在汉中“休士劝农”，集中精力用两年时间，治理汉江，兴修水利设施、开拓农田发展农业生产。当时，除了让军队在黄沙一带开拓农田之外，还动员北伐军将士一边种田一边备战，采取劳武结合措施，让三分之二将士轮流与当地老百姓一起从事生产劳作，实行“军屯”，充分利用一切人力、物力和地理环境优势来发展农业生产，以解决北伐军需，减轻老百姓负担。与此同时，在黄沙设计制作了往前线运输粮食的木牛流马，这足以说明，“休士劝农”两年之中实行“军屯”措施收到了良好的效果。

据《三国志·蜀书·诸葛亮传》记载，建兴十二年（234）春天，诸葛亮进行第五次北伐驻五丈原仅仅百余天，抓住和司马懿相持对垒的空隙，还积极采取了“分兵屯田”的办法，令蜀军“耕者杂于居民之间，百姓安堵军无私焉”，说明诸葛亮北伐时把“军屯耕战”措施看得非常重要。

1978年，笔者在勉县老道寺M4墓中不但出土了陶陂塘和冬水田模型，还出土了3件“持锸陶俑”，“锸”是汉代特有生产工具，类似现代的铁锨。

“持锸陶俑”中两件红陶质，通高25、底宽8厘米，明显是军士装束形象。一件灰陶质，通高21、底宽9.5厘米，显然是农民形象。两件军士俑和一件农耕俑比例是2 ∶ 1，说明当时“军屯”将士多于当地居民。

据考证，这组“持锸陶俑”是诸葛亮采取军屯耕战在汉中休士劝农的独有珍贵实物例证。

诸葛亮采取军民合耕来发展生产的这种事例在历史上不多见，它既可以有效地利用将士空闲时间发展生产，增加和扩充军事物资，满足军事后勤需要，减轻国家和老百姓的负担；同时，也有效地锻炼了军队意志，提高军队的实战能力（见郭清华《勉县老道寺四号汉墓发掘简报》，《考古与文物》1982年第2期；郭清华《浅谈陕西勉县出土的汉代塘库、陂池、水田与持锸俑模型》，《农业考古》1983年第1期；郭清华《从勉县出土文物浅谈诸葛亮在汉中的军屯》，《成都大学学报》1986年第3期；郭清华《论勉县出土的三国文物》，《文博》1994年第3期）。

笔者将勉县这些出土的珍贵文物研究成果先后在专业杂志发表后，引起了国内外文物考古学界普遍关注。从1984年开始，这一批文物就接二连三应邀被国家与省文物局组织赴日本、美国、英国、法国、德国、韩国、比利时、西班牙、意大利9个国家进行巡回展出，为国家争光创汇。其中的一件军士俑和一件农耕俑被国家文物局征调给国家历史博物馆收藏，13件兵器文物被国家军事博物馆收藏，数十件珍贵文物被征调给陕西历史博物馆作常设展品。

（25）诸葛亮在汉中发展家畜家禽养殖业的例证

在勉县当地蜀汉墓葬出土文物中，还出土有不少陶鸡、陶鸭、陶猪、陶狗、盘角绵羊、滑石猪等各类家畜家禽模型，再现了蜀汉时期汉中盆地家庭副业的繁荣景象，这些丰富的物质资源无疑为当时诸葛亮的北伐军生活提供了方便，而各业繁荣发展的盛况，当是诸葛亮在汉中采取“休士劝农”措施所努力的结果（见郭清华《论勉县出土的三国文物》，《文博》1994年第3期）。

（26）赤坂遗址

赤坂，戍名，在今汉中市洋县城东15公里龙亭山古傥骆道南口。

蜀汉建兴八年（230）秋天，诸葛亮曾经在这里据守，抵御曹魏三路大军进攻汉中，遗址犹存。

建兴七年（229）六月，东吴孙权正式称帝，国号“吴”，改元“黄龙”，建立了“吴国”。为了祝贺孙权登基称帝，诸葛亮当时派遣“卫尉”陈震（？—235）代表蜀汉前往东吴朝贺。

由于孙权此时春风得意，踌躇满志，扩展帝业的雄心很大，所以，在接待陈震的宴席中觥筹交错，喜不自胜。趁着酒劲，孙权就与陈震共同定下协约，决定在与蜀汉结盟的基础上两家继续携手，共同对付曹魏，最终将魏国消灭，事后两家共分天下。当时，他们的议定协约规定说：灭了魏国以后，原来魏国的“豫、青、徐、幽属于吴国；兖、冀、并、凉属於蜀汉，其司州之土以函谷关为界”，即函谷关（今河南省三门峡市的灵宝市函谷关镇）东边归吴国，西部归蜀汉（见《三国志・蜀书・后主传》建兴七至八年）。

消息不胫而走，这一盟约的签订，对魏国上下震动和刺激很大，彻底激怒了魏国。形势所迫，魏国不得不迅速作出反应，于是立即商议，决定主动出击先发制人争取形势上的主动。经过认真分析，把进攻的目标首先选定在弱小的蜀汉国，先取汉中，打开益州屏障，以此进军先灭蜀汉国，然后再集中精力灭掉东吴，最终达到统一天下的目的。

建兴八年（230）七月，大司马曹真向魏明帝曹叡递交了伐蜀的具体方案，决定从斜谷道等多路发兵进军汉中。于是，魏国派遣左将军“张郃由子午道”（汉中市西乡县子午镇，过石泉县和宁陕县、长安县而到达西安市的古道路）进发；大都督“曹真率主力军由褒斜谷”（从眉县斜谷进入，经过太白县和留坝县到达今汉中市汉台区褒河镇出）进军汉中；“大将军司马懿率军从西城（郡名，治所在今陕西省安康市汉滨区），沿汉水而北上汉中”。三路魏军水陆并进，浩浩荡荡分头出发直指汉中（见《三国志·蜀书·后主传》建兴七至八年）。

魏国大军压境，兵临城下，形势十分紧急。诸葛亮立即采取措施，调兵遣将加强汉中防务，应对魏国多路大军进犯。一切安排妥当，诸葛亮亲自率部在今天汉中洋县的“赤阪”要隘设险固守，进行防御。

在此同时，诸葛亮还上表后主刘禅，迅速“将李严之子李丰升为江州（今重庆市）都督”，防卫后方，又加“封李严为骠骑将军”，要求李严迅速“从江州率二万人赶赴汉中”参战，阻击敌人（见《三国志·蜀书·诸葛亮传》）。

当时，魏军先锋夏侯渊的二儿子夏侯霸率部刚出傥骆道南口，就被老百姓与蜀军发现，进行了顽强抵抗。所以，《三国志·魏书·夏侯渊传》附“夏侯霸传”记载说：“子午之役，霸召为前锋，进至兴势围，安营在曲谷中。蜀人望知其是霸也，指下兵攻之。霸手战鹿角间，赖救至，然后解。”

由于秦、蜀间古道路本身要翻越秦岭，山高坡陡怪石林立，河流湍急，十分艰险，加之当时又连续下了数天的大雨，山洪暴涨，栈道断绝，行走的人畜多有伤亡，因此，曹真用了一个月，才走了一半路程。正因为如此，三路魏军根本不可能按照原先计划行进，按时到达目的地。魏明帝曹叡无可奈何只好下诏撤军。同年九月，曹真等三路魏军只好奉诏命全部撤退。

据《三国志·蜀书·后主传》记载：当时，“大雨道绝，曹真等皆还”，汉中解危。

《三国演义》第九十九回“诸葛亮大破魏兵，司马懿入寇西蜀”中，把这次曹魏准备攻打汉中而诸葛亮在汉中的防御抵抗说成是“第四次出祁山”，显然是错误的。这是因为，在《三国志·蜀书·诸葛亮传》与《后主传》中，对诸葛亮五次北伐曹魏的时间顺序及前后经过介绍得清清楚楚、明明白白，根本就没有“六出祁山”之说。所谓的“出”，应该是主动出击攻击敌人，在自己的领地防御敌人进攻，怎么会是“出”呢？再则说，诸葛亮的五次北伐曹魏之中，也只有建兴六年（228）春天第一次与建兴九年（231）春天第四次北伐曹魏是出祁山（今甘肃省礼县祁山堡一带），其他三次北伐曹魏，都与祁山没有关系。

据南宋地理学家王象之（1163—1230）的《舆地纪胜》记载说："赤坂在洋州东二十里龙亭，山色甚赭。蜀汉建兴八年魏曹真、张郃、司马懿侵汉，武侯次于成固赤坂以待之即此。"

据《汉中地区志》第 1634 页"关隘与古战场遗址"记载："赤坂戍，在洋县城东 15 公里龙亭山。蜀汉建兴八年秋，魏兵三路进攻汉中，诸葛亮拒之于成固赤坂，即此。"

（27）定军鼎

在勉县东长林与汉中市汉台区接壤的 108 国道左侧。

建兴六年（228）十二月，诸葛亮出陈仓第二次北伐曹魏，没想到陈仓城十分坚固，曹魏守将郝昭和副将王生拼命守城，使诸葛亮攻打二十余日不克，恰在此时，曹魏援军将至，蜀汉军队也因粮草不济而被迫撤军回汉中。在退军之时，魏将王双恃勇率部进行追击蜀汉军，被诸葛亮设计伏杀。

正因为如此，清张澍的《诸葛亮集·制作篇》辑录虞荔的《古鼎录》记载说："诸葛亮杀王双，还定军山，铸一鼎，埋于汉川，其文曰定军鼎。"

2007 年，勉县县委、县政府为了打造以定军山为主题的三国历史文化旅游产业，决定铸造一批著名的三国历史文化雕塑，在显要地方安放，形成鲜明的三国历史文化标志对外进行宣传。因此，笔者建议在汉中与勉县交界处的 108 国道旁征地，铸造安放"定军鼎"形成显著标志。

该鼎为直耳三足，仿汉代风格，高 5 米，重 3000 公斤。座高 4 米，边宽 4.2 米，底座基础高 1.2 米。在鼎座四面，分别采用阳线雕刻方式，设计雕刻了"定军大捷""设坛称王""分封百官""报奏朝廷"四幅图案。

当时，笔者特撰写《定军鼎记》以示纪念。全文如下：

鼎乃圆形，三足两耳，礼祭食器也。鼎之三足，喻三方并立，始有鼎立、鼎足、鼎峙之说；鼎含显赫之意，亦有鼎盛、鼎力、鼎臣称谓；鼎显富贵吉兆，方有鼎业、鼎新、鼎贵之喻；鼎具奉祀烹饪功用，才有鼎彝、鼎沸、鼎食之名。禹铸九鼎，象征王权，盛传三代，故有定鼎、问鼎、鼎祚、鼎迁之词。鼎为国之重器，民族精魂。

汉中沔阳，秦巴叠障，关隘重锁，古道纵横，扼秦蜀要津，据川甘通途，历为兵家必争。汉末三国，兵戈不断，张鲁雄据，曹操攻占，刘备兴兵，魏武挥鞭，黄忠刀劈夏侯渊，赵云火烧天荡山，阿瞒退兵杀杨修，马超镇守阳平关，先主称王旧州铺，武侯北伐屯汉川。定军山之战促成三国鼎立，诸葛亮北伐驻军八年，改革连弩，推演八阵，休士劝农，治水屯田，铸定军神鼎以记功，造木牛流马而运粮，进战退守，文治武功，成一时之雄杰，垂千古之史典。沔阳胜迹星罗棋布，文物俯视可见，形成旅游支柱产业，堪称中国三国历史文化聚焦点。

为彰显政府决心，一言九鼎抓突破，上下鼎力求发展，因地制宜实现鼎盛伟业，由县委政府策划主导，西安环艺雕塑院设计铸造，锻铜质定军鼐鼎，通高五米，直径四米二，重两吨半，在国道勉汉交界处征地二千五百平方，砌九层之台安装，取九五之尊，耗资百万。鼎乃地方历史文化标识，意喻三国鼎足，象征武侯神智，比拟富贵吉兆，包含和谐平安，展厚重文化，树政府信念。特此撰文，以志纪念。

岁在丁亥年仲秋（2007 年 10 月）

（28）武侯堂

在汉中勉县县城北面的第二中学。

1938 年，沔县县长王慕增为鼓励后生学子，效法诸葛孔明功德业绩而创建武侯堂于此。该堂为歇山式方形重檐三滴水，面阔三间，砖木结构。一层与二层均有一周回廊，形成了面阔五间的格局。

1941 年，县政府在此设“沔县县立初级中学”，武侯堂为奠基之作。1942 年，学校以“武侯堂”为核心改建成八卦式园林格局，以乾、坎、艮、震、巽、离、坤、兑八个卦象为每幢校舍位置，而“武侯堂”就是太极图中央，整体为青砖墙、红廊柱、木地板、灰瓦面，成为该校标志。当时，刻有纪念碑石，凸显了“普及教育为立国之根本，兴学育才乃有司之职责”的办学理念，碑文已收入教育部文档。

汉中勉县是三国历史文化的聚焦地，更是诸葛亮在此屯军八年五次北伐曹魏的根据地，他的功德业绩与高尚思想品德永驻。所以，这里的古迹文物与纪念建筑比比皆是。

2. 四川省境内的遗址、遗迹 13 处

（1）泸州市忠山武侯祠遗址

在四川省泸州市西郊的忠山上。忠山，古称堡子山、宝山。据说，诸葛亮当年南征平叛时，曾经在这里驻军，当地人十分感念诸葛亮为了蜀汉国家而“鞠躬尽瘁，死而后已”忠君爱国至死不渝的献身精神。所以，泸州人在明朝崇祯年间（1628—1644）就把原来的宝山改名为“忠山”，以示纪念。

据《泸县志》记载：“武侯祠在城西宝山之峰，即三忠祠，初祀诸葛武侯及其子瞻、孙尚。宋庆元年间（1195—1200），泸州帅陈损之始建。”

该祠纪念的是诸葛亮三代人，故又称“三忠祠”。每年都举行庙会，“届时，乡人贡马相率拜于庙前”。绍兴年间（1131—1162），剑南东川节度推官刘光祖（1142—1222）有诗为证：“蜀人所至祠遗像，蛮檄犹知问旧碑。”

这里有明嘉靖十七年（1538）泸州兵备佥事薛甲刻立的《武侯祠碑记》，万历二十三年（1595），北京监察御史泸州人王藩臣进行了维修。崇祯六年（1634）再次维修，户部主事韩位甫刻立了《重修武侯祠碑记》。

明代末年，武侯祠毁于兵火。清康熙七年（1668），再次重建。为此，康熙十年（1671）四川总督、湖广总督加兵部尚书蔡毓荣（1633—1699）还在这里刻立了《重修武侯祠碑记》。

据 1993 年 12 月，四川科学技术出版社出版发行四川省泸县县志办公室编纂的《泸县志》记载说，民国年间，这里的武侯祠被国民党驻军全部拆毁，荡然无存了。有幸的是，在地方志中仍然保留下来部分当年武侯祠的楹联。

1982 年 10 月，地处忠山的泸州医学院附属医院基建施工，发掘出武侯祠遗址及残存的文臣武将石雕像 120 余尊，每尊高约 1.5 米，现存当地的博物馆。

（2）弥牟八阵图遗址

在今成都市青白江区弥牟镇西南，是成都市文物保护单位。相传诸葛亮在成都期间，曾经在这里摆八阵图，以此教兵演武，训练军队。

据南朝梁武帝西昌侯李膺的《益州记》记载说：“武侯八阵图，土城四门，中起六十四魁，八八为行，魁凡一丈，高二尺。”

《明一统志》说：“八阵者，象八卦以定位，因井地而制形，兵之纪律也。武侯推演，尽得其妙。”

另据明朝文学家杨升庵（1488—1559）书写于正德十一年（1517）十一月，保存在成都市新都桂湖碑林园的《八阵图碑记》记载说：“诸葛武侯之八阵图，在蜀者二，一在夔州永安宫，一在新都（现成都青白江区）弥牟镇。”

当地人说，当年的弥牟镇八阵图各垒高约3尺，直径1丈，两阵并峙共128垒，周围472步。到了道光年间，八阵图就仅遗存71垒，占地面积36亩，民国初年还尚存47垒。现在，该遗址仅余土垒六座，当年之风貌已荡然无存。

1981年，成都市人民政府公布为市级文物保护单位。

（3）弥牟诸葛井

诸葛井位于成都市青白江区弥牟镇老横街一号铺左侧，据说是当年诸葛亮在这里摆八阵图教兵演武，训练士卒所修。井为砖石结构，井台为方形，井口为圆形，上井腹成八角形，由上至下渐宽，下井腹与上井腹成等距的错位八角形，由宽渐窄，井壁用条石砌成，井面至井底水面为2.02米，井台座东北向西南，井台正中有一摇架，高0.92、宽0.25、厚0.1米，有三孔。现为青白江区的文物保护单位，由于受到保护而没有被使用。

（4）南宋邵博在四川南充武侯宫刻立的《谒武侯庙文》

据乾隆年间《四库全书》收录南宋著名学者王应麟（1223—1296）所撰《困学纪闻》卷一三记载而知，南宋绍兴年间，赐进士出身的邵博出任果州（今四川省南充市）知州，不但重新修建了这里的“武侯宫”，而且还撰写了《谒武侯庙文》祭祀了诸葛亮。由于南充“武侯宫”早已不存在了，所以，只能将此《祭文》在遗址，遗亦中展示。全文如下：

公昔高卧，隐然一龙（诸葛亮当年在隆中隐居躬耕，不求闻达，人称卧龙）。鬼域乱世，其谁可以（在这纷争的乱世之中，又有谁能够像他这样）？惟明将军，汉室之宗（唯有左将军刘备，他是汉皇室宗亲），相挽以起，意气所同（刘备曾经屈尊三顾茅庐，邀请诸葛亮出山辅佐而且意气相投）。欲持尺锤（语出《庄子·天下篇》："一尺之棰，日取其半，万世不竭。"此指用之不竭），尽逐奸雄（全力以赴驱逐奸贼曹操）。天下悔祸，世岂能容（天下祸乱纷争，岂能够容忍曹贼窃国篡权）！惟史臣寿，奸言非公（此指《三国志》作者陈寿在评价诸葛亮时说："治戎为长，奇谋为短，理民之干，优于将略。盖应变将略，非其所长。"邵博认为此评论属于奸邪之言而不公正）。惟大夫周，误国非忠（此指蜀汉晚期的光禄大夫谯周，他误国误民不是个忠臣）。庙食故里，羞此南充（此二句是说，诸葛亮祠庙在陈寿、谯周的家乡南充进行祭祀，真是羞死他们二人了）。置公左右，不堪仆童（此指陈寿、谯周二人的塑像在诸葛亮塑像左右，像仆童一样不堪入目）。我实卑之，筑公之宫（由于邵博十分鄙视陈寿、谯周，所以重新修建了武侯宫）。春秋之法，孰敢不恭（春秋祭祀诸葛亮的法则，谁敢不毕恭毕敬）。俾千万年，仰其高风（使得千万年以后，都能够仰慕诸葛亮的高风亮节）。

邵博（？—1158），字公济，洛阳人，宋代利州路转运副使邵伯温（1055—1134）次子，绍兴八年（1138）赐进士出身，先后任果州（今四川省南充市）、眉州（今四川省眉山市）知州。著有《闻见后录》三十卷，故称《后录》。

从以上祭文而知，邵博当年是在今四川省南充市出任果州知州时祭祀的诸葛亮，当时，他看见诸葛亮塑像两边还有《三国志》作者陈寿和蜀汉后期光禄大夫谯周。他认为，陈寿在《三国志》中对诸葛亮评价很不公正，是"奸言非公"。谯周这个老臣误国误民不忠于朝廷，堪称"误国非忠"。可这两个人都是南充人，与诸葛亮一起"庙食故里"，还在诸葛亮塑像左右，简直连普通的仆人都不如，实在是让他看不起，以"羞此南充"来评价陈寿、谯周。所以，邵博才重新修建了"武侯宫"，千秋祭祀，"仰其高风"而"孰敢不恭"。

（5）剑门关

在四川省广元市剑阁县城南。这里地处四川盆地北部边缘断褶带，为龙门山脉的剑门山干支，山高峰险，沟深谷狭，断岩绝壁，千仞壁立，重峦叠嶂，绵延数百公里，宛如天然屏障。有著名的剑门关与大、小七十二峰、五指山等，相对高差300—600米。剑门关隘口高150、顶部宽100、底部宽50、长约500米，形成了雄、险、幽、秀、奇的独特景观。

据意大利旅行家马可·波罗（1254—1324）的《寰宇记》记载："诸葛亮相蜀，凿石驾空为飞阁栈道，以通行旅，于此立剑门关。"

北宋地理学家欧阳忞（mín）的《舆地广记》也说："蜀汉丞相亮……以阁道三十里至险，复设尉守之。"

根据这些史料记载，剑门关就是蜀汉丞相诸葛亮开通而设立。

当年，诸葛亮在北伐曹魏期间，经常往来于汉中与成都之间，经过剑门关，路经大剑山，见群峰雄伟，山势险峻，便令军士凿山岩，架飞梁，搭栈道，开通了这里雄关。从此以后，历代官府曾经多次在剑门关修建关楼，但是均毁于战火。明代又重新建造，清代几经修复，使关楼更加雄壮美观，可惜历时数百年的巍峨建筑却于 1935 年修川陕公路时，被全部拆毁。

可幸的是，1984 年，笔者带队实地考察诸葛亮北伐路线时来到了剑阁县，受到了当地著名学者、文化馆馆长黄邦红老先生的热情接待，座谈之中黄邦红详细介绍了剑门关概况，还展示了清朝晚期拍摄的剑门关关楼档案图片，十分珍贵。为此，笔者得到许可，进行了翻拍，传承给世人。

1966 年，郭沫若和于立群路过剑门关，郭老触景生情即兴题诗曰：“剑门天失险，如砥坦途通。秦道栈无迹，汉砖土欲融。群山齿尽黑，万砾色皆红。主席思潮壮，人民天下雄。”

于立群也挥笔写了“雄关漫道真如铁”的条幅。

1992 年，重修的关楼位于新关楼对面，2008 年的“5·12”特大地震使关楼严重受损。正因为如此，2009 年，剑阁县人民政府为了有效地保护古迹文物，发展地方文化旅游产业，在清代关楼原址上仿明代的关楼建筑风格重新修建了关楼，恢复了剑门关雄姿。现在的关楼，宽 18.3、高 19.61、进深 17.7 米，全部为木结构，气势恢宏。为纪念诸葛亮当年为剑门立关，在过关往南右边雕塑了诸葛亮的塑像，这尊雕塑称为“孔明立关”。

“孔明立关”像南，有一尊蜀汉先主刘备的雕塑。除此之外，在今景区的东南，还有纪念姜维的平襄侯祠与墓。

据东晋史学家常璩（291—361）编著的《元和郡县图志》记载说，剑阁县，两汉分属于梓潼郡，建安二十二年（217）刘备在此设立了当德县。

三国时期，丞相诸葛亮见此地大小剑山绝险之路三十里，遂“凿石架空为飞梁阁道，以通行旅，于大剑山中段峭壁两崖相峙处，倚崖砌石为门，置阁尉设戍守，成为军事要隘”。东晋永和三年（347），于晋寿县境新置剑阁县，唐圣历二年（699），始“置剑门县，因剑门山为名也”。

剑门关的开通，将汉中到成都1000多里连成了一个整体，为后来诸葛亮北伐曹魏，以及姜维伐中原守剑门关，打下了进退自如的坚实基础。

据《三国志·蜀书·姜维传》和《剑阁县续志》等有关史料记载说，诸葛亮死后，姜维为右监军辅汉将军，封平襄侯。延熙十九年（256）春，晋升汉大将军。姜维延续诸葛亮的遗志尽忠竭力，欲恢复中原，再兴汉室。炎兴元年（263）魏国伐蜀，汉中失守，姜维退守剑阁县剑门关，魏将钟会率数万精兵强攻剑门极难攻克，便向姜维投书劝降，姜维坚守不答，列阵守险。十一月，魏将邓艾出谋，劝蜀后主刘禅不战而降，刘禅遂下诏令坚守剑门的姜维弃戈降魏。为此，姜维伪降钟会。次年，钟会诬陷邓艾据蜀谋反，司马昭至长安，命钟会进军成都以槛车囚邓艾。钟会欲割据巴蜀，问计姜维，姜维为其出谋划策，建议尽杀北来的诸将，不料事泄，北来诸将杀钟会与姜维于乱军之中，姜维被分尸，年62岁，妻子皆伏诛。正因为如此，明正德年间（1506—1521），在剑门关修建了“平襄侯祠”，又称“姜维祠”，祠分前后两院，前院塑刘关张坐像，名“武圣宫”，后院正殿塑姜维坐像，名“忠勤祠”。

现在的姜维祠，是2009年在原址上重建的，基本保持原有建筑风貌，有姜维殿、授略堂。祠前的广场上还有姜维塑像，名叫“姜维点将台”。

姜维的纪念墓就在襄侯祠内。墓前有“汉大将军平襄侯姜维之墓”碑刻，是广元市第一批重点文物保护单位。

如今的剑门关，是国务院1982年公布的首批重点风景名胜区，更是剑门蜀道风景名胜区的核心景区，国家级森林公园，国家重点文物保护单位，省级地质公园，也是国家确定的全国100个红色旅游经典景区景点之一。2010年9月，被列为国家AAAA级风景名胜区。

（6）筹笔驿遗址

在四川省广元市城北45公里的朝天镇军师村一组。这是诸葛亮当年北伐曹魏屯军汉中期间多次经过这里在此驻军，筹划军事而得名。

筹笔驿前临嘉陵江水，背靠汉王寨山，由东向西的梅家河水绕驿北而汇入嘉陵江，四周群山连绵，悬崖壁立，千峰排戟，万仞开屏，形成江上一线天，十分雄伟壮观。

唐代安史之乱爆发后，天宝十五年（756），唐玄宗李隆基被迫仓皇逃离长安而奔益州，蜀中文武百官慌忙在筹笔驿接驾，筹笔驿曾改名为“朝天驿”，寓意在此朝拜天子。

据清嘉庆年间修编的《四川通志·舆地志·古迹》记载：“筹笔驿，在县北九十里，即今神宣驿。诸葛武侯出师，筹划于此。”

乾隆二十二年的《广元县志·山川》也记载说：“筹笔驿，在县北九十里，诸葛武侯出师，常驻军筹划于此。杜牧诗：永安宫受诏，筹笔驿沉思，画地乾坤在，濡毫胜负知。李商隐诗：猿鸟犹疑畏简书，风云常为护储胥。”

历史上，曾在筹笔驿修建了规模宏大的“军师庙”以纪念诸葛亮。其主体建筑有神笔院、天贡堂、集贤殿、中军殿等。可惜的是，宏大的庙宇毁于火灾，荡然无存。

由于诸葛亮在历史上的影响力很大，因此，唐代著名诗人武元衡、薛逢、杜牧、李商隐、罗隐、温庭筠、薛能；宋代的石延年、陆游；明代的王仕祯；清代的张问陶、张赓谟等文人名士，都有题咏筹笔驿的诗词歌赋载入了史册，成为千古绝唱。所以，筹笔驿影响力很大。

1936 年川陕公路修通以前，筹笔驿始终是一个水陆交通驿站，驿东沿“嘉陵故道”而直抵号称西秦第一关咽喉要塞“七盘关”（陕西宁强县黄坝驿镇与四川广元转斗镇的分界线七盘岭上，是四川连接秦岭以北的唯一道路枢纽）。直到 1957 年宝成铁路通车后，水上运输逐渐被铁路运输所取代，所以，筹笔驿逐渐被冷落而淡忘，只留下了历史记载与深远的影响。

代远年湮，沧桑多变，筹笔驿虽然无古迹遗存可观赏，但民间关于诸葛亮在此筹划军事的动人传说故事早已经深入人心，当地以“军师”命名纪念诸葛亮的事例却层出不穷。例如，驿站所在村为“军师村”、小学为“军师村小学”、火车站为“军师庙车站”、新修的梅家河大桥命名为“军师庙大桥”、火车站渡口命名为“军师庙渡口”、朝天城区傍临潜溪河的一条街命名为“军师街”。

（7）剑阁道

在四川省广元市剑阁县的剑门关。据唐代地理学家李吉甫（758—814）的《元和郡县图志·剑南道三》记载说：“剑阁道自利州益昌县界西南十里，至大剑镇，合今驿道。秦惠文王使张仪、司马错从石牛道伐蜀，即此也。后诸葛亮相蜀，又凿石架空，为飞梁阁道，以通行路。”

五代至北宋初年名相李昉（925—996）的《太平御览》也说：“诸葛亮相蜀，凿石架空，飞梁阁道，以通蜀汉，即古剑阁道也。”

如此看来，剑阁道是秦惠文王十三年（公元前 312），张仪、司马错经石牛道灭蜀时经过此道。三国蜀汉期间，诸葛亮为了便利出秦入蜀，往返于汉中郡，特别是为北伐曹魏而运送辎重粮草，才特意在剑门关一带凿山架木，飞阁通衢，始成剑阁道以通行旅，并且立门设阁尉守之。从此以后，这里就称为剑阁道。剑阁道长约 15 公里，可以北去汉中，南通成都。

剑阁道上，名胜古迹很多，除闻名天下的剑门关、翠云廊之外，还有钟会故垒，是当年钟会率军攻打剑门关的屯兵之地。入剑门关，就走进了翠云廊林荫大道，可见这里古柏参天，株株挺拔苍翠，尤为茂密，堪称浓荫蔽日。

1984 年，笔者徒步实地考察诸葛亮北伐路线来到剑阁县，据当时文化馆长、著名学者黄邦红老先生介绍说，翠云廊这些古柏大多数为张飞当年所植，部分为明代栽植，已有 1000 多年历史。其中，有一棵高耸挺拔的古柏，编号 1027 号。在剑门蜀道“三百长程十万树”的翠云廊之中，分布着 7902 株古柏。其间，一株古柏植于秦惠文王时期，树龄高达 2300 多年。由于它长相似松似柏，被四川林科所分类学专家鉴定为柏木属的新种“剑阁柏”，世界独此一株。因此写进了《植物分类学报》。

1963 年，朱德委员长来剑门查寻此树，命名为“松柏长青树”。原江西省委书记江渭清（1910—2000）先生来到这里，为这棵树题了“国之珍宝”几个大字，立石碑于右侧，可见其珍奇。

（8）九里堤

在成都市区西北方向的金牛区境内，大致范围从一环路西北桥头起，穿越二环路、金府路，止于三环路。一、二环路之间段叫九里堤南路，二环路至群星路口段为九里堤中路，群星路口至三环路段为九里堤北路，九里堤路及附近片区即为“九里堤”。

九里堤是历史上的一个水利工程名称，它是三国蜀汉丞相诸葛亮主持修建的防水工程，位置在成都西北，因堤坝长约九里而得名“九里堤”。后来，堤坝逐渐毁损，现仅余 38 米长的土埂遗址，但九里堤的地名却留传了下来。

据清佟世雍修，何如伟等纂的《成都府志》记载：“为了防止成都平原遭受雨季水患，诸葛亮在成都西北角筑了一条 4.5 公里长的防护堤，史称九里堤。”

清张澍《诸葛亮集·遗迹篇》注引《成都志》记载说："九里堤在县西北，堤长九里，故老相传，诸葛所筑，以捍水势。"

上述记载，把九里堤名称的由来介绍得十分清楚。

《成都县志》也记载说："县西北十里，其地洼下，水势易趋，汉诸葛孔明筑堤九里捍之，宋太守刘熙古再加以重修。"

1981 年，成都市进行文物古迹和地名普查，注意到九里堤小学内的功德庙叫"刘公祠"，而当地村民称为"诸葛庙"，一块石碑上刻有"宋太守刘熙古"等字。这是因为，诸葛亮修建了九里堤后，宋代当地太守刘熙古（903—976）又重修了九里堤的缘故。后来，成都市政府将九里堤小学公布为市级文物保护单位。

2000 年，成都市园林局开始在这里修建了九里堤公园，竖立了"九里堤遗址"石牌坊，里面还修建了硬山式面阔三间的武侯祠，殿内塑有诸葛亮金身坐式像，2001 年 5 月 1 日正式对市民免费开放，供市民参观、拜谒。

（9）万里桥

在成都市城南锦江上，它是古代成都人乘舟东航起程处。

桥为七孔石砌拱桥，长 85 米，宽 15 米，是市区南行主道。桥东之锦江北岸，近年来又开辟新修建了滨江公园，花木葱郁，古桥新园，交相辉映，景色宜人，是市民休闲娱乐的理想场所。

据《三国志·蜀书·费祎传》记载："亮以初从南归，以祎为昭信校尉使吴。"北宋史学家乐史（930—1007）编著的《太平寰宇记》卷七十二记载说："万里桥在益州南二里，亦名荐泉桥，桥之南有荐泉。费祎聘吴，诸葛亮祖之。费叹曰：万里之路，始于此桥，故曰万里桥。"

这里的"祖之"，是诸葛亮为费祎送行、饯行的意思。由此看来，诸葛亮是在建兴三年（225）12 月南征平叛结束后回到成都，为了尽快恢复被刘备攻打东吴而破坏的“孙刘联盟”，才派遣昭信校尉费祎出使东吴，诸葛亮亲自为费祎饯行，在当时的“荐泉桥”上，费祎感慨地说：“万里之路，始于此桥。”此桥因此得名。

唐代著名诗人杜甫的《狂夫》诗中有“万里桥西一草堂”之句。

唐代诗人张籍（766—830）在《成都曲》中也有“锦江近百烟水绿，新雨山头荔枝熟。万里桥边多酒家，游人爱向谁家宿”之句。

沧桑多变，历史上的万里桥早已经不复存在了，现在的万里桥为清康熙五十年（1711）重建，乾隆、光绪年间两次修葺而保存至今的产物。

（10）走马岭与“诸葛古榕”

在四川省长宁县梅硐镇两河村七组的高山上，有一棵千年大榕树，高达 30 余米，树腰周长达 10.6 米，根部周长达 16.2 米。由于大榕树长在这里的土坡上，树根部需 10 个大人手拉手才能够围住，远远看去，就像两座山中间突起的又一座山，所以，被当地老百姓称为“第三座山”，据专家估计树龄已逾千年。

据当地民间传说，诸葛亮南征平叛时曾经过此地，士兵们得了怪病，吃了哑泉水后就奇妙地康复了。所以，诸葛亮命人在走马岭栽下了一棵榕树作为纪念，从此后民间称这棵树为“诸葛古榕”至今。

雍正年间《四川通志》卷二十四记载：“走马岭，在凤山县（即长宁县）西，形如凤。旧志：武侯驰马其上，又名走马岭。”

清代张澍的《诸葛亮集·遗迹篇》也说：“长宁县，相传武侯屯兵处。”

从以上记载看来，诸葛亮南征平叛确实到过这里。

（11）都江堰与诸葛亮

在四川省都江堰市，有先秦时期蜀郡太守李冰父子修建的著名水利工程都江堰。三国蜀汉时期，诸葛亮就充分利用都江堰工程为成都人民造福。

水利是国民经济的命脉，万物生存的根本。为保障成都平原的农业灌溉和成都平原人民生活所需，当年，诸葛亮充分利用了先秦时期蜀郡太守李冰（约公元前 302—公元前 235）父子保留下来的都江堰水利工程。

诸葛亮认为，都江堰是蜀中的农业命脉，所以，蜀汉政权建立后，诸葛亮

就在这里设置堰官进行专业管理，派遣了1200名左右士兵长期驻守都江堰，负责保护与维护。从此后，这些士兵就负责修堰补堤，疏浚河道，保障灌溉，使得成都平原以内“沟洫脉散，疆里绮错，黍稷油油，粳稻莫莫”（见西晋文学家左思（250—305）的《蜀都赋》），呈现出了一片繁荣景象。

南北朝时期，地理学家郦道元在《水经注·江水》中记载说：“蜀人旱则借以为灌溉，雨则不遏其流，故记曰：水旱从人，不知饥馑，沃野千里，世号绿海，谓之天府。”

从此以后，四川成都就有了“天府之国”的称谓。这说明，诸葛亮苦心经营都江堰一直在为成都平原的人民造福。

都江堰虽然是李冰父子开通的浩瀚博大工程，但是，又是诸葛亮第一个有力保护维修了都江堰，才使得至今还有都江堰13000亩灌溉面积功效的碑石记载。所以，在都江堰风景区不但修建“二王庙”供奉李冰父子，而且还有“治水先贤诸葛亮”的雕像。这是因为，都江堰之水在2000年后，还在为成都平原人民群众提供灌溉用水、生活用水、工业用水、景观用水、娱乐用水，造就成都市一个具有永久经济效益的城市。饮水思源，吃水不忘挖井人，对于成都人来说，他们永远不会忘记李冰父子，更不会忘记诸葛亮。

（12）临邛盐铁专营与火井煮盐遗址

益州地大物博，资源丰富，自古以来，煮盐与铜铁铸造业就十分发达。

据《史记·货殖列传》记载说，西汉时期，益州蜀郡临邛（今成都地区邛崃县）卓文君（公元前175—公元前121）家族和大工商业者程郑家族，在临邛以冶铸业都成为巨富。

诸葛亮根据西汉时期著名经济学家、大司农御史大夫桑弘羊（公元前155—公元前80）向汉武帝提出的“笼天下盐铁之利，以排富商大贾”做法，采纳了广都令（今成都市双流县）王连“较盐铁之利，利入甚多，有裨国用”

的建议，开始“设置盐府校尉”，遂任命王连为“司盐校尉”，负责盐、铁的生产经营管理事务。王连随即选拔了南阳人吕乂和杜祺，以及南乡（郡名，建安十三年，曹操分南阳郡西部设南乡郡，辖 8 县，治所在今河南省淅川县）人刘干等一批优秀人才为“典曹都尉”，成为部属（见《三国志·蜀书·吕乂传》）。

诸葛亮在亲自指导盐铁业生产的同时，还特别注重利用天然气资源煮盐。

据西晋史学家张华（232—300）的《博物志》记载：“临邛火井一所，从广五尺，深二三丈，并在县南百里。昔时人以竹木投以取火，诸葛丞相往视之，后火转盛热，以盆盖井上，煮盐得盐。”

这里所说的火井，按照现代科学的名称，就叫作天然气。

西晋文学家左思（250—305）的《蜀都赋》刘逵注释说：“蜀都有火井，在临邛县西南。火井，盐井也。欲取其火，先以家火投之，须臾许，隆隆如雷声，烟出通天，光辉十里。”

这段话是说，蜀都有火井，在临邛县西南，火井就是盐井。如要取火井之火，须先将火种投进去，一会儿，就可听见如轰隆隆雷声，这时候可见烟火通天，光辉可以照耀十里。

他还说：“取火井还煮井水，一斛水得四五斗盐，家火煮之，不过二三斗盐耳。”

这段话是说，取火井之火来煮所取的盐井之水，一斛井盐水可以煮四五斗盐，如果用家火煮，就只能够煮二三斗盐。按照汉代的度量衡与今天换算，一斗为今 2000 毫升，500 毫升为 1 斤，2000 毫升为 4 斤。十斗为一斛（hú），共计 20000 毫升，合今 40 斤。

火井是怎么回事呢？据明代科学家宋应星（1587—1666）的《天工开物》记载说：“西川有火井，事奇甚。其井居然冷水，绝无火气，但以长竹剖开去节，合缝漆布，一头插入井底，其上曲接，以口紧对釜脐，注卤水釜中。只见火意烘烘，水即滚沸。启竹而视之，绝无半点焦炎意。未见火形而用火神，此世间大奇事也。”

这段话是说，四川西部有火井，非常奇妙，火井居然都是冷水，没有一点热气。但是把长长的竹子劈开去掉竹节，再拼合起来用漆布缠紧，将一头插入井底，另一头用曲管对准锅脐，把卤水接到锅里，只见热烘烘的，卤水很快就沸腾起来了。可是打开竹筒一看，却没有一点烧焦的痕迹，看不见火的形象而起到了火的作用，这真是人世间的一大奇事啊！

上述史料可以证明，早在 2000 年前临邛先民就开始用火井煮盐了，这是个了不起的创举。这些得天独厚的资源，无疑为后来诸葛亮发展经济所利用。

西晋时期蜀人李兴的《祭诸葛丞相文》说：“千井齐甓（pì，用砖砌），又何秘要。”他对诸葛亮整理修砌千口火井煮盐的创新思想，进行了称赞（见清张澍《诸葛亮集》）。

南朝宋人文学家刘敬叔（？—468）的《异宛》中也记载说：“蜀郡临邛县有火井，深六十余丈。汉室之隆，则炎赫弥亘，桓灵之世，炎势渐微，诸葛一窥而更盛。”

这段话是说，蜀都临邛的火井，深六十余丈。东汉桓帝和灵帝时期，火井已经不如最初那样旺盛了，经过诸葛亮去看了一下火势却又旺起来。

这当然有点近乎神话，十分牵强。可是，从另一个方面我们可以清楚地知道，诸葛亮对盐铁业生产十分重视，他甚至亲自视察盐井指导煮盐，因而使蜀汉政府获盐铁之利不少。

由此可见，中国是全世界最早发现并开始使用天然气的国家，比欧洲发现使用天然气的英国还早1000多年，而诸葛亮堪称是功不可没。

时至今日，在成都市的邛崃镇还保留下了古代火井煮盐遗址。

（13）葛陌

在成都市双流区星空路南五段东升街道葛陌社区，这里早期称为“葛陌村”，四周皆为农田一片沃野。三国时期，诸葛亮的家人就在这里耕作与种桑养蚕。

据《三国志·蜀书·诸葛亮传》中《自表后主》记载说：“臣初奉先帝，资仰于官，不自治生。成都有桑八百株，薄田十五顷，子孙衣食自有余饶，臣身在外，别无调度，随时衣食悉仰于官，不别治生，以长尺寸。臣死之日，不使内有余帛，外有盈财，以负陛下也。及卒，如其所言。”

这是建兴十二年（234），诸葛亮第五次北伐曹魏病死在五丈原军中之前给后主刘禅所上的最后一道表文，汇报他一生忠于朝廷清正廉洁及家庭生活的实际状况，他死以后，“果如其言”。由此看来，诸葛亮是中国历史上第一个主动自报家产接受朝廷与社会监督的官员。“薄田十五顷”，应该是刘备夺取益州后所分给的田产，“有桑八百株”，是他带头种桑养蚕发展蜀锦的体现，其高风亮节名垂青史，而这里也自然就是后世怀念他的一个故址遗迹。

据唐代地理学家李吉甫（758—814）的《元和郡县图志》卷三十一《剑

南道》“双流县”记载：“诸葛亮旧居在县东北八里，今谓之葛陌。孔明表云：薄田十五顷，桑八百株即此地。”

这说明，诸葛亮家人当年的确在今成都市双流县葛陌村耕作与种桑养蚕。

据当地居民介绍说，葛陌村地处牧马山末端的江安河畔，为河滩泥沙地，土质疏松，水分充足，自古以来，这里的村民都十分喜欢种桑养蚕。民国时期，此地称为“永福乡”，有武侯祠庙专门供奉诸葛亮，由于庙的屋顶造型为八角形，当地俗称“八角庙”，“文化大革命”时期被拆除。20 世纪 80 年代，这里恢复了“葛陌村”古地名。

2009 年 8 月，这里成为成都市双流区的经济开发区，农田皆被占用，四周高楼林立，“葛陌村”已经改为“葛陌社区”，隶属于东升街道，辖区面积 3.5 平方公里，常住人口 2533 人。从此以后，这里没有了耕种田地，没有了种桑养蚕，只留下了“葛陌”这个古老地名，成为后世人谈论诸葛亮家人当年曾经在此耕作与种桑养蚕的一段美好历史记忆。

3. 成都武侯祠四次考察诸葛亮南征平叛的相关遗址与遗迹 57 处

诸葛亮南征平叛活动，虽然在建兴三年（225）三月出兵，五月渡泸深入不毛，到同年十二月回到成都，仅仅只有大半年时间就彻底平定了西南。可是，在南征平叛过程之中，为西南地区留下了丰富的古迹文物与遗址、遗迹，地方史志都有记载，民间更有诸多的传说故事，这是诸葛亮一生中重要活动的组成部分，不可或缺。然而，实际情况到底如何？很多人知之甚少。这是因为，在陈寿所著《三国志・蜀书・诸葛亮传》之中，仅有“三年春，亮率众南征，其秋悉平。军资所出，国以富饶，乃治戎讲武，以俟大举”29 个字，显得十分简略。全靠裴松之注引的相关史料进行补充说明，《三国演义》也取材于裴注。

为了彻底搞清楚诸葛亮南征平叛时期的活动，以及遗留下来哪些古迹文物与遗址、遗迹，从 2011 年 6 月到 2013 年 4 月底，成都武侯祠博物馆和凉山州博物馆两家共同联合，采取了查阅相关史志资料，与当地专家学者进行座谈的方法，历时三年，行程一万多公里，对诸葛亮南征平叛时期活动路线进行了四次实地考察，基本上摸清了诸葛亮南征平叛活动概况以及留下的古迹文物和遗址、遗迹概况，为史学界的研究与文物保护提供了可靠的依据。

第一次考察遗址 19 处

2011 年 6 月，成都武侯祠博物馆与四川凉山彝族自治州博物馆组成 11 人专业考察队，由成都武侯祠博物馆馆长、考古学博士罗开玉研究员带队。6 月 4 日出发，经过宜宾市、屏山县、雷波县、昭觉县到西昌市，然后再到会理县、攀枝花市，出四川省，到达云南省的永仁县、大姚县、姚安县、大理市，再到保山市，进行了第一次实地考察，6 月 21 日回到了成都。这次考察历时 16 天，跨四川、云南两省，考察了十多个市、县，发现了与诸葛亮当年南征平叛有关系的遗迹遗物如下。

（1）文丞相祠

在宜宾市翠屏区流杯池公园南部岷江北岸。

宜宾市，春秋战国时为僰人聚居之地，史称“古僰国”，秦为“僰道县”。汉武帝建元六年（公元前 135），在僰道县设犍为郡，辖 12 县。北宋政和四年（1114），改名为宜宾县。1996 年，改为宜宾市至今。

建兴三年（225）春天，诸葛亮率领大军南征平叛，由成都沿岷江至僰道，以此为经略南中平叛的军事重镇。

丞相祠始建于宋朝，当时，是为了纪念北宋时期著名文学家、书法家黄庭坚（1045—1105）而建，称之为“山谷祠”（黄庭坚号山谷道人）。明朝正德年间，知府胡沣培又进行重建，改祀为诸葛亮。正因为如此，《嘉庆宜宾县志》记载说：“诸葛武侯祠，江北岸，旧合祠，后分。”

1999 年，地方政府对武侯祠再次进行翻新整修，将丞相祠建于流杯池公园内点将台下，坐东朝西，按“回”字形布局，由门厅、中庭、庑廊、钟鼓楼和享堂等 52 间房屋组成古建筑群，建筑面积 1400 平方米，中庭享堂之内塑有诸葛亮像。

丞相祠的后殿有关帝庙一座，殿内彩塑有关羽、关平、周仓像，殿外古石塔炉、古石鼓、石狮、石华表傲立。祠内收集有宋徽宗赵佶、明神宗朱翊钧、清康熙、乾隆、咸丰、同治等皇帝所题书的匾额、楹联 10 余副。

（2）点将台

在宜宾市，据说当年诸葛亮为了迷惑与震慑敌人，便将马匹染成不同颜色，让这些马匹不停地走，敌人一看认为蜀军兵马很多被吓坏了。诸葛亮当年登高望远的那块大石头，被后人称为“点将台”。

台上立有一通石碑，碑文曰：“呜呼，此乃蜀丞相诸葛武侯推演兵法处，光绪辛丑（1901）十月，知叙州府文焕立。”

如此看来，这通碑刻是光绪二十七年所立，至今仍存。

（3）洗马池

在宜宾市的“点将台”不远处，有一个天然的沼泽，据说诸葛亮当年就在这里将马匹洗净再染成不同的颜色，因此，后人称为“洗马池”。

（4）观斗山

在宜宾市上江北，山高十余丈，其上宽平。

据说，诸葛亮当年曾经在这里观星斗以布军阵，故名“孔明山”“观斗山”。

（5）海龙寺与孟获殿

在凉山州雷波县马湖中间的岛上，建于明朝万历十七年（1589），清乾隆四十八年（1783）整修。寺中设孟获殿，亦称“蛮王殿”，庑殿式重檐二滴水，

面阔三间，坐北向南，高大雄伟。殿宇的墙壁由立木串联而成，可以自由穿行，显得风格独特，造型美观。

殿内供奉有孟获、孟优、摩铁三尊“蛮王菩萨”。孟获居中，身穿黄绸战袍，肩披大红毡衣，肩背英雄带，腰配宝剑，正襟危坐。左边是孟获弟弟孟优大将军，手拿文书。右边是军师摩铁大将军，目光如炬，身穿铠甲，手持战刀。三人皆穿彝族服装，形象威武，栩栩如生，威风凛凛。海龙寺孟获殿，是我国彝族的唯一寺庙。所以，1996 年，孟获殿被四川省人民政府公布为省级重点文物保护单位。

（6）大陷槽

在雷波县境内，据说当年孟获曾在此率兵阻击诸葛亮军队，后人为了纪念

此事，于悬崖上镌刻了“龙湖雄关”四个大字。

（7）诸葛亮点将台

在凉山州雷波县马湖东侧申家湾境内的一个小山头上。点将台是一个土台，据当地传说，诸葛亮曾经在这里阅兵点将。

点将台四周乔木参天，位置非常隐蔽。“文化大革命”期间遭到了破坏，许多石碑、石马、石像等文物均遭到了毁坏。

为了保护该遗址，雷波县人民政府于 1993 年 10 月在此立一石碑，上刻“诸葛亮点将台遗址”。如今，点将台附近的省道完全废弃，人迹罕至，可是点将台遗址依然存在。

（8）鱼鲊渡口

在凉山州会理县境内，据说是诸葛亮“五月渡泸水”的地方。

（9）方山诸葛营遗址

在云南省永仁县城东北 16 公里的方山东麓。当地传说，建兴三年（225）三月，诸葛亮南征平叛来到了这里安营扎寨。

道光年间《大姚县志》记载说：“诸葛营，在方山麓马鞍山，有土城基，旧指为武侯营垒。又苴詖江坡头亦有废垒，指为武侯营。又江崖绝陡有石壁，上下具数十丈，中间不能到处有嵌碑形，传为武侯阵图。”

今所见方山诸葛营，属乾隆三十一年（1767）朝廷军队驻扎方山时在原来废垒基基础上修建的军营，主体墙长 356 米、最高处 3 米、厚 2.4 米。

1987 年 9 月，方山诸葛营被永仁县人民政府公布为第一批县级文物保护单位；2005 年 9 月，被楚雄市彝族自治州政府公布为第二批市级文物保护单位。

（10）方山诸葛营村

在云南省永仁县永定镇方山，原名为“王家村”。据当地传说，诸葛亮南征平叛时期，大将王平随军南征，在方山击退了蛮军，而后在此安营扎寨，与当地人们共同生活劳动遂形成了村寨。

1983 年，这里改名为“诸葛营村”至今。村中留下了许多与南征相关的遗址，除诸葛营遗址外，还有诸葛亮操练军队的大营盘、蜀汉军队舂米的石臼窝、孔明洞、烽火台、诸葛营古战壕、诸葛营埂等。

（11）南诏铁柱

在云南省大理州弥渡县境内，柱体为铁质，圆柱形，通高 3.3 米，直径 32.7 厘米，重 2069 千克。柱身分五节浇筑合成，柱身正中的题记铭文曰：“惟建极十三年岁次壬辰四月庚子朔十四日癸丑建立”，共计 22 个字。

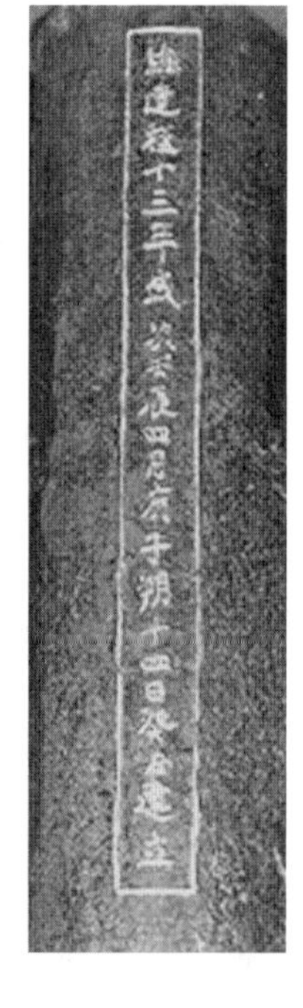

建极十三年，是南诏国王世隆的年号，即 873 年。

据说，诸葛亮当年平定南中之后，缴获了大量的兵器熔化铸成此柱，作为和平的象征，后来由南诏国王世隆（844—877，本名蒙世隆，白族先民，劝丰佑之子，南诏第八代国王，859—877 年在位。859 年劝丰佑去世，其子世隆即位）重铸，至今完好无损，成为诸葛亮南征平叛的珍贵实物例证。

（12）孟获洞

在云南省大理州宾川县境内，属于一个自然溶洞。据当地传说，这是当年孟获曾经在此屯军的洞穴。

（13）武侯祠

在云南省楚雄市姚安县境内，“文化大革命”期间被毁，目前正在重新整修。

（14）金鸡镇

在云南省保山市隆阳区境内，据说为蜀汉永昌郡太守吕凯的故里。

这里是滇西南古丝绸之路进入缅甸的主要驿站，在金鸡中学旁一座石桥头，立有刻于 1912 年的石表，隶书字体，高 3.08 米，厚 0.24 米。文曰："汉阳迁亭侯云南太守吕季平先生故里。"落款是："大中华民国纪元壬子（1912）元旦，金鸡村众庶公立。"

据《三国志·蜀书·吕凯传》记载："吕凯，字季平，永昌不韦人世。"建兴三年（225），诸葛亮南征平叛后，上表封吕凯为"云南太守，阳迁亭侯"。

（15）诸葛堰

俗称大海子，在云南省保山市隆阳区汉庄镇彭海村。

相传，诸葛亮南征永昌郡时，原计划在此修建城池，由于发现这里地形属于"里方外圆"，不利于进战攻守，便废弃而改为蓄水，这就是"诸葛堰"的由来。

光绪年间的《永昌府志》记载说："诸葛堰，本武侯所濬（jùn），久于塞。"时至今日，诸葛堰仍然冬季用于蓄水养鱼，夏季就可以放水供老百姓种植水稻，造福一方。

（16）将台寺

在云南省保山市金鸡乡政府西北 1 公里处，有一高 10 余米的土台，传为不韦县（今云南保山市金鸡乡）人、蜀汉云南太守吕凯（？—225）所筑，用于操练军队、点将使用。正因为如此，光绪《永昌府志》记载说："将台，在金鸡村北，世传为吕凯所筑。凯即本村人，台高丈余，广培之，今废。"

后来，当地人多方筹资，在台上修建了"将台寺"，正中大雄宝殿，左右两边有厢房。东边厢房中间，彩塑有诸葛亮大型坐像，左右两边分别彩塑永昌太守王伉与云南郡太守吕凯。

（17）诸葛营

在保山市隆阳区汉营村，亦称"汉营"，据说诸葛亮曾经在此扎营驻军，南征平叛大军回成都以后，留下的汉人将士继续在这里聚居因此而得名。该村庄非常古朴，白墙上绘有诸葛亮的故事，栩栩如生。由此看来，当地人非常尊崇敬仰诸葛亮。

据明万历年间《云南通志·卷二》记载说："相传诸葛孔明南征屯兵之所。孔明既凯旋，汉人有遗于此者，聚庐世居，至今犹称为旧汉人。"

诸葛营遗址呈四方形，东西长370、南北宽315米。20世纪50年代末期，当地村民在诸葛营挖出大量的人类骸骨；70年代又在西城墙内侧发现了多处房屋台基和石子路面，出土有大量汉晋时期几何纹砖、布纹瓦、卷云纹瓦当以及铜钱等文物。90年代，在城门附近发现了有西晋惠帝司马衷“元康四年”（291—299）纪年城墙砖。就以上情况分析，这里的诸葛营属于汉代修建的军营遗址，一直使用到了西晋时期。

1987年12月，被云南省人民政府公布为重点文物保护单位，划有保护范围。

（18）哑泉

在保山市隆阳区蒲缥镇马街村与潞江镇道街村境内，现已经干涸。

据说诸葛亮当年南征时，有人饮了此泉之水而变哑。

清光绪年间，永昌郡乡贤李实仁特立碑刻警示后人说：“此名哑泉，不可饮也。”后来，经过现代的科学技术检测，该泉水含有大量重金属。

1952年，因为修建保山市到腾冲市的公路，哑泉被截断而干涸。

（19）诸葛亮火烧藤甲军遗址

在云南省保山市隆阳区蒲缥镇马街村与潞江镇道街村境内，有“盘蛇谷”。这里是一条狭长山谷，两岸山势险峻，由于山谷中多蛇而称为“盘蛇谷”。

据当地世代传说，诸葛亮火烧藤甲军的故事就发生在这里。谷中有一条长约6公里的古道路，开辟于诸葛亮南征平叛时期，是历史上云南经通缅甸的重要通道。明朝时期，为了方便人们过往，在古道上铺设了石板。路面宽2—3米，历史上经常有马队经过，因此，石板上留下了许多马蹄印。一直到1952

年，保山至腾冲的公路通车以后，此道才被废弃。

第二次考察遗址 13 处

这次考察依然是成都武侯祠博物馆和凉山州博物馆两家组合，一行 8 人，罗开玉带队。从 2011 年 10 月 11—23 日，历时 13 天，考察了雅安市、芦山县、冕宁县、喜德县、越西县、西昌市、会理县、宁南县、盐源县、昭觉县，共 10 个县、市，发现与诸葛亮南征有关的遗迹遗物如下。

（1）孟获城

在雅安市石棉县栗子坪乡孟获村境内，据说孟获当年被诸葛亮释放后，率领残余军队一路北上来到这里，发现山势险要，森林茂密，容易隐蔽，是个易守难攻绝佳的用兵之地，于是决定在此修筑工事，安营扎寨，孟获城由此得名。

现在这里已经打造成了一个旅游景区，有孟获草甸与月亮湖等景点。

（2）哑泉

在凉山州冕宁县泸沽镇孙水河大桥东侧。相传，当年诸葛亮率军南征路过这里时，士兵饮用此水后皆哑。为此，后人立碑曰："禁止哑泉，此水不可饮。"

据说此碑字迹模糊，道光十一年（1832）又重立碑刻，现已经不复存在。

（3）登相营古驿站

在凉山州喜德县冕山镇小相岭南麓。据说，诸葛亮当年南征时曾在此安营扎寨。目前所见的驿站建于明代初期，从南门到北门长 265 米，东门至西门宽 170 米，总面积 45050 平方米。驿站四周用石条筑有长 670 米的城墙，驿站内有炮台 4 座、寺庙 1 座、戏楼 1 座，以及客栈、店铺、驻军府衙等建筑遗迹。

（4）小相岭

在凉山州喜德县冕山镇，海拔 1988 米延伸至 4500 多米。

据光绪年间《越嶲厅志》记载说："小相岭，治南七十里，即南天相岭十景之一。相传，诸葛亮南征时从此经过故名。"

（5）孔明道

在凉山州喜德县冕山镇小相岭下。相传，诸葛亮南征时从此经过故名。

据地方史志记载，这条古道路在汉代就已经存在了。

（6）烽火台

在凉山州喜德县冕山镇小相岭下，35 公里的孔明道沿途原来就有 21 个烽火台，由于后来修公路的原因，大多数被破坏，现在只保留下来一个。

（7）武侯祠遗址

在越西县越城镇外南街 182 号，祠已经不复存在，现在里面有住户，仅存“诸葛忠武侯祠”匾额一方。

（8）经久崩土坎

位于西昌市经久乡合营村。相传是诸葛亮当年南征时所筑，故又名“诸葛城”。遗址残存 5000—10000 平方米，上面发现有汉代的陶瓦片。

（9）高枧汉城

又名孟获城，在西昌市高枧乡中所村。海拔 1530 米，上面发现有绳纹瓦片，属于西汉时期的一个遗址，有可能是一个兵营。

（10）皎平渡

金沙江上的一个渡口，在云南省禄劝彝族苗族自治县皎西乡，是连接四川省和云南省的一座大桥，桥的另一头则是四川省凉山州会理县通安镇中山村。

相传，这里是诸葛亮当年南征时期“五月渡泸水”的中渡地点。

（11）华弹渡

金沙江的又一个渡口，在凉山州宁南县华弹镇金沙村，桥的另一头属于云南省巧家县，是连接川、滇的古渡口。这里是诸葛亮南征时期“五月渡泸水”的东渡地点。

（12）四开军屯

在四川省凉山彝族自治州昭觉县四开乡，海拔 2280 米。这里由九个土堆组成，均是人工堆积而成，是进入昭觉县的唯一通道。

据说，诸葛亮当年南征曾经在此屯军。

（13）孔明寨

在云南省会理县北部的白果湾乡，距离县城 46 公里，地处 108 国道西昌与会理县之间的一个峡谷之中，背靠孔明山，山上有孔明洞与孔明泉。

据同治年间《会理州志》记载说：“诸葛寨，治北八十里，上倚绝壁，下临深渊，石栈天梯，经通一线，山头有汉武乡侯营址，今呼为诸葛寨。”

孔明寨原址现在已改建为“前马青神希望小学”，村寨迁移到了几百米远的 108 国道旁。

第三次考察遗址 11 处

2012 年 12 月 5—22 日，成都武侯祠博物馆组织了 4 人，在罗开玉的带领下，开始第三次南征考察。这次考察共计历时 18 天，主要考察了云南省的东部、中部和南部的部分地区，涉及昭通市、曲靖市、昆明市、玉溪市、普洱市和西双版纳。这些地区，既有古代留下来的诸多有关诸葛亮南征的遗迹遗物与传说，也有现代云南人民为纪念诸葛亮而新建的各种建筑与雕塑。

（1）会泽武侯祠

在云南省曲靖市会泽县县城钟屏路 169 号的江南会馆内。这里曾经是江苏、浙江、安徽同乡会的会馆，占地面积约 23000 平方米，由白衣阁、吕祖阁、斗姆阁以及武侯祠四个建筑组群组成，“文化大革命”时期武侯祠被毁，遗址犹存。

（2）毒水

位于曲靖市沾益县西平镇光华社区浑水塘村北“五尺道”的九龙山段旁。

“五尺道”是因道宽 2—2.5 米，用青石砌成，其宽度刚好是秦代的五尺。这里有一潭清澈的泉水，“毒水”即指此泉，如今已经干涸。该泉右边的山崖上，立有竖写楷书“毒水”二字的石刻。

山崖为石灰岩，高 3.2 米，突出崖面 0.7 米，人工凿出高 1 米，宽 0.5 米的平面。相传，诸葛亮当年率军南征返回时，路经此地人困马乏，口干舌燥，士兵饮用此水中毒身亡。于是诸葛亮便挥剑刻写了“毒水”二字，告诫后人，“此泉有毒，不可饮用”。

（3）“诸葛亮与孟获”大型浮雕

在曲靖市曲沾大道白石江畔的白石江公园对面。

浮雕墙面总长 120 米，高 9.8 米。画面长 60 米，高 4 米，由 240 块黑色大理石组成，采用了汉代画像砖石雕刻风格，结合现代浮雕工艺手法，雕刻成了“诸葛亮与孟获”的大型浮雕图案，内容再现了诸葛亮当年“七纵七擒孟获”使其“心悦诚服”后，与孟获举杯言欢的深动场面。该浮雕一共刻画了 200 多个不同的人物形象，工艺细腻，造型深动，堪称是中国最大的室外单面浮雕，很有历史意义与价值。

（4）八塔

在曲靖市东北部 13 公里的珠街乡三元村委会董家村，是由八座形状各异的人工堆砌土堆组成，总面积约 5000 平方米，海拔约 2500 米。在这八个土堆上，原来都建有塔因名为“八塔”。代远年湮，沧桑多变，这八座塔不知道何年何月早已经不在了。

据咸丰《南宁县治》记载：“八塔，在城东，汉诸葛武侯建以镇地脉。”当地民间也世世代代传说，三国时期诸葛亮南征至曲靖南盘江流域，曾经“七擒孟获”，在此建八塔以镇地脉。1977—1982 年，云南省文物考古研究所与曲靖市文物管理所对“八塔”联合进行了七次考古发掘，证实这里是一个古代的墓葬群，墓葬的年代从春秋战国一直延续到明代。

（5）马龙诸葛山

位于曲靖市马龙县旧县镇四旗田村，面积约 8 平方公里，海拔 2370 米。相传，当年诸葛亮率领的南征军队曾经在这里驻扎，因此得名。

据民国年间《续修马龙县志》记载说：“诸葛山，在县南二十五里，山顶平旷有小石城，疑亦彝寨也，俗传武侯屯兵其上。”

诸葛山山势陡峭，山顶是一平坝，面积约 3000 平方米，视野开阔。山顶至今保留有几块大石头，相传是诸葛亮当年使用。

诸葛山附近有一条壕沟，据说是当年蜀汉军队的战壕。

（6）陆良彩色沙林

位于曲靖市陆良县东南，距县城 18 公里，占地面积 25 平方公里。这里是一大片以红、黄、白为主色调，杂以青、蓝、黑、灰色沙林，形成于 3000 万至 4000 万年前，是一片十分壮观的景区。这里有很多与诸葛亮南征相关的景观，如蛮王出征、孟获寨门、孟获王府、战马坡、蜀军大营、盘蛇谷等。

（7）通海武侯祠遗址

在云南省玉溪市通海县城南隅秀山公园内，原址在隅秀山公园的清凉台东侧，早年已经废弃。

据清康熙年间的《通海县志》记载说："武侯祠，在秀山神祠下，今废。"

原来有楹联曰："千秋出师表，五月渡泸人。"武侯祠院中有老杏树一棵，绿荫如盖。

（8）普洱洗马河公园

在云南省普洱市东部，距离市中心 1 公里，这里是以洗马河为中心开辟的风景区。据说，诸葛亮当年南征时曾经在这里清洗战马而故名。

洗马河公园建于 1985 年，以洗马河水库为核心，占地面积 543 亩，水面面积 600 亩。园内设施齐全，有中餐厅、食品店、茶楼、冷饮店、溜冰场、游泳池、根艺展厅等各种娱乐场所。

洗马河公园内，雕塑有诸葛亮的四轮车坐像，以及泥塑战马数匹，河中还雕塑有蜀汉军士兵洗马的塑像。

除此之外，在普洱市的思茅区振兴南路还有"孔明兴茶"的大型立式造像。

（9）勐腊孔明山

在西双版纳傣族自治州勐腊县象明乡境内，是著名的"普洱茶六大古茶山"的最高峰，方圆 10 平方公里，主峰海拔 1788.2 米，距离景洪市 64 公里。

孔明山多悬崖峭壁，奇石交错，竹木成林，远远看去，很像诸葛亮的丞相冠，因此得名。孔明山南坡，有一个巨大的平台，称为"祭风台"。

据当地传说，诸葛亮南征"七擒孟获"平定四郡之后，心情舒畅，于是便带领亲信游览观景，当他听说这里有风光秀丽的小山以后，便乘竹筏渡河攀登，正当爬到高处，极目远眺时，山风骤起，无法睁眼。于是，诸葛亮命亲信随从搬来石块当桌椅，设坛祭风，山风遂平。从此后，当地人把这里称为“祭风台”。

据《大清一统志・普洱府》记载：“祭风台，在府城南六茶山中，相传诸葛亮于此祭风。”

（10）孔明山与孔明茶树

孔明山，在云南省西双版纳傣族自治州勐腊县象明乡境内，主峰海拔1788.2米，方圆占地面积约10平方公里。孔明山的得名，还与茶有一段寓意深刻的传说故事。

在古代，西双版纳根本没有茶，诸葛亮与孟获作战时途经这里，蜀汉士兵

因为不服水土而患了眼疾，诸葛亮便将拐杖杵在地上变成了茶树，长出了翠绿的叶子，于是命人摘叶煮水饮用，士兵们眼疾痊愈了。从此后，西双版纳就有了茶，人们将此山称为“孔明山”，称茶树为“孔明树”，尊诸葛亮为“茶祖”。

道光年间的《滇海虞衡志》记载说：“茶山有茶王树，本武侯遗种，至今夷民祀之。”

现在的孔明山有很多古茶树，称为“茶王树”者高达9米，相传是诸葛亮种植的。

（11）宣威武侯营遗址

在云南省曲靖市的宣威市城东河东营村。

据说，当年诸葛亮南征时期曾经在这里筑营，因而得名。

据清道光年间《宣威州志》记载：“诸葛营，在东山下，离城五里，一名古城。昔武侯南征，每兵斗土筑城屯营于中，今现存。”

遗憾的是，因为修建铁路和城市改造，上述建筑已经被拆除，宣城市文物管理部门已经对此进行了考古清理。

第四次考察遗址 14 处

2013 年 4 月 16—29 日，由成都武侯祠博物馆组织 7 人，在馆长、研究员、考古学博士罗开玉的带领下，进行了第四次诸葛亮南征考察。

这次考察共计历时 14 天，考察范围集中在四川省泸州市和贵州省毕节市、贵阳市、黔东南州、黔南州、遵义市五个地、州，10 个县、市，行程 4000 多公里。

贵州省，汉代一直属于南中地区牂牁郡，东汉时期辖县 16，治所在且兰（今贵州省黄平县西南），是三国时期益州的一个大郡。

建兴三年（225），诸葛亮平定南中之后，将牂牁郡的西南部、益州郡的南部置兴古郡，属庲降都督，治所在宛温县，即今云南砚山县西北 46 里维摩，辖境约当今云南东南部通海、华宁、弥勒、丘北、罗平等县以南地区、广西西部及贵州兴义市等地。正因为如此，今天的贵州省是诸葛亮南征作战的重要地区，当时诸葛亮南征兵分三路，征伐今贵州省各地的是将军马忠（？—249）的军队，所以《华阳国志・南中志》记载说："别遣马忠伐牂牁。"

至今，诸葛亮当年南征的事件在贵州省各地依然有非常深远的影响，不少遗迹遗物以及传说故事被保留了下来。

（1）龙透关

又名神臂关，在泸州市江阳区江阳西路四川警官学院院内，南临长江，北濒沱江，这里是古代陆路进入泸州的必经之路，而关隘犹如巨龙穿透两江故名。

据《大明一统志》记载说："关在州西七里，世传诸葛武侯所立。"

光绪年间《直隶州志》记载说："关在州西七里，世传诸葛武侯所立，明末补筑，旧址倾圮。同治二年（1863），署牧周锡龄乐捐公款，上建重关，南至大江，北至小江，修墙堞十余里，督工民众，数月即告成。"

现存的龙透关，就是这次修建的面貌，关全长 3.5 米，城墙用长 0.8 米、宽 0.4 米的条石砌成，由三座烽火台和两扇门组成。

1991 年 7 月，泸州市军民又捐资进行了整修，增加了“泸州起义纪念馆”、城墙、关楼、千步梯和碑林。同年，被四川省人民政府公布为重点文物保护单位。

（2）七星山与七星关

七星山在贵州省毕节市七星关区杨家湾镇 45 公里的六冲河畔，海拔 1316 米。因七座山峰形如北斗七星而得名。

七星关在七星山上，是古代川、滇、黔三省交通要冲，与娄山关、胜景关并称为贵州省的三大名关，历来是兵家必争之地。

在七星关的七星山下，便是湍急奔腾的七星河，河流上原有七星桥，是出入滇、黔的要津。历史上有“道之艰难者蜀也，蜀道西南关之险者七星也”之说。

道光年间《大定府志》记载说：“七星关城内四山，城外三山，形似七星故名。七星山，在城西九十里，形如北斗。相传诸葛武侯南征时过此，见群峰如七星罗列，于此祃祭（mà jì，古代出兵于军队所止处举行的祭礼），后人因以七星名山。”

乾隆年间的《贵州通志》也记载说：“武侯祭星坛，在毕节县七星关。”

七星关至今还保留有一段古驿道，长约 0.5 公里，上面有深深的马蹄印。在驿道尽头的崖壁之上有几段明清时期摩崖题刻，最显著的是“汉诸葛武侯祭七星处”。

（3）《济火记功碑》

藏于贵州省毕节市大方县的“乌蒙彝文化博物馆”内。20 世纪 80 年代，该碑发现于大方县响水乡柯家桥旁，砂岩石质，碑高 0.52 米，长 0.65 米，是迄今全国发现最早的彝义记事碑，年代待考。

碑文阴刻 174 字，记述的是当年诸葛亮南征时期，彝族首领济火协助诸葛亮“七擒孟获”有功，君主济火也被诸葛亮受封为“罗甸国王”。碑文中重要一段翻译为汉语大意是：“在楚奥山上，君长与孔明结盟，帝师顺利归来，将彝族君主的功勋记载入汉人史册。”

（4）晒甲山

又名红岩山，在贵州省安顺市关岭布依族苗族自治县城东 15 公里的断桥乡龙爪村东南，坝陵河峡谷东岸。

当地世代相传，诸葛亮南征时期与孟获交战，曾经在此安营扎寨，卸甲晾晒，因此得名。

清咸丰年间的《安顺府志》记载说：“晒甲山，即红岩后一山也，崔巍百丈，山头横亘一字。俗传武侯南征，晒甲于此。”

清朝初年顾祖禹所撰《方舆纪要》也说：“红岩山，州西八十里，四面悬崖，壁立万仞，惟东面一境可登。山畔有洞，宽广若堂，深数十丈，相传诸葛武侯驻军处，上有诸葛营。”

在晒甲山的山腰上有一组赭红色的独特神秘符号，非雕非凿，非篆非隶，至今没有人能够破解，所以，被称为“红岩天书”。

有人认为，这是诸葛亮南征时期留下来的遗迹，称其为“诸葛碑”。正因为如此，道光年间《永宁州志》记载说：“诸葛碑在晒甲山悬崖上，约二十余字，大者如斗，小者如升，非篆非隶，不可辨识。字若朱书，并非镌刻，岩石剥落寸许，笔画如新，兹将字行摹刻卷首。”

1992 年，贵州省文物部门拨款维护了此古迹，与此同时，还刻立了《关岭红岩古迹碑记》，供世人保护，进行考察研究。

（5）粮仓洞

又名清凉洞，在安顺市西秀区七眼桥镇的浮云山中，海拔 1420 米。

该洞距地表数十丈，横贯整个山中，东、西各有一个洞口。相传，当年孟获曾经在这里囤粮。为此，咸丰年间的《安顺府志》记载说："清凉洞，在城东二十里，又名粮仓洞，天开一窍，前后通明。相传孟获曾经囤粮于此。"

如今，当地利用洞内天然的空间建有"清凉寺"庙宇。

在粮仓洞后方的半山腰，有一个村寨叫"七眼灶村"，据说当年孟获军队运粮经过这里，安下了七个灶在此煮饭而得名。

（6）者相孔明城

在贵州省黔西南州的贞丰县者相镇，海拔 1156 米。

相传这里是当年诸葛亮三擒孟获的地方。为此，咸丰年间《兴义府志》说："汉孔明城，在州北三十里，地名者相。有土埂高数尺，周二百余丈，相传为孔明创营处。"正因为如此，这里称为"者相孔明城"，又称为"者相古城遗址"，贵州省博物馆、贵州省考古队、贞丰县文物管理所曾经联合进行了考察，属于汉代遗址。所以，1984 年，贞丰县人民政府将其公布为县级文物保护单位。

（7）施秉诸葛洞

又名"瓦蓬洞"，在贵州省凯里市施秉县城 6 公里望城坡。

诸葛洞并不是真正的洞穴，而是一段峡谷，俗称"诸葛峡"。峡谷两岸山崖陡立，舞阳河水奔腾湍急。相传，诸葛亮当年南征曾经过此处，进行开凿以通漕运。

明朝弘治年间的《贵州图经新志》记载说："瓦蓬洞，在偏桥司东十五里，江水出此洞，而出洞为扼五处。相传诸葛亮经营南方时欲漕运长沙以西粟，凿此竟以扼塞而上。"

乾隆年间《镇远府志》也记载说："诸葛洞，古名瓦蓬洞，两岸悬崖绝壁，高阔数百丈，其中有三滩三层。明朝万历年间，巡抚郭子章、天启年间总督杨述中皆委官开凿，船只通行。"至今，峡谷两岸还保留下来古代的纤道遗迹。

现在，这里已经建有"诸葛洞水电站"，利用这里的天然美景，开发打造了"舞阳河风景区"，是当地人休闲旅游的好去处。

（8）锦屏诸葛洞

在贵州省苗族侗族自治州的锦屏县敦寨镇罗丹村，俗称“犀牛洞”，海拔388米。这是一个天然溶洞，洞内冬暖夏凉，可以容纳千人。

据说，这里是诸葛亮南征时期的屯兵处。为此，光绪年间的《黎平府志》记载说：“诸葛洞，寨司西十里罗丹右，相传是武侯屯兵处，内有《戒谕文》石刻，宋张开国书。”

该文记述了自诸葛亮南征平定南中以后，数百年基本稳定，到了宋代，由于道路荒废，加之地方偏远，朝廷鞭长莫及疏于管理与教化，因此，南中再度出现割据反叛情况。

南宋理宗赵昀景定二年（1261），朝廷不得不派遣“千万兵马”，在招讨徐将军的带领下，进行了征讨平叛，当时他们也效法诸葛亮“七擒孟获”的方法，先后对蛮人招降了四次。事后，靖州知州张开国在诸葛洞中刻写了《戒谕文》，全文26行，刻写面积1.68平方米，告诫南中各族人民，要“各训尔子孙，弃尔弓弩，毁尔牌四，卖剑买牛，卖刀买犊，率丁男少壮，从事田亩，耕女桑，各归圣化，永为良民”。如果有人胆敢“操刀挟弩以仇杀，偷牛窃马以生事，坐草捉人以缴富，抵抗税课欺官，有一于斯，剿戮无恕。故兹戒谕，各仰通知”。

看来，这个《戒谕文》在当时起到了一定的震慑作用。

在诸葛洞左边洞口的石壁上，刻有明代景泰二年（1451）张汉英的三首诗。

（9）亮寨

在贵州省苗族侗族自治州锦屏县敦寨镇亮寨思村。亮寨是一个以龙姓为主的古老苗族村寨，相传诸葛亮南征时期曾经在此安营扎寨故名。

宋元时期，地方政府改亮寨为“蛮夷长官司”，后来又被称为“亮寨司”或者是“亮司”。

明嘉靖时期《贵州通志》记载：“诸葛亮寨，在黎平府城北，亮寨长官司西，相传亮南征屯兵处，亮寨司以此名。”

乾隆时期《贵州通志》也记载说：“诸葛寨，在府北一百里，亮寨司。”

光绪年间《黎平府志》还说：“诸葛寨，城北七十里，亮寨司，相传武侯南征驻师处。”

此图为“亮寨”村入口处重檐三滴水木亭。

除此之外，在锦屏县境内还有与诸葛亮南征有关的遗迹，如花营盘、观星台、付龙坪。

（10）溶江孔明山

在贵州省苗族侗族自治州榕江县，距离县城30公里，主峰海拔1427米，总面积60平方公里。

据当地苗族老百姓传说，这里是诸葛亮当年最后一次擒孟获的地方，山上、山下与诸葛亮有关的名称真不少，如八卦山、孔明塘、孔明泉、孔明树、孔明碑、孔明寨、孟获石、孟获碑等，地方史志都有记载。

特别是20世纪50年代发现的《孔明碑》，高1.5米，宽1.7米，刻有1500字，年代不详，讲述的是诸葛亮当年在此南征作战的故事，由于时隐时现。因此，亦称“鬼碑”。

据说，孟获就是榕江县秀摆寨人，被当地苗族奉为“苗王”，这里的一座山就叫“苗王山”。孟获被诸葛亮最后一次所擒之后，心悦诚服地佩服诸葛亮，遂把“苗王山”改为“孔明山”，其他与诸葛亮相关的名称也因此而来。

（11）榕江诸葛洞

在榕江县东滨大道对面的五榕山中，由并排的三个溶洞组成。

据说，诸葛亮当年南征时期，曾经在此洞斩杀不肯归降的蛮人将领。

（12）榕江诸葛城遗址

在榕江县县城十字街，据说这里曾经是诸葛亮南征时期的故垒。所以，光绪年间的《古州厅志》记载说："诸葛城，在城内。相传诸葛武侯征蛮故垒，方二里八分，苗相戒，不敢入内。"

（13）卧龙岗诸葛武侯祠旧址

在榕江县卧龙岗的榕江县民族中学附近，现在已经不复存在了，仅留下了一个地名而已。

据乾隆年间《黎平府志》记载："武侯庙，在城西卧龙岗，乾隆十三年（1748）建，左抱膝厅、鸣琴阁，右为济火祠。相传武侯征孟获，济火为向导讳姓，名阿里黑。"

不知道后来何时毁了武侯庙，改建为"苗王庙"。

（14）三岔河蜀汉岩墓

在贵州仁怀市习水县三岔河乡三岔河村，岩墓开凿于长百米、高3—7米的白沙岩上，共计有五座岩墓，均为长方形。其中，M2高125厘米、宽230厘米、进深218厘米。墓口右侧竖排刻有37个字，内容是："章武三年七月十日，姚立从曾意买大父曾孝梁右一门七十万毕，知者廖诚、杜六，葬姚胡及母"。

这段话是说，章武三年（223）七月十日这一天，姚立从曾意那里买了其祖父曾孝梁岩墓右边的一个岩洞，付了七十万现钱（当时蜀汉货币是"直百五铢"），知道这件事的只有廖诚、杜六二人，这个岩洞内葬的是姚胡和他的母亲。

大父：古代一是称祖父，二是称外祖父。例如：《韩非子·五蠹》："大父未死而有二十五孙，是以人民众而货财寡。"

再如：《史记·刘敬叔孙通列传》："冒顿死，固为子婿死，则外孙为单于。岂尝闻外孙敢与大父抗礼者哉？"

又例如：明代嘉靖年间著名散文学家南京太仆寺丞归有光（1507—1571）的《归府君墓志铭》曰："大父讳仁，父讳祚。"

看来，这是一个购买岩洞作为墓地的合同契约，刻立在此是为了防止以后发生争端。

值得说明的是，“章武”是先主刘备221年称帝时改元的年号，三年的四月二十三日，刘备已经在白帝城去世，五月，后主刘禅已经在成都继位，改元“建兴”，这一年七月十日，“章武”年号已不存在了。可是，为什么会出现这种情况呢？笔者认为，这是因为南中距离远，交通阻隔，消息闭塞，加之南中的牂牁郡、益州郡、越嶲郡等各地都在乘蜀汉国家大丧、后主年幼的内忧外患之际纷纷反叛蜀汉朝廷，有可能是根本就不知道后主刘禅继位改元，因此才继续沿用刘备的“章武”年号，出现了上述情况。

说明：以上资料来源于成都武侯祠博物馆、成都市诸葛亮研究会2014年5月编著的《全国三国文化遗产考察暨诸葛亮南征研讨会论文集》，图片来源于2014年3月科学出版社出版发行成都武侯祠博物馆编著的《图说诸葛南征》。

笔者的几点看法

成都武侯祠博物馆与凉山州博物馆的这四次联合考察，历时3年，前后30人次，合计考察了61天。其中，两家联合两次，成都武侯祠博物馆独立考察两次。四次考察的点线多、范围广，发现的遗迹遗物有60余处，收获颇丰。《三国志》中，诸葛亮南征平叛的记载较为简略，而西南地区的遗址遗迹与传说故事较多，他们的普查对我们深入了解诸葛亮南征平叛有很大的帮助，使人耳目一新，堪称费一时之辛苦，备千载之浏览，其业绩贡献功不可没。

可是，除了上述介绍的遗迹遗物之外，有一部分遗迹遗物本文没有收入介绍，这是因为尽管有些遗迹与传说故事都是三国范畴，可它们和诸葛亮当年南征平叛没有关系，比如：

与姜维有关系的平襄楼、姜城遗址、姜维墓；与关羽儿子关索有关系的关索城、关索庙、关索岭、马跑泉与哑泉；与鲍三娘有关的梳妆台；与关羽女儿有关系的关三小姐墓等，都属没收录范畴。所以，需要谈几点看法进行说明：

第一，《三国志·蜀书·诸葛亮传》记载说，姜维（202—264），字伯约，天水郡冀县（甘肃甘谷县）人。少年时喜欢儒家大师郑玄学说。后来戎人造反，父亲姜囧力保郡太守而战死，姜维因此被郡里任命为中郎。建兴六年（228）春，诸葛亮第一次北伐曹魏时，势如破竹，“天水、南安、安定三郡，皆叛魏应亮”。当时，姜维27岁，在走投无路情况下投降了诸葛亮而成为蜀汉将领，先后被封仓曹掾、奉义将军、当阳亭侯、征西将军、辅汉将军、平襄侯、镇西大将军、凉州刺史。由此看来，建兴三年（225），诸葛亮南征平叛时，24岁的姜维还在为曹操“挟天子以令诸侯”的东汉朝廷服务，根本不可能参加诸葛亮南征。直到延熙十年（247），姜维“迁卫将军，与大将军费祎共录尚书事。是岁，汶山平康夷反，维率众讨平之”。这说明，诸葛亮死后十三年，姜维才率军去汶山郡（治所在四川省茂县）平康县（今四川阿坝自治州黑水县）一带讨平夷族反叛，所以，给西南地区人民留下了深刻的威慑与影响力。

至于姜维墓，倒是有很多座，孰真孰假一直存在争议。这些墓分别位于四川的芦山县、剑阁县、汶川县、江油市及甘肃省天水市。在芦山县，不仅有姜维墓，还有著名的“姜城”。

芦山县，三国蜀汉时属汉嘉郡。相传，姜维固守边陲，曾在芦山筑城屯兵设防抵御羌人。因此说，南中凡是与姜维有关系的平襄楼、姜城遗址、姜维墓等遗迹遗物，只能是南中人民对姜维曾经在延熙十年（247）征讨平叛的业绩尊崇敬仰所修建的纪念性建筑，与诸葛亮建兴三年（225）的南征平叛无关。

第二，关羽的儿子关索，在《三国演义》第八十七回“征南寇丞相大兴师，抗天兵蛮王初受执”中说关索是关羽的第三个儿子，南中平叛以关索为先锋。

据《三国志·蜀书·关羽传》记载而知，关羽有关平、关兴两个亲生儿子。其中大儿子关平随父亲关羽守荆州，败走麦城之后，孙权“遣将逆击羽，斩羽及子平于临沮”（今湖北省南漳县，麦城即在这里）。

至于二儿子关兴，《关羽传》记载说：“少有令问，丞相诸葛亮深器之，弱冠为侍中、中监军，数岁卒”。除此之外，根本就没有关索此人。

关于关羽大儿子关平的来历，《三国演义》第二十八回“斩蔡阳兄弟释疑，会古城主臣聚义”中描写说，关羽过五关斩六将之后，在古城与张飞会合准备一同前往冀州寻找刘备，曾经在关定家投宿等待刘备的到来，刘备来后，关定想让儿子关平跟随刘备前去，于是就由刘备做主，将关平作为关羽的义子。

至于关平是不是关羽的亲生儿子，关羽有没有收义子关平，已经没办法查考，但是可以肯定的是，关羽有关平这个儿子是货真价实的，义收之说很可能是《三国演义》的杜撰。

关索的最早出现，是在罗贯中的《全像通俗三国志传》。当时，张飞随带轻骑前到荆州，见云长曰：“哥哥令吾特来替守荆州，欲兄建功。”云长大喜，设宴叙情。忽有小校报曰：“门外有一小将军，姓名花关索，身长七尺，面似桃花，他要进见，特来报知。”关公曰：“唤他入来见吾。”小校传令与索。

索谓母曰：“母亲与妇暂且在此片刻，儿先入见爹爹。”

索入见关公，双膝跪下垂泪曰：“儿三四岁时，见父不在家，常问于母。母道父亲自杀本处霸豪，逃难江湖，雁杳鱼沉，不知何所。又值家贫，只依外公胡员外家抚养长成，指教说父昔日在桃园结义，今闻在荆州，特来寻见。”关公迟疑不信。索曰：“父不认儿，儿无所倚。”遂哭昏在地。

这其中提及关索为关羽因杀人而逃难在外之时出生，后刘备占据荆州后，关索前来荆州投奔父亲关羽。刘备攻下益州以后，关索就带兵镇守云南一带。所以，《三国演义》第八十七回“征南冠丞相大兴师”中，诸葛亮就让关索为先锋。正因为如此，至今在云南一带仍流传以关索为主角的“关索戏”。

由于受《三国演义》代代传播影响，南中一带有不少与关羽儿子关索有关系的关索城、关索庙、关索岭、马跑泉与哑泉等遗址、遗迹，就不足为奇了。

在 1989 年 6 月巴蜀出版社出版沈伯俊、谭良啸编著的《三国演义辞典》第 568 页的“关索征南”记载说：“关羽在家乡杀人逃命后，父母跳井自杀，妻子身怀有孕，也逃奔外乡。后来关夫人被一家姓索的大户收养，不久，生下一子，她为感激索家收养之恩，将儿子取名关索。关索自幼力气过人，喜欢舞刀弄枪，后从师学得一身好武艺。十八岁时，关夫人病亡，关索便辞别索家，入川寻父，哪知父亲已在荆州被害，他到诸葛亮帐前听用。诸葛亮南征，关索担任先锋官，他逢山开路，遇水搭桥，帮了诸葛丞相大忙。一天，一座大山挡道，关索下马带头砍树抬石，修筑道路。时至晌午，军士饥渴，而四面无水，他正在焦急，忽然坐骑白马长嘶一声，用前蹄刨地，刨出一股清泉。军士有水煮饭解渴，吃饭后很快开出了一条山路，后来这条路成了云南和贵州的交通要道，人们为了纪念关索，就叫那山为‘关索岭’，那泉叫‘马跑泉’，还在山上建起了一座关索庙，现在贵州的关岭县，就是因关索岭而得名。”

第三，与关羽有关系的还有关三小姐墓，说明关羽有一个女儿。

“关三小姐”的名称是怎么来的？是不是真的与关羽有关，她的墓葬为什么会在云南省玉溪市澄江县旧城村的金莲山上？清代宣统二年（1910）还在墓前刻立墓碑，明明白白是“汉寿亭侯女关氏三姐之墓”，1989 年进行过整修。1992 年，被公布为县级文物保护单位；2001 年 4 月，被玉溪市人民政府公布为重点文物保护单位，这一切的缘由我们都不清楚。

在《三国演义》第七十三回“玄德进位汉中王，云长攻拔襄阳郡”中写道：关羽在荆州时，为守护荆州，曾经与孙权剑拔弩张。为了缓和关系，孙权派遣诸葛亮的哥哥诸葛瑾去为孙权的儿子向关羽求婚，遭到了关羽义正词严的拒绝，当场辱骂说：“虎女焉能够嫁犬子，不看汝弟之面，立斩汝首。”民间还传说关羽女儿其名为“关银屏”，在三国游戏中取名“关凤”。

经查《三国志·蜀书·关羽传》记载说：“权遣使为子索羽女，羽骂辱其使，不许婚，权大怒”。由此看来，关羽的确是有一个女儿，叫什么名字，我们不知道，孙权的确是派人前去求过婚，被关羽痛骂不许，可是后来怎么样了，还是不知道。这是因为，封建社会普遍重男轻女，妇女地位卑微，所以，没有特殊原因，一般都不会给妇女立传或者明确介绍，即便是随其他文字提及，也是相当的简单。

第四，关于鲍三娘梳妆台以及鲍三娘其人，据 1989 年 6 月巴蜀书社出版发行的沈伯俊、谭良啸合著《三国演义辞典》“传说故事”中介绍说：

鲍三娘，夔州（重庆市奉节县）鲍家庄鲍员外的三姑娘，长得漂亮，又有一身的武功，人称为鲍三娘。远近很多公子少爷前来求婚，她都看不上眼。有一天，南山的山寨大王廉康带领人马包围了鲍家庄，要强娶鲍三娘为压寨夫人，如果不答应就会放火烧毁村庄。鲍三娘全身披挂，骑马出庄，见到廉康举枪就刺，不用五十个回合，杀得廉康落荒而逃。第二天，又来了一个少年，找鲍三娘交锋，鲍三娘出战，没有到五十个回合，鲍三娘就被打下马来。她见那少年没有加害之意，就请教尊姓大名，原来是关羽的儿子关索，父亲在荆州遇害后入川找伯父刘备，路过此地夜宿山寨，听廉康说鲍三娘武艺高强，特来见识见识。鲍三娘得知关索是忠良之后，又英俊神武，一表人才，便有心相许终身。于是，她请关索到家，鲍员外向关索讲明了女儿的心意，关索也喜爱鲍三娘的武艺，便同意了。二人成亲后双双到成都。后来，鲍三娘就镇守葭萌关（四川省广元市昭化镇），老死在那里，至今，她的坟墓还在。

从以上记载的“传说故事”来看，鲍三娘纯属一个虚构人物，根本不存在。至于南中出现的与鲍三娘有关的梳妆台，很可能与关索的传说故事有关，因为鲍三娘是关索的夫人，所以，也就有了同样的传说故事。

4. 山东省境内的遗址、遗迹 6 处

由于诸葛亮出生地是徐州“琅琊郡阳都”县，即今山东省临沂市沂南县，历史上，沂南县也曾归属于沂水县所辖，因此，在临沂市、沂水县、沂南县都有诸葛亮的遗址与遗迹。

据 1987 年 10 月，笔者应邀出席在临沂市举办全国第四届诸葛亮研讨会时进行的阳都故城实地考察，以及 1997 年 9 月，齐鲁书社出版发行王瑞功主编的《诸葛亮研究集成》下卷《遗迹》、2007 年 12 月，中国文史出版社出版发行李遵刚编著的《武侯祠匾联集注》、2020 年 1 月，四川大学出版社出版发行高军编著的《诸葛亮二十八讲》相关资料介绍，山东省境内沂南县、临沂市、沂水县，共有诸葛亮的遗址、遗迹 6 处。

（1）阳都故城遗址

在今山东省沂南县砖埠镇孙家黄疃村、任家庄一带，北距沂南县政府驻地界湖镇 14 公里，距东汶河与沂河交汇处 2 公里，阳都古城遗址坐落在沂河西

岸冲积平原的第一台地上，边长800米，面积约64万平方米。

据《三国志·蜀书·诸葛亮传》记载说："诸葛亮，字孔明，琅琊阳都人也。"汉灵帝光和四年（181）四月十四日，诸葛亮就出生在这里，父母先后死去，由叔父诸葛玄抚养。14岁时，诸葛玄就带领诸葛亮姐弟离开了阳都故城，再没有回来过，因此，阳都是诸葛亮的故乡。

在孙家黄疃村以北靠河岸的堤坝外侧，有一段石砌护坡，这就是汉代阳都故城的城墙基，故城面积约有8万平方米，时有汉代的陶器残片出土。在该遗址内，有很多古墓葬，分别是瓮棺墓与砖室墓和画像石墓。其中，画像石墓都是汉代墓葬，出土有大量画像石。除此之外，还有大量的龙山文化以及西周、春秋、战国、秦汉时期的文物出土，说明阳都故城是一个历史悠久的城池。

1982年，沂南县人民政府公布阳都故城为重点文物保护单位；2006年12月26日，被山东省人民政府公布为重点文物保护单位。

（2）临沂城武侯祠遗址

在临沂市城北白沙埠镇有汉代的古城遗址，俗称诸葛城，明清时期城内有武侯祠，主祀诸葛亮，从祀王祥、王览兄弟。遗憾的是，这里的城墙与武侯祠均毁于1966年"文化大革命"时期，早已经不复存在了。祠内有明朝嘉靖年间的《重修武侯祠碑记》，"文革"时期也被残损，后来收藏于临沂市博物馆。

据康熙十三年（1674）修编的《沂州志·城池》记载说："旧临沂城周围九里，高二丈五尺，阔一丈，城楼四座。除南门楼为大楼三层、又小楼二座外，其余东、西、北三门均系二层大楼一座。四门名称：南曰望淮，东曰镇海，西曰瞻蒙，北曰宗岱。北门两层阁楼，下层为玄武阁，供奉玄武大帝。上层为武侯祠，祭祀诸葛亮。祠宇坐南朝北，遥对故乡阳都。"

据地方史志记载，原武侯祠有一副楹联，内容是："佐玄德，破孟德，而后南北三国分鼎；生阳都，仕成都，从此东西两地盛辉。"题书者不详。

（3）沂水城武侯祠与明志书院遗址

今山东省沂南县在1939年10月建立中共南沂蒙县委以前，一直属于沂水县所辖，因此，阳都故城遗址历史上就在沂水县境内。

清代咸丰年间（1851—1861），云南保山市人吴树声曾经两次出任沂水县知县不足三年，可是他以诸葛亮为效法楷模而教民兴农、除暴安良、振兴文教，创建了“明志书院”30多楹房舍，延师讲课，还捐资奖励学子。与此同时，在书院讲堂之后修建了武侯祠，亲率诸生祭拜习礼其中。由于他有功于民，口碑很好，因此，老百姓称他为“三善”知县。

遗憾的是，“武侯祠”和“明志书院”，今天都已不复存在了。在地方史志资料中，保留下来吴树声当年所题“明志书院”匾文以及为武侯祠所题的楹联两副，内容是：“先生本王佐奇才，我所思兮，犹想见八阵名成，三分功盖；此地更宗臣特祀，神如鉴及，应以随东皋云至，大岘风来。”

另一副楹联是“明志书院”的，内容是：“三代下只斯闻道一人，虽星陨于五丈原中，魂魄应归故土；六经外仅见出师二表，特庙祀夫千百年后，桑梓共奉宗臣。”

（4）诸葛祖墓

在山东省临沂市北茶山西麓石家屯。墓冢为圆形，封土高3米多，直径约20米，墓头向东，立有清代光绪三十年（1904）刻立的“诸葛武侯先茔”墓碑。

据乾隆二十五年（1760）的《沂州府志》卷二之《山川·茶芽山》记载说：“县北五十里，山之东坡有诸葛城，城边有孔明祖墓。”

民国五年（1916）的《临沂县志》卷二《墓冢》记载说：“诸葛武侯先茔，府志：兰山县北，茶芽山东。其坟砌以碎石，灌以铁汁。”下注有小字曰：“诸葛冢传为武侯祖母茔。”

民国二十四年（1935）编撰的《续修临沂县志》卷一记载说：“此为诸葛武侯先人茔，其坟砌以碎石，灌以铁汁。”与此同时，还附有《诸葛祖墓》插图。

1987年，临沂市史学家刘家骥先生撰文《临沂市诸葛先茔考》介绍说：根据抗日战争前拍摄的古墓碑照片辨识而知，墓碑正中竖刻文字为“诸葛武侯先茔”六个大字，左侧刻有“大清光绪三十年清明节合族立石”十四个小字，碑额刻有“辛巳山向”四字。

遗憾的是，1966年“文化大革命”时期“破四旧”之风盛行，该墓地附近石家屯村的部分村民把古墓视为“四旧”而进行了彻底破坏。

据当事者回忆说，当时挖开封土时的确有生铁块，但不像是整体浇筑的。封土去后，便是夯土层，属于土坑竖穴墓，四壁用石块砌成。木质棺材已经腐朽，棺材之外有大量的石灰。出土文物大部分被压坏，比较完整的，是具有二十六字铭文的西汉铜镜与人形铜镇等文物，收藏于临沂市博物馆。从墓葬形制与出土文物的特征来看，与当地的金雀山西汉墓相同。

如此看来，所谓的“诸葛武侯先茔”之说就不可能成立了。这只能是历史上当地人因为诸葛孔明曾经出生于阳都故里，产生了怀念诸葛亮的一种精神寄托所附会的传说产物。

（5）东南坊坞村诸葛祠

在临沂市河东区汤河镇。汤河镇有四个诸葛氏家族聚居的村落，分别是大坊坞、后坊坞、西南坊坞、西北坊坞，大部分村民都姓诸葛，有5000余人，他们共同尊奉诸葛亮为始祖。

据这里的《全裔堂诸葛氏宗谱》记载说，明末清初，先祖在这里创修家庙一座，称为“诸葛祠”，占地面积5亩左右，祠庙独立，错落有致，青砖墙裙，雕梁画栋。院内青松接檐，花木芳香，幽静素雅，环境宜人。门前左右植有古银杏树，粗可合围，另有石雕四组，分置门道两侧。

大殿面阔五间，飞檐翘角，筒瓦龙脊，丹漆朱门，前檐回廊，布局合理，堪称高大雄伟。大殿中供奉有诸葛亮的彩色坐像，羽扇纶巾，肃穆庄重，和蔼可亲，似运筹帷幄之中。左右塑有其子诸葛瞻与其孙子诸葛尚，神态安然，威武雄壮。

祠堂院内的墙壁上，浮雕有躬耕陇亩、隆中对策、赤壁之战、白帝城托孤、七擒孟获、北伐曹魏、病死五丈原军中等故事的图像。同时，还刻录有诸葛亮《隆中对策》《出师表》《诫子书》等文章。据说，清代中、晚期，还曾经对诸葛祠进行了维修。遗憾的是，“文化大革命”破“四旧”时期，诸葛祠毁于一旦，遗址犹存。

（6）忠孝祠

在临沂市的古城南关，始建于明代嘉靖年间（1522—1566）。

据明万历年间（1573—1620）的《沂州志》卷二记载：“忠孝祠，在南关外里许，祀诸葛亮、王祥，春秋二仲上巳日祭祀。”

民国五年（1916）的《临沂县志》也记载说：“忠孝祠，旧在南关内，崇祯十二年移建城里右军祠西北，祀曾子、诸葛亮、王祥、颜真卿，附祀宋鸣梧，旧制春秋二仲上戊日祭。”

从以上记载而知，这里的忠孝祠为明代嘉靖年间修建，祭祀诸葛亮与当地“卧冰求鲤”的贤达——三国时期大司农王祥（180—268）。崇祯十二年（1639），又移建在城里的王羲之（王羲之字右军）祠西北，祭祀的是曾子、诸葛亮、王祥、颜真卿，附祭的有当地贤达明朝崇祯时期正议大夫宋鸣梧（1576—1636），光绪十九年（1893）曾经重修，刻立有碑石。

1966 年，“文化大革命”破“四旧”时期，忠孝祠被彻底破坏，遗址犹存。光绪十九年（1893）重修刻立的碑石，保留在今天的王羲之故居纪念馆。

5. 甘肃省境内的遗址、遗迹 10 处

（1）西县故址

在甘肃省陇南市西和县北部长道镇，辖今陇南市礼县红河镇以北、天水市秦州区西南一带。从文献记载可知，汉代上邽县（今天水市秦州区）西南 90 里，就是汉代的西县地。公元前 221 年，秦始皇统一中国后，置天下为三十六郡，当时西县属陇西郡，汉代因之。三国曹魏时期，西县改属天水郡。

据《三国志·蜀书·诸葛亮传》记载：建安六年（228）春，诸葛亮第一次北伐曹魏时，曾“身帅诸军攻祁山，戎阵整齐，赏罚肃而号令明，南安、天水、安定三郡叛魏应亮，关中响震”。正因为如此，“魏明帝西镇长安，命张郃拒亮，亮使马谡督诸军在前，与张郃战于街亭，谡违亮节度，举动失宜，大为郃所破，亮拔西县千余家还于汉中”。从此后，西县就与诸葛亮的北伐业绩被载入史册代代相传，经常有三国文物出土。

（2）天水关故址

天水关，位于今天水市秦州区西南 45 公里处之天水镇，这里是三国兵家必争之地的古战场。

天水：西汉武帝元鼎三年（公元前 114），从陇西、北地二郡析置天水郡，管辖 16 县，属凉州，治所在今天的天水市，从此就有了“天水”的名称。

魏文帝曹丕黄初元年（220），因秦邑在此而设秦州，所以就有了“秦州”的名称。

据《三国志·蜀书·诸葛亮传》记载说：建安六年（228）春天，诸葛亮第一次出祁山北伐曹魏时，曾经围攻此关，并且用计义收了西凉青年名将姜维，天水关从此名垂青史。

特别是，《三国演义》第九十二回“诸葛亮智取三城”和第九十三回“姜伯约归降孔明”，把诸葛亮如何智收姜维，以及姜维如何年轻有为写得惟妙惟肖出神入化，使人们过目不忘，记忆犹新，成为历史佳话。今日天水关为天水市秦州区天水镇所在地，昔日的关址犹存。

（3）诸葛面谷堆

在甘肃省天水市秦安县以北 45 公里西南蔡河镇之清水河南。

据当地传说，建安六年（228）春天，诸葛亮第一次出祁山北伐曹魏时，曾派马谡领兵镇守街亭以防止魏军增援。当时，诸葛亮授意马谡在这一带垒起若干土堆，上面撒上石灰或者谷皮伪装成为粮草垛，以示自己粮草充足，既安定军心，也能够欺骗魏军。所以，这些土堆一直被当地的老百姓称为“诸葛面谷堆”。

1984 年，笔者实地考察发现，这些土堆还遗存有 6 个，高 5—6 米，直径 12—15 米。完全是人工夯筑而成，夯土中还夹杂有汉代的陶片以及绳纹碎砖片。因此，可能是汉墓，只是被诸葛亮利用而已。

（4）祁山堡诸葛点将台

在甘肃省礼县祁山堡以北的坡上。

据当地传说，建安六与九年（228 与 231 年），诸葛亮两次出祁山来到这里，曾经在此筑台调兵遣将，指挥北伐曹魏，所以，此台历来被称为“诸葛点将台”。

据笔者现场勘查而知，点将台高 3 米，边长 15 米，台址平坦，居高临下，视野开阔，祁山堡周围一览无余。点将台属于祁山堡武侯祠旅游景区，供人们参观的三国史迹景点之一。

（5）诸葛军垒遗址

在甘肃省天水市秦州区岷山路南侧，三国以前，这里是春秋时期秦武公（公元前 688）所置的邽县，汉代改为上邽县，城治就在这里。

据甘肃人民出版社 2000 年 12 月出版的张津梁主编的“天水历史文化丛书”《魏蜀兵戈》介绍说：“建兴九年（231），诸葛亮复出祁山，北上伐魏，大军直逼天水。魏兵屯渭水南岸，欲阻击蜀汉军于渭水一线，防止其渡过渭水而东进关中。当时，司马懿与郭淮重兵合围卤城（今礼县盐官镇），被诸葛亮杀得落花流水，不得不狼狈地逃到上邽以东扼守。诸葛亮挥师直抵上邽驻扎，于是，两军就形成了拉锯式的争夺战。为了稳扎稳打，诸葛亮在这里修筑了许多防御工事——军垒，有十二连环堡城之称。魏军为了抵御蜀军，也据险筑垒，相持对抗，故有两军对垒之说。”

正因为如此，唐代地理学家李吉甫（758—814）的《元和郡县图志·上邽》记载说："诸葛军垒，俗名下募城，在县东二里。"

清光绪十五年《秦州直隶州新志·山川》也记载说："诸葛垒，东二里路南，俗谓下募城。其旁有司马懿垒，俗谓上募城。上邽县北八里，有姜维垒。"

但是，当地还有一种说法：相传三国蜀相诸葛亮领军北伐时，恐蜀军至陇右不服水土，命军士各带一个"乡土袋"装蜀土一包而备用。大军来到天水，发现秦地水土与川蜀水土无异，没有一个士兵不服水土的，遂令士兵将所带之土堆积于天水城东教场南，就形成了一个丈八高的大土墩，诸葛亮正好利用了这个高高的土墩，经常站在上面指挥训练军队，整顿军纪，布兵点将。后来，这里成了人们凭吊诸葛亮的胜地，称为"诸葛军垒"。

根据上述说法，笔者认为，诸葛军垒作为军事设施产物，应该是正确的。

该遗址原为底大顶平的圆锥形土墩，高丈余，墩前有个碑亭，碑若房门，周围植苍松翠柏，郁郁葱葱，肃穆幽雅。每当艳阳高照时，"诸葛军垒"上就没有了投影，因此，当地乡民又称它为"无影墩"。

岁月流逝，沧桑多变，诸葛军垒在解放前就已经荒废仅存残土一堆，荒凉不堪，四周杂草丛生，成了鼠兔出没的地方。

改革开放以来，当地政府十分重视文物古迹的保护，根据城市建设规划需要，2002年在南山下依山而筑，重建了诸葛军垒公园，有武侯祠堂和诸葛亮塑像。与此同时，还镌刻了张爱萍（1910—2003）将军题书的"诸葛军垒"碑刻。园内亭台楼榭、花草树木品种繁多，四季景色各异，供当地居民休闲娱乐以及游人参观考察。

（6）街亭故址

马谡失街亭的故事家喻户晓，人人皆知。可是，街亭究竟在哪里呢？

据笔者1984年6月与2016年11月两次实地考察而知，街亭在今甘肃省秦安县以北45公里的陇城镇与张家川自治县的龙山镇一带。

据《汉书·地理志》记载说：西汉初期，就在今秦安县设置了"街泉县"和"略阳县"，街泉县治汉民，略阳县治氐羌，而当时的"街泉县"就在秦安县以北45公里的陇城镇。

清道光十八年（1838）的《秦安县志》记载说：街泉县“因街中有泉水而名，东汉末年，街泉县被降县为亭，称街泉亭”。从此以后，这里就称为“街亭”。

金代正隆二年（1157），始置秦安县（治所在今兴国镇），“秦安”作为县名由此开始。

据当年实地考察而知，街中的泉历史上已经被修成了水井，供当地居民代代食用。时至今日，“街泉井”仍是当地居民食用水井。

无独有偶，据笔者 2016 年 10 月实地调查而知，与秦安县陇城镇西北角相邻的张家川回族自治县龙山镇也有一口历史上遗留至今巨大的饮水井，常年不断向外涌流泉水，清澈甘甜，造福当地百姓，称之为“龙泉”。

张家川回族自治县龙山镇地形地貌与秦安县陇城镇一脉相承，东汉与三国时期一直属于秦安县所辖，1953 年 7 月 6 日，国家行政区划才将清水县、秦安县、庄浪县以及陕西省陇县中 37 个乡合并成立张家川回族自治区；1955 年 6 月改称县，属天水区。因此，三国的街亭范围应该是今秦安县陇城镇与张家川自治县龙山镇一带。在这一带，有不少与诸葛亮北伐曹魏及马谡失街亭相关的遗址与传说故事。

街亭，是汉代关中经今陇县城通往陇右天水一带的必由之路，西汉张骞出使西域和唐代的丝绸之路都是从这里北上河西走廊的。解放前，骆驼驮盐运货也走此路。解放后，兰（州）、新（疆）铁路线和宝（鸡）、天（水）公路线通车后，这里才被冷落，但是在古代，这里是著名的军事重镇。

秦安县陇城镇与张家川自治县龙山镇地域相连，南北群山夹峙，宽三至四里，长达数十里，经通陕西陇县与关中平原的关陇大道横贯其间，清水河（古称洛阳水）向东而流。在清水河南岸，凸起一座高约 500 米，阔约 1000 米的土山横卧，形似农家麦垛，当地老百姓称之为“西梁子”，亦称“断山”，恰好挡在了河川的当道之口，仅有一线可通。山的西边，就是张家川自治县的龙山镇横卧川中，此地山高谷深，地势险峻，大有一夫当关万夫莫开之势，这就是当年马谡失街亭的地方。

据甘肃人民出版社 2000 年 12 月出版的张津梁主编的“天水历史文化丛书”《魏蜀兵戈》介绍说，在陇城镇与龙山镇之间的村寨里，经常有汉代的箭镞、刀、剑、弩机等兵器等文物出土，还有不少村寨以“营”为名，如张营、王营、常营、五营等等，这应该都是当年蜀汉与曹魏在这里屯兵打仗而世代传承的产物。

在陇城镇街北，有马谡当年的驻兵山。因此，《太平寰宇记》与《秦州志》等史料皆称这里是“马谡舍水上山被张郃围困,即指此山”,认定这里就是当年“马谡驻兵败绩”的故址。

（7）木门道故址

在甘肃省天水市秦州区西南 80 华里牡丹镇木门村。

据《三国志·蜀书·诸葛亮传》记载：“建兴九年，亮复出祁山，以木牛运，粮尽退军，与魏将张郃交战，射杀郃。”

《三国志·魏书·张郃传》也记载：“诸葛亮复出祁山，诏郃督诸将西至略阳，亮还保祁山，郃追至木门，与亮交战，飞矢中郃右膝，谥曰壮侯。”

清乾隆三十九年（1774）的《西和县志·关隘》卷二记载说：“木门关，在县东北一百一十里木门里，上有丰林，下有海子，今名窄峡子。汉诸葛出祁山伐魏以粮尽退军，司马懿遣张郃追之木门，与亮战，汉军乘高发伏弩，郃中飞矢死。今关内左右两弯，名‘藏兵弯’，关外数里有张郃墓。”

如此看来，木门道就是当年诸葛亮用计设伏射杀魏国名将张郃的地方。

据笔者 1984 年 6 月和 2016 年 11 月实地考察而知，天水市秦州区牡丹镇的木门村南端便是木门道，是街亭与上邽通向祁山的主要通道之一，俗称峡门。可是，木门道之名，是从何而来的呢?

据《后汉书·段颎传》记载：“建宁二年，羌众溃东奔复聚射虎谷，分兵守诸谷上下门。颎规一举灭之，不欲复令散走，乃遣千人于西县，结为木栅，广二十步，长四十里，遮之。”

这段话是说，东汉建宁二年（169），破羌将军段颎（jiǒng，？—179）奉命西击叛乱的羌、氐少数民族，为了有效地防止这些少数民族逃走，他派遣当时西县的千余人在这里用木头修筑了一条宽约二十步、长达四十里的木栅栏，形成木门屏障进行遮挡。

据实地调查而知，由于此地盛产木材，当时人们伐木或者是出入，都必须要经过长达四十里的木栅栏，所以，久而久之，人们习惯称为“木门道”至今。

木门道两边，全是不高的土石山脉，高低起伏，南北走向，两面的山对峙成为夹道，壁立千仞空谷一线，状若天然门户。东面山叫“张郃坪山”，高约 100 米；西面称为“西南山”，高约 150 米，南北道长约 1000 米，中间有一条宽约 50 米长峡谷，“稠泥河”水穿过木门道南流汇入西汉水，峡谷窄处仅有小道可通，大有一夫当关，万夫莫开的气概。

木门道峡谷东侧张家坪（名张郃坪）为诸葛亮与魏将张郃作战时的埋伏之处，峡谷西侧为十悄地梁，其下有诸葛亮拴马处的拴马湾。峪谷中横卧一块高 8 米、顶平面 2.7 平方米的鼓形小石墩，人们称之为“石鼓”，相传是当年诸葛丞相在山顶上擂鼓指挥作战的擂鼓台。另外，离石鼓不远处有一土堆小丘，形如巨钟，故称土钟。

木门道从牡丹镇木门村到华岐镇的罗堡村全程 10 里，是天水与祁山进出的必由之路，这条路北口最狭窄的地方北口宽约 100 米，南口最宽处约 80 米。在这狭长的两边土石山下，到处都有大小不等的土山洞，称为“藏兵洞”。当地百姓说，这就是当年诸葛亮射杀张郃时蜀军的“藏兵弯”和“藏兵洞”。

时至今日，木门峡谷中仍存有张郃坪、张郃墓，坪下有当年蜀兵的伏兵湾，还流传有不少关于诸葛亮当年出祁山北伐曹魏和设计射杀张郃的故事。前些年，木门村、张郃坪村村民在平田整地中，先后发现了不少三国时代的文物，有铜兵器镞、矛、刀等。近年来，当地村民为了传承历史文化纪念诸葛亮功德业绩，在这里集资新建了武侯祠，并植树育林，恢复了土钟，与石鼓遥相对应。

在武侯祠里面，还刻立有陕西师范大学教授霍松林（1921—2017）于“丙子仲秋”（1996 年 9 月）题书的《木门道》碑刻，寓意深远，供人们凭吊缅怀，发思古之幽情。

（8）卤城故址

在甘肃省陇南市礼县盐官镇。东距天水市秦城区的天水关 10 公里，西距祁山堡 9 公里，西汉水穿境而过。这里川道平旷，地势开阔，资源丰富，是历史上屯兵作战的好地方。盐官镇素以产盐闻名，这里有盐井，始于周、秦，历代在此常设盐务管理的机构与官员，相承煮盐不辍，久而久之，官名就变成了地名。由于历史上把天然产盐之地称为“卤”，盐官镇又称为“卤城”。

据地方志书记载，盐官镇历史上归属于天水郡的上邽县所辖，因此，史料多有“上邽”“卤城”之说。

上邽县，公元前 688 年，秦武公取其地置邽县，北魏改名上邽县，隶属于天水郡。唐大中年间（847—859）改为镇至今。不同的是，现在的盐官镇隶属于礼县管辖。

在盐官镇盐神庙里，至今还保留下来一眼古盐井，深达 15 米，盐井下有两个水眼，一眼甜水，一眼为咸水，在当地老百姓心中，盐井有重要的历史纪念意义。

据《三国志·蜀书·诸葛亮传》裴松之注引《汉晋春秋》记载说：“亮分兵留攻，自逆宣王于上邽，郭淮费耀等征亮，亮破之。因大芟刈其麦，与宣王遇于上邽之东，敛兵以险，军不得交，引兵而还，宣王寻亮至于卤城。”

建兴九年（231），诸葛亮第四次北伐时，为了补充军粮，曾经在这里抢收过小麦，并且充分利用这里的盐井煮盐，因地制宜解决军需物资。

正因为如此，当地老百姓至今还在津津乐道诸葛亮当年在“卤城割麦”和充分利用盐井煮盐的故事。

近年来，礼县人民政府为了有效地保护古迹文物，发展旅游产业，总投资 3000 万元，在盐官镇滨河路北侧修建了以盐井博物馆为主题内容的盐井文化公园，占地面积 40 亩，建筑面积 8121.4 平方米。主要由迎宾广场、入口公园、盐井文化公园、盐池、盐疗中心、盐井博物馆、盐井古街等项目组成，正式对外开放，接待四方宾客，传播弘扬历史文化。

（9）蜀汉的弩机

在秦安县文化馆。1984 年，笔者在实地考察诸葛亮北伐史迹时，在秦安县文化馆馆长郭晨辉的陪同下，还认真看过他们的藏品文物，这里有历年在陇城镇一带出土的三国箭镞和铜弩机等文物。其中，1965 年在陇城镇十里的蔡和村出土了一件刻有“蜀”字的铜弩机，很可能就是街亭之战的遗物，现藏甘肃省博物馆。

（10）天水县出土的“章武元年”铜镜

1984 年，笔者实地考察诸葛亮北伐路线时，在天水县文化馆见到一枚有“章武元年”纪年铭文的铜镜，据说是解放前出土，直径 17.4 厘米，厚 0.3 厘米，重 450 克。镜背面有一圈文字，文曰：“德扬宇宙，威震八荒，除凶避兵，昭民万方。章武元年二月作竟。”

“章武元年”，即蜀汉先主刘备称帝的年号，时间为 221 年。由此而知，该弩击为先主刘备称帝后所铸造的兵器，十分珍贵。1979 年，考古学者刘大有先生在《文物》杂志上曾经发表过对这枚铜镜的研究文章。

6. 其他地方的遗址、遗迹 21 处

（1）诸葛岭

在湖南省永州市东安县（历史上属于零陵郡，1968 年改属为永州市）紫溪东南隅的岭巅。赤壁大战之后，刘备任荆州牧，诸葛亮以军师中郎将驻临烝（今衡阳市），督办长沙、零陵、桂阳三郡军赋，当时，诸葛亮就在此扎营督办。

岭下有一个巨石，明代万历十七年（1579），有人在石头上刻有“汉营古迹”四个大字，至今仍然存在，所以，此地世称“诸葛岭”。

（2）荆州孔明桥

在湖北省荆州市龙山西坡三国公园护城河上有一座孔明桥，桥虽然不大，

却有一段寓意深刻的传说故事。

1985年9月，湖北人民出版社出版发行蔡远雄、刘卫祖、陈连生编著的《三国胜迹湖北多》介绍说：当年，诸葛亮带领关羽共同守荆州。有一天，诸葛亮出城视察，黄昏还未归。由于关羽对诸葛亮一直都有不满情绪，认为他是个文人，虽然能说会道，可是不会武艺。特别是，那年为请他出山和大哥跑了三趟隆中，窝的一肚子气至今还没有消。于是，他就马上下令拆除了护城河上的吊桥，想给诸葛亮吃个闭门羹，第二天再重新装吊桥接他回来，借此刁难一下诸葛亮。诸葛亮见关羽拆了桥，明白是咋回事，因此，也不生气，即令随从连夜建桥。

关羽听说后，立即策马前往观看，听到人们都在指责他拆吊桥心胸狭窄，赞扬诸葛亮修桥顾全大局。特别是，关羽见诸葛亮赤脚卷袖，站在水中和随从一道在建桥，顿时懊悔不已，立即请军师上马入城。时至今日，人们将护城河上诸葛亮修的砖桥称为“孔明桥”。

为了弘扬三国历史文化，荆州市人民政府在荆州古城大北门与西门之间城垣边内侧地带依托大片水域，在古城北湖修建了三国文化公园，供市民休闲娱乐。公园占地面积26万平方米，园内三国景观遍布，其中水域面积有17万平方米，修建有397米城垣式长廊，长廊北面有铜雀台，铜雀亭内曹操塑像凛然屹立。长廊南面是羽扇亭、孔明桥，桥头的孔明塑像神情悠然自得，还有草船借箭的“借箭亭”。与孔明桥相对的湖南岸是怀古亭，有孙权的塑像。

（3）七星关遗址摩崖题刻

七星关亦名七星岩，在贵州省毕节市城西南45公里处的七星关区与赫章县交界处，属于贵州省的七星关、胜境关、娄山关三大名关之一。

关下的七星河，汉代称为延江，江两岸峭壁耸立，属于乌江北源。在其东北面有七座山峰，宛若北斗七星，七星关由此得名。

在七星关区杨家湾镇七星村，旧有七星关古城，面积约一平方公里，城内有孔明祭星坛、武侯祠等遗址。

清乾隆年间毕节知县董朱英的《毕节县志》记载说：“明洪武十四年（1381）建城，城周450丈，女墙800余垛，门二，东曰武宁，北曰大定。外有坊额曰：黔服雄关。”

据当地传说，当年，诸葛亮南征平叛时曾经路过此地，由于恩威并施遗爱于民，所以，面对滔滔江水与险要的雄关，点了七星灯进行拜祭，祈求神灵相助南征平叛成功，并且护佑当地各族老百姓平安。

为了纪念诸葛亮，后人在此修建武侯祠而代代祭祀，清代又多次进行重修。

七星关是经通巴、蜀、滇、黔重要通途，地势险要，历来是兵家必争之地。所以，历史上不少文人墨客凡是路过此地，都会在这里的山石摩崖上题留镌刻下诗词、歌赋、游记以及匾联等，以寄托缅怀诸葛亮的情怀。日积月累，这里就形成了层层叠叠、内容丰富而不可多得的历史文化宝库。

例如：南宋宁宗嘉定三年（1210），贵州经略安抚使宋永高在《题七星关孔明碑》中有一副绝佳的楹联：“取二川，排八阵，六纵七擒，五丈原前，点四十九盏明灯，一心只为酬三顾；定西蜀，平南蛮，东和西拒，中军帐里，变金木土爻神卦，水面偏能用火攻。”

此楹联不但高度概括了诸葛亮的功德业绩，而且还应用了“一二三四五六七八九十”数字和“东西南北中”与“金木水火土”，对仗工整，寓意深刻，是历史上最早用楹联歌颂诸葛亮的杰作，至今在宜宾武侯祠、南阳武侯祠都有，但都不知来历。

宋永高，本名宋基与，南宋水东哪平司（今贵州开阳、贵阳乌当区一带）人，世袭大方谷落都总管，驻守矩州（今贵阳市）。宋宁宗嘉泰元年（1201），他用兵攻取罗氏蛮，占领麦斯地（今贵定县），令子宋胜驻守，朝廷嘉之。嘉定三年（1210），他奉诏降南夷，因功升为贵州经略安抚使、镇南都总管，总领九溪十八洞，安抚使司衙署设今贵阳市都司路东段。从此后，矩州改名贵州至今。

中国最早的楹联起源于五代时期后蜀末代皇帝孟昶（919—965）的《蜀梼杌·题桃符》："新年纳余庆，佳节号长春。"当时，时至春节，他题书在寝室门板的桃符上（辟邪的桃木板），从此后，就拉开了中华民族春联的序幕。梼杌（táo wù）：古代传说中的猛兽，借指凶恶的人。

现存武侯墓祠的楹联多为明清与近现代文人学士所题，南宋宋永高所题的这副楹联为首创，内容与构思绝佳。可是，楹联中"五丈原诸葛禳星"故事出自《三国演义》第一百三回；"火烧藤家军"故事出自《三国演义》第九十回。这两个家喻户晓的故事在《三国志》等史志资料中没有记载，完全是《三国演义》的艺术加工，而《三国演义》又是公认的元末明初罗贯中所著。那么，南宋宋永高所题楹联中的两个故事素材是从何而来的，令人费解。为此，笔者查阅了1989 年 6 月巴蜀书社出版发行的沈伯俊与谭良啸编著的《三国演义辞典》，在第 685 页介绍了周邨（1916—1985）发表在 1980 年第 3 期《群众论丛》中的学术论文《三国演义非明清小说》，文章以《元人所见罗贯中水浒传》与王实甫《西厢记》以及《三国演义看校札记》为素材，一直追溯到北宋宣和五年（1123），列举了 14 条 17 处相关证据，他认为"《三国演义》非明清小说，很可能是宋，也有可能上及北宋直至唐五代的作品。宋人说三分，这可能就是《三国演义》的成书年代。"

如果上述观点成立的话，宋永高《题七星关孔明碑》文中的这副楹联出现的问题，也就顺理成章迎刃而解了。

除上述之外，明代著名文学家杨慎（1488—1559）在撰写的碑记中说："七星关，乃孔明祃牙之地。"祃牙：语出《宋史·礼志二四》："太宗征河东，出京前一日，遣右赞善大夫潘慎修出郊，用少牢一祭蚩尤祃牙。"

祃牙：是指古时出兵时举行的祭旗仪礼。正因为如此，杨慎认为，七星关是诸葛亮当年出兵南中平叛举行祭旗礼的地方。

明代武略将军、七星关提调朱昺显在《七星关诸葛武侯坊》中题书楹联一副："殄厥渠魁以遏乱略；去其蟊贼保我黎民。"

清贵州巡抚曾璧光（1795—1875）在七星关题书楹联为："缅诸葛亮前徽，五月江深，谁不钦挥扇勤劳，渡泸辛苦；求颍川侯遗迹，七星关峻，今只见虹梁接引，雉堞周回。"

清康熙年间，毕节县教谕张鲲题书《七星关》诗歌：“七星何事久留名，举祃峰头望远旌。天造雄关凌北斗，地连洱海想南征。心存汉业终难遂，功在蛮乡尚可成。惆怅当年擒纵处，书生无计请长缨。”

清乾隆年间，毕节学官冯锡绶《七星关》诗歌：“登山凭吊思无穷，丞相祠堂是处雄。五丈原头悲宿草，七星关口仰高风。绣旗日飐神灵雨，凿齿群亲战伐功。往事已随流水去，至今事迹著南中。”

清嘉庆年间，毕节县彝族诗人余家驹（1801—1851）的《七星关》诗歌说：“一带长桥锁碧流，萧萧明月荻芦洲。汉家疆土今何在？古木夕阳祀武侯。”

七星关的武侯祠古建筑已在“文化大革命”破“四旧”时期被毁，可是，七星关山崖、洞壁之上层层叠叠的大小摩崖题刻还在，正因为上述原因，1985 年，贵州省人民政府以“毕节七星关摩崖”为核心，公布为省级重点文物保护单位。

（4）诸葛亮擒孟获处

在云南省大理市西北约 5 公里处的西洱河峡谷口。

据说，蜀汉建兴三年（225），诸葛亮南征平叛时期，曾经在这里擒过孟获。正因为如此，2018 年 10 月上旬，笔者与侯素柏在丽江市诸葛亮后裔第五十三代裔孙诸葛正严的陪同下，来到这里进行了实地考察。

过了天生桥，就是历史悠久的江风寺古迹寺庙，清光绪三十二年（1906）刻立的《诸葛亮擒孟获处》碑刻就在江风寺下天生桥边上。碑高 200、宽 100、厚 7 厘米。

在江风寺下的墙壁上，至今还镶嵌有历代名人来此题刻的碑碣，其中有 1961 年秋中科院院长郭沫若来此考察时的题记，文中诗歌有“天生桥下水如雷，洱海西流不复回。汉相传曾擒孟获，山头在昔有遗碑”诗句。

郭沫若认为，这里是诸葛亮第四次擒孟获的地方。

据《曲靖县志》记载说，诸葛亮擒孟获后，大军就开进了曲靖县城，当地老百姓举着火把欢迎诸葛亮，从此后，就成了当地代代延续的“火把节”。

（5）孔明碑

在湖北省巴东县长江三峡集仙峰下临江的绝壁上有一块平整光滑的白色凹形石壁，像一块巨大的石碑，传说上面曾有诸葛亮的题刻，所以叫孔明碑。

相传诸葛亮率师入蜀途中经过巫峡，便在陡壁上刻了《隆中对》，表示要联吴拒魏。夷陵之战时，东吴大将陆逊追击蜀军至此，读了诸葛亮碑文，感动不已，便下令退兵。

其实，此碑并不是诸葛亮题刻，碑文也非《隆中对》原文。由于日久天长岩石风化，碑文题刻字迹清晰可辨的已为数不多，能看清楚的，只是“重岩叠嶂巫峡，名峰耸秀，巫山十二峰”十五个字，其中“重岩叠嶂巫峡”六个字最为醒目，可是，当地老百姓世代相传为诸葛亮手书，所以习惯称之为“孔明碑”，是巫峡中著名的文物古迹。

（6）奉节县八阵图遗址

在重庆市奉节县城东 1 公里的瞿塘峡夔门长江北岸一带有八阵图遗迹，历来被称为“水八阵图”，据传说，是诸葛亮当年所为。

据《晋书·桓温传》记载：“初，诸葛亮造八阵图于鱼腹平沙之下，垒石为八行，行相去二丈。温见之，谓：此常山蛇势也。文武皆莫能识之。”

北魏地理学家郦道元（470—527）的《水经注》第三十三卷“江水”记载：“江水又东径诸葛亮图垒南，石碛平旷，望间川陆，有亮所造八阵图，东跨故垒，皆累细石为之。自垒西去，聚石八行，行间相去二丈，因曰：八阵即成，自今行师，庶不复败，皆图兵势行藏之权，自后深识者，所不能了。今夏水飘荡，岁月消损，高处可二三尺，下处磨灭殆尽。”

南北朝时期《荆州图副》记载：“永安宫南一里，渚下平碛上，周回四百十八丈，中有诸葛武侯八阵图，聚细石为之，各高五尺，广十围，历然棋布，纵横相当，中间相去九尺，正中南北巷悉广五尺，凡六十四聚，或为人所散乱，及为夏水所没，冬时水退，复依然如故。”

南朝宋史学家盛弘之《荆州记》记载：“垒西聚石为八行，行八聚，聚间相去二丈许，谓之八阵图。有此记载，后世皆称之为武侯八阵图。”

正因为如此，唐朝著名诗人杜甫写下了《八阵图》诗歌：“功盖三分国，名成八阵图。江流石不转，遗恨失吞吴。”说的就是这里。

从此后，吸引了不少历史名人和后世文人墨客到此，触景生情留下了许多赞美八阵图的诗词歌赋，使得白帝城成为著名的“诗城”，誉满古今中外。

（7）刘琦台遗址

俗称鹰台，在襄阳市城东 2 里，与鱼梁洲隔江相望的汉水西岸。

据《三国志·蜀书·诸葛亮传》记载说：刘表晚年暗弱，其夫人蔡氏势力很大，欲扶持年幼的亲子刘琮接刘表荆州牧，所以，千方百计想加害长子刘琦。刘琦时刻面临生存危机，曾把诸葛亮请到此台之上，摒去旁人，上楼去梯，让诸葛亮为他谋划自安之术。诸葛亮指点刘琦说：“君不见申生在内而危，重耳在外而安乎？”刘琦突然醒悟，遂主动要求领兵前去守江夏郡，免去了杀身之祸，这就是有名的“上楼去梯”成语典故。

（8）大诸葛堰

在云南省保山市南 6 里。

《清一统志》记载说：“大诸葛堰在保山县南法宝山下，周遭九百八十余丈，中深二丈，汉诸葛武侯所浚。岁久淤涨，明成化三年巡按朱修筑，水分口为三池以灌田，俗呼为大海子。”

清朝初年史学家顾祖禹（1631—1692）所撰《读史方舆纪要》卷一百十八之“云南六”也记载说：“大诸葛堰，在城南十五里，其东有东岳堰及小诸葛堰，皆有灌溉之利。”

当年，诸葛亮南征时期，在南中推行以农为主的政策，命令各郡太守组织屯田，把北方的生产技术带到南中去，在此基础上又续修水利设施以灌农田，发展南中的经济，保障当地老百姓生活。因此，老百姓十分感念诸葛亮。据说，渠上过去还有武侯祠。

（9）武侯土城

在云南省楚雄彝族自治州下辖的姚安县马鞍山。

据《大清一统志·楚雄府》记载说：“武侯土城，在大姚县马鞍山麓，为汉诸葛亮南征屯驻之所，有铁桩尚存。《四川通志》：苴泡江石壁上有人马战斗之形，俗谓武侯阵图，州境有孔明遗垒二处，一在州东十五里，一在州北十二里。”

明代末年，著名文学家曹学佺（1574—1646）所撰《蜀中名胜记》也说：“东北三十四里古土城，周七十二丈，乃武侯征蛮所筑，遗址现存。”

遗憾的是，当年的武侯土城，早已经面目全非了，可是遗址犹存。

（10）卧龙岩

在湖南省怀化市所辖洪江市黔城镇西南。

据清朝初年史学家顾祖禹所撰《读史方舆纪要》卷八十一“黔阳县”记载：“卧龙岩在县南四十里，旁有诸葛故城，有洞深数里，石壁如垣，泉涌不绝，相传武侯屯兵处也。”

《大清一统志·沅州府》也说：“卧龙岩，在黔阳县西南四十里，有石洞，阔数十步，深凡数里。流泉幂历（此指覆盖分布），散步石上。石灶二，相传武侯屯兵所置。”

根据上述记载，这很可能是在赤壁之战之后，刘备取了荆州四郡，封诸葛亮为军师中郎将，派遣他“使督零陵、桂阳、长沙三郡，调其赋税，以充军实”时所留遗迹。

（11）广西省灵川县甘棠武侯祠遗址

在广西壮族自治区灵川县漓江边甘棠镇，始建于明代，正殿有诸葛亮的塑像，现在已经不存在了。

据清嘉庆年间江苏巡抚梁章钜（1775—1849）编的《楹联丛话》记载广西灵川武侯祠说：“灵川县有诸葛祠联。”

其一是：“梁父吟成高士志；出师表见老臣心。”

其二是：“成大事以小心一生谨慎；仰流风于遗像万古清高。”

由此看来，灵川县武侯祠当年有一定的影响，但是规模如何？何人毁于何时？楹联为何人所作，不得而知。

（12）河南省南阳市古城楼

清代咸丰四年（1854），南阳知府顾嘉蘅对南阳城池进行大修，他高筑城垣，疏通河道，遍栽桃、柳树木，以固城垣。与此同时，还在正门外面修建了月城。

月城皆用明代四城门旧名称，在四城门上方，各有一方石刻匾额：

东门外为“中原冲要”，内为“楚豫雄藩”；

南门外为“平定指南”，内为“荆襄上游”；

西门外为“控制秦关”，内为“吕城肇封”；

北门外为“星拱神京”，内为“源溯紫灵”。

同治二年（1863），南阳知府傅寿彤又在顾嘉蘅所修的南阳城池东、南、西、北四城门外修筑了四座独立的寨堡，状如梅花，被称为“梅花寨”，又称“梅花城”，以加强防御。在南月城门上镶嵌了一副石刻楹联，内容是：“真人白水生文叔；名士青山卧武侯。”落款是：“陶澍题。”

陶澍（1779—1839），湖南安化人，嘉庆进士，历任山西、四川、福建、安徽布政使、巡抚，两江总督。

（13）张家边武侯庙遗址

在广东省中山市火炬开发区，距白庙村 4 公里，距宫花村 6 公里的张家边村。该村下辖 5 个自然村，武侯庙原来在第二村，建筑时间不详，规模较大，当地老百姓称为大庙。可惜的是“文化大革命”时期被毁，荡然无存，遗址犹存。后来，当地在此地建成农贸市场，商铺、摊点鳞次栉比，十分繁盛热闹。

（14）南塘村武侯庙遗址

在广东省中山市南朗镇的南塘村，距离赤坎村 2 公里。进入村口牌坊不远处有一座武侯公园，白墙黄瓦，门额大书“武侯公园”，正门楹联是：“建设圆亭辉梓思；装潢公苑纪乡侯。”背面楹联是：“功勋留西蜀；花木俏南塘。”

院内有一株数百年的古榕树，还有两座凉亭。据当地村民说，这里曾建有武侯庙，后来，庙废而在此遗址上建了公园。

（15）博望坡遗址

位于河南省方城县西南 30 公里处的博望镇。

这里北负伏牛山，南有隐山，西倚白河，地势险要，历来是兵家必争之地。

博望，是汉武帝元朔六年（公元前 123）封两次出使西域而功勋卓著的张骞为“博望侯”于此，取其“广博瞻望”之意，“博望”之名因此而来。

《史记·大宛列传》记载说：“然张骞凿空，其后使往者皆称博望侯。”封地在今南阳市方城县博望镇。

据《三国演义》第三十九回“博望坡军

师初用兵”说：建安十二年（207）冬，皇室后裔的刘备屈尊三顾茅庐，恳请诸葛亮出山辅佐，任命为军师将军，不久，曹操遣大将夏侯惇（？—220）与李典、于禁（？—221）领兵十万，前来进攻依附于荆州牧刘表（142—208）而驻军于新野县的刘备，刘备让诸葛亮排兵布阵进行御敌。诸葛亮初出茅庐就运筹帷幄，因地制宜调兵遣将，利用火攻大败夏侯惇等曹军，使其尸横遍野，狼狈逃窜，刘备军大获全胜，为此，关羽、张飞等众将心悦诚服。

可是，据《三国志·蜀书·先主传》记载说：“曹公既破绍，自南击先主。先主遣麋竺、孙乾与刘表相闻，表自郊迎，以上宾礼待之，益其兵，使屯新野。荆州豪杰归先主者日益多，表疑其心，阴御之，使拒夏侯敦、于禁等于博望。久之，先主设伏兵一旦自烧屯伪遁，敦等追之为伏兵所破。”

从上述记载看来，火烧博望坡的战役确有此事，但是，根本与诸葛亮就没有任何关系，《三国演义》把这次战争的功劳归功于诸葛亮的目的，主要是为了宣扬诸葛亮的聪明才智。所以，“诸葛亮火烧博望坡”大败曹军的故事被代代传播，家喻户晓而经久不衰。后来，博望坡被方城县政府公布为县级重点文物保护单位，还刻立了博望坡的简介。

（16）草船借箭遗址

在湖北省嘉鱼县北面的一段长江水面。解放前，这里还有“取箭所”摩崖题刻，解放后修水库闸坝时才毁掉。

嘉鱼县，隶属湖北省咸宁市，而咸宁市下辖 1 区、4 县以及赤壁县级市，人口约 250 万人，国土面积 9861 平方公里，由赤壁古战场的长江乘船顺流东下 50 里就是嘉鱼县。

“草船借箭”故事出自《三国演义》第四十六回“用奇谋孔明借箭”，故事的大意是：建安三十年（208）赤壁之战前夕，孙刘联盟共同抗曹准备大败曹军。由于东吴大都督周瑜妒忌诸葛亮的聪明才智，想借此发难，让诸葛亮在十天之内造十万支箭矢，不然要军法从事。

诸葛亮认为，大战在即，只需三天就可以完成造箭任务，遂立下了军令状。

周瑜想，三天不可能造出十万支箭，正好利用这个机会除掉诸葛亮，于是他不让把造箭材料准备齐全，让鲁肃去探听虚实。诸葛亮对鲁肃说：“这件事要请你帮忙，希望你借给我 20 只船，每只船上 30 个军士，船用青布幔子遮起来，还要 1000 多个草把子，排在船两边，不过这事千万不能让周瑜知道。”鲁肃答应了，并按诸葛亮的要求把东西准备齐全。

两天过去了，不见一点动静，鲁肃十分着急。到第三天四更时，诸葛亮秘密请鲁肃一起到船上去，说是去取箭，鲁肃很纳闷，诸葛亮吩咐把船用绳索连起来向对岸曹营开去。当时，江上大雾迷漫，对面根本看不见人。当船靠近曹军水寨时，诸葛亮命船一字儿摆开，叫士兵擂鼓呐喊。曹操以为对方来进攻，又因雾大怕中埋伏，就派 6000 名弓箭手朝江中放箭，雨点般的箭纷纷射在草把子上。过了一会儿，诸葛亮又命船掉过头来，让另一面受箭。

眼看雾要散了，诸葛亮令船赶紧往回开。这时船的两边草把子上密密麻麻地插满了箭，每只船上至少有五六千支，超过了十万支，诸葛亮满载而归。鲁肃如实把借箭经过告诉周瑜时，周瑜感叹地说："诸葛亮神机妙算，我不如他。"

历史上的确有"草船借箭"之说，可事情发生在孙权身上，并不是诸葛亮。

据《三国志・吴书・吴主权传》记载：建安"十八年正月，曹公攻濡须，权与相拒月余。曹公望权军，叹其齐肃，乃退。"裴松之注引《吴历》记载说："曹公出濡须作油船，夜渡洲上，权以水军围取，得三千余人，其没溺者数千人。权数挑战，公坚守不出，权乃自来乘轻船从濡须口入，公军诸将皆以为是挑战者，欲击之。公曰：此必孙权欲身见吾军部伍也，敕令军中皆精严弓弩不得妄发。权行五六里回还，作鼓吹，公见舟船器仗军伍整肃喟然叹曰：生子当如孙仲谋。"裴注《魏略》还说："权乘大船来观军，公使弓弩乱发，箭着其船，船偏重将覆，权因回船，复以一面受箭，箭均船平，乃还"。

建安十八年（213）正月，曹操亲率大军进攻东吴的濡须口（今安徽省芜湖市无为县北）军事要隘，孙权也亲自率军在这里与其相据月余。曹操远望孙权军事营地，十分感叹孙权的治军有方而肃穆齐整，无懈可击，不得不退还。

《吴历》说：曹操出濡须口时坐的是用牛皮将船体包裹再用油通体刷过的船，乘夜前来。孙权用水军围攻，俘获曹军 3000 余人，其余溺水死者数千人。孙权数次挑战，曹军坚守不出。孙权便乘坐轻便船只从濡须口入，曹军以为是挑战者，准备还击。曹操说："此必是孙权亲自来观看我军的部署"，遂下令军队皆准备弓弩不得妄发。孙权行了五六里便回去了，一路鼓乐齐鸣，曹操见孙权的舟船与军伍整齐有序，感叹地说："生子当如孙仲谋。"

《魏略》还说：当时，孙权乘坐一艘大船前来观察曹操水军营寨，曹操让将士用箭射之，箭射在船身，一面受重而将倾覆，孙权让船转个身让另一面也受箭，船身两面平衡了才回去。

如此看来，家喻户晓，妇孺皆知的"草船借箭"确有其事，可这是孙权所为，与诸葛亮没有任何关系，是《三国演义》根据塑造诸葛亮聪明才智需要，采取了移花接木的加工。

（17）孔明寄箭山

在云南省陇川县陇把镇吕良村附近。

当地代代相传，诸葛亮南征平叛凯旋时为了轻装行军，把一部分武器藏于此山一洞中。

据《大清一统志》卷四六八《普洱府》记载："大川原在府境，《滇程记》：自光山行二日至大川原，广可千里，旁山，曰孔明寄箭处，有古碑，蛮人亦谓之孔明碑。"

云南省德宏州景颇族最崇拜的是诸葛孔明，他们常说"孔明是我们的阿公阿祖，帮我们制礼立法"，还教他们盖房子，做衣服。

在陇川县，有一座占地200多亩的古城遗址，当地傣族称为"允弄"（大城），传说诸葛亮在此抗敌，遗址称为孔明城。据说德宏地区的佛寺大殿屋顶重叠作两层或三层檐，上小下大，也俗称为"孔明帽"，是按诸葛亮帽子式样建盖的。

（18）梓潼七星山演武铺遗迹

在四川省梓潼县城北30公里的演武镇七星山下。据传，诸葛亮军队曾在七个山头间"白日树旗，黑夜明灯"操演"七星阵法"，此山麓被当地老百姓称为"演武铺"，也就是今天的演武镇。

（19）卧龙山诸葛营遗迹

在四川省梓潼县城西15公里的卧龙镇，距金牛道最近处10公里，史载诸葛亮北伐魏时路过此地驻兵于此。

据咸丰八年（1858）的《梓潼县志》记载："葛山，县西三十里，一名亮山，今名卧龙山。惜诸葛武侯置营于此。"

《梓潼县志》还记载说："此山曾有葛山寺，寺后有泉，石刻孔明泉。"

（20）卧龙山武侯庙遗址

在四川省梓潼县卧龙镇卧龙山。据乾隆三年（1738）绵州知州屠用谦编著的《直隶绵州志》记载："武侯庙在梓潼县治西葛山上，惜诸葛武侯置营于此，有八卦井，今俱废。"

（21）三台县宜军山武侯屯兵遗迹

在四川省绵阳市三台县城东南约50公里的宜军山。据光绪《新修潼川府志》记载："宜军山，《旧通志》在州南百二十里，诸葛武侯屯兵于此，有碑志。"

第二十五章
浙江省瑞安市诸葛亮后裔与宗祠

2016 年 9 月，全国第二十三届诸葛亮学术研讨会在浙江省兰溪市召开，浙江省“瑞安市诸葛亮文化促进会”会长诸葛志友、秘书长诸葛鹤等首次参会，并且向大会提交了《浅谈诸葛亮的思想文化对后裔的影响》与《诸葛亮思想文化对旅游业的影响》两篇论文。会后，被收入了 2018 年 9 月团结出版社出版发行的《全国第二十三届诸葛亮学术研讨会论文集》。

2019 年 11 月，全国第二十五届诸葛亮学术研讨会在襄阳市召开时，瑞安市“诸葛亮文化促进会”会长诸葛志友、副会长诸葛斌、诸葛承建出席了会议，尽管他们这次参会没有给大会提交论文，然而，却给笔者留下了深刻印象，知道瑞安市有一支诸葛亮后裔。

为了彻底了解瑞安市诸葛亮后裔相关问题，2020 年 7 月上旬，笔者与会长诸葛志友电话联系，详细询问他们这支诸葛亮后裔情况。

第四十八代孙诸葛志友告诉笔者，瑞安市属于温州市代管的县级市，诸葛亮后裔在温州市大约有 1500 人，除了瑞安市之外，温州没有《诸葛氏宗谱》、宗祠，也没有研究会组织。瑞安市有诸葛后裔 2500 多人，每隔 10 年就要组织修编《诸葛氏宗谱》，并建有祠堂。2014 年清明节期间，成立了“瑞安市诸葛亮文化促进会”，当时，还邀请了诸葛故里沂南县诸葛亮研究会、诸葛亮躬耕地襄阳市诸葛亮研究会、诸葛氏族聚居地浙江兰溪市诸葛八卦村和广西省阳朔市诸葛亮研究会，他们派代表出席了成立大会。现在，促进会有会员 188 人。

笔者闻言后，建议瑞安市促进会能够提供详细资料与《诸葛氏宗谱》，以便将他们这一支后裔收入笔者编著的《中国武侯墓祠匾联集注》图书，在全国出版发行进行宣传，让世人都知道。

诸葛志友闻讯后十分高兴，立即安排秘书长诸葛鹤很快就寄来相关资料。

与此同时，还告诉笔者，瑞安市政府十分重视诸葛亮后裔文化，计划投资5000万元作为主导，再通过招商引资方式吸引大量资金，结合这里的诸葛后裔文化、银杏文化、卧龙文化、温泉景点等优势，大规模打造诸葛亮文化旅游区，借以提高当地诸葛亮后裔的知名度，推动地方文化与旅游经济产业发展。为此，他们考虑聘请这方面的著名专家为他们搞一个规划方案，希望笔者能够鼎力相助，笔者答应，看看资料再说。

1. 瑞安市的《诸葛氏宗谱》

中华民族地大物博、历史悠久，文化源远流长，泱泱大国是由每一个宗族、每一个家庭所构成，故而树有根，水有源，国有史，地有志，族有谱。

国有史方可展示历史文化的源流深邃与国之强大；地有志方可展示国家疆域广袤博大；族有谱可展示中华民族生息繁衍代代传承而经久不衰。正因为如此，国史、地志、族谱具有深远的历史意义而亘古不变。

宗谱，也称为族谱、家谱、祖谱，是以表谱形式记载一个以血缘关系为主体的家族世系繁衍和重要人物事迹的特殊体裁图书，集中记述本族姓氏血缘关系由来、辈分、字号、业绩、祖训、婚配、子女、分支、迁移与安葬，目的是追踪寻源说世系、论祖排辈序长幼、去伪存真辨亲疏、承上启下育后人，自始至终体现血缘关系一脉相承，心心相印，相敬如宾，教育后辈子孙要尊祖敬宗，继承祖德、祖业，树立修身、齐家、治国、平天下的远大思想抱负。

考古资料证明，我国的宗谱最早出现在商朝武丁时期墓葬甲骨文中的《儿氏家谱》，卜骨收录了儿氏家族11代13个人名，其中父子关系11人，兄弟关系2人，是现存最完整的商代家族世系。谱中的名字均不见于商代先公先王谱系，表明这些人可能并非王室成员，这就证明早在3200多年前王室之外的显贵家族已经拥有了自己的家谱。

商朝晚期至西周时期，普遍在青铜礼器上铸刻铭文以表达对祖先的崇敬，这些铭文一般先叙述祖先的名字及美德、功勋，然后是铸器人的名字，涉及家族世系的比较多，自然而然形成金文家谱。春秋时期，荀子编修的《春秋公子血脉谱》是中国历史上第一部以“谱”为名的宗族史籍，其“血脉”二字，形象地揭示了家谱作为血缘系谱的特点。先秦时期，出现了不少规范的宗谱，例如《周官》《帝王年谱》《五帝系牒》《楚世家》《潜夫论・志氏姓》《风俗通・姓氏篇》等。魏晋南北朝后，又有《姓氏簿状》《百家谱集》《续百家谱》等家谱层出不穷，在《三国志》裴松之注引的历史资料中就有家谱近30种。

贾岙，亦称“港岙”，是一个古老的地名，究竟是何用意，还很难说清楚。

岙（ào），是浙江、福建等沿海一带对山间平地的特有称呼，属于一个地域性地名的专用字。

“乱世藏金，盛世修谱”，这是自古以来流传的格言。瑞安市现在修编的《诸葛氏宗谱》只有一本，长 40、宽 31、厚 4 厘米，属于古体线装本，显得十分厚重，很有分量，这是第四十八代孙诸葛志友 2017 年组织人力重新修编的版本。

据《诸葛氏宗谱》介绍说：这里的《诸葛氏宗谱》最早是在康熙甲戌（三十三年，1694）创修，此后又进行了三次重修，20 世纪“文化大革命”破“四旧”期间被毁。为了理清本支脉的来龙去脉，继承祖德英风，传承诸葛亮后裔文化，1979 年新修了《诸葛氏宗谱》，2007 年秋天与 2017 年两次组织人力重新对《诸葛氏宗谱》进行了修编，使其更加完备。

2. 瑞安市诸葛亮后裔的由来

据《诸葛氏宗谱》介绍说：唐僖宗中和年间（881—885），中书门下平章事、校检司空的诸葛亮第十三代孙诸葛爽生子诸葛钟芳，第十四代孙诸葛仲芳生子诸葛浰、诸葛深两个儿子。后周太祖郭威广顺二年（952），第十五代孙诸葛浰、诸葛深兄弟为避兵燹（xiǎn），迁移来到寿昌县（今浙江省建德市）埭（dài）村。诸葛浰娶高氏生子诸葛青，字显明。诸葛深生子诸葛玉，名良琯（guǎn），字斯待，号申六，北宋仁宗赵祯皇祐己丑年（1049）中进士，由寿昌县去福建泉州赴任，后来在永嘉（今温州市）任职，遂迁居到今天的温州市龙湾区蒲州镇，成为温州支派的始祖，为第十六代孙。

诸葛玉生两个儿子，长子诸葛信阳，号层江，次子诸葛信隆，为第十七代孙。

诸葛信阳生子诸葛蜃（shèn），号景蜃，为十八代孙。

诸葛蜃娶陈氏生三子，长子诸葛璿（xuán），二子诸葛旦，三子诸葛亘，为第十九代孙。

诸葛璿娶朱氏生二子，长子原，号光欲，出任朝廷武翼郎员，其夫人张氏、赵氏同时被诰封为孺人。次子豸（zhì）出家为僧，为二十代孙。

诸葛原娶张氏，生子诸葛纯，为二十一代孙。

诸葛纯娶赵氏生子二，长子诸葛说，字萝叟，南宋绍兴庚辰（1158）年间进士，曾出任福州长乐县知县。次子诸葛光，字清守，绍兴丁卯（1147）解元，为二十二代孙。

诸葛说出生于南宋绍兴甲寅年（1134），卒于淳熙元年（1174），曾经娶徐氏生子诸葛耕。诸葛光生子诸葛贲，字知白，南宋淳熙丁未年（1187）进士，为二十三代孙。

诸葛耕生子诸葛泉，号蒲泉。诸葛贲生子诸葛遇，号际庵，南宋绍定己丑年（1229）进士，为二十四代孙。

诸葛泉娶叶氏生四子，长子诸葛开，号继开；二子诸葛桂二，三子诸葛桂三，四子复明，字待聘，本名诸葛麟，南宋咸淳乙丑年（1265）进士，为二十五代孙。

诸葛开娶林氏，生子诸葛望，字君望，为二十六代孙。

诸葛望生二子，长子诸葛任，字天任，次子诸葛经，字天经，为二十七代孙。

诸葛任娶张氏生四子，长子诸葛昱，次子诸葛晢，三子诸葛晋，四子诸葛普。诸葛经娶叶氏生二子，长子诸葛良，次子诸葛善，为二十八代孙。

诸葛良生子诸葛本，字道立，号大庵。诸葛昱娶郑氏生子诸葛原铭，为二十九代孙。

明永乐二年（1404），二十九代孙诸葛原铭迁移到瑞邑（今瑞安市）卅一都贾川（今贾岙村），为贾岙诸葛支脉始祖，是瑞安市诸葛亮后裔的第一世。

诸葛原铭入赘何氏生二子，长子诸葛子高，字天如，次子子远，字辰如，为三十代孙，是瑞安市诸葛亮后裔的第二世。从此后，诸葛亮后裔在瑞安市生息繁衍枝叶繁盛，时至今日，这里已经有五十三代后裔 2500 多人。

3. 瑞安市诸葛亮后裔的现状

根据 2010 年 11 月—2011 年 4 月全国第六次人口普查统计数据而知：诸葛复姓总人数为 3.7 万人，位列中国所有姓氏排名第 544 位，在复姓排名之中为第 6 位。当时，温州市的诸葛姓氏人口有 5000 人，主要分布在鹿城区蒲州、茶山街道，瓯海区以及瑞安市贾岙村、平阳、苍南县。其中，贾岙村诸葛支脉共计 2500 余人，占温州市诸葛姓氏人口的 50%。

瑞安市湖岭镇贾岙村曾用名贾川、港岙，位于瑞安市西部，系瑞安市平原与山区结合部，明清时期，贾岙及附近区域称为“瑞邑卅一都”。村庄四面环山，东为巍巍矗立的大岗山，西南是“C”字形的青龙山，又名香绛山，北是继娘山，又名大象山。村庄东西狭窄，中部较宽，平面形似一艘巨大的航空母舰甲板。村庄中间自西向东穿过一条卅一溪（现名三十一溪），酷似航母甲板的飞机跑道，溪流南岸旁屹立着一棵巨大的千年银杏古树，枝稠叶茂生长旺盛，犹如

航空母舰上的舰亭，正因为如此，人称贾岙属于巨轮之地。

据当地诸葛后裔世代传说，第二十九代孙诸葛原铭继承了先祖阴阳风水学术，为后代到处寻找安身立业兴旺发达之地。明代永乐二年（1404），携家族数人来到了这里，见这棵高大银杏树被青翠叠嶂的环山拥抱，周边是一片绿草丛生的原野，认为此地属卧龙之地，犹如世外桃源，不由得喜出望外，遂在银杏树附近建房居住，作为落地生根生息繁衍之处，成为这里诸葛氏后裔始祖，由此而论，贾岙已有 600 多年的建村史。

诸葛原铭自迁居今贾岙村后，亲自养护银杏古树，并且叮嘱晚辈要世世代代保护好银杏树。600 多年来，贾岙银杏树一直受族人的赡养，至今仍然保持着青春活力，成为该村的标志。

20 世纪 80 年代初，日本友人曾通过国内商人联系，愿意付给贾岙村每户 1 万元人民币购买该银杏树移植到日本，消息一传开全村人惊呆了，1 万元在当时简直就是个天文数字，全村 300 多户就是 300 多万元。后裔们很快就意识到，银杏树是先祖的爱恋之物，价值连城，堪称国宝，就一致拒绝出卖圣树，诸葛族人遂向瑞安县申请进行保护。

1986 年 11 月，瑞安县人民政府确定此树为“贾岙宫银杏树”。1990 年 8 月，该银杏树又被市政府公布为“瑞安市重点文物保护单位”。为此，诸葛族人十分高兴，立碑记事，以垂久远，保护纪念至今。

据 1993 年仲秋，温州市园林管理处主任诸葛达撰书刻立的《银杏树志》纪念石碑记载说：1978 年，浙江省植物园工程师章绍尧主持对这棵银杏树进行测定，得知树高 25 米，树干基围 11.8 米，高 1.5 米处，腰围 7.3 米；高 2.3 米处，腰围 5.5 米，冠幅 17.12×21.13 米，测定树龄为千年以上，系唐代所植，属于浙江省银杏树王。1998 年 10 月，被列为浙江省古树保护名录（浙 CF0358）。

2012 年 2 月 13 日，《温州都市报》组织了“我最喜欢的温州市百大古树名木”评选活动，贾岙村古银杏树位列前十名。

时至今日，诸葛族人一直视银杏树为家族的神，人人都怀敬畏之心。所以，贾岙村村歌《银杏树下好村庄》其中两句歌词就有“银杏树下的村庄，午后阳光飘飘扬扬，卧龙峡边的地方，三十一溪石矴长长”。

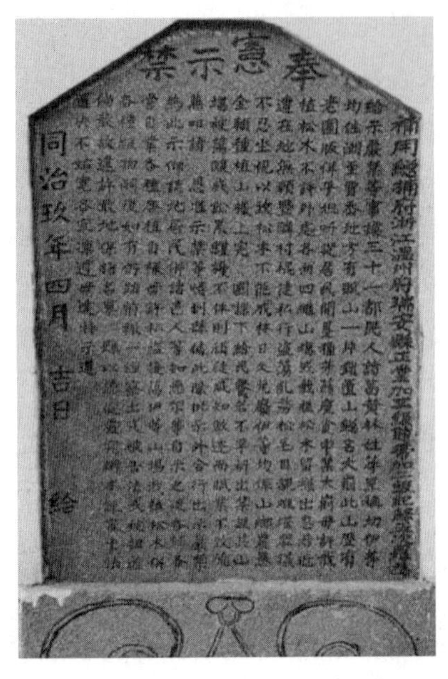

贾岙诸葛氏一直坚持绿水青山理念，十分注重森林资源保护，禁止乱砍滥伐。三个月前，在村中发现了一通同治九年（1870）四月刻立的《奉宪示禁》石碑，十分完整，碑文的主要内容是说：贾岙村东首的巍巍大岗山松柏成林绿树成荫，收入颇丰，却长期遭受邻村人砍伐，致使“松木不能成林，日久荒废”。为此，贾岙村诸葛先民们不争不打，将此事告知县衙，得到地方官府的高度重视，知县罗某遂立碑示禁，正告那些私砍乱伐之人说：

“如有仍踏前辙，一经查出，或被告法，或被扭送，倘敢故违，许地保指名禀县，以凭从严究办，本县言之法随，决不姑宽。”

上述碑文记载，证明了诸葛先辈热心保护森林资源，同时也彰显了朴素和谐与法治观。

贾岙全村 400 多户，诸葛氏后裔占总人口四分之三，有 2500 多人。除此之外，黄氏姓氏近四分之一，另外还有少量的王、胡、陈、杜、叶等姓氏。

贾岙村《诸葛氏宗谱》的祖训是：“崇祀以报孝恩，睦族以同宗念，耕读以务本业，孝悌以肃家风，赈济以周贫乏，择配以选佳姻，守分以免刑罚，勤俭以资谋生，忍让以求和顺，积德以固根基，勤劳以创财富，敬老以尽孝道。”

诸葛族人每逢清明节前后都会轮流设宴祭拜先祖，供奉先祖诸葛亮和始迁祖以及支派内的先贤达士，以诸葛亮《诫子书》《诫外甥书》为家训，还把《诫子书》作为自己村训，编写印发诸葛亮《诫子书》乡土教材，多次组织青少年举办吟诵会，以此激励所有的后裔，要牢记诸葛家族祖训，继承祖辈高尚品质与功德业绩，刻苦学习，奋发向上，为国争光。

由于贾岙诸葛族人持之以恒地牢记祖训，传承诸葛家风，因此人才辈出。仅现在公务员正科级以上的就有 27 人，在清华大学、剑桥大学出任教授的有 2 人，在国家高新技术单位工作的有 5 人，“985”大学在校本科与研究生 11 人，企业年纳税 50 万以上的有 49 人。

为了求证核实诸葛亮后裔派系迁移在瑞安市生息繁衍的真实可靠性，他们先后前往蒲州、兰溪市、福建泉州、山东沂南县、南阳卧龙岗、成都双流县与图书馆、上海图书馆与档案馆、浙江省建德市图书馆，采取座谈交流与查阅档案资料，力求得到相应的佐证。最终，他们在兰溪诸葛八卦村的《诸葛氏宗谱》中得到了证实，瑞安市诸葛亮后裔的确是第十五代孙诸葛深之子诸葛玉带领信阳、信隆两个儿子迁居蒲州镇，成为温州支派的始祖。第二十九代孙诸葛原铭在明永乐二年（1404），迁移到今瑞安市湖岭镇贾岙村，遂为瑞安市诸葛亮后裔第一世始祖。为此，笔者也亲自与兰溪市诸葛八卦村管委会主任诸葛坤亨电话联系进行进一步求证，诸葛坤亨也说，根据南宋以来经过十六次修编的《诸葛氏宗谱》记载，瑞安市的诸葛亮后裔是第十五代孙诸葛深的后裔从温州迁移的一个支系，是真实的、可信的。

在贾岙村广场上，有一尊通高 7 米，像高 5.6 米、重 21 吨的汉白玉诸葛亮大型立式雕像，羽扇纶巾，双目炯炯有神，肃穆庄重，似运筹帷幄之中。在雕像之后，还有一个六角亭，这些雕像与亭子，是由著名企业家诸葛文海独家出资，形成贾岙村的标志性建筑物，也是诸葛家风教育的载体。

4. 瑞安市贾岙村的诸葛宗祠

贾岙村宗祠坐落于瑞安市湖岭镇贾岙村银杏路 76 号，“文化大革命”期间，贾岙村小学就设在这个宗祠里，中堂正面墙壁上挂着诸葛亮画像，画像正上方悬挂着一方“源远流长”匾额，下方是一张香案桌，桌上摆满香炉。正门上方是一块长

约 2 米的青石横梁，浮雕着“忠武流光”四个大字，凡入祠堂的人们都从这四个字下面进进出出，蕴含教育意义。

据《诸葛氏宗谱》记载，宗祠为清康熙三十七年（1698）诸葛族众共同筹建，可是没有落成时间。乾隆三十六年（1771）再次修建，后来又几经修缮。

民国元年（1912），遇到了特大洪灾，宗祠被毁，由于民国年间社会动乱经济萧条，重建资金匮乏而搁浅。

1995 年，贾岙村诸葛族人和同村黄氏族人共同出资，其他少数姓氏也主动赞襄乐助，对宗祠按原规模以砖木结构而重新修建，为歇山式仿古屋顶，面阔五间两层，前檐都有檐柱回廊，檐柱上都有楹联，建筑面积为 796 平方米，取名为“祠堂”，现更改为“贾岙村文化礼堂”。

第二十六章
诸葛亮忠君爱国勤政廉洁思想对当朝与后世的影响

忠君爱国：语出明代文学家冯梦龙（1574—1646）历史小说《东周列国志》第四十四回："此人虽则商贾之流，倒也有些忠君爱国之心，排患解纷之略。"意思是对君主忠贞不二，对国家挚爱有加。

在中华民族漫长的历史时期，君王就是国家与民族的最高统帅与代言人，作为臣民，忠于君王就是忠于国家与民族应有的思想行为，就是爱国的体现。所以，历朝历代把忠君爱国视为达官显贵黎民百姓的最高思想境界而倍受敬仰，反之，则被视为大逆不道的反臣贼子而被唾弃。在中国历史上，诸葛亮堪称忠君爱国的典范。

"勤政"一词，最早见于西晋文学家成公绥（231—273）的《贤明颂》："王用勤政，万国以虔。"成公绥是西晋初年博士，历任中书郎，很有才华。由于当时的皇帝司马炎能够勤于政事，所以，他写书文歌颂司马炎是贤明的君主，其他国家都会虔诚地来归属朝贡。

"廉洁"一词，语出《楚辞·招魂》："朕幼清以廉洁兮。"东汉文学家王逸注释曰："不受曰廉，不污曰洁。"例如：《汉书·贡禹传》也说："禹又言孝文皇帝时贵廉洁，贱贪污。"

勤政廉洁本意是要求国家工作人员一定要做到勤于政事，廉洁自律，不贪不污，不行贿受贿，不徇私舞弊，恪尽职守，起到表率作用，这才是中华民族的传统优秀美德。诸葛亮自从出山辅佐刘备以来，就一直忠心耿耿、勤勤恳恳地协助先主刘备占领益州、夺取汉中，最终在成都建立了蜀汉国家。白帝城托孤后，诸葛亮又以蜀汉丞相与"相父"的身份日夜操劳，竭尽全力地辅佐后主刘禅治乱安危，经国济民，文韬武略，辅国安邦，曾经亲自率军进行了南征平叛，先后五次北伐曹魏而病死在五丈原军中，给后世人留下了深刻的印象。

特别是，诸葛亮临终前给刘禅写下了《自表皇帝》文书，这是他最后向后主刘禅表忠心作的思想汇报。文章说："成都有桑八百株，薄田十五顷，子弟衣食自有余饶。至于臣在外任，无别调度，随身衣食，悉仰于官，不别治生，以长尺寸。若臣死之日，不使内有余帛，外有赢财，以负陛下。及卒，如其所言。"（见《三国志·蜀书·诸葛亮传》）由此看来，诸葛亮一生不但"鞠躬尽瘁，死而后已"的忠勤敬业，而且还是中国历史上第一个主动自报家产接受朝廷与社会监督的官员，堪称是一个完美无缺的思想道德典范。

正因为如此，南宋淳熙五年第一名进士戴溪（1141—1215）在《石鼓论语答问》中说："有仁人君子之心者，未必有英雄豪杰之才；有英雄豪杰之才者，未必有忠臣义士之节；三者，世人之所难全也，全之者，其惟诸葛亮也。"

在今天山东省临沂市五贤祠之中，有乾隆皇帝南巡时题书的《五贤祠》诗歌御碑，诗歌中也评价说："端推诸葛是全人。"诸葛亮的人格魅力与高尚品德，不但影响了蜀汉当朝，而且也影响了后世的历朝历代，堪称中华民族思想文化的形象大师，他永远活在人们的心中。

1. 对蜀汉当朝的影响

《论语》曰："见贤思齐焉，见不贤而自省也。"

这段话是说，看见了好人好事、好思想、好行为，就要学习看齐。看见了不好的人或不好的事情，就要自我反省引以为戒。

诸葛亮忠君爱国、勤政为民、廉洁奉公、无私无畏、谦虚谨慎的思想道德品质在蜀汉当朝的官员之中，就已经是有口皆碑而效法学习的榜样与典范，所以，他直接影响了整个蜀汉一朝，产生了深远的影响。

（1）录尚书事的费祎家无积财

费祎（？—253），字文伟，今河南省信阳市罗山县人，是蜀汉国重臣，与诸葛亮、蒋琬、董允并称为蜀汉国家的四相，深得诸葛亮所器重。

费祎初为黄门侍郎、中护军、丞相司马，建兴五至十二年（227—234）随诸葛亮北伐曹魏。诸葛亮死后任后军师，尚书令。蒋琬去世后，他接替蒋琬任大将军、录尚书事，封"成乡侯"，卒谥曰"敬侯"。

为了维护孙刘联盟共同抗曹，诸葛亮生前曾多次派遣费祎出使东吴进行联谊，他因此也曾受到过孙权、诸葛恪、羊茝（chǎi）等人的言辞刁难。可是，费祎每次都以渊博学识举一反三据理对答而不为所屈，始终保持了使者的高雅风度，为此，孙权非常惊异他的才能，加以特殊礼遇。

费祎接替蒋琬管理蜀汉国家后，根据实际需要执行休养生息政策，为蜀汉发展尽心竭力，自始至终效法诸葛亮勤政廉洁思想行为，堪称一时之表率。

据《三国志·蜀书·费祎传》裴松之注引《祎别传》记载，费祎“雅性谦素，家无积财，儿子皆令布衣素食，出入不从车骑，无异凡人”。

录尚书事，是当时总揽朝政的最高文职官员，一品。但是，费祎在诸葛亮勤政廉洁思想的影响下，严于律己，处处向诸葛亮学习，廉洁奉公，他的家里没有任何积蓄的财物，他儿子和家人都一律穿布衣、吃素食，出入从来不允许乘坐车骑，和老百姓没有什么两样。正因为如此，费祎的功德业绩与人格魅力在当朝与后世都受到了很高的评价。例如：诸葛亮在《出师表》中说：“费祎、董允等，此皆良实，志虑忠纯，是以先帝简拔以遗陛下，愚以为宫中之事，事无大小，悉以咨之，然后施行，必得裨补阙漏，有所广益。”

东吴大帝孙权评价费祎说：“君天下淑德，必当股肱蜀朝。”

《三国志》作者陈寿评价说：“费祎宽济而博爱，承诸葛之成规，因循而不革，是以边境无虞，邦家和一，然犹未尽治小之宜，居静之理也。”

东晋史学家常璩（291—361）在《华阳国志》中评价说：“祎当国功名略与蒋琬比，而任业相继，虽典戎于外，庆赏刑威，咸咨于己。承诸葛之成规，因循不革，故能邦家和壹。”

北宋史学家司马光（1019—1086）评价费祎说：“祎雅性谦素，当国功名，略与琬比。”

（2）尚书令刘巴躬履清俭，不治产业

刘巴（？—222），字子初，今湖南省邵东县人。刘巴少时就素有才名，荆州牧刘表屡次推举他都推辞不愿出仕。刘表死后，其子刘琮归降曹操而占领荆州，刘巴归顺了曹操，受命招纳长沙、零陵、桂阳三郡，不想为刘备所得。后来，刘巴入蜀，在益州牧刘璋手下做事。当时，刘璋准备邀请同亲族的刘备入蜀对付汉中“五斗米教”第三代传人张鲁，以确保益州安全，刘巴却极力劝阻刘璋不要请刘备入蜀，以免引狼入室，因此，刘备对刘巴“深恨之”。

刘备平定益州后，诸葛亮认为刘巴是一个难得的人才，就向刘备极力推荐，刘巴遂被任命为刘备的左将军府西曹掾。刘备立为汉中王后，任刘巴为尚书，后代替法正为尚书令。

章武元年（221），刘备立国称帝登基时，所有的文诰策命都出自刘巴之笔。除此之外，刘巴还与诸葛亮、法正、李严、伊籍四人共同研究制定了蜀汉的法典《蜀科》，很受诸葛亮赏识，是个忠诚敬业的人才。

可是，刘巴为人虽恭顺安静，却沉默寡言很有个性，朝堂之下从不和人私底下有交往，非公事不谈。他除了尊敬与信服刘备与诸葛亮之外，根本就瞧不起其他凡夫俗子与无知莽夫，显得十分清高。所以，刘备曾经评价刘巴说："子初才智绝人，如孤，可任用之，非孤者难独任也。"

诸葛亮也曾经评价刘巴说："运筹策于帷幄之中，吾不如子初远矣。"

孙权曾经评价刘巴说："若令子初随世沉浮，容悦玄德，交非其人，何足称为高士乎？"

蜀汉后期的梓潼太守、射声校尉杨戏（？—261）评价刘巴说："尚书清尚，敕行整身，抗志存义，味览典文，倚其高风，好侔古人。"

《三国志》作者陈寿评价刘巴说："刘巴履清尚之节。"

据《三国志·蜀书·刘巴传》记载说，身为蜀汉"尚书令"的刘巴，处处向诸葛亮学习，因此，他一生之中"躬履清俭，不治产业"。

"尚书令"，是当时中央行政监督各部门的最高官员，是皇帝身边的得力大臣，三品，相当于今天的中央办公厅秘书长。可是，刘巴自从归属刘备以来，十分佩服和敬重诸葛亮的人品，所以，他事事处处检点自己，始终是勤政敬业，保持廉洁奉公，从来不置家产，踏踏实实地为国为民工作。

（3）大将军姜维资财无余，清素节约，为当朝表率

姜维（202—264），字伯约，今甘肃甘谷县东南人。原为曹操天水郡的中郎，诸葛亮第一次北伐曹魏出祁山时降蜀汉，历任仓曹掾、奉义将军、当阳亭侯、凉州刺史、征西将军、辅汉将军、封平襄侯、大将军，拥有最高军事指挥权。诸葛亮死后，姜维继承诸葛亮遗志，一心要兴复汉室，因此，他多次率领军队北伐曹魏，与曹魏名将邓艾、陈泰、郭淮等多次交手。后因宦官黄皓弄权把持朝政，朝廷大臣也多反对北伐，姜维不得不在沓中（今甘肃省舟曲县西、岷县南）屯田避祸。

炎兴元年（263）秋天，魏国晋公司马昭派镇西将军钟会与征西将军邓艾率领数十万大军伐蜀时，姜维据守在剑阁阻挡钟会大军入蜀，没想到邓艾从阴平道（今甘肃省文县）摩天岭偷袭成都成功，刘禅被迫出降，蜀汉灭亡。姜维假意投降钟会，打算利用钟会反叛曹魏以实现恢复汉室的愿望，但最终因钟会反叛曹魏失败，姜维与钟会一同被魏军所杀。

据《三国志·蜀书·姜维传》辑录的《郤正著论》评价姜维说："姜伯约据上将之重，处群臣之右，宅舍弊薄，资财无余，侧室无妾媵之亵，后庭无声乐之娱。衣服取供与马去备，饮食节制，不奢不约。官给费用，随手消尽，察其所以然者，非以激贪厉浊，抑情自割也。直谓如是为足，不在多求。……如

姜维之乐学不倦，清素节约，自一时之仪表也。”

姜维为蜀汉一品“大将军”，是诸葛亮义收的学生，在蜀汉功劳卓著，名声显赫，在群臣之上。但是，在勤政廉洁方面，处处向诸葛亮学习，因此，他的宅舍却十分简陋寒酸，家里“宅舍弊薄，资财无余，侧室无妾媵之亵”，一生清廉朴素注重节约，在当时是一个表率。

诸葛亮评价姜维说：“姜伯约忠勤时事，思虑精密，考其所有，永南（此指广汉人李邵、字永南、益州书佐）、季常（此指襄阳人马良，字季常马谡兄长）诸人不如也。其人，凉州上士也。”

《三国演义》作者罗贯中评价姜维说：“天水夸英俊，凉州产异才。系从尚父出，术奉武侯来。大胆应无惧，雄心誓不回。成都身死日，汉将有余哀。”

明代文学家李贽（1527—1602）评价姜维说：“又一孔明。”

（4）掌军中郎将董和躬率以俭，恶衣素食

董和生卒不详，字幼宰，今湖北省枝江市人。原在益州牧刘璋手下为官，先后担任郫县、江原县、成都县令等。建安十九年（214），刘备平定益州任益州牧，董和为掌军中郎将，与诸葛亮一起署理刘备的左将军、大司马府政务。“掌军中郎将”是四品官，由于董和忠直敢言，与诸葛亮十分友好，遇事经常在一起磋商，因此，深得诸葛亮的称赞。

章武元年（221），诸葛亮在《与群下教》中表扬董和说：

夫参署者，集众思广忠益也。若远小嫌，难相违覆，旷阙损矣。违覆而得中，犹弃敝蹻而获珠玉。然人心苦不能尽，惟徐元直处此不惑，又董幼宰参署七年，事有不至，至于十反来相启告。苟能慕元直之十反，幼宰之殷勤，有忠于国，则亮可少过矣。

董和由于受诸葛亮忠君爱国、勤政廉洁思想影响，一生以节俭为本，不喜欢奢侈衣着，喜欢素食，亲自带头节俭，穿粗衣、吃蔬食，生活上不逾矩犯上，有意推行俭朴风气，从而使风气有所改善，百姓都十分敬畏他。

据《三国志·蜀书·董和传》记载，他为官二十多年来，一直是“躬率以俭，恶衣素食……死之日家无儋石之财。”他死的时候家里都没有“儋石之财”。按照汉代度量衡与今度量衡计算而知，一石合今二十七斤，二石为儋，谓一人所担，此指少量米粟。

董和有一个儿子叫董允（？—246），历任太子洗马、黄门侍郎、辅国将军。延熙七年（244）以侍中守尚书令，担任大将军费祎的副手。

特别是诸葛亮北伐曹魏时期，担心后主刘禅年纪尚轻，缺乏辨别是非曲直

能力，认为董允为人正直是非分明，于是就委任他负责处理皇宫内的事务。所以，诸葛亮在《出师表》中对刘禅说："侍中、侍郎郭攸之、费祎、董允等，此皆良实，志虑忠纯，是以先帝简拔以遗陛下。愚以为宫中之事，事无大小，悉以咨之，然后施行，必能裨补阙漏，有所广益。"

诸葛亮死后，宦官黄皓擅权专政，刘禅偏偏宠爱黄皓，董允曾多次责备黄皓，经常正言厉色地匡正刘禅的不当行为，所以，黄皓十分惧怕董允，始终不敢为非作歹。

董允在诸葛亮高尚品质的影响与父亲董和的培养下，尽心竭力地辅佐后主刘禅，成了蜀汉国家栋梁之材，被誉为与诸葛亮、蒋琬、费祎并列的"蜀相四英"。正因为如此，陈寿评价董允说："秉心公亮，董允匡主，义形于色，皆蜀臣之良矣。"

裴松之也评价董允说："以允名位优重，事迹逾父。"

东晋史学家常璩（291—361）的《华阳国志·刘后主传》记载说："时，蜀人以诸葛亮、蒋琬、费祎及允为四相，一号四英也。"

南宋庆元二年（1196）进士、国子博士章如愚亦评价董允说："诸葛孔明之长于治国，费祎、董允之志虑忠纯。"

（5）大将军邓芝生活俭朴，家无私产

邓芝（178—251），字伯苗，今河南省新野县人，刘备为益州牧时期，先后为郫县邸阁督，郫县县令。刘备称帝后，为广汉太守、尚书。刘备去世后，诸葛亮为了重新交好孙权，曾多次派遣他出使东吴。由于他知识渊博，思维敏捷，语言随和，处事机敏，很受孙权敬重。所以，他每次出使东吴都不辱使命，孙权曾经当面评价邓芝说："君之诚款，乃当尔邪。"在促成孙刘联盟共同抗曹方面，孙权还感叹地说："和合二国，唯有邓芝。"

诸葛亮北伐时，邓芝历任中监军、扬武将军、前军师。诸葛亮死后，他先后任前将军、益州刺史、阳武亭侯、车骑将军等，是三国时期蜀汉的重要朝臣。

据《三国志·蜀书·邓芝传》记载说："芝为大将军二十余年，赏罚明断，善恤卒伍。身之衣食资仰于官，不苟素俭，然终不治私产，妻子不免饥寒，死之日家无余财。"

邓芝为大将军二十多年，在忠君爱国与勤政廉洁方面，处处学习效法诸葛亮，他的衣食从官府资取，不治私有财产，妻子甚至有饥寒的日子，死时家中也没有多余财物，十分清贫。所以，《三国志》作者陈寿评价他说："邓芝坚贞简亮，临官忘家。"

（6）东吴大将军诸葛瑾“遗命令素棺殓，以时服，事从省约”

诸葛瑾（174—241），是诸葛亮亲哥哥，比诸葛亮大8岁，兴平元年（194）秋，举家东渡落户曲阿（今江苏省丹阳市），为东吴效力。

诸葛瑾为人敦厚，忠诚敬业，深得孙权信任，称为“神交”。他先后出任长史、中司马、绥南将军、宣城侯、南郡太守、大将军、左都护、豫州牧，赤乌四年（241）病卒，享年68岁。

诸葛瑾与弟弟诸葛亮虽然分别在东吴与西部的蜀汉国家效力，但都位高权重，各为其主，可是他们的兄弟关系情深意笃，两人经常书信往来互相交流，还多次为使进行互访，为的是缓和蜀汉与东吴两国邦交关系，在促进孙刘联盟共同抗曹方面，诸葛瑾起到了一定的作用。

在忠君爱国、廉洁奉公方面，诸葛瑾与弟弟诸葛亮相互学习，同样具有高尚的品德风范，这都是良好家庭教育与个人修养以及相互影响造就的结果。

据《三国志·吴书·诸葛瑾传》记载，身为东吴大将军的诸葛瑾在临终前曾经“遗命令素棺殓，以时服，事从省约”。

诸葛瑾与弟弟诸葛亮在忠君爱国、勤政廉洁、君臣关系、遗命薄葬方面如出一辙的相似，因此，《三国志·吴书·诸葛瑾传》裴松之注引《江表传》记载孙权评价诸葛瑾说：“子瑜与孤从事积年，恩如骨肉，深相明究，其为人非道不行，非义不言。……孤与子瑜可谓神交，非外言所间也。……孤与子瑜有死生不易之誓，子瑜之不负孤，犹孤之不负子瑜也。”

裴松之注引《吴书》也说：“瑾为大将军，而弟亮为蜀丞相，二子恪、融皆典戎马，督领将帅，族弟诞又显名于魏，一门三方为冠盖，天下荣之。谨才略虽不及弟，而德行尤纯。妻死不改娶，有所爱妾，生子不举，其笃慎皆如此。”

南朝文学家刘义庆（403—444）编著的《世说新语》评价说：“诸葛兄弟三人并有盛名，各在一国。于时以为蜀得其龙（诸葛亮），吴得其虎（诸葛瑾），魏得其狗（诸葛诞）。”

明代文学家李贽（1527—1602）评价说：“周瑜、鲁肃、诸葛瑾、张纮、顾雍，彼比引荐，真君子也。”

2. 对后世的影响

《论语》记载说：“无欲则刚”，是指一个人如果没有私心杂念的欲望就会理直气壮、刚正不阿地挺起腰板说话、做事。

晚清民族英雄林则徐（1785—1850）在虎门禁烟时，写下了“海纳百川，有容乃大；壁立千仞，无欲则刚”楹联作为座右铭，成为后世人传播的佳话。

自诸葛亮之后，历史上所有清廉有为的官吏，无不以诸葛亮为学习效法楷模，力求勤政为民、廉洁自律，为人师表。因此，廉政风气后继有人，事例不胜枚举。例如：

（1）好似孔明忠勤敬业的东晋大司马陶侃

陶侃（259—334），字士行，今江西省鄱阳市人，是东晋田园诗人陶渊明（352—427）的曾祖父。历任县吏、武昌太守、荆州刺史，最后任荆州、江州二州刺史，都督八州诸军事，大司马。

陶侃家境贫寒，生活十分艰难，所以十分珍惜来之不易的仕途。他从小就尊崇敬仰三国时期的蜀汉丞相诸葛亮，事事处处小心谨慎，为官后始终廉洁自律，一丝不苟。

据《晋书·陶侃传》记载：“有奉馈者，皆问其所由。若力作所致，虽微必喜，慰赐参倍。若非理得之，则切厉诃辱，还其所馈。”

这段话是说，陶侃为官期间，如果有人给他送来礼品，他就要详细询问物品来源，若是自己出力劳作而得到的就十分高兴，即使物品很微小，他也一定会赏赐给对方多倍的礼品，算是回报答谢，绝对不会白拿多占。如果不是合理得到的，他就会当面非常严厉地呵斥羞辱，坚决退还他的礼品。正因为如此，在当时陶侃的为人有口皆碑，把他比作再世的诸葛亮。

据东晋光禄大夫梅陶在《梅陶集》中评价陶侃说：“公机神明鉴似魏武（曹操），忠顺勤劳似孔明（诸葛亮），陆抗（东吴丞相陆逊之子）诸人不能及也。”

东晋豫章国郎中令杨晫也评价陶侃说：“此人非凡器也。”

东晋史学家孙盛评价陶侃说：“侃勤而整，自强不息。”

东晋以后，诸多的历史上名人、伟人如张华、刘弘、司马衍、袁宏、孙盛、房玄龄、司马光、苏轼、朱熹、王夫之、赵翼、蔡东藩、毛泽东等都对陶侃给予了高度评价。有关他廉洁奉公、勤政为民故事在民间广为流传。例如：陶侃十分孝道，在任浔阳县吏时，有一次他派人给母亲湛氏（239—307）送了一罐腌制好的鱼。他母亲收到后，又原封不动退给他，并给他写信说：“你身为县吏，用公家的物品送给我，不但对我没任何好处，反而增添了我的担忧。”

这件事使陶侃受到很深的教育，从此以后，陶侃不但勤政为先，而且处处廉洁自律，严格要求自己，一生公私分明，光明磊落，这些良好品质，多来自母亲的严格家教。

据清道光两江总督陶澍（1779—1839）所著《长沙桓公陶侃系年谱》记载，陶侃镇守武昌时，经常带领官员与将士栽植柳树美化环境，开启了中国古代义务植树的先河。有一次，部将都尉夏施偷了一棵官家的柳树移栽到自己的府第前。陶侃发现后就当面质问夏施说："这是武昌西门前柳，是官柳，你为什么偷种到自家门前？"

夏施惊恐万分，乞求谢罪，并将那棵官柳移植到原处栽好。

有一天，陶侃外出来到田间大路上，见到一个路人拿着一把没有成熟的稻谷在手中把玩，陶侃问道："你用这个做什么？"

那人说："我走路见到稻谷，随便拔了一把把玩。"

陶侃一听大怒说："你既不种田，却又毁害别人的稻谷来戏玩，像话吗？"遂捉住那人，用鞭子抽打以示惩罚，以此教育和鼓励老百姓要勤于农耕养殖，让人们一定要爱护庄稼粮食。

太宁三年（325），东晋明帝在平定了大将军王敦（266—324）之乱后，荆州普遍大饥，百姓多被饿死。此时的荆州刺史陶侃特别关注老百姓生计。所以，经常用自己的俸禄买米，千方百计赈济民众，使得官民欢悦，都依靠他救济得以生存。

陶侃一生清廉自律，一生正气，清白做人。咸和九年（334）六月，因病重从武昌太守辞官告老还乡时他把朝廷赐给他的一切物品与国家军资财产逐一登记造册封印入库，还亲自掌管锁匙，一直到清点完毕交付给右司马王愆期后，自己才登船离开武昌，这件事当时被广为称赞，其廉洁自律精神深为世人称道。

（2）卖狗嫁女的东晋刺史吴隐之

吴隐之（？—414），字处默，东晋鄄城（今山东省鄄城县）人，曹魏时期侍中吴质（177—230）六世孙。自幼饱览诗书，熟读《三国志》，特别尊崇敬仰诸葛亮。所以，他以真才实学任吏部尚书，成为辅国功曹，继而历任御史中丞、左卫将军、中书侍郎、国子博士、太子右卫卒、领著作郎、右卫将军、广州刺史、度支尚书（主管国家财政税收官吏）等。

据《晋书·吴隐之传》介绍，吴隐之"弱冠而介立，有清操，虽儋石无储，不取非其道"。所以，他年少时就孤高独立，操守清廉，家中虽无积蓄，但绝不取不合道义的东西。后来，他因清廉而受重用，做了晋陵太守，然而"在郡清俭，妻自负薪"，妻子都要自己出去背柴。升任左卫将军后，虽然身居高位，可"禄赐皆班亲族，冬月无被，尝浣衣，乃披絮，勤苦同于贫庶，家人绩纺以供朝夕"。这是因为，他的俸禄赏赐，都给了自己亲戚及族人，冬天没有被子，洗衣时没有替换衣服，只好披上棉絮。一家人全靠织布维持朝不保夕的生活，每日都以蔬菜与干鱼为食，勤苦与贫寒的老百姓一样。

隆安年间（397—401），吴隐之升任龙骧将军、平越中郎将、假节，领广州刺史。在离广州二十里有一口泉叫“贪泉”，据说不管谁喝了这泉水都会变得贪得无厌。

吴隐之到广州知道“贪泉”之说后说：“不见可欲，使心不乱。越岭丧清，吾知之矣。”为了表明立志清廉，他特意来到贪泉掬水而饮，并赋诗曰：“古人云此水，一歃怀千金。试使夷齐饮，终当不易心。”

意思是说，人们都说喝了这泉水，就会贪财爱宝，假若让伯夷、叔齐（商朝末年孤竹君的两位王子，孤竹君死后，叔齐让位给伯夷，伯夷不受。周武王伐纣，二人扣马谏阻。武王灭商后，他们耻食周粟，采薇而食，饿死于首阳山）那样品行高洁的人喝了，我想终究不会改变那颗廉洁的本心。

从此以后，他在广州为官，始终保持着清正廉洁的操守，经常吃的是咸菜干鱼粗茶淡饭，衣物、器具也十分简朴。调离广州时，他妻子偷偷带了一斤中药材沉香木，吴隐之发现后十分生气，把它丢到水里去了。

吴隐之奉命回归朝廷时，行李之中“装无余资”。回到京城后，只住数亩地的小宅院，篱笆与院墙又矮又窄，内外共有六间茅屋，连妻子儿女都住得很挤。所以，刘宋开国皇帝刘裕（366—422）要赐给他车、牛，又要为他修造住宅，被他坚决推辞谢绝了。

在吴隐之勤政廉洁高尚品质的影响下，他儿子“延之复厉清操，延之弟及子为郡县者，常以廉慎为门法，虽才学不逮隐之，而孝悌洁敬犹为不替”。

吴隐之一生做官清廉，他的官俸绝大多数都用于补贴公用或者捐赠给有困难的老百姓，根本没有其他任何收入，因此他的家境贫寒，家人生活十分清贫。在这种情况下，即使每天喝粥，他也不会接受外来之财，是当时著名的廉吏，而最具有影响的是“卖狗嫁女”的故事。

据《晋书·吴隐之传》记载说：“隐之将嫁女，石知其贫素，遣女必当率薄，乃令移厨账助其经营。使者至，方见婢牵犬卖之，此外萧然无办。”

这段话是说，有一年，吴隐之要嫁女，但家中根本就拿不出嫁女的嫁资。他的直接上司谢石（327—388，字石奴，是“淝水之战”中重要将领），知道吴隐之要嫁女事情后认为一定要率先送一份大礼进行祝贺，他了解吴隐之家十分清贫，便吩咐手下人带去了办喜事所需的钱财物品，并且派人帮忙操办。吴隐之知道自己的上司谢石是个有名的贪财敛财之人，名声不好，不愿意因此沾染。于是，他拒收上司的财物，也不让他们来帮忙，却让自己的家人婢女牵了一只狗去集市上卖，靠卖狗钱来做女儿的微薄嫁资。谢石派去的人到吴隐之家后，见婢女牵狗去卖，家里什么也没有准备，原打算送一份大礼进行祝贺并且帮忙筹办的事情根本就办不成了。这个故事，给后世留下了千古美谈。

东晋安帝义熙八年（412），吴隐之告老还乡，朝廷授他为光禄大夫，加金章紫绶，赐钱 10 万，米 300 斛。九年（413）卒，追赠为“左光禄大夫，加散骑常侍”。

《晋书·吴隐之传》评价说：“隐之清操不渝，屡被褒饰，致事及于身没，常蒙优锡显赠，廉士以为荣。”

（3）勤政廉洁、执法如山的开封知府包拯

据《宋史·包拯传》记载，包拯（999—1062），今安徽省合肥市人，字希仁。北宋天圣五年（1027）进士，授监察御史，历任三司户部判官、京东、陕西、河北路转运使、三司户部副使、龙图阁直学士、开封府知府、御史中丞、三司使、枢密副使等，卒于位。追赠“礼部尚书”，谥号“孝肃”。时人称之为“包待制”“包龙图”。

包拯十分敬仰诸葛亮的忠君爱国与勤政廉洁的高尚品质，也十分喜欢唐太宗李世民时期著名贤相魏征（580—643）的直言进谏，正因为如此，他一生都以他们为楷模，始终如一地坚持做到维护真理、不畏权贵、铁面无私、光明磊落、勤政为民、廉洁奉公。

在上述思想主导下，他“执法不避亲党”，公平、公正果断行事，从来就没有冤假错案，犯法之人也心悦诚服。所以，老百姓把他当作清官的化身，称之为“包青天”。他曾经说：“廉洁从政，为官之道。”

他还说：“廉者，民之表也；贪者，民之贼也。”正因为如此，为官时他虽然身份高贵，可是他的“衣服、器用、饮食如布衣”，与老百姓没有差别。

包拯当监察官只有 5 年半，却弹劾贪官污吏 60 余人，平均每年 10 多人，可谓不遗余力。

他还经常告诫自己的亲人说：“后世子孙仕宦，有犯赃者，不得放归本家，死不得葬大茔中。不从吾志，非吾子若孙也。”

其高尚品质与功德业绩被世人好评，例如：宋仁宗赵祯（1010—1063）评价说：“包拯公而忘私，不邀阴幸也。”

包拯的门生张田评价他说：“仁宗皇帝临御天下四十年，不自有其圣神明智之资，善容正人延谠议，使其谋行忠入，有补于国，卒大任以股肱者，惟孝肃包公止尔。”

北宋史学家司马光（1019—1086）评价说：“向者仁宗时，包拯最名公直。”

南宋庆元年间（1195—1200），吏部郎中王称（1195—1200）评价包拯：“人多惮其方严，仕已通显，奉已俭约，如布衣时。”

明朝政治家张居正（1525—1582）评价说：“若包拯者，真可谓执法之臣，

故虽至今儿童妇女犹知称之，况当时乎！然其敦厚忠恕，又其立身行己之本，故虽执法而民不以为残也。人主得斯人而用之，则可以振纪纲，整风俗，其于治道非小补矣。”

包拯一生勤政廉洁，刚正不阿，铁面无私，执法如山，给人们留下了深刻的印象。至今在河南省开封市还有纪念他的包公祠、开封府大堂、包公湖。

在安徽省的合肥市，亦有纪念他的包公祠与包拯墓。

在广东省肇庆市，也有纪念包拯的包公祠与砚洲包公楼。

上千年来，有关包拯的故事堪称家喻户晓，妇孺皆知，举不胜举。例如：有个犯人过堂时为逃避皮肉之苦，便花钱买通了一个府吏。那个府吏说：“我是在知府面前记录供词的，你见到知府时，只管大声喊冤叫屈。”

到了那天，犯人被带到包拯面前，果然大声喊冤起来。

受了贿赂的府吏说：“这个犯人不知好歹，受过杖脊就可以出去了，还大叫大喊什么？”包拯看了一眼，立刻看出了破绽，便把那犯人放走，叫手下把府吏拿住，一审之下，府吏就供出了真相。包公判府吏代替那个犯人承受了杖脊刑罚（见北宋政治家沈括《梦溪笔谈》）。

再如，包拯升任端州（今广东省肇庆市）知州后，知道端州出产端砚，是朝廷钦定贡品，与湖笔、徽墨、宣纸并称“文房四宝”中的绝品。以往在端州任职的知州，总要在上贡朝廷的端砚数目之外再多加几倍，作为贿赂京官的本钱。包拯上任之后，一改陋习决不多收一块。离任时，就连他平时在公堂上用过的端砚也造册上交了。后来，包拯升任要离开端州，船遇到大风雨，他亲自下舱检查，发现在船舱私藏了一块端砚，这是当地百姓悄悄送给他的，包拯将那块名贵的端砚丢入江心。据民间说，那里有一个“砚州岛”的岛屿就是当年包公掷端砚的地方，下游叫“黄布沙”的地方就是因包端砚的黄布而得名。

包拯 60 岁大寿前几天，就命儿子包贵及王朝、马汉等站在衙门口拒礼。没想到，第一个送寿礼的居然是当朝皇帝派来送礼的六宫司礼太监。老太监到了门外，执意要面见包拯，要他接旨受礼。这下可难住了包贵，万岁送来的礼不收，这不是抗旨不遵吗？可父亲之命他又不敢违，所以，只好请老太监将送礼的缘由写在一张红纸上转呈父亲。老太监提笔在红纸上写了一首诗歌：“德高望重一品卿，日夜操劳似魏征。今日皇上把礼送，拒礼门外理不通。”

包贵让王朝把诗拿到内衙呈父亲展视，不一会儿，王朝带回原红纸交给老太监，见原诗下边添了四句诗歌：“铁面无私丹心忠，做官最怕叨念功。操劳为官分内事，拒礼为开廉洁风。”司礼太监看罢，半晌无语，只好带着礼物和那红纸回宫交差去了。

（4）公生明，廉生威的山东巡抚年富

据《明史·年富传》记载说，年富（1395—1465），字大有，本姓严，讹为年，安徽省怀远县人，永乐年间进士，历任知县、给吏科事中、陕西左参政、河南左布政使、右副都御史、兵部右侍郎、山东巡抚、户部尚书，卒谥“恭定”。

年富为官几十年，先后为明成祖朱棣、仁宗朱高炽、宣宗朱瞻基、英宗朱祁镇、代宗朱祁钰、英宗朱祁镇、宪宗朱见深七朝效力，不论何时何地，都始终保持清廉刚正，遇事果敢有为。因此，他与历任七朝的吏部尚书王翱（1384—1467）同称为一代名臣而载誉史册。

弘治十四年（1501）八月，年富作为山东巡抚，前去视察为官清正廉明、口碑很好的泰安知州顾景祥工作时，发现了顾景祥挂在大堂墙壁上的“公生明，廉生威”官箴，以此为自戒座右铭。年富认为意义深远，这才是为官之道必备素质，很符合自己心意。于是，他写下了一段解读格言，寓意深刻地完善了顾景祥的官箴：“吏不畏吾严而畏吾廉，民不服吾能而服吾公。廉则吏不敢慢，公则民不敢欺，公生明，廉生威。”

这段话意思是，官吏不怕我严厉而怕我廉洁，百姓不服我才能而服我的公正。为政清廉官吏就不敢有所怠慢，办事公正老百姓就不敢有所欺瞒。为官公正才能使政治清明，为官清廉才能在百姓中树立威信。

年富将此文作为勤政廉洁官箴刻立石碑于泰安府衙，这既是对顾景祥业绩的表彰肯定，也是作为自己为官清正廉明的座右铭。从此后，“公生明，廉生威”的格言，就一直成为明清以来一些官吏引以自戒的座右铭。

道光二年（1822），时任陕西延榆绥道台的颜伯焘（1792—1855），又将此官箴刻石于西安碑林博物馆，至今仍存。

年富的勤政廉洁官箴座右铭是他为官的立身标准，以此严于律己，遇事果敢直言，从来不怕权势阻挠和打击报复，在当时他的美名声震关中。例如：年富在出任陕西左参政时，他发现过去每年记录在案的水灾、旱灾、人口流动、转移、免除、拖欠、亏欠的赋税大概要减去三分之一，严重出现收入少支出多的情况，可是镇守地方的官吏根本不考虑国家的负担，无一例外地虚报增加士兵、马匹数量，乘机中饱私囊。

年富到任后，一改陈规陋习如实上报收支，还请求裁减闲散多余的士卒，淘汰劣等马匹，以杜绝侵占耗费资源的弊端，得到了明英宗的认可。

当时，陕西三边（定边、安边、靖边）驻有大量兵马，为了保证他们的供给，需要运送大量钱粮，军民因长途运输而疲惫不堪，一些不法之徒却趁机作奸犯科，牟取利益。针对这种情况，年富亲自计算路程远近，核定征收税赋数目，

各类收支也一律认真考核，经过一番整顿，过去的弊端得到了革除，百姓的苦难大大缓解。

年富的这些做法触动了贪官污吏既得利益，所以多次向朝廷诬告希望将其查处调离。陕西清廉的文武官吏怕年富调走，都上表章讲述年富的功劳，年富因此才得以停俸留任。

正统十四年（1449）秋，年富到河南赴任左布政使时，正赶上河南闹饥荒，流离失所的百姓有二十多万人，社会秩序混乱，一些歹徒甚至公开抢劫掠夺。河南巡抚于谦（1398—1457）委任年富负责流亡百姓的安抚工作，经过年富的努力，流亡百姓的生活都逐渐安定了下来。

景泰二年（1451）春，朝廷派遣时任右副都御史的年富出任大同巡抚。由于经历了丧乱战败，这里的法律松弛，弊端尤其严重。他一心一意抚慰体恤民众，上奏请求免除了秋赋，撤除几个州县的税课局，停止让太原的民众从大同转运粮饷，得到了老百姓的拥戴。

当时，武清侯石亨（？—1460）、武安侯郑宏（1430—？）、武进伯朱瑛，他们让家人去领官库的银帛，再买米卖到边境去，侵吞公家钱财。年富义正词严请求朝廷将他们治罪，这些权贵之家更加怨恨他，联合起来四处罗织罪名，想置年富于死地。幸好当时的兵部尚书于谦极力保护与支持年富，而景泰帝——代宗朱祁钰很了解年富，因此才得以幸免。

年富为人刚烈正直，为官廉洁，秉性清静，遇事敢做敢为，深得老百姓推崇敬仰。正因为如此，康熙年间的礼部尚书张廷玉（1672—1755）曾经评价年富说："富遇事，果敢有为，权势莫能挠，声震关中。"

天顺四年（1460）春，大臣李贤举荐年富为户部尚书，朝廷不少官员特别是户部以种种借口竭力阻拦。明英宗朱祁镇义正词严说："户部非富不可，人多不喜富，此富所以贤也。"后来，户部在年富的严格管理下，官员再不敢擅权而欺上瞒下，风清气正，面貌焕然一新。正因为如此，《明史》评价年富说："富廉政强直，始终不渝，与王翔同称名臣。"

（5）两袖清风的兵部右侍郎于谦

于谦（1398—1457），字廷益，号节庵，杭州府钱塘县（今浙江省杭州市上城区）人，永乐十九年（1421）进士。历任江西、河南、山西巡抚、兵部尚书、少保，追谥"肃愍"。明神宗时，改谥"忠肃"。

据《明史·于谦传》记载，于谦忠君爱国、仗义执言、廉洁奉公、秉公执法，因此，得罪了不少权贵。例如：正统年间，宦官王振专权，肆无忌惮地以权纳贿，百官争相献媚，每逢朝会期间，官员必须给王振献白银百两，若能献白银千两，始得酒食款待。当时，于谦每次进京奏事，都不带任何礼品。有人劝他说：“您不肯送金银财宝，难道不能带点土产去？”于谦潇洒一笑，甩了甩两只袖子说“只有清风”。为此，他还特意写了《入京》诗以此明志：“绢帕蘑菇及线香，本资民用反为殃。清风两袖朝天去，免得百姓话短长。”从此以后，“两袖清风”的成语就这样产生了。

可是，于谦却因此深深地得罪了太监王振，指示手下人给于谦找事报复，诬陷于谦因为长期未得晋升而心生不满，诋毁朝廷，要求把他投到司法部门判处死刑。百姓听说于谦被判处死刑，一时间群民共愤，联名上书。王振一看众怒难犯，便谎称从前也有个名叫于谦的人和他有恩怨，说是把从前那个于谦和现在这个于谦搞错了，这才把于谦放了出来，降职为大理寺少卿。百姓数千人俯伏在宫门前上书，请求于谦留任，于是，不得不再任命于谦为山东巡抚。

正统十三年（1448），于谦被朝廷召回京，出任兵部左侍郎。由于看不起那些懦怯无能而贪得无厌的大臣与皇亲国戚，因此憎恨他的人更多。

天顺元年（1457），英宗朱祁镇复辟再登帝位，太子太师石亨（？—1460）等借机诬陷于谦谋立襄王之子，于谦遂以“谋逆”罪而被冤杀。于谦被杀后，按例进行抄家，抄家官员到于谦家时才发现于谦“家无余财，独上赐蟒衣、剑器也”。根本没有多余财物，只有代宗朱祁钰赐给的蟒袍与剑器等物。

弘治年间（1488—1505），孝宗皇帝朱祐樘追封于谦为“光禄大夫、上柱国、太傅”，追谥为“肃愍”。后来，万历皇帝朱翊钧改谥于谦为“忠肃”。

明英宗朱祁镇评价于谦说：“于谦始终景泰朝，被遇若一身，死无余赀。”

宪宗朱见深评价于谦说：“卿以俊伟之器，经济之才，历事先朝，茂著劳绩。当国家之多难，保社稷以无虞，惟公道而自持，为机奸之所害。在先帝已知其枉，而朕心实怜其忠。”

弘治年间（1488—1505），礼部尚书倪岳（1444—1501）评价于谦说：“公悉裁之以理，可者行之，否则止之，知无不言，言无不尽，一时克诘戎兵，登崇智勇卒之，肃清大憝，迎复乘舆，以安社稷，以固边圉，此诚不世之功也。……人服公明决，卒推为天下奇才焉。”

明代晚期南京礼部尚书董其昌（1555—1636）评价于谦说：“竭股肱之力，继之以死，独留清白在人间。”

后来，老百姓为了纪念于谦，在北京、杭州等地为于谦修祠堂，同时把他与“精忠报国”的南宋岳飞（1103—1142）、南明的民族英雄张煌言（1620—1664）并称为“西湖三杰”。

（6）一生清正廉洁的都御史海瑞

海瑞（1515—1587），字汝贤，号刚峰，琼州（今海南省海口市）人，嘉靖二十八年（1549）中举，历任知县、州判官、户部主事、兵部主事、尚书丞、两京左右通政、右佥都御史等。

海瑞一生学习效法诸葛亮的忠诚、勤政、廉洁思想，所以他严于律己，洁身自爱，从不谄媚逢迎。为官期间，他直言敢谏，力主严惩贪官污吏，禁止徇私受贿，推行按亩折算缴纳的“一条鞭法”（明嘉靖十年确立，之后由张居正于万历九年推广到全国的赋税徭役制度。内容是把各州县的田赋、徭役以及其他杂征总为一条合并征收银两，按亩折算缴纳。这样既简化了税制，方便征收税款，同时使地方官员难于作弊而增加财政收入），强令贪官污吏退田还民，安抚穷困百姓，疏浚河道，修筑水利工程，始终坚持忠心耿耿为民办事。

由于海瑞为官以来不但清正廉洁，无私无欲，而且一身正气地为老百姓伸张正义，因此，他深得民众爱戴，被老百姓称为“海青天”。

据《明史·海瑞传》记载说，海瑞在浙江淳安任知县时，就定下许多规矩，立志要均平徭役减轻老百姓负担。所以，他以身作则拒绝任何人送礼，连多年老朋友送人情也婉言谢绝。他穿布衣，吃素食，种植蔬菜自给自足。做官多年，虽然过着十分清贫的日子，却一身正气。为了抵制贪污腐败习气，海瑞不但反对行贿受贿，还坚决革去了历届相沿袭的知县“常例”。

所谓“常例”，就是摊派在田赋上的加收租税，作为县官们薪水之外的普遍额外津贴。有人劝海瑞随潮流一点，他却义正词严地说：“全天下的官都不给上官行贿，难道就都不升官？全天下的官都给上官行贿，又难道都不降官？怎么可以为了这个来葬送自己呢？”

海瑞的言行惹怒了那些贪官污吏，于是，有人劝他一定要三思而行，他愤然回答说：“充军也罢，死罪也罢，都甘心忍受。这种行径，却干不得。”

有一天，海瑞买了两斤肉，要为母亲过生日。总督胡宗宪（1512—1565）听到后大为惊奇，对别人说道：“昨闻海令为母寿，市肉二斤矣，盖笑之也。”认为海瑞买了两斤肉十分新鲜，不可思议，十分可笑，足见其廉洁一斑。有关他的清正廉洁故事，堪称不胜枚举。

万历十四年（1587），海瑞病死在南京官任上，百姓知道消息后如失亲人，悲痛万分。当他的灵柩从南京水路运回故乡时，长江两岸站满了送行的人群，皆穿戴白衣冠夹岸相送，洒酒祭奠，挥泪送别的队伍绵延百里不断。

在南京做官的同乡人刑部主事苏民怀清点海瑞的遗物时，发现竹箱子里仅有八两银子，麻布两丈和几件旧衣服。当时就称赞海瑞是“不怕死，不爱钱，不结伙”的好官，这九个字，概括了海瑞勤政廉洁的一生。

正因为如此，当时的朝廷赐海瑞为“太子太保”，追谥为“忠介”。

海瑞和宋朝的包拯一样，是中国历史上刚正不阿的清官典范、正义的象征，所以被老百姓称为“海清天”。

《明史》评价说：“海瑞秉刚劲之性，戆直自遂，盖可希风汉汲黯、宋包拯。苦节自厉，诚为人所难能。”

明朝文学家、国学博士李贽（1527—1602）曾经评价海瑞说：“吾谓欲得扶世，须如海刚峰之悯世，方可称真扶世人也。”

（7）天下廉吏第一的总督于成龙

于成龙（1617—1684），字北溟，号于山，今山西省吕梁市方山县人。顺治十八年（1661）出仕以来，历任广西罗城县知县、四川合州知州、湖广黄冈知州、武昌知府、福建按察使、布政使、巡抚和总督、兵部尚书、大学士、江西总督，赠太子太保，死后追谥“清端”。

据《清史稿·于成龙传》记载，于成龙在二十余年的宦海生涯中，勤政廉洁，深得百姓爱戴，曾经三次被朝廷推举为“卓异”（非常优秀）。康熙二十年（1681），康熙皇帝赞誉他是“清官第一，天下廉吏第一”，并且为其赐匾额，以示褒奖。

于成龙少有大志，自幼学习诸葛亮过着耕读生活，博览群书，受到正规的儒家思想教育。顺治十八年（1661），44 岁的于成龙不顾亲朋阻拦，接受朝廷委任而抛妻别子，怀着“此行绝不以温饱为志，誓勿昧天理良心”的抱负，到遥远而边荒之地广西罗城县为县令。

到罗城时，这里遍地荒草，城内只有居民六家，茅屋数间，县衙也只是三间破茅房。他只得寄居于关帝庙中。在困境中，同来的五名仆从不久或死或逃，而他以坚强的意志，扶病理事。三年之间，他采取“治乱世，用重典”的方法，就使罗城摆脱混乱，得到治理，出现了百姓安居乐业的新气象。由于他处处严于律己、勤奋向上、业绩卓著，被两广总督金光祖举荐为唯一的“卓异”。因此，康熙六年（1667）被升任为四川合州知州（今重庆市合川区）。

离开罗城县前往合州赴任时，于成龙连路资也没有。当时，出现了当地百姓遮道呼号“公今去，我侪无天矣”呼声，并且追送数十里的感人情景。

来到了合州之后，发现这里因为灾难只剩下老百姓 100 多人，人口稀少，田地荒芜，可是赋税和劳役却依然很繁重。于成龙立即革除旧弊，想方设法借给百姓耕牛和种子，招揽百姓开垦荒地恢复生产，老百姓莫不感恩戴德，满一个月后，户口就增加到上千。

四年之后，于成龙又因业绩升为湖广下江陆道道员，驻今湖北省新春县。在湖北期间，无论地位和环境都有很大的改善，他仍保持异于常人的艰苦生活作风。在当时的灾荒岁月，他动员富户解囊解救百姓苦难，自己更以身作则，以糠代粮维持生活，把节余的口粮和薪俸都救济了灾民。与此同时，还带头把仅剩的一匹供骑乘的骡子也卖了十余两银子，全部捐给老百姓。因此，当时的百姓在歌谣中唱道："要得清廉分数足，唯学于公食糠粥。"

康熙八年（1669），于成龙被擢升为黄州府同知，在黄州任同知四年之后又任知府四年。由于政绩突出深为湖广巡抚张朝珍器重，十二年（1673）再次被举"卓异"而出任武昌知府。

康熙十七年（1678），于成龙升为福建按察使，在离开湖北时，依然只有一捆行囊，两袖清风，沿途以萝卜为干粮。后来，他升任两江总督后，依然还保持着清廉简朴的生活，"日啖青菜数把"，为此，江南人十分敬重他，亲热地称其为"于青菜"。

康熙十九年（1680），升为直隶巡抚。翌年蒙康熙帝召对非常满意，称赞他"清官第一"，下赐币金、御马，并御制诗歌赠送给他以示宠幸，旋升为两江总督（江南江西总督）。

《清史稿·于成龙传》还记载说："成龙历官未尝携家属，卒时，将军都统及僚吏入视，惟笥中绨袍一袭、床头盐豉数器而已。"

于成龙做官历来就不带家眷。因此，他去世的时候，将军、都统以及幕僚属吏入内检点遗物时，发现竹箱内只有一身丝绸棉袍，床头有盐制豆豉和一些日常用具罢了，别无他物。

正因为如此，康熙皇帝曾经评价说："于成龙督江南，或言其变更素行。及卒后，始知其始终廉洁，为百姓所称。……居官如成龙，能有几耶？"

这段话是说，于成龙在江南做总督，有人说他改变了朴素之风，他死后，才知道始终很廉洁，被百姓称赞。……当官像于成龙一样的人，能有几个呀？！

于成龙生前好友武祇遹曾经评价于成龙说："其刚毅自矢，不畏强御，则包孝肃（北宋包拯）也；其精白一心，可对天地，则赵清献（原名赵抃，清献为其谥号，有'铁面御史'之称，与包拯齐名的清官）也；其安上利下，扶危定倾，则司马温公（北宋史学家司马光）也；易箦之日，仅余竹篓败笥，污衣旧靴，银钱毫无，则海忠介（此指海瑞）之萧条，棺外无余物，冷落灵前有菜根也。所谓言顾行，行顾言，公之谓也。"

康熙六年（1667）进士范鄗鼎（1626—1705）评价于成龙说："本朝养士四十余年得于先生，先生之廉可不谓其尽善乎！廉则心清，心清则理明，理明则才全，理明则学优而气壮。”

康熙吏部尚书熊赐履（1635—1709）评价于成龙说：“呜呼！余考传记，三代而后以廉干称者代不乏人，然类多矫饰沽激，流为刻核，以纳于偏畸。”

跟随于成龙十八年的属下同僚李中素评价于成龙说：“古人得一节，足以传之无穷，公则萃于一身，无往而不备矣。”

乾隆年间，乾隆皇帝数次派遣官员祭祀于成龙祠，并御书“清风是式”匾额。

清代“乾嘉学派”代表人物戴震（1724—1777）曾经评价说：“成龙清严忠直，勤劳治事，官吏无不敬畏，归于廉慎。”

（8）天下第一清官张伯行

张伯行（1651—1725），字孝先，号恕斋、敬庵，河南仪封（今河南省兰考县）人。康熙二十四年（1685），殿试三甲八十名，赐进士出身。历任内阁中书、山东济宁道、江苏按察使、江苏巡抚、户部侍郎、礼部尚书。去世后，朝廷追封其为“太子太保”，追谥“清恪”。

康熙四十二年（1703），张伯行被授为山东济宁道，适逢灾荒严重，根据朝廷救济灾民的指令，他从家乡运来粮食，缝制棉衣，又果断开仓拿出22600石粮食赈济所属汉上、阳谷二县，解救百姓饥寒。为此，山东布政使责备他独断专行，准备上疏弹劾，张伯行回答说：“皇上有旨救灾，不能说是独断专行。皇上如此重视民间疾苦，应该以仓谷为重呢？还是以人命为重？”布政使只好停止弹劾事。

康熙四十五年（1706），张伯行被任命为江苏按察使，是巡抚的属下。按照当时官场旧例，新任官员要给巡抚、总督等上司送礼以示尊敬，表示请求以后关照提拔，需要白银4000两。张伯行秉性耿直，从不巴结上司，对此腐败风气深恶痛绝，他说：“我为官，誓不取民一钱，安能办此。”所以，他只送给土特产当礼物，结果督抚们拒不接受，而他却毫不在意。不但如此，在任内他还尽力革除当地弊病，整顿吏治，因而得罪了总督和巡抚，常受到排挤。

康熙四十六年（1707）正月，康熙帝南巡到达江苏，在苏州谕令总督和巡抚举荐贤能官员。在举荐名单中康熙皇帝没看到闻名朝野的张伯行，就对总督、巡抚申斥道：“朕听说张伯行居官清廉，是个难得的国家栋梁之材，你们却不举荐。”说完又转向张伯行说：“朕很了解你，他们不举荐你，朕举荐你。将来你要居官而善，做出些政绩来，天下人就会知道朕是明君，善识英才；如果贪赃枉法，天下人便会笑朕不识善恶。”于是，现场提拔张伯行为福建巡抚，并且赐予“廉惠宣猷”的匾额。

到福建上任后，张伯行就明察暗访百姓的疾苦，上疏朝廷，请求免去台湾、凤山、诸罗三县因灾荒而欠交的赋税。与此同时，还修建了鳌峰书院，置学舍，拿出自己的藏书，搜罗前代文人的文集刊印成《正谊堂丛书》教学生。

康熙四十八年（1709），张伯行调任江苏巡抚，为了避免下属请托馈赠，特意发布了一篇《禁止馈送檄》说："一丝一粒虽小，却牵涉我的名节。一厘一毫虽微，却都是民脂民膏。对百姓宽待一分，那么百姓所受的恩赐就不止一分。向百姓多索取一文，那么我的为人便一文不值。虽说交际是人之常情，来路不干净也伤廉耻。"

据《清史稿·张伯行传》记载：张伯行历官二十余年，以清廉刚直著称，严禁属员馈赠。所以，康熙皇帝评价他说："伯行居官清正，天下所知。"

康熙皇帝还说："伯行操守为天下第一。"

在康熙时期，出现了两个最有名的廉吏，第一是于成龙，被称为"天下第一廉吏"，第二就是张伯行，被誉为"天下第一清官"。

（9）以诸葛亮自居的军机大臣左宗棠

左宗棠（1812—1885），字季高，湖南湘阴县人，故号"湘上农人"（意思是湘江畔的一位朴素农民），就读于长沙城南书院，20 岁乡试中举，此后屡次会试不第，故而遍读群书，钻研兵法，参与了平定太平天国、兴办洋务运动、镇压捻军、平定陕甘回民叛乱、收复新疆，推动了新疆建省。历任闽浙总督、陕甘总督、两江总督、东阁大学士、军机大臣，被朝廷封为"二等恪靖侯"，被光绪皇帝追赠为太傅，谥号"文襄"，并入祀"昭忠祠""贤良祠"。

据《清史稿》记载，左宗棠少时遍读群书，钻研兵法，尤其喜欢三国时期诸葛亮的忠君爱国、勤政为民和聪明才智，时时以诸葛亮为楷模而效法学习，经常以诸葛亮自居。所以，在给人写信时从来不署自己的姓名，只署"老亮"或者是"亮白"，由此可见一斑。

左宗棠随时牢记"子弟欲其成人，总要从寒苦艰难中做起，多酝酿一代多延久一代也"的家训，所以，他在写给儿子左孝威（1846—1873）的家书中教育儿子说："做官不要钱，乃本分事，不欲以一丝一粟自污素节"，千万要做到"一芥不取，一尘不染"。

他曾说："自奉宁过于俭，待人宁过于厚，一切均从简省，断不可浪用，此惜福之道，保家之道也。"这样做为的是"穷困潦倒之时，不被人欺；飞黄腾达之日，不被人嫉"。

他认为，"好便宜者，不可与之交财。多狐疑者，不可与之谋事"。

正因为如此，他给自己题座右铭楹联说："发上等愿，结中等缘，享下等福；择高处立，就平处坐，向宽处行。"

这副楹联体现了左宗棠一生奋发向上、中勤敬业、廉洁奉公的高尚品质。因此，全世界著名企业家——长江实业有限公司董事长李嘉诚特别喜欢这一副对联，将其挂于办公室。

左宗棠的上司直隶总督曾国藩（1811—1872）目睹他一心一意为国为民而不顾家，导致家庭生活极其简陋，就规定每年给他三百六十金养家，还赐给他一所住宅，作为对他功德业绩的褒奖与鼓励，结果，都被左宗棠谢绝了。

曾国藩评价左宗棠说："论兵战，吾不如左宗棠，为国尽忠，亦以季高为冠，国幸有左宗棠也。谋国之忠，知人之明，其廉俭若此，自愧不如"。

左宗棠为官几十年来，处处严于律己，以身作则，他不仅分文不取身外钱财，而且分内收入的百分之九十以上也被他用于公事。

同治八年（1869），湖南湘阴水灾他捐银一万两；光绪三年（1877），陕甘大旱他捐给陕西白银一万两、甘肃庆阳地区三千两。除此之外，还自费刊印了《四书五经》《棉书》《种棉十要》等大量书籍，分发陕甘各地，以期恢复那里的文化教育，指导百姓发展生产。在左宗棠勤政廉洁思想的影响下，他的部下当时就出现了一大批廉洁官员。

《清史稿》评价说："宗棠事功著矣，其志行忠介，亦有过人。廉不言贫，勤不言劳。待将士以诚信相感，善于治民，每克一地，招徕抚绥，众至如归。"

光绪皇帝评价说："大学士左宗棠，学问优长，经济闳远，秉性廉正，莅事忠诚。"

光绪年间兵部尚书彭玉麟（1816—1890）曾评价左宗棠说："忠君爱国，直做到全始全终。"

光绪年间礼部尚书曾国荃（1824—1890）曾评价左宗棠说："东戡闽越，西定回疆，天恩最重武乡侯，实同是鞠躬尽瘁。"

光绪年间工部尚书潘祖荫（1830—1890）评价左宗棠说："天下不可一日无湖南，湖南不可一日无左宗棠。"

光绪年间闽浙总督兼福建巡抚杨昌浚（1825—1897）评价左宗棠说："廉不言贫，勤不言劳。居尝以汉臣诸葛亮自命，观其宅心澹泊，临事谨慎，鞠躬尽瘁经王事，可谓如出一辙。"

民国初年文化名人葛虚存在《清代名人轶事》中评价左宗棠说："公雅喜自负，与友人书，恒末署老亮，以诸葛自况，砥砺刚介之操老而益力。"

戊戌维新变法领袖之一的梁启超（1873—1929）评价左宗棠说："五百年以来的第一伟人。"

中央美术学院教授刘体仁评价左宗棠说："左文襄幼年自负，几不可以一世，人称小诸葛。"

第二十七章
历朝历代对诸葛亮的评价

《三国志》是西晋著作郎陈寿奉命编写东汉末年曹魏、孙吴、蜀汉三个国家从黄巾军起义到西晋统一全国的完整断代史专著，为纪传体、共 65 卷，366893 字。该书以曹魏为正统，有传记人物 454 人。其中，魏书 30 卷，立传 243 人；吴书 20 卷，立传 128 人；蜀书 15 卷，立传 83 人，是后世研究了解三国历史文化的必读工具书。

100 多年后，史学家裴松之为《三国志》注引了相关史志资料 150 多种，共计 321575 个字，比原著多出 309 人，极大地丰富了《三国志》内容。其中为诸葛亮传补注资料 38 处，使诸葛亮的生平事迹更加完备。

罗贯中《三国演义》是以刘备为正统的，为彰显诸葛亮的功德业绩与聪明才智，120 回中有 38 回描写诸葛亮的相关故事，约占全书三分之一。《三国演义》描写人物 1233 个，诗歌 191 首，颂扬诸葛亮的就有 39 首，约占五分之一。

从《三国志》与裴松之注引以及《三国演义》不难看出，在三国历史人物中，只有诸葛亮的忠君爱国、勤政为民、廉洁自律以及睿智才智，集中汇聚了中华民族所有传统美德。正因为如此，1800 多年来，诸葛亮被十余个皇帝追封加爵进行赞誉，为他修建武侯祠庙多达数百座，达官显贵先后为他撰写了二十六份《祭文》，数千位文人学士为他的功德业绩赋诗作词撰文、题书匾联进行讴歌，老百姓更是家喻户晓，妇孺皆知而有口皆碑。有关他的处事修为与警世名言，无论官方或者是民间都被认可学习，被代代传播而经久不衰，其思想道德品质与人格魅力超越了中华民族历史上任何一个历史人物，具有典型的代表性。

诸葛亮在古今中外，堪称为名垂青史而影响力最大的历史人物，成为我们中华民族唯一一个思想文化上的形象大师，无可替代。

诸葛亮忠诚敬业的思想品质、勤政廉洁的功德业绩、为人处世的人格魅力，以及博学多才的聪明智慧，历朝历代帝王将相、达官显贵、文人学士，以及近现代伟人，都给予了肯定褒扬或者是赞颂，由于内容较多，我们从中选择汇集了主要的部分给读者介绍，目的是供人们学习、借鉴、传承。

1. 三国时期相关人物对诸葛亮的评价

徐庶评价说："诸葛孔明者，卧龙也。"（见《三国志·蜀书·诸葛亮传》）

著名隐士司马徽评价诸葛亮说："儒生俗士，岂识时务？识时务者在乎俊杰，此间自有卧龙。"（见《三国志·蜀书·诸葛亮传》）

蜀汉先主刘备评价说："孤之有孔明，犹鱼之有水也。"他还说："君才十倍曹丕，必能安国，终定大事。"（见《三国志·蜀书·诸葛亮传》）

蜀汉后主刘禅（207—271）评价诸葛亮说："惟君体资文武，明睿笃诚。受遗托孤，匡扶朕躬。继绝兴微，志存靖乱。爰整六师，无岁不征，神武赫然，威震八荒，将建殊功于季汉，参伊周之巨勋。"（见《三国志·蜀书·诸葛亮传》的后主《诏策》）

蜀汉蜀郡太守杨洪（？—228）评价说："西土咸服诸葛亮，能尽时人之器用也。"（见《三国志·蜀书·杨洪传》）

蜀汉车骑将军邓芝（178—251）评价说："诸葛亮亦一时之杰也。"（见《三国志·蜀书·邓芝传》）

西南少数民族首领孟获评价诸葛亮说："公，天威也，南人不复反矣。"（见《三国志·蜀书·诸葛亮传》）

蜀汉尚书令樊建评价诸葛亮说："闻恶必改，而不矜过，赏罚之信，足感神明。"（见《三国志·蜀书·诸葛亮传》附"董厥樊建传"）

蜀汉云南太守、阳迁亭侯吕凯评价说："今诸葛丞相英才挺出，深睹未萌，受遗托孤，翊赞季兴，与众无忌，录功忘瑕。"（见《三国志·蜀书·吕凯传》）

益州江阳郡太守彭羕评价诸葛亮说："足下，当世伊吕也，宜善于主公计事，济其大猷。"（见《三国志·蜀书·彭羕传》）

蜀汉射声校尉杨戏（？—261）在《季汉辅臣赞》中称赞诸葛亮说："忠武英高，献策江滨，攀吴连蜀，权我世真。受遗阿衡，整武齐文，敷陈德教，理物移风，贤愚竞心，佥忘其身。诞静邦内，四裔以绥，屡临敌庭，实耀其威，研精大国，恨于未夷。"

蜀汉步兵校尉习隆、中书郎向充给后主上书修建武侯祠时说："诸葛亮德范遐迩，勋盖季世。"（见《三国志·蜀书·诸葛亮传》裴松之注引《汉晋春秋》）

蜀汉辅汉将军张裔（165—230）评价诸葛亮说："公赏不遗远，罚不阿近，

爵不可以无功取，刑不可以贵势免，此贤愚之所以佥忘其身者也。”（见《三国志·蜀书·张裔传》）

东吴孙权（182—252）在接见蜀汉使者陈震（？—235）时评价诸葛亮说：“诸葛丞相德威远著，翼戴本国，典戎在外，信感阴阳，诚动天地，重复结盟，广诚约誓，使东西士民咸共闻知。”（见《三国志·吴书·孙权传》）

东吴太子太傅张温（193—230）说：“诸葛亮达见计数，必知神虑屈申之宜，加受朝廷天覆之惠，推亮之心，必无疑贰。”（见《三国志·吴书·张温传》）

东吴大鸿胪张俨（？—266）评价诸葛亮说：“孔明起巴蜀之地，蹈一州之土，方之大国，其战士人民盖有九分之一也，而以贡贽大吴，抗对北敌致使耕战有伍，刑罚整齐，提步卒数万，长驱祁山，慨然有饮马河洛之志。”（见《三国志·蜀书·诸葛亮传》注引张俨《默记》）

魏国太尉贾诩（147—223）评价说：“诸葛亮善治国，军机之略其亦可代为。”（见《三国志·魏书·贾诩传》）

魏国大鸿胪刘晔（？—234）评价诸葛亮说：“诸葛亮明于治而为相，关羽、张飞勇冠三军而为将，蜀民既定，拒险守要，则不可犯矣。”（见《三国志·魏书·刘晔传》）

魏国扶风太守傅干（175—？）评价说：“刘备宽仁有度，能得人死力。诸葛亮达治知变，正而有谋，而为之相。”（见《三国志·蜀书·先主传》裴松之注引《傅子》）

魏国大都督司马懿（179—251）评价诸葛亮说：“此人乃天下奇才也。”（见《三国志·蜀书·诸葛亮传》）司马懿还说：“诸葛亮真乃神人，吾不如也。”（见《晋书·宣帝纪》）

2. 三国以后各个时期对诸葛亮的评价

西晋初期《三国志》作者陈寿（233—297）评价诸葛亮说：“诸葛亮之为相国也，抚百姓，示仪轨，约官职，从权制，开诚心，布公道；尽忠益时者虽仇必赏，犯法怠慢者虽亲必罚，服罪输情者虽重必释，游辞巧饰者虽轻必戮；善无微而不赏，恶无纤而不贬；庶事精练，物理其本，循名责实，虚伪不齿；终于邦域之内，咸畏而爱之，刑政虽峻而无怨者，以其用心平而劝戒明也。可谓识治之良才，管萧之亚匹矣。”（见《三国志·蜀书·诸葛亮传》）

西晋给事中袁准评价说：“诸葛亮，重人也，而骤用蜀兵，此知小国弱民难以久存也。”（见《三国志·魏书·邓艾传》裴松之注引《袁子》）

袁准又说：诸葛亮“受六尺之孤，摄一国之政，事凡庸之君，专权而不失礼，行君事而国人不疑，如此即以为君臣百姓之心欣戴之矣。行法严而国人悦服，用民尽其力而下不怨。及其兵出入如宾，如在国中。其用兵也，止如山，进退如风，兵出之日，天下震动，而人心不忧。亮死至今数十年，国人歌思，如周人之思召公也。”（见《三国志·蜀书·诸葛亮传》裴松之注引《袁子》）

据《晋书·司马昭传》记载说：“帝为晋王，委任使典兵事。及蜀破后，令䚮受诸葛亮围阵用兵倚伏之法，又甲乙校标帜之制，䚮悉暗练之，遂以䚮为殿中典兵中郎将，迁将军。”

西晋初年，武帝司马炎就曾经与蜀汉归降人物给事中樊建一起讨论评价诸葛亮的特点，樊建说：“诸葛亮闻恶必改，而不矜过，赏罚之信，足感神明。”司马炎听后，不由得对司马家族死对头诸葛亮十分佩服而感慨地说：“善哉，使我得此人以自辅，岂有今日之劳乎。”（见《三国志·蜀书·诸葛亮传》裴松之注引《汉晋春秋》）

司马炎曾称赞诸葛亮说：“诸葛亮在蜀，尽其心力，其子瞻临难而死义，天下之一善也。”（见《三国志·蜀书·诸葛亮传》裴松之注引《泰始起居注》）

西晋代郡太守郭冲评价诸葛亮说：“亮权智英略，有逾管、晏，功业未济，论者惑焉。”（见《三国志·蜀书·诸葛亮传》裴松之注引《郭冲五事记》）

西晋御史中丞傅玄（217—278）评价说：“诸葛亮达治知变，正而有谋，而为之相。”（见《三国志·蜀书·先主传》裴松之注引《傅子》）

傅玄还评价说：“诸葛亮诚一时之异人也，治国有分，御军有法，积功兴业，事得其机。人无余力，出有余粮，知蜀本弱而微，故持重以镇之。”（见清代嘉庆年间严可均（1762—1843）编纂，中华书局 1965 年出版的《全上古三代秦汉三国六朝文》）

西晋秦州刺史宜昌亭侯张辅（东汉科学家张衡后裔）曾经评价诸葛亮说：“其行军也，路不拾遗，毫毛不犯，勋业垂济而陨。”（见《四库全书》之中《艺文类聚》卷二二）

西晋镇南将军刘弘参军李兴永兴元年（304）在《诸葛隆中故宅碣铭》中评价诸葛亮说：“英哉吾子，独含天灵，岂神之祇，岂人之精？何思之深，何德之清！异世通梦，恨不同生。推子八阵，不在孙吴，木牛之奇，则非般模，神弩之功，一何微妙。”（见《三国志·蜀书·诸葛亮传》裴松之注引王隐《蜀记》）

东晋散骑常侍常璩（291—361）评价诸葛亮说：“治国以礼，民无怨声，不滥用私刑，没尚有余泣。”又说：“亮政修民理，威武外振，摄于大国之间，以弱为强，犹可自保。”（见《华阳国志》）

常璩还说：诸葛亮“政修民理，威武外振，爰迄蒋琬、费祎，遵修弗革，摄于大国之间，以弱为强，犹可自保。”（见常璩《华阳国志·刘后主传》）

东晋著名文学家袁宏（328—376）评价说：“孔明盘桓，俟时而动，遐想管乐，远明风流。治国以礼，民无怨声。刑法不滥，没有余泣。虽古之遗爱，何以加兹。及其临终顾托受遗命作相，刘后主授之无疑心，武侯处之无惧色，继体纳之无二情，百姓信之无异此，君臣之际，良可咏矣。”（见南朝梁武帝长子萧统组织文人共同编选的《文选》卷四七之《三国名臣赞》）

东晋凉武昭王李玄盛（351—417）评价诸葛亮说：“览诸葛亮训励，应臻奏谏，寻其终始，周孔之教尽在中矣。为国足以致安，立身足以成名。”（见《晋书·凉武昭王李玄盛传》）

东晋著名史学家习凿齿（317—384）评价诸葛亮说：“诸葛武侯龙蟠江南，托好管、乐，有匡汉之望，是有宗本之心也。”（见北宋李昉、李穆、徐铉等学者奉敕编纂的《太平御览》卷四四七）

北魏时期大将刁雍（390—484）在对付柔然多次进犯给朝廷上表时建议说：“采诸葛亮八阵之法，为平地御寇之方。”于是“边境获其利”（见唐代杜佑《通典》卷一九六之《边防·蠕蠕》）

南朝陈国光禄大夫王通（503—574）评价诸葛亮说：“若诸葛亮不死，则礼乐大兴。”（见《陈书·列传》）

唐太宗李世民十分重视吏治清明，经常注意自我克制欲望，嘱咐臣下，莫恐上不悦而停止进谏。在政治上，他为政谨慎，知人善任，从谏如流。经济上他薄赋尚俭励精图治。因此，他处处以史为鉴，向诸葛亮学习，终于开创了“贞观之治”。他评价诸葛亮说：“汉魏以来，诸葛亮为丞相，亦甚平直。亮尝表废廖立李严于南中，立闻亮卒，泣曰：吾其左衽矣。严闻亮卒，发病而死。故陈寿称亮之为政是开诚心，布公道，尽忠益时者虽仇必赏，犯法怠慢者虽亲必罚。卿等岂可不企慕及之！朕今每慕前代帝王之善者，卿等亦可慕宰相之贤者。若如此则荣名高位，可以长守。”（见清代《钦定全唐文》卷一〇）

唐太宗又说：“君人者，以天下为公，无私于物。昔诸葛孔明小国之相，犹曰吾心如称，不能为人作轻重，况我今理大国乎？诸葛亮理蜀汉十年，不赦而蜀大化。”（见唐代贾公彦等撰《四部丛刊》续编——唐代史学家吴兢（670—749）所著的《贞观政要》）

唐代元和年间（806—820）进士王叡评价诸葛亮说：“孔明创蜀，决沉机二三策，遽成鼎峙，英雄之大略，将帅之宏规也。安危之机，存亡之要，审诸将略，可见征焉。”（见清代《钦定全唐文》卷七十五）

唐代翰林学士李翰评价诸葛亮说：“孔明从容，三顾后起，筹划必当，缔构必成。事屯而业亨，主暗而国治，兵弱而强邻畏服，功大而本朝不疑，斯亦难矣。然窥其军令，迹必用法，必俟中原克复，然后厚赏宽刑。”（见清嘉庆年间官修《钦定全唐文》卷四十三）

唐德宗贞元三年（787），山南西道节度使严震（724—799），见蜀汉炎兴元年（263）春后主刘禅为诸葛亮在定军山下武侯墓修建的武侯祠历时五百多年，已经破烂不堪，进行了全面整修，贞元十一年（795）正月十九日全面竣工。于是，他命节度使幕府的行军司马沈迥，撰写了《蜀丞相诸葛忠武侯新庙碑铭并序》碑刻。沈迥在碑文中称赞诸葛亮说：“丞相以命世全德，功存季汉。遗风余烈，显赫南方，丘垄南山，实在兹地。荒祠偏倚，庙貌诡制，非所以式先贤崇祀典也。”（见勉县武侯祠现存的镇馆之宝《蜀丞相诸葛忠武侯新庙碑铭并序》碑刻）

唐代职方郎中孙樵评价诸葛亮说：“武侯死殆五百载，迄今梁汉之民，歌道遗烈，庙而祭者如在，其爱于民如此而久也。”（见《新唐书·艺文志》）

唐宪宗李纯元和四年（804），剑南西川节度使武元衡幕府掌书记官裴度（765—839）为成都武侯祠撰写《蜀丞相诸葛武侯祠堂碑铭并序》时，在碑文中称赞诸葛亮说：“尝读旧史，祥求往哲，或秉事君之节，无开国之才，得立身之道，为治人之术，四者兼备矣，兼而行之，则蜀丞相诸葛公其人也。”（见《诸葛亮集·附录》卷二之《蜀丞相诸葛武侯祠堂碑铭并序》）

唐玄宗开元时期著作郎、集贤院学士严从评价诸葛亮说：“孔明躬耕南阳，盘桓俟主。吐筹献策，识鼎峙之形，总众临戎，有席卷之望。原其去就，抑亦怀汉之雅志焉。及其抚戎幕，持国钧，开诚心，布公道，赏不失德，罚不滥刑，又虽古之遗直，不能尚也。昔管仲用法，伯氏无怨，子羔刑人，终以见德。孔明之谪李严，盖近之矣。”（见清嘉庆年间官修的《钦定全唐文》卷三百之《拟三国名臣赞序》，以及成都武侯祠的镇馆之宝“三绝碑”）

唐代诗人杜甫在《蜀相》诗歌中评价诸葛亮说：“三顾频烦天下计，两朝开济老臣心。出师未捷身先死，长使英雄泪满襟。”

杜甫在《咏怀古迹》诗歌中说：“诸葛大名垂宇宙，宗臣遗像肃清高。三分割据纡筹策，万古云霄一羽毛。伯仲之间见伊吕，指挥若定失萧曹。运移汉祚终难复，志决身歼军务劳。”

宋代著名的史学家司马光评价诸葛亮说：“蜀先主与关羽、张飞布衣之友，周旋艰险，恩若兄弟。一旦得诸葛孔明，待之过于关张，关张不悦。先主曰：孤之有孔明，犹鱼之有水，愿诸君勿复言。是以能起于败亡之中，保有一方，与魏吴为敌国。”（见清张伯行辑《正谊堂全书·司马温公集》卷一三）

北宋仁宗赵祯时期的“明敬大师”契嵩（1007—1072）评价诸葛亮说：“孔

明始躬耕于隆中时，每自比管仲乐毅，时人莫有许者。惟崔州平徐庶以为然。吾考孔明事迹，其以天下至公为心，欲并强魏而复汉社稷，与管仲九合诸侯一匡天下，乐毅不屠莒即墨之城，欲专以王道一归天下，其道岂异哉。”（见《四库全书》之《镡律集》卷一六）

北宋宣德郎徐积（1028—1103），十分尊崇敬仰诸葛亮为人处世，因此，他评价诸葛亮说：“然人有过，虽亲必诛，有功，虽仇必赏。廖立辈乃其所黜，闻武侯死，至于感泣或呕血者，盖其用法平而得人心，士亦乐为之用。此七代以来（此指尧、舜、禹、夏、商、周、汉七代），辅佐之臣有其才者甚多，惟少德耳，武侯诚奇人。”（见《四库全书·节孝集》卷三一《语录》）

北宋太子中允程颐（1033—1107）评价诸葛亮说：“人臣身居大位，功盖天下而民怀之，则危疑之地，必也诚积于中，动不违理，威福不自己出，人惟知有君而已，然后位极而无逼上之嫌，事重而无专权之过，斯可谓明哲君子矣，周公、孔明其人也。”（见《四库全书》之《二程粹言》）

北宋文学家苏辙（1039—1112）评价诸葛亮说：“诸葛孔明迁李严废廖立，及孔明既死，而此二人皆哭泣有至死者。臣每读书至此，未尝不嗟叹古人之不可及而窃愍今世之不能也。”（见清代道光年间的《栾城应诏集》卷七《臣事五道》）

北宋文学家苏轼（1037—1101）在嘉祐四年（1059）评价诸葛亮说：“密如神鬼，疾如风雷。进不可当，退不可追。昼不可攻，夜不可袭。多不可敌，少不可欺。前后应会，左右指挥。移五行之性，变四时之令。人也？神也？仙也？吾不知之，真卧龙也。”（见明代诸葛羲编著的《诸葛忠武侯集》卷一〇；清代武侯墓祠主持道人李复心所著《忠武侯祠墓志》）

苏轼又说：“诸葛孔明不以文章自名，而开物成务之姿，综练名实之意，自见于言语。至《出师表》简而尽，直而不肆，大哉言乎，与《伊训》《说命》相表里，非秦汉以来事君为悦者所能至也。”（见《东坡全集》卷三四之《乐全先生文集序》）

苏轼还说：“孔明巍然三代王者之佐，未易以世论也。”（见《东坡全集》卷一《史评》）

北宋文学家、太学博士陈师道（1053—1102）评价诸葛亮说：“武侯之纵敌，务胜其心，以持久专意东方而无后忧，可谓善划也。”（见《四库全书》之《后山集》卷一四）

北宋时期著名哲学家杨时（1053—1135）评价诸葛亮说：“后世惟诸葛亮、李靖为知兵，如诸葛亮已死，司马仲达观其行营军垒，不觉叹服。而李靖惟以正出奇，此为得法制之意，而不务侥幸者也。”（见清代康熙年间张伯行主编

的《正谊堂全书》之《杨龟山集》卷二）

北宋理学家罗从严（1072—1135）认为："诸葛亮处三国，则才大任小，惜哉。"（见清张伯行辑《正谊堂全书》之《罗豫章集》卷九）

北宋史学家胡寅（1098—1156）评价诸葛亮说："三国人才之盛，后世鲜及，然诸葛孔明则独迈高出。"（见嘉庆帝在故宫养心殿的藏书《宛委别藏》之《致堂读史管见》）

南宋绍兴年间的文学家李季可评价诸葛亮说："高卧南阳，三顾乃出，一也；居草庐之中已定天下三分之策，二也；娶黄阿承面黑发黄之丑女，三也；七擒七纵孟获，四也；参佐论事至有十相违覆者，五也；开国托孤，出将入相，六也；马谡违亮节度军败，自贬三等，七也；连弩、木牛流马、八阵图之制，八也；孙权之盟曰：诸葛丞相，德威远著，信动阴阳，诚感天地，敌国之誉，九也；提寡弱之众，深入屯田，成久驻之基，百姓安睹，十也；为身后营阵以退敌，十一也；节制之师皆有实，宣王按其营垒处所曰：天下奇才，十二也；讣问至蜀士大夫争欲赴哭敌庭，百姓巷祭，戎夷野祀，十三也；李严、廖立被罪废黜，闻公之丧，叹泣有至殒者，十四也；道德忠顺，明睿笃诚，足为百世师；羽扇纶巾，风流蕴藉，又见天人之表，十五也；人有一焉，足以垂令名耀后世。"（见乾隆年间《知不足斋丛书》之《松窗百说》一卷）

南宋进士、剑南东川节度推官刘光祖（1142—1222）在《万里桥论》中评价诸葛亮说："诸葛公，三代遗才也。用法而人不怨，任政而主不疑，非天下之至公，其熟能与此？"（见四川按察使周复浚的《全蜀艺文志》卷三十三）

南宋翰林院学士、资政大夫洪迈（1123—1202）评价诸葛亮说："诸葛孔明千载人，其用兵行师皆本于仁义、节制，自三代以来（此指夏商周三代），未之有也。"（见《四库全书》之《容斋随笔》）

南宋乾道年间秘书省秘书郎兼国史院编修吕祖谦（1137—1181）评价诸葛亮说："诸葛亮治蜀之规模，有后人不能够尽知。其耕战之法，立国之纪纲，赏罚之必信，此人所共知。最是亮死后，其规模犹足以维持二十年，以刘禅之庸，黑白不分，而蜀不乱，此谁能及？后之为相者，身在时尚不能无失，而亮死后犹若此，只缘亮当初收拾得人才在。故亮死后，蒋琬代之，琬之后，董允代之，允之后，费祎代之，皆是贤者。此亮之规模，有以维持之也。"（见清光绪年间兵部员外郎胡凤丹辑《金华丛书》之《吕东来先生文集》卷一九）

南宋淳熙五年（1178）第一名进士湖南潭州（今长沙市）石鼓书院山长、教授、博士、工部尚书戴溪（1141—1215）在所著的《石鼓论语答问》之中也说："有仁人君子之心者，未必有英雄豪杰之才；有英雄豪杰之才者，未必有忠臣义士之节；三者，世人之所难全也。全之者，其惟诸葛亮乎。"（见明代

嘉靖抄本《将鉴论断》卷五）

南宋光宗绍熙四年（1193）状元陈亮（1143—1194）评价诸葛亮说："孔明苟全于危世，不求闻达，三顾后起，而拳拳汉事。"（见《宋史·艺文志》之陈亮所著《龙川文集》卷一一）

陈亮又说："仲达以奸，孔明以忠；仲达以私，孔明以公；仲达以残，孔明以仁；仲达以诈，孔明以信。"他认为如果诸葛亮不死，则会实现"仲达败，关中平，魏可举，吴可并，礼乐可兴"的目标。（见清代胡凤丹辑《金华丛书》本《龙川文集》卷七之《酌古论》）

南宋理宗时期文学家抚州推官罗大经（1196—1252）评价诸葛亮说："孔明不死，则汉业可复，礼乐可兴。孔明死，则五胡乱华，为六朝幅裂，其所关系大矣。"（见《四库全书》之罗大经所著《鹤林玉露》丙编卷四）

南宋理宗嘉熙年间史馆检阅钱时（1174—1244）评价诸葛亮说："三代而下，识见超卓、忠贯天地如诸葛孔明者盖寡。"（见乾隆皇帝主持修编的《四库全书》之《两汉笔记》卷一二）

南宋著名隐士朱黼（fǔ）评价诸葛亮说："孔明，王者之佐，伊尹之俦也。"（见明代史学家王士骐辑录的《诸葛忠武侯全书》卷一八《附评》）

南宋末年的登侍郎陈仁子评价诸葛亮说："汉孔明，王佐才也。出师一表，读之凛凛尚有生气。"（见清代初年影元抄本《牧莱脞语》卷一〇）

南宋名相张浚长子右文殿修撰张栻（1133—1180）评价诸葛亮说："惟忠武侯，识其大者。仗义履正，卓然不舍。方卧南阳，若将终身。三顾而起，时哉屈伸。难平者事，不知者几。大纲既得，万目乃随。我奉天讨，不震不竦。惟其一心，而以时动。噫侯比心，万世不泯。遗像有严，瞻者起敬。"（见《四库全书》卷三十六《张南轩集》）

南宋末年将领郭大有评价诸葛亮说："自古顾命，未有若季汉君臣者。昭烈之言，有尧、舜揖逊之气象。孔明之对，有伊周笃棐（fěi，辅助）之忠爱。其得人托孤之寄，得君委任之专，与日月争光可也。"（见明崇祯十一年王士琪所编《诸葛忠武侯全书》卷四《继统》引）

金世宗大定年间（1101—1189），翰林侍读学士礼部尚书赵秉文（1159—1232）评价诸葛亮说："西蜀，僻陋之国，先主、武侯有公天下之心，宜称曰汉。汉者，公天下之言也。"

赵秉文还说："诸葛亮而无死，礼乐其有兴，仆固不足以知礼乐之本，若安上治民，移风易俗之实，孔明任之有余矣。"（以上均见清光绪年间中宪大夫王灏（1822—1888）辑《畿辅丛书》之《闲闲老人滏水文集》卷一四）

元代徽州学者胡一桂评价诸葛亮说："三国之主，昭烈皇帝有德义。三

国之臣，孔明有王佐之心、正大之体。”（见《四库全书》之《史纂通要》卷九）

元代翰林学士吴澄（1249—1333）评价诸葛亮说：“廖立、李严被废黜，而终身无怨尤，感之至于垂涕，其非公心足以服人而然欤。”（见《四库全书》之《吴文正集》卷六）

元代成宗年间（1295—1307），礼部侍郎李京评价诸葛亮说：“孔明死而仲达走，非死孔明而能够走仲达，以生孔明之奇有以寒仲达之胆而夺其魄故也。”（见清代赵承恩编著的《诸葛武侯全书》之《诸家文化》）

元代著名文学家杨维桢（1296—1370）评价诸葛亮说：“汉之诸葛孔明，方其躬耕南阳时，尝自比管仲乐毅，人固谓其大言夸世耳。以余观之，其才、业则过于管、乐。”（见明代诸葛羲所著《诸葛忠武侯书》卷一八）

元顺帝年间（1333—1368）中书侍郎陈世隆说：“夫操（曹操）之临死，何为而咿嘤泣涕？畏诸葛也。”（见《四库全书》之《北轩笔记》一卷）

明代文学家宋濂（1310—1381）评价诸葛亮说：“三代而下有合于先王之道者，孔明一人耳。而师以正动，义也；委身事君，忠也；开诚布公，信也；御众以严，智也；其功之不能成，天也。”（见明隆庆年间沈津辑《忠武录》卷四）

宋濂还说：“三代以下人物之杰然者，诸葛孔明数人而已。孔明事功著后世，或侪（chāi，同辈、同类的意思）之伊吕，固为少褒；或又以孔明与管仲并称，则卑孔明矣。”（见《四部丛书》之《宋学士文集》卷七五）

明代政治家、军事家刘伯温（1311—1375）评价诸葛亮说：“军在于治，诸葛亮连年征战而兵无厌言，乃至于此。”（见《明史·刘伯温传》）

明代洪武年间（1368—1398），汉中府学教授文学博士方孝孺（1357—1402）评价诸葛亮说：“三国人才吴为重，魏次之，而汉又次之。而汉之孔明，二国之司马懿、周、鲁、张、陆之徒，皆不能及。”（见《四库全书》之方孝孺撰写的诗文集《逊志斋集》卷五）

明代武英殿大学士杨溥（1372—1446）评价诸葛亮说：“草庐三顾，出师二表。志复中原，天日皎皎。”（见明代隆庆年间沈津辑《忠武录》卷四）

明永乐年间进士吏部尚书王直（1379—1462）评价诸葛亮说：“豪杰之才，英伟之姿。鱼水之合，仁义之师。汉业未成，将星先坠。二表犹存，后世可慨。”（见《四库全书》卷三七《抑庵文集》）

明代成化年间（1465—1487）第一进士、翰林修撰罗伦（1431—1478）评价诸葛亮八阵图说：“三代以上兵法最善者，莫若轩辕之五阵。三代以下兵法之最善者，莫若孔明之八阵。”（见明代王士骐编著的《诸葛忠武侯全书》卷一三《八阵图》）

明代文学家胡居仁（1434—1484）评价诸葛亮说：“孔明之青天白日，光

明正大，可同日而语哉。”（见《四库全书》之《胡文敬集》卷一）

胡居仁还说：“诸葛孔明、司马懿智勇相当，只是孔明公平正大之气非懿所能敌。懿举中原之兵不能够当偏蜀之师，那是不敢出战，军师已经丧气。孔明三年不死，懿成擒矣。”（见《四库全书》之《居业录》卷四）

明代文学家邓元锡（1529—1593）评价诸葛亮说：“蜀在三国，最僻小，后立，又亡最先，末矣。武侯仗义履仁，舍命不渝，乃能尊主庇民，烂然耸开济功于管仲萧何之上，俾后世尊昭烈皇帝为正统而咏侯伯仲伊吕也，可谓百世师矣。”（见赵承恩《武侯全书》卷一八之《诸家文化》）

明代万历年间（1573—1620）兵部主事袁黄（1533—1606）评价诸葛亮说：“孔明之治蜀，事无巨细，咸亲决焉。至躬校簿书，流汗终日。”（见明代诸葛羲《诸葛忠武侯集》卷一八《评论》）

明代万历年间（1573—1620），礼部尚书于慎行（1545—1608）评价诸葛亮说：“三代而下，以霸略成王业者，唐太宗是也。以王佐成霸功者，孔明是也。”（见万历刻本《读史漫录》卷五《三国》）

明万历年间（1573—1620）进士云南参政谢肇淛（1567—1624）评价诸葛亮说：“武侯于滇，威德最远，距今二千年，犹人祠而家祝之。其遗迹故址，散见诸郡者不可殚述。云南则有诸葛营及碑刻，文曰：碑及仆，蛮为汉奴。夷有过者，常以石愭（qí，此指恭顺、敬畏的意思）之，有盟蛮台。大理有画卦台、天威迳、诸葛城故垒及印篆。临安有诸葛山，永昌有诸葛营、旗台、粮堆、打牛坪、诸葛宅、诸葛堰。楚雄有破军山、卧龙岗、汤团箐、武台髳州营。曲靖有盟夷山、分秦山、八塔、双井。澄江有诸葛营，蒙化有巍宝山、玄珠白塔。鹤庆有诸葛宅泉及池。姚安有武侯塔、遗垒、土城。武定有故城、诸葛营。北胜有祭锋台，陇川有孔明寄箭山。普洱有孔明营垒，车里有孔明碑。其他祠庙未可胜数，诸蛮皆威之如天地，爱之若祖考，革面革心，悠久而不变也。”（见《四库全书》之《滇略》卷五）

明万历十七年（1589）进士，吏部员外郎王士骐评价诸葛亮说：“诸葛公七纵七擒，振古未有。夷人心服，千载如新，而本传只以三语尽之。苦心妙用，具不可寻，寿于是可恨。”（见王士骐编著的《诸葛忠武侯全书》卷三《南征》）

这段话是说，诸葛亮当年南征平叛，曾经采取了七纵七擒怀柔方法，平定了南方，这种措施亘古未有过。西南的少数民族心悦诚服，这也是千百年来很新鲜的事情，然而，在陈寿《三国志·诸葛亮》传中只有“三年春，亮率众南征，其秋悉平”三句话。如此一来诸葛亮当年的苦心妙用之计策，后人根本看不到，所以陈寿这个人十分可恨。

明英宗天顺年间（1457—1464）礼部尚书薛瑄（1389—1464）评价诸葛

亮说："常谓义利二者不能并立。古之君子能建大功立大业，垂大名于万世者，未尝不重义而轻利也。如诸葛武侯自昭烈枉顾，即以身许驱驰，其所以劳心焦思谟画规图者，曷(hé)尝顷刻而不以讨贼兴汉为义哉！至其为子孙衣食之计者，不过成都之桑八百株薄田十五顷而已，外则别无丝毫取于人而益其家也。其重义轻利如此，故能嘘炎光于已烬之日，续汉统于既绝之秋。"（见清代同治年间张伯行主编的《正谊堂全书》辑录薛瑄所著《薛敬轩集》卷一〇）

明代成化年间（1465—1487）进士吏部主事蔡清（1453—1508）评价诸葛亮说："孔明之治蜀也，爵不可以非人幸，罚不可以亲故免，若嫌于过严矣。然继璋之暗弱，专权恣睢者或跳梁于法外，不绳之以严不可也，非所谓乱国之民用重典之乎？况昭烈宽仁大度，而吾不以严济之，是以水济水也。故上以宽，吾以肃；上以缓，吾以急；上以仁，吾以义；不犹疾徐甘苦之相成耶？吾故曰：昭烈之厚恩德以收众心者，君道也；孔明之以严治蜀者，相道也。"（见明代王士骐编著的《诸葛忠武侯全书》卷一八《附评》）

明嘉靖年间（1522—1566）翰林院编修王立道（1510—1547）评价诸葛亮说："孔明拳拳以讨贼，兴复为己任，故表此以坚后主，亦自量其才力优然耳。"（见《四库全书》之《具茨文集》卷六）

明代史学家杨时伟（1554—1634）评价诸葛亮说："择主而得英雄，择妇而得丑女，虽曰天作之合，而千古善择者如孔明矣。然木牛、流马法，实由妇传，盖亦一大英雄，而天所生以佐侯者也。"（见明代杨时伟《诸葛忠武书》卷九《遗事》）

明代学者胡应麟（1551—1602）评价诸葛亮说："武侯人品，信轶汉唐而班三代矣，乃其人才又绝出于三代之下者。"（见《四库全书》卷九十七之《少室山房集》）

明代万历年间（1573—1620）进士、吏部尚书赵南星（1550—1627）评价诸葛亮说："孔明则真龙也，二子亦皆似之。"（见中华书局1985年出版赵南星编著的《味檗斋文集》卷一五）

明万历年间（1573—1620）解元张玮评价诸葛亮说："人之知武侯，不如武侯之自知。其所明告汉帝者，只曰谨慎而已。观其出师请命，小挫请贬，用人如恐不尽，闻过无恐不及。至俭约终身，不使死有余财，以负知遇。略擅千古而不以先人，勋盖一时而不以自伐，真一生谨慎士也"（见明代王士骐的《武侯全书》卷一八）

康熙皇帝爱新觉罗·玄烨评价诸葛亮说："诸葛亮云，鞠躬尽瘁，死而后已。为人臣者，惟诸葛亮能如此耳。"（见《清实录》卷三〇〇康熙《遗诏》）

乾隆皇帝爱新觉罗·弘历评价诸葛亮说："延及后主，信用孔明，成都大治，守父之余烈，保土安疆，七纵之威，六出之锐，敌国畏之如虎。殆孔明殁，黄浩陈祇用事，殄民误国，而汉祚告终。治乱之理，岂非系人君之用贤与不用贤哉！当昭烈之狼狈奔走，以未得到孔明故也。后主之克守前烈，为敌国所畏者，以孔明在相位故也，其用黄浩陈祇而丧国败家者，以孔明殁故也。贤人为国家之宝，岂不信哉。”（见光绪年间湖南书局版本《诸葛武侯集》卷首）

乾隆皇帝还说：“孝能竭力王祥览，忠以捐躯颜杲真。所遇由来殊出处，端推诸葛是全人。”（见《清史稿》和山东省临沂市“五贤祠”的《御碑》）

清初著名史学家王夫之（1619—1692）评价诸葛亮说：“先主殂，武侯秉政，务农殖谷，释吴怨以息民，然后天下粗安。蜀汉之祚，武侯延之也，非先主之所克胜也。”（见王夫之所著《读通鉴论》）

清康熙年间南阳知府罗景在编写《卧龙岗志》时评价诸葛亮说：“致身曰忠，定乱曰武。功盖三分，名彰千古。莘野渭滨，易地皆然，彼管仲乐毅又何足数。”（见《卧龙岗志》卷首）

清初文学家毛宗岗（1632—1709）评价诸葛亮说：“历稽载籍，贤相林立，而名高万古者莫若孔明。其处而弹琴抱膝，居然隐士风流。出而羽扇纶巾，不改雅人深致。在草庐之中而识天下三分，则达乎天时。承顾命之重而至六出祁山，则进乎人事。七擒八阵，木牛流马，既已疑鬼疑神之不测。鞠躬尽瘁，志决身歼，乃是为臣子之用心。比管乐则过之，比伊吕则兼之，是古今来贤相中第一奇人。”（见清代刻本《第一才子书三国演义》所附《读三国志法》）

清代史学家、文学家、顺治年间（1644—1661）南阳知府朱璘评价诸葛亮说：“孔明昭烈以扶汉室，君臣一德，如鱼水之合，咸欲以伸大义于天下者耳。”（见康熙三十七年万卷堂本之朱璘所著《诸葛丞相集》卷四附录）

清康熙年间（1662—1722），史学家何焯（1661—1722）评价诸葛亮说：“丞相之泽，数千年追思不忘。”（见中华书局 1987 年出版的何焯著《义门读书记》卷二七）

清康熙年间，历任两江总督，吏部尚书的张鹏翮（1649—1725）曾评价诸葛亮说：“儒者之气象，王佐之经纶，去利以怀义，纯忠而得仁。托六尺之孤，洵君子人也。行公平之政，乃一个臣哉。”（见张鹏翮《忠武志》卷六）

康熙年间文渊阁大学士吏部尚书陈廷敬（1638—1712）评价诸葛亮说：“昭烈之任诸葛，其智不愧成汤。诸葛不负昭烈，其忠可比伊尹。”（见《四库全书》之陈廷敬所著《午亭文编》卷三四）

清代文学家王世禛（1634—1711）评价诸葛亮说：“汉儒之学，能见得静字惟孔明一人。学以广才，静以成学等语，亦得规模领要。”（见王世禛著《池北偶谈》卷八）

王世禛又说："古来名臣多矣，然千百年后，读史至诸葛忠武侯、司马文正公（北宋史学家司马光）之薨，辄感动流涕者，至诚为之也。"（见王世禛所著《池北偶谈》卷九）

清康熙年间，文华殿大学士李光地（1642—1718）评价诸葛亮说："三代后，武侯是个小周公（周文王姬昌第四子，周武王姬发的弟弟），朱子（南宋著名理学家朱熹）是个小孔子，具体而微。武侯才大气宏，通身绝无火气。"（见《四库全书》之《榕村语录》卷二二）

李光地又说："武侯自比管乐，必当有见。武侯节制之师，法令严明，其兵与渭滨之民杂处而若不知，是何等调度。"（出处同上）

李光地还说："武侯同时人无不服，身后人无不服，虽仇敌如魏吴亦无不服。先主目空一世，计见武侯时，年已经四十余，武侯才二十七岁，一见便倾倒。"（出处同上）

清代康熙年间文学家何焯（1661—1722）评价诸葛亮说："以不懈于内任群司，以忘身于外自效，以修身正家，纳谏任人责难其主（以上是对诸葛亮《出师表》内容的评价。责难，是以难事勉励人），盖此又兴复之本也，其真王佐之才。"（见清何焯撰《义门读书记》卷二十七）

雍正时期（1723—1735）普宁（广东省普宁市）知县蓝鼎元（1680—1733）评价诸葛亮说："《诫子书》精微广大，《正议》（诸葛亮所作）、二表（此指前后《出师表》），百世可师，直补经传所不及哉。出处似伊尹，忠诚似周公，学问似颜子，三代以下第一人之目，明道君子咸推之。"（见《四库全书》之《鹿洲初集》卷一六）

清乾隆年间（1736—1795），进士、御史赵青黎（1701—1782）评价诸葛亮说："渭南之屯，杂布耕战，不相惊犯，此即古者寓兵于农，地水所为师也。况以武侯之诚信素结于民，而又亲见其师旅之蔼蔼若家人父子也，箪食壶浆，有不争迎恐后者乎？大功未奏，将星遂陨，汉之不幸也。"（见 1917 年古墨斋藏版道光年间赵绍祖赵绳祖辑《泾川丛书》之《星阁史论》）

清嘉庆年间（1796—1820）沔县知县王森长评价诸葛亮说："武侯治蜀，科教严明，赏罚必信，无恶不惩，无善不显，吏不容奸，人怀自励，道不拾遗，强不侵弱，风化肃然。而武侯自言威之以法，法立则知恩，为治之要，胥是道也。身死之日，巷哭庙祭，黎庶追思，历魏至晋，犹在人口，陈寿比之郑人歌子产。"（见嘉庆至道光武侯墓祠主持道人李复心的《忠武侯祠墓志》卷四）

子产，是春秋时期郑国相国，郑国是晋、楚两个大国之间的小国，严重危及郑国安全，子产一直周旋在晋、楚两个大国之间，维护郑国尊严，对内治理有条不紊，老百姓安居乐业。因此，司马迁《史记》中写道："郑相子产卒后，郑人皆哭泣，悲之如亡亲戚。”

清嘉庆年间韩城县知县吕兆鬣（liè）评价诸葛亮说：“天欲延汉而先生生，天欲亡汉而没先生。先生与天命相始终，于先生何恨？汉得天命，而先生赞其业，汉失天命，而先生正其绪。先生为汉室大一统，于先生之志何恨哉？呜呼，二表精忠，争光日月，鞠躬尽瘁，可谓仁矣。三代以下，不乏纯臣，谁可与先生并论者！先生真廻绝千古哉。”（见清武侯墓祠主持道人李复心所著《忠武侯祠墓志》卷五）

清朝道光年间（1821—1850）进士、同治年间广东提学使上海龙门书院主讲刘熙载（1813—1881）评价诸葛亮说：“汉魏之间文灭其质，以武侯经世之言相比，而当时怪其它文采不艳。然彼艳者，如实用何。”（见上海古籍出版社出版刘熙载所著《艺概》卷一《文概》）

清道光江苏按察使黄恩彤（1801—1883）评价诸葛亮说：“尽力事君而要之以死（诸葛亮《出师表》中有‘鞠躬尽瘁死而后已’之语），是知其不可为而为之者也（赞扬诸葛亮始终不渝的精神），所谓其愚不可及也（赞扬诸葛亮大智若愚后人不可及），丞相真大贤矣哉。”（见咸丰七年本《三国书法》卷九）

黄恩彤还说：“世徒知诸葛之才、之略、之忠、之义以为不可及，而自述其受知先帝则曰谨慎。”（出处同上）

清道光年间沔县知县王鼎丰评价诸葛亮说：“论人于三代前，以伊吕为尚，论人于三代后，以武侯为优。”（见李复心《忠武侯祠墓志》卷四）

清代著名学者王维新（1785—1848）评价诸葛亮说：“两汉以来无双士、三代而后第一人。”（见《清史稿》）

清代学者刘学山评价诸葛亮说：“武侯天下才也，非以一己之才胜天下，乃合天下之才以成一己也。才美如周公，尚屈己见士。学勤如颜渊，尚以多问寡。诚以天下之义理无穷，一人之智力有限也。当时之士，岂有及武侯者。……武侯位高而愈致其恭，权重而愈守其约，主儒而愈笃其忠，时艰而愈生其智，论学则推本于静，论战则推本于德。是以用民而民忘劳，犯难而民忘死，此岂三代以下才哉！故武侯之自比管乐者，时也，武侯之无愧于伊吕者，学也。”（见李复心《忠武侯祠墓志》卷四）

除上述历朝历代的评价之外，明清以来的文人学士和达官显贵在武侯墓、祠和其他相关的祠庙古迹中刻立碑石、撰写《祭文》以及题书匾额、楹联，为诸葛亮歌功颂德的高度评价内容十分丰富，数量之多也不胜枚举。例如：

“坐言起行”“出将入相”“名垂宇宙”“纯儒望重”“纯儒气象”“大气无方”“精忠粹德”“德泽天下”“季汉伊姜”“儒行将略”“大名永垂”“内敬外直”“纯臣楷模”“醇儒醇臣”“伊吕匹休”“名世挺生”“独含天灵”“鞠躬尽瘁”“功

盖三分”“两朝开济”“先生之风”“汉代元勋”“功崇亘古”“万古云霄”“君子人也”“其犹龙乎”“伯仲伊吕”“理仪纯诚”“高风亮节”“知性知天”“忠延汉鼎”“忠贯云霄”“法不恕己”“威震八荒”“懦夫将厉”“亘古无双”“正气长存”“文武国雄”“千古名相”“民族之星”“胸怀日月”“怀仁慕德”“风流千古”“兴微继绝”“将相师表”“王佐奇才”“三代遗才”“大汉一人”“千古人龙”“天下奇才”“万世师表”“天下第一流”“真神人”等。（见武侯墓祠主持道人李复心编著的《忠武侯祠墓志》及郭清华编著的《武侯墓祠匾联集注》）

1745 年，英国皇家由狄德罗（1713—1748）主编，历时 25 年，于 1771 年出版发行的《不列颠百科全书》，又称《大英百科全书》，共计 4400 万字，被公认是当今世界最知名也是最权威的百科全书。由于诸葛亮在中华民族历史上具有深远影响与地位，所以，《不列颠百科全书》把诸葛亮与中国道家思想文化创始人老子、儒家思想文化圣人孔子和千古一帝秦始皇一起列入了世界名人。诸葛亮从此走出了国门，成了世界著名人物，被世人广泛地尊崇敬仰，这是我们中华民族的骄傲和自豪。

孙中山在《三民主义》之“民权主义”中说：“诸葛亮很有才能，所以在西蜀能够成立很好的政府，并且能够六出祁山去北伐，和吴魏鼎足而三。”

笔者从事三国与诸葛亮专业研究 40 余年，根据对诸多史志资料研究表明，自古至今，大家对诸葛亮都是认可的、尊崇敬仰的，即便是在民间也不例外，他们对诸葛亮更是有口皆碑，顶礼膜拜，这在中国历史上也是少有的现象。

2020 年 1 月，华中科技大学出版社出版发行笔者修订再版的《三国成语典故》专著，在 346 个成语典故中直接与诸葛亮有关系的成语典故就有 92 个。

据中华书局 2015 年 8 月出版发行的朱大渭、梁满仓合著的《诸葛亮大传》第十二章之“源远流长”介绍而知：1986 年 12 月 20 日《北京晚报》报道，云南省保山市重修武侯祠时，一位名叫常恭的北京市游客自愿向保山市武侯祠捐款，并且去信说：“为了纪念诸葛亮这个历史上的伟大人物，保山市人民集资重塑金像，我也愿为此贡献微薄之力。”

毫无疑问，这位北京人显然是诸葛亮的崇拜者。

1993 年 12 月 31 日，《北京晚报》刊登了《中外伦理格言》，其中选择了诸葛亮《诫子书》中的“夫君子之行，静以修身，俭以养德，非淡泊无以明志，非宁静无以致远”警世格言。

1995 年 4 月 15 日，《人民日报》刊登了陈淀国《人如玉树当风立》文章，介绍了齐白石的高足一代“神刀”李立篆刻文天祥《正气歌》，以及诸葛亮《出师表》的事迹。

1996 年 4 月 9 日，《光明日报》刊登了人民群众推荐的“我所喜爱和信奉的从政箴言”共九条，第二条就是诸葛亮的“鞠躬尽瘁，死而后已”名言。

1996 年 4 月 20 日，《光明日报》报道了《中华正气歌》出版的消息，诸葛亮是历史人物的当选者之一。因此，刘国藏先生选颂正气歌人物有《诸葛亮・调寄浣溪沙》云：“三顾茅庐心映心，托孤白帝负乾坤，高风亮节普天尊。对策隆中图大业，表陈剑外献丹忱，鞠躬尽瘁人歌吟。”

诸葛亮的思想文化不但跨越时代空间，影响中国人世世代代，而且在国外特别是东南亚地区，也是一个倍受尊崇敬仰的人物。其中，尤以日本最为突出。

据 1997 年 1 月 1 日《光明日报》刊载康贻红的《日本三国热不降温》报道说：“在日本的史学界评价中国历史上最杰出人物时，诸葛亮被评为十杰历史人物之一。”

日本研究《三国志》的两位专家野宏与中村直祯认为：“三国热”在日本经久不衰不是偶然的。刘备势孤力单，却能够在豪强中取得立足之地，开创了蜀国，关键在于发现人才，使用人才。尤其是诸葛亮的治国、治军、用兵等奇才以及高尚的道德情操，对于日本政界、商界、学界影响颇深。

据说，在日本，一些员工为了企业、为了集团而奋斗，不惜“过劳死”的意识，是受了诸葛亮“鞠躬尽瘁，死而后已”献身精神的影响。

2013 年 3 月 1 日，中共中央总书记、国家主席习近平在中央党校建校 80 周年庆祝大会暨 2013 年春季班开学典礼讲话中说：

“诸葛亮鞠躬尽瘁，死而后已的献身精神，体现了中华民族的传统优秀文化和民族精神，我们都应该继承和发扬。”

除上述介绍的情况之外，因为诸葛亮而产生的谜语、歇后语、俗语不胜枚举，堪称家喻户晓，妇孺皆知，老百姓可以信口拈来，并且代代传播。例如：“曹操诸葛亮，脾气不一样”“三个臭皮匠，顶个诸葛亮”“事后诸葛亮”“开个诸葛亮会”“聪明的像诸葛亮一样”“把别人比作阿斗，把自己看成是诸葛亮”“再聪明也比不上诸葛亮”“这人是诸葛亮转世”等等。

诸葛亮简直就是民间智慧的化身，更是智慧的代名词，这些民间语言不仅中国人口口相传，而且在国外文学作品及影视作品中也经常出现。这说明，诸葛亮在国外也有深远影响。

关于“三个臭皮匠，顶个诸葛亮”，这是老百姓的口头禅，意思是三个才能平庸的人，若能同心协力集思广益，也能提出比诸葛亮还周到的计策。比喻人多智慧多，如果有事情，经过大家商量，就能想出好办法来。

笔者认为不该是“皮匠”，而应该是“裨将”，也就是副将的意思。试想，三个修鞋的“皮匠”如何与诸葛亮的智慧与能力相提并论，根本是风马牛不相及的比喻。而“裨将”才是比较切合实际的比喻，因为，三个副将也是军事将领，他们的智慧合起来能顶一个诸葛亮的智谋，这才有可比性。

由于“裨将”与“皮匠”谐音，所以，在民间流传过程中，人们竟因为谐音而将“裨将”误认为是“皮匠”。

时至今日，全国各地诸多城市、乡村用孔明、卧龙、诸葛、武侯、武乡、诸葛亮命名的地名、机关单位、街道、学校、幼儿园、古迹名胜、农副产品、食品、企事业单位比比皆是。例如：诸葛山、孔明洞、诸葛岩、诸葛坡、诸葛岭、诸葛城、丞相祠、诸葛营、孔明道、孔明山、孔明城、武侯镇、诸葛村、卧龙公园、孔明山庄、亮寨、武侯大街、武乡镇、武侯村、武侯宾馆、武侯路、相府酒楼、卧龙酒家、诸葛宴、诸葛旅行社、武侯馆驿、诸葛鱼、孔明小炒、卧龙茗茶、武侯特炒、武侯毛尖、武侯菜馆、武侯休闲庄、武侯茗媚、诸葛农家乐、小孔明幼儿园、诸葛书画院、卧龙路、孔明路、卧龙岗、卧龙区、诸葛亮中学、诸葛亮研究会、诸葛亮文化促进会、诸葛文化广场、诸葛路、诸葛街、武乡路、武乡县、卧龙集团公司、卧龙电气、卧龙控股集团、诸葛八卦村、诸葛古镇等等。

从以上不难看出，诸葛亮的思想文化一直被古今中外所尊崇敬仰，而且经久不衰，已经进入了人们生活的方方面面而深入人心。

第二十八章

浅谈诸葛亮的肖像形象

诸葛亮是历史上家喻户晓、妇孺皆知的优秀人物，他的忠诚、勤政、廉洁、睿智，形成了一个完整而具有丰富内涵的诸葛亮文化，是我们中华民族上至帝王将相，下至平民百姓一直尊崇敬仰的楷模和典范，其影响力自三国以来一直经久不衰，代代传承，甚至在国外都产生了深远影响，所以，诸葛亮堪称是我们民族高尚品德的思想文化形象大师而无可替代。

时至今日，全国各地都有纪念诸葛亮的武侯祠、庙名胜古迹与遗址、遗迹，他的塑像、画像与雕像也随处可见。但是，认真品味，无论是立像或者是坐像，除了丞相帽和羽毛扇是诸葛亮唯一约定成俗的形象标志特征外，其他方面可以说是形态各异，很不统一，难以界定诸葛亮真正的形象标准。

特别是，2004 年，汉中勉县在城东新建了“三国广场”，意欲宣传弘扬三国历史文化，同时为市民提供一个比较舒适的活动娱乐场所。为此，县政府特邀全国著名雕塑设计大师钱绍武（1928—2021）设计雕刻了一尊高 5.4 米汉白玉诸葛亮大型立式雕像，立在广场之中，象征诸葛亮 54 岁，同年 12 月 30 日落成，供大家观赏，同时也自然而然地形成了县城的一个三国文化标志。

为了彰显诸葛亮在定军山下屯军八年北伐曹魏的功德业绩与这尊雕像在“三国广场”的作用，县委、县政府主要领导邀请笔者就此造像写一篇文章进行点评宣传，准备刻在雕像之下的立座上，以示久远。

笔者认真观察这尊大型雕像后发现，尽管雕像神韵不错，不但威武雄壮而且还有飘逸感，有区别于其他地方诸葛亮造像。可是，万万没有想到，诸葛亮的羽毛扇却拿在了左手之中，这在已知的古今诸葛亮塑像或者是雕像中属于罕见的首例作品，堪称独一无二。因为，所有的历史资料，从来就没有诸葛亮是左撇子说法。虽然在现实生活中，正常人也有用左手拿东西或者是使用扇子的情况，可这毕竟是偶尔行为，不属于普遍的固定性行为。

作为雕像或者是塑像，肯定有固定的意识形态反应，属于定位性的文化标识，诸葛亮是古今中外的著名人物，对于他的雕像或塑像制作，必须要规范，不能够随心所欲，违背常理，否则就会产生一种误导，让人费解而评头论足，达不到有效宣传教育与艺术传播作用。笔者发现上述问题后，就立即向县领导作了汇报，说明造像木已成舟，根本无法进行更改，只好顺其自然，留下了遗憾，不好言不由衷地撰写文章进行宣传，就让它始终这样存在吧。

早在十多年前，笔者就诸葛亮的肖像问题和诸葛八卦村的诸葛后裔交谈，提出深入研究，能够统一诸葛亮的肖像形象，在学术界形成共识，以便今后大家在造像、画像时共同使用，诸葛后裔十分赞同，认为这是很有必要的事。为此，笔者开始对此专题研究，并利用央视“特聘顾问与访谈专家”经常接受央视采访的条件，说明了此用意，得到央视的认同，认为这是一个很有意义的题材。

2016 年清明节至同年 10 月期间，中央电视台纪录频道的《汉中栈道》摄制组曾经三次来到勉县，特邀笔者就诸葛亮肖像形象问题进行了专题采访。根据史载文献记述和多年考察研究诸葛亮文化的认识，系统介绍了自己对诸葛亮肖像形象的具体看法，希望通过抛砖引玉，在学术界与社会上受到关注与认同。

2018 年 7 月，央视纪录频道播放的六集专题片《汉中栈道》第四集中，集中向国内外报道了笔者就诸葛亮肖像形象问题的具体看法。随后，整理撰写了《浅谈诸葛亮的肖像形象》论文，同年 9 月在浙江省兰溪市召开的“全国第二十三届诸葛亮学术研讨联会”上进行交流，引起了学术界的关注与好评，被收进《全国第二十三届诸葛亮学术研讨会论文集》，2018 年 9 月由团结出版社出版发行。现就笔者的研究成果，介绍如下。

1. 关于诸葛亮的画像、塑像和雕像问题

诸葛亮的画像，最早出现在景耀六年（234）春后主刘禅为诸葛亮“诏为亮立庙于沔阳”（今陕西省勉县）时期，距今已有将近 1760 年的历史了。

据《三国志·蜀书·诸葛亮传》裴松之注引《襄阳记》记载说：

亮初亡，所在各求为立庙，朝廷以礼秩不听，百姓遂因时节私祭之于道陌上，言事者或以为可以立庙于成都者，后主不从。步兵校尉习隆中书郎向充等共同上表曰：臣闻周人怀召伯之德，甘棠为之不伐；越王思范蠡之功，筑金以存其像。自汉兴以来，小善小德而图形立庙者多矣，况亮德范遐迩，勋盖季世，兴王室之不坏实斯人，是赖而蒸尝止于私门，庙像阙而莫立，使百姓巷祭，戎夷野祀，非所以存德念功述追在昔者也。今若尽顺民心，则渎而无典，建之京师又逼宗庙，此圣怀所以惟疑也。臣愚以为，因近其墓，立庙于沔阳，使其亲属赐祭，凡其臣故吏欲奉祠者，皆限至庙，断其私祭，以崇正礼。於是，始从之。

从上述记载不难看出，诸葛亮死后的 29 年之中只有墓葬，根本没有祠庙祭祀，老百姓因怀念追思诸葛亮的功德业绩，希望在成都修建祠庙四时祭祀，后主因“建之京师又逼宗庙”，与礼秩不合，“所以惟疑”而不许，因此出现了“百姓巷祭，戎夷野祀”，益州各界民众不得不“遂因时节私祭之于道陌上”的局面。是步兵校尉习隆、中书郎向充等蜀汉大臣联名上表，强烈要求后主刘禅为诸葛亮立庙祭祀，才有确立修建武侯祠之说的。

为回避在成都立庙，习隆、向充等同时建议在汉中定军山下武侯墓“因近其墓，立庙于沔阳”，目的是解决“烝尝止于私门，庙像阙而莫立”的问题。

由于当时的蜀汉政权已经是摇摇欲坠，加之社会和朝廷官员对诸葛亮崇敬怀念的压力，后主刘禅迫于无奈，“於是，始从之”，这才答应景耀六年春天在武侯墓修建了天下第一座武侯祠，这是唯一一座由皇帝下诏而且由官方修建的最早武侯祠，被誉为“天下第一武侯祠”。同年秋天，魏国派遣钟会、邓艾两路大军征讨蜀汉，蜀汉国家很快就灭亡了。

由于当时的形势所迫，修建的武侯祠不但规模小，也来不及塑像，只好采取“图形立庙”，即立祠后画像祭祀，这应该是历史上第一幅诸葛亮画像，由此开了诸葛亮画像的历史先河。从此以后，诸葛亮的画像层出不穷，特别是唐宋明清以来，更是屡见不鲜。

据《三国志·蜀书·诸葛亮传》记载，我们只知道他“身长八尺（按汉代

与今的度量衡换算，八尺约合今 184 厘米），容貌其伟，时人异焉”，这是对他成年以后体形与容貌情况的介绍，至于他的生活习惯与爱好特点，我们一概不知。

据广东省博物馆朱万章撰写的《绘画中的诸葛亮形象鉴考》介绍，“晋唐至两宋时代，虽然没有诸葛亮的肖像画传世，但是从文献资料依然可以勾勒出诸葛亮绘画中的形象”。他还说，唐代的宰相画家阎立本（601—673）曾经画过诸葛亮像，五代时期，前蜀画家房从真画过《诸葛亮引兵渡泸图》，北宋文学家苏轼（1037—1101）写过《诸葛武侯画像赞》，全文如下：

密如神鬼，疾如风雷；进不可挡，退不可追；昼不可攻，夜不可袭；多不可敌，少不可欺；前后应会，左右指挥；移五行之性，变四时之合。人业？神也？仙义？吾不知之，真卧龙也。

苏轼只是对诸葛亮的战略战术进行称赞，对诸葛亮的形象却语焉不详。

元明清以后，有关诸葛亮的画像就已经层出不穷，比比皆是了。例如：元人所作的《诸葛亮像》、明代朱有燉（1379—1439）的《孔明读书图》、朱瞻基（1398—1435）的《武侯高卧图》、钟年仁的《明刻历帝贤相》、诸葛亮第三十六世孙——崇祯元年（1628）进士诸葛羲的《诸葛孔明全集》、谢时臣（1487—1567）的《诸葛亮像》、明代王圻（1530—1615）刊刻的《三才图会》、明代南熏殿版本张风（？—1662）的《诸葛亮像》，还有台北故宫博物院收藏的《历代圣贤半身像册》等等（见 2011 年 8 月，四川科学技术出版社出版发行谢辉、罗开玉、梅铮铮的《诸葛亮与三国文化》（四）上集第 269—291 页）。

至于清代至现代的诸葛亮画像，更是不胜枚举。这些画像有立像、坐像、半身像、卧像，大多数戴丞相冠，少数是羽扇纶巾形象，总之，形态各异。

塑像，是指用泥或者石膏等原料手工塑造的人像。在全国各地武侯祠庙中都有以坐像为主的诸葛亮塑像，肃穆庄重，也有极少数立像和生活像，但都是泥塑彩绘的。

关于诸葛亮的塑像，始于何时没有准确记载。但是，唐代诗人杜甫在《咏怀古迹》诗中有“诸葛大名垂宇宙，宗臣遗像肃清高”之句，说明当时的成都武侯祠已经有了塑像。现在全国各地武侯祠、庙之中的塑像，除了武侯墓属于明代万历年间的造像有史可查外（见清李复心编著的《忠武侯祠墓志》），其他的都是清代以来的造像。特别是，这些造像看起来大都定位于诸葛亮晚年时期形象，由于受到明清时期舞台艺术形象的影响，加之大多数按照神的形态而造像，所以，肖像显得肥胖丰满而失真，很难体现诸葛亮晚年时期操劳过度而身体消瘦与北伐曹魏意志坚定的精气神韵。

武侯墓的诸葛亮造像是左手握卷，右手抚膝，头戴纶巾，身披八卦鹤氅，

端庄持重，凝目沉思，似运筹于帷幄之中。塑像两侧有两个书童侍立左右，一个持剑、一个捧印。

神龛下，左有关兴，右有张苞大型立式造像，威武雄壮，栩栩如生，这在全国也是唯一的形式。这组整体塑像，显然是受了《三国演义》以及道家仙风道骨和明清舞台艺术的影响。

雕刻，是指用石头人工加工成像的，有圆雕、半浮雕和阳线雕、阴线刻等工艺。现在，为了发展旅游业，全国各地凡是与诸葛亮相关的地方，纷纷在广场、纪念地雕塑大型诸葛亮立像或者坐像，作为城市文化标志，打造成为纪念地特色景观，供游客瞻仰。在这些造像中，多为石雕，也有制模以后用铸铜或者是锻铜手段造像的，由于设计人和雕刻者对诸葛亮形象的理解认识与艺术水平有差异，所以，造像往往也是形态各异。

值得一提的是，诸葛亮坐在四轮车上的造像也比较流行，这种做法很可能是受《三国演义》描写诸葛亮南征平叛和北伐曹魏时期乘坐四轮车的影响，目的是为了体现诸葛亮镇定自若、气定神闲而稳如泰山，有儒雅的大将风度。可是，在《三国志》和其他史料中，就从来没有这样的记载。

笔者认为，这是在三国文化的传播中，诸葛亮是一个核心人物，大多数人了解三国文化主要是靠《三国演义》理解和认识的，是受了《三国演义》的影响，所以，诸葛亮坐四轮车的造像也就油然而生，似乎只有这样才能够体现诸葛亮的潇洒自如以及运筹帷幄，这并不奇怪。从诸葛亮日夜操劳，带病南征平叛与北伐曹魏的行为分析，也算有合理之处。

2. 关于诸葛亮“羽扇纶巾”的由来

羽扇，是用鹅毛、鹰毛、鸭毛、鸡毛、孔雀毛等禽羽制成的扇子。

据西晋惠帝司马衷时期（209—306）太子太傅崔豹所著《古今注》记载说：“雉尾扇，起于殷世。”又说：“障扇，长扇也。汉世多豪侠，象雉尾扇而制长扇也。”由此而知，羽毛扇已经有3000年的悠久历史了。

纶巾：语出《晋书·谢安传》：“（谢）万著自纶巾，鹤氅裘，覆版而前。”宋代诗人陈与义（1090—1139）的《晚清野望》诗有“洞庭微雨后，凉气入纶巾”之句。

纶巾……是古人用丝带做的扎头的头巾，一般为青色，古代文人学士与士大夫常用于装饰。于是，手拿着羽毛扇子，戴着丝绶的头巾，形容态度从容，很有风度（见《辞海》）。

据中国戏剧出版社 1986 年 6 月出版发行周锡保（1910—1984）所著《中国古代服饰史》第 79 页记载：东汉南安太守刘熙（？—160）所著《释名》记载：“巾，谨也，二十成人，士冠，庶人巾。”是说当时民间男子二十岁成人后用幅巾扎头，是一种普遍生活习俗。这种“巾”大抵用幅布三尺裹头，汉代十分流行。所以，《释名》还说：“虽至王公大臣，都以幅巾为雅，如袁绍、孔融、郑玄等都以幅巾为尚。”这说明，用幅巾扎头，当时已经普遍影响到士大夫。

同书第九节《南北朝的生活》第 160 页又说：“男子手中持有各种扇子，当时流行的有六角竹扇、蒲葵扇、羽毛扇，文人学士，多以此为风雅。”

从上述记载而知，纶巾流行于汉晋，羽毛扇流行于南北朝，是当时文人学士的普遍装饰。正因为如此，北宋文学家苏轼（1037—1101）的《念奴娇·赤壁怀古》词才有“遥想公瑾当年，小乔初嫁了，雄姿英发。羽扇纶巾，谈笑间，樯橹灰飞烟灭”之说。这就说明，三国时期的袁绍、孔融、郑玄、周瑜等文人学士也都是“羽扇纶巾”的装扮，并不是诸葛亮一个人的专利而独有。

关于诸葛亮一直手拿羽毛扇的形象，除了《三国演义》之外，在《三国志》正史中从来就没有“羽扇纶巾”之说。那么，这一说法究竟从何而来呢？

据东晋文学家裴启《语林》记载：“诸葛武侯与宣王（司马懿）在渭滨将战，武侯乘素舆，葛巾，白羽扇，指挥三军。”这一说法，可能是根据当时文人学士普遍装束对诸葛亮进行的艺术加工，也是最早出现诸葛亮羽扇纶巾，指挥三军作战的文字描述。

又据南朝梁文学家殷芸（471—529）所著《殷云小说》记载说：

武侯与宣王治兵将战，宣王戎服位事，使人密见武侯，乃乘素舆葛巾，自持白羽扇指麾，二军随其进止。宣王叹曰：真名士也。

上述这些记载，是具体描写诸葛亮羽扇纶巾指挥军队的最早资料来源。从此以后，羽扇纶巾就成了诸葛亮的专利，约定俗成而成为规律，不少塑像、画像都是这样的装束，有关这种记载和说法也越来越多，如北宋史学家李昉（925—996）等奉敕编纂的《太平御览》等。

在《三国演义》中，不但多次出现描写诸葛亮羽扇纶巾装束指挥军队，而且还是“锦囊妙计”层出不穷。特别是，在《三国演义》第四十九回“七星坛诸葛祭风”和一〇一回“出陇上诸葛妆神”之中，诸葛亮穿鹤氅八卦衣披头散发的装束，简直就是个不折不扣的道人，难怪近代著名文学家鲁迅（1881—

1936）先生在《中国小说史略》中评价《三国演义》时说："壮诸葛之多智而近妖"，这个评价一点都不过分。这种离奇装束与过分夸张并非诸葛亮的本来面目，有损诸葛亮蜀汉丞相和尚书令（后来大司马大将军）形象，是不可取的。

除此之外，还有人说诸葛亮头戴葛巾，这又是怎么回事呢？

原来，葛巾本来就是汉代的幅巾，"此头巾因诸葛亮戴而出名，后来又叫诸葛巾"（见沈伯俊《三国演义大辞典》，巴蜀出版社 1989 年 6 月版）。可是，我们认真想一想，这些装束绝对不是诸葛亮当年的本来面目。

首先，诸葛亮十分忠于朝廷，忠于后主，戴丞相冠穿丞相官服才是忠于朝廷、忠于君主的具体体现，这是封建社会不可逾越的礼制，更是他指挥军队的权力象征，他怎么不穿官服去指挥军队呢？这不仅是僭越礼制，对朝廷和君主的大不敬，而且也不具备指挥的权威性。所以，笔者认为，诸葛亮穿戴纶巾装束去指挥军队是绝对不可能的，完全属于违背常理与道德规范的艺术夸张。

其次，羽扇只是夏天甚至是文人学士休闲聚会时的道具，后人却让诸葛亮不分春夏秋冬一年四季手拿羽毛扇，而且还以此装束去指挥军队作战，这肯定是绝不可能的。诸葛亮羽扇一年四季不离手，应该是后世演义故事赋予诸葛亮智慧的象征，是一种艺术形象化的塑造，根本就不是诸葛亮的本来形象。

那么，羽毛扇与诸葛亮智慧相关的说法，又是从哪里来的呢？

据沈伯俊先生《三国演义大辞典》529 页记载的"羽毛扇"一个传说故事说：

诸葛亮在卧龙岗的时候，常常有个鹤发童颜的老人来和他攀谈，老人学识广博，上知天文，下知地理，精通兵法，熟悉阵图。诸葛亮待他如师傅，每次都献茶敬酒，恭恭敬敬听他摆谈。日子久了，他想知道老人住在哪里，好登门求教，但是，又不便于问，就想了一个办法。他砍了一根竹竿，在里面装满石灰，下面凿一个孔。有一天，老人来谈完话后，诸葛亮让他多喝几杯酒，然后就把竹竿给老人做拐杖，老人醉醺醺地拿着竹竿就走了，身后留下一路白点。第二天，诸葛亮顺着白点一路来到深山老林，在一棵古树下看见了竹竿，老人在哪里呢？他举目四望，不见老人。忽然，他看见古树上落下一棵红豆，要落地时，红豆又升上去，一只老鹰蹲在树上打盹，红豆升上去就钻进老鹰嘴里。不一会儿，红豆又落了下来，还是不着地升上去，回到老鹰嘴里。诸葛亮越看越好奇，把红豆抓来也放在嘴里，一下子就滑进了肚里。这时候，老鹰醒来，开口说："这红豆是个智慧豆，是我修行一万八千年得来的，你吃了会足智多谋。我就是那位老人，你是我的弟子，现在我要死了，把身上的羽毛给你，做一把扇子，在万分急难的时候，摇两下，会得到解决的办法。"说完，老鹰死了，诸葛亮痛哭一场，然后埋葬了老鹰，他用羽毛做了一把扇子。从此以后，不论春夏秋冬，他都把扇子终日拿在手里，果然智慧超人，料事如神。

2005 年 4 月，天马出版有限公司出版发行沂南县刘存祥主编《阳都乡音》中也有这样类似的故事。

上述故事究竟是何时、何地、何人从哪里来？我们不知道，但是，它明显是个不可信的传说故事，这也可能是诸葛亮一年四季羽毛扇不离手的另一个由来吧。

3. 关于诸葛亮各个时期肖像形象的定位问题

要知道诸葛亮的肖像形象，就要知道诸葛亮在史料中的具体形象记载。

据《三国志·蜀书·诸葛亮传》记载："诸葛亮，字孔明，琅琊阳都人也。"说明诸葛亮出生在今山东省沂南县，天生造就了一个山东大汉的身材基础。

《三国志·诸葛亮传》又说，诸葛亮"少有逸群之才，英霸之气"。说明诸葛亮小时候就在同龄人中是个聪明超群的孩子，而且还具有英雄豪杰的霸气，也就是说，英气逼人。该传还说，诸葛亮"身长八尺，容貌其伟，时人异焉"。

按照 20 世纪 60 年代考古资料汉代和今天的度量衡换算，汉代一尺，相当于今天的 23 厘米，八尺就是今天的 1.84 米。如果按照 1993 年 1 月中国大百科全书出版社的《中国大百科全书·文物博物馆分册》介绍的最新资料而知，东汉的一尺，相当于今天的 23—24 厘米。假如我们按照 24 厘米计算，诸葛亮的身高就是 1.92 米。如此看来，诸葛亮成人后不但是个大高个，而且相貌堂堂，是个典型的美男子，当时人看见他都有点惊异。

根据上述记载，我们可以将诸葛亮的一生根据年龄段和具体活动分为四个阶段，依次来探讨他的肖像形象定位。

（1）少年时期的诸葛亮肖像问题

诸葛亮从 181 年出生，到 17 岁开始在隆中隐居躬耕的这段时间，称为童年和少年时期，其中，6 岁以前为童年，7—17 岁为少年，而诸葛亮 14 岁之前生活在今沂南县老家，3 岁时母亲章氏死后，他靠做泰山郡丞的父亲诸葛珪抚养。7 岁时，父亲也死去了，诸葛亮姐弟成为孤儿，就开始由叔父诸葛玄抚养。14 岁时，22 岁的哥哥诸葛瑾（174—241）去了东吴为孙权效力，他和两个姐姐与弟弟诸葛均随叔父诸葛玄先到了豫章郡（今南昌市）。随后，叔父又带他们投靠好友荆州牧刘表，诸葛亮在刘表的"学业堂"读书，诸葛玄又去了豫章郡西城（今江西省高安市）。在这期间，两个姐姐先后嫁给了襄阳名门望族蒯越的儿子蒯祺和庞德公的儿子庞山民。

这时候的诸葛亮是个十几岁的孩子，个子应该是山东人十几岁孩子中个子较高的一个，五官端庄，皮肤白皙，身材苗条，容貌可人，衣着是汉代人中十几岁男孩子的服饰打扮。

这个时期的造像应该在山东省沂南县和江西省南昌市出现比较具体现实，有说服力。

（2）青年时期的诸葛亮肖像问题

诸葛亮在刘表的“学业堂”读书结业后，就与小两岁的弟弟诸葛均开始在隆中修建茅庐，隐居躬耕自食其力十年。在这期间，他博览群书，广交名士，积累了丰富的社会知识。同时，还与沔阳名士黄承彦之女黄月英喜结连理，组织了家庭。

建安十二年（207）冬天，47 岁的皇室后裔刘备为了匡扶汉室而思贤若渴，曾经屈尊“三顾茅庐”请 27 岁的诸葛亮为其指点迷津，诸葛亮精辟地分析了当时天下形势，为其制定了占荆州、取益州、夺汉中这三个战略要地，同时要西和诸戎、南抚夷越、实行孙刘联盟共同抗曹的《隆中决策》，使刘备茅塞顿开，喜出望外，恳请诸葛亮出山辅佐。从此以后，诸葛亮就走出了襄阳隆中。

青年的年龄标准是 18—40 岁，这期间诸葛亮刚好是青年时期的前半期，身体发育成熟，知识丰厚，练达沉稳，个子起码是 1.84 米。由于受当时文人学士“羽扇纶巾”普遍影响，他身着汉服，头戴纶巾，休闲或会友时手拿羽毛扇，显得潇洒自如，风度翩翩。正因为如此，他不但五官端正，皮肤白皙，容貌可人，而且气质更加十分诱人。

这个时期的造像，应该在今南阳市卧龙岗武侯祠和襄阳市隆中武侯祠出现比较具体而现实，会有相当的说服力。

诸葛亮出山后就是刘备的军师将军，为其出谋划策而形影不离。建安十三年（208），曹操挥师荆州追杀刘备威逼东吴，诸葛亮临危受命赴东吴促成了孙刘联盟共同抗击曹操的统一战线。赤壁之战大败曹军，不但转危为安，还使刘备有了荆州的长沙、桂阳、零陵、武陵四郡立足之地，刘备委派诸葛亮为军师中郎将，“总督长沙、桂阳、零陵三郡，调其赋税，以充军资”。

这个时期的诸葛亮个子起码是八尺（1.84 米），高大雄伟，五官端正，皮肤白皙，容貌可人。不同的是诸葛亮已经有简短稀疏的胡须，身着汉代的军师将军服装，而不是丞相冠，更不应该是“羽扇纶巾”装束，因为这时候诸葛亮是名副其实的官员，不是普通的文人学士。官员在社交和活动中一定是注重身份和仪表的，不是随便的，这好比今天的军人和所有执法者参与活动时必须要穿戴定制制服一样，这是形象标志的规范界定，不能够随意变更。这个时期的诸葛亮造像应该手拿书卷，运筹帷幄，身着佩剑，象征权力，显得光彩照人。这种造像应该在当时诸葛亮活动过的地方出现，才比较具体而现实，有说服力。

（3）中年时期的诸葛亮肖像问题

41—60 岁为中年，这是历史规律，可是诸葛亮只活了 54 岁，所以，根据他生平事迹，我们可以将这时期分为两个阶段。

第一个阶段是 41—45 岁：章武元年（221）刘备在成都称帝建立了蜀汉国家，史称先主，封诸葛亮为“丞相、录尚书事、假节”，张飞死后又兼领“司隶校尉”。章武三年（223）四月二十三日，63 岁的刘备病死。五月，17 岁的太子刘禅继位，史称“后主”，改元“建兴”，封诸葛亮为“武乡侯，领益州牧”，全权辅佐后主。

这时候的蜀汉国，北有曹操威逼，东有孙权虎视眈眈，南有少数民族大量反叛，国内人心惶惶，百废待举，堪称内忧外患。因此，诸葛亮既要帮助刘禅治理朝政，安抚百姓，又要重新恢复孙刘联盟预防外侵，还要亲自率军进行南征平定叛乱，所以，国家“政事无巨细，咸决于亮”（见《三国志·蜀书·诸葛亮传》）。

正因为如此，诸葛亮应该是昼夜忙碌操劳，饮食起居很不规律，所以比较消瘦，但是信心十足，精神饱满。这个时期的诸葛亮，应该是头戴丞相冠，穿当时丞相服，手拿书卷，运筹帷幄，身着佩剑，象征权力。个子起码是 1.84 米，高大雄伟，五官端正，皮肤白皙，胡须较前面多一点，长一点，双目炯炯有神，显得其形象更加威武，可亲可敬。

这种造像应该在当时诸葛亮活动过的如白帝城武侯祠、南中地区各个武侯祠遗址、成都武侯祠出现比较具体而现实，有说服力。

第二个阶段是 46—54 岁：也就是诸葛亮 227 年上《出师表》，紧接着亲自率军进驻汉中开始北伐曹魏，到 234 年秋天八月二十八日病死在第五次北伐的五丈原军中。

这八年间，他先后经历了出祁山，马谡失街亭，攻打陈仓城，收复武都、阴平二郡，抵御曹魏三路大军进攻汉中的防御战，在定军山下教兵演武，推演八阵图，造木牛流马，休士劝农，再出祁山，但是多以“军粮不济”而被迫退军。234 年第五次北伐曹魏进军五丈原时，虽然做好了充分的准备，意欲速战速决，没想到，司马懿“甘辱巾帼”而不战，诸葛亮进退无可奈何，终因操劳过度“食少事烦”而“积劳成疾”病死军中，根据他的遗命而归葬定军山下（见《三国志·蜀书·诸葛亮传》）。

这时候的诸葛亮起码是 1.84 米，由于有病而极度地消瘦，虽然五官端正，浓眉大眼，双目炯炯有神，但眼窝有点深，面部皮肤有点微黄，稀疏而微黄的胡须较前面还要多一点，长一点，有些憔悴苍老。

如果是立像，应该头戴丞相冠，穿丞相服，手拿书卷，运筹帷幄，身着佩剑，象征权力，如此则显得形象更加威武，精气神可人，这才是诸葛亮应有的面目。

如果是殿堂坐像，则有两种情况，一种是独立的坐像，一手拿书卷，一手放在膝盖上。另一种是像前有书案，像龛下可以有文臣武将，他一手拿书卷，另一只手可做手势。案上摆放书卷与帅印和将令牌，似乎是在运筹帷幄，调兵遣将。

但是，无论哪种情况诸葛亮像旁不必要书童，因为书童是道家思想文化风范的体现。所以，我们要搞清楚，在历史上任何将领领军作战时身边都不可能有书童。

这种造像，应该在诸葛亮晚年活动过的祁山堡武侯祠、五丈原诸葛庙、勉县武侯墓、武侯祠出现比较真实有说服力。

笔者希望在诸葛亮画像、塑像或者雕像方面，通过研究分析，让世人了解诸葛亮各个时期真实的形象，能够继续代代流传，而不再是千篇一律的“羽扇纶巾”形象。

正因为如此，中央电视台根据笔者的研究分析与描述，特请北京著名画家画了诸葛亮中年立式肖像，也就是章武元年（221）至建兴十二年（234）之间诸葛亮为蜀汉丞相时的肖像形象，首次在央视与本书中亮相，期盼学术界与诸葛亮后裔品评，不断完善，让社会有志之士对诸葛亮更加了解而尊崇敬仰，把诸葛亮文化传承下去。

第二十九章
论诸葛亮思想文化的内涵

文化一词，语出《易经·贲卦》：“观乎天文以察时变，观乎人文以观天下”。意思是说，通过观察天象来了解时序的变化，通过观察人类社会的各种现象用教育感化手段来治理天下。所以，西汉文学家刘向（公元前77—前6）在《说苑·指武》中说：“凡武之兴，为不服也，文化不改，然后加诛”。前蜀著名道人杜光庭（850—933)在《贺鹤鸣化枯树再生表》中说：“修文化而服遐荒，耀武威而平九有”（指九州）。

文化，是人类社会思想灵魂的支柱和意识形态的导向。作为高尚思想道德文化的确立，首先是能够启发、引导、提高人们正确思维和智慧，潜移默化地规范人们的思想与行为，以达到启智育人，有助风化，催人奋进，对促进社会发展有益，并且被人们广泛接受，还能够经久不衰地传承。

在中华民族五千年文化历史长河中，尤以三国历史文化传播影响力最大，在众星璀璨的历史人物中，诸葛亮忠君爱国、勤政为民、廉洁自律、聪睿才智集中汇聚了所有传统道德美德，其思想文化与人格魅力在启智育人方面超越了历史上任何一个人而一直被历朝历代各阶层所接受并且效法学习，他的高尚品德与警示名言被广泛传播而经久不衰，产生了深远影响，具有典型的代表性。正因为如此，他曾被历史上数十个皇帝追封加爵，历代文人学士与达官显贵著书立说、赋诗撰文给予高度评价，他的故事家喻户晓，妇孺皆知，有口皆碑。他的名言警句与思想文化被代代传播，早已进入千家万户，形成完整的文化体系。在全国诸多地方，以诸葛亮、孔明、武侯、卧龙、诸葛命名的学校、街道、幼儿园、机关、单位、建筑物、名胜古迹举不胜举。1771年，诸葛亮就被收录入《大英百科全书》成为世界各国敬仰的名人，民间也纷纷修祠立庙千秋祭祀。在中华民族历史上，诸葛亮是唯一一个被各界人士普遍尊崇敬仰的思想文化形象大师。

笔者从事三国历史文化专业研究 40 多年，就诸葛亮思想文化内涵而言，可高度概括为四句话：忠诚的楷模、勤政的榜样、廉洁的典范、智慧的化身。

1. 忠诚的楷模

忠诚一词，最早见于《荀子·尧问篇》第三十二："尧问舜曰：我欲致天下，为之奈何？舜对曰：忠诚盛于内，贲于外，形于四海。"

这段话意思是，尧问舜说：我想要治理天下，应该怎么做？舜回答说：忠诚炽盛在你的内心，就会奋发于外在，传播于四海之内。

忠诚是指对国家、对人民、对事业、对上级、对朋友真心诚意、尽心尽力，表里一致，没有二心。如忠诚老实、忠诚可嘉、忠诚可靠等，忠诚代表着诚实、守信、尊敬、服从。

忠诚，是诸葛亮一生做人处事的准则，他在《兵要》中说："人之忠也，犹鱼之有渊，鱼失水则死，人失忠则凶。"

这段话是说，一个人的忠诚就好比鱼和水的关系，鱼没有水就会死，人如果没有忠诚的思想，就会变得唯利是图狡诈凶残而没有人性。

在《诸葛亮集·察疑第五》中还记载说："士为知己者死，女为悦己者容，马为策己者驰，神为通己者明。"简短的四句话，就把人世间忠诚的含义比喻得十分贴切。诸葛亮一生中的忠诚思想，集中体现在以下两个方面。

（1）佐先主忠诚不二

自从诸葛亮被刘备"三顾茅庐"恳请出山以后，就一直鞍前马后、忠心耿耿、任劳任怨进行辅佐。尽管刘备当时势单力薄四处奔波，没有立足之地，又被曹操追杀得弃新野、奔樊城、败当阳、逃夏口，抛妻弃子，疲于奔命，狼狈不堪，但诸葛亮从来没有任何私心杂念和怨言，始终不离不弃，为刘备出谋划策携手共渡难关。特别是在刘备危难之际，诸葛亮主动请缨出使东吴，促成了孙刘联军统一战线，在赤壁之战中大败曹军，不但使刘备转危为安，而且还有了荆州四郡发展空间。遂后，又帮助刘备取益州、夺汉中，势力逐步扩大，成为割据一方能够与曹操和孙权对峙的强大诸侯，最终在成都建立蜀汉国家而称帝，形成三国鼎立的局面，在这其中，诸葛亮居功甚伟。

章武三年（223），先主刘备驾崩于白帝城永安宫，临终前对诸葛亮托孤受命时说："君才十倍曹丕，必能安国，终定大事。若嗣子可辅，辅之，如其不才，君可自取。"诸葛亮一听立即跪地叩头，痛哭流涕回答说："臣敢竭股肱之力，效忠贞之节，继之以死。"（见《三国志·蜀书·诸葛亮传》）

在场之人都被诸葛亮的赤诚之心深深地感动了，刘备下诏令儿子刘禅、刘永、刘理，今后一定要"父事丞相"，把诸葛亮当作父亲一样尊敬。

皇权是封建社会至高无上的地位，先王去世后，一般都是嫡系血脉的子嗣或者是兄弟叔伯继承。因此，历史上不少人为了争夺皇权不择手段而铤而走险，出现了诸多宫廷政变亲情杀戮征战讨伐的事例。

《诗经·北山》记载说："溥天之下，莫非王土，率土之滨，莫非王臣。"由此可见，王权具有高不可攀的地位。然而，刘备为了汉室帝业的兴旺发达，考虑到太子刘禅年幼无知继位难当大任而误国误民，这才主动提出将蜀汉皇权交给忠诚可信又足智多谋的诸葛亮，诸葛亮却辞而不受，像这样肝胆相照感人事迹在中国历史上仅此一例。

（2）辅后主专权而不越位

后主刘禅即位时 17 岁，朝廷一切大事不得不都由诸葛亮以丞相身份代为处理。由于刘备当初率倾国之兵为关羽报仇在夷陵惨败，使蜀汉国元气大伤而一蹶不振。特别是，诸葛亮苦心经营多年的"孙刘联盟共同抗曹"统一战线因刘备伐吴彻底决裂，迫使孙权不得不给魏文帝曹丕称臣，对蜀汉政权虎视眈眈。恰在此时，国内西南少数民族又乘机纷纷叛乱，攻城略地残杀汉人官员，举国上下人心惶惶，蜀汉政权内忧外患，岌岌可危。在这种情况下，诸葛亮迅速派遣尚书邓芝出使东吴恢复孙刘联盟，解除了外来压力，随后又亲率大军南征平叛，坚决镇压叛乱首犯高定、雍闿和朱褒，对西南地区威信较高的夷人首领孟获采取了"攻心为上"的"七纵七擒"怀柔策略，使孟获十分敬畏诸葛亮说："公，天威也，南人不复反矣。"平定南方后，就彻底解除了内忧外患局面。

在处理内政时，诸葛亮无论是国计民生、官员升迁降职或是赏罚，事事都与大臣们进行商议，向后主请示汇报，做到了忠于职守，公正廉明，从来都不会越位或独断专行，真正做到了"行法严而国人悦服，用民尽其力而下不怨"（见《三国志·蜀书·诸葛亮传》裴松之注引《袁子》）。

正因为如此，诸葛亮不但被后主刘禅认可信任，而且被朝廷官员和老百姓尊重敬仰。例如：当朝中监军、扬武将军邓芝（178—251）曾说："诸葛亮亦一时之杰也。"就连被诸葛亮亲自处罚过的马谡、李严、廖立、向朗等人都很服气，没有任何怨言。诸葛亮死后，李严、廖立还失声痛哭，认为再也没有人能够理解自己而给予改过自新的机会了。由此可见诸葛亮的人格魅力在当时的影响之大。为此，蜀郡太守杨洪（？—228）曾说："西土咸服诸葛亮，能尽时人之器用也。"（见《三国志·蜀书·杨洪传》）

事实证明，诸葛亮到病死之前，都一直忠贞不二、毕恭毕敬辅佐后主刘禅，从来都没有居功自傲、先斩后奏或者是拉帮结派的僭越思想行为。特别是，他的“鞠躬尽瘁，死而后已”献身精神，被中华民族永久效法学习与歌颂。像这样忠君敬业坚持原则秉公办事的感人事情世所罕见，堪称前无古人，后无来者，他是中华民族忠诚的楷模。

2. 勤政的榜样

勤政一词，最早见于成公绥（231—271）的《贤明颂》，他说：“王用勤政，万国以虔。”成公绥是西晋初年的博士，历任中书郎，很有才华。由于当时的皇帝司马炎能够勤于政事，所以，他撰文歌颂司马炎是贤明的君主，其他国家都会虔诚地来归属朝贡。

勤政，就是指恪尽职守，勤于政事，认真负责地为国为民做事，历来被各阶层所提倡，同时也深受老百姓的称赞。时至今日，勤政敬业依然是各行各业追求与考量职员的目标。

诸葛亮自从出山辅佐刘备以来，就一直忠心耿耿、勤政敬业，为先主刘备和后主刘禅的蜀汉帝业勤奋做事，归纳起来，勤政业绩有以下几个突出方面：

（1）安民为本

诸葛亮十分清楚“民为邦本，本固邦宁”（见《尚书·五子之歌》）的道理。他认为，政治思想工作首先要以安抚老百姓为根本要务，不要去做表面工作。因此他说：“为政以安民为本，不以修饰为先。”（见《诸葛亮集·又称蒋琬》）

建安十九年（214），刘备夺取益州自领益州牧，诸葛亮为“军师将军，署左将军府事”，就因地制宜在成都发展蜀锦丝绸业，自力更生在临邛利用火井煮盐，成为益州重要经济来源。

章武元年（221），刘备在成都建立了蜀汉国家，诸葛亮做了蜀汉丞相后，就更加重视国计民生大事，立即派 3000 士兵长期驻守在都江堰，修堰补堤、疏浚河道保障灌溉，使成都平原“沟洫脉散，疆里绮错，黍稷油油，粳稻莫莫”（见西晋文学家左思的《蜀都赋》），呈现出了一片繁荣景象。正因为如此，北魏地理学家郦道元（470—527）在《水经注·江水》中记载说：“蜀人旱则借以为灌溉，雨则不遏其流，故记曰：水旱从人，不知饥馑，沃野千里，世号绿海，谓之天府。”四川天府之国因此而来。这说明，都江堰一直在为成都人民造福。

据《成都府志》记载，为了防止成都平原雨季水患，诸葛亮还在成都西北角筑了一条长 4.5 公里的防护堤，史称“九里提”。因此，清史学家张澍（1776—1847）的《诸葛亮集·遗迹篇》注引《成都志》记载说：“九里堤在县西北，堤长九里，故老相传，诸葛所筑，以捍水势。”

南征平叛时期，诸葛亮给西南少数民族带去了汉民族先进的农业生产和生活方面技术，帮助他们提高生活质量，至今西南各民族都还在说诸葛亮当年教他们盖房子，教他们种地，还教他们做漂亮的衣服和帽子。所以，明万历年间进士广西右布政使谢肇淛（1567—1624）说：“武侯于滇，威德最远，距今二千年，犹人祠而家祝之。其遗迹故址，散见诸郡者不可殚述。”（见王瑞功《诸葛亮研究集成》第549页，齐鲁书社，1997年9月版）

又据嘉庆年间进士，史学家张澍《诸葛忠武侯文集·遗迹》介绍说，清代以前，西南各地武侯祠和相关遗迹文物就有数百个。这足以说明，诸葛亮当年南征平叛后，对西南少数民族留下了世世代代的深刻影响与敬仰，诸葛亮永远活在人们的心里。

北伐期间，诸葛亮在汉中“休士劝农”，让军队治理汉江，修建堰塘水库设施，以防止旱涝灾害，又因地制宜开创了冬水田，实行军民合耕，发展农业生产，既解决了军队所需，也造福汉中人民。20世纪70年代，勉县蜀汉墓出土的陶水塘、坡池、冬水田和持锸俑模型等文物就是最好的实物佐证（见郭清华《论勉县出土的三国文物》，《文博》1994年第3期）。

即便是在五丈原与魏军对垒的百余天中，诸葛亮还采取了“分兵屯田，为久驻之基，耕者杂于渭滨居民之间，而百姓安堵军无私焉。”（见《三国志·蜀书·诸葛亮传》）

诸葛亮曾说：“唯劝农业，无夺其时。唯薄赋敛，无进民财”，真正做到了“丰年不奢，凶年不俭，秋有余粮，以给不足”（见《诸葛亮集·治人》）。

（2）举贤任能

诸葛亮曾经在《便宜十六策·举措》之中说：“治国犹若治身，治身之道务在养神，治国之道务在举贤，是以养神治身，举贤求安，故国之有辅如屋之有柱，柱不可细，辅不可弱。柱以直木为坚，辅以直士为贤。直木出于幽林，直士出于众下。”诸葛亮还说：“为人择官者，乱；为官择人者，治。”

诸葛亮认为，修建房屋必须用直木为柱子才能够坚固，辅佐必须用品格端正的人士才能够为贤良。真正的好木料出于大森林，真正的人才出于下面。不要因人而设位置官位，不然就要出乱子。一定要根据实际需要选择人才，这样才能够治理好事业。按照这些标准，诸葛亮先后提拔了蒋琬、李绍、马勋、宗预、秦宓、杜威、俊彦、费祎、董允、郭攸之等一大批人才，这些人才后来都成为蜀汉的栋梁之材。

在选拔人才的同时，诸葛亮还做到了“用人唯贤”而不避仇。例如：建安十三年（208），刘巴北上归降曹操，赤壁之战后他受命为曹操招降纳叛，想帮助曹操收复长沙、零陵、桂阳三郡，直接与刘备和诸葛亮为敌。后来，刘巴归降了益州牧刘璋，又帮助刘璋抵抗刘备取益州，为此当时的刘备对刘巴“深恨之”。刘备取益州后，诸葛亮就不计前嫌，一再说刘巴是个难得的人才，劝刘备重用，果然，刘巴被封为“尚书令”，在帮助刘备铸造货币发展益州经济和参与制定《蜀科》法规条令稳定局势方面，做出了很大的贡献。

再如黄权，原来是刘璋部将，曾积极帮助刘璋抵抗刘备取益州，是个强劲的对立面人物。正因为如此，诸葛亮发现他是一个各为其主不可多得的忠诚良将，劝刘备破格提拔为“偏将军”，从此后，黄权就忠心耿耿为刘备效忠。

杨洪原来是李严部下的功曹小吏，诸葛亮发现他才识非凡，就破格提拔为蜀郡太守。杨洪的同乡杨戏（？—261），仅仅20余岁，诸葛亮发现他管理监狱和法典是个人才，就破格提拔，果然，杨戏“职典刑狱，号为平当”（见《三国志·杨洪传》），口碑很好。

将军向宠忠诚老实，精通军事，又屡有战功，所以，诸葛亮在上《出师表》时向后主刘禅推荐说：“将军向宠，性行淑匀，晓畅军事”，建议后主在国家军事方面多和向宠商议。费祎、董允、郭攸之都是“智虑忠纯”的大臣，因此，宫中的大小事务多和他们商量，必然会有所广益。

（3）事必躬亲

早在《隆中对策》时，诸葛亮就为刘备策划了夺荆州、取益州、定汉中，还必须要“西和诸戎，南抚夷越，外结好孙权，内修政理”，才能最终实现“霸业可成，汉室可兴”的战略决策。在刘备的恳请之下，诸葛亮毅然决然出山，跟随刘备东征西讨出谋划策，鞍前马后不辞劳苦，辅佐刘备最终建立了蜀汉国家，为的是实现《隆中对策》，感激酬谢刘备屈尊“三顾茅庐”之恩。

刘备死后，诸葛亮遵照白帝城托孤受命，以丞相和“相父”的身份又全力辅佐后主刘禅。因此，他“摄一国之政事，行邦宇之大权”日夜操劳，可是他“贵之而不骄，委之而不专”（见《诸葛亮集·兵要》）。这是因为，诸葛亮十分明白“君以礼使臣，臣以忠事君。君谋其政，臣谋其事。君勤其政，臣勤其事”的道理（见《诸葛亮集·便宜十六策》）。所以，无论做什么事情，他都把自己放在适当的位置，默默无闻勤勤恳恳，任劳任怨，主动做好自己分内的工作，为君主分忧，为国家担责。

当时，蜀汉国力衰败，叛乱迭起，人心惶惶。加之蜀汉政权的军政人员有刘备当初在涿州起家时的故旧亲属派、荆州襄阳派、益州投降派、外来归属派，还有不少西南少数民族派，结构十分复杂。这些人的语言、生活习惯与信仰各有不同，日常生活与言行中难免会发生触犯朝廷刑律和管理规定的事情。为严肃刑律与管理章程，同时还要充分注意到少数民族各方面具体情况，防止发生冤案或者产生更大的矛盾而带来不必要的麻烦，因此，诸葛亮事必躬亲，凡“将士杖责二十军棍”的都要经过他的亲自审查批准，足见其繁忙和辛劳。

（4）严于律己

诸葛亮在《君臣第二》中说：“君臣上下，以礼为本；父子上下，以恩为亲；夫妇上下，以合为安。上不可以不正，下不可以不端。上枉下曲，上乱下逆。”短短的几句话，就把各司其职的处事关系原则说得清清楚楚，明明白白。

在《诸葛亮集·将苑·出兵》中还说：“勿以身贵而贱人，勿以独见而违众，勿恃功能而失忠信。”他认为，不要高高在上而瞧不起他人，不要固执己见而违背众议，更不要因为自己有功劳与特长能耐而失信于人。作为蜀汉国家一人之下最高首领，诸葛亮要求自己必须做到：“人君先正其身，然后乃行其令。身不正则令不从，令不从则生变乱。”（见《诸葛亮集·教令第十三》）他是这样说的，也是这样做的。例如：建兴五年（227），诸葛亮准备第一次北伐曹魏时，就令自己的义子驸马都尉诸葛乔（当初诸葛亮无子，曾将哥哥诸葛瑾次子诸葛乔过继为子。227 年 7 月，才生了亲子诸葛瞻）带领六百子弟兵走五百里褒斜道，日夜兼程给赵云、邓芝为疑军的斜谷邸阁运送粮草，结果，25 岁的诸葛乔死在了运粮草的路上。作为统帅的诸葛亮，不搞特殊化，把自己心爱的义子安排在最艰苦的道路运粮草，没想到死在了前线，这种精神难能可贵。

再如，建兴六年（228）春第一次北伐时，参军马谡主动请缨要去守街亭，结果他“违亮节度”舍水上山而导致兵败后弃军逃跑，迫使蜀汉军全线败退，给北伐带来了不可估量的损失。事后，诸葛亮认真总结教训，除杀了马谡以及张休、李盛，夺了将军黄袭兵权，处罚了陈式等有过之人，还因功奖励了副将王平。与此同时，他还给后主刘禅上表追查自己失察的严重错误，要求将自己贬官三级，以示惩罚。

（5）赏罚分明

早在刘备取益州后诸葛亮就和刘巴、法正等制定了《蜀科》法典，作为管理益州的法律依据。后来，诸葛亮又根据蜀汉国家实际需要制定了八务、七戒、六恐、五惧戒律条款，明确告诉大家，什么可以做，什么不可以做，让益州官民人人自觉遵守。

诸葛亮认为，“教令为先，诛罚为后。赏以兴功，罚以禁奸。赏不可不平，罚不可不均。赏赐知其所施，则勇士知其所死。刑罚知其所加，则邪恶知其所畏。”（见《诸葛亮集·赏罚》）从此以后，诸葛亮一直按照法典和戒律来管理蜀汉国家事务，真正做到了赏罚分明。例如：骠骑将军李严（？—234），是先主刘备的心腹、蜀汉的重臣，刘备死后，他居功自傲，目中无人，关键时刻讨价还价不服调遣。建兴九年（231）第四次北伐曹魏时，诸葛亮让李严从汉中往祁山前线运粮草，由于他玩忽职守贻误了时期，又怕军令责罚，便自作聪明伪造了后主诏书，令诸葛亮撤军回汉中，给北伐带来不可估量的严重后果。李严害怕事情败露追究责任，还想嫁祸给诸葛亮。事后，诸葛亮查明事实真相，便上表后主，将其贬官为民发配梓潼郡。

长水校尉廖立，自认为是归属刘备的襄阳旧部，所以放任自流狂妄自大，经常不分场合蔑视刘备和大臣。为此，朝廷大臣多次向诸葛亮反映，说廖立是“乱群之羊”。诸葛亮经过多次耐心教育而就是不改，迫于无奈不得不上表后主，将其贬官为民，发配汶山郡。

再如，益州旧臣彭羕（184—220），曾经毁谤益州牧刘璋而被处“髡刑”（剃去毛发）。归降刘备后，他旧病复发，经常不分场合地说三道四诋毁朝臣。诸葛亮曾多次教育还是不改，便提醒刘备说：“彭羕心大志广，难可保安。”刘备遂将彭羕降职使用以示惩罚。没想到，彭羕不思悔改，反而变本加厉地污蔑刘备与朝臣，还想联络马超准备造反。迫于无奈，诸葛亮不得不上表，要求刘备将其收监，彭羕更加牢骚满腹，结果被处死在狱中。

诸葛亮说：“吾今威之以法，法行则知恩；限之以爵，爵加则知荣。恩荣并济，上下有节，为治之要。”（见《诸葛亮集·答法正书》）

如此看来，诸葛亮在赏罚上从来是法不容情而泾渭分明，真正做到了“开诚心，布公道，尽忠益者虽仇必赏，犯法怠慢者虽亲必罚，服罪输情者虽重必释，游辞巧饰者虽轻必戮。善无微而不赏，恶无纤而不贬，邦域之内，咸畏而爱之。”（见《三国志·诸葛亮传》陈寿评语）

为官能够像诸葛亮这样坚持原则，维护正义，赏罚分明，实属难能可贵，可敬可佩。

（6）南征北伐

章武三年（223）春，刘备在白帝城驾崩，临终前托孤寄命，让诸葛亮全权辅佐年仅17岁的后主刘禅，蜀汉国家大小事务自然而然就落在诸葛亮肩上。这时候，由于刘备夷陵之战惨败而国力极度空虚，恰在此时，西南地区叛乱四起，国内形势动荡不安，曹魏和东吴对蜀汉政权又虎视眈眈，堪称内忧外患，人心惶惶。为了巩固蜀汉帝业，诸葛亮首先内修政理，安定人心，对外迅速派遣邓芝与东吴修好，尽快稳定局势。为了从根本上解决内部叛乱的忧患，他亲自挂帅，南征高定、雍闿、朱褒，用攻心术“七纵七擒孟获”，终于平定了西南叛乱，稳定了后方，同时也使蜀汉国力大增。

诸葛亮南征平叛从建兴三年（225）三月从成都出兵，“五月渡泸，深入不毛”，到十二月班师回成都，前后只有十个月左右的时间，路经今四川、贵州、云南三省 40 余个市、县，行程约 3400 里。归纳起来，有六大成就：

一是速战速决，大获全胜而归，从此结束了西南地区大规模叛乱，从根本上解除了南中安定隐患。同时，借机调整了益州郡、县管辖区域，有效控制了南中的地方管理。

东汉时期益州只有 12 个郡，118 个县，南中只有越嶲、牂牁、犍为、永昌 4 个郡。南征后，诸葛亮根据当时地域管理实际需要，重新调整了南中郡县管辖区域，使益州变成了 14 个郡，148 个县，南中地区就有 7 个郡，相当于蜀汉国家二分之一地盘，因此，南中的稳定，从根本上巩固了蜀汉政权，大大地提高了蜀汉国威（见《三国志·蜀书·后主传》建兴三、四年）。

二是迫使孙权放弃了准备依靠蜀汉内乱而吞并益州的打算。例如，孙权曾经委任雍闿为永昌太守，并派御史中丞刘阐到交州边境，准备接管益州郡就是例子。据《三国志·蜀书·刘璋传》记载说：“璋卒，南中豪率雍闿据益州郡反，附于吴，权以璋子阐为益州刺史，处交、益界首。丞相诸葛亮平南土，阐还吴，为御史中丞。”

三是在夷陵之战惨败之后，蜀汉军普遍没有斗志，国民人心涣散，南征平叛正好锻炼了蜀汉将士的勇气，普遍提高了国人的自信心和斗志。

四是选拔南中数万青羌劲卒到蜀地，分成为五部，号为“青羌五部”，从此建立起了夷、汉并列的军队部曲，扩充了蜀汉的军队实力。诸葛亮在后《出师表》中提到的“賨叟青羌”即指此。这支少数民族军队十分刚毅而善于斗狠，所以非常勇猛，号为“飞军”，在后来的北伐曹魏征战中起到了一定的作用。但是，他们的真实名称叫“白毦”，是以牦牛毛制的披衣为特征而名，诸葛亮安排汉人永安都督、征西将军亭侯陈到（？—247）统率这支特殊的少数民族军队（见《华阳国志·南中志》《太平御览》）。

五是南中各郡开始给蜀汉朝廷上贡品，使蜀汉军费物资有所保障，国家开始富裕，同时也为后来的北伐曹魏军事活动提供了一定的物资储备。因此，《三国志·蜀书·诸葛亮传》记载说：“三年春，亮率众南征，其秋悉平。军资所出，国以富饶，乃治戎讲武，以俟大举。”

六是诸葛亮南征时把汉民族先进的生产生活技术传授给了西南少数民族，

让他们世世代代受用，所以，西南少数民族至今还在怀念诸葛亮。

特别是，诸葛亮为了报先主刘备的三顾之恩，尽托孤之忠，实现《出师表》中提出的“收复中原，兴复汉室”，让后主“还于旧都”长安的目的，亲自率军五次北伐强大曹魏，《三国演义》称为“六出祁山”。

当时，曹魏占据全国十个州，人口四百四十三万，而蜀汉仅仅益州一个州，人口九十四万，蜀汉与曹魏在各方面的差距都很大。可是，诸葛亮认为，曹魏讨伐蜀汉是迟早的事情，因此，他在《后出师表》中说：“与其坐而待毙，孰于伐之。”遂积极采取以攻为守的策略，不断地主动出击北伐曹魏，把战场摆在敌方，变被动为主动，不但使曹魏始终不能够实现图蜀的目的，而且还打乱了敌方的阵脚，直接威胁着曹魏，使其忙于应付，导致魏军“畏蜀如虎”（见《三国志·诸葛亮传》注引《汉晋春秋》）。

为了蜀汉帝业，诸葛亮“鞠躬尽力，死而后已”，最后，积劳成疾，病死在五丈原军中，落了个“出师未捷身先死，长使英雄泪满襟”（见杜甫《蜀相》）的结果。他死后，还遗命葬在汉中定军山下，以自己死虎的余威为蜀汉守护着北大门，激励后来的将士继承他的遗志，继续北伐曹魏，巩固蜀汉江山。诸葛亮的这种勤政敬业精神，让后世代代怀念和称颂。

3. 廉洁的典范

廉洁一词，语出屈原的《楚辞·招魂》：“朕幼清以廉洁兮，身服义尔未沬。”东汉学者王逸在《楚辞·章句》中注释说：“不受曰廉，不污曰洁。”

廉，就是清廉；洁，就是洁白。廉洁的内涵包括不损公肥私，不贪污，不行贿，不受贿，不贪取不应得的钱财，始终能够做到两袖清风而洁身自好。

诸葛亮在《纳言第四》中说：“屋漏在下，止之在上，上漏不止，下不可居矣。”在日常的管理和教育事务中，他处处体现出廉洁思想，堪称是完美无缺的典范。

（1）教育子女俭以养德

在《诫子书》中，诸葛亮教育子女们要始终坚持做到“静以修身，俭以养德，非淡泊无以明志，非宁静无以致远”。同时指出，“淫慢则不能励精，险燥则不能治性”。在《诫外甥书》中，诸葛亮要求子女们“志当存高远，慕先贤，绝情欲，弃凝滞”。在这些祖训家规的传承教育影响下，诸葛亮后裔世世代代都人才辈出。

（2）要求将士们见利不贪

诸葛亮在《将性篇》中要求将士们说：“见利不贪，见美不淫。”要求做到“私不乱公，邪不干政”（见《君臣第二》），始终把公和私的关系与位置摆正确，希望将士们用勤政廉洁的高风亮节来净化社会风气，培养自己的高尚情操。反对将士们“侈其衣服，异其冠带，高节可以励俗”（见《诸葛亮集·用人篇·逐恶》）。

特别是，诸葛亮在《将性篇·将弊》中指出：“一曰贪而无厌，二曰妒贤嫉能，三曰信谗好佞，四曰料彼不自料，五曰犹豫不自决，六曰荒淫于酒色，七曰奸诈而自怯，八曰狡言而不以礼。”这八句话明确告诫后来人，在选择用人的时候要特别注意这些问题。

（3）确立考察标准

诸葛亮在《用人篇·知人性》中指出：“知人之道有七焉：一曰间之以是非而观其志；二曰穷其以辞辩而观其变；三曰咨之以计谋而观其识；四曰告之以祸难而观其勇；五曰醉之以酒而观其性；六曰临之以利而观其廉；七曰期之以事而观其信。”这几句话以高度概括的惊世哲理，在识人与用人方面，为后世提供了宝贵的参考依据。

（4）示之进退，警钟长鸣

在《治军》与《治人》中，诸葛亮始终坚持教育为先，他提出：“示之以进退，故人知禁；诱之以仁义，故人知礼；重之以事非，故人知劝；决之以赏罚，故人知信”和“陈之以德义而民兴行，示之以好恶而民知禁。”明确告诉大家，什么可以做，什么不可以做，用仁义道德和是非观念来教育人，始终用公平的赏罚来取信人。

为了警告和震慑那些谋私贪利而抱侥幸心理的人，诸葛亮说：“欲思其利，必虑其害，欲思其成，必虑其败。”（见《诸葛亮集·思虑第十五》）明确告诉这些人，当你准备谋求私利的时候，一定要考虑其危害，想要成功，一定要考虑到失败。“人无远虑，必有近忧。”（见《诸葛亮集·思虑》）如果没有远见，贪图不义之财，必然会给自己带来很大的麻烦。

为了提高抗腐蚀的防范素质，他提醒所有将士和官吏要明白“船漏则水入，囊穿则内空，墙坏屋倾，堤决水漾”的道理（见《诸葛亮集·阴察第十六》），要从自身做起，严于律己，千万不要损害国家利益。

（5）实行节俭

诸葛亮在《与陆逊书》中说：“粮谷军之最要”，这是因为五次北伐曹魏多因“军粮不济”而退军，粮草对于军队是十分重要的。所以，他把发展生产节约粮食提高到“治人之道”的高度来看待。

在《治人第六》中诸葛亮说：“庶人之所好者，唯躬耕勤苦，谨身节用，丰年不奢，凶年不俭，素有蓄积，以储其后。”他号召大家不但要勤于农田躬耕，还要以身作则节约粮食，丰收年不奢侈，灾荒年有粮食积蓄。要以一般生活水平为标准，超过一般生活都属奢侈范畴。

（6）裁减军队冗员

为了减轻老百姓的负担，诸葛亮还根据实际需要，实行了“减兵省将”裁减军队冗员，让多余的士兵投入农业生产中去。北伐期间，他在汉中就曾经“休士劝农”两年，勉县出土的蜀汉文物就是显著例子（见郭清华《论勉县出土的三国文物》，《文博》1994 年第 3 期），即便在五丈原屯军的百余天之中也是这样。如此一来，既节省了军费开支，解决了军需供给，提高了军队素质，也保障了当地的生产发展。

（7）遗命薄葬

建兴十二年（234）秋八月二十八日，诸葛亮病死在五丈原军中，临终前遗命说：“死后葬汉中定军山，因山为坟，冢足容棺，殓以时服，不须器物。”

遗命明确告诉他死后要葬在汉中的定军山，靠山造坟墓，坟的大小能放进一口棺材就行，入棺安葬时就将平时所穿衣服，不穿新衣服，墓中不需要随葬任何器物，总之一切从简。诸葛亮一生中佐先主，辅后主，“摄一国之政事，行邦域之大权”，生前“官至蜀汉臣相、封武乡侯、领益州牧”，位极人臣，权重威高，可是他的遗命薄葬却与生前地位和当时厚葬之风形成了鲜明对比。

据《水经注·渭水》记载：“秦名天子冢曰山，汉曰陵，官吏称墓，百姓为坟。”这就是说，秦朝的天子墓叫“山”，汉代帝王的墓葬叫“陵”，王侯将相和官吏的墓葬都称为“墓”，唯独老百姓的墓葬叫“坟”，在当时这是不可改变的定制。例如：秦始皇墓叫“骊山”，西汉高祖刘邦的墓葬称长陵、惠帝刘盈的墓葬称安陵、文帝刘恒的墓葬称霸陵、景帝刘启的墓葬称杨陵、武帝刘彻的墓葬称茂陵、昭帝刘弗陵的墓葬称平陵等。而历朝历代的王侯将相与官吏死后都称为墓，只有老百姓的墓葬称为“坟”。

又据《后汉书·王符传》记载说：汉代厚葬之风十分盛行。当时的“京师贵戚，郡县豪家，生不极养，死乃崇丧，或至金缕玉匣，檽梓楩楠（用江南的梓、樟、楠等珍贵木材作棺椁），多埋珠宝，偶人车马（木雕人和车马），造起大冢，广种松柏，庐舍祠堂，务崇华侈”。

这段话意思是说，当时，京师和郡县有钱人家，老人健在时，不去很好地供养和孝敬爱戴，死去以后，才去隆重地办丧事，不惜花巨资，造大墓，植松柏，修祠堂，讲排场，进行攀比，把孝道完全体现在办丧事上。

从全国各地多年来考古资料来看，证明了汉代王侯将相墓葬的奢华程度。例如：河北省满城的中山靖王刘胜墓、咸阳市杨家湾汉墓、长沙市马王堆汉墓、徐州市狮子山汉墓、临沂市画像石汉墓、甘肃省武威市雷台汉墓、江苏省盱眙县的大云山汉墓等。已知被发掘的汉代王侯将相墓葬，绝大多数在即位以后就开始造墓，一造就是几年甚至几十年，所以墓葬不但规模大，品位高，埋葬的物品极为丰富，而且还有大量珍贵的金银珠宝。更重要的是，不少王侯将相还是多层丝绸或者金缕玉衣裹身，用珍稀的楠木、香樟木作多层彩绘棺椁，同时，还采取了种种防腐措施，耗资之巨大难以估算。

诸葛亮遗命不但将自己的墓地称为“坟”，而且要求“冢足容棺，殓以时服，不须器物”，这是把自己按照普通老百姓来对待，不张扬、不奢华，一切都要从简，以保持他一生忠君爱国与清正廉洁名节，体现他廉洁自律，高风亮节的风范。遗命至真至诚，发自肺腑，惊天地，泣鬼神，感人寰，成为千古之典范，令后世人由衷地感叹而敬佩思念。

由于诸葛亮明明白白告知后人，他的墓葬根本没有埋葬器物，加之世人对他的尊崇敬仰，因此武侯墓从来就没有被盗记录与相关传说，这也是千百年来王侯将相墓葬没有被盗的范例。

（8）诸葛亮是中国历史上第一个自报家产，主动公开接受监督的官员

诸葛亮在临终前最后给刘禅写了《自表皇帝》文书说：“成都有桑八百株，薄田十五顷，子弟衣食自有余饶。至于臣在外任，无别调度，随身衣食，悉仰于官，不别治生，以长尺寸。若臣死之日，不使内有余帛，外有赢财，以负陛下。”及卒，如其所言。

“薄田十五顷”，应该是刘备夺取益州后分给诸葛亮一家人谋生的产业，“八百株桑树”应该是诸葛亮因地制宜发展蜀锦而带头栽植在十五顷土地上的桑树。桑叶可以养蚕织蜀锦，桑果属水果类，都可以产生经济效益。关键是十五顷田是多少，这才是诸葛亮一家人生存的根本。

据《晋书·食货志》记载，当时的土地是按照官阶高低来分配的，“第一

品者占五十顷，第二品四十五顷，第三品四十顷，第四品三十五顷，第五品三十顷，第六品二十五顷，第七品二十顷，第八品十五顷，第九品十顷”。

至于其他人，则是“男子一人占田七十亩，女子三十亩”。

根据《晋书·食货志》记载的各级官员田产分配制度，以及相关考古资料的综合分析，再将汉代度量衡与今天度量衡换算而知，十五顷田，相当于八品官所占田额，这就是诸葛亮全家人的生存依托，且“子弟衣食自有余饶”，足见其艰辛生活之一斑。诸葛亮本人在外的随身衣食皆“悉仰于官”而“别无调度”，还“不别治生，以长尺寸”，除了官任上所配发的物品之外，没有任何外来收入。到死的时候，诸葛亮也不希望自己“内有余帛，外有赢财，以负陛下”，他说到做到了。如此看来，诸葛亮是中国历史上第一个自报家产主动公开接受监督的官员。他这些感人肺腑的语言，充分体现了他生也淡泊，死也清廉的高尚品质，堪称千古廉洁第一人。时至今日，勤政廉洁依然是世人希望各级官员能够以身作则的考量标准。

4. 智慧的化身

诸葛亮智慧一生中无处不在无处不显，特别是在《三国演义》中，他的“锦囊妙计”层出不穷，处处能够化险为夷，简直就是一个智慧的神人、圣人，在老百姓心中世世代代都留下深刻印象。至今人们的口头禅还有“三个臭裨将，顶个诸葛亮”“开个诸葛亮会”“事后诸葛亮”“小诸葛”“孔明在世”等口头语，诸葛亮成了中华民族智慧的化身与象征，家喻户晓，妇孺皆知而无可替代。根据他一生的业绩，他的智慧集中体现在以下几个方面。

（1）《隆中对策》高瞻远瞩，点石成金

东汉末年，汉室苗裔刘备为响应朝廷号召，毅然决然在家乡涿州起兵参与镇压“黄巾军起义”。在诸侯纷争中，由于他势单力薄而被追杀得东躲西藏狼狈不堪，始终没有立足之地。一介武夫的刘备这才深刻认识到，要想在群雄之中立足并且成就事业，就必须要有得力人士辅佐出谋划策才有可能。

建安十二年（207）冬，47 岁的刘备在颍川隐士徐庶与司马徽的推荐下，曾屈尊“三顾茅庐”拜访人称“卧龙”而年仅 27 岁的诸葛孔明，请他指点迷津。

诸葛亮十分感念汉室后裔刘备的屈尊三顾茅庐，开诚布公向刘备分析了他对当时的时局看法，认为曹操占据天时，孙权占据地利，希望刘备占据人和，与孙权联手共同抗击曹操，力求占荆州、夺益州、取汉中这些战略要地，团结少数民族，搞好内部治理，等待时机成熟，从荆州与益州两路进兵钳击中原，

则汉室可兴，霸业可成。由于当时谈话的地方是在隆中的草庐中，所以，后世人将这次谈话称为《隆中对策》。全文如下：

自董卓已来，豪杰并起，跨州连郡者不可胜数。曹操比于袁绍，则名微而众寡。然操遂能克绍，以弱为强者，非惟天时，抑亦人谋也。今操已拥百万之众，挟天子而令诸侯，此诚不可与争锋。孙权据有江东，已历三世，国险而民附，贤能为之用，此可以为援而不可图也。荆州北据汉沔，利尽南海，东连吴会，西通巴蜀，此用武之国，而其主不能守，此殆天所以资将军，将军岂有意乎？益州险塞，沃野千里，天府之土，高祖因之以成帝业。刘璋暗弱，张鲁在北，民殷国富而不知存恤，智能之士思得明君。将军既帝室之胄，信义著于四海，总揽英雄，思贤如渴，若跨有荆、益，保其岩阻，西和诸戎，南抚夷越，外结好孙权，内修政理。天下有变，则命一上将将荆州之军以向宛、洛，将军身率益州之众出于秦川，百姓孰敢不箪食壶浆以迎将军者乎？诚如是，则霸业可成，汉室可兴矣。

《隆中对策》虽然只有350个字，但内容精辟且高瞻远瞩，对刘备来说堪称是点石成金，振聋发聩，如同拨开迷雾见青天而茅塞顿开，所以他欣喜若狂，信心十足，诚恳邀请诸葛亮出山辅佐实现此计划。诸葛亮感激刘备的屈尊三顾之恩，毅然决然下山跟随刘备走上了军旅生涯，从此为其运筹帷幄出谋划策走出困境，并且一步步发展壮大。所以，刘备曾经感慨地对关羽、张飞说："孤之有孔明，犹鱼之有水也。"（见《三国志·蜀书·诸葛亮传》）

如果不是后来关羽的刚愎自用失去荆州而被杀，刘备又盲目去讨伐东吴给关羽报仇，破坏了孙、刘联盟，人为造成了不可弥补的损失，实现《隆中对策》计划是稳操胜券。由此看来，诸葛亮在年轻时就满腹经纶，智慧超群，不愧为政治家、军事家。

由于《隆中对策》言辞精辟，逻辑严谨启智育人，所以，新中国成立后被教育部列入中学教材。

（2）出使东吴促成孙刘联军共同抗曹，帮助刘备取荆州四郡有了发展空间

建安十三年（208）七月，曹操率数十万大军，开始南征荆州牧刘表。八月，刘表因病而亡，荆州群臣拥立刘表14岁次子刘琮为继承人。曹军进至新野县，直逼襄阳，大兵压境，刘琮懦弱，以为荆州无法抵挡，群臣大多数主张降曹，于是刘琮举荆州之众主动投降了曹操。

当时的刘备依附于刘表，屯驻于襄阳樊城，听说刘琮举荆州投降了曹操，知道曹军即将兵临城下大祸临头而骇然变色。于是匆匆忙忙"过辞刘表墓，遂

涕泣而去”，亲自率军向江陵（今湖北省荆州市江陵县）撤退。

当时，诸葛亮向刘备建议说“攻打刘琮，可占据荆州”，可实现《隆中对》中提出先占据荆州的策略。刘备因和刘表是皇室同宗后裔，不忍心相夺，所以，当时回答诸葛亮说：“吾不忍也。”（见《三国志·蜀书·先主传》）刘备的“妇人之仁”错失了绝好的良机。

刘琮违背民意投降曹操很不得人心，因此荆州士人投靠刘备有十余万众，辎重数千辆，他们都扶老携幼跟随刘备一起逃难，所以行动速度缓慢，日行才十余里。可是，曹操“轻骑一日一夜行三百余里”，形势十分危急，刘备急忙派关羽乘船数百艘，准备前往江陵。当时，有人建议刘备，应迅速放弃老百姓集中精力保住江陵。刘备回答说：“想要成大事，必须以人为本”，遂率领大众从当阳逃奔夏口投奔刘琦，准备和兵一处守卫，以防曹操大军。

江陵为荆州的首府重镇，存有大量军用物资，曹操怕落入刘备之手，所以亲率五千骑兵从襄阳疾驰三百里要灭了刘备。曹操在当阳长坂坡将刘备追上，刘备慌不择路，抛妻弃子，急忙带领诸葛亮、张飞、赵云等残兵败将和数万百姓南逃。赵云单枪匹马在乱军中救了刘备幼子刘禅与刘备甘夫人，成就了赵云为保护刘备撤退大战长坂坡救刘备老婆孩子而威名大振，被世世代代传播。

曹操在击溃刘备的前提下占据了荆州首府江陵，想乘势一举鲸吞江东。于是，他派人给孙权送去了一封信说：“近者奉辞伐罪，旄麾南指，刘琮束手，今治水军八十万，方与将军会猎于吴。”

孙权将书信以示群臣，“群臣莫不俱惊失色”。在此情况下，鲁肃向孙权建议说：“对刘备则宜抚安，与结盟好，说备使抚表众同心一意，共治曹操。”于是，孙权立即派遣鲁肃以给刘表吊唁为名去见刘备。

鲁肃见刘备后就转达了孙权派遣他前来的意图说：“孙权聪明而有才智，待人宽厚和气，又尊敬器重有德行的人，江南英雄豪杰都归附了他，目前已占有六郡，兵精粮足，完全能够成就大事。”刘备听后大喜，遂与鲁肃“结盟同誓”（以上见《三国志·蜀书·先主传》注引《江表传》）。

鲁肃还对诸葛亮说：“我是你哥哥子瑜的朋友。”从此以后，诸葛亮就与鲁肃结下了友情（见《资治通鉴》卷六十五）。

鲁肃当时的言论，正符合头一年诸葛亮在《隆中对》中为刘备出谋划策时所说的“外结好孙权”的计策，同时也打消了刘备的担心与顾虑，因此当时大喜。正因为如此，此时的诸葛亮乘机对刘备说：“事急矣”，便自告奋勇请求与鲁肃同去东吴面见孙权，争取与东吴结盟，共同抗曹。为此，《三国志·蜀书·先主传》也说：“先主遣诸葛亮自结于孙权。”

当时，孙权在柴桑（县名，治所在今江西省九江市西南），由于东吴有主战派和主降派，意见不合，争论不休，孙权举棋不定，正在观望曹操攻打刘备的事态发展，因此不知所措。

在柴桑，28 岁的诸葛亮在完全了解东吴现状的情况下，胸有成竹而理直气壮地对孙权说："海内大乱，将军起兵据有江东，刘豫州并收众汉南与曹操并争天下。今操芟夷大难，略已平矣，遂破荆州，威震四海，英雄无所用武，故豫州遁逃。至此，将军量力而处之，若能以吴越（春秋时期吴国与越国两个国家，辖地属孙权当时管辖范围）之众与中国（以曹操为代表的中央朝廷）抗衡，不如早与之绝，若不能，当何不按兵束甲北面而事之。今将军外托服从之名，而内怀犹豫之计，事急而不断，祸至无日矣。"

这段话的意思是：天下大乱，将军你起兵占据了江东之地，刘备则将汉水以南数万百姓聚集在身边与曹操争夺天下。今天，曹操像除草、割草一样残害生灵已经成为较大灾难，攻城略地，又破了荆州，威震四海，使英雄没有用武之地，所以刘备才不得不逃难。到这个时候，希望将军你能够量力而为，如果能够以东吴之众与曹操为代表的中央朝廷抗衡，不如早和他断绝关系。如不能，何不刀枪入库马放南山，向北面的曹操称臣。今天将军你外表看起来服从朝廷，可是内心却犹豫不决，事情急而优柔寡断，那么，不日就会灾祸降临。

孙权听后勃然大怒说："吾不能举全吴之地，十万之众受制于人。吾计决矣，非刘豫州莫可以挡曹操者。然豫州新败之后，安能抗此，难乎。"

这时候，孙权虽然决心抗击曹操，但是担心刘备惨败后没有实际的力量，有一定的困难。

诸葛亮回答说："豫州军虽败于长坂，今战士还者及关羽水军精甲万人，刘琦和江夏战士不下万人。曹操之众远来疲惫，闻追豫州轻骑一日一夜行三百余里，此所谓强弩之末不能穿鲁缟者也。故兵法忌之曰：必蹶上将军。且北方之人不习水战，又荆州之民附曹者逼兵势耳非心服也。今将军诚能命猛将统兵数万，与豫州协规同力破曹操必矣。曹军破，必北还，如此则荆、吴之势强，鼎足之形成矣。成败之机在于今日。"

孙权听了诸葛亮这番话大喜，随即调"遣周瑜、程普、鲁肃等水军三万"，随诸葛亮前往刘备处，加上刘备的两万人，孙、刘联军五万人共同对付曹操的二十万精锐军队。

在促成孙刘联军共同抗曹之后，"先主斜趋汉津，适与关羽船会，得济沔，遇江夏太守刘琦众万余人，俱到夏口"（见《三国志·蜀书·先主传》）。

孙权也派周瑜、程普为左右都督"各领万人与刘备俱进于赤壁"，两家联手准备与曹操在赤壁决一死战（见《三国志·吴书·孙权传》）。

由于曹操军队属北方人，不习南方水土而发生了瘟疫，所以，"与备战不利，大疫，吏士多死者”（见《三国志·魏书·武帝纪》）。首次交战就出师不利，曹操不得不退军长江北岸，将所有战船连接起来，如此则可如履平地。

当时的周瑜军进驻南岸隔江对峙，偏将军黄盖献计说：“今寇众我寡，与持久计，然观曹军方连船舰首尾相接，可烧而走也。”周瑜采纳了建议，于是，黄盖“取蒙斗舰数十艘”，装满干燥的柴草，灌满了燃油，用篷布伪装起来，派人给曹操送去“诈降书”。当夜，黄盖乘夜色向北岸进发，曹军根本没有防备，以为黄盖真的来投降（见《三国志·吴书·周瑜传》）。

黄盖船只一接近曹军的链接战船就突然放起火来，风助火势，火借风威，一瞬间曹操的船队一片火海，曹军“人马烧、溺死者甚众”，刘备与周瑜率大军擂鼓夹击进攻，曹操不得不留下曹仁守江陵，自己连夜领残兵败将从华容道（县名，治所在今湖北省监利县东）逃跑。

曹操在赤壁之战惨败后，除了留大将曹仁（168—223）、徐晃（？—227）、乐进（？—218）等守襄阳、樊城之外，自己引残兵败将回北方去了。

正因为如此，《三国志·蜀书·诸葛亮传》说：孙、刘联军“并力抗曹公，曹公败于赤壁，引军还邺（县名，属于冀州魏郡，今河北临漳县，是曹操第二都城），先主遂收江南，以亮为军师中郎将，使督零陵、桂阳、长沙三郡，调其赋税，以充军资”。

不可一世的曹操败在了孙刘联军之手，从此以后，“赤壁之战”就成为中国历史上以少胜多的典型战例而流传千古。

诸葛亮出山辅佐刘备以后，就遇到了刘表病死和刘琮投降曹操，紧接着，曹操大军进攻荆州，攻打刘备，迫使刘备弃襄阳、走樊城、败当阳、奔夏口，死里逃生，狼狈不堪。在此危难之际，诸葛亮临危不惧，主动请缨出使东吴去见孙权，抓住孙权犹豫不决举棋不定的心态而见机行事，精辟地分析当前形势，有理有据地陈说利害，巧妙地用激将法说服孙权，促使孙权最终决定实行孙刘联盟，两家联手共同抗击曹操，并且在赤壁（今湖北省赤壁市）彻底打败曹操迫使其北还。从此以后，荆州除了南阳郡仍然归曹操所辖之外，其余的被刘备、孙权两家瓜分。刘备征战半生，总算有了四郡立足之地发展空间，而诸葛亮也正式名正言顺开始为刘备效力，有了活动平台，首次显示出诸葛亮临危受命的高超智慧，留下了千古佳话。

章武三年（223）四月，先主刘备在白帝城病死以后，17岁的太子刘禅继位，诸葛亮首先考虑的是恢复孙刘联盟共同抗曹统一战线，因此，在后主刘禅主政期间，曾经先后派遣邓芝、费祎、陈震为使者，前往东吴进行互访交流，为的是联络感情巩固友谊，在求同存异的前提下，始终保持两家联手共同对付曹魏，形成三足鼎立格局，才能够生存与发展。

在《三国演义》第四十三至五十回中，罗贯中浓墨重彩地描写了诸葛亮出使东吴时曾经历了舌战群儒、智激周瑜、草船借箭、借东风、蒋干盗书、苦肉计、关羽捉放曹操等故事，这些故事妙笔生花，跌宕起伏，环环相扣，尽管全部都是虚构的，但故事本身却引人入胜，使人过目不忘，继而口口相传，经久不衰，达到了家喻户晓妇孺皆知的效果，如此一来，极大地丰富了诸葛亮的聪明才智与过人胆识，使诸葛亮的人格魅力形象更加高大，影响更加深远。

（3）南征的“攻心为上”意义非凡

建兴元年（223）六月，益州郡（辖县17，治所滇池在今云南晋宁东，古滇国首都）汉族豪强雍闿，趁刘备夷陵新败病逝而后主刘禅年幼，诸葛亮全权辅佐可是国力空虚，人心惶惶的前提下，就策动牂牁郡（治所在今贵州省黄平县西北）太守朱褒、越巂郡（四川省西昌市）叟王高定及益州郡少数民族头领孟获等一起叛乱，杀死益州太守王昂，又把接任的太守张裔抓起来送往东吴，吴王孙权也乘机对蜀汉新政权虎视眈眈，堪称内忧外患。

此时的诸葛亮，没有立即采取平叛军事行动，而是采取了先礼后兵策略，让李严前后给雍闿写了六封书信陈说利害，劝说要识大体顾大局，回头是岸，不要一错再错，雍闿不但不领情，反而十分傲慢狂妄（见《三国志・蜀书・李严传》）。

根据当时实际情况，诸葛亮派遣能言善辩的广汉太守邓芝出使东吴，举一反三陈说利害，遂再次与东吴修好，取得了外交上的成功，恢复了孙刘联盟，从根本上解除了蜀汉外围的后顾之忧（见《三国志・蜀书・邓芝传》）。

与此同时，诸葛亮内修政理安定人心，积蓄人力物力，训练军队，调兵遣将，积极为南征平叛做好一切准备。

建兴三年（225）三月，诸葛亮率军从成都出发进行南征，“五月渡泸，深入不毛”。为了从根本上解决问题，根据西南地区特有的实际情况，坚决镇压了叛乱的首恶分子高定、朱褒和雍闿，对少数民族中有影响力的首领孟获，却采取了“攻心为上，攻城为下，心战为上，兵战为下”的心理战术，进行了“七擒七纵”的怀柔策略，最终使孟获心悦诚服地说：“丞相天威，南人不复反矣。”诸葛亮给孟获和其弟都进行了封赏加官，让他们继续管理南中事务。

从三月出兵，到十二月回成都，仅仅十个月就平定了南中叛乱。撤军时，诸葛亮不留汉人一兵一卒，只要求给朝廷进贡而已。后来，南中果然不断给蜀汉朝廷进贡各种土特产和兵员，北伐军中的劲旅“飞虎五部”，就是西南少数民族子弟，他们英勇善战，屡立战功。

诸葛亮“七纵七擒孟获”的攻心术怀柔策略，是他足智多谋的高度体现，意义非凡，成为千古流传的佳话，在西南地区人民留下了美好的记忆，至今都十分感念诸葛亮。例如：北宋哲宗元符三年（1100）进士范致明（？—1119）在《岳阳风土记》中记载说：“当地妇女的衣服上用白布为带结在胸前，以为礼服，说是诸葛亮擒孟获时所结，当地人畏惧诸葛亮之威严，不敢去掉，因而形成风俗。”

南宋光禄大夫洪迈（1123—1202）的《容斋随笔》卷四之《南夷服诸葛亮》记载说：“当境有泸水，昔诸葛武侯戒曰：非贡献征讨，不得辄渡此水。若必欲过，须致祭然后登舟，并设酒脯，请先祭享而后渡，乃知南夷心服，虽千年如初。”

南宋淳熙年间桂林通判周去非（1134—1189）的《岭外代答》卷三说：“西南人用白缚髻，传说是为武侯服孝。亦有少数民族用白布裹颈，自称孟获之后，为感谢诸葛亮不杀之恩世代为其服孝。在傣族中，一直流传这样的故事：诸葛亮南征胜利，傣族人前去送行，诸葛亮把自己戴的那顶像几块木板拼起来的帽子留给了他们，上面拴一个绸布条，上写想命长水冲凉，草棚矮，住高房。后来，傣人遇到瘴气，就按照诸葛亮帽子形状盖起竹楼，用凉水冲澡，进而相互泼水以驱逐瘴气。傣族姑娘的笼裙，据说是按照诸葛亮的手袖式样做的。”

清代学者俞樾的《茶香室续钞》卷一九之《苗人祀孔明天子》条注引《峒溪纤志》记载说：“苗人祀神，大多写孔明天子之位。”

著名学者章太炎（1869—1936）的《思葛篇》记载说：“云南缅甸里人，都把头发束成三撮，中间一撮象征武侯，左右两撮象征父母。每次饮茶的时候，要把杯举到额前，以示敬报，其中说汉语的，则呼武侯为诸葛老爹。”

（4）《出师表》深谋远虑

建兴五年（227）三月，诸葛亮准备开始北伐曹魏，临行前他给后主刘禅上了前《出师表》，要求批准他亲自率军北伐。全文如下：

先帝创业未半而中道崩殂，今天下三分，益州疲弊，此诚危急存亡之秋也。然侍卫之臣不懈于内，忠志之士忘身于外者，盖追先帝之殊遇，欲报之于陛下也。诚宜开张圣听，以光先帝遗德，恢弘志士之气，不宜妄自菲薄，引喻失义，以塞忠谏之路也。宫中府中，俱为一体，陟罚臧否，不宜异同。若有作奸犯科及为忠善者，宜付有司论其刑赏，以昭陛下平明之理，不宜偏私，使内外异法也。侍中、侍郎郭攸之、费祎、董允等，此皆良实，志虑忠纯，是以先帝简拔以遗陛下。

愚以为宫中之事，事无大小，悉以咨之，然后施行，必能裨补阙漏，有所广益。将军向宠，性行淑均，晓畅军事，试用于昔日，先帝称之曰能，是以众议举宠为督。愚以为营中之事，悉以咨之，必能使行阵和睦，优劣得所。

亲贤臣，远小人，此先汉所以兴隆也；亲小人，远贤臣，此后汉所以倾颓也。先帝在时，每与臣论此事，未尝不叹息痛恨于桓、灵也。侍中、尚书、长史、参军，此悉贞良死节之臣，愿陛下亲之信之，则汉室之隆，可计日而待也。

臣本布衣，躬耕于南阳，苟全性命于乱世，不求闻达于诸侯。先帝不以臣卑鄙，猥自枉屈，三顾臣于草庐之中，咨臣以当世之事，由是感激，遂许先帝以驱驰。后值倾覆，受任于败军之际，奉命于危难之间，尔来二十有一年矣。先帝知臣谨慎，故临崩寄臣以大事也。受命以来，夙夜忧叹，恐托付不效，以伤先帝之明，故五月渡泸，深入不毛。

今南方已定，兵甲已足，当奖率三军，北定中原，庶竭驽钝，攘除奸凶，兴复汉室，还于旧都。此臣所以报先帝而忠陛下之职分也。至于斟酌损益，进尽忠言，则攸之、祎、允之任也。愿陛下托臣以讨贼兴复之效，不效，则治臣之罪，以告先帝之灵。若无兴德之言，则责攸之、祎、允等之慢，以彰其咎；陛下亦宜自谋，以咨诹善道，察纳雅言，深追先帝遗诏，臣不胜受恩感激。今当远离，临表涕零，不知所言。

《出师表》仅624个字，但它言简意赅，情真意切，表达了一代忠良为蜀汉基业而忧国忧民的真实感情和北伐曹魏的信心，后主刘禅与朝廷官员都为之感动，批准了诸葛亮北伐曹魏出兵汉中的请求。于是，诸葛亮令中书令陈震、丞相长史张裔、参军蒋琬留守成都负责处理丞相府事务，协助后主料理朝政。命将军向宠管理留守军队，又令辅汉将军李严从白帝城（今重庆市奉节县）移驻江州（重庆市）负责后方军事；命护军陈到驻守白帝城长江瞿塘峡一带以防东吴。在安排好一应事务的基础上，诸葛亮亲率赵云、魏延、吴懿、邓芝、向朗、杨仪等十万大军进驻汉中，“营沔北、阳平、石马”，把定军山下的沔阳（今天勉县）作为军事基地，从此拉开了北伐曹魏的序幕。

由于前《出师表》文章精练，很有教育意义，因此，新中国成立后被教育部列入中学教材。

十一月，诸葛亮向后主刘禅再上了后《出师表》，言明“与其坐而待毙，孰与伐之”的道理，请求再次北伐。620个字的后《出师表》精辟分析了当时的形势，把为什么要再次北伐的目的、意义和六个方面的顾虑看法叙述的清清楚楚，真可谓至真至诚，肝胆相照。

诸葛亮的前、后《出师表》，是他辅佐蜀汉帝业忠诚敬业思想和智慧的再一次体现。

（5）五次北伐曹魏势在必行，而且卓有成效

诸葛亮的五次北伐曹魏不但是势在必行，而且是卓有成效的。

首先，弱小的蜀汉，必须要因时而动，采取以攻为守策略，变被动为主动，不能够顺其自然而偏安一隅坐守待毙，否则就是死路一条。所以，北伐曹魏是势在必行的举动。

其次，诸葛亮每次北伐都把战场摆在曹魏的敌方，给对方造成损失，使敌方被动，绝不是在家门口防守，这充分显示了诸葛亮强大魄力与足智多谋的智慧。再则，尽管诸葛亮北伐时期兵力仅仅十万之众，对付的是曹魏数倍人马，但是，每次北伐都有不同收获。

第一次出祁山北伐曹魏时收降了名将姜维，尽管后来因为马谡失街亭弃军逃跑而导致全线撤退，但诸葛亮因势利导，迁西县千余家居民到汉中，增加了汉中的人口实力。

第二次北伐攻打陈仓，虽然二十余天没有攻下，但吸引了曹魏主力，破坏了魏文帝攻打东吴广陵计划，实现了“围魏救赵”策略。在退军路上，还用计射杀了魏国大将王双。

第三次北伐，直接收复了魏国的武都和阴平二郡，成了蜀汉国土，不但扩大了疆域，而且彻底解除了益州北大门的威胁隐患。同时，魏延还在阳溪大败魏军，斩首三千余。

第四次出祁山北伐，大败曹魏大都督司马懿，使其“畏蜀如虎”，诸葛亮还收割了那里的小麦，补充了军需。撤退时，又用计谋射杀了魏国名将张郃。

第五次北伐，使魏国大都督司马懿谈虎变色，甘受巾帼之辱而不敢出战。诸葛亮病死五丈原后，还用计谋吓走了司马懿，落了个“死诸葛吓走活仲达”的千年话柄，司马懿不得不称赞诸葛亮是“天下奇才也”（见《三国志·蜀书·诸葛亮传》《晋书·宣帝纪》）。

《三国演义》从第九十五回“马谡拒谏失街亭”，到第一百四回“陨大星汉丞相归天”，把诸葛亮的五次北伐曹魏和汉中防御战说成是“六出祁山”。其实，诸葛亮只有建兴六年（228）春天第一次北伐和建兴九年（231）春天第四次北伐去过祁山（今甘肃省礼县祁山堡一带），其他几次都与祁山无关，《三国志》“诸葛亮传”与“后主传”，都有明确记载。

六出祁山一词，语出《三国演义》第一百二十回末尾的叙事诗：“孔明六出祁山前，愿以只手将天补；何期历数到此终，长星半夜落山坞！”

综上所述，诸葛亮的忠诚、勤政、廉洁、智慧四个方面构成了完整的诸葛亮思想文化，被世世代代称颂效法而经久不衰地传承。

在封建社会，君王代表国家，忠君就是忠于国家，忠诚是做人的准则，爱国是每个国民的本分。勤政为民是所有官吏的职责与义务，廉洁奉公又是所有官吏必须具备的立场与法则，聪明才智是人类社会追求向往的目标，所有这些文化内涵，在诸葛亮的身上全部集中体现了。

1771 年，全世界最权威的大型工具书《不列颠百科全书》的“中国与台湾地区史”中，把诸葛亮与道家思想创始人老子、儒家文化创始人孔子和千古一帝秦始皇等人列入世界名人，这是我们中华民族的骄傲和自豪。

时至今日，诸葛亮“鞠躬尽瘁，死而后已”的献身精神格言，成为最具特色的座右铭，一致被国内外所尊崇敬仰而效法学习。

2013 年 3 月 1 日，国家主席习近平在中央党校建校 80 周年庆祝大会暨 2013 年春季班开学典礼讲话时说：“诸葛亮鞠躬尽瘁，死而后已的献身精神，体现了中华民族的传统优秀文化和民族精神，我们都应该继承和发扬。”

这是国家领导人重视弘扬传播诸葛亮思想文化的决心，更是我们中华民族每个公民学习效法诸葛亮思想文化的指导思想，诸葛亮永远活在世人心中。

第三十章
论诸葛亮思想文化的形成基因

诸葛亮是一位跨越了时代，超越了国界而普遍被尊崇敬仰的名人。这是因为，他的忠君爱国、勤政为民、廉洁自律以及聪明才智，在中华民族历史文化长河中，上至帝王将相、达官显贵、文人学士，下至平民百姓，皆有口皆碑，被千古传颂，成为了一种罕见的文化现象。特别是，他的“鞠躬尽瘁，死而后已”献身精神，体现了中华民族高尚的道德品质与人格魅力，在我国古代伟人先哲中是唯一一个达到了家喻户晓、妇孺皆知而誉满古今中外，成为后世诸多有志之士效法学习的楷模。

究其原因不难发现，在诸葛亮身上集中体现了人类社会发展史上所固有的全部美德，是理想人格的真正化身和偶像，成为古今中外各界人士追求完美人生的航标。直到今天，他的忠诚、勤政和廉洁思想，仍然是各行各业学习的典范，他的高尚品德和聪睿才智是我们尊崇的典范。那么，诸葛亮的文化思想究竟是怎样形成的？笔者在多年研究学习的基础上，谈谈自己的看法。

1. 齐鲁文化与渊源家学是诸葛亮思想文化的形成基础

诸葛亮出生在今山东省沂南县黄疃村，他的家乡就是齐鲁文化的发源地，而齐鲁文化的核心价值观就是以人为本、以仁为核心、以德为美、以孝为先、以和为贵、以礼为范、以中庸为基本方法、以三纲五常为主要内容、以天人合一与阴阳和谐为最高境界。这些完整的道德修养理念，成了世世代代信奉追求完美人生的最高境界，因此直接影响了中华民族数千年。

春秋战国时期，齐文化孕育出了“武圣孙子”，鲁文化孕育出了“文圣人孔子”及孟子、管仲、晏子等一代名家。两汉时期，这里又出现了临沂人王吉、王俊、后苍、孟喜、匡衡、萧望之、卫宏等一大批文化名人，是这些先哲贤达日积月累，创造完善了齐鲁文化的核心价值观。

孙子，本名孙武（公元前545—公元前470），字长卿，春秋末期齐国乐安（今山东省北部）人，著有《孙子兵法》，全书共分计、作战、谋攻、形、势、虚实、军争、九变、行军、地形、九地、火攻、用间，共十三篇5900余字，为后世兵家所推崇，被誉为“兵学圣典”，在中国乃至世界军事史、军事学术史和哲学思想史上，都具有极为重要的地位。

孔子（公元前551—公元前479），名丘，字仲尼，生于鲁国陬邑（今山东省曲阜市），是儒家思想文化学说的创始人。曾与弟子周游列国十四年，修订了《诗经》《尚书》《仪礼》《乐经》《周易》《春秋》六经，对中华民族历史发展有举足轻重的影响与指导作用，被联合国教科文组织评为世界十大文化名人之首。

孟子（约公元前372—公元前289），名轲，字子舆，战国时期邹国（今山东邹城市）人，儒家学派的代表人物，与孔子并称为“孔孟”。著有《孟子》一书共七篇，主张倡导“以仁为本”。代表作品有《鱼我所欲也》《得道多助，失道寡助》《生于忧患，死于安乐》和《寡人之于国也》，新中国成立以后被编入中学语文教科书中。

以孔子、孟子为代表的儒家思想文化，其中心思想是恕、忠、孝、悌、勇、仁、义、礼、智、信，其核心价值观就是要修身、齐家、治国、平天下，树立文治武功，才能够安邦定国。

儒家文化是中华民族根深蒂固的思想道德伦理文化，经典著作有《诗经》《尚书》《仪礼》《乐经》《周易》《春秋》六经。秦始皇“焚书坑儒”时毁掉了《乐经》，东汉时期，在此基础上加上了《论语》《孝经》，共七经。唐代加上了《周礼》《礼记》《春秋公羊传》《春秋谷梁传》《尔雅》，共十二经。宋代又加了《孟子》，遂刻录了《十三经注疏》传后世，被历代统治者所推崇传承和发展，对中国文化发展起了决定性的作用，在世界也有一定影响。

管仲（公元前719—公元前645），名夷吾，字仲，世人尊称为管子，颍上（今安徽省阜阳市颍上县）人，春秋时期齐国之相。他曾经全力辅佐齐桓公“九合诸侯，不以兵车”，成为春秋五霸之首的霸主，立下了不朽功勋，被齐桓公尊为“仲父”，后世人誉为“圣人之师”“华夏第一相”。

晏子（公元前578—公元前500），字平仲，原名晏婴，夷维（今山东省高密市）人，春秋时期齐国大夫、相国，曾经辅佐齐灵公、齐庄公、齐景公三朝，是名副其实的“三朝元老”。

晏子辅佐齐国三公，一直忠君爱国，勤恳廉洁，“虚怀若谷，闻过则喜”，历来秉公无私，从不接受礼物，还时常把自己的俸禄送给亲戚朋友和劳苦百姓，所以口碑很好，威信很高。

诸葛亮的先祖诸葛丰，是西汉元帝时期（公元前48—公元前33）负责监督京师和地方官员的“司隶校尉”。父亲诸葛珪（？—187），做过东汉末年的“泰山郡丞”，属于郡守的佐官，相当于一个地级市的副市长。由此看来，诸葛亮在官宦门第高雅思想文化熏陶下，从小就受到了家乡齐鲁文化的影响，接受继承了渊源家学之风与严格的家庭教育管理。

在此期间，北海郡高密县（今山东省潍坊市高密市）儒学泰斗郑玄（127—200）堪称名播天下，有弟子数千人，遍及全国各地，著名的就有河内的赵商、清河的崔琰与王经、乐安的国渊、北海的张逸与孙乾、鲁国的刘琰、汝南的程秉、山阳的郗虑、南阳的许慈等。郑玄以毕生精力注释的诸多儒家经典流传后世，至今保存完整的还有数十部。他一生游学讲课十余年，在琅琊郡（今临沂市）也曾经讲学，这无疑对少年诸葛亮有一定的思想文化影响。

汝南郡南顿县（今河南省项城市南顿镇）人应劭（153—196），是著名的法学家，曾经编著了民俗著作《风俗通义》三十卷，有很高史料价值，被收入了《后汉书·祭祀志》流传后世。

中平二年至中平六年（185—189），应劭出任泰山郡守，这期间，诸葛亮的父亲诸葛珪恰好为泰山郡丞，是应劭的助手。诸葛亮在丧母之后跟随父亲在泰山郡任上生活，思想文化肯定会受到应劭一定的影响。耳濡目染的家庭教育、环境影响和家乡的“齐鲁文化”熏陶，使诸葛亮从小就心领神会刻骨铭心，正因为如此，儒家的修身、齐家、治国、平天下思想，以及文治武功才能安邦定国的理念，为诸葛亮后来进入社会打拼奠定了深刻的文化思想基础。

诸葛亮在家乡故土度过了十三年的少年时代，这时候已经具有了好学强记的学习基础。所以，《三国志·蜀书·诸葛亮传》记载说：“亮少有逸群之才，英霸之器。”这足以说明，诸葛亮从小就具备了超乎常人的才能，树立了成就英雄霸业的远大志向。

诸葛亮三岁丧母，七岁丧父，哥哥诸葛瑾比诸葛亮大八岁，两个姐姐和弟弟诸葛均全靠叔父诸葛玄抚养，在此期间，父亲诸葛珪曾经续弦。正因为如此，《三国志·吴书·诸葛瑾传》裴松之注引《吴书》记载说：“遭母忧，居丧至孝，事继母恭谨，甚得人子之道。”这说明，诸葛亮姐弟在母亲去世由叔父诸葛玄抚养时，诸葛瑾一直奉养继母，受到了好评。

2. 就读荆州学业堂三年是诸葛亮思想文化形成的关键

据《三国志・诸葛亮传》记载说："亮早孤，从父玄为袁术所属豫章太守，玄将亮及弟均之官。会汉朝更选朱皓代玄，玄素与荆州牧刘表有旧，往依之。"

诸葛亮早年就成了孤儿，他和弟弟诸葛均及两个姐姐靠叔父诸葛玄抚养。后来，扬州牧袁术举荐诸葛玄出任豫章（属扬州，辖 21 县，治所在今南昌市）太守，兴平元年（194），诸葛亮姐弟就随叔父一起去了豫章太守的官任上，诸葛瑾也举家东渡落户于曲阿（今江苏省丹阳市），为东吴孙权效力。

没想到，东汉朝廷已经另外推选朱皓代替诸葛玄做了豫章郡太守。诸葛玄无可奈何，次年，只好带领诸葛亮姐弟前往荆州，去投靠老朋友荆州牧刘表。

可是，还有一种说法，据《三国志・蜀书・诸葛亮》裴松之注引《献帝春秋》记载："初，豫章太守周术病卒，刘表上表推荐诸葛玄为豫章太守，治南昌。汉朝闻周术死又派遣朱皓代替诸葛玄，朱皓从扬州刺史刘繇那里求兵攻击诸葛玄，诸葛玄退屯西城，朱皓入南昌。建安二年正月，西城民反，杀诸葛玄，并把首级送刘繇。"

这段话是说，初平四年（193），豫章太守周术病死，荆州牧刘表就向扬州牧袁术推荐了诸葛玄接任豫章太守治理南昌。东汉朝廷听说豫章太守周术病死，遂改派太尉朱儁（？—195）之子朱皓代替诸葛玄任豫章太守。朱皓见诸葛玄已经到任，便向扬州刺史刘繇（156—197）借兵攻打诸葛玄，诸葛玄被迫退守西城（今江西省高安市），朱皓入南昌做了太守。建安二年（197）正月，西城居民叛乱，杀了诸葛玄，并且斩其首级送与扬州刺史刘繇。

此说法与《三国志・诸葛亮传》的本传记载有所不同。为此，中科院历史研究所研究员梁满仓早在 2013 年《湖北文理学院学报》第 9 期发表了《诸葛玄死于西城考》的研究文章，中科院历史研究所研究员李万生先生也在《南京晓庄学院学报》2014 年第 9 期发表了《关于诸葛玄之死地问题》文章。两位专家研究表明，《献帝春秋》作者是东吴广陵人袁晔，他是东吴太傅掾袁迪的孙子，与丞相陆逊之弟陆瑁（？—239）的关系很好，而陆瑁与诸葛瑾的关系密切，因此，《献帝春秋》的记载是可信的历史资料，毋庸置疑，诸葛玄就死在西城，而西城就是三国时期"建成县"，今高安市。2014 年 9 月，全国第二十一届诸葛亮研讨会在高安市召开，专家们进一步论证了此问题，确认诸葛玄就死在今高安市。

兴平二年（195），诸葛玄将诸葛亮姐弟送到了荆州牧刘表处，托付好友刘表照顾，他自己又回到了西城。诸葛亮开始在荆州牧刘表办的"学业堂"读书学习，两个姐姐也先后嫁给了荆州名门望族樊亭侯蒯越的儿子蒯祺和庞德公的儿子庞山民。

蒯越儿子蒯祺在兴平二年（195）娶了诸葛亮大姐后，曾出任房陵（刘备为荆州牧后设置，治所在今湖北省房县）太守，建安二十四年（219）为孟达所害。

庞德公是当时襄阳影响力较大的著名人物，与襄阳名士司马徽（？—208）及从子庞统（179—214）等人屋宇隔水相望，经常在一起欢聚。刘表多次请他出山做官，他都不为所动。

庞统是庞德公的从子，年少时纯朴诚恳，才称“凤雏”，庞德公十分重视，后来庞德公又向司马徽推荐，司马徽便与庞统谈论，不分昼夜。

庞山民是庞德公儿子，庞统堂兄。建安元年（196）娶诸葛亮二姐，后来为曹魏黄门吏部郎（主管五品以下官员选任调动），早卒（见《襄阳耆旧记》）。

荆州是《尚书·禹贡》记载的古九州之一，两汉三国时期依然管辖七郡117县。从军事地理位置来看，荆州北距中原，东连吴越，西控巴蜀，长江东西穿流，人口居多，物产丰富，是中华大地非常重要的军事战略要地，更是一个繁花似锦的绿洲。

东汉时期，荆州的名门望族众多，代表人物就有庞德公、庞统、庞林、庞山民、黄承彦、蔡讽、蔡瑁、蒯越、蒯良、蒯祺、马良、马谡、马祯、习珍、杨虑、杨仪等。这足以说明，荆州襄阳这个地方人才济济，很有文化底蕴。

正因为如此，刘表195年就在这里开设了官方培养人才的“学业堂”，立学官，博求雅士，请人撰写了《五经章句》，谓之《后定》。在当时，襄阳学业堂人才辈出，名声远播，中原士人、豪族为了躲避战乱，也纷纷流入荆州。

《三国志·魏书·刘表传》裴松之注引王粲《英雄记》记载说：“州界群寇既尽，表乃开立学官，博求儒士，使綦毋闿、宋忠等撰《五经章句》，谓之《后定》。”

《后汉书·刘表传》也记载说：“关西、兖州、豫州学士归者盖以数千。”

由此可见，当时的荆州“学业堂”不但非常有名，而且人文荟萃，一流学者就有庞德公、司马德操、宋忠与“建安七子”之一王粲、书法家梁鹄、音乐家杜夔、三国魏书法家、儒学家邯郸淳（132—221）等，而司马德操、宋忠等人都是学业堂的“教授”（见黄河清《隆中话孔明》，宁夏人民出版社2008年6月版）。

据《艺文类聚》卷三十八收录王粲（177—217）的《荆州文学记官志》记载说，刘表设立的官学规模宏大，“自远而至者三百有余人”。

再据《刘镇南碑》记载说：“吏子弟受禄之徒，盖以千计，洪生巨儒，朝夕讲诲，訚訚如也（正直而公正），虽洙泗（洙水和泗水，代称孔子儒家）之间，学者所集，方之蔑如也。”

刘镇南，就是刘表，他的墓碑文章也介绍了当时学业堂培养数以千计的学者，洪生巨儒，天天受教，而诸葛亮和他的弟弟诸葛均就是学业堂的学生。

《三国志・蜀书・尹默传》记载说："益都多贵今文而不崇章句，默知其不博，乃远游荆州从司马德操、宋忠子等受古学。"

当时，诸葛亮和弟弟诸葛均，就读于这所远近著名的学业堂，结识了刘琦、庞统、徐元直、崔州平、孟公威、石广元等一大批名人学士。

据南宋地理学家王象之（1163—1230）的《舆地纪胜》卷八十二"学业堂"条载说："孔明读书之所，谓之学业堂，在江之南。"

明万历时期的《襄阳府志》也记载说："学业堂遗址在城南二里，诸葛亮在此求学"。

这说明，诸葛亮来荆州襄阳的第一件事就是与弟弟诸葛均一起在"学业堂"读书学习。他在阳都老家有没有上学，无从考察，但是，诸葛亮在襄阳"学业堂"读书是千真万确的。

诸葛亮从 15 岁到 17 岁之间在荆州牧刘表的学业堂读书三年，这为他后来思想文化形成，能够成为政治家、军事家起到了关键的作用。

那么，诸葛亮在学业堂究竟学了些什么内容呢?

笔者认为，诸葛亮在荆州学业堂首先系统地学习的是儒家文化思想教育。因为，以孔子、孟子为代表的儒家思想文化是中华民族根深蒂固的思想道德伦理文化，其中的六德（智、信、圣、仁、义、忠）、六行（孝、友、睦、姻、任、恤）、六艺（礼、乐、射、御、书、数）的社会化教育，直接影响了中华民族几千年，是中国古代士人进入仕途不二的思想文化根基。所以，孔子的儒家经典《论语》《大学》和《诗》《书》《礼》《乐》《易》《春秋》六经，以及孟子的《孟子》，当是诸葛亮在"学业堂"的必修之课，是主体学习内容。

当时，荆州儒学代表人物之一就是司马德操，他是一位古文经学家，学识渊博，因此，儒家思想文化对诸葛亮能够静观天下形势，分辨忠奸贤愚，洞察风云变化，准确把握时机，正确对待自己，严于律己，树立修身、齐家、治国、平天下的远大抱负，以及忠贞节义道德观念都有很大的影响。后来，诸葛亮在佐先主、辅后主时，努力做到了忠诚、勤政、廉洁。这些指导思想，是诸葛亮家乡的齐鲁文化与在襄阳学业堂的系统学习内容起了关键性作用。

除此之外，诸葛亮还学习掌握了先秦时期韩非子、商鞅的法家思想文化，这对他后来依法治理蜀汉国家时宽严有度是分不开的。例如：建安十九年（215），刘备夺取益州后，诸葛亮出任军师将军，署左将军府事，具体负责益州与左将军刘备的行政事务。他根据当时的实际情况需要，把"立法施度"作为当务之急，废除了原益州的管理弊政，厉行法制，制定了《蜀科》《法检》

《科令》《军令》，重新确立了《八务》《七戒》《六恐》《五惧》戒律条规，以此安民告示，严格执行，从而理顺了上下关系，维护了社会安定，有效打击了豪强恶霸与贪官污吏，保护了老百姓的利益，促进了经济发展，但是，也遭到了部分人的反对。例如，蜀郡太守法正（176—220）就对诸葛亮建议说："昔高祖约法三章，黎民皆感其德。愿军师宽刑省法。以慰民望。"

法正希望诸葛亮效法西汉高祖刘邦当年夺取关中以后仅仅是"杀人者死，伤人及盗抵罪"那样的"约法三章"，不要施法太严厉。

可是，诸葛亮在《答法正书》中明确地回答说："君知其一，未知其二。秦用法暴虐，万民皆怨，故高祖以宽仁得之。今刘璋暗弱，德政不举，威刑不肃，君臣之道，渐以陵替。宠之以位，位极则残。顺之以恩，恩竭则慢，所以致弊，实由于此。吾今威之以法，法行则知恩。限之以爵，爵加则知荣。恩荣并济，上下有节，为治之道，于斯著矣。"如此看来，诸葛亮的法治思想对管理益州和辅佐后来的蜀汉国家起到了举足轻重的作用。

诸葛亮在襄阳学业堂还学习了黄老之学的道家思想，清静无为、无私无欲、返璞归真、顺应自然对他的政治思想也有很大的影响。特别是，《周易》对诸葛亮观察天文气象，了解天体自然变化规律，"推演八阵图"起了很大的作用。

诸葛亮《诫子书》说："静以修身，俭以养德。非淡泊无以明志，非宁静无以致远。学须静也，才须学也，非学无以广才，非志无以成学。淫慢则不能励精，险躁则不能治性。"这应该就是受上述思想文化的影响体现，也是他一直信奉的学习态度与立身之本，以至于成为后世代代传承、经久不衰的座右铭，影响了数千年。

在学习方法上，诸葛亮始终采取"观其大略"（见《三国志·蜀书·诸葛亮传》裴松之注引《魏略》），而不是死记硬背不求甚解。对所有知识，他都能够做到融会贯通，取其精华为我所用，悟性很高，才能够厚积薄发，最后形成自己的独立见解，不鸣则已，一鸣惊人。

据《后汉书·刘表传》注引《刘镇南碑》记载，当时的学业堂"鸿生巨儒，朝夕讲论，古典毕集充于州闾"。由此可见，襄阳学业堂这所官学不但学子很多，而且治学十分严谨，人才辈出，在当时中华大地很有影响，尤其是培养出了像诸葛亮这样名垂青史的著名人物。

据中国文联出版社 2008 年 5 月出版发行于襄生的《隆中志》记载说：

南宋史学家王象之《舆地纪胜》记载，唐代昭宗李晔光化四年（901），封诸葛孔明为武灵王，碑在今隆中。五代时期，晋武帝石敬瑭在隆中增建武灵王学业堂，天福三年（938）竣工，并刻碑记其事。

当年的学业堂究竟在什么位置呢？清代康熙年间布政使鲁之裕（1665—

1746）在《湖北下荆南道志》卷六中《胜迹》中记载说："学业堂，城南二里，诸葛武侯读书处。"

乾隆年间《襄阳府志》卷五"古迹"也记载说："学业堂，城南二里。"

据襄阳党校晋宏忠教授研究推断说："根据史料记载，学业堂应该在今襄阳市南湖宾馆一带。这与乾隆《襄阳府志》记载的'城南二里'也似乎吻合。南湖宾馆依水而建，北靠城墙，南面是西南诸峰。山、水、城相围绕，的确是读书的好去处。只可惜，因年代久远，这一带居民并不知道这里曾经还有一座影响全国的学业堂。"（见晋宏忠《卧龙深处话孔明》，经济日报出版社 1993 年 9 月版）

3. 隐居躬耕、勤学苦读与广交名士，是诸葛亮思想文化内涵的升华

学业堂的三年学习后，17 岁的诸葛亮就和弟弟诸葛均在襄阳隆中自建茅屋，开始隐居躬耕自食其力的生活，度过了勤学苦读最关键的十年，而襄阳恰恰是他的成才之地。

隐居期间，诸葛亮并不愿意像闲云野鹤那样甘当隐逸闲士，而是胸怀大志，刻苦奋进，从不懈怠。他在躬耕劳作闲暇时就面壁苦读博览群书，"观其大略，不求精熟"，将节省的时间更多花在走向社会广交朋友上，他多次外出漫游开拓了眼界，增长了知识，也曾经抱膝长啸，登高鼓琴，攀岩对弈。在襄阳隆中隐居躬耕的十年中，通过广博阅读和广泛接触社会实践，耳濡目染，极大地丰富了诸葛亮的知识领域，成为一个名副其实的智者和很有修为的名人。

在隆中博览古今典籍时，诸葛亮涉猎了大量诸子百家经典作品，躬耕之余，他拜师求教，接触了当时因避战乱汇聚到荆襄的鸿儒才俊，听他们谈论时局，使他对时政了如指掌。所以，他不仅与博学多艺、具有时政见解的崔州平、徐元直、石广元、孟公威、庞统、马良、杨仪、向朗等志同道合的同辈结为知己，切磋学问，相互勉励，畅谈形势，议论古今，还与庞德公、司马徽、黄承彦等前辈名流交往甚密。在与这些博学的前辈们交谈中，他听到了对国家盛衰存亡与现实利弊的评价，听到了对古今成败经验教训的谈论，纵横捭阖，受益匪浅。在老师的引导和学友们的启发与帮助下，诸葛亮很快解决了读书求知中的种种疑难，积累了丰富的历史知识和社会经验，会通百家智慧而形成了自己独到的政治见解，表现出非凡才识和敏锐的政治眼光，酝酿成熟了谋求统一天下的方略。为此，诸葛亮常常把自己比作春秋时期齐国政治家管仲和战国时期燕国上将军乐毅，认为自己将来一定会具有辅佐帝王的安邦之才。

据《三国志·蜀书·诸葛亮传》记载："亮躬耕陇亩，好为梁父吟。身高八尺，每自比于管仲乐毅，时人莫之许也。惟博陵崔州平、颍川徐庶元直与亮友善，谓为信然。"

《梁父吟》，也叫《梁甫吟》，是汉乐府曲牌的齐鲁民歌，也是丧葬歌曲，歌词的全文是："步出齐城门，遥望荡阴里。里中有三坟，垒垒正相似。问是谁家墓？田疆古冶子。力能排南山，文能绝地纪。一朝被谗言，二桃杀三士。谁能为此谋？相国齐晏子。"

这首歌曲讲了一个完整故事：春秋时期，齐景公的相国是有名的三朝元老晏婴（亦称晏子），当时齐国有公孙接、田开疆、古冶子三位著名勇士，人人武艺高强，勇气盖世，为国家立下赫赫功劳，齐景公很看重他们。但是，他们三人意气相投，结为了异姓兄弟，自恃功高非常骄横，不讲究礼仪伦法，从来不把别的官员放在眼里。晏子看在眼里，忧在心中，担心继续让他们三人放任自流，这些莽夫的势力就会越来越大，肯定会惹出祸患，甚至危及齐国的安危。于是晏子拜见齐景公把这些忧患意识告知，建议齐景公及早解决。齐景公虽然觉得晏子的话很有道理，可是又觉得除掉三位勇将未免可惜，于是就让晏子见机行事处理。适逢鲁昭公访问齐国，齐景公设宴款待，晏子就借机巧妙地利用了"二桃杀三士"的故事让公孙接、田开疆、古冶子三人自己自杀而彻底解除了齐国的隐患（见《四库全书》之中《晏子春秋》）。

诸葛亮"好为梁父吟"，一方面是寄托对故乡的怀念，另一方面是认为晏子有高超的智慧，善于把握人的心态，能够巧妙利用"二桃杀三士"的"借刀杀人"之计为国家排忧解难。

管仲，是春秋时期齐国之相，曾经全力辅佐齐桓公"九合诸侯，不以兵车"，成为春秋五霸之首的霸主，立下了不朽功勋，被尊为"仲父"，后世人誉其为"圣人之师""华夏第一相"。

乐毅，是战国末期燕国上将军。公元前 284 年，他统率燕国等五国联军，攻打齐国连下 70 余城，报了强齐伐燕之仇，创造了中国古代战争史上以弱胜强的著名战例。

由此看来，诸葛亮在襄阳隆中隐居躬耕期间就已经胸怀要辅佐明主治乱安危经国济民的志向。

当时，与诸葛亮交往密切的师友司马徽、徐庶等，都深知诸葛亮具有鸿鹄之志，认为他学识超群满腹经纶，认定年轻的诸葛亮将来必能建立名垂青史的奇功伟业。

特别是，当时以善于识别人才而被称道的"水镜先生"司马徽，认定诸葛亮将来必定是匡扶天下的"俊杰"。庞德公也称赞诸葛亮是"卧龙"，比喻年轻的诸葛亮学识广博，睿智聪慧，胸怀宽广，目光远大，犹如蛰伏的蛟龙，只期待遇到明主，便会腾空而起。

建安十二年（207）冬，汉室苗裔刘备为了匡扶汉室而东征西讨，屡遭失败，无立锥之地。为此，他求贤若渴，急需著名贤士出谋划策进行辅佐。在徐庶和司马徽推荐下，47岁的刘备屈尊三顾茅庐，请27岁的诸葛亮指点迷津，开辟了中国历史上皇室后裔三次屈尊求贤先例。

当时，刘备屏退左右以后，对诸葛亮说："汉室倾颓，奸臣窃命，主上蒙尘，孤不度德量力，欲信大义于天下，而智术浅短，遂用猖獗至于今日，然志犹未几，君谓计将安出？"

诸葛亮十分感激皇室后裔刘备屈尊三顾茅庐，就客观详尽分析当时天下形势对刘备说：

自董卓已来，豪杰并起，跨州连郡者不可胜数。曹操比于袁绍，则名微而众寡。然操遂能克绍，以弱为强者，非惟天时，抑亦人谋也。今操已拥百万之众，挟天子而令诸侯，此诚不可与争锋。孙权据有江东，已历三世，国险而民附，贤能为之用，此可以为援而不可图也。荆州北据汉沔，利尽南海，东连吴会，西通巴蜀，此用武之国，而其主不能守，此殆天所以资将军，将军岂有意乎？益州险塞，沃野千里，天府之土，高祖因之以成帝业。刘璋暗弱，张鲁在北，民殷国富而不知存恤，智能之士思得明君。将军既帝室之胄，信义著于四海，总揽英雄，思贤如渴，若跨有荆、益，保其岩阻，西和诸戎，南抚夷越，外结好孙权，内修政理。天下有变，则命一上将将荆州之军以向宛、洛，将军身率益州之众出于秦川，百姓孰敢不箪食壶浆以迎将军者乎？诚如是，则霸业可成，汉室可兴矣。

诸葛亮为刘备明确提出，要实现这个匡扶汉室成就大业纲领的具体办法是落实四条路线，经过三个步骤，这就是著名的《隆中对策》。这四条路线是：

一是统一认识坚定意志的思想路线：诸葛亮认为，克敌制胜靠的是人谋，当时颇具实力的曹操占据了"挟天子以令诸侯"的天时，因此不能够硬碰硬对抗。割据一方的孙权占据了长江天险地利优势，因此，只能为朋友而不能够为敌人。诸葛亮从各方面优劣得失进行分析，希望刘备一定要团结一切力量，取得人和之优势，共同对付曹操，才有可能取得胜利。这次对话，彻底解除了笼罩在刘备心头的阴霾，坚定了刘备匡扶汉室谋求宏图大业的必胜信心。

二是立国安民政治路线：诸葛亮希望刘备要始终把"兴复汉室"作为政治目标和口号，激励将士为之奋斗，同时要"内修政理"，招贤纳士，积极进取，绝不能够故步自封坐等挨打。

三是谋求统一的军事路线是《隆中对策》的核心：首先，要"跨有荆、益，保其岩阻”，夺取地盘，建立根据地。时机成熟，则可以从荆州和益州两路进击中原，一举夺取天下。

四是联络孙权与少数民族盟友同心协力对抗曹操的外交路线：《隆中对策》中用了“东联”“西通”“西和”“南抚”“内修”10 个字，进行了高度概括，目标明确，层次清楚，意义非凡。

实现《隆中对策》的三个步骤是：

第一步，必须占据荆州、益州，夺取汉中，控制战略要地，才可能有逐步发展的空间。

第二步，改善政治，稳定内部，实行孙刘联盟共同抗曹的统一战线，壮大自己的实力。

第三步，等待时机从荆州、益州两路出兵讨伐曹操，才能够匡扶汉室，完成统一大业。

《隆中对策》情真意切，言简意赅，层次清楚，合情合理，具有实事求是的可操作性。特别是，还预言后来将出现三分天下的局面，充分体现了诸葛亮洞悉天下形势的远见卓识，不愧为点石成金的千古奇策。刘备听后如醍醐灌顶，茅塞顿开，十分真诚地恳请诸葛亮出山辅佐。诸葛亮毅然决然出山，开始走上了戎马生涯的征程，帮助刘备一步步实现匡扶汉室的宏图大业。从此以后，刘备与诸葛亮“情好日密”，引起了关羽、张飞的不满。为此，刘备自豪地解释说：“孤之有孔明，犹鱼之有水也。”（见《三国志·蜀书·诸葛亮传》）

诸葛亮在襄阳隆中隐居躬耕的十年，通过苦读钻研、广交师友，走出去，请进来进行交流，对思想文化内涵有很大的提升，未出茅庐，就已经是满腹经纶而具有远见卓识的知名人士。

正因为如此，皇室后裔刘备在群雄割据、诸侯纷争天下大乱的情况下，为了重振雄风匡扶汉室而思贤若渴不得不屈尊访贤时，徐庶、司马徽两位伯乐才会异口同声向刘备举荐诸葛亮，这才有了“三顾茅”庐恳请诸葛亮出山辅佐之说，刘备才可能一步步转危为安，根据《隆中对策》发展壮大，最终建立了蜀汉政权，诸葛亮也才会因此建功立业而名垂青史，被代代尊崇敬仰。

笔者认为，中华民族五千年文明史中不乏文韬武略、胸怀大志的饱学之士，关键是这些人都属隐逸独处的闲云野鹤志士。自古以来，都知道治乱安危靠将、经国济民靠相这个“文经武纬”的道理，可是只有个别思贤若渴的君王才有可能四处访贤而屈尊恳请贤士辅佐。因此，历史上除了商汤聘请尹伊为相灭了夏桀建立了商朝、周文王恳请姜子牙为太师而辅佐周武王灭了殷纣王建立了西周王朝，除此就是汉室后裔刘备屈尊“三顾茅庐”，恳请诸葛亮指点迷津出山辅佐，充分信任重用，君臣间成为鱼水关系，成就了蜀汉帝业而名垂青史。

刘备与诸葛亮堪称心领神会、情投意合的君臣关系，这其中，首先是诸葛亮确实具有超凡脱俗的聪明智慧与真才实学的才干，特别是他的高尚品质与人格魅力很有感召吸引力。另外，是皇室后裔刘备能够尊重人才礼贤下士，给了诸葛亮充分信任展示才华的舞台，二者缺一不可，这是一般君王很难做到的事情，否则诸葛亮可能永远是一个学识渊博的隐士。

4. 辅佐二主、南征平叛与北伐曹魏是诸葛亮思想文化的集中体现

诸葛亮出山辅佐先主刘备和后主刘禅以后，他事事谦虚谨慎，从无二心，始终把自己放在适当的位置上，尽忠尽智出谋划策，身体力行做好分内工作，从不越权行事，处处展示出他卓越的政治军事才干与高尚品质，因此深得二主与文武百官的信任和敬仰。

建安十三年（208），荆州牧刘表病死，曹操乘机率领几十万大军南下，决心要收复荆州，灭掉刘备，再挥师南下灭掉孙权。曹军大兵压境，势如破竹，锐不可当。当时，刘备被曹操追得弃新野、逃襄阳、走樊城、败当阳、奔夏口，堪称形势危急，狼狈不堪。在此危难之际，诸葛亮主动请缨，到东吴去说服孙权，促成了孙刘联盟共同抗曹的统一战线，于是两家联手，在赤壁之战中大败不可一世的曹操，帮助刘备转危为安，拿下了荆州四郡，扩大了势力，从此有了发展空间，同时，也促成了曹操、孙权、刘备三分天下的鼎足局势。

为实现《隆中对策》中夺取益州的计划，建安十六年（211），诸葛亮运筹帷幄，帮助刘备取西川，不到三年便平定了益州全境，使刘备有了益州之地。紧接着，支持刘备与曹操争夺益州北大门汉中郡，促成了刘备“设坛称汉中王”，完全实现了《隆中对策》中提出的“跨有荆益”和占领汉中的计划，使刘备势力大增，为后来在成都建立蜀汉国家、形成三国鼎立奠定了坚实基础。

建安二十五年（220）七月，曹操病死，十二月其长子曹丕代汉立国，国号“魏”，改元“黄初”，都洛阳。为了继承大汉帝业，刘备遂在次年（221）也在成都称帝，国号“汉”，改元“章武”，封封百官，诸葛亮为丞相、益州牧，成为刘备的“股肱之臣”，全权辅佐先主。在这期间，诸葛亮尽职尽责的整治吏治，严峻法律，赏罚严明，重视兴修水利，发展生产，振兴经济，还为国家培养了大批人才，短时间就使蜀汉国繁荣富强，老百姓安居乐业。

章武二年（222），刘备为给关羽报仇举兵伐吴，结果惨败于夷陵，病倒在白帝城，次年（223）三月临终前托孤寄命于诸葛亮说：“君才十倍曹丕，必能安国，终定大事。若嗣子可辅辅之，如其不才，君可自取。”

诸葛亮叩头涕泣回答说："臣敢竭股肱之力，效忠贞之节，继之以死。"

17 岁的后主刘禅即位后，蜀汉国家的军政事务不论大小全由诸葛亮亲自署理。当时，刘备刚刚去世，国力衰败时局不稳，东吴孙权又乘机对蜀汉国家虎视眈眈。恰在此时，益州郡豪强雍闿策动牂牁郡太守朱褒、越巂（xī）郡叟王高定及益州郡少数民族头领孟获等一起叛乱，他们杀死了益州郡太守王昂，又把接任太守张裔抓起来送往东吴，整个南中地区狼烟滚滚，一片混乱，蜀汉国家堪称内忧外患，人心混乱。根据当时的实际情况，诸葛亮采取了先礼后兵、步步为营的策略。

首先，对雍闿进行招抚的策略，他让李严前后给雍闿写了六封书信陈说利害，劝说雍闿识大体，顾大局，不要一错再错。但是雍闿非但不领情，回信还显得十分傲慢狂妄。在这种情况下，诸葛亮仍然坚持"北抗曹魏、东和孙权"的战略，没有急于南征平叛。

其次，为了重新与东吴和好，诸葛亮于建兴元年（223）十月，派遣能言善辩的广汉太守邓芝到东吴与孙权会晤陈说利害，取得了外交上的成功，再次与东吴修好，恢复了孙刘联盟，从根本上解除了东吴对蜀汉的后顾之忧。

建兴二年（224），诸葛亮积极进行兵力补充，整训蜀军，做好了南征平叛的准备工作，然后上表后主，安排好朝廷内外大事，决心亲率大军南征平叛。

建兴三年（225）三月，诸葛亮率大军从成都出发，五月渡过泸水，正式开始平叛。临行时，根据参军马谡建议的"攻心为上，攻城为下，心战为上，兵战为下"策略，对西南地区威信很高的少数民族首领孟获采取了"七擒七纵"的怀柔政策，使其心悦诚服，称赞诸葛亮说："公，天威也，南人不复反矣。"孟获被收降后对西南叛军震动很大，雍闿被高定部曲所杀，蜀汉大军势如破竹，最后又斩杀了高定和朱褒，南中平叛顺利结束。

诸葛亮这次南征平叛，从建兴三年（225）三月出发到十二月的班师回朝，前后只有十个月时间，路经四川、贵州、云南三省 10 余个市、县，行程 3400 里。归纳起来有六大成就：

一是速战速决，大获全胜而归，结束了西南地区大规模叛乱，解除了南中隐患。同时，调整扩大了益州的郡、县管理区域，有效地控制了南中地区管理。

东汉时期，益州只有 12 个郡，118 个县，南中只有 5 个郡。南征后，诸葛亮根据实际需要，重新调整南中郡、县管辖区域，改益州郡为建宁郡，分建宁、越巂郡置云南郡，又将牂牁郡的西南部、益州郡的南部置兴古郡。如此一来，益州变成了 14 个郡，148 个县，而南中就有牂牁、越巂、朱提、建宁、永昌、云南、兴古 7 个郡，相当于蜀汉二分之一的地盘。南中的稳定巩固了蜀汉政权，提高了蜀汉国威，鼓舞了老百姓的士气。

二是迫使孙权放弃了准备依靠蜀汉内乱而吞并益州的打算。例如：

《三国志·蜀书·刘璋传》记载说："璋卒，南中豪率雍闿据益州郡反，附于吴，权以璋子阐为益州刺史，处交、益界首。丞相诸葛亮平南土，阐还吴，为御史中丞。"

三是在夷陵之战惨败之后，蜀汉军队普遍无斗志，国民人心涣散，南征平叛正好锻炼了将士的勇气，普遍提高了国人的自信心和斗志。

四是选拔南中数万青羌劲卒到蜀地，分成五部，号为"青羌五部"，从此建立起了夷、汉并列的军队部曲，扩充了蜀汉军队实力。诸葛亮在后《出师表》中说的"賨叟青羌"即此。这支少数民族军队十分刚毅而善于斗狠，所以非常勇猛，号为"飞军"，在后来北伐曹魏征战中起到了一定作用。但是，他们的真实名称叫"白旄"，是以牦牛毛制的披衣为特征而名，诸葛亮安排汉人永安都督、征西将军、亭侯陈到（？—226）统率这支能征善战的少数民族军队（见《华阳国志·南中志》《太平御览》）。

五是南中各郡开始给蜀汉朝廷上金、银、珠宝、丹漆、耕牛、战马、食盐、丝绸、锦绢、粮食等贡品，使蜀汉军费物资有所保障，国家开始富裕。同时，也为诸葛亮后来的北伐曹魏军事活动提供物资储备。因此，《三国志·蜀书·诸葛亮传》记载说："三年春，亮率众南征，其秋悉平。军资所出，国以富饶，乃治戎讲武，以俟大举。"

六是诸葛亮南征时把汉民族先进的生产、生活技术传授给西南少数民族，让他们世世代代受用。所以，西南少数民族至今还怀念诸葛亮，说诸葛亮当年教他们盖房子，种粮食，又煮井盐，甚至说他们的帽子也是诸葛亮教他们所做。

明代博物学家、广西按察使谢肇淛（1567—1624）曾经在《五杂组》中说："武侯于滇，威德最远，距今二千年，犹人祠而家祝之。其遗迹故址，散见诸郡者不可殚述。"（见王瑞功《诸葛亮研究集成》上册第549页，齐鲁书社1997年9月版）

又据清代张樹《诸葛武侯集·遗迹》介绍，清代以前，西南各地的武侯祠和相关的遗迹文物就有数百个。这足以说明，诸葛亮当年南征平叛后，对西南少数民族留下了深刻的影响。

北伐曹魏，是《隆中对策》中既定的战略决策，也是诸葛亮报"三顾之恩"，尽"托孤之忠"，达到"北定中原，兴复汉室"，让后主刘禅"还于旧都"长安称帝的目的，更是富国强兵和忠君报国的措施。

诸葛亮在后《出师表》中认真分析了当时的形势后说："与其坐而待毙，孰于伐之。"与其等待被曹魏所灭，还不如主动攻打曹魏，以攻为守来争取主动，因此北伐曹魏在当时是势在必行而具有战略意义的举措。

为了北伐曹魏，诸葛亮于建兴五年（227）三月，给后主上了前《出师表》，要求批准他亲自率军北伐。七月，便率诸军北驻汉中，“营沔北、阳平、石马”。

汉中是益州的北大门、出秦入蜀的咽喉要隘，“若无汉中，则无蜀矣”（见《三国志·蜀书·杨洪传》）。这里靠近北伐前线，山环水抱，古道纵横，易守难攻。特别是，汉中物产丰富，可以“广农积谷”（见《三国志·蜀书·法正传》）。因此，诸葛亮以汉中为根据地，屯军八年，先后向曹魏展开五次北伐（《三国演义》称之为“六出祁山”），做了以下十分有深远影响的事情。

第一次出祁山就使魏军闻风丧胆，天水、南安、安定三郡判魏，魏国举国震惊，魏明帝不得不坐镇长安指挥。马谡失街亭后，诸葛亮迁西县千余家居民退军汉中，为汉中郡增加了人口。随后，诸葛亮斩马谡、奖王平，又上书后主“自贬三级”，以示严于律己自我惩罚。

第二次北伐攻打陈仓城，虽然二十余天没有攻下，可是，退军时却用计谋杀了魏将王双。实现了“围魏救赵”策略，彻底破坏了魏军攻打东吴的计划。

第三次北伐，成功夺取魏国的武都、阴平二郡，扩大了蜀汉疆域，解除了蜀汉北部威胁。从此后，武都、阴平二郡一直到蜀汉灭亡前始终是蜀汉国土。

第四次北伐，魏军“畏蜀如虎”不敢正面作战。李严以假诏书让诸葛亮撤军时，诸葛亮还用计杀了魏国名将张郃。事后，诸葛亮查明事实真相，上书后主，将李严贬官为民。

第五次北伐，司马懿“甘辱巾帼”而不敢正面交战。诸葛亮病死在五丈原军中，蜀军退军时还依照诸葛亮计谋吓走了司马懿魏军，司马懿不得不称赞诸葛亮是“天下奇才”。

五次北伐曹魏，次次意义非凡，影响很大。

特别是，诸葛亮在定军山下“教兵演武，推演八阵图”，以此训练军队，提高了军队的实战能力，又“改革连弩，造木牛流马”，进行了一系列的军事科技活动。其中，“八阵图”、十矢俱发的连弩和木牛流马至今都是中国古代科技史三大难关，没有被突破而被世人关注。

建兴十二年（234）秋天八月二十八日，诸葛亮病死在第五次北伐曹魏的五丈原军中后，遗命将自己薄葬在汉中定军山下，目的是要以自己死虎的余威来护卫蜀汉国家北大门汉中，激励将士们继续完成他未完成的北伐曹魏大业，其情、其志，感人至深。

诸葛亮出山以后辅佐先主刘备与后主刘禅的二十七年中，他的政治、军事、经济、科技活动充分体现了其忠诚、勤政、廉洁、智慧思想文化。

《隆中对策》与促成孙刘联盟共同抗曹、南征平叛、八阵图、木牛流马以及连弩是诸葛亮聪明智慧的体现；白帝城托孤与忠心不二辅佐后主，是诸葛亮忠君爱国的体现；治理蜀汉国家与五次北伐曹魏是诸葛亮勤政的体现；自贬三级、《自表皇帝》书与遗命薄葬是诸葛亮廉洁自律的体现。所有这些，都是诸葛亮思想文化与高尚品德的集中体现，也是他青史留名而被世世代代尊崇敬仰的关键。

《三国志》作者陈寿评价诸葛亮说："诸葛亮之为相国也，抚百姓，示仪轨，约官职，从权制，开诚心，布公道。尽忠益者虽仇必赏，犯法怠慢者虽亲必罚。服罪输情者虽重必释，游辞巧饰者虽轻必戮。善无微而不赏，恶无纤而不贬。庶事精炼，物理其本，循名责实，虚伪不齿。终于邦域之内，咸畏而爱之。刑政虽峻而无怨者，以其用心平而劝戒明也。可谓识治之良才，管、萧之亚匹矣。"（见《三国志・蜀书・诸葛亮传》）

诸葛亮的一生，以他忠君爱国的思想、勤政为民的行为、廉洁自律的品德、聪明智慧的知识，以及他"鞠躬尽瘁，死而后已"的献身精神，在中华民族历史上树立了所有的传统美德，被历朝历代各阶层所接受而赞美，成了名垂青史的著名人物。

据不完全统计，历史上有 12 个皇帝为他追封加爵；帝王将相、达官显贵、文人学士为他撰写《祭文》26 次；历朝历代高度评价他的人数以千计；全国各地为他建祠立庙数百座进行拜谒祭祀，至今还有 60 余座；有志之士为他题书匾额、楹联的有数千人，著书立说歌功颂德的更是不胜枚举；与诸葛亮有关系的成语典故多达 92 个；全国各地用诸葛、武侯、卧龙、孔明命名的地名、街道、单位、学校、幼儿园数不胜数；有关诸葛亮的故事家喻户晓，妇孺皆知。

诸葛亮进入了千家万户，形成了启智育人的思想文化，被历朝历代官方和民间广泛接受并且传播，直接影响了中华民族数千年。在国外特别是东南亚地区，诸葛亮都有深远的影响力。1771 年，《大英百科全书》将诸葛亮列入世界名人，这是我们中华民族的自豪与骄傲。

党的十八大以来，国家多次提出振兴中华就必须要弘扬发展民族优秀文化产业，国家主席习近平在多次讲话中对中华民族历史中的先贤杨震、诸葛亮、范仲淹、包拯、文天祥、林则徐等评价很高，认为他们的高尚思想道德修养与人格魅力最能够感召中华儿女团结奋斗。

特别是，2013 年 3 月 1 日，习近平在中央党校建校 80 周年庆祝大会暨 2013 年春季班开学典礼讲话中说："诸葛亮鞠躬尽瘁、死而后已的献身精神，体现了中华民族的传统优秀文化和民族精神，我们都应该继承和发扬。"

正因为如此，继承、弘扬与传播诸葛亮思想文化，是我们每个中华民族公民的责任与义务。

附文

一、全国诸葛亮研究联会的形成与历届活动概况

全国诸葛亮研究联会从联络发起至今已经走过了 40 多年，截至 2019 年 11 月，已在全国相关市县组织举办了 25 届研讨会，成果颇丰，各家都编辑出版了《论文集》，全国发行，在学术界有一定的影响力，堪称可喜可贺。为了使大家全面了解实际情况，也为了继续传承下去，笔者就亲身经历，系统介绍一下全国联会的形成因果与历届研讨会的活动概况。

20 世纪 80 年代改革开放以来，“极左思潮”时期闭关自锁、言论禁锢枷锁被彻底砸碎了，解放思想、发展经济建设、进行文化复兴就成了全国各行各业的第一要务。所以，因地制宜开发旅游产业如雨后春笋一般蓬勃发展。当时的口号是“文化搭台，经济唱戏”，以地方各方面优势来带动旅游产业，促进地方文化经济发展。在此基础上，全国各种各样的学会、协会、研究中心比比皆是，学术活动十分活跃，颇具影响力的有：中国《三国演义》研究会、中国《红楼梦》研究会、中国《水浒》研究会、中国《西游记》研究会、中国魏晋南北朝史学会、中国《史记》研究会、全国诸葛亮研究联会等。

在诸多研究活动中，三国历史文化与诸葛亮研究堪称独领风骚，特别是，对诸葛亮的研究人数多，范围广，影响力最大，成果层出不穷，达到了历史巅峰，是其他历史人物无法相比的。这是因为，在诸多历史人物中只有诸葛亮一生汇聚了中华民族所有美好的传统道德观念，他的忠君爱国、勤政为民、廉洁奉公、聪明才智是后世尊崇敬仰和传承效法的楷模与典范。有关诸葛亮的活动遗址、遗迹与纪念祠庙以及诸葛亮后裔遍布大半个中国，有关诸葛亮的功德业绩、警世格言、成语典故与传说故事家喻户晓、妇孺皆知，誉冠古今中外，被历代帝王将相、达官显贵、文人学士和老百姓认可，还被最有影响力的工具书《大英百科全书》收录，成为世界名人，其知名度远远超过了中华民族任何一个历史人物。正因为如此，研究诸葛亮就成了史学界有志之士和相关文博单位的基本任务。如此一来，“全国诸葛亮研究联会”也就顺理成章地产生了，并且在循序渐进滚动发展的基础上，成为全国参与部门与单位人数最多、影响力最大、出成果最多的全国性学术团体。

1. 全国诸葛亮研究联会是怎样形成的

笔者自 1972—1974 年从中科院学习考古专业回县以来，就一直在汉中勉县文化馆出任文物组组长，负责管理全县地上、地下古迹文物，当地的武侯墓与武侯祠管理与研究自然就成了主业。可是，当时的武侯墓从解放后就被当地人民公社、小学校、信用社、兽医站、农机厂全面占用，导致古迹文物破败不堪无人问津。而号称天下第一的武侯祠，也被勉县一中全面占领使用。

1978 年春天，西北军区政委萧华（1916—1985）与陕西省委书记李瑞山（1920—1997）来武侯墓参观，各级陪同官员众多。当时，借助他们对诸葛亮的高度评价和对笔者导游讲解的好感，主动冒昧地提出，希望首长们能够拨款 10 万元维修一下近百年没有维修过的武侯墓，使文物古迹得到有效地保护，也有利于观展。没想到，立即就得到了首长的理解与支持，现场答应，拨款 10 万元维修武侯墓。萧华还风趣地问李瑞山书记：“老李，10 万元不算多，是你拨款还是我来拨款？”

李瑞山回答说：“当然是我拨款，这里是陕西省重点文物保护单位，是我们的管理责任。”当时李瑞山就给随行的秘书说：“记住，回去后就给财政厅打招呼拨款 10 万元，维修武侯墓。”两个月左右，陕西省财政厅拨款 10 万元维修武侯墓的专项资金就到了勉县，县政府立即研究决定，由县文化馆牵头，笔者全面负责具体施工事务。

对于维修文物古迹，我们根本就没有这方面的经验，不得不外出参观考察，向相关兄弟单位学习取经。于是，笔者和文化馆馆长丁茂柏就前往成都武侯祠文管所考察学习进行取经，希望得到帮助。

当时，成都武侯祠文管所所长何赐秉、支部书记阙世正（女），还有业务人员梁玉文、张师俊热情接待了我们，介绍了相关情况与经验，推荐我们去广元市文化局找局长盛伟，让他帮助我们联系中子镇的古建筑修建队，因为他们曾经维修过成都武侯祠，在这方面比较有经验。于是，我们去了广元市文化局见到了局长盛伟，还去了中子镇见到了古建队负责人冉顺才，经过冉顺才等人前往武侯墓现场勘查协商，最终邀请这支古建队承担了武侯墓的维修施工。

在一年多的施工中，为了扩展视野，掌握最佳施工方案，随时解决出现的问题，笔者还多次到成都武侯祠与襄樊隆中管理处考察学习，座谈取经。

在成都武侯祠文管所多次考察学习座谈中，先后认识了刘京华、吴天畏、谭良啸、张丽君、戴惠英、贺游、胡莉、杨代欣、田旭中等专业人员。

在襄樊隆中管理处考察学习期间，先后认识了文化局局长邱振声、干事李吉兴、园林局局长席蛟、隆中管理处处长李某某、副处长张孝元等。如此一来，笔者与成都武侯祠和襄樊隆中管理处建立了深厚的感情。

在上述考察学习和深入座谈交流的基础上，笔者认为，诸葛亮忠君爱国、勤政廉洁思想和聪睿才智被中华民族历朝历代尊崇敬仰，是家喻户晓、妇孺皆知的楷模、典范，古今中外都影响很大，保护他的古迹文物，研究传播他的思想文化是我们文物工作者的责任。可是，汉中勉县属于农业县，虽然三国古迹文物众多，但环境条件很差，保护管理基础薄弱，学术研究氛围很难形成，必须借力发展，形成团队才能够有优势。所以，笔者分别和他们两家谈到我们三家都是诸葛亮为主题的文博单位，诸葛亮的思想文化影响了中华民族数千年，在古今中外都有代表性，具有深入研究与传承的价值与意义，希望我们三家能够联合成立“川陕鄂诸葛亮研究联会”，有利于开展相互交流、取长补短而相互促进，便于我们向成都、襄樊两地武侯祠学习，以他们的经验带动汉中勉县文物古迹保护管理和学术研究，笔者的建议得到了两家一致支持与赞同。

1980 年上半年，武侯墓维修施工结束，笔者在《武侯墓维修施工总结报告》中向县政府建议，在武侯墓正式成立“勉县文物管理所”机构，独立管理全县地上、地下古迹文物，同时负责武侯墓正式对外售票开放，接待国内外参观游客。得到县政府认同，7 月 1 日发文在武侯墓成立了“勉县文物管理所”。笔者作为文管所负责人，特邀成都武侯祠文管所和隆中管理处前来指导，以感谢他们的关心支持。成都武侯祠所长何赐秉带领梁玉文、张师俊、吴天畏前来；襄樊派遣文化局干事李吉兴、隆中管理处副处长张孝元前来；受到了汉中地区和勉县人民政府相关领导的接见与陪同。

1982 年 3 月，笔者在多次与两家联络磋商基础上，认为成立“川陕鄂诸葛亮研究联会”时机成熟了，所以就正式向县委县政府汇报了这件事情，得到了县委、县政府领导以及宣传部、文化局的支持。于是，笔者正式发《邀请书》请成都武侯祠文管所、襄樊隆中管理处两家来勉县共同协商成立“川陕鄂诸葛亮研究联会”的相关事宜。

接到《邀请书》后，成都方面由市文化局杜局长带队，武侯祠所长何赐秉带梁玉文、张师俊、吴天畏、谭良啸、刘京华、戴惠英、贺游、田旭中来勉县。

襄樊方面由汤副市长带队，还有文化局局长邱振声、干事李吉兴、园林局局长席蛟、隆中管理处副处长张孝元、业务人员杨桂林前来勉县。

当时，勉县县委常务副书记雷泽、副县长赵斌、宣传部部长毛三礼、文化局局长李峰、副局长李平文等领导一看，立即傻了眼，认为成都、襄樊的带队领导属于地市级，县级领导级别接待不合适，批评笔者考虑问题不周到。

当时，我们显得手忙脚乱，一方面除热情接待之外，另一方面县领导马上就与汉中地区领导汇报此事，地区领导一听，认为是个好事，马上让我们带领成都、襄樊客人去汉中，由专员彭斌、副专员王立刚、文化局局长王天宇、副局长杨培君、文管会主任唐金裕等领导接待。但是，地区领导根本就不知道此事的来龙去脉，因此，也批评我们先斩后奏考虑问题不周对客人失礼。

笔者认为，这只不过是 3 个文物单位的业务交流与学术研究活动，不属于行政事务，我们大家又都是熟人朋友，根本没考虑到两家地市级领导十分重视，亲自带队参加这次座谈会，出现了行政级别不对等的情况。

当时，汉中市的接待条件有限，连一个像样的宾馆都没有，加之此事情况突然，没有思想准备，地区领导们显得十分尴尬为难，不知所措。

在这种情况下，汤副市长就主动提出，建议把这次联席座谈会放在襄樊市去召开，热情邀请大家去襄樊市做客，大家异口同声表示赞成，这才解了围。

第二天，大家就风尘仆仆来到了襄樊市的樊城宾馆，在这里首次召开了三方共有 30 多人参加的“诸葛亮研究会”筹备联席座谈会，经过大家认真讨论，确立了联合成立的“川陕鄂诸葛亮研究联会”《组织章程》等有关事宜。当时，由成都武侯祠谭良啸先生主笔，制定的《组织章程》如下：

1. “川陕鄂诸葛亮研究联会”宗旨：以研究诸葛亮和三国历史文化为主题，目的是弘扬与传承以诸葛亮为主题的三国历史文化，为当地文物保护管理与旅游事业服务，研究活动不涉及三国历史文化之外的内容。

2. 三家分别成立“诸葛亮研究会”，作为联合会的组织基础，每年都轮流召开一次学术研讨会，参会代表的往返费用自理，会议所需费用由办会单位筹措。会议期间，不收取任何个人会费、资料费。每届会后，主办方必须编辑出版《论文集》，负责发送给参会人员手中。

3. 由于联合会的性质决定了是轮流组织召开学术会，轮流执政在相关地方举办会议，所以，联会不设会长、副会长、秘书长等，不设办公机构。每一届会议召开期间，由主办方负责召集联会成员单位负责人会议，介绍本届会议的研究主题、筹备情况与进程安排，共同商定下一届会议举办方等相关事宜。

4. 由于诸葛亮生前活动地域广泛，全国相关的古迹文物与文博单位众多，加之诸葛亮在全国各族人民心中有很深刻影响，关爱与研究者不乏其人。因此，联会要随时接纳相关文博单位、大专院校、科研单位及热爱三国历史文化的研究人员，不断发展成员单位，扩大研究队伍，早日形成全国最有影响力的诸葛亮研究联会学术团体。

5. 为有利于联络沟通、交流协商解决联会相关事宜，三家分别设立联络员一名：成都：谭良啸；汉中：郭清华；襄樊：张孝元。

6. 第一届研讨联会，决定 1983 年秋天在成都召开；第二届研讨联会，1984 年秋天在汉中勉县召开；第三届研讨联会，1985 年秋天在襄樊召开。

如果以后其他地方的相关文博单位申请加入了研究联会，则根据实际情况，由联会成员单位负责人共同研究决定，轮流在相关城市组织召开相应的学术会。

联席会结束后，汉中方面就组织本地区文博单位、大专院校及热爱三国历史文化研究的相关人员成立了“汉中诸葛亮研究会”，汉中地区文化局副局长杨培均出任会长，汉中地区文管会主任唐金裕、勉县博物馆馆长郭清华为副会长，秘书长是文化局干事李恩来，副秘书长是郭清华，会员有 30 多人。

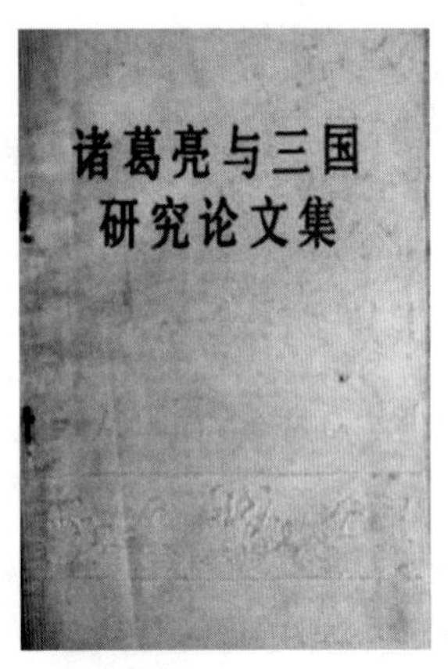

根据联席会在襄樊的决议，“汉中诸葛亮研究会”立即组织文博单位与大专院校专家、学者布置了研究任务，让大家开始写稿，算是初次练兵，开始起步。1983 年 4 月，由汉中地区文管会主编《诸葛亮与三国研究论文集》，共计收录研究诸葛亮在汉中活动为主题的文章 19 篇，例如：刘长源《诸葛亮兵出祁陇探微》、郭清华《浅析诸葛亮在汉中屯军的战略意义》、侯素柏《死犹护蜀葬军山》、王复忱《奇谋为短辩》、唐金裕《浅析姜维在延熙二十年的北伐》，范吉生、岳德新《论定军山战役对建立和巩固蜀汉政权的重大作用》、杨培均《汉上读史小扎》、陈显远《论诸葛亮的执法》、郭荣章《六出祁山一说之辩误》等，属于内部印刷。

1983 年 10 月，“川陕鄂诸葛亮研究联会”论文编辑组在成都编著了《诸葛亮与三国》第一辑，由襄樊市诸葛亮研究会内部印刷。参加编辑人员有：襄樊方面：李吉兴、张孝元；成都方面：梁玉文、谭良啸、吴天畏；汉中方面：杨培均、郭清华。

书中收录了成都、汉中、襄樊三方面文博单位以及相关大专院校专家、学者研究三国历史文化方面的文章共计 30 篇。例如：吴天畏《略论诸葛亮的攻心术》、黄慧贤《读李兴诸葛丞相故宅碣表书后》、张孝元《诸葛亮在襄阳人事关系初探》、李兆成《八阵图的战术要点及相关问题》、余鹏飞《隆中对策后的刘备和诸葛亮》、梁玉文《成都武侯祠考》、谭良啸《五月渡泸和七擒孟获在何处》、袁仁林《奉节县八阵图浅说》、侯素柏《马超墓祠》、郭清华的《夏侯渊是刘禅妻的外公》等。

1984 年 5 月，“川陕鄂诸葛亮研究联会”论文编辑组编著了《诸葛亮与三国》第二辑，由成都武侯祠诸葛亮研究会内部印刷。参加编辑人员是：汉中方面：唐金裕、李恩来、刘粤基；

襄樊方面：张孝元；

成都方面：刘京华、谭良啸、吴天畏。

书中收录了成都、汉中、襄樊三方面文博单位以及相关大专院校专家学者研究三国历史文化方面、文物古迹保护方面的文章 34 篇。例如：黄慧贤《诸葛襄阳故旧考》、李兆成《蜀汉的教育及成就》、周达斌《淡泊明志堪为师表》、吴天畏《魏延的历史冤案》、刘京华《蜀汉巾帼有多少》、张孝元《论刘备对吴政策的失误》、王本元《应变将略有所其长》、刘长源《优良的政风》、李恩来《识人举贤话孔明》、彭起耀《抗曹何能弃联盟》、赵嗣沧《关羽的生年》、李淳信《立向斜阳说孔明》等。

1985 年 3 月，“川陕鄂诸葛亮研究联会”论文编辑组编著了《诸葛亮与三国》第三辑，由汉中诸葛亮研究会负责，内部印刷。参加编辑人员是：

汉中方面：李恩来、李铎、刘粤基；成都方面：谭良啸、贺游；襄樊方面：张孝元、李吉兴。

书中收录了成都、汉中、襄樊三方面文博单位及山东省临沂市、河北省涿州市、宝鸡市五丈原诸葛庙等相关专家、学者研究三国历史文化方面、文物古迹保护方面的文章共计 34 篇。其中有：黄慧贤《习凿齿诸葛武侯宅铭释》、余鹏飞《诸葛亮出山前的政治策略》、晋宏忠《浅论诸葛亮北伐》、谭良啸《机器人连珠炮指南车——马钧二三事》、董凌魁《刘备故里与楼桑庙》、岳德新《曹操汉中失利原因何在》、田旭中《三国时期的艺术成就》、梁玉文《刘备知人善任》、王复忱《自比管乐析》、戴惠英《朝鲜关于孔明妻子的传说》、鸿仲《虚心纳言话孔明》等。

1985 年 10 月，襄樊市文化局、园林局、隆中管理处共同编著《诸葛亮与三国研究文集》，内部印刷。书中收录了当地文博单位、大专院校专家、学者研究诸葛亮在此隐居躬耕时期有关的三国历史文化历史渊源与沿革、隆中古迹文物的保护管理方面的文章共计 30 篇。其中有黄慧贤《诸葛襄阳故旧考》《诸葛亮在荆州事迹考评》、张孝元《诸葛亮隐居躬耕生活》《诸葛亮襄阳人事关系初探》、余鹏飞《论隆中对》《诸葛亮经济思想初探》、晋宏忠《浅谈诸葛亮的自我批评精神》《论诸葛亮北伐》、周大斌《淡泊明志堪为师表》《诸葛草庐何处是》、李吉兴《隆中武侯祠沿革考》《马跃檀溪处》、鸿仲《略论诸葛亮的用人之道》、洪钟《千古奇冤——论魏延被杀》、李智忠《隆中胜迹永清幽》、鲍传华《壮缪侯及其他封号》等。

2. 全国诸葛亮研究联会的历届研究活动概况

第一届诸葛亮研究联会活动概况

根据联合座谈会在襄樊的决定，“川陕鄂诸葛亮研究联会”第一届学术研讨会于 1983 年 10 月在成都空八军招待所召开，参加这次会议的有 90 余人，收到论文 50 余篇，内容有关于诸葛亮政治思想、军事策略、行政措施，以及民族外交、用人等问题，都有初步的探讨。这次会议，特别邀请了著名史学家缪钺、王利器、黄慧贤教授参加。

这次会后，由赵幼文、马德真、谭继和、林城西、谭良啸、吴天畏、彭年联合编著出版了《诸葛亮研究》论文集，书中收录了张秀书、缪钺、王利器、黄慧贤、朱大有、林成西、李兆成、张孝元、李星、谭良啸、周玉璋、梁玉文、黄剑华、范奇龙、冯一下、陈玉萍、李正清、彭年、田旭中、刘京华、杨伟立、唐金裕、郭清华、贺游、李吉兴、周达斌、陈绍乾、戴慧英等专家、学者论文 29 篇，1985 年 10 月由巴蜀书社出版发行。

由于这是第一次举办三家联会活动，也是成都武侯祠新中国成立以来第一次举办全国性的学术活

动，所以，他们十分重视、特别热情，提前做好了各方面详细安排，派人专程到火车站、汽车站接送参会代表，成都市的相关领导也到大会看望代表。

大会还超常规安排代表到市内的杜甫草堂、青羊宫、王建墓及广元市的皇泽寺、千佛山、灌县都江堰、青城山、眉山县三苏祠、峨眉山、乐山市的乌尤寺、大佛寺、奉节县的白帝城、夔门等名胜古迹参观考察，并且还在大佛寺举办了学术交流活动，在奉节县还看了专场演出晚会。成都方面组织举办的这次研讨会堪称是相当隆重，其规格之高、专家学者之多、安排之周到、活动内容之丰富，使代表们大开眼界，心旷神怡，留下了深刻的印象。

可是，万万没想到，从乐山市返回成都市的夹江县路上出了车祸，空八军高级小轿车与夹江县水泥厂大型货车相撞，车内的襄樊市汤副市长、汉中地区专员彭斌、副专员杜立田严重受伤，成都武侯祠立即安排住进了就近一所野战军医院治疗。襄樊方面留下了李吉兴、张孝元护理汤副市长，汉中方面留下了杨培均、郭清华护理彭斌、杜立田专员。

在此期间，成都市的相关领导与武侯祠多次慰问看望，关心备至。

一个月左右，老领导们伤势有所好转，就相继转院回到了家乡。上述事情，我们要特别感谢成都武侯祠的多方关心与照顾。

第二届诸葛亮研究联会活动概况

1984 年 9 月下旬，“川陕鄂诸葛亮研究联会”第二届研究联会在汉中勉县县委会议室召开，参加会议的人员有 80 余人，收到论文 40 余篇。会议主题是诸葛亮北伐、诸葛亮的用人、诸葛亮政治思想、诸葛亮的修身以及蜀汉文化的探讨。

主持会议的是“汉中诸葛亮研究会”副会长唐金裕。黄慧贤、李子勤、马德真、李兆成、杨伟立、唐金裕等 20 多位专家、教授在大会进行了交流。

会议期间，与会代表参观考察了武侯墓、武侯祠、阳平关、木牛流马处、刘备称汉中王设坛处、定军山、诸葛亮读书台，以及汉中博物馆、拜将台、留坝县张良庙等相关古迹文物。

会后，由杨培均、唐金裕、郭清华、李恩来共同编辑了《诸葛亮研究文集》，1985 年 3 月于内部印刷出版。书中共计收录了诸葛亮政治思想研讨 3 篇、诸葛亮北伐研讨 8 篇、诸葛亮用人修身与蜀文化 6 篇、考证考察文献资料 5 篇。

汉中勉县是诸葛亮在此屯军八年北伐曹魏的战略基地，意义深远。所以，为了开好这次研讨会，笔者建议，春节后亲自带队徒步赴陕、甘、川三省实地考察诸葛亮北伐路线的遗址、遗迹与文物，掌握第一手资料，首次图文并茂举办“诸葛亮北伐史迹展览”，给这次大会献礼。笔者建议得到了陕西省文物局、汉中地区与勉县人民政府的大力支持，立即组织 4 人由笔者带队，背上照相机与拓片、测量工具以及日用品、行李，历时 6 个月进行了徒步考察。由于考察环境十分艰苦，生活单调，没有休整而过度疲劳，有两人吃不消中途回家了，还剩下笔者与侯素柏坚持徒步考察，走完了诸葛亮北伐相关的川、陕、甘 3 省 7 地区 24 个县、市。

在实地考察中，我们通过现场拍摄、拓片、测量，与当地专家、学者座谈，查阅复印地方史志资料、参观馆藏文物等方法，获取了大量第一手珍贵资料。由于长途跋涉，劳累过度，加之夏天气候干燥，生活不规律，笔者生病严重，回县后就住院十多天。可是，会期临近，为了不影响按时举办展览不得不出院，带病夜以继日整理资料、放大照片、编写文稿、组织制作展览，最终完成了由 300 多幅照片、图表和 10 余万字组成的“诸葛亮北伐史迹展览”在武侯墓展出，不少照片属于不可多得文物资料。如翻拍的清代剑门关、阴平桥照片等不少古迹文物就极为珍贵。展览首次在学术会上和专家、学者见面后，大家耳目一新，受到了高度评价和赞誉。

这套完整图片资料，当时赠送了成都武侯祠一套，给五丈原诸葛庙一套，成都武侯祠的一套至今仍在，五丈原诸葛庙的已经残缺不全了。遗憾的是，武侯墓的展览与照片资料因为环境潮湿，已经全部报废了。

第三届诸葛亮研究联会活动概况

1985 年 10 月，第三届“川陕鄂诸葛亮研究联会”在襄樊市白鹤宾馆召开，参加会议的除了成都、汉中、襄樊研究人员之外，还有北京、山东、河北的专家、教授与学者共 60 余人，收到论文 30 余篇。主办这次会议的是襄樊市诸

葛亮研究会，主持会议的是丁宝斋研究员。会议主题是：诸葛亮的政治思想、军事策略、北伐活动、择妇、用人、形象、故里、临沂市出现的《全裔堂诸葛氏后裔宗谱》等。

会议期间，参观考察了襄樊市内的古隆中、米芾祠等相关著名古迹文物，以及当阳市长坂坡、关帝庙等景点。

会后，由黄慧贤、丁宝斋主编了《诸葛亮研究新编》论文集。书中收录了王汝涛、许蓉生、鲁才全、谭良啸、柳春藩、李兆成、杨剑虹、晋宏忠、张孝元、殷克勤、臧振、刘鸣冈、陈文道、周达斌、彭年、姜开民、刘京华、郭清华、白亦奠、常崇宜、余鹏飞、黄慧贤等专家、学者论文32篇，1986年12月由湖北人民出版社出版。

由于诸葛亮故里的山东省临沂市诸葛亮研究会这次参加了会议，并且申请加入联合会，要求下一届会议在临沂市召开，经过联会负责人共同商议，一致通过了他们的请求。

第四届诸葛亮研究联会活动概况

1987年9月，“第四届诸葛亮学术研讨联会”在山东省临沂市银雀山宾馆召开，参加这次会议的人员来自全国9个省、市共计60余人，收到论文50余篇。会议主题是：研究诸葛亮的方方面面。主持这次会议的是临沂市诸葛亮研究会会长、临沂师范学院著名教授王汝涛先生。会议期间，参观考察了临沂市、沂南县的相关古迹文物。

会后，由王汝涛先生精选了31篇论文，1988年4月与王瑞功、于连凯共同编著了《诸葛亮研究三编》论文集，收录了李孚平、于联凯、刘鸣冈、周达兵、王汝涛、王瑞功、晋宏忠、臧振、丁宝斋、张孝元、谭良啸、杨伟立、常崇宜、张崇琛、郭荣章、吴洁生、许蓉生、李兆成、刘家骥、姜开民、曹邦军、刘诚言、幺大中、丁履标、周颖、崔学礼等专家、学者的论文，1988年11月由山东文艺出版社出版发行。

第五届诸葛亮研究联会活动概况

1990 年 10 月，“第五届诸葛亮学术研讨联会”在襄樊市召开。

由于笔者当时被陕西省文物局借调工作，未能够参加会议。

特别是这次会议之后，襄樊方面没有出论文集，因此情况不明。

第六届诸葛亮研究联会活动概况

1992 年 10 月，“第六届诸葛亮学术研讨联会”在成都召开，参加这次会议的人员 60 余人，收到论文 32 篇。

由于笔者当时被陕西省文物局借调工作，未能够参加会议。

会后，由谭良啸主编了《诸葛亮与三国文化》论文集，1993 年 9 月由成都出版社出版发行。

这次会议的特点是，专家们第一次提出了“诸葛亮文化”这个理念。特别是，浙江省兰溪市诸葛镇镇长胡正军、诸葛八卦村诸葛亮第五十代嫡传后裔诸葛绍贤、第四十九代嫡传后裔诸葛方城，经笔者推举引荐，第一次在学术界亮相，引起了大会的特别关注，不少参会代表与成都市相关领导纷纷与他们合影留念，《四川日报》《成都晚报》《金华日报》《兰溪日报》先后进行了报道。

诸葛绍贤代表诸葛亮后裔申请加入联会，申请下一届会议在兰溪市的诸葛八卦村召开，得到了联会的一致赞同认可。

会后，胡正军、诸葛绍贤、诸葛方城首次来到了汉中勉县拜访笔者，作为东道主，笔者与夫人侯素柏热情接待进行实地考察座谈交流，陪同他们在武侯墓与武侯祠祭祖，合影留念。

通过座谈交流，深入了解了他们这些诸葛亮后裔的具体情况，同时也建立了深厚的友谊。从此以后，诸葛绍贤与笔者的书信往来频繁，相关的资料源源不断。特别是，诸葛绍贤提供了保存至今从南宋以来经过历史上十六次修编的

20 卷 39 本《诸葛氏后裔宗谱》珍贵资料，完整展示了诸葛后裔一千多年来在浙江一带生息繁衍的全过程，有极高的可信度。

毫不夸张地说，诸葛绍贤提供的诸葛后裔资料为笔者深入研究首次向国内外推介诸葛后裔在浙江兰溪诸葛八卦村生息繁衍发展壮大真实存在奠定了坚实基础，堪称功不可没。

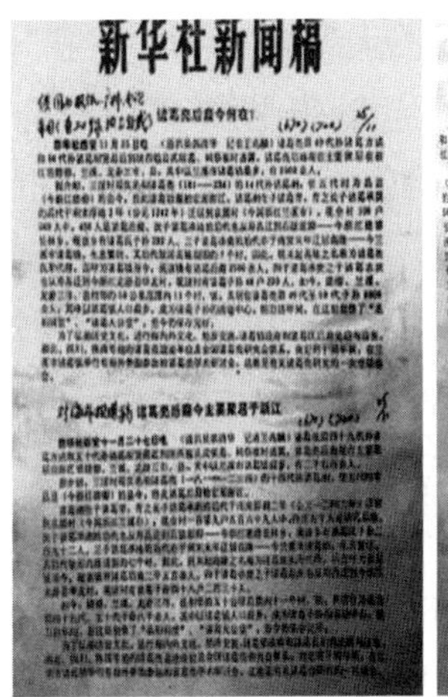

新华社新闻稿

诸葛亮后裔今何在？

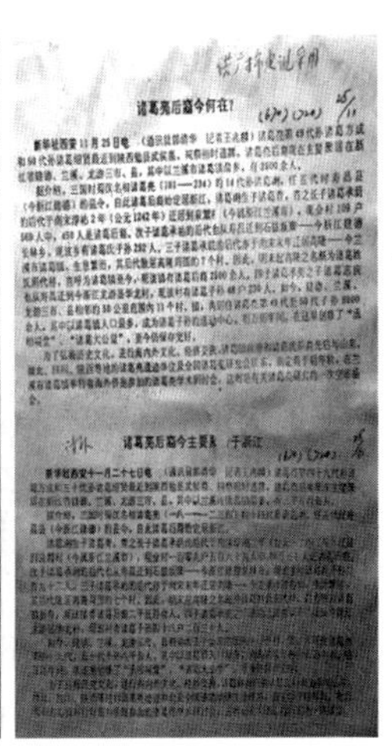

诸葛亮后裔今何在？

在此基础上，1992 年 11 月，笔者撰写了一篇《诸葛亮后裔今何在》文章，通过与新华社新闻部主任、高级记者王兆麟联手，在新华社 25、27 日的国内新闻、国外新闻、国内外广播电台、电视台连续发表，引起了极大轰动，海内外数百家新闻媒体接二连三地刊载、播放、报道，使得兰溪市诸葛八卦村诸葛后裔一夜之间成了国内外关注的焦点，中外游客潮涌八卦村实地参观考察，想亲眼看看诸葛亮后裔尊容，看看他们的生活状况，以此寻找千年以来一直被世人尊崇敬仰的诸葛亮之影子。

由于诸葛亮当年两次出祁山北伐曹魏，在甘肃省天水以及礼县、秦安县、西和县等地留下了丰富的文物古迹，所以，天水市也申请加入了研究联会。

第七届诸葛亮研究联会活动概况

1993 年 10 月，“第七届诸葛亮学术研讨会”首次在浙江省兰溪市隆重召开。由于笔者与新华社联手的宣传文章在国内外的巨大影响力，参会人员也超过了以前的历届会议规模。来自全国 12 个省的专家、教授、学者达到了 140 余人，收到论文 42 篇，专著 6 部。金华市与兰溪市的主要领导人都到会看望笔者与全体参会代表，不少新闻媒体跟踪采访报道。

这次会议的特点是，由于参会人员来自全国 12 个省，面宽人多，因此，这次会议首次冠名为“全国第七次诸葛亮学术研讨会”，为后来的联会会议称

为“全国”打下了基础。主持这次会议的是兰溪市副市长包瑞田，会议主题是研究诸葛亮及其后裔。

会议期间，代表们参观考察了诸葛八卦村与兰溪市内的古迹文物，以及诸葛后裔开办的相关企业，兰溪市政府还举办了诸葛后裔文化的大型演出活动。

会后，由副市长包瑞田主编了《诸葛亮及其后裔研究》论文集，1994 年 8 月由新华出版社出版发行。书中收录了包瑞田、谭良啸、丁宝斋、王汝涛、郭清华、诸葛达、诸葛诚、胡汝明、徐国平、陈星、何百川、陈玉霞、张晓刚、张晓春、李兆成、陈建忠、梅铮铮、孙元吉、陶喻芝、诸葛志、胡正军、诸葛俨、李遵刚等专家、学者的论文 40 篇。

根据“临沂市诸葛亮研究会”的申请，联会一致通过第八届研讨会将于 1994 年 10 月在山东省临沂市的沂南县举办。

全国第八届诸葛亮学术研讨联会活动概况

1994 年 10 月，“全国第八届诸葛亮学术研讨联会”在诸葛亮出生地山东沂南县召开，参加这次会议的代表除了来自成都、襄樊、汉中、兰溪、天水等各地的专家、学者百余人，还有来自澳大利亚的学者。会议共计收到论文 72 篇，主持会议的是临沂地区诸葛亮研究会名誉会长、临沂师专教授王汝涛先生。

会后，由王汝涛、薛宁东、陈玉霞、李遵刚主编了《金秋阳都论诸葛》论文集，收录了王九令、唐世文、李兴斌、温玉川、张华松、李兆钧、王建忠、董绘今、侯素柏、段欣荣、余鹏飞、谭良啸、张崇琛、于联凯、周达斌、晋宏忠、黄朴民、闵宜、苏彦荣、杜一平、张锦良、刘志刚、高军、孙敬民、王桂香、薛宁东、赵炯、李伯勋、徐国平、何百川、黄丽峰、刘晓焕、梁宗奎、朱文明、刘润常、王瑞功、刘家骥、孙元吉、诸葛效直、诸葛福明等专家、学者的论文共计 46 篇，1995 年 8 月由军事科学出版社出版发行。

天水市文化局副局长张四龙申请，希望下一届研讨会能够在天水市举办，经过联会共同研究，一致同意下一届研讨会在天水市召开。

全国第九届诸葛亮学术研讨联会活动概况

1996 年 10 月，“全国第九届诸葛亮学术研讨联会”在天水市隆重举行，来自全国各地相关文博单位研究会、大专院校专家、学者百余人提交论文 70 余篇，相关专著 4 本。笔者因故未能够参加这次会议。

这次会议之后的 1997 年“天水市三国文化研究会”正式成立了。

在此基础上，会后由文化局局长甘永福、书画家左峰、天水师院教授徐日辉以及邹轩联合主编了第九届诸葛亮学术研讨会的论文集《羲皇故里论孔明》，1997 年 9 月由甘肃文化出版社出版发行。

兰溪市诸葛亮研究会申请下一届研讨会于 1997 年 10 月在兰溪市举办，联会一致通过。

全国第十届诸葛亮学术研讨联会活动概况

1997 年 10 月，“全国第十届诸葛亮学术研讨联会”在浙江省兰溪市隆重举行，参加会议的有北京、上海、江苏、安徽、陕西、甘肃、山东、河南、四川、湖北、浙江、台湾 12 个省市诸葛亮文物保护单位与部分大专院校专家、学者 120 余人，大会收到三国文化研究、诸葛亮后裔和地方历史文化研究方面的论文 74 篇，相关专著 4 本。笔者因事，未参加会议。

主持这次会议的是“兰溪市诸葛亮研究会”会长、副市长包瑞田先生，兰溪市有关领导与相关部门也参加了这次会议。

会后，由包瑞田、徐国平、何百川精选了部分论文，联合主编了《十论武侯在兰溪》论文集。书中收录了余明霞、张崇琛、谭良啸、晋宏忠、王炳仁、包瑞田、丁宝斋、黄朴民、薛宁东、徐国平、李兆成、何百川、胡汝明、诸葛志、陈星、陈怀曦、张崇琛、蔡敏龙、段欣荣、贺游、胡正军、刘克勤、张晓春、诸葛诚、何红英、李伯勋、陈建亮、陈凤轩、诸葛子房、王文杰、李彩标、雍际春、杨代欣、刘鸣冈、张晓刚、郑绍康、诸葛阳、贾慎之、诸葛庆棠、诸葛绍贤、刘大有、闵宜、袁本青等专家、学者论文 55 篇，1998 年 8 月由浙江大学出版社出版发行。

襄樊市诸葛亮研究会申请下一届会议于 1998 年 10 月在襄樊市举办，联会一致通过。

全国第十一届诸葛亮学术研讨联会活动概况

1998 年 10 月，“全国第十一届诸葛亮学术研讨联会”在湖北省襄樊市举行，会议的主题是“诸葛亮成才之路”。笔者因故，未能参会。

参加这次会议的有诸葛亮研究联会各个成员单位及北京、上海有关大专院校、科研单位共计百余人，收到论文 60 余篇，大会由湖北省襄樊历史文化名城专家组组长丁宝斋主持。

会后，由丁宝斋主编了《诸葛亮成才之路》论文集。书中收录了丁宝斋、张崇琛、魏平柱、常崇宜、谭良啸、李兆成、陶喻芝、徐国平、郑铁生、陈翔华等专家、学者的论文 57 篇，2000 年 8 月由武汉大学出版社出版发行。

成都诸葛亮研究会申请下一届会于 2000 年 9 月在成都武侯祠举办，联会一致通过。

全国第十二届诸葛亮学术研讨联会活动概况

2000 年 9 月，“全国第十二届诸葛亮学术研讨联会”在成都武侯祠博物馆召开。会议的主题是诸葛亮与三国历史文化，主持这次会议的是成都诸葛亮

研究会。

来自全国各地的专家、学者 100 多人，大会共收到论文 60 多篇。

汉中市文化局局长、汉中诸葛亮研究会会长李耕文向大会申请并且宣布，下一届诸葛亮研讨会联会活动将由“汉中市诸葛亮研究会”在汉中市举办，欢迎专家、学者莅临汉中参会指导，联会一致通过。

会后，由成都诸葛亮研究会、成都武侯祠博物馆主编了《诸葛亮与三国文化》论文集，2001 年 7 月由四川大学出版社出版发行。

全国第十三届诸葛亮学术研讨联会活动概况

2002 年 9 月，“全国第十三届诸葛亮学术研讨联会”在陕西省汉中市三国大酒店召开，会议由汉中市博物馆馆长、汉中市诸葛亮研究会会长张宝德主持。

来自全国各地的专家、学者百余人，提交论文 70 余篇，会前没有打印论文汇集，会后也没有正式出版《论文集》。原因是：“汉中市诸葛亮研究会”成立于 1982 年，当时的会长是地区文化局的副局长杨培均，副会长是地区文管会主任唐金裕与郭清华，秘书长是文化局干事李恩来，副秘书长是郭清华。1984 年我们在勉县主办了第二届会议，之后又参与了几届会议。

1989 年底，杨培均被调到新开馆的陕西历史博物馆出任副书记，再没有人继任会长，唐金裕忙于文管会事务。20 世纪 90 年代，唐金裕、李恩来相继去世了，笔者在勉县博物馆工作，也无暇顾及，因此，“汉中的诸葛亮研究会”形同虚设，无法组织开展任何活动。

2000 年 9 月，“全国第十二届诸葛亮学术研讨联会”将在成都武侯祠召开，汉中地区文化局新上任局长李根文接到会议通知后，十分关心这次活动，就主动出任了会长，同时还亲自组团带队前往成都参会，其中就有笔者与汉中市博物馆馆长张宝德。

在成都会上，李根文代表汉中诸葛亮研究会要求下一届会议在汉中举办，得到了大会的认同。没想到，回汉中后，李根文出了问题被撤职，新来的局长认为举办这种研讨会没啥意思。但是，前任局长已经接待了汉中办会，碍于面子与责任就必须举办，因此动员即将退休的张宝德临时出任会长，全面负责办会事务，原则是把这次会议开完，以后就不再参加了。

张宝德临时接任了汉中诸葛亮研究会会长后，匆匆忙忙地举办了这次研讨会后就正式退休了，正因为如此，《论文集》也就不出了，“汉中诸葛亮研究会”也被汉中市民政局注销了，后来所有的联会活动都是“陕西省三国文化研究中心”组团参与。

“陕西省三国文化研究中心”，是陕西省文物局 1994 年初发文建议汉中市和宝鸡市两地联合成立的。原因是，陕西省以周秦汉唐为主的文物古迹众多，而三国历史文化与文物古迹基本上集中在汉中勉县，宝鸡市只有五丈原，这些三国时期的古迹文物虽在全省比重不大，可在国内外影响很大，省文物局根本无暇顾及，所以，建议在汉中勉县武侯墓成立三国文化研究中心，代表陕西省进行学术研究和对外交流。这个建议，得到了汉中与宝鸡两地的认可。

1994 年清明节期间，勉县人民政府根据省文物局文件精神，正式发文在武侯墓成立了研究中心并亲自授牌，笔者是中心主任法人代表。汉中地区与勉县政府相关领导到会祝贺，民政部门随后也在《汉中日报》公告。研究中心成立后，发展汉中、宝鸡等地会员 40 余人，有秘书长、副秘书长 2 人，理事、常务理事 7 人，聘请西北大学、陕西师范大学、陕西理工学院、汉中师范学院、宝鸡师范学院及其他著名专家教授 20 余人，以陕西理工学院梁中效教授、宝鸡市文物局长党组书记任周方研究员为中心副主任。后来，又聘请了中科院研究员梁满仓、中国《史记》学会会长张大可教授为名誉主任，著名的《三国演义》研究专家沈伯俊研究员为高级顾问。

中心自组建以来，1994 年 9 月曾组团参加了在沂南县举办的第八届研讨会。可是，在这以后的第十三届研究联会以前“汉中市诸葛亮研究会”还存在，每一届会议的参会都是通过“汉中市诸葛亮研究会”来组织参加活动，笔者还是副会长，所以，基本不会用“陕西省三国文化研究中心”的名义组织参会。

2003 年以后，“汉中市诸葛亮研究会”被汉中市民政局彻底注销，我们研究中心才正式组织陕西境内专家、学者参加联会各届学术会活动。

研究中心自从成立以来，先后以“三国历史文化研究系列丛书”编著出版了十余部专著，发表相关研究文章千余篇，在全国学术界有一定的影响。

全国第十四届诸葛亮学术研讨联会活动概况

2005 年 5 月，“全国第十四届诸葛亮学术研讨联会”在沂南县召开。与此同时，沂南县人民政府还举办了规模宏大的“诸葛亮文化旅游节”，演出了丰富多彩的文艺节目。来自全国各地的联会代表、文博单位、大专院校、科研单位专家、学者近百人，提交论文 50 余篇。主持这次会议的是临沂市诸葛亮研究会副会长、沂南县政协副主席李遵刚先生。

与会专家重点围绕诸葛亮生平及评价研究；诸葛亮思想特别是管理思想、军事思想研究；诸葛亮家世家族、家风、学风的研究；诸葛亮文化现象研究；诸葛亮与传统文化、地域文化研究；诸葛亮人文资源开发研究；古阳国和古阳都等方面都进行了深入的研究探讨。

会后，李遵刚主编了《诸葛故里论诸葛》论文集，书中收录了孙敬民、李遵刚、余明霞、吴如嵩、吴九龙、霍印章、张德湘、宋恒春、赵成、张晓刚、梁宗奎、李振奎、高开玉、雪琳、冉宏斌、马纳、余大吉、刘克勤、郭清华、马凤岗、白亦奠、张晓春、赵炯、唐世文、梁满仓、陶喻芝、刘家骥、张四龙、张崇琛、常崇宜、高军、姜开民、刘存祥、徐国平、陈星、付博、贾利民、夏旻、晋宏忠、汲广运、徐如玉、李鹏程、马凤岗等专家、学者论文 54 篇，2007 年 10 月由山东地图出版社出版发行。

兰溪市诸葛亮研究会申请下一届研讨联会于 2007 年 10 月在兰溪市举办，联会一致通过。

全国第十五届诸葛亮学术研讨联会活动概况

2007 年 10 月，“全国第十五届诸葛亮学术研讨联会”在浙江省兰溪市召开，来自全国各地的联会代表、文博单位以及部分科研单位、大专院校的专家、学者百余人，收到论文 83 篇、专著 6 本。

主持这次会议的是兰溪市诸葛亮研究会常务副会长兼秘书长徐国平，会议的主题是研究诸葛亮与诸葛家族文化。

会后，由徐国平、诸葛坤亨主编了《诸葛亮与诸葛家族文化》论文集，2008 年 9 月由吉林人民出版社出版。书中收录了梁满仓、谭良啸、梁中效、杨剑虹、罗开玉、谢辉、郭清华、白万献、晋宏忠、陶喻芝、刘玉娥、李兆成、

王厚香、王鹰、白亦奠、梅铮铮、李曰仁、林成西、李遵刚、刘克勤、陈星、余鹏飞、刘家骥、张晓春、黄河清、余明侠、张晓刚、唐世文、张志哲、高军、诸葛坤亨、高新伟、姚让利、孙启祥、李仁瑞、徐国平、何百川、胡汝明、李彩标、诸葛子房、诸葛庆棠、诸葛培鑫等专家、学者论文 58 篇，还有 25 篇列入大会《论文集》之外的存目。

汉中勉县，是诸葛亮在此屯军八年五次北伐曹魏的军事基地，更是他遗命安葬的地方，也是后主刘禅下诏为他修建“天下第一武侯祠”的地方，古迹文物十分丰富，影响深远。可是，自从 1984 年 10 月在勉县举办第二届联会活动以来，再也没有正式举办过这样的全国性学术研究活动，因此，本届勉县人民政府十分希望借助于“全国诸葛亮研究联会”在勉县举办学术活动的影响力，进一步打造当地蒸蒸日上的三国旅游文化产业，专题研究决定，利用“陕西省三国文化研究中心”平台向联会申请，希望下一届研讨会于 2008 年 9 月在汉中勉县定军山下举办，得到了联会的一致通过。

全国第十六届诸葛亮学术研讨联会活动概况

2008 年 9 月，“中国三国文化暨全国第十六届诸葛亮学术研讨联会”在汉中勉县县委会议室召开，这次会议由汉中市人民政府主办，陕西省三国文化研究中心与勉县人民政府承办。新华社、中央电视台、《中国旅游报》、陕西电视台、《陕西日报》等 9 家新闻媒体参会宣传报道。

为了配合这次全国联会活动，勉县人民政府特邀陕西电视台《开坛》栏目，在定军山西门举行了“开坛”节目，特邀全国著名文艺评论家肖云儒、中科院历史研究所研究员梁满仓、中国人民大学李义平教授三人进行现场点评。十六届学术会全体代表参加了“开坛”活动，汉中市人民政府还特邀了陕西省政府、省政协相关领导到会致辞。

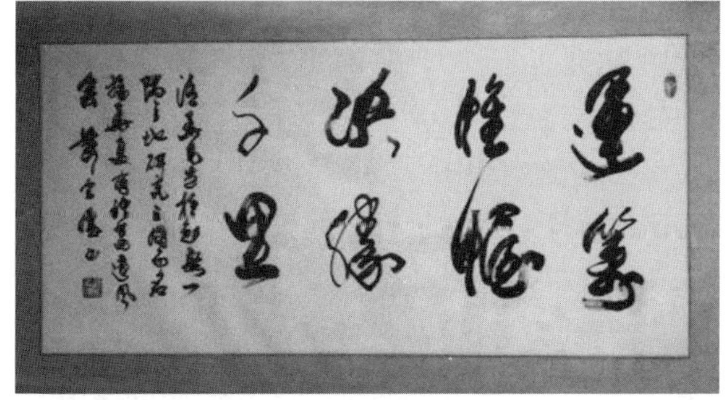

三位专家点评之后，《开坛》栏目主持人李蕾还特邀笔者就汉中的军事地理位置、刘备与曹操争夺汉中的历史意义、定军山的历史影响、诸葛亮在这里屯军北伐曹魏八年活动、诸葛亮为什么要遗命葬汉中定军山、武侯墓与天下第一武侯祠特点，希望在5分钟内系统进行高度概括现场点评。

笔者在毫无思想准备的情况下，按照主持人要求，立即层次分明如数家珍，在约定时间内一气呵成进行了概括介绍，受到与会代表一致好评，热烈鼓掌给予赞誉，为此，主持人李蕾与相关专家纷纷与笔者合影留念。

会后，中国文联全国委员、中国文联评论委员会委员、陕西文联专职副主席、全国著名文艺评论家、书法家萧云儒专程看望笔者进行座谈交流，还为笔者题书了“运筹帷幄，决胜千里——清华先生于勉县一隅之地研究三国而名播华夏，有诸葛遗风矣，萧云儒”。

这次会议的主题是定军山之战与诸葛亮北伐、诸葛亮文化研究、三国历史文化与文物古迹研究、三国旅游产业的发展。来自全国12个省29个县、市的114位代表，提交论文92篇，收到了全国三国与诸葛亮研究会12家贺礼。

主持这次会议的是“陕西省三国文化研究中心”主任郭清华、副主任梁中效、名誉主任梁满仓。

会议确立了：定军山是中国三国历史文化名山、汉中勉县是中国三国历史文化聚焦地、汉中勉县有中国三国历史文化的八个第一。

会后，郭清华主编了《定军山下论三国》论文集，2009 年 12 月由中国炎黄文化出版社出版发行。书中收录了郭清华、梁满仓、吴如嵩、夏旻、梁中效、黄利民、张晓刚、雷震、沈伯俊、余鹏飞、侯素柏、晋宏忠、雷勇、段民贵、徐国平、董凌魁、高军、郭荣章、刘玉娥、罗开玉、孙启祥、郭鹏、张晓春、李兆成、杨剑虹、魏平柱、薛欲华、安剑华、刘克勤、黄河清、宋恒春、梅铮铮、李仁瑞、任远、张熹、符丽萍、苏汉平等论文共计 66 篇，其余 11 篇文章为《论文集》存目。

襄阳市诸葛亮研究会申请下一届研讨会在襄阳市举办，得到了联会的一致通过。

全国第十七届诸葛亮学术研讨联会活动概况

2010 年 9 月中旬，“全国第十七届诸葛亮学术研讨联会”在襄阳市召开，主办这次会议的是襄阳市诸葛亮研究会，参会人员百余人，收到了论文 60 余篇。

会议主题是：三国与诸葛亮研究、荆襄地域文化研究、三国旅游文化开发的研究。

会后，由襄阳市隆中管理处管委会党工委书记、主任、管理局局长张智勇主编了《隆中山下论孔明》论文集。书中收录了黄慧贤、应颖、陈颖、晋宏忠、潘彦文、苏海洋、刘克勤、高军、夏旻、杜本文、叶植、王晓晶、梁中效、张晓春、盛林中、刘玉娥、魏平柱、符丽萍、徐国平、曹励华、陶喻芝、叶一鸣、郭清华、赵晓飞、杨剑虹、陈星、宋恒春、梅铮铮、诸葛坤亨、诸葛培鑫、黄河清、王力明、赵成、郭鹏、姚让利等专家、学者论文 56 篇，2010 年 3 月由中国炎黄文化出版社出版发行。

成都市诸葛亮研究会申请下一届研讨会在成都武侯祠博物馆举办，联会一致通过。

全国第十八届诸葛亮学术研讨联会活动概况

2011年6月，成都诸葛亮研究会与成都武侯祠博物馆联合举办了“纪念刘备入蜀1800周年暨全国第十八届诸葛亮学术研讨会”，参会人员百余人，收到论文75篇。其中，日本专家渡边义浩、田中靖彦、伊藤晋太郎也应邀出席了研讨会。主持这次会议的是成都武侯祠博物馆副馆长、考古学博士罗开玉和梅铮铮研究员。会议期间，专家、学者就先主刘备与丞相诸葛亮一生中的功德业绩进行了论述以及评价。与此同时，代表们还参观考察了成都武侯祠博物馆的古迹文物与锦里的旅游景点。笔者因有事，未能参会。

会后，由谢辉、罗开玉、梅铮铮主编了《诸葛亮与三国文化》之四上、下集。书中收录了梁满仓、童超、方北辰、梁中效、罗开玉、谢辉、刘学智、解朝来、王广深、王建忠、张晓刚、叶植、杨剑虹、郭荣章、王晓晶、郭鹏、宋恒春、曹庆国、吕一飞、朱万章、陶喻芝、梅铮铮、任义国、王俊、沈伯俊、陈颖、孙启祥、晋超、李兆成、安剑华、张晓春、赵成、赵彬、郭小霞、赵晓飞、常崇宜、陈芳、陈天红、罗景玠、蒋英、符丽萍、林鑫、王善国、唐光孝等专家学者、论文75篇，2011年8月由四川科学技术出版社出版发行。

全国第十九届诸葛亮学术研讨联会活动概况

2012年11月，“全国第十九届诸葛亮学术研讨联会”在广西壮族自治区桂林市阳朔县召开。原因是，桂林市有一支16000多人的诸葛亮后裔，主要聚居在临桂区的会仙镇、六塘镇、南边山乡、阳朔县葡萄镇、白沙镇、杨堤乡、金宝乡、阳朔镇、高田镇、福利镇、兴坪镇、普益乡，荔浦市修仁镇以及贺州市富川瑶族自治县古城镇等11县（区）23个乡镇的133个聚居点，他们都是《广西诸葛氏宗谱》延续下来的诸葛亮嫡传后裔，而阳朔县葡萄镇翠屏村是所有诸葛后裔的活动中心，这里不但有武侯祠等古迹文物，还是“诸葛亮研究会”所在地，堪称人才荟萃。因此，第四十八代裔孙诸葛保满为会长，要求这一届会议在阳朔县举办，得到了联会的同意。

参加这次会议的是来自全国9个省、区百余人，收到论文35篇。会议的主题是：诸葛亮与桂林。主持这次会议的是阳朔县诸葛亮研究会会长诸葛保满。

会议期间，参观考察了阳朔县的古迹文物、陈列展览。

会后，由诸葛保满、诸葛全生主编了《诸葛亮及桂林后裔》论文集。书中收录了沈伯俊、梁满仓、梅铮铮、郭清华、李遵刚、刘克勤、叶一鸣、姚让利、游胜华、陈永久、晏文军、高军、于泳、李先梓、闻扬春、曹庆国、白亦奠、诸葛议、诸葛坤亨、饶华长、诸葛保满、诸葛江、诸葛有文等专家、学者论文 29 篇，2013 年 5 月由广西师范大学出版社出版发行。

山东省临沂市沂南县“沂南县诸葛亮研究会”申请下一届研讨会在诸葛亮出生地阳都故里——沂南县举办，得到了联会的一致通过。

全国第二十届诸葛亮学术研讨联会活动概况

2013 年 5 月 30—31 日，“纪念诸葛亮研究联合成立三十周年——全国第二十届诸葛亮学术研讨联会暨诸葛亮智汇论坛”在沂南县召开，来自全国诸葛亮研究机构的 90 多名专家、学者参加，提交论文 60 余篇，目的是为了打响“智圣故里、红嫂家乡、温泉之都、休闲胜地”的城市品牌，推动全县经济社会发展。在此之前的 5 月 10 日，“沂南县诸葛亮研究会”正式成立了，原沂南县政协副主席、临沂市诸葛亮研究会副会长李遵刚当选会长，因此，主持这次会议的是李遵刚先生。

会议期间，代表们参观考察了沂南县武侯祠、诸葛宗祠相关古迹文物与旅游景点。与此同时，还在诸葛宗祠进行了祭奠仪式。

会后，由李遵刚主编了《全国第二十次诸葛亮学术研讨会暨诸葛亮智慧论坛论文集》。书中收录了薛宁东、李遵刚、韩明林、姚让利、黄建华、仙兆申、孙启祥、张晓春、侯素柏、游胜华、赵彬、王晓晶、曹庆国、高军、白亦奠、马振海、李先梓、郭清华、刘家骥、高艺、诸葛坤亨、诸葛议、梅铮铮、宋恒春、诸葛保满、张晓刚、孙书文、闻扬春、胡金华、释贵明、唐世文、赵燕、马全勇、刘存祥、马强、杜贵成、杨剑虹、刘克勤、王立明、李兴斌、叶一鸣、石小生等专家、学者论文 52 篇，2014 年 3 月由军事科学出版社出版发行。

在这次会议中，“重庆市三国文化研究会”和“江西省南昌市诸葛亮研究会”

应邀参会，要求加入研究联会，得到了联会批准。在此同时，南昌市诸葛亮研究会会长游胜华申请下一届会议在江西省高安市举办，联会一致赞同。

全国第二十一届诸葛亮学术研讨联会活动概况

2014 年 10 月，“全国第二十一届诸葛亮学术研讨联会”在江西省高安市举办，会议的主题是：诸葛亮木牛流马等科技成果以及诸葛亮叔父诸葛玄在江西活动的研究。出席这次会议的有来自全国 14 个省市的专家、学者 80 余人，收到论文 43 篇。主持这次会议的是高安市宣传部副部长徐光荣。

会后，游胜华、刘裕黑主编了《全国第二十一届诸葛亮学术研讨会论文集》，2015 年 8 月由中国文化出版社出版发行。

书中收录了梁满仓、李万生、刘裕黑、游胜华、梁中效、郭清华、李遵刚、刘克勤、高军、汲广运、徐国平、诸葛议、谭良啸、李加峰、叶一鸣、姚让利、张晓刚、牛宏成、柳玉东、张晓春、侯素柏、吴娲、安剑华、诸葛坤亨、诸葛保满、宋恒春、马振海、聂怀安、王广琛、王建中、赵燕、李先梓、赵晓飞、曹庆国等专家、学者论文 43 篇。

在这次联会学术活动中，南阳市诸葛亮研究会最终被批准加入了联会组织。在过去多年联会活动中，南阳诸葛亮研究会虽然大多数活动都被邀请参加会议，但是，因为过去与襄阳一直就诸葛亮躬耕地进行相争，两家观点对立，襄樊方面是联会的发起单位之一，所以始终坚持南阳方面不能够加入联会。躬耕地争论平息以后，矛盾缓解了，因此，这次会议中联会单位一致同意他们加入联会，在此同时，南阳方面申请下一届会议在南阳市举办。

全国第二十二届诸葛亮学术研讨联会活动概况

2015 年 8 月，“全国第二十二届诸葛亮学术研讨会”在南阳市举办，这是南阳诸葛亮研究会第一次举办全国诸葛亮研讨会，意义深远。来自全国各地的专家、学者 150 余人，收到论文 90 余篇。这次会议的主题是：诸葛亮的勤政廉洁思想及其现实意义研究、诸葛亮旅游文化的开发建设探讨。主持这次会议的是南阳市诸葛亮研究会。两天会议有 44 位专家、学者就诸葛亮的勤政廉洁、政治军事谋略、治国方略、教育思想以及诸葛亮的勤廉思想对今天的反腐倡廉的现实意义进行了发言交流。

会议期间，代表们参观考察了南阳市内的有关古迹文物。

会后，由南阳市博物馆副馆长、南阳市诸葛亮研究会副会长兼秘书长张晓刚研究员主编了《诸葛庐前论勤廉》论文集，2016 年 8 月由陕西人民出版社出版发行。书中收录梁满仓、李遵刚、汲广运、郭清华、李兆钧、王建忠、张晓刚、潘民中、石小生、张诚、晏文军、诸葛坤亨、苏婷、李远、李仁瑞、王明亮、宋恒春、叶一鸣、王朝阳、高军、赵燕、田平信、曹宏伟、侯素柏、徐玉如、牛宏成、于琳芳、诸葛保满、陈静、曹庆国、游胜华、解朝来、王广琛、梁中效、徐国平、梅铮铮、曲燕、高文昌、张辉、赵晖、刘红玉、姚让利、诸葛议、曹相许、张晓春、高二旺、孔永红、高君平、王玉国、赵贵林、白万献、苏磊、吕枫林、柳玉东、沙超、马千里、杜全山等专家、学者论文 66 篇。

浙江省兰溪市诸葛亮研究会申请下一届研讨会于 2016 年 9 月在兰溪市举办，得到了联会的一致通过。

全国第二十三届诸葛亮学术研讨联会活动概况

2016 年 9 月，“全国第二十三届诸葛亮学术研讨会”在浙江省兰溪市举办，会议主题是：诸葛亮思想文化及其后裔研究、诸葛亮古迹文物与旅游开发建设研究。出席会议的有来自全国各地专家、学者 120 余人，收到论文 101 篇，有 24 位专家、学者在大会进行了学术交流。主持会议的是兰溪市诸葛亮研究会。

会议期间，诸葛亮后裔表演了隆重的祭祖仪式，这是 2014 年 11 月文化部公布浙江兰溪“诸葛后裔祭祖为第四批国家级非物质文化遗产”的代表性项目，今年正好是诸葛亮逝世 1782 年，与会代表全体参加，全国三国文化胜地武侯遗迹地和部分诸葛后裔聚居地都派代表前来参加，显得十分隆重。

会后，倪金谷、诸葛坤亨、徐国平主编了《第 23 届全国诸葛亮学术研讨会论文集》，2018 年 9 月由团结出版社出版发行。书中收录了梁满仓、谭良啸、梁中效、李遵刚、高军、郭清华、陈小赤、汲广运、熊叶、游胜华、陶喻芝、诸葛保满、王厚香、刘克勤、梁宗锁、诸葛盛清、曹庆国、何红英、刘红玉、魏旭东、罗松晨、李思檬、梅铮铮、高薇、宋恒春、王立明、高燕、侯素柏、肖洪磊、高升田、诸葛志友、

诸葛鹤、姚让利、杜凤萍、高二旺、黄利民、解朝来、王广琛、王建忠、张晓刚、梁丽、柳玉东、徐国平、诸葛有文、诸葛美芳、张一凡、郑先兴、倪金谷、章卫民、诸葛坤亨、诸葛议、朱志辉、程峤志、何寿松、郎会诚、陈卫民、沈孝忠、赵燕、杨武斌、诸葛一贤、杨珂等专家、学者论文64篇，其余的37篇文章在《论文集》中存目。

在第二十三届学术研讨会上，笔者代表陕西省三国文化研究中心和勉县人民政府当众宣布，第二十四届研讨会于2018年3月在“中国汉中最美油菜花旅游节”的汉中勉县举办。这是因为，2008年9月，研究中心曾与县政府合作，十分成功地在勉县举办了第十六届会议，对促进地方的文化与旅游产业很有帮助，社会评价很好。所以，这一届勉县人民政府研究决定，希望我们研究中心把“全国第二十四届诸葛亮学术研讨会”请来放在勉县举办。这是因为，“中国最美油菜花旅游节”主会场在勉县，3月18日开幕。

为了配合县政府开好这次全国性学术会，研究中心就会议的时间、规模、具体内容、经费预算作了认真分析研究，特别提出，需要县政府拿出30万元，以保障举办这次学术会。县长、副县长都多次当面承诺说没有任何问题，让一定接回来。第二十三届会议结束前，笔者还给县长打电话再次证实了“没有问题”，这才信心十足地当众接了会旗，邀请大家届时一定来勉县定军山下参会，对这里的著名古迹文物进行观光考察。

可是万万没有想到，县政府为了把“油菜花节”中心会场搞得很好，投巨资突击提升城市环境品位，将原来的“一江两岸”进行改造，新建了较大规模的“沔水湾广场”作为油菜花节的主会场。与此同时，还安排了20多项文化活动进行配合。为此，县政府决定所有活动主要是靠社会赞助来自行举办。原来多次表态“没有问题”举办第二十四届全国诸葛亮学术研讨会的承诺，最后也改口说：“县政府只承担一部分补助资金，其余的要靠你们研究中心搞社会赞助来自行解决。”意想不到的变故，使研究中心措手不及，无法接受这个现实，在无可奈何的情况下，不得不放弃举办，将“第二十四届全国诸葛亮学术研讨会”移交给广西壮族自治区阳朔县诸葛亮研究会举办。

全国第二十四届诸葛亮学术研讨联会活动概况

2018年5月，“全国第二十四届诸葛亮研讨联会”在广西壮族自治区阳朔县正式举办，除全国各地联会单位组团参会外，还有相关科研单位、大专院校专家、学者及山东临沂、江苏常州、江西上饶、广西阳朔、荔浦、富川等地的诸葛亮后裔共计120人参会，收到论文45篇。会议主题是诸葛亮文化传承与弘扬、诸葛亮勤廉思想及其现实意义、家风传承与乡村振兴。主持这次会议的是诸葛保满会长，有 20 名专家教授在大会进行了学术交流。

与此同时，阳朔县葡萄镇的“第七届诸葛亮文化旅游节”也同时举办，各种活动并举，四方观众云集热闹非凡。全体与会代表领略了这里的诸葛亮文化旅游节风采，参观考察了当地的文化与经济发展。

会后，诸葛保满主编了《峰林之都论孔明》，2019 年 7 月由吉林文史出版社出版发行。

书中收录了梁中效、王稼田、解朝来、王建忠、张晓刚、李遵刚、刘克勤、赵贵林、高薇、陈新剑、郭力、张继东、郭清华、侯素柏、刘红玉、牛宏成、宋恒春、诸葛有德、张晓春、郑先兴、梁满仓、张大可、诸葛双全、肖洪磊、聂怀安、施春山、姚让利、瞿安全、董士俊、赵燕、高燕、梅铮铮、朱峰、梁玉萍、诸葛议、诸葛坤亨、王立明、释贵民、莫高阳、诸葛保满、诸葛福熤、诸葛维松、钟菊、诸葛有文、蒋伟华、王双菊、卢永英等专家、学者论文 35 篇。

根据襄阳市诸葛亮研究会的申请，联会议定“全国第二十五届诸葛亮学术研讨会”将于 2019 年由“襄阳市诸葛亮研究会”举办。

诸葛亮研究联会自笔者 1982 年 3 月联络发起以来，通过 30 多年的不断发展，已经成了全国各地与诸葛亮相关的旅游景点、大专院校、科研单位参与而影响力较大的学术团体。然而，这期间诸葛亮南征平叛的云南省就一直没有进入我们联会的大家庭，也没有人参加过我们联会的研讨活动。

甘肃省祁山堡方面，2004 年以前，归属于天水市所辖，因此，天水市在 20 世纪 90 年代就组建了“天水市三国文化研究会”，1996 年曾经在天水市举办过第九届联会活动。后来，因行政区划将礼县祁山堡一带划归陇南市所辖，天水市就没有了积极性，从此以后不再参加联会活动了。虽然礼县祁山堡武侯祠是诸葛亮两次北伐曹魏唯一纪念地，有举足轻重的影响，可是，我们联会从此与他们就失去了联系，后来的所有活动都没有人参加。

正因为如此，近年来笔者先后去了云南省昆明市、大理市与保山市等地，实地参观考察了诸葛亮南征平叛的一部分古迹文物，与当地的文博单位和专家、学者座谈，建议他们成立诸葛亮研究会，积极参与全国研究活动。

与此同时，还再次去了甘肃陇南市与西和县、礼县祁山堡等地，与当地的专家、学者进行考察座谈，宣传鼓动，希望他们组建相关的研究组织，积极参加全国联会活动。

功夫不负有心人，最终将两地组织起来，准备参加第 25 届联会。所以，特别向襄阳市诸葛亮研究会推荐了首次参加全国联会的甘肃省礼县“祁山三国文化研究中心”6 人、云南省保山市诸葛亮南征平叛方面研究人员 4 人，以弥补这两家长期没有介入联会活动的缺憾，使我们联会这个大家庭成员更加完善。

全国第二十五届诸葛亮学术研讨联会活动概况

2019 年 11 月 6—8 日，“全国第二十五届诸葛亮学术研讨联会”在襄阳市召开，会议主题是：诸葛亮文化与创新发展；诸葛亮文化与旅游创新；诸葛亮文化与企业管理。主办这次会议的是襄阳市社科联、襄阳市文化旅游局，承办这次会议的是襄阳市诸葛亮研究会。主持这次会议的是会长陈道斌先生。

来自全国各地的联会成员单位组团代表、大专院校、科研单位专家、学者 130 余人参会，收到论文 90 余篇。与会专家、学者就诸葛亮的政治思想、军事思想、民本思想、用人之道、廉政思想、家风传承等多方面作了学术交流。

会议期间，全体代表还参观考察了隆中武侯祠、襄阳古城、习家池、米芾祠古迹文物。

会后，由陈道斌主编《汉水之滨论诸葛》论文集，2021 年 8 月由团结出版社出版发行。

《论文集》收录了梁满仓、王明世、郭鹏、任婕、谭良啸、吴娲、诸葛金山、宋恒春、瞿正赢、诸葛建伟、高军、张晓春、陈道斌、付开镜、梁中效、周振刚、王先福、肖正伟、赵贵林、梅铮铮、雷震、童思思、诸葛佩圣、高升田、黄利民、李祖文、刘克勤、曹庆国、倪金谷、诸葛保满、诸葛坤亨、杜凤萍、徐国平、李遵刚、诸葛议、游胜华、张晓刚、诸葛有文、彭波、胡舟、陈晓丽、王建中、徐博、姚让利、叶植、魏平柱、谢辉、马建营、郭清华、赵文博、孙启祥、高薇、方莉、王珍、马强等专家、学者文章 84 篇。

这次联会的各家领队负责人会议一致通过，正式将甘肃省礼县“祁山三国文化研究中心”接纳为联会成员单位。与此同时，不少领队负责人建议，认为联会过去大多数两年举办一次会议时间有点松散，最好每年一届，这样更好。

由于全国性新冠肺炎疫情严重而停止了一切集会活动，所以，一直不能够确定第二十六届学术会在什么时间、什么地方举办。

2020 年 3 月下旬，山西省“临猗县诸葛亮文化研究会”秘书长孙青贤给笔者来电话讲：临猗县天兴村历史上就有武侯墓祠与诸葛祖墓，当地纪念诸葛亮的庙会历经千年，经久不衰，地方史志资料都有记载，古迹全部毁于新中国成立初期，遗址还在。近年来，老百姓要求恢复古迹，诸葛亮文化研究会负责此事。恳请帮助研究考证史志资料，为恢复修建出谋划策，规划设计。

笔者闻言十分吃惊而高兴，诸葛亮唯一孙子诸葛京在蜀汉灭亡次年举家“内移河东”，随后做过“郿令”和“广州刺史”，《三国志》中有明确记载，之后再无音信。临猗县历史上有武侯墓祠与诸葛祖墓，有必要搞清楚因果关系。为此，孙青贤先后发来不少相关资料。

通过认真分析研究相关资料与实地考察座谈得出结论，笔者认为，临猗县天兴村的确是诸葛京“内移河东”定居地，也是全国诸葛亮后裔发祥地，堪称填补历史空白。于是，撰写了《关于对天兴村武侯墓祠与诸葛祖墓的解读》文章，发给全国联会成员单位负责人，以便广泛征求意见，得到成员单位负责人一致好评，认为资料翔实，言之有据，论证很到位。

在此基础上，2021 年 4 月 12—16 日，笔者特邀联会的主要成员单位与诸葛后裔 22 位负责人前往运城市进行实地考察，与当地政府官员与专家、学者进行座谈，一致认定这里就是诸葛京生息繁衍发祥地，同意“临猗县诸葛亮文化研究会”加入全国联会，原定同年 11 月上旬在运城市举办第二十六届研讨会，还举行了会旗交接仪式。与此同时，甘肃礼县诸葛亮研究会申请 2022 年在陇南市举办第二十七届研讨会；山东省沂南县诸葛亮研究会申请 2023 年举办第二十八届研讨会，联会主要成员单位负责人一致通过。

由于连续三年全国性的新冠肺炎疫情防控要求，以及各地的实际情况变化，第二十六届研讨会不得不推迟，具体在何时、何地举办，尚不能确定。因此，第二十七届与第二十八届会议也只好顺延。

2023 年春节后，解除了三年来的全国疫情防控，精神彻底释怀。在此基础上，浙江兰溪市诸葛八卦村、广西阳朔县诸葛亮后裔、山东沂南县诸葛亮研究会、阳西汉中市勉县县委县政府、湖北襄阳市委宣传部、河南南阳卧龙岗武侯祠博物馆、甘肃陇南市礼县人民政府，先后举办了“诸葛亮文化节”等学术研究与旅游文化相关活动，隆重纪念、祭奠诸葛亮，堪称内容丰富，气氛活跃，影响深远。

二、借新闻媒体平台传播三国历史文化

中央电视台是我国最高新闻媒体。1998 年以来，笔者应央视特邀，先后在“走遍中国”“军事天地”“探索发现”“走近科学”“百科探秘”“艺术人生”“旅游卫视”“远方的家”“地理中国”等栏目接受采访，拍摄了《中华五千年》《风云定军山》《中华雄关》《孙子兵法》《一代贤相》《话说汉江》《三国访谈》《走遍中国》《秦岭探访》《武侯春秋》《华夏文明》《木牛流马》《走读三国》《石门悬疑》《寻找诸葛亮后裔与八卦村》《中国古树》《汉江》《家园》《舌尖上的中国》《百山百川》《汉水汉中》《畅想三国》《南水北调》《三国世界》《话说汉水》《博物馆与三国文化》《寻梦西秦》《汉中栈道》《诸葛亮的肖像形象》《中国影像方志》《大三国》等 30 多部、40 多集专题片，凭借中央电视台最高新闻媒体平台，宣传介绍三国历史文化及相关古迹文物，产生了很好的社会宣传效应，受到了各界人士的关注与好评。

2005 年，被央视科教节目制作中心特聘为“顾问与访谈专家”，还颁发了《聘书》。除此之外，中央人民广播电台、美国《纽约时报》、香港《路透社》、日本《朝日新闻》、北京电视台、东南电视台、陕西电视台、中国水电六局电视台、陕西广播电台、重庆电视台、湖北电视台、浙江电视台、河北电视台等数十家国内外新闻媒体都曾多次采访笔者，拍摄相关三国历史文化与诸葛亮专题片。2007 年，策划编写了四集《定军山》专题片文稿，代勉县人民政府特邀央视《百科探秘》栏目来勉县实地拍摄在国内外播放，收到了良好的社会效果。

上述这些活动，把三国历史与诸葛亮文化推向国内外，进行了广泛的宣传。

多年来，笔者还以“三国历史文化研究系列丛书”编著出版了《武侯墓与武侯祠》、《武侯墓祠匾联集注》、《诸葛亮后裔之谜》、《诸葛亮与中国武侯祠》、《诸葛亮名言》、《勉县两汉三国文物考古和古道路研究文集》、《三国成语典故》上下集、《诸葛亮后裔》、《诸葛亮名言集解》、《定军山下论三国》、《三国风云定军山》、《三国成语典故》修订版、《中国武侯墓祠匾联集注》等专著十余本，有的多次再版发行，深受读者喜爱。

除此之外，发表各类文章千余篇，在社会上产生了良好影响。

以下是郭清华 2004—2019 年接受央视等新闻媒体采访的部分照片，时间不分先后。

研究中心

天下第一流

后 记

本书在编著过程中，参考引用了大量史志资料和相关图书资料，全国各地武侯祠庙文博单位也给予了各方面的关心与支持。除此之外，在补充收集相关资料进行复审以及笔者进行实地考察时，还得到广东省中山市《羊城职工》杂志编辑部编辑何诗莹、浙江省兰溪市诸葛八卦村委会主任、书记诸葛坤亨、河南省南阳市卧龙岗武侯祠博物馆原馆长柳玉东、南阳市诸葛亮研究会会长张晓刚、湖北省襄阳市诸葛亮研究会会长陈道斌、隆中风景区管委会张晓春、宋恒春、襄阳日报社高级编辑释贵明、山东省沂南县诸葛亮研究会会长李遵刚、副会长高军、甘肃省礼县诸葛亮研究会会长赵文博、副会长赵旭东，祁山堡武侯祠博物馆馆长张臻、广西壮族自治区阳朔县诸葛亮研究会会长诸葛保满、山西省运城市临猗县诸葛亮研究会秘书长孙青贤、江西省上饶市诸葛亮研究会会长诸葛有德、副会长诸葛大联、江苏省常州市金坛区诸葛亮文化研究会会长诸葛佩圣、浙江省瑞安市诸葛亮文化促进会会长诸葛志友、秘书长诸葛鹤、中国社会科学院历史研究所研究员梁满仓、成都武侯祠博物馆研究员梅铮铮、上海博物馆研究员陶喻芝、中国古建筑文化遗产研究委员会常委卢慧杰、原云南民族博物馆馆长李淳信、云南省保山市博物馆馆长王黎瑞、副馆长线世海、云南省丽江市诸葛亮第五十三代孙诸葛正严、重庆市三国文化研究会会长马强、理事周松、奉节县原政协副主席张昌龙、陕西省宝鸡市原文物局局长、党组书记、宝鸡市青铜器博物馆馆长任周芳、宝鸡市岐山县五丈原诸葛庙博物馆赵燕与杜凤萍、陕西勉县武侯墓博物馆胡亚强与陈晓莉、陈成、勉县武侯祠博物馆庄雪梅与叶兰、郭曼、勉县博物馆肖咏勤、原汉中地方志办公室主任“全国十佳地方志编审先进个人”郭鹏、汉中日报社原副总编辑杨保山、汉中市褒斜栈道石刻博物馆馆长郭林生、汉中市城固县汉文化匾额博物馆馆长付昭瑞等，在拙作编著所需要的相关资料、图片提供与新编文稿的复核审查中都给予了热情帮助和支持。

特别是，中央社会主义学院著名教授、中国《史记》研究会会长张大可为拙作写了《序》，汉中市委宣传部、勉县人民政府与县委宣传部、陕西理工大学三国文化研究所所长雷勇及汉水文化重点学科、中国文史出版社等单位和个人，对《中国武侯墓祠匾联集注》的正式出版发行，都给予了直接的关心与支持。

2019 年 8 月 31 日，中央电视台《中国影像方志》的“陕西勉县篇”专题片摄制组一行在编导任远方的带领下，由县委宣传部陪同，对郭清华持之以恒，专业从事地方文博考古、研究三国历史文化而著书立说几十年的情况在家中进行了专访，其中，对郭清华和侯素柏合作编著百万字专著《中国武侯墓祠匾联集注》的基本概况进行了系统采访介绍，将对于该图书的出版发行有很大的推进作用。

对于上述各方面的关心与支持，我们在此谨表诚恳深切的感谢。

郭清华　侯素柏

2023 年 3 月 26 日于定军山下